Direito da Seguridade Social

Sergio Pinto Martins

Direito da Seguridade Social

40ª edição

2022

saraiva jur

saraiva EDUCAÇÃO | saraiva jur

Av. Paulista, 901, Edifício CYK, 3º andar
Bela Vista – São Paulo – SP – CEP 01310-100

SAC | sac.sets@saraivaeducacao.com.br

Diretoria executiva	Flávia Alves Bravin
Diretoria editorial	Ana Paula Santos Matos
Gerência editorial e de projetos	Fernando Penteado
Novos projetos	Aline Darcy Flôr de Souza Dalila Costa de Oliveira
Gerência editorial	Isabella Sánchez de Souza
Edição	Daniel Pavani Naveira
Produção editorial	Daniele Debora de Souza (coord.) Cintia Aparecida dos Santos Daniela Nogueira Secondo
Arte e digital	Mônica Landi (coord.) Camilla Felix Cianelli Chaves Claudirene de Moura Santos Silva Deborah Mattos Guilherme H. M. Salvador Tiago Dela Rosa
Projetos e serviços editoriais	Daniela Maria Chaves Carvalho Emily Larissa Ferreira da Silva Kelli Priscila Pinto Klariene Andrielly Giraldi
Diagramação	Desígnios Editoriais
Revisão	Rita Sorrocha
Capa	Tiago Dela Rosa
Produção gráfica	Marli Rampim Sergio Luiz Pereira Lopes
Impressão e acabamento	

DADOS INTERNACIONAIS DE CATALOGAÇÃO NA PUBLICAÇÃO (CIP)
VAGNER RODOLFO DA SILVA – CRB-8/9410

P659d Martins, Sergio Pinto

Direito da Seguridade Social / Sergio Pinto Martins. - 40. ed. - São Paulo : SaraivaJur, 2022.
824 p.

ISBN 978-65-536-2200-5 (Impresso)

1. Direito. 2. Direito Previdenciário. 3. Direito da Seguridade Social. 4. Custeio da Seguridade Social. 5. Benefícios previdenciários. 6. Acidentes do Trabalho. 7. Assistência Social. I. Título

2022-286 CDD 341.67
CDU 34:368.4

Índices para catálogo sistemático:

1. Direito Previdenciário	341.67
2. Direito Previdenciário	34:368.4

Data de fechamento da edição: 24-2-2022

Dúvidas? Acesse www.editorasaraiva.com.br/direito

CL 606939 CAE 790117

Aos meus pais, Clarice e Rubens.

Ao Prof. Bernardo Ribeiro de Moraes,
que muito influiu na minha formação jurídica e profissional.

"O sonho começa, a maior parte das vezes, com um professor
que acredita em você, que o puxa, empurra para o próximo estágio,
às vezes até o aguilhoando com um bastão profundo chamado verdade."

TRABALHOS DO AUTOR

LIVROS

1. *Imposto sobre serviços – ISS*. São Paulo: Atlas, 1992.
2. *Direito da seguridade social*. 36. ed. São Paulo: Saraiva, 2016.
3. *Direito do trabalho*. 35. ed. São Paulo: Saraiva, 2019.
4. *A terceirização e o direito do trabalho*. 12. ed. São Paulo: Atlas, 2012.
5. *Manual do ISS*. 9. ed. São Paulo: Atlas, 2013.
6. *Participação dos empregados nos lucros das empresas*. 4. ed. São Paulo: Atlas, 2015.
7. *Práticas discriminatórias contra a mulher e outros estudos*. São Paulo: LTr, 1996.
8. *Contribuição confederativa*. São Paulo: LTr, 1996.
9. *Medidas cautelares*. São Paulo: Malheiros, 1996.
10. *Manual do trabalho doméstico*. 13. ed. São Paulo: Atlas, 2015.
11. *Tutela antecipada e tutela específica no processo do trabalho*. 3. ed. São Paulo: Atlas, 2002.
12. *Manual do FGTS*. 5. ed. São Paulo: Saraiva, 2017.
13. *Comentários à CLT*. 20. ed. São Paulo: Saraiva, 2016.
14. *Manual de direito do trabalho*. 10. ed. São Paulo: Saraiva, 2017.
15. *Direito processual do trabalho*. 41. ed. São Paulo: Saraiva, 2019.
16. *Contribuições sindicais*. 6. ed. São Paulo: Atlas, 2010.
17. *Contrato de trabalho de prazo determinado e banco de horas*. 4. ed. São Paulo: Atlas, 2002.
18. *Estudos de direito*. São Paulo: LTr, 1998.
19. *Legislação previdenciária*. 22. ed. São Paulo: Saraiva, 2016.
20. *Síntese de direito do trabalho*. Curitiba: JM, 1999.
21. *A continuidade do contrato de trabalho*. São Paulo: Atlas, 2000.
22. *Flexibilização das condições de trabalho*. 5. ed. São Paulo: Atlas, 2015.
23. *Legislação sindical*. São Paulo: Atlas, 2000.
24. *Comissões de conciliação prévia*. 3. ed. São Paulo: Atlas, 2008.
25. *Direito processual do trabalho. Série Fundamentos*. 20. ed. São Paulo: Saraiva, 2017.
26. *Instituições de direito público e privado*. 17. ed. São Paulo: Saraiva, 2017.
27. *Direito do trabalho. Série Fundamentos*. 18. ed. São Paulo: Saraiva, 2017.
28. *Direito da seguridade social. Série Fundamentos*. 17. ed. São Paulo: Saraiva, 2016.
29. *O pluralismo do direito do trabalho*. 2. ed. São Paulo: Saraiva, 2016.
30. *A greve no serviço público*. 2. ed. São Paulo: Saraiva, 2017.
31. *A execução da contribuição previdenciária na justiça do trabalho*. 5. ed. São Paulo: Saraiva, 2019.
32. *Manual de direito tributário*. 17. ed. São Paulo: Saraiva, 2019.
33. *CLT Universitária*. 22. ed. São Paulo: Saraiva, 2017.
34. *Cooperativas de trabalho*. 4. ed. São Paulo: Atlas, 2012.
35. *Reforma previdenciária*. 2. ed. São Paulo: Atlas, 2008.
36. *Manual da justa causa*. 5. ed. São Paulo: Saraiva, 2017.
37. *Comentários às súmulas do TST*. 16. ed. São Paulo: Saraiva, 2016.
38. *Constituição. CLT. Legislação previdenciária e legislação complementar*. 4. ed. São Paulo: Atlas, 2013.
39. *Dano moral decorrente do contrato de trabalho*. 3. ed. São Paulo: Atlas, 2012.
40. *Profissões regulamentadas*. 2. ed. São Paulo: Atlas, 2013.
41. *Direitos fundamentais trabalhistas*. 2. ed. São Paulo: Saraiva, 2016.
42. *Convenções da OIT*. 3. ed. São Paulo: Saraiva, 2016.
43. *Estágio e relação de emprego*. 3. ed. São Paulo: Atlas, 2012.
44. *Comentários às Orientações Jurisprudenciais da SBDI-1 e 2 do TST*. 7. ed. São Paulo: Saraiva, 2016.
45. *Direitos trabalhistas do atleta profissional de futebol*. 2. ed. São Paulo: Saraiva, 2016.
46. *Prática trabalhista*. 6. ed. São Paulo: Saraiva, 2016.
47. *Assédio moral*. 3. ed. São Paulo: Atlas, 2015.
48. *Comentários à Lei n. 8.212/91*. Custeio. São Paulo: Atlas, 2013.
49. *Comentários à Lei n. 8.213/91*. Benefícios da Previdência Social. São Paulo: Atlas, 2013.
50. *Prática previdenciária*. 3. ed. São Paulo: Saraiva, 2017.
51. *Teoria geral do processo*. 3. ed. São Paulo: Saraiva, 2018.
52. *Teoria geral do Estado*. 2. ed. São Paulo: Saraiva, 2018.
53. *Reforma trabalhista*. São Paulo: Saraiva, 2018.
54. *Introdução ao estudo do direito*. São Paulo: Saraiva, 2018.

ARTIGOS

1. A dupla ilegalidade do IPVA. *Folha de S. Paulo*, São Paulo, 12 mar. 1990. Caderno C, p. 3.
2. Descumprimento da convenção coletiva de trabalho. *LTr*, São Paulo, n. 54-7/854, jul. 1990.
3. Franchising ou contrato de trabalho? *Repertório IOB de Jurisprudência*, n. 9, texto 2/4990, p. 161, 1991.
4. A multa do FGTS e o levantamento dos depósitos para aquisição de moradia. Orientador Trabalhista – *Suplemento de Jurisprudência e Pareceres*, n. 7, p. 265, jul. 1991.
5. O precatório e o pagamento da dívida trabalhista da fazenda pública. *Jornal do II Congresso de Direito Processual do Trabalho*, p. 42. jul. 1991 (Promovido pela LTr Editora.)
6. As férias indenizadas e o terço constitucional. Orientador Trabalhista Mapa Fiscal – *Suplemento de Jurisprudência e Pareceres*, n. 8, p. 314, ago. 1991.
7. O guarda de rua contratado por moradores. Há relação de emprego? *Folha Metropolitana*, Guarulhos, 12 set. 1991, p. 3.
8. O trabalhador temporário e os direitos sociais. *Informativo Dinâmico IOB*, n. 76, p. 1.164, set. 1991.
9. O serviço prestado após as cinco horas em sequência ao horário noturno. Orientador Trabalhista Mapa Fiscal – *Suplemento de Jurisprudência e Pareceres*, n. 10, p. 414, out. 1991.
10. Incorporação das cláusulas normativas nos contratos individuais do trabalho. *Jornal do VI Congresso Brasileiro de Direito Coletivo do Trabalho e V Seminário sobre Direito Constitucional do Trabalho*, p. 43. nov. 1991. (Promovido pela LTr Editora.)
11. Adicional de periculosidade no setor de energia elétrica: algumas considerações. Orientador Trabalhista Mapa Fiscal – *Suplemento de Jurisprudência e Pareceres*, n. 12, p. 544, dez. 1991.
12. Salário-maternidade da empregada doméstica. *Folha Metropolitana*, Guarulhos, p. 7. 2-3 fev. 1992.
13. Multa pelo atraso no pagamento de verbas rescisórias. *Repertório IOB de Jurisprudência*, n. 1, texto 2/5839, p. 19, 1992.
14. Base de cálculo dos adicionais. Orientador Trabalhista Mapa Fiscal – *Suplemento de Legislação, Jurisprudência e Doutrina*, n. 2, 130, fev. 1992.
15. Base de cálculo do adicional de insalubridade. Orientador Trabalhista Mapa Fiscal – *Suplemento de Legislação, Jurisprudência e Doutrina*, n. 4, p. 230, abr. 1992.
16. Limitação da multa prevista em norma coletiva. *Repertório IOB de Jurisprudência*, n. 10, texto 2/6320, p. 192, 1992.
17. Estabilidade provisória e aviso prévio. Orientador Trabalhista Mapa Fiscal – *Suplemento de Legislação, Jurisprudência e Doutrina*, n. 5, p. 279, maio 1992.
18. Contribuição confederativa. Orientador Trabalhista Mapa Fiscal – *Suplemento de Legislação, Jurisprudência e Doutrina*, n. 6, p. 320, jun. 1992.
19. O problema da aplicação da norma coletiva de categoria diferenciada à empresa que dela não participou. Orientador Trabalhista Mapa Fiscal – *Suplemento de Legislação, Jurisprudência e Doutrina*, n. 7, p. 395, jul. 1992.
20. Intervenção de terceiros no processo de trabalho: cabimento. *Jornal do IV Congresso Brasileiro de Direito Processual do Trabalho*, jul. 1992, p. 4. (Promovido pela LTr Editora.)
21. Relação de emprego: dono de obra e prestador de serviços. *Folha Metropolitana*, Guarulhos, 21 jul. 1992, p. 5.
22. Estabilidade provisória do cipeiro. Orientador Trabalhista Mapa Fiscal – *Suplemento de Legislação, Jurisprudência e Doutrina*, n. 8, p. 438, ago. 1992.
23. O ISS e a autonomia municipal. *Suplemento Tributário LTr*, n. 54, p. 337, 1992.
24. Valor da causa no processo do trabalho. *Suplemento Trabalhista LTr*, n. 94, p. 601, 1992.
25. Estabilidade provisória do dirigente sindical. Orientador Trabalhista Mapa Fiscal – *Suplemento de Legislação, Jurisprudência e Doutrina*, n. 9, p. 479, set. 1992.
26. Estabilidade no emprego do aidético. *Folha Metropolitana*, Guarulhos, 20-21 set. 1992, p. 16.
27. Remuneração do engenheiro. Orientador Trabalhista Mapa Fiscal – *Suplemento de Legislação, Jurisprudência e Doutrina*, n. 10, p. 524, out. 1992.
28. Estabilidade do acidentado. *Repertório IOB de Jurisprudência*, n. 22, texto 2/6933, p. 416, 1992.
29. A terceirização e suas implicações no direito do trabalho. Orientador Trabalhista Mapa Fiscal – *Legislação, Jurisprudência e Doutrina*, n. 11, p. 583, nov. 1992.
30. Contribuição assistencial. *Jornal do VII Congresso Brasileiro de Direito Coletivo do Trabalho e VI Seminário sobre Direito Constitucional do Trabalho*, nov. 1992, p. 5.
31. Descontos do salário do empregado. Orientador Trabalhista Mapa Fiscal – *Suplemento de Legislação, Jurisprudência e Doutrina*, n. 12, p. 646, dez. 1992.

32. Transferência de empregados. Orientador Trabalhista Mapa Fiscal – *Suplemento de Legislação, Jurisprudência e Doutrina*, n. 1, p. 57, jan. 1993.
33. A greve e o pagamento dos dias parados. Orientador Trabalhista Mapa Fiscal – *Suplemento de Legislação, Jurisprudência e Doutrina*, n. 2, p. 138, fev. 1993.
34. Auxílio-doença. *Folha Metropolitana*, Guarulhos, 30 jan. 1993, p. 5.
35. Salário-família. *Folha Metropolitana*, Guarulhos, 15 fev. 1993, p. 5.
36. Depósito recursal. *Repertório IOB de Jurisprudência*, n. 4, texto 2/7239, p. 74, fev. 1993.
37. Terceirização. *Jornal Magistratura & Trabalho*, n. 5, p. 12, jan. e fev. 1993.
38. Auxílio-natalidade. *Folha Metropolitana*, Guarulhos, 9 mar. 1993, p. 4.
39. A diarista pode ser considerada empregada doméstica?, Orientador Trabalhista Mapa Fiscal – Suplemento Trabalhista Mapa Fiscal – *Suplemento de Legislação, Jurisprudência e Doutrina*, n. 3/93, p. 207.
40. Renda mensal vitalícia. *Folha Metropolitana*, Guarulhos, 17 mar. 1993, p. 6.
41. Aposentadoria espontânea com a continuidade do aposentado na empresa. *Jornal do Primeiro Congresso Brasileiro de Direito Individual do Trabalho*, 29 e 30 mar. 1993, p. 46-47. (Promovido pela LTr Editora.)
42. Relação de emprego e atividades ilícitas. Orientador Trabalhista Mapa Fiscal – *Suplemento de Legislação, Jurisprudência e Doutrina*, n. 5/93, p. 345.
43. Conflito entre norma coletiva do trabalho e legislação salarial superveniente. *Revista do Advogado*, n. 39, p. 69, maio 1993.
44. Condição jurídica do diretor de sociedade em face do direito do trabalho. Orientador Trabalhista Mapa Fiscal – *Suplemento de Legislação, Jurisprudência e Doutrina*, n. 6/93, p. 394.
45. Equiparação salarial. Orientador Trabalhista Mapa Fiscal – *Suplemento de Legislação, Jurisprudência e Doutrina*, n. 7/93, p. 467.
46. Dissídios coletivos de funcionários públicos. *Jornal do V Congresso Brasileiro de Direito Processual do Trabalho*, jul. 1993, p. 15. (Promovido pela LTr Editora.)
47. Contrato coletivo de trabalho. Orientador Trabalhista Mapa Fiscal – *Suplemento de Legislação, Jurisprudência e Doutrina*, n. 8/93, p. 536.
48. Reintegração no emprego do empregado aidético. *Suplemento Trabalhista LTr*, n. 102/93, p. 641.
49. Incidência da contribuição previdenciária nos pagamentos feitos na Justiça do Trabalho. Orientador Trabalhista Mapa Fiscal – *Suplemento de Legislação, Jurisprudência e Doutrina*, n. 9/93, p. 611.
50. Contrato de trabalho por obra certa. Orientador Trabalhista Mapa Fiscal – *Suplemento de Legislação, Jurisprudência e Doutrina*, n. 10/93, p. 674.
51. Autoaplicabilidade das novas prestações previdenciárias da Constituição. *Revista de Previdência Social*, n. 154, p. 697, set. 1993.
52. Substituição processual e o Enunciado 310 do TST. Orientador Trabalhista Mapa Fiscal – *Suplemento de Legislação, Jurisprudência e Doutrina*, n. 11/93, p. 719.
53. Litigância de má-fé no processo do trabalho. *Repertório IOB de Jurisprudência*, n. 22/93, texto 2/8207, p. 398.
54. Constituição e custeio do sistema confederativo *Jornal do VIII Congresso Brasileiro de Direito Coletivo do Trabalho e VII Seminário sobre Direito Constitucional do Trabalho* nov. 1993 p. 68. (Promovido pela LTr Editora.)
55. Participação nos lucros. Orientador Trabalhista Mapa Fiscal – *Suplemento de Legislação, Jurisprudência e Doutrina*, n. 12/93, p. 778.
56. Auxílio-funeral. *Folha Metropolitana*, Guarulhos, 22-12-1993, p. 5.
57. Regulamento de empresa. Orientador Trabalhista Mapa Fiscal – *Suplemento de Legislação, Jurisprudência e Doutrina*, n. 1/94, p. 93.
58. Aviso-prévio. Orientador Trabalhista Mapa Fiscal – *Suplemento de Legislação, Jurisprudência e Doutrina*, n. 2/94, p. 170.
59. Compensação de horários. Orientador Trabalhista Mapa Fiscal – *Suplemento de Legislação, Jurisprudência e Doutrina*, n. 3/94, p. 237.
60. Controle externo do Judiciário. *Folha Metropolitana*, Guarulhos, 10-3-1994, p. 2; Folha da Tarde, São Paulo, 26-3-1994, p. A2.
61. Aposentadoria dos juízes. *Folha Metropolitana*, Guarulhos, 11-3-1994, p. 2; *Folha da Tarde*, São Paulo, 23-3-1994, p. A2.
62. Base de cálculo da multa de 40% do FGTS. *Jornal do Segundo Congresso Brasileiro de Direito Individual do Trabalho, promovido pela LTr*, 21 a 23-3-1994, p. 52.
63. Denunciação da lide no processo do trabalho. *Repertório IOB de Jurisprudência*, n. 7/94, abril de 1994, p. 117, texto 2/8702.
64. A quitação trabalhista e o Enunciado n. 330 do TST. Orientador Trabalhista Mapa Fiscal – *Suplemento de Legislação, Jurisprudência e Doutrina*, n. 4/94, p. 294.
65. A indenização de despedida prevista na Medida Provisória n. 457/94. *Repertório IOB de Jurisprudência*, n. 9/94, p. 149, texto 2/8817.
66. A terceirização e o Enunciado n. 331 do TST. Orientador Trabalhista Mapa Fiscal – *Suplemento de Legislação, Jurisprudência e Doutrina*, n. 5/94, p. 353.
67. Superveniência de acordo ou convenção coletiva após sentença normativa – prevalência. Orientador Trabalhista Mapa Fiscal – *Suplemento de Legislação, Jurisprudência e Doutrina*, n. 6/94, p. 386.
68. Licença-maternidade da mãe adotiva. Orientador Trabalhista Mapa Fiscal – *Suplemento de Legislação, Jurisprudência e Doutrina*, n. 7/94, p. 419.
69. Medida cautelar satisfativa. *Jornal do 6º Congresso Brasileiro de Direito Processual do Trabalho*, promovido pela LTr nos dias 25 a 27-7-1994, p. 58.
70. Estabelecimento prestador do ISS. *Suplemento Tributário LTr*, n. 35/94, p. 221.
71. Turnos ininterruptos de revezamento. Orientador Trabalhista Mapa Fiscal – *Suplemento de Legislação, Jurisprudência e Doutrina*, n. 8/94, p. 468.
72. Considerações em torno do novo Estatuto da OAB. *Repertório IOB de Jurisprudência*, n. 17/94, set. 1994, p. 291, texto 2/9269.
73. Diárias e ajudas de custo. Orientador Trabalhista Mapa Fiscal – *Suplemento de Legislação, Jurisprudência e Doutrina*, n. 9/94, p. 519.
74. Reajustes salariais, direito adquirido e irredutibilidade salarial. Orientador Trabalhista Mapa Fiscal – *Suplemento de Legislação, Jurisprudência e Doutrina*, n. 10/94, p. 586.
75. Os serviços de processamento de dados e o Enunciado n. 239 do TST. Orientador Trabalhista Mapa Fiscal – *Suplemento de Legislação, Jurisprudência e Doutrina*, n. 11/94, p. 653.
76. Desnecessidade de depósito administrativo e judicial para discutir o crédito da seguridade social. Orientador Trabalhista Mapa Fiscal – *Suplemento de Legislação, Jurisprudência e Doutrina*, n. 12/94, p. 700.
77. Número máximo de dirigentes sindicais beneficiados com estabilidade. *Repertório IOB de Jurisprudência*, n. 24/94, dezembro de 1994, p. 408, texto 2/9636.
78. Participação nos lucros e incidência da contribuição previdenciária. *Revista de Previdência Social*, n. 168, nov. 1994, p. 853.
79. Proteção do trabalho da criança e do adolescente – considerações gerais. *BTC – Boletim Tributário Contábil – Trabalho e Previdência*, dez. 1994, n. 51, p. 625.
80. Critérios de não discriminação no trabalho. Orientador Trabalhista Mapa Fiscal – *Suplemento de Legislação, Jurisprudência e Doutrina*, n. 1/95, p. 103.
81. Embargos de declaração no processo do trabalho e a Lei n. 8.950/94 que altera o CPC. *Repertório IOB de Jurisprudência*, n. 3/95, fev. 1995, texto 2/9775, p. 41.
82. Empregado doméstico – Questões polêmicas. Orientador Trabalhista Mapa Fiscal – *Suplemento de Legislação, Jurisprudência e Doutrina*, n. 2/95, p. 152.
83. Não concessão de intervalo para refeição e pagamento de hora extra. Orientador Trabalhista Mapa Fiscal – *Suplemento de Legislação, Jurisprudência e Doutrina*, n. 3/95, p. 199.
84. Lei altera artigo da CLT e faz prover conflitos. *Revista Literária de Direito*, mar./abr. 1995, p. 13.
85. Empregados não sujeitos ao regime de duração do trabalho e o art. 62 da CLT. Orientador Trabalhista Mapa Fiscal – *Suplemento de Legislação, Jurisprudência e Doutrina*, n. 4/95, p. 240.
86. A Justiça do Trabalho não pode ser competente para resolver questões entre sindicato de empregados e empregador. *Revista Literária de Direito*, maio/jun. 1995, p. 10.
87. Minutos que antecedem e sucedem a jornada de trabalho. Orientador Trabalhista Mapa Fiscal – *Suplemento de Legislação, Jurisprudência e Doutrina*, n. 5/95, p. 297.
88. Práticas discriminatórias contra a mulher e a Lei n. 9.029/95. *Repertório IOB de Jurisprudência*, n. 11/95, jun. 1995, p. 149, texto 2/10157.
89. Conflito entre a nova legislação salarial e a norma coletiva anterior. Orientador Trabalhista Mapa Fiscal – *Suplemento de Legislação, Jurisprudência e Doutrina*, n. 6/95, p. 362.
90. Imunidade tributária. *Suplemento Tributário LTr*, 34/95, p. 241.
91. Co-gestão. *Revista do Tribunal Regional do Trabalho da 8ª Região*, v. 28, n. 54, jan./jun. 1995, p. 101.
92. Licença-paternidade. Orientador Trabalhista Mapa Fiscal – *Suplemento de Legislação, Jurisprudência e Doutrina*, n. 7/95, p. 409.
93. Embargos de declaração. *Jornal do VII Congresso Brasileiro de Direito Processual de Trabalho*, São Paulo : LTr, 24 a 26 jul. 1995, p. 54.
94. Reforma da Constituição e direitos previdenciários. *Jornal do VIII Congresso Brasileiro de Previdência Social*, n. 179, out. 1995, p. 723.
95. Ação declaratória incidental e coisa julgada no processo do trabalho. *Suplemento Trabalhista LTr* 099/95, p. 665 e *Revista do TRT da 8ª Região*, Belém, v. 28, n. 55, jul./dez. 1995, p. 39.

SUMÁRIO

Parte II – Custeio da Seguridade Social

Capítulo 12

Parte V – Saúde

ABREVIAÇÕES

CAA	–	Comunicação de Alta Acidentária
CAT	–	Comunicação de Acidente de Trabalho
Ceme	–	Central de Medicamentos
CEPS	–	Conselhos Estaduais de Previdência Social
CICI	–	Comprovante de Inscrição do Contribuinte Individual
CID	–	Classificação Internacional de Doenças
CM	–	Cartão de Matrícula
CMPS	–	Conselhos Municipais de Previdência Social
CNAS	–	Conselho Nacional de Assistência Social
CNPS	–	Conselho Nacional de Previdência Social
CQ	–	Certificação de Quitação
CRS	–	Certificado de Regularidade de Situação
CRSS	–	Conselho de Recursos do Seguro Social
Dataprev	–	Empresa de Processamento de Dados da Previdência Social
DCB	–	Data da Cessação do Benefício
DCI	–	Data da Cessação da Incapacidade
DDB	–	Data do Despacho do Benefício
DER	–	Data da Entrada do Requerimento
DIB	–	Data de Início do Benefício
DICI	–	Documento de Inscrição do Contribuinte Individual
FAD	–	Fundo de Assistência ao Desempregado
FPAS	–	Fundo de Previdência e Assistência Social

Fundacentro – Fundação Jorge Duprat Figueiredo de Segurança e Medicina do Trabalho
Funpresp-Exe – Fundação de Previdência Complementar do Servidor Público Federal do Poder Executivo
GR – Guia de Recolhimento
GRPS – Guia de Recolhimento da Previdência Social
IBGE – Fundação Instituto Brasileiro de Geografia e Estatística
INPC – Índice Nacional de Preços ao Consumidor
INSS – Instituto Nacional do Seguro Social
IPASE – Instituto de Previdência e Assistência dos Servidores do Estado (SP)
IPESP – Instituto de Previdência do Estado de São Paulo
IS – Instrução de Serviço
ISN – Índice de Salários Nominais
ISSB – Instituto de Serviços Sociais do Brasil
JA – Justificação Administrativa
JRSS – Junta de Recursos do Seguro Social
LEP – Lei de Execução Penal (Lei n. 7.210/84)
LINDB – Lei de Introdução às Normas do Direito Brasileiro
LOPS – Lei Orgânica da Previdência Social
MTPS – Ministério do Trabalho e Previdência Social
NB – Número do Benefício
ODS–SAF – Ordem de Serviço – Secretaria de Arrecadação e Fiscalização (INSS)
OIT – Organização Internacional do Trabalho
OS – Ordem de Serviço
Prorural – Programa de Assistência ao Trabalhador Rural
Prouni – Programa Universidade para Todos
QSF – Quota de Salário-Família
RAIS – Relação Anual de Informações Sociais
RIR – Regulamento do Imposto de Renda
RMI – Renda Mensal Inicial
RGPS – Regime Geral de Previdência Social
RPS – Regime da Previdência Social
RPPS – Regime Próprio de Previdência Social
SAT – Seguro de Acidente do Trabalho
SB – Salário de Benefício
Sebrae – Serviço Brasileiro de Apoio às Micro e Pequenas Empresas
Senac – Serviço Nacional de Aprendizagem Comercial
Senai – Serviço Nacional de Aprendizagem Industrial
Senat – Serviço Nacional de Aprendizagem do Transporte
Sescoop – Serviço Nacional de Aprendizagem do Cooperativismo
Sest – Serviço Social do Transporte
SUDS – Sistemas Unificados e Descentralizados de Saúde dos Estados
SUS – Sistema Único de Saúde

APRESENTAÇÃO

O Dr. Sergio Pinto Martins, membro da Justiça do Trabalho, em São Paulo, e Professor do velho e sempre juvenil Instituto Mackenzie, cumpre fielmente sua missão de mestre, neste *Direito da seguridade social.*

Do professor exige-se correção científica e apresentação didática da sua disciplina. E nisto se pode resumir este livro, que Sergio informa ter nascido nas salas de aula (e que melhor *pedigree* para uma obra?).

O Dr. Sergio conduz o leitor pelo amplo edifício jurídico da Seguridade Social brasileira. Mostra o conjunto do prédio e depois suas dependências, uma a uma, com rigor e, repita-se, boa didática.

É o *quantum satis* para que este *Direito da seguridade social* se torne material indispensável ao acadêmico de Direito, de áreas afins, e ao profissional.

Não é apenas uma contribuição "técnica". Neste final de século, conturbado pela crise econômica, com terríveis reflexos morais, reabre-se a Caixa de Pandora. Tudo o que se cuidava arquivado na famosa "lata de lixo da história" eis que volta à cena. O egoísmo brutal, a sede de vantagem e lucro em tudo, os regionalismos, os ódios raciais. Em suma, a fome, a peste, a guerra, do Livro Santo...

Por isso que esse uruguaio que é uma força da natureza – como a chuva e o vento –, Americo Plá Rodríguez, proclamou no recente Congresso Hispano-Latino-Americano (Sevilha, junho de 1992) que se arrisca a passar, nas sociedades, da solidariedade ao egoísmo. Como e por quê? Pela tentativa hedionda, e há nisso crime hediondo mesmo, de se transformar a Seguridade Social (seguro ou previdência mais assistência) na exploração mercantil do bom risco, deixando como alvo da caridade estatal a massa da população.

Assim, conhecer, divulgar e ensinar a forma mais alta de solidariedade social, que é a seguridade, vai além da técnica, inserindo-se na Política e na Ética.

Por muitas razões – científicas, didáticas e políticas, no correto sentido dos termos – é, portanto, oportuno e conveniente este *Direito da seguridade social.*

São Paulo, setembro de 1992.

Anníbal Fernandes

Professor da Faculdade de Direito da USP

NOTA À 40ª EDIÇÃO

A atual legislação da Seguridade Social está muito semelhante à do Imposto de Renda, tal sua dinâmica. Mal sai uma regra, que não foi suficientemente estudada, e logo vem outra, que modifica a anterior, sem que haja tempo para se refletir sobre o tema. Essa dinâmica, entretanto, tem de ser analisada.

No presente estudo, assim como nos anteriores, não pretendo esgotar o assunto, nem se trata de obra perfeita, pois, do contrário, ainda não teria sido feita. Contudo, pretendo oferecer uma visão geral do tema, não só para os alunos, que encontrarão as lições básicas, mas também para os profissionais da área, sejam juízes, promotores, procuradores, advogados, profissionais dos departamentos de pessoal das empresas ou de recursos humanos. O principal objetivo foi fazer um livro de fácil consulta ao leitor, contendo o necessário de maneira lógica.

Foi estudada a Seguridade Social de modo geral; porém, desceu-se às particularidades do tema, como o custeio do sistema, a Previdência Social, seus benefícios, as regras pertinentes ao acidente do trabalho, a Assistência Social e a Saúde. As mais recentes normas foram utilizadas, para que o presente trabalho seja o mais atualizado possível, inclusive quanto à doutrina e à jurisprudência.

Dividi a exposição dos capítulos, de forma didática, em: Introdução ao Direito da Seguridade Social, contendo seus princípios e outras regras gerais; Custeio da Seguridade Social, mostrando as várias formas de custeio da Seguridade Social;

Previdência Social, envolvendo os benefícios do sistema, sendo que destaquei um capítulo para o acidente do trabalho; Assistência Social, de acordo com a Lei n. 8.742/93; e Saúde, conforme a Lei n. 8.080/90.

Nesta edição, foram feitas atualizações e correções no texto, especialmente em razão da Emenda Constitucional n. 103/2019, das Leis ns. 13.982/2020, 13.986/2020, 14.020/2020, 14.119/2021, 14.176/2021, 14.183/2021, 14.199/2021, 14.284/2021, 14.288/2021, da Lei Complementar n. 187/2021 e da jurisprudência.

Em razão de tantas alterações, muitos textos foram refeitos nos capítulos. É possível que ainda existam erros de correção, interpretação e aplicação das novas normas.

Espero, assim, que possa o presente trabalho ser objeto de consulta e de utilidade ao leitor, tendo a mesma acolhida por parte dos estudiosos em relação a outras obras já publicadas.

Parte I

INTRODUÇÃO AO DIREITO DA SEGURIDADE SOCIAL

Capítulo 1

EVOLUÇÃO HISTÓRICA

1.1 INTRODUÇÃO

Ao examinar o Direito da Seguridade Social, há necessidade de lembrar de sua gênese e de seu desenvolvimento no decorrer do tempo, entendendo novos conceitos e instituições que foram surgindo com o passar dos lustros.

O Direito tem uma realidade histórico-cultural, não admitindo o estudo de qualquer de seus ramos sem que se tenha uma noção do seu desenvolvimento dinâmico no transcurso do tempo.

Ao pretender estudar o passado, é possível compreender o desenvolvimento da Ciência no decorrer dos anos, o que se mostra uma necessidade premente. Segundo as lições de Waldemar Ferreira, "nenhum jurista pode dispensar o contingente do passado a fim de bem compreender as instituições jurídicas dos dias atuais"[1].

Será feita a divisão, para bem compreender a matéria, quanto ao período atinente ao desenvolvimento da Seguridade Social nos demais países e no Brasil.

1.2 DIREITO ESTRANGEIRO

Na Grécia, as "Hetairas" e os "Eranos" eram sociedades com fins políticos, religiosos e profissionais, que estabeleciam assistência mútua entre os sócios visando, principalmente, assegurar a sepultura.

---

1 FERREIRA, Waldemar. *História do direito brasileiro*. São Paulo: Saraiva, 1962. v. 1, p. 1.

A família romana, por meio do *pater familias*, tinha a obrigação de prestar assistência aos servos e aos clientes, em uma forma de associação, mediante contribuição de seus membros, de modo a ajudar os mais necessitados.

O exército romano guardava duas partes de cada sete do salário do soldado. Quando ele se aposentava, recebia as economias junto com um pedaço de terra.

Em Roma, havia as *collegias* ou a *saldalitia*. Eram formadas por pequenos produtores e artesãos livres. Eram constituídas de três pessoas, que contribuíam periodicamente para um fundo comum. O fundo visava custear os funerais de seus associados.

A notícia da preocupação do homem em relação ao infortúnio é de 1344. Ocorre, neste ano, a celebração do primeiro contrato de seguro marítimo, posteriormente surgindo a cobertura de riscos contra incêndios.

As confrarias eram as associações com fins religiosos, que abrangiam sociedade de pessoas da mesma categoria ou profissão, tendo por finalidade objetivos comuns. Quando tinham características religiosas, também eram chamadas de guildas. Seus associados pagavam taxas anuais, visando ser utilizadas em caso de velhice, de doença, de pobreza.

Na Idade Média, as guildas profissionais mantinham cooperativas. Os membros deveriam contribuir para um fundo, que seria usado pela família no caso do seu chefe morrer prematuramente.

No Império Inca, havia cultivo de terras, com trabalho comum, visando atender necessidades alimentares dos anciãos, doentes, inválidos e órgãos, que não tinham capacidade de produção.

Em 1601, a Inglaterra editou a *Poor Relief Act* (lei de amparo aos pobres), que instituía a contribuição obrigatória para fins sociais, consolidando outras leis sobre a assistência pública. O indigente tinha direito de ser auxiliado pela paróquia. Os juízes da Comarca tinham o poder de lançar um imposto de caridade, que seria pago por todos os ocupantes e os usuários de terras, e de nomear inspetores em cada uma das paróquias, visando receber e aplicar o imposto arrecadado.

A Declaração dos Direitos do Homem e do Cidadão da Constituição francesa de 1793 previa que "a assistência pública é uma dívida sagrada. A sociedade deve sustentar os cidadãos infelizes, dando-lhes trabalho, ou assegurando os meios de subsistência aos que não estejam em condições de trabalhar" (art. 21).

A Constituição francesa de 1848 estabelecia que os cidadãos deveriam assegurar pela Previdência, os recursos para o futuro (VII). A República devia proteger os cidadãos prestando, na falta da família, socorro aos que não estejam em condições de trabalhar (VIII).

Na Alemanha, Otto von Bismarck introduziu uma série de seguros sociais, de modo a atenuar a tensão existente nas classes trabalhadoras: em 15-6-1883, foi instituído o seguro-doença (*Krankunversicherung*), custeado por contribuições dos empregados, dos empregadores e do Estado; em 6-7-1884, decretou-se o seguro contra acidentes do trabalho (*Unfallversicherung*), com custeio dos empresários, e em 24-6-1889 criou-se o seguro de invalidez e velhice (*Invaliditaets und Altervensicherung*), custeado pelos trabalhadores, pelos empregadores e pelo Estado. As leis instituídas por Bismarck tornaram obrigatória a filiação às sociedades seguradoras ou entidades de socorros mútuos por parte de todos os trabalhadores que recebessem até 2.000 marcos anuais. A reforma tinha objetivo político: impedir movimentos socialistas fortalecidos com a crise industrial. Visava obter apoio popular, evitando tensões sociais.

A Igreja sempre se preocupou com a instituição de um sistema apto a formar um pecúlio para o trabalhador, com a parte economizada do salário, visando a contingências futuras. Isso já se verificava em diversos pronunciamentos dos pontífices de cada época, mormente na Encíclica *Rerum Novarum*, de Leão XIII (de 1891), e na *Quadragesimo Anno*, de Pio XI (de 1931). Havia sempre um caráter filosófico em tal pensamento, mas nunca foi prevista a forma como deveria ser feito, embora tal pensamento estivesse imbuído de ideias de solidarismo.

Na França, em 1850 e 1853 foram criadas caixas de aposentadoria para a velhice. Em 1898, foi criada a assistência à velhice e aos acidentes do trabalho.

Na Inglaterra, em 1897, foi instituído o *Workmen's Compensation Act*, criando o seguro obrigatório contra acidentes do trabalho. Foi imposta ao empregador a responsabilidade objetiva, em que este era responsável pelo infortúnio, mesmo sem ter concorrido com culpa para o acidente, atribuindo-lhe o pagamento da indenização ao obreiro. Em 1907, foi estabelecido o sistema de assistência à velhice e aos acidentes do trabalho. Em 1908, o *Old Age Pensions Act* concedeu pensões aos maiores de 70 anos, independentemente de contribuição. Em 1911, foi estabelecido o *National Insurance Act*, determinando a aplicação de um sistema compulsório de contribuições sociais, que ficavam a cargo do empregador, do empregado e do Estado.

Surge uma nova fase, denominada constitucionalismo social, em que as Constituições dos países começam a tratar de direitos sociais, trabalhistas e econômicos, inclusive direitos previdenciários.

A primeira Constituição do mundo a incluir o Seguro Social em seu bojo foi a do México, de 1917 (art. 123). Previa que os empresários eram responsáveis pelos acidentes do trabalho e pelas moléstias profissionais dos trabalhadores, em razão do exercício da profissão ou do trabalho que executassem; por conseguinte, os patrões deveriam pagar a indenização correspondente, conforme a consequência decorrente, fosse a morte, ou simplesmente a incapacidade temporária ou permanente para o trabalho, de acordo com o que as leis determinassem. Esta responsabilidade subsistirá ainda no caso de o patrão contratar o trabalho por via do intermediário (XIV).

A Constituição soviética de 1918 também tratava de direitos previdenciários.

A Constituição de Weimar, de 11-8-1919, criou um sistema de seguros sociais para poder, com o concurso dos interessados, atender à conservação da saúde e da capacidade para o trabalho, à proteção, à maternidade e à previsão das consequências econômicas da velhice, da enfermidade e das vicissitudes da vida (art. 161). Determinou que ao Estado incumbia prover a subsistência do cidadão alemão, caso não pudesse proporcionar-lhe a oportunidade de ganhar a vida com um trabalho produtivo (art. 163).

A Organização Internacional do Trabalho (OIT) foi criada em 1919. Tal órgão passou a evidenciar a necessidade de um programa sobre Previdência Social, aprovando-o em 1921. Várias convenções vieram a tratar da matéria, como a de n. 12, sobre acidentes do trabalho na agricultura, de 1921; a Convenção n. 17 (1927), sobre "indenização por acidente do trabalho" e outras.

Nos Estados Unidos, Franklin Roosevelt instituiu o New Deal, com a doutrina do Welfare State (Estado do bem-estar social), para tentar resolver a crise econômica, que vinha desde 1929. Preconizava-se a luta contra a miséria, visando combater as perturbações da vida humana, especialmente o desemprego e a velhice. Tinha por objetivo, o New Deal, estabelecer um conjunto de políticas estatais para criar novos empregos e uma rede de previdência e saúde públicas. Em 14-8-1935, foi aprovado no Congresso o Social Security Act, para ajudar aos idosos e estimular o consumo, instituindo também o auxílio-desemprego para os trabalhadores que temporariamente ficassem desempregados.

A Nova Zelândia, em 1938, instituiu lei sobre proteção a toda a população, implantando o seguro social, deixando de existir o seguro privado.

A Carta do Atlântico, de 14-8-1941, previa a Previdência Social, como "um modo de viver livre do temor e da miséria".

O Plano Beveridge, de 1941, da Inglaterra, também veio a propor um programa de prosperidade política e social, garantindo ingressos suficientes para que o indivíduo ficasse acobertado por certas contingências sociais, como a indigência, ou quando, por qualquer motivo, não pudesse trabalhar. Lord Beveridge dizia que a segurança social deveria ser prestada do berço ao túmulo (*Social security from the cradle to the grave*). Pretendia estabelecer o mínimo, um padrão de vida necessário.

Tinha o Plano Beveridge por objetivos: (a) unificar os seguros sociais existentes; (b) estabelecer o princípio da universalidade, para que a proteção se estendesse a todos os cidadãos e não apenas aos trabalhadores; (c) igualdade de proteção; (d) tríplice forma de custeio, porém com predominância do custeio estatal.

O Plano Beveridge tinha cinco pilares: (a) necessidade; (b) doença; (c) ignorância; (d) carência (desamparo); (e) desemprego. Era universal e uniforme. Visava ser aplicado a todas as pessoas e não apenas a quem tivesse contrato de trabalho, pois o sistema de então não atingia quem trabalhava por conta própria. Isso dava a ideia da universalidade do sistema. Tinha por objeto abolir o estado de necessidade. Objetivava proporcionar garantia de renda às pessoas, atacando a indigência. Já pensava no aumento da longevidade do homem e na diminuição da natalidade. Assim, deveria ser adiada a idade da aposentadoria. Deveria haver amparo à infância e proteção à maternidade. Os princípios fundamentais do sistema eram: horizontalidade das taxas de benefícios de subsistência, horizontalidade das taxas de contribuição, unificação da responsabilidade administrativa, adequação dos benefícios, racionalização e classificação.

Inspirado no Relatório Beveridge, o governo inglês apresentou, em 1944, um plano de Previdência Social, que deu ensejo à reforma do sistema inglês de proteção social, que foi implantado em 1946.

A Declaração Universal dos Direitos do Homem, de 1948, inscreveu, entre outros direitos fundamentais da pessoa humana, a proteção previdenciária. O art. XXV da referida norma determina que "todo homem tem direito a um padrão de vida capaz de assegurar a si e a sua família saúde e bem-estar, inclusive alimentação, vestuário, habitação, cuidados médicos e os serviços sociais indispensáveis, o direito à seguridade no caso de desemprego, doença, invalidez, viuvez, velhice, ou outros casos de perda dos meios de subsistência em circunstâncias fora de seu controle". Prevê a proteção contra o desemprego (art. XXIII, 1).

Além das várias convenções da OIT existentes sobre a matéria (24, 35, 37, 38, 39, 40, 123, 128, 130 e 134), em todos os países foram sendo elaborados e instituídos programas de seguridade social. A Comunidade Econômica Europeia do Carvão e do Aço unificou o tratamento previdenciário para os países que a compõem.

1.3 NO BRASIL

Em 1543, Braz Cubas criou um plano de pensão para os empregados da Santa Casa de Santos.

O Decreto de 1º-10-1821, de Dom Pedro de Alcântara, concedeu aposentadoria aos mestres e professores, após 30 anos de serviço. Assegurou abono de 1/4 dos ganhos aos que continuassem em atividade.

Dividirei a evolução histórica da Seguridade Social no Brasil segundo a égide de cada Constituição vigente na época, visando com isso dar um aspecto lógico e didático à exposição.

1.3.1 Constituição de 1824

Na Constituição de 1824, a única disposição pertinente à Seguridade Social é a do art. 179, em que se preconizava a constituição dos socorros públicos (XXXI). O Ato Adicional de 1834, em seu art. 10, estipulava a competência das Assembleias Legislativas para legislar sobre as casas de socorros públicos, conventos etc., que foram instituídos pela Lei n. 16, de 12 de agosto de 1934.

O Montepio Geral dos Servidores do Estado (Mongeral) apareceu em 22 de junho de 1835, sendo a primeira entidade privada a funcionar no país. Tal instrumento legal é anterior à lei austríaca, de 1845, e à lei alemã, de 1883. Previa um sistema típico do mutualismo (sistema por meio do qual várias pessoas se associam e vão se cotizando para a cobertura de certos riscos, mediante a repartição dos encargos com todo o grupo). Contém a maior parte dos institutos jurídicos securitários existentes nas modernas legislações e foi concebido muito tempo antes da Lei Eloy Chaves.

O Código Comercial de 1850 já previa no art. 79 que "os acidentes imprevistos e inculpados, que impedirem aos prepostos o exercício de suas funções não interromperão o vencimento de seu salário, contanto que a inabilitação não exceda três meses contínuos".

O Regulamento n. 737, de 25-11-1850, assegurava aos empregados acidentados no trabalho os salários por no máximo três meses.

O Decreto n. 2.711, de 1860, regulamentou o custeio de montepios e das sociedades de socorros mútuos.

Concedeu o Decreto n. 9.912-A, de 26-3-1888, aposentadoria aos empregados dos Correios. Havia necessidade de idade mínima de 60 anos e 30 anos de serviço.

O Decreto n. 3.397, de 24-11-1888, criou a Caixa de Socorro para o pessoal das estradas de ferro do Estado. O Decreto n. 9.212, de 26-3-1889, estatuiu o montepio obrigatório para os empregados dos Correios. O Decreto n. 10.269, de 20-7-1889, estabeleceu um fundo especial de pensões para os trabalhadores das Oficinas da Imprensa Régia.

O Decreto n. 221, de 26-2-1890, determinou aposentadoria para os empregados da Estrada de Ferro Central do Brasil.

O Decreto n. 406, de 17-5-1890, dispôs sobre a concessão de aposentadoria aos empregados da Estrada de Ferro Central do Brasil. O Decreto n. 565, de 12-7-1890, estendeu o benefício a todos os empregados das estradas de ferro gerais da República.

1.3.2 Constituição de 1891

A Constituição de 1891 foi a primeira a conter a palavra "aposentadoria". Determinou que a "aposentadoria só poderá ser dada aos funcionários públicos em caso de invalidez no serviço da Nação" (art. 75). Na verdade, o benefício era realmente dado, pois não havia nenhuma fonte de contribuição para o financiamento de tal valor. Seria uma espécie de compensação.

Nas Disposições Transitórias estipulava-se ao Imperador Dom Pedro uma pensão, a contar de 15 de novembro de 1889, durante toda sua vida, que seria fixada pelo Congresso Ordinário (art. 7º).

A Lei n. 217, de 29-11-1892, determinou a aposentadoria por invalidez e a pensão por morte dos operários do Arsenal da Marinha do Rio de Janeiro.

Até então, não havia contribuição por parte do beneficiário. O benefício era dado pelo Estado.

A Lei n. 3.724, de 15-1-1919, tornou obrigatório pagamento de indenização pelos empregadores em decorrência dos acidentes do trabalho sofridos por seus empregados. Estabeleceu, ainda, o seguro para acidentes do trabalho. O seguro não era pago à Previdência Social, mas às empresas privadas.

A Lei Eloy Chaves (Decreto n. 4.682, de 24-1-1923) foi a primeira norma a instituir no Brasil a Previdência Social, com a criação de Caixas de Aposentadorias e Pensões para os ferroviários, no âmbito nacional. Tal fato ocorreu em razão das manifestações gerais dos trabalhadores da época e da necessidade de apaziguar um setor estratégico e importante da mão de obra daquele tempo. Previa os benefícios de aposentadoria por invalidez, ordinária (equivalente à aposentadoria por tempo de contribuição), pensão por morte e assistência médica.

A referida lei destinou-se a estabelecer, em cada uma das empresas de estrada de ferro existentes no País, uma caixa de aposentadoria e de pensões para os respectivos empregados. Beneficiários eram, portanto, apenas os trabalhadores subordinados (empregados), como também os "diaristas de qualquer natureza que executem serviços de caráter permanente" (art. 2º). Seu objetivo, porém, não era conceder aposentadorias. Em seu bojo a regra concedia estabilidade ao ferroviário que tivesse dez anos de empresa, pois o trabalhador poderia não se associar às caixas com receio de ser dispensado. Ele só poderia ser dispensado mediante inquérito para apuração de falta grave presidido pelo engenheiro da estrada de ferro. Como o trabalhador era estável e ficava, portanto, na empresa, ia havendo acumulação de contribuições para o sistema de aposentadoria. Assim, o real objetivo era obter numerário para no futuro pagar aposentadorias.

A Lei Eloy Chaves concedia aposentadoria, pensão, medicamentos com preço especial e socorros médicos (art. 9º).

Com 10 anos de ferrovia, o segurado teria direito à aposentadoria por invalidez. Os trabalhadores recolhiam 3% sobre os salários e 1,5% era recolhido pelos usuários de transportes. O Estado não participava do custeio.

Também eram beneficiários do sistema os funcionários das Caixas, os professores de escolas mantidas pelas empresas vinculadas e certas classes de trabalhadores subordinados.

Em 1923, havia 24 caixas de aposentadorias e pensões, que cobriam 22.991 segurados. Tinham natureza privada, de entidades civis.

A Emenda Constitucional de 1926, de 3 de setembro, estabeleceu por meio do § 29 do art. 54 que o Congresso Nacional estava autorizado a "legislar sobre licenças, aposentadorias e reformas, não as podendo conceder, nem alterar, por leis especiais".

A aposentadoria era entendida na época como sendo a Previdência Social.

No Brasil as pessoas também passaram a se reunir em um mesmo grupo profissional, mediante cotização, para assegurar entre si determinados benefícios, dando a ideia do mutualismo que ocorrera em outros países.

O Decreto legislativo n. 5.109, de 20-12-1926, estendia os benefícios da Lei Eloy Chaves aos empregados portuários e marítimos. A contribuição da empresa passou para 1,5% sobre a receita bruta. A contribuição cobrada dos usuários do transporte ferroviário foi aumentada para 2% sobre o preço da passagem.

A Lei n. 5.485, de 30-6-1928, estendeu o regime da Lei Eloy Chaves ao pessoal das empresas de serviços telegráficos e radiotelegráficos.

O Decreto n. 19.497, de 17-12-1930, criou as CAPs para os empregados nos serviços de força, luz e bondes.

O Decreto n. 20.465, de 1-10-1931, reformulou a legislação das Caixas. Estas, na época, já eram extensivas a outros serviços públicos, como aos telégrafos, água, portos, luz etc.

As Caixas de Aposentadorias e Pensões (CAPs) eram organizações de seguro social estruturadas por empresa. Mais tarde foram fusionadas na Caixa Geral e no Instituto de Aposentadoria e Pensões dos Ferroviários e Empregados em Serviços Públicos. Eram dirigidas as Caixas de Aposentadorias e Pensões por dirigentes sindicais pelegos, que eram nomeados pelo governo, mas ficavam subordinados ao Ministério do Trabalho.

A partir de 1930, época da Revolução, o sistema previdenciário deixou de ser estruturado por empresa, passando a abranger categorias profissionais.

Os Institutos de Aposentadorias e Pensões surgiram nos moldes italianos. Cada categoria profissional passava a ter um fundo próprio. Havia tríplice contribuição: do empregado, do empregador, do governo. A contribuição dos empregadores incidia sobre a folha de pagamentos. O Estado financiava o sistema por meio de uma taxa cobrada dos artigos importados. A gerência do fundo era exercida por um representante dos empregados, um representante dos empregadores e um do governo. Além dos benefícios de aposentadorias e pensões, o instituto prestava serviços de saúde, de internação hospitalar e de atendimento ambulatorial.

Em 29-6-1933, por intermédio do Decreto n. 22.872, foi criado o Instituto de Aposentadorias e Pensões dos Marítimos (IAPM), que foi seguido por outros institutos de aposentadorias e pensões, sempre estruturados por categorias profissionais e não mais por empresas.

Quando o IAPM foi instituído, tinha como associados os empregados das empresas de navegações marítima e fluvial, seus próprios funcionários e prestadores de serviços subordinados a empresas a elas vinculadas. O Decreto-lei n. 3.832, de 18-11-1941, dispôs sobre a situação dos armadores de pesca e dos pescadores e indivíduos empregados em profissões conexas com a indústria da pesca, pertencendo essas pessoas também, para efeito de benefícios previdenciários, ao IAPM.

O Decreto n. 24.273, de 22-5-1934, criou o Instituto de Aposentadoria e Pensões dos Comerciários (IAPC). Este foi reorganizado pelo Decreto-lei n. 2.122, de 9-4-1940.

O Instituto de Aposentadoria e Pensões dos Bancários (IAPB) foi criado pelo Decreto n. 24.615, de 9-6-1934, sendo destinado aos empregados de bancos ou de casas bancárias, mas servia apenas para os trabalhadores subordinados.

1.3.3 Constituição de 1934

A alínea *c* do inciso XIX do art. 5º da Constituição de 1934, estabelecia competência para a União fixar regras de assistência social, enquanto o art. 10 dava também aos Estados-membros a responsabilidade para "cuidar da saúde e assistência públicas" (inciso II) e "fiscalizar a aplicação das leis sociais" (inciso V).

A Constituição mantinha a competência do Poder Legislativo para instituir normas sobre aposentadorias (art. 39, 8, *d*). Mencionava que cabia ao Poder Legislativo, com a sanção do Presidente da República, legislar sobre "licenças, aposentadorias e reformas" (art. 39, 8, *d*); fixava a proteção social ao trabalhador (art. 121). A alínea *h* do § 1º do art. 121, tratava da "assistência médica e sanitária ao trabalhador e à gestante, assegurando a esta descanso antes e depois do parto, sem prejuízo do salário e do emprego, e instituição de previdência, mediante contribuição igual da União, do empregador e do empregado, a favor da velhice, da invalidez, da maternidade, e nos casos de acidentes do trabalho ou de morte".

A Lei Fundamental de 1934 já estabelecia a forma tríplice de custeio: ente público, empregado e empregador, sendo obrigatória a contribuição (art. 121, § 1º, *h*).

O item 3 do art. 170 previa a aposentadoria compulsória para os funcionários públicos que atingissem 68 anos de idade. Assegurava-se aposentadoria por invalidez, com salário integral, ao funcionário público que tivesse no mínimo 30 anos de trabalho (art. 170, n. 4). O funcionário público acidentado tinha direito a benefícios integrais (art. 170, n. 6). O n. 7 do art. 170 já mostrava que "os proventos da aposentadoria ou jubilação não poderão exceder os vencimentos da atividade".

O § 2º do art. 172 mencionava a possibilidade de cumulação de benefícios, desde que houvesse previsão legal, para as pensões de montepio, e vantagens de inatividade, ou se resultassem de cargos legalmente acumuláveis.

Nota-se que a Constituição faz referência pela primeira vez à expressão "previdência", embora não a adjetivasse de "social".

A Lei n. 367, de 31-12-1936, cria o Instituto de Aposentadoria e Pensões dos Industriários (IAPI). Os empregados da indústria eram segurados obrigatórios. Os empregadores podiam se inscrever facultativamente. Eram excluídas do sistema as atividades industriais exclusivamente familiares: "onde não haja empregados e empregadores definidos" (art. 2º e parágrafo único). O IAPI era financiado por contribuições de empregados e de empregadores, incidentes sobre a folha de pagamentos das empresas, além da participação do Estado, por meio de uma taxa cobrada sobre os artigos importados. Os segurados tinham direito à aposentadoria por invalidez, ao auxílio-doença e à pensão. Outros benefícios eram mencionados. Poderiam existir contribuições suplementares.

1.3.4 Constituição de 1937

A Carta Magna de 1937, outorgada em 10 de novembro, foi muito sintética em matéria previdenciária. Não evoluiu nem um pouco em relação às anteriores, ao contrário, regrediu.

A Previdência Social foi disciplinada apenas em duas alíneas do art. 137. A alínea *m* menciona "a instituição de seguros de velhice, de invalidez, de vida e para os casos de acidentes do trabalho". A alínea *n* dispõe que "as associações de trabalhadores têm o dever de prestar aos seus associados auxílio ou assistência, no referente às práticas administrativas ou judiciais relativas aos seguros de acidentes do trabalho e aos seguros sociais".

A Carta Política de 1937 emprega muito a expressão "Seguro Social", em vez de Previdência Social. Seu fundamento pode ser a legislação idealizada por Bismarck, na Alemanha, em 1883.

Os trabalhadores avulsos de cargas, de arrumação e de serviços conexos, os motoristas de praça, carroceiros, carreiros, carreteiros, cocheiros e carregadores de carrinho de mão são relacionados entre os segurados obrigatórios da Caixa de Aposentadoria e Pensões dos Trabalhadores em Trapiches e Armazéns (art. 2º do Decreto n. 651, de 26-8-1938).

O Instituto de Aposentadoria e Pensões dos Empregados em Transportes de Cargas (IAPETC) foi criado pelo Decreto-lei n. 775, de 7-10-1938, a partir da Caixa de Aposentadorias e Pensões dos Trabalhadores em Trapiches e Armazéns. Estavam também incluídos nesse sistema os trabalhadores avulsos em carga e descarga; os estivadores; os conferentes, os consertadores e os separadores de carga; e os condutores profissionais de veículos terrestres.

O Decreto n. 288, de 23-2-1938, criou o Instituto de Previdência e Assistência dos Servidores do Estado (IPASE), incorporando o Instituto de Previdência dos Funcionários Públicos da União, que existia desde 1926. O IPASE tinha por objetivo realizar as funções de assistência aos servidores do Estado e praticar operações e assistência a favor de seus contribuintes. Não era apenas um Instituto de Aposentadorias e Pensões, pois concedia assistência médica e dentária.

O Decreto-lei n. 4.890/42 criou a Legião Brasileira de Assistência (LBA).

O Decreto-lei n. 7.526, de 7-5-1945, determinou a criação de um só tipo de instituição de Previdência Social, o Instituto de Serviços Sociais do Brasil (ISSB). Teve por fundamento o Plano Beveridge. Era a Lei Orgânica dos Serviços Sociais do Brasil. O sistema cobriria todos os empregados ativos a partir de 14 anos, tendo um único plano de contribuições e de benefícios. Houve a consolidação de todos os recursos existentes em um único fundo. O ISSB na prática não foi implementado, pois o governo Dutra não lhe cedeu os créditos necessários.

O Decreto-lei n. 7.835/45 determinou que as aposentadorias e pensões não poderiam ser inferiores a 70% e 35% do salário mínimo.

1.3.5 Constituição de 1946

A Constituição de 1946 foi promulgada em 18-9-1946, iniciando-se a sistematização constitucional da matéria previdenciária, que foi incluída no mesmo artigo que versava sobre o Direito do Trabalho (art. 157).

Nessa Constituição surge pela primeira vez a expressão "Previdência Social", desaparecendo a expressão antes em voga: "Seguro Social".

O inciso XVI do art. 157 consagrava a "previdência, mediante contribuição da União, do empregador e do empregado, em favor da maternidade e contra as consequências da doença, da velhice, da invalidez e da morte". Essa tríplice forma do custeio foi repetida nas constituições posteriores. Previa a competência concorrente para legislar sobre Previdência Social da União (art. 5º, XV, *b*) e dos Estados (art. 6º). Dispunha o inciso XVII do art. 157 sobre a "obrigatoriedade da instituição do seguro pelo empregador contra os acidentes do trabalho".

O Decreto-lei n. 8.783/46 criou o Conselho Superior da Previdência Social com a finalidade de julgar os recursos interpostos contra as decisões das Juntas de Julgamento e Revisão dos diversos institutos de previdência. O Decreto-lei n. 8.742/46 criou o Departamento Nacional de Previdência Social, tendo por fim planejar a previdência social.

O Decreto n. 26.778, de 14-6-1949, regulamentou a Lei n. 593, de 24-12-1948, referente à aposentadoria ordinária, disciplinando a execução das demais legislações em vigor sobre as CAPs.

O Decreto n. 35.448, de 1950, foi chamado de Regulamento Geral dos Institutos de Aposentadorias e Pensões.

O Decreto n. 34.586, de 12-11-1953, unificou todas as 183 CAPs no Instituto dos Trabalhadores de Ferrovias e Serviços Públicos (IAPFESP).

Os IAPs atendiam os trabalhadores urbanos e o IPASE, os funcionários públicos.

O Decreto n. 32.667, de 1-5-1953, aprovou o novo regulamento do IAPC, facultando a filiação de profissionais liberais como segurados autônomos.

Houve uniformização e unificação das políticas legislativas sobre previdência social a partir de 1940 em diante, com o Regulamento Geral dos Institutos de

Aposentadorias e Pensões, o que foi feito por meio do Decreto n. 35.448, de 1º-5-1954, uniformizando os princípios gerais aplicáveis a todos os institutos de aposentadorias e pensões.

A Lei n. 3.807, de 26-8-1960, Lei Orgânica da Previdência Social (LOPS), padronizou o sistema assistencial. Uniformizou direitos e contribuições. Ampliou os benefícios, tendo surgido vários auxílios, como: auxílio-natalidade, auxílio-funeral e auxílio-reclusão, e ainda estendeu a área de assistência social a outras categorias profissionais. Não era a LOPS uma CLT. Era uma lei nova, que trazia novos benefícios e disciplinava as normas de Previdência Social, em um conjunto. A CLT é a reunião de leis esparsas por meio de um Decreto-lei. Não trazia nada de novo, mas apenas compendiava as normas já existentes. Não revogou expressamente todas as leis anteriores sobre o tema, pois ficaram algumas normas ainda em vigor. A LOPS deu unidade ao sistema de Previdência Social. Não unificou os institutos existentes, mas estabeleceu um único plano de benefícios. Elevou o teto de salário de contribuição de três para cinco salários mínimos.

O Decreto n. 48.959-A, de 19-9-1960, regulamentou a Lei n. 3.807/60, com 541 artigos.

A Lei n. 3.841, de 15-12-1960, dispôs sobre a contagem recíproca, para efeito de aposentadoria, do tempo de serviço prestado por funcionários à União, às autarquias e às sociedades de economia mista.

A Lei n. 4.214, de 2-3-1963, criou o Fundo de Assistência ao Trabalhador Rural (FUNRURAL), no âmbito do Estatuto do Trabalhador Rural. Não teve aplicação prática. Foram implantados apenas alguns serviços assistenciais, que eram diferenciados dos previstos para o trabalhador urbano.

O salário-família foi criado pela Lei n. 4.266, de 3-10-1963.

A Lei n. 4.281, de 8-11-1963, criou o abono anual.

A Emenda Constitucional n. 11, de 31-3-65, acrescentou um parágrafo ao art. 157, determinando que "nenhuma prestação de serviço de caráter assistencial ou de benefício compreendido na previdência social poderá ser criada, majorada ou estendida sem a correspondente fonte de custeio total". Estava definido o princípio da precedência da fonte de custeio.

A Lei n. 5.161, de 21-10-1966, criou a Fundacentro, uma entidade pública de pesquisa e prevenção de acidentes do trabalho.

A LOPS sofreu várias modificações com o Decreto-lei n. 66, de 21-11-1966, principalmente quanto à sistemática dos segurados autônomos. É prevista a contribuição da empresa que utiliza o trabalho do autônomo (art. 69, § 2º).

O Decreto-lei n. 72, de 21-11-1966, unificou os institutos de aposentadorias e pensões, centralizando a organização previdenciária no Instituto Nacional de Previdência Social (INPS), que foi realmente implantado em 2-1-1967. Passa a existir um sistema público.

1.3.6 Constituição de 1967

A Constituição de 1967, de 24-1-1967, que entrou em vigor em 15-3-1967 (art. 189), não inovou em matéria previdenciária em relação à Constituição de 1946.

O art. 158 repetiu praticamente as mesmas disposições do art. 157 da Lei Magna de 1946. O inciso XI do art. 158 previa descanso remunerado à gestante, antes e depois do parto, sem prejuízo do emprego e do salário. O inciso XVI do art. 158 determinava o direito à Previdência Social, mediante contribuição da União, do empregador e do empregado, para seguro-desemprego, proteção da maternidade e nos casos de doença, velhice, invalidez e morte. Dispunha o inciso XVII do art. 158 sobre seguro obrigatório pelo empregador contra acidentes do trabalho.

O § 1º do art. 158 repete o princípio da precedência da fonte de custeio. Trata-se do benefício do seguro-desemprego (art. 158, XVI), que posteriormente foi regulamentado pela Lei n. 4.923, de 1965, com o nome de auxílio-desemprego. Assegurava-se aposentadoria à mulher aos 30 anos de trabalho, com salário integral (inciso XX do art. 158).

O § 2º do art. 158 da Constituição de 1967 rezava que a contribuição da União no custeio dos encargos da Previdência Social seria atendida mediante dotação orçamentária, ou com o produto de contribuições de previdência arrecadadas, com caráter geral, na forma da lei.

O sistema de seguro de acidente do trabalho foi integrado no sistema previdenciário com a Lei n. 5.316, de 14-9-1967. Deixou de ser destinado a uma entidade privada, para ser administrado pelo INPS.

O nosso sistema deixou de ser de risco social a partir de 1967 para ser de seguro social, abandonando a ideia do contrato de seguro do Direito Civil.

O Decreto-lei n. 367, de 19-12-1968, tratou da contagem de tempo de serviço dos funcionários públicos civis da União e das autarquias.

O Decreto-lei n. 564, de 1-5-1969, estendeu a Previdência Social ao trabalhador rural, especialmente aos empregados do setor agrário da agroindústria canavieira, por meio de um plano básico.

O Decreto-lei n. 704, de 24-7-1969, complementou e ampliou o Plano Básico de Previdência Social Rural, estendendo-o aos empregados das empresas produtoras e fornecedoras de produto agrário *in natura*, bem como aos empreiteiros que utilizassem mão de obra para produção e fornecimento de produto agrário, desde que não constituídos sob a forma de empresa.

Com o Decreto-lei n. 959, de 13-10-1969, as empresas passam a recolher a contribuição previdenciária sobre o trabalho do autônomo.

1.3.7 Emenda Constitucional n. 1, de 1969

A Emenda Constitucional n. 1, de 17-10-1969, que entrou em vigor em 30-10-1969, também não apresentou alterações substanciais em relação à Constituição de 1946 e à de 1967. A matéria previdenciária era tratada juntamente com a do Direito do Trabalho no art. 165, repetindo praticamente a Constituição de 1967.

Vários incisos do art. 165 da Emenda Constitucional n. 1, de 1969, tratavam de Previdência Social. O inciso II, sobre salário-família aos dependentes. O inciso XI, sobre descanso remunerado da gestante, antes e depois do parto, sem prejuízo do emprego e do salário. O inciso XVI, sobre Previdência Social nos casos de doença, velhice, invalidez e morte, seguro-desemprego, seguro contra acidentes do trabalho e proteção da maternidade, mediante contribuição da União, do empregador e do empregado. O inciso XIX, sobre aposentadoria da mulher aos 30 anos de trabalho, com salário integral.

O parágrafo único do art. 165 mencionava que nenhuma prestação de serviço de assistência ou de benefício compreendidos na Previdência Social seria criada, majorada ou estendida, sem a correspondente fonte de custeio total.

A Emenda Constitucional n. 18, de 30-6-1981, acrescentou o inciso XX ao art. 158, prevendo aposentadoria para o professor após 30 anos e, para a professora, após 25 anos de efetivo exercício em funções de magistério, com salário integral.

A Lei Complementar n. 11, de 25-5-1971, instituiu o Programa de Assistência ao Trabalhador Rural (Prorural), substituindo o Plano Básico de Previdência Social Rural. Não havia contribuição por parte do trabalhador, que tinha direito à aposentadoria por velhice, invalidez, pensão e auxílio-funeral, todas no valor de meio salário mínimo. Havia direito aos serviços social e de saúde (art. 2º). Foi alterada pela Lei Complementar n. 16, de 30-10-1973.

A Central de Medicamentos (Ceme) foi criada pelo Decreto n. 68.806, de 25-6-1971. Tinha por objetivo distribuir medicamentos a baixo custo.

O Decreto n. 69.919, de 11-1-1972, regulamentou o Prorural.

A Lei n. 5.859, de 11-12-1972, incluiu os empregados domésticos como segurados obrigatórios da Previdência Social.

A Lei n. 5.890, de 8-6-1973, fez uma série de modificações no texto da Lei n. 3.807 (LOPS). O art. 31 da Lei n. 5.890/73 autorizava o Ministério do Trabalho e Previdência Social a providenciar a publicação do novo texto da LOPS "com as alterações decorrentes desta e de leis anteriores". Criava a Lei n. 5.890/73 legislação paralela à LOPS.

A Lei n. 5.939, de 19-11-1973, instituiu o salário de benefício do jogador de futebol profissional, sendo revogada pela Lei n. 9.528/97.

A Lei Complementar n. 16, de 30-10-1973, alterou o Prorural. Elevou o valor da pensão para 50% do salário mínimo. O custeio era de 2% sobre a comercialização da produção rural e 2,4% sobre a folha de pagamento das empresas urbanas.

A Lei n. 6.062, de 25-6-1974, criou o Ministério da Previdência e Assistência Social.

A Lei n. 6.094, de 30-8-1974, estabeleceu que a atividade de auxiliar de condutor autônomo de veículo rodoviário deve recolher a contribuição previdenciária como autônomo (§ 1º do art. 1º). É uma norma de inclusão previdenciária ou de inclusão social previdenciária. As Leis ns. 6.586/78 (comerciante ambulante), 6.392/81 (médico residente), 7.290/84 (transportador rodoviário autônomo) têm a mesma característica.

Em 1974, a Lei n. 6.125 autorizou o Poder Executivo a constituir a Empresa de Processamento de Dados da Previdência Social (Dataprev).

A Lei n. 6.136, de 7-11-1974, incluiu o salário-maternidade entre os benefícios previdenciários. Visava transferir para o INPS o pagamento do salário-maternidade, de forma que não houvesse discriminação da mulher no emprego.

A Lei n. 6.179, de 11-12-1974, criou o amparo previdenciário para os maiores de 70 anos ou inválidos, no valor de meio salário mínimo. O benefício era devido a quem tivesse contribuído algum tempo para a Previdência Social ou exercido, mesmo sem contribuir, atividade vinculada à Previdência.

A Lei n. 6.195, de 19-12-1974, criou a infortunística rural.

Versou a Lei n. 6.226, de 14-7-1975, sobre a contagem recíproca do tempo de serviço público federal e na atividade privada, para efeito de aposentadoria.

A Lei n. 6.243, de 24-9-1975, regulou a concessão do pecúlio ao aposentado que retornava à atividade ou que ingressava na Previdência Social após completar 60 anos de idade.

A Lei n. 6.260, de 6-11-1975, instituiu benefícios e serviços previdenciários para os empregados rurais e seus dependentes.

Criou a Lei n. 6.269, de 24-11-1975, um sistema de assistência complementar a todos os atletas profissionais.

A CLPS (Consolidação das Leis da Previdência Social) foi editada pela primeira vez pelo Decreto n. 77.077, de 24-1-1976. Era uma norma que tinha força de decreto e não de lei. Caso houvesse dúvida, haveria necessidade de se consultar os textos da LOPS.

Dispunha a Lei n. 6.367, de 19-10-1976, sobre o seguro contra acidentes do trabalho na área urbana, revogando a Lei n. 5.316/67.

A Lei n. 6.435/77 restabeleceu a possibilidade de criação de institutos de previdência complementar. Foi regulamentada pelos Decretos ns. 81.240/78 e 81.402/78.

A Lei n. 6.439, de 1º-9-1977, instituiu o Sistema Nacional de Previdência e Assistência Social (SINPAS), tendo como objetivo a reorganização da Previdência Social. O SINPAS destinava-se a integrar as atividades da Previdência Social, da assistência médica, da Assistência Social e de gestões administrativa, financeira e patrimonial, entre as entidades vinculadas ao Ministério da Previdência e Assistência Social. Tinha o SINPAS a seguinte divisão:

a) o Instituto Nacional de Previdência Social (INPS), que cuidava de conceder e manter os benefícios e demais prestações previdenciárias;
b) o Instituto Nacional de Assistência Médica da Previdência Social (Inamps), que prestava assistência médica;
c) a Fundação Legião Brasileira de Assistência (LBA), que tinha a incumbência de prestar assistência social à população carente;
d) a Fundação Nacional do Bem-Estar do Menor (Funabem), que promovia a execução da política do bem-estar do menor;
e) a Empresa de Processamento de Dados da Previdência Social (Dataprev), que cuida do processamento de dados da Previdência Social;
f) o Instituto de Administração Financeira da Previdência Social (Iapas), que tinha competência para promover a arrecadação, a fiscalização e a cobrança das contribuições e de outros recursos pertinentes à Previdência e Assistência Social;
g) a Central de Medicamentos (Ceme), distribuidora de medicamentos, gratuitamente ou a baixo custo.

Não modificou a Lei n. 6.439/77 as contribuições e os benefícios. Nessa época, a Previdência Social também abrangia a Assistência Social e ações no campo do seguro social.

O Decreto n. 83.080, de 24-1-1979, aprovou o Regulamento dos Benefícios da Previdência Social (RBPS), e o Decreto n. 83.081, de 24-1-1979, expede o Regulamento de Custeio da Previdência Social (RCPS).

A Emenda Constitucional n. 18, de junho de 1981, outorgou o direito a aposentadoria com proventos integrais aos docentes, contando tempo exclusivo de magistério. Os professores se aposentavam com 30 anos de serviço e as professoras com 25 anos.

Com o Decreto n. 89.312, de 23-1-1984, reorganizou-se nova CLPS, consolidando-se as leis supervenientes e estabelecendo-se tipologia mais extensa em relação a vários segurados.

O Decreto-lei n. 2.283, de 27-2-86, instituiu o seguro-desemprego.

O Decreto n. 94.657, de 20-7-1987 e a Portaria n. 4.370, de 2-12-1988, criaram o Programa de Desenvolvimento de Sistemas Unificados e Descentralizados de Saúde dos Estados (SUDS) e estabeleceram normas complementares para o funcionamento deste programa.

1.3.8 Constituição de 1988

A Constituição de 1988 foi promulgada em 5-10-1988, tendo todo um capítulo que trata da Seguridade Social (arts. 194 a 204). A Previdência Social, a Assistência Social e a Saúde passaram a fazer parte do gênero Seguridade Social.

O inciso XII do art. 24 da Constituição menciona que a União, os Estados e o Distrito Federal podem legislar de forma concorrente sobre Previdência Social em razão de seus servidores públicos.

Dispõe o art. 58 do ADCT que "os benefícios de prestação continuada, mantidos pela Previdência Social na data da promulgação da Constituição, terão seus valores revistos, a fim de que seja restabelecido o poder aquisitivo, expresso em número de salários mínimos, que tinham na data de sua concessão, obedecendo-se a esse critério de atualização até a implantação dos planos de custeio e benefícios referidos no artigo seguinte".

As prestações mensais dos benefícios, atualizadas na forma do que foi anteriormente mencionado, serão devidas e pagas a partir do sétimo mês a contar da promulgação da Constituição.

Os projetos de lei relativos à organização da Seguridade Social e aos planos de custeio e de benefícios serão apresentados no prazo máximo de seis meses da promulgação da Constituição ao Congresso Nacional, que terá seis meses para apreciá-los (art. 59 do ADCT). Aprovados pelo Congresso Nacional, os planos serão implantados progressivamente nos 18 meses seguintes.

O Decreto n. 99.060, de 7-3-1990, vinculou o Inamps ao Ministério da Saúde.

O art. 17 da Lei n. 8.029, de 12-4-1990, permitiu a criação do INSS. O Decreto n. 99.350, de 27-6-1990, criou o Instituto Nacional do Seguro Social (INSS), autarquia federal vinculada ao então Ministério do Trabalho e Previdência Social, mediante a fusão do IAPAS com o INPS. O INSS passa a ter a finalidade de cobrar as contribuições e pagar os benefícios. Não há mais dois órgãos para cada finalidade, mas apenas um só.

A Lei n. 8.080, de 19-9-1990, versa sobre a Saúde.

Em 24-7-1991 entraram em vigor a Lei n. 8.212, que trata do custeio do sistema da Seguridade Social, e a Lei n. 8.213, que versa sobre os benefícios previdenciários, visando atender o art. 59 do ADCT.

Tais normas foram regulamentadas pelos Decretos ns. 356 e 357, de 7-12-1991, o primeiro dispondo sobre o sistema de custeio e o segundo, sobre os benefícios.

O Decreto n. 611, de 21-7-1992, deu nova redação ao Regulamento dos Benefícios da Previdência Social, substituindo o regulamento anterior previsto no Decreto n. 357, de 7-12-1991.

O Decreto n. 612, de 21-7-1992, forneceu nova redação ao Regulamento da Organização e do Custeio da Seguridade Social, revogando o Regulamento anterior disciplinado pelo Decreto n. 356, de 7-12-1991.

A Lei n. 8.540, de 22-12-1992, dispôs sobre a contribuição do empregador rural para a Seguridade Social.

A Lei n. 8.689, de 27-7-1993, extinguiu o INAMPS. Suas funções foram atribuídas ao SUS.

A Lei n. 8.742, de 7-12-1993, versou sobre a organização da Assistência Social. É chamada de Lei Orgânica da Assistência Social (LOAS).

A Lei n. 8.870, de 15-4-1994, alterou dispositivos das Leis ns. 8.212/91 e 8.213/91, extinguindo o abono de permanência em serviço e excluindo o 13º salário para o cálculo do salário de benefício.

A LBA e a CBIA (antiga Funabem) foram extintas pela Medida Provisória n. 813, de 1º-1-1995, que foi convertida na Lei n. 9.649/98.

A Lei n. 9.032, de 28-4-1995, fez reforma previdenciária na legislação ordinária: (a) excluiu a pessoa designada da condição de dependente; (b) alterou o critério de cálculo dos benefícios acidentários, que passaram a ser calculados como os benefícios comuns; (c) a aposentadoria especial passou a ser devida apenas se o segurado provar que exerceu o trabalho em contato com elementos químicos, físicos ou biológicos que lhe causarem prejuízo à saúde; (d) não mais permitiu a conversão de atividade comum em especial; (e) vedou a acumulação da pensão deixada por cônjuge ou companheiro, salvo o direito de opção pela mais vantajosa; (f) não mais permitiu a incorporação de 50% do auxílio-acidente ao valor da pensão por morte.

O Decreto n. 2.172, de 5-3-1997, trouxe novo Regulamento dos Benefícios da Previdência Social, revogando o regulamento anterior disciplinado pelo Decreto n. 611/92.

O Decreto n. 2.173, de 5-3-1997, determinou novo Regulamento da Organização e do Custeio da Seguridade Social, revogando o Decreto n. 612/92.

A Medida Provisória n. 1.576, convertida na Lei n. 9.618, de 2-4-1998, e o Decreto n. 2.283, de 24-7-1997, desativaram a Central de Medicamentos (Ceme).

A Lei n. 9.528, de 10-12-1997, trouxe as seguintes alterações: (a) excluiu o menor sob guarda da condição de dependente; (b) excluiu o auxílio-acidente dos benefícios a que faz jus o aposentado que permanece ou retorna ao exercício de atividade; (c) determinou que os agentes nocivos para efeito de aposentadoria especial sejam estabelecidos em norma do Poder Executivo e não por lei específica; (d) o pensionista tem 30 dias para requerer a pensão, sob pena de o benefício ser concedido a partir da data do requerimento e não da data do óbito. Altera contribuições e extingue as aposentadorias especiais do aeronauta, da telefonista, do jogador de futebol, do jornalista e do juiz classista[2] da Justiça do Trabalho.

Atualmente, a Previdência Social pertence ao Ministério do Trabalho e Previdência, estando assim dividida: (a) Conselho Nacional de Previdência Social; (b) Conselho Nacional de Previdência Complementar; (c) Câmara de Recursos da Previdência Complementar; (d) Conselho de Recursos da Previdência Social; (e) Secretaria de Previdência; (f) Secretaria de Previdência Complementar; no Ministério do Desenvolvimento Social há o INSS (art. 7º, parágrafo único, I, da Lei n. 13.341/2016).

A reforma do sistema previdenciário estava sendo discutida no Congresso Nacional há vários anos. Foram editadas várias leis que alteraram diversos dispositivos: Leis ns. 9.701/98, 9.703/98, 9.711/98, 9.715/98, 9.718/98, 9.720/98 e 9.732/98.

A Emenda Constitucional n. 20, de 15-12-1998, estabeleceu a aposentadoria por tempo de contribuição e não mais de serviço, exigindo 35 anos de contribuição do homem e 30 da mulher. Somente os professores de ensino fundamental e médio podem se aposentar com 30 anos (homem) e 25 anos (mulher). O salário-família e o auxílio-reclusão passaram a ser devidos apenas ao dependente do segurado de baixa renda. O teto do benefício passou a R$ 1.200,00.

---

2 A Emenda Constitucional n. 24, de 9-12-1999, extinguiu os juízes classistas.

O Decreto n. 3.048, de 6-5-1999, aprovou o Regulamento da Previdência Social (RPS), revogando os Decretos ns. 2.172/97 e 2.173/97. Agora, há apenas um único regulamento e não dois deles, embora ele trate de custeio e de benefícios.

A Lei n. 9.876, de 26-11-1999, que alterou as Leis ns. 8.212/91 e 8.213/91, complementa a reforma previdenciária e criou o fator previdenciário, prevendo expectativa de vida do segurado para o cálculo do benefício. Seu objetivo foi alcançar o equilíbrio financeiro-atuarial do sistema.

A Emenda Constitucional n. 29/2000 alterou a Constituição para assegurar os recursos mínimos para o custeio das ações e serviços públicos de saúde.

A Lei Complementar n. 108, de 29-5-2001, traçou os requisitos entre os entes políticos e as entidades fechadas de previdência complementar. A Lei Complementar n. 109, de 29-5-2001, regulamentou a Constituição quanto ao regime de Previdência Privada complementar.

A Emenda Constitucional n. 41, de 19-12-2003, estabeleceu nova reforma previdenciária, atingindo muito mais os funcionários públicos. O teto dos benefícios do Regime Geral foi aumentado para R$ 2.400,00.

A Emenda Constitucional n. 47, de 5-7-2005, é a chamada reforma paralela à Emenda Constitucional n. 41, de 19-12-2003. Trata na maior parte de regras previdenciárias de funcionários públicos. Estabelece regras de transição em relação à Emenda Constitucional n. 41/2013.

A Dataprev passa a ser chamada de Empresa de Tecnologia e Informações da Previdência Social.

A partir da vigência da Lei n. 11.457/2007, a União passou a arrecadar as contribuições previdenciárias e o INSS passou a pagar os benefícios.

A Emenda Constitucional n. 103/2019 estabeleceu a idade de aposentadoria de 65 anos para o homem e 62 para a mulher, tanto na área pública como na privada, e fez várias outras alterações.

Verificação de aprendizagem

1. Qual foi a primeira norma que criou a Previdência Social no Brasil e para qual categoria?
2. A partir de quando passaram a ser criados os IAPs?
3. Quando foi editada a primeira Lei Orgânica da Previdência Social?
4. O que era o SINPAS?
5. Como é o atual sistema de Seguridade Social?
6. O que é mutualismo?
7. Como era o sistema instituído por Bismarck?
8. Do que tratou a Lei Eloy Chaves e qual seu conteúdo?

Capítulo 2

DIREITO DA SEGURIDADE SOCIAL

2.1 DENOMINAÇÃO

Alguns autores continuam a entender que o Direito Previdenciário, ou, atualmente, Direito da Seguridade Social, ainda faz parte do Direito do Trabalho.

A Constituição de 1934 usava a palavra *previdenciária* sem a adjetivação *social* (art. 121, § 1º, *h*).

A Constituição de 1937 mudou a denominação anterior, passando a empregar a expressão *seguro social* (art. 137, *m* e *n*). Adotou a denominação utilizada pela doutrina social da Igreja Católica.

Na Constituição de 1946, emprega-se a expressão *previdência social* (art. 157, *caput*, e inciso XVI). As demais constituições passam a adotar a expressão *previdência social*.

Com a promulgação da Constituição de 5 de outubro de 1988, houve a nítida separação entre o Direito da Seguridade Social e o Direito do Trabalho, ao se trazer para o bojo da Lei Maior um capítulo versando sobre a Seguridade Social (arts. 194 a 204).

Na atual Constituição, a Ordem Social abrange a Saúde, a Previdência e a Assistência Social, o que não era previsto na Lei Maior anterior, que incluía a matéria no título da Ordem Econômica, em um único artigo (165), em que tratava de direitos trabalhistas e previdenciários.

Discute-se qual seria o nome correto da disciplina ora em estudo. O *social security* é denominação cunhada por Roosevelt em 1935, com o *Social Security Act* (Lei da Segurança Social). Em 1938, tal denominação foi repetida na Nova Zelândia, firmando-se no âmbito internacional. Emprega-se na França a expressão *securité sociale*, na Itália *sicurezza sociale*, na Espanha *seguridad social*.

A denominação seguridade social já era encontrada no Código Social de Malinas, na Carta do Atlântico, de 1941, e na Declaração dos Direitos do Homem, de 1948.

Para certos autores, seria incorreto falar-se em seguridade social, pois trata-se de um estrangeirismo, advindo do espanhol *seguridad*, que significa, nessa língua, segurança. Daí se dizer que o termo correto deveria ser *segurança social*, tanto que em Portugal utiliza-se esta expressão. Mesmo na língua inglesa, a palavra *security* não quer dizer "seguridade", mas "segurança". Basta lembrar a expressão *national security*, que quer dizer "segurança nacional".

Fábio Leopoldo de Oliveira emprega a expressão "segurança social" também[1].

O próprio Evaristo de Moraes Filho[2], que era adepto do termo "segurança", já, quando coordenador e relator do tema "Ordem Social", da Comissão Provisória de Estudos Constitucionais, passou a preferir a acepção seguridade social, com base em sugestões do então ministro da Previdência Social, Rafael Almeida Magalhães, e de Moacyr Velloso Cardoso de Oliveira.

"Seguridade" provém do latim *securitate(m)*, decorrente de *securitas*. Não se trata, portanto, de castelhanismo, mas palavra que caiu em desuso e foi agora empregada na Constituição.

A expressão "seguridade social" mostra uma concepção de provisão para o futuro, enquanto a expressão "segurança social" dá a ideia de presente.

É de se ressaltar que a atual Constituição, ao se referir à segurança, foi clara no sentido de se utilizar da expressão "segurança pública", abrangendo a polícia, para a preservação da ordem pública (art. 144 da Lei Maior). Quando o Estatuto Supremo quis se referir à seguridade, e não à segurança, empregou a expressão "seguridade social", tal qual se observa nos arts. 194 a 204.

Lembre-se de que a ideia essencial da Seguridade Social é dar aos indivíduos e a suas famílias tranquilidade no sentido de que, na ocorrência de uma contingên-

---

1 OLIVEIRA, Fábio Leopoldo de. *Introdução elementar ao estudo do salário social no Brasil*. São Paulo: LTr, 1974. p. 34); CARDONE, Marly. *Previdência-assistência-saúde*: o não trabalho na Constituição de 1988. São Paulo: LTr, 1990. p. 17; CATHARINO, José Martins. *Temas de direito do trabalho*. Rio de Janeiro: Trabalhistas, 1971. p. 208-209.

2 *A ordem social num novo texto constitucional*. São Paulo: LTr, 1986. p. 8.

cia (invalidez, morte etc.), a qualidade de vida não seja significativamente diminuída, proporcionando meios para a manutenção das necessidades básicas dessas pessoas. Logo, a Seguridade Social deve garantir os meios de subsistência básicos do indivíduo, não só mas principalmente para o futuro, inclusive para o presente, independentemente de contribuições para tanto. Verifica-se, assim, que é uma forma de distribuição de renda aos mais necessitados, que não tenham condição de manter a própria subsistência.

Dessa forma, prefiro essa denominação ampla de Seguridade Social em razão do supraexposto e também porque a Constituição assim versou sobre o tema.

2.2 CONCEITO

Direito da Seguridade Social é o conjunto de princípios, de regras e de instituições destinado a estabelecer um sistema de proteção social aos indivíduos contra contingências que os impeçam de prover as suas necessidades pessoais básicas e de suas famílias, integrado por ações de iniciativa dos Poderes Públicos e da sociedade, visando assegurar os direitos relativos à saúde, à previdência e à assistência social.

A palavra "conjunto" revela que a Seguridade Social é composta de várias partes organizadas, formando um sistema.

Contém a Seguridade Social princípios próprios, que são proposições genéricas das quais derivam as demais normas. Com o conhecimento dos princípios da Seguridade Social, nota-se um tratamento científico dado à disciplina, justificando, também, sua autonomia. A maioria deles está prevista no parágrafo único do art. 194 da Constituição.

Tem o Direito da Seguridade Social inúmeras regras que versam sobre a matéria. A maioria delas está contida nas Leis ns. 8.212/91 e 8.213/91 e suas alterações. O Poder Executivo ainda expede decretos, que são os regulamentos das leis, além de portarias, ordens de serviço, instruções normativas, circulares etc.

No Direito da Seguridade Social não existe apenas um conjunto de princípios e normas, mas também de instituições, de entidades, que criam e aplicam o referido ramo do Direito. Nas mãos do Estado está centralizado todo o sistema de seguridade social, que organiza o custeio do sistema e concede os benefícios e os serviços.

O órgão incumbido dessas determinações é o INSS, autarquia subordinada à Previdência Social. Na Previdência Social há outras instituições, como o Conselho Nacional de Previdência Social etc. Há, ainda, o Ministério da Saúde, que implementa a política de saúde no País. Assim, temos instituições, entidades, algo que perdura no tempo. Não se trata de institutos, que seriam o conjunto de regras referentes a uma mesma matéria.

A palavra *contingência* utilizada na definição é mais correta, por ser uma expressão técnica.

O inciso I do art. 201 da Constituição usa o termo *eventos*. Evento tem um sentido genérico e não técnico, como uma partida de futebol, um espetáculo teatral etc. Morte, por exemplo, não pode ser considerada um evento, pois, do contrário, seria uma festa. A contingência, tendo sentido técnico, diz respeito a algo que pode ou não ocorrer. A palavra *risco* também tem sentido genérico, dizendo respeito ao seguro privado. Isso indica que a palavra *contingência* é mais precisa, pois refere-se ao sistema público de Seguridade Social. A OIT emprega a palavra *contingência*.

A Convenção 102 da OIT considera como contingências: idade avançada, invalidez, morte, enfermidade, maternidade, acidente do trabalho, prestações familiares, desemprego e tratamento médico.

Não é apenas o Poder Público que vai participar do sistema da Seguridade Social, mas toda a sociedade, por intermédio de um conjunto integrado de ações de ambas as partes envolvidas. É claro que eventuais insuficiências financeiras ficarão a cargo da União, porém, isso não desnatura a participação de todos os cidadãos.

O Estado, portanto, vai atender às necessidades que o ser humano vier a ter nas adversidades, dando-lhe tranquilidade quanto ao presente e, principalmente, quanto ao futuro, mormente quando o trabalhador tenha perdido a sua remuneração, de modo a possibilitar um nível de vida aceitável. Evidencia-se que as necessidades citadas são sociais, pois desde que não atendidas irão repercutir sobre outras pessoas e, por consequência, sobre a sociedade inteira. A OIT também entende que a Seguridade Social é parte da proteção social como um todo.

Correto foi o enquadramento da Seguridade Social feito pelo constituinte no título da "Ordem Social" (Título VIII da Lei Maior); porém, os direitos dos trabalhadores, especificados no Capítulo II ("Dos Direitos Sociais"), do Título II ("Dos Direitos e Garantias Fundamentais"), deveriam também estar incluídos no título que versa sobre a Ordem Social, pois não se coadunam tanto com os direitos e garantias fundamentais, mas são pertinentes ao título da "Ordem Social", juntamente com as demais disposições sobre a Seguridade Social.

A Seguridade Social visa, portanto, amparar os segurados nas hipóteses em que não possam prover suas necessidades e as de seus familiares, por seus próprios meios.

O certo é que as necessidades do trabalhador, tanto de remuneração como até de assistência médica, decorrentes do sistema da Seguridade Social, deveriam ser, como ocorre em outros países, independentes de contribuição. Eis a verdadeira ideia de Seguridade Social, em que a pessoa tem direito aos benefícios ou aos serviços, sem necessariamente ter contribuído para o sistema. No entanto, não é o que se observa na Constituição, pois em relação à Previdência Social é preciso contribuição por parte do próprio segurado (art. 201), mas em relação à Assistência Social é desnecessária tal contribuição (art. 203). Mostra-se, assim, um contrassenso dentro do sistema adotado pela nossa Lei Maior.

A Seguridade Social tem característica social, para todos e não individual, embora seja voltada para o indivíduo na condição de trabalhador.

É, bastante ampla a Seguridade Social, podendo até mesmo confundir-se com um programa de governo, um programa de política social. Na verdade, o interessado tem de suportar suas próprias necessidades. Apenas quando não possa suportá-las, é que subsidiariamente irá aparecer a Seguridade Social para ajudá-lo. O preâmbulo da Constituição francesa, de 27-9-1946, mostrava, *v. g.*, que todo ser humano que, em razão de sua idade, estado físico ou mental, esteja incapacitado para o trabalho tem direito de obter da coletividade os meios convenientes de existência.

A Seguridade Social não se confunde com o Direito Social. Essa expressão é atribuída a Cesarino Jr., que diz que o Direito Social é um *tertium genus*, colocado entre o Direito Público e o Direito Privado, estando a Previdência e a Assistência Social incluídas no seu contexto, como espécies. No entanto, o Direito por natureza é social, feito para a sociedade. Assim, todos os seus ramos teriam natureza social, destinados a promover o bem-estar dos indivíduos perante a sociedade.

Distingue-se o Direito da Seguridade Social do Direito do Trabalho. As duas matérias têm por fundamento proteger o trabalhador ou o empregado. A Seguridade Social tem objetivo mais amplo: proteger o homem como indivíduo, mais precisamente como segurado, independentemente do tipo de trabalhador que seja. A Seguridade Social vai proteger o segurado nos momentos em que ele não pode trabalhar. Hoje, o inciso I do art. 22 da Constituição mostra que há distinção entre o Direito do Trabalho e o da Seguridade Social, pois determina que compete privativamente à União legislar sobre Direito do Trabalho, enquanto o inciso XXIII do mesmo artigo é que prescreve à União legislar sobre Seguridade Social, mostrando que são matérias distintas.

2.3 DIVISÃO

A Seguridade Social engloba um conceito amplo, abrangente, universal, destinado a todos que dela necessitem, desde que haja previsão na lei sobre determinada contingência a ser coberta. É, na verdade, o gênero do qual são espécies a Previdência Social, a Assistência Social e a Saúde, que serão estudadas destacadamente nos capítulos seguintes.

A Previdência Social vai abranger, em suma, a cobertura de contingências decorrentes de doença, invalidez, velhice, desemprego, morte e proteção à maternidade, mediante contribuição, concedendo aposentadorias, pensões etc.

A Assistência Social irá tratar de atender os hipossuficientes, destinando pequenos benefícios a pessoas que nunca contribuíram para o sistema (ex.: renda mensal vitalícia).

A Saúde pretende oferecer uma política social e econômica destinada a reduzir riscos de doenças e outros agravos, proporcionando ações e serviços para a proteção e recuperação do indivíduo.

Será estudada a Seguridade Social compreendendo a Introdução ou Teoria Geral, que compreende histórico, denominação, conceito, relações, até princípios. Em seguida, será estudado o custeio da Seguridade Social, os segurados, os contribuintes, as contribuições, até prescrição e decadência. Depois serão estudadas a Previdência Social, a Previdência Complementar, a Assistência Social e a Saúde.

Verificação de aprendizagem

1. Qual é a denominação empregada para a matéria em estudo? Por quê?
2. Qual o conceito de Seguridade Social?
3. Depende a Seguridade Social de contribuição em todos os casos?
4. Quais são suas espécies?

Capítulo 3

AUTONOMIA DO DIREITO DA SEGURIDADE SOCIAL

Envolve a autonomia de um ramo do Direito, aspecto meramente didático. Verifica-se apenas se aquela disciplina reúne um grupo suficiente de regras jurídicas, de forma orgânica. Não se pode dizer, porém, que um ramo do Direito seria autônomo do próprio Direito, pois seria o mesmo que admitir a autonomia da espécie em relação ao gênero.

Duas teorias informam a autonomia do Direito da Seguridade Social. A primeira, teoria monista, entende que a Seguridade Social está dentro do âmbito do Direito do Trabalho, sendo mero apêndice deste. Alguns autores entendiam que a Previdência Social fazia parte do Direito do Trabalho, sendo uma de suas divisões, quais sejam: Direito Individual do Trabalho, Direito Coletivo do Trabalho, Direito Tutelar do Trabalho, Previdência Social e Assistência Social.

José Martins Catharino[1] entende que não há autonomia, mas um precário direito da seguridade social, que não se afasta do quadro geral do Direito do Trabalho; pondera que o Direito Previdenciário já alcança notável desenvolvimento, que vai se tornando gradativamente disciplina autônoma, com objeto próprio.

Cesarino Jr. entendia que o Direito Social englobava a Previdência Social.

---

1 *Compêndio de direito do trabalho*. São Paulo: Saraiva, 1981. p. 227.

Octavio Bueno Magano dividia o Direito do Trabalho em: Parte Geral, Direito Individual do Trabalho, Direito Coletivo do Trabalho, Direito Tutelar do Trabalho, Previdência e Assistência Social.

A segunda teoria, denominada teoria dualista, dispõe que há autonomia do Direito da Seguridade Social, mostrando que esse ramo do Direito não se confunde com o Direito do Trabalho.

A Emenda Constitucional n. 1/69, já previa no art. 165 várias disposições previdenciárias, o que mostra que o Direito da Seguridade Social vinha se desdobrando do Direito do Trabalho, mas tal norma não fazia distinção entre direitos trabalhistas e previdenciários, que eram englobados em vários incisos desse artigo.

Vários doutrinadores, porém, já entendiam a plena autonomia da previdência social em relação ao Direito do Trabalho, como: Arnaldo Süssekind, Mozart Victor Russomano, Moacir Velloso Cardoso de Oliveira etc.

A Constituição de 1988, no entanto, acabou com tal celeuma, ao estatuir um capítulo próprio para a seguridade social (Capítulo II), incluído no Título VIII ("Da Ordem Social"), no qual constam várias disposições sobre seguridade social, abrangendo a Previdência Social, Assistência Social e Saúde (arts. 194 a 204), tornando-o totalmente desvinculado do Direito do Trabalho, que teve suas determinações incluídas no Capítulo II ("Dos Direitos Sociais") do Título II ("Dos Direitos e Garantias Fundamentais"), no art. 7º.

A relação na Seguridade Social é formada entre os particulares e o Estado. No Direito do Trabalho, a relação existente é entre dois particulares: empregado e empregador. Essa relação é contratual, decorre do ajuste de vontades entre os interessados. Na Seguridade Social, a relação depende da previsão da lei e não da vontade das partes.

Segundo Alfredo Rocco[2], para caracterizar a autonomia de uma ciência é mister que: a) ela seja bastante vasta a ponto de merecer um estudo de conjunto, adequado e particular; b) ela contenha doutrinas homogêneas dominadas por conceitos gerais comuns e distintos dos conceitos gerais que informam outras disciplinas, e; c) possua método próprio, empregando processos especiais para o conhecimento das verdades que constituem objeto de suas investigações. Na verdade, não existe método próprio no estudo do Direito. O método é um só e vale para todos os seus ramos.

---

2 ROCCO, Alfredo. *Principii di diritto commerciale*. Turim: Utet, 1928. p. 72.

Serão examinados os aspectos levantados pelo ilustre jurista sob o ângulo do desenvolvimento legal, doutrinário, didático, da existência de princípios e instituições próprias etc.

Hoje, a Seguridade Social possui um número suficientemente grande de normas, embora não exista um código sobre o tema. Partindo-se da Lei Eloy Chaves, observam-se várias disposições que versam sobre a matéria: Lei n. 3.807/60 (Lei Orgânica da Previdência Social – LOPS); Decretos-leis ns. 66/66 e 72/66, que tratam de normas previdenciárias, complementando a Lei n. 3.807/60; Lei n. 5.890/73, que alterou vários dispositivos da Lei n. 3.807; Lei n. 6.367/76 (acidente do trabalho); as normas que consolidaram a CLPS (Decreto n. 89.312/84), por meio do Regulamento de Benefícios (Decreto n. 83.080/79) e do Regulamento de Custeio (Decreto n. 83.081/79); as atuais Leis ns. 8.212/91 e 8.213/91, respectivamente Plano de Custeio e de Benefícios da Previdência Social, regulamentadas pelo Decreto n. 3.048/99; Lei n. 8.742/93, que trata da Assistência Social; e Lei n. 8.080/90, que versa sobre a Saúde. O Direito da Seguridade Social é estruturado de acordo com corpos normativos organizados.

Vários conceitos utilizados pela Seguridade Social não são encontrados em outros ramos do Direito, como o de segurados, salário de benefício, salário de contribuição, auxílio-doença, renda mensal inicial, auxílio-reclusão.

Possui a Seguridade Social princípios próprios, elencados nos incisos I a VII do parágrafo único do art. 194 da Constituição, assim como outros, como o da solidariedade, da universalidade etc.

A Seguridade Social tem instituições próprias, entre elas o INSS, o Conselho Nacional de Previdência Social, o Conselho Nacional de Assistência Social, o Ministério da Saúde, o Ministério do Trabalho e Previdência etc.

O inciso XXIII do art. 22 da Constituição dispõe que compete privativamente à União legislar sobre Seguridade Social. Isso indica que a Seguridade Social não mais está atrelada ao Direito do Trabalho, pois, do contrário, o legislador constituinte diria que a União iria legislar apenas sobre Direito do Trabalho e não sobre Seguridade Social.

Os incisos I e XXIII do art. 22 da Constituição mostram que o Direito do Trabalho é distinto do Direito da Seguridade Social, pois as matérias estão tratadas em incisos distintos do mesmo artigo.

A autonomia didática não é ainda notada, pois não são muitas as faculdades que têm uma cadeira de Direito Previdenciário ou de Direito da Seguridade Social. As faculdades passam a ter a disciplina, dada a necessidade de se estudar a matéria, que é exigida, inclusive, em concursos públicos. O juiz federal tem de saber a matéria, pois julga benefícios e contribuições previdenciárias. O juiz de direito julga benefícios previdenciários decorrentes de acidentes do trabalho, devendo ter noção dos benefícios previdenciários, especialmente dos acidentários. O promotor de justiça é o curador de acidentes do trabalho, devendo conhecer a matéria. O juiz do trabalho deve ter noções do tema, vez que incidentalmente pode julgar questões de acidente do trabalho, tendo de conhecer qual é seu conceito para aplicar no caso que lhe foi submetido à apreciação. Tem, também, de ter conhecimentos de benefícios previdenciários, quando o contrato de trabalho do empregado está suspenso, ou então saber a partir de que momento o benefício é devido, pois, geralmente, no afastamento do empregado por doença ou acidente do trabalho, os 15 primeiros dias são pagos pelo empregador e o benefício começa no 16º dia de afastamento do empregado.

A autonomia científica já é notada, pois existem várias obras de vulto sobre Seguridade Social, principalmente as do jurista Wladimir Novaes Martinez, quem mais escreveu sobre o tema, quer por intermédio de seus livros, quer por artigos em revistas especializadas.

O Direito da Seguridade Social não se confunde com o Direito do Trabalho. A relação do segurado é com uma entidade de natureza pública. A relação é pública, decorrente da previsão legal. A relação do empregado é com o empregador. Existe um contrato de trabalho. É uma relação privada. No direito do trabalho, o interesse é do empregado, individualmente. Na seguridade social, o sistema proporciona benefícios para as pessoas. Tem característica coletiva.

Já há, portanto, autonomia do Direito da Seguridade Social em relação ao Direito do Trabalho, principalmente com a promulgação da Constituição de 1988, ao prever capítulo próprio sobre o tema.

Certos Estados têm varas de acidente do trabalho. Em certas regiões, há varas previdenciárias e juizados especiais previdenciários. Os Tribunais Regionais da 3ª e 4ª Regiões, com sede em São Paulo e Porto Alegre, respectivamente, têm turmas especializadas em Previdência Social.

O mais correto seria a criação de um Ministério da Seguridade Social, de modo a englobar procedimentos administrativos quanto à Previdência Social, Assistência Social e Saúde, e não como se faz hoje, em razão de critérios políticos.

Verificação de aprendizagem

1. Quais as teorias que informam o Direito da Seguridade Social?
2. Há autonomia do Direito da Seguridade Social?
3. Possui a Seguridade Social normas em número suficiente, de modo a ser necessário um estudo de conjunto?

Capítulo 4

POSIÇÃO ENCICLOPÉDICA DO DIREITO DA SEGURIDADE SOCIAL

A taxionomia ou posição enciclopédica vai estudar onde um ramo do Direito se enquadra dentro do próprio Direito.

Ulpiano já dividia o Direito em público e privado, embora entendendo tal classificação como meramente didática, pois o Direito enquanto Ciência é o gênero, tendo seus diversos ramos, que são considerados espécies. Cada ramo do Direito mantém relações e conexões com as demais espécies do gênero.

No século XIX, os juristas de tradição romanista entendiam que o direito público era aquele que envolvia a organização do Estado. Já o direito privado era o que dizia respeito ao interesse dos particulares. Essa orientação permanece nos dias atuais.

A posição enciclopédica do Direito da Seguridade Social situa-se no campo do direito Público. Desde o Decreto-lei n. 72/66, o sistema é público, pois houve a unificação dos vários institutos até então existentes no antigo INPS. Toda a base do sistema tem sede na Constituição. Seus princípios (art. 194, parágrafo único, incisos I a VII) e demais normas gerais que dão suporte à matéria estão consagrados na Lei Maior, que destinou o Capítulo II ("Da Seguridade Social"), dentro do Título VIII ("Da Ordem Social"), para versar sobre o tema (arts. 194 a 204). As leis ordinárias que completam o sistema têm cunho nitidamente publicista, em razão do sistema ser administrado pelo Estado, por órgão do Poder Executivo destinado a aplicar a matéria. Apesar de existir a possibilidade de os segurados se filiarem à previdência privada, todo o sistema é gerido e administrado pelo Instituto Nacional do Seguro Social (INSS), órgão ligado a Previdência Social. As contribuições para o sistema são impostas por lei, gerando recursos para o pagamento dos benefícios e a prestação de serviços, que são feitos pelo Estado.

Embora existam normas coletivas ou regulamentos de empresa que assegurem complementações de aposentadoria (como as do Banco do Brasil, da Caixa Econômica Federal), tais normas não podem servir para justificar a natureza privada do Direito da Seguridade Social. Na verdade, são preceitos subsidiários que estão no âmbito do Direito do Trabalho.

A Lei Complementar n. 109/2001, que trata da previdência privada complementar, é exceção, pois tem por objetivo complementar a aposentadoria deferida pelo INSS. É um contrato de adesão.

4.1 NATUREZA JURÍDICA DO DIREITO DA SEGURIDADE SOCIAL

A lei é que determina quais são os direitos (benefícios) e obrigações (contribuições) atinentes à Seguridade Social.

Estabelece a Constituição que há competência concorrente entre a União, os Estados-membros e o Distrito Federal para legislar sobre "previdência social, proteção e defesa da saúde" (art. 24, XII). Os municípios não estão incluídos nessa competência concorrente, nem esses entes têm competência concorrente para legislar sobre assistência social. No âmbito da competência concorrente, a União estabelecerá normas gerais, que suspendem a eficácia da lei estadual no que lhe for contrário. Cabe, contudo, à União, privativamente, legislar sobre seguridade social (art. 22, XXIII).

Não é de se entender que a natureza da Seguridade Social seja contratual e que decorreria do contrato de trabalho, mas de lei, embora na vigência do contrato de trabalho é que ocorra o desconto da contribuição previdenciária. Outros trabalhadores, todavia, não vinculados por contrato de trabalho, também recolhem contribuições à Previdência Social, como autônomos, sócios, diretores. Até mesmo a empresa tem uma parcela calculada sobre os rendimentos da prestação de serviços que é por ela recolhida diretamente, além do desconto feito a empregados. O benefício, também, é decorrente de lei.

A natureza jurídica da Seguridade Social é publicista, decorrente de lei (*ex lege*) e não da vontade das partes (*ex voluntates*). Não se pode dizer que teria uma natureza tripartite, pois tripartite seria o sistema de custeio da Seguridade Social, envolvendo a participação da União, dos Estados-membros, do Distrito Federal e dos Municípios, dos trabalhadores e dos empregadores, incluindo a receita de concursos de prognósticos, o que implicaria uma concepção quadripartite (art. 195, incisos I a III, da Constituição).

Decorre da lei a natureza jurídica da Seguridade Social. Tem, portanto, cunho publicístico, abrangendo o contribuinte, o beneficiário e o Estado, que arrecada as contribuições, paga os benefícios e presta os serviços, administrando o sistema.

A relação jurídica é decorrente do exercício da atividade laboral remunerada em relação aos segurados obrigatórios.

Em relação ao segurado facultativo, há necessidade da vontade do segurado de se filiar ao sistema, recolhendo a contribuição.

A Seguridade Social compreende um sistema de Direito Social. É um direito fundamental da pessoa humana. O sistema tem característica de distribuição de renda.

Verificação de aprendizagem

1. Qual é a posição enciclopédica do Direito da Seguridade Social?
2. Explicar a natureza jurídica do Direito da Seguridade Social.

Capítulo 5

RELAÇÕES DO DIREITO DA SEGURIDADE SOCIAL COM OS DEMAIS RAMOS DO DIREITO

5.1 DIREITO CONSTITUCIONAL

A Constituição de 1988 tratou do Direito da Seguridade Social em todo um Capítulo, denominado "Da Seguridade Social", dentro do Título VIII ("Da Ordem Social"). Regula a Seguridade Social nos arts. 194 a 204.

Existem, ainda, alguns dispositivos esparsos no art. 7º, que versa sobre direitos dos trabalhadores urbanos e rurais, como: seguro-desemprego (inciso II); 13º salário com base na remuneração integral ou no valor da aposentadoria (inciso VIII); salário-família (inciso XII); licença à gestante, sem prejuízo do emprego e do salário, com duração de 120 dias (inciso XVIII); aposentadoria (inciso XXIV); assistência gratuita aos filhos e dependentes desde o nascimento até cinco anos de idade em creches e pré-escolas (inciso XXV); e seguro contra acidentes do trabalho, a cargo do empregador (inciso XXVIII).

Como se vê, a estrutura do sistema da Seguridade está delineada pela Lei Fundamental, que traça os contornos nos quais a lei ordinária irá complementá-la.

Em futura reforma da Constituição, deveria haver desconstitucionalização dos preceitos de Seguridade Social contidos na Lei Maior.

Na verdade, da Constituição deveriam constar apenas princípios e não matéria de lei ordinária, como ocorre na Lei Maior de 1988, entre outras coisas; daí a necessidade de desconstitucionalização.

A ideia de desconstitucionalização de certos direitos também é válida, principalmente daqueles mais polêmicos ou dos que dependem de uma política econômica, pois a possibilidade de mudança de um preceito da Constituição é muito mais difícil do que se estivesse inserido em lei ordinária, em razão do *quorum* ser de 3/5 em cada casa do Congresso Nacional.

5.2 DIREITO DO TRABALHO

Alguns autores entendem que a Seguridade Social, ou a Previdência Social, ainda faz parte do Direito do Trabalho. Segundo esta corrente, o Direito do Trabalho poderia ser assim dividido: Direito Individual do Trabalho, Direito Coletivo do Trabalho, Direito Tutelar do Trabalho ou Direito Administrativo do Trabalho, Direito Processual do Trabalho e Previdência Social.

No entanto, com a Constituição de 1988, foi consagrado o Direito da Seguridade Social como gênero que engloba a Previdência Social, a Assistência Social e a Saúde. Assim, já está estabelecida a autonomia do Direito da Seguridade Social.

O Direito da Seguridade Social, entretanto, vai se abeberar em vários conceitos oriundos do Direito do Trabalho, como o de empregado (art. 3º da CLT), empregador (art. 2º da CLT), remuneração (art. 457 da CLT), salário (art. 457, § 1º, da CLT), salário-utilidade (art. 458 da CLT) etc. Também utiliza o Direito da Seguridade Social conceitos advindos da legislação trabalhista esparsa, como de empregado doméstico (art. 1º da Lei Complementar n. 150/2015), de trabalhador temporário (art. 16 do Decreto n. 73.841/74) etc.

O relacionamento do Direito da Seguridade Social com o Direito do Trabalho é tão grande que alguns doutrinadores preconizam ser o primeiro parte do segundo. Contudo, não é o que ocorre atualmente, em razão da clara disposição constitucional (arts. 194 a 204).

5.3 DIREITO ADMINISTRATIVO

As determinações da Seguridade Social são feitas por meio de regras estabelecidas pela Administração Pública e pela legislação ordinária. A primeira baixa normas administrativas. Russomano[1] já chegou a dizer que considera a relação entre os dois ramos do Direito tão próxima que "o Direito da Previdência Social nasceu do Direito Administrativo e caminha, durante longos anos, ao lado do Direito do Trabalho".

---

[1] RUSSOMANO, Mozart Victor. *Curso de previdência social*. Rio de Janeiro: Forense, 1979. p. 55.

A normatização administrativa é feita por decreto editado pelo presidente da República: o Decreto n. 3.048/99, que é o Regulamento da Previdência Social. São expedidas portarias, ordens de serviço, procurando esclarecer a lei e os decretos baixados sobre a matéria.

No âmbito dos recursos administrativos, a orientação administrativa é de suma relevância, mormente pelos julgamentos feitos pelas Delegacias de Julgamento e, em segundo grau administrativo, pelo Conselho Administrativo de Recursos Fiscais. Tais órgãos são colegiados, que irão julgar no âmbito administrativo as contribuições. Têm papel relevante, que é o de uniformizar a jurisprudência no plano administrativo. As Juntas de Recursos do Seguro Social (JRSS) e o Conselho de Recursos do Seguro Social também julgam recursos administrativos dos segurados em matéria de benefícios.

O INSS é uma autarquia, autorizada a sua criação pela Lei n. 8.029/90, regendo-se por regras de Direito Administrativo. Pertence à Administração Pública indireta.

O art. 75 da Constituição de 1891 determinou que as aposentadorias seriam dadas aos funcionários públicos que se invalidassem a serviço da Nação. Assim, a aposentadoria surge no sistema público e depois passa para os demais trabalhadores. Atualmente, a Lei n. 8.112/90 trata não só de direitos dos funcionários públicos, mas também de benefícios, inclusive aposentadorias, mostrando a íntima relação com a Previdência Social.

A exigência da contribuição previdenciária também importa em ato administrativo. O lançamento, que constitui o crédito da Seguridade Social, é um ato administrativo plenamente vinculado, gerando inclusive responsabilidade para o agente administrativo.

A inscrição do segurado perante o INSS e a concessão do benefício pelo mesmo órgão também compreendem atos administrativos motivados.

5.4 DIREITO CIVIL

A Seguridade Social nasce das regras do seguro privado do Direito Civil, mas desenvolve-se de forma específica.

A Previdência Social foi a primeira a dar tratamento à esposa ilegítima, à concubina, em razão da sua dependência econômica com o segurado. Esse tratamento foi aceito tanto pela doutrina como pela jurisprudência no Direito Civil, no qual a Seguridade Social foi buscar o conceito para assegurar certos benefícios à concubina.

No caso de falecimento do segurado separado ou divorciado, discute-se o direito à pensão por morte pela ex-cônjuge.

O Direito da Seguridade Social também adota certos conceitos atinentes ao Direito de Família, Obrigações e Sucessões, que são pinçados do Direito Civil e trazidos para o seio da disciplina ora em comentário.

A relação com o Direito Civil se verifica, por exemplo, na responsabilidade do empregador pela ocorrência de acidente do trabalho.

A relação com o Direito Civil também ocorre quanto à Previdência Privada complementar, pois é feito um contrato entre as partes, de natureza civil, embora haja a interferência do Estado na relação para regulá-la.

5.5 DIREITO COMERCIAL

Não há dúvida de que a empresa hoje é a principal fonte de recursos da Seguridade Social. É dela que provém a maior parte da arrecadação da Seguridade Social, detendo a maior participação no custeio dos futuros benefícios previdenciários a serem concedidos aos trabalhadores.

O conceito de empresário também é importante para a Seguridade Social, pois ele é um dos segurados obrigatórios individuais do sistema.

O Direito da Seguridade Social aplica os conceitos de recuperação judicial e falência, principalmente quanto à habilitação do crédito previdenciário. Por outro lado, a contabilidade da empresa servirá de prova para a verificação do recolhimento das contribuições da Seguridade Social.

5.6 DIREITO PENAL

A Constituição consagra o princípio de que não haverá crime, sem lei anterior que o defina, nem pena, sem prévia cominação legal (art. 5º, XXXIX). O Código Penal dispõe quais são os crimes praticados contra a Seguridade Social, como a sonegação do recolhimento das contribuições da seguridade social (art. 337-A), a apropriação indébita previdenciária (art. 168-A), a falsidade material e a falsidade ideológica etc.

No auxílio-reclusão, há necessidade de saber sobre as penas e o regime aplicados ao preso para entender se ele tem direito ao benefício.

As empresas que transgredirem as disposições legais podem ter suspensos empréstimos por instituições financeiras oficiais, revistos incentivos fiscais, não conseguir licitar ou contratar com a administração pública (art. 95, § 2º, da Lei n. 8.212/91).

5.7 DIREITO INTERNACIONAL

A relação do Direito da Seguridade Social com o Direito Internacional Público é constatada por meio dos tratados e convenções internacionais sobre a matéria.

Há longo tempo, verificam-se tratados sobre tratamento recíproco a respeito de reparação de acidentes do trabalho, como entre Bélgica e Luxemburgo, em 1905; entre França e Inglaterra, em 1909; entre Alemanha e Espanha, em 1913.

Após a Segunda Guerra Mundial, cresceu o número de tratados sobre Seguridade Social prevendo reciprocidade entre as prestações de seguro social.

Em decorrência da criação da Comunidade Econômica Europeia, foi criado o Código Europeu de Seguridade Social, que foi complementado pela Convenção Europeia de Seguridade Social, de 1972.

O Código Europeu de Seguridade Social foi aprovado conjuntamente com um Protocolo, em 1954. Estes entraram em vigor em março de 1968. A Repartição Internacional do Trabalho ajudou na sua elaboração, tomando por base a Convenção n. 102 da OIT, que trata de normas mínimas de seguridade social. O Código estabelece, para sua validade, que o Estado signatário aceite seis de suas nove partes. O Protocolo exige que a ratificação inclua oito de suas nove partes.

A Convenção Europeia de Seguridade Social dispõe sobre a igualdade de tratamento de estrangeiros, entre outras normas. Estados não integrantes das Comunidades Europeias podem aderir a tal norma.

Anteriormente, os acordos de Previdência Social celebrados pelo Brasil eram feitos com países em relação aos quais tinha havido emigração para o nosso País.

O Brasil mantém diversos tratados de direitos recíprocos quanto à Previdência Social, como com Portugal, no qual se assegura a contagem do tempo de serviço em ambos os países (Decreto n. 67.695, de 3-12-1970). Foi feito novo acordo de Seguridade Social entre Brasil e Portugal em 7-5-1991, tendo sido aprovado pelo Congresso em 23-12-1992, sendo que o Decreto n. 1.457, de 17-4-1995, promulgou o referido acordo.

Com a Espanha há o acordo de Previdência Social de 25-4-1969, aprovado pelo Decreto Legislativo n. 68, de 2-10-1970, promulgado pelo Decreto n. 68.503, de 14-4-1971. O Protocolo Adicional ao acordo foi promulgado pelo Decreto n. 86.828, de 8-1-1982, que foi aprovado pelo Decreto Legislativo n. 63, de 1981.

Outros tratados sobre seguridade social foram firmados com: Luxemburgo, em 16-11-1965; Itália, em 19-3-1973; Cabo Verde, sobre Previdência Social, estendendo aos nacionais de ambos os países as disposições do Acordo Brasil-Portugal.

Com a Argentina temos acordo de Previdência Social quanto ao tratamento recíproco de vários benefícios, com exceção da aposentadoria por tempo de serviço, que naquele país não existe. O Congresso Nacional o aprovou pelo Decreto Legislativo n. 95, de 5-10-1982. O acordo foi promulgado pelo Decreto n. 87.918, de 7-12-1982.

Com o Paraguai temos Tratado de Direitos Trabalhistas e Previdenciários recíprocos, em razão da construção da hidroelétrica de Itaipu (Decreto n. 75.242, de 17-1-1975). Com a Itália temos acordo administrativo referente à aplicação dos arts. 37 e 43 de Acordo de Migração de abril de 1973. Com o Uruguai há o Decreto n. 85.248, de 13-10-1980, que trata de questões de Previdência Social. Com o Chile há o convênio de Previdência Social, que foi promulgado pelo Decreto n. 7.281/2010.

O Congresso Nacional aprovou o Acordo de Previdência Social Brasil-Japão pelo Decreto Legislativo n. 298, de 30-9-2011. O Decreto n. 7.702, de 15-3-2012, promulgou o referido tratado.

O Tratado Brasil/Canadá sobre previdência social foi aprovado pelo Decreto Legislativo n. 421, de 28-11-2013, e promulgado pelo Decreto n. 8.288/2014.

O Tratado Brasil/França sobre Previdência Social foi aprovado pelo Decreto Legislativo n. 2, de 16-1-2014, e promulgado pelo Decreto n. 8.300, de 29-8-2014.

O Decreto Legislativo n. 245, de 7-6-2013, aprovou o acordo de Previdência Social entre Brasil e Bélgica. O Decreto n. 8.405, de 11-2-2015, promulgou o acordo.

O Decreto Legislativo n. 97, de 12-5-2015, aprovou o acordo de Previdência Social do Brasil e Quebec.

O Decreto Legislativo n. 152, de 17-7-2015, aprovou o acordo de Previdência Social entre o Brasil e a Coreia.

O Congresso Nacional aprovou o acordo de Previdência Social entre Brasil e Suíça pelo Decreto Legislativo n. 54, de 18-6-2019. O Decreto n. 10.038/2019 promulgou o referido acordo.

O Brasil celebrou a Convenção Ibero-Americana de Cooperação em Seguridade Social em 12-2-1981. O Acordo Multilateral de Seguridade Social no Mercosul, celebrado em 15-12-1977 e promulgado pelo Decreto n. 5.722, de 13-3-2006, permite a contagem do tempo de contribuição relativo ao trabalho exercido em qualquer dos países integrantes do Mercosul, para efeito de aposentadoria por idade ou incapacidade e pensão por morte. Cada país paga sua parte *pro rata* ao tempo de trabalho nele exercido (art. 2º).

A Declaração Universal dos Direitos do Homem, de 1948, prevê no art. XXII que "todo homem, como membro da sociedade, tem direito à segurança social...". Dispõe o art. XXV que "todo homem tem direito a um padrão de vida capaz de assegurar a si e a sua família saúde e bem-estar, inclusive alimentação, vestuário, habitação, cuidados médicos e os serviços sociais indispensáveis, o direito à seguridade no caso de desemprego, doença, invalidez, viuvez, velhice ou outros casos de perda dos meios de subsistência em circunstâncias fora de seu controle".

A Organização Internacional do Trabalho (OIT) edita normas de Direito do Trabalho, mas também estabelece, por meio de convenções e recomendações, preceitos atinentes à Previdência Social. A Convenção n. 3 prevê o emprego da mulher, antes e depois do parto; a Convenção n. 17 trata da indenização por acidente do trabalho; a Convenção n. 18 versa sobre a indenização por doença profissional; a Convenção n. 19 especifica regras quanto à igualdade de tratamento entre estrangeiros e nacionais no que diz respeito à indenização de acidente do trabalho; a Convenção n. 24 determina orientações sobre o seguro-doença para os trabalhadores na indústria, no comércio e em serviços domésticos; a Convenção n. 25 trata do seguro-doença para os trabalhadores agrícolas; a Convenção n. 42 versa sobre a indenização por doenças profissionais; as Convenções nos 56 e 70 especificam sobre o seguro-doença para os marítimos; a Convenção n. 102 traz orientações sobre a base do Sistema de Segurança Social (foi aprovada pelo Decreto Legislativo n. 269/2008). Enumera que o sistema deve abranger prestações contra os riscos de desemprego, idade avançada, acidente do trabalho e doença profissional, invalidez, morte, assistência médica, encargos familiares, maternidade e doença; a Convenção n. 103, ratificada pelo Brasil, dispõe, entre outras coisas, sobre a licença à gestante, que fica a cargo do órgão público da Previdência Social; a Convenção n. 117 determina regras sobre política social; a Convenção n. 118, que trata da igualdade de tratamento entre nacionais e estrangeiros em matéria de Segurança Social, foi promulgada pelo Decreto n. 66.497, de 27-4-1970; a Convenção n. 123 menciona regras sobre acidentes do trabalho e doenças profissionais; a Convenção n. 128 especifica orientações sobre invalidez, velhice e sobreviventes; a Convenção n. 130 versa sobre assistência médica. As principais Recomendações são: 22 (indenizações mínimas); 25 (igualdade de tratamento entre estrangeiros e nacionais); 29 (seguro-doença); 67 (diretrizes para a garantia dos meios de subsistência); 69 (sobre assistência médica); 75 (sobre a segurança social dos marítimos); 95 (proteção à maternidade); 121 (acidente do trabalho) e 134 (assistência médica).

A relação do Direito da Seguridade Social com o Direito Internacional privado ocorre quanto aos conflitos de leis no espaço. Seria o caso de um trabalhador ser contratado na Espanha e vir a trabalhar no Brasil. Aqui, sofre acidente do trabalho. Qual é a lei aplicável para a reparação do infortúnio, a brasileira, a espanhola ou outra qualquer?

5.8 DIREITO TRIBUTÁRIO

A relação do Direito da Seguridade Social com o Direito Tributário é muito grande.

Essa relação torna-se mais evidenciada no tocante ao custeio do sistema da Seguridade Social. Começa com o problema da natureza jurídica da contribuição à Seguridade Social, se é ou não tributo. Também é possível verificar tal relação quando se analisa a questão do lançamento previdenciário, que vai buscar normas subsidiárias no art. 142 do CTN para a constituição do crédito previdenciário. Os prazos de decadência e prescrição da contribuição previdenciária são previstos nos arts. 173 e 174 do CTN.

É possível aplicar outros conceitos oriundos do Direito Tributário, como o de fato gerador (art. 114 do CTN), obrigação (art. 113 do CTN), sujeito ativo (art. 119 do CTN), sujeito passivo (art. 121 do CTN), incidência, base de cálculo, contribuintes (art. 121, parágrafo único, I, do CTN), dívida ativa (art. 201 do CTN) etc.

5.9 DIREITO FINANCEIRO

Há também relação da matéria em exame com o Direito Financeiro, principalmente quanto à fixação da receita que irá para os cofres da Previdência Social.

O § 2º do art. 195 do Estatuto Supremo deixa claro que "a proposta de orçamento da Seguridade Social será elaborada de forma integrada pelos órgãos responsáveis pela Saúde, Previdência e Assistência Social, tendo em vista as metas e prioridades estabelecidas na Lei de Diretrizes Orçamentárias, assegurada a cada área a gestão de seus recursos". O inciso III, do § 5º, do art. 165, da Lei Magna dispõe que a lei orçamentária anual compreenderá "o orçamento da seguridade social, abrangendo todas as entidades e órgãos a ela vinculados, da administração direta ou indireta, bem como os fundos e as fundações instituídos e mantidos pelo Poder Público".

É vedada a utilização dos recursos provenientes das contribuições sociais dos empregadores e dos trabalhadores para a realização de despesas distintas do pagamento de benefícios do regime geral de previdência social (art. 167, XI, da Constituição).

Nota-se que, a partir de 5 de outubro de 1988, a relação da Seguridade Social com o Direito Financeiro é manifesta, pois há necessidade de o orçamento da Seguridade Social constar da Lei Orçamentária anual, destacadamente. Assim, o orçamento da Seguridade Social ganhou autonomia, não se confundindo com o orçamento do Tesouro Nacional.

O orçamento próprio da Seguridade Social tem por objetivo que não sejam usados recursos da Seguridade Social para pagamento de outras obrigações do governo. Ao contrário, as receitas são formadas para pagamento dos benefícios.

As receitas dos Estados, do Distrito Federal e dos Municípios destinadas à Seguridade Social constarão dos respectivos orçamentos, não integrando o orçamento da União (§ 1º do art. 195 da Constituição).

As propostas orçamentárias anuais ou plurianuais da Seguridade Social serão elaboradas por Comissão integrada por três representantes, sendo um da área da Saúde, um da área da Previdência Social e um da área da Assistência Social (art. 8º da Lei n. 8.212/91).

No orçamento da Seguridade Social, serão fixadas as receitas e as despesas do sistema. As despesas são os pagamentos de benefícios e os administrativos. As receitas são, por exemplo, as decorrentes da arrecadação das contribuições.

É vedada, na forma estabelecida na lei complementar de que trata o § 22 do art. 40 da Lei Maior, a utilização de recursos de regime próprio de previdência social, incluídos os valores integrantes dos fundos previstos no art. 249, para a realização de despesas distintas do pagamento dos benefícios previdenciários do respectivo fundo vinculado àquele regime e das despesas necessárias à sua organização e ao seu funcionamento (art. 167, XII, da Constituição); a transferência voluntária de recursos, a concessão de avais, as garantias e as subvenções pela União e a concessão de empréstimos e de financiamentos por instituições financeiras federais aos Estados, ao Distrito Federal e aos Municípios na hipótese de descumprimento das regras gerais de organização e de funcionamento de regime próprio de previdência social (art. 167, XIII).

Ao se falar no princípio da diversidade da base de custeio, devem ser identificadas, em rubricas contábeis específicas para cada área, as receitas e as despesas vinculadas a ações de saúde, previdência e assistência social, preservado o caráter contributivo da previdência social (art. 194, parágrafo único, VI, da Constituição).

Verificação de aprendizagem

1. Qual a relação do Direito da Seguridade Social com o Direito Constitucional?
2. Há relação do Direito da Seguridade Social com o Direito Financeiro?
3. É possível se socorrer nas normas do Direito Tributário em relação ao Direito da Seguridade Social?

Capítulo 6

FONTES DO DIREITO DA SEGURIDADE SOCIAL

6.1 INTRODUÇÃO

O estudo das fontes do Direito pode ter várias acepções, como sua origem, fundamento de validade das normas jurídicas e a própria exteriorização do Direito.

Fonte vem do latim *fons*, com o significado de nascente, manancial.

No significado vulgar, fonte tem o sentido de nascente de água, o lugar donde brota água. Figuradamente, refere-se à origem de alguma coisa, de onde provém algo.

Fonte de Direito tem significado metafórico, em razão de que o direito já é uma fonte de várias normas.

Claude du Pasquier afirma que fonte da regra jurídica "é o ponto pelo qual ela se sai das profundezas da vida social para aparecer à superfície do Direito"[1].

José de Oliveira Ascensão menciona que fonte tem diferentes significados: (a) histórico: considera as fontes históricas do sistema, como o direito romano; (b) instrumental: são os documentos que contêm as regras jurídicas, como códigos, leis etc.; (c) sociológica ou material: são os condicionamentos sociais que

---

1 PASQUIER, Claude du. *Introduction à la theorie générale et a la philosophie du droit.* Paris: Delachoux e Niestlé, 1978. p. 47.

produzem determinada norma; (d) orgânico: são os órgãos de produção das normas jurídicas; (e) técnico-jurídico ou dogmático: são os modos de formação e revelação das regras jurídicas[2].

Fontes formais são as formas de exteriorização do direito. Exemplos: as leis, os costumes etc.

Fontes materiais são o complexo de fatores que ocasionam o surgimento de normas, compreendendo fatos e valores. São analisados fatores sociais, psicológicos, econômicos, históricos etc. São, portanto, as fontes materiais, ou seja, os fatores reais que irão influenciar a criação da norma jurídica, isto é, valores que o Direito procura realizar.

Eduardo García Máynez afirma que as fontes formais são como o leito do rio, ou canal, por onde correm e se manifestam as fontes materiais[3].

Há autores que entendem que relevante é apenas o estudo das fontes formais. As fontes materiais dependem da investigação de causas sociais que influenciaram na edição da norma jurídica, matéria que é objeto da Sociologia do Direito.

Alguns autores afirmam que o Estado é a única fonte de Direito, pois ele goza do poder de sanção. Uma segunda corrente prega que existem vários centros de poder, dos quais emanam normas jurídicas.

Miguel Reale prefere trocar a expressão fonte formal pela teoria do modelo jurídico. Este é a "estrutura normativa que ordena fatos segundo valores, numa qualificação tipológica de comportamentos futuros, a que se ligam determinadas consequências"[4].

As fontes podem ser classificadas de várias formas. Quanto à existência de agente externo podem ser heterônomas e autônomas. Heterônomas são as impostas por agente externo. Exemplos: Constituição, leis, decretos, sentença normativa, regulamento de empresa, quando unilateral. Autônomas são as elaboradas pelos próprios interessados. Exemplos: costume, convenção e acordo coletivo, regulamento de empresa, quando bilateral, contrato de trabalho.

Quanto às pessoas que as elaboram, podem ser estatais, extraestatais e profissionais.

As fontes estatais mostram que o Estado elabora a norma jurídica. Exemplos: a Constituição, as leis. Extraestatais são fontes em que as próprias partes elaboram

---

2 ASCENSÃO, José de Oliveira. *O direito:* introdução e teoria geral. Lisboa: Fundação Calouste Gulbenkian, 1978. p. 3.

3 MÁYNEZ, Eduardo García. *Introducción al estudio del derecho*. México: Porrúa, 1968. p. 51.

4 REALE, Miguel. *O direito como experiência*. 2. ed. São Paulo: Saraiva, 1999. p. 162.

a norma. Exemplos: o costume, o contrato etc. Profissionais são as fontes estabelecidas pelos próprios trabalhadores e empregadores interessados, como na convenção e acordo coletivo de trabalho, que poderiam criar complementação de aposentadoria, complementação de auxílio-doença etc.

Quanto à vontade das partes envolvidas, as fontes podem ser: (a) voluntárias: quando elaboradas voluntariamente pelas partes, como no contrato, na convenção ou acordo coletivo; (b) imperativas, quando são determinadas pelo Estado, como as Constituições, as leis etc.

Há fontes comuns a todos os ramos do Direito, como a Constituição, a lei etc. É o diálogo entre as fontes. Há certas fontes peculiares ao Direito da Seguridade Social, como as emanadas do Ministério da Previdência e Assistência Social e do INSS, em que são exemplos as portarias, ordens de serviço etc.

Pode-se dizer, para justificar as fontes de Direito, que as normas de maior hierarquia seriam o fundamento de validade das regras de hierarquia inferior.

As fontes formais do Direito da Seguridade Social são a Constituição, as leis complementares e ordinárias, os decretos, as portarias e as ordens de serviço expedidas pelo Poder Executivo.

A doutrina e a jurisprudência também exercem importante papel ao analisar as disposições da Seguridade Social, mas a verdadeira fonte é a legislação.

A jurisprudência é fonte do Direito da Seguridade Social. O CPC de 2015 estabelece que os tribunais devem uniformizar sua jurisprudência e mantê-la estável (art. 926). Os juízes observarão a orientação do plenário ou do órgão especial aos quais estiverem vinculados (art. 927, V). O inciso VI do § 1º do art. 489 do CPC/2015 afirma que o juiz não pode deixar seguir enunciado de súmula, jurisprudência ou precedente. Logo, a jurisprudência passa a ser obrigatória e deve ser seguida pelo juiz. Representa, portanto, fonte de Direito.

Dispõe o § 2º do art. 102 da Constituição: "As decisões definitivas de mérito, proferidas pelo Supremo Tribunal Federal, nas ações diretas de inconstitucionalidade e nas ações declaratórias de constitucionalidade de lei ou ato normativo federal, produzirão eficácia contra todos e efeito vinculante, relativamente aos demais órgãos do Poder Judiciário e à administração pública direta e indireta, nas esferas federal, estadual e municipal."

O STF poderá, de ofício ou por provocação, mediante decisão de dois terços dos seus membros, após reiteradas decisões sobre matéria constitucional, aprovar súmula que, a partir de sua publicação na imprensa oficial, terá efeito vinculante em relação aos demais órgãos do Poder Judiciário e à administração pública direta e indireta, nas esferas federal, estadual e municipal, bem como fazer a sua revisão ou cancelamento, na forma estabelecida em lei (art. 103-A da Constituição).

A doutrina também se constitui em valioso critério para a análise do Direito da Seguridade Social, mas não se pode dizer que venha a ser uma de suas fontes, justamente porque os juízes não estão obrigados a observar a doutrina nas suas decisões, tanto que a doutrina muitas vezes não é pacífica, tendo posicionamentos opostos.

A analogia, a equidade, os princípios gerais de Direito e o Direito comparado não constituem fontes formais, mas critérios de integração da norma jurídica.

O Direito Tributário é fonte subsidiária do Direito da Seguridade Social, com este mantendo estreitas relações e influências decisivas em matéria de custeio. Respeitadas as particularidades das situações da Seguridade Social, as normas tributárias poderão ser invocadas em auxílio à aplicação e à interpretação da legislação de custeio da Seguridade Social. É o que se chama de diálogo entre as fontes.

6.1.1 Constituição

A primeira constituição a tratar de seguro social foi a do México, em 1917 (art. 123). A Constituição de Weimar, de 1919, trouxe em seu bojo várias disposições sobre previdência social.

As constituições brasileiras sempre disciplinaram regras de Direito da Seguridade Social ou de Previdência Social. A Constituição de 1824 já falava em socorros públicos (art. 179, XXXI). A Constituição de 1891 foi a primeira a tratar de aposentadoria. A Carta Magna de 1937 mencionava regras a respeito de Seguro Social.

A Constituição de 1946 foi a primeira a versar sistematicamente sobre a matéria previdenciária, em um único artigo (157), trocando a expressão "seguro social" por "previdência social".

A Constituição de 1967 repetiu praticamente no art. 158 as disposições do art. 157 da Constituição de 1946. O mesmo ocorreu na Emenda Constitucional n. 1, de 17-10-1969, no art. 165.

A Constituição de 1988 especificou algumas regras sobre Seguridade Social no Capítulo II – "Dos Direitos Sociais", art. 7º, como seguro-desemprego (inciso II), 13º salário com base na remuneração integral ou no valor da aposentadoria (inciso VIII), salário-família (inciso XII), licença à gestante, sem prejuízo do emprego e do salário, com duração de 120 dias (inciso XVIII), aposentadoria (inciso XXIV), assistência gratuita aos filhos e dependentes desde o nascimento até cinco anos de idade em creches e pré-escolas (inciso XXV), seguro contra acidentes do trabalho, a cargo do empregador (inciso XXVIII). Foi estabelecido um capítulo inteiro sobre Seguridade Social (Capítulo II, do Título VIII, "Da Ordem Social"). Tal capítulo tratou dos princípios da Seguridade Social nos incisos do parágrafo único do art. 194, das regras das contribuições (art. 195), da Saúde (arts. 196 a 200), versou sobre a Previdência Social (arts. 201 a 202) e sobre a Assistência Social (arts. 203 a 204).

6.1.2 Leis

Temos diversas leis sobre a Seguridade Social. As principais são as Leis ns. 8.212/91 (custeio) e 8.213/91 (benefícios). Não se pode esquecer da Lei n. 8.742/93, que tratou da organização da Assistência Social. A Lei n. 8.080/90 rezou sobre a Saúde.

A Lei Complementar n. 108, de 29-5-2001, dispôs sobre a relação entre a União, os Estados, o Distrito Federal e os Municípios, suas autarquias e fundações públicas, sociedades de economia mista e outras entidades públicas e suas respectivas entidades fechadas de previdência complementar. A Lei Complementar n. 109, da mesma data, determinou regras sobre a Previdência Privada complementar.

Atualmente, não temos uma Consolidação das Leis da Previdência Social (CLPS), como já houve no passado, mas posteriormente poderá ser instituída, regulando as disposições sobre a matéria.

Os decretos legislativos aprovam tratados e convenções internacionais.

6.1.3 Atos do Poder Executivo

Expede o Poder Executivo medidas provisórias, com força de lei, sobre matéria previdenciária, desde que atendidos os requisitos do art. 62 da Constituição. A medida provisória tem força de lei, porque não é lei. Não é editada pelo Poder Legislativo.

O Poder Executivo emite decretos e regulamentos (art. 84, IV, da Constituição). O principal decreto sobre a Seguridade Social é o Decreto n. 3.048/99, que tratou do Regulamento da Previdência Social. O Decreto n. 6.214, de 26-9-2007, regulamentou o benefício de prestação continuada devido à pessoa portadora de deficiência e ao idoso.

A Previdência Social também expede portarias, ordens de serviço, instruções normativas, orientações normativas, circulares, resoluções etc.

As portarias geralmente são emitidas pelo Ministro de Estado, com fundamento no inciso II, do parágrafo único do art. 87 da Constituição, visando expedir instruções para a execução de leis, decretos e regulamentos. Podem também ser baixadas pelo Conselho de Recursos do Seguro Social. Tratam da correção monetária para o cálculo dos benefícios, atualizam a tabela de salário de contribuição.

Portarias não obrigam os administrados, mas apenas os funcionários, pois não são leis.

As ordens de serviço geralmente têm por objetivo complementar ou divulgar questões mencionadas nas portarias, estabelecendo procedimentos a serem observados.

As orientações normativas também têm por fundamento complementar as portarias, esclarecendo seu conteúdo.

Circular é o instrumento utilizado pelas autoridades para a transmissão de ordens internas uniformes a seus subordinados. No âmbito do INSS, muitas vezes não são publicadas no Diário Oficial.

As resoluções também têm por fundamento as portarias e costumam complementá-las. Geralmente, são expedidas pelo presidente do INSS.

Instruções são ordens escritas e gerais com o objetivo de orientação na aplicação das normas. Decreto é atribuição do presidente da República. Instrução normativa é atribuição de Ministro de Estado (art. 87, II, da Constituição).

6.1.4 Normas coletivas e regulamentos de empresa

As normas coletivas muitas vezes criam complementações de benefícios previdenciários, como de auxílio-doença.

Os regulamentos de empresa estabelecem complementação de benefícios previdenciários, mediante contribuição da empresa e do empregado. São previstos alguns requisitos para o direito à complementação do benefício.

O costume não é fonte do Direito da Seguridade Social, pois a maioria de suas normas é de ordem pública.

6.2 HIERARQUIA

O art. 59 da Constituição dispõe sobre as normas existentes no sistema jurídico brasileiro. Não menciona que haja hierarquia entre umas e outras. A hierarquia entre as normas somente vai ocorrer quando a validade de determinada norma depender de outra, na qual esta vai regular inteiramente a forma de criação da primeira norma. É certo que a Constituição é hierarquicamente superior às demais normas, pois o processo de validade destas é regulado pela primeira. Abaixo da Constituição estão os demais preceitos legais, cada qual com campos diversos: leis complementares, leis ordinárias, decretos-leis (nos períodos em que existiram), medidas provisórias, leis delegadas, decretos legislativos e resoluções. Não há dúvida de que os decretos são hierarquicamente inferiores às primeiras normas, até porque não são emitidos pelo Poder Legislativo, mas pelo Poder Executivo. Após os decretos, são encontradas normas internas da administração, como portarias, circulares, ordens de serviço etc., que são hierarquicamente inferiores aos decretos.

Verificação de aprendizagem

1. Quais são as fontes do Direito da Seguridade Social?
2. A Constituição de 1988 traz normas de Seguridade Social?
3. Quais as leis e os decretos mais importantes atualmente sobre a matéria?
4. Qual a hierarquia entre as normas jurídicas?

Capítulo 7

APLICAÇÃO DAS NORMAS DO DIREITO DA SEGURIDADE SOCIAL

Havendo duas ou mais normas sobre a mesma matéria, começa a surgir o problema de qual deva ser aplicada.

7.1 INTERPRETAÇÃO

A interpretação decorre da análise da norma jurídica que vai ser aplicada aos casos concretos. Várias são as formas de interpretação da norma jurídica:

a) **gramatical** ou **literal** (*verba legis*): consiste em verificar qual o sentido do texto gramatical da norma jurídica. Vai-se analisar o alcance das palavras encerradas no texto da lei. Deve-se verificar a linguagem comum empregada pelo legislador; porém, se são utilizados termos técnicos, o conceito destes deve prevalecer;

b) **lógica** (*mens legis*): estabelece-se uma conexão entre os vários textos legais a serem interpretados. São verificadas as proposições enunciadas pelo legislador;

c) **teleológica** ou **finalística**: a interpretação será dada ao dispositivo legal de acordo com o fim colimado pelo legislador;

d) **sistemática**: a interpretação será dada ao dispositivo legal de acordo com a análise do sistema no qual está inserido, sem se ater à interpretação isolada de um dispositivo, mas ao conjunto. São comparados vários dispositivos para se constatar o que o legislador pretende dizer, como sobre leis diversas, mas que tratam de questão semelhante. A lei está inserida em uma estrutura, razão pela qual as partes componentes dessa estrutura devem ser analisadas;

e) **extensiva** ou **ampliativa**: compreende um sentido mais amplo à norma a ser interpretada do que ela normalmente teria;

f) **restritiva** ou **limitativa**: dá-se um sentido mais restrito, limitado, à interpretação da norma jurídica;

g) **histórica**: o Direito decorre de um processo evolutivo. Há necessidade de se analisar, na evolução histórica dos fatos, o pensamento do legislador não só à época da edição da lei, mas de acordo com sua exposição de motivos, mensagens, emendas, discussões parlamentares etc. O Direito, portanto, é uma forma de adaptação do meio em que vivemos em razão da evolução natural das coisas;

h) **autêntica**: realizada pelo órgão que editou a norma, que irá declarar seu sentido, alcance, conteúdo, por meio de outra norma jurídica. Também é chamada de interpretação legal ou legislativa;

i) **sociológica**: verificam-se a realidade e a necessidade social na elaboração da lei e em sua aplicação. A própria Lei de Introdução às Normas do Direito Brasileiro (LINDB) determina que o juiz, ao aplicar a lei, deve ater-se aos fins sociais a que ela se dirige e às exigências do bem comum (art. 5º da LINDB);

j) **jurisprudencial:** que é feita pelos juízes ou tribunais;

k) **doutrinária:** que é feita pelos juristas, pelos professores, pela doutrina.

Muitas vezes, a interpretação sistemática (ao se analisar o sistema no qual está inserida a lei, em seu conjunto) é que dará a melhor solução ao caso concreto a ser examinado. Já dizia Celso, no Direito Romano, que é injurídico julgar ou emitir parecer tendo diante dos olhos apenas uma parte da lei, em vez de considerá-la em seu conjunto ("*incivile est, nisi tota lege perspecta, una aliqua particula eis proposita, iudicare, vel respondere*"). Assim como qualquer norma de Direito, não há uma única interpretação a ser feita, mas seguem-se os métodos de interpretação mencionados nos itens *a* a *k supra*.

O STF faz a interpretação conforme a Constituição.

Reza o art. 85-A da Lei n. 8.212/91 que os tratados, convenções e outros acordos internacionais de que o Estado estrangeiro ou organismo internacional e o

Brasil sejam partes, e que versem sobre matéria previdenciária, serão interpretados como lei especial e não geral. É uma interpretação autêntica feita pelo Legislativo.

No Direito da Seguridade Social é encontrada a aplicação da norma mais favorável ao segurado na interpretação do texto legal, que muitas vezes é disciplinada pela própria lei. Normalmente, na legislação ordinária, principalmente quanto aos benefícios, costuma-se encontrar a expressão "o que for mais vantajoso" para o beneficiário. Observamos tal orientação no inciso VI do art. 124 da Lei n. 8.213/91, quando menciona que não é possível a acumulação de mais de uma pensão deixada por cônjuge ou companheiro, ressalvado o direito de opção pela mais vantajosa.

O art. 122 da Lei n. 8.213/91 menciona que "se mais vantajoso, fica assegurado o direito à aposentadoria, nas condições legalmente previstas na data do cumprimento de todos os requisitos necessários à obtenção do benefício, ao segurado que, tendo completado 35 anos de serviço, se homem, ou 30 anos, se mulher, optou por permanecer em atividade".

7.2 INTEGRAÇÃO

"Integrar" tem o significado de "completar", "inteirar". O intérprete fica autorizado a suprir as lacunas existentes na norma jurídica por meio da utilização de técnicas jurídicas. As técnicas são a analogia e a equidade, podendo ser utilizados também os princípios gerais de Direito.

Na autointegração são observados aspectos internos, como da própria lei. É o que se observa na analogia.

Na heterointegração há a utilização de recursos fora do ordenamento jurídico, como se observa na aplicação do Direito comparado ou no costume.

A analogia não é um meio de interpretação da norma jurídica, mas de preencher os claros deixados pelo legislador. Consiste na utilização de uma regra semelhante para o caso em exame. O emprego da analogia não poderá resultar na exigência do tributo não previsto em lei (§ 1º do art. 108 do CTN).

Analogia legal ou *analogia legis* é a que observa uma norma legal semelhante para se aplicar ao caso analisado.

Analogia jurídica ou *analogia juris* é a que se emprega na lacuna da lei, verificando o ordenamento jurídico como um todo.

Em grego, "equidade" chama-se *epieikeia*, tendo o significado de "completar a lei lacunosa", porém, será vedado julgar contra a lei.

Para Aristóteles, equidade é a justiça do caso concreto. É o processo de retificação das injustiças da lei. *Aequitas* na época clássica do Direito Romano era a justiça. Era um processo de criação da norma jurídica para a sua integração no ordenamento jurídico. Tem também um significado de igualdade, de benignidade, de proporção, de equilíbrio. A decisão por equidade só poderá, porém, ser feita nas hipóteses autorizadas em lei (parágrafo único do art. 140 do CPC/2015).

A equidade é a possibilidade de suprir a imperfeição da lei ou torná-la mais branda de modo a moldá-la à realidade. Daí por que os romanos já advertiam que a estrita aplicação do Direito poderia trazer consequências danosas à Justiça ("*summum jus, summa injuria*"). Assim, o juiz pode até praticar injustiça em um caso concreto quando segue rigorosamente o mandamento legal, razão pela qual haveria também a necessidade de se temperar a lei para aplicá-la ao caso concreto e fazer justiça. Exemplo disso foram os julgados que estenderam o direito à pensão por morte à companheira, antes de a regra ser estabelecida em lei. O inciso V do parágrafo único do art. 194 da Constituição faz referência à equidade na forma de participação no custeio. O § 2º do art. 108 do CTN afirma que a utilização da equidade não pode implicar dispensa do pagamento do tributo devido, justamente porque decorre da previsão do fato gerador previsto em lei e já verificado.

O costume geralmente não é fonte do Direito da Seguridade Social. Entretanto, o art. 119 da Lei n. 8.213/91 afirma que "por intermédio dos estabelecimentos de ensino, sindicatos, associações de classe, Fundação Jorge Duprat Figueiredo de Segurança e Medicina do Trabalho – Fundacentro, órgãos públicos e outros meios, serão promovidas regularmente instrução e formação com vistas a incrementar costumes e atitudes prevencionistas em matéria de acidente, especialmente do trabalho".

7.3 EFICÁCIA

"Eficácia" significa "aplicação" ou "execução" da norma jurídica. Tal conceito não se confunde com validade, que é a força imponível que a norma tem, isto é, a possibilidade de ser observada. A vigência da norma diz respeito ao seu tempo de atuação.

A eficácia da norma jurídica pode ser dividida em relação ao tempo e ao espaço.

7.3.1 Eficácia no tempo

A eficácia no tempo refere-se à entrada da lei em vigor. Geralmente, a lei entra em vigor na data de sua publicação. Inexistindo disposição expressa da lei, esta começa a vigorar 45 dias depois de oficialmente publicada (art. 1º do Decreto-lei n. 4.657/42 – LINDB). Nos Estados estrangeiros, a obrigatoriedade da lei brasileira, quando admitida, inicia-se três meses depois de oficialmente publicada (§ 1º do art. 1º do Decreto-lei n. 4.657/42 – LINDB).

Normalmente, as disposições securitárias entram em vigor na data da publicação da lei, com eficácia imediata, mas certos dispositivos, tanto do Plano de Custeio como do Plano de Benefícios, necessitam ser complementados pelo regulamento, e só a partir da existência deste terão plena eficácia.

Quando foram editadas as Leis ns. 8.212/91 e 8.213/91, muitos de seus dispositivos só entraram em vigor com a edição de suas regulamentações por meio dos Decretos ns. 356 e 357, o que somente foi feito em 7-12-1991.

O § 6º do art. 195 da Constituição estabelece que as contribuições sociais destinadas ao custeio da Seguridade Social somente entram em vigor decorridos 90 dias da data da publicação da lei que as houver instituído ou modificado. Não se aplica, portanto, o princípio da anterioridade da lei, previsto na alínea *b* do inciso III do art. 150 da Constituição. O § 6º do art. 195 da Lei Magna é expresso no sentido de que não se observa a alínea *b* do inciso III do art. 150 da Lei Suprema. Os 90 dias não se aplicam quando for o caso de reduzir ou isentar o recolhimento da contribuição, pois não se trata de instituição nem de modificação para torná-la mais onerosa.

A Lei n. 9.032/95, que aumentou a alíquota da contribuição do empregado para 11%, foi publicada em 29 de abril, mas só entrou em vigor, quanto a tal aspecto, em agosto de 1995.

7.3.2 Eficácia no espaço

A eficácia no espaço diz respeito ao território em que vai ser aplicada a norma. A Lei da Seguridade Social se aplica no Brasil, tanto para os nacionais como para os estrangeiros nele residentes, de acordo com as regras determinadas pelo Plano de Custeio e Benefícios e outras especificações atinentes à matéria.

Podem surgir conflitos de leis no espaço, quando mais de uma lei seria aplicável à espécie. O Direito Internacional Privado estuda os conflitos de leis no espaço. Na Seguridade Social, poderia ocorrer de um trabalhador ser contratado no Brasil para trabalhar em Assunção, no Paraguai, onde sofre acidente do trabalho. Qual a lei aplicável?

O inciso I do art. 12 da Lei n. 8.212/91 dispõe que, em certos casos, nossa lei aplica-se ao trabalhador brasileiro que presta serviços no estrangeiro. A alínea *c* faz referência ao brasileiro ou estrangeiro domiciliado e contratado no Brasil para trabalhar como empregado em sucursal ou agência de empresa nacional no exterior. A alínea *d* menciona a pessoa que prestar serviço no Brasil a missão diplomática ou repartição consular de carreira estrangeira e a órgãos a ela subordinados, ou a membros dessas missões e repartições, excluídos o não brasileiro sem residência permanente no Brasil e o brasileiro amparado pela legislação previdenciária do país da respectiva missão diplomática ou repartição consular. A alínea *e* dispõe sobre o brasileiro civil que trabalha para a União, no exterior, em organismos oficiais brasileiros ou internacionais dos quais o Brasil seja membro efetivo, ainda que lá domiciliado e contratado, salvo se segurado na forma da legislação vigente do país do domicílio. A alínea *f* reza sobre o brasileiro ou estrangeiro domiciliado e contratado no Brasil para trabalhar como empregado em empresa domiciliada no exterior, cuja maioria do capital votante pertença a empresa brasileira de capital nacional. Ainda, a alínea *e* do inciso V do art. 12 da Lei n. 8.212/91 trata do segurado contribuinte individual, que é o brasileiro civil que trabalha no exterior para organismo oficial internacional do qual o Brasil é membro efetivo, ainda que lá domiciliado e contratado, salvo quando coberto por Regime Próprio de Previdência Social.

O empregado brasileiro contratado no Brasil ou transferido para o exterior tem direitos previdenciários regulados por nossa legislação (parágrafo único do art. 3º da Lei n. 7.064/82).

Na União Europeia, o Regulamento n. 1.408/71 dispõe sobre a aplicação dos regimes de seguridade social aos trabalhadores subordinados e seus familiares em toda a comunidade. Foi modificado pelos Regulamentos ns. 2.001/83, 2.195/91, 1.247/92, 1.248/92 e 1.249/92. Entre os países pertencentes ao citado bloco, serão observados: a soma dos períodos previdenciários prestados nos diversos países da comunidade, o direito de transferência das prestações previdenciárias, salvo as assistenciais e não contributivas, e o de previdência complementar contratual (Regulamento n. 1.408, de 1971), que serão recebidas na residência do interessado, independentemente do país em que se originaram.

Verificação de aprendizagem

1. Quais são os métodos de interpretação das normas jurídicas?
2. Quais são os métodos de integração das normas jurídicas?
3. Como se dá a eficácia no tempo das normas do Direito da Seguridade Social?
4. A Lei da Seguridade Social se aplica em outro país?

Capítulo 8

PRINCÍPIOS DA SEGURIDADE SOCIAL

8.1 INTRODUÇÃO

Sendo um ramo específico do Direito, a Seguridade Social também tem princípios próprios.

Antes de se examinar os princípios propriamente ditos da Seguridade Social, cabe dar uma breve noção sobre o conceito de princípio.

8.2 CONCEITO

Inicialmente, poder-se-ia dizer que princípio é onde começa algo. É o início, a origem, o começo, a causa. Princípio de uma estrada seria o seu ponto de partida. Todavia, não é esse conceito geral de princípio que é preciso conhecer, mas o seu significado perante o Direito.

Princípio vem do latim *principium*, *principii*, com o significado de origem, começo, base. Num contexto vulgar, quer dizer o começo da vida ou o primeiro instante. Na linguagem leiga, é o começo, o ponto de partida, a origem, a base. São normas elementares, requisitos primordiais, proposições básicas.

Princípio é, portanto, começo, alicerce, ponto de partida, "vigas mestras", requisito primordial, base, origem, ferramenta operacional.

Evidentemente, não é esse o conceito geral de princípio que é necessário conhecer, mas seu significado perante o Direito.

Platão usava a palavra princípio no sentido de fundamento do raciocínio. Para Aristóteles, era a premissa maior de uma demonstração. Kant seguia aproximadamente essa última orientação, dizendo que "princípio é toda proposição geral que pode servir como premissa maior num silogismo"[1].

Seria possível indicar princípios morais, religiosos e políticos, com base num contexto moral, religioso ou político em determinado período. É uma forma de entender o mundo contemporâneo ou como a sociedade vê esse mundo nos dias de hoje, resultantes da prática cotidiana observada nesse meio. Servem de parâmetros de como agir nesse contexto.

Os princípios poderiam ser considerados como fora do ordenamento jurídico, pertencendo à ética. Seriam regras morais, regras de conduta que informariam e orientariam o comportamento das pessoas. Entretanto, os princípios do Direito têm características jurídicas, pois se inserem no ordenamento jurídico, inspiram e orientam o legislador e o aplicador do Direito. Os princípios podem originar-se da ética ou da política, mas acabam integrando-se e tendo aplicação no Direito.

Outra corrente entende que os princípios estão no âmbito do Direito Natural, do jusnaturalismo. Seriam ideias fundantes do Direito, que estariam acima do ordenamento jurídico positivo. Seriam regras oriundas do Direito Natural. Os princípios estariam acima do Direito positivo, sendo metajurídicos. Prevaleceriam sobre as leis que os contrariassem. Expressam valores que não podem ser contrariados pelas leis.

São os princípios as proposições básicas que fundamentam as Ciências. Para o Direito, o princípio é seu fundamento, a base, a estrutura, o fundamento que irá informar e inspirar as normas jurídicas.

São os princípios como as vigas ou os alicerces que dão sustentação ao edifício. Este é o ordenamento jurídico, que é subdividido em tantos andares quantos são seus ramos.

A norma é prescrição objetiva e obrigatória por meio da qual organizam-se, direcionam-se ou impõem-se condutas. Também não deixa a norma de ser prescrição de vontade impositiva para estabelecer disciplina a respeito de uma conduta dirigida ao ser humano. O conceito de norma não é, contudo, pacífico. A norma tem um sentido de orientação, de regular conduta, tendo caráter imperativo (de

---

[1] KANT, Immanuel. *Crítica da razão pura*. Dialética, II, A.

superioridade, que mostra quem ordena e quem recebe a ordem, que pode compreender obrigação ou proibição). Jhering entende que a norma jurídica é imperativo abstrato dirigido ao agir humano. A norma não deixa de ser uma proposição – proposição que diz como deve ser o comportamento. De maneira geral, toda norma define comportamento. As normas, geralmente, têm sanção por seu descumprimento, porém há normas interpretativas, por exemplo, que não têm sanção.

Em determinado sistema jurídico, não existem apenas normas, mas também princípios, que podem estar ou não positivados, isto é, previstos na legislação.

Os princípios e as normas são razões de juízo concreto do dever-ser.

Princípios são *standards*[2] jurídicos. São gerais. As normas são atinentes, geralmente, a uma matéria.

Têm os princípios grau de abstração muito maior do que o da norma. São as normas gerais, visando ser aplicadas para um número indeterminado de atos e de fatos, que são específicos. Não são editadas para uma situação específica. Os princípios servem para uma série indefinida de aplicações.

Trazem os princípios estimações objetivas, éticas, sociais, podendo ser positivados. Exemplo no Direito do Trabalho seria o princípio da irredutibilidade salarial, que não era expresso em nosso ordenamento jurídico e hoje está explicitado no inciso VI, do art. 7º da Constituição da República. Os princípios em forma de norma jurídica são, entretanto, regras, pois estão positivados, mas não deixam também de ser princípios, como ocorre com o princípio da irredutibilidade salarial.

Norma jurídica é gênero, englobando como espécies regras e princípios. Princípios são normas jurídicas.

Os princípios diferenciam-se das regras por vários aspectos. As regras estão previstas no ordenamento jurídico. Os princípios nem sempre estão positivados, expressos no ordenamento jurídico, pois em alguns casos estão implícitos nesse ordenamento, contidos em alguma regra. Decorrem os princípios de estimação ética e social.

A regra serve de expressão a um princípio, quando, por exemplo, este é positivado, ou até como forma de interpretação da própria regra, que toma por base o princípio. Os princípios não servem de expressão às regras. As regras são a aplicação dos princípios, ou operam a concreção dos princípios sobre os quais se apoiam.

---

2 DWORKIN, Ronald. *Taking right seriously*. Londres: Duckworth, 1987. p. 22.

Sustentam os princípios os sistemas jurídicos, dando-lhes unidade e solidez. São, portanto, vigas mestras do ordenamento jurídico. Princípio é a bússola que norteia a elaboração da regra, embasando-a e servindo de forma para sua interpretação. Os princípios influenciam as regras.

Os princípios inspiram, orientam, guiam, fundamentam a construção do ordenamento jurídico. Sob certo aspecto, podem até limitar o ordenamento jurídico, erigido de acordo com os princípios. Não são, porém, axiomas absolutos e imutáveis, pois pode haver mudança da realidade fática, que implica a necessidade da mudança da legislação, do Direito em razão da realidade histórica em que foi erigido.

As regras são instituídas tomando por base os princípios. Orientam os princípios a formação de todo o sistema, enquanto a regra está inserida nele, sendo influenciada pelos princípios. O princípio pode ser levado em consideração para a interpretação da regra, enquanto o inverso não ocorre. A aplicação dos princípios é um modo de harmonizar as regras.

Tem o princípio acepção filosófica, enquanto a regra tem natureza técnica.

É o princípio o primeiro passo na elaboração das regras, pois dá sustentáculo a elas. O princípio é muito mais abrangente que uma simples regra; além de estabelecer certas limitações, fornece fundamentos que embasam uma ciência e visam a sua correta compreensão e interpretação. Violar um princípio é muito mais grave do que violar uma regra. A não observância de um princípio implica ofensa não apenas a específico dispositivo, mas a todo o sistema jurídico.

As vigas que dão sustentação ao sistema são abaladas pela violação dos princípios.

Têm os princípios grau de abstração relativamente elevado. Podem ser vagos, indeterminados, amplos. São *standards* juridicamente vinculantes, fundados na exigência de justiça ou na ideia de Direito. Fundamentam regras e permitem verificar a *ratio legis*. As regras podem ser normas vinculativas, com conteúdo meramente funcional, prescrevendo imperativamente uma exigência (de imposição, permissão ou proibição).

A norma tem característica genérica, enquanto a regra tem natureza específica. As regras trazem muitas vezes a concreção dos princípios.

As regras aplicam-se diretamente, não comportando exceções. Ou são aplicadas por completo ou não são aplicadas.

Havendo situação de fato que se encaixa no pressuposto fático, a norma é aplicada. Determina o inciso II do art. 1.864 do Código Civil que há necessidade de que duas testemunhas presenciem o testamento público. Apenas uma testemunha não poderá presenciá-lo, pois o requisito básico não foi observado.

Coexistem os princípios entre si. Permitem interpretação de valores e de interesses, de acordo com seu peso e sua ponderação. Os princípios devem ser interpretados da mesma maneira como se interpretam as leis, inclusive sistematicamente. Quando os princípios se entrecruzam, deve-se verificar o peso relativo de cada um deles. A adoção de um princípio implica o afastamento do outro, porém, o último não desaparece do sistema.

Um princípio pode ser hierarquicamente superior a outro, por ser mais abrangente, ou por ser desdobramento do primeiro ou de outro. Não se pode negar que há uma hierarquia entre os princípios. Se há conflito entre um e outro, a solução decorre sempre da interpretação que faz prevalecer o mais recente sobre o anterior, o de maior grau sobre o de menor grau. Entretanto, os princípios especiais de certa disciplina, quando existentes, devem prevalecer sobre um princípio geral. O intérprete somente irá socorrer-se dos princípios gerais de Direito, caso não existam princípios de certa matéria. Os princípios constitucionais, apesar de alguns serem mais abrangentes e importantes do que outros, também estão hierarquizados dentro do sistema, com a prevalência do princípio de hierarquia superior sobre o de hierarquia inferior. Nos jogos de princípios, deve-se observar a preponderância do princípio do interesse público sobre o particular.

Em relação às regras, não há como verificar a que tem mais importância, pois, se há conflito entre duas regras, uma delas não é válida, deixando de existir. As regras antinômicas excluem-se. O ordenamento jurídico pode ter critérios para resolver o conflito de regras. Dependendo do caso, a regra de maior hierarquia tem preferência sobre a de menor hierarquia, ou a mais nova tem preferência sobre a mais antiga (§ 1º do art. 2º do Decreto-lei n. 4.657/42) ou a mais específica sobre a mais genérica.

A regra, de modo geral, é instituída para ser aplicada a uma situação jurídica determinada, embora aplique-se a vários atos ou fatos. O princípio acaba, porém, sendo aplicado a uma série indeterminada de situações. Não tem por objetivo o princípio ser aplicado apenas a determinada situação jurídica.

Os princípios não têm sanção por intermédio da lei, por seu descumprimento. A sanção que pode existir é moral.

As regras são normas fundamentais que informam a elaboração e a interpretação do Direito, sendo identificadas, portanto, nos textos legais, nas teorias e na doutrina. A regra tem por objetivo ordenação, pôr ordem, regrar, espelhando uma regulamentação de caráter geral. Princípios são construções que servem de base ao Direito como fontes de sua criação, aplicação ou interpretação.

Os princípios e as regras são razões de juízos concretos de dever-ser.

Permitem os princípios o balanceamento de valores e de interesses, de acordo com seu peso e a ponderação de outros princípios conflitantes. As regras não deixam espaço para outra solução, pois ou têm validade ou não têm. Os princípios compreendem problemas de validade e peso, de acordo com sua importância, ponderação, valia. As regras colocam apenas questões de validade. Têm os princípios função sistemática.

Aplicam-se os princípios automática e necessariamente quando as condições previstas como suficientes para sua aplicação manifestam-se. A regra é geral porque estabelecida para número indeterminado de atos ou de fatos, não sendo editada para ser aplicada a uma situação jurídica determinada. O princípio é geral porque comporta série indefinida de aplicações, não admitindo hipóteses nas quais não seria aplicável, porém, não contém nenhuma especificação de hipótese de estatuição.

Princípios distinguem-se de diretrizes. Diretrizes são objetivos almejados, que podem ou não ser atingidos. É uma pretensão desejada. Princípios não são objetivos, pois fundamentam o sistema jurídico.

Diferenciam-se os princípios das peculiaridades. Princípios são gerais, enquanto as peculiaridades são restritas. Princípios informam, orientam e inspiram regras legais. Das peculiaridades não são extraídos princípios, nem derivam outras normas. Os princípios sistematizam e dão organicidade a institutos. As peculiaridades esgotam-se num âmbito restrito. Princípios são as regras. Peculiaridades são as exceções.

Para o Direito, o princípio é observado dentro de um sistema. O papel dos princípios nesse sistema será fundamental, pois irá informar e orientar tanto o legislador como o intérprete.

Dentro da Ciência do Direito, o princípio é uma proposição diretora, um condutor para efeito da compreensão da realidade diante de certa norma. Os princípios do Direito não são, porém, regras absolutas e imutáveis, que não podem ser modificadas, mas a realidade acaba mudando certos conceitos e padrões anteriormente verificados, formando novos princípios, adaptando os já existentes e assim por diante. Têm, também, de ser os princípios examinados dentro do contexto histórico em que surgiram. Dentro da dinâmica histórica, podem ser alterados ou adaptados diante da nova situação.

Atuam os princípios no Direito inicialmente antes de a regra ser feita, ou numa fase pré-jurídica ou política. Nessa fase, os princípios acabam influenciando a elaboração da regra, como proposições ideais. Correspondem ao facho de luz que irá iluminar o legislador na elaboração da regra jurídica. São fontes materiais do Direito, pois muitas vezes são observados na elaboração da regra jurídica.

8.3 FUNÇÕES DOS PRINCÍPIOS

Os princípios têm várias funções: informadora, normativa e interpretativa.

A função informadora serve de inspiração ou orientação ao legislador, dando base à criação de preceitos legais, fundamentando as normas jurídicas e servindo de sustentáculo para o ordenamento jurídico. São descrições informativas que irão inspirar o legislador. Num segundo momento, os princípios informadores servirão também de auxílio ao intérprete da norma jurídica positivada.

Atua a função normativa como fonte supletiva, nas lacunas ou nas omissões da lei, quando inexistam outras normas jurídicas que possam ser utilizadas pelo intérprete. Irão atuar em casos concretos em que inexista uma disposição específica para disciplinar determinada situação. Nesse caso, são utilizados como regra de integração da norma jurídica, preenchendo as lacunas existentes no ordenamento jurídico, completando-a, inteirando-a. Seria também uma espécie de função integrativa, como instrumentos de integração das normas jurídicas, como ocorre, por exemplo, nas lacunas.

A interpretação de certa norma jurídica também deve ser feita de acordo com os princípios. Irá a função interpretativa servir de critério orientador para os intérpretes e para os aplicadores da lei. Será uma forma de auxílio na interpretação da norma jurídica e também em sua exata compreensão. De modo geral, qualquer princípio acaba cumprindo também uma função interpretativa da norma jurídica, podendo servir como fonte subsidiária do intérprete para a solução de um caso concreto.

Têm ainda os princípios função construtora. Indicam a construção do ordenamento jurídico, os caminhos que devem ser seguidos pelas normas.

Em nosso sistema, os princípios não têm função retificadora ou corretiva da lei, pois só são aplicáveis em caso de lacuna da lei. A finalidade dos princípios é de integração da lei. Se há norma legal, convencional ou contratual, os princípios não são aplicáveis.

Os princípios serão o último elo a que o intérprete irá se socorrer para a solução do caso que lhe foi apresentado. São, portanto, os princípios espécies de fontes secundárias para aplicação da norma jurídica, sendo fundamentais na elaboração das leis e na aplicação do Direito, preenchendo lacunas da lei.

Os princípios são usados como critérios de interpretação e de integração.

Alguns princípios da Seguridade Social têm natureza internacional, contidos em muitas legislações, além de serem básicos, como o da universalidade (subjetiva e objetiva), da suficiência das prestações e da solidariedade.

Os princípios poderiam ser divididos em: (a) gerais, que se aplicam não só à Seguridade Social, como a outras matérias; (b) específicos, que podem ser subdivididos em: (1) explícitos, como, por exemplo, os contidos no parágrafo único do art. 194 da Constituição, e (2) implícitos, como o do solidarismo, previsto no inciso I do art. 3º da Lei Maior.

8.4 PRINCÍPIOS GERAIS

Certos princípios de Direito, apesar de não serem especificamente do Direito da Seguridade Social, serão aplicáveis a esta disciplina, como os da igualdade, da legalidade e do direito adquirido.

8.4.1 Igualdade

Rousseau, no *Discurso sobre as origens e os fundamentos da desigualdade dos homens*, indaga: o homem nasce igual ou a sociedade o torna desigual?

A natureza faz as pessoas desiguais. A lei não pode torná-las exatamente iguais se são diferentes.

Reza o *caput* do art. 5º da Constituição que "todos são iguais perante a lei, sem distinção de qualquer natureza...". É o princípio da isonomia ou da igualdade perante a lei. É dirigido ao legislador. Este fica vinculado à criação de um Direito igual para todos os cidadãos.

Isonomia vem do grego *isos*: igual + *nomos*: lei. Compreende a lei igual para todos. São as pessoas governadas pela mesma lei.

A não discriminação decorre do princípio da igualdade. É a igualdade na lei. Discriminação significa tratar diferentemente os iguais.

Rui Barbosa afirma na célebre *Oração aos moços* que "a regra da igualdade consiste senão em aquinhoar desigualmente os desiguais, na medida em que sejam desiguais. Nessa desigualdade social, proporcionada à desigualdade natural, é que se acha a verdadeira lei da igualdade. Tratar como desiguais a iguais, ou a desiguais com igualdade, seria desigualdade flagrante, e não igualdade real"[3].

---

[3] Rio de Janeiro: Casa de Rui Barbosa, 1956. p. 32.

Não se pode dizer que o fato de a mulher se aposentar aos 62 anos e o homem aos 65 anos, a primeira com 30 anos de contribuição, e o segundo com 35 anos, estaria se desrespeitando o princípio da igualdade. Na verdade, tal tratamento é determinado pela Lei Maior, que distingue duas situações. O fato de se proclamar a igualdade entre homens e mulheres poderia servir de base a rever esta questão, mas nunca de se dizer que feriria o princípio da igualdade. Violará o princípio constitucional da igualdade se o legislador ordinário determinar tratamentos desiguais para duas situações iguais, sob a ótica da seguridade social, como, por exemplo, quando se dá tratamento diferenciado para a concessão de aposentadorias, na ocasião em que duas pessoas com o mesmo tempo de serviço e que contribuíram com o mesmo salário vêm a ter aposentadorias com proventos diversos, por ocasião de determinação de lei nova. Aí, sim, poderíamos dizer que a referida lei seria inconstitucional, por desrespeitar o princípio da igualdade.

A Constituição, sob certos aspectos, realmente encerra certas contradições.

O inciso I do art. 5º da Constituição estabelece que homens e mulheres são iguais em direitos e obrigações, nos termos da Constituição. Logo, se outro dispositivo constitucional previr desigualdade, não se poderá falar em inconstitucionalidade do referido mandamento.

Genericamente, porém, podemos dizer que o princípio da igualdade não é verificado no inciso II do § 7º do art. 201 da Constituição, quando menciona que os homens se aposentam com 65 anos de idade e as mulheres com 62 anos. Para os trabalhadores rurais e para os que exerçam suas atividades em regime de economia familiar, nestes incluídos o produtor rural, o garimpeiro e o pescador artesanal, ainda se reduz tal limite, sendo que os homens se aposentam com 60 anos e as mulheres com 55 anos.

A distinção feita na Constituição para homens e mulheres é determinada na própria Lei Maior, que distingue duas situações. O fato de se proclamar a igualdade entre homens e mulheres poderia servir de base a rever esta questão, mas nunca de se dizer que feriria o princípio da igualdade.

Não mais se justificam essas distinções, já que homens e mulheres são iguais em direitos e obrigações, principalmente diante do fato de que a mulher vive mais do que o homem.

Violará o princípio constitucional da igualdade se o legislador ordinário determinar tratamentos desiguais para duas situações iguais.

Deverá haver igualdade tanto no pagamento de contribuições (art. 150, II, da Constituição), como na concessão de benefícios em relação a pessoas que estejam nas mesmas condições.

Igualdade formal é a igualdade perante a lei.

Igualdade material é a que abrange o tratamento igual aos iguais e desigual aos desiguais.

8.4.2 Legalidade

Dispõe o inciso II do art. 5º, da Lei Fundamental, que "ninguém será obrigado a fazer ou deixar de fazer alguma coisa senão em virtude de lei". É o que se denomina de princípio da legalidade, da reserva legal. A menção ao termo "lei" deve ser compreendida como sendo norma proveniente do Poder Legislativo, pois é comum a expedição pelo Poder Executivo de portarias, ordens de serviço, decretos etc., que não podem ser considerados como leis. Só haverá a obrigação de pagar determinada contribuição previdenciária ou a concessão de determinado benefício da Seguridade Social, se houver previsão em lei (art. 150, I, da Constituição, art. 97 do CTN). Inexistindo esta, não há obrigação de contribuir, nem direito a certo benefício.

8.4.3 Direito adquirido

8.4.3.1 Histórico

No período da Antiguidade oriental, especificamente nos Direitos chinês e hindu, a regra era da retroatividade da lei, ainda que viesse a prejudicar a pessoa. Era a expressão da vontade do monarca, que não tinha limites no tempo.

Vigia nos Direitos grego e romano a regra da irretroatividade. A exceção ocorria na existência de interesse do Estado.

O liberalismo elevou em âmbito constitucional a matéria da irretroatividade da lei, consagrando o direito adquirido, o ato jurídico perfeito ou consumado e a coisa julgada.

Determinava o inciso III do art. 179 da Constituição de 1824 que a lei não poderia ter efeito retroativo.

Vedava o item 3º do art. 11 da Lei Magna de 1891 aos Estados e à União prescrever leis retroativas.

Dispunha o número 3 do art. 113 da Constituição de 1934 que a lei não prejudicaria o direito adquirido, o ato jurídico perfeito e a coisa julgada.

Reza o art. 6º da Lei de Introdução às Normas do Direito Brasileiro que a lei em vigor terá efeito imediato e geral, respeitados o ato jurídico perfeito, o direito adquirido e a coisa julgada.

A mesma redação da Lei Magna de 1934 foi repetida no § 3º do art. 141 da Constituição de 1946, no § 3º do art. 150 da Carta Magna de 1967 e no § 3º do art. 153 da Emenda Constitucional n. 1/69.

Prevê o inciso XXXVI do art. 5º da Constituição de 1988 que a lei não prejudicará o direito adquirido, o ato jurídico perfeito e a coisa julgada. A atual Constituição, bem como as anteriores, mencionadas no parágrafo anterior, não são expressas sobre a irretroatividade da lei.

No Direito Penal é admissível a retroatividade da lei para beneficiar o réu (parágrafo único do art. 2º do Código Penal).

A lei tributária aplica-se a ato ou fato pretérito: I – em qualquer caso, quando seja expressamente interpretativa, excluída a aplicação de penalidade à infração dos dispositivos interpretados; II – tratando-se de ato não definitivamente julgado: (a) quando deixe de defini-lo como infração; (b) quando deixe de tratá-lo como contrário a qualquer exigência de ação ou omissão, desde que não tenha sido fraudulento e não tenha implicado falta de pagamento de tributo; (c) quando lhe comine penalidade menos severa que a prevista na lei vigente ao tempo da sua prática (art. 106 do CTN). É uma forma de retroatividade benéfica a encontrada no Direito Tributário.

8.4.3.2 Conceito

O conceito legal de direito adquirido está no § 2º do art. 6º do Decreto-lei n. 4.657/42, que tem a seguinte redação: "consideram-se adquiridos assim os direitos que seu titular, ou alguém por ele, possa exercer, como aqueles cujo começo de exercício tenha termo pré-fixo, ou condição preestabelecida inalterada ao arbítrio de outrem".

O § 1º do art. 68 da Lei Complementar n. 109/2001 considera direito adquirido do participante quando implementadas todas as condições estabelecidas no regulamento do plano de previdência privada.

O direito adquirido pode ter dois enfoques: (a) subjetivo, conforme Gabba, em que o direito é adquirido mesmo que não haja seu exercício; (b) objetivo, conforme Paul Roubier, no sentido de que apenas no exercício de um Direito é que se pode falar que ele foi definitivamente adquirido.

Direito adquirido é o que faz parte do patrimônio jurídico da pessoa, que implementou todas as condições para esse fim, podendo exercê-lo a qualquer momento.

O direito adquirido integra o patrimônio jurídico e não o econômico da pessoa. Esta não conta com algo concreto, como um valor a mais em sua conta bancária. O direito já é da pessoa, em razão de que cumpriu todos os requisitos para adquiri-lo, por isso faz parte do seu patrimônio jurídico, ainda que não integre o seu patrimônio econômico, como na hipótese de a aposentadoria não ter sido requerida, apesar de a pessoa já ter implementado todas as condições para esse fim.

8.4.3.3 Distinção

É preciso fazer a distinção entre direito adquirido, faculdade e expectativa de direito.

A faculdade é anterior ao direito adquirido. É um meio de aquisição do direito.

Expectativa de direito ocorre quando o beneficiário ainda não reuniu todas as condições para adquirir o direito, que não faz parte do seu patrimônio jurídico, nem pode ser exercitado de imediato. Na expectativa de direito há a esperança, a probabilidade de adquirir o direito no curso do tempo.

Importa o direito adquirido um fato consumado na vigência da lei anterior.

O direito adquirido, de certo modo, representa a não aplicação retroativa da lei. Não se confunde, porém, com o efeito imediato da norma legal, que é previsto no art. 6º do Decreto-lei n. 4.657/42, apanhando as situações que estão em curso. A irretroatividade quer dizer a não aplicação da lei nova sobre uma situação já definitivamente constituída no passado. O que se pretende proteger no direito adquirido não é o passado, mas o futuro, de continuar a ser respeitada aquela situação já incorporada ao patrimônio jurídico da pessoa. No direito adquirido, a nova norma deve respeitar a situação anterior, já definitivamente constituída, afastando para esse caso a aplicação da lei nova.

O ato jurídico perfeito está compreendido no direito adquirido. Não se pode admitir um direito adquirido que não seja decorrente de ato jurídico perfeito. Ato jurídico perfeito é o que formou-se sob o império da lei velha. A questão tem de ser analisada se o ato já foi consumado sob a vigência da lei anterior. Dessa situação é que decorre o direito adquirido. Este implica fazer valer um direito que não está sendo respeitado pela lei nova. O benefício concedido é um ato jurídico perfeito para o segurado.

8.4.3.4 Características

Há pelo menos cinco características do direito adquirido segundo Reinaldo Porchat: 1º um fato aquisitivo, idôneo a produzir direito, de conformidade com a lei vigente; 2º uma lei vigente no momento em que o fato se realize; 3º capacidade legal do agente; 4º ter o direito entrado a fazer parte do patrimônio jurídico do indivíduo, ou ter constituído o adquirente na posse de um estado civil definitivo; 5º não ter sido exigido ainda ou consumado esse direito, isto é, não ter sido ainda realizado em todos os seus efeitos[4].

---

4 PORCHAT, Reinaldo. *Da retroatividade das leis civis*. São Paulo: Duprat & Comp., 1909.

8.4.3.5 Divisão

Em razão da disposição do § 2º do art. 6º do Decreto-lei n. 4.657/42 é possível fazer a seguinte divisão didática a respeito do direito adquirido:

- os direitos que seu titular, ou alguém por ele possa exercer;
- aqueles cujo começo de exercício tenha termo prefixo;
- outros que tenham condição preestabelecida para o exercício, inalterável ao arbítrio de outrem.

A primeira hipótese dispensa comentários, por ser bastante clara.

A segunda hipótese só pode ser exercitada dali a certo termo. O termo prefixo depende do estabelecimento de determinação que só pode ser exercitada depois do transcurso de certo tempo. Reza o art. 125 do Código Civil que "subordinando-se a eficácia do negócio jurídico à condição suspensiva, enquanto esta se não verificar, não se terá adquirido o direito, a que o ato visa". É, por exemplo, o caso do salário, que só é considerado adquirido após a prestação do serviço, isto é, após o 30º dia da prestação do serviço. Antes disso a pessoa não adquiriu o direito ao salário, ou a qualquer reajuste salarial.

Na terceira hipótese, a condição preestabelecida não pode ser alterada pela vontade de outra pessoa, devendo ser respeitada. Condição é a cláusula que subordina o efeito do negócio jurídico a evento futuro e incerto (art. 121 do Código Civil).

8.4.3.6 Teorias

Windscheid, Dernburg e Ferrara professavam a teoria dos fatos cumpridos. Há retroatividade quando a lei nova suprime ou altera os efeitos já produzidos relativos a um fato anterior e na hipótese de alterar para o futuro um dos direitos em razão de fatos pretéritos.

Na teoria formal de Paul Roubier e Planiol, a lei retroage se aplicada aos fatos consumados sob a égide de lei anterior (*facta pendentia*). Aplica-se às situações jurídicas que estão em curso, aos fatos pendentes (*facta pendentia*). Caso a lei nova seja observada em relação às consequências ainda não realizadas de um ato ocorrido sob o império da precedente, há aplicação imediata da norma e não retroatividade. Utiliza-se a referida teoria nos contratos de prestação sucessiva, como nos contratos de locação. A lei nova aplica-se ao contrato constituído sob lei pretérita, em relação aos efeitos não realizados.

A teoria do efeito imediato informa que a lei entra em vigor na data de sua publicação, apanhando as situações que estavam em curso, não tendo efeito retroativo. Na retroatividade, a lei retroage para apanhar situações já consumadas, sendo vedada em nosso Direito. O art. 6º do Decreto-lei n. 4.657/42 é expresso no sentido de que a lei em vigor terá efeito imediato e geral.

8.4.3.7 Generalidades

Uma maneira de se assegurar o Estado Democrático de Direito é respeitando o direito adquirido, o ato jurídico perfeito e a coisa julgada.

Representa o direito adquirido forma de outorgar segurança jurídica às pessoas dentro do Estado Democrático de Direito.

O respeito ao direito adquirido, ao ato jurídico perfeito e à coisa julgada é cláusula pétrea de nossa Constituição, que não pode ser modificada por emenda constitucional, como se verifica do inciso IV do § 4º do art. 60 da Lei Maior.

O direito adquirido tem significativa importância para a Previdência Social, principalmente no que diz respeito às aposentadorias. Direito adquirido em Previdência Social é um direito de aquisição sucessiva, no curso do tempo, e, portanto, complexo. Se houvesse uma mudança no prazo para a concessão de certo benefício e a pessoa já tivesse implementado todas as condições para requerê-lo, poder-se-ia dizer que a pessoa já havia adquirido o direito à concessão do benefício, de acordo com o prazo anteriormente estabelecido. O segurado adquire direito à aposentadoria no momento em que reúne todos os requisitos necessários para obtê-la. A aposentadoria será regulada pela lei vigente naquele momento. As modificações posteriores não se lhe aplicam, pois, caso houvesse retroatividade, atingiria o direito adquirido.

O STF tem entendimento sumulado de que, "ressalvada a revisão prevista em lei, os proventos da inatividade regulam-se pela lei vigente ao tempo em que o militar, ou o servidor civil, reuniu os requisitos necessários" (Súmula 359). Passou a entender o STF que não há necessidade de a pessoa requerer a aposentadoria se já havia adquirido o direito a se aposentar (Pleno, RE 73.189-SP, Rel. Min. Luiz Gallotti, *RTJ* 65/435). O que deve ficar claro é que a aquisição do direito não se confunde com o seu exercício. O direito à aposentadoria nasce desde que o segurado reúna as condições necessárias para tanto, de acordo com a prescrição legal. Nesse momento é que se pode dizer que houve a incorporação do direito de se aposentar ao seu patrimônio jurídico. O exercício desse direito é que é feito por meio do pedido de aposentadoria, não sendo elemento integrante do referido direito. Não importa, por conseguinte, a data em que a pessoa requereu a aposentadoria, mas sim se já adquiriu os requisitos para requerê-la.

Entende o STF que não existe direito adquirido a regime jurídico.

Indica o art. 17 do ADCT que contra a Constituição não há direito adquirido, quando reza que os vencimentos, a remuneração, as vantagens e os adicionais, bem como os proventos de aposentadoria que estiverem sendo percebidos em desacordo com a Lei Maior, serão imediatamente reduzidos aos limites dela decorrentes, não se admitindo, nesse caso, invocação de direito adquirido ou percepção de excesso a qualquer título.

Mostra o art. 122 da Lei n. 8.213/91 regra de direito adquirido, ao mencionar que, se for mais vantajoso, fica assegurado o direito à aposentadoria, nas condições legalmente previstas na data do cumprimento de todos os requisitos necessários à obtenção do benefício, ao segurado que, tendo completado 35 anos de serviço, se homem, ou 30 anos, se mulher, optou por permanecer em atividade.

Na reforma previdenciária, implementada pela Emenda Constitucional n. 20/98, o art. 3º do referido dispositivo é claro no sentido de garantir expressamente o direito adquirido das pessoas: é assegurada a concessão de aposentadoria e pensão, a qualquer tempo, aos servidores públicos e aos segurados do regime geral de previdência social, bem como aos seus dependentes, que, até 16-12-1998, tenham cumprido os requisitos para obtenção destes benefícios, com base nos critérios da legislação então vigente.

Esse direito pode, portanto, ser exercitado a qualquer momento. Assim, trabalhador que tivesse 30 anos de tempo de serviço antes da publicação da Emenda Constitucional n. 20/98 ou trabalhadora que tivesse 25 anos de tempo de serviço podem requerer a aposentadoria proporcional a qualquer tempo. O mesmo ocorre com homem que tinha 35 anos de tempo de serviço e mulher que possuía 30 anos de tempo de serviço, que poderão requerer a qualquer momento aposentadoria por tempo de serviço integral.

Na prática, o direito de opção, contido nos arts. 8º e 9º da Emenda Constitucional n. 20/98, de observar-se a nova norma, provavelmente não vai ser utilizado pelas pessoas, pois a lei anterior era muito mais vantajosa, principalmente pelo fato de que a lei velha não exigia idade mínima.

Mostra o § 2º do art. 3º da Emenda Constitucional n. 20/98 outra regra de direito adquirido: os proventos da aposentadoria a ser concedida aos servidores públicos, em termos integrais ou proporcionais ao tempo de serviço já exercido até a data de 16-12-1998, bem como as pensões de seus dependentes, serão calculados de acordo com a legislação em vigor à época em que foram atendidas as prescrições nela estabelecidas para a concessão destes benefícios ou nas condições da legislação vigente.

Nenhum servidor poderá perceber remuneração ou provento superior ao teto, que corresponde aos subsídios dos ministros do STF. É o que quer dizer o § 11 do art. 40 da Constituição, que foi acrescentado pela Emenda Constitucional n. 20/98, ao mandar aplicar o inciso XI do art. 37 da Lei Maior, no que diz respeito aos proventos do servidor público.

Discute-se se há direito adquirido contra a referida determinação. Parece que a tendência seria de o STF reconhecer a existência de direito adquirido sobre o tema.

A lei nova não pode retroagir para prejudicar direitos já adquiridos pela pessoa, sob o império da lei anterior, tendo implementado todos os requisitos para a concessão da vantagem.

Vale a lei nova para frente, não podendo retroagir para inclusive prejudicar as pessoas.

Se houvesse a determinação por meio de nova Constituição, seria possível alegar que as disposições anteriores não poderiam ser utilizadas contra essa norma. É a tese de que contra a Constituição não há direito adquirido. Poderia ser utilizado o art. 17 do ADCT como argumento.

Entretanto, tratando-se de emenda constitucional, esta não pode querer abolir direitos e garantias individuais, como se verifica no inciso IV do § 4º do art. 60 da Constituição. Está inserido o inciso XXXVI do art. 5º da Constituição nos direitos e garantias individuais. Logo, aposentadorias pagas em valores superiores ao teto estabelecido pela Emenda Constitucional não poderão ser por esta modificados, pois deve ser assegurado o direito adquirido dessas pessoas, mesmo que o valor do benefício possa parecer absurdo ou irreal. A lei nova não poderia retroagir para prejudicar direitos já adquiridos pelos aposentados e que já fazem parte do seu patrimônio jurídico.

Prevê, ainda, o art. 6º da Lei n. 9.876/99 a garantia ao segurado que até 26-11-1999 tenha cumprido os requisitos para a concessão de benefício o cálculo segundo as regras até então vigentes.

8.5 PRINCÍPIOS ESPECÍFICOS

8.5.1 Solidarismo

São empregadas as denominações *solidariedade*, *solidarismo* e *mutualismo*.

A solidariedade pode ser considerada um postulado fundamental do Direito da Seguridade Social, previsto implicitamente inclusive na Constituição. Sua origem é encontrada na assistência social, em que as pessoas faziam uma assistência mútua para alguma finalidade e também com base no mutualismo, de se fazer um empréstimo ao necessitado. É uma característica humana, que se verifica no decorrer dos séculos, em que havia uma ajuda genérica ao próximo, ao necessitado.

Certos grupos vinham se cotizando para cobrir determinadas contingências sociais, como fome, doença, velhice, morte etc., visando, mediante a contribuição de cada participante do grupo, prevenir futuras adversidades. Passados os tempos, essa cotização foi aumentando, formando-se grupos por profissionais, por empresas etc., que, por intermédio de esforços em comum, ou da criação de determinado fundo, vinham se preparando para quando não mais pudessem trabalhar. Daí o surgimento de pequenos descontos no salário para cobrir futuras aposentadorias, principalmente quando a pessoa não mais tinha condições de trabalhar para seu sustento. A solidariedade consistiria na contribuição da maioria em benefício da minoria. Os ativos sustentam os inativos.

É a ideia de que a união faz a força ou dos mosqueteiros: de um por todos e todos por um.

Ocorre solidariedade na Seguridade Social quando várias pessoas economizam em conjunto para assegurar benefícios quando as pessoas do grupo necessitarem. As contingências são distribuídas igualmente a todas as pessoas do grupo. Quando uma pessoa é atingida pela contingência, todas as outras continuam contribuindo para a cobertura do benefício do necessitado.

Pode a solidariedade ser: direta, quando há determinação direta e concreta das partes envolvidas; indireta, quando há desconhecimento mútuo e indeterminação das partes.

O art. 3º da Constituição do Uruguai esclarece que a solidariedade pressupõe a participação de todos os habitantes do país, tanto nas obrigações como nos direitos reconhecidos na Constituição, bem como a utilização dos recursos da Seguridade Social.

São encontradas determinações na Lei Magna indicando a solidariedade como pressuposto genérico. A República Federativa do Brasil tem como objetivo fundamental "construir uma sociedade livre, justa e solidária" (art. 3º, I). Aplicado este preceito à Seguridade Social, os que têm melhores condições financeiras devem contribuir com uma parcela maior para custear a Seguridade Social. Ao contrário, os que têm menores condições de contribuir devem ter uma participação menor no custeio da Seguridade Social, de acordo com suas possibilidades, mas não podem deixar de contribuir. Sendo assim, vai se formando a cotização de cada uma das pessoas envolvidas pela Seguridade Social para a constituição do numerário visando à concessão dos seus benefícios.

O art. 40 da Constituição menciona que o regime de previdência do servidor público é contributivo e solidário. Em nenhum outro dispositivo constitucional há menção expressa ao fato de que existe solidariedade no Regime Geral de Previdência Social.

No decorrer da história da Seguridade Social no Brasil, nota-se que os trabalhadores urbanos contribuem para custear os rurais, que não pagavam contribuição para o sistema. Na Assistência Social, o que ocorre é justamente a solidariedade de todos em benefício dos necessitados, pois, na renda mensal vitalícia, o beneficiário recebe a prestação sem nunca ter contribuído para o sistema.

O STF já decidiu que a contribuição do inativo é constitucional com base no princípio da solidariedade (ADIn 3.128-DF).

8.5.2 Princípios constitucionais

O parágrafo único do art. 194 do Estatuto Supremo determina ao Poder Público, no caso o federal, nos termos da lei, organizar a Seguridade Social, com base em objetivos que poderia dizer que são os verdadeiros princípios da Seguridade Social: universalidade da cobertura e do atendimento; uniformidade e equivalência dos benefícios e serviços às populações urbanas e rurais; seletividade e distributividade na prestação dos benefícios e serviços; irredutibilidade do valor dos benefícios; equidade na forma de participação no custeio; diversidade da base de financiamento; caráter democrático e descentralizado da administração, mediante gestão quadripartite, com participação dos trabalhadores, dos empregadores, dos aposentados e do governo nos órgãos colegiados. Há também os princípios da tríplice forma de custeio e preexistência do custeio em relação ao benefício.

As normas contidas no parágrafo único do art. 194 da Constituição não são objetivos, nem metas a atingir, mas princípios, pois informam, dão sustentação ao sistema de Seguridade Social. São os verdadeiros princípios, pois dão fundamentação ao sistema de Seguridade Social.

O parágrafo único do art. 1º da Lei n. 8.212/91 repete os princípios constitucionais descritos no parágrafo único do art. 194 da Constituição.

8.5.2.1 Universalidade

A Constituição do Uruguai, por exemplo, no art. 3º, trata da universalidade, dizendo que todos os habitantes do país, diante da mesma circunstância ou contingência, receberão igual cobertura.

No nosso sistema, tem a Seguridade Social como postulado básico a universalidade, ou seja: todos os residentes no país farão jus a seus benefícios, não devendo existir distinções, principalmente entre segurados urbanos e rurais. Os segurados facultativos, se recolherem a contribuição, também terão direito aos benefícios da Previdência Social. Os estrangeiros residentes no País também devem ser contemplados com as disposições da Seguridade Social, e não só para aqueles que exercem atividade remunerada. A disposição constitucional visa, como deve se tratar de um sistema de Seguridade Social, a proporcionar benefícios a todos, independentemente de terem ou não contribuído. Na prática, contudo, não é bem assim, pois terão direito aos benefícios e às prestações, conforme for disposto na lei. Se a lei não previr certo benefício ou este não for estendido a determinada pessoa, não haverá direito a tais vantagens.

Pode a universalidade ser dividida em: (a) subjetiva, que diz respeito a todas as pessoas que integram a população, sejam nacionais ou estrangeiras; (b) objetiva, que irá reparar as consequências das contingências estabelecidas na lei.

A universalidade da cobertura deve ser entendida como as contingências que serão cobertas pelo sistema, como a impossibilidade de retornar ao trabalho, a idade avançada, a morte etc.

Já a universalidade do atendimento refere-se às prestações que as pessoas necessitam, de acordo com a previsão da lei, como ocorre em relação aos serviços. Todas as pessoas fazem jus.

Na Saúde, há universalidade no atendimento, pois todos têm direito a socorrer-se do sistema, independentemente do pagamento de contribuições, sendo direito da pessoa e dever do Estado (art. 196 da Constituição).

8.5.2.2 Uniformidade e equivalência dos benefícios e dos serviços às populações urbanas e rurais

A Constituição disciplina a uniformidade e a equivalência de benefícios e serviços às populações urbanas e rurais, quando deveria ser para todo o sistema, inclusive para os servidores civis e militares, mas estes possuem outro regime.

Uniformidade vem do latim *uniformitas* (*atis*). É o que se comporta de maneira regular, constante, harmônica. Não deixa de ser o princípio da uniformidade um desdobramento do princípio da igualdade, no sentido da impossibilidade de serem estabelecidas distinções. Pessoas que estão em situações iguais devem ser tratadas de maneira uniforme.

A uniformidade vai dizer respeito aos aspectos objetivos, às contingências que irão ser cobertas. A equivalência vai tomar por base o aspecto pecuniário ou do atendimento dos serviços, que não serão necessariamente iguais, mas equivalentes, na medida do possível, dependendo do tempo de contribuição, coeficiente de cálculo, sexo, idade etc.

Menciona ainda o preceito constitucional que a uniformidade e a equivalência dos benefícios e dos serviços são atinentes às populações urbanas e rurais. O conceito de população é mais amplo, valendo para todo o sistema de Seguridade Social (Previdência Social, Assistência Social e Saúde), abrangendo por analogia o pescador e o garimpeiro. População é o segurado. Não é um conceito jurídico, mas estatístico ou demográfico. Essa orientação vem a corrigir defeitos da legislação previdenciária rural, que sempre discriminava o trabalhador rural. Com a Lei n. 8.213/91 foram instituídos benefícios aos trabalhadores urbanos e rurais, sem qualquer distinção, tanto que a denominação empregada é Regime Geral de Previdência Social. No nosso sistema, "populações" quer dizer todas as pessoas, segurados, menos os funcionários públicos e militares, que têm regime próprio.

As prestações são divididas em benefícios e serviços. Benefícios são prestações em dinheiro. Serviços são bens imateriais colocados à disposição das pessoas, como habilitação e reabilitação profissional, serviço social etc.

8.5.2.3 Seletividade e distributividade na prestação de benefícios e de serviços

A seleção (escolha) das prestações vai ser feita de acordo com as possibilidades econômico-financeiras do sistema da Seguridade Social (arts. 40 e 201 da Constituição). Nem todas as pessoas terão benefícios: algumas o terão, outras não, gerando o conceito de distributividade. No entanto, a assistência médica será igual para todos, desde que as pessoas dela necessitem e haja previsão para tanto. Nada impede a complementação dos benefícios por meio da Previdência Social privada.

Implica a escolha das necessidades que o sistema poderá proporcionar às pessoas. O legislador seleciona para poder distribuir.

A lei é que irá dispor a que pessoas os benefícios e os serviços serão estendidos. É uma escolha política.

Salário-família e auxílio-reclusão em razão do dependente do trabalhador de baixa renda são formas de seletividade, de atender a determinadas pessoas que seriam as necessitadas e não outras.

A distributividade implica a necessidade de solidariedade para poderem ser distribuídos recursos. A ideia da distributividade também concerne à distribuição de renda, pois o sistema, de certa forma, nada mais faz do que distribuir renda. A distribuição pode ser feita aos mais necessitados, em detrimento dos menos necessitados, de acordo com a previsão legal, como na bolsa-família. A distributividade tem, portanto, caráter social. Também é observada a distributividade na área de Saúde, como de distribuição de bem-estar às pessoas.

O sistema visa à redução das desigualdades sociais e econômicas, mediante política de redistribuição de renda. É uma forma de se tentar alcançar a justiça social.

Deveria a distributividade ser entendida conforme o pensamento de Chaim Perelman[5]: "a cada um segundo suas necessidades". Nem sempre, porém, é isso que ocorre, pois os mais necessitados podem não ter direito a benefícios, por nunca terem contribuído para o sistema.

Verifica-se em municípios do interior do Nordeste que o recebimento dos benefícios impulsiona o comércio por aproximadamente 15 dias, que é o período do recebimento do benefício. Só se dá crédito nesses lugares para quem recebe benefício do INSS. Em cada município, o que se recebe de benefício é maior do que o recebimento do Fundo de Participação dos Municípios. Isso mostra que os benefícios distribuem renda.

8.5.2.4 Irredutibilidade do valor dos benefícios

No Direito do Trabalho, os salários são irredutíveis, por princípio e pela aplicação do art. 468 da CLT. Os magistrados, há muito tempo, não podem ter seus subsídios reduzidos, como se verifica hoje no inciso III do art. 95 da Constituição. O salário tem natureza alimentar, não podendo ser reduzido.

O inciso VI do art. 7º da Constituição passou a assegurar a irredutibilidade dos salários dos empregados. O inciso XV do art. 37 da Lei Maior assegura a irredutibilidade de subsídios do funcionário público.

Assim, havia também necessidade de se determinar a irredutibilidade dos benefícios da Seguridade Social. É uma segurança jurídica contida na Constituição em benefício do segurado diante da inflação.

O poder aquisitivo dos benefícios não pode ser onerado. A forma de correção dos benefícios previdenciários vai ser feita de acordo com o preceituado na lei.

No seio da Assembleia Constituinte houve muita preocupação com a redução dos benefícios previdenciários, pois, no decorrer dos anos, o beneficiário vinha perdendo o poder aquisitivo que tinha quando se aposentou. A legislação salarial, ou correção do salário mínimo, nunca implicou a preservação real dos benefícios

---

[5] *Ética e direito*. São Paulo: Martins Fontes, 1996. p. 25-27

previdenciários. Nem a atual lei de benefícios (Lei n. 8.213/91) irá proporcionar a manutenção do poder aquisitivo real dos benefícios, pois perdas salariais ocorrem costumeiramente. Antes de 1988, o governo estabeleceu artifícios na correção dos benefícios, que os reduziam. Nesse sentido, foi editada a Súmula 260 do TFR, determinando que "no primeiro reajuste do benefício previdenciário, deve-se aplicar o índice integral do aumento verificado, independentemente do mês da concessão, considerado, nos reajustes subsequentes, o salário mínimo então atualizado".

O constituinte assegurou, ainda, "o reajustamento dos benefícios para preservar-lhes, em caráter permanente, o valor real", porém remete o critério à lei ordinária (§ 4º do art. 201 da Lei Maior).

A jurisprudência do STF se firmou no sentido de que a irredutibilidade do valor do benefício é a nominal e não a real, que abrange o que se pretende receber para que não haja perda do poder aquisitivo em decorrência da inflação (1ª T., RE 263.252/PR, Rel. Min. Moreira Alves, *DJU* 23-6-2000, p. 32).

Nota-se que a irredutibilidade do valor dos benefícios é a nominal e não a real, dependente da lei ordinária. Caso a lei ordinária não adote métodos ou índices para se verificar a variação real da inflação, haverá perdas ao segurado, mas esse critério não poderá ser acoimado de inconstitucional.

O art. 41-A da Lei n. 8.213/91 prevê que o benefício será corrigido quando for revisto o salário mínimo.

8.5.2.5 Equidade na forma de participação no custeio

A Constituição não criou uma única fonte de custeio, o que facilitaria sobremaneira a fiscalização.

O princípio da equidade na forma de participação no custeio é um desdobramento do princípio da igualdade.

A equidade na forma do custeio diz respeito à contribuição da Seguridade Social. A capacidade de contribuição se refere a impostos.

Apenas aqueles que estiverem em iguais condições contributivas é que terão de contribuir da mesma forma. É uma forma de justiça fiscal. O trabalhador não pode contribuir da mesma maneira que a empresa, pois não tem as mesmas condições financeiras. Dever-se-ia, porém, estabelecer certas distinções também entre as empresas, pois é sabido que empresas maiores têm melhores condições de contribuir do que as microempresas. No entanto, essa diferenciação não foi feita pela legislação ordinária, porque a forma de custeio é atribuída ao que estiver disposto na lei ordinária.

A maior parte da receita da seguridade social virá, portanto, da empresa, que inclui no preço da mercadoria ou dos serviços prestados o custo da contribuição previdenciária. Em última análise, quem vai pagar ou custear a Seguridade Social é o consumidor.

A legislação ordinária já prevê certa equidade, pois enquadra o trabalhador em quatro alíquotas (7,5%, 9%, 12% e 14%), na conformidade do salário que perceba. As alíquotas de custeio de acidente do trabalho dependem do grau de acidentes da empresa (1%, 2% e 3%). O trabalhador rural passou a ter de contribuir para o sistema, quando anteriormente à Constituição de 1988 era filiado a ele, porém não recolhia qualquer contribuição.

Exemplo de equidade na forma do custeio é a prevista no § 9º do art. 195 da Constituição, no sentido de que as contribuições da empresa poderão ter alíquotas diferenciadas, em razão da atividade econômica, da utilização intensiva de mão de obra, do porte da empresa ou da condição estrutural do mercado de trabalho, sendo também autorizada a adoção de bases de cálculo diferenciadas apenas no caso das alíneas *b* e *c* do inciso I do art. 195 da Constituição.

A equidade mencionada não é dirigida ao juiz, na aplicação da norma, nem ao Poder Executivo. Parece que a equidade na forma de participação no custeio é dirigida ao legislador ordinário, que deverá observá-la quando tratar de custeio.

As microempresas e as empresas de pequeno porte têm tratamento diferenciado para o recolhimento da contribuição previdenciária, que incide sobre o faturamento com uma alíquota geral (Lei Complementar n. 123/2006).

8.5.2.6 Diversidade da base de financiamento

A Constituição de 1934 previa "(...) instituição de previdência, mediante contribuição igual da União, do empregador e do empregado, a favor da velhice, da invalidez, da maternidade e nos casos de acidentes do trabalho ou de morte (art. 121, § 1º, *h*). Era a consagração constitucional do princípio da tríplice forma de custeio.

O inciso XVI do art. 157 da Constituição de 1946, assegurava a "previdência, mediante contribuição da União, do empregador e do empregado, em favor da maternidade e contra as consequências da doença, da velhice, da invalidez e da morte".

Determinava o inciso XVI, do art. 158, da Constituição de 1967: "previdência social, mediante contribuição da União, do empregador e do empregado" para atender às prestações previdenciárias.

Explicitava o inciso XVI, do art. 165, da Emenda Constitucional n. 1/69, que a previdência social era estabelecida "nos casos de doença, velhice, invalidez e morte, seguro-desemprego, seguro contra acidentes do trabalho e proteção da maternidade, mediante contribuição da União, do empregador e do empregado".

Até a Emenda Constitucional n. 1/69, havia uma tríplice forma de custeio da Previdência Social: do ente público, do empregador e do trabalhador.

Dispõe o inciso VI do parágrafo único do art. 194 da Constituição sobre a diversidade da base de financiamento, identificando-se, em rubricas contábeis específicas para cada área, as receitas e as despesas vinculadas a ações de saúde, previdência e assistência social, preservado o caráter contributivo da previdência social.

Com a Constituição de 1988, passa a haver diversidade de bases de financiamento, que não são apenas três, mas quatro.

Na verdade, o termo correto não deveria ser *diversidade de base de financiamento*, mas *diversidade de fontes de custeio*. Não se trata de operação financeira. O objetivo não é financiar mediante empréstimo com juros e correção monetária as prestações do sistema, mas custeá-las.

A Constituição prevê diversas formas do custeio da Seguridade Social (pluralidade de fontes), por meio da empresa, dos trabalhadores, dos entes públicos, dos concursos de prognósticos e do importador de bens ou serviços do exterior (art. 195, I a IV). Como menciona o art. 195, *caput*, da Lei Maior, a seguridade social será custeada por toda a sociedade.

As empresas recolhem a contribuição sobre a folha de salários de seus empregados, sobre o faturamento e sobre o lucro. Os trabalhadores participam com um porcentual calculado sobre seus salários. Há, também, um valor calculado sobre a receita dos concursos de prognósticos. Do orçamento da União virá grande parte do custeio da Seguridade Social, assim como essa irá cobrir eventuais insuficiências financeiras do sistema.

Nada impede de se instituírem outras fontes de custeio, desde que por lei complementar, não tendo fato gerador ou base de cálculo de imposto previsto na Constituição, nem seja cumulativa (art. 195, § 4º c/c art. 154, I, do Estatuto Supremo).

Há também a diversidade na base de custeio na contribuição do produtor rural sobre o resultado da comercialização da produção (§ 8º do art. 195 da Constituição).

As despesas e receitas devem estar vinculadas às ações da Seguridade Social, abrangendo suas espécies: Previdência Social, Assistência Social e Saúde.

O inciso VI do parágrafo único do art. 194 da Constituição também indica que a previdência social tem caráter contributivo.

8.5.2.7 Caráter democrático e descentralizado da administração

A redação original do inciso VII, do parágrafo único do art. 194 da Constituição, dispunha sobre o "caráter democrático e descentralizado da gestão administrativa, com a participação da comunidade, em especial de trabalhadores, empresários e aposentados".

A Emenda Constitucional n. 20/98 deu nova redação ao inciso VII, do parágrafo único do art. 194 da Lei Maior: "caráter democrático e descentralizado da administração, mediante gestão quadripartite, com participação dos trabalhadores, dos empregadores, dos aposentados e do governo nos órgãos colegiados".

Agora, a redação constitucional é expressa no sentido de que a gestão administrativa da Seguridade Social é quadripartite, abrangendo: governo, aposentados, trabalhadores e empregadores.

Não é mais usada a expressão "participação da comunidade", que é compreendida pelos trabalhadores, aposentados e empregadores, além do próprio governo.

Dispõe a Lei Magna que os trabalhadores, os empresários e os aposentados participarão da gestão administrativa da Seguridade Social, que terá caráter democrático e descentralizado.

Tal regra confirma o que já estava normatizado no art. 10 da Lei Fundamental, em que os trabalhadores e os empregadores teriam participação nos colegiados dos órgãos em que se discutam ou haja deliberação sobre questões previdenciárias.

Os antigos Institutos de Aposentadorias e Pensões (IAPs) já previam a participação dos segurados e dos empregadores, que participavam dos conselhos administrativos ou fiscais daquelas entidades.

Há necessidade de que tanto o voto dos membros dos representantes dos segurados como o das empresas sejam decisórios, sob pena de ineficácia do dispositivo constitucional.

O art. 3º da Lei n. 8.213/91 instituiu o Conselho Nacional de Previdência Social (CNPS), que tem representantes do governo federal, dos aposentados e dos pensionistas, dos trabalhadores em atividade e dos empregadores. Foram criados também os Conselhos Estaduais de Previdência Social (CEPS) e os Conselhos Municipais de Previdência Social (CMPS), subordinados ao Conselho Nacional de Previdência Social. O CEPS e o CMPS deverão "acompanhar e avaliar sistematicamente a gestão previdenciária" e "a aplicação da legislação pertinente à Previdência Social" (art. 8º, II e V, da Lei n. 8.213/91). O art. 17 da Lei n. 8.742/93 criou o Conselho Nacional de Assistência Social, com representantes governamentais e da sociedade civil.

Lembre-se também de que nas Juntas de Recursos do Seguro Social (JRSS) há representantes da União, dos trabalhadores e das empresas, formando um colegiado, que julgam questões previdenciárias no âmbito administrativo, como de benefícios, mostrando mais uma forma de participação das pessoas no interior da Previdência Social.

O Conselho Municipal de Assistência Social também é uma forma de descentralização.

Na área da Saúde, houve a descentralização do sistema (art. 198, I, da Constituição) por meio do SUDS e do SUS. A União estabelece a política geral de Saúde, recebe os valores e repassa para Estados e Municípios.

8.5.2.8 Preexistência do custeio em relação ao benefício ou ao serviço

Fala-se também em contrapartida. Entretanto, na Assistência Social não é contributiva em relação ao segurado. A Saúde é um direito de todos e um dever do Estado, podendo o necessitado nunca ter contribuído para o sistema. Na pensão, o dependente pode nunca ter contribuído para o sistema e receber o benefício.

A ideia do princípio é encontrada em qualquer economia doméstica ou empresa: não se pode gastar mais do que se ganha.

O princípio da precedência do custeio em relação ao benefício ou ao serviço surge com a Emenda Constitucional n. 11/65, ao acrescentar o § 2º ao art. 157 da Constituição de 1946, com a seguinte redação: "nenhuma prestação de serviço de caráter assistencial ou de benefício compreendido na previdência social poderá ser criada, majorada ou estendida sem a correspondente fonte de custeio total". Nota-se que o dispositivo constitucional mencionava não só benefício da Previdência Social, mas também serviço de caráter assistencial. Assim, mesmo na assistência social, para a prestação de um serviço, havia necessidade da precedência do custeio.

Esse princípio passou, assim, a ser repetido nas Constituições posteriores.

O § 1º do art. 158 da Constituição de 1967 determinou que "nenhuma prestação de serviço de caráter assistencial ou de benefício compreendido na previdência social será criada, majorada ou estendida, sem a correspondente fonte de custeio total". Verifica-se que não houve qualquer mudança em relação à Constituição de 1946. O parágrafo único do art. 165 da Emenda Constitucional n. 1/69, não inovou, ao prever que "nenhuma prestação de serviço de assistência ou de benefício compreendidos na previdência social será criada, majorada ou estendida, sem a correspondente fonte de custeio total".

O § 5º do art. 195 da Constituição apenas inseriu no bojo da Norma Ápice o conceito de seguridade social, em um sentido amplo, englobando tanto a Previdência Social como a Assistência Social, com a seguinte redação: "nenhum benefício ou serviço da seguridade social poderá ser criado, majorado ou estendido sem a correspondente fonte de custeio total". Esse dispositivo tem de ser analisado em conjunto com o art. 203 da Lei Magna, no qual se determina que na assistência social não há necessidade de contribuição por parte do segurado para obtenção de suas vantagens. Logo, não há necessidade de contribuição do segurado na assistência social, mas o custeio da assistência social, que é parte integrante da Seguridade Social, continua sendo necessário, ainda que indiretamente feito por todos, nos termos do art. 195 da Lei Maior.

A criação compreende a instituição de um benefício novo, que não existia até então.

A majoração diz respeito a benefício que já existia e que foi aumentado.

A extensão é caracterizada pela existência de um benefício que fica ampliado e passa a abranger outras hipóteses.

Para a criação, a majoração ou a extensão de determinado benefício ou serviço da Seguridade Social, é mister que exista previamente a correspondente fonte de custeio total, sob pena de inconstitucionalidade da lei ordinária. Em resumo: o benefício ou serviço não poderá ser criado sem que antes haja ingressado numerário no caixa da Seguridade Social. Sem receita na Seguridade Social, não poderá haver despesa, ou seja: sem custeio, não poderá haver benefício ou serviço. Em outras palavras, o caixa da Seguridade Social só pode pagar o benefício se tiver dinheiro para tanto. Assim, é preciso que antes ingresse o numerário por meio de custeio para depois sair o numerário na forma de benefício. Não é possível pagar um valor sem tê-lo em caixa, ou melhor dizendo: gastar além do que se recebe. É uma regra aplicada em qualquer comércio e até mesmo na economia doméstica, que deve também ser respeitada na Seguridade Social.

Esse é um princípio que já foi desrespeitado diversas vezes em épocas anteriores. A renda mensal vitalícia foi criada pela Lei n. 6.179/74, porém, não existia a necessária fonte de custeio, apesar de haver um superávit com a ampliação dos limites do salário de contribuição pela Lei n. 5.890/73. O mesmo se deu em relação à transferência do salário-maternidade do empregador para a seguridade social, com a Lei

n. 6.136/74, em que se estabeleceu um porcentual de 0,3% para o referido custeio, calculado sobre a soma dos salários contidos nas folhas de pagamento das empresas, mas foi diminuída a contribuição do salário-família de 4,3% para 4,0%.

Há necessidade, portanto, da observância, pelo legislador ordinário, da precedência do custeio quando da criação ou majoração de novo benefício ou prestação da seguridade social.

Deve haver, portanto, um custeio total para o sistema, e não apenas parcial.

O Direito da Seguridade Social tem, portanto, princípios próprios, diversos do Direito do Trabalho. Justifica, assim, a autonomia da matéria.

Verificação de aprendizagem

1. O que é solidarismo?
2. Existem princípios que são de Direito Constitucional e podem ser aplicados à Seguridade Social?
3. Quais são os princípios da Seguridade Social?
4. Como deve ser o custeio da Seguridade Social?
5. É possível se instituir um benefício sem o correspondente custeio total? Por quê?

Parte II

CUSTEIO DA SEGURIDADE SOCIAL

Capítulo 9

FONTES DE CUSTEIO DA SEGURIDADE SOCIAL

Prevê o art. 195 da Constituição que a Seguridade Social será financiada por toda a sociedade, de forma direta e indireta, nos termos da lei, mediante recursos provenientes dos orçamentos da União, dos Estados, do Distrito Federal e dos Municípios.

Na verdade, a Seguridade Social não será financiada, mas haverá seu custeio. Não se trata de financiamento, como se fosse um empréstimo bancário, em que haveria necessidade de devolver o valor com juros e correção monetária. Trata-se de custeio, o que é feito por meio de contribuição social.

Entende-se por fonte de custeio os meios econômicos e, principalmente, financeiros obtidos e destinados à concessão e à manutenção das prestações da Seguridade Social.

A palavra sociedade deve ser entendida como pessoas.

São fontes diretas as contribuições previstas para o sistema, que são cobradas de trabalhadores e de empregadores. São fontes indiretas os impostos, que serão utilizados nas insuficiências financeiras do sistema, sendo pagos por toda a sociedade. Indiretamente indica a solidariedade do custeio por toda a sociedade.

São fontes de custeio da Seguridade Social:

a) dos empregadores, incidentes sobre a folha de salários, o faturamento e o lucro. Sobre o faturamento incide a Cofins (Lei Complementar n. 70/91) e o PIS (Lei Complementar n. 7/70). Sobre o lucro incide a contribuição social criada pela Lei n. 7.689/88;

b) dos trabalhadores;

c) sobre a receita de concursos de prognósticos;

d) do importador de bens ou de serviços do exterior, ou de quem a lei a ele equiparar (Lei n. 10.865/2004).

Além das fontes anteriormente referidas, a Constituição prevê outras fontes de custeio no § 4º do art. 195, que se reporta ao inciso I do art. 154 (exigência de que a nova fonte de custeio seja instituída por lei complementar, não podendo ter fato gerador ou base de cálculo de outro imposto já existente e que não seja cumulativa). A não cumulatividade deve ser compreendida no sentido de que é impossível a criação de uma contribuição social sobre valor já tributado.

Definirá a lei como será custeado o sistema de Seguridade Social. A lei é a ordinária federal.

A lei definirá os setores de atividade econômica para os quais as contribuições incidentes na forma dos incisos I, *b*, e IV do art. 195 da Constituição serão não cumulativas (§ 12 do art. 195 da Constituição). Essa regra também será aplicada na hipótese de substituição gradual, total ou parcial, da contribuição incidente sobre a folha de pagamento pela incidente sobre a receita ou o faturamento.

Os regimes de Seguridade Social são: (a) geral, que é destinado aos particulares. É o regime do INSS; (b) próprios, como os dos servidores públicos e dos militares; (c) complementar, que visam complementar o regime geral ou o regime dos servidores públicos.

9.1 CONGRESSISTAS

Os congressistas, deputados federais e senadores, tinham regime próprio de previdência social, regido pelo Instituto de Previdência dos Congressistas (IPC), que fixava as regras de filiação, de contribuições e de prestações. Os congressistas se aposentavam com aproximadamente dois mandatos ou oito anos.

Boa parte do referido sistema tinha recursos oriundos da União.

Deveria realmente acabar a aposentadoria do congressista com oito anos de contribuição ou dois mandatos. Não seria contra o sistema se fossem poucas as pessoas a ter direito a tal benefício, como apenas em relação ao presidente da República, aos governadores e aos prefeitos, mas no caso são muitas, nem se fosse estabelecido de maneira privada ou pelos próprios interessados e não pela União.

O IPC (Instituto de Previdência dos Congressistas) era uma autarquia do Poder Legislativo, tendo por objetivo conceder aposentadoria especial a ex-parlamentares. A principal fonte de receitas era o erário público, que transfere ao caixa da instituição o equivalente a 20% do salário de cada parlamentar. A Lei n. 7.087/82 determinou a destinação de dotações específicas destinadas ao IPC nos orçamentos do Senado e da Câmara suficientes para complementar a folha de benefícios. O sistema não subsistiria se fosse mantido apenas pelas contribuições dos seus filiados.

A Lei n. 9.506, de 30-10-1997, extinguiu o IPC (art. 1º).

O Senador, Deputado Federal ou suplente que assim o requerer, no prazo de trinta dias do início do exercício do mandato, participará do Plano de Seguridade Social dos Congressistas, fazendo jus à aposentadoria (art. 2º da Lei n. 9.506/97):

I – com proventos correspondentes à totalidade do valor obtido:

a) por invalidez permanente, quando esta ocorrer durante o exercício do mandato e decorrer de acidente, moléstia profissional ou doença grave, contagiosa ou incurável, especificadas em lei;

b) aos 35 anos de exercício de mandato e 60 anos de idade;

II – com proventos proporcionais:

a) por invalidez permanente, nos casos não previstos na alínea *a* do inciso anterior, não podendo os proventos ser inferiores a 26% da remuneração fixada para os membros do Congresso Nacional;

b) aos 35 anos de contribuição e 60 anos de idade.

O valor dos proventos das aposentadorias previstas nos incisos I e II do *caput* será calculado tomando por base percentual da remuneração fixada para os membros do Congresso Nacional, idêntico ao adotado para cálculo dos benefícios dos servidores públicos civis federais de mesma remuneração.

O valor da aposentadoria prevista no inciso II corresponderá a um trinta e cinco avos, por ano de exercício de mandato, do valor obtido.

O Deputado Federal, Senador ou suplente em exercício de mandato que não estiver vinculado ao Plano instituído pela Lei n. 9.506/97 ou a outro regime de previdência participará, obrigatoriamente, do regime geral de previdência social a que se refere a Lei n. 8.213, de 24 de julho de 1991 (art. 13 da Lei n. 9.506/97).

9.2 MILITARES

Certas carreiras de Estado têm regime jurídico próprio de Previdência Social, como ocorre com os militares.

Os militares, qualquer que seja a unidade das Forças Armadas para as quais prestem serviços, observam regime próprio de Previdência Social, não confundível com o dos servidores federais, estaduais ou municipais.

A Lei n. 6.880, de 9-12-1980, trata do Estatuto dos Militares.

9.3 FUNCIONÁRIOS PÚBLICOS FEDERAIS

As regras de aposentadorias do servidor público estão no art. 40 da Constituição.

Os funcionários públicos federais são atualmente regidos pela Lei n. 8.112/90, que também trata de questões previdenciárias. Contudo, esses funcionários têm regime próprio, não sendo beneficiários do regime da Seguridade Social descrito nas Leis ns. 8.212/91 e 8.213/91, tendo também sistema próprio de Previdência Social.

Até que entre em vigor lei que altere a alíquota da contribuição previdenciária de que tratam os arts. 4º, 5º e 6º da Lei n. 10.887, de 18 de junho de 2004, esta será de 14% (art. 11 da Emenda Constitucional n. 103/2019).

A alíquota será reduzida ou majorada, considerado o valor da base de contribuição ou do benefício recebido, de acordo com os seguintes parâmetros:

I – até 1 (um) salário mínimo, redução de seis inteiros e cinco décimos pontos percentuais;

II – acima de 1 (um) salário mínimo até R$ 2.000,00 (dois mil reais), redução de cinco pontos percentuais;

III – de R$ 2.000,01 (dois mil reais e um centavo) até R$ 3.000,00 (três mil reais), redução de dois pontos percentuais;

IV – de R$ 3.000,01 (três mil reais e um centavo) até R$ 7.087,22 (sete mil, oitenta e sete reais e vinte e dois centavos), sem redução ou acréscimo;

V – de R$ 7.087,23 (sete mil, oitenta e sete reais e vinte e três centavos) até R$ 10.000,00 (dez mil reais), acréscimo de meio ponto percentual;

VI – de R$ 10.000,01 (dez mil reais e um centavo) até R$ 20.000,00 (vinte mil reais), acréscimo de dois inteiros e cinco décimos pontos percentuais;

VII – de R$ 20.000,01 (vinte mil reais e um centavo) até R$ 39.000,00 (trinta e nove mil reais), acréscimo de cinco pontos percentuais; e

VIII – acima de R$ 39.000,00 (trinta e nove mil reais), acréscimo de oito pontos percentuais.

A alíquota, reduzida ou majorada, será aplicada de forma progressiva sobre a base de contribuição do servidor ativo, incidindo cada alíquota sobre a faixa de valores compreendida nos respectivos limites.

Os valores acima serão reajustados, a partir da data de entrada em vigor da Emenda Constitucional n. 103/2019, na mesma data e com o mesmo índice em que se der o reajuste dos benefícios do Regime Geral de Previdência Social, ressalvados aqueles vinculados ao salário mínimo, aos quais se aplica a legislação específica.

A alíquota de contribuição com a redução ou a majoração será devida pelos aposentados e pensionistas de quaisquer dos Poderes da União, incluídas suas entidades autárquicas e suas fundações, e incidirá sobre o valor da parcela dos proventos de aposentadoria e de pensões que supere o limite máximo estabelecido para os benefícios do Regime Geral de Previdência Social, hipótese em que será considerada a totalidade do valor do benefício para fins de definição das alíquotas aplicáveis.

As contribuições da União, dos Estados, do Distrito Federal e dos Municípios, incluídas suas autarquias e fundações, aos regimes próprios de previdência social a que estejam vinculados seus servidores não poderá ser inferior ao valor da contribuição de servidor ativo, nem superior ao dobro desta contribuição (art. 2º da Lei n. 9.717/98).

A Emenda Constitucional n. 41/2003 instituiu teto para os novos servidores públicos, que é igual ao teto do Regime Geral de Previdência Social. Esse teto somente poderá ser aplicado a partir do momento em que União, Estados, Distrito Federal e Municípios criarem regime de previdência complementar para os seus servidores de cargo efetivo (§ 14 do art. 40 da Constituição). O Decreto n. 7.808/2012 cria a Fundação de Previdência Complementar do Servidor Público Federal do Poder Executivo (Funpresp-Exe).

9.4 FUNCIONÁRIOS PÚBLICOS ESTADUAIS E MUNICIPAIS

Se os Estados e os Municípios adotarem o regime da Consolidação das Leis do Trabalho, seus funcionários contribuirão na forma da Lei n. 8.212/91 para o custeio da Seguridade Social. Quando os funcionários públicos estaduais e municipais forem regidos por estatuto, seguirão a regra quanto ao sistema previdenciário que for nele disposto.

Estabelece o § 1º do art. 149 da Constituição que "a União, os Estados, o Distrito Federal e os Municípios instituirão, por meio de lei, contribuições para custeio de regime próprio de previdência social, cobradas dos servidores ativos, dos aposentados e dos pensionistas, que poderão ter alíquotas progressivas de acordo com o valor da base de contribuição ou dos proventos de aposentadoria e de pensões". A alíquota não será inferior à da contribuição dos servidores titulares de cargos efetivos da União. A contribuição dos servidores da União é de 14% sobre a remuneração.

O § 1º do art. 149 da Constituição não mais faz referência ao fato de que a contribuição será destinada a custear a Assistência Social. Passa a haver harmonia entre o dispositivo citado e o art. 203 da Lei Maior, que estabelece que a Assistência Social independe de contribuição.

Quando houver *deficit* atuarial, a contribuição ordinária dos aposentados e pensionistas poderá incidir sobre o valor dos proventos de aposentadoria e de pensões que supere o salário mínimo (§ 1º-A do art. 149 da Constituição).

Demonstrada a insuficiência da medida prevista no § 1º-A para equacionar o *deficit* atuarial, é facultada a instituição de contribuição extraordinária, no âmbito da União, dos servidores públicos ativos, dos aposentados e dos pensionistas (§ 1º-B do art. 149 da Constituição).

A contribuição extraordinária de que trata o § 1º-B deverá ser instituída simultaneamente com outras medidas para equacionamento do *deficit* e vigorará por período determinado, contado da data de sua instituição (§ 1º-C do art. 149 da Lei Maior).

A desvinculação das receitas da União não se aplica às receitas das contribuições sociais destinadas ao custeio da seguridade social (§ 4º do art. 76 do ADCT).

Têm regime próprio de previdência social 26 Estados, o Distrito Federal e 2.065 Municípios.

Se o ente político não tiver criado Regime Próprio de Previdência Social, como ocorre em diversos municípios, o servidor público, ainda que estatutário, é segurado obrigatório do Regime Geral de Previdência Social (art. 12 da Lei n. 8.213/91).

Verificação de aprendizagem

1. Como é feito o custeio da seguridade social?
2. Os militares e os congressistas seguem o sistema normal da Seguridade Social quanto ao custeio?
3. Como é o sistema de seguridade social dos funcionários públicos?

Capítulo 10

NATUREZA JURÍDICA DA CONTRIBUIÇÃO À SEGURIDADE SOCIAL

Na Lei n. 3.807/60 (art. 71, I) e no inciso II do art. 217 do CTN a contribuição era chamada de quotas de previdência ou também era encontrada a denominação cotização.

Posteriormente, passou-se a usar a denominação contribuição previdenciária.

A Constituição de 1988, em alguns de seus dispositivos, usa a expressão *contribuição social* (art. 114, VIII; art. 195).

Analisar a natureza jurídica de um instituto é procurar enquadrá-lo na categoria a que pertence no ramo do Direito.

Podemos dividir as teorias que informam a natureza jurídica da contribuição à Seguridade Social em seis orientações: teoria do prêmio de seguro; teoria do salário diferido; teoria do salário atual; teoria fiscal; teoria parafiscal e teoria da exação *sui generis*.

10.1 TEORIA DO PRÊMIO DE SEGURO

Esta teoria prega que a natureza jurídica da contribuição à Seguridade Social se equipara ao prêmio de seguro pago pelo beneficiário às companhias seguradoras. Poderia ser chamado de "prêmio de seguro de direito público", em razão da obrigatoriedade da contribuição que é efetuada em benefício dos segurados, atendendo ao regime jurídico de custeio do sistema da seguridade social.

Alberto Xavier defende a referida tese ao mencionar que "tais contribuições não têm a natureza de taxas (...) Trata-se, sim, da relação sinalagmática própria de toda e qualquer relação de seguro, em que uma prestação – o prêmio – é realizada como contrapartida de uma prestação aleatória, devida pela ocorrência do risco assegurado. Isso, que é assim no seguro privado facultativo, também o é naturalmente no seguro social obrigatório"[1]. Tal natureza seria evidente para o citado jurista em relação aos próprios beneficiários, mas manifesta dúvida quanto às contribuições devidas por terceiro, como em relação as devidas às entidades patronais.

Há de se ressaltar que o prêmio é a contraprestação devida pelo segurado ao segurador, em razão de risco assumido pelo segundo. A ideia, porém, de prêmio de seguro não se assemelha à Previdência Social, pois esta tem por objetivo amparar as pessoas que estejam em situação de necessidade, que não se verifica no seguro se não houver pagamento das prestações. A Seguridade Social tem também por objetivo distribuir renda, o que não se observa nas empresas de seguro, que inclusive são privadas.

Não se pode falar, também, em seguro, na modalidade de cobertura de riscos, de cunho privado, firmado entre particulares. Ao contrário, a contribuição à Seguridade Social pertence ao Direito Público, pois é compulsória, independendo da vontade dos particulares, mas determinada por força de lei. O sujeito ativo que recebe a contribuição é o Estado e o passivo é o particular, quando no seguro privado as duas partes são particulares.

Não decorre a contribuição da Seguridade Social da autonomia da vontade, mas da previsão em lei. Não é, portanto, proveniente de um contrato. Não contrato também qualquer seguradora. O sistema é público.

A pessoa paga o seguro para ficar coberta do risco que possa acontecer. No seguro privado, pode não usar a cobertura oferecida pelo sistema. Na Seguridade Social, é bem provável que a pessoa vá usar o sistema, seja quando ficar doente, com o pagamento de auxílio-doença, ou mesmo quando precisar ir ao médico, mediante a utilização do sistema do SUS.

No período de graça, o segurado mantém sua relação com a Previdência Social por certo tempo, embora não pague contribuições. No seguro, se o segurado parar de pagar o prêmio, perde o seguro.

Não se exige contribuição do segurado para que ele faça jus a prestações de Assistência Social e de Saúde.

---

1 XAVIER, Alberto. *Manual de direito fiscal*. Lisboa: Faculdade de Direito de Lisboa, 1974. p. 68-69.

10.2 TEORIA DO SALÁRIO DIFERIDO

Parte do salário do empregado não é paga diretamente ao obreiro, mas é destinada à Seguridade Social, visando à formação de um fundo de recursos que futuramente irá prover a subsistência do operário, quando, pela ocorrência de um risco social (aposentadoria, morte, invalidez etc.), não tiver condições de obter meios próprios para sua subsistência. A contribuição seria, assim, uma espécie de salário diferido, porque o benefício resultante não seria pago imediatamente ao trabalhador. Seria um salário adquirido no presente a ser utilizado no futuro, uma poupança diferida, uma forma de pecúlio para o trabalhador, dependendo de certas condições.

A crítica que pode ser feita é que inexiste relação de Direito Privado para o pagamento da contribuição (decorrente do contrato de trabalho), mas de Direito Público, de acordo com a previsão de lei. Não há ajuste de vontades quanto ao pagamento da contribuição. A contribuição incide porque está prevista em lei. Também não é salário, pois não é pago diretamente pelo empregador ao empregado (art. 457 da CLT), mas pelo INSS, nem o empregado vai perceber necessariamente o mesmo valor que perceberia como salário em caso da aposentadoria, em razão do achatamento dos cálculos do benefício e do estabelecimento de um valor-teto de aproximadamente dez salários mínimos.

É de se lembrar que os autônomos e os empresários não têm salário, no entanto também recebem benefícios. Logo, não poderia ter a contribuição natureza salarial.

10.3 TEORIA DO SALÁRIO SOCIAL

Para alguns, seria a contribuição previdenciária um salário social ou socializado, relacionando-se com o salário percebido pelo empregado, que seria devido pela sociedade ao trabalhador.

A causa do pagamento da contribuição seria o contrato de trabalho firmado entre empregado e empregador. Tal como ocorre com o salário, o benefício futuramente seria uma obrigação certa e periódica.

Henri Guitton leciona que o salário social e o salário diferido significariam o mesmo, ao mencionar que a contribuição da previdência contém "um reservatório alimentado por poupança que se denominou forçada, e que constitui uma espécie de fundo de salários não distribuídos anteriormente. As prestações são, por assim dizer, salários diferidos, deslocados no tempo. Por isso, a análise econômica permite chamar salário social a essas quantias, cuja disposição o operário somente terá tardiamente"[2].

---

[2] GUITTON, Henri. *Economia política*. 2. ed. São Paulo: Fundo de Cultura, 1961. v. 3, p. 251.

François Perroux afirma que o salário social "é o resultado da atividade de uma coletividade mais ou menos extensa"[3]. Normalmente, é realizado sob a forma de seguros, de mutualidade ou, simplesmente, de compensação, representado como expressão da relação entre o trabalhador e o grupo e adaptando "as possibilidades indiferenciadas do grupo às necessidades diferenciadas dos seus membros". Seria uma espécie de fundo social.

Americo Plá Rodríguez declara que o salário social é caracterizado "por ser coletivo em sua origem já que não é a contrapartida de uma produtividade individual servida pelo empregador – mas suscetível de individualizar-se em benefícios concretos para cada trabalhador"[4].

Para Pierre Ollier[5], há um desenvolvimento progressivo do salário que passa de uma noção individual para uma social. O salário adapta-se às necessidades do trabalhador e é a garantia da sua manutenção, inclusive nas interrupções do contrato de trabalho. O salário não é pago apenas quando há trabalho. De um salário direto, pago pelo empregador, passa-se a um salário indireto, pago por um órgão social que substitui o empregador pagando um salário de inatividade ou uma prestação de Previdência Social.

A causa do pagamento da contribuição previdenciária seria o contrato de trabalho firmado entre empregado e empregador. É a ideia defendida por Felix Pippi[6], no sentido de que parte do salário seria paga diretamente ao trabalhador e parte seria representada pelas contribuições previdenciárias calculadas sobre o salário, que não se entregaria ao trabalhador, mas se constituiria em uma reserva futura, em um fundo destinado à Previdência Social, em proveito de todos os assalariados, visando à obtenção do benefício previdenciário. Tratar-se-ia de um fundo social. O salário tem um sentido mais amplo, representando toda a renda ou ganho do trabalhador necessário à subsistência própria e de sua família, incluindo não só o salário contratual, mas também os benefícios de natureza previdenciária[7].

Fábio Leopoldo de Oliveira entende que a contribuição da seguridade social é um salário social para prover a pessoa e sua família de meios de subsistência[8].

---

3 PERROUX, François. *Salaire et rendement*. Paris: Presses Universitaires de France, 1947. p. 170.

4 RODRÍGUEZ, Americo Plá. *El salario en el Uruguay*. Montevidéu: Faculdad de Derecho, 1956. t. 2, p. 99.

5 *Le droit du travail*. Paris: Armand Colin, 1972. p. 173.

6 *De la notion de salaire social*. Paris: Librairie Générale de Droit et Jurisprudence, 1966. p. 236.

7 PIPPI, Felix. *De la notion de salaire social* cit., p. 236.

8 OLIVEIRA, Fábio Leopoldo de. *Introdução elementar ao estudo do salário social no Brasil* cit., p. 92.

Não é pago de imediato ao trabalhador[9]. Define o salário social como o conjunto de valores canalizados compulsoriamente para as instituições de Segurança Social, por intermédio de contribuições pagas pelas empresas, pelo Estado, ou por ambas, e que têm como destino final o patrimônio do empregado, que o recebe sem dar qualquer participação especial de sua parte, seja em trabalho, seja em dinheiro[10]. Entretanto, o empregado custeia a Previdência Social com as alíquotas de 7,5%, 9%, 12% ou 14%, dependendo do seu salário. Segundo a referida teoria, o salário social seria não uma parte do próprio salário, mas consistiria em garantir ao empregado e seus familiares condições de vida, quando o trabalhador não puder prestar serviços.

O objetivo da contribuição previdenciária não é melhorar as condições de vida do empregado.

Não tem a contribuição previdenciária natureza de salário, pois não é o empregador que paga o benefício quando o empregado faz jus (art. 457 da CLT), mas o fundo, que é representado pelo INSS, nem o empregado vai perceber necessariamente o mesmo valor que perceberia como salário no caso do recebimento dos benefícios.

A contribuição previdenciária não é devida apenas pelo trabalhador, mas também pelo empregador (a contribuição da empresa é de 20%).

Não existe relação de Direito Privado para o pagamento da contribuição previdenciária, que seria decorrente do contrato de trabalho, mas de Direito Público, de acordo com a previsão de lei. Não há ajuste de vontades quanto ao pagamento da contribuição previdenciária. A contribuição incide porque está prevista em lei. Os autônomos e os empresários não têm salário, mas contribuem para a Previdência Social, indicando que a contribuição não é proveniente apenas do contrato de trabalho, mas é decorrente de lei.

10.4 TEORIA DO SALÁRIO ATUAL

A contraprestação do trabalho do empregado é retribuída pelo empregador mediante o pagamento de duas quotas: uma que é entregue diretamente ao operário, constituindo-se em retribuição pelos serviços prestados; outra que é imediata e obrigatoriamente destinada aos fins da Seguridade Social. Essa quota visa assegurar existência digna para a garantia da satisfação de necessidades futuras, determinadas pela ocorrência de certos eventos que venham a prejudicar a renda da pessoa.

---

9 Idem, ibidem, p. 105.

10 Idem, p. 106.

Critica-se tal teoria, pois não há atualidade em tal salário, nem este é pago diretamente pelo empregador (art. 457 da CLT). Não pode o referido salário ser exigido de imediato, apenas se atendidas determinadas condições especificadas em lei, e não outras.

10.5 TEORIA FISCAL

A contribuição à Seguridade Social é uma obrigação tributária, uma prestação pecuniária compulsória paga ao ente público, com a finalidade de constituir um fundo econômico para o custeio do serviço público (benefícios e prestações). Dessa forma, seria considerada a contribuição da seguridade social um tributo.

Há necessidade, porém, de verificar se a contribuição em estudo pode ser enquadrada como imposto, taxa ou contribuição de melhoria.

Imposto é "o tributo cuja obrigação tem por fato gerador uma situação independente de qualquer atividade estatal específica, relativa ao contribuinte" (art. 16 do CTN). Não seria um imposto, pois a prestação da seguridade depende de uma atividade estatal específica relativa ao contribuinte (vinculada), principalmente quanto aos serviços de assistência médica.

A taxa é o tributo cobrado pela União, pelos Estados, pelo Distrito Federal e pelos Municípios, tendo por fato gerador "o exercício regular do poder de polícia, ou a utilização efetiva ou potencial de serviço público específico e divisível, prestado ao contribuinte ou posto à sua disposição" (art. 77 do CTN). A contribuição da Seguridade Social não seria taxa, visto que a prestação de serviços só se justificaria na assistência médica e não em suas demais formas. Na taxa, o contribuinte poderia se utilizar do serviço a qualquer momento, enquanto os benefícios da Seguridade Social nem sempre são devidos, pois o segurado deve ter certo período de carência ou deve acontecer certa contingência, uma necessidade, para fazer jus ao benefício. O contribuinte que não tiver certa necessidade prevista na legislação não terá direito ao benefício. Entretanto, os dependentes do contribuinte terão direito a certos benefícios ou à assistência médica sem nunca terem contribuído para o sistema.

A contribuição de melhoria é "instituída para fazer face ao custo de obras públicas de que decorra a valorização imobiliária, tendo como limite total a despesa realizada e como limite individual o acréscimo do valor que da obra resultar para cada imóvel beneficiado" (art. 81 do CTN). A contribuição devida à Seguridade Social não corresponde à contribuição de melhoria, porque não decorre de obra pública.

Chega-se a afirmar que a parte do empregador corresponderia a um imposto, por não haver qualquer contraprestação por parte do Estado, mas um imposto com destinação especial. Já a parte do empregado corresponderia a uma taxa, em razão da vinculação a um futuro benefício ou serviço prestado pelo Estado, ou colocado à disposição do beneficiário. É o pensamento de Geraldo Ataliba[11]. O imposto, contudo, não tem destinação especial, mas geral.

Critica-se tal teoria, pois não se pode enquadrar a contribuição em nenhuma das espécies tributárias.

10.6 TEORIA PARAFISCAL

É defendida por aqueles que fazem distinção entre tributos fiscais e parafiscais. A contribuição parafiscal seria a que iria sustentar encargos do Estado que não lhe seriam próprios, como ocorre com a Seguridade Social. Não sendo imposto, taxa ou contribuição de melhoria, a exação destinada à Seguridade Social seria uma contribuição parafiscal.

O Inventário Schuman, de 1946, classificou as espécies de receitas, atribuindo o nome de parafiscalidade, que seriam as contribuições para o seguro social e outras que atenderiam necessidade de grupos profissionais econômicos e de grupos sociais.

Destinar-se-ia a contribuição parafiscal a custear uma necessidade social da comunidade, consistente no futuro benefício previdenciário.

Lembra Bernardo Ribeiro de Moraes[12] que as "contribuições parafiscais (*parafinanzas*) são assim denominadas tendo em vista a natureza da pessoa em cujo favor são criadas e o especial regime de contabilização financeira. Representam, tais contribuições, as finanças paralelas, isto é, as finanças que se situam ao lado das finanças do Estado". São contribuições que ficam ao lado do Estado (da raiz grega "para", com significado de "ao lado", ou "junto a").

As características da contribuição parafiscal seriam o caráter compulsório da exigência, e não facultativo; a não inclusão da respectiva receita no orçamento do Estado, mas num orçamento especial; o destino do produto da sua arrecadação para o custeio de certas atividades estatais, visando atender necessidades econômicas e sociais de certos grupos ou categorias, e a administração da receita por uma entidade descentralizada, com delegação do Estado.

Nesse contexto seria inserida a contribuição à Seguridade Social. Sua administração seria feita por um órgão (Secretaria da Receita Federal do Brasil), com a finalidade de arrecadar contribuições das categorias profissionais e econômicas,

---

11 ATALIBA, Geraldo. Regime constitucional da parafiscalidade. *RDA* 86/19 e s.

12 MORAES, Bernardo Ribeiro de. *Compêndio de direito tributário*. Rio de Janeiro: Forense, 1993. p. 622.

descentralizando a atividade do Estado, com vistas no pagamento do futuro benefício previdenciário.

Essa teoria seria criticada sob o fundamento de que o fato de o sujeito ativo não ser a própria entidade estatal, mas outra pessoa especificada pela lei, que arrecada a contribuição, em nada iria alterar o regime tributário, sendo que a contribuição continuaria a ter natureza de tributo.

10.7 TEORIA DA EXAÇÃO *SUI GENERIS*

Esta teoria sustenta a ideia de que a contribuição à Seguridade Social nada tem a ver com o Direito Tributário, não sendo tributo (imposto, taxa ou contribuição de melhoria), nem contribuição parafiscal.

É a tese abraçada pelos doutrinadores que se especializaram no Direito Previdenciário, em que se diz ser a referida contribuição uma imposição estatal atípica, uma determinação legal, cogente, prevista na Constituição e na legislação ordinária. Não sendo tributo, seria uma exação *sui generis*, isto é, uma exigência compulsória, com previsão legal.

10.8 MINHA POSIÇÃO

No meu entendimento, a contribuição à Seguridade Social é tributo.

Tributo é gênero, do qual são espécies o imposto, a taxa, a contribuição de melhoria, as contribuições, ou até mesmo o empréstimo compulsório.

A jurisprudência vinha sendo pacífica no sentido de entender a contribuição à Seguridade Social como tributo até a edição da Emenda Constitucional n. 8/77, que acrescentou o inciso X, do art. 43, à Emenda Constitucional n. 1/69, e deu nova redação ao inciso I, do § 2º, do art. 21 da mesma emenda. Com base nessas alterações passou-se a entender que o termo "contribuições sociais" previsto no inciso X, do art. 43, da Emenda Constitucional n. 1/69, tinha significado diverso da palavra "tributos" contida no inciso I do mesmo artigo. O inciso I do § 2º do art. 21 da Emenda Constitucional n. 1/69, com a redação determinada pela Emenda Constitucional n. 8/77 – que alterou a Constituição de 1967 –, não mais falava em interesses da Previdência Social. Foi incluída a expressão "interesses de categorias profissionais". Daí, passou-se a entender que não mais tinha caráter tributário a contribuição securitária.

Com a edição da Emenda Constitucional n. 8/77, o STF passou a entender que não tinha a contribuição da seguridade social natureza de tributo, embora existam alguns acórdãos em sentido contrário nessa corte.

A Constituição de 1988 especificou no art. 149 a existência de três espécies de contribuições: as contribuições sociais, as de intervenção no domínio econômico e as de interesse das categorias profissionais e econômicas, observando-se o disposto nos arts. 146, III, e 150, I e III, e sem prejuízo do previsto no § 6º do art. 195, que são as contribuições da Seguridade Social.

Enquadra-se a contribuição da Seguridade Social na determinação do art. 149 da Constituição, pois é a União que irá instituí-la. É, portanto, um instrumento utilizado pelo governo, por meio da instituição do referido tributo, para implementação da política previdenciária. A contribuição previdenciária tem natureza pública, em razão de o nascimento da obrigação independer da vontade da pessoa que irá contribuir.

Vários dispositivos da Constituição mencionam que a contribuição da Seguridade Social é uma contribuição social, como o art. 195; o inciso VIII do art. 114 e os §§ 6º e 9º do art. 195.

As contribuições que têm por base o art. 149 da Constituição só poderiam ser exigidas por meio de lei complementar, respeitando os princípios da irretroatividade da lei e da anterioridade (art. 150, III, *a* e *b*). O próprio art. 149 da Constituição determina a observância do inciso III do art. 146 da Lei Maior. A alínea *a* do inciso III, do art. 146 da Lei Maior, dispõe apenas que a lei complementar estabeleça o fato gerador, a base de cálculo e o contribuinte dos impostos, mas não das contribuições. Há, porém, decisão do STF em relação à contribuição social sobre o lucro, em que aquele colegiado entende que pode tal exação ser exigida por meio de lei ordinária (STF Pleno, RE 138.281, j. 1-7-1992, *DJU* I, 28-8-1992, p. 13.456). Não se exige lei complementar (RE 138.284-8-CE, Pleno. Rel. Min. Carlos Velloso, *DJU* 28-8-1992).

Em outros julgados, o STF entendeu que a natureza da contribuição social é de tributo (2ª T., RE 217.251-1-MG, Rel. Min. Nelson Jobim, *DJU* 16-4-1999; RE 146.733-SP, Rel. Min. Moreira Alves, *RTJ* 143/684; ADIn 2.010 MC/DF, Rel. Min. Celso de Mello, j. 12-4-2002; RE 138.284-CE, Rel. Min. Carlos Velloso, *RTJ* 143/313; ADIn 3.105-8, j. 18-8-2004, Rel. Min. Carlos Velloso). Entretanto, observa-se que a lei complementar, que é o Código Tributário Nacional, estabelece no inciso II do art. 217 a espécie de tributo que é a contribuição da seguridade social, atendendo à alínea *a* do inciso III do art. 146 da Lei Magna.

A contribuição previdenciária seria uma obrigação tributária, uma prestação pecuniária compulsória paga ao ente público, com a finalidade de constituir um fundo para ser utilizado em contingências previstas em lei. Trata-se de uma contribuição social caracterizada pela sua finalidade, isto é, constituir um fundo para o trabalhador utilizá-lo quando ocorrerem certas contingências previstas em lei.

A contribuição da Seguridade Social é uma contribuição social vinculada, com destinação específica, que é o custeio da Seguridade Social.

Entendido que a contribuição previdenciária é uma contribuição social, ainda resta verificar que tipo de contribuição social vem a ser esta.

Não vem a ser uma contribuição de interesse de categoria profissional ou econômica. Essas contribuições têm por característica a organização de determinada categoria, fornecendo meios financeiros para a sua manutenção, como ocorre com a contribuição sindical em relação aos sindicatos, da contribuição à Ordem dos Advogados do Brasil etc. Não há interesse da categoria econômica no pagamento da contribuição previdenciária, que para ela importa em mais um custo ou encargo social, pois não tem qualquer proveito com o seu recolhimento. Há uma vinculação entre a categoria e o contribuinte com o pagamento de tal contribuição, como acontece com a contribuição sindical. O destinatário da contribuição, na sua maior parte, é uma entidade privada, como o sindicato em relação à contribuição sindical. Na contribuição previdenciária, quem a arrecada é o Poder Público, por intermédio do INSS, e não um particular.

A contribuição previdenciária não tem a característica de contribuição social de intervenção no domínio econômico, "como instrumento de sua atuação nas respectivas áreas", em que o Estado, com seu poder fiscal, interfere na relação dos particulares, estabelecendo uma contribuição em benefício do empregado, mas que também ajuda a custear algo de interesse do governo. Como afirma Pinto Ferreira, a contribuição social "é um tributo vinculado, cuja hipótese de incidência se relaciona com uma atividade estatal direcionada para o interesse geral"[13].

Sua finalidade é determinada na lei. No caso, o órgão do Estado é a Secretaria da Receita Federal do Brasil, que tem por objetivo receber as contribuições previdenciárias e o INSS pagar os benefícios nas hipóteses previstas em lei.

Tem por fundamento a contribuição previdenciária o art. 149 c/c o § 6º do art. 195 da Constituição. O art. 149 da Constituição consagra contribuições sociais caracterizadas por sua finalidade.

A teoria que defende a natureza tributária para a contribuição prevista no art. 149 da Constituição esposa os seguintes argumentos: (a) a competência da União disciplinada no art. 149 da Constituição está incluída no Capítulo da Lei Maior que versa sobre o Sistema Tributário Nacional; (b) o art. 149 determina que seja observado o disposto nos arts. 146, III, e 150, I e III, sem prejuízo das previsões do § 6º do art. 195 da Lei Magna para as contribuições da seguridade social, ou seja: observância de que as normas gerais em matéria de legislação tributária sejam

---

[13] FERREIRA, Pinto. *Comentários à Constituição brasileira*. São Paulo: Saraiva, 1992. v. 5, p. 310.

editadas por lei complementar; proibição de que sejam instituídas sem lei; de cobrança em relação a fatos geradores ocorridos antes do início da vigência da lei que as houver instituído ou aumentado, e da vedação de sua exigência antes de decorridos 90 dias. Essa teoria indica que as contribuições seriam uma quarta espécie tributária. Seria mera redundância o fato de que o art. 149 da Constituição faz remissão aos arts. 146, III, e 150, I e II, e § 6º, do art. 195 da mesma norma, o que continuaria a mostrar sua natureza tributária. É o pensamento de Eduardo Domingos Bottallo[14] e José Eduardo Soares de Melo[15].

A corrente adversa preconiza que as contribuições previstas no art. 149 da Lei Fundamental não têm natureza tributária, pois, se tivessem, não haveria necessidade de fazer remissão ao art. 146 da mesma norma, visto que estariam de plano incluídas entre as normas gerais objeto de legislação tributária. Essa teoria é defendida por Valdir de Oliveira Rocha[16].

Afirma Luiz Mélega que, "se as contribuições fossem tributos, a determinação do art. 149 seria dispensável. Aliás, ela só se justificaria pelo fato de tais contribuições não terem natureza tributária"[17]. Argumenta-se, ainda, que o art. 145 da Lei Magna indica apenas três espécies de tributos: impostos, taxas e contribuições de melhoria. Como a lei não contém palavras inúteis, a remissão feita pelo art. 149 da Constituição estaria a mostrar que realmente não têm natureza tributária as contribuições nela previstas.

Entendo que o art. 149 da Constituição consagra contribuições de natureza tributária, ao prever que compete exclusivamente à União instituir contribuições sociais, de intervenção no domínio econômico e de interesse das categorias profissionais ou econômicas, observados certos dispositivos constitucionais, e sem prejuízo do disposto no § 6º do art. 195 da Constituição, quanto às contribuições a que alude aquele preceito legal. Dispõe, ainda, que os Estados, o Distrito Federal e os Municípios poderão instituir contribuição, cobrada de seus servidores, para o custeio, em benefício destes, de sistemas de previdência e assistência social (§ 1º do art. 149 da Lei Maior).

As contribuições sociais previstas nesse artigo têm natureza tributária, pois estão incluídas no capítulo da Constituição que versa sobre o Sistema Tributário Nacional. O *caput* do art. 149 da Lei Maior remete o intérprete às contribuições

---

14 Breves considerações sobre a natureza das contribuições sociais e algumas de suas decorrências. In: *Contribuições sociais*: questões polêmicas. São Paulo: Dialética, 1995. p. 17.

15 Contribuições sociais. In: *Contribuições sociais*: questões polêmicas. São Paulo: Dialética, 1995. p. 44-48.

16 *Determinação do montante do tributo*. São Paulo: IOB, 1992. p. 70.

17 MÉLEGA, Luiz. Algumas reflexões sobre o regime jurídico das contribuições na Carta Política de 1988. *Direito tributário atual*. São Paulo: Resenha Tributária, n. 11/12, p. 3295, 1992

instituídas para o custeio da Seguridade Social (art. 195, § 6º), além do que o parágrafo único do artigo em comentário faz expressa menção a sistema de Previdência e Assistência Social, no âmbito dos órgãos aos quais se refere.

Paulo de Barros Carvalho tem o entendimento de que as contribuições sociais "são entidades tributárias, subordinando-se em tudo e por tudo às linhas definitórias do regime constitucional peculiar aos tributos"[18]. Parece que o constituinte não teve muita técnica jurídica ao tentar falar do sistema tributário nacional, empregando inclusive palavras como tributo, contribuição, imposto e contribuição como sinônimas (§ 6º do art. 150 da Constituição e § 7º do mesmo artigo, de acordo com a Emenda Constitucional n. 3/93).

Roque Antonio Carrazza leciona que as contribuições sociais "são, sem sombra de dúvida, tributos, uma vez que devem necessariamente obedecer ao regime jurídico tributário, isto é, aos princípios que informam a tributação, no Brasil. Estamos, portanto, que essas 'contribuições sociais' são verdadeiros tributos (embora qualificados pela finalidade que devem alcançar)"[19]. O fato de o art. 149 da Constituição fazer remissão ao art. 146 da mesma norma é mera redundância, explicitando que as contribuições previstas na primeira norma estão também adstritas às normas gerais de Direito Tributário, principalmente à exigência de serem estabelecidas por lei complementar, pois poderiam estar sujeitas a apenas algumas delas, da forma como o faz o mesmo art. 149 ao se referir aos princípios que lhe são aplicáveis quanto ao art. 150 da Lei Maior. Assim, as contribuições sociais previstas no art. 149 da Constituição têm natureza tributária, pois inclusive estão incluídas no capítulo da Lei Maior que versa sobre o Sistema Tributário Nacional.

Com a Emenda Constitucional n. 3/93, veio a lume um argumento a mais, corroborando o entendimento daqueles que sustentam não ter natureza tributária a contribuição prevista no art. 149 da Constituição, tendo em vista a distinção entre tributo e contribuição, estabelecida pelo atual § 6º do art. 150 da Lei Magna, ao prever que "qualquer subsídio ou isenção, redução de base de cálculo, concessão de crédito presumido, anistia ou remissão, relativos a impostos, taxas ou contribuições, só poderão ser concedidos mediante lei específica, federal, estadual, ou municipal, que regule exclusivamente as matérias acima enumeradas ou o correspondente *tributo* ou *contribuição*, sem prejuízo do disposto no art. 155, § 2º, XII, g".

Poder-se-ia argumentar que, se o constituinte empregou duas expressões distintas, não o fez aleatoriamente; daí fazer menção ao termo *tributo* ou *contribuição*.

---

18 CARVALHO, Paulo de Barros. *Curso de direito tributário*. 4. ed. São Paulo: Saraiva, 1991. p. 35.

19 CARRAZZA, Roque Antonio. *Curso de direito constitucional tributário*. 3. ed. São Paulo: Revista dos Tribunais, 1991. p. 304.

Entretanto, no mesmo artigo, já se verifica que a palavra *contribuições*, seguido às palavras *impostos* e *taxas*, indica que as contribuições são espécies do gênero tributo. Aires Barreto esclarece, porém, que mesmo após a Emenda Constitucional n. 3/93 não houve qualquer alteração da natureza jurídica da contribuição do art. 149 da Constituição, pois, "como as palavras utilizadas pelo legislador não observam rigor científico, sua significação não pode ser tomada por sua singela literalidade, mas há de ser confirmada pelo sistema constitucional. Para ilustrar esse asserto, basta aferir, entre tantos outros exemplos de equívocos de linguagem, o exibido pelo § 7º do art. 195. Ali se emprega a palavra isenção para estatuir o que, em verdade, é imunidade"[20]. Isso mostra a falta de precisão do legislador constituinte no emprego das palavras, evidenciando mesmo a existência de equívoco no uso das palavras *tributo* ou *contribuição*.

Incluiu a Emenda Constitucional n. 3/93 o § 7º do art. 150 da Constituição, usando as expressões *imposto* e *contribuição*: "A lei poderá atribuir a sujeito passivo de obrigação tributária a condição de responsável pelo pagamento de *imposto* ou *contribuição*, cujo fato gerador deva ocorrer posteriormente, assegurada a imediata e preferencial restituição da quantia paga, caso não se realize o fato gerador presumido". O emprego, aqui, da palavra *contribuição* tanto pode referir-se à contribuição social, como à contribuição de melhoria, mas parece que diz respeito à contribuição social, pois seria, à primeira vista, difícil imaginar a antecipação de contribuição de melhoria sem que houvesse obra pública, como se depreende do inciso III do art. 145 da Lei Maior. Contudo, ainda é possível dizer que a contribuição a que se refere o parágrafo é espécie do gênero tributo.

O inciso IV do art. 167 da Constituição apenas veda a vinculação da receita de impostos a órgão, fundo ou despesa e não a outros tributos, principalmente de contribuições sociais, como ocorre com a contribuição previdenciária. A contribuição não é destinada a um fundo individual, como o FGTS, mas a um fundo coletivo, que é usado para o pagamento dos benefícios.

Examinando também a legislação ordinária, chegaremos à conclusão de que a contribuição da Seguridade Social tem natureza tributária. Para tanto, basta analisar a definição de tributo contida no art. 3º do CTN: é "toda a prestação pecuniária compulsória, em moeda ou cujo valor nela se possa exprimir, que não constitua sanção de ato ilícito, instituída em lei e cobrada mediante atividade administrativa plenamente vinculada".

---

20 BARRETO, Aires F. Natureza jurídica das contribuições dos artigos 149 e 195 da CF. *Repertório IOB de Jurisprudência*, n. 6/95, texto 1/8.516, p. 116, mar. 1995.

Tributo é uma prestação compulsória. A contribuição à Seguridade Social também é compulsória, pois independe da vontade da pessoa de contribuir. É instituída em lei (Lei n. 8.212/91).

A contribuição da Seguridade Social é cobrada em moeda ou valor que nela se possa exprimir, ou seja, é paga em dinheiro.

Não se constitui a contribuição à Seguridade Social em sanção de ato ilícito. Não é uma penalidade, mas uma determinação prevista em lei, que incide, por exemplo, sobre a folha salarial dos empregados, o faturamento e o lucro das empresas.

É cobrada a contribuição da Seguridade Social mediante atividade administrativa plenamente vinculada. Há um lançamento para a constituição do crédito da Seguridade Social por meio de uma atividade administrativa plenamente vinculada e obrigatória.

Atividade administrativa plenamente vinculada compreende o ato sobre o qual a autoridade administrativa não tem liberdade de agir, entre mais de uma situação. A autoridade fica inteiramente vinculada à previsão legal. A autoridade administrativa não tem discricionariedade para exigir o tributo.

Logo, a contribuição da Seguridade Social é uma espécie do gênero tributo: contribuição (social), pois não pode ser enquadrada na definição de imposto, taxa ou contribuição de melhoria.

É de se destacar que "a natureza jurídica específica do tributo é determinada pelo fato gerador da respectiva obrigação, sendo irrelevantes para qualificá-la:

I – a denominação e demais características formais adotadas pela lei;

II – a destinação legal do produto da sua arrecadação" (art. 4º do CTN). Pouco importam, portanto, a denominação e demais características formais adotadas pela lei que criou a contribuição previdenciária, inclusive a destinação legal do produto da sua arrecadação, pois o elemento determinante é o seu fato gerador, que é de uma contribuição social. O fato de a contribuição previdenciária ser destinada à formação de um fundo não desnatura o instituto, que tem natureza tributária. A natureza jurídica do tributo não se estabelece pelos fins a que se destina, mas pelo fato gerador da obrigação. De outro lado, o dinheiro depositado no fundo é uma espécie de receita pública, que é empregada e aplicada pelo governo no Sistema de Seguridade Social.

Lembre-se, ainda, que o próprio Código Tributário Nacional, prevê no art. 217 que os dispositivos nele contidos não excluem a incidência e a exigibilidade de outras contribuições, entre as quais as denominadas "quotas de previdência" (inciso II), que eram disciplinadas pela Lei n. 3.807/60, e hoje o são pela Lei n. 8.212/91.

O art. 7º do CTN permite a delegação da arrecadação ou fiscalização do tributo a outro órgão, distinto do Estado, em relação à contribuição da Seguridade Social. O Estado, que é o titular da competência fiscal, pode instituir o tributo, determinando que outra pessoa tenha a função de fiscalizá-lo e arrecadá-lo.

Os arts. 148 (empréstimo compulsório) e 149 (contribuições sociais) da Constituição teriam derrogado o art. 5º do CTN, que indicava serem espécies do gênero tributo apenas os impostos, as taxas e as contribuições de melhoria. Hoje é possível dizer que as espécies do gênero tributo são: impostos, taxas, contribuições de melhoria, contribuições sociais e empréstimos compulsórios, pois estão incluídos no capítulo da Lei Maior que versa sobre o Sistema Tributário Nacional.

A relação obrigacional da contribuição previdenciária é uma relação tributária. O sujeito ativo é a União, embora esta delegue a arrecadação e a fiscalização à Secretaria da Receita Federal do Brasil, que tem amparo legal no art. 7º do CTN. Os sujeitos passivos são o empregador e o trabalhador. O fato gerador é o pagamento de remuneração ao trabalhador. A base de cálculo é a remuneração. A atividade administrativa plenamente vinculada é feita por meio de lançamento, por homologação ou autolançamento.

A contribuição da Seguridade Social é um tributo vinculado. A sua arrecadação é destinada ao custeio da Previdência Social, da Assistência Social e da Saúde, quanto a benefícios e aos serviços do sistema.

Por fim, a contribuição da Seguridade Social teria como exceção à regra geral a não observância do princípio da anterioridade (art. 150, III, *b*, da Lei Magna). Aliás, isso não constitui novidade, pois certos tributos também são excluídos do princípio da anterioridade, como: o IPI, o Imposto de Importação, o Imposto de Exportação e o Imposto sobre Operações de Crédito, Câmbio e Seguro, ou relativas a títulos ou valores mobiliários (§ 1º do art. 150 da Norma Ápice). Assim, a contribuição da seguridade social pode ser exigida dentro do prazo de 90 dias da data da publicação da lei que houver instituído ou modificado a citada exação (§ 6º do art. 195 da Constituição). Contudo, nem por isso a contribuição da seguridade social deixará de ser tributo.

A Súmula Vinculante n. 8 do STF mostra que a natureza da contribuição previdenciária é de tributo, pois os prazos de prescrição e decadência são os previstos no Código Tributário Nacional.

A execução judicial para a cobrança da Dívida Ativa da União é regida pela Lei n. 6.830/80.

Teoria	Definição	Crítica
Teoria do Prêmio de Seguro	Equiparação ao prêmio do seguro pago pelas companhias seguradoras.	A contribuição pertence ao Direito Público, pois é compulsória, já que o seguro é firmado entre particulares.
Teoria do Salário Diferido	Parte do salário não é paga diretamente ao obreiro, mas é voltada para a Seguridade Social.	Não há ajuste de vontades quanto ao seu pagamento.
Teoria do Salário Atual	Duas cotas são pagas: uma pelos serviços prestados e a outra para a Seguridade Social.	Não há atualidade em tal salário e nem ele é pago diretamente pelo empregador.
Teoria Fiscal	A contribuição é uma obrigação tributária.	Não se pode enquadrá-la em nenhuma das espécies tributárias.
Teoria Parafiscal	Sustenta os encargos do Estado que não lhe são próprios.	Arrecadando a autarquia a contribuição, não desnatura sua natureza tributária.
Exação *Sui Generis*	Não é tributo nem contribuição parafiscal. Imposição estatal atípica, prevista na Constituição e na legislação ordinária.	A contribuição é tributo, pois tem fundamento na Constituição e no art. 3º do CTN.

Verificação de aprendizagem

1. Quais são as teorias que informam a natureza jurídica da contribuição da Seguridade Social?
2. O que menciona a Teoria do Prêmio de Seguro?
3. O que prega a Teoria do Salário Diferido?
4. O que estabelece a Teoria do Salário Atual?
5. Como se justifica a Teoria Fiscal?
6. Qual a orientação da Teoria Parafiscal?
7. O que se entende por Teoria da Exação *Sui Generis*?
8. Qual a natureza jurídica da contribuição da Seguridade Social?

Capítulo 11

SEGURADOS E CONTRIBUINTES

11.1 SEGURADO

A ideia de segurado vem do contrato de seguro do Direito Civil, em que o segurado faz um contrato de seguro com a seguradora e paga o prêmio para ficar coberto contra certo risco.

Raimundo Cerqueira Ally[1] conceituou "segurados" como "os que exercem (ou exerceram) atividade remunerada, efetiva ou eventual, com ou sem vínculo empregatício, a título precário ou não, ressalvadas as exceções" previstas em lei. Esse conceito foi emitido antes das Leis ns. 8.212/91 e 8.213/91.

Há necessidade de se estudar mais profundamente o conceito de segurado, pois este não é apenas o que exerce atividade remunerada, visto que a dona de casa ou o síndico de condomínio não exercem atividade remunerada, principalmente a primeira, mas são segurados do sistema. Segurado não é apenas quem recebe benefício, mas quem também paga a contribuição.

Assim, segurados são as pessoas físicas que exercem, exerceram ou não exercem atividade, remunerada ou não, efetiva ou eventual, com ou sem vínculo empregatício.

---

1 *Normas previdenciárias no direito do trabalho*. São Paulo: IOB, s.d.. p. 44-45.

Segurado é sempre a pessoa física, o trabalhador. Nem todo contribuinte é segurado. A pessoa jurídica não é segurada, visto que não é beneficiária do sistema, não irá se aposentar, por exemplo. A pessoa jurídica será contribuinte, pois a lei determina que deverá pagar certa contribuição à Seguridade Social.

Essa definição compreende tanto os que ainda exercem atividade remunerada (que estão na ativa) como os que já estão aposentados. Tanto faz se a pessoa exerce ou não atividade remunerada, pois o estudante, o desempregado, a dona de casa e o síndico de condomínio não exercem atividade remunerada, mas podem ser segurados do sistema em estudo. A atividade exercida pode ser tanto efetiva, diária, como a do trabalhador empregado, ou ocasional, como a do trabalhador eventual. Não há necessidade de haver vínculo empregatício para a configuração da condição de segurado, pois também são segurados o trabalhador avulso e o autônomo, e estes não têm vínculo de emprego. É segurado toda a pessoa que usufrui ou pode usufruir de benefícios.

Destaco, ainda, que no referido conceito é preciso incluir o desempregado na condição de segurado, pois este poderá filiar-se ao sistema e pagar contribuições, mesmo não exercendo atividade, por estar sem emprego. Enquadra-se, portanto, entre os que exerceram atividade, mas atualmente não a estão exercendo, assim como o estudante que nunca trabalhou, não exercendo qualquer atividade.

No seguro social, o segurado é considerado segurado obrigatório do sistema, se incidir nas regras previstas em lei. As contribuições são previstas em lei.

No seguro privado, a inadimplência do segurado extingue o contrato. No seguro social, a inadimplência da empresa ou do segurado não implica este perder direito ao benefício.

No seguro privado, há necessidade de se celebrar um contrato entre o segurado e a empresa de seguros.

Para ser segurado é preciso ter a idade de 16 anos, que é a idade mínima permitida para trabalhar (art. 7º, XXXIII, da Constituição). A exceção diz respeito ao aprendiz, que pode trabalhar a partir dos 14 anos.

Os segurados podem ser divididos em quatro grupos:

a) segurados obrigatórios comuns (empregado, empregado doméstico, trabalhador avulso);
b) segurados obrigatórios individuais (autônomos, equiparados a autônomo, eventuais, empresários);
c) segurados obrigatórios especiais (produtor rural);
d) segurados facultativos (dona de casa ou estudante).

O aposentado pelo Regime Geral da Previdência Social que estiver exercendo ou que voltar a exercer atividade abrangida por este regime é segurado obrigatório em relação a essa atividade, ficando sujeito às contribuições previstas na Lei n. 8.212/91, para fins de custeio da Seguridade Social. Se o aposentado volta a trabalhar, não deixa de ser um trabalhador, razão pela qual, se a lei determina o recolhimento da contribuição, deverá fazê-lo.

11.1.1 Segurados obrigatórios comuns

11.1.1.1 Empregado

Empregado é a pessoa que presta serviço de natureza urbana ou rural à empresa, em caráter não eventual, sob subordinação e mediante remuneração, inclusive como diretor empregado (art. 12, I, da Lei n. 8.212/91). Por essa determinação legal, verifica-se que o trabalhador é definido pela natureza do serviço que presta e não pela atividade principal do empregador.

Para a Previdência Social, várias pessoas são consideradas empregadas, embora sujeitas a regime jurídico próprio.

1. **Empregado urbano.** A legislação previdenciária não vem a definir o empregado urbano. Vamos considerá-lo como a pessoa física que presta serviços de natureza contínua a empregador, sob dependência deste e mediante salário (art. 3º da CLT).

O empregador urbano é a empresa, individual ou coletiva, que, assumindo os riscos da atividade econômica, admite, assalaria e dirige a prestação pessoal dos serviços do empregado (art. 2º da CLT).

Assim, verifica-se que, para ser empregado, é mister ser pessoa física. Não é possível o empregado ser pessoa jurídica ou animal.

O serviço prestado pelo empregado deve ser de natureza urbana. A legislação previdenciária leva em conta a natureza do trabalho e não o local onde é prestado. Se o trabalho é prestado fora do âmbito agropecuário, será, por natureza, urbano.

O outro requisito é a necessidade de o trabalho ser de caráter não eventual. Nota-se que o trabalho deve ser de natureza contínua, não podendo ser episódico, ocasional. Um dos requisitos do contrato de trabalho é a continuidade na prestação dos serviços, pois esse pacto é um contrato de trato sucessivo, de duração, que não se exaure em uma única prestação, como ocorre com a venda e compra em que é pago o preço e entregue a coisa. Dessa forma, o trabalho deve ser prestado continuamente. O § 4º do art. 9º do Decreto n. 3.048/99 dispõe que "entende-se por serviço prestado em caráter não eventual aquele relacionado direta ou indiretamente com as atividades normais da empresa." A atividade normal da empresa não é preponderante para qualificar se o trabalho do empregado é ou não contínuo. A empresa pode ter por objeto a atividade educacional e ter pedreiros empregados que lhe prestam serviços, pois são necessários para fazer constantes reparos. Assim, não é a atividade da empresa que vai caracterizar a eventualidade da prestação de serviços do empregado, mas se este presta serviços com descontinuidade, uma vez ou outra, se faz os reparos e não mais comparece.

A subordinação é o aspecto da relação de emprego visto pelo lado do empregado, enquanto o poder de direção é a mesma acepção vista pelo lado do empregador. Isso quer dizer que o trabalhador empregado é dirigido pelo empregador. Se o trabalhador não é dirigido pelo empregador, mas por ele próprio, não se pode falar em empregado, mas em autônomo ou outro tipo de trabalhador. A subordinação é o estado de sujeição em que se coloca o empregado em relação ao empregador, aguardando ou executando suas ordens. Poder-se-ia dizer que a subordinação estaria evidenciada de quatro maneiras:

a) **econômica**: o empregado dependeria economicamente do empregador. Contudo essa orientação não é precisa, pois o filho depende economicamente do pai; porém, à primeira vista, não é empregado deste último;
b) **técnica**: no sentido de que o empregado dependeria tecnicamente do empregador. Entretanto, altos empregados, executivos, não dependem do empregador, mas este depende tecnicamente daqueles;
c) **hierárquica**: significando a situação do trabalhador que se acha inserido no âmbito da organização da empresa, recebendo ordens;
d) **jurídica**: em razão da situação do contrato de trabalho, em que está sujeito a receber ordens, em decorrência do poder de direção do empregador, a qual parece ser a melhor tese.

O empregado é uma pessoa que recebe salários pela prestação de serviços ao empregador. É da natureza do contrato de trabalho ser este oneroso. Não existe contrato de trabalho gratuito. Assim, o empregador recebe a prestação de serviços por parte do empregado. Em contrapartida, deve pagar um valor pelos serviços que recebeu daquela pessoa. Se a prestação de serviços for gratuita, como a do filho que lava o veículo do pai, não haverá a condição de empregado do primeiro.

A prestação de serviços deve ser feita com pessoalidade. Se o empregado faz-se substituir constantemente por outra pessoa, inexiste o elemento pessoalidade. Esse elemento é encontrado na parte final da definição de empregador (art. 2º da CLT).

Mesmo que o empregado tenha menos de 14 anos e fique configurada a relação de emprego, terá direito à contagem do tempo de serviço para fins previdenciários, pois a norma constitucional não pode ser interpretada em seu prejuízo.

2. **Empregado rural.** O empregado rural é a pessoa física que, em propriedade rural ou prédio rústico, presta serviços com continuidade a empregador rural, mediante dependência e salário (art. 2º da Lei n. 5.889/73). O empregador rural é a pessoa física ou jurídica, proprietária ou não, que explore atividade agropecuária, em caráter permanente ou temporário, diretamente por meio de prepostos e com auxílio de empregados (art. 3º da Lei n. 5.889/73).

O empregado rural tem de atender os mesmos requisitos já mencionados quanto ao empregado urbano para ser considerado empregado: ser pessoa física, prestar serviços de natureza contínua, mediante subordinação, pessoalmente e com pagamento de salário. Atendidos esses requisitos, o empregado rural também será segurado obrigatório da Previdência Social nessa condição.

3. **Diretor-empregado.** Considera-se diretor-empregado a pessoa que, exercendo a função de diretor na empresa, continua tendo subordinação ao empregador. O TST entende que o empregado eleito para o cargo de diretor tem o contrato de trabalho suspenso, a não ser se permanecer a subordinação jurídica inerente à relação de emprego, quando a pessoa continua sendo empregado (Súmula 269 TST).

Sendo o diretor considerado empregado, também será contribuinte obrigatório da Previdência Social.

4. **Trabalhador temporário.** O trabalhador temporário é a pessoa contratada por empresa de trabalho temporário, definida na Lei n. 6.019/74, prestando serviços para atender a necessidade transitória de substituição de pessoal regular ou permanente ou a acréscimo extraordinário de serviços de outras empresas.

O trabalhador temporário pode ser contratado para substituir uma pessoa que está em férias ou que ficou doente na empresa. Pode ocorrer também de o trabalhador temporário ser contratado em virtude de necessidade de serviços extraordinários que precisam ser realizados na empresa, como ocorreria em um acréscimo temporário da produção para atender a certa circunstância do mercado.

É preciso destacar que o trabalhador temporário é empregado da empresa de serviços temporários, embora preste serviços na empresa chamada tomadora dos serviços ou cliente.

O contrato de trabalho temporário deve ser obrigatoriamente escrito (art. 11 da Lei n. 6.019/74). Tal pacto não poderá exceder a 180 dias, contínuos ou não (art. 10 da Lei n. 6.019), sob pena de se formar o vínculo de emprego diretamente com a tomadora dos serviços, nos termos do art. 3º da CLT, ou seja: vai ser um empregado comum urbano com contrato por tempo indeterminado.

Os direitos do trabalhador temporário estão especificados no art. 12 da Lei n. 6.019, nos quais se verifica que tem direito à proteção previdenciária (alínea *h*). Logo, é considerado segurado obrigatório da Previdência Social.

5. O brasileiro ou o estrangeiro domiciliado e contratado no Brasil para trabalhar como empregado em empresa domiciliada no exterior. Essa pessoa também estará abrangida pelo Regime Geral da Previdência Social, sendo considerada segurada obrigatória, desde que seja domiciliada ou contratada no Brasil para trabalhar no exterior. O trabalho não será prestado em relação a sucursal ou agência de empresa nacional no exterior. Neste item não é feita a exigência de o trabalho ser realizado para empresa nacional no exterior. A empresa é domiciliada no exterior. No caso em comentário o empregado tanto poderá ser brasileiro como estrangeiro, bastando que seja domiciliado e contratado no Brasil.

Não há distinção quanto ao fato de a empresa ser ou não brasileira.

É claro que deverá haver contribuição da referida pessoa, senão inexistirá direito ao benefício.

6. Aquele que presta serviço no Brasil a missão diplomática ou a repartição consular de carreira estrangeira e a órgãos subordinados, ou a membros dessas missões e repartições.

Ficam excluídos deste item o não brasileiro sem residência permanente no Brasil e o brasileiro amparado pela legislação previdenciária do País da respectiva missão diplomática ou repartição consular.

O requisito a ser observado é a prestação de serviços pelo empregado no Brasil a missão diplomática ou a repartição consular de carreira estrangeira ou a órgãos semelhantes, inclusive membros de missões e repartições estrangeiras.

Dispõe o item 3 do art. 33 da Convenção de Viena sobre relações diplomáticas de 1961 que "o agente diplomático que empregue pessoas a quem não se aplique a isenção prevista no § 2º deste artigo deverá respeitar as obrigações impostas aos patrões pelas disposições sobre seguro social vigentes no Estado acreditado". Os empregados brasileiros do organismo internacional ficam sujeitos à legislação previdenciária brasileira, inclusive em relação ao custeio do sistema.

7. O brasileiro civil que trabalha para a União, no exterior, em repartições governamentais brasileiras, lá domiciliado e contratado, inclusive o auxiliar local de que trata a Lei n. 8.745, de 9-12-93, desde que, em razão de proibição legal, não possa filiar-se ao sistema previdenciário local.

Não poderá aqui o brasileiro ser militar. Estará prestando serviço à União no exterior apenas a repartições governamentais brasileiras e não a organismos oficiais internacionais. Deve ser domiciliado e contratado no exterior e não no Brasil. Inclui-se no item em comentário o auxiliar local que é contratado para atender a necessidade temporária de excepcional interesse público (art. 37, IX, da Constituição; e Lei n. 8.745/93). Não podendo essa pessoa se filiar ao sistema previdenciário local, será considerada empregada e segurada da previdência social.

O § 1º do art. 57 da Lei n. 11.440/2006 declara que serão segurados da Previdência Social brasileira os auxiliares locais de nacionalidade brasileira que, em razão de proibição legal, não possam filiar-se ao sistema previdenciário do país de domicílio. A Lei n. 8.745/93 assegurou aos auxiliares locais brasileiros o direito de opção pela permanência como contribuintes da previdência social brasileira.

8. O brasileiro civil que trabalha para a União, no exterior, em organismos oficiais internacionais dos quais o Brasil seja membro efetivo, ainda que lá domiciliado e contratado, salvo se segurado na forma da legislação vigente no país do domicílio ou do sistema previdenciário do respectivo organismo internacional.

O brasileiro militar de plano fica excluído desse sistema, pois tem regime próprio, não sendo considerado empregado.

Há necessidade de o trabalho ser realizado para a União, no exterior, em organismos oficiais internacionais dos quais o Brasil faça parte (exemplo: ONU, OIT etc.). Não descaracteriza a condição de empregado o fato de a pessoa ter sido contratada no estrangeiro e lá domiciliada para efeitos de ser considerada segurada obrigatória da nossa Previdência Social.

Fica excluído do sistema o segurado que se filiar na forma da legislação vigente no país do domicílio ou do sistema previdenciário do respectivo organismo internacional.

9. O brasileiro ou o estrangeiro domiciliado e contratado no Brasil para trabalhar como empregado em sucursal ou agência de empresa nacional no exterior. Esse item envolvia a pessoa que trabalhava para empresa brasileira de capital nacional. Para explicar o que vem a ser empresa brasileira de capital nacional, pode-se utilizar o conceito que estava contido no inciso II do art. 171 da Constituição, antes de este ter sido revogado pela Emenda Constitucional n. 6, de 15-8-95, assim enunciado: é "aquela cujo controle efetivo esteja em caráter permanente sob a titularidade direta ou indireta de pessoas físicas domiciliadas e residentes no país ou de entidades de direito público interno, entendendo-se por controle efetivo da empresa a titularidade da maioria de seu capital votante e o exercício, de fato e de direito, do poder decisório para gerir suas atividades".

Hoje a Constituição não faz referência à empresa brasileira de capital nacional.

Nesse item, o trabalho será realizado em sucursal ou agência de empresa nacional no exterior e não de empresa domiciliada no exterior. O empregado tanto poderá ser brasileiro como estrangeiro, devendo ser domiciliado e contratado no Brasil. Não poderá, portanto, ser contratado no estrangeiro.

A Lei n. 7.064/82 regula a situação de trabalhadores contratados ou transferidos para prestar serviços no exterior. O parágrafo único do art. 3º dispõe que será aplicada a legislação brasileira sobre Previdência Social. Isso quer dizer que o empregado é segurado e que a empresa deve recolher a contribuição previdenciária quanto ao serviço prestado pelo trabalhador no exterior.

10. O bolsista e o estagiário que forem realmente empregados. O bolsista e o estagiário que prestem serviços a empresa em desacordo com os termos da Lei n. 11.788/2008, serão considerados empregados.

Dá-se o estágio em relação a alunos regularmente matriculados que estejam frequentando o ensino regular em instituições de educação superior, de educação profissional, de ensino médio, de educação especial e dos anos finais do ensino fundamental, na modalidade profissional da educação de jovens e de adultos.

O aluno que cursa supletivo não mais pode ser estagiário. Tem razão a lei quanto a tal fato, pois o curso supletivo geralmente nada tem de profissionalizante.

O estagiário irá, assim, trabalhar para aprender. É uma forma de dar ao estudante a experiência do cotidiano, da profissão, que só é adquirida com a prática.

É realizado o estágio mediante compromisso celebrado entre o estudante e a parte concedente, com interveniência obrigatória da instituição de ensino. Será o compromisso documento obrigatório para se verificar a inexistência do vínculo de emprego. A interveniência da instituição de ensino é requisito essencial à validade do ato jurídico. Este deve ater-se à forma prescrita em lei para ter validade, como se verifica nos arts. 104, III, e 107 do Código Civil, tornando nula a relação que não observar a referida forma. Na maioria dos casos, esse requisito não é atendido, tornando o suposto estágio um verdadeiro contrato de trabalho.

O estágio deve proporcionar experiência prática na linha de formação profissional do estagiário. Isso quer dizer que o estágio só poderá ser realizado em unidades que tenham condições de proporcionar experiência prática na linha de formação, devendo propiciar complementação do ensino e da aprendizagem, de maneira prática no curso em que o estagiário estiver fazendo, devidamente planejado, executado, acompanhado e avaliado em conformidade com os currículos, programas e calendários escolares. Assim, o estudante de Direito não poderá desenvolver tarefas rotineiras de uma entidade financeira, como de caixa ou de escriturário, mas deverá trabalhar no departamento jurídico; um estudante de Medicina não poderá estagiar em uma empresa de construção civil, salvo se for em seu departamento médico, caso este exista. O curso deve ser, portanto, compatível com a atividade desempenhada pelo estagiário na empresa, com as tarefas desenvolvidas, de modo a se fazer a complementação do ensino. O trabalho de *office boy* não pode ser considerado como estágio, pois não complementa o ensino e pode ser realizado por qualquer pessoa. A experiência prática na linha de formação deve ser ligada à complementação do ensino e da aprendizagem. Se houver experiência prática, mas não for de complementação do ensino ou da aprendizagem, também não haverá estágio. É, portanto, necessário que o estágio propicie, realmente, a complementação do ensino e da aprendizagem, sob pena de restar descaracterizado o referido contrato. Se o estagiário executar serviços não relacionados com os programas da escola, será empregado.

A prática da profissão só se adquire com o trabalho. Esta é a finalidade do estágio, a de proporcionar o trabalho para a complementação do ensino do curso que a pessoa está fazendo. Se realiza trabalho diverso ao do curso que frequenta, não é estagiário, mas empregado. A alínea *h* do inciso I do art. 9º do Decreto n. 3.048/99 considera empregados, como segurados obrigatórios da Previdência Social, o bolsista e o estagiário que prestam serviços a empresa, em desacordo com os termos da Lei n. 11.788/2008.

É preciso também que o aluno esteja regularmente matriculado na escola e tenha frequência efetiva às aulas. Havendo irregularidade na matrícula ou frequência eventual, estará descaracterizado o estágio. A pessoa continuará sendo estudante, mas não estagiário. Se o aluno não estiver frequentando curso regular, deixará de existir o estágio. É o que acontece muitas vezes porque o estagiário acaba cumprindo jornada excessiva de trabalho, sem que consiga frequentar regularmente as aulas. A escola deveria, inclusive, comunicar à empresa proporcionadora do estágio que o aluno não está frequentando as aulas. Não se poderá também exigir horário no estágio incompatível com o horário das aulas. A pessoa concessora do estágio deverá verificar a regularidade do desenvolvimento do curso do estagiário, em razão de conclusão, abandono, trancamento de matrícula etc.

Terminado o curso que o estagiário estava fazendo, não mais se pode falar em estágio, pois este depende do curso. Se o curso terminou, inexiste estágio. Muitas vezes, é isso o que ocorre em certos casos, principalmente de estagiários de Engenharia e de Direito, que, enquanto estão fazendo o curso, fazem o estágio e, posteriormente, continuam a desempenhar a mesma atividade anterior, mas já com o diploma, porém, não são registrados.

11. O servidor público ocupante de cargo em comissão, sem vínculo efetivo com a União, autarquias, inclusive em regime especial, e Fundações Públicas Federais.

Aplica-se ao agente público ocupante, exclusivamente, de cargo em comissão declarado em lei de livre nomeação e exoneração, de outro cargo temporário, inclusive mandato eletivo, ou de emprego público, o Regime Geral de Previdência Social (§ 13 do art. 40 da Constituição). As referidas pessoas são servidores públicos (gênero), mas não funcionários públicos, pois não são estatutários. Têm um regime administrativo.

A Lei n. 8.647, de 13-4-1993, no seu art. 3º, acrescentou a alínea *g* ao inciso I do art. 12 da Lei n. 8.212/91, tratando do servidor supraindicado. Esse servidor será regido por regime administrativo, dado ocupar cargo em comissão, e pode ser destituído *ad nutum*, não tendo vínculo efetivo com a União, suas autarquias, inclusive em regime especial, e nas fundações públicas federais. É a pessoa que trabalha provisoriamente ou em regime especial. Tal servidor será considerado empregado para os efeitos da Previdência Social.

O ocupante de cargo de Ministro do Estado, de Secretário Estadual, Distrital ou Municipal, sem vínculo efetivo com a União, os Estados, o Distrito Federal e os Municípios, suas autarquias, ainda que em regime especial, e fundações também desempenha atividades comissionadas.

12. O servidor do Estado, do Distrito Federal ou do Município, bem como o das respectivas autarquias e fundações, ocupante de cargo efetivo, de cargo em comissão ou função de confiança, desde que, nessa qualidade, não esteja filiado a regime próprio de previdência social.

É também empregado o servidor do Estado, do Distrito Federal ou do Município, desde que não sujeito a sistema próprio de Previdência. O mesmo ocorre com os funcionários das autarquias e fundações daquelas entidades.

13. O servidor contratado pela União, Estado, Distrito Federal ou Município, assim como das respectivas autarquias e fundações, por tempo determinado, para atender a necessidade temporária de excepcional interesse público, nos termos do inciso IX do art. 37 da Constituição e da Lei n. 8.745/93, desde que não sujeito a sistema próprio de previdência social, também é empregado.

Justifica-se a afirmação de que não pode a pessoa estar filiada a regime de previdência social próprio, pois o § 1º do art. 149 da Constituição permite à União, aos Estados, ao Distrito Federal e aos Municípios a instituição de contribuição, cobrada de seus servidores, para o custeio, em benefício destes, de regime próprio de previdência social.

O inciso IX do art. 37 da Constituição dispõe que a lei estabelecerá os casos de contratação por tempo determinado para atender a necessidade temporária de excepcional interesse público. A Lei n. 8.745/93 trata do referido assunto. Esse servidor é considerado empregado, pois não é funcionário público regido pela Lei n. 8.112/90.

O segurado deve ter sido contratado nos termos do inciso IX do art. 37 da Constituição e da Lei n. 8.745/93, e não de outro regime.

O § 1º do art. 57 da Lei n. 11.440/2006 dispõe que "serão segurados da previdência social brasileira os auxiliares locais de nacionalidade brasileira que, em razão de proibição legal, não possam filiar-se ao sistema previdenciário do país de domicílio".

14. O escrevente e o auxiliar contratado por titular de serviços notariais e de registro a partir de 21 de novembro de 1994, bem como aquele que optou

pelo Regime Geral de Previdência Social, em conformidade com a Lei n. 8.935/94. O art. 236 da Constituição dispõe que os serviços notariais e de registro são exercidos em caráter privado por delegação pública. Se são exercidos em caráter privado, seus trabalhadores são empregados. O art. 48 da Lei n. 8.935/94 permite a opção pelo regime trabalhista pelo escrevente e o auxiliar. Assim, serão considerados empregados e sujeitos ao Regime Geral de Previdência Social.

15. O magistrado da Justiça Eleitoral, nomeado na forma do inciso II do art. 119 ou III do § 1º do art. 120 da Constituição, que antes da investidura na magistratura era vinculado ao Regime Geral de Previdência Social (RGPS).

O magistrado classista é o oriundo da classe dos advogados para compor o Tribunal Regional Eleitoral ou Tribunal Superior Eleitoral.

É mister que antes da investidura esses magistrados classistas estivessem vinculados ao Regime Geral da Previdência Social e não a outro regime. Para fins previdenciários, serão considerados empregados.

16. O exercente de mandato eletivo federal, estadual ou municipal, desde que não vinculado a regime próprio de previdência social.

A letra *h* do inciso I do art. 12 da Lei n. 8.212/91 inclui como segurados obrigatórios os deputados federais, senadores, seus suplentes, os governadores, os deputados estaduais, os prefeitos e os vereadores, que estarão vinculados ao Regime Geral de Previdência Social (art. 13 da Lei n. 9.506/97). Isso se deu com a extinção do Instituto de Previdência dos Congressistas pela Lei n. 9.506/97.

A alínea *h* do inciso I do art. 11 da Lei n. 8.212/91 foi considerada inconstitucional com base no inciso I do art. 195 da Constituição, na sua redação original, pois o exercente de mandato não é regido pela Consolidação das Leis do Trabalho, não podendo ser incluído como segurado obrigatório (STF, RE 351.717/PR, j. 8-10-2003, Rel. Min. Carlos Velloso).

Em decorrência da decisão do STF, a Lei n. 10.887/2004, acrescentou a alínea *j* ao inciso I do art. 12 da Lei n. 8.212/91, com a seguinte redação: "o exercente de mandato eletivo federal, estadual ou municipal, desde que não vinculado a regime próprio de previdência social" será considerado empregado.

A partir de então, o deputado federal, o senador, o governador, o deputado estadual, o prefeito e o vereador entram na regra geral da previdência social, desde que não estejam vinculados a regime próprio de previdência social. Na verdade, não são efetivamente empregados. São enquadrados assim, pois prestam serviços e recebem remuneração.

O dirigente sindical mantém, durante o exercício do mandato eletivo, o mesmo enquadramento no Regime Geral de Previdência Social de antes da investidura. Se era empregado, continua sendo segurado empregado para a Previdência Social. Caso seja trabalhador avulso, continuará sendo segurado avulso enquanto desempenhar o mandato.

17. O empregado de organismo oficial internacional ou estrangeiro em funcionamento no Brasil, salvo quando coberto por sistema próprio de previdência social.

São as pessoas que prestam serviços a organismos oficiais internacionais ou estrangeiros com funcionamento no Brasil, como ONU, FAO, OIT etc.

Volta-se, porém, ao sistema anterior ao da Lei n. 6.887/80, que passou a tratar essas pessoas como empregados para efeitos previdenciários.

Havendo cobertura por sistema próprio de previdência social, não será considerado empregado para fins previdenciários.

Tratando-se de organismos internacionais que contratam empregados, devem respeitar a lei vigente no país de prestação de serviços e não sua lei. No caso, não estão agindo como entes internacionais praticando atos de império, mas agem como se fossem particulares que necessitam de empregados para lhes prestar serviços. Logo, o prestador de serviços só pode ser empregado.

11.1.1.2 Empregado doméstico

O empregado doméstico era segurado facultativo na Lei n. 3.807/60. Passou a ser segurado obrigatório com a Lei n. 5.859/72.

Considera-se empregado doméstico a pessoa física que presta serviços de forma contínua, subordinada, onerosa e pessoal e de finalidade não lucrativa à pessoa ou à família, no âmbito residencial destas, por mais de dois dias por semana (art. 1º da Lei Complementar n. 150/2015).

Para a configuração do empregado doméstico, é preciso que os serviços sejam prestados com continuidade. A lei passou a estabelecer que a continuidade ocorre com a pessoa que presta serviços por pelo menos três vezes por semana. A faxineira que vai uma vez por quinzena ou por mês na residência da pessoa pode não ser considerada empregada, por não estar presente o requisito continuidade. O serviço deve ser prestado à pessoa ou à família, que não tenha por intuito atividade lucrativa, e para o âmbito residencial delas. Se o serviço é prestado à pessoa ou à família que têm por intuito atividade lucrativa, o prestador de serviços vai ser considerado empregado comum, regido pela Consolidação das Leis Trabalhistas.

O serviço deve ser prestado para o âmbito residencial da família, incluindo aí o mordomo, a copeira, a cozinheira, o jardineiro e, também, o motorista, pois este presta serviços para o âmbito residencial, mesmo trabalhando externamente. O âmbito residencial também é estendido para o sítio ou para a chácara, desde que não haja exploração de atividade lucrativa.

Não há de se esquecer também que o trabalho do doméstico é feito com subordinação à pessoa ou à família. O contrato de trabalho do empregado doméstico é, ainda, oneroso, ou seja: a prestação de serviços não é gratuita. A prestação de serviços deve ser feita pelo doméstico pessoalmente, não podendo ser substituído por outra pessoa.

Não se pode, contudo, entender como empregado doméstico aquele que presta serviços de natureza contínua à pessoa ou à família, para o âmbito residencial destas, porém, para o próprio cônjuge, o companheiro, os pais e os filhos, salvo se houver prova de subordinação.

11.1.1.3 Trabalhador avulso

Em sentido geral, "avulso" seria aquilo que pertence a uma coleção incompleta, que está desirmanado, solto, isolado.

O art. 3º da Lei n. 605/49, que trata do repouso semanal remunerado, estende seu regime àqueles que, sob forma autônoma, trabalhem agrupados, por intermédio de sindicato, caixa portuária ou entidade congênere. Pela referida definição, o avulso que presta serviços agrupado em sindicato seria autônomo.

O § 2º do art. 1º da Lei Complementar n. 7/70, que versa sobre o PIS, define o trabalhador avulso como o que presta serviços a diversas empresas, sem relação empregatícia. Tal conceito pode confundir-se com o de autônomo ou o de eventual.

Inicialmente, confundia-se o conceito do trabalhador avulso com o de eventual. Na verdade, eventual é o gênero, do qual o avulso é uma de suas espécies. Para evitar dúvidas, a Previdência Social começou a se preocupar com o referido trabalhador, passando a conceituá-lo.

A primeira definição de trabalhador avulso foi feita pelo art. 1º da Portaria n. 3.107, de 7-4-1971: "entende-se como trabalhador avulso, no âmbito do sistema geral de previdência social, todo trabalhador sem vínculo empregatício que, sindicalizado ou não, tenha a concessão de direitos de natureza trabalhista executada por intermédio da respectiva entidade de classe". Com a edição da Lei n. 5.890/73 o trabalhador avulso foi integrado no sistema previdenciário na condição de autônomo (art. 20). A CLPS (Decreto n. 89.312/84), no seu art. 5º, esclarece que avulso é "quem presta serviço a diversas empresas, pertencendo ou não a sindicato, inclusive o estivador, o conferente ou o semelhado".

O inciso VI do art. 12 da Lei n. 8.212/91 considera avulso "quem presta, a diversas empresas, sem vínculo empregatício, serviços de natureza urbana ou rural definidos no regulamento". Por sua vez, o inciso VI do art. 9º do Decreto n. 3.048/99 esclarece que trabalhador avulso é o que, sindicalizado ou não, presta serviços de natureza urbana ou rural, sem vínculo empregatício, a diversas empresas, com intermediação obrigatória do sindicato da categoria ou do órgão gestor de mão de obra.

O fato, porém, de o avulso prestar serviços a diversas empresas sem vínculo empregatício não configura o avulso, que nesse exemplo se confunde com o autônomo.

O trabalhador avulso é, assim, a pessoa física que presta serviços de natureza urbana ou rural, a diversas pessoas, sem vínculo empregatício, sendo sindicalizado ou não, porém com a intermediação obrigatória do sindicato de sua categoria profissional ou do órgão gestor de mão de obra. Não é de qualquer categoria, mas da categoria profissional.

O avulso presta serviços sem vínculo de emprego, pois não há subordinação nem com o sindicato ou o órgão gestor de mão de obra, muito menos com as empresas para as quais presta serviços, dada inclusive a curta duração. O sindicato ou o órgão gestor de mão de obra apenas colocam a mão de obra e pagam os prestadores de serviço, de acordo com o valor recebido das empresas, que é rateado entre os que prestaram serviço. Não há poder de direção do sindicato ou do órgão gestor de mão de obra sobre o avulso, nem subordinação deste com aqueles.

A atividade prestada pelo avulso pode ser tanto urbana, rural, portuária ou na indústria do sal. Tanto é avulso o trabalhador que presta serviços no CEASA, sem vínculo empregatício, mas arregimentado pelo sindicato, como o trabalhador rural que presta serviços mediante colocação do sindicato, fazendo carga e descarga de produtos na fazenda.

O avulso pode ser: (a) urbano, que trabalha na cidade; (b) rural, que presta serviço no campo; (c) portuário, regido pela Lei n. 12.815/2013; (d) o que trabalha com minério; (e) o que presta serviços na indústria. Sempre haverá necessidade de existir intermediação do sindicato ou do órgão gestor de mão de obra.

Se não houver participação obrigatória do sindicato ou do órgão gestor de mão de obra na colocação do trabalhador, não se configura a condição de avulso. É o que ocorre com os portuários, de acordo com a Lei n. 12.815/2013.

Não é preciso que o trabalhador avulso seja sindicalizado. O que importa é que haja a intermediação obrigatória do sindicato ou do órgão gestor de mão de obra na colocação do trabalhador na prestação de serviços às empresas que procuram a agremiação buscando trabalhadores.

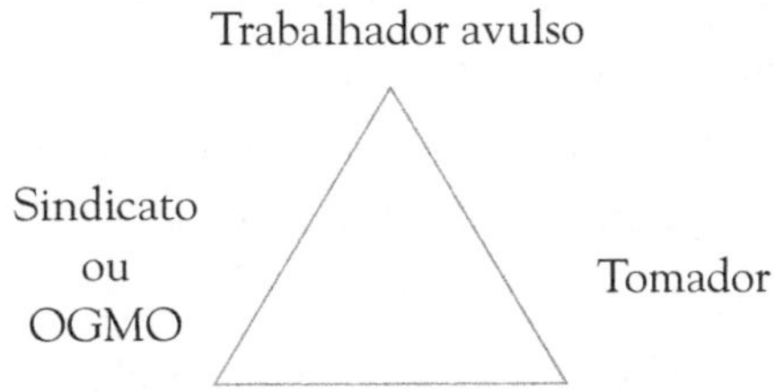

O avulso, porém, se distingue do trabalhador eventual, pois o primeiro tem todos os direitos previstos na legislação trabalhista, enquanto o eventual só tem direito ao preço avençado no contrato e à multa pelo inadimplemento do pacto, quando for o caso. O eventual é contratado para trabalhar em determinado e específico evento, não tem subordinação nem continuidade na prestação dos serviços ao tomador. Com o avulso isso também ocorre, porém, ele é arregimentado pelo sindicato, enquanto o eventual não o é.

Distingue-se também o avulso do autônomo. Este presta serviços com continuidade a uma ou mais de uma empresa, enquanto o avulso não o faz. O autônomo não é arregimentado pelo sindicato da categoria profissional, enquanto o avulso tem essa característica.

São características do avulso: a) a liberdade na prestação de serviços, pois não tem vínculo nem com o sindicato, muito menos com as empresas tomadoras de serviço; b) a possibilidade da prestação de serviços a mais de uma empresa, como na prática ocorre; c) o órgão sindical é que faz a intermediação da mão de obra, colocando os trabalhadores onde é o serviço necessário, cobrando posteriormente um valor pelos serviços prestados, já incluindo os direitos trabalhistas e os encargos previdenciários e fiscais, e fazendo o rateio entre as pessoas que participam da prestação de serviços; d) o curto período de tempo em que o serviço é prestado ao beneficiário.

São exemplos de trabalhadores avulsos:

a) o estivador, inclusive o trabalhador de estiva em carga e minério. A atual lei dos portuários (Lei n. 12.815/2013) considera, no inciso II do § 1º do art. 40, a estiva como a atividade de movimentação de mercadorias nos conveses ou nos porões das embarcações principais ou auxiliares, incluindo transbordo, arrumação, peação e despeação, bem como carregamento e descarga, quando realizados com equipamentos de bordo. A estiva compreende normalmente uma atividade que empregue força muscular. O estivador usa equipamentos do navio e não do porto. A movimentação é feita apenas no convés ou porão do navio.

No caso em tela o estivador é tanto aquele que trabalha no porto como o que faz serviços de estiva em carga e minério;

b) o trabalhador em alvarenga. É o trabalhador que presta serviços em grande barcaça de transporte de carga e descarga de navios;

c) o conferente de carga e descarga. O inciso III do § 1º do art. 40 da Lei n. 12.815/2013 estabelece que a conferência de carga é a contagem de volumes, a anotação de suas características, procedência ou destino, a verificação do estado das mercadorias, a assistência à pesagem, a conferência do manifesto, e os demais serviços correlatos nas operações de carregamento e descarregamento de embarcações.

Nessa atividade não há o emprego de força muscular, necessitando que o trabalhador tenha apenas alguma formação escolar para realizar a conferência;

d) o consertador de carga e descarga. O inciso IV do § 1º do art. 40 da Lei n. 12.815/2013 determina que o conserto de carga se refere ao reparo e à restauração das embalagens de mercadorias, nas operações de carregamento e descarga de embarcações, reembalagem, marcação, remarcação, carimbagem, etiquetagem, abertura de volumes para vistoria e posterior recomposição;

e) o vigia portuário. A vigilância de embarcações é definida no inciso V do § 1º do art. 40 da Lei n. 12.815/2013 como a atividade de fiscalização de entrada e saída de pessoas a bordo de embarcações atracadas ou fundeadas ao largo, bem como da movimentação de mercadorias em portalós (local onde se entra no navio; abertura por onde se faz o serviço do navio), rampas, porões, conveses, plataformas e em outros locais da embarcação;

f) o amarrador da embarcação. É a pessoa que amarra a embarcação quando o navio chega ao cais;

g) o trabalhador em serviço de bloco. Considera-se bloco a atividade de limpeza e conservação de embarcações mercantes e de seus tanques, incluindo batimento de ferrugem, pintura, reparos de pequena monta e serviços correlatos (inciso VI do § 1º do art. 40 da Lei n. 12.815/2013);

h) o trabalhador em capatazia. A capatazia é a atividade de movimentação de mercadorias nas instalações dentro do porto, compreendidos recebimento, conferência, transporte interno, abertura de volumes para a conferência aduaneira, manipulação, arrumação e entrega, bem como carregamento e descarga de embarcações, quando efetuados por aparelhamento portuário (inciso I do § 1º do art. 40 da Lei n. 12.815/2013). O capataz usa equipamento do porto e não do navio;

i) o arrumador;

j) o ensacador de café, cacau, sal e similares;

k) o trabalhador na indústria de extração de sal;

l) o carregador de bagagem em porto;

m) o prático de barra em portos. É a pessoa que conduz o navio até a barra do porto;

n) o guindasteiro;

o) o classificador, o movimentador e o empacotador de mercadoria;

p) outros que forem classificados pelo Ministério do Trabalho.

Podem ser considerados como avulsos o classificador de frutas, os escamadores de peixes, o trabalhador em estiva de carvão e minérios.

O trabalhador avulso vem conquistando uma série de direitos. A Lei n. 5.480, de 10-8-1968, determinou-lhe o pagamento do 13º salário e FGTS; foi revogada, porém, pela Lei n. 8.630/93. O art. 3º da Lei n. 605, de 5-1-1949, estendeu-lhe o direito ao repouso semanal remunerado. O Decreto n. 53.153, de 10-12-1963, concedeu-lhe o salário-família. O Decreto n. 6.851, de 6-12-1967, outorgou-lhe o direito a férias. A Lei Complementar n. 7/70, instituidora do PIS, considerou-o como beneficiário.

A Constituição de 1988 estabeleceu que há igualdade de direitos entre o trabalhador com vínculo empregatício permanente e o trabalhador avulso (art. 7º, XXXIV). Logo, o trabalhador avulso terá os mesmos direitos que os trabalhadores urbano e rural.

A escalação do trabalhador portuário avulso, em sistema de rodízio, será feita pelo órgão gestor de mão de obra (art. 5º da Lei n. 9.719/98).

Cabe ao operador portuário recolher ao órgão gestor de mão de obra os valores devidos pelos serviços executados, referentes à remuneração por navio, acrescidos dos porcentuais relativos a 13º salário, férias, FGTS, encargos fiscais e previdenciários, no prazo de 24 horas da realização do serviço, para viabilizar o pagamento ao trabalhador portuário (art. 2º, I, da Lei n. 9.719/98).

11.1.2 Segurados obrigatórios individuais

O inciso V do art. 12 da Lei n. 8.212/91 usa a expressão *contribuinte individual*. Entretanto, o art. 12 da Lei n. 8.212/91 está tratando de segurados. Assim, estamos diante de segurado obrigatório individual.

Didaticamente, é possível dividir os segurados obrigatórios individuais em: autônomos, eventuais, equiparados a autônomos e empresários. Advirto, porém, que a Lei n. 8.212/91 não faz essa divisão.

11.1.2.1 Trabalhador autônomo

Autonomia vem do grego *auto*, próprio; *nomé* ou *nomia*, regra ou norma.

A redação original da Lei n. 3.807/60 menciona que o trabalhador autônomo é o que exerce habitualmente e por conta própria atividade profissional remunerada (art. 4º, *d*).

A Lei n. 5.890/73 deu nova redação à Lei n. 3.807/60. Trabalhador autônomo é o que exerce habitualmente, e por conta própria, atividade profissional remunerada; o que presta serviços a diversas empresas, agrupado ou não em sindicato, inclusive os estivadores, conferentes e assemelhados; o que presta, sem relação de emprego, serviço de caráter eventual a uma ou mais empresas; o que presta serviço remunerado mediante recibo, em caráter eventual, seja qual for a duração da tarefa (art 4º, *c*, da Lei n. 3.807/60).

A alínea *h* do inciso V do art. 12 da Lei n. 8.212/91 indica qual o conceito de trabalhador autônomo, embora não mais use a expressão "trabalhador autônomo": a pessoa física que exerce, por conta própria, atividade econômica remunerada de natureza urbana, com fins lucrativos ou não.

Nessa hipótese, temos o trabalhador autônomo que presta serviços por conta própria, não sendo, portanto, subordinado, com ou sem fins lucrativos, mas tem necessidade de exercer atividade econômica remunerada. Se há ou não lucro na sua atividade, tanto faz para a Previdência Social, bastando apenas que essa pessoa exerça uma atividade econômica remunerada. Logo, a prestação dos serviços não pode ser gratuita, mas onerosa, independendo, porém, se há ou não fim lucrativo, quando normalmente esse fim existe. A pessoa deve exercer uma atividade econômica remunerada de natureza urbana. Aqui a atividade do autônomo não é considerada de natureza rural, mas apenas urbana. Com isso, nota-se que são pessoas que exercem sua atividade de maneira profissional, mas somente de natureza urbana, como ocorre com o dentista, o contador, o advogado, o médico etc., pois suas atividades têm natureza eminentemente urbana. Podem até prestar serviços no âmbito rural, mas por definição suas atividades continuam sendo de natureza urbana. São, portanto, os profissionais liberais. O veterinário, o engenheiro agrônomo, porém, exercem suas atividades muitas vezes no meio rural, nas fazendas. Nem por isso deixarão de ser autônomos para os fins previdenciários, o que mostra que a definição legal não é correta.

O trabalhador autônomo exerce, porém, atividade de natureza habitual para o tomador dos serviços e não uma vez ou outra.

Trabalhador autônomo é a pessoa física que presta serviços habitualmente por conta própria a uma ou mais de uma pessoa, assumindo os riscos da sua atividade econômica.

O autônomo diferencia-se do empregado em razão de que este tem subordinação e o outro autonomia na prestação dos serviços. O autônomo não está subordinado às ordens determinadas pelo empregador, podendo exercer livremente sua atividade, de acordo com sua conveniência. O autônomo assume os riscos de sua atividade, trabalhando por conta própria. O empregado trabalha por conta alheia, do empregador, sendo que este é quem assume os riscos de sua atividade econômica.

A Lei n. 4.886/65 regula a atividade dos representantes comerciais autônomos.

11.1.2.2 Trabalhador eventual

A alínea *g* do inciso V do art. 12 da Lei n. 8.212/91 evidencia o conceito de trabalhador eventual: a pessoa física que presta serviços de natureza urbana ou rural em caráter esporádico, a uma ou mais pessoas, sem relação de emprego.

Verifica-se que o eventual pode prestar serviços tanto de natureza urbana como rural. Ao se falar em eventualidade ou em ausência de continuidade na prestação de serviços, já se verifica que inexiste relação de emprego, pois o traço marcante do contrato de trabalho é a continuidade. Havendo a prestação de serviços eventuais a uma ou mais pessoas, o trabalhador será considerado eventual. Temos como exemplo o pedreiro, o pintor, que fazem serviços eventuais, indo uma ou outra vez na empresa para construir um muro, pintar uma parede etc.

O trabalhador eventual não presta serviços com habitualidade para o tomador dos serviços. Não tem continuidade na prestação de serviços.

O trabalho prestado em caráter eventual é o ocasional, fortuito, esporádico. Todavia, não podemos considerar como eventual o fato de que o trabalho não se insere na vida normal da empresa. Existem trabalhadores que prestam serviços à empresa, embora não estejam incorporados à sua atividade normal. É o caso do eletricista que trabalha na indústria automobilística: apesar dessa indústria não ter por atividade questões sobre eletricidade, mas a produção de veículos automotores, o trabalhador que presta serviços com habitualidade será considerado empregado. Por outro lado, se o eletricista vai uma vez ou outra para reparar as instalações elétricas daquela empresa, aí, sim, estará caracterizada a eventualidade.

O § 15 do art. 9º do Decreto n. 3.048/99 complementa as regras mencionadas, asseverando que também são autônomos ou eventuais os seguintes trabalhadores, entre outros:

a) o condutor autônomo de veículo rodoviário, assim considerado aquele que exerce atividade profissional sem vínculo empregatício, quando proprietário, coproprietário ou promitente comprador de um só veículo. Nesse caso, a pessoa é considerada como trabalhador autônomo desde que tenha apenas um veículo. O trabalho deve ser pessoal e não empresarial. Se tiver mais de um veículo, entende-se que a pessoa mais se assemelha ao empresário, a uma atividade empresarial, do que ao autônomo, mas desde que inexista vínculo de emprego, ou seja, é um trabalhador que trabalha com independência, sem subordinação. É a pessoa que tem táxi, ônibus, caminhonete, perua, micro-ônibus etc.

   Considera-se transportador rodoviário autônomo de bens a pessoa física, proprietário ou coproprietário de um só veículo, sem vínculo empregatício, devidamente cadastrado em órgão disciplinar competente, que, com seu veículo, contrate serviço de transporte a frete, de carga ou de passageiro, em caráter eventual ou continuado, com empresa de transporte rodoviário de bens, ou diretamente com os usuários desse serviço (art. 1º da Lei n. 7.290, de 19-12-84). A prestação de serviços compreende o transporte efetuado pelo contratado ou seu preposto, em vias públicas ou rodovias (art. 2º da Lei n. 7.290/84).

   O motorista deve ser inscrito como contribuinte individual (art. 11-A, parágrafo único, III, da Lei n. 12.587/2012).

b) aquele que exerce atividade de auxiliar de condutor autônomo de veículo rodoviário, em automóvel cedido em regime de colaboração, nos termos da Lei n. 6.094, de 30-8-1974.

   A pessoa que exerce atividade de auxiliar de condutor autônomo de veículo rodoviário, que trabalha com automóvel em regime de colaboração também será considerado autônomo. O difícil é estabelecer esse regime de colaboração, na realidade fática, nos termos da Lei n. 6.094/74, pois, se houver subordinação ao condutor autônomo, o prestador de serviços será considerado empregado e não trabalhador autônomo. O auxiliar deve assumir os riscos da atividade, como o de combustível, pneus, manutenção de veículo.

   O art. 1º da Lei n. 6.094/74 determina que o condutor autônomo de veículo rodoviário pode ceder o seu automóvel, em regime de colaboração, no **máximo** a dois outros profissionais. Se ceder a três profissionais, já perderá a condição de autônomo. Menciona expressamente o § 2º do art. 1º da Lei n. 6.094/74 que o contrato que rege as relações entre o autônomo e os auxiliares é de natureza civil, não havendo qualquer vínculo empregatício nesse regime de trabalho.

A cessão do veículo a outras duas pessoas mostra que o automóvel poderá rodar 24 horas por dia, sendo oito horas para cada pessoa.

Assim, o auxiliar de condutor autônomo de veículo rodoviário deverá contribuir para a Seguridade Social de forma idêntica à dos condutores autônomos, isto é, como contribuinte individual (§ 1º do art. 1º da Lei n. 6.094/74). O Decreto n. 3.048/99 os considera autônomos, ao enquadrá-los como segurados;

c) aquele que, pessoalmente, por conta própria e a seu risco, exerce pequena atividade comercial em via pública ou de porta em porta, como comerciante ambulante, nos termos da Lei n. 6.586, de 6-11-1978.

É a pessoa que exerce pequena atividade comercial em via pública ou de porta em porta, caracterizando a figura do ambulante, do mascate, do camelô ou marreteiro.

O art. 2º da Lei n. 6.586/78, porém, determina que não se considera comerciante ambulante aquele que exerce suas atividades em condições que caracterizem a existência da relação de emprego com o fornecedor dos produtos. Nesse caso, o prestador de serviços será considerado empregado do fornecedor dos produtos que vende;

d) o trabalhador associado à cooperativa de trabalho que, nessa situação, presta serviço a terceiros. Na hipótese vertente, inexiste vínculo de emprego entre o trabalhador e a cooperativa de trabalho (parágrafo único do art. 442 da CLT), pois o prestador de serviços é a ela associado. A Cooperativa de Trabalho não pode ser utilizada para intermediação de mão de obra subordinada (art. 5º da Lei n. 12.690/2012). Existe autogestão. Prestando serviços a terceiro como trabalhador associado da cooperativa de trabalho, será considerado autônomo para efeitos previdenciários. Não se trata de empresário, pois, para ser empresário, é preciso que o associado tenha sido eleito para cargo de diretor;

e) o membro do Conselho Fiscal de Sociedade por Ações.

A previsão do Conselho Fiscal nas sociedades por ações é estabelecida nos arts. 161 a 165-A da Lei n. 6.404/76. O Conselho Fiscal será composto de, no mínimo, três e no máximo cinco membros, com suplentes em igual número, que podem ou não ser acionistas, sendo eleitos pela assembleia geral.

Ao se fazer referência à sociedade por ações, inclui-se tanto a sociedade anônima, como a sociedade em comandita por ações, que são espécies de sociedades por ações.

As pessoas que exercem a condição de conselheiros fiscais serão consideradas trabalhadores autônomos para a Previdência Social.

A lei anterior não mencionava o membro do Conselho Fiscal como autônomo. A Portaria SPS n. 2/79 o considerava autônomo. Agora é tido por segurado obrigatório na condição de autônomo, de acordo com o regulamento.

Quem menciona que o membro do Conselho Fiscal de sociedade por ações é segurado contribuinte individual é o inciso V do § 15 do art. 9º do Regulamento da Previdência Social, que, nesse ponto, é ilegal, pois não há previsão nesse sentido na Lei n. 8.212/91.

Talvez a consideração seja de ser autônomo, pois as reuniões do Conselho Fiscal podem não ser mensais;

f) a pessoa física que presta serviços esporádicos a pessoa ou família, para o âmbito residencial destas, sem finalidade lucrativa.

Considera-se trabalho sem vínculo de emprego doméstico até dois dias por semana (art. 1º da Lei Complementar n. 150/2015).

Temos como exemplos desse trabalhador a faxineira ou o jardineiro que vão esporadicamente à residência de pessoa ou da família, para a prestação de serviços para o âmbito residencial daquelas, que não tenham por intuito atividade lucrativa. A faxineira e o jardineiro serão considerados trabalhadores eventuais, em razão da inexistência do vínculo de emprego.

Por serviços esporádicos deve-se entender serviços ocasionais, episódicos, descontínuos. Exemplo de serviço eventual pode ser a faxineira que faz limpeza numa casa logo depois de uma festa, pois foi contratada apenas para esse evento. Se há continuidade na prestação dos serviços da faxineira, por exemplo, estará presente um dos requisitos para a configuração da relação de emprego. O outro requisito necessário será a subordinação. Embora havendo continuidade na prestação de serviços, se inexistir subordinação, a trabalhadora será considerada autônoma. Ressalte-se que é possível que o trabalhador tenha mais de um emprego, pois não é condição da relação de emprego a exclusividade. Assim, se presentes os requisitos do art. 3º da CLT, principalmente subordinação e continuidade, o suposto trabalhador autônomo será considerado, na verdade, empregado.

Se a trabalhadora prestar serviços até dois dias por semana, não será considerada empregada (art. 1º da Lei Complementar n. 150).

A dificuldade maior será realmente a constatação do elemento subordinação, pois, para se aferir a referida situação, é preciso distinguir quem dá as ordens ao trabalhador. Se o trabalhador escolhe livremente o dia em que pretende comparecer à residência, na hora que entende melhor, de acordo com suas conveniências e de conformidade com as outras casas para as quais presta serviços, não haverá vínculo de emprego. Todavia, se o trabalhador tem horário e dias da semana em que tem de comparecer à residência de certa pessoa, por imposição do tomador dos serviços, haverá contrato de trabalho de doméstico entre as partes;

g) o notário ou tabelião e o oficial de registros ou registrador, titular de cartório, que detêm a delegação do exercício da atividade notarial e de registro, não remunerados pelos cofres públicos, admitidos a partir de 21-11-1994.

O que regula o sistema cartorial é a Lei n. 8.935/94, regulamentando o art. 236 da Constituição. O art. 40 da Lei n. 8.935/94 dispõe que os notários e os oficiais de registro são vinculados à Previdência Social, de âmbito federal, tendo assegurada a contagem do tempo de serviço nos sistemas diversos. O ingresso no sistema notarial depende de concurso público. A data de vigência da Lei n. 8.935 é a partir de 21-11-1994.

O requisito essencial a ser observado é o de que o titular de serventia da Justiça, não remunerado pelos cofres públicos, não seja filiado a sistema próprio de previdência social. Caso o seja, não se lhe aplicarão as regras da Lei n. 8.212/91, mas o sistema próprio de previdência social a que esteja adstrito;

h) a pessoa física que, na condição de feirante-comerciante, compra para revender produtos hortifrutigranjeiros ou assemelhados.

Se o feirante-comerciante estiver estabelecido como sócio de uma empresa que explore a atividade de comércio em feiras, será considerado empresário e não autônomo. Assim, verifica-se que o feirante-comerciante de que trata a lei é a pessoa física;

i) a pessoa física que edifica obra de construção civil.

Construtor é a pessoa que irá edificar a obra de construção civil.

O construtor, para os efeitos previdenciários, será considerado autônomo. Se tal pessoa constituir empresa, será considerada empresário. Entretanto o segurado para efeito da Previdência Social é a pessoa física e não a pessoa jurídica. Assim, a lei se refere ao construtor da obra de construção civil que seja pessoa física.

A pessoa física que edifica obra de construção civil é o construtor profissional e não quem constrói a própria casa, pois este não tem habitualidade no trabalho para ser considerado autônomo;

j) o piloto ou comandante de aeronave que exerce, sem vínculo empregatício, habitualmente e por conta própria atividade remunerada;

De modo geral, o piloto ou comandante de aeronave deveria ser proprietário, pois, se não o for, provavelmente será empregado, desde que exista subordinação;

k) a pessoa física que, sem vínculo empregatício, exerce atividade de corretor ou de leiloeiro;

l) o vendedor de bilhetes de loteria, que exerce sua atividade sem vínculo de emprego;

m) o incorporador de que trata o art. 29 da Lei n. 4.591, de 16-12-1964.

"Considera-se incorporador a pessoa física ou jurídica, comerciante ou não, que, embora não efetuando a construção, compromisse ou efetive a venda de frações ideais de terreno objetivando a vinculação de tais frações a unidades autônomas, em edificações a serem construídas ou em construção sob regime condominial, ou que meramente aceite propostas para efetivação de tais transações, coordenando e levando a termo a incorporação e responsabilizando-se, conforme o caso, pela entrega, a certo prazo, preço e determinadas condições, das obras concluídas" (art. 29 da Lei n. 4.591/64).

O incorporador de que trata a Lei n. 8.212/91 é a pessoa física, que é quem pode ser segurado. O incorporador pessoa jurídica é contribuinte;

n) o pescador que trabalha em regime de parceria, meação ou arrendamento, em barco com mais de duas toneladas brutas de tara (desconto que se faz no peso);

o) o cabeleireiro, a manicure, o esteticista, o maquiador e os profissionais congêneres, quando exercem atividades em salão de beleza, por conta própria. A Lei n. 12.592/2012 dispõe sobre o exercício das atividades profissionais de Cabeleireiro, Barbeiro, Esteticista, Manicure, Pedicure, Depilador e Maquiador. Versa também sobre o salão-parceiro. Permite que o cabeleireiro seja microempreendedor individual;

p) o presidiário que exerce por conta própria atividade remunerada.

Determina o § 2º do art. 28 da Lei n. 7.210/84 (Lei de Execução Penal) que "o trabalho do preso não está sujeito ao regime da Consolidação das

Leis do Trabalho". Se exercer atividade remunerada por conta própria, será autônomo;

q) o médico residente é regulado pela Lei n. 6.932, de 7-7-1981. Anteriormente o médico residente era considerado equiparado a autônomo (Decreto n. 611/92). O § 1º do art. 4º da Lei n. 6.932 dispõe que o médico residente é segurado contribuinte individual. O fato de o médico residente ser contribuinte individual era para que os hospitais tivessem o médico sem que houvesse custos como empregado. A lei estabelece espécie de inclusão previdenciária;

r) o prestador de serviço de natureza eventual em órgão público, inclusive o integrante de grupo-tarefa, desde que não sujeito a regime próprio de previdência social;

s) a pessoa física que vende livros religiosos, tais como o ocasional, o aspirante, o licenciado e o credenciado (colportor é a pessoa que faz revenda de publicações religiosas da Igreja Adventista do 7º dia);

t) o bolsista da Fundação Habitacional do Exército contratado de acordo com a Lei n. 6.855, de 18-11-1980;

u) o árbitro e seus auxiliares que atuam em conformidade com a Lei n. 9.615, de 24-3-98 (desporto);

Geralmente, os árbitros e os auxiliares não têm vínculo de emprego, pois não há subordinação, participando dos jogos quando querem e a remuneração é um porcentual sobre a renda do espetáculo.

O parágrafo único do art. 88 da Lei n. 9.615/98 determina que os árbitros e seus auxiliares não têm qualquer vínculo empregatício com as entidades desportivas diretivas onde atuarem, e sua remuneração como autônomos exonera tais entidades de quaisquer outras responsabilidades trabalhistas, securitárias e previdenciárias, independentemente da constituição de sociedades ou entidades.

v) o microempreendedor individual que opte pelo recolhimento de impostos e contribuições abrangidos pelo Simples Nacional em valores fixos mensais.

11.1.2.3 Equiparados a autônomo

A Lei n. 6.696, de 8-10-1979, equiparou, para efeitos da previdência social urbana, os ministros de confissão religiosa e os membros de congregação ou ordem religiosa aos trabalhadores autônomos. É uma hipótese de inclusão previdenciária. Antes da referida data, esses trabalhadores eram considerados segurados facultativos (art. 12 da CLPS de 1976).

Em 1979, os empregados de representação estrangeira foram equiparados a autônomos, situação que já era prevista na Lei n. 3.807/60 (LOPS). Com a Lei n. 6.887/80, os empregados de representação estrangeira passaram a ser considerados segurados empregados.

O inciso V do art. 12 da Lei n. 8.212/91 previa as hipóteses em que se considerava o trabalhador equiparado a autônomo. Atualmente, o mesmo inciso V inclui várias pessoas entre os chamados segurados obrigatórios individuais. Não se usa mais a expressão equiparado a autônomo, mas podemos agrupar esses segurados na mesma condição, utilizando a mesma denominação.

São considerados equiparados a autônomos:

a) a pessoa física, proprietária ou não, que explora atividade agropecuária a qualquer título, em caráter permanente ou temporário, em área superior a quatro módulos fiscais; ou, quando em área igual ou inferior a quatro módulos fiscais ou atividade pesqueira, com auxílio de empregados ou por intermédio de prepostos.

   Verifica-se que neste item é equiparada a autônomo a pessoa física, proprietária ou não, que explora atividade agropecuária ou pesqueira, tanto em caráter permanente como temporário, com o uso de prepostos ou de empregados. A atividade agropecuária ou pesqueira deve ser exercida por pessoa física, e não por pessoa jurídica.

   Essa determinação já havia sido alterada para incluir o garimpeiro neste item, de acordo com o art. 4º da Lei n. 8.398, de 7-1-1992. Novamente foi retirado o garimpeiro do item em comentário pelo art. 1º da Lei n. 8.540, incluindo-o na letra *b* do mesmo inciso V do art. 12 da Lei n. 8.212/91;

   Inclui-se na letra o cônjuge ou companheiro do produtor que participe da atividade rural por este explorada.

b) a pessoa física, proprietária ou não, que explora atividade de extração mineral – garimpo – em caráter permanente ou temporário, diretamente ou por intermédio de prepostos, com ou sem auxílio de empregados, utilizados a qualquer título, ainda que de forma não contínua.

   Assim, o garimpeiro continua sendo equiparado a autônomo para efeitos previdenciários, bastando para tanto que explore atividade de extração mineral como pessoa física, pouco importando se é ou não proprietário. Não é possível, portanto, a exploração da atividade mineral como pessoa jurídica, pois dessa forma não se pode equiparar a referida pessoa a autônomo, mas vai ser considerado empresário;

c) o ministro de confissão religiosa e o membro de instituto de vida consagrada, de congregação ou de ordem religiosa.

O ministro de confissão religiosa e o membro de instituto de vida consagrada já eram considerados equiparados a autônomos desde a Lei n. 6.696/79. São as pessoas que eram chamadas anteriormente de eclesiásticos, pertencentes à Igreja, como os padres, sacerdotes etc. Eles servem sistematicamente a Deus, ministrando os serviços religiosos, podendo ter ordenação ou não, mas dedicando-se a divulgar sua crença, celebrando cultos etc. O membro de instituto de vida consagrada é aquele que emite voto, mediante aprovação da autoridade religiosa competente. O membro de ordem ou congregação religiosa é o que professa ou emite os votos que são adotados na sua ordem ou congregação.

Não há mais necessidade de o ministro de confissão religiosa provar que é mantido pela entidade religiosa.

O pagamento não é salário se o religioso não estiver obrigado a realizar certa atividade durante determinada jornada.

Não são eclesiásticos os acólitos, presbíteros, diáconos, fiéis e seminaristas, que estão se iniciando no hábito.

É evidente que essas pessoas não poderiam ser consideradas autônomos, pois não exercem atividade remunerada, apenas dão o seu lenitivo religioso. Por esse motivo é que o legislador preferiu equipará-los a autônomo, adotando, assim, uma posição intermediária.

Exercendo o eclesiástico outra atividade abrangida pela Previdência Social, ficará filiado obrigatoriamente a essa atividade não religiosa remunerada. O mesmo ocorre se o eclesiástico for filiado a outro sistema previdenciário, militar ou civil, ainda que na condição de inativo, fato que o excluirá da condição de equiparado a autônomo.

O Parecer PGC n. 159/72, no Proc. MTPS n. 2.214.671/70, entendeu que o movimento espiritualista em todas as suas variações, incluindo o umbandismo, não pode ser considerado como religião, não sendo, portanto, eclesiástico para fins previdenciários;

d) o brasileiro civil que trabalha no exterior para organismo oficial internacional do qual o Brasil é membro efetivo, ainda que lá domiciliado e contratado, salvo quando coberto por sistema de previdência social.

Trata-se do brasileiro civil que presta serviços no exterior a organismos internacionais, como ONU, OIT etc., mesmo que tenha sido contratado e esteja domiciliado no exterior. Havendo a cobertura dessa pessoa por sistema de Previdência Social do país de domicílio, implicará a exclusão da condição de equiparado a autônomo. O militar não se inclui na hipótese vertente, apenas o brasileiro civil;

e) o aposentado de qualquer regime previdenciário nomeado magistrado da Justiça Eleitoral, na forma dos incisos II do art. 119 e III do § 1º do art. 120 da Constituição.

O magistrado classista temporário da Justiça Eleitoral é o juiz temporário oriundo da classe dos advogados nomeado para o Tribunal Regional Eleitoral ou para o Tribunal Superior Eleitoral.

No caso, a pessoa que já é aposentada e passa a exercer a atividade de juiz temporário enquadra-se como equiparado a autônomo. O juiz temporário que não for aposentado é considerado empregado, recolhendo com base no salário de contribuição;

f) o presidiário, quando exercer atividade remunerada mediante contrato celebrado ou intermediado pelo presídio. Se exercer atividade remunerada por conta própria, será autônomo.

11.1.2.4 Empresário

O inciso III do art. 5º da Lei n. 3.807/60 menciona que os titulares de firma individual e diretores, sócios-gerentes, sócios-solidários, sócios-quotistas, sócios de indústria, de qualquer empresa, cuja idade máxima fosse no ato da inscrição de 50 anos, eram segurados obrigatórios.

O citado inciso teve nova redação determinada pela Lei n. 6.887/80, dispondo que os diretores, membros de conselho de administração de sociedade anônima, sócios-gerentes, sócios-solidários, sócios-cotistas que recebem pro-labore e sócios de indústria de empresas de qualquer natureza, urbana e rural são segurados obrigatórios.

Empresário é a pessoa física que exerce profissionalmente atividade economicamente organizada visando à produção de bens ou de serviços para o mercado, com finalidade de lucro (art. 966 do Código Civil). Nesse conceito, verifica-se que o empresário não é aquele que exerce a sua atividade eventualmente, mas habitualmente, com características profissionais. Quem assume afinal os riscos do empreendimento é o empresário, que se beneficia dos lucros e se expõe ao prejuízo.

O empresário não deixa de ser um trabalhador, tomando-se essa palavra como gênero, em um conceito amplo. Assim, o empresário é considerado um trabalhador, estando incluído como segurado obrigatório, nos termos do inciso II do art. 195 da Constituição.

São empresários:

a) a pessoa física que exerce atividade urbana ou rural. Aquele que explora, por exemplo, o comércio em nome próprio, sem constituir sociedade, porém com registro na Junta Comercial. A atividade poderá ser realizada tanto no âmbito urbano como no rural. Será, dessa forma, segurado obrigatório da Seguridade Social na categoria de empresário;
b) o diretor não empregado. Diretor é a pessoa que exerce cargo de administração previsto em lei, estatuto ou contrato social, independentemente da denominação do cargo (art. 2º da Lei n. 6.919/81).

Já vimos que o diretor que não perde a característica de empregado irá ter a mesma condição reconhecida perante a Seguridade Social. O Tribunal Superior do Trabalho considera, pela Súmula 269, que o diretor eleito tem seu contrato de trabalho suspenso, desde que não permaneça a condição inerente à relação de emprego. Não estando presente o requisito subordinação na relação entre o diretor e a empresa, o primeiro é considerado empresário para os efeitos da Seguridade Social. Na legislação anterior não se dizia que o diretor não empregado era empresário, mas também não se definia a sua condição.

O Parecer da Consultoria Jurídica do Ministério da Previdência e Assistência Social n. 2.484, de 5-6-2001, publicado no *DOU* de 11-6-2001, concluiu que "o diretor eleito de sociedade por quotas de responsabilidade limitada é segurado obrigatório, na condição de empregado da empresa, tendo em vista a falta de previsão em nosso ordenamento jurídico da pessoa do diretor não empregado nesses tipos societários".

A dúvida existente é se o diretor é considerado empregado ou empresário para fins previdenciários. Isso pode ter consequências, não só sob o ponto de vista dos direitos, mas também previdenciárias.

O inciso V do art. 5º do Decreto n. 83.081, de 24-1-1979, entendia que o titular de firma individual urbana e o diretor, membro de Conselho de Administração de sociedade anônima, sócio-gerente, sócio-cotista que recebe *pro labore* de empresa era segurado obrigatório do sistema previdenciário.

Dispunha o Decreto n. 356/91 que era empresário o diretor não empregado e o sócio-cotista que participa da gestão ou que recebe remuneração decorrente de seu trabalho (art. 10, III, *b*). Considera-se diretor empregado a pessoa que, participando ou não do risco econômico do empreendimento, seja contratada ou promovida para cargo de direção, mantendo as características inerentes à relação de emprego (§ 1º).

Tratou o Decreto n. 612/92 da mesma forma que o Decreto n. 356/91.

O Decreto n. 2.173/97 dispôs da mesma forma. Considera diretor não empregado a pessoa que, participando ou não do risco econômico do empreendimento, seja eleita, por assembleia geral de acionistas, para o cargo de direção das sociedades anônimas, não mantendo as características inerentes à relação de emprego.

A Lei n. 9.876/99 deu nova redação ao inciso V do art. 12 da Lei n. 8.212/91, criando a figura do contribuinte individual. São contribuintes individuais, entre outros, o diretor não empregado e o sócio que recebem remuneração decorrente de seu trabalho em empresa urbana ou rural (alínea *f*).

Atualmente, a matéria é regida pelo Decreto n. 3.048/99 (Regulamento da Previdência Social). Considera-se contribuinte individual: (a) o diretor não empregado e o membro do conselho de administração da sociedade anônima (art. 9º V, *f*); (b) o sócio gerente e o sócio cotista que recebem remuneração decorrente de seu trabalho na sociedade por cotas de responsabilidade limitada, urbana ou rural (art. 9º, V, *h*). Considera-se diretor empregado a pessoa que, participando ou não do risco econômico do empreendimento, seja contratada ou promovida para o cargo de direção das sociedades anônimas, mantendo as características inerentes à relação de emprego (§ 2º do art. 9º). É diretor não empregado a pessoa que, participando ou não do risco econômico do empreendimento, seja eleita, por assembleia geral de acionistas, para o cargo de direção das sociedades anônimas, não mantendo as características inerentes à relação de emprego (§ 3º do art. 9º).

Para a Consultoria Jurídica do Ministério da Previdência Social, a condição de diretor empregador só existiria nas sociedades anônimas e não nas limitadas. Segundo o Parecer n. 2.484, a gerência das sociedades por cotas de responsabilidade limitada é atribuída apenas a quem é sócio.

O diretor pode ser empresário, por gozar de autonomia na prestação dos serviços, não tendo horário fixo para trabalhar. Na área comercial, costumam chamá-lo até de órgão da empresa.

Pode o diretor da empresa ser considerado empregado, desde que tenha ordens a cumprir, horários a obedecer, receba advertências ou punições, não tendo autonomia na prestação de serviços.

A Súmula 269 do TST esclarece que o empregado eleito para ocupar cargo de diretor tem o respectivo contrato de trabalho suspenso, não se computando o tempo de serviço desse período, salvo se permanecer a subordinação jurídica inerente à relação de emprego.

Pouco importa se o diretor tem ações ou cotas da empresa. Há que se verificar se o número de ações ou cotas da empresa é suficiente para o diretor interferir nos destinos da sociedade. Se efetivamente ele dirige a sociedade, é empresário. Não pode ser empregado de si mesmo.

Caso o diretor não tenha qualquer influência na sociedade, pode ser empregado, desde que exista subordinação e não autonomia na prestação de serviços. O volume de ações ou cotas da sociedade possuídas pelo diretor ou empregado nem sempre determinará a condição de dirigente. O diretor pode ter cotas ou ações da empresa como investimento. É o caso de se lembrar do caixa do banco, que possui algumas ações do Banco Itaú, não se querendo dizer com isso que seja dirigente do banco. Como leciona Amauri Mascaro Nascimento, "não são incompatíveis as condições de empregado e acionista da sociedade anônima, desde que o número de ações não se eleve a ponto de transformar o empregado em subordinante e não em subordinado. Não há um critério exato para definir qual o número de ações que transformará a condição do empregado. Será um número que lhe dê condições de influir nos destinos da sociedade em dimensão expressiva"[2].

Cada caso tem de ser verificado em separado, de acordo com os elementos a ele pertinentes. Não há fórmula matemática para definir precisamente em que casos a pessoa é ou deixa de ser empregado.

Afirma o parecer que "não existe a figura do diretor empregador na sociedade por quotas. Nesse tipo de sociedade, o contribuinte individual ou será sócio-quotista ou será sócio gerente. Se a sociedade por quotas de responsabilidade limitada elege um diretor, o faz na qualidade de empregado, nunca de empregador. Situação completamente diferente ocorre no caso das sociedades anônimas. Aqui, há como falar em diretor empregado ou não empregado, tendo em vista que esse tipo de sociedade possui a diretoria como seu órgão de administração, prevendo que o diretor eleito pode ou não ser acionista da empresa, caso em que será diretor não empregado (condição de empregador) e diretor empregado, respectivamente".

Não me parece acertada a conclusão no sentido de que o diretor da sociedade por quotas de responsabilidade limitada será sempre empregado.

---

2 NASCIMENTO, Amauri Mascaro. *Iniciação ao direito do trabalho*. 27. ed. São Paulo: LTr, 2001. p. 189.

O contrato social poderá prever a regência supletiva da sociedade limitada pelas normas da sociedade anônima (parágrafo único do art. 1.053 do Código Civil).

Afirma Waldirio Bulgarelli que a sociedade limitada pode criar "uma administração mais complexa e sofisticada, com diretoria, conselhos, de administração e fiscal, assembleias dos quotistas etc."[3].

Oscar Barreto Filho leciona que "não se justifica a limitação da investidura nos cargos da administração da sociedade limitada apenas aos sócios. Os cargos de gestão devem ser franqueados a pessoas estranhas à sociedade, ou seja, não sócios"[4].

Hoje, o terceiro é o administrador profissional, o especialista em determinadas questões, com larga experiência em administração de empresas, que tem melhores condições de dirigir a empresa do que seus próprios sócios.

Indica o art. 135 do CTN que as pessoas jurídicas podem ter representantes, que ficam responsáveis pessoalmente para fins tributários.

A alínea *f* do inciso V do art. 12 da Lei n. 8.212/91 pode indicar que o diretor não empregado tanto pode trabalhar numa sociedade anônima como na sociedade limitada. Não é absolutamente clara a redação desse dispositivo no sentido de que apenas o diretor não empregado de sociedade anônima é que seria contribuinte individual.

Nem sempre a interpretação literal é a mais adequada. Geralmente, deve-se interpretar as normas legais de forma sistemática, visando obter o melhor resultado. A interpretação sistemática do contido na Lei n. 8.212/91, no Código Civil, e no art. 135 do CTN mostra que pode existir diretor não empregado em sociedade limitada.

c) o membro de Conselho de Administração, na sociedade anônima. O Conselho de Administração na sociedade anônima é regulado pelos arts. 140 e s. da Lei n. 6.404/76, dizendo que o mínimo de conselheiros é de três, cabendo à assembleia geral estabelecer o número máximo. Na legislação anterior, o membro do Conselho de Administração era segurado, mas não havia a sua especificação como empresário. Atualmente, a lei previdenciária considera os membros do Conselho de Administração na

---

3 BULGARELLI, Waldirio. *Sociedades comerciais*. 9. ed. São Paulo: Atlas, 2000. p. 207.

4 BARRETO FILHO, Oscar. Órgãos de administração das sociedades limitadas. *Revista de Direito Mercantil*, nova fase, n. 15, p. 67, 1977.

sociedade anônima como empresários. Contudo, é possível que uma sociedade por cotas de responsabilidade limitada tenha Conselho de Administração, porém, a legislação previdenciária não menciona a sua condição, que poderia ser equiparada à do conselheiro da sociedade anônima, por analogia. Entretanto, o contribuinte deve ser definido em lei, sendo que o emprego da analogia não poderá resultar na exigência de tributo não previsto em lei (§ 1º do art. 108 da CTN). Assim, o membro do Conselho de Administração de sociedade limitada não será contribuinte ou empresário para os efeitos da Seguridade Social.

Nas companhias abertas e nas de capital autorizado é obrigatória a existência do Conselho de Administração (§ 2º do art. 138 da Lei n. 6.404/76). Logo, o trabalhador pertencente ao Conselho de Administração nas sociedades anônimas será considerado empresário para os efeitos da Seguridade Social.

Incide contribuição previdenciária sobre os valores pagos aos membros de conselhos administrativos e fiscais de sociedades cooperativas, ainda que apenas a título de presença nas respectivas reuniões (AgInt-REsp 1218241/RS, rel. Min. Og Fernandes, 2ª T., j. 26-9-2017, *DJe* 29-9-2017);

d) todos os sócios, na sociedade em nome coletivo. A sociedade em nome coletivo tem apenas pessoas físicas. Os sócios respondem solidária e ilimitadamente (art. 1.039 do Código Civil). Na antiga legislação da previdência social não havia a especificação do sócio, na sociedade em nome coletivo, como empresário, mas ele também era segurado;

e) o sócio-gerente e o sócio cotista que recebam remuneração decorrente de seu trabalho e o administrador não empregado na sociedade limitada, urbana ou rural. A sociedade limitada é prevista nos arts. 1.052 a 1.087 do Código Civil. Na legislação anterior também não se fazia expressamente a distinção dessa pessoa como empresário, mas era considerado segurado obrigatório do sistema previdenciário.

Agora, a legislação da seguridade social ainda faz distinção entre sociedade limitada urbana ou rural, ou seja: se o exercício da atividade é na cidade ou tem natureza agropecuária (rural). Entretanto, em ambos os casos, o sócio-cotista que participa da gestão ou que recebe remuneração decorrente de seu trabalho (*pro labore*) será considerado empresário. Se o sócio-cotista não recebe remuneração, nem é gerente, não será considerado empresário, para os fins previdenciários, nem terá de recolher a contribuição;

f) todos os sócios, na sociedade de capital e indústria. A sociedade de capital e indústria é aquela em que uma pessoa entra com o trabalho (indústria) e a outra entra com o capital. A obrigação dos sócios capitalistas é solidária. Já os sócios de indústria não têm qualquer responsabilidade na sociedade, a não ser que contribuam também para o capital. Na legislação anterior, tanto o sócio capitalista como o de indústria eram segurados obrigatórios. A atual legislação os considera como empresários. Essa sociedade não mais tem previsão expressa na legislação. A lei não faz distinção se a pessoa trabalha ou se tem remuneração;

g) o associado eleito para cargo de direção na Sociedade Cooperativa, associação ou entidade de qualquer natureza ou finalidade. No caso, é necessário observar a legislação pertinente às Sociedades Cooperativas (Lei n. 5.764, de 16-12-1971). Estas são sociedades de pessoas, com capital variável, com a finalidade de realizar atividades econômicas por meio da cooperação de todos os sócios. Normalmente, as sociedades cooperativas têm fins eminentemente sociais, visando à distribuição da produção de bens ou serviços ou para o consumo. Como determina a própria legislação, a sociedade cooperativa pode ter natureza civil, mas sempre será uma sociedade de pessoas e não de capitais. Da diretoria da sociedade só participam os associados, que são eleitos para tal mister pela assembleia geral. São esses associados eleitos para cargo de direção que serão segurados obrigatórios da Seguridade Social, como empresários.

   Não se exige no item em comentário que o associado eleito receba remuneração. Também não se faz distinção quanto ao tipo de cooperativa.

h) o síndico ou administrador eleito para exercer atividade de direção condominial, desde que recebam remuneração.

   Não se pode, porém, incluir o síndico como empresário, pois não o é, não toma conta de empresa, visto que o condomínio não é empresa e nem tem por objetivo o lucro.

Entretanto, se o síndico recebe remuneração, é um trabalhador. É o que ocorre nos condomínios em que o síndico recebe um valor para administrar o condomínio ou então não paga o condomínio ou uma parte dele. Não pode ser considerado exatamente um empresário, mas um segurado obrigatório individual.

Se o síndico ou administrador não receberem remuneração, não serão considerados segurados obrigatórios individuais, mas segurados facultativos. Caso o síndico fique dispensado do recolhimento do condomínio, tal fato importa pagamento pela sua prestação de serviço (remuneração indireta), que será considerado como remuneração.

i) o microempreendedor individual.

11.1.3 Segurado especial

A Lei Complementar n. 11/71 (Pro-rural) já previa contribuição sobre o valor comercial do produto rural (art. 15, I).

A lei prevê uma forma diferenciada de recolhimento da contribuição. O segurado não é especial ou mais especial que outros.

Determina o § 8º do art. 195 da Constituição que "o produtor, o parceiro, o meeiro e o arrendatário rurais e o pescador artesanal, bem como os respectivos cônjuges, que exerçam suas atividades em regime de economia familiar, sem empregados permanentes, contribuirão para a seguridade social mediante a aplicação de uma alíquota sobre o resultado da comercialização da produção e farão jus aos benefícios nos termos da lei". Embora esse preceito não devesse estar constando da Constituição, pois deveria ser matéria de lei ordinária, versa o § 8º do art. 195 da Constituição, de uma maneira ampla, sobre o segurado especial. O segurado especial é uma pessoa que terá uma forma diferenciada de recolhimento da contribuição previdenciária.

A expressão *empregados permanentes* contida no § 8º do art. 195 da Constituição é redundante, pois empregado só pode ter continuidade na prestação dos serviços, pois, do contrário, não será empregado. O inciso VII do art. 12 da Lei n. 8.212 usa a expressão *auxílio eventual de terceiros*, que, parece-me, interpreta melhor a norma constitucional, no sentido de que pode haver auxílio de terceiros, mas deve ser eventual, pois do contrário haverá a configuração da condição de empregado. Não se poderia dizer *empregados eventuais*, pois este trabalhador é justamente o que presta serviços de natureza contínua, não eventual.

De acordo com a redação original do inciso VII do art. 12 da Lei n. 8.212/91, o garimpeiro era considerado segurado especial. A Lei n. 8.398, de 7-1-1992, deu nova redação ao inciso VII do art. 12 da Lei n. 8.213/91, retirando o garimpeiro da condição de segurado especial, o qual passa a ser equiparado a trabalhador autônomo. A Lei n. 8.540, de 22-12-1992, deu nova redação ao inciso V do art. 12 da Lei n. 8.212/91, acrescentando mais uma alínea, passando o garimpeiro a figurar na alínea *b*, enquanto anteriormente estava especificado na alínea *a*, porém, continua sendo equiparado a trabalhador autônomo.

Segurado especial é a pessoa física residente no imóvel rural ou em aglomerado urbano ou rural próximo a ele que, individualmente ou em regime de economia familiar, ainda que com o auxílio eventual de terceiros a título de mútua colaboração, na condição de: (a) produtor, seja proprietário, usufrutuário, possuidor, assentado, parceiro ou meeiro outorgados, comodatário ou arrendatários rurais, que explore atividade: (1) agropecuária em área de até quatro módulos fiscais; ou (2) de seringueiro ou extrativista vegetal que exerça suas atividades nos termos do inciso XII do *caput* do art. 2º da Lei n. 9.985/2000, e faça dessas atividades o principal meio de vida; (b) pescador artesanal ou a este assemelhado, que faça da pesca profissão habitual ou principal meio de vida; e (c) cônjuge ou companheiro, bem como filho maior de 16 anos de idade ou a este equiparado, de segurado de que tratam as letras *a* e *b*, que, comprovadamente, trabalhem com o grupo familiar respectivo.

O segurado especial necessariamente será pessoa física. Se a atividade rural é explorada por pessoa jurídica, não será segurado especial. Tem uma forma diferenciada de recolhimento da contribuição.

Deve o segurado especial residir em imóvel rural ou em aglomerado urbano ou rural. Exerce seu trabalho individualmente ou em regime de economia familiar. Pode ter auxílio eventual de terceiros, mas não permanente. Esse auxílio diz respeito a regime de colaboração e não de subordinação, como ocorre com o empregado.

Produtor rural é a pessoa que, sendo proprietária ou não, desenvolve atividade agropastoril ou hortifrutigranjeira por conta própria, individualmente ou em regime de economia familiar.

Parceiro é a pessoa que celebra um contrato de parceria com o proprietário da terra ou dos animais, desenvolvendo a atividade agropecuária, dividindo os lucros de seu mister com o proprietário do imóvel na proporção estipulada no contrato. Meeiro é a pessoa que pactua com o proprietário da terra um contrato de meação para a consecução de atividade agropecuária, partilhando os rendimentos obtidos. A diferença entre o parceiro e o meeiro é que o primeiro aufere lucros e o segundo rendimentos, dividindo-os com o proprietário da terra. Rendimento tem acepção mais ampla que lucro, que é o resultado positivo obtido no exercício. O rendimento envolve não o lucro, mas tudo o que foi recebido. O lucro compreende não tudo o que foi recebido, mas apenas o resultado do período menos as despesas incorridas.

Arrendatário é a pessoa que usa a propriedade pagando um aluguel ao proprietário do imóvel rural, para desenvolver atividade agrícola, pastoril ou hortifrutigranjeira. Comodatário é a pessoa que explora a terra pertencente a outra pessoa, por empréstimo gratuito, por tempo determinado ou indeterminado, visando desenvolver atividade agrícola, pastoril ou hortifrutigranjeira.

O pescador artesanal é aquele que tem por atividade a pesca, mediante recursos rudimentares, para obter sua subsistência. Pode ter ou não embarcação própria, de até duas toneladas brutas, fazendo da pesca sua profissão habitual ou meio de vida, estando matriculado na Capitania dos Portos e no Instituto do Meio Ambiente (Ibama). São assemelhados ao pescador artesanal: o mariscador, o caranguejeiro, o eviscerador (limpador de pescado), o observador de cardumes, o pescador de tartarugas e o catador de algas. São considerados segurados especiais, como assemelhados: o faiscador, o catador e o seringueiro.

O segurado especial deverá exercer suas atividades:

a) individualmente ou em regime de economia familiar. Considera-se regime de economia familiar a atividade em que o trabalho dos membros da família é indispensável à própria subsistência e ao desenvolvimento socioeconômico do núcleo familiar e é exercido em condições de mútua dependência e colaboração, sem utilização de empregados. A atividade não pode ser exercida por intermédio de empresa;
b) com ou sem auxílio eventual de terceiros. Considera-se como auxílio eventual de terceiros o que é exercido ocasionalmente, em condições de mútua colaboração, não existindo subordinação nem remuneração.

Entende-se por grupo familiar o composto:

a) pelo cônjuge ou companheiro;
b) filho maior de 16 anos de idade. O inciso XXXIII do art. 7º da Constituição só permite o trabalho a partir dos 16 anos, salvo na condição de aprendiz, a partir dos 14 anos;
c) equiparado a filho, mediante declaração junto ao INSS, o enteado, maior de 16 anos.

Para serem considerados segurados especiais, o cônjuge e os filhos maiores de 16 anos ou a estes equiparados deverão ter participação ativa nas atividades rurais do grupo familiar.

O grupo familiar poderá utilizar-se de empregados contratados por prazo determinado ou trabalhador eventual, à razão máxima de no máximo 120 pessoas por dia no ano civil, em períodos corridos ou intercalados ou, ainda, por tempo equivalente em horas de trabalho, não sendo computado nesse prazo o período de afastamento da percepção de auxílio-doença.

Não descaracteriza a condição do segurado especial: (1) a outorga, por meio do contrato escrito de parceria, meação ou comodato, de até 50% do imóvel rural cuja área total não seja superior a quatro módulos fiscais, desde que outorgante e outorgado continuem a exercer a respectiva atividade, individualmente ou em regime de economia familiar; (2) a exploração da atividade turística da propriedade rural, inclusive com hospedagem, por não mais de 120 dias ao ano; (3) a participação em plano de previdência complementar instituído por entidade classista a que seja associado, em razão da condição de trabalhador rural ou de produtor rural em regime de economia familiar; (4) ser beneficiário ou fazer parte do grupo familiar que tem algum componente que seja beneficiário do programa assistencial oficial do governo, como bolsa-família; (5) utilização pelo próprio grupo familiar, na exploração da atividade, do processo de beneficiamento ou industrialização artesanal; (6) a associação em cooperativa agropecuária ou de crédito rural; a incidência do IPI sobre o produto das atividades desenvolvidas.

Não é segurado especial o membro de grupo familiar que possuir outra fonte de rendimento, exceto se decorrente de: (1) benefício de pensão por morte, auxílio-acidente ou auxílio-reclusão, cujo valor não supere o do menor benefício de prestação continuada da Previdência Social; (2) benefício previdenciário pela participação em plano de previdência complementar; (3) exercício de atividade remunerada em período não superior a 120 dias, corridos ou intervalados, no ano civil; (4) exercício de mandato eletivo de dirigente sindical de organização da categoria de trabalhadores rurais; (5) exercício de mandato de vereador do município onde desenvolve a atividade rural, ou de dirigente de cooperativa rural constituída exclusivamente por segurados especiais; (6) parceria ou meação; (7) atividade artesanal desenvolvida com matéria-prima produzida pelo respectivo grupo familiar, podendo ser utilizada matéria-prima de outra origem, desde que a renda mensal obtida na atividade não exceda ao menor benefício de prestação continuada da Previdência Social; (8) a participação em programas e ações de pagamento por serviços ambientais.

Distingue-se o segurado especial da pessoa física que explora atividade agropecuária ou pesqueira, que é equiparada a autônomo. O segurado especial é a pessoa que exerce sua atividade individualmente ou em regime de economia familiar, ainda que com auxílio eventual de terceiros. A pessoa física que explora atividade agropecuária tanto pode exercer sua atividade em caráter permanente ou temporário, ao contrário do segurado especial, que deve exercer sua atividade com habitualidade. O segurado especial só pode ter auxílio eventual de terceiros, pois o que interessa é o trabalho feito no grupo familiar. A pessoa física pode ter auxílio de empregados de maneira permanente.

O segurado especial fica excluído dessa categoria: (1) a contar do primeiro dia do mês em que: (a) deixar de satisfazer as condições estabelecidas no inciso VII do *caput* do art. 12 da Lei n. 8.212/91, sem prejuízo das hipóteses em que mantém a qualidade do segurado (art. 15 da Lei n. 8.213/91) ou exceder qualquer dos limites estabelecidos no inciso I do § 9º do art. 12 da Lei n. 8.212/91; (b) se enquadrar em qualquer outra categoria de segurado obrigatório do Regime Geral da Previdência Social, ressalvado o disposto nos incisos III, V, VII e VIII do § 10 e no § 14 do art. 12 da Lei n. 8.212/91 sem prejuízo de manter a qualidade de segurado; (c) se tornar segurado obrigatório de outro regime previdenciário; (d) participar de sociedade empresária, de sociedade simples, como empresário individual ou como titular de empresa individual de responsabilidade limitada em desacordo com as limitações impostas pelo § 14 do art. 12 da Lei n. 8.212/91; (2) a contar do primeiro dia do mês subsequente ao da ocorrência, quando o grupo familiar a que pertence exceder o limite de: (a) utilização de trabalhadores nos termos do § 8º do art. 12 da Lei n. 8.212/91; (b) dias em atividade remunerada; (c) 120 dias de hospedagem remunerada ao ano.

A participação do segurado especial em sociedade empresária, em sociedade simples, como empresário individual ou como titular de empresa individual de responsabilidade limitada de objeto ou âmbito agrícola, agroindustrial ou agroturístico, considerada microempresa, nos termos da Lei Complementar n. 123/2006, não o exclui de tal categoria previdenciária, desde que, mantido o exercício da sua atividade rural na forma do inciso VII do art. 12, Lei n. 8.212/91 e do § 1º, a pessoa jurídica componha-se apenas de segurados de igual natureza e sedie-se no mesmo município ou em município limítrofe àquele em que eles desenvolvam suas atividades.

O Ministério da Economia manterá sistema de cadastro dos segurados especiais no Cadastro Nacional de Informações Sociais (CNIS), observado o disposto nos §§ 4º e 5º do art. 17 da Lei n. 8.213/91, podendo firmar acordo de cooperação com o Ministério da Agricultura, Pecuária e Abastecimento e com outros órgãos da administração pública federal, estadual, distrital e municipal para a manutenção e a gestão do sistema de cadastro (art. 38-A da Lei n. 8.213/91). O sistema preverá a manutenção e a atualização anual do cadastro e conterá todas as informações necessárias à caracterização da condição de segurado especial. Não poderá resultar nenhum ônus para os segurados, sejam eles filiados ou não às entidades conveniadas. O INSS, no ato de habilitação ou de concessão de benefício, deverá verificar a condição de segurado especial e, se for o caso, o pagamento da contribuição previdenciária, nos termos da Lei n. 8.212/91, considerando, entre outros, o que consta do Cadastro Nacional de Informações Sociais (CNIS) de que trata o art. 29-A da Lei n. 8.213/91. A atualização anual será feita até 30 de junho do ano subsequente. É vedada a atualização após o prazo de cinco anos, contado da data estabelecida no § 4º do art. 38-A da Lei n. 8.213/91. Decorrido o prazo de cinco anos de que trata o § 5º do art. 38-A da Lei n. 8.213/91, o segurado especial só poderá computar o período de trabalho rural se efetuados em época própria a comercialização da produção e o recolhimento da contribuição prevista no art. 25 da Lei n. 8.212/91.

O INSS utilizará as informações constantes do cadastro de que trata o art. 38-A da Lei n. 8.213/91 para fins de comprovação do exercício da atividade e da condição do segurado especial e do respectivo grupo familiar (art. 38-B da Lei n. 8.213/91). A partir de 1º de janeiro de 2023, a comprovação da condição e do exercício da atividade rural do segurado especial ocorrerá, exclusivamente, pelas informações constantes do CNIS. Para o período anterior a 1º de janeiro de 2023, o segurado especial comprovará o tempo de exercício da atividade rural por meio de autodeclaração ratificada por entidades públicas credenciadas, nos termos do art. 13 da Lei n. 12.188/2010, e por outros órgãos públicos, na forma prevista no regulamento. A ratificação prevista no § 2º do art. 38-B da Lei n. 8.213, de 24 de julho de 1991, será exigida pelo INSS após o prazo de 60 (sessenta) dias, contado da data de publicação da Medida Provisória n. 871, de 2019, em 18 de janeiro de 2019 (art. 37 da Lei n. 13.846/2019). No decorrer do prazo, será aceita pelo INSS a autodeclaração do segurado independentemente da ratificação prevista no § 2º do art. 38-B da Lei n. 8.213/91, sem prejuízo do disposto no § 4º do referido artigo, devendo ser solicitados os documentos referidos no art. 106 da Lei n. 8.213/91. Até 1º de janeiro de 2025, o cadastro poderá ser realizado, atualizado e corrigido, sem prejuízo do prazo de que trata o § 1º deste artigo e da regra permanente prevista nos §§ 4º e 5º do art. 38-A da Lei n. 8.213/91. Na hipótese de divergência de informações entre o cadastro e outras bases de dados, para fins de reconhecimento do direito ao benefício, o INSS poderá exigir a apresentação dos documentos referidos no art. 106 da Lei n. 8.213/91. O cadastro e os prazos de que tratam este artigo e o art. 38-A da Lei n. 8.213/91 deverão ser amplamente divulgados por todos os meios de comunicação cabíveis para que todos os cidadãos tenham acesso à informação sobre a existência do referido cadastro e a obrigatoriedade de registro.

11.1.4 Segurado facultativo

Segurado facultativo é a pessoa física que não tem obrigação legal de se inscrever no sistema e de recolher a contribuição previdenciária, mas o faz para poder contar tempo de contribuição.

Substitui o segurado facultativo o contribuinte em dobro. Este era a pessoa que deixava de exercer emprego ou atividade submetida às exigências do regime previdenciário, tendo a faculdade de pagar em dobro a contribuição para se manter filiado ao sistema. Pagava a parte dele e a da empresa, daí por que se falar em contribuinte em dobro.

A Lei n. 7.004/82 permitia que o estudante fosse segurado facultativo (art. 11).

A redação original do § 1º do art. 201 da Constituição de 1988 previa que "qualquer pessoa poderá participar dos benefícios da previdência social, mediante contribuição na forma dos planos previdenciários". Essa determinação foi modificada pela Emenda Constitucional n. 20/98. O objetivo, na época, era incluir a dona de casa como contribuinte do sistema, na condição de segurada facultativa, desde que contribuísse.

É vedada a filiação ao Regime Geral da Previdência Social, na qualidade de segurado facultativo, de pessoa participante de regime próprio de previdência (§ 5º do art. 201 da Constituição). O constituinte quer dizer que a pessoa que já for segurado obrigatório ou regido por sistema público de previdência não pode contribuir na condição de segurado facultativo. Entretanto, é possível concluir que continua existindo a figura do segurado facultativo, que é a pessoa que não tem obrigação legal de recolher a contribuição previdenciária, fazendo-o em decorrência de seu interesse.

A faculdade é da pessoa se filiar ao sistema, de se inscrever. A partir do momento em que se filia tem obrigação de contribuir. Se quiser se desfiliar, tem de informar ao INSS.

O segurado facultativo pode não exercer atividade e até não ter remuneração.

É segurado facultativo o maior de 16 anos de idade que se filiar ao Regime Geral de Previdência Social mediante contribuição, desde que não esteja incluído entre os segurados obrigatórios.

O menor de 16 anos não pode trabalhar, salvo na condição de aprendiz, a partir de 14 anos (art. 7º, XXXIII, da Constituição). Logo, não pode se inscrever como segurado da Previdência Social.

Podem filiar-se facultativamente, entre outros:

a) a dona de casa;
b) o síndico de condomínio, quando não remunerado;
c) o estudante;
d) o brasileiro que acompanha cônjuge que presta serviços no exterior;
e) aquele que deixou de ser segurado obrigatório da Previdência Social, como o desempregado. Serve para contar tempo de contribuição para futuro benefício;

f) o membro de Conselho Tutelar de que trata o art. 132 da Lei n. 8.069, de 13-7-1990, quando não esteja vinculado a qualquer regime de previdência social. O Conselho Tutelar é o órgão permanente e autônomo, não jurisdicional, encarregado pela sociedade de zelar pelo cumprimento dos direitos da criança e do adolescente. Em cada Município haverá, no mínimo, um Conselho Tutelar composto de cinco membros, escolhidos pela comunidade local para mandato de três anos, permitida uma recondução (art. 132 da Lei n. 8.069/90);

g) o bolsista e o estagiário que prestem serviços a empresa de acordo com a Lei n. 11.788/2008 (§ 2º do art. 12 da Lei n. 11.788/2008);

h) o bolsista que se dedique em tempo integral a pesquisa, curso de especialização, pós-graduação, mestrado ou doutorado, no Brasil ou no exterior, desde que não esteja vinculado a qualquer regime de previdência social;

i) o segurado recolhido à prisão sob regime fechado ou semiaberto, que, nesta condição, preste serviço, dentro ou fora da unidade penal, a uma ou mais empresas, com ou sem intermediação da organização carcerária ou entidade afim, ou que exerce atividade artesanal por conta própria;

j) o brasileiro residente ou domiciliado no exterior, salvo se filiado a regime previdenciário de país com o qual o Brasil mantenha acordo internacional;

k) trabalhador voluntário.

O segurado especial, além da contribuição obrigatória incidente sobre a receita bruta da comercialização da produção, poderá contribuir, facultativamente, na forma do art. 21 da Lei n. 8.212/91 (§ 1º do art. 25 da Lei n. 8.212/91). A forma de recolher facultativamente é mediante a condição de segurado facultativo, tanto que há referência a esse contribuinte no art. 21 da Lei n. 8.212/91. A contribuição incidente sobre a receita bruta da comercialização da produção é obrigatória. A outra, é facultativa.

O servidor público ou militar da União, do Estado, do Distrito Federal ou do Município, bem como o das respectivas autarquias e fundações, sujeito a regime próprio de previdência social, inclusive aquele que sofreu alteração de regime jurídico, ficam impedidos de filiar-se na qualidade de segurados facultativos, exceto os brasileiros que acompanham cônjuge para prestar serviços no exterior e os bolsistas-pesquisadores.

O segurado facultativo terá de se inscrever perante o INSS, começando daí a pagar as contribuições. O facultativo poderá afastar-se do sistema sem ter de recolher as contribuições desse período quando retornar ao Regime Geral da Previdência Social. Perdendo o facultativo a qualidade de segurado, poderá filiar-se novamente ao regime, mediante nova inscrição, vedado o recolhimento de contribuições em atraso.

A inscrição como segurado facultativo é, portanto, uma opção para pessoas que perdem – *v. g.* – o vínculo de emprego e querem manter a sua condição de segurado. Assim, a pessoa vai contando tempo de serviço, mesmo não trabalhando (como ocorre com o estudante), para posteriormente requerer um benefício previdenciário.

O ingresso do segurado em regime próprio de previdência pelo mesmo emprego importa a sua exclusão automática da Previdência Social, para a qual não pode contribuir como facultativo (Enunciado 6 do CRPS).

Se a primeira contribuição do segurado facultativo for recolhida fora do prazo, será convalidada para a competência relativa ao mês de efetivação do pagamento.

O segurado facultativo somente pode recolher contribuições em atraso dentro do período em que mantém a qualidade de segurado (período de graça).

11.1.5 Servidor

O servidor civil ocupante de cargo efetivo ou o militar da União, dos Estados, do Distrito Federal ou dos Municípios, bem como o das respectivas autarquias e fundações, são excluídos do Regime Geral de Previdência Social consubstanciado na Lei n. 8.212/91, desde que amparados por regime próprio de previdência social (art. 13 da Lei n. 8.212/91).

Caso o servidor ou o militar venham a exercer, concomitantemente, uma ou mais atividades abrangidas pelo Regime Geral de Previdência Social, tornar-se-ão segurados obrigatórios em relação a essas atividades.

Na hipótese de o servidor ou o militar, amparados por regime próprio de previdência social, serem requisitados para outro órgão ou entidade cujo regime previdenciário não permita filiação nessa condição, permanecerão vinculados ao regime de origem, obedecidas as regras que cada ente estabeleça acerca de sua contribuição.

11.2 CONTRIBUINTES

11.2.1 Conceito

O conceito de contribuinte deve ser buscado no Direito Tributário.

O art. 121 do CTN define sujeito passivo da obrigação principal como a pessoa obrigada ao pagamento de tributo ou de penalidade pecuniária. O inciso I do parágrafo único do mesmo artigo esclarece que contribuinte é aquele que tem relação pessoal e direta com a situação que constitua o fato gerador da obrigação. Já o responsável é aquele que, sem revestir a condição de contribuinte, tem obrigação decorrente de disposição expressa de lei (inciso II do parágrafo único do art. 121 do CTN).

Sujeito passivo, portanto, é o devedor da obrigação tributária ou da contribuição à Seguridade Social. É a pessoa física ou jurídica, de direito público ou privado, que tem a obrigação legal de pagar a contribuição. Verifica-se da definição que o sujeito passivo tanto é a pessoa física (empregado, autônomo, empresário), como a pessoa jurídica (empresa). Podem ser pessoas tanto de direito privado (empresa) como de direito público (Estados e Municípios que contratam funcionários sob o regime da Consolidação das Leis Trabalhistas serão sujeitos passivos da contribuição da seguridade social).

Contribuinte é a pessoa física ou jurídica obrigada ao pagamento do tributo, em decorrência da previsão legal. É a pessoa que paga contribuição, imposto etc. Na acepção técnica, contribuinte é aquele que está diretamente ligado com a obrigação legal de pagar o tributo. É o que tem uma relação pessoal e direta com a situação que constitua o fato gerador do tributo. O contribuinte será, então, aquele que tem relação pessoal, direta com o pressuposto de fato que irá dar origem à obrigação de pagar a contribuição devida à Seguridade Social. É, portanto, a pessoa que tem ligação material com o evento de que decorre a tributação.

São contribuintes das contribuições da Seguridade Social os trabalhadores (art. 195, II, da Constituição), a empresa ou empregador e o empregador doméstico.

A empresa é contribuinte do sistema. Não é segurada, pois segurados são apenas as pessoas físicas. Será a empresa responsável pela retenção da contribuição de seus empregados. O mesmo ocorrerá com o empregador doméstico.

11.2.2 Empresa

Pode-se dizer que a empresa tem característica eminentemente econômica e que seu conceito é encontrado, principalmente, na Economia.

Hoje, as atividades empresariais são voltadas ao interesse da produção, em oposição ao sistema anterior, em que as atividades eram mais artesanais ou familiares.

Em uma concepção econômica, a empresa é a combinação dos fatores da produção: terra, capital e trabalho. Hodiernamente, a empresa tem, portanto, suas atividades voltadas para o mercado.

A empresa é um centro de decisões em que são adotadas as estratégias econômicas.

Na concepção jurídica, a empresa é a atividade exercida pelo empresário.

Empresa é a atividade econômica organizada para a produção e circulação de bens e serviços para o mercado, com fito de lucro.

O essencial em qualquer empresa, por natureza, é que ela é criada com a finalidade de se obter lucro na atividade. Normalmente, o empresário não tem por objetivo criar uma empresa que não tenha por finalidade o lucro. A exceção à regra são as associações beneficentes, as cooperativas, os clubes etc. Lógico, também, que a empresa pode ter por objetivo a obtenção de outros fins, mas o principal é o de alcançar o lucro; porém, é possível dizer que a finalidade principal da empresa não é o lucro, pois este constitui o resultado da atividade empresarial.

A empresa também não deixa de ser explicada como uma abstração como entidade jurídica, podendo-se entender que seria uma ficção legal. A relação entre as pessoas e os meios para o exercício da empresa leva à abstração, em que a figura mais importante seria, na verdade, o empresário, preponderando a organização do capital e do trabalho pelo último. Do exercício da atividade produtiva somente se tem, portanto, uma ideia abstrata.

Enfim, o conceito de empresa não é pacífico no âmbito dos doutrinadores. O certo é que o conceito de empresa é principalmente utilizado no Direito do Trabalho, no Direito Comercial, no Direito Tributário e no Direito Econômico. A empresa é de certa forma a principal arrecadadora de tributos. No Direito do Trabalho, a empresa normalmente é o empregador. A própria Consolidação das Leis do Trabalho define o empregador como a empresa (art. 2º). No Direito Comercial, o centro de suas preocupações é a empresa, como ela nasce, vive e deixa de existir, inclusive de maneira anormal, como nas falências e nas recuperações judiciais. No Direito Econômico, também se estuda a empresa, pois esta é um dos principais polos da atividade econômica.

Várias concepções da empresa podem ser estudadas. O aspecto subjetivo, que corresponderia ao sinônimo de empresário; o aspecto funcional, que compreende a atividade econômica organizada; o aspecto objetivo, em que se utiliza a expressão italiana *azienda*, que compreende o conjunto de bens patrimoniais destinados ao exercício da atividade empresarial; o corporativo ou institucional, que diz respeito à organização de pessoas, incluindo o empresário e seus auxiliares[5]. Essas teorias foram desenvolvidas pelo jurista italiano Asquini.

A posição subjetiva é a que considera a empresa como sujeito de direito, sendo decorrente da definição de empresário do art. 2.082 do Código Civil italiano. Anti-

---

5 BARRETO FILHO, Oscar. Formas jurídicas da empresa pública. *Revista da Faculdade de Direito da Universidade de São Paulo*, n. 72, p. 400.

gamente, essa teoria via a empresa como o empresário, que é a ideia decorrente do direito italiano. Havia, porém, necessidade de se distinguir o empresário da empresa, que não se confundem. Assim, a empresa é fonte de condições de trabalho e de organização e em decorrência traz consequências jurídicas.

A posição funcional compreende o desenvolvimento profissional de uma atividade e a organização dos meios para tanto, como da produção, visando à prestação de serviços ou da produção de bens. É a combinação do capital e do trabalho na produção. A atividade pressupõe continuidade, duração e ao mesmo tempo orientação, que tem por objetivo dirigir a produção para o mercado. Alguns autores costumam dizer que a empresa é o fundamento do comércio. O empresário seria, entretanto, o sujeito da empresa. Esta seria a atividade e o estabelecimento o meio destinado à consecução dos objetivos da empresa. Assim, poderia dizer que a empresa se caracteriza como a atividade profissional do empresário, porém, não de qualquer maneira, mas de forma organizada.

A posição objetiva entende que tanto a empresa como o estabelecimento constituem a finalidade do empresário. A empresa também poderia ser a forma do exercício do estabelecimento. O estabelecimento seria estático e a empresa seria compreendida em um conceito dinâmico, correspondendo, portanto, a um bem imaterial. Seria possível ver a empresa não como pessoas jurídicas, mas como objeto, e não como sujeitos de direito, porque a empresa é uma forma de atividade do empresário. O sujeito de direito, assim, seria o empresário. Se se entender, porém, que a atividade pode constituir-se em objeto de direito sob certa tutela jurídica, a empresa pode ser considerada como objeto de direito.

A teoria institucional é defendida por Maurice Hauriou e Georges Rennard. A instituição seria uma coisa imóvel, que se vai modificando em estágios sucessivos. Seria, portanto, a instituição aquilo que perdura no tempo, tendo acepção de algo durável, contínuo. Seria, assim, aquilo que surge para durar. Poderia lembrar a expressão popular: os homens passam, as instituições ficam. À medida que o conceito de empresa se vai desenvolvendo, é que ela vai adquirindo autonomia jurídica. Não se pode negar que uma empresa tem um aspecto real, de instituição, pois, mesmo que a lei dissesse que a empresa não seria empresa, ela continuaria existindo, ou as coisas continuariam existindo. A empresa desprende-se de seu criador e passa a ter uma realidade objetiva, cumprindo os fins que lhe são inerentes.

O inciso I do art. 15 da Lei n. 8.212/91 considera empresa a firma individual (empresário) ou sociedade que assume o risco de atividade econômica urbana ou rural, com fins lucrativos ou não, bem como os órgãos e as entidades da administração pública direta, indireta e fundacional, desde que seus servidores não sejam estatutários. Se a lei usa a expressão "considera-se empresa", é porque não é exatamente empresa. Órgão da Administração Pública Direta não é empresa, mas assim será considerado pela lei. Trata-se de uma ficção legal.

Equiparam-se a empresa, para os efeitos da Lei n. 8.212/91, o contribuinte individual e a pessoa física na condição de proprietário ou dono de obra de construção civil, em relação a segurado que lhe presta serviço, bem como a cooperativa, a associação ou entidade de qualquer natureza ou finalidade, a missão diplomática e a repartição consular de carreira estrangeiras (parágrafo único do art. 15 da Lei n. 8.212/91).

Passa a usar o parágrafo único do art. 15 da Lei n. 8.212/91 a expressão "equiparam-se a empresa", como faz o § 1º do art. 2º da CLT que equipara a empregador certas pessoas. As pessoas indicadas não são efetivamente empresas, mas para fins previdenciários são equiparadas a empresa. São, portanto, equiparados a empresa: o contribuinte individual (o autônomo, o eventual, o empresário), a cooperativa, a associação ou entidade de qualquer natureza ou finalidade, a missão diplomática e a repartição consular de carreira estrangeiras.

Cooperativa não é empresa, pois não visa lucro. É uma sociedade de pessoas.

Contribuinte individual não é empresa, mas pessoa física.

De certa forma seria possível dizer que a empresa é a pessoa que tem segurado a lhe prestar serviço, porque o que interessa para a Seguridade Social não é apenas se a empresa tem empregado, mas se tem segurados que lhe prestam serviços, como empregados, autônomos, empresários etc.

Dessa maneira, melhor seria falar que empresa, para os efeitos da Seguridade Social, é a pessoa física ou jurídica, que assume o risco de sua atividade econômica, seja urbana ou rural, com ou sem finalidade de lucro, desde que tenha segurado que lhe preste serviços.

Dentro da referida definição, o conceito de pessoa física ou jurídica abrangeria não só aquele que exerce o comércio individualmente, o autônomo ou o equiparado a autônomo, como as sociedades. O que importa é que as referidas pessoas assumam o risco de suas atividades. Pouco importa se tal atividade é urbana ou rural. Da mesma forma, se a atividade tem ou não lucro nada representa para a Seguridade Social, pois seria possível incluir nesse conceito as empresas que não têm por fim atividade lucrativa, como a cooperativa, a associação ou outra entidade. Ainda no conceito de pessoa jurídica poderiam ser enquadrados os órgãos ou as entidades da administração pública direta, indireta e fundacional que tenham segurados que lhes prestem serviços, assim como a missão diplomática ou a repartição consular, que são pessoas jurídicas de direito internacional. O que importa realmente é se as referidas pessoas têm segurados que lhes prestam serviços.

Como foi visto, a empresa não é segurada, mas a principal contribuinte do sistema da Seguridade Social.

11.2.3 Empregador doméstico

Considera-se empregador doméstico a pessoa física ou família, que admite a seu serviço, sem finalidade lucrativa, o empregado doméstico (inciso II do art. 15 da Lei n. 8.212/91 e art. 1º da Lei Complementar n. 150/2015). O art. 1º da Lei Complementar n. 150/2015 não define empregador doméstico, porém, é possível chegar a essa conclusão a *contrario sensu*. O serviço desenvolvido pelo empregado doméstico será para o âmbito residencial do empregador doméstico.

11.3 FILIAÇÃO E INSCRIÇÃO DOS SEGURADOS

Filiação não quer dizer a pessoa ter filhos.

Filiação não se confunde com inscrição. Russomano considera que "a filiação é o momento em que o segurado passa a integrar como beneficiário o sistema de previdência"[6] social. Filiação é a relação jurídica estabelecida pelas pessoas que contribuem para a Previdência Social, gerando direitos e obrigações. Inscrição é o ato administrativo no qual o segurado faz seu registro e de seus dependentes perante o INSS.

A inscrição é o ato do registro do segurado no âmbito interno da Administração Pública. Por exemplo: o autônomo, apesar de ser segurado obrigatório, desde o momento em que passa a exercer sua atividade, tem de fazer sua inscrição perante o INSS, visando obter o número para pagamento da contribuição. O mesmo ocorre com o empresário, o equiparado a autônomo, o segurado facultativo etc. O empregado não precisa se inscrever, pois ao ser registrado na empresa já está automaticamente filiado ao sistema.

Filiação é a situação de fato de o segurado passar a exercer atividade considerada pela lei como obrigatória.

Inscrição exige a formalidade do registro do segurado perante a Administração Pública. A inscrição é uma situação posterior à filiação, com a formalização da situação de fato perante o INSS.

A filiação tem aspecto material. A inscrição diz respeito à formalidade.

As pessoas que são filiadas são as pessoas físicas. As pessoas jurídicas não são filiadas.

---

6 RUSSOMANO, Mozart Victor. Op. cit., 1979, p. 107.

O tempo de filiação pode ser superior ao tempo de contribuição. Quando o segurado está recebendo benefício previdenciário continua filiado ao sistema, mas não contribui. No período de desemprego até um número de meses o segurado está filiado, mas não contribui.

É possível classificar a filiação em obrigatória e facultativa. Na filiação obrigatória, como ocorre com o empregado, o empregado doméstico, o empresário, o trabalhador autônomo, o equiparado a autônomo, o trabalhador avulso e o segurado especial, há o imediato ingresso no sistema previdenciário, independendo da vontade do segurado. Na filiação facultativa, fica ao livre alvedrio da pessoa manter-se ou não no sistema previdenciário, dependendo exclusivamente da sua vontade (como ocorre com o estudante), o que se dá com o primeiro recolhimento da contribuição.

O simples ingresso em atividade abrangida pelo Regime Geral de Previdência Social determina a filiação automática a esse regime. Se cada segurado exerce mais de uma atividade, está obrigado a contribuir em relação a cada uma delas (§ 2º do art. 12 da Lei n. 8.212/91), conforme dispuser a lei.

Geralmente, a filiação ocorre primeiro, com o exercício da atividade. A inscrição vem depois. A exceção ocorre com o segurado facultativo, cuja inscrição se dá antes da filiação.

Na verdade, existe uma única filiação ao sistema e não várias. A filiação ao sistema é compulsória para os empregados, doméstico, segurado contribuinte individual.

O tempo de filiação pode ser maior do que o tempo de contribuição. Isso ocorre em decorrência de períodos em que a pessoa mantém a qualidade de segurado, mesmo não contribuindo. Exemplo é o recebimento de benefício previdenciário, como no auxílio-doença.

Se o segurado fizer inscrição em categoria diversa da que pertence, deverá pleitear sua inclusão na categoria adequada, considerando-se as contribuições já pagas para efeito de novo enquadramento.

O facultativo que perder a qualidade de segurado pode filiar-se novamente ao Regime Geral de Previdência Social mediante renovação de sua inscrição, vedado o recolhimento de contribuições em atraso.

A inscrição formalizada por segurado em categoria diversa daquela em que deveria ocorrer deve ser modificada para sua inclusão na categoria correta, considerando-se no novo enquadramento as contribuições já pagas.

Não há previsão legal vedando a inscrição de segurado depois de sua morte. Se for provada sua filiação, a inscrição poderá ser feita após o óbito do trabalhador.

11.3.1 Inscrição do contribuinte individual e segurado especial

A inscrição do contribuinte individual era feita diretamente na agência bancária, de acordo com a escolha do segurado.

A inscrição do contribuinte individual, do segurado especial e do facultativo será feita no INSS.

Caso o segurado contribuinte individual manifeste interesse em recolher contribuições relativas a período anterior a sua inscrição, a retroação da data do início das contribuições será autorizada, desde que comprovado o exercício de atividade remunerada no respectivo período.

A inscrição dos dependentes não preferenciais (pais, irmãos ou pessoa designada na condição de menor de 21 anos ou maior de 60 anos), dos contribuintes individuais e dos segurados especiais será realizada exclusivamente no INSS.

A inscrição do segurado especial será feita de forma a vinculá-lo ao respectivo grupo familiar e conterá, além das informações pessoais, a identificação da propriedade em que desenvolve a atividade e a que título, se nela reside ou o município onde reside e, quando for o caso, a identificação e inscrição da pessoa responsável pelo grupo familiar.

O segurado especial integrante do grupo familiar que não seja proprietário ou dono do imóvel rural em que desenvolve sua atividade deverá informar, no ato da inscrição, conforme o caso, o nome do parceiro ou meeiro outorgante, arrendador, comodante ou assemelhado.

11.3.2 Matrícula da empresa

Matrícula é uma espécie de inscrição.

A matrícula refere-se a pessoa jurídica e não a pessoa física. Matrícula é a inscrição da pessoa jurídica. A matrícula da empresa será efetuada nos termos e nas condições estabelecidos pela Secretaria da Receita Federal do Brasil. As empresas que têm seus atos constitutivos registrados na Junta Comercial são automaticamente matriculadas no INSS. Isso ocorre desde agosto de 1982.

No caso de obra de construção civil, a matrícula deverá ser efetuada mediante comunicação obrigatória de responsável por sua execução, no prazo de 30 dias, contados do início de suas atividades, quando obterá número cadastral básico, de caráter permanente. O objetivo é ter melhores condições de fiscalizar a obra, pois ela envolve a utilização de trabalhadores.

O não cumprimento do disposto no parágrafo anterior sujeita o responsável a multa prevista no art. 92 da Lei n. 8.212/91.

O Departamento Nacional do Comércio (DNRC), por intermédio das Juntas Comerciais, e os Cartórios de Registro Civil de Pessoas Jurídicas prestarão, obrigatoriamente, ao Ministério da Economia, ao INSS e à Secretaria da Receita Federal do Brasil todas as informações referentes aos atos constitutivos e alterações posteriores relativos a empresas e entidades neles registradas (§ 4º do art. 49 da Lei n. 8.212/91).

A matrícula atribuída pela Secretaria da Receita Federal do Brasil ao produtor rural pessoa física ou segurado especial é o documento de inscrição do contribuinte, em substituição à inscrição no Cadastro Nacional de Pessoa Jurídica (CNPJ), a ser apresentado em suas relações com o Poder Público, inclusive para licenciamento sanitário de produtos de origem animal ou vegetal submetidos a processos de beneficiamento ou industrialização artesanal, com as instituições financeiras, para fins de contratação de operações de crédito, e com os adquirentes de sua produção ou fornecedores de sementes, insumos, ferramentas e demais implementos agrícolas.

O disposto no parágrafo anterior não se aplica ao licenciamento sanitário de produtos sujeitos à incidência de IPI ou ao contribuinte cuja inscrição no CNPJ não seja obrigatória.

11.4 ATIVIDADES CONCOMITANTES

Se o segurado exerce várias atividades remuneradas, concomitantemente, desde que sujeitas ao Regime Geral de Previdência Social, é obrigatoriamente filiado a cada uma delas (§ 2º do art. 12 da Lei n. 8.212/91).

O servidor civil ou militar da União, dos Estados, do Distrito Federal e dos Municípios e suas respectivas autarquias e fundações, desde que esteja sujeito a sistema próprio de Previdência Social, fica excluído do Regime Geral de Previdência Social (art. 13 da Lei n. 8.212/91). No caso de tal servidor exercer, concomitantemente, uma ou mais atividades abrangidas pelo Regime Geral de Previdência Social, tornar-se-á segurado obrigatório em relação a essas atividades (§ 1º do art. 13 da Lei n. 8.212/91).

QUADRO SINÓTICO

- Segurados
  - Obrigatórios
    - – comuns (empregado, empregado doméstico, trabalhador avulso);
    - – individuais (autônomo, eventual, equiparado a autônomo e empresário);
    - – especiais (produtor rural);
  - Facultativos (dona de casa, estudante, síndico de condomínio, desempregado).

Verificação de aprendizagem

1. Qual o conceito de contribuinte?
2. O que são segurados?
3. Como podem ser divididos os segurados?
4. Como se conceitua o empregado para os efeitos da Seguridade Social?
5. O que é trabalhador autônomo?
6. Qual o conceito de avulso?
7. O que se considera equiparado a autônomo?
8. O que é segurado especial? Dê exemplos.
9. O que é segurado facultativo? Dê exemplos.
10. Qual o conceito de empresa para a Seguridade Social?
11. Qual a diferença entre filiação e inscrição?
12. O que é matrícula?

Capítulo 12

CONTRIBUIÇÕES

12.1 CONTRIBUIÇÃO DA UNIÃO

Prevê o art. 195 da Constituição que a "seguridade social será financiada por toda a sociedade, de forma direta e indireta, nos termos da lei, mediante recursos provenientes dos orçamentos da União, dos Estados, do Distrito Federal e dos Municípios".

O custeio da Seguridade Social é feito diretamente por contribuições da empresa e dos trabalhadores. O custeio indireto é realizado por meio de toda a sociedade, por intermédio de impostos.

A contribuição da União para o custeio da Seguridade Social é constituída de recursos adicionais do Orçamento Fiscal, fixados obrigatoriamente na Lei Orçamentária Anual (art. 16 da Lei n. 8.212/91). É de responsabilidade da União a cobertura de eventuais insuficiências financeiras da Seguridade Social, para o pagamento dos benefícios de prestação continuada da Previdência Social, de acordo com a Lei Orçamentária Anual (parágrafo único do art. 16 da Lei n. 8.212/91).

Com o objetivo de assegurar recursos para o pagamento dos benefícios concedidos pelo Regime Geral de Previdência Social, em adição aos recursos de sua arrecadação, a União poderá constituir fundo integrado por bens, direitos e ativos de qualquer natureza, mediante lei que disporá sobre a natureza e a administração desse fundo (art. 250 da Constituição).

Os órgãos da administração direta, as autarquias, as fundações e as empresas públicas da União, dos Estados, do Distrito Federal e dos Municípios, cujas Normas

Gerais de Direito Financeiro para elaboração e controle dos orçamentos estão definidas pela Lei n. 4.320/64, e pela Lei Complementar n. 101/2000, ficam obrigados, na forma estabelecida pela Secretaria da Receita Federal do Ministério da Fazenda a apresentar: (a) a contabilidade entregue ao Tribunal de Controle Externo; (b) a folha de pagamento. As informações deverão ser apresentadas até o dia 30 de abril do ano seguinte ao encerramento do exercício (art. 32-B da Lei n. 8.212/91).

12.2 CONTRIBUIÇÃO DO TRABALHADOR

O inciso II do art. 195 da Constituição prevê a contribuição do trabalhador e dos demais segurados da Previdência Social, podendo ser adotadas alíquotas progressivas de acordo com o valor do salário de contribuição, não incidindo contribuição sobre aposentadoria e pensão concedidas pelo Regime Geral de Previdência Social de que trata o art. 201 da Lei Magna.

A redação anterior do referido inciso era sintética, fazendo referência apenas à contribuição dos trabalhadores.

Agora, a nova previsão é no sentido da contribuição do trabalhador e dos demais segurados da Previdência Social, como o segurado facultativo, o equiparado a autônomo etc. Houve, portanto, a ampliação da possibilidade da exigência de contribuições. Trabalhador é gênero, que compreende várias espécies, como o empregado, o doméstico, o avulso, o autônomo, o eventual, o empresário etc.

Antes de falar propriamente da contribuição do segurado, é mister trazer dois conceitos muito importantes para especificar sobre que base será calculada a contribuição do segurado.

Salário de contribuição é a base de cálculo da contribuição previdenciária devida pelos trabalhadores. O salário de contribuição está previsto nos incisos I a III do art. 28 da Lei n. 8.212/91. Utiliza-se o salário de contribuição para o empregado urbano, rural, temporário, doméstico, o trabalhador avulso, contribuintes individual e facultativo.

A denominação salário de contribuição não é adequada, pois certas pessoas efetivamente não têm um salário, como de certa forma o avulso e o autônomo, mas têm salário de contribuição. De outro lado, o salário de contribuição pode ter vinculação com o salário definido no art. 457 da CLT, mas também pode não o ter. Na verdade, o salário de contribuição é a base de cálculo sobre a qual irão incidir as alíquotas da contribuição previdenciária.

Salário-base era uma espécie do gênero salário de contribuição, tendo um valor prefixado, em substituição à importância percebida pelo segurado, estabelecida segundo uma escala – que anteriormente era em número de salários mínimos – e classes, que iam sendo alteradas de acordo com o tempo de filiação do segurado ao Regime Geral de Previdência Social (art. 28, III da Lei n. 8.212/91). Era o valor que servia de base para o cálculo das contribuições previdenciárias do contribuinte individual e facultativo. O salário-base era, portanto, uma ficção legal, uma estimativa, não correspondendo exatamente à importância recebida mensalmente pelo segurado. Não se poderia, porém, falar em salário, pois o contribuinte individual e o segurado facultativo não têm relação de emprego.

12.2.1 Salário de contribuição

De acordo com o art. 76 da Lei n. 3.807/60, salário de contribuição é: "I – a remuneração efetivamente percebida, a qualquer título, para os segurados referidos nos itens I e II do art. 5º até o limite de 20 (vinte) vezes o maior salário mínimo vigente no País; II – o salário-base para os trabalhadores autônomos e para os segurados facultativos; III – o salário-base para os empregadores, assim definidos no item III do art. 5º. Parágrafo único. A utilidade habitação, fornecida ou paga pelo empregador, contratualmente estipulada ou recebida por força de costume, passa a integrar o salário de contribuição em valor correspondente ao produto da aplicação dos percentuais das parcelas componentes do salário mínimo ao salário contratual".

O Decreto-lei n. 66/66 estabeleceu como limite máximo o valor de 10 salários mínimos, quando antes eram cinco. Em 1973 chegou-se a 20 salários mínimos. O Decreto-lei n. 2.351/87 retornou ao patamar de 10 salários mínimos. Atualmente, com a Lei n. 8.213/91 temos, aproximadamente, um limite máximo de 10 salários mínimos.

Para que haja a incidência da contribuição previdenciária, é preciso que a lei defina o fato gerador, o contribuinte, a base de cálculo e a alíquota (art. 97 do CTN).

A figura do fato gerador não é pertinente apenas ao Direito Tributário, mas a qualquer outro ramo do Direito que também tenha fatos geradores de obrigações. É o que ocorre com o fato gerador da contribuição previdenciária.

Na verdade, o fato gerador não diz respeito apenas ao imposto, mas a qualquer tributo, ao dar nascimento à obrigação tributária.

Fato gerador é a situação de fato ou de direito que dá ensejo à obrigação tributária, incidindo o tributo.

Define o art. 114 do CTN fato gerador da obrigação principal como "a situação definida em lei como necessária e suficiente à sua ocorrência" (art. 114 do CTN).

Situação quer dizer o conjunto de fatos que são definidos em lei e dão ensejo à exigência do tributo.

Somente a lei é que poderá estabelecer o fato gerador da obrigação tributária principal (art. 97, III, do CTN). Admite o inciso V do art. 97 do CTN que apenas a lei pode estabelecer a cominação de penalidades para as ações ou para as omissões contrárias a seus dispositivos, ou para outras infrações nela definidas. Ocorre que também a lei é que irá definir o fato gerador da obrigação tributária acessória, pois, do contrário, o contribuinte não terá obrigação de observá-lo, em razão de que ninguém é obrigado a fazer ou deixar de fazer algo a não ser em virtude de lei (art. 5º, II, da Constituição).

A situação de fato estabelecida na lei será necessária e suficiente, ou seja, será bastante para a ocorrência do fato gerador da obrigação tributária. Será a situação necessária, pois sem ela não nasce a obrigação tributária. Será suficiente porque basta a sua ocorrência para o tributo ser devido.

Exemplo de fato gerador da obrigação principal é ter disponibilidade econômica ou jurídica de renda para efeito do Imposto de Renda.

Fato gerador da obrigação acessória é qualquer situação que, na forma da legislação aplicável, impõe a prática ou a abstenção de ato que não configure obrigação principal (art. 115 do CTN). Prática ou abstenção quer dizer a obrigação de fazer ou não fazer que não se configura como obrigação principal, de acordo com a previsão da lei. Isso quer dizer, também, que a obrigação acessória também deve estar prevista em lei.

Para alguns doutrinadores, tudo o que é recebido pelo empregado na constância da relação de emprego deve ter a incidência da contribuição previdenciária.

Entretanto, essa afirmação não é verdadeira, pois o inciso I do art. 28 da Lei n. 8.212/91 dispõe que a contribuição previdenciária incide sobre a remuneração.

A Lei n. 8.212/91 não define exatamente o conteúdo da base de cálculo ou do contribuinte. O Código Tributário Nacional nesse ponto é didático.

Dispõe a alínea *a* do inciso I do art. 195 da Constituição sobre a contribuição previdenciária "do empregador, da empresa e da entidade a ela equiparada na forma da lei, incidentes sobre a folha de salários e demais rendimentos do trabalho *pagos ou creditados*, a qualquer título, à pessoa física que lhe preste serviço, mesmo sem vínculo empregatício". Esse dispositivo trata da contribuição do empregador, empresa ou da entidade a ela equiparada e não da do trabalhador.

Em razão de que a Constituição dispõe que o fato gerador é o rendimento pago ou creditado, a lei ordinária não poderia definir outra coisa, sob pena de inconstitucionalidade.

O inciso I do art. 28 da Lei n. 8.212/91 dispõe que, para o empregado e o trabalhador avulso, o salário de contribuição é a remuneração auferida em uma ou mais empresas, assim entendida a totalidade dos rendimentos pagos, devidos ou creditados a qualquer título, durante o mês, destinados a retribuir o trabalho, qualquer que seja sua forma, inclusive as gorjetas, os ganhos habituais sob a forma de utilidades e os adiantamentos decorrentes de reajuste salarial, quer pelos serviços efetivamente prestados, quer pelo tempo à disposição do empregador ou tomador de serviços nos termos da lei ou do contrato, ou, ainda, de convenção ou acordo coletivo de trabalho ou sentença normativa.

Remuneração é o conjunto de retribuições recebidas habitualmente pelo empregado pela prestação de serviços, em dinheiro, ou em utilidades, provenientes do empregador ou de terceiros, mas decorrentes do contrato de trabalho, de modo a satisfazer suas necessidades vitais básicas e de sua família. É o conceito ampliado que se extrai do art. 457 da CLT.

Salário é o conjunto de prestações fornecidas diretamente ao trabalhador pelo empregador em decorrência do contrato de trabalho, seja em razão da contraprestação do trabalho, da disponibilidade do trabalhador, das interrupções contratuais, seja de demais hipóteses previstas em lei.

Gorjeta é o pagamento proveniente de terceiro (o cliente), seja cobrado na nota fiscal ou dado espontaneamente pelo cliente ao empregado, porém, em decorrência do contrato de trabalho.

Pela determinação do art. 457 da CLT, remuneração é igual a salário mais gorjetas.

Terão também natureza salarial as parcelas descritas no § 1º do art. 457 da CLT (comissões, gratificação legal e de função).

Remuneração, para efeito do inciso I do art. 28 da Lei n. 8.212/91, tem um sentido amplo, pois abrange tanto o pagamento feito ao empregado e ao empregado doméstico, como também ao avulso. Esse conceito serve para fins previdenciários, de incidência de contribuição.

A disposição mencionada mostra que a Previdência Social passa a se preocupar dentro de um contexto mais amplo de salário ou de remuneração, no sentido de que é salário não apenas o que a pessoa ganha pelo serviço efetivamente prestado, como também pelo tempo à disposição do empregador. Há, portanto, uma evolução, pois o salário não é apenas decorrente da prestação de serviços, mas também do tempo à disposição do empregador ou de determinadas situações descritas na lei.

A lei mostra que é remuneração tanto o valor pago quanto o devido, que ainda não foi pago, pois, nesse ponto, há regime de competência.

Compreende o salário de contribuição um regime de competência, em que a contribuição é devida mês a mês e não apenas quando é feito um pagamento englobado que se refere a vários meses (regime de caixa).

Verifica-se, portanto, que a Lei n. 8.212/91 faz referência a rendimentos devidos. Não há a palavra *devido* na Constituição, o que poderia ser entendido como inconstitucional. Somente o rendimento que fosse pago ou creditado seria o fato gerador da contribuição previdenciária e não o devido.

Entretanto, entendo que deve ser feita a interpretação sistemática da Constituição. Não se pode interpretar literalmente o dispositivo constitucional, sob pena de ser subvertido o sistema.

Não se interpreta a norma aos pedaços, mas no seu conjunto.

É claro que não se pode interpretar a Constituição a partir da lei ordinária, mas a lei ordinária a partir da Constituição.

Dispõe o inciso VIII do art. 114 da Constituição que compete à Justiça do Trabalho processar e julgar: "VIII – a execução, de ofício, das contribuições sociais previstas no art. 195, I, *a*, e II, e *seus acréscimos legais*, decorrentes das sentenças que proferir".

Mostra o inciso VIII do art. 114 da Constituição que o fato gerador da contribuição previdenciária é a competência e não o pagamento, pois faz referência a acréscimos legais, que só existem se for observado o critério de competência. Do contrário, se não houve pagamento, nunca ocorrerá o fato gerador e nunca haverá acréscimos legais quando do pagamento das verbas salariais devidas ao empregado no regime de caixa.

Estabelece o item III da Súmula 368 do TST que, "em se tratando de descontos previdenciários, o critério de apuração encontra-se disciplinado no art. 276, § 4º, do Decreto n. 3.048/99 que regulamentou a Lei n. 8.212/91 e determina que a contribuição do empregado, no caso de ações trabalhistas, seja *calculada mês a mês*, aplicando-se as alíquotas previstas no art. 198, observado o limite máximo do salário de contribuição". Isso indica que o fato gerador ocorre mês a mês e não com um único pagamento. Entender de forma diversa é dizer que se nunca for feito o pagamento, nunca ocorrerá o fato gerador. É a mesma coisa que dizer que se eu sonegar o imposto, nunca haverá o fato gerador, apesar de ter sido vendida ou produzida a mercadoria.

Hoje, a aposentadoria é por tempo de contribuição (art. 201, § 7º, I, da Constituição). Há necessidade de provar, portanto, o tempo de contribuição do empregado, o que é feito mês a mês e não englobadamente num único pagamento.

O art. 201 da Constituição dispõe que a Previdência Social exige um regime contributivo por parte do segurado. Isso quer dizer, portanto, que deve ser mês a mês e não em um único pagamento. Exige, portanto, contribuição por parte do próprio trabalhador. Sem contribuição ele não pode receber o benefício.

Indica o inciso I do art. 22 da Lei n. 8.212/91 que a contribuição da empresa incide sobre a remuneração, paga, devida ou creditada. No mesmo sentido o inciso I do art. 28 da Lei n. 8.212/91, que define o que é salário de contribuição para o empregado e trabalhador avulso. A sentença apenas reconhece que a verba era devida e indiretamente que o fato gerador da contribuição previdenciária já ocorreu, que era o fato de a remuneração ser devida.

Não pode, por uma questão de lógica, a contribuição previdenciária incidir sobre o que é devido ao empregado para efeito de salário de contribuição e não incidir para a empresa, sobre o que ela paga ao segurado que lhe prestar serviços, sobre o que ela paga ou credita ao segurado.

Destaque-se que o INSS não reconhece o tempo de serviço do empregado quando há um único pagamento.

O art. 26 da Lei n. 8.213/91 define período de carência como o tempo correspondente ao número mínimo de contribuições mensais indispensáveis para que o beneficiário faça jus ao benefício, consideradas a partir do transcurso do primeiro dia dos meses de suas competências. Assim, o período de carência para o empregado fazer jus ao benefício é verificado em meses. Isso indica o recolhimento mensal da contribuição.

Entender de forma contrária poderá trazer prejuízo ao segurado no futuro, que terá dificuldade na comprovação mensal do pagamento das contribuições e o INSS indeferirá o benefício.

O art. 43 da Lei n. 8.212/91 não define o fato gerador da contribuição previdenciária, apenas dispõe que o juiz deve determinar o imediato recolhimento das importâncias devidas à Seguridade Social. Isso significa que o fato gerador já ocorreu, por isso deve ser determinado o imediato recolhimento da contribuição previdenciária, que terá acréscimos legais de juros e multa de mora.

O § 2º do art. 43 da Lei n. 8.212/91 dispõe que considera-se ocorrido o fato gerador das contribuições sociais na data da prestação do serviço. O § 3º do mesmo artigo determina que "as contribuições sociais serão apuradas mês a mês, com referência ao período da prestação de serviços, mediante a aplicação de alíquotas, limites máximos de salário de contribuição e acréscimos legais moratórios vigentes relativamente a cada uma das competências abrangidas". Logo, o fato gerador é também ser devido o rendimento em decorrência da prestação de serviço. Penso que a lei está certa e, portanto, não é inconstitucional dentro do sistema previdenciário contributivo, que se afere mês a mês para efeito da contagem de tempo de contribuição.

Já previa o § 4º do art. 276 do Regulamento da Previdência Social (Decreto n. 3.048/99) que "a contribuição do empregado no caso de ações trabalhistas será calculada, mês a mês, aplicando-se as alíquotas previstas no art. 198, observado o limite máximo do salário de contribuição".

O Pleno do TST, após a MP 449/2008, convertida na Lei n. 11.941/2009, entendeu que o fato gerador da contribuição previdenciária é a prestação de serviços (E-RR 1125-36.2010.5.06.0171, Rel. Min. Agra Belmonte).

O cálculo, portanto, será feito mês a mês. A alíquota a ser observada é a do mês da competência.

A alínea *a* do inciso I do art. 195 da Constituição dispõe que o fato gerador da contribuição social da Seguridade Social é o valor pago ou creditado.

Dispõe o inciso I do art. 22 da Lei n. 8.212/91 que a contribuição da empresa é de 20% sobre o total das remunerações pagas, devidas ou creditadas a qualquer título, durante o mês, aos segurados empregados e trabalhadores avulsos que lhe prestem serviços, destinadas a retribuir o trabalho, qualquer que seja a sua forma, inclusive as gorjetas, os ganhos habituais sob a forma de utilidades e os adiantamentos decorrentes de reajuste salarial, quer pelos serviços efetivamente prestados, quer pelo tempo à disposição do empregador ou tomador dos serviços, nos termos da lei ou do contrato ou, ainda, de convenção ou acordo coletivo de trabalho ou sentença normativa.

O inciso I do art. 28 da Lei n. 8.212/91 determina que se entende por salário de contribuição para o empregado e trabalhador avulso: a remuneração auferida em uma ou mais empresas, assim entendida a totalidade dos rendimentos pagos, devidos ou creditados a qualquer título, durante o mês, destinados a retribuir o trabalho, qualquer que seja a sua forma, inclusive as gorjetas, os ganhos habituais sob a forma de utilidades e os adiantamentos decorrentes de reajuste salarial, quer pelos serviços efetivamente prestados, quer pelo tempo à disposição do empregador ou tomador de serviços nos termos da lei ou do contrato ou, ainda, de convenção ou acordo coletivo de trabalho ou sentença normativa.

A Lei n. 8.212/91 acrescenta ao dispositivo constitucional a hipótese de a remuneração ser devida e não apenas o valor ser pago ou creditado.

Entender que o fato gerador ocorre só com o pagamento ou o crédito da remuneração poderia dar ensejo a fraudes, pois se o empregador nunca pagar ou creditar a remuneração, estará sonegando a contribuição e esta então não seria devida.

A multa de mora e os juros de mora também não seriam devidos, pois o fato gerador será o pagamento da remuneração e em seguida da contribuição. Isso dá margem a fraudes.

É a mesma coisa que falar que o IPI ou ICMS não são devidos, pois não houve pagamento pela mercadoria produzida ou vendida. A produção ou circulação já ocorreu e o imposto é devido.

O critério de cálculo do imposto de renda da pessoa física é diferente, pois sua característica é de regime de caixa, de pagamento, enquanto a contribuição previdenciária compreende regime de competência.

A remuneração tanto é o que a pessoa efetivamente recebe do empregador como as gorjetas e também os ganhos habituais fornecidos sob a forma de utilidade.

O salário de contribuição é a remuneração recebida de uma ou mais empresas. Isso mostra que, se o empregado tiver mais de um emprego, terá a incidência da contribuição previdenciária, em cada um deles, observados certos limites.

Salário de contribuição é, portanto, a remuneração devida, paga ou creditada ao segurado.

Considera-se salário de contribuição, para o segurado empregado e trabalhador avulso, que estiverem desempenhando mandato eletivo, a remuneração efetivamente auferida na entidade sindical ou na empresa de origem (§ 10 do art. 28 da Lei n. 8.212/91). O dirigente sindical tanto poderá receber remuneração da entidade sindical, como da empresa, caso haja algum acordo nesse último sentido.

Não se consideram como remuneração direta ou indireta os valores despendidos pelas entidades religiosas e instituições de ensino vocacional com ministro de confissão religiosa, membros de instituto de vida consagrada, de congregação ou de ordem religiosa em face de seu mister religioso ou para sua subsistência, desde que fornecidos em condições que independam da natureza e da quantidade do trabalho executado (§ 13 do art. 22 da Lei n. 8.212/91).

Estão sujeitos à tabela a seguir: os empregados, os domésticos e os avulsos.

Os valores constantes da tabela são corrigidos quando o salário mínimo é atualizado, nas mesmas épocas e com os mesmos índices que os do reajustamento dos benefícios de prestação continuada da previdência social.

A tabela é a seguinte a partir de janeiro de 2022:

Até que lei altere as alíquotas da contribuição de que trata a Lei n. 8.212, de 24 de julho de 1991, devidas pelo segurado empregado, inclusive o doméstico, e pelo trabalhador avulso, estas serão de (art. 28 da Emenda Constitucional n. 103/2019):

Salário de contribuição (R$)	Alíquota para fins de recolhimento ao INSS
até 1.212,00	7,5%
de 1.212,01 até 2.427,35	9%
de 2.427,36 até 3.641,03	12%
de 3.641,04 até 7.087,22	14%

As alíquotas serão aplicadas de forma progressiva sobre o salário de contribuição do segurado, incidindo cada alíquota sobre a faixa de valores compreendida nos respectivos limites.

Os valores acima serão reajustados, a partir da data de entrada em vigor da Emenda Constitucional n. 103/2019, na mesma data e com o mesmo índice em que se der o reajuste dos benefícios do Regime Geral de Previdência Social, ressalvados aqueles vinculados ao salário mínimo, aos quais se aplica a legislação específica.

Acima de R$ 7.087,22, o valor a recolher é fixo, no importe de R$ 992,21. Pouco importa quanto o empregado ganha, se seu salário é superior a R$ 7.087,22. Recolherá sempre o valor fixo de R$ 992,21.

Os empregados de microempresas e empresas de pequeno porte recolhem a contribuição previdenciária da mesma forma que qualquer empregado.

A contribuição de segurado trabalhador rural contratado para prestar serviço rural por pequeno prazo para o exercício de atividades de natureza temporária é de 8% sobre o seu salário de contribuição (§ 5º do art. 14-A da Lei n. 5.889/73). A não inclusão do trabalhador na GFIP pressupõe a inexistência de contratação por pequeno prazo, sendo permitida a prova por outro meio em direito admitido.

Sobre aposentadoria e pensão não incide a contribuição previdenciária, desde que pagas pelo Regime Geral de Previdência Social (art. 195, II, da Constituição). Aposentados e pensionistas não são mais trabalhadores, apenas se voltarem a exercer atividade remunerada e sujeita ao salário de contribuição.

Com a edição da Lei n. 9.032, de 28-4-1995, o aposentado que retornar ao Regime Geral de Previdência Social e exercer atividade abrangida pelo referido regime será segurado obrigatório em relação a essa atividade, ficando sujeito às contribuições de que trata a Lei n. 8.212/91, pois foi novamente acrescentado o § 4º ao art. 12 da Lei n. 8.212/91.

A contribuição previdenciária incidirá sobre as verbas de natureza salarial ou sobre remuneração. Incidirá sobre as gorjetas, pois estas fazem parte da remuneração, sendo não só a importância paga diretamente pelo cliente, como a cobrada como adicional nas contas (§ 3º do art. 457 da CLT). Valores pagos a título de adicionais habituais, abonos, integrarão o salário, havendo também a incidência da contribuição previdenciária, salvo em relação ao abono, se houver determinação legal em sentido contrário, como ocorreu com certas leis salariais.

Haverá a incidência da contribuição sobre o aviso-prévio trabalhado, as etapas (dos marítimos), a remuneração relativa a repouso semanal e a feriados civis e religiosos, a remuneração paga pela empresa ao empregado licenciado para o exercício do mandato sindical, a remuneração paga pelo sindicato a dirigente sindical.

A jurisprudência do STJ tem entendido que sobre os 15 primeiros dias de afastamento do empregado por doença ou acidente do trabalho não incide a contribuição previdenciária. O argumento é de que só existe salário se houver prestação de serviço no período.

Remuneração é um conjunto de retribuições recebidas habitualmente pelo empregado pela prestação de serviços, seja em dinheiro ou em utilidades, provenientes do empregador ou de terceiros, mas decorrentes do contrato de trabalho, de modo a satisfazer as suas necessidades vitais básicas e de sua família.

A remuneração tanto é a paga diretamente pelo empregador, que se constitui no salário, como é a feita por terceiro, em que o exemplo específico é a gorjeta, cobrada na nota de serviço ou fornecida espontaneamente pelo cliente. Assim, a remuneração é o conjunto de pagamentos provenientes do empregador ou de terceiro em decorrência da prestação dos serviços subordinados.

O objetivo da remuneração é que ela possa satisfazer as necessidades vitais básicas do empregado e de sua família. Sabe-se, entretanto, que muitas vezes o salário mínimo não alcança essa finalidade, porém deveria fazê-lo, para que com ele o empregado pudesse comprar todas as coisas de que necessita para ter uma vida razoável juntamente com sua família.

De acordo com a redação do art. 457 da CLT, a remuneração é igual ao salário mais as gorjetas.

Houve evolução do conceito de salário, que não decorre apenas da contraprestação de serviços.

O art. 1º da Convenção 95 da OIT, aprovada pelo Decreto Legislativo n. 24/56 e promulgada pelo Decreto n. 41.721/57, afirma que salário "significa, qualquer que seja a denominação ou o modo de cálculo, a remuneração ou os ganhos suscetíveis de serem avaliados em espécie ou fixados por acordo ou pela legislação nacional, que são devidos em virtude de um contrato de aluguel de serviços, escrito ou verbal, por um empregador a um trabalhador, seja por trabalho efetuado, ou pelo que deverá ser efetuado, seja por serviços prestados ou que devam ser prestados".

O salário não remunera prestação por prestação, mas sim o conjunto de trabalho prestado, havendo exceções na lei que determinam que o empregador deva pagar o salário mesmo não havendo trabalho, pois, do contrário, o empregado não poderia subsistir. O salário não representa, portanto, uma contraprestação absoluta pelo trabalho prestado.

A teoria do salário como contraprestação do trabalho, que vem do Direito alemão, entendia que inexistiria salário se não houvesse trabalho. Utiliza-se da expressão *Kein Arbeit, Kein Lohn*, que significa sem trabalho, sem salário ou remuneração. Essa teoria não explicava integralmente certas situações como o fato de o empregado estar adoentado e o salário ser devido nos 15 primeiros dias, nas férias etc.

A teoria da contraprestação da disponibilidade do trabalhador é verificada no art. 4º e o parágrafo único do art. 492 da CLT determinam que se considera tempo à disposição do empregador aquele em que o empregado fica aguardando ordens. Assim, mesmo no período em que o empregado não trabalha, mas está aguardando ordens, o salário será devido. O trabalhador fica inativo porque o empregador não determinou serviço ao obreiro. Isso mostra que não existe uma correspondência absoluta entre o trabalho prestado e o salário, pois mesmo quando o empregado não está trabalhando, mas está à disposição do empregador aguardando ordens, o salário é devido.

A teoria da contraprestação do contrato de trabalho mostra que o pagamento feito a título de salário é decorrente do contrato de trabalho. Critica-se tal teoria, pois nem tudo que é pago ou prestado pelo empregador é salário, como, por exemplo, a indenização pela dispensa.

A última teoria entende que o salário é o conjunto de percepções econômicas do trabalhador. Tal conceito é desvinculado do plano objetivo. O art. 26, 1, do Estatuto dos Trabalhadores da Espanha de 1980 considera salário "a totalidade das percepções econômicas dos trabalhadores, em dinheiro ou espécie, pela prestação profissional dos serviços laborais por conta alheia, que retribuam o trabalho efetivo, qualquer que seja a forma de remuneração, ou os períodos de descanso computáveis como de trabalho". Tal teoria não considera, porém, as interrupções dos efeitos do contrato de trabalho.

Nota-se que, hoje, a natureza salarial do pagamento não ocorre apenas quando haja prestação de serviços, mas nos períodos em que o empregado está à disposição do empregador, durante os períodos de interrupção dos efeitos do contrato de trabalho ou outros que a lei indicar.

Por isso, salário é o conjunto de prestações fornecidas ao trabalhador pelo empregador, em decorrência do contrato de trabalho, seja em razão da contraprestação do trabalho, da disponibilidade do trabalhador, das interrupções contratuais ou demais hipóteses previstas em lei.

O empregado, por exemplo, não trabalha durante o descanso semanal remunerado, nas suas férias, mas ganha o respectivo salário.

Nas hipóteses do art. 473 da CLT o empregado não trabalha por motivo justificado, mas ganha o salário. Não há desconto em seu salário. O empregador tem obrigação de pagar o salário e de contar o tempo de serviço, mesmo que o empregado não trabalhe.

O inciso I do art. 28 da Lei n. 8.212/91 considera salário de contribuição "para o empregado a remuneração auferida em uma ou mais empresas, assim entendida a totalidade dos rendimentos pagos, devidos ou creditados a qualquer título, durante o mês, destinados a retribuir o trabalho, qualquer que seja a sua forma, inclusive as gorjetas, os ganhos habituais sob a forma de utilidades e os adiantamentos decorrentes de reajuste salarial, quer pelos serviços efetivamente prestados, quer pelo tempo à disposição do empregador ou tomador dos serviços nos termos da lei ou do contrato ou, ainda, de convenção ou acordo coletivo de trabalho ou sentença normativa".

A contribuição a cargo da empresa destinada à Seguridade Social é de 20% sobre "o total das remunerações pagas, devidas ou creditadas a qualquer título, durante o mês, aos segurados empregados e trabalhadores avulsos que lhe prestem serviços, destinadas a retribuir o trabalho, qualquer que seja a sua forma, inclusive as gorjetas, os ganhos habituais sob a forma de utilidades e os adiantamentos decorrentes de reajuste salarial, quer pelos serviços efetivamente prestados, quer pelo tempo à disposição do empregador ou tomador dos serviços nos termos da lei ou do contrato ou, ainda, de convenção ou acordo coletivo de trabalho ou sentença normativa".

Logo, o legislador previdenciário adota um sentido amplo de remuneração, como parece ser certo.

O § 3º do art. 60 da Lei n. 8.213/91 dispõe que "durante os primeiros quinze dias consecutivos ao do afastamento da atividade por motivo de doença, incumbirá à empresa pagar ao segurado empregado o seu salário integral".

Nos 120 dias do salário-maternidade, a empregada não trabalha e recebe a remuneração do período, que é paga pela Previdência Social. Há, inclusive, a incidência da contribuição previdenciária sobre o salário-maternidade (§ 2º do art. 28 da Lei n. 8.212/91), porque é considerado tempo de contribuição da segurada (art. 60, V, do Regulamento estabelecido pelo Decreto n. 3.048/99). O pagamento visa substituir a remuneração da segurada durante o período de afastamento.

O valor pago nos primeiros 15 dias não tem natureza previdenciária, pois não é pago pelo INSS, mas pelo empregador em decorrência da existência do contrato de trabalho. Sobre ele deve incidir a contribuição previdenciária, diante do conceito amplo de remuneração.

A lei estabeleceu o fato gerador da contribuição previdenciária, de acordo com o princípio da legalidade tributária (art. 150, I, da Constituição). Ela determina a incidência da contribuição sobre os 15 primeiros dias de afastamento do empregado por doença ou acidente do trabalho.

A consequência de não incidir a contribuição previdenciária sobre os 15 primeiros dias de afastamento do segurado é que o INSS não vai contar o tempo de contribuição relativo ao referido período. Ressalte-se que o regime previdenciário é contributivo por parte do próprio segurado (art. 201 da Constituição). Se não há contribuição recolhida, não é computado o tempo de contribuição.

O ressarcimento de despesas pelo uso de veículo do empregado, quando não comprovadas, integram o salário de contribuição.

Para o empregado doméstico, o seu salário de contribuição será a remuneração registrada na sua CTPS (art. 28, II, da Lei n. 8.212/91). O salário de contribuição do empregado doméstico sujeita-se aos limites mínimo e máximo (7,5, 9, 12 e 14%). Atualmente o empregador doméstico contribui com 8% do salário de contribuição do empregado.

Exercendo o empregado mais de um emprego, está sujeito ao salário de contribuição em cada um deles, de maneira proporcional. Se em uma das empresas tiver salário superior ao teto, não precisa recolher nas demais, desde que haja comunicação entre os empregadores para esse fim. Se o salário não atinge o teto da contribuição em apenas uma das empresas, deve haver recolhimento proporcional em todas as empresas. A alíquota para o cálculo da contribuição será estabelecida em razão do montante percebido em todas as empresas e não em cada uma separadamente. O critério da proporcionalidade é feito multiplicando-se o teto do salário de contribuição pelo salário percebido em cada emprego, dividindo-o pelo total dos salários percebidos:

Critério da proporcionalidade	teto do sal. de contrib. × sal. recebido em cada empresa
	Total dos salários recebidos

O empregado deverá fornecer aos empregadores cópia de seu salário mensal, para efeito do recolhimento da contribuição de forma correta. A contribuição da empresa não terá limite e incidirá sobre o que o empregado efetivamente perceber na empresa.

Os fundamentos para se assim fazer são: (1) O art. 20 da Lei n. 8.212/91 usa a expressão "de forma não cumulativa" para o fim de se fazer o cálculo da contribuição. De acordo com os cálculos acima, é a forma de não haver cumulatividade; (2) Resolução IAPAS n. 86/80 (Manual de Fiscalização).

O salário-maternidade fará parte do salário de contribuição da empregada, inclusive da doméstica, que deu à luz, ou está prestes a ter a criança (§ 2º do art. 28 da Lei n. 8.212/91). A estabilidade da gestante (art. 10, II, *b*, do ADCT) integra o salário de contribuição, salvo se for convertida em indenização. A licença é sem prejuízo do salário (art. 7º, XVIII, da Constituição).

O limite mínimo do salário de contribuição corresponde ao piso salarial, legal ou normativo, da categoria ou, inexistindo este, ao salário mínimo, tomado no seu valor mensal, diário ou horário, conforme o ajustado e o tempo de trabalho efetivo durante o mês (§ 3º do art. 28 da Lei n. 8.212/91). Assim, quem ganha salário profissional, que é definido em lei, tem piso normativo, estabelecido em norma coletiva, e terá o cálculo da contribuição previdenciária incidente sobre o referido valor. Caso não perceba salário profissional ou piso normativo, irá recolher sobre o salário mínimo, que é a remuneração mínima que deve ser paga ao empregado. O cálculo será feito à razão de 30 dias, se percebe por mês; de 220 horas, se horário, ou de 8 horas diárias, se por dia (§ 1º do art. 6º da Lei n. 8.542/92).

Em relação ao menor aprendiz, o limite mínimo do salário de contribuição corresponde a sua remuneração mínima definida em lei (§ 4º do art. 28 da Lei n. 8.212/91), que é um salário mínimo.

Quando a admissão, a dispensa, o afastamento ou a falta do empregado, inclusive o doméstico, ocorrerem no curso do mês, o salário de contribuição será proporcional ao número de dias de trabalho efetivo.

12.2.1.1 Comissões e percentagens

Prevê o § 1º do art. 457 da CLT que as comissões também fazem parte do salário. Incide a contribuição previdenciária sobre tais pagamentos. Comissões são pagamentos decorrentes, geralmente, de vendas, tendo um valor determinado em moeda, como R$ 10,00 em relação a cada unidade vendida. Percentagens são porcentuais incidentes sobre as vendas, como 3% sobre a venda realizada.

12.2.1.2 Gratificações

Gratificação deriva do latim *gratificare*, que tem os significados de "dar graças", "mostrar-se reconhecido". No Direito do Trabalho, muitas vezes, a gratificação tem o sentido de um pagamento feito por liberalidade do empregador.

As gratificações legais e de função integram o salário (§ 1º do art. 457 da CLT), como a gratificação de função do bancário (§ 2º do art. 224 da CLT), da pessoa que exerce cargo de chefia ou gerência (parágrafo único do art. 62 da CLT). Gratificação legal pode ser o 13º salário, que é chamada de gratificação de Natal (Lei n. 4.090).

As gratificações que não são legais, como as convencionais ou contratuais, não integram o salário, interpretando-se *a contrario sensu* o § 1º do art. 457 da CLT.

Gratificações podem ser ajustadas expressamente, por escrito ou verbalmente, ou tacitamente, pela reiteração do pagamento.

Gratificações eventuais não terão a incidência da contribuição, pois haverá necessidade de habitualidade para a incidência da contribuição previdenciária. Exemplo: gratificação paga no termo de rescisão do contrato de trabalho.

12.2.1.3 13º salário

A gratificação de Natal foi criada pela Lei n. 4.090/62. A partir dessa data tornou-se obrigatória e não facultativa.

O inciso VIII do art. 7º da Constituição usa a expressão 13º salário.

A contribuição relativa ao 13º salário passou a ser recolhida mensalmente pelas empresas com a alíquota de 1,2% sobre o salário de contribuição dos segurados (§ 1º do art. 35 da Lei n. 4.863/65).

Posteriormente as empresas recolhiam mensalmente 1,5% sobre o salário de contribuição de seus empregados, sendo que a empresa pagava 0,75% e arrecadava 0,75%, que era a parte do empregado. Assim, o reembolso à empresa da contribuição relativa ao 13º salário correspondia a 0,75% da soma dos salários de contribuição, cujo desconto era efetuado por ocasião do pagamento da segunda parcela do 13º salário, ou na rescisão contratual, se fosse o caso.

O parágrafo único do art. 1º da Lei n. 7.787, de 30-6-1989, alterou essa orientação, determinando que "o 13º salário passa a integrar o salário de contribuição", extinguindo os porcentuais de 0,75%, que totalizavam 1,5%, até então existentes, pois a alíquota de 20% da empresa abrangia o custeio do abono anual (art. 3º, § 1º, da Lei n. 7.787/89).

O § 7º do art. 28 da Lei n. 8.212/91 explicitava também que o 13º salário integrava o salário de contribuição, porém não poderia tal dispositivo delegar ao regulamento a forma de cálculo para a incidência da contribuição previdenciária. A base de cálculo de qualquer tributo só pode ser estabelecida por lei e não por decreto, o que tornava o § 7º do art. 37 do Decreto n. 612 ilegal e inconstitucional.

O § 2º do art. 7º da Lei n. 8.620/93 modificou essa situação ao dizer que a contribuição incidente no 13º salário recairá sobre o valor bruto da gratificação, sem compensação dos adiantamentos pagos, mediante aplicação, em separado, da tabela de cálculo (alíquotas de 7,5%, 9%, 12% e 14%). O desconto deve ser feito em separado das demais verbas constantes da rescisão contratual. Quanto ao cálculo da contribuição sobre o 13º salário normal de dezembro de cada ano, deve ser feito em separado do salário de dezembro, não se permitindo mais a somatória de salários. Explicita, contudo, o regulamento que a incidência da contribuição previdenciária sobre o 13º salário é devida quando do pagamento ou crédito da última parcela, ou por ocasião da rescisão do contrato de trabalho (§ 6º do art. 214 do Regulamento da Previdência Social).

A Lei n. 8.870, de 15-4-1994, voltou a alterar a situação, informando que o 13º salário integra o salário de contribuição, com exceção do cálculo de benefício, ao dar nova redação ao § 7º do art. 28 da Lei n. 8.212/91. Assim, o 13º salário continua tendo incidência da contribuição previdenciária, porém não integrará mais o cálculo do benefício.

O 13º salário tem natureza salarial. Está incluído na folha de salários. Quem o recebe é o empregado. Assim, deve ter a incidência da contribuição previdenciária. Serve a contribuição sobre o 13º salário para pagar o abono anual dos segurados que percebem benefício previdenciário.

O empregado recebe a primeira metade do 13º salário até 30 de novembro. A segunda metade é paga até 20 de dezembro. Os comissionistas recebem um acerto do 13º salário, referente ao cômputo das vendas do mês de dezembro, no dia 10 de janeiro. Sobre o citado valor incidirá a contribuição previdenciária.

Sobre a primeira metade do 13º salário não incide a contribuição. Poderia ocorrer de o empregado ser dispensado por justa causa e o 13º salário não ser devido, sendo indevida também qualquer contribuição previdenciária. Nesse caso, o empregado teria maiores dificuldades em recuperar o valor pago. Quando do pagamento da segunda parcela, haverá a incidência da contribuição previdenciária sobre o valor total pago a título de 13º salário, sendo calculado em separado na tabela.

Em relação às empresas, não houve qualquer alteração com a Lei n. 8.620/93. Não têm qualquer limite para recolher a sua parte, que corresponde aos 20%, sobre o total das remunerações pagas ou creditadas no mês aos empregados (art. 22, I, da Lei n. 8.212/91). No tocante ao empregado, a contribuição previdenciária incidirá até o limite máximo da tabela. Sobre o que exceder o limite máximo não haverá incidência de contribuição.

A contribuição previdenciária incidente sobre o valor bruto do 13º salário deverá ser recolhida até o dia 20 do mês de dezembro, inclusive a do empregado doméstico. A contribuição ora tratada deverá ser atualizada monetariamente a partir da data prevista para o seu recolhimento, utilizando-se o mesmo indexador definido para as demais contribuições arrecadadas pelo INSS. Verificando-se a rescisão do contrato de trabalho, as contribuições devidas serão recolhidas no dia dois do mês subsequente à rescisão, computando-se em separado a parcela referente ao 13º salário. Na hipótese de inexistência de expediente bancário, deve-se recolher a contribuição no dia útil imediatamente anterior.

É legítima a incidência da contribuição previdenciária sobre o 13º salário (Súmula 688 do STF).

Se o empregado tiver salário variável, o recolhimento da contribuição previdenciária decorrente de eventual diferença de gratificação natalina deverá ser feito juntamente com a competência de dezembro do mesmo ano, ou seja, até o dia 20 do mês seguinte ao vencido. Isso ocorre em decorrência de que a diferença só poderá ser verificada em razão da apuração dos valores até o final do mês de dezembro.

12.2.1.4 Férias

As férias gozadas integram o salário de contribuição, pois têm natureza salarial. O terço constitucional (art. 7º, XVII, da Constituição) incidente sobre as referidas férias integrará também o salário de contribuição. A ideia é a de que se sobre o principal incide a contribuição, haverá também incidência sobre o acessório. Tendo as férias gozadas natureza salarial, o terço também tem, aplicando-se o art. 92 do Código Civil. O STF entendeu que incide a contribuição previdenciária sobre os valores pagos a título de terço constitucional de férias gozadas. "É legítima a incidência de contribuição social sobre o valor satisfeito a título de terço constitucional de férias", em razão da habitualidade e natureza remuneratória da verba (Tema 985, RE 1.072.485-PR, Min. Marco Aurélio, j. 31-8-2020).

A incidência da contribuição sobre a remuneração das férias ocorrerá no mês a que elas se referirem, mesmo quando pagas antecipadamente na forma da legislação trabalhista (§ 14 do art. 214 do RPS).

As férias são pagas até dois dias antes do período em que o empregado vai gozá-las (art. 145 da CLT). Assim, mesmo que as férias sejam pagas dois dias antes do gozo do empregado, devem ser consideradas em relação ao mês a que se referirem.

12.2.1.5 Ganhos habituais

Dispõe o § 11 do art. 201 da Lei Maior que "os ganhos habituais do empregado, a qualquer título, serão incorporados ao salário para efeito de contribuição previdenciária e consequente repercussão nos benefícios, nos casos e na forma da lei". Da última expressão do dispositivo constitucional verifica-se que tal preceito não tem aplicabilidade imediata, pois fica dependente de complementação pela legislação ordinária.

A expressão "ganhos habituais" surge na Constituição de 1988. Não tem previsão no Direito do Trabalho.

O inciso I do art. 28 da Lei n. 8.212/91 utiliza outra expressão, afirmando que se entendem por salário de contribuição "os ganhos habituais sob a forma de utilidades". O dispositivo restringiu o que a Constituição não estabeleceu. Se é ganho a qualquer título, não é só utilidade.

Necessário se faz verificar o que vem a ser ganho habitual e como a lei define a incidência da contribuição previdenciária sobre tal verba.

"Ganhos" serão, portanto, as prestações fornecidas ao empregado de maneira habitual, decorrentes do contrato de trabalho, incluindo tanto o pagamento em dinheiro, como o fornecimento de utilidades.

"Habitual" é o que é feito com hábito, com costume, de forma repetida, duradoura, frequente.

Será considerado ganho habitual qualquer prestação proporcionada ao empregado que seja repetida no tempo, tendo, portanto, constância. Pagamentos eventuais serão, assim, excluídos.

A lei não dispõe o que seja habitualidade, que será interpretada em cada caso concreto.

Algumas Súmulas do TST mostram que, para haver a integração das horas extras em outras verbas, é preciso habitualidade: 24 (indenização), 45 (gratificação natalina), 63 (FGTS), aviso prévio (§ 5º do art. 487 da CLT), 115 (gratificações semestrais), férias (§ 5º do art. 142 da CLT) e 172 (repouso semanal).

Os ganhos habituais deverão ter, portanto, certa frequência ou periodicidade para serem considerados como tal. Assim, um pagamento feito a cada cinco anos não será incluído no conceito de ganho habitual. Pagamentos anuais serão considerados ganhos habituais, desde que sejam realizados todo ano, como, por exemplo, gratificação de balanço. Inexiste um critério preciso para a configuração da habitualidade, porém é possível indicar como sendo o pagamento feito por mais de três meses, ou por mais de seis meses, em um período de doze meses.

Tanto são ganhos habituais os pagamentos diretos feitos ao empregado, como os indiretos. Devem ser, contudo, pagamentos provenientes do contrato de trabalho. Se o pagamento não for feito em virtude do contrato de trabalho, não terá natureza de ganho habitual, mas será um pagamento feito em razão de outra relação jurídica entre as partes, como de prestação de serviços de trabalhador autônomo, empresário etc. Os ganhos habituais serão prestações que o empregado recebe, porém não tem de despender numerário para adquirir, fazendo com isso uma economia, sendo, assim, considerados ganhos.

A Lei Maior faz menção a ganhos habituais a qualquer título, isto é, com qualquer nome que seja utilizado. Isso quer dizer que se trata de pagamento que tanto pode ser contratado diretamente pela prestação de serviços ou indiretamente. Não haverá necessidade de se convencionar expressamente o ganho habitual, podendo, portanto, ser tácito o pacto, pois o contrato de trabalho é ajustado expressa ou tacitamente (art. 442 da CLT).

Ressarcimentos de despesas não terão natureza de ganhos habituais, justamente por não se tratar de ganhos, mas de reembolsos do valor pago, ou, dependendo do caso, de adiantamentos para futura prestação de contas. Pagamentos feitos a título de indenização não terão natureza de ganho, mas de reembolso, em decorrência de indenizar certo ato praticado pelo empregador.

Como reza a Lei Magna, apenas os ganhos habituais dos empregados, e não os de outros trabalhadores, compõem o salário para efeito de incidência da contribuição previdenciária, significando que o trabalhador avulso não tem incorporado ao salário os ganhos habituais para efeito de salário de contribuição, pois não é empregado. Nesse ponto, é inconstitucional a determinação do inciso I do art. 28 da Lei n. 8.212/91 quando estende a incidência da contribuição previdenciária sobre os ganhos habituais dos trabalhadores avulsos. Se o constituinte quisesse fazer referência ao trabalhador avulso para fins de considerar os ganhos habituais, teria feito expressamente; porém não é esse o caso, visto que o § 11 do art. 201 da Constituição não menciona essa espécie de trabalhador, apenas o empregado.

Assim, os ganhos habituais serão observados tanto em relação ao empregado urbano como ao rural, mas também para o trabalhador temporário, que não deixa de ser um empregado da empresa de trabalho temporário. Entretanto, não se aplicará tal orientação ao trabalhador autônomo e equiparado, ao empresário e ao segurado facultativo.

O conceito de ganhos habituais não se estende ao empregado doméstico, pois em relação a este o inciso II do art. 28 da Lei n. 8.212/91 estabelece que o salário de contribuição será a remuneração registrada na sua CTPS; porém não faz remissão a ganhos habituais. O § 11 do art. 201 da Lei Maior é específico no sentido da incidência sobre ganhos do empregado. A palavra empregado também foi utilizada no singular. Não faz referência expressa aos ganhos do trabalhador doméstico, pois é essa a expressão empregada no parágrafo único do art. 7º da Lei Magna. O inciso I do art. 28 da Lei n. 8.212/91 faz referência apenas a ganhos habituais do empregado, e não do doméstico. Logo, os ganhos habituais do empregado doméstico não têm a incidência da contribuição previdenciária.

O art. 458 da CLT mostra que o salário *in natura* compreende alimentação, habitação, vestuário ou outras prestações que a empresa por força do contrato, ou do costume, fornece habitualmente ao empregado. Assim, pagamentos que forem feitos com habitualidade a título de transporte (não confundir com vale-transporte), higiene, saúde, habitação, vestuário, alimentação, educação, lazer ou outros serão enquadrados como ganhos habituais. Havendo o pagamento habitual de adicionais, também haverá a incidência da contribuição previdenciária, pois se enquadrarão na hipótese de ganhos habituais, como, por exemplo: adicional de horas extras, noturno, de insalubridade, periculosidade e transferência.

A habitação fornecida pelo condomínio ao zelador é proporcionada para que o último possa melhor desempenhar as suas funções. Trata-se de utilidade fornecida ao empregado **para** a prestação dos serviços e não **pela** referida prestação, como menciona o § 2º do art. 458 da CLT. Assim, não tem natureza salarial a citada prestação, não sendo considerado salário *in natura*. O STF já entendeu da mesma forma (2ª T., RE 86.634/80, Rel. Min. Xavier de Albuquerque, in *LTr* n. 43/618).

De outro lado, se a empresa paga o aluguel do empregado, tal pagamento será considerado como salário *in natura*, desde que habitual, havendo a incidência da contribuição previdenciária. Se a habitação é fornecida ao empregado sem que haja qualquer pagamento de sua parte ou de valores ínfimos, será considerado ganho habitual, pois a prestação será gratuita.

Utilidades que forem usadas apenas no trabalho também não serão consideradas ganhos habituais, porém, se o empregador fornece veículo ao empregado para uso não só no serviço, mas fora dele, tal prestação terá natureza salarial, incidindo sobre ela a contribuição previdenciária.

Outras verbas que forem pagas ao empregado habitualmente também serão consideradas ganhos habituais, como conta de água e luz, pois o empregado está tendo um ganho ao não precisar pagar tais valores. O mesmo pode-se dizer quanto ao pagamento feito pelo empregador ao empregado a título de despesas de cartão de crédito, mensalidade de clube, passagens aéreas, consórcio etc.

O § 2º do art. 458 da CLT não considera salário as seguintes utilidades: (a) transporte destinado ao deslocamento para o trabalho e retorno, em percurso servido ou não por transporte público; (b) assistência médica, hospitalar e odontológica, prestada diretamente ou mediante seguro-saúde; (c) seguros de vida e de acidentes pessoais; (d) previdência privada.

Valores pagos ao empregado por reembolsos de despesas não serão considerados ganhos habituais, pois nada acrescentam ao patrimônio do trabalhador, mas apenas recuperam numerário despendido. São os pagamentos feitos pelo empregador ao empregado para reembolsar despesas com viagens, táxi, ônibus, estadia, alimentação etc. Se tais pagamentos são feitos, principalmente, mediante prestação de contas, não há natureza salarial, nem podem ser considerados ganhos habituais.

Da mesma forma, se o valor pago ao empregado é a título de indenização, não se pode considerar tal pagamento ganho habitual. É o exemplo do pagamento feito a título de quebra de caixa. Se esse pagamento é periódico, porém não há diferença de caixa, tem natureza salarial e haverá a incidência da contribuição. Entretanto, ainda que tal pagamento seja feito de forma periódica, mas apenas para indenizar ou compensar o trabalhador em virtude das diferenças de caixa, não terá natureza salarial, mas de indenização, não podendo haver a incidência da contribuição previdenciária.

Os equipamentos de proteção individual (EPIs) não serão considerados ganhos habituais, pois devem ser fornecidos gratuitamente pelo empregador ao empregado (art. 166 da CLT) para o uso no trabalho. São os exemplos de luvas, botas, capacete, protetor auricular, óculos de proteção.

Bebidas alcoólicas ou drogas nocivas, incluindo o cigarro (Súmula 367, II, do TST), não são considerados salário (parte final do art. 458 da CLT), não podendo também ser incluídos no conceito de ganho habitual.

O vale-refeição fornecido por força do contrato de trabalho integra o salário, segundo a orientação da Súmula 241 do TST, sendo considerado ganho habitual. Se o vale é fornecido por força da norma coletiva, é preciso verificar se a norma coletiva esclarece se tal prestação não tem natureza salarial ou se nada dispõe, quando será considerado salário e, portanto, sobre ele incidirá a contribuição previdenciária. O mesmo raciocínio pode ser feito em relação à cesta básica, que não tem previsão em lei, mas em norma coletiva.

O extinto TFR tinha entendimento que "a contribuição previdenciária não incide sobre o valor da habitação fornecida por empresa agroindustrial, a título de liberalidade, a seus empregados, em observância a acordo coletivo de trabalho" (Súmula 167).

O Parecer MPS/CJ n. 107, de 23 de setembro de 1992, não considera salário de contribuição a assistência médica paga, por não ser gratuita. Não entende que a assistência médica fornecida gratuitamente pelo empregador a seus funcionários é salário de contribuição, por se tratar de prestação de caráter assistencial, que não tem caráter retributivo e comutatividade, como ocorre com o salário. Entende ser a saúde uma prestação securitária prevista na Constituição, além do que é impossível, dependendo do caso, verificar se o empregado se utilizou ou não do serviço e inclusive de maneira habitual.

Como a determinação do ganho habitual depende, segundo a expressão do § 11 do art. 201 da Constituição, "dos casos e na forma da lei", a norma legal pode excluir parcelas que não serão consideradas como ganhos habituais. O que não poderia fazer o art. 28 da Lei n. 8.212/91 é restringir o comando constitucional, ao estabelecer que o ganho habitual apenas é o obtido "sob a forma de utilidades", pois será também ganho habitual a prestação que vier a aumentar o salário do obreiro, como o pagamento de adicionais de horas extras, noturno etc.

O Programa de Alimentação do Trabalhador (PAT) e o vale-transporte não serão considerados ganhos habituais. O primeiro é estabelecido pela Lei n. 6.321, de 14-4-1976, que em seu art. 3º determina que a parcela fornecida *in natura* a título de alimentação não terá natureza salarial e, portanto, não será considerada ganho habitual. A alínea *a* do art. 2º da Lei n. 7.418, de 16-12-1985, reza que o vale-

-transporte não tem natureza salarial, não constituindo base de incidência da contribuição previdenciária (art. 2º, *b*).

O auxílio creche não integra o salário de contribuição (Súmula 310 do STJ).

Para identificação dos ganhos habituais recebidos na forma de utilidades, deverão ser observados:

a) os valores reais das utilidades recebidas. A Súmula 258 do TST deixa claro que "os percentuais fixados em lei relativos ao salário *in natura* apenas pertinem às hipóteses em que o empregado percebe salário mínimo, apurando-se, nas demais, o real valor da utilidade". Assim, deve-se apurar o real valor da utilidade recebida, não se aplicando em um primeiro momento os porcentuais pertinentes ao salário mínimo para apuração do valor real da utilidade;
b) os valores resultantes da aplicação dos porcentuais estabelecidos em lei em razão do salário mínimo, aplicados sobre a remuneração paga, caso sejam superiores aos valores de que trata a alínea *a* supra (§ 11 do art. 214 do RPS). No Estado de São Paulo, por exemplo, esses porcentuais são 43% para alimentação, 33% para habitação, 14% para vestuário, 6% para higiene e 4% para transporte, conforme a Portaria n. 19 do Ministério do Trabalho, de 31-1-1952.

Cesta básica é espécie de ganho habitual, se for fornecida com habitualidade e gratuidade ao empregado.

O conceito de ganhos habituais é bastante amplo, não compreendendo apenas o fornecimento de utilidades, mas também o pagamento de outras verbas.

Há necessidade de que exista habitualidade no fornecimento do ganho, pois aquele que for prestado uma única vez ou poucas vezes não entrará nesse conceito.

O empregador deverá tomar o cuidado de fazer incidir a contribuição previdenciária sobre os ganhos habituais, especialmente sobre as prestações *in natura* que fornecer ao empregado, sob pena de incidir na multa prevista no art. 92 da Lei n. 8.212/91.

Sobre ganhos eventuais não incidirá a contribuição previdenciária. É o que ocorre com um pagamento feito uma vez ou esporadicamente.

12.2.1.6 Parcelas não integrantes do salário de contribuição

Talvez o mais certo seria dizer que a contribuição não incide sobre certa verba. Entretanto, a Lei n. 8.212/91 usa a expressão "não integram o salário de contribuição". A matéria é, porém, de não incidência.

Não integram o salário de contribuição para os fins da Lei n. 8.212/91, exclusivamente as parcelas abaixo (§ 9º do art. 28 da Lei n. 8.212/91).

O § 9º do art. 28 da Lei n. 8.212/91 usa o advérbio de modo exclusivamente.

O legislador não pode prever todas as hipóteses que ficam excluídas da incidência da contribuição previdenciária, mas o legislador usou a palavra exclusivamente. As verbas elencadas que não tem a incidência da contribuição previdenciária são taxativas e não exemplificativas.

1. Os benefícios da previdência social, nos termos e limites legais, salvo o salário-maternidade.

Não incide a contribuição sobre aposentadoria e pensão concedidas pelo Regime Geral de Previdência Social (art. 195, II, da Constituição). Em relação às aposentadorias e às pensões, nem mesmo a lei pode determinar a incidência da contribuição previdenciária.

O item *a* do § 9º do art. 28 da Lei n. 8.212/91 tratava anteriormente apenas do salário-família. Com a redação determinada pela Lei n. 9.528/97 há concepção mais ampla. Agora, a contribuição não incide apenas sobre o salário-família, mas sobre qualquer benefício da Previdência Social.

A única exceção é o salário-maternidade, que é considerado salário de contribuição (§ 2º do art. 28 da Lei n. 8.212/91). O benefício do salário-maternidade substitui o salário da empregada. Por isso, incide a contribuição previdenciária. Há contagem do tempo de serviço.

Só haverá incidência da contribuição previdenciária sobre benefício caso exista previsão em lei, pois não se trata de pagamento feito pelo empregador, mas pelo INSS. Não é salário.

2. As ajudas de custo e o adicional mensal recebidos pelo aeronauta nos termos da Lei n. 5.929, de 30-10-1973.

Aeronauta é a pessoa que trabalha dentro do avião (piloto, copiloto, comissário). Aeroviário é a pessoa que trabalha em terra. Na verdade, a Lei n. 5.929/73 não trata do tema, mas apenas acrescenta o § 3º do art. 27 do Decreto-lei n. 18/66. A ajuda de custo de pelo menos quatro meses de salário tem natureza de indenização de despesas de mudança e instalação na nova base (§ 3º do art. 27 do Decreto-lei n. 18/66). São verbas que, portanto, não têm natureza salarial.

3. A parcela *in natura* recebida de acordo com os programas de alimentação do trabalhador (PAT) promovidos pelo Ministério do Trabalho (Lei n. 6.321/76).

A Lei n. 6.321, de 14-4-1976, trata do Programa de Alimentação do Trabalhador, isto é, é uma norma que assegura um incentivo fiscal às empresas para a concessão de alimentação ao trabalhador. O desembolso feito com o programa é considerado despesa operacional da empresa. O art. 3º da referida norma declara que não se inclui no salário de contribuição a parcela paga pela empresa a título de Programa de Alimentação do Trabalhador, justamente porque não é salário. Assim, a parcela *in natura* recebida pelo empregado que estiver de acordo com o PAT não terá incidência da contribuição previdenciária. Contudo, se a parcela não atender aos requisitos da Lei n. 6.321/76 ou for paga de acordo com critérios estabelecidos pelo empregador, haverá a incidência da contribuição da previdência social. O Decreto n. 5, de 14-1-1991, regulamenta o programa.

O auxílio-alimentação, vedado o seu pagamento em dinheiro, não integra o salário e não tem incidência de contribuição previdenciária (art. 457, § 2º, da CLT).

4. As importâncias recebidas a título de férias indenizadas e o respectivo terço constitucional.

O terço das férias pago no termo de rescisão do contrato de trabalho tem natureza de indenização, pois as férias pagas neste termo também são indenizadas.

A contribuição previdenciária incide sobre verbas de natureza salarial e não sobre indenização.

As férias indenizadas não têm a incidência da contribuição, pois possuem natureza de indenização, uma vez que não são gozadas, por isso o empregador paga a indenização substitutiva.

5. A parcela recebida a título de vale-transporte (art. 2º, *b*, da Lei n. 7.418, de 16-12-1985).

O fornecimento de vale-transporte não tem natureza salarial (art. 2º, *a*, da Lei n. 7.418, de 16-12-1985). Não constitui base de incidência da contribuição previdenciária (art. 2º, *b*, da Lei n. 7.418/85). Assim, se não é salário e a própria lei declara que não há a incidência, não será considerado o vale-transporte para efeito de salário de contribuição.

O valor excedente à parcela de 6% do salário básico pago pelo empregador a título de vale-transporte não integra o salário de contribuição, ainda que o empresário opte por suportar integralmente as despesas do sistema do vale-transporte (TRF da 4ª R., 1ª T., AMS 2000.70.00.007950-0-PR, j. 22-10-2003, Rel. Des. Fed. Luiz Carlos de Castro Lugon, *DJU* 2 11-2-2004, p. 346).

A Lei n. 7.418/85, assim como a Lei n. 6.321/76, é norma que cria um benefício ao empregado. O pagamento será considerado despesa operacional da empresa.

Mesmo que o vale-transporte seja pago em dinheiro, não incide a contribuição previdenciária, pois o regulamento da Lei n. 7.418/85 não pode inovar o que não está previsto na lei.

6. A ajuda de custo, em parcela única, recebida exclusivamente em decorrência de mudança de local de trabalho do empregado, na forma do art. 470 da CLT.

Tem a ajuda de custo origem no Direito Administrativo, sendo a importância paga ao funcionário pelos cofres públicos visando cobrir as despesas da sua transferência para outra localidade. Verifica-se do conceito que a natureza do pagamento dessa verba é indenizatória, a fim de compensar as despesas havidas pelo funcionário em razão de sua mudança de um local para outro e as despesas de viagem. Era o que se observava no Código de Contabilidade Pública (art. 364 e s.) e no antigo Estatuto dos Funcionários Públicos (art. 137). O art. 53 da Lei n. 8.112/90, que trata do regime único dos servidores civis da União, esclarece que a ajuda de custo se destina a compensar as despesas de instalação do servidor que é transferido com mudança de domicílio em caráter permanente. O § 1º do mesmo artigo mostra que a ajuda de custo se destina a pagar as despesas de transporte do servidor e de sua família, inclusive as de bagagem e as pessoais. O art. 54 declara que a ajuda de custo é calculada sobre a remuneração do servidor, sendo devida mesmo quando há a nomeação em cargo em comissão, porém decorrente de mudança de domicílio (art. 56).

Ajuda de custo é a importância paga pelo empregador ao empregado com o objetivo de proporcionar condições para a execução do serviço. Não se trata, porém, de valor pago pela contraprestação dos serviços.

É a ajuda de custo um pagamento destinado a que o empregado possa executar seus serviços. Não serve para custear despesas de viagens, nem tem natureza contraprestacional, mas para compensar despesas do empregado para prestar serviços.

Trata-se de uma ajuda e não do valor exato que o empregado gasta.

A diferença que se pode estabelecer entre as diárias e as ajudas de custo é que as primeiras são pagas em decorrência de viagens, e as segundas, não. A ajuda de custo pode ser eventual ou decorrente de um único pagamento. Seriam despesas imprevistas e ocasionais, enquanto a diária, normalmente, é repetitiva. Nas diárias existem, muitas vezes, sobras do numerário recebido, o que geralmente não ocorre na ajuda de custo, que também não tem por objetivo compensar o incômodo da viagem.

Em um primeiro momento, a ideia da natureza da ajuda de custo era a de indenizar as despesas do empregado com locomoção para local diverso daquele que era seu domicílio, que poderia se enquadrar nas despesas resultantes da transferência do empregado, que ficam a cargo do empregador (art. 470 da CLT), assim como as despesas de viagem e transporte dos empregados de empresas teatrais, como mencionava o art. 509 da CLT, que foi revogado pela Lei n. 6.533, de 24-5-1978, norma essa que regula as profissões de artista e de técnico em espetáculos de diversões.

Verifica-se, entretanto, no § 2º do art. 239 da CLT, que o pessoal da equipagem de trens tem direito a ajuda de custo destinada a atender às despesas com alimentação, viagem e hospedagem no destino, desde que a empresa não conceda tais vantagens. Nessa hipótese, a ajuda de custo visa ressarcir as despesas do empregado com aquelas contingências e não as despesas de transferência do empregado, como no caso anteriormente mencionado.

Se a Consolidação das Leis do Trabalho trata de despesa de transferência no art. 470, de ajuda de custo no § 2º do art. 457 da CLT e no § 2º do art. 239 é sinal que as expressões têm significados diferentes.

Parece que o sentido da expressão "ajuda de custo" é para incluir as despesas de alimentação e de locomoção do empregado, como em relação aos empregados que prestam serviços externos (vendedores, motoristas, cobradores, propagandistas).

A natureza jurídica da ajuda de custo não é de indenização. Não se está exatamente indenizando a pessoa, mas compensando ou ressarcindo a maior dificuldade do empregado em fazer o serviço. Não há ato ilícito para se falar em indenização.

Não se trata de salário utilidade, pois não é uma utilidade fornecida ao empregado, mas um valor pago ao trabalhador. Logo, não se pode fazer a distinção entre utilidade usada *para* e *pela* prestação do serviço.

Não há como se distinguir entre as ajudas de custo próprias e impróprias, pois as ajudas de custo não integram o salário, correspondendo sempre a reembolso para cobrir as despesas do empregado com transporte ou alimentação.

É claro que, se o empregador rotular falsamente o salário como ajuda de custo, considerar-se-á de natureza salarial a verba paga, principalmente se a sua natureza não for indenizatória, mas retributiva, ou se o pagamento for feito a título de reembolso de despesas que o empregado não tem ou por trabalhar internamente, como de se rotular impropriamente de ajuda de custo de despesas de transporte do obreiro de sua residência para o trabalho ou vice-versa, ou de suposta ajuda de custo de aluguel, sendo tais pagamentos, na verdade, salário-utilidade, se houver habitualidade no referido pagamento, por corresponderem a um *plus* salarial e não a reembolso de despesas. É comum o empregador pagar ao empregado verbas que realmente têm natureza de ajuda de custo, de ressarcir as despesas feitas pelo empregado, como ajuda para transporte, ajuda quilometragem, ajuda alimentação, como ocorre, quanto a essa última, principalmente em relação aos bancários.

Se o empregador pagar cumuladamente diárias e ajudas de custo, é preciso verificar a natureza indenizatória de cada parcela para diferenciar a parte que é salário.

A legislação previdenciária não tributava a ajuda de custo, com exceção do antigo IAPI (Parecer AC/IAPI n. 06-02.4/50/61 no processo IAPI n. 06.104.124/61). Atualmente, se for paga com habitualidade, pode dar ensejo ao entendimento da previdência de que se trata de ganho habitual, em que haverá a incidência da contribuição previdenciária. Se a empresa provar que o pagamento é feito a título de reembolso de despesas ou de indenização, não haverá a incidência da contribuição. A alínea *g* do § 9º do art. 28 da Lei n. 8.212/91 informa que a ajuda de custo recebida exclusivamente em decorrência de mudança de local de trabalho do empregado (art. 470 da CLT) não integra o salário de contribuição, o que dá margem a entender que outras ajudas de custo terão incidência da contribuição.

A ajuda de custo pode não ser paga em parcela única, mas ser feito um pagamento mensal ao empregado. Mesmo assim, não haverá incidência da contribuição, pois ela não tem natureza de salário ou remuneração.

O art. 470 da CLT trata de despesas de transferência do empregado. Sobre as referidas despesas também não há incidência da contribuição previdenciária, por não terem natureza salarial. A alínea *g* do § 9º do art. 28 da Lei n. 8.213/91 dispõe expressamente que não integra o salário de contribuição a ajuda de custo recebida exclusivamente em decorrência de mudança de local de trabalho do empregado. Esse pagamento realmente é feito em parcela única, pois é decorrente da mudança de local de trabalho do empregado. Tem natureza de indenização, inexistindo incidência da contribuição previdenciária sobre a referida verba.

O nome dado pelo legislador é irrelevante para a caracterização da natureza da verba, como se observa para o tributo (art. 4º, I, do CTN).

Parcelas pagas sob o rótulo de ajuda de custo que efetivamente não o sejam terão a incidência da contribuição previdenciária, por se tratarem de salário.

7. As diárias para viagens.

As diárias têm origem no Direito Administrativo, tendo caráter compensatório. O Estado inicialmente as pagava em virtude de despesas feitas pelo funcionário que era transferido da sede. O art. 58 da Lei n. 8.112/90 (Estatuto dos Funcionários Públicos da União) esclarece que as diárias são destinadas a cobrir despesas de pousada, alimentação e locomoção urbana, sendo decorrentes de deslocamento permanente. Inexistindo este, as diárias são indevidas.

Na prática costuma-se falar em diárias, porém o termo correto é diárias para a viagem, como se observa no § 2º do art. 457 da CLT, mas também emprega-se o termo "viáticos" como sinônimo, com o significado de pagamento feito pelo preponente aos caixeiros-viajantes ou "cometas", com origem no Direito Comercial.

Diárias são o pagamento feito ao empregado para compensar despesas com deslocamento, hospedagem ou pousada, alimentação e sua manutenção quando precisar viajar para executar as determinações do empregador. São, portanto, pagamentos ligados diretamente à viagem feita pelo empregado para a prestação dos serviços ao empregador, decorrentes da mobilidade do empregado.

Distinguem-se as diárias das despesas de viagem. Nestas o pagamento feito pelo empregador é, na verdade, o reembolso exato das despesas gastas pelo empregado na viagem, mediante a prestação de contas. As diárias, porém, não ficam subordinadas à comprovação do valor gasto pelo empregado na viagem, recebendo o obreiro um valor estipulado pelo empregador, quer tenha desembolsado mais do que o recebido, quer menos.

O empregado viajante, ao receber as diárias, procura economizar as despesas feitas para que haja a sobra de uma importância para a complementação de seu salário, principalmente quando seu salário é ínfimo, de modo a complementar o orçamento familiar. Diante dessa situação, é impossível dizer qual é a parte do pagamento feito a título de diárias ou o percentual que se consideraria salário, já que uma parte corresponderia ao reembolso das despesas de viagem. Desse modo, o objetivo foi o de que o empregador não pagasse o salário apenas sob o rótulo de diárias ou pagasse um salário ínfimo e grandes valores a título de diárias, para que não houvesse a integração em outras verbas ou a incidência de contribuições sociais; mas não se pode esquecer que há um caráter indenizatório e também compensatório em razão do desconforto do empregado pelas constantes viagens realizadas. Assim, haveria diárias próprias e impróprias: as primeiras têm por objetivo compensar o empregado com as despesas incorridas, ou seja, o ressarcimento de despesas, e as segundas têm um caráter retributivo, sendo, portanto, salário.

O legislador estabeleceu em um primeiro plano que integram o salário não só a importância fixa estipulada, mas também as gratificações legais e as comissões pagas pelo empregador (§ 1º do art. 457 da CLT).

Normalmente as diárias são pagas aos empregados viajantes, mas nem sempre isso ocorre, podendo o pagamento se referir a outro empregado que tenha de viajar ocasionalmente a serviço do empregador, como também aos propagandistas, aos cobradores ou àqueles que exercem serviços externos, como o motorista. Entretanto, o pagamento deve ser habitual, para que as diárias se incluam no salário, e não eventual. Um dos requisitos para se considerar de natureza salarial o recebimento é a habitualidade no seu pagamento, como se observa, *v. g.*, no art. 458 da CLT, que determina que, para haver a configuração do salário *in natura*, é preciso existir habitualidade no seu fornecimento.

A letra a do § 8º do art. 28 da Lei n. 8.212 foi revogada. A parte final do § 2º do art. 457 da CLT é clara que sobre as diárias para viagem não incide a contribuição previdenciária. A letra h do § 9º do art. 28 da Lei n. 8.212/91 dispõe que as diárias para viagem não integram o salário de contribuição.

Se as diárias são sujeitas à prestação de contas, têm natureza de reembolso de despesas e não de salário.

É claro que, se o empregado deixar de viajar, perderá o direito às diárias, pois sua destinação decorre da existência de viagens, sendo que nesse caso o empregado não poderá alegar prejuízo. O mesmo raciocínio é feito em relação ao empregado que trabalhava durante o horário noturno e passa a trabalhar durante o dia, perdendo o direito ao adicional noturno (Súmula 265 do TST).

8. Abonos são adiantamentos em dinheiro, uma antecipação salarial ou um valor a mais que é concedido ao empregado.

A letra z do § 9º do art. 28 da Lei n. 8.212/91 é clara no sentido de que os abonos não integram o salário de contribuição. O mesmo se verifica no § 2º do art. 457 da CLT.

A Lei n. 9.528/97 alterou a redação do art. 144 da CLT, dispondo que, para fins trabalhistas, a venda das férias até 20 dias não é salário. Dessa forma, não há incidência do FGTS.

Dispõe o item 6, da alínea e, do § 9º do art. 28 da Lei n. 8.212/91, que sobre o abono de férias previsto nos arts. 143 e 144 da CLT não incide a contribuição previdenciária. Dessa forma, sobre os 10 dias de férias que o empregado vender ao empregador não incidirá a contribuição previdenciária.

Abonos expressamente desvinculados do salário também não terão a incidência da contribuição previdenciária.

9. A importância recebida a título de bolsa de complementação educacional de estagiário, quando paga nos termos da Lei n. 11.788, de 25-9-2008.

A bolsa será obrigatória no estágio não obrigatório (art. 12 da Lei n. 11.788/2008).

Não precisa a bolsa do estagiário ser paga em dinheiro. A pessoa que concede o estágio pode pagar a mensalidade da escola do estagiário, e o pagamento é considerado como bolsa.

O pagamento feito a título de bolsa ao estagiário não integra o salário de contribuição. Não é salário. É preciso, porém, que a pessoa seja realmente estagiário e não empregado. Para ser estagiário, é necessário que a pessoa frequente curso público ou particular, de nível superior, de educação profissional, de ensino médio, de educação especial e dos anos finais do ensino fundamental, na modalidade profissional da educação de jovens e adultos. Normalmente, o requisito que não é observado é a interveniência obrigatória da instituição de ensino. Se esse requisito não estiver presente, o pagamento feito ao suposto estagiário será tido por salário e sua relação com a empresa será de emprego e não de estágio. Descaracterizado o estágio, haverá a incidência da contribuição previdenciária sobre o pagamento efetuado à pessoa.

10. A participação nos lucros ou nos resultados da empresa, quando paga ou creditada de acordo com lei específica.

Evolução na legislação brasileira. A participação nos lucros foi prevista efetivamente pela primeira vez no inciso IV do art. 157 da Constituição de 1946: "participação obrigatória e direta do trabalhador nos lucros da empresa, nos termos e pela forma que a lei determinar". Como se verifica, a participação nos lucros por parte do trabalhador não era facultativa, mas obrigatória e direta, porém remetia o intérprete à lei ordinária, que iria definir os termos e a forma dessa participação. Na lei ordinária deveriam ser definidas várias questões como o que seria lucro; a forma de repartição, se dependeria de certo número de anos do trabalhador na empresa, sua produção, assiduidade; quem teria direito; o valor do pagamento; a possibilidade de dedução pela empresa como despesa operacional. Sem a lei ordinária não haveria como se implementar a participação nos lucros.

A Constituição de 1967, no inciso V, do art. 158, assegurava: "integração do trabalhador na vida e no desenvolvimento da empresa, com participação nos lucros e, excepcionalmente, na gestão, nos casos e condições que forem estabelecidos". Não mais se falava em participação obrigatória dos trabalhadores nos lucros das empresas, admitindo-se, porém, a participação na gestão das empresas, de maneira excepcional. A Carta de 1967 suprimiu a expressão "direta", com o que poderia se entender que a participação nos lucros poderia ser estabelecida por outra forma que não diretamente, ou por via indireta, o que dá margem a se falar que o PIS poderia ter sido instituído com essa finalidade. Essas disposições, contudo, continuavam dependendo da lei, que iria estabelecer os casos e as condições para tanto.

O inciso V do art. 165 da Emenda Constitucional n. 1/69, mudou um pouco a redação do direito à participação nos lucros previsto na Lei Magna anterior: "integração na vida e no desenvolvimento da empresa, com participação nos lucros e, excepcionalmente, na gestão, segundo for estabelecido em lei". A participação nos lucros poderia também ser entendida como uma forma de integração na vida e no desenvolvimento da empresa, admitindo-se a participação na gestão de maneira excepcional; porém havia, ainda, a dependência de lei ordinária para regular tais direitos. Uma forma de tentar estabelecer a participação nos lucros foi a instituição do PIS pela Lei Complementar n. 7, de 7-9-1970, que tinha por objetivo promover a integração do empregado na vida e no desenvolvimento das empresas; no entanto, mais se aproximava de uma participação dos trabalhadores na renda nacional, pois não dependia do lucro das empresas, mas do seu faturamento.

Apesar da falta de previsão legal, algumas empresas vinham pagando a participação nos lucros a seus empregados, todos os anos, adquirindo, portanto, habitualidade esse tipo de pagamento. Tal fato importava em considerar o referido pagamento como remuneração, pois seria um pagamento feito sob a forma de percentagem ou uma forma imprópria de gratificação (art. 457, § 1º, da CLT). Foi observando essa situação que a Súmula 251 do TST estabeleceu que "a participação nos lucros da empresa, habitualmente paga, tem natureza salarial, para todos os efeitos legais". Observa-se aqui que o requisito para considerar a participação nos lucros como de natureza salarial era a habitualidade no seu pagamento. Não havendo habitualidade, mas pagamento esporádico da participação nos lucros, não se poderia considerá-la como salário. O STF também entendeu que as gratificações de balanço pagas com habitualidade integram a remuneração do empregado, havendo incidência do FGTS (STF, 1ª T., v. u., RE 100.086-PE, Rel. Min. Soares Munhoz, j. 18-6-1984, *RTJ* 110/1144) e da contribuição previdenciária (STF, 2ª T., v. u., RE 77.036-4/SP, Rel. Min. Aldir Passarinho, j. 19-11-1982, *LTr* 47-6/669).

O inciso XI do art. 7º da Constituição de 1988 estabelece: "participação nos lucros, ou resultados, desvinculada da remuneração, e, excepcionalmente, na gestão da empresa, conforme definido em lei". Nota-se que o citado inciso não é uma norma constitucional de eficácia imediata, mas continua dependendo da lei para que possa ser instituída a referida participação, norma essa que até o momento inexiste. A atual Norma Ápice suprimiu a referência à integração do empregado na vida e no desenvolvimento da empresa, que vinha sendo feita nas constituições anteriores. O § 4º do art. 218 da Lei Magna assegura também que "a lei apoiará e estimulará as empresas (...) que pratiquem sistemas de remuneração que assegurem ao empregado, desvinculada do salário, participação nos ganhos econômicos resultantes da produtividade de seu trabalho".

A Medida Provisória n. 794, de 29-12-1994, tratou da participação nos lucros da empresa, que seria feita mediante negociação coletiva. Atualmente, a Lei n. 10.101/2000 versa sobre o tema.

Denominação. São encontrados vários nomes para denominar a participação nos lucros. Emprega-se a expressão "distribuição de lucros", que está ligada ao Direito Comercial e à legislação do imposto de renda, dizendo respeito à distribuição dos lucros aos acionistas ou sócios, mas não aos empregados. Também são empregadas as expressões "gratificação de lucros"; "gratificação de balanço", que é utilizada impropriamente para designar a participação nos lucros; "gratificação de fim de ano", que pode se confundir com o 13º salário ou até com o 14º salário, que é pago por algumas empresas, e que nada tem a ver com o lucro da empresa, mas se constitui em uma liberalidade do empregador.

Prefiro a expressão "participação nos lucros", que se refere à participação dos empregados no resultado positivo da empresa e não de qualquer outra pessoa, como os sócios ou os acionistas.

Distinção. Há necessidade de se distinguir a participação nos lucros da gratificação, pois em muitos casos as empresas usam o último nome, empregando a expressão "gratificação de balanço".

A palavra "gratificação" deriva do latim *gratificare*, que tem o significado de "dar graças", "mostrar-se reconhecido". No Direito do Trabalho muitas vezes a gratificação tem o sentido de um pagamento feito por liberalidade do empregador; porém, se esse pagamento é feito com habitualidade, passa a integrar a remuneração do empregado, convertendo-se em uma obrigação contratual, tacitamente ajustada pelo reiterado pagamento (Súmula 207 do STF).

A gratificação, entretanto, não se confunde com a participação nos lucros, porque não exige a existência de lucro no final do exercício para seu pagamento, podendo ser uma mera liberalidade da empresa, que se mostra satisfeita com os serviços prestados pelos obreiros, pretendendo, assim, recompensá-los. Já na participação nos lucros, havendo prejuízo na empresa, não se poderá pretender distribuir uma coisa inexistente: os lucros, o que mostra que para a sua distribuição é preciso que estes tenham existido, caso contrário não poderá haver a referida participação.

Quando a empresa se utiliza impropriamente da expressão "gratificação de balanço", e esta é dependente dos lucros existentes em certo período (anual ou semestral), trata-se, na verdade, de participação nos lucros. Assim, a suposta gratificação que estiver subordinada à existência de lucros nada mais é do que participação nos lucros.

Facultatividade. Depreende-se do inciso XI do art. 7º da Lei Maior que a participação nos lucros é facultativa, isto é, não é obrigatória, como mencionava a Constituição de 1946.

Lucros. O conceito de lucro diz respeito ao resultado da atividade econômica da empresa, abstraídas as despesas do empreendimento. O lucro a que se refere a Constituição é o lucro líquido, ou seja, o lucro existente após deduzidas todas as despesas da receita obtida pela empresa. Não se trata de lucro bruto que pode ser considerado a diferença entre o valor da compra da mercadoria ou do preço do custo do serviço e a importância apurada na venda da mercadoria ou do serviço, sem a dedução das despesas operacionais da empresa.

Resultados. A Norma Ápice declara, ainda, que não se trata de participação apenas nos lucros, mas nos resultados.

O resultado, em sentido genérico, pode ser entendido como o produto de uma operação. Na acepção contábil é possível dizer que se trata da conclusão a que se chegou no final do exercício da empresa. Assim, o resultado pode ser positivo ou negativo, ou seja: a empresa pode ter tanto lucro, como prejuízo.

Não se confunde o resultado com o lucro bruto. Receita bruta é: I – o produto da venda de bens nas operações de conta própria; II – o preço da prestação de serviços em geral; III – o resultado auferido nas operações de conta alheia; e IV – as receitas da atividade ou do objeto principal da pessoa jurídica não compreendidas nos incisos I a III (art. 208 do Decreto n. 9.580/2018). A receita líquida compreende a receita bruta diminuída das vendas canceladas, dos descontos concedidos incondicionalmente e dos tributos sobre ela incidentes (§ 1º do art. 208 do Decreto n. 9.580/2018). Já o lucro bruto consiste na diferença entre a receita líquida das vendas e serviços e o custo dos bens e serviços vendidos (art. 290 do Decreto n. 9.580/2018). O lucro real é o lucro líquido do período de apuração ajustado pelas adições, exclusões ou compensações (art. 258 do Decreto n. 9.580/2018). O lucro líquido diz respeito à soma algébrica do lucro operacional, dos resultados não operacionais e das participações (art. 259 do Decreto n. 9.580/2018).

Resultado não se confunde, porém, com faturamento ou com receita operacional. O faturamento ocorre em primeiro lugar. É todo o montante recebido pela empresa a título de venda de bens, serviços ou da combinação de ambos. Já o resultado, entretanto, só acontece ao final, quando são verificadas as receitas e as despesas, ou seja, a diferença entre o que se arrecadou e o que se gastou na empresa. A receita operacional bruta é o somatório das receitas que dão origem ao lucro operacional (§ 2º do art. 1º do Decreto-lei n. 2.445/88), em que este último vem a ser o resultado das atividades, principais ou acessórias, que constituam objeto da pessoa jurídica (art. 11 do Decreto-lei n. 1.598/77).

Pode-se entender que o uso da palavra "resultados" seja decorrente de estabelecer uma forma de participação do trabalhador no resultado positivo obtido por empresas que não tenham por objeto o lucro, como instituições de beneficência, associações recreativas, sindicatos etc., de maneira que o trabalhador tenha uma participação financeira sobre a produtividade que alcançou para a referida empresa.

Resultados são os obtidos mediante produtividade, qualidade, lucratividade, programas de metas etc. (§ 1º do art. 2º da Lei n. 10.101/2000).

Desvinculação da remuneração. A Constituição de 1988 eliminou o caráter salarial da participação nos lucros, determinando que tal prestação vem a ser totalmente desvinculada da remuneração. O objetivo foi realmente esse, o de possibilitar que o empregador concedesse a participação nos lucros aos seus empregados, mas em contrapartida não tivesse nenhum encargo a mais com tal ato. O empregador não tinha interesse em conceder um benefício gratuitamente e ainda suportar os encargos sociais sobre tal valor. Foi uma forma de estimular o empregador a conceder a participação nos lucros, pois, se fosse utilizada a orientação da antiga Súmula 251 do TST, que considerava de natureza salarial a referida participação, o empregador não a iria conceder, porque haveria de pagar outros encargos sobre ela, como FGTS, Previdência Social etc. Assim, o constituinte entendeu por bem continuar a conferir a participação nos lucros aos empregados, porém desvinculada da remuneração, como forma de estimular o empregador a concedê-la, já que não mais teria qualquer encargo incidente sobre tal parcela, ou seja, não haveria incidência de FGTS, nem da contribuição previdenciária. É a interpretação teleológica da norma e também histórica dos debates constituintes, pois a viabilidade da concessão da participação nos lucros dependeria da sua desvinculação da remuneração.

Incidência da contribuição previdenciária. No que diz respeito à incidência da contribuição previdenciária sobre a participação nos lucros, são notadas várias orientações. A Resolução n. 82/64 da Junta Interventora da Previdência Social dizia que a incidência da contribuição seria feita sobre qualquer gratificação. A Resolução CD/DNPS n. 1.267/66 esclareceu não haver incidência da contribuição, porém o extinto IAPI confundia gratificação de lucros e distribuição de lucros. O Parecer CJ/DNPS n. 255/67 da Consultoria de Arrecadação e Assuntos Diversos do INPS entendeu pela incidência da contribuição, contudo era necessário que o pagamento decorresse de serviços prestados, que fosse feito com habitualidade, proveniente de ajuste tácito ou expresso. O DNPS mostrou não haver a incidência da contribuição sobre a gratificação paga pela Petrobrás a seus empregados não acionistas. Em outras consultas, ora se entendia que havia a incidência da contribuição previdenciária, ora não, mostrando incerteza de posicionamentos, dependendo da empresa. O Parecer PGC n. 405/76, tendo por base a Lei n. 5.890/73, que deu nova redação aos arts. 69 e 76 da Lei n. 3.807/60 (LOPS), analisando um caso do Banco Nacional de Minas Gerais S/A, entendeu pela incidência da contribuição, dizendo que a distribuição de lucros para os acionistas decorria do capital investido e a distribuição para os empregados provinha do trabalho. A partir desse momento, passou a haver o entendimento quanto a incidência da contribuição previdenciária sobre o pagamento da participação nos lucros aos empregados.

A alínea *j* do § 9º do art. 28 da Lei n. 8.212/91 especifica atualmente que "a participação nos lucros ou resultados da empresa, quando paga ou creditada de acordo com lei específica" não integra o salário de contribuição. Não se pode dizer que a letra *j* do § 9º do art. 28 da Lei n. 8.212/91 seja inconstitucional, pois apenas interpreta fielmente o que está disposto no inciso XI do art. 7º da Norma Ápice, ou seja, de que o referido dispositivo não é autoaplicável, dependendo de lei ordinária para torná-lo de eficácia plena. O § 10 do art. 214 do Regulamento de Benefícios da Previdência Social mostra que se as parcelas previstas no § 9º do mesmo artigo forem pagas ou creditadas em desacordo com a legislação pertinente, integrarão o salário de contribuição para todos os fins e efeitos.

O STF entende que é devida a incidência da contribuição previdenciária sobre participação nos lucros entre 5-10-1988 até a vigência da MP n. 794/94 (RE 569.441, j. 30.10.2014, Rel. Min. Teori Zavascki).

Estabelece o art. 20 da Lei n. 9.711/98 que a participação nos lucros ou resultados da empresa, na forma da lei específica, não substitui ou complementa a remuneração devida a qualquer empregado, nem constitui base de incidência de qualquer encargo previdenciário, não se lhe aplicando o princípio da habitualidade, desde que o pagamento de qualquer antecipação ou distribuição de valores a esse título não se realize em periodicidade inferior a um semestre.

É vedado o pagamento de qualquer antecipação ou distribuição de valores a título de participação nos lucros ou resultados da empresa mais de duas vezes no mesmo ano civil e em periodicidade inferior a um trimestre civil (§ 2º do art. 3º da Lei n. 10.101/2000).

11. Abono do PIS/Pasep.

A arrecadação decorrente das contribuições para o Programa de Integração Social, criado pela Lei Complementar n. 7, de 7 de setembro de 1970, e para o Programa de Formação do Patrimônio do Servidor Público, criado pela Lei Complementar n. 8, de 3 de dezembro de 1970, passa, a partir da promulgação da Constituição, a custear, nos termos que a lei dispuser, o programa do seguro-desemprego, outras ações da previdência social e o abono do sistema (art. 239 da Constituição).

O abono do PIS/Pasep não é um valor pago pelo empregador, mas um abono pago pelo sistema respectivo, previsto nas Leis Complementares n. 7/70 e 8/70. É devido à razão de um salário mínimo para quem ganha até dois salários mínimos mensais durante o ano e está cadastrado no sistema há cinco anos. Não é, portanto, salário. Assim, não integra o salário de contribuição. O art. 10 da Lei Complementar n. 7/70 é claro no sentido de que não há a incidência da contribuição previdenciária sobre o pagamento do abono do PIS.

12. Valores correspondentes a transporte, alimentação e habitação fornecidos pela empresa ao empregado contratado para trabalhar em localidade distante de sua residência, em canteiro de obras ou local que, por força da atividade, exija deslocamento e estada, observadas as normas de proteção estabelecidas pelo Ministério do Trabalho.

Observa-se aqui que transporte, alimentação e habitação devem ser fornecidos pelo empregador ao empregado contratado para trabalhar em localidade distante de sua residência, em canteiro de obras ou local que exija deslocamento e estada. Caso aquelas parcelas não sejam fornecidas em razão de o obreiro não ser contratado para trabalhar em localidade distante de sua residência, em canteiro de obras ou local que exija deslocamento e estada, haverá a incidência da contribuição previdenciária.

A exceção da lei prende-se ao fato de que se o empregador tiver de fornecer condução, alimentação ou moradia ao empregado que trabalha em canteiro de obras, contratado para trabalhar em localidade distante de sua residência, e ainda houver a incidência da contribuição, provavelmente não irá fornecer as utilidades, além do que inviabilizará a prestação do serviço. Assim, o legislador entendeu de estabelecer que não haverá a incidência da contribuição da previdência social, proporcionando, também, um incentivo ao empregador.

Já se decidiu que "a habitação fornecida pelo empregador, como condição indispensável à prestação do serviço que, por sua natureza, requer residam os empregados próximo ao local de trabalho, não integra o salário, não se sujeitando, portanto, ao desconto previdenciário" (TRF 1ª R, 3ª T., AC 92.01.17960-0, Rel. Juiz Osmar Tognolo, j. 25-3-1996, *DJU* 2, 26-4-1996, p. 27129).

O auxílio-alimentação não tem natureza salarial e não tem incidência da contribuição previdenciária (§ 2º do art. 457 da CLT). Trata-se de um auxílio e não do pagamento integral da alimentação do empregado. Entretanto, será vedado pagar em dinheiro o auxílio-alimentação, que aí terá natureza salarial.

13. Parcela de gratificação natalina correspondente ao período de aviso-prévio indenizado, paga na rescisão do contrato de trabalho.

O aviso-prévio indenizado projeta o contrato de trabalho por mais 30 dias, integrando o tempo de serviço do empregado (§ 1º do art. 487 da CLT). Essa projeção dá direito ao empregado a mais de 1/12 do 13º salário. Como no caso o aviso-prévio é indenizado, a parcela pertinente do 13º salário também o será, não sendo considerada como salário de contribuição.

Caso, porém, o aviso-prévio seja trabalhado, o duodécimo pertinente ao 13º salário terá incidência da contribuição.

14. A dobra das férias de que trata o art. 137 da CLT.

O art. 137 da CLT trata de pagamento em dobro das férias, porque elas foram concedidas fora do período concessivo.

Nesse ponto a única parte que não terá a incidência da contribuição previdenciária será o acréscimo para atingir o pagamento em dobro, ainda que seja pago na vigência ou na rescisão do contrato de trabalho.

Como a natureza de tal pagamento é de indenização, de penalidade, pelo fato de as férias não terem sido concedidas dentro do período concessivo, não integrará o salário de contribuição. As penalidades devem ser interpretadas restritivamente.

15. A prestação de vestuários, equipamentos e outros acessórios fornecidos ao empregado e utilizados no local de trabalho para a prestação dos respectivos serviços.

Se a prestação puder ser utilizada fora do local de trabalho, será considerado um ganho do empregado, desde que fornecida habitualmente, havendo, assim, a incidência da contribuição.

A empresa é obrigada a fornecer aos empregados, gratuitamente, EPIs (art. 166 da CLT), que não são considerados salário, nem há incidência da contribuição previdenciária, desde que sejam utilizados no local de trabalho.

16. A importância paga ao empregado em complementação ao auxílio-doença, desde que esse direito seja extensivo à totalidade dos empregados da empresa.

Caso o pagamento de complementação do auxílio-doença não seja extensível à totalidade dos empregados da empresa, haverá a incidência da contribuição. O objetivo aqui é que não haja discriminação de alguns empregados e fazer com que o empregador conceda o benefício a todos os seus funcionários.

17. Os valores recebidos em decorrência de cessão de direitos autorais.

Tais valores não são considerados como salário, inexistindo, portanto, a incidência da contribuição previdenciária. Geralmente não são pagos a empregados.

Mesmo que haja pagamento a empregado, a lei exclui a incidência da contribuição.

O pagamento dos direitos autorais não é contraprestação por trabalho realizado. Não se trata exatamente de remuneração ou de salário. O art. 3º da Lei n. 9.610/98 considera que os direitos autorais são bens móveis. O pagamento por direitos autorais representa cessão de direito.

18. O valor relativo à assistência prestada por serviço médico ou odontológico, próprio da empresa ou por ela conveniado, inclusive o reembolso de despesas com medicamentos, óculos, aparelhos ortopédicos, despesas médico-hospitalares e outras similares.

Tal valor, mesmo quando concedido em diferentes modalidades de planos e coberturas, não integra o salário do empregado para qualquer efeito nem o salário de contribuição, para efeitos do previsto na alínea *q* do § 9º do art. 28 da Lei n. 8.212/91 (§ 5º do art. 458 da CLT).

Não se considera salário utilidade a assistência médica, hospitalar e odontológica, prestada diretamente ou mediante seguro-saúde (art. 458, § 2º, IV, da CLT).

O parecer MPS/CJ n. 107, de 23-9-1992, não considera salário de contribuição a assistência médica paga, por não ser gratuita. Não entende que a assistência médica fornecida gratuitamente pelo empregador a seus funcionários é salário de contribuição, por se tratar de prestação de caráter assistencial, que não tem caráter retributivo e comutatividade, como ocorre com o salário. Entende ser a saúde uma prestação securitária prevista na Constituição, além do que é impossível, dependendo do caso, verificar se o empregado se utilizou ou não do serviço e inclusive de maneira habitual.

19. O valor pago à empregada gestante, em razão de dispensa arbitrária ou sem justa causa, quando resultado da conversão em indenização da sua garantia de emprego.

A garantia de emprego da gestante vai desde a confirmação da gravidez até cinco meses após o parto (art. 10, II, *b*, do ADCT).

A conversão tem natureza de indenização, pois não há trabalho prestado pelo empregado, tanto que foi rescindido o contrato de trabalho.

20. O ressarcimento de despesas pelo uso de veículo do empregado e o reembolso-creche pago em conformidade com a legislação trabalhista, observado o limite máximo de seis anos de idade, quando devidamente comprovadas as despesas realizadas.

Sobre ressarcimento de despesas a título de reembolso-creche para filhos de funcionários acima de seis anos de idade haverá a incidência da contribuição, pois se trata de espécie de remuneração.

O inciso XXV do art. 7º da Constituição dispõe sobre a assistência gratuita aos filhos e dependentes desde o nascimento até cinco anos de idade em creches e pré-escolas.

21. As parcelas destinadas à assistência aos trabalhadores da agroindústria canavieira, de que trata o art. 36 da Lei n. 4.870, de 1º-12-1965.

22. O valor das contribuições efetivamente pagas pela pessoa jurídica relativo a programa de previdência complementar, aberto ou fechado, desde que disponível à totalidade de seus empregados e dirigentes.

As contribuições do empregador, os benefícios e as condições contratuais previstas nos estatutos, regulamentos e planos de benefícios das entidades de previdência privada não integram o contrato de trabalho dos participantes, assim como, à exceção dos benefícios concedidos, não integram a remuneração dos participantes, nos termos da lei (§ 2º do art. 202 da Constituição).

No caso, tanto faz se o regime de previdência complementar é aberto ou fechado. O importante é que seja estendido à totalidade dos empregados e dirigentes. Não pode, portanto, haver discriminação.

Para efeito de salário utilidade, não se considera a utilidade concedida pelo empregador a título de previdência privada (art. 458, § 2º, VI, da CLT).

23. O valor relativo a plano educacional, ou bolsa de estudo, que vise à educação básica de empregados e seus dependentes e, desde que vinculada às atividades desenvolvidas pela empresa, à educação profissional e tecnológica de empregados, nos termos da Lei n. 9.394, de 20-12-1996, e: 1. não seja utilizado em substituição de parcela salarial; 2. o valor mensal do plano educacional ou bolsa de estudo, considerado individualmente, não ultrapasse 5% da remuneração do segurado a que se destina ou o valor correspondente a uma vez e meia o valor do limite mínimo mensal do salário de contribuição, o que for maior.

A Lei n. 9.394/96 versa sobre as diretrizes e bases da educação nacional. Seu art. 21 menciona que a educação básica é formada pela educação infantil, ensino fundamental e ensino médio.

O pagamento feito a título de plano educacional a título de educação superior será considerado salário e terá a incidência da contribuição previdenciária.

A Lei n. 10.243, de 19-6-2001, alterou a redação do § 2º do art. 458 da CLT incluindo incisos no parágrafo. Dispõe que não são consideradas como salário as seguintes utilidades concedidas pelo empregador: II – educação, em estabelecimento de ensino próprio ou de terceiros, compreendendo os valores relativos a matrícula, mensalidade, anuidade, livros e material didático.

Resolveu a Lei n. 10.243/2001 o problema de que a educação paga pelo empregador ao empregado não é salário. Entretanto, criou o problema da incidência da contribuição previdenciária e do FGTS, pois o § 9º do art. 28 da Lei n. 8.212/91 menciona que não integram o salário de contribuição *exclusivamente* as parcelas por ele enumeradas e não outras.

Agora, a educação não tem natureza salarial, mas mesmo assim sofre a incidência da contribuição previdenciária e do FGTS?!

Uma primeira afirmação seria no sentido de que a Lei n. 10.243/2001 é uma norma trabalhista e, portanto, não revogou a alínea *t* do § 9º do art. 28 da Lei n. 8.212/91. São regras distintas, de campos de aplicação distintos. Assim, não seria salário, mas continuaria a existir a incidência da contribuição previdenciária e do FGTS, pois o art. 28 da Lei n. 8.212/91 considera remuneração os ganhos habituais sob a forma de utilidades. Isso parece mostrar total falta de lógica e de bom-senso na nova disposição.

Uma segunda orientação, mais coerente, poderia chegar à seguinte conclusão: se a verba não tem natureza salarial, não pode ter a incidência da contribuição previdenciária e do FGTS.

O inciso II do § 2º do art. 458 da CLT trata a questão de forma irrestrita, pois não faz referência apenas à educação básica, mas a qualquer pagamento feito a título de educação, num sentido amplo.

Dessa forma, se a verba não é salário para fins trabalhistas, em que a lei define a natureza jurídica da prestação, não pode haver a incidência da contribuição previdenciária e do FGTS, pois não se trata de remuneração (art. 28 da Lei n. 8.212/91 e art. 15 da Lei n. 8.036/90).

24. Os honorários pagos a peritos, quando decorrentes de sua atuação em ações judiciais.

Os honorários não têm natureza salarial, pois o perito não é empregado. É um profissional liberal.

25. A indenização de 20% ou 40% sobre os depósitos do FGTS, quando da dispensa do empregado ou da rescisão indireta ou culpa recíproca reconhecida pela Justiça do Trabalho.

A indenização mencionada não é salário, mas, como o próprio nome diz, indenização. Sobre indenização não incide a contribuição previdenciária.

26. A indenização de tempo de serviço, anterior a 5-10-1988, do empregado não optante do FGTS, prevista nos arts. 478, 496 e 497 s. da CLT.

A indenização de tempo de serviço prevista nos arts. 478, 496 e 497 s. da CLT não é salário. Tal pagamento tem natureza de indenização, não podendo haver a incidência da contribuição previdenciária.

27. A indenização de que trata o art. 14 da Lei n. 5.889, de 8-6-1973.

É a indenização de 1/12 do salário mensal do empregado, por mês de serviço ou fração superior a 14 dias.

A indenização mencionada é pelo término do contrato do safrista. Por ser indenização, não há a incidência da contribuição previdenciária.

28. A indenização do art. 479 da CLT.

É a indenização paga ao empregado em razão da rescisão antecipada do contrato de trabalho de prazo determinado, à razão de metade do salário do empregado até o término do pacto.

Se é indenização, não é salário e não tem a incidência da contribuição previdenciária.

29. Importância recebida a título de incentivo à demissão.

Essa verba tem natureza de indenização, não incidindo a contribuição previdenciária, pois o empregado recebe um valor a título de indenização pelo término do contrato de trabalho entre as partes. Seria um ganho eventual.

30. A importância recebida a título de bolsa de aprendizagem garantida ao adolescente até 14 anos de idade, de acordo com o disposto no art. 64 da Lei n. 8.069/90.

O art. 64 do ECA prevê o pagamento de bolsa de aprendizagem ao adolescente até 14 anos. Trata-se de uma espécie de incentivo a tal aprendizagem. Não sendo salário, não terá a incidência da contribuição.

31. O valor da multa do § 8º do art. 477 da CLT.

É a multa devida ao empregado pelo atraso no pagamento das verbas rescisórias no valor do seu salário.

Tratando-se de multa (penalidade), destituída de natureza salarial, não incide a contribuição previdenciária.

32. Licença-prêmio indenizada.

Geralmente, a licença-prêmio é prevista em legislações estaduais ou municipais. O empregado tem direito a gozar 90 dias de licença-prêmio se não faltar durante cada período de cinco anos.

Tendo a licença-prêmio natureza de indenização, não pode sofrer a incidência da contribuição previdenciária. Não se trata de salário.

33. Indenização do art. 9º da Lei n. 7.238, de 29-10-1984.

A indenização da Lei n. 7.238/84 é chamada de "indenização adicional". É paga quando o empregador dispensa o empregado nos 30 dias anteriores ao reajuste salarial na data-base. Tem por objetivo evitar que o empregador dispense o empregado para contratar outro trabalhador por salário inferior e não pagar o reajuste salarial na data-base.

A indenização adicional não tem natureza salarial, de contraprestação do trabalho, mas de indenizar o trabalhador por ter sido dispensado nos 30 dias anteriores à data-base de sua categoria.

34. Abono de férias dos arts. 143 e 144 da CLT.

O empregado pode converter 1/3 do período de férias a que tiver direito em abono pecuniário, no valor da remuneração que lhe seria devida nos dias correspondentes (art. 143 da CLT). O abono de férias não pode exceder de 20 dias do salário, desde que decorrente de cláusula do contrato de trabalho, do regulamento de empresa, de convenção ou acordo coletivo (art. 144 da CLT). Nesses casos, não incide a contribuição sobre o abono de férias.

35. Ganhos eventuais e os abonos expressamente desvinculados do salário.

Sobre ganhos eventuais, que são pagos uma vez ou outra, esporadicamente, não incide a contribuição. Incide a contribuição sobre ganhos habituais e não sobre ganhos eventuais.

Para que a contribuição não incida sobre abonos, estes devem estar expressamente desvinculados do salário.

O abono não integra o salário, conforme o § 2º do art. 457 da CLT.

36. O reembolso-babá, limitado ao menor salário de contribuição mensal e condicionado à comprovação do registro na CTPS da empregada, do pagamento da remuneração e do recolhimento da contribuição previdenciária, pago em conformidade com a legislação trabalhista, observado o limite máximo de seis anos de idade da criança.

O auxílio-creche não integra o salário de contribuição (Súmula 310 do STJ).

37. O valor das contribuições efetivamente pago pela pessoa jurídica relativo a prêmio de seguro de vida em grupo desde que previsto em acordo ou convenção coletiva de trabalho e disponível à totalidade de seus empregados e dirigentes.

Caso não haja previsão em acordo ou convenção coletiva e não seja disponível à totalidade de seus empregados e de seus dirigentes, haverá a incidência da contribuição.

38. O valor correspondente ao vale-cultura.

O vale-cultura foi instituído pela Lei n. 12.761, de 27-12-2012. Visa a lei que seja fornecido aos trabalhadores meios para o exercício dos direitos culturais e acesso às fontes da cultura (art. 1º da Lei n. 12.761/2012). São objetivos do programa: I – possibilitar o acesso e a fruição dos produtos e serviços culturais; II – estimular a visitação a estabelecimentos culturais e artísticos; e III – incentivar o acesso a eventos e espetáculos culturais e artísticos (art. 2º da Lei n. 12.761/2012). São serviços culturais as atividades de cunho artístico e cultural fornecidas por pessoas jurídicas. São produtos culturais os materiais de cunho artístico, cultural e informativo, produzidos em qualquer formato ou mídia por pessoas físicas ou jurídicas. Consideram-se áreas culturais: I – artes visuais; II – artes cênicas; III – audiovisual; IV – literatura, humanidades e informação; V – música; e VI – patrimônio cultural. O vale-cultura, de caráter pessoal e intransferível, é válido em todo o território nacional. Visa o acesso e fruição de produtos e serviços culturais, no âmbito do Programa de Cultura do Trabalhador (art. 3º da Lei n. 12.761/2012). O vale-cultura deverá ser fornecido ao trabalhador que perceba até cinco salários mínimos mensais (art. 7º da Lei n. 12.761/2012). Os trabalhadores com renda superior a cinco salários mínimos poderão receber o vale-cultura, desde que garantido o atendimento à totalidade dos empregados, na forma que dispuser o regulamento. O valor mensal do vale-cultura, por usuário, será de R$ 50,00 (art. 8º da Lei n. 12.761/2012). O trabalhador poderá ter descontado de sua remuneração o porcentual máximo de 10% do valor do vale-cultura, na forma definida em regulamento. Os trabalhadores que percebem mais de cinco salários mínimos poderão ter descontados de sua remuneração, em porcentuais entre 20% e 90% do valor do vale-cultura, de acordo com a respectiva faixa salarial. É vedada, em qualquer hipótese, a reversão do valor do vale-cultura em pecúnia.

A parcela do valor do vale-cultura cujo ônus seja da empresa beneficiária: I – não tem natureza salarial nem se incorpora à remuneração para quaisquer efeitos; II – não constitui base de incidência de contribuição previdenciária ou do Fundo de Garantia do Tempo de Serviço – FGTS; e III – não se configura como rendimento tributável do trabalhador (art. 11 da Lei n. 12.761/2012).

O objetivo da Lei n. 12.761/2012 é que o vale-cultura seja fornecido ao trabalhador e o empregador não tenha incidência de qualquer contribuição sobre o referido vale, nem tenha natureza salarial o fornecimento. Do contrário, o empregador não terá interesse em conceder o vale-cultura ao trabalhador.

39. Os valores recebidos a título de bolsa-atleta, em conformidade com a Lei n. 10.891, de 9 de julho de 2004.

A Bolsa-Atleta é destinada prioritariamente aos atletas praticantes do esporte de alto rendimento em modalidades olímpicas e paraolímpicas (art. 1º da Lei n. 10.891/2004).

A concessão da Bolsa-Atleta não gera qualquer vínculo entre os atletas beneficiados e a administração pública federal (art. 2º da Lei n. 10.891/2004). O atleta não é empregado. Logo, não incide a contribuição previdenciária.

40. Prêmios

Prêmio é espécie de gratificação ajustada entre as partes. Consideram-se prêmios as liberalidades concedidas pelo empregador, em forma de bens, serviços ou valor em dinheiro a empregado ou a grupo de empregados, em razão de desempenho superior ao ordinariamente esperado no exercício de suas atividades (§ 4º do art. 457 da CLT). O prêmio é uma liberalidade, pois é concedido unilateralmente pelo empregador. Pode ser concedido em forma de bens, como relógios, passagens etc. Exige que o empregado tenha um desempenho maior do que normalmente ocorre no exercício das suas funções.

Sobre prêmios não incide a contribuição, pois há expressa vedação na letra *z* do § 9º do art. 28 da Lei n. 8.212/91. O § 2º do art. 457 da CLT também mostra que o prêmio não tem natureza salarial e não incide a contribuição previdenciária. O prêmio poderá ser pago de forma mensal, que não será salário nem sofrerá incidência da contribuição.

41. Verbas indenizatórias.

A contribuição previdenciária incide sobre as verbas de natureza salarial e não sobre indenização. A alínea *a* do inciso I do art. 195 da Constituição dispõe que a contribuição social do empregador incide sobre a folha de salários.

A analogia é uma forma de integração da norma jurídica. É usada quando existe lacuna na lei. Aplica-se a analogia de determinado caso a outro semelhante.

Não se pode, porém, exigir tributo por analogia. A analogia não pode ser utilizada para entender que indenização tem significado semelhante ao de "folha de salários". O § 1º do art. 108 do CTN é expresso no sentido de que "o emprego da analogia não poderá resultar na exigência de tributo não previsto em lei".

A contribuição previdenciária incidente sobre aviso-prévio indenizado não está prevista na Constituição, que apenas menciona a exigência sobre folha de salários (art. 195, I). A obrigação tributária é *ex lege*, decorrente de lei e da determinação constitucional. Não se pode pretender exigir contribuição previdenciária sobre aquilo que não tem natureza salarial.

Se a Lei Magna dispõe textualmente que a contribuição previdenciária incide sobre a folha de salários, não se pode alargar a base de cálculo e incluir analogicamente o aviso-prévio nessa disposição, pois assim o legislador constituinte não quis e não permite o Código Tributário Nacional.

Para que houvesse, por conseguinte, a incidência da contribuição previdenciária de 20% sobre verbas indenizatórias, seria mister lei complementar (§ 4º do art.

195 da Constituição), que é a forma exigida pela Constituição para a exigência de outras fontes de custeio da Seguridade Social.

Declara o § 4º do art. 195 da Constituição que a lei poderá instituir outras fontes destinadas a garantir a manutenção ou expansão da seguridade social, obedecido o disposto no inciso I, do art. 154, da Norma Magna. Pela redação do dispositivo constitucional verifica-se que o constituinte estabeleceu a possibilidade de se instituir outras fontes para a manutenção ou expansão da seguridade social, não fazendo menção expressa a outras contribuições, mas a outras fontes de recursos. Do referido parágrafo não há a exigência expressa de que a lei complementar institua outra fonte sobre os mesmos sujeitos passivos contidos nos incisos I e II do art. 195 do Estatuto Supremo, ou seja, de trabalhadores e de empresas, mas necessariamente a nova fonte deverá custear as prestações de assistência social, previdência social e saúde dos necessitados, de acordo com a previsão da lei, o que será feito de um modo geral em relação aos segurados, no caso da previdência social. Qualquer pessoa poderá ser escolhida, desde que tenha condições para contribuir, segundo o critério adotado pelo legislador. Nem se pode dizer que é implícita essa exigência de serem os mesmos sujeitos passivos, pois o legislador constituinte determinou a possibilidade de outras fontes serem criadas para a manutenção e expansão da seguridade social, independentemente que fossem de outros sujeitos passivos, pois mesmo assim serão novas fontes de custeio.

O referido inciso I, do art. 154, da Lei Maior estabelece para tanto alguns requisitos a se observar: (a) o primeiro requisito é formal, isto é, a nova contribuição deve ser instituída por lei complementar. Embora a oração do § 4º do art. 195 do Estatuto Supremo faça referência a "a lei poderá instituir", essa lei é a complementar, pois o próprio parágrafo faz menção ao inciso I do art. 154 da mesma norma, que prevê expressamente a necessidade de lei complementar para tratar da instituição de outros impostos. Não há necessidade de se verificar se a lei complementar tem hierarquia superior à lei ordinária, pois não há essa distinção na Lei Maior, apenas são definidas certas normas que precisam de *quorum* especial para determinadas matérias (art. 69), sendo uma questão de competência, definida na própria Lei Magna; (b) desde que seja não cumulativa e não tenha fato gerador ou base de cálculo próprios dos impostos discriminados na Constituição, isto é, impostos já existentes, que são os previstos nos arts. 153 (impostos da União), 155 (impostos dos Estados) e 156 (impostos dos Municípios). Isso também mostra que a contribuição social destinada a custear a Seguridade Social, prevista nos incisos I a III do art. 195 da *Lex Legum*, pode ter o mesmo fato gerador e a mesma base de cálculo que outros impostos, além de ser cumulativa, porque há permissão constitucional nesse sentido, interpretando-se *a contrario sensu* o inciso I, do art. 154 c/c § 4º, do art. 195 da Constituição. Apenas as "outras fontes" destinadas à manutenção e à expansão da Seguridade Social é que não podem ter fato gerador e base de cálculo de outros impostos já previstos no Estatuto Supremo.

Nesse ponto, poderia ser instituída contribuição previdenciária sobre verbas indenizatórias, desde que fosse por meio de lei complementar. O fato gerador e a base de cálculo não seriam os mesmos de outros impostos previstos na Constituição, salvo se a nova contribuição tivesse o mesmo fato gerador e a mesma base de cálculo do imposto de renda. A contribuição não seria cumulativa, pois incidiria uma única vez.

A contribuição previdenciária incide sobre verbas de natureza salarial e não sobre indenização. A alínea *a* do inciso I do art. 195 da Constituição dispõe que a contribuição social do empregador incide sobre a folha de salários. A verba aviso-prévio indenizado tem natureza de indenização, não sendo salário. O STF já entendeu que a expressão *folha de salários* deve ser interpretada no sentido de o salário ser relativo ao empregado e não a autônomo. Pode-se aqui aplicar a mesma orientação. O art. 457 da CLT define salário como o valor pago diretamente pelo empregador, como contraprestação do serviço. Não há serviço prestado se o pagamento é indenizado, como em relação ao aviso-prévio indenizado.

Reza o inciso I, art. 28 da Lei n. 8.212/91, que se considera salário de contribuição, para o empregado, a remuneração efetivamente recebida ou creditada a qualquer título durante o mês. O aviso-prévio indenizado e as outras verbas não têm natureza de remuneração, mas de indenização, pois não decorrem da prestação de serviços. Logo, não poderia haver a incidência de contribuição previdenciária sobre verbas indenizadas, em que não há prestação de serviços.

A Súmula 79 do extinto TFR já dizia que não incidia a contribuição previdenciária sobre o aviso-prévio indenizado.

O aviso-prévio indenizado integra o tempo de serviço do empregado para todos os fins (§ 1º do art. 487 da CLT). Teria natureza salarial, porque se faz referência a salários do período no § 1º, do art. 487, da CLT. Este dispositivo mostra a projeção do aviso-prévio, mas não que ele tem natureza salarial.

É de se destacar, porém, que a Previdência Social não considera para efeito da contagem de tempo de serviço o aviso-prévio indenizado, que não projeta, para fins previdenciários, o contrato de trabalho por mais 30 dias, mas sim apenas o tempo efetivamente trabalhado. O art. 55 da Lei n. 8.213/91 não faz referência a esse tempo, nem o art. 60 do RPS, estabelecido pelo Decreto n. 3.048/99.

A lei tributa de forma diferenciada o aviso-prévio indenizado e as férias indenizadas, quanto à contribuição previdenciária. Sobre férias indenizadas deixa de incidir a contribuição previdenciária (art. 28, § 9º, *d*, da Lei n. 8.212/91). O tratamento deveria ser igual ao das férias indenizadas, que têm natureza de indenização, pois não são gozadas, por isso o empregador paga a indenização substitutiva. No aviso-prévio indenizado ocorre o mesmo, o empregado não trabalha, recebendo de forma indenizada os 30 dias que o empregador deveria proporcionar para procurar novo emprego, mantendo seu salário. É, portanto, uma forma indireta de instituir tratamento desigual entre contribuintes que estejam em situação equivalente, violando o inciso II, do art. 150 da Constituição e o princípio da igualdade (art. 5º, *caput*, da Lei Maior).

A alínea *e* do § 9º do art. 28 da Lei n. 8.212/91 previa que o aviso-prévio indenizado não tinha a incidência da contribuição previdenciária, seja a do empregado ou a do empregador, entendendo que não se trata de salário, mas de pagamento indenizatório. O mesmo raciocínio pode ser utilizado em relação ao FGTS.

Somente a lei pode prever a instituição de tributos ou a sua majoração (art. 97, I e II, do CTN).

Apenas a lei pode definir o fato gerador do tributo (art. 97, III, do CTN), diante do princípio da reserva legal em matéria tributária. O art. 28, I, da Lei n. 8.212/91 ou seu § 9º não dispõem expressamente que a contribuição previdenciária incide sobre o aviso-prévio indenizado. Pouco importa que na atual redação do art. 28 da Lei n. 8.212/91, de acordo com a redação da Lei n. 9.528/97, não constou a exceção de não incidir a contribuição previdenciária sobre o aviso-prévio indenizado.

Se não existe previsão na lei para a exigência da contribuição previdenciária sobre o aviso-prévio indenizado, a referida contribuição não pode ser exigida, sob pena de afronta ao princípio da reserva legal tributária contido no inciso I do art. 150 da Constituição.

O fato gerador tem de estar previsto em lei, em razão do princípio da legalidade tributária. Irrelevante, portanto, que o regulamento revogou hipótese que não contemplava a incidência da contribuição previdenciária sobre o aviso-prévio indenizado. O Regulamento da Previdência Social não cria tributo.

Serve o aviso-prévio indenizado para indenizar o empregado pelo término abrupto do contrato de trabalho, sem que haja trabalho nos 30 dias subsequentes. O empregado não está à disposição do empregador no período de aviso-prévio indenizado, pois o contrato de trabalho já foi rescindido. Logo, não se pode considerá-lo como salário.

O aviso-prévio indenizado não representa remuneração. Logo, sobre ele não incide a contribuição previdenciária.

A letra *f* do inciso V do § 9º do art. 214 do RPS determinava que sobre aviso-prévio indenizado não incidia a contribuição previdenciária. O regulamento interpretava corretamente o contido na lei e não era ilegal.

Não se pode pretender exigir contribuição previdenciária sobre verbas que não têm natureza salarial, mas indenizatória, por meio de lei ordinária. O inciso I do art. 195 da Lei Magna dispõe que a contribuição previdenciária incide sobre verbas salariais. O § 4º do art. 195 da Constituição c/c o inciso I do art. 154 da mesma norma exige lei complementar para o estabelecimento de outras fontes de recursos para a Seguridade Social, como sobre aviso-prévio indenizado.

É de se destacar que a Previdência Social não considera para efeito da contagem de tempo de serviço o aviso-prévio indenizado, que não projeta, para fins previdenciários, o contrato de trabalho por mais 30 dias, mas apenas o tempo efetivamente trabalhado. O art. 55 da Lei n. 8.213/91 não faz referência a esse tempo.

O STF, em ação direta de inconstitucionalidade, suspendeu o § 2º do art. 22 da Lei n. 8.212/91, na redação dada pela Medida Provisória n. 1.596-14, que previa a incidência de contribuições sobre verbas de natureza indenizatória (ADIn 1.659-6, j. 27-11-1997, Rel. Min. Moreira Alves, *DJU* I, 10-12-1997, p. 65252).

A Lei n. 9.528/97 dava nova redação ao citado § 2º do art. 22, com o mesmo conteúdo anteriormente mencionado. Por esses motivos, o presidente da República vetou o referido parágrafo.

Não se definiu também o tratamento a ser dado à projeção do aviso-prévio sobre o 13º salário. Anteriormente, entendia-se que a parcela de 1/12 decorrente da projeção do aviso-prévio indenizado no 13º salário não tinha a incidência da contribuição previdenciária (art. 37, § 9º, *n*, do Decreto n. 2.173/97). Agora, se se entender que o aviso-prévio indenizado tem a incidência da contribuição previdenciária, aquela parcela também terá a mesma incidência, o que também não parece correto, diante do fato de que aquela verba também possui natureza indenizatória.

O FGTS substituiu definitivamente a indenização de antiguidade do empregado prevista na CLT (arts. 478, 496 etc.), pois a Constituição de 1988 não mais repete o regime alternativo da estabilidade, com indenização, ou FGTS equivalente, como fazia a Emenda Constitucional n. 1/69. O FGTS é uma verba que vai indenizar o tempo de serviço do empregado na empresa. Tanto o FGTS como a indenização de antiguidade não abrangem prestação de serviços, sendo verbas de natureza indenizatória. Não incide sobre o FGTS a contribuição previdenciária.

Como regra geral é possível dizer que todo pagamento feito a título de indenização ao empregado não integrará o salário de contribuição, por não ter havido trabalho, mas um pagamento de modo a compensar certa atitude tomada pelo empregador, como no caso da rescisão do contrato de trabalho. Assim, por exemplo, se o aviso-prévio for trabalhado, as férias gozadas, haverá a incidência da contribuição, pois tais pagamentos não têm natureza de indenização, mas de salário.

Se o pagamento é feito à pessoa, mas não há trabalho, não se pode dizer que tem natureza salarial, mas de indenização. É o que acontece com o pagamento a título de férias indenizadas ou de aviso-prévio indenizado, que, portanto, não foram trabalhados, não podendo, assim, ter natureza salarial e, em consequência, ter incidência da contribuição previdenciária. O terço incidente sobre as férias indenizadas também não terá a incidência da contribuição, pois o acessório segue a sorte do principal.

A indenização paga ao dirigente sindical, ao cipeiro, à grávida, ao acidentado e a outros que tinham garantia de emprego não tem natureza salarial, pois não há trabalho e visa substituir os salários do período da referida garantia. Sobre a referida indenização não incide a contribuição previdenciária.

As parcelas anteriormente referidas, quando pagas ou creditadas em desacordo com a legislação pertinente, integram o salário de contribuição para todos os fins e efeitos, sem prejuízo da aplicação das cominações legais cabíveis.

A contribuição previdenciária não incide sobre multa de mora e juros, que não representam remuneração, nem há previsão legal nesse sentido.

12.2.2 Contribuição do segurado contribuinte individual

A Lei n. 3.807/60 exigia a idade máxima de 50 anos no ato da inscrição (art. 5º, III).

A Lei n. 5.890/73 excluiu o requisito idade no momento da inscrição.

A Lei n. 6.887, de 10-12-1980, deu nova redação ao inciso III do art. 5º da Lei n. 3.807/60, não exigindo idade no momento da inscrição.

Os sócios cotistas contribuíam à razão de 8% sobre seu salário de contribuição. As empresas contribuíam na mesma porcentagem.

Posteriormente, os sócios cotistas passaram a contribuir sobre uma escala de salário-base definida no art. 13 da Lei n. 5.890/73. A empresa deveria contribuir com a mesma alíquota dos sócios.

A Lei n. 7.787/89 estabeleceu a alíquota de 10% para os salários de contribuição de até NCz$ 360,00 e 20% acima disso até o teto (art. 2º). A Lei n. 8.212/91 tratou o tema da mesma forma no art. 21.

Determina o art. 21 da Lei n. 8.212/91, de acordo com a redação da Lei n. 9.876/99, que a alíquota dos segurados contribuinte individual e facultativo é de 20% sobre o respectivo salário de contribuição.

Foram unificadas as alíquotas para apenas a de 20% (art. 21 da Lei n. 8.212/91). A alíquota de 20% é igual à da empresa.

Reza o inciso III do art. 28 da Lei n. 8.212/91 que salário de contribuição para o contribuinte individual é a remuneração auferida de uma ou mais empresas, observados o salário mínimo e o limite máximo do § 5º do mesmo artigo (atualmente, R$ 7.087,22).

O segurado facultativo tem por salário de contribuição o valor por ele declarado, observado o teto de R$ 7.087,22 (art. 28, IV, da Lei n. 8.212/91).

É possível afirmar que a contribuição do segurado individual incide sobre o que a pessoa ganha, pois, para o cálculo do futuro benefício, será sobre a remuneração da pessoa que será calculada a aposentadoria.

Fica extinta a escala transitória de salário-base, utilizada para fins de enquadramento e fixação do salário de contribuição dos contribuintes individual e facultativo filiados ao Regime Geral de Previdência Social, estabelecida pela Lei n. 9.876, de 26-11-1999 (art. 9º da Lei n. 10.666/2003).

A extinção das classes de salário-base ocorreria em dezembro de 2003, conforme a Lei n. 9.876/99. A lei antecipou essa extinção.

Entretanto, a extinção somente ocorreu a partir de 1º-4-2003 (art. 14 da Lei n. 10.666/2003), em relação aos fatos geradores que ocorrem a partir da referida data. Até 31 de março de 2003 valeu a escala transitória de salário-base.

A mudança possibilita que os segurados passem a recolher a contribuição à razão de 20% sobre o teto de R$ 7.087,22 para obter um benefício maior. É até aconselhável que façam isso, pois, quando for feita a média para o cálculo do benefício, este terá um valor maior.

Para a União, isso pode implicar maior arrecadação, em razão de que o contribuinte provavelmente irá passar a recolher pelo teto para ter um valor maior de benefício.

O contribuinte individual é obrigado a complementar, diretamente, a contribuição até o valor mínimo mensal do salário de contribuição, quando as remunerações recebidas no mês, por serviços prestados a pessoas jurídicas, for inferior a este (art. 5º da Lei n. 10.666/2003).

Seria o caso de o contribuinte individual receber menos do que R$ 1.212,00 de pessoa jurídica. Como vai ter de recolher a contribuição sobre a sua remuneração e se esta for inferior a R$ 1.212,00, mesmo assim terá de recolher R$ 242,40 naquele mês, que corresponde a 20% de R$ 1.212,00.

A regra não se aplica se os recebimentos forem de pessoas físicas.

No caso de opção pela exclusão do direito ao benefício da aposentadoria por tempo de contribuição, a alíquota de contribuição incidente sobre o limite mínimo mensal do salário de contribuição será de:

1. 11% no caso do segurado contribuinte individual, que trabalhe por conta própria, sem relação de trabalho com empresa ou equiparado e do segurado facultativo;
2. 5% no caso de microempreendedor individual;
3. do segurado facultativo sem renda própria que se dedique exclusivamente ao trabalho doméstico no âmbito de sua residência, desde que pertencente a família de baixa renda.

Considera-se de baixa renda, a família inscrita no Cadastro Único para Programas Sociais do Governo Federal – CadÚnico, cuja renda mensal seja de até dois salários mínimos.

O segurado que tenha contribuído na forma do parágrafo anterior e pretenda contar o tempo de contribuição correspondente para fins de obtenção da aposentadoria por tempo de contribuição ou da contagem recíproca do tempo de contribuição a que se refere o art. 94 da Lei n. 8.213/91, deverá complementar a contribuição mensal mediante o recolhimento de mais 9% acrescido de juros moratórios, na forma do § 3º do art. 5º da Lei n. 9.430/96. Totalizará, portanto, 20%.

A contribuição complementar do parágrafo anterior será exigida a qualquer tempo, sob pena de indeferimento do benefício.

O cooperado é considerado segurado contribuinte individual (art. 9º, § 15, IV, do RPS).

A cooperativa de trabalho e a pessoa jurídica são obrigadas a efetuar a inscrição no INSS de seus cooperados e contratados, respectivamente, como contribuintes individuais, se ainda não inscritos (§ 2º do art. 4º da Lei n. 10.666/2003). Objetiva a norma evitar fraudes de contribuintes que prestam serviços e não se inscrevem perante a previdência social, embora sejam contribuintes obrigatórios.

A obrigatoriedade de desconto, arrecadação e inscrição não serão observadas: (a) para o contribuinte individual, quando contratado por outro contribuinte individual equiparado a empresa ou por produtor rural pessoa física ou por missão diplomática e repartição consular de carreira estrangeiras; (b) ao brasileiro civil que trabalha no exterior para organismo oficial internacional do qual o Brasil é membro efetivo.

12.2.2.1 Empregador rural pessoa física e segurado especial

O segurado empregador rural pessoa física deverá recolher obrigatoriamente as contribuições com a alíquota de 20% sobre a remuneração (§ 2º do art. 25 da Lei n. 8.212/91). A contribuição incidente sobre a receita bruta da comercialização da produção substitui a contribuição da empresa e não a do próprio segurado.

O segurado especial se enquadrará como facultativo (§ 1º do art. 25 da Lei n. 8.212/91). Se quiser ter direito a benefício, deverá recolher a contribuição previdenciária na condição de segurado facultativo, pois a contribuição incidente sobre a receita bruta da comercialização da produção substitui a contribuição da empresa.

12.2.2.2 Aposentado

O aposentado pelo Regime Geral de Previdência Social que estiver exercendo ou voltar a exercer atividade por este abrangida é segurado obrigatório em relação a essa atividade, ficando sujeito às contribuições previstas na Lei n. 8.212/91, para fins de custeio da Seguridade Social (§ 4º do art. 12 da Lei n. 8.212/91). A Lei n. 8.212 não faz distinção em relação à espécie de aposentadoria, que pode ser por idade ou por tempo de contribuição, pois se for aposentadoria por invalidez, o segurado perde o benefício.

Não há direito adquirido do aposentado de não ser tributado pela contribuição da Seguridade Social. A relação entre o aposentado que passa a trabalhar, sendo, portanto, trabalhador, e o INSS não é de Direito Privado, como de um contrato, mas de Direito Público, decorrente de lei. Havendo o fato gerador previsto em lei, incide o tributo.

Não existe redução do benefício quando há a incidência da contribuição para a Seguridade Social ou do imposto de renda. O valor do salário bruto permanece o mesmo. Logo, o valor real do salário não foi reduzido.

A jurisprudência do STF entende que a contribuição previdenciária é uma contribuição social, na modalidade genérica de tributo, sendo inaplicável o princípio da irredutibilidade salarial ou do benefício. O servidor "não se acha imune à incidência dos tributos e das contribuições dotadas desse caráter" (STF, j. 28-6-1996, Min. Octávio Gallotti, no julgamento em que foi indeferida liminar na ação direta de inconstitucionalidade movida pelo PT).

De acordo com o § 1º do art. 145 da Constituição, o princípio da capacidade contributiva será aplicado "sempre que possível". Logo, quando for impossível, não será observado. Entretanto, acaba dependendo da legislação ordinária para tratar do tema.

É claro, porém, o § 1º do art. 145 da Lei Maior no sentido de que o princípio da capacidade contributiva se aplica a impostos e não a contribuições. Logo, não está sendo violado.

Não há prejuízo à capacidade contributiva do contribuinte, pois ela não foi exaurida, além do que depende da previsão legal para ser explicitada.

Entendo, também, que a contribuição não representa confisco, de modo a ser aplicado o inciso IV do art. 150 da Constituição.

O confisco é a absorção pelo poder do Estado da propriedade do particular, sem pagar-lhe a justa indenização que a Constituição prevê.

Haverá confisco se o Estado exigir por meio de seu poder fiscal mais do que o indivíduo tem, absorvendo parcela considerável de sua propriedade, ou praticamente a sua totalidade, sem justa indenização.

Não é o que ocorre, no caso, se for somada a contribuição de 20% e mais 27,5% de imposto de renda. Não irá representar mais de 50% da remuneração da pessoa. Logo, não há confisco.

Inexiste violação ao exercício de atividade profissional, de forma a deixar de ser observado o inciso XIII do art. 5º da Constituição. A Lei n. 8.212/91 não trata de exercício da profissão, nem o proíbe.

A contribuição tem a característica de abranger contraprestação. A pessoa paga para ter direito a algo no futuro. Existe um benefício a que poderá fazer jus.

O imposto, ao contrário, não tem a natureza de contraprestação. O conceito contido no art. 16 do CTN é claro no sentido de que imposto é a prestação que independe de uma atividade estatal relativa ao contribuinte. Não será prestado nenhum serviço ao contribuinte, nem lhe dará direito a algo. O imposto tem a característica da generalidade.

Qualquer sistema de Seguridade Social tem por objetivo que os ativos custeiem os inativos. Compreende um sistema de solidariedade entre as pessoas, que fazem cotizações mútuas para terem direito a benefícios quando deles necessitarem.

A contribuição social exigida dos inativos não tem essa característica, justamente porque já contribuíram o suficiente para fazer jus ao benefício, do contrário não lhes seria concedido.

Descabido o argumento de que deve existir solidariedade dos aposentados com os demais segurados do sistema, pois se a pessoa já recolheu o suficiente para ter direito ao benefício, não há como se solidarizar a outras pessoas para que estas tenham direito ao benefício. O aposentado não tem qualquer vantagem com isso.

O art. 201 da Constituição explicita que o regime de Previdência Social é contributivo, ao contrário do sistema de Assistência Social. O mesmo ocorre em relação aos servidores públicos. Logo, a pessoa contribui para ter direito ao benefício. Quando implementa todas as condições para esse fim, com as contribuições necessárias, passa a ter direito ao benefício. No período de carência, a pessoa contribui, mas ainda não tem direito ao benefício. Num regime contributivo exige-se correlação da pessoa pagar para ter direito ao benefício. É a característica da contribuição. Há correspondência entre a contribuição e o benefício.

Não há dúvida de que exigir contribuição do aposentado é injusto. O segurado já contribuiu o suficiente para o sistema para fazer jus ao benefício, tanto que se aposentou. Do contrário, ele não seria concedido. Não há qualquer vantagem ao aposentado em contribuir. Sua aposentadoria não vai ser melhor, nem vai ser concedida outra aposentadoria. Não há direito a pecúlio, com a devolução do que já pagou, quando parar de trabalhar.

Logo, inexiste qualquer vantagem para o segurado pagar a contribuição. Por exemplo, o § 2º do art. 18 da Lei n. 8.213/91 dispõe que o aposentado que voltar a exercer atividade não fará jus a prestação alguma da Previdência Social, exceto ao salário-família e à reabilitação profissional, se empregado. Sendo autônomo, não faz jus nem mesmo ao salário-família e à reabilitação profissional. Que vantagem há, então, em contribuir? Nenhuma.

O inativo tem sua situação definida pelas normas em vigor por ocasião da aposentadoria, não devendo mais pagar contribuições, porque já as pagou.

A natureza jurídica da exigência da contribuição de inativos é de imposto (art. 16 do CTN), porque é geral e não serve para custear a aposentadoria já obtida do segurado. Não há contraprestação, por parte do Estado, de no futuro conceder benefício ao segurado. Ocorre o pagamento de um valor sem que exista uma atividade estatal específica relativa ao contribuinte, justamente a característica de imposto.

Não se pode preconizar que os inativos custeiem também seus próprios benefícios, porque nesse caso não temos contribuição, mas imposto, pois o contribuinte nenhuma vantagem tem.

Dispõe o inciso I do art. 154 da Constituição que a União poderá instituir impostos não previstos no art. 153 da Lei Magna, mediante lei complementar e desde que não tenham fato gerador ou base de cálculo de impostos previstos na Constituição e também não sejam cumulativos.

A Lei n. 8.212/91 não é lei complementar, mas ordinária, além do que o fato gerador e a base de cálculo acabam sendo a remuneração da pessoa. O salário de contribuição incide sobre a remuneração. Na prática, o fato gerador e a base de cálculo acabam sendo os mesmos do imposto de renda: ter disponibilidade econômica ou jurídica (art. 43 do CTN) e o montante real da renda ou dos proventos (art. 44 do CTN), isto é, remuneração ou proventos. Logo, é vedada a cobrança da citada "contribuição" dos inativos, pois há exigência formal de lei complementar para a cobrança da exação. Não pode a "contribuição" ser exigida por lei ordinária. É inconstitucional, portanto, a determinação legal.

A partir do momento em que a pessoa completou os requisitos para a concessão do benefício e este passa a ser percebido, não se pode mais falar que a contribuição do inativo serve para custear o benefício.

Na área do contrato de seguro, se o contratante já pagou o prêmio para ficar segurado pelo sistema, não tem de pagar novo prêmio, se já obteve o benefício, a não ser para um benefício novo. O mesmo raciocínio se aplica em relação à exigência de contribuição do inativo.

Estabelecer contribuição para o inativo é a mesma coisa que pagar um bem em prestações, quitar a última parcela e continuar a pagar o bem ou então estabelecer contribuição para custear a outra encarnação. Não há lógica alguma nisso.

O STF entende que é possível cobrar a contribuição do aposentado que retorna ao Regime Geral (ARE 12243-27). A contribuição do aposentado decorre do princípio da solidariedade (RE 430.418/AgR/RS, 1ª T., rel. Luís Roberto Barroso, *DJe*-084, publ. 6-5-2014).

O governo deveria investir no combate à sonegação e não criar contribuições para pessoas que já pagaram para ter direito ao benefício, de acordo com a previsão legal da época da sua concessão. Na prática, verifica-se que quanto mais oneroso é o tributo, maior é a sonegação. Quanto mais se cobra, maior a rejeição social à exigência. Por que, então, não diminuir as contribuições e impostos? Seria menor a sonegação e as pessoas teriam maior vontade de contribuir.

Sobre a aposentadoria e a pensão concedidas pelo Regime Geral de Previdência Social não incide contribuição previdenciária (art. 195, II, da Constituição).

A contribuição devida pela empresa incide normalmente sobre a remuneração do empregado aposentado, sem qualquer teto.

Provavelmente pode não mais ser interessante recolher a contribuição como contribuinte individual a partir dos 16 anos de idade. Nesse caso, o segurado deverá programar o recolhimento da contribuição com fundamento no salário-base de forma a totalizar a idade necessária combinada com o tempo de serviço exigido. Se começar a recolher com pouca idade, como aos 16 anos, vai recolher muito mais de 35 anos, sendo que o tempo excedente não irá reverter sob a forma de benefício, nem poderá o contribuinte pleitear sua devolução.

12.3 CONTRIBUIÇÃO DA EMPRESA

Prevê o art. 195 da Lei Maior que a seguridade social será financiada por toda a sociedade, de forma direta e indireta, nos termos da lei, mediante recursos provenientes dos orçamentos da União, dos Estados, do Distrito Federal e dos Municípios, e de várias contribuições sociais.

O termo mais correto a ser empregado não é financiamento, mas custeio. Financiar tem acepção mais ampla do que custear. Financiar é receber o valor emprestado com juros e correção monetária, compreendendo a ideia de lucro. O pai custeia os estudos dos filhos, mas não os financia. As contribuições para o custeio não incidem apenas sobre o lucro, mas sobre o faturamento, a folha de salários etc.

O inciso I do art. 195 da Constituição prevê várias contribuições da empresa. A redação anterior do citado dispositivo previa a contribuição do empregador incidente sobre a folha de salários, o faturamento e o lucro. A atual redação dispõe sobre a contribuição social "do empregador, da empresa e da entidade a ela equiparada na forma da lei, incidentes sobre: (a) a folha de salários e demais rendimentos do trabalho pagos ou creditados, a qualquer título, à pessoa física que lhe preste serviço, mesmo sem vínculo empregatício". Nota-se que a redação atual é bem mais ampla.

Menciona a atual redação da Constituição a contribuição do empregador, da empresa e da entidade a ela equiparada na forma da lei.

Empregador é definido no art. 2º da CLT como sendo a pessoa física ou jurídica que, assumindo os riscos de sua atividade econômica, admite, assalaria e dirige a prestação pessoal de serviços do empregado.

Empresa, para fins da incidência de contribuição, é a pessoa física ou jurídica que assume o risco de atividade econômica urbana ou rural, com fins lucrativos ou não, bem como os órgãos e entidades da administração pública direta, indireta e fundacional (art. 15, I, da Lei n. 8.212/91).

Entidade equiparada a empresa são os condomínios, os contribuintes individuais, a associação de qualquer natureza ou finalidade, a missão diplomática e a repartição consular de carreira estrangeira (parágrafo único do art. 15 da Lei n. 8.212/91).

A utilização do termo "empregador" era incorreta, pois empregador não tem faturamento ou lucro, que são inerentes à empresa. Para evitar dúvidas, houve a mudança da redação, passando-se a utilizar os termos "empregador, empresa e entidade a ela equiparada", como ocorre em relação às pessoas físicas equiparadas a jurídicas para recolhimento de contribuições sobre o faturamento e o lucro.

O pagamento, que terá a incidência da contribuição, é o realizado a qualquer pessoa física, tanto o empregado, quanto o avulso, o empresário e o autônomo.

As contribuições sociais previstas no inciso I do art. 195 da Lei Maior poderão ter alíquotas diferenciadas, em razão da atividade econômica, da utilização intensiva de mão de obra do porte da empresa ou da condição estrutural do mercado de trabalho, sendo também autorizada a adoção de bases de cálculo diferenciadas apenas no caso das alíneas *b* e *c* do inciso I do art. 195 da Constituição (§ 9º do art. 195). Assim, quem tem mais empregados poderá pagar contribuição maior.

É vedada a concessão de remissão ou anistia das contribuições sociais de que tratam os incisos I, *a*, e II do art. 195 da Lei Maior, para débitos em montante superior ao fixado em lei complementar (§ 11 do art. 195 da Lei Magna). Lei complementar é que irá fixar critérios para a concessão de remissão e anistia.

A lei definirá os critérios de transferência de recursos para que o sistema único de saúde e ações de assistência social da União para os Estados, o Distrito Federal e os Municípios, e dos Estados para os Municípios, observada a respectiva contrapartida de recursos (§ 10 do art. 195 da Lei Suprema).

É vedada a utilização dos recursos provenientes das contribuições sociais previstas no art. 195, I, *a*, e II da Constituição, para a realização de despesas distintas do pagamento de benefícios do Regime Geral de Previdência Social de que trata o art. 201 (art. 167, XI, da Constituição).

O art. 44 da Lei Complementar n. 101, de 4-5-2000 (Lei de Responsabilidade Fiscal), veda "a aplicação da receita de capital derivada da alienação de bens e direitos que integram o patrimônio público para o financiamento de despesa corrente, salvo se destinada por lei aos regimes de previdência social, geral e próprio dos servidores públicos".

12.3.1 Folha de salários

O inciso I do art. 195 da Constituição previa a contribuição social do empregador incidente sobre a folha de salários.

A letra *a* do inciso I do art. 195 da Constituição é clara no sentido de que as contribuições que custeiam a Seguridade Social são, em relação aos empregadores, incidentes sobre a folha de salários.

O inciso I do art. 3º da Lei n. 7.787/89 criou uma contribuição de 20% sobre a remuneração paga ou creditada a autônomos e administradores.

Dispunha o inciso I do art. 22 da Lei n. 8.212/91 que o porcentual de 20% incide sobre o total das remunerações pagas ou creditadas aos empresários, autônomos e trabalhadores avulsos que prestem serviços às empresas.

O empresário e o diretor recebem *pro labore*, podendo ter uma folha para pagamento de tal importância. Contudo, não é salário o referido pagamento, pois a CLT define no art. 457 o conceito de salário. Nesse caso o empresário e o diretor não são empregados, mas os titulares do negócio. O diretor, o empresário e o autônomo têm na Previdência Social salário de contribuição, assim como ocorre com os autônomos. São considerados segurados contribuintes individuais. Não há, portanto, folha de salários.

O STF julgou inconstitucionais as palavras *autônomos* e *administradores*, contidas no inciso I do art. 3º da Lei n. 7.787 (Tribunal Pleno, RE 166.772-9-RS, j. 12-5-1994, Rel. Min. Marco Aurélio, *DJ* 20-5-1994, p. 12296). Entendeu o referido colegiado que a relação dos administradores e autônomos não decorre do contrato de trabalho, pois não têm folha de salários. Somente por lei complementar poderia ser instituída nova contribuição, sendo que a Lei n. 7.787/89 é lei ordinária. A Resolução n. 14 do Senado Federal, de 19-4-1995, suspendeu a execução da expressão "avulsos, autônomos e administradores" contida no inciso I do art. 3º da Lei n. 7.787/89, declarada inconstitucional pelo STF no RE 177.296-4/210.

Entendeu também o STF inconstitucionais as palavras *empresários* e *autônomos* contidas no inciso I, do art. 22 da Lei n. 8.212/91 (ADIn n. 1.108-1-DF, Rel. Min. Maurício Correa, de 5-10-1995). Tal decisão teve efeito vinculante (§ 2º do art. 102 da Constituição), desobrigando o recolhimento da contribuição da empresa de 20% em relação aos empresários e autônomos.

Foi julgada inconstitucional a incidência da contribuição previdenciária sobre a remuneração paga pela empresa aos avulsos, por não terem folha de salários, pois não são empregados, e a Lei n. 7.787/89 não é lei complementar (RE 166.939-0-SC, j. 20-6-1994, Rel. Min. Néri da Silveira, *DJU* I 12-8-1994, p. 20053).

Em medida liminar em ação direta de inconstitucionalidade o STF suspendeu a eficácia do vocábulo *avulsos*, contido no inciso I, do art. 22 da Lei n. 8.212/91

(ADIn n. 1.153-7-DF, j. 11-11-1994, rel. Min. Marco Aurélio, *DJU* I 18-11-1994, p. 31391).

Como o STF julgou inconstitucional a cobrança da contribuição social em relação a autônomos, empresários e avulsos, foi editada a Lei Complementar n. 84, de 18-1-1996. O governo entendeu que mediante a edição de lei complementar poderia instituir outra fonte de recursos para a Seguridade Social, com base no § 4º do art. 195 da Constituição.

Os precedentes do STF mostram que o governo não pode pretender exigir por meio de lei ordinária contribuição previdenciária sobre verbas que não têm natureza salarial, mas indenizatória, pois indenização não tem o mesmo significado de salário. As leis ordinárias não podem dizer que é salário o que não tem natureza salarial, mas de indenização. Há, portanto, necessidade de lei complementar para instituir a incidência da contribuição previdenciária sobre indenização.

Posteriormente, foi editada a Emenda Constitucional n. 20/98, que deu nova redação ao inciso I e à letra *a* do art. 195 da Constituição. A contribuição social do empregador, da empresa e da entidade a ela equiparada na forma da lei, incide sobre a folha de salários e demais rendimentos do trabalho pagos ou creditados, a qualquer título, à pessoa física que lhe preste serviço, mesmo sem vínculo empregatício.

A atual determinação da letra *a* do inciso I do art. 195 da Lei Magna, é mais ampla, ao fazer referência à "folha de salários e demais rendimentos do trabalho pagos ou creditados, a qualquer título, à pessoa física que lhe preste serviço, mesmo sem vínculo empregatício".

Folha de salários deve ter uma interpretação restrita, pois só tem salário quem é empregado. Salário não se confunde, porém, com remuneração.

Mister se faz, inicialmente, constatar o conceito de salário no Direito comparado, que pode ajudar no entendimento do tema.

O art. 26 do Estatuto dos Trabalhadores da Espanha define salário como a totalidade das percepções econômicas dos trabalhadores, em dinheiro ou espécie, pela prestação profissional dos serviços por conta alheia, que retribuam o trabalho efetivo, qualquer que seja a forma de remuneração, ou os períodos de descanso computáveis como de trabalho. Não considera salários as indenizações ou ressarcimentos de gastos consequentes do exercício da atividade profissional, as prestações e indenizações previdenciárias, as despesas de viagens e os pagamentos das suspensões do contrato e dos direitos de dispensa dos empregados.

A Lei Federal do Trabalho do México de 1970, em seu art. 82, define salário como sendo a retribuição que deve pagar o patrão ao trabalhador por seu trabalho.

Na Argentina, remuneração é a contraprestação que deve receber o trabalhador como consequência do contrato de trabalho. O empregador deve remuneração ao empregado ainda que este não preste serviços, pela manutenção da força de trabalho a sua disposição (art. 103 do Decreto n. 390/76, que ordena o regime de contrato de trabalho determinado pela Lei n. 20.744/74).

Nota-se no Direito comparado que *remuneração* e salário têm o mesmo significado e são empregados como expressões sinônimas, o que não ocorre em nossa legislação.

O salário decorre do contrato de trabalho.

Houve evolução do conceito de salário, que não é proveniente apenas da contraprestação de serviços.

Reza o art. 457 da CLT que "se compreendem na remuneração do empregado, para todos os efeitos legais, além do salário devido e pago diretamente pelo empregador, como contraprestação dos serviços, as gorjetas que receber". O art. 457 da CLT indica três termos: *remuneração*, *salário* e *gorjeta*.

Remuneração é o conjunto de retribuições recebidas habitualmente pelo empregado pela prestação de serviços, seja em dinheiro ou em utilidades, provenientes do empregador ou de terceiros, mas decorrentes do contrato de trabalho, de modo a satisfazer suas necessidades vitais básicas e de sua família.

Caracteriza-se a remuneração como uma prestação obrigacional de dar. Não se trata de obrigação de fazer, mas de dar, em retribuição pelos serviços prestados pelo empregado ao empregador, revelando a existência do sinalagma que é encontrado no contrato de trabalho. Essa remuneração tanto pode ser em dinheiro como em utilidades, de maneira que o empregado não necessite comprá-las, fornecendo o empregador tais coisas.

A remuneração tanto é paga diretamente pelo empregador, que se constitui no salário, como é feita por terceiro, cujo exemplo específico é a gorjeta, cobrada na nota de serviço ou fornecida espontaneamente pelo cliente. Assim, a remuneração é o conjunto de pagamentos provenientes do empregador ou de terceiro em decorrência da prestação dos serviços subordinados. Segundo o art. 457 da CLT, é possível escrever a seguinte equação: remuneração = salário + gorjetas.

O salário correspondia ao valor econômico pago diretamente pelo empregador ao empregado em razão da prestação de serviços do último, destinando-se a satisfazer suas necessidades pessoais e familiares. Dentro dessa concepção, verifica-se que o salário corresponde ao pagamento feito pelo empregador e não por terceiro, ao contrário da remuneração, que engloba tanto o pagamento feito pelo empregador como o recebido de terceiro (a gorjeta). O salário é a importância paga pelo empregador ao obreiro em virtude de sua contraprestação dos serviços. Essa última afirmação mostra a natureza jurídica do salário, que é a forma de remunerar a prestação de serviços feita pelo empregado ao empregador. Poder-se-ia discutir que o salário não remuneraria efetivamente a prestação dos serviços, pois, quando o contrato de trabalho estivesse suspenso, não haveria salário, ou, quando o empregado estivesse aguardando ordens, mas à disposição do empregador, em que não haveria prestação de trabalho, porém existiria a obrigação do pagamento dos salários. É por isso que se costuma dizer que o salário seria uma forma de prestação daquilo que foi contratado, do contrato de trabalho, embora se possa dizer que o salário não remunera prestação por prestação, mas o conjunto do trabalho prestado, havendo exceções na lei que determinam que o empregador deva pagar o salário mesmo não havendo trabalho, pois, do contrário, o empregado não poderia subsistir.

A teoria do salário como contraprestação do trabalho entendia que inexistiria salário se não houvesse trabalho ("*kein Arbeit, kein Lohn*"). Essa teoria não explicava integralmente certas situações, como o fato de o empregado estar adoentado e o salário ser devido nos 15 primeiros dias, nas férias etc.

Surge a teoria da contraprestação da disponibilidade do trabalhador. Mario Deveali afirmava que o trabalhador põe sua energia à disposição do empregador. Se este não a utiliza, não desaparece a obrigação de pagar o salário. O art. 4º e o parágrafo único do art. 492 da CLT determinaram que se considera tempo à disposição do empregador aquele em que o empregado fica aguardando ordens. Assim, mesmo no período em que o empregado não trabalha, mas está aguardando ordens, o salário será devido. O trabalhador fica inativo porque o empregador não determinou serviço ao obreiro. Isso mostra que não existe correspondência absoluta entre o trabalho prestado e o salário, pois, mesmo quando o empregado não está trabalhando, mas está à disposição do empregador aguardando ordens, o salário é devido.

A teoria da contraprestação do contrato de trabalho indica que o pagamento feito a título de salário é decorrente do contrato de trabalho. Em Portugal, qualquer pagamento feito como contrapartida do trabalho é retribuição (art. 258, 1, do Código do Trabalho). Critica-se tal teoria, pois nem tudo o que é pago ou prestado pelo empregador é salário, como, por exemplo, a indenização pela dispensa.

A última teoria entende que salário é o conjunto de percepções econômicas do trabalhador. Tal conceito é desvinculado do plano objetivo. É encontrado no art. 26 do Estatuto dos Trabalhadores da Espanha de 1980, que considera salário "a totalidade das percepções econômicas dos trabalhadores, em dinheiro ou espécie (...)". Tal teoria não considera, porém, as interrupções do contrato de trabalho.

Nota-se que, hoje, a natureza salarial do pagamento não ocorre apenas quando haja prestação de serviços, mas nos períodos em que o empregado está à disposição do empregador, durante os períodos de interrupção do contrato de trabalho ou outros que a lei indicar.

Por isso, salário é o conjunto de prestações fornecidas diretamente pelo empregador ao trabalhador em decorrência do contrato de trabalho, da contraprestação do trabalho, da disponibilidade do trabalhador, das interrupções contratuais, seja em razão das demais hipóteses previstas em lei.

De tudo o que foi até aqui exposto, nota-se que o salário decorre da contraprestação do trabalho e de outras situações, mas desde que exista contrato de trabalho entre as partes.

Indenização, ao contrário, não é resultante da prestação de serviços, nem apenas do contrato de trabalho. No Direito Civil, a indenização é decorrente da prática de um ato ilícito, da reparação de um dano ou da responsabilidade atribuída a certa pessoa. No Direito do Trabalho, diz-se que há indenização quando o pagamento é feito ao empregado sem qualquer relação com a prestação dos serviços e também com as verbas pagas no termo de rescisão do contrato de trabalho.

Para o caso em exame, bem expressiva é a afirmação de Orlando Gomes: "qualquer remuneração paga ao empregado sem trabalho prestado não é tecnicamente salário"[1]. Ludovico Barassi assevera que se a remuneração paga ao empregado não decorre do trabalho, perde essa característica para assumir a de indenização[2].

É vedado, portanto, exigir contribuição previdenciária por lei ordinária sobre pagamento que não seja salário.

Fazendo-se a interpretação sistemática da Constituição, o inciso IV do art. 8º revela que a folha de salários se refere à categoria profissional (empregados) e não a outras pessoas.

Verifica-se, ainda, do art. 240 da Constituição a ressalva que foi feita quanto à exigência das contribuições sociais destinadas ao Sesc, Sesi, Senai e Senac. Tais contribuições sociais incidem sobre a folha de salários dos empregados, o que mostra, também, que os empresários autônomos e avulsos não têm folha de salários, apenas o empregado.

---

1 GOMES, Orlando. *O salário no direito brasileiro*. Edição fac-similada. São Paulo: LTr, 1996. p. 24.

2 BARASSI, Ludovico. *Il diritto del lavoro*. Milão: Giuffrè, 1949. v. 2, p. 230.

Assim, não se pode pretender inverter a ordem das coisas e exigir contribuição previdenciária sobre indenizações, quando estas não têm natureza salarial e não estão compreendidas na folha de salários, até porque não são pagas na folha de salários, mas geralmente no termo de rescisão do contrato de trabalho.

A Lei n. 9.876/99 revogou a Lei Complementar n. 84/96.

Entretanto, atualmente a Constituição não faz referência apenas à folha de salários, mas também aos demais rendimentos do trabalho pagos ou creditados, a qualquer título, à pessoa física. Isso quer dizer que há base constitucional para exigir a contribuição sobre outro pagamento feito pela empresa que não seja salário, como a indenização, desde que haja previsão em lei.

A empresa também passa a ter de recolher contribuições sobre pagamentos feitos a qualquer título à pessoa física que lhe presta serviço, mesmo sem vínculo empregatício. Isso significa que agora há base constitucional para a exigência de contribuição da empresa sobre pagamentos feitos a autônomos, empresários, avulsos e quaisquer outros trabalhadores que receberem pagamentos da empresa, pois são pessoas físicas. Pouco importa se há ou não vínculo de emprego, mostrando que a contribuição não incide apenas sobre a folha de salários, que é a remuneração do empregado, mas também sobre pró-labore (empresários), remuneração de autônomos ou de trabalhadores avulsos. A exigência passa a poder ser feita por lei ordinária e não mais por lei complementar, pois há expressa previsão na alínea *a*, do inciso I, do art. 195 da Constituição, que prevê a incidência sobre "demais rendimentos do trabalho pagos à pessoa física que lhe preste serviço, mesmo sem vínculo de emprego".

A contribuição da empresa será calculada à razão de 20% sobre o total das remunerações pagas, devidas ou creditadas a qualquer título, durante o mês, aos segurados empregados e trabalhadores avulsos que lhe prestam serviços, destinadas a retribuir o trabalho, qualquer que seja sua forma, inclusive as gorjetas, os ganhos habituais sob a forma de utilidades e os adiantamentos decorrentes de reajuste salarial, quer pelos serviços efetivamente prestados, quer pelo tempo à disposição do empregador ou tomador de serviços, nos termos da lei ou do contrato ou, ainda, de convenção ou acordo coletivo de trabalho ou sentença normativa (art. 22, I, da Lei n. 8.212/91). Essa redação é semelhante à atual disposição contida no inciso I do art. 28 da Lei n. 8.212/91, com a alteração da Lei n. 9.528/97. Não haverá teto para o recolhimento, como ocorre com o empregado.

Não se considera como remuneração direta ou indireta os valores despendidos pelas entidades religiosas e instituições de ensino vocacional com ministro de confissão religiosa, membros de instituto de vida consagrada, de congregação ou de ordem religiosa em decorrência de seu mister religioso ou para sua subsistência desde que fornecidos em condições que independam da natureza e da quantidade do trabalho executado (§13 do art. 22 da Lei n. 8.212/91).

Para efeito de interpretação do parágrafo anterior:

I – os critérios informadores dos valores despendidos pelas entidades religiosas e instituições de ensino vocacional aos ministros de confissão religiosa, membros de vida consagrada, de congregação ou de ordem religiosa não são taxativos e sim exemplificativos;

II – os valores despendidos, ainda que pagos de forma e montante diferenciados, em pecúnia ou a título de ajuda de custo de moradia, transporte, formação educacional, vinculados exclusivamente à atividade religiosa não configuram remuneração direta ou indireta (§ 14 do art. 22 da Lei n. 8.212/91).

Tanto será remuneração o que for creditado como o valor devido, ainda que não tenha havido pagamento. Será também remuneração não só o valor pago pela prestação efetiva de serviços como também pelo tempo à disposição do empregador. Incidirá, ainda, a contribuição de 20% sobre gorjetas, ganhos habituais, utilidades e adiantamentos.

O STF entendeu que não incide contribuição previdenciária sobre o salário maternidade (RE 576.967, rel. Min. Barroso). Foi estabelecida a tese do Tema 72: "É inconstitucional a incidência da contribuição previdenciária a cargo do empregador sobre o salário-maternidade".

A empresa ainda recolherá: a) 20% sobre o total das remunerações pagas ou creditadas a qualquer título, no decorrer do mês, aos segurados contribuintes individuais (empresários, autônomos, eventuais etc.) que lhe prestem serviços. Não havendo pagamento de remuneração ao sócio, a empresa não tem de recolher a contribuição de 20%; b) 15% sobre o valor bruto da nota fiscal ou fatura de prestação de serviços, relativamente a serviços que lhe são prestados por cooperados, por intermédio de cooperativas de trabalho (art. 22, III e IV, da Lei n. 8.212/91).

O STF declarou a inconstitucionalidade do art. 22, IV, da Lei n. 8.212, por haver excedido a previsão do inciso I do art. 195 da Constituição. Nova fonte de custeio somente poderia ser feita por lei complementar (§ 4º do art. 195 da Constituição) (RE 595.838/SP, de 23-4-2014, Rel. Dias Toffoli). A contribuição previdenciária não poderia incidir sobre o valor bruto da nota fiscal, pois neste estão compreendidas as remunerações dos cooperados, mas também outras despesas da cooperativa.

O art. 14 da Lei n. 11.774/2008 reduz a alíquota de 20% da empresa pela subtração de 1/10 do porcentual correspondente à razão entre a receita bruta de venda de serviços para o mercado externo e a receita bruta total de vendas de bens e serviços para Tecnologia de Informação (TI) e Tecnologia de Informação e Comunicação (TIC).

A palavra *remuneração* contida no inciso III do art. 22 da Lei n. 8.212/91 tem sentido amplo, sendo os honorários dos autônomos. É o pagamento pela prestação dos serviços dos autônomos.

Em relação às cooperativas, estima-se que, em média, 25% do valor da nota fiscal ou fatura de serviços dizem respeito a despesas administrativas, e 20% de 75% acabam resultando nos 15%.

O empregador, durante o período de licença-maternidade da empregada, irá recolher apenas a parcela da contribuição a seu cargo (20% sobre a remuneração da empregada).

A cooperativa de trabalho não está sujeita à contribuição anteriormente mencionada, em relação às importâncias por ela pagas, distribuídas ou creditadas aos respectivos cooperados, a título de remuneração ou retribuição pelos serviços que, por seu intermédio, tenham prestado a empresas.

Os bancos comerciais, bancos de investimentos, bancos de desenvolvimento, caixas econômicas, sociedades de crédito, financiamento e investimento, sociedades de crédito imobiliário, sociedades corretoras, distribuidoras de títulos e valores mobiliários, empresas de arrendamento mercantil, cooperativas de crédito, empresas de seguros privados e de capitalização, agentes autônomos de seguros privados e de crédito e entidades de previdência abertas e fechadas, pagarão o adicional de 2,5% sobre as remunerações pagas ou creditadas aos segurados empregados, trabalhadores avulsos e aos segurados individuais que lhes prestem serviços. Sua contribuição será, portanto, de 22,5%, sem que haja qualquer teto.

A disposição do § 1º do art. 22 da Lei n. 8.212/91 é taxativa, pois faz referência apenas a determinadas pessoas, não empregando a expressão "tais como". Não são usadas expressões genéricas, com a capacidade de englobar mais de uma espécie.

Estabelece o § 1º do art. 22 da Lei n. 8.212/91 o adicional de 2,5% à alíquota de 20%, totalizando 22,5%, em relação às entidades financeiras. O adicional de 2,5% é inconstitucional. Viola tal determinação o princípio da isonomia contido no inciso II do art. 150 da Constituição ou o *caput* do art. 5º da mesma norma, pois está instituindo tratamento desigual entre pessoas iguais. Aqui, deve-se lembrar as sábias lições de Rui Barbosa, que a regra da igualdade não consiste senão em quinhoar desigualmente os desiguais, na medida em que se desigualam[3]. Há, portanto,

---

3 BARBOSA, Rui. *Oração aos moços* cit., p. 32.

uma discriminação das entidades financeiras em relação às demais empresas. A lei deve tratar a todos com igualdade, não podendo estabelecer distinções. Aplica-se às contribuições da seguridade social o inciso II do art. 150 da Lei Magna, pois tais contribuições têm natureza tributária, embora o art. 149 da Constituição não faça remissão expressa a tal inciso, decorrendo da interpretação sistemática da própria Lei Maior, conjugada também com o inciso V do art. 194 da Lei Magna, que trata da equidade na forma da participação no custeio.

O STF, por maioria, fixou a seguinte tese: "É constitucional a contribuição adicional de 2,5% (dois e meio por cento) sobre a folha de salários instituída para as instituições financeiras e assemelhadas pelo art. 3º, § 2º, da Lei n. 7.787/89, mesmo considerado o período anterior à Emenda Constitucional 20/98" (RE 599.309, j. 6-6-2018, rel. Min. Ricardo Lewandowski).

Em relação à contribuição prevista no § 1º do art. 22 da Lei n. 8.212/91, não se pode alegar a vinculação ao princípio da capacidade contributiva para justificar a maior capacidade econômica das entidades financeiras, pois só se aplica a impostos, como se observa no § 1º do art. 145 da Constituição.

Viola também o § 1º do art. 22 da Lei n. 8.212/91 o princípio da equidade na forma de participação no custeio (art. 194, V, da Constituição), que não deixa de ser uma forma da aplicação do princípio da isonomia, observado especificamente no custeio da Seguridade Social. Os empregados das instituições financeiras têm direito à mesma prestação previdenciária que os empregados de outras empresas. O porcentual a mais não constitui prestação específica da Previdência Social, mas a mesma. Não há nenhuma vantagem especial ou adicional aos empregados das empresas financeiras em decorrência do aumento da alíquota. Não se justifica, portanto, a desigualdade no tocante ao adicional. Não se está com isso assegurando nenhum outro benefício aos segurados, nem o segurado da instituição financeira terá benefício melhor, maior ou especial. Justificam-se, por exemplo, alíquotas diferenciadas quando existam situações diferenciadas, como as alíquotas de 7,5%, 9%, 12% ou 14%, dependendo do valor do salário do empregado, pois quem ganha mais deve contribuir com valor maior, enquanto quem ganha menos deve contribuir com valor menor; ou no caso de acidente do trabalho, em que existem os graus mínimo, médio e máximo (1%, 2% e 3%), em razão do maior risco de acidente do trabalho que possa ocorrer na empresa e da maior necessidade que o empregado terá de usar os benefícios da previdência social em decorrência disso; em razão do tamanho da empresa, como da microempresa ou da empresa de pequeno porte, que também poderiam ter uma contribuição diferenciada. Não há, por conseguinte, nenhum fundamento jurídico relevante para que exista a diferença da cobrança das contribuições, apenas em razão de certo setor de atividade econômica, muito menos pode-se dizer que há alguma diferença entre tais empresas, que também não deixam de ser empresas em um sentido amplo.

O § 9º do art. 195 da Constituição permite a exigência da contribuição prevista no § 1º do art. 22 da Lei n. 8.212/91 apenas a partir da vigência da Lei n. 9.876, de 26-11-1999, que deu nova redação ao citado parágrafo do artigo da Lei n. 8.212/91. Neste caso, está de acordo com a redação original do § 9º do art. 195 da Constituição, determinada pela Emenda Constitucional n. 20/98, que previa contribuição diferenciada em razão da atividade econômica da empresa.

O Ministro da Previdência e Assistência Social determinou que deve ser considerado como remuneração paga ou creditada ao condutor autônomo de veículo rodoviário ou ao auxiliar de condutor autônomo de veículo rodoviário o porcentual de 20% sobre o rendimento bruto, e não mais 11,71%. A empresa deverá calcular sua contribuição de 20% sobre a base de cálculo obtida.

Na contratação de serviços de transporte rodoviário de carga ou de passageiro, de serviços prestados com a utilização de trator, máquina de terraplenagem, colheitadeira e assemelhados, a base de cálculo da contribuição da empresa corresponde a 20% do valor da nota fiscal, fatura ou recibo, quando esses serviços forem prestados por condutor autônomo de veículo rodoviário, auxiliar de condutor autônomo de veículo rodoviário, bem como por operador de máquinas (§ 15 do art. 22 da Lei n. 8.212/91).

As desonerações da folha de pagamento só podem ser feitas por lei, diante do princípio da legalidade tributária.

A Lei n. 12.794/2013 versa sobre desoneração da contribuição previdenciária para os setores industriais e de serviços, em que o recolhimento é feito sobre a receita bruta das empresas. A Lei n. 12.715/2012 também trata de desoneração da folha de pagamentos. As Leis ns. 10.865/2004 e 12.546/2011 têm o prazo de recolhimento sobre a receita bruta estendido até 31-12-2023, em vez de se recolher a contribuição previdenciária sobre a folha de salários. O sistema é obrigatório, e não facultativo.

12.3.2 Contribuição para aposentadoria especial

A empresa tomadora de serviços de cooperado filiado à cooperativa de trabalho deve recolher 15% sobre o valor bruto da nota fiscal ou fatura de prestação de serviços. A contribuição de 15% das cooperativas é inconstitucional, por violar o inciso I do art. 195 da Constituição, pois esta estabelece contribuição devida por empresa que recebe a prestação de serviços de pessoa física e não de pessoa jurídica que presta serviços para pessoa jurídica.

O STF considerou inconstitucional o art. 22, IV, da Lei n. 8.212/91 na incidência de 15% sobre os serviços prestados pelas cooperativas. Houve violação ao art. 195, I, *a* da Constituição e ao princípio da capacidade contributiva (Rel. Min. Dias Toffoli).

Deverá, ainda, recolher contribuição adicional de 9, 7 ou 5 pontos porcentuais, a cargo da empresa tomadora de serviços de cooperado filiado a cooperativa de trabalho, incidente sobre o valor bruto da nota fiscal ou fatura de prestação de serviços, conforme a atividade exercida pelo cooperado permita a concessão de aposentadoria especial após 15, 20 ou 25 anos de contribuição, respectivamente (§ 1º do art. 1º da Lei n. 10.666/2003). A norma diz respeito apenas à cooperativa de trabalho e não a outras espécies de cooperativas.

A cooperativa de produção deverá recolher 20% sobre a remuneração paga, devida ou creditada ao cooperado filiado.

Terá, ainda, de recolher contribuição adicional de 12, 9 ou 6 pontos porcentuais, a cargo da cooperativa de produção, incidente sobre a remuneração paga, devida ou creditada ao cooperado filiado, na hipótese de exercício de atividade que autorize a concessão de aposentadoria especial após 15, 20 ou 25 anos de contribuição (§ 2º do art. 1º da Lei n. 10.666/2003). A regra é específica em relação a cooperativas de produção e não a outros tipos de cooperativa.

Na cooperativa de produção, seus associados contribuem com serviços laborativos ou profissionais para a produção em comum de bens, quando a cooperativa detenha por qualquer forma os meios de produção (§ 3º do art. 1º da Lei n. 10.666/2003).

Essas contribuições passaram a ser devidas a partir de 1º-4-2003.

O legislador estabeleceu a fonte de custeio para a concessão da aposentadoria especial para o cooperado filiado à cooperativa de trabalho e de produção, atendendo ao § 5º do art. 195 da Constituição.

A alíquota de contribuição de 1, 2 ou 3%, destinada ao custeio do benefício de aposentadoria especial ou dos concedidos em razão do grau de incidência de incapacidade laborativa decorrente dos riscos ambientais do trabalho, poderá ser reduzida, em até 50%, ou aumentada, em até 100%, conforme dispuser o regulamento.

Essa contribuição só será recolhida pela empresa que tem atividade sujeita à aposentadoria especial e não por outras empresas.

O desempenho da empresa em relação à respectiva atividade econômica será apurado de acordo com os resultados obtidos com base nos índices de frequência, gravidade e custo, calculados segundo metodologia aprovada pelo Conselho Nacional de Previdência Social (art. 10 da Lei n. 10.666/2003).

O regulamento não pode dispor sobre redução ou aumento de alíquota. Essa matéria é reservada à lei, diante do princípio da legalidade em matéria tributária (art. 150, I, da Constituição). A contribuição previdenciária tem natureza tributária. A Lei Maior não traz exceção para essa contribuição.

A majoração ou redução de tributo só pode ser feita por lei (art. 97, II, do CTN). Há apenas exceções para os arts. 21, 26, 39, 57 e 65 do CTN, que não tratam da contribuição previdenciária.

Logo, a redução ou ampliação da alíquota só podem ser feitas por lei e não por norma administrativa. Inconstitucional se mostra a medida.

12.3.3 Contribuição para o custeio das prestações de acidente do trabalho pagas pela empresa

Disciplinava genericamente a Constituição de 1934 sobre a existência de contribuição para financiar os casos de acidente do trabalho (art. 121, § 1º, *h*).

O inciso XVII do art. 157 da Constituição de 1946 previa a "obrigatoriedade da instituição do seguro pelo empregador contra os acidentes do trabalho".

Dispunha o inciso XVII do art. 158 da Constituição de 1967 sobre "seguro obrigatório pelo empregador contra acidentes do trabalho".

A Lei n. 5.316, de 14-7-1967, integrou o seguro por acidente do trabalho na Previdência Social. Foram criados adicionais obrigatórios de 0,4% a 0,8% incidentes sobre a folha de salários, objetivando o custeio das prestações de acidente do trabalho.

A Emenda Constitucional n. 1/69, estabelecia que o seguro contra acidentes do trabalho deveria ser custeado mediante contribuição da União, do empregador e do empregado (art. 165, XVI). Entretanto somente a empresa o custeava, podendo-se falar em inconstitucionalidade do porcentual da empresa.

A Lei n. 6.367/76 majorou as alíquotas de custeio das prestações de acidente do trabalho para 0,4% para atividades com risco de acidente do trabalho leve; 1,2% para as que tivessem atividade de risco médio, e 2,5% para as que tivessem risco grave (art. 15).

Prevê atualmente o inciso XXVIII do art. 7º da Constituição de 1988 que o seguro contra acidentes do trabalho fica a cargo do empregador, sem prejuízo da indenização a que este está obrigado, caso incorrer em dolo ou culpa. O empregado e o ente público não têm obrigação de contribuir para o custeio das prestações de acidente do trabalho, salvo se o ente público for o empregador. Este é o dono da máquina ou do empreendimento, que causa o acidente do trabalho.

O seguro contra acidentes do trabalho (art. 7º, XXVIII, da Constituição) é atualmente atribuído ao empregador, mas como contribuição previdenciária.

Criou o inciso II do art. 3º da Lei n. 7.787/89 a alíquota de 2% sobre o total das remunerações pagas ou creditadas, no decorrer do mês, aos segurados empregados e avulsos para o custeio da complementação das prestações por acidente do trabalho. A empresa cujo índice de acidente do trabalho seja superior à média do respectivo setor, sujeitar-se-á a uma contribuição adicional de 0,9% a 1,8%, para custeio do respectivo seguro (art. 4º da Lei n. 7.787/89).

Considerava o § 1º do art. 26 do Regulamento determinado pelo Decreto n. 356, de 7-12-1991, preponderante a atividade econômica autônoma que ocupa o maior número de segurados empregados e trabalhadores avulsos na empresa ou estabelecimento a ela equiparado. Estabelecimento equiparado é o que depende de outro, o principal, a matriz, possuindo, todavia, CGC próprio do Ministério da Economia, Fazenda e Planejamento e onde são exercidas atividades econômicas autônomas pelos segurados empregados e trabalhadores avulsos da empresa centralizadora (§ 2º do art. 26 do Regulamento de 1991).

O Decreto n. 612, de 21-7-1992, baixou novo Regulamento da Organização e do Custeio da Seguridade Social. O § 1º do art. 26 do Regulamento considerou preponderante a atividade econômica que ocupa, em cada estabelecimento da empresa, o maior número de segurados empregados, trabalhadores avulsos e médicos residentes. É considerado estabelecimento da empresa a dependência, matriz ou filial, que possui número de CGC próprio, bem como a obra da construção civil executada sob sua responsabilidade (§ 2º do art. 26 do Regulamento da Organização e do Custeio da Seguridade). Nota-se que a atividade preponderante era especificada em relação a cada estabelecimento e não da empresa como um todo.

O Decreto n. 2.173, de 5-3-1997, revogou o Decreto n. 612/92, determinando novo Regulamento da Organização e do Custeio da Seguridade Social. O § 1º do art. 26 do Regulamento da Organização e do Custeio da Seguridade considera preponderante a atividade que ocupa, na empresa, o maior número de segurados empregados, trabalhadores avulsos ou médicos residentes. Nota-se que o enquadramento não é mais feito com base em estabelecimentos da empresa e sim de acordo com a sua atividade preponderante como um todo.

Dispõe o § 3º do art. 202 do RPS (Decreto n. 3.048/99) que se considera preponderante a atividade que ocupa, na empresa, o maior número de segurados empregados e trabalhadores avulsos.

A empresa contribui para o custeio dos benefícios concedidos em razão do grau de incidência de incapacidade laborativa decorrente dos riscos ambientais do trabalho.

A contribuição para o custeio dos benefícios concedidos em razão do grau de incidência de incapacidade laborativa decorrente dos riscos ambientais do trabalho e da aposentadoria especial incide sobre o total das remunerações pagas ou creditadas, no decorrer do mês, aos segurados empregados e trabalhadores avulsos (art. 22, II, da Lei n. 8.212/91, com a redação da Lei n. 9.528/97).

Os porcentuais da contribuição para o custeio de acidente do trabalho são os seguintes:

a) 1% para a empresa em cuja atividade preponderante o risco de acidentes do trabalho seja considerado leve (comércio, serviços);

b) 2% para a empresa que estiver enquadrada em atividade preponderante de risco de acidentes do trabalho do tipo médio;

c) 3% para a empresa que tenha atividade preponderante de risco de acidentes do trabalho do tipo grave (metalúrgicas, siderúrgicas).

As alíquotas anteriores serão acrescidas de 12, 9 ou 6 pontos porcentuais, conforme a atividade exercida pelo segurado a serviço da empresa permita a concessão de aposentadoria especial após 15, 20 ou 25 anos de contribuição, respectivamente. O acréscimo referido incide exclusivamente sobre a remuneração do segurado sujeito às condições especiais.

As alíquotas de 12, 9 ou 6 pontos porcentuais para acidente do trabalho estão de acordo com a previsão do § 9º do art. 195 da Constituição, que autoriza alíquota diferenciada em razão da atividade econômica.

O regime em que há a incidência da alíquota adicional para custear a aposentadoria especial é chamado de Riscos Ambientais do Trabalho (RAT).

A contribuição complementar de 6, 9 ou 12 pontos porcentuais só é devida pela empresa se o empregado tiver contato com elementos químicos, físicos, biológicos ou associação de agentes. Se a atividade da empresa não traz risco à saúde ou à integridade física dos seus trabalhadores, não tem de recolher a contribuição para custeio da aposentadoria especial. A referida contribuição não é somada à já existente, mas é acrescido o porcentual de 6, 9 ou 12% sobre as determinadas no inciso II do art. 22 da Lei n. 8.212/91. A lei não emprega a expressão *acrescida a*, mas *acrescida* de (§ 6º do art. 57 da Lei n. 8.213/91).

As empresas optantes do Simples não têm de recolher a contribuição adicional para custeio da aposentadoria especial.

A fim de estimular investimentos destinados a diminuir os riscos ambientais no trabalho, o Ministério da Previdência e Assistência Social poderá alterar o enquadramento de empresa que demonstre a melhoria das condições de trabalho, com redução dos agravos à saúde do trabalhador, obtida por meio de investimentos em prevenção e em sistemas gerenciais de risco (art. 203 do RPS). O INSS implementará sistema de controle e acompanhamento de acidentes do trabalho.

O Fator Acidentário de Prevenção foi criado pelo Decreto n. 6.957/2009. O aumento das alíquotas além de 3% só pode ser feito por lei e não por norma administrativa. A alíquota tem de estar prevista em lei (art. 97, IV, do CTN). Pode ser revisto o enquadramento, mas não pode ser criada a alíquota da contribuição previdenciária.

Na verdade, o "seguro" contra acidente do trabalho previsto no inciso XXVIII do art. 7º da Constituição é uma contribuição que irá custear as prestações de acidente do trabalho. Seu fundamento também está no inciso I do art. 195 da Constituição quando assegura a incidência da contribuição do empregador para o custeio da Seguridade Social sobre a folha de salários. É sobre o pagamento feito ao empregado que irá incidir a contribuição para o custeio das prestações de acidente do trabalho, que ficam a cargo do empregador.

A natureza da contribuição para o custeio das prestações de acidente do trabalho é de tributo, na modalidade de contribuição social, enquadrada no art. 149 da Constituição, quando faz referência ao § 6º do art. 195 da mesma norma. Representa adicional à contribuição da empresa.

Tem como característica a contribuição previdenciária relativa ao acidente do trabalho ser vinculada para custear as receitas necessárias para atender às prestações de acidente do trabalho. A contribuição visa custear determinada despesa ou necessidade do sujeito passivo.

A base de cálculo e as alíquotas foram definidas no inciso II do art. 22 da Lei n. 8.212/91, que especifica que a contribuição incide sobre a remuneração paga ou creditada a qualquer título aos segurados empregados e trabalhadores avulsos. Atende, portanto, o inciso IV do art. 97 do CTN, pois foi a lei que fixou a alíquota e a base de cálculo.

O STF entende que o fato de a lei deixar para o regulamento a complementação de conceitos de atividade preponderante e grau de risco não implica ofensa ao princípio da legalidade genérico (art. 5º, II, da Constituição) ou da legalidade tributária (art. 150, I, da Lei Maior) (STF Pleno, RE 343.446-2/SC, Rel. Min. Carlos Velloso, j. 20-3-2003, *DJU* 1 4-4-2003, p. 40).

A alíquota de contribuição para o Seguro de Acidente do Trabalho (SAT) é aferida pelo grau de risco desenvolvido em cada empresa, individualizada pelo seu

CNPJ, ou pelo grau de risco da atividade preponderante quando houver apenas um registro (Súmula 351 do STJ).

O grau de risco em relação ao acidente do trabalho deveria ser fixado em relação a cada estabelecimento em que o empregado trabalha e não na empresa como um todo, pois os graus podem ser diversos. Exemplo seria uma indústria que tem dois estabelecimentos: a fábrica, onde está a maior parte de seus empregados, e a loja ou escritório, onde estão os vendedores, sua contabilidade e o departamento de pessoal. Se o enquadramento for feito pela atividade preponderante, o grau de risco poderá, por exemplo, ser 2, sendo que a empresa terá de recolher 2% sobre a remuneração dos empregados da loja. Nesse caso, a contribuição será superior ao grau de risco existente na loja, pois será feita pelo enquadramento da atividade principal da empresa.

Não há dúvida de que a alíquota deve ser estabelecida em porcentual maior em relação aos empregados que ficam sob maior risco, pois há maior possibilidade da existência de acidentes do trabalho. Nos estabelecimentos em que o risco é menor, a alíquota também deveria ser menor.

A atividade econômica preponderante, na empresa, será considerada em razão do maior número de segurados empregados e trabalhadores avulsos. Não se aplica a orientação da CLT em que o enquadramento é feito na atividade preponderante da empresa. O enquadramento deve ser feito pela atividade que representa o maior grau de risco. A partir da vigência do Decreto n. 2.173/97, deixa o enquadramento de ser feito por estabelecimento e passa a ser feito pela atividade preponderante da empresa.

Os enquadramentos são feitos pela própria empresa com base no anexo V do Decreto n. 3.048/99, podendo o INSS rever tal enquadramento a qualquer tempo. É o chamado autoenquadramento. Na determinação da atividade econômica preponderante serão computados os empregados e trabalhadores avulsos que exerçam suas atividades profissionais efetivamente na empresa. A empresa com mais de um estabelecimento e mais de uma atividade deve somar os segurados de cada uma das atividades nos vários estabelecimentos. Será preponderante a que ocupe o maior número de segurados empregados e trabalhadores avulsos.

As entidades desportivas também contribuirão para o custeio das prestações por acidente do trabalho, de acordo com o que foi supracitado, salvo os clubes de futebol.

A contribuição para acidente do trabalho do produtor rural pessoa física e do segurado especial será de 0,1% da receita bruta proveniente da comercialização da produção (art. 25, II, da Lei n. 8.212/91).

O empregador rural pessoa jurídica contribuirá para o custeio de acidente do trabalho à razão de 0,1% da receita bruta proveniente da comercialização de sua produção.

12.3.4 Contribuição do empregador doméstico

A Lei n. 5.859/72 instituiu a alíquota de contribuição para o empregador doméstico em 8%, pois o doméstico passou a ser obrigatoriamente filiado ao sistema.

Prescrevia o § 1º do art. 5º da Lei n. 5.859/72 que o salário de contribuição do empregado doméstico era no máximo de três salários mínimos. A contribuição do empregador doméstico ficava limitada a aplicar a alíquota de 8% sobre no máximo três salários mínimos.

O Decreto-lei n. 1.910/81 aumentou a alíquota para o empregador doméstico para 10%.

Rezava o art. 6º da Lei n. 7.787/89 que "a contribuição do empregador é de 12% do salário de contribuição do empregado doméstico a seu serviço". A referida norma não estabelecia qualquer teto para o empregador doméstico. O art. 1º da Lei n. 7.787/89 não repetia a Lei n. 5.859/72, que estabelecia o limite máximo de três salários mínimos para o salário de contribuição do empregado doméstico, mas determinava o teto normal para qualquer empregado.

Dispõe o inciso II do art. 28 da Lei n. 8.212/91 que o salário de contribuição do empregado doméstico é "a remuneração registrada na Carteira de Trabalho e Previdência Social, observadas as normas a serem estabelecidas em regulamento para comprovação do vínculo empregatício e do valor da remuneração". O regulamento iria tratar da comprovação do vínculo empregatício e do valor da remuneração e não do salário de contribuição do empregador doméstico.

Rezava o art. 24 da Lei n. 8.212/91 que "a contribuição do empregador doméstico é de 12% (doze por cento) do salário de contribuição do empregado doméstico a seu serviço". Esse dispositivo tem a redação original de 1991. Não está escrito no referido comando legal "respeitado o limite máximo do salário de contribuição".

O Decreto n. 356/91 determinou o Regulamento da Organização e do Custeio da Seguridade Social. Dispôs o art. 34 que "a contribuição do empregador doméstico é de 12% (doze por cento) do salário de contribuição do empregado doméstico a seu serviço, observado o limite máximo referido no § 5º do art. 37".

O teto é para o empregado, pois é o valor máximo do benefício e, portanto, é o valor máximo da contribuição. Não adianta recolher valor superior ao teto, pois o benefício estará limitado ao teto de R$ 7.087,22. Tratando-se de contribuição do empregador, não há teto, como ocorre também para o empregador doméstico.

O § 5º do art. 28 da Lei n. 8.212/91 determina o limite máximo do salário de contribuição para o empregado e não para o empregador, inclusive para o empregador doméstico. Nos parágrafos do artigo não foi dito que há teto para o empregador doméstico. Logo, não pode ser aplicado teto para o empregador doméstico.

A contribuição do empregador doméstico é de 8% (art. 34, II, da Lei Complementar n. 150/2015) do salário de contribuição do empregado doméstico a seu serviço (art. 24 da Lei n. 8.212/91). O salário de contribuição para o empregado doméstico é a remuneração registrada na Carteira de Trabalho e Previdência Social (art. 28, II, da Lei n. 8.212/91). A palavra remuneração tem sentido amplo, do valor total recebido pelo empregado. Logo, a contribuição previdenciária do empregador doméstico é de 8% sobre a remuneração registrada na CTPS do empregado, sem que haja qualquer teto para o empregador.

Se a remuneração do empregado doméstico é de R$ 10.000,00, aplica-se 8% sobre o referido valor, sem se estabelecer qualquer teto para o empregador doméstico, pois o referido valor é a remuneração registrada na CTPS do empregado doméstico.

O empregador doméstico não tem a mesma capacidade contributiva da empresa. Assim, sua alíquota é diversa da da empresa.

Não há nenhum limite para a incidência do porcentual de 8% devido pelo empregador doméstico. Assim, mesmo que o empregado doméstico perceba remuneração acima do teto, a contribuição do empregador incidirá sobre o total pago ao obreiro. O empregador doméstico não tem a mesma capacidade contributiva da empresa.

O empregador doméstico paga a contribuição de custeio de acidente do trabalho de 0,8% sobre o pagamento feito ao doméstico (art. 34, III, da Lei Complementar n. 150/2015).

Durante os 120 dias de licença-maternidade da empregada doméstica, o empregador doméstico é obrigado a recolher os 8% relativos a sua parte da contribuição. Não tem de recolher a parte do empregado doméstico, pois não se está pagando salário, em razão de que o benefício salário-maternidade fica a cargo do INSS.

Dona de casa pode contribuir com a alíquota de 5% sobre o salário mínimo. É preciso se inscrever no cadastro único. A renda da família não pode ser superior a dois salários mínimos. O pagamento deve ser feito até o dia 15 do mês seguinte ao vencido. Tem direito a aposentadoria por idade, aposentadoria por invalidez, auxílio-doença, salário-maternidade, pensão por morte, auxílio-reclusão. Se quiser ter direito a aposentadoria por tempo de contribuição tem de recolher a diferença da alíquota de 15% sobre o salário mínimo. Se recolher 20% sobre o salário de contribuição tem direito ao benefício integral.

12.3.5 Retenções

O fundamento da retenção é a arrecadação na fonte feita pela empresa, que é mais idônea economicamente. É mais fácil fiscalizar a empresa maior do que outros contribuintes.

12.3.5.1 Retenção do art. 31 da Lei n. 8.212/91

12.3.5.1.1 Introdução

Dispõe o art. 31 da Lei n. 8.212/91:

> A empresa contratante de serviços executados mediante cessão de mão de obra, inclusive em regime de trabalho temporário, deverá reter 11% do valor bruto da nota fiscal ou fatura de prestação de serviços e recolher a importância retida até o dia 20 (vinte) do mês subsequente ao da emissão da respectiva nota fiscal ou fatura.

O objetivo da contribuição previdenciária de 11% é conseguir efetivamente cobrar das empresas prestadoras de serviços a exigência devida à Previdência Social. Assim, é feita a retenção na fonte do pagamento realizado pela tomadora de serviços a empresa prestadora. A primeira é mais idônea financeiramente para reter a contribuição, pois pode ocorrer de a empresa prestadora ser inidônea e não recolher a exação ou até não ter bens para poder responder pelo seu pagamento.

A redação anterior do art. 31 da Lei n. 8.212/91, determinada pela Lei n. 9.528/97, previa solidariedade entre o tomador dos serviços e a empresa cedente de mão de obra: "o contratante de quaisquer serviços executados mediante cessão de mão de obra, inclusive em regime de trabalho temporário, responde solidariamente com o executor pelas obrigações decorrentes desta lei, em relação aos serviços prestados, exceto quanto ao disposto no art. 23, não se aplicando, em qualquer hipótese, o benefício de ordem". Não é mais mencionada solidariedade no art. 31 da Lei n. 8.212/91.

12.3.5.1.2 Natureza jurídica

A natureza da exigência, embora incidente sobre o faturamento da prestadora de serviços, é de compensar a retenção com a contribuição devida sobre a folha de pagamentos. Logo, é uma modalidade de antecipação do recolhimento da contribuição sobre a folha de pagamentos e não uma contribuição sobre o faturamento. É uma forma de retenção na fonte.

Permite o art. 170 do CTN a compensação de créditos vencidos ou vincendos, como modalidade de extinção do crédito tributário, desde que estabelecida por lei ordinária. Foi a contribuição em comentário estabelecida por lei ordinária, atendendo, nesse ponto, o requisito do referido código.

O art. 31 da Lei n. 8.212/91 representa espécie de empréstimo compulsório, pois não está fixado o prazo para a devolução da retenção. É um empréstimo compulsório instituído por lei ordinária e não por lei complementar (art. 148 da Constituição).

12.3.5.1.3 Responsabilidade

Reza o § 7º do art. 150 da Constituição que "a lei **poderá** atribuir a sujeito passivo de obrigação tributária a condição de responsável pelo pagamento de imposto ou **contribuição**, cujo fato gerador deva ocorrer posteriormente, assegurada a imediata e preferencial restituição da quantia paga, caso não se realize o fato gerador presumido". Da análise do texto constitucional verifica-se que foi criada hipótese de substituição tributária com fato gerador futuro e não de fato gerador já ocorrido. Estabelece o art. 128 do CTN substituição tributária de fato gerador efetivamente ocorrido. Nota-se também da norma constitucional que a substituição tributária pode ocorrer tanto em relação a impostos, como a contribuições, inclusive a contribuição previdenciária.

Há quem entenda que existe inconstitucionalidade na nova exigência da Lei n. 9.711/98 ao dar nova redação ao art. 31 da Lei n. 8.212/91, quando exige contribuição de 11% sobre o faturamento do cedente de mão de obra.

Segundo esse entendimento, haveria inconstitucionalidade pelo fato de ser instituída nova contribuição sobre faturamento por lei ordinária, o que só poderia ser feito por lei complementar, de acordo com o § 4º do art. 195 da Constituição combinado com o inciso I do art. 154 da Constituição. Nesse sentido, seria exigida outra contribuição sobre o faturamento, quando já existe a Cofins.

A lei não criou contribuição sobre o faturamento. A contribuição seria sobre o faturamento da própria empresa e não de outra. Assim, é modalidade de responsabilidade tributária, de retenção do tributo devido, como ocorre em relação ao imposto de renda retido na fonte.

12.3.5.1.4 Atividades

Estabelece o § 4º do art. 31 da Lei n. 8.212/91 que

enquadram-se na situação prevista no parágrafo anterior, além de outros estabelecidos em regulamento, os seguintes serviços:
I – limpeza, conservação e zeladoria;
II – vigilância e segurança;
III – empreitada de mão de obra;
IV – contratação de trabalho temporário na forma da Lei n. 6.019, de 3-1-1974.

Dispõe o inciso IV do art. 84 da Constituição que o Presidente da República tem competência privativa para expedir decretos e regulamentos para a fiel execução das leis. Assim, o regulamento do § 4º do art. 31 da Lei n. 8.212/91 só poderá prever serviços que estejam dentro do conceito de cessão de mão de obra definido no art. 31 da Lei n. 8.212/91.

Reza o inciso III do art. 97 do CTN que o fato gerador e o sujeito passivo devem estar previstos em lei. Prevê o inciso IV do mesmo artigo a necessidade de a base de cálculo ser definida em lei. No ponto ora em exame, define-se genericamente cessão de mão de obra como fato gerador. Sujeito passivo é a pessoa que cede mão de obra. Logo, desde que se trate de cessão de mão de obra, nada impede que o regulamento ou a ordem de serviço definam a cessão de mão de obra, pois as hipóteses contidas no § 4º do art. 31 da Lei n. 8.212/91 são exemplificativas e não exaustivas. O conceito de empresa que faz empreitada de mão de obra também é muito amplo, desde que se trate de empreitada, em que o importante é o resultado do serviço e não a atividade da pessoa.

Indica o § 2º do art. 219 do RPS os seguintes serviços que compreendem cessão de mão de obra: (1) limpeza, conservação e zeladoria; (2) vigilância e segurança; (3) construção civil; (4) serviços rurais; (5) digitação e preparação de dados para processamento; (6) acabamento, embalagem e acondicionamento de produtos; (7) cobrança; (8) coleta e reciclagem de lixo e resíduos; (9) copa e hotelaria; (10) corte e ligação de serviços públicos; (11) distribuição; (12) treinamento e ensino; (13) entrega de contas e documentos; (14) ligação e leitura de medidores; (15) manutenção de instalações, de máquinas e de equipamentos; (16) montagem; (17) operação de máquinas, equipamentos e veículos; (18) operação de pedágio e de terminais de transporte; (19) operação de transporte de passageiros, inclusive em casos de concessão e subconcessão; (20) portaria, recepção e ascensorista; (21) recepção, triagem e movimentação de materiais; (22) promoção de vendas e eventos; (23) secretaria e expediente; (24) saúde e (25) telefonia, inclusive telemarketing.

12.3.5.1.5 Fato gerador

Reza o art. 128 do CTN que o responsável pelo pagamento do tributo é vinculado ao fato gerador da obrigação. Na hipótese da contribuição de 11%, o terceiro não é vinculado ao fato gerador da obrigação, pois o fato gerador da obrigação é a folha de salários e a retenção está sendo feita sobre o faturamento. Não pode, portanto, a contribuição prevista no art. 31 da Lei n. 8.212/91 ser exigida, por não respeitar o art. 128 do CTN, que é considerado lei complementar à Constituição, estabelecendo normas gerais em Direito Tributário, especificamente sobre obrigação tributária (art. 146, III, *b*, da Constituição).

Inconstitucional também se mostra a exigência da contribuição a ser compensada, pois o § 1º do art. 31 da Lei n. 8.212/91 menciona que a exação incide sobre a folha de pagamento dos segurados a seu serviço. Na época da edição da nova redação do art. 31 da Lei n. 8.212/91 vigia a disposição original do inciso I do art. 195 da Constituição, que mencionava incidência de contribuição sobre folha de salários e não sobre folha de pagamento. Folha de salários diz respeito apenas a empregados, como já reconheceu o STF (Tribunal Pleno, RE 166.772-9-RS, Rel. Min. Marco Aurélio, j. 12-5-1994, *DJU* 20-5-1994, p. 12.296). Não poderia na época ser exigida contribuição sobre folha de pagamento, que não se refere apenas a empregados. A expressão contida no art. 31 da Lei n. 8.212/91 mostra a incidência da contribuição sobre "folha de pagamento dos segurados a seus serviços", que compreende o empregado, mas também o autônomo, o empresário, o avulso etc.

A retenção não é fato gerador da contribuição previdenciária, que é a remuneração paga, devida ou creditada. Não há nada a ver com a retenção na fonte.

O STF entendeu que a retenção de 11% é constitucional (RE 603.191, Rel. Min. Ellen Gracie). Seria uma mera técnica de arrecadação de contribuições.

12.3.5.1.6 Base de cálculo

O valor bruto da fatura ou da nota fiscal de prestação de serviços é a base de cálculo da contribuição de 11%, não sendo admitida qualquer dedução.

A base de cálculo deve ser específica e relacionada com o fato gerador da obrigação tributária. No caso, a base de cálculo é o faturamento da empresa prestadora de serviços e o fato gerador é a folha de salários da referida empresa, isto é, o pagamento feito ao empregado. Há completa desvinculação da base de cálculo em relação ao fato gerador. Sob esse ângulo, portanto, não poderia ser exigida a contribuição.

12.3.5.1.7 Cooperativa

Considera o parágrafo único do art. 15 da Lei n. 8.212/91 como empresa, para os fins da referida norma, a cooperativa.

A contribuição da cooperativa seria devida em relação a segurados a seu serviço, como se observa da parte final do art. 31 da Lei n. 8.212/91. Folha de pagamento só se refere a empregado, pois o avulso não é empregado da empresa. A cooperativa pode não ter empregados que prestam serviços, pois na maioria dos casos tem associados, sócios. Os cooperados são considerados autônomos pelo inciso IV, do § 15 do art. 9º do RPS. No caso, não há cessão de mão de obra, pois o próprio regulamento considera o cooperado como autônomo. Não poderá a cooperativa compensar a contribuição se não tem folha de pagamento. A antecipação, portanto, é inútil. Não é, portanto, o caso de cessão de mão de obra.

O art. 224-A do RPS determina que a retenção não se aplica à contratação de serviços por intermédio de cooperativa de trabalho.

12.3.5.1.8 Retenção

A empresa contratante de serviços executados mediante cessão de mão de obra, inclusive em regime de trabalho temporário, deverá reter 11% do valor bruto da nota fiscal ou fatura de prestação de serviços e recolher a importância retida em nome da empresa cedente da mão de obra.

O desconto da contribuição sempre se presume feito oportuna e regularmente pela empresa a isso obrigada, não lhe sendo lícito alegar omissão para se eximir do recolhimento, ficando diretamente responsável pela importância que deixou de receber ou arrecadou em desacordo com a lei (§ 5º do art. 33 da Lei n. 8.212/91).

Entidade imune tem de fazer retenção da contribuição.

É incompatível a retenção de 11% em relação a empresas que optaram pelo Simples, pois já recolhem a contribuição previdenciária neste último sistema e não há com o que compensar, pois a alíquota é genérica, abrangendo outros tributos. Assim, as empresas que estiverem devidamente enquadradas no Simples não poderão ter a retenção da contribuição de 11%. Não tem fundamento legal primeiro reter e depois pedir a restituição da contribuição. O certo é não haver a retenção, pela impossibilidade legal, já que a pessoa está enquadrada no Simples.

A retenção da contribuição para a seguridade social pelo tomador do serviço não se aplica às empresas optantes pelo Simples (Súmula 425 do STJ).

Tratando-se de retenção e recolhimento em nome do consórcio (arts. 278 e 279 da Lei n. 6.404/76) aplica-se a regra do art. 31 da Lei n. 8.212/91, observada a participação de cada uma das empresas consorciadas, na forma do respectivo ato constitutivo.

12.3.5.1.9 Dispensa da retenção

A empresa contratante estará dispensada de efetuar a retenção quando o faturamento da empresa cedente no mês de emissão da nota fiscal, fatura ou recibo, for igual ou inferior ao limite máximo do salário de contribuição e não possuir segurados empregados. Nesse caso, a empresa contratante deverá exigir da empresa cedente declaração do faturamento e de não possuir segurados empregados, juntando-a à respectiva nota fiscal, fatura ou recibo de prestação de serviços.

Na ausência de destaque da retenção na nota fiscal, fatura ou recibo, presume-se feita a retenção oportuna e regularmente, considerando-se que a quitação tenha sido feita pelo valor líquido, ou seja, já deduzida a retenção.

As pessoas físicas, inclusive o autônomo ou equiparado em relação a segurado que lhe presta serviço, quando contratantes de serviços de empreitada ou de cessão de mão de obra, ficam dispensadas da retenção de que trata o art. 31 da Lei n. 8.212/91.

A empresa contratante estará dispensada de efetuar a retenção quando o faturamento da empresa cedente no mês de emissão da nota fiscal, fatura ou recibo, for igual ou inferior ao limite máximo do salário de contribuição e não possuir segurados empregados. A razão do que foi exposto é que o § 1º do art. 31 da Lei n. 8.212/91 é claro no sentido de que a compensação da retenção da contribuição de 11% será feita "pelo respectivo estabelecimento da empresa cedente da mão de obra, quando do recolhimento das contribuições destinadas à Seguridade Social devidas sobre a folha de pagamento dos segurados a seu serviço". Isso quer dizer que se não há folha de pagamento, pela inexistência de empregados, não há que se falar em retenção. O importante é, portanto, não ter empregados e não qual é o limite do faturamento da empresa. A empresa contratante deverá exigir da empresa cedente declaração do faturamento e de não possuir segurados empregados, juntando-a à respectiva nota fiscal, fatura ou recibo de prestação de serviços. O objetivo é que a empresa tomadora não fique sujeita a multas pela não retenção, devendo ter comprovante de que a empresa prestadora dos serviços não tem segurados empregados.

Se o serviço na construção civil for de responsabilidade direta da execução total da obra, não estará havendo cessão de mão de obra, sendo indevida a retenção de 11%.

Se a empresa contratada executa serviços em seu próprio estabelecimento – não enquadrados como empreitada – não há cessão de mão de obra.

Não tendo a contratada empregados, a retenção da contribuição é indevida.

12.3.5.1.10 Compensação

O valor retido, que deverá ser destacado na nota fiscal ou fatura de prestação de serviços, poderá ser compensado por qualquer estabelecimento da empresa cedente da mão de obra, por ocasião do recolhimento das contribuições destinadas à Seguridade Social devidas sobre a folha de pagamento dos segurados (§ 1º do art. 31 da Lei n. 8.212/91).

O valor retido somente será compensado pela empresa prestadora de serviços com contribuições destinadas à Seguridade Social arrecadadas pelo INSS, não podendo absorver contribuições destinadas a terceiros (entidades e fundos), as quais deverão ser recolhidas integralmente.

Será feita a compensação em relação à contribuição da empresa, a retida dos empregados e a destinada ao custeio das prestações de acidente do trabalho.

A compensação dos valores retidos será efetuada na mesma competência na guia de recolhimento da folha de pagamento relativa à competência da emissão da nota fiscal, fatura ou recibo.

Caberá a compensação da retenção em recolhimento efetuado em atraso desde que o valor retido seja da mesma competência.

Para haver a compensação pela empresa cedente não será necessário que seja efetivamente recolhida a contribuição previdenciária pela empresa tomadora, pois é desta a responsabilidade pela retenção e recolhimento da contribuição previdenciária de 11%.

Na impossibilidade de haver compensação total pelo estabelecimento da empresa cedente na competência correspondente, o saldo será obrigatoriamente objeto de pedido de restituição.

A falta de destaque do valor da retenção na nota fiscal, fatura ou recibo impossibilitará a empresa cedente de efetuar a compensação, devendo, neste caso, ser requerida a sua restituição, sob pena de ser glosada a importância irregularmente compensada a esse título.

O porcentual de retenção do valor bruto da nota fiscal ou fatura de prestação de serviços relativa a serviços prestados mediante cessão de mão de obra, inclusive em regime de trabalho temporário, a cargo da empresa contratante, que é de 11%, fica acrescido de 4, 3 ou 2 pontos porcentuais, ou seja, 15, 14 ou 13% relativamente aos serviços prestados pelo segurado empregado, cuja atividade permita a concessão de aposentadoria especial após 15, 20 ou 25 anos de contribuição (art. 6º da Lei n. 10.666/2003). A referida contribuição está sendo exigida a partir de 1º-4-2003.

12.3.5.2 Retenção do segurado contribuinte individual

O objetivo da retenção em relação ao pagamento feito ao segurado contribuinte individual é a sonegação e a maior dificuldade de fiscalização do contribuinte individual.

O art. 4º da Lei n. 10.666/2003 não indica claramente o fato gerador da contribuição previdenciária, ao contrário de certos artigos do Código Tributário Nacional que estabelecem que o fato gerador do imposto tal é a seguinte situação de fato ou de direito.

Na verdade, o art. 4º da Lei n. 10.666/2003 não está tratando de fato gerador da contribuição previdenciária, mas de retenção na fonte por parte da empresa em relação ao serviço que lhe presta o segurado contribuinte individual.

O fato gerador da retenção é o pagamento da remuneração ao segurado contribuinte individual. Não é a efetivação do contrato entre as partes, mas a efetiva prestação dos serviços com o pagamento da remuneração.

O inciso II do art. 28 da Lei n. 8.212/91 menciona que o salário de contribuição do contribuinte individual é a remuneração auferida em uma ou mais empresas durante o mês. Auferir tem o sentido de receber. Logo, a retenção só pode ser feita com o pagamento, que é quando o segurado contribuinte individual recebe a remuneração pela prestação de serviços.

O fato gerador da retenção não é o lançamento ou provisionamento na contabilidade da empresa ou a circunstância de a remuneração ser devida, mas o pagamento, o recebimento. O inciso I do art. 28 da Lei n. 8.212/91 é claro no sentido de que a contribuição previdenciária do empregado, doméstico ou avulso, incide a partir do momento em que a remuneração é devida, mas não há previsão nesse sentido para a contribuição do segurado contribuinte individual.

O art. 21 da Lei n. 8.212/91 dispõe que o salário de contribuição do segurado contribuinte individual é a sua remuneração. O art. 4º da Lei n. 10.666/2003 reza que a retenção deve ser descontada "da respectiva remuneração" do segurado contribuinte individual.

Remuneração é o conjunto de pagamentos recebidos pelo segurado em decorrência da prestação dos serviços. Não entram nesse conceito: (a) reembolso de despesas, desde que comprovadas; (b) verbas indenizatórias ou que não têm natureza de remuneração, como as previstas no § 9º do art. 28 da Lei n. 8.212/91; (c) ganhos habituais, que dizem respeito ao empregado (§ 11 do art. 201 da Constituição).

Para mim, a retenção deve ser feita à razão de 20%, que é a contribuição do segurado contribuinte individual. O art. 4º da Lei n. 10.666/2003 faz referência à contribuição do segurado contribuinte individual. Esta é de 20% (art. 21 da Lei n. 8.212/91), e não de 11%.

A contribuição de 11% é a retenção que a empresa faz em relação a serviços mediante cessão de mão de obra, que decorre do art. 31 da Lei n. 8.212/91. Este dispositivo faz menção a cessão de mão de obra, como limpeza, conservação e zeladoria, vigilância e segurança, empreitada de mão de obra, trabalho temporário (§ 4º do art. 31 da Lei n. 8.212/91). O art. 31 da Lei n. 8.212/91 faz referência a nota fiscal ou fatura de prestação de serviço. Autônomos, por exemplo, não emitem nota fiscal ou fatura de prestação de serviço, mas recibo de pagamento a autônomo (RPA).

O art. 31 da Lei n. 8.212/91 não trata da contribuição do segurado contribuinte individual, mas de retenção na fonte. Logo, não se pode usar da alíquota de 11%. Autônomo também não é empregado para recolher a contribuição com base na alíquota de 11%.

A contribuição do segurado é de 20% sobre o valor de sua remuneração, observado o cálculo sobre o teto de R$ 7.087,22.

Será considerada empresa "a firma individual ou sociedade que assume o risco de atividade econômica urbana ou rural, com fins lucrativos ou não, bem como os órgãos e entidades da administração pública direta, indireta ou fundacional" (art. 15, I, da Lei n. 8.212/91). Será "empresa", para fins da Seguridade Social, a Administração Pública que receber serviços do segurado.

O raciocínio que se faz é de que a empresa irá recolher 20% e o segurado 11%, totalizando 31% sobre a base de cálculo, que é numerário mais do que suficiente para o INSS pagar no futuro o benefício do segurado.

A alíquota não pode ser indicada genericamente no regulamento da Lei n. 8.212/91. Alíquota só pode ser estabelecida por lei (art. 97, IV, do CTN) e não por norma administrativa, diante do princípio da legalidade. A alíquota prevista na lei é de 20% e não de 11%. Logo, não pode a alíquota ser estabelecida no regulamento de forma genérica.

Na hipótese de o contribuinte individual prestar serviço a uma ou mais empresas, poderá deduzir, da sua contribuição mensal, 45% da contribuição da empresa, efetivamente recolhida ou declarada, incidente sobre a remuneração que esta lhe tenha pago ou creditado, limitada a dedução a 9% do respectivo salário de contribuição (§ 4º do art. 30 da Lei n. 8.212/91). Deduzir 45% da alíquota de 20% é exatamente 9%.

A dedução de 45% é uma faculdade do contribuinte individual e não da empresa, tanto que ele tem de ter a prova do efetivo recolhimento pela empresa ou da declaração desta de que fez o recolhimento. Não se trata, portanto, de uma obrigação do contribuinte individual.

O objetivo da norma é de arrecadação, pois em muitos casos o trabalhador autônomo prestava serviços à empresa, porém não recolhia a sua contribuição e não havia como fiscalizá-lo. A arrecadação pela empresa facilita o pagamento da contribuição, evitando fraudes.

O contribuinte individual é obrigado a complementar, diretamente, a contribuição até o valor mínimo mensal do salário de contribuição, quando as remunerações recebidas no mês, por serviços prestados a pessoas jurídicas, forem inferiores a este (art. 5º da Lei n. 10.666/2003).

O artigo não está referindo-se ao salário mínimo como contribuição mínima, como em princípio poderia parecer.

Trata o dispositivo do caso de o contribuinte individual receber um salário mínimo da empresa e seu salário de contribuição ser R$ 7.087,22. Deve, portanto, o segurado contribuir com a diferença entre o que foi retido pela empresa e o seu salário de contribuição, aplicando-se a alíquota de 20%.

A regra não se aplica se os recebimentos forem de pessoas físicas.

A determinação será observada a partir de 1º-4-2003.

O contribuinte individual que prestar serviços a mais de uma empresa, ou concomitantemente exercer atividade como segurado empregado, quando o total das remunerações recebidas no mês atingir o limite máximo do salário de contribuição, deverá informar o fato à empresa na qual a sua remuneração, somada aos valores porventura já recebidos, atingir o limite e às que se sucederem, mediante a apresentação: (a) dos comprovantes de pagamento; ou (b) de declaração por ele emitida, sob as penas da lei, consignando o valor sobre o qual já sofreu desconto naquele mês ou identificando as empresas que efetuarão o desconto até o limite máximo do salário de contribuição. Assim, diante do princípio da boa-fé, a declaração é válida até prova em contrário. O tomador dos serviços não poderá fazer retenção na fonte da contribuição previdenciária em relação aos serviços prestados pelo contribuinte individual.

Na hipótese prevista na letra *b*, supra, quando a declaração se referir a prestação de serviços de forma regular a pelo menos uma empresa, da qual o segurado contribuinte individual receba mês a mês remuneração igual ou superior ao limite máximo do salário de contribuição, poderá abranger várias competências dentro do exercício, devendo ser renovada após o período indicado na referida declaração ou ao término do exercício em curso, o que ocorrer primeiro.

A declaração deverá identificar, além de todas as competências a que se referir, o nome empresarial com o número do CNPJ daquela ou daquelas empresas que remuneram o segurado contribuinte individual com valor igual ou superior ao limite máximo do salário de contribuição.

O segurado contribuinte individual que prestar declaração na forma da letra b é responsável pela contribuição incidente sobre o valor por ele declarado e na hipótese de, por qualquer razão, deixar de receber remuneração ou, na hipótese de receber remuneração inferior à indicada na declaração, deverá complementar a contribuição até o valor por ele declarado.

O contribuinte individual deverá manter sob sua guarda cópia da declaração juntamente com os comprovantes de pagamento, para fins de apresentação ao INSS quando solicitado.

Considera-se remuneração do contribuinte individual que trabalha como condutor autônomo de veículo rodoviário, como auxiliar de condutor autônomo de veículo rodoviário, em automóvel cedido em regime de colaboração, nos termos da Lei n. 6.094/74, como operador de trator, máquina de terraplenagem, colheitadeira e assemelhados, o montante correspondente a 20% do valor bruto do frete, carreto, transporte de passageiros ou do serviço prestado, observado o limite máximo a que se refere o § 5º (§ 11 do art. 28 da Lei n. 8.212/91).

A empresa deverá manter arquivadas, por dez anos, cópias dos comprovantes de pagamento ou a declaração apresentada pelo contribuinte individual, para fins de apresentação ao INSS quando solicitado. É o prazo de decadência para o lançamento de constituição do crédito da contribuição previdenciária. Contudo, o prazo é de cinco anos, pois se aplica o art. 173 do CTN, que trata de prazo de decadência para a constituição do crédito tributário.

Para o segurado que exercer atividade como empregado, inclusive o doméstico ou trabalhador avulso e, concomitantemente, exercer atividade como contribuinte individual, deverá ser observado o seguinte:

1. o salário de contribuição referente a atividade de empregado, inclusive o doméstico ou trabalhador avulso, será a remuneração efetivamente recebida nesta atividade, observado o limite máximo do salário de contribuição e a contribuição do segurado deverá ser calculada mediante aplicação da alíquota prevista para a correspondente faixa salarial;
2. o salário de contribuição referente a atividade de contribuinte individual, caso a soma da remuneração recebida nas duas atividades não ultrapasse o limite máximo do salário de contribuição, será a remuneração recebida

nesta atividade, ou, caso ultrapasse o referido limite, a diferença entre a remuneração como segurado empregado, inclusive o doméstico ou trabalhador avulso e a remuneração como segurado contribuinte individual, respeitado o limite máximo do salário de contribuição;

3. para fins de apuração do salário de contribuição sobre o qual incidirá a contribuição, na atividade de contribuinte individual, o segurado empregado, inclusive o doméstico ou trabalhador avulso, deverá:
   a) se o serviço for prestado a empresas, apresentar às contratantes o recibo de pagamento de salário relativo à competência anterior à da prestação de serviços ou prestar declaração, sob as penas da lei, de que é segurado empregado, inclusive doméstico ou trabalhador avulso, consignando o valor sobre o qual é descontada a contribuição naquela atividade ou declarando que a remuneração recebida naquela atividade atingiu o limite máximo do salário de contribuição e identificando a empresa ou o empregador doméstico que efetuou ou efetuará o desconto sobre o valor por ele declarado;
   b) se o serviço for prestado a pessoas físicas, a outro contribuinte individual, a produtor rural pessoa física, a missão diplomática ou repartição consular de carreira estrangeiras, recolher a contribuição devida.

Quando o segurado empregado receber mês a mês remuneração igual ou superior ao limite máximo do salário de contribuição, a declaração poderá abranger várias competências dentro do exercício, devendo ser renovada após o período indicado na referida declaração ou ao término do exercício em curso, ou ser cancelada caso houver rescisão do contrato de trabalho, o que ocorrer primeiro. A declaração deveria identificar, além de todas as competências a que se referir, o nome empresarial com o número do CNPJ da empregadora.

Se o empregador, por exemplo, já faz a retenção na fonte da contribuição previdenciária calculada sobre o teto de R$ 7.087,22, não pode haver retenção na fonte de 20% pela outra empresa, pois o empregado já recolheu pelo teto. A empresa que recebe a prestação de serviços do autônomo deve apenas ficar com comprovante de que o empregado já reteve a contribuição pelo teto ou exigir a declaração do trabalhador e não ser feita nenhuma retenção do trabalhador.

Na hipótese de o segurado exercer as duas atividades a ser efetuado primeiro o desconto da contribuição como segurado contribuinte individual, o fato deverá ser comunicado à empresa em que estiver prestando serviços como segurado empregado ou trabalhador avulso, ou ao empregador doméstico, no caso de segurado empregado doméstico, mediante declaração.

A empresa que remunerar contribuinte individual deverá fornecer a este comprovante de pagamento pelo serviço prestado, consignando, além do valor da remuneração e do desconto feito a título de contribuição social previdenciária, a sua identificação completa, inclusive com o número no CNPJ e o número de inscrição do contribuinte individual no INSS (NIT).

O parágrafo único do art. 100 do CTN é claro no sentido de que a observância dos atos normativos expedidos pelas autoridades administrativas, que são as instruções normativas, ordens de serviço etc., exclui a imposição de penalidades, como multa de mora, a cobrança de juros e a atualização do valor monetário, mas importa o pagamento da obrigação principal, que é o recolhimento do tributo, isto é, da contribuição previdenciária do segurado contribuinte individual. Logo, amanhã o INSS poderá querer que o contribuinte recolha o principal, o tributo não recolhido, sob pena de não conceder a aposentadoria requerida pelo segurado contribuinte individual.

12.4 AUTÔNOMO QUE REMUNERA AUTÔNOMO

O autônomo se equipara à empresa (art. 15, parágrafo único, da Lei n. 8.212/91). Se o autônomo remunerar outro autônomo, inscrito ou não perante o Regime de Previdência Social, terá de pagar o encargo pertinente de 20%. Exemplo seria o advogado que remunera outro advogado.

Não existe teto para essa contribuição, pois é contribuição da empresa e não do segurado.

12.5 CONTRIBUIÇÃO DO PRODUTOR RURAL E DO SEGURADO ESPECIAL

A Lei Complementar n. 11, de 25-5-1971, instituiu o Prorural. A contribuição incidia sobre o faturamento. Não havia contribuição por parte do trabalhador, que tinha direito a aposentadoria por velhice e invalidez, pensão e auxílio-funeral, tudo no valor de meio salário mínimo. Foi alterada pela Lei Complementar n. 16, de 30-10-1973. A Lei Complementar n. 11/71 era um regime mais assistencial que previdenciário, pois não havia contribuição direta do próprio trabalhador.

A redação original do § 8º do art. 195 da Constituição previa que "o produtor, o parceiro, o meeiro e os arrendatários rurais, o garimpeiro e o pescador artesanal, bem como os respectivos cônjuges, que exerçam suas atividades em regime de economia familiar, sem empregados permanentes, contribuirão para a seguridade social mediante a aplicação de uma alíquota sobre o resultado da comercialização da produção e farão jus aos benefícios nos termos da lei".

O art. 3º da Lei n. 7.788/89 elevou a contribuição da empresa para 20%. A referida alíquota abrangia o Prorural. Com isso, a contribuição do Prorural foi suprimida a partir de 1º-9-1989. A jurisprudência fixou-se no sentido de que o Funrural só pode ser exigido até a vigência da Lei n. 8.212/91.

A Emenda Constitucional n. 20/98 retirou o garimpeiro do § 8º do art. 195 da Constituição, que passou a ter a seguinte redação:

> o produtor, o parceiro, o meeiro e o arrendatário rurais e o pescador artesanal, bem como os respectivos cônjuges, que exerçam suas atividades em regime de economia familiar, sem empregados permanentes, contribuirão para a seguridade social mediante a aplicação de uma alíquota sobre o resultado da comercialização da produção e farão jus aos benefícios nos termos da lei.

Sabe-se que um dos maiores focos de sonegação de contribuições previdenciárias ocorre no âmbito rural.

Assim, pretendeu-se instituir contribuição diferenciada para o produtor rural pessoa física e o segurado especial, para que essas pessoas efetivamente recolhessem a contribuição, pretendendo com isso a diminuição da sonegação fiscal no campo, incidente sobre a receita bruta da comercialização da produção. Diz respeito a contribuição a pessoa física e não a pessoa jurídica. A contribuição diferenciada foi instituída para a área rural, pois o que estava ocorrendo era que, havendo fatores climáticos, como secas, inundações, excesso de chuvas etc., o produtor rural não recolhia a contribuição previdenciária por não ter numerário para tanto, em razão de não ter produtos para colocar no mercado. Na prática, pode ser que a contribuição sobre a comercialização da produção não surta resultados, pois o produtor pode vender seus produtos sem a nota fiscal.

O segurado especial tem atividade instável em decorrência da safra. Por isso, é que muitas vezes não se consegue exigir contribuições mensais.

Não pode contribuir, se não tem como contribuir, se não vendeu nenhum produto rural.

A expressão *resultado da comercialização da produção* (§ 8º do art. 195 da Constituição) compreende receita bruta. É o preço obtido na venda da mercadoria. Não podem ser deduzidos custos ou despesas, pois, do contrário, não está sendo tomado o resultado da comercialização. Na verdade, é uma contribuição que incide sobre o faturamento.

A redação original do art. 25 da Lei n. 8.212/91 previa que o segurado especial contribuiria com 3% da receita bruta proveniente da comercialização da sua produção.

A Lei n. 8.540, de 22-12-1992, modificou a redação do art. 25 da Lei n. 8.212/91, especificando que a contribuição seria de: 2% no caso do produtor rural pessoa física e 2,2% para o segurado especial, com base na receita bruta da comercialização da sua produção.

A alíquota foi unificada em 1,2% para o produtor rural pessoa física e o segurado especial, incidente sobre a receita bruta proveniente da comercialização da produção, além de manter a previsão da alíquota de 0,1% sobre a mesma base de cálculo para o custeio das prestações de acidente do trabalho (art. 25 da Lei n. 8.212/91). Não existe teto para a referida contribuição.

Aos referidos segurados não mais se observa a alíquota de 20% das empresas, nem os porcentuais pertinentes ao custeio de acidente do trabalho, visto que têm regras específicas. Considera-se receita bruta a proveniente do valor recebido ou creditado pela comercialização da produção, assim entendida a operação de venda ou consignação.

A contribuição aplica-se a todos os seus empregados e não apenas àqueles que prestem exclusivamente serviços de natureza rural.

O STF afirmou que "é constitucional formal e materialmente a contribuição social do empregador rural pessoa física, instituída pela Lei n. 10.256/2001, incidente sobre a receita bruta obtida com a comercialização da sua produção" (RE 718.874/RS, j. 30-3-2017).

Na comercialização que é feita com preço a fixar, a contribuição será devida à medida que forem feitos os pagamentos ou adiantamentos.

Arguiu-se a inconstitucionalidade do art. 25, da Lei n. 8.212/91, sob o argumento de que tal dispositivo feria o § 8º do art. 195 da Constituição. Argumenta-se que o resultado da comercialização da produção não é a mesma coisa que receita bruta da comercialização da produção.

De fato, a receita bruta não deixa de ser uma espécie de resultado da comercialização da produção. Resultado é o gênero e a receita bruta é a espécie. Ocorre, porém, que, quando o constituinte quis tributar o lucro, foi claro nesse sentido, como se verifica da alínea *c*, do inciso I do art. 195 da Constituição, ao prever uma contribuição para custear a seguridade social incidente sobre o lucro das empresas. Isso não ocorre com a contribuição prevista no art. 25 da Lei n. 8.212/91. Assim, não se pode dizer que tal contribuição é inconstitucional sob aquele argumento.

O STF entende inconstitucional o art. 25 da Lei n. 8.212/91, com a redação dada pela Lei n. 8.540/92 por dupla contribuição, violando o inciso II do art. 150

da Constituição e necessidade de lei complementar para a instituição de nova fonte de custeio (RE 596.177, Rel. Min. Ricardo Lewandowski, j. 1.8.2011, *DJe* 165 26.8.2011, *RT* v. 101, n. 916, 2012, p. 653-662). No RE 363.852, j. 3-2-2010, a alteração do art. 1º da Lei n. 8.540/92 infringiu o § 4º do art. 195 da Constituição.

Há quem diga que o porcentual de 1,2% é inconstitucional, pois violaria o princípio da equidade na forma de participação no custeio (art. 194, parágrafo único, V, da Constituição), justamente por estabelecer um porcentual diferenciado em relação aos segurados em comentário. O intuito do legislador foi, porém, de fazer com que essas pessoas efetivamente recolhessem a contribuição previdenciária, pois a utilização do porcentual normal de 20% vinha acarretando sonegação fiscal. Tal orientação tem inclusive respaldo no § 8º do art. 195 da Constituição, que permite o recolhimento da contribuição das referidas pessoas sobre a receita da comercialização da produção. Logo, não se pode dizer que é inconstitucional.

É sabido que o inciso II do art. 217 do CTN, que é considerado lei complementar, prevê a existência da antiga "quota de previdência", que nada mais é do que a atual contribuição social para a Seguridade Social. Tal comando legal é recepcionado pela alínea a, do inciso III, do art. 146 da Constituição, quando determina que a definição de tributos e de suas espécies deva ser feita por lei complementar.

Não exige a Lei Maior que o fato gerador, o contribuinte e a base de cálculo da contribuição social sejam fixados em lei complementar, apenas em relação a impostos (art. 146, III, *a*). Assim, nada impede que a lei ordinária trate de fixar fato gerador, base de cálculo e contribuinte da contribuição social, inclusive a previdenciária. O STF entende, por exemplo, que, em relação à contribuição social sobre o lucro, há a possibilidade da sua exigência por lei ordinária (STF Pleno, RE 138.281, j., 1º-7-1992, *DJU* I, 28-8-1992, p. 13456).

O inciso III do art. 97 do CTN declara que o fato gerador da obrigação tributária tem de ser definido em lei. O fato gerador do tributo é a situação necessária e suficiente para sua ocorrência, desde que definido em lei, como se verifica no art. 114 do CTN. Contudo não é isso que se observa em relação à contribuição prevista no art. 25 da Lei n. 8.212/91, pois tal mandamento legal não fixa o fato gerador da obrigação, mas a sua base de cálculo, pois refere-se à alíquota e à base de cálculo, que são a receita bruta da comercialização da produção.

Atende, porém, o art. 25 da Lei n. 8.212/91 ao inciso IV do art. 97 do CTN, que dispõe que a alíquota e a base de cálculo do tributo devem ser fixadas em lei. No caso, a base de cálculo da contribuição do produtor rural pessoa física e do segurado especial é definida em lei como sendo a receita bruta da comercialização da produção. A alíquota agora é fixada em 1,2%.

Integram a produção os produtos de origem animal ou vegetal, em estado natural ou submetidos a processos de beneficiamento ou industrialização rudimentar, assim compreendidos, entre outros, os processos de lavagem, limpeza, descaroçamento, pilagem, descascamento, lenhamento, pasteurização, resfriamento, secagem, fermentação, embalagem, cristalização, fundição, carvoejamento, cozimento, destilação, moagem e torrefação, bem como os subprodutos e os resíduos obtidos por meio desses processos, exceto, no caso de sociedades cooperativas, a parcela de produção que não seja objeto de repasse ao cooperado por meio de fixação de preço (art. 25, § 3º, da Lei n. 8.2121/91).

Mutatis mutandis, o mesmo raciocínio pode ser aplicado à exigência da contribuição do produtor rural pessoa física e do segurado especial, pois há bases de cálculo não definidas na lei, o que só é feito no regulamento ou em norma administrativa. Importante lembrar as lições de Hely Lopes Meirelles, citando Medeiros Silva, "que 'a função do regulamento não é reproduzir, copiando-se, literalmente, os termos da lei. Seria um ato inútil se assim fosse entendido. Deve, ao contrário, evidenciar e tornar explícito tudo aquilo que a lei encerra. Assim, se uma faculdade ou atribuição está implícita no texto legal, o regulamento não exorbitará, se lhe der forma articulada e explícita'. Como ato inferior à lei, o regulamento não pode contrariá-la ou ir além do que ela permite. No que o regulamento infringe ou extravasa da lei é írrito e nulo. Quando o regulamento visa a explicar a lei (regulamento de execução), terá de se cingir ao que a lei contém"[4]. O mesmo raciocínio pode ser utilizado em relação ao decreto quando define base de cálculo de tributo além da previsão legal, sendo, portanto, nula.

Dispunha o § 4º do art. 25 da Lei n. 8.212/91 que "não integra a base de cálculo dessa contribuição a produção rural destinada ao plantio ou reflorestamento, nem sobre o produto animal destinado a reprodução ou criação pecuária ou granjeira e a utilização como cobaias para fins de pesquisas científicas, quando vendido pelo próprio produtor e quem a utilize diretamente com essas finalidades, e no caso de produto vegetal, por pessoa ou entidade que, registrada no Ministério da Agricultura, do Abastecimento e da Reforma Agrária, se dedique ao comércio de sementes e mudas no País".

Determinou o art. 5º da Lei n. 10.256, de 9-7-2001, que a referida norma entra em vigor na data da sua publicação, produzindo efeitos em relação à revogação do § 4º do art. 25 da Lei n. 8.212/91 a partir do dia primeiro do mês seguinte ao nonagésimo dia daquela publicação, sendo mantida, até essa data, a obrigatoriedade dos recolhimentos praticados na forma da legislação anterior.

O art. 6º da Lei n. 10.256/2001 não determinou expressamente a revogação do § 4º do art. 25 da Lei n. 8.212/91. Parece que houve um esquecimento do Congresso Nacional em relação a tal fato.

---

4 MEIRELLES, Hely Lopes. *Direito administrativo brasileiro*. 19. ed. São Paulo: Malheiros, 1994. p. 163-164.

Entretanto, se o art. 5º da Lei n. 10.256/2001 foi expresso em dizer que a partir do dia primeiro do mês seguinte ao nonagésimo dia a contar de 10 de julho de 2001, isto é, em 1º de novembro de 2001, produz efeitos em relação à revogação do § 4º do art. 25 da Lei n. 8.212/91, é sinal que tal parágrafo não tem mais vigência.

A consequência é que passa a integrar a base de cálculo da contribuição do produtor rural pessoa física e a do segurado especial a produção rural destinada ao plantio ou reflorestamento, o produto animal destinado a reprodução ou criação pecuária ou granjeira e a utilização como cobaias para fins de pesquisas científicas, quando vendido pelo próprio produtor a quem a utilize diretamente com essas finalidades, e no caso de produto vegetal, por pessoa ou entidade que, registrada no Ministério da Agricultura, do Abastecimento e da Reforma Agrária, se dedique ao comércio de sementes e mudas no país. Desde que haja comercialização da produção e tais hipóteses integrem a receita bruta da comercialização da produção, irão integrar a base de cálculo da contribuição.

Integram a produção, para os efeitos do cálculo da contribuição do segurado especial e proprietário rural pessoa física (art. 12, V, *a*, da Lei n. 8.212/91), os produtos de origem animal ou vegetal, em estado natural ou submetidos a processos de beneficiamento ou industrialização rudimentar, assim compreendidos, entre outros, os processos de lavagem, limpeza, descaroçamento, pilagem, descascamento, lenhamento, pasteurização, resfriamento, secagem, fermentação, embalagem, cristalização, fundição, carvoejamento, cozimento, destilação, moagem, torrefação, bem como os subprodutos e os resíduos obtidos por meio desses processos.

Considera-se receita bruta proveniente da comercialização da produção o valor da fixação de preço repassado ao cooperado pela cooperativa ao qual esteja associado, por ocasião da realização do ato cooperativo de que trata o art. 79 da Lei n. 5.764/71, não compreendidos valores pagos, creditados ou capitalizados a título de sobras, os quais não representam preço ou complemento de preço (art. 25, § 14, da Lei n. 8.212/91).

Não se considera receita bruta, para fins de base de cálculo das contribuições sociais devidas pelo produtor rural cooperado, a entrega ou o retorno de produção para a cooperativa nas operações em que não ocorra repasse pela cooperativa a título de fixação de preço, não podendo o mero retorno caracterizar permuta, compensação, dação em pagamento ou ressarcimento que represente valor, preço ou complemento de preço (art. 25, § 15, da Lei n. 8.212/91).

Integra a receita bruta, além dos valores decorrentes da comercialização da produção relativa aos produtos a que se refere o parágrafo anterior, a receita proveniente: (1) da comercialização da produção obtida em razão do contrato de parceria ou meação de parte do imóvel rural; (2) da comercialização de artigos de artesanato; (3) de serviços prestados, de equipamentos utilizados e de produtos comercializados no imóvel rural, desde que em atividades turísticas e de entretenimento desenvolvidas no próprio imóvel, inclusive hospedagem, alimentação, recepção, recreação e atividades pedagógicas, bem como taxa de visitação e serviços especiais; (4) do valor de mercado da produção rural dada em pagamento ou que tiver sido trocada por outra, qualquer que seja o motivo ou a finalidade; (5) de atividade artística.

Considera-se processo de beneficiamento ou industrialização artesanal aquele realizado diretamente pelo próprio produtor rural pessoa física, desde que não esteja sujeito à incidência do IPI.

O produtor rural pessoa física poderá optar por contribuir na forma prevista no *caput* do art. 25 da Lei n. 8.212 ou na forma dos incisos I e II do *caput* do art. 22 desta Lei n. 8.212/91, manifestando sua opção mediante o pagamento da contribuição incidente sobre a folha de salários relativa a janeiro de cada ano, ou à primeira competência subsequente ao início da atividade rural, e será irretratável para todo o ano-calendário (§ 13 do art. 25 da Lei n. 8.212/91).

Não integra a base de cálculo da contribuição de que trata o *caput* do art. 25 da Lei n. 8.212/91 a produção rural destinada ao plantio ou reflorestamento, nem o produto animal destinado à reprodução ou criação pecuária ou granjeira e à utilização como cobaia para fins de pesquisas científicas, quando vendido pelo próprio produtor e por quem o utilize diretamente com essas finalidades e, no caso de produto vegetal, por pessoa ou entidade registrada no Ministério da Agricultura, Pecuária e Abastecimento que se dedique ao comércio de sementes e mudas no País (§ 12 do art. 25 da Lei n. 8.212/91).

É uma garantia do contribuinte que o fato gerador e a base de cálculo sejam previstos em lei. Se isso não ocorre, não se pode considerar válida a exigência de uma contribuição em que o fato gerador e a base de cálculo são fixados em instrução normativa, que nem lei é, mas norma interna do Poder Executivo.

Logo, enquanto não existir em lei a fixação do fato gerador e de outras bases de cálculo diversas da prevista no art. 25, da Lei n. 8.212/91, a contribuição do produtor rural pessoa física e a do segurado especial não podem ser exigidas.

De nada adianta que em certos casos a lei trate apenas do fato gerador, mas não da base de cálculo, ou vice-versa, pois a contribuição específica quanto à hipótese faltante não poderá ser exigida.

Não se está aqui fazendo análise exaustiva do assunto. Cada hipótese específica tem de ser melhor examinada, pelo fato de que apenas foram feitas considerações genéricas sobre a matéria.

O segurado especial também poderá contribuir facultativamente com a alíquota de 20% (contribuição dos segurados empresário, facultativo e trabalhador autônomo), na condição de contribuinte individual.

A pessoa física de que trata a alínea *a* do inciso V do art. 12 da Lei n. 8.212/91 contribui, também, obrigatoriamente com a alíquota de 20% sobre o salário de contribuição.

O produtor rural pessoa física e o segurado especial são obrigados a recolher, diretamente, a contribuição incidente sobre a receita bruta proveniente: (a) da comercialização de artigos de artesanato elaborados com matéria-prima produzida pelo respectivo grupo familiar; (b) de comercialização de artesanato ou do exercício de atividade artística; (c) de serviços prestados, de equipamentos utilizados e de produtos comercializados no imóvel rural, desde que em atividades turística e de entretenimento desenvolvidas no próprio imóvel, inclusive hospedagem, alimentação, recepção, recreação e atividades pedagógicas, bem como taxa de visitação e serviços especiais.

A empresa ou a cooperativa adquirente, consumidora ou consignatária da produção fica obrigada a fornecer ao segurado especial cópia do documento fiscal de entrada da mercadoria, para fins de comprovação da operação e da respectiva contribuição previdenciária.

Quando o grupo familiar a que o segurado especial estiver vinculado não tiver obtido, no ano, por qualquer motivo, receita proveniente de comercialização de produção, deverá comunicar a ocorrência à Previdência Social, na forma do regulamento.

Quando o segurado especial tiver comercializado sua produção no ano anterior exclusivamente com empresa adquirente, consignatária ou cooperativa, tal fato deverá ser comunicado à Previdência Social pelo respectivo grupo familiar.

A pessoa física que explore atividade agropecuária ou pesqueira e o segurado especial devem contribuir para o Senar (Serviço Nacional de Aprendizagem Rural), à razão de 0,2% incidente sobre a receita bruta proveniente da comercialização da sua produção rural. A contribuição de 2,5% devida ao Senar sobre a folha de pagamento não se aplica à pessoa física que explore atividade agropecuária ou pesqueira (parágrafo único do art. 2º da Lei n. 8.540/92).

Equipara-se ao empregador rural pessoa física o consórcio simplificado de produtores rurais pessoas físicas, que outorgar a um deles poderes para contratar, gerir e demitir trabalhadores para prestação de serviços, exclusivamente, a seus integrantes, mediante documento registrado em cartório de títulos e documentos (art. 25-A da Lei n. 8.212/91). É o chamado consórcio de empregadores rurais.

O documento deverá conter a identificação de cada produtor, seu endereço pessoal e o de sua propriedade rural, bem como o respectivo registro no Incra ou informações relativas a parceria, arrendamento ou equivalente e a matrícula no INSS de cada um dos produtores rurais.

O consórcio deverá ser matriculado no INSS em nome do empregador a quem hajam sido outorgados os poderes, na forma do regulamento.

Os produtores rurais integrantes do consórcio serão responsáveis solidários em relação às obrigações previdenciárias (§ 3º do art. 25-A da Lei n. 8.212/91).

A contribuição do consórcio de empregadores rurais será de 1,2% sobre a receita bruta proveniente da comercialização da produção. Para o custeio da prestação de acidente do trabalho, a alíquota será de 0,1% da receita bruta proveniente da comercialização da produção.

12.6 CONTRIBUIÇÃO DO EMPREGADOR RURAL – PESSOA JURÍDICA

O empregador rural pessoa jurídica não mais recolhe a contribuição de 20% sobre a remuneração paga pelos segurados que lhe prestaram serviços, a contribuição de acidente do trabalho e a para financiamento de aposentadorias especiais. O art. 25 da Lei n. 8.870, de 15-4-1994, estabeleceu que a contribuição do empregador rural pessoa jurídica será de 2,5% da receita bruta proveniente da comercialização de sua produção. Para o custeio do acidente do trabalho, contribuirá com 0,1% da receita bruta proveniente da comercialização de sua produção.

A referida contribuição se estende às pessoas jurídicas que se dediquem à produção agroindustrial, quanto à folha de salários de sua parte agrícola, mediante o pagamento da contribuição estabelecida no parágrafo anterior, a ser calculada sobre o valor estimado da produção agrícola própria, considerando seu preço de mercado (§ 2º do art. 25 da Lei n. 8.870/94). As referidas pessoas jurídicas deverão continuar a contribuir com o porcentual de 20% em relação aos empregados do setor industrial.

O STF julgou inconstitucional o § 2º do art. 25 da Lei n. 8.870/94. O art. 25 da mesma norma não foi apreciado (STF Pleno, ADIn 1.103-1-DF, j. 18-12-1996, Rel. Min. Mauricio Correa, *DJU* 1, 25-4-1997, p. 15.197). Entendeu-se que, para criar nova fonte de custeio, deveria haver lei complementar e não ordinária (§ 4º do art. 195 da Lei Maior). A base de cálculo não é prevista na Constituição. Fica, assim, restabelecida, desde a competência agosto/94, a obrigação de as empresas agroindustriais recolherem as contribuições patronais, relativas aos empregados do setor agrícola, com base na folha de pagamento.

Pela redação do § 8º do art. 195 da Constituição, nota-se que apenas as pessoas físicas rurais é que são beneficiadas pelo recolhimento com base no resultado da comercialização da produção, e não as pessoas jurídicas. Assim, a determinação do art. 25 da Lei n. 8.870/94 de permitir que a pessoa jurídica rural recolha sobre a receita da comercialização da produção também é inconstitucional, só podendo ser disciplinada a matéria por lei complementar (§ 4º do art. 195 da Lei Magna).

O § 2º do art. 25 da Lei n. 8.870/94 foi revogado pela Lei n. 10.256/2001.

A contribuição devida pela agroindústria, definida como o produtor rural pessoa jurídica cuja atividade econômica seja a industrialização de produção própria ou de produção adquirida de terceiros, incidente sobre o valor da receita bruta proveniente da comercialização da produção, em substituição à contribuição de 20% da empresa, a de acidente do trabalho e para custeio da aposentadoria especial, é de:

a) 1,7% destinados à Seguridade Social;

b) 0,1% para o custeio do benefício de aposentadoria especial e para o acidente do trabalho.

É inconstitucional a contribuição diferenciada da agroindústria, pois o § 8º do art. 195 da Constituição só prevê contribuição distinta para o produtor rural pessoa física.

Se o produtor produzir, sem industrializar, será apenas produtor rural, não incidindo na regra do art. 22-A da Lei n. 8.212/91.

Caso o produtor industrializar, sem produzir, também não entra na referida regra.

Não se aplica a contribuição diferenciada da agroindústria (art. 22-A da Lei n. 8.212/91) às sociedades cooperativas e às agroindústrias de piscicultura (criação de peixes), carnicultura, suinocultura e avicultura.

Em relação às operações em que a pessoa jurídica rural presta serviços a terceiros, incide a alíquota de 20% da empresa e a alíquota normal referente ao acidente do trabalho (1%, 2% ou 3%).

Quanto à agroindústria que faz operações relativas à prestação de serviços a terceiros, deverá também recolher a contribuição da empresa de 20% e a de acidente do trabalho (1, 2 ou 3%), conforme o § 2º do art. 22-A da Lei n. 8.212/91. A receita bruta correspondente aos serviços prestados a terceiros será excluída da base de cálculo da contribuição diferenciada da agroindústria.

A agroindústria contribuirá para o Senar à razão de 0,25% sobre a receita bruta proveniente da comercialização da produção (§ 5º do art. 22-A da Lei n. 8.212/91).

O empregador pessoa jurídica que se dedique à produção rural não recolhe 2,5% ao Senar, mas 0,25% da receita bruta proveniente da venda de mercadorias de produção própria (§ 1º do art. 25 da Lei n. 8.870/94).

Não se aplica ao regime substitutivo à pessoa jurídica que, relativamente à atividade rural, se dedique apenas ao florestamento ou reflorestamento como fonte de matéria-prima para industrialização própria mediante a utilização de processo industrial que modifique a natureza química da madeira ou a transforme em pasta celulósica.

Aplica-se o que foi mencionado no parágrafo anterior ainda que a pessoa jurídica comercialize resíduos vegetais ou sobras ou partes da produção, desde que a receita bruta decorrente dessa comercialização represente menos de 1% de sua receita bruta proveniente da comercialização da produção.

Integram a produção os produtos de origem animal ou vegetal, em estado natural ou submetidos a processos de beneficiamento ou industrialização rudimentar, assim compreendidos, entre outros, os processos de lavagem, limpeza, descaroçamento, pilagem, descascamento, lenhamento, pasteurização, resfriamento, secagem, fermentação, embalagem, cristalização, fundição, carvoejamento, cozimento, destilação, moagem e torrefação, bem como os subprodutos e os resíduos obtidos por meio desses processos, exceto, no caso de sociedades cooperativas, a parcela de produção que não seja objeto de repasse ao cooperado por meio de fixação de preço.

Integra a base de cálculo da referida contribuição a produção rural destinada a plantio ou reflorestamento, o produto animal destinado à reprodução ou criação pecuária ou granjeira e a utilização como cobaias para fins de pesquisas científicas, quando vendido pelo próprio produtor e quem a utilize diretamente com essas finalidades, e no caso de produto vegetal, por pessoa ou entidade que, registrada no Ministério da Agricultura, do Abastecimento e da Reforma Agrária, se dedique ao comércio de sementes e mudas no país.

Não integra a base de cálculo da contribuição de que trata o *caput* do art. 25 da Lei n. 8.880 a produção rural destinada ao plantio ou reflorestamento, nem o produto animal destinado à reprodução ou criação pecuária ou granjeira e à utilização como cobaia para fins de pesquisas científicas, quando vendido pelo próprio produtor e por quem o utilize diretamente com essas finalidades e, no caso de produto vegetal, por pessoa ou entidade registrada no Ministério da Agricultura, Pecuária e Abastecimento que se dedique ao comércio de sementes e mudas no país (§ 6º do art. 25 da Lei n. 8.880).

O empregador pessoa jurídica poderá optar por contribuir na forma prevista no *caput* do art. 25 da Lei n. 8.870/94 ou na forma dos incisos I e II do *caput* do art. 22 da Lei n. 8.212/91, manifestando sua opção mediante o pagamento da contribuição incidente sobre a folha de salários relativa a janeiro de cada ano, ou à primeira competência subsequente ao início da atividade rural, e será irretratável para todo o ano-calendário (§ 7º do art. 25 da Lei n. 8.870/94).

12.7 CONTRIBUIÇÃO DA COOPERATIVA RURAL

As contribuições da empresa e para o custeio de acidente do trabalho serão devidas pelos cooperados:

a) **se pessoa jurídica:** 2,5% da receita bruta proveniente da comercialização da produção e 0,1% para o custeio das prestações de acidente do trabalho;

b) **se pessoa física:** 2% sobre a receita bruta da comercialização da produção e 0,1% sobre a receita bruta proveniente da comercialização da produção para o custeio das prestações de acidente do trabalho, quando a cooperativa de produção rural contratar pessoal, exclusivamente, para a colheita de produção de seus cooperados.

Os encargos decorrentes da contratação mencionada serão apurados separadamente dos relativos aos empregados regulares da cooperativa, discriminadamente por cooperados, na forma do regulamento.

A cooperativa é diretamente responsável pelo recolhimento da contribuição previdenciária relativa à parte dos empregados.

O § 8º do art. 195 da Constituição não prevê contribuição diferenciada sobre a receita bruta da comercialização da produção para pessoa jurídica, como é a cooperativa. A exigência é, portanto, inconstitucional. A exigência só poderia ser estabelecida por intermédio de lei complementar (§ 4º do art. 195 da Constituição).

12.8 CLUBES DE FUTEBOL

O art. 5º da Lei n. 7.787, de 30-6-1989, fixou a contribuição dos clubes de futebol profissional em 5% do total de sua receita bruta, sem prejuízo de acréscimo para custeio das prestações por acidente do trabalho.

Com a edição da Lei n. 8.212/91, os clubes de futebol passaram a contribuir normalmente com a alíquota de 20%, como qualquer empresa. A Lei n. 8.641, de 31-3-1993, modificou a referida situação, tratando de uma contribuição própria para a citada entidade.

A contribuição empresarial devida pelos clubes de futebol profissional à Seguridade Social corresponde, em substituição à de 20% e ao porcentual de acidente do trabalho de que trata o art. 22 da Lei n. 8.212/91, a 5% da receita bruta, decorrente dos espetáculos desportivos de que participem no território nacional em qualquer modalidade desportiva, inclusive jogos internacionais, e de qualquer forma de patrocínio, licenciamento de uso de marcas e símbolos, publicidade, propaganda e de transmissão dos espetáculos desportivos. Essa contribuição substitui a contribuição normal da empresa de 20%.

Antigamente, com a Lei n. 8.641/93, o clube de futebol pagava a contribuição de 5% apenas sobre a receita bruta, de acordo com o borderô referente a todo espetáculo desportivo de que participasse no território nacional, inclusive jogos internacionais, não admitida nenhuma dedução (art. 1º). Agora, verifica-se que a base de cálculo foi ampliada, passando a incidir também sobre renda decorrente de contratos de patrocínio, licenciamento de uso de marcas e símbolos, de publicidade, propaganda e de transmissão dos espetáculos desportivos.

A base de cálculo estabelecida para os clubes de futebol é inconstitucional, pois não tem previsão na Constituição. Esta dispõe que a contribuição das empresas é calculada sobre a folha de salários (art. 195, I, *a*). A contribuição determinada nos §§ 6º a 9º do art. 22 da Lei n. 8.212/91 substitui a contribuição da empresa, sem que haja permissão constitucional para esse fim. Logo, somente por lei complementar é que se poderia instituir tal contribuição (§ 4º do art. 195 da Constituição).

Considera-se clube de futebol profissional toda associação desportiva que, proporcionando a prática do futebol profissional e atividade econômica organizada para a produção e circulação de bens e serviços e que se organize regularmente, segundo um dos tipos regulados nos arts. 1.039 a 1.092 do Código Civil (§ 11 do art. 22 da Lei n. 8.212/91).

Aqueles clubes que não proporcionarem a prática do futebol profissional não se beneficiarão da alíquota diferenciada e terão de recolher a contribuição normal de 20% sobre a folha de pagamento de seus empregados.

A previsão do § 11 do art. 22 da Lei n. 8.212/91 aplica-se apenas às atividades diretamente relacionadas com a manutenção e administração de equipe profissional de futebol, não se estendendo às outras atividades econômicas exercidas pelas referidas sociedades empresárias beneficiárias (§ 11-A do art. 22 da Lei n. 8.212/91).

Caberá à entidade promotora do espetáculo, Federação ou Confederação, a responsabilidade de efetuar o desconto de 5% sobre a receita bruta decorrente da renda dos espetáculos desportivos e o recolhimento do respectivo valor ao INSS, no prazo de até dois dias úteis após a realização do evento.

Para que o clube de futebol nacional faça jus ao repasse da sua parcela de participação na renda dos espetáculos, deverá a Federação ou Confederação a que estiver filiado ou a entidade responsável pela arrecadação da renda do espetáculo exigir a comprovação do recolhimento da contribuição descontada dos empregados.

Cabe à associação desportiva que mantém equipe de futebol profissional informar à entidade promotora do espetáculo desportivo todas as receitas auferidas no evento, discriminando-as detalhadamente.

Não tem havido, porém, renda em certas partidas desportivas, pois as pessoas não vão aos estádios com medo da violência e pelo fato de que os jogos são televisionados. Alguns clubes não recolhem a contribuição sobre a renda da partida, porque não realizam jogos em boa parte do ano.

No caso de o clube receber recursos de empresa ou entidade, a título de patrocínio, licenciamento de uso de marcas e símbolos, publicidade, propaganda e transmissão de espetáculos, esta última ficará com a responsabilidade de reter e recolher o porcentual de 5% da receita bruta decorrente do evento, inadmitida qualquer dedução, até o dia 20 do mês seguinte ao da competência.

Contratos de patrocínio são os realizados por empresas com os clubes. São exemplos de uso de marcas e símbolos as vendas de camisetas, bandeiras, canecas etc. Publicidade geralmente ocorre com a venda de espaços nos estádios de futebol, em que se colocam placas. A propaganda compreende a divulgação escrita, falada ou transmitida.

As demais entidades desportivas continuam a recolher suas contribuições na forma estabelecida para as empresas em geral, conforme a Lei n. 8.212/91, e a contribuição para custeio de acidente do trabalho, além das contribuições sobre o lucro e a Cofins. Temos aqui uma violação ao princípio da igualdade e da equidade na forma de participação no custeio. Os clubes de futebol podem ser considerados como empresa e não poderia haver a distinção em tela, que inclusive não está prevista na Constituição.

Com o não pagamento na época própria da contribuição em comentário, haverá juros, correção monetária e multa. A atualização monetária será devida a contar do segundo dia útil após a realização do espetáculo.

Se não houver expediente bancário nos dias em que o pagamento deva ser efetuado, o recolhimento deverá ser feito no dia útil imediatamente posterior.

A desfiliação à respectiva Federação, ainda que temporária, sujeitará o clube de futebol ao regime de contribuições sociais das empresas em geral.

A contribuição diferenciada do clube de futebol não substitui as contribuições devidas a terceiros, Sesc, Senac etc. As contribuições descontadas dos empregados, atletas ou não, deverão ser recolhidas diretamente pelo clube de futebol nos mesmos prazos estabelecidos na lei.

O recolhimento sobre a receita bruta é extensivo às obras de construção civil de clube de futebol profissional, quando executada por seus empregados e destinada a uso próprio.

12.9 CONTRIBUIÇÕES DE TERCEIROS

As contribuições de terceiros são exações criadas por lei e destinadas a entidades privadas que estão fora do sistema de Seguridade Social, mas são arrecadadas por este sistema.

O art. 240 da Constituição ressalvou que, além das contribuições previstas no art. 195 da mesma norma, é possível a cobrança de contribuições compulsórias dos empregadores sobre a folha de salários, destinadas às entidades privadas de serviço social e de formação profissional vinculadas ao sistema sindical.

As contribuições destinadas às entidades privadas de serviço social e de formação profissional vinculadas ao sistema sindical não servem para o custeio da

Seguridade Social, não se enquadrando na hipótese do art. 195 da Constituição. Não têm, portanto, natureza de contribuição previdenciária.

Entidades privadas de serviço social são o Serviço Social da Indústria (Sesi), Serviço Social do Comércio (Sesc).

Entidades de formação profissional são o Serviço Nacional de Aprendizagem Comercial (Senac), Serviço Nacional de Aprendizagem Industrial (Senai). Essas entidades são vinculadas ao sistema sindical, de acordo com o enquadramento sindical previsto no quadro anexo ao art. 577 da CLT. A expressão "vinculadas ao sistema sindical" diz respeito apenas à formação profissional e não às entidades privadas de serviço social, pois não há vírgula nessa parte da oração.

As "atuais contribuições" mencionadas no art. 240, quando na vigência da Constituição, eram as acima mencionadas. As demais foram criadas posteriormente.

A natureza do Senac, do Sesc, do Sesi e do Senai é de entidades de natureza privada, como consta no art. 240 da Constituição. Não têm natureza pública, apesar de receberem dinheiro de natureza pública, originário de determinação prevista em lei.

As contribuições de terceiros não são tributos, nem contribuições sociais de interesse de categoria econômica ou de intervenção no domínio econômico, justamente pelo fato de que o numerário é repassado pela União às respectivas entidades: Sesc, Senac, Sesi, Senai, Senar, Senat, Sest, Sebrae, que têm natureza privada, embora prestem serviços considerados de natureza pública. Logo, não se trata de receita pública.

Determina o art. 240 da Lei Maior que as contribuições vinculadas ao serviço social e de formação profissional são ressalvadas do disposto no art. 195 da Constituição. Logo, não têm natureza de tributo.

A importância arrecadada não fica com a União. Ela recebe as contribuições na guia própria e as repassa para cada um dos órgãos pertencentes ao *sistema* S. Logo, não se trata de receita pública, que é a que ingressa no patrimônio do Estado e fica com essa entidade de direito público. A receita é das entidades de natureza privada.

A natureza da contribuição de terceiros é *sui generis*. É uma contribuição privada, que é compulsória em decorrência da previsão da lei, mas não se enquadra no art. 149 da Constituição, nem tem natureza tributária.

Dispõe o art. 240 da Constituição que "ficam ressalvadas do disposto no art. 195 as atuais contribuições compulsórias dos empregadores sobre a folha de salários, destinadas às entidades privadas do serviço social e de formação profissional vinculadas ao sistema sindical". Isso quer dizer que as contribuições do sistema S não têm natureza previdenciária, pois não se incluem no art. 195 da Constituição, que versa no seu § 6º sobre a contribuição da Seguridade Social. Logo, as contribuições de terceiros não servem para custear o sistema de Seguridade Social. Não são contribuições da União.

É desnecessária lei complementar para exigir as contribuições de terceiros, mas lei ordinária, porque elas não têm natureza de tributo.

São contribuições previstas em lei ordinária. Devem ser pagas de forma compulsória, ou seja, independentemente da vontade da pessoa de contribuir. Não são, portanto, contribuições voluntárias, em que o contribuinte pode escolher em pagar ou não a exigência.

O Fundo Especial de Desenvolvimento e Aperfeiçoamento das Atividades de Fiscalização (Fundaf) terá remuneração de 3,5% do montante arrecadado das contribuições de terceiros, para arrecadá-las e fiscalizá-las, desde que provenham da empresa, segurado, aposentado ou pensionista a ele vinculado (§§ 1º e 3º do art. 3º da Lei n. 11.457/2007). Essa orientação aplica-se, exclusivamente, às contribuições de terceiros que tenham a mesma base utilizada para o cálculo das contribuições incidentes sobre a remuneração paga ou creditada a segurados, ficando sujeitas aos mesmos prazos, condições, sanções e privilégios, inclusive no que se refere à cobrança judicial.

As referidas contribuições incidem sobre a folha de salários, que é a mesma base de cálculo da contribuição previdenciária (art. 195, I, *a*, da Constituição) e do FGTS, que recai também sobre a remuneração (art. 15 da Lei n. 8.036/90).

São arrecadadas pela Secretaria da Receita Federal as citadas contribuições, por intermédio da guia de recolhimento da contribuição previdenciária, e depois destinadas a cada uma das respectivas entidades.

Durante a prestação de serviços do trabalhador no exterior, não são devidas contribuições ao salário-educação, Sesi, Sesc, Senac, Senai, Incra (art. 11 da Lei n. 7.064/82).

12.9.1 Senac, Sesc, Sesi e Senai

As contribuições devidas ao Senac, ao Sesc, ao Sesi e ao Senai foram criadas pela Lei n. 2.613, de 23-9-1955.

Foram o Senai e o Senac instituídos para formar mão de obra.

O sistema de formação de mão de obra foi instituído na década de 40. Visava à formação de mão de obra qualificada para poder absorver novas tecnologias e modernizar os processos produtivos. As empresas não tinham interesse em fazer treinamento por conta própria, em razão de que temiam perder os investimentos para empresas concorrentes, que contratariam os trabalhadores por elas treinados.

Tinham as contribuições do Sesc e o Sesi a alíquota inicial de 2%. O art. 24 da Lei n. 5.107/66 reduziu a alíquota devida pelas empresas ao Sesc e ao Sesi para 1,5%.

O Decreto-lei n. 1.861, de 25-2-1981, estabeleceu no seu art. 1º que as contribuições dos empregados calculadas sobre a folha de pagamentos devidas ao Sesi, ao Senai, ao Sesc e ao Senac passariam a constituir receitas de Fundo de Previdência e Assistência Social. Houve uma série de modificações quanto às referidas contribuições.

O art. 27 da Lei n. 7.839/89 manteve a redução da contribuição devida ao Sesc e Sesi em 1,5%. O art. 28 da Lei n. 8.036/90 repetiu a mesma disposição.

Hoje, as contribuições devidas pelo empregador sobre a folha de pagamentos estão assim especificadas: Sesi 1,5%, Senai 1,0%, Sesc 1,5%, Senac 1,0%. Incidem sobre a folha de salários.

O art. 6º do Decreto-lei n. 4.048/42 estabelece que a contribuição do Senai dos estabelecimentos que tiverem mais de 500 operários será acrescida de 20%.

As pessoas vinculadas ao comércio só pagam Sesc e Senac. As pertencentes à indústria pagam Sesi e Senai.

Empresas de construção civil prestam serviços. Não prestam atividade industrial. Logo, não são contribuintes do Sesi, Senai.

Afirma a Súmula 499 do STJ que as empresas prestadoras de serviços estão sujeitas às contribuições ao Sesc e Senac, salvo se integradas noutro serviço social.

O limite máximo do salário de contribuição, previsto no art. 5º da Lei n. 6.332, de 18 de maio de 1976, é fixado em valor correspondente a 20 vezes o maior salário mínimo vigente no País (art. 4º da Lei n. 6.950/81). O limite a que se refere o presente artigo aplica-se às contribuições parafiscais arrecadadas por conta de terceiros (parágrafo único). No REsp 1.570.980, o STJ limitou a base de cálculo em 20 salários mínimos para o cálculo do salário-educação, Incra e sistema S.

12.9.2 Senar

O art. 62 do ADCT determina que a lei instituiria o Senar, nos moldes da legislação relativa ao Senai e ao Senac.

A contribuição ao Senar (Serviço Nacional de Aprendizagem Rural) foi criada pela Lei n. 8.315, de 23-12-1991. O Senar tem por objetivo organizar, administrar e executar em todo o território nacional o ensino da formação profissional rural e a promoção social do trabalhador rural, em centros instalados e mantidos pela instituição ou sob forma de cooperação, dirigida aos trabalhadores rurais. O Senar será organizado e administrado pela Confederação Nacional da Agricultura e Pecuária (CNA).

A Lei n. 8.315/91 não prevê contribuição para o serviço social na área rural, apenas para a aprendizagem.

É devida a contribuição mensal compulsória ao Senar, a ser recolhida à Previdência Social, de 2,5% sobre o montante da remuneração paga a todos os empregados pelas pessoas jurídicas de direito privado, ou a elas equiparadas, que exerçam atividades: a) agroindustriais; b) agropecuárias; c) extrativistas vegetais e animais; d) cooperativistas rurais; e e) sindicais patronais rurais.

A incidência da referida contribuição não será cumulativa com as contribuições destinadas ao Senai e ao Senac, prevalecendo em favor daquele ao qual os seus empregados são beneficiários diretos.

As pessoas jurídicas ou a elas equiparadas, que exerçam concomitantemente outras atividades não relacionadas nos parágrafos suprarreferidos, permanecerão contribuindo para as outras entidades de formação profissional nas atividades que lhes correspondam especificamente.

A arrecadação da contribuição será feita juntamente com a da Previdência Social e o seu produto será posto, de imediato, à disposição do Senar, para aplicação proporcional nas diferentes Unidades da Federação, de acordo com a correspondente arrecadação, deduzida a cota necessária às despesas de caráter geral.

A contribuição devida às atividades agroindustriais incidirá sobre o montante da remuneração paga aos empregados da agroindústria que atuem, exclusivamente, na produção primária de origem animal e vegetal.

A Lei n. 8.315/91 foi regulamentada pelo Decreto n. 566, de 10-6-1992, e alterada pelo Decreto n. 790, de 31-3-1993.

A contribuição do empregador rural pessoa física e do segurado especial relativas ao Senar é de 0,2%, incidente sobre a receita bruta da comercialização de sua produção rural (art. 6º da Lei n. 9.528/97).

A contribuição de que trata o *caput* do art. 6º da Lei n. 9.528/97 será recolhida: I – pelo adquirente, consignatário ou cooperativa, que ficam sub-rogados, para esse fim, nas obrigações do produtor rural pessoa física e do segurado especial, independentemente de as operações de venda e consignação terem sido realizadas diretamente com produtor ou com intermediário pessoa física; II – pelo próprio produtor pessoa física e pelo segurado especial, quando comercializarem sua produção com adquirente no exterior, com outro produtor pessoa física, ou diretamente no varejo, com o consumidor pessoa física (parágrafo único do art. 6º da Lei n. 9.528/97).

A pessoa física, proprietária ou não, que explora atividade agropecuária ou pesqueira, em caráter permanente ou temporário, diretamente ou por intermédio de prepostos e com auxílio de empregados, utilizados a qualquer título, ainda que de forma não contínua, e o segurado especial deverão recolher ao Senar 0,2% sobre sua receita bruta proveniente da comercialização da produção, assim entendida a operação de venda ou consignação. Integram a produção os produtos de origem animal ou vegetal, em estado natural ou submetidos a processo de beneficiamento ou industrialização rudimentar, assim compreendidos, entre outros, os processos de lavagem, limpeza, descaroçamento, pilagem, descascamento, lenhamento, pasteurização, resfriamento, secagem, fermentação, embalagem, cristalização, fundição, carvoejamento, cozimento, destilação, moagem, torrefação, bem como os subprodutos e resíduos obtidos por meio desses processos. Integram a base de cálculo no caso presente:

a) o produto vegetal destinado ao plantio e ao reflorestamento e o produto animal destinado a reprodução ou criação pecuária ou granjeira, quando vendidos entre si pela pessoa física ou pelo segurado especial;
b) o produto animal utilizado como cobaia para fins de pesquisas científicas no país;
c) o produto vegetal vendido por pessoa, ou entidade, que, registrada no Ministério da Agricultura, se dedique ao comércio de sementes e mudas no país, quando na revenda o comprador for a pessoa física ou o segurado especial. Isso ocorre porque o § 3º do art. 25 da Lei n. 8.870/94 manda observar apenas o § 3º do art. 25 da Lei n. 8.212/91 e não o § 4º do referido art. 25.

A pessoa jurídica que seja empregador rural recolhe 0,25% sobre a receita bruta proveniente da venda de mercadorias de produção própria (§ 1º do art. 25 da Lei n. 8.870/94).

12.9.3 Sest, Senat

A contribuição devida ao Sest (Serviço Social do Transporte) e ao Senat (Serviço Nacional de Aprendizagem do Transporte) foi instituída pela Lei n. 8.706, de 14-9-1993, sendo devida a partir de 1º-1-1994.

A contribuição será de 1,5% sobre a remuneração paga aos empregados e devida ao Sest; 1,0% sobre a mesma base de cálculo e devida ao Senat; 1,5% sobre a contribuição mensal compulsória dos transportadores autônomos devida ao Sest e 1,0% sobre a mesma base de cálculo dos autônomos e devida ao Senat.

As empresas de transporte não mais estão obrigadas a recolher as contribuições do Sesi e do Senai desde 1º-1-1994.

A Lei n. 8.706/93 foi regulamentada pelo Decreto n. 1.007, de 13-12-1993. A referida contribuição se aplica às empresas de transporte rodoviário, transporte de valores, empresas de locação de serviços. As empresas distribuidoras de petróleo irão recolher a contribuição do Sest e Senat apenas em relação aos empregados envolvidos no transporte de seus produtos. Considera-se empresa de transporte rodoviário a que exerce a atividade de transporte rodoviário de pessoas ou bens, próprios ou de terceiros, com fins econômicos ou comerciais, por via pública ou rodovia.

O salário de contribuição do transportador autônomo corresponde à parcela de frete, carreto ou transporte que for percebida pela referida pessoa. Aplica-se o porcentual de 11,71% sobre o valor bruto do frete e depois observa-se a alíquota de 1,5% ou de 1,0%. Considera-se transportador rodoviário autônomo a pessoa física, proprietária ou coproprietária de um só veículo, sem vínculo empregatício, devidamente cadastrada em órgão competente, que, com seu veículo, contrate serviço de transporte a frete, de carga ou de passageiro, em caráter eventual, com a empresa de transporte rodoviário de bens ou diretamente com os usuários desse serviço.

A contribuição do trabalhador autônomo será recolhida diretamente pelas pessoas jurídicas tomadoras dos serviços ou pelo próprio transportador autônomo, no caso em que prestar serviços a pessoa física.

A remuneração dos empregados envolvidos na atividade de transporte rodoviário, já incluída na base de cálculo das contribuições de Sest /Senat, não deverá servir como base de cálculo das contribuições devidas ao Sesc, ao Senac ou ao Sesi/Senai.

12.9.4 Sebrae

Autorizou o art. 8º da Lei n. 8.029/90 a desvincular da Administração Pública Federal o Centro Brasileiro de Apoio à Pequena e Média Empresa (Cebrae), mediante sua transformação em serviço autônomo. Passou a ser denominado Serviço Brasileiro de Apoio às Micro e Pequenas Empresas (Sebrae).

Os §§ 3º e 4º do art. 8º da Lei n. 8.029/90 foram alterados pela Lei n. 8.154, de 28-12-1990. Reza o § 4º que o adicional da contribuição será arrecadado e repassado mensalmente pelo órgão competente da Previdência e Assistência Social ao Cebrae.

Para o exercício de 1992, o porcentual passou a ser de 0,2% e a partir do exercício de 1993 passou a ser de 0,3%.

O STF considera a contribuição do Sebrae como de intervenção no domínio econômico.

Como o porcentual é de 0,3% para cada uma das entidades e a empresa está vinculada a pelo menos duas, o porcentual é de 0,6%.

Verifica-se que a contribuição do Sebrae é um adicional às contribuições do Sesi, Sesc, Senai, Senac.

O Sebrae só deve ser cobrado de quem tem vinculação com pequenas e médias empresas e não de outras empresas, que não se inserem nessa condição. A contribuição é vinculada ao fato gerador da obrigação. Exigida de outras empresas, o tributo tem natureza de imposto, por ser genérico. Não pode o imposto ser vinculado a órgão, fundo ou despesa (art. 167, IV, da Constituição). Novos impostos só podem ser instituídos por lei complementar (art. 154, I, da Constituição).

A referida contribuição não pode ser exigida das empresas de médio e grande porte, pois a contribuição é vinculada e as referidas empresas não são beneficiárias da arrecadação da contribuição.

Em razão dos serviços de utilidade pública prestados pelas entidades do *sistema* S, afirma-se que deve haver solidariedade no recolhimento das contribuições de terceiros. Assim, todas as pessoas deveriam recolhê-las.

Não existe, porém, necessidade de solidariedade, porque a contribuição do Sebrae não tem natureza previdenciária para custear prestações da Seguridade Social.

A moderna doutrina comercial entende que a prestação de serviços está incluída na atividade comercial.

O Código Civil de 2002 passou a tratar de sociedade sem mais fazer distinção entre sociedade civil e comercial. Tanto é sociedade a que presta serviços, como a que vende mercadorias ou fabrica produtos. Empresária é a sociedade que tem por objeto o exercício de atividade própria de empresário sujeito a registro. É a sociedade organizada para a produção ou circulação de bens ou serviços para o mercado visando ao lucro. Tem natureza empresarial.

Faz referência o art. 240 da Constituição às contribuições compulsórias dos empregadores sobre a folha de salários, destinadas às entidades privadas de serviço social e de formação profissional vinculadas ao sistema sindical. A regra remete o intérprete ao art. 577 da CLT, que dispõe sobre o quadro para efeito de enquadramento sindical.

Os conceitos de categoria econômica e profissional estão contidos nos §§ 1º e 2º do art. 511 da CLT. Dispõe o § 1º do art. 511 da CLT que a solidariedade de interesses econômicos dos que empreendem atividades idênticas, similares ou conexas constitui o vínculo social básico que os denomina categoria econômica.

Versa o art. 577 da CLT sobre o enquadramento sindical, determinando que o quadro de atividades e profissões em vigor fixará o plano básico do enquadramento sindical. O referido quadro classifica as empresas prestadoras de serviços junto à Confederação Nacional do Comércio.

A microempresa tem tratamento diferenciado e favorecido, mas o inciso IX do art. 170 da Constituição não dá respaldo à cobrança da contribuição do Sebrae, porque não trata do tema.

O STF não concedeu liminar na ação direta de inconstitucionalidade proposta contra os §§ 3º e 4º do art. 8º da Lei n. 8.029/90, pois entendeu que "além de não se manifestar *prima facie* o *fumus boni iuris* da presente arguição de inconstitucionalidade, que demanda exame mais aprofundado da natureza jurídica do Cebrae e da própria contribuição em causa, bem como a interpretação sistemática de vários dispositivos constitucionais, também não se caracteriza, no caso, o *periculum in mora*, uma vez que ainda não foi regulamentada a Lei objeto da presente ação, nem há, se vier a sê-lo antes do julgamento desta, a possibilidade de dano irreparável" (TP, ADIn 312-DF, j. 1º-8-1990, Rel. Min. Moreira Alves, *DJ* 14-9-1990).

A 1ª Seção do STJ entendeu que as empresas prestadoras de serviços, como hospitais e empresas de vigilância, estão sujeitas ao Sesc e ao Senac (REsp 431.347, Rel. Min. Luiz Fux). Parece que é esse o entendimento que vai prevalecer e, portanto, a contribuição do Sebrae também poderá ser exigida de empresas prestadoras de serviços, justamente por se tratar de adicional às contribuições do Sesc e do Senac.

A empresa com receita bruta superior a R$ 4.800.000,00 não é microempresa ou empresa de pequeno porte; dela não pode ser exigida a contribuição do Sebrae.

12.9.5 Sescoop

A Medida Provisória n. 2.168-40/2001 versa sobre o Serviço Nacional de Aprendizagem do Cooperativismo (Sescoop). Este objetiva organizar, administrar e executar em todo o território nacional o ensino de formação profissional, desenvolvimento e promoção social do trabalhador com os órgãos públicos ou privados.

A contribuição é devida a partir de 1º-1-1999 com a alíquota de 2,5% sobre o montante da remuneração paga a todos os empregados pelas cooperativas. São substituídas as contribuições do Senai, do Sesi, do Senac, do Sesc, do Senat, do Sest, do Senar pelo Sescoop.

12.9.6 Incra

A Lei n. 2.613/55 criou a Fundação Serviço Social Rural. O Decreto-lei n. 1.146/70 transferiu para o Incra (Instituto Nacional de Colonização e Reforma Agrária) a contribuição.

O art. 15 da Lei Complementar n. 11/71 estabeleceu a alíquota de 0,2% para o Incra. Incide sobre a folha de pagamentos dos empregados e paga pelo empregador, de acordo com o seu FPAS.

Ficou abrangida a alíquota que anteriormente era devida ao Pró-Rural no porcentual de 20% da empresa a partir de 1º-8-1989, de acordo com o § 1º do art. 3º da Lei n. 7.787, de 30-6-1989.

A contribuição não tem respaldo no art. 240 da Constituição, que faz referência a entidades privadas de serviço social e de formação profissional vinculadas ao sistema sindical. O Incra é uma autarquia, não se enquadrando no referido dispositivo constitucional.

A contribuição para o Incra não é uma contribuição destinada à Seguridade Social.

A natureza da contribuição é de tributo, pois o valor arrecadado fica com o governo. É espécie de contribuição de intervenção no domínio econômico, tendo fundamento no art. 149 da Constituição.

O STF entende que a contribuição do Incra pode ser exigida de empresa urbana (AgRg RE 573.917-1, Rel. Min. Celso de Mello, *DJe* 24-2-2009).

A contribuição de intervenção no domínio econômico para o Incra (Decreto-Lei n. 1.110/70), devida por empregadores rurais e urbanos, não foi extinta pelas Leis ns. 7.787/89, 8.212/91 e 8.213/91, não podendo ser compensada com a contribuição ao INSS (Súmula 516 do STJ).

12.9.7 Salário-educação

Foi o salário-educação instituído pela Lei n. 4.440, de 27-10-1964. Era devido pelas empresas vinculadas à Previdência Social, representado pela importância correspondente ao custo do ensino primário dos filhos de seus empregados em idade de escolarização obrigatória e destinada a suplementar as despesas públicas com a educação elementar (art. 1º). A regulamentação coube ao Decreto n. 55.551, de 12-1-1965.

O art. 178 da Emenda Constitucional n. 1/69, estabelecia que "as empresas comerciais, industriais e agrícolas são obrigadas a manter o ensino primário gratuito de seus empregados e o ensino dos filhos destes, entre os 7 e os 14 anos, ou a concorrer para aquele fim, mediante a contribuição do salário-educação, na forma que a lei estabelecer".

Passou o Decreto-lei n. 1.422, de 23-10-1975, a tratar do salário-educação, revogando a Lei n. 4.440/64 (art. 6º). O Decreto n. 76.923, de 26-12-1975, regulamentou o citado decreto-lei. O Decreto n. 87.043, de 22-3-1982, revogou o Decreto n. 76.923/75.

O § 2º do art. 1º do Decreto-lei n. 1.422/75 rezava que a alíquota do salário-educação seria estabelecida pelo Poder Executivo.

Estavam isentas da referida contribuição:

a) as empresas que, obedecidas as normas estabelecidas em regulamento, mantenham diretamente às suas expensas instituições de ensino de 1º grau ou programas de bolsas para seus empregados e filhos destes;

b) as instituições públicas de ensino de qualquer grau e as particulares, devidamente registradas e reconhecidas pela Administração Estadual de Ensino;

c) as organizações hospitalares e de assistência social;

d) as organizações com fins culturais;

e) a União, os Estados, o Distrito Federal e os Municípios.

A redação original do § 5º do art. 212 da Constituição previa que "o ensino fundamental público terá como fonte adicional de financiamento a contribuição social do salário-educação, recolhida, na forma da lei, pelas empresas, que dela poderão deduzir a aplicação realizada no ensino fundamental de seus empregados e dependentes".

A Emenda Constitucional n. 14/96, deu nova redação ao § 5º do art. 212 da Lei Maior, informando que "o ensino fundamental público terá como fonte adicional de financiamento a contribuição social do salário-educação recolhida, pelas empresas, na forma da lei".

A Emenda Constitucional n. 53/2006 deu nova redação ao § 5º do art. 212 da Constituição: "a educação básica pública terá como fonte adicional de financiamento a contribuição social do salário-educação, recolhida pelas empresas na forma da lei". Apenas a educação básica será custeada pelo salário-educação. Somente as empresas irão pagar o salário-educação. A contribuição será instituída pela legislação ordinária.

O Decreto n. 6.003, de 28-12-2006, regulamenta o salário-educação.

Inicialmente, o STF entendia que o salário-educação era uma contribuição *sui generis*, sem caráter tributário (RE 83.662, j. 1º-9-1976).

A natureza jurídica da referida contribuição é de tributo. É destinada ao custeio do ensino fundamental público. Não se trata de salário, pois não é paga pelo empregador ao empregado.

Atualmente, pode-se dizer que se trata de uma contribuição social, como menciona o § 5º do art. 212 da Constituição.

A espécie de contribuição social em que se enquadra o salário-educação é a de intervenção no domínio econômico (art. 149 da Constituição), pois o governo visa intervir no domínio econômico para custear o ensino fundamental público.

A contribuição do salário-educação não serve para custear a Seguridade Social, mas o ensino básico. Não deveria ser custeado o ensino básico somente pela empresa. Deveria ser feito por meio de imposto, que tem característica geral.

A alíquota do salário-educação é de 2,5%, incidindo sobre o total de remunerações pagas ou creditadas, a qualquer título, aos segurados empregados (art. 15 da Lei n. 9.424/96). Não existe teto.

Considera-se como empresa, para os fins do recolhimento do salário-educação, qualquer firma individual ou sociedade que assume o risco de sua atividade econômica, urbana ou rural, com fins lucrativos ou não, bem como as empresas e demais entidades públicas ou privadas, vinculadas à Seguridade Social. Pela referida redação, não se enquadram como empresa os autônomos, que não são empresa, nem firma individual.

O prazo de recolhimento pela empresa do salário-educação será o mesmo das contribuições devidas à Seguridade Social.

São isentas do recolhimento da contribuição:

a) a União, os Estados, o Distrito Federal e os Municípios, bem como suas respectivas autarquias e fundações;
b) as instituições públicas de ensino de qualquer grau;
c) as escolas comunitárias, confessionais ou filantrópicas, devidamente registradas e reconhecidas pelo competente órgão de educação, que atendam ao disposto no inciso II do art. 55 da Lei n. 8.212/91;
d) as organizações de fins culturais que, para esse fim, vierem a ser definidas em regulamento;
e) as organizações hospitalares e de assistência social, desde que atendam aos seguintes requisitos, cumulativamente:
   1. sejam reconhecidas como de utilidade pública federal e estadual ou do Distrito Federal ou municipal;
   2. sejam portadoras do Certificado e do Registro de Entidade de Fins Filantrópicos, fornecidos pelo Conselho Nacional de Assistência Social, renovado a cada três anos;
   3. promovam, gratuitamente e em caráter exclusivo, a assistência social beneficente a pessoas carentes, em especial a crianças, adolescentes, idosos e deficientes;
   4. não percebam seus diretores, conselheiros, sócios, instituidores ou benfeitores remuneração e não usufruam vantagens ou benefícios a qualquer título;

5. apliquem integralmente o eventual resultado operacional na manutenção e no desenvolvimento de seus objetivos institucionais, apresentando anualmente ao Conselho Nacional da Seguridade Social relatório circunstanciado de suas atividades;

A Súmula 732 do STF mostra a constitucionalidade da contribuição do salário-educação, seja sob a vigência da Carta de 1969, seja sob o império da Constituição de 1988, e no regime da Lei n. 9.424/96.

Não tem o salário-educação caráter remuneratório na relação de emprego. É desvinculado, para qualquer efeito, do salário e da remuneração percebida pelos empregados das empresas contribuintes (art. 3º da Lei n. 9.766/98).

A União receberá o valor de 1% sobre o montante por ela arrecadado, a título de taxa de administração.

As cotas estaduais e municipais da arrecadação da contribuição social do salário-educação serão distribuídas proporcionalmente ao número de alunos matriculados na educação básica nas respectivas redes públicas de ensino (§ 6º do art. 212 da Constituição).

O montante da arrecadação do salário-educação, após a dedução da remuneração da União, será distribuído pelo Fundo Nacional de Desenvolvimento da Educação (FNDE), observada, em 90% de seu valor, a arrecadação realizada em cada Estado e no Distrito Federal, em quotas. A quota estadual e municipal correspondente a 2/3 do montante de recursos, será creditada mensal e automaticamente em favor das Secretarias de Educação dos Estados, do Distrito Federal e dos municípios para custeio de programas, projetos e ações do ensino fundamental.

A quota estadual e municipal do salário-educação será integralmente redistribuída entre o Estado e seus municípios de forma proporcional ao número de alunos matriculados no ensino fundamental nas respectivas redes de ensino, conforme apurado pelo censo educacional realizado pelo Ministério da Educação.

O produto das aplicações mencionadas será destinado ao ensino fundamental, à educação pré-escolar e ao pagamento dos encargos administrativos e do Pasep, de acordo com critérios e parâmetros fixados pelo Conselho Deliberativo do FNDE.

Os recursos do salário-educação podem ser aplicados na educação especial, desde que vinculada ao ensino fundamental público (art. 8º da Lei n. 9.766/98).

A referida contribuição é arrecadada e fiscalizada pela União e posteriormente transferida para os órgãos pertinentes de educação.

Verifica-se, do que foi exposto anteriormente, que o Brasil é um dos países que mais encargos sociais possui no mundo. De acordo com a tabela abaixo, temos na indústria, por exemplo, os seguintes encargos:

Previdência Social	20%
Acidentes do trabalho (média)	2,0%
FGTS	8,0%
Salário-educação	2,5%
Incra	0,2%
Sesi	1,5%
Senai	1,0%
Sebrae	0,6%
	35,8%

12.10 CONTRIBUIÇÃO SOCIAL SOBRE O FATURAMENTO

Mencionava o inciso I do art. 195 da Constituição a contribuição social da empresa incidente sobre o faturamento.

A alínea *b* do inciso I do art. 195 da Lei Magna, de acordo com a redação da Emenda Constitucional n. 20/98 faz referência à contribuição social do empregador, da empresa sobre a receita ou o faturamento.

Receita é toda a entrada de numerário na empresa. É, portanto, um termo mais amplo do que faturamento.

Faturamento é o somatório das faturas emitidas dentro de certo período. Fatura é o documento em que são relacionadas as mercadorias vendidas, que são remetidas ou entregues ao comprador. Certas empresas não têm exatamente faturamento, como os bancos, mas têm receita.

Na área tributária, faturamento significa receita bruta de vendas (art. 2º da Lei Complementar n. 70/91).

12.10.1 Cofins

Antigamente, tínhamos a cobrança do Finsocial, que foi criado pelo Decreto-lei n. 1.940, de 25-5-1982. Até que fosse prevista a forma de custeio determinada no inciso I do art. 195 da Constituição, a arrecadação decorrente de, no mínimo, cinco dos seis décimos porcentuais correspondentes à alíquota do Finsocial passaria a integrar a receita da seguridade social, ressalvados, exclusivamente, no exercício de 1988, os compromissos assumidos com programas e projetos em andamento (art. 56 do ADCT). Como se verifica, o Finsocial era uma contribuição social incidente sobre o faturamento que seria transitória, permanecendo até que fosse editada a lei de custeio, na forma do inciso I do art. 195 da Lei Maior.

Foi editada a Lei Complementar n. 70, de 30-12-1991, instituindo a contribuição social para o custeio da seguridade social (Cofins), revogando o art. 23, I, da Lei n. 8.212/91, que tratava do Finsocial, tendo por base de cálculo o faturamento das pessoas jurídicas ou as que a elas se equipararem.

O STF decidiu que não há necessidade de lei complementar para a instituição das contribuições sociais previstas no art. 195 e, também, que é irrelevante o fato de a receita integrar o orçamento fiscal da União (RE 138.284-8-CE, *DJU*, 28-8-1992). Na verdade, o que importa é se a contribuição se destina ao custeio da Seguridade Social. O fato de a Secretaria da Receita Federal do Brasil arrecadar e fiscalizar a contribuição social também não desnatura a sua finalidade, como se verifica no art. 7º do CTN.

A Cofins é uma contribuição social sobre o faturamento, tendo por base a alínea *b* do inciso I do art. 195 da Constituição, destinada a custear a seguridade social. O art. 1º da Lei Complementar n. 70/91 menciona que seu fundamento é o inciso I do art. 195 da Lei Maior. O STF decidiu que a Cofins não tem base no § 4º do art. 195 da Constituição, mas no inciso I do art. 195 da mesma norma. Segundo o STF, a eventual cumulatividade não é obstáculo constitucional, pois sua fonte é o inciso I do art. 195 da Lei Magna e não o § 4º do art. 195 (ADIn 1-I-DF, j., 1º-12-1993, Rel. Min. Moreira Alves, in *Revista Dialética de Direito Tributário*, n. 1/79).

A Lei Complementar n. 70/91 foi aprovada por voto de lideranças, não atendendo, então, o *quorum* qualificado do art. 69 da Constituição. De outro lado, a referida contribuição tem a mesma base de cálculo do PIS. Por esses motivos, é inconstitucional a exigência da Cofins. O STF, entretanto, a entendeu constitucional.

A Cofins tem incidência não cumulativa. Seu fato gerador é o total das receitas auferidas pela pessoa jurídica, independentemente de sua denominação ou classificação contábil (art. 1º da Lei n. 10.833/2003).

O total das receitas compreende a receita bruta da venda de bens e serviços nas operações em conta própria ou alheia e todas as demais receitas auferidas pela pessoa jurídica.

O inciso XIV do art. 88 da Lei n. 9.430/96 revogou a forma de tributação das sociedades civis de profissões regulamentadas, que era prevista nos arts. 1º e 2º do Decreto-lei n. 2.397/87. O art. 56 da Lei n. 9.430/96 revogou a isenção da Cofins que era concedida pela Lei Complementar n. 70/91. Como há entendimento de que a instituição e alterações das contribuições da Seguridade Social podem ser feitas por lei ordinária, as sociedades civis de profissões regulamentadas passam a pagar a Cofins.

As entidades desportivas que não tenham futebol profissional também deverão recolher a Cofins (§ 10 do art. 22 da Lei n. 8.212/91).

A base de cálculo da contribuição é o total das receitas auferidas pela pessoa jurídica (§ 1º do art. 1º da Lei n. 10.833/2003).

Não integram a base de cálculo as receitas (a) isentas ou não alcançadas pela incidência da contribuição ou sujeitas à alíquota 0; (b) não operacionais, decorrentes da venda de ativo permanente; (c) auferidas pela pessoa jurídica revendedora, na revenda de mercadorias em relação às quais a contribuição seja exigida da empresa vendedora, na condição de substituta tributária; (d) referentes a: 1) vendas canceladas e aos descontos incondicionais concedidos; 2) reversões de provisões e recuperações de créditos baixados como perda que não representem ingresso de novas receitas, o resultado positivo da avaliação de investimentos pelo valor do patrimônio líquido e os lucros e dividendos derivados de investimentos avaliados pelo custo de aquisição que tenham sido computados como receita.

É possível o desconto de créditos calculados em relação a: (a) bens adquiridos para revenda, exceto em relação às mercadorias e aos produtos no caso de substituição tributária; (b) bens e serviços, utilizados como insumo na prestação de serviços e na produção ou fabricação de bens ou produtos destinados à venda, inclusive combustíveis e lubrificantes; (c) energia elétrica consumida nos estabelecimentos da pessoa jurídica; (d) aluguéis de prédios, máquinas e equipamentos, pagos a pessoa jurídica, utilizados nas atividades da empresa; (e) despesas financeiras decorrentes de empréstimos, financiamentos e o valor das contraprestações de operações de arrendamento mercantil de pessoa jurídica, exceto de optante pelo Simples; (f) máquinas, equipamentos e outros bens incorporados ao ativo imobilizado adquiridos para utilização na produção de bens destinados à venda, ou na prestação de serviços; (g) edificações e benfeitorias em imóveis próprios ou de terceiros, utilizados nas atividades da empresa; (h) bens recebidos em devolução cuja receita da venda tenha integrado faturamento do mês ou de mês anterior, e tributada conforme a Lei

n. 10.833/2003; (i) armazenagem de mercadoria e frete na operação de venda, nos casos dos itens (a) e (b), quando o ônus for suportado pelo vendedor.

O crédito não aproveitado em determinado mês poderá sê-lo nos meses subsequentes.

Na hipótese de a pessoa jurídica sujeitar-se à incidência não cumulativa da Cofins, em relação apenas à parte de suas receitas, o crédito será apurado, exclusivamente, em relação aos custos, despesas e encargos vinculados a essas receitas (§ 7º do art. 3º da Lei n. 10.833/2003).

O contribuinte da Cofins é a pessoa jurídica que auferir as receitas.

Não incidirá a Cofins sobre as receitas decorrentes das operações de: (a) exportação de mercadorias para o exterior; (b) prestação de serviços para pessoa física ou jurídica domiciliada no exterior, com pagamento em moeda conversível; (c) vendas a empresa comercial exportadora com o fim específico de exportação.

O inciso I do art. 195 da Constituição só permitia a incidência sobre faturamento, que é o conjunto de receitas provenientes da emissão de faturas ou a receita bruta. A totalidade das receitas não é faturamento. Logo, é inconstitucional tal disposição, pois incide, por exemplo, sobre receitas de aluguéis, que são receitas não operacionais.

A Emenda Constitucional n. 20/98, que alterou a redação dos incisos do art. 195 da Constituição, não modifica a questão, pois é posterior à Lei n. 9.718/98.

Prevê o art. 110 do CTN que a lei tributária não pode alterar a definição, o conteúdo e o alcance de institutos, conceitos e formas de direito privado, que é o que está ocorrendo com o conceito de faturamento.

O STF entendeu que a Cofins não pode ser exigida sobre a receita bruta, pois somente com a Emenda Constitucional n. 20/98, que deu nova redação ao inciso I do art. 195 da Lei Maior, é que foi ampliada a base de cálculo para receita bruta. A Lei n. 9.718/98 é anterior à Emenda Constitucional n. 20/98 e só poderia dispor sobre a incidência da Cofins sobre faturamento e não sobre receita bruta.

São cinco as hipóteses de incidência do tributo: (a) venda de mercadorias; (b) venda de mercadorias e serviços; (c) venda de cigarros; (d) venda de combustíveis; (e) prestação de serviços.

Nas operações realizadas em mercados futuros, considera-se receita bruta o resultado positivo dos ajustes diários ocorridos no mês.

Nas operações de câmbio, realizadas por instituições autorizadas pelo Banco Central do Brasil, considera-se receita bruta a diferença positiva entre o preço de venda e o preço de compra da moeda estrangeira.

É legítima a cobrança da Cofins sobre as operações relativas a energia elétrica, serviços de telecomunicações, derivados de petróleo, combustíveis e minerais do país (Súmula 659 do STF).

A Cofins devida pelas refinarias de petróleo será calculada com base nas alíquotas de: (a) 12,45%, incidente sobre a receita bruta decorrente da venda de gasolinas, exceto gasolina de aviação; (b) 10,29%, incidente sobre a receita bruta decorrente da venda de óleo diesel; (c) 11,84%, incidente sobre a receita bruta da venda de gás liquefeito de petróleo; (d) 5,8%, sobre a receita da venda de querosene de aviação; (e) 3%, incidente sobre a receita bruta decorrente das demais atividades.

A Cofins devida pelas distribuidoras de álcool para fins carburantes será calculada com base nas alíquotas de: (a) 6,64%, incidente sobre a receita bruta decorrente da venda de álcool para fins carburantes, exceto quando adicionado à gasolina; (b) 3%, incidente sobre a receita bruta decorrente das demais atividades.

A base de cálculo da contribuição mensal devida pelos fabricantes de cigarros, tanto como contribuintes como substitutos dos comerciantes, será obtida pela multiplicação do preço de venda do produto no varejo por 291,69% (art. 3º da Lei Complementar n. 70/91 e art. 62 da Lei n. 11.196/2005). Após, aplica-se a alíquota de 2% sobre a referida base de cálculo, resultando na contribuição devida.

A contribuição devida pelos distribuidores de derivados de petróleo e álcool etílico hidratado para fins carburantes, na condição de substitutos tributários dos comerciantes varejistas, é calculada sobre o menor valor, no país, de acordo com a tabela de preços máximos fixados para a venda a varejo, sem prejuízo da contribuição incidente sobre suas próprias vendas (art. 4º da Lei Complementar n. 70/91).

As receitas das vendas de livros, jornais, periódicos e o papel destinado a sua impressão têm incidência da contribuição sobre o faturamento, pois a imunidade a que se refere o art. 150 da Constituição alcança apenas impostos e não as contribuições sociais. Caso se entenda que a natureza jurídica da Cofins é de imposto, não haverá, então, a incidência da contribuição.

A partir de 1º-2-1999, passam a pagar a Cofins as seguintes pessoas jurídicas: bancos comerciais, bancos de investimentos, bancos de desenvolvimento, caixas econômicas, sociedades de crédito, financiamento e investimento, sociedade de crédito imobiliário, sociedades corretoras de títulos e valores mobiliários, empresas de arrendamento mercantil, cooperativas de crédito, empresas de seguro privado e de capitalização, entidades de previdência privada abertas e fechadas e sociedades corretoras de seguros (art. 2º da Lei n. 9.718/98).

As instituições financeiras não emitem faturas, de modo que não poderiam ter contribuição sobre faturamento. Contribuem sobre a receita.

A Cofins incide sobre as receitas provenientes das operações de locação de bens móveis (Súmula 423 do STJ).

O Parecer Normativo n. 5, de 22-4-1992, da Receita Federal, definiu que não incide a Cofins sobre as receitas das associações dos sindicatos, das federações e das confederações, das organizações reguladoras de atividades profissionais e outras entidades classistas, destinadas ao custeio de suas atividades essenciais e fixadas por lei, assembleia ou estatuto.

A Secretaria da Receita Federal do Brasil é que administra e fiscaliza a Cofins.

12.10.2 PIS/Pasep

Previa o inciso V do art. 158 da Constituição de 1967 a integração do trabalhador na vida e no desenvolvimento da empresa. O inciso V do art. 165 da Emenda Constitucional n. 1/69, determinava a integração do trabalhador na vida e no desenvolvimento da empresa, segundo fosse estabelecido em lei.

O PIS (Programa de Integração Social) foi criado pela Lei Complementar n. 7, de 7-9-1970. O objetivo do PIS era promover a integração do empregado na vida e no desenvolvimento da empresa. Foi criado com fundamento no inciso V do artigo 165 da Emenda Constitucional n. 1/69, que fazia referência à "integração na vida e no desenvolvimento da empresa, com participação nos lucros e, excepcionalmente, na gestão, segundo for estabelecido em lei". É uma forma de integração na vida e no desenvolvimento da empresa, de participação na renda nacional ou de distribuição de renda aos trabalhadores, não mais repetida na Constituição de 1988. Não representa participação nos lucros ou resultados, pois a contribuição do PIS/Pasep incide sobre o faturamento e não sobre os lucros da empresa.

O inciso XVI do art. 165 da Emenda Constitucional n. 1/69, previa "previdência social nos casos de doença, velhice, invalidez e morte, seguro-desemprego, seguro contra acidentes do trabalho e proteção da maternidade, mediante contribuição da União, do empregador e do empregado". O seguro-desemprego também era custeado por contribuição da União, do empregador e do empregado. Agora, há custeio específico para o seguro-desemprego, que é a contribuição do PIS/Pasep, recolhida pelas empresas. Não há mais contribuição da União ou do empregado.

Cada trabalhador tinha uma conta individualizada em seu nome, de acordo com o respectivo número de inscrição no PIS.

O Programa de Formação do Patrimônio do Servidor Público (Pasep) foi criado pela Lei Complementar n. 8, de 3-12-1970.

A Lei Complementar n. 26, de 11-9-1975, unificou os programas, ficando o PIS/Pasep.

Havia duas contribuições: uma incidente sobre o faturamento e a outra como dedução do imposto de renda devido pelas empresas. O Decreto-lei n. 2.445, de 29-6-1988, extinguiu a contribuição que se deduzia do imposto de renda.

O art. 239 da Constituição estabeleceu que a partir de 5 de outubro de 1988 o PIS e o Pasep iriam financiar, nos termos da lei, o programa de seguro-desemprego, outras ações da previdência social e o abono do PIS. Na verdade, a palavra correta não é *financiar*. Financiar é operação de empréstimo ou bancária, em que alguém empresta dinheiro e quer recebê-lo de volta com juros e correção monetária. A denominação correta é custeio do seguro-desemprego, que antes da Constituição de 1988 não era feito dessa forma. O PIS passou a ser devido apenas aos empregados que percebessem até dois salários mínimos de remuneração mensal, sendo assegurado o pagamento de um salário mínimo (§ 3º do art. 239 da Lei Maior).

A arrecadação decorrente das contribuições para o Programa de Integração Social, criado pela Lei Complementar n. 7, de 7 de setembro de 1970, e para o Programa de Formação do Patrimônio do Servidor Público, criado pela Lei Complementar n. 8, de 3 de dezembro de 1970, passa, a partir da promulgação desta Constituição, a financiar, nos termos que a lei dispuser, o programa do seguro-desemprego, outras ações da previdência social e o abono de que trata o § 3º do art. 239 da Constituição.

A Cofins é uma contribuição incidente sobre o faturamento e tem por fundamento a alínea *b* do inciso I do art. 195 da Constituição (art. 1º da Lei Complementar n. 70/91). A base da exigência do PIS/Pasep está no art. 239 da Constituição, que o prevê para custeio do seguro-desemprego e do abono anual. Tem o PIS/Pasep natureza de contribuição social destinada ao custeio da seguridade social (art. 149 c/c § 6º do art. 195 da Constituição).

O STF entendeu que a legislação do PIS/Pasep anterior à Constituição de 1988 foi recepcionada por esta (RE 169.091, Pleno, j. 7-6-1995, Rel. Min. Sepúlveda Pertence, *DJU*, 4-8-1995, p. 22522-22523).

Uma parte dos recursos do PIS/Pasep serve para o custeio do seguro-desemprego. Do total arrecadado, 40% serão aplicados em financiamento de programas de desenvolvimento econômico por intermédio do Banco Nacional de Desenvolvimento Econômico e Social (BNDES). Anteriormente, a denominação era apenas Banco Nacional de Desenvolvimento Econômico (BNDE). Foi acrescida a palavra *social.*

Se 40% servem para aplicação em financiamento de programas pelo BNDES, 60% destinam-se ao custeio do seguro-desemprego e do abono.

A destinação de 40% ao BNDES visa o desenvolvimento econômico do país, mediante a concessão de empréstimos às empresas a juros inferiores aos de mercado. Acaba atingindo também o desenvolvimento social do país. É uma forma de fomento ao desenvolvimento do país o aporte financeiro que foi determinado na Constituição para o BNDES.

A destinação será de pelo menos 40% da arrecadação, podendo ser maior se assim for disposto em lei.

O Pleno do STF declarou inconstitucionais os Decretos-leis ns. 2.445/88 e 2.449/88, que alteraram a cobrança do PIS (RE 148.754-2), pois a referida alteração não poderia ser feita por decreto-lei, apenas por lei complementar. A Resolução n. 49, de 9-10-95, suspende a execução dos Decretos-leis ns. 2.445/88 e 2.449/88.

A contribuição do PIS/Pasep tem natureza de tributo, de contribuição social. Pode ser enquadrada no artigo 149 da Constituição, como contribuição para o custeio da Seguridade Social, pois, dentro da Previdência Social, está incluído o seguro-desemprego (arts. 7º, II, e 201, III, da Constituição). É uma espécie de contribuição de intervenção no domínio econômico.

A contribuição do PIS/Pasep tem como fato gerador o faturamento mensal, assim entendido o total das receitas auferidas pela pessoa jurídica, independentemente de sua denominação ou classificação contábil.

Quanto ao PIS, a alíquota passou a ser 0,75% sobre a receita bruta operacional, como definida na legislação do imposto de renda, até 30-12-1999, podendo a lei ordinária alterá-la.

O total das receitas compreende a receita bruta da venda de bens e serviços nas operações em conta própria ou alheia e todas as demais receitas auferidas pela pessoa jurídica.

É legítima a cobrança do PIS sobre as operações relativas a energia elétrica, serviços de telecomunicações, derivados de petróleo, combustíveis e minerais do país (Súmula 659 do STF).

A base de cálculo da contribuição do PIS/Pasep é o valor do faturamento.

Não integram a base de cálculo as receitas:

1. decorrentes de saídas isentas da contribuição ou sujeitas à alíquota zero;
2. auferidas pela pessoa jurídica revendedora, na revenda de mercadorias em relação às quais a contribuição seja exigida da empresa vendedora, na condição de substituta tributária;
3. as vendas canceladas e os descontos incondicionais concedidos;
4. reversões de provisões e recuperações de créditos baixados com perda, que não representem ingresso de receita de novas receitas, o resultado positivo da avaliação de investimentos pelo valor do patrimônio líquido e os lucros e dividendos derivados de investimentos avaliados pelo custo de aquisição, que tenham sido computados como receita.

Contribuinte do PIS/Pasep é a pessoa jurídica que auferir as receitas. Isso indica que pessoa física não é contribuinte do tributo, como os profissionais liberais.

A contribuição do PIS/Pasep não incidirá sobre as receitas decorrentes das operações de:

1. exportação de mercadorias para o exterior;
2. prestação de serviços para pessoa física ou jurídica domiciliada no exterior, com pagamento em moeda conversível;
3. vendas a empresa comercial exportadora com o fim específico de exportação.

As sociedades cooperativas pagam a contribuição do PIS/Pasep à alíquota de 1% sobre a folha de pagamento mensal, relativa às operações praticadas por associados, e à alíquota de 0,65% sobre o faturamento do mês, em relação às receitas decorrentes de operações praticadas com não associados.

Excluem-se também das contribuições sobre a folha de pagamento das entidades sem fins lucrativos, definidas como empregadoras pela legislação trabalhista e as fundações, os valores correspondentes à folha de pagamento das instituições ali referidas, custeadas com recursos originários dos Orçamento Fiscal e da Seguridade Social.

A contribuição mensal devida pelos fabricantes de cigarros, na condição de contribuintes e de substitutos dos comerciantes varejistas, será calculada sobre o preço fixado para venda do produto no varejo, multiplicado por 3,42 (art. 5º da Lei n. 9.715/98 e art. 62 da Lei n. 11.196/2005). O Poder Executivo poderá alterar o coeficiente mencionado.

A contribuição mensal devida pelos distribuidores de derivados de petróleo e álcool etílico hidratado para fins carburantes, na condição de substitutos dos comerciantes varejistas, será calculada sobre o menor valor, no país, constante da tabela de preços máximos fixados para venda a varejo, sem prejuízo da contribuição incidente sobre suas próprias vendas (art. 6º da Lei n. 9.715/98).

O PIS/Pasep devido pelas refinarias de petróleo será calculado com base nas alíquotas de: (a) 2,7%, incidente sobre a receita bruta decorrente da venda de gasolinas, exceto gasolina de aviação; (b) 2,23%, incidente sobre a receita bruta decorrente da venda de óleo diesel; (c) 2,56%, incidente sobre a receita bruta da venda de gás liquefeito de petróleo; (d) 1,25%, incidente sobre a receita da venda de querosene de aviação; (e) 1,65%, incidente sobre a receita bruta decorrente das demais atividades.

O PIS/Pasep devido pelas distribuidoras de álcool para fins carburantes será calculado com base nas alíquotas de: (a) 1,46%, incidente sobre a receita bruta decorrente da venda de álcool para fins carburantes, exceto quando adicionado à gasolina; (b) 0,65%, incidente sobre a receita bruta decorrente das demais atividades.

Foi alterado o porcentual das entidades sem fins lucrativos, fundações e condomínios para 1% sobre a folha de salários; e das pessoas jurídicas de direito público interno para 1% sobre o valor das receitas correntes arrecadadas e das transferências correntes e de capital recebidas.

O STF entendeu que "a ausência de recolhimento da contribuição para o Pasep pelos Estados, Distrito Federal e Municípios autoriza a União, nos termos do art. 160, parágrafo único, I, da Constituição, a reter cotas do Fundo de Participação daqueles entes federados até que eles comprovem a quitação do débito". Não há necessidade de prévia constituição do crédito tributário da União como requisito para bloquear os repasses devidos aos Estados, Municípios e ao Distrito Federal, na forma do inciso I do art. 160 da Constituição (2ª T., RE 589.105 Rel. Min. Ricardo Lewandowski, j. 22-11-2011, *DJe*-232, divulg. 6-12-2011, Public. 7-12-2011).

É constitucional a majoração diferenciada de alíquotas em relação às contribuições sociais incidentes sobre o faturamento ou a receita de instituições financeiras ou de entidades a elas legalmente equiparadas (STF, RE 656.089, j. 6-6-2018).

São constitucionais a alíquota e a base de cálculo da contribuição ao PIS previstas no art. 72, V, do ADCT, destinada à composição do fundo social de emergência nas redações da ECR n. 1/94 e das EC n. 10/96 e 17/97, observados os princípios da anterioridade nonagesimal e da irretroatividade tributária (STF, RE 578.846, j. 6-6-2018).

À contribuição do PIS/Pasep aplicam-se as penalidades e acréscimos previstos na legislação do imposto sobre a renda.

A administração e fiscalização do PIS/Pasep será feita pela Secretaria da Receita Federal do Brasil.

O processo administrativo de determinação e exigência das contribuições para o PIS/Pasep, bem como o de consulta sobre a aplicação da respectiva legislação serão regidos pelas normas do processo administrativo de determinação e exigência dos créditos tributários da União. O processo administrativo fiscal é disciplinado pelo Decreto n. 70.235/72.

12.11 CONTRIBUIÇÃO SOCIAL SOBRE O LUCRO

O art. 74, *a*, da Lei n. 3.807/60 previa contribuição de 5% sobre o imposto adicional de renda das pessoas jurídicas a que se refere a Lei n. 2.862, de 4-9-1956.

O art. 195, I, c, da Constituição prevê a incidência da contribuição sobre o lucro.

A contribuição social sobre o lucro foi instituída pela Lei n. 7.689, de 15-12-1988.

O STF declarou inconstitucional a exigência da contribuição sobre o lucro, apenas sobre o lucro de 31-12-1988, pois a Lei n. 7.689/88 não observou os 90 dias previstos no § 6º do art. 195 da Constituição para a exigência da contribuição. Entendeu que a contribuição no seu todo não é inconstitucional, tendo natureza tributária (RE 146.733-9 – SP, *DJU*, 6-11-1992; RE 140.272-0, *DJU* 2-10-1992, e RE 138.284-8 – CE *DJU*, 28-8-1992). O STF já havia decidido que a contribuição incidente sobre o lucro não necessita de lei complementar, apenas as outras de que trata o § 4º do art. 195 da Constituição, pois só impostos necessitam de lei complementar para estabelecer o fato gerador, base de cálculo e contribuintes, e não as contribuições (STF Pleno, RE 138.281, j. 1º-7-1992, *DJU* I, 28-8-1992, p. 13456).

O lucro será apurado mediante a soma das receitas da empresa, a diminuição das despesas e certos ajustes que serão feitos, de acordo com a previsão legal.

Dispõe o art. 1º da Lei n. 9.316/96 que o valor da contribuição social sobre o lucro líquido não poderá ser deduzido para efeito de determinação do lucro real, nem da sua própria base de cálculo. Reza o parágrafo único do mesmo artigo que os valores da contribuição social serão registrados como custo ou despesa, devendo ser adicionados ao lucro líquido do respectivo período de apuração para efeito de determinação do lucro real e de sua própria base de cálculo.

Inexistindo lucro, não haverá contribuição social sobre ele incidente.

A alíquota normal da contribuição social sobre o lucro para as empresas é de 9% (art. 3º, III, da Lei n. 7.689/88). As empresas de seguros privados, capitalização, corretoras, distribuidoras têm a alíquota de 15% (art. 3º, I, da Lei n. 7.689/88). Os bancos têm alíquota de 20% (art. 32 da Emenda Constitucional n. 103/2019) e as cooperativas de crédito também (art. 3º, II-A, da Lei n. 7.689/88).

As empresas tributadas pelo lucro presumido ou arbitrado têm por base de cálculo da contribuição social, a partir de 1º-1-1997, 12% sobre receita bruta do trimestre. Sobre o resultado há o acréscimo de ganhos de capital, rendimentos e ganhos líquidos auferidos em aplicações financeiras de renda fixa e renda variável, demais receitas e resultados positivos decorrentes de receitas não abrangidas na receita bruta. Sobre esse resultado é que se aplica a alíquota de 9%.

As empresas prestadoras de serviços são tributadas com a alíquota de 32% sobre a receita de serviços.

As entidades sem fins lucrativos não recolhem a contribuição sobre o lucro, como as fundações, associações e sindicatos (AD(N) n. 17, de 30-11-1990).

O produtor rural pessoa física e o segurado especial não pagam a contribuição social sobre o lucro (§ 2º do art. 23 da Lei n. 8.212/91). As entidades desportivas que não tenham futebol profissional devem pagar a contribuição sobre o lucro (§ 10 do art. 22 da Lei n. 8.212/91).

A administração e a fiscalização da contribuição social sobre o lucro serão feitas pela Secretaria da Receita Federal do Brasil (art. 6º da Lei n. 7.689, de 15-12-1988).

A contribuição social sobre o lucro não deveria ser arrecadada pela Receita Federal. Se a referida contribuição é fonte de custeio do sistema de Seguridade Social, não deve ser arrecadada pela Receita Federal. Há, portanto, incoerência do legislador, mas não inconstitucionalidade, pois nada impede ao sujeito ativo delegar a competência para arrecadar o tributo, como se verifica do art. 7º do CTN. Destaque-se que não há um controle efetivo do repasse das contribuições à Seguridade Social.

12.12 IMPORTADOR DE BENS OU SERVIÇOS DO EXTERIOR

A Emenda Constitucional n. 42/2003 acrescentou o inciso IV ao art. 195 da Constituição. A contribuição social do importador de bens ou serviços do exterior, ou de quem a lei equiparar, passou a também ser devida e destinada à Seguridade Social.

A Lei n. 10.865, de 30-4-2004, instituiu a contribuição PIS/Pasep e a Cofins sobre a importação de bens ou serviços.

Os serviços são os provenientes do exterior prestados por pessoa física ou jurídica residente ou domiciliada no exterior, nas seguintes hipóteses: I – executados no país; II – executados no exterior, cujo resultado se verifique no país.

Fato gerador da contribuição é: (a) a entrada de bens estrangeiros no território nacional; (b) o pagamento, o crédito, o emprego ou a remessa de valores a residentes ou domiciliados no exterior como contraprestação do serviço prestado.

São contribuintes: I – o importador, assim considerada a pessoa física ou jurídica que promova a entrada de bens estrangeiros no território nacional; II – a pessoa física ou jurídica contratante de serviços de residente ou domiciliado no exterior; III – o beneficiário do serviço, na hipótese em que o contratante também seja residente ou domiciliado no exterior.

São responsáveis solidários: I – o adquirente de bens estrangeiros, no caso de importação realizada por sua conta e ordem, por intermédio de pessoa jurídica importadora; II – o transportador, quando transportar bens procedentes do exterior ou sob controle aduaneiro, inclusive em percurso interno; III – o representante, no país, do transportador estrangeiro; IV – o depositário, assim considerada qualquer pessoa incumbida de custódia de bens sob controle aduaneiro; V – o expedidor, o operador de transporte multimodal ou qualquer subcontratado para a realização do transporte multimodal.

A base de cálculo será: I – o valor aduaneiro, assim entendido o valor que serviria de base de cálculo do imposto de importação, acrescido do valor do ICMS incidente no desembaraço aduaneiro e do valor das próprias contribuições, no caso de entrada de bens no território nacional; II – o valor pago, creditado, entregue, empregado ou remetido para o exterior, antes da retenção do imposto de renda, acrescido do ISS e do valor das próprias contribuições, na hipótese de pagamento, crédito etc.

As alíquotas principais são: a) 1,65 para o PIS/Pasep – Importação; b) 7,6% para a Cofins– Importação.

São, por exemplo, isentas das contribuições: I – as importações realizadas: a) pela União, Estados, Distrito Federal e Municípios, suas autarquias, fundações instituídas e mantidas pelo poder público; b) pelas Missões Diplomáticas e Repartições Consulares de caráter permanente e respectivos integrantes; c) pelas representações de organismos internacionais de caráter permanente, inclusive os de âmbito regional, dos quais o Brasil seja membro, e pelos respectivos integrantes; II – as hipóteses de amostras, remessas postais internacionais, bagagens de viajantes.

O prazo de recolhimento deve ser feito: I – na data do registro da declaração de importação, no caso de entrada de bens no território nacional; II – na data do pagamento, crédito, entrega, emprego ou remessa de valores a residentes ou domiciliados no exterior como contraprestação por serviço prestado; III – na data do vencimento do prazo de permanência do bem no recinto alfandegado.

Compete à Secretaria da Receita Federal do Brasil a administração e a fiscalização da contribuição.

12.13 SIMPLES

A Lei n. 7.256/84 tratava das normas integrantes do Estatuto da Microempresa.

Prevê o inciso IX do art. 170 da Constituição que deve ser dado tratamento favorecido para as empresas de pequeno porte constituídas sob as leis brasileiras que tenham sua sede e administração no País. Completa essa norma o disposto no art. 179 da Lei Magna, determinando que a União, os Estados, o Distrito Federal e os Municípios dispensarão às microempresas e às empresas de pequeno porte, assim definidas em lei, tratamento jurídico diferenciado, visando incentivá-las pela simplificação de suas obrigações administrativas, tributárias, previdenciárias e creditícias, ou pela eliminação ou redução dessas por meio de lei.

A Lei n. 8.864/94 versava sobre normas para a microempresa e empresa de pequeno porte.

A Lei n. 9.317, de 5 de dezembro de 1996, estabelecia o regime tributário para a microempresa e empresa de pequeno porte.

A Lei n. 9.841, de 5 de outubro de 1999, previa o estatuto da microempresa e empresa de pequeno porte.

Cabe à lei complementar estabelecer tratamento diferenciado e favorecido para as microempresas e para as empresas de pequeno porte, inclusive regimes especiais ou simplificados para efeito das contribuições da seguridade social previstas no art. 195, I e §§ 12 e 13 da Constituição e da contribuição do PIS/Pasep (art. 146, III, *d*, da Constituição).

O Sistema Integrado de Pagamento de Impostos e Contribuições das Microempresas e das Empresas de Pequeno Porte (Simples) dá tratamento diferenciado à pequena empresa. A matéria está regulada na Lei Complementar n. 123/2006 para atender a regra do art. 146, III, *d*, da Constituição. O Super Simples tem âmbito nacional.

A inscrição no Simples implica pagamento mensal unificado dos seguintes impostos e contribuições: (a) IRPJ; (b) PIS/Pasep; (c) contribuição social sobre o lucro; (d) Cofins; (e) IPI; (f) contribuição para a seguridade social devida pela empresa com base no art. 22 da Lei n. 8.212 (compreende, portanto, a contribuição de 20% e de acidente do trabalho). Não está incluída no sistema: a contribuição previdenciária do empregado, que deverá continuar a ser recolhida pelas referidas empresas.

Considera-se: (a) microempresa: a pessoa jurídica que tiver, no ano-calendário, receita bruta igual ou inferior a R$ 360.000,00; (b) empresa de pequeno porte: a pessoa jurídica que tiver, no ano-calendário, receita bruta superior a R$ 360.000,00 e igual ou inferior a R$ 4.800.000,00.

A alíquota efetiva é o resultado de:

$$\frac{RBT12xAliq\text{-}PD}{RBT12}$$

em que:

I – RBT12: receita bruta acumulada nos doze meses anteriores ao período de apuração;

II – Aliq: alíquota nominal constante dos Anexos I a V da Lei Complementar n. 155/2016;

III – PD: parcela a deduzir constante dos Anexos I a V da Lei Complementar n. 155/2016.

A retenção de contribuição para a Seguridade Social pelo tomador do serviço não se aplica às empresas optantes pelo Simples (Súmula 425 do STJ).

O pagamento será mensal, devendo ser feito até o último dia da primeira quinzena do mês subsequente àquele em que houver sido auferida a receita bruta.

A inscrição para o Simples dispensa a empresa do recolhimento das contribuições do Sesc, do Senai, do Sesi, do Senac, do Sest, do Senat e do Sebrae, salário-educação, Incra, ao Senar e ao Sescoop.

As empresas rurais também poderão optar pelo Simples, apesar de não haver previsão expressa na legislação. Elas podem ser microempresas ou empresas de pequeno porte, podendo, também, optar pelo referido sistema.

O Simples só reduz a carga das contribuições previdenciárias nas empresas que têm muitos empregados.

Tem havido divisão de empresas para que elas se enquadrem no limite máximo de faturamento anual previsto na Lei Complementar n. 123/2006.

12.14 CONTRIBUIÇÃO SOBRE A RECEITA DE CONCURSOS DE PROGNÓSTICOS

O inciso III do art. 195 da Constituição prevê contribuição social incidente sobre receita de concursos de prognósticos.

Concurso é competição, certame.

Prognóstico tem sentido de previsão, predição.

Concurso de prognóstico é a previsão por uma pessoa do resultado do concurso. Envolve o fator sorte.

"Loteria", do gótico *hlauts*, tem o significado de "sorte". A loteria, segundo o art. 10 do Decreto-lei n. 6.259, de 10-2-1944, é "toda operação, jogo ou aposta para obtenção de um prêmio em dinheiro ou em bens de outra natureza, mediante colocação de bilhetes, listas, cupons, vales, papéis, manuscritos, sinais, símbolos ou qualquer outro meio de distribuição de números e designação dos jogadores ou apostadores". O Decreto-lei n. 3.688, de 3-10-1941 (Lei de Contravenções Penais), considera loteria "toda operação que, mediante a distribuição de bilhetes, listas, cupons, vales, sinais, símbolos ou meios análogos, faz depender de sorteio a obtenção de prêmio em dinheiro ou bens de outra natureza" (§ 2º do art. 51). O bilhete de loteria habilita seu portador a participar do sorteio.

Foi instituída a loteria esportiva federal pelo Decreto-lei n. 594, de 27-5-1969. Os Decretos ns. 66.118/70, e 68.703/71 regulamentaram a referida norma. A Caixa Econômica Federal faz a arrecadação e paga os prêmios.

A Loto foi instituída pela Lei n. 6.717, de 12-11-1979.

O inciso III do art. 195 da Constituição estabelece contribuição social incidente sobre a receita de concursos de prognósticos.

São considerados concursos de prognósticos: todo e qualquer sorteio de números, loterias, apostas, inclusive a realizada em reuniões hípicas, nos âmbitos Federal, Estadual, do Distrito Federal e Municipal, como Loto, Sena, Loteria Federal, Esportiva etc.

A Lei n. 8.436, de 25-6-1992, deu nova redação ao art. 26 da Lei n. 8.212/91, excluindo da renda líquida "os valores destinados ao Programa de Crédito Educativo". O inciso III do art. 5º da referida norma estabelece que a totalidade do resultado líquido de três edições extras de loterias administradas pela Caixa Econômica Federal são destinadas ao Programa de Crédito Educativo. Daí por que há a exclusão dos valores destinados ao Programa de Crédito Educativo.

Não estão incluídos entre as loterias os concursos realizados por entidades privadas, como bingos, sorteios de 0800 ou 0900.

O Decreto-lei n. 1.515/76 estabeleceu que a alíquota das entidades turfísticas é de 3% sobre o movimento global das apostas verificadas em cada reunião hípica, em prados de corridas, subsedes e outras dependências das referidas entidades.

Do produto da arrecadação da loteria federal será destinado 17,04% para a Seguridade Social (art. 15 da Lei n. 13.756/2018). Do produto da arrecadação da loteria de prognósticos numéricos será destinado 17,32% para a seguridade social (art. 16 da Lei n. 13.756/2018). Do produto da arrecadação da loteria de prognóstico específico será destinado 1% para a Seguridade Social (art. 17). Do produto da arrecadação da loteria de prognósticos esportivos será destinado 7,61% para a Seguridade Social (art. 18). Do produto da arrecadação de cada emissão da Lotex será destinado 0,4% para a Seguridade Social (art. 20).

A Caixa Econômica Federal administra a arrecadação da contribuição.

12.15 OUTRAS RECEITAS

A Seguridade Social tem ainda outras receitas:

a) as multas (de mora e fiscal), a atualização monetária e os juros moratórios;
b) a remuneração recebida por serviços de arrecadação, fiscalização e cobrança prestados a terceiros. A União recebe 1% da arrecadação para cobrar o salário-educação;
c) as receitas provenientes de prestação de outros serviços e de fornecimento ou arrendamento de bens. A Dataprev, por exemplo, presta serviços de processamento de dados;
d) as demais receitas patrimoniais (aluguéis), industriais e financeiras;
e) doações, legados, subvenções e outras receitas eventuais;
f) 50% dos valores recuperados decorrentes de tráfico de entorpecentes e drogas, na forma do parágrafo único do art. 243 da Lei Maior. A verba é utilizada no sistema de saúde para recuperar os viciados;
g) 40% do resultado dos leilões dos bens apreendidos pela Secretaria da Receita Federal;
h) outras receitas previstas em legislação específica (art. 27 da Lei n. 8.212/91).

A companhia seguradora que mantém seguro obrigatório de danos pessoais causados por veículos automotores de vias terrestres (Lei n. 6.194/74) deverá repassar à Seguridade Social 50% do valor total do prêmio recolhido, destinados ao Sistema Único de Saúde (SUS), para custeio de assistência médico-hospitalar dos segurados vitimados em acidentes de trânsito.

12.16 ISENÇÃO DA CONTRIBUIÇÃO DA SEGURIDADE SOCIAL

O art. 1º da Lei n. 3.577, de 4-7-1959, concedia isenção da contribuição previdenciária aos Institutos e Caixas de Aposentadorias e Pensões às entidades de fins filantrópicos reconhecidas como de utilidade pública, cujos membros de suas diretorias não percebessem remuneração.

O Decreto-lei n. 1.572/77 revogou a Lei n. 3.577/59. Resguardou o direito da instituição reconhecida como de utilidade pública à isenção da contribuição, desde que fosse portadora de certificado de entidade de fins filantrópicos com validade por prazo indeterminado e fosse isenta da contribuição.

O art. 55 da Lei n. 8.212 tratava de regras para a concessão da isenção da contribuição da seguridade social.

A Lei n. 12.101, de 27 de novembro de 2009, tratou da certificação das entidades beneficentes de assistência social e regulou os procedimentos para a concessão de isenção da contribuição para a seguridade social. Revogou o art. 55 da Lei n. 8.212/91.

A Lei n. 12.101/2009 foi revogada pela Lei Complementar n. 187/2021.

O § 7º do art. 195 da Constituição estabelece que "são isentas de contribuição para a seguridade social as entidades beneficentes de assistência social que atendam às exigências estabelecidas em lei". Na verdade, não se trata de isenção, mas de imunidade, pois esta é prevista na Constituição, enquanto a primeira é determinada na lei ordinária. A imunidade é uma limitação constitucional ao poder de tributar do Estado. Por meio da imunidade, a Lei Maior suprime parcela do poder fiscal. É uma não incidência constitucionalmente qualificada. Isso mostra que a imunidade não é mais só para impostos, mas também para contribuições.

Já na isenção estamos diante de hipótese de exclusão do crédito tributário (art. 175, I, do CTN). O crédito tributário existe, apenas a lei dispensa o seu pagamento. Na imunidade, o crédito tributário nem sequer chega a existir, pois é a própria Constituição que determina que não poderá haver a incidência tributária sobre certo fato. Assim, a isenção depende de lei.

Deixando de lado a impropriedade, a lei ordinária também usa a palavra isenção.

A palavra *lei* mencionada no texto constitucional é a ordinária federal e não a complementar.

A imunidade a que se refere a Constituição diz respeito apenas a entidades beneficentes de assistência social e não a outros tipos de entidades filantrópicas que não sejam de assistência social. Exemplo seria entidade de previdência social fechada, que não se dedica a assistência social. Entidade beneficente é a que não visa lucro nas suas atividades e presta serviços a outras pessoas. Instituição de ensino superior não presta assistência social, mas serviços de educação superior a quem passar no seu vestibular e fizer o curso.

Filantropia vem do grego *philos* e *anthropos*, que significam amor e ser humano. Filantropia é a generosidade, caridade.

Entidade filantrópica é gênero. Assistência social é espécie de entidade filantrópica, que seria só para carentes. A imunidade diz respeito à espécie, e não ao gênero, ou seja, somente a entidades beneficentes de assistência social, e não a entidades filantrópicas.

A imunidade só se justifica quando for o caso de a entidade beneficente de assistência social suprir determinadas atividades que são atribuídas ao Estado.

Tratando-se de imunidade, a interpretação deveria ser literal. Não pode ser extensiva.

O STF entendeu que deve ser observado o art. 14 do CTN, pois se trata da lei complementar que estabelece regras gerais tributárias (ADIn 4.480).

A Constituição não inclui a educação entre os objetivos da assistência social.

O art. 55 da Lei n. 8.212/91 e a Lei n. 12.101/2009 tratavam do assunto.

As entidades educacionais sem fins lucrativos e as que atendam ao SUS, mas não pratiquem de forma exclusiva e gratuita atendimento a pessoas carentes, gozarão da isenção das contribuições da empresa e sobre o faturamento e o lucro, na proporção do valor das vagas cedidas, integral e gratuitamente, a carentes e do valor do atendimento à saúde de caráter assistencial (art. 4º da Lei n. 9.732/98).

Entidade beneficente é a pessoa jurídica de direito privado, sem fins lucrativos, que presta serviço nas áreas de assistência social, de saúde e de educação, assim certificada na forma do art. 2º da Lei Complementar n. 187/2021. São inconstitucionais as expressões "de saúde e de educação", pois a o § 7º do art. 195 da Constituição faz referência a entidades beneficentes de assistência social. Não menciona saúde e educação.

Farão jus à imunidade de que trata o § 7º do art. 195 da Constituição as entidades beneficentes que atuem nas áreas da saúde, da educação e da assistência social, certificadas nos termos dessa Lei Complementar, e que atendam, cumulativamente, aos seguintes requisitos:

I – não percebam seus dirigentes estatutários, conselheiros, associados, instituidores ou benfeitores remuneração, vantagens ou benefícios, direta ou indiretamente, por qualquer forma ou título, em razão das competências, das funções ou das atividades que lhes sejam atribuídas pelos respectivos atos constitutivos;

II – apliquem suas rendas, seus recursos e eventual superávit integralmente no território nacional, na manutenção e no desenvolvimento de seus objetivos institucionais;

III – apresentem certidão negativa ou certidão positiva com efeito de negativa de débitos relativos aos tributos administrados pela Secretaria

Especial da Receita Federal do Brasil e pela Procuradoria-Geral da Fazenda Nacional, bem como comprovação de regularidade do Fundo de Garantia do Tempo de Serviço (FGTS);

IV – mantenham escrituração contábil regular que registre as receitas e as despesas, bem como o registro em gratuidade, de forma segregada, em consonância com as normas do Conselho Federal de Contabilidade e com a legislação fiscal em vigor;

V – não distribuam a seus conselheiros, associados, instituidores ou benfeitores seus resultados, dividendos, bonificações, participações ou parcelas do seu patrimônio, sob qualquer forma ou pretexto, e, na hipótese de prestação de serviços a terceiros, públicos ou privados, com ou sem cessão de mão de obra, não transfiram a esses terceiros os benefícios relativos à imunidade prevista no § 7º do art. 195 da Constituição;

VI – conservem, pelo prazo de 10 anos, contado da data de emissão, os documentos que comprovem a origem e o registro de seus recursos e os relativos a atos ou a operações realizadas que impliquem modificação da situação patrimonial;

VII – apresentem as demonstrações contábeis e financeiras devidamente auditadas por auditor independente legalmente habilitado nos Conselhos Regionais de Contabilidade, quando a receita bruta anual auferida for superior ao limite fixado pelo inciso II do *caput* do art. 3º da Lei Complementar n. 123/2006; e

VIII – prevejam, em seus atos constitutivos, em caso de dissolução ou extinção, a destinação do eventual patrimônio remanescente a entidades beneficentes certificadas ou a entidades públicas (art. 3º da Lei Complementar n. 187/2021).

A exigência a que se refere o inciso I não impede:

I – a remuneração aos dirigentes não estatutários; e

II – a remuneração aos dirigentes estatutários, desde que recebam remuneração inferior, em seu valor bruto, a 70% do limite estabelecido para a remuneração de servidores do Poder Executivo federal, obedecidas as seguintes condições:

a) nenhum dirigente remunerado poderá ser cônjuge ou parente até o terceiro grau, inclusive afim, de instituidores, de associados, de dirigentes, de conselheiros, de benfeitores ou equivalentes da entidade de que trata o *caput* deste artigo; e

b) o total pago a título de remuneração para dirigentes pelo exercício das atribuições estatutárias deverá ser inferior a cinco vezes o valor correspondente ao limite individual estabelecido para a remuneração dos servidores do Poder Executivo federal.

O valor das remunerações deverá respeitar como limite máximo os valores praticados pelo mercado na região correspondente à sua área de atuação e deverá ser fixado pelo órgão de deliberação superior da entidade, registrado em ata, com comunicação ao Ministério Público, no caso das fundações.

Os dirigentes, estatutários ou não, não respondem, direta ou subsidiariamente, pelas obrigações fiscais da entidade, salvo se comprovada a ocorrência de dolo, fraude ou simulação.

A imunidade de que trata essa Lei Complementar abrange as contribuições sociais previstas nos incisos I, III e IV do *caput* do art. 195 e no art. 239 da Constituição (PIS) relativas a entidade beneficente, a todas as suas atividades e aos empregados e demais segurados da Previdência Social, mas não se estende a outra pessoa jurídica, ainda que constituída e mantida pela entidade à qual a certificação foi concedida.

As entidades beneficentes deverão obedecer ao princípio da universalidade do atendimento, vedado dirigir suas atividades exclusivamente a seus associados ou categoria profissional (art. 5º da Lei Complementar n. 187/2021).

A certificação será concedida à entidade beneficente que demonstre, no exercício fiscal anterior ao do requerimento a que se refere o art. 34 da Lei Complementar, observado o período mínimo de 12 meses de constituição da entidade, o cumprimento do disposto nas Seções II, III e IV, Capítulo II, de acordo com as respectivas áreas de atuação (art. 6º da Lei Complementar n. 187/2021).

A entidade que atue em mais de uma área deverá manter escrituração contábil segregada por área, de modo a evidenciar as receitas, os custos e as despesas de cada atividade desempenhada.

Nos processos de certificação, o período mínimo de cumprimento dos requisitos poderá ser reduzido se a entidade for prestadora de serviços por meio de contrato, de convênio ou de instrumento congênere com o Sistema Único de Saúde (SUS), com o Sistema Único de Assistência Social (Suas) ou com o Sistema Nacional de Políticas Públicas sobre Drogas (Sisnad), em caso de necessidade local atestada pelo gestor do respectivo sistema.

Para fazer jus à certificação, a entidade de saúde deverá, alternativamente:

I – prestar serviços ao SUS;

II – prestar serviços gratuitos;

III – atuar na promoção à saúde;

IV – ser de reconhecida excelência e realizar projetos de apoio ao desenvolvimento institucional do SUS.

A entidade de saúde também deverá manter o Cadastro Nacional de Estabelecimentos de Saúde (CNES) atualizado, informando as alterações referentes aos seus registros, na forma e no prazo determinados em regulamento.

As entidades poderão desenvolver atividades que gerem recursos, inclusive por meio de suas filiais, com ou sem cessão de mão de obra, independentemente do quantitativo de profissionais e dos recursos auferidos, de modo a contribuir com a realização das atividades previstas no art. 2º da Lei Complementar n. 187/2021, registradas segregadamente em sua contabilidade e destacadas em suas Notas Explicativas.

Conforme disposto, será considerada instrumento congênere a declaração do gestor local do SUS que ateste a existência de relação de prestação de serviços de saúde, nos termos de regulamento.

Para ser certificada pela prestação de serviços ao SUS, a entidade de saúde deverá, nos termos de regulamento:

I – celebrar contrato, convênio ou instrumento congênere com o gestor do SUS; e

II – comprovar, anualmente, a prestação de seus serviços ao SUS no percentual mínimo de 60%, com base nas internações e nos atendimentos ambulatoriais realizados.

A prestação de serviços ao SUS de que trata o inciso II será apurada por cálculo percentual simples, com base no total de internações hospitalares, medidas por paciente por dia, incluídos usuários do SUS e não usuários do SUS, e no total de atendimentos ambulatoriais, medidos por número de atendimentos e procedimentos, de usuários do SUS e de não usuários do SUS, com a possibilidade da incorporação do componente ambulatorial do SUS, nos termos de regulamento.

O atendimento do percentual mínimo de que trata o inciso II poderá ser individualizado por estabelecimento ou pelo conjunto de estabelecimentos de saúde da pessoa jurídica, desde que não abranja outra entidade com personalidade jurídica própria que seja por ela mantida.

No conjunto de estabelecimentos de saúde da pessoa jurídica, poderá ser incorporado estabelecimento vinculado em decorrência de contrato de gestão, no limite de 10% dos seus serviços.

Para fins do disposto no inciso II, a entidade de saúde que aderir a programas e a estratégias prioritárias definidas pela autoridade executiva federal competente fará jus a índice porcentual que será adicionado ao total de prestação de seus serviços ofertados ao SUS, observado o limite máximo de 10%.

A entidade de saúde que presta serviços exclusivamente na área ambulatorial deverá observar o disposto nos incisos I e II e comprovar, anualmente, a prestação dos serviços ao SUS no percentual mínimo de 60%.

A entidade de saúde deverá informar obrigatoriamente, na forma estabelecida em regulamento:

I – a totalidade das internações e dos atendimentos ambulatoriais realizados para os pacientes não usuários do SUS; e

II – a totalidade das internações e dos atendimentos ambulatoriais realizados para os pacientes usuários do SUS.

Para os requerimentos de renovação da certificação, caso a entidade de saúde não cumpra o disposto no inciso II do *caput* do art. 9º da Lei Complementar n. 187/2021, no exercício fiscal anterior ao exercício do requerimento, será avaliado o cumprimento do requisito com base na média da prestação de serviços ao SUS de que trata o referido dispositivo, atendido pela entidade, durante todo o período de certificação em curso, que deverá ser de, no mínimo, 60%.

Para fins do disposto no *caput* deste artigo, apenas será admitida a avaliação caso a entidade tenha cumprido, no mínimo, 50% da prestação de serviços ao SUS de que trata o inciso II do *caput* do art. 9º da Lei Complementar n. 187/2021 em cada um dos anos do período de certificação.

Para ser certificada pela aplicação de porcentual de sua receita em gratuidade na área da saúde, a entidade deverá comprovar essa aplicação da seguinte forma:

I – 20%, quando não houver interesse de contratação pelo gestor local do SUS ou se o percentual de prestação de serviços ao SUS for inferior a 30%;

II – 10%, se o percentual de prestação de serviços ao SUS for igual ou superior a 30% e inferior a 50%; ou

III – 5%, se o percentual de prestação de serviços ao SUS for igual ou superior a 50%.

A receita será a efetivamente recebida pela prestação de serviços de saúde. Para as entidades que não possuam receita de prestação de serviços de saúde, a receita será a proveniente de qualquer fonte cujo montante do dispêndio com gratuidade não seja inferior à imunidade de contribuições sociais usufruída.

A prestação de serviços será pactuada com o gestor local do SUS por meio de contrato, de convênio ou de instrumento congênere.

Será admitida a certificação de entidades que atuem exclusivamente na promoção da saúde sem exigência de contraprestação do usuário pelas ações e pelos serviços de saúde realizados e pactuados com o gestor do SUS, na forma prevista em regulamento.

A execução de ações e de serviços de promoção da saúde será previamente pactuada por meio de contrato, de convênio ou de instrumento congênere com o gestor local do SUS.

São consideradas ações e serviços de promoção da saúde as atividades direcionadas para a redução de risco à saúde, desenvolvidas em áreas como:

I – nutrição e alimentação saudável;

II – prática corporal ou atividade física;

III – prevenção e controle do tabagismo;

IV – prevenção ao câncer;

V – prevenção ao vírus da imunodeficiência humana (HIV) e às hepatites virais;

VI – prevenção e controle da dengue;

VII – prevenção à malária;

VIII – ações de promoção à saúde relacionadas à tuberculose e à hanseníase;

IX – redução da morbimortalidade em decorrência do uso abusivo de álcool e de outras drogas;

X – redução da morbimortalidade por acidentes de trânsito;

XI – redução da morbimortalidade nos diversos ciclos de vida;

XII – prevenção da violência;

A entidade de saúde com reconhecida excelência poderá ser certificada como entidade beneficente pelo desenvolvimento de projetos no âmbito do Programa de Apoio ao Desenvolvimento Institucional do Sistema Único de Saúde (Proadi-SUS), nas seguintes áreas de atuação:

I – estudos de avaliação e incorporação de tecnologias;

II – capacitação de recursos humanos;

III – pesquisas de interesse público em saúde; ou

IV – desenvolvimento de técnicas e operação de gestão em serviços de saúde.

O recurso despendido pela entidade de saúde com projeto de apoio e desenvolvimento institucional do SUS não poderá ser inferior ao valor da imunidade das contribuições sociais usufruída.

O regulamento definirá os requisitos técnicos para reconhecimento de excelência das entidades de saúde.

A participação das entidades de saúde ou de educação em projetos de apoio não poderá ocorrer em prejuízo das atividades beneficentes prestadas ao SUS.

As entidades de saúde de reconhecida excelência que desenvolvam projetos no âmbito do Proadi-SUS poderão, após autorização da autoridade executiva federal competente, firmar pacto com o gestor local do SUS para a prestação de serviços ambulatoriais e hospitalares ao SUS não remunerados, observadas as seguintes condições:

I – o gasto com a prestação de serviços ambulatoriais e hospitalares ao SUS não remunerados não poderá ultrapassar 30% do valor usufruído com imunidade das contribuições sociais;

II – a entidade de saúde deverá apresentar a relação de serviços ambulatoriais e hospitalares a serem ofertados, com o respectivo demonstrativo da projeção das despesas e do referencial utilizado, os quais não poderão exceder o valor por ela efetivamente despendido;

III – a comprovação dos custos a que se refere o inciso II poderá ser exigida a qualquer tempo, mediante apresentação dos documentos necessários;

IV – a entidade de saúde deverá informar a produção na forma estabelecida em regulamento, com observação de não geração de créditos.

O valor dos recursos despendidos e o conteúdo das atividades desenvolvidas no âmbito dos projetos de apoio ao desenvolvimento institucional do SUS ou da prestação de serviços previstos no art. 15 desta Lei Complementar n. 187/2021 deverão ser objeto de relatórios anuais encaminhados à autoridade executiva federal competente para acompanhamento e fiscalização, sem prejuízo das atribuições dos órgãos de fiscalização tributária.

Os relatórios deverão ser acompanhados de demonstrações contábeis e financeiras submetidas a parecer conclusivo de auditoria independente, realizada por instituição credenciada perante o Conselho Regional de Contabilidade.

O cálculo do valor da imunidade prevista no § 1º do art. 14 da Lei Complementar n. 187/2021 será realizado anualmente com base no exercício fiscal anterior.

Em caso de requerimento de concessão da certificação, o recurso despendido pela entidade de saúde no projeto de apoio não poderá ser inferior ao valor das contribuições para a seguridade social referente ao exercício fiscal anterior ao do requerimento.

Caso os recursos despendidos nos projetos de apoio institucional não alcancem o valor da imunidade usufruída, a entidade deverá complementar a diferença até o término do prazo de validade de sua certificação.

O disposto acima alcança somente as entidades que tenham aplicado, no mínimo, 70% do valor usufruído anualmente com a imunidade nos projetos de apoio ao desenvolvimento institucional do SUS.

As entidades da área de saúde certificadas até o dia imediatamente anterior ao da publicação da Lei n. 12.101/2009, que prestem serviços assistenciais de saúde não remunerados pelo SUS a trabalhadores ativos e inativos e aos respectivos dependentes econômicos, decorrentes do estabelecido em lei ou Norma Coletiva de Trabalho, e desde que, simultaneamente, destinem no mínimo 20% do valor total das imunidades de suas contribuições sociais em serviços, com universalidade de atendimento, a beneficiários do SUS, mediante pacto do gestor do local, terão concedida ou renovada a certificação, na forma de regulamento.

As instituições de ensino deverão:

I – obter autorização de funcionamento expedida pela autoridade executiva competente;

II – informar anualmente os dados referentes à instituição ao Instituto Nacional de Estudos e Pesquisas Educacionais Anísio Teixeira (Inep); e

III – atender a padrões mínimos de qualidade aferidos pelos processos de avaliação conduzidos pela autoridade executiva federal competente.

O atendimento ao princípio da universalidade na área da educação pressupõe a seleção de bolsistas segundo o perfil socioeconômico, sem qualquer forma de discriminação, segregação ou diferenciação, vedada a utilização de critérios étnicos, religiosos, corporativos, políticos ou quaisquer outros que afrontem esse perfil, ressalvados os estabelecidos na legislação vigente, em especial na Lei n. 12.711/2012.

As instituições que prestam serviços totalmente gratuitos e as que prestam serviços mediante convênio com órgãos ou entidades dos poderes públicos devem assegurar que os alunos a serem contabilizados no atendimento da proporcionalidade de bolsas sejam selecionados segundo o perfil socioeconômico definido na Lei Complementar n. 187/2021.

A cada dois anos, será publicado levantamento dos resultados apresentados pelas instituições de ensino que oferecem educação básica certificadas na forma dessa Lei Complementar, quanto às condições de oferta e de desempenho dos estudantes, com base no Censo Escolar da Educação Básica e no Sistema de Avaliação da Educação Básica (Saeb).

A cada três anos, será publicado levantamento dos resultados apresentados pelas instituições de ensino superior certificadas na forma dessa Lei Complementar, em termos de avaliação das instituições, dos cursos e do desempenho dos estudantes da educação superior, a partir dos dados do Sistema Nacional de Avaliação da Educação Superior (Sinaes).

As entidades que atuam na área da educação devem comprovar a oferta de gratuidade na forma de bolsas de estudo e de benefícios (art. 19 da Lei Complementar n. 187/2021).

As entidades devem conceder bolsas de estudo nos seguintes termos:

I – bolsa de estudo integral a aluno cuja renda familiar bruta mensal *per capita* não exceda o valor de 1,5 salário mínimo;

II – bolsa de estudo parcial com 50% de gratuidade a aluno cuja renda familiar bruta mensal *per capita* não exceda o valor de três salários mínimos.

Para fins de concessão da bolsa de estudo integral, admite-se a majoração em até 20% do teto estabelecido, ao se considerar aspectos de natureza social do beneficiário, de sua família ou de ambos, quando consubstanciados em relatório comprobatório devidamente assinado por assistente social com registro no respectivo órgão de classe.

Consideram-se benefícios aqueles providos pela entidade a beneficiários cuja renda familiar bruta mensal *per capita* esteja enquadrada nos limites dos incisos I e II acima, que tenham por objetivo promover ao estudante o acesso, a permanência, a aprendizagem e a conclusão do curso na instituição de ensino e estejam explicitamente orientados para o alcance das metas e estratégias do Plano Nacional de Educação (PNE).

Os benefícios são tipificados em:

I – tipo 1: benefícios destinados exclusivamente ao aluno bolsista, tais como transporte escolar, uniforme, material didático, moradia e alimentação;

II – tipo 2: ações e serviços destinados a alunos e a seu grupo familiar, com vistas a favorecer ao estudante o acesso, a permanência, a aprendizagem e a conclusão do curso na instituição de ensino; e

III – tipo 3: projetos e atividades de educação em tempo integral destinados à ampliação da jornada escolar dos alunos da educação básica matriculados em escolas públicas que apresentem índice de nível socioeconômico baixo estabelecido nos termos da legislação.

As entidades que optarem pela substituição de bolsas de estudo por benefícios de tipos 1 e 2, no limite de até 25% das bolsas de estudo, deverão firmar Termo de Concessão de Benefícios Complementares com cada um dos beneficiários.

As entidades que optarem pela substituição de bolsas de estudo por projetos e atividades de educação em tempo integral destinados à ampliação da jornada escolar dos alunos da educação básica matriculados em escolas públicas deverão firmar termo de parceria ou instrumento congênere com instituições públicas de ensino.

Os projetos e atividades de educação em tempo integral deverão:

I – estar integrados ao projeto pedagógico da escola pública parceira;

II – assegurar a complementação da carga horária da escola pública parceira em, no mínimo, 10 horas semanais; e

III – estar relacionados aos componentes da grade curricular da escola pública parceira.

Considera-se educação básica em tempo integral a jornada escolar com duração igual ou superior a sete horas diárias, durante todo o período letivo, que compreende o tempo em que o aluno permanece na escola e aquele em que exerce, nos termos de regulamento, atividades escolares em outros espaços educacionais.

As regras de conversão dos valores de benefícios em bolsas de estudo serão definidas conforme o valor médio do encargo educacional mensal ao longo do período letivo, a ser estabelecido com base em planilha que deverá ser enviada, anualmente, por cada instituição de ensino à autoridade executiva federal competente.

O encargo educacional considerará todos os descontos aplicados pela instituição, regulares ou temporários, de caráter coletivo ou decorrentes de convênios com instituições públicas ou privadas, incluídos os descontos concedidos devido ao seu pagamento pontual, respeitada a proporcionalidade da carga horária.

A entidade que atua na educação básica deverá conceder, anualmente, bolsas de estudo na proporção de uma bolsa de estudo integral para cada cinco alunos pagantes.

Para o cumprimento da proporção estabelecida no *caput* do art. 20, a entidade poderá oferecer, em substituição, bolsas de estudo parciais, observadas as seguintes condições:

I – no mínimo, uma bolsa de estudo integral para cada nove alunos pagantes; e

II – bolsas de estudo parciais com 50% de gratuidade, para o alcance do número mínimo exigido, mantida a equivalência de duas bolsas de estudo parciais para cada uma bolsa de estudo integral.

Será facultado à entidade substituir até 25% da quantidade das bolsas de estudo por benefícios concedidos nos termos do art. 19 da Lei Complementar n. 187/2021.

Para fins de cumprimento das proporções:

I – cada bolsa de estudo integral concedida a aluno com deficiência, assim declarado ao Censo Escolar da Educação Básica, equivalerá a 1,2 do valor da bolsa de estudo integral;

II – cada bolsa de estudo integral concedida a aluno matriculado na educação básica em tempo integral equivalerá a 1,4 do valor da bolsa de estudo integral.

As equivalências previstas nos incisos I e II não poderão ser cumulativas.

A entidade de educação que presta serviços integralmente gratuitos deverá garantir a proporção de, no mínimo, um aluno cuja renda familiar bruta mensal *per capita* não exceda o valor de 1,5 salário mínimo para cada cinco alunos matriculados.

Atendidas as condições socioeconômicas referidas nos incisos I e II, as instituições poderão considerar como bolsistas os trabalhadores da própria instituição e os dependentes destes em decorrência de convenção coletiva ou de acordo coletivo de trabalho, até o limite de 20% da proporção definida no *caput* e nos incisos I e II do § 1º do art. 20 da Lei Complementar n. 187/2021.

Os entes federativos que mantenham vagas públicas para a educação básica por meio de entidade com atuação na área da educação deverão respeitar, para as vagas ofertadas por meio de convênios ou congêneres com essas entidades, o disposto nesse artigo.

As entidades que atuam na educação superior e que aderiram ao Programa Universidade para Todos (Prouni), na forma do *caput* do art. 11 da Lei n. 11.096, de 13 de janeiro de 2005, deverão atender às condições previstas no *caput* e nos §§ 1º, 2º e 5º do art. 20 da Lei Complementar n. 187/2021 (art. 21 da Lei Complementar n. 187/2021).

As entidades que atuam concomitantemente na educação básica e na educação superior com adesão ao Prouni deverão cumprir os requisitos exigidos para cada nível de educação, inclusive quanto à complementação eventual da gratuidade por meio da concessão de bolsas de estudo parciais de 50% e de benefícios.

Somente serão aceitas no âmbito da educação superior bolsas de estudo vinculadas ao Prouni, salvo as bolsas integrais ou parciais de 50% para pós-graduação *stricto sensu* e as estabelecidas nos termos do § 6º do art. 20 da Lei Complementar n. 187/2021.

Excepcionalmente, serão aceitas como gratuidade, no âmbito da educação superior, as bolsas de estudo integrais ou parciais de 50% oferecidas sem vínculo com o Prouni aos alunos enquadrados nos limites de renda familiar bruta mensal *per capita* de que tratam os incisos I e II do § 1º do art. 19 da Lei Complementar n. 187/2021, desde que a entidade tenha cumprido a proporção de uma bolsa de estudo integral para cada nove alunos pagantes no Prouni e tenha ofertado bolsas no âmbito do Prouni que não tenham sido preenchidas.

As entidades que atuam na educação superior e que não tenham aderido ao Prouni, na forma do art. 10 da Lei n. 11.096/2005, deverão conceder anualmente bolsas de estudo na proporção de uma bolsa de estudo integral para cada quatro alunos pagantes.

Para o cumprimento da proporção descrita no *caput* desse artigo, a entidade poderá oferecer bolsas de estudo parciais, desde que conceda:

I – no mínimo, uma bolsa de estudo integral para cada nove alunos pagantes; e

II – bolsas de estudo parciais de 50%, quando necessário para o alcance do número mínimo exigido, mantida a equivalência de duas bolsas de estudo parciais para cada uma bolsa de estudo integral.

Será facultado à entidade substituir até 25% da quantidade das bolsas de estudo definida no *caput* e no § 1º deste artigo por benefícios concedidos nos termos do art. 19 da Lei Complementar n. 187/2021.

Sem prejuízo do cumprimento das proporções estabelecidas no inciso II, a entidade de educação deverá ofertar, em cada uma de suas instituições de ensino superior, no mínimo, uma bolsa integral para cada 25 alunos pagantes.

A entidade deverá ofertar bolsa integral em todos os cursos de todas as instituições de ensino superior por ela mantidos e poderá, nos termos do § 6º do art. 20 da Lei Complementar n. 187/2021, considerar como bolsistas os trabalhadores da própria instituição e os dependentes destes em decorrência de convenção coletiva ou de acordo coletivo de trabalho, até o limite de 20% da proporção definida no *caput* e nos incisos I e II do § 1º desse artigo.

As entidades que atuam concomitantemente na educação básica e na educação superior sem ter aderido ao Prouni deverão cumprir os requisitos exigidos de maneira segregada, por nível de educação, inclusive quanto à eventual complementação da gratuidade por meio da concessão de bolsas de estudo parciais de 50% de benefícios.

§ 6º Para os fins do disposto neste artigo, somente serão computadas as bolsas de estudo concedidas em cursos regulares de graduação ou sequenciais de formação específica.

A entidade que atua na oferta da educação profissional em consonância com as Leis ns. 9.394/96 e 12.513/2011, deverá atender às proporções previstas no *caput* e nos §§ 1º, 2º e 5º do art. 20 da Lei Complementar n. 187/2021 na educação profissional (art. 23 da Lei Complementar n. 187/2021).

É permitido ao estudante acumular bolsas de estudo na educação profissional técnica de nível médio e ser contabilizado em ambas para fins de apuração das proporções exigidas na Seção III.

Considera-se alunos pagantes, para fins de aplicação das proporções previstas nos arts. 20, 21, 22 e 23 da Lei Complementar n. 187/2021, o total de alunos matriculados, excluídos os beneficiados com bolsas de estudo integrais nos termos do inciso I do § 1º do art. 20 e com outras bolsas integrais concedidas pela entidade (art. 24 da Lei Complementar n. 187/2021).

Na aplicação das proporções previstas nos arts. 21 e 22 dessa Lei Complementar, serão considerados os alunos pagantes, incluídos os beneficiários de bolsas de estudo matriculados em cursos regulares de graduação ou sequenciais de formação específica.

Não se consideram alunos pagantes os inadimplentes por período superior a 90 dias cujas matrículas tenham sido recusadas no período letivo imediatamente subsequente ao inadimplemento.

A bolsa de estudo refere-se às semestralidades ou às anuidades escolares fixadas na forma da lei, considerados todos os descontos aplicados pela instituição, regulares ou temporários, de caráter coletivo ou decorrentes de convênios com instituições públicas ou privadas, incluídos os descontos concedidos devido ao seu pagamento pontual, respeitada a proporcionalidade da carga horária, vedados a cobrança de taxas de qualquer natureza e o cômputo de custeio de material didático eventualmente oferecido em caráter gratuito ao aluno beneficiado exclusivamente com bolsa de estudo integral (art. 25 da Lei Complementar n. 187/2021).

As entidades que atuam na área de educação devem registrar e divulgar em sua contabilidade, atendidas as normas brasileiras de contabilidade, de modo segregado, as bolsas de estudo e os benefícios concedidos, bem como evidenciar em suas Notas Explicativas o atendimento às proporções referidas nesta Seção.

Para fins de aferição dos requisitos desta Seção, será considerado o número total de alunos matriculados no último mês de cada período letivo.

Os alunos beneficiários das bolsas de estudo, ou seus pais ou responsáveis, quando for o caso, respondem legalmente pela veracidade e pela autenticidade das informações por eles prestadas, e as informações prestadas pelas instituições de ensino superior (IES) acerca dos beneficiários em qualquer âmbito devem respeitar os limites estabelecidos pela Lei n. 13.709/2018 (art. 26 da Lei Complementar n. 187/2021).

Compete à entidade que atua na área de educação confirmar o atendimento, pelo candidato, do perfil socioeconômico de que trata a Lei Complementar n. 187/2021.

As bolsas de estudo poderão ser canceladas a qualquer tempo em caso de constatação de falsidade da informação prestada pelo bolsista ou por seus pais ou seu responsável, ou de inidoneidade de documento apresentado, sem prejuízo das demais sanções cíveis e penais cabíveis, sem que o ato do cancelamento resulte em prejuízo à entidade beneficente concedente, salvo se comprovada negligência ou má-fé da entidade beneficente.

Os estudantes a serem beneficiados pelas bolsas de estudo para os cursos superiores poderão ser pré-selecionados pelos resultados do Exame Nacional do Ensino Médio (Enem).

É vedado ao estudante acumular bolsas de estudo concedidas por entidades em gozo da imunidade na forma da Lei Complementar n. 187/2021, salvo no que se refere ao disposto no parágrafo único do seu art. 23.

As bolsas de estudo integrais e parciais com 50% de gratuidade concedidas pelas entidades antes da vigência dessa Lei Complementar, nos casos em que a renda familiar bruta mensal *per capita* do bolsista não exceda os parâmetros de que trata o § 1º do art. 19, poderão ser mantidas e consideradas até a conclusão do ensino médio, para a educação básica, e até a conclusão do curso superior, para a educação superior.

É vedada qualquer discriminação ou diferença de tratamento entre alunos bolsistas e pagantes (art. 27 da Lei Complementar n. 187/2021).

A certificação ou sua renovação será concedida às entidades beneficentes com atuação na área de assistência social abrangidas pela Lei n. 8.742/93, que executem:

I – serviços, programas ou projetos socioassistenciais de atendimento ou de assessoramento ou que atuem na defesa e na garantia dos direitos dos beneficiários da Lei n. 8.742, de 7 de dezembro de 1993;

II – serviços, programas ou projetos socioassistenciais com o objetivo de habilitação e de reabilitação da pessoa com deficiência e de promoção da sua inclusão à vida comunitária, no enfrentamento dos limites existentes para as pessoas com deficiência, de forma articulada ou não com ações educacionais ou de saúde;

III – programas de aprendizagem de adolescentes, de jovens ou de pessoas com deficiência, prestados com a finalidade de promover a sua integração ao mundo do trabalho nos termos da Lei n. 8.742/93, e do inciso II do *caput* do art. 430 da CLT, ou da legislação que lhe for superveniente, observadas as ações protetivas previstas na Lei n. 8.069/90 (Estatuto da Criança e do Adolescente);

IV – serviço de acolhimento institucional provisório de pessoas e de seus acompanhantes que estejam em trânsito e sem condições de autossustento durante o tratamento de doenças graves fora da localidade de residência.

As entidades beneficentes de assistência social poderão desenvolver atividades que gerem recursos, inclusive por meio de filiais, com ou sem cessão de mão de obra, de modo a contribuir com as finalidades previstas no art. 2º da Lei Complementar n. 187/2021, registradas segregadamente em sua contabilidade e destacadas em suas Notas Explicativas (art. 30 da Lei Complementar n. 187/2021).

Constituem requisitos para a certificação de entidade de assistência social:

I – ser constituída como pessoa jurídica de natureza privada e ter objetivos e públicos-alvo compatíveis com a Lei n. 8.742, de 7 de dezembro de 1993;

II – comprovar inscrição no conselho municipal ou distrital de assistência social, nos termos do art. 9º da Lei n. 8.742/93;

III – prestar e manter atualizado o cadastro de entidades e organizações de assistência social de que trata o inciso XI do caput do art. 19 da Lei n. 8.742/93;

IV – manter escrituração contábil regular que registre os custos e as despesas em atendimento às Normas Brasileiras de Contabilidade;

V – comprovar, cumulativamente, que, no ano anterior ao requerimento:

a) destinou a maior parte de seus custos e despesas a serviços, a programas ou a projetos no âmbito da assistência social e a atividades certificáveis nas áreas de educação, de saúde ou em ambas, caso a entidade também atue nessas áreas;

b) remunerou seus dirigentes de modo compatível com o seu resultado financeiro do exercício, na forma a ser definida em regulamento, observados os limites referidos nos §§ 1º e 2º do art. 3º da Lei Complementar n. 187/2021.

Para fins de certificação, a entidade de assistência social de atendimento que atuar em mais de um município ou estado, inclusive o Distrito Federal, deverá apresentar o comprovante de inscrição, ou de solicitação desta, de suas atividades nos conselhos de assistência social de, no mínimo, 90% dos municípios de atuação, com comprovação de que a preponderância dos custos e das despesas esteja nesses municípios, conforme definido em regulamento.

Para fins de certificação, a entidade de assistência social de assessoramento ou defesa e garantia de direitos que atuar em mais de um município ou estado, inclusive o Distrito Federal, deverá apresentar o comprovante de inscrição da entidade, ou de solicitação desta, no conselho municipal de assistência social de sua sede, ou do Distrito Federal, caso nele situada a sua sede, nos termos do art. 9º da Lei n. 8.742/93.

Os requisitos constantes dos incisos II e III acima deverão ser cumpridos:

I – no ano do protocolo ou no anterior, quando se tratar de concessão da certificação; ou

II – no ano anterior ao do protocolo, quando se tratar de renovação.

As entidades que atuem exclusivamente na área certificável de assistência social, ainda que desempenhem eventual atividade de que trata o art. 30 da Lei Complementar n. 187/2021, caso obtenham faturamento anual que ultrapasse o valor fixado em regulamento, deverão apresentar as demonstrações contábeis auditadas, nos termos definidos em regulamento.

As entidades de atendimento ao idoso de longa permanência, ou casas-lares, poderão gozar da imunidade de que trata a Lei Complementar n. 187/2021, desde que seja firmado contrato de prestação de serviços com a pessoa idosa abrigada e de que eventual cobrança de participação do idoso no custeio da entidade seja realizada no limite de 70% de qualquer benefício previdenciário ou de assistência social percebido pelo idoso.

A certificação de entidade beneficente será concedida ou renovada às instituições que atuem na redução da demanda de drogas (art. 32 da Lei Complementar n. 187/2021).

Consideram-se entidades que atuam na redução da demanda de drogas:

I – as comunidades terapêuticas;

II – as entidades de cuidado, de prevenção, de apoio, de mútua ajuda, de atendimento psicossocial e de ressocialização de dependentes do álcool e de outras drogas e seus familiares.

Considera-se comunidade terapêutica o modelo terapêutico de atenção em regime residencial e transitório, mediante adesão e permanência voluntárias, a pessoas com problemas associados ao uso, ao abuso ou à dependência do álcool e de outras drogas acolhidas em ambiente protegido e técnica e eticamente orientado, que tem como objetivo promover o desenvolvimento pessoal e social, por meio da promoção da abstinência, bem como a reinserção social, buscando a melhora geral na qualidade de vida do indivíduo.

Considera-se entidade de cuidado, de prevenção, de apoio, de mútua ajuda, de atendimento psicossocial e de ressocialização de dependentes do álcool e de outras drogas e seus familiares a entidade que presta serviços intersetoriais, interdisciplinares, transversais e complementares da área do uso e da dependência do álcool e de outras drogas.

As entidades referidas nos §§ 2º e 3º do art. 32, constituídas como pessoas jurídicas sem fins lucrativos, na forma dos incisos I, III ou IV do *caput* do art. 44 do Código Civil, deverão ser cadastradas pela autoridade executiva federal competente e atender ao disposto na alínea *a* do inciso I do *caput* do art. 2º da Lei n. 13.019/2014.

A certificação das entidades de que trata o *caput* desse artigo será realizada pela unidade responsável pela política sobre drogas da autoridade executiva federal responsável pela área da assistência social.

As entidades beneficentes de assistência social poderão desenvolver atividades que gerem recursos, inclusive por meio de filiais, com ou sem cessão de mão de obra, de modo a contribuir com as finalidades previstas no art. 2º da Lei Complementar n. 187/2021, registradas segregadamente em sua contabilidade e destacadas em suas Notas Explicativas.

Para serem consideradas beneficentes e fazerem jus à certificação, as entidades beneficentes de assistência social deverão:

I – apresentar declaração emitida por autoridade federal, estadual, distrital ou municipal competente que ateste atuação na área de controle do uso de drogas ou atividade similar;

II – manter cadastro atualizado na unidade a que se refere o § 5º do art. 32 da Lei Complementar n. 187/2021;

III – comprovar, anualmente, nos termos do regulamento, a prestação dos serviços referidos no art. 32 da Lei Complementar n. 187/2021;

IV – cadastrar todos os acolhidos em sistema de informação específico desenvolvido, nos termos do regulamento, no caso das comunidades terapêuticas;

V – comprovar o registro de, no mínimo, 20% de sua capacidade em atendimentos gratuitos.

A entidade interessada na concessão ou na renovação da certificação deverá apresentar requerimento com os documentos necessários à comprovação dos requisitos de que trata essa Lei Complementar, na forma estabelecida em regulamento (art. 34 da Lei Complementar n. 187/2021).

A tramitação e a apreciação do requerimento de que trata o *caput* deste artigo deverão obedecer à ordem cronológica de sua apresentação, salvo em caso de diligência pendente, devidamente justificada.

Poderão ser solicitados esclarecimentos e informações aos órgãos públicos e à entidade interessada, sem prejuízo da realização de diligências, desde que relevantes para a tomada de decisão sobre o requerimento de que trata o *caput* do art. 34.

Os requerimentos de certificação serão apreciados:

I – pela autoridade executiva federal responsável pela área da saúde, para as entidades atuantes na área da saúde;

II – pela autoridade executiva federal responsável pela área da educação, para as entidades atuantes na área da educação;

III – pela autoridade executiva federal responsável pela área da assistência social, para:

a) as entidades atuantes na área da assistência social;

b) as comunidades terapêuticas e entidades de prevenção, de apoio, de mútua ajuda, de atendimento psicossocial e de ressocialização de dependentes do álcool e de outras drogas e seus familiares (art. 35 da Lei Complementar n. 187/2021).

Consideram-se áreas de atuação preponderantes aquelas em que a entidade registre a maior parte de seus custos e despesas nas ações previstas em seus objetivos institucionais, conforme as normas brasileiras de contabilidade.

A certificação dependerá da manifestação de todas as autoridades competentes, em suas respectivas áreas de atuação.

No caso em que a entidade atue em mais de uma das áreas a que se refere o art. 2º da Lei Complementar n. 187/2021, será dispensada a comprovação dos requisitos específicos exigidos para cada área não preponderante, desde que o valor total dos custos e das despesas nas áreas não preponderantes, cumulativamente:

I – não supere 30% dos custos e das despesas totais da entidade;

II – não ultrapasse o valor anual fixado, nos termos do regulamento, para as áreas não preponderantes.

As entidades de que trata o inciso II do *caput* do art. 29 da Lei Complementar n. 187/2021 serão certificadas exclusivamente pela autoridade executiva federal responsável pela área da assistência social, ainda que exerçam suas atividades em articulação com ações educacionais ou de saúde, dispensadas as manifestações das autoridades executivas responsáveis pelas áreas da educação e da saúde, cabendo àquela verificar, além dos requisitos constantes do art. 31 da Lei Complementar n. 187/2021, o atendimento ao disposto:

I – no § 1º do art. 7º desta Lei Complementar, pelas entidades que exerçam suas atividades em articulação com ações de saúde;

II – no § 1º do art. 18 desta Lei Complementar, pelas entidades que exerçam suas atividades em articulação com ações educacionais.

O prazo de validade da concessão da certificação será de três anos, contado da data da publicação da decisão de deferimento no *Diário Oficial da União*, e seus efeitos retroagirão à data de protocolo do requerimento para fins tributários (art. 36 da Lei Complementar n. 187/2021).

Na hipótese de renovação de certificação, o efeito da decisão de deferimento será contado do término da validade da certificação anterior, com validade de três ou cinco anos, na forma de regulamento (art. 37 da Lei Complementar n. 187/2021).

Será considerado tempestivo o requerimento de renovação da certificação protocolado no decorrer dos 360 dias que antecedem a data final de validade da certificação.

A certificação da entidade permanece válida até a data da decisão administrativa definitiva sobre o requerimento de renovação tempestivamente apresentado.

Os requerimentos de renovação protocolados antes de 360 dias da data final de validade da certificação não serão conhecidos.

Os requerimentos de renovação protocolados após o prazo da data final de validade da certificação serão considerados como requerimentos para concessão da certificação.

A validade da certificação como entidade beneficente condiciona-se à manutenção do cumprimento das condições que a ensejaram, inclusive as previstas no art. 3º da Lei Complementar n. 187/2021, cabendo às autoridades executivas certificadoras supervisionar esse atendimento, as quais poderão, a qualquer tempo, determinar a apresentação de documentos, a realização de auditorias ou o cumprimento de diligências.

Verificada a prática de irregularidade pela entidade em gozo da imunidade, são competentes para representar, motivadamente, sem prejuízo das atribuições do Ministério Público:

I – o gestor municipal ou estadual do SUS, do Suas e do Sisnad, de acordo com sua condição de gestão, bem como o gestor federal, estadual, distrital ou municipal da educação;

II – a Secretaria Especial da Receita Federal do Brasil;

III – os conselhos de acompanhamento e controle social previstos na Lei n. 14.113/2020, e os Conselhos de Assistência Social e de Saúde;

IV – o Tribunal de Contas da União;

V – o Ministério Público.

Verificado pela Secretaria Especial da Receita Federal do Brasil o descumprimento de qualquer dos requisitos previstos na Lei Complementar n. 187/2021, será lavrado o respectivo auto de infração, o qual será encaminhado à autoridade executiva certificadora e servirá de representação, e ficarão suspensos a exigibilidade do crédito tributário e o trâmite do respectivo processo administrativo fiscal até a decisão definitiva no processo administrativo , devendo o lançamento ser cancelado de ofício caso a certificação seja mantida.

A representação será dirigida à autoridade executiva federal responsável pela área de atuação da entidade e deverá conter a qualificação do representante, a descrição dos fatos a serem apurados, a documentação pertinente e as demais informações relevantes para o esclarecimento do seu objeto.

Recebida representação motivada que indique a prática de irregularidade pela entidade em gozo da imunidade, ou constatada de ofício pela administração pública, será iniciado processo administrativo, observado o disposto em regulamento.

A certificação da entidade permanece válida até a data da decisão administrativa definitiva sobre o cancelamento da certificação da entidade beneficente.

Finalizado o processo administrativo e cancelada a certificação, a Secretaria Especial da Receita Federal do Brasil será comunicada para que lavre o respectivo auto de infração ou dê continuidade ao processo administrativo fiscal, e os efeitos do cancelamento da imunidade tributária retroagirão à data em que houver sido praticada a irregularidade pela entidade.

As entidades beneficentes e em gozo da imunidade deverão manter, em local visível ao público, placa indicativa contendo informações sobre a sua condição de beneficente e sobre sua área de atuação (art. 14 da Lei Complementar n. 187/2021).

A obtenção ou a renovação do Certificado de Entidade Beneficente de Assistência Social (Cebas) não exime a entidade do cumprimento dos requisitos legais supervenientes (Súmula 352 do STJ).

As empresas que aderirem ao Programa Universidade para Todos (Prouni), destinado à concessão de bolsas de estudo em instituições de ensino superior, com ou sem fins lucrativos, estarão isentas da contribuição social sobre o lucro, PIS e Cofins (art. 8º da Lei n. 11.096/2005). A regra da Lei n. 11.096/2005 é de isenção e não de imunidade, pois tem previsão em lei. Não há previsão de isenção sobre a contribuição incidente sobre a folha de salários. Deverá ser firmado termo de adesão, que terá validade por 10 anos (§ 1º do art. 5º da Lei n. 11.096/2005). A isenção recairá sobre o lucro ou sobre o valor da receita auferida em decorrência da realização de atividades de ensino superior, proveniente de cursos de graduação ou cursos sequenciais de formação específica.

A instituição de ensino superior, ainda que atue no ensino básico ou em área distinta da educação, somente poderá ser considerada entidade beneficente de assistência social se oferecer, no mínimo, uma bolsa de estudo integral para estudante de curso de graduação ou sequencial na formação específica, sem diploma de curso superior, com renda familiar *per capita* que não exceda o valor de um salário mínimo e meio para cada nove estudantes pagantes de cursos de graduação ou sequencial de formação específica regulares da instituição, matriculados em cursos efetivamente instalados e atendidas as demais exigências legais. A instituição deverá aplicar anualmente em gratuidade, pelo menos 20% da receita proveniente da venda de serviços, acrescida da receita decorrente de aplicação financeira, de locação de bens, de venda de bens não integrantes do ativo imobilizado e de doações particulares, respeitadas, quando couber, as normas que disciplinam a atuação das entidades beneficentes na área de saúde.

S.-Educ.	**Incra**
2,5%	0,2%

		Sebrae	**Total**
Sesi	1,5%	0,3%	1,8%
Senai	1,0%	0,3%	1,3%
Sesc	1,5%	0,3%	1,8%
Senac	1,0%	0,3%	1,3%
Sest	1,5%	–	1,5%
Senat	1,0%	–	1,0%
Senar	2,5%	–	2,5%

Verificação de aprendizagem

1. O que é salário de contribuição e a quem se aplica?
2. O que é interstício?
3. O que vem a ser ganho habitual?
4. Como se dá a incidência da contribuição sobre o 13º salário?
5. Como se dá a incidência da contribuição sobre as diárias e as ajudas de custo?
6. Há a incidência da contribuição sobre a participação nos lucros?
7. De quanto é a contribuição do produtor rural e do segurado especial?
8. De quanto é a contribuição devida ao Senar?
9. Como recolhe o empregador rural pessoa jurídica a contribuição previdenciária?
10. Como os clubes de futebol recolhem a contribuição previdenciária?
11. De quanto são as alíquotas de acidente do trabalho?
12. O que são contribuições de terceiros e quais são elas?
13. O que é Cofins e para que serve?
14. O que é PIS e para que serve?
15. Como se dá a incidência da contribuição social sobre o lucro?
16. O que se entende por concurso de prognósticos?

Capítulo 13

ARRECADAÇÃO E RECOLHIMENTO DE CONTRIBUIÇÕES

A empresa deve arrecadar a contribuição dos segurados empregado e trabalhador avulso a seu serviço, descontando-a da respectiva remuneração. Deve, também, recolher o porcentual de 20% sobre a remuneração daqueles que lhe prestam serviço, na forma do que já foi descrito quando foi falado sobre a contribuição da empresa. Deve recolher, ainda, as contribuições sobre o faturamento e o lucro.

13.1 PRAZO

Os prazos de recolhimento da contribuição previdenciária são curtos quando há alta inflação. São mais longos em casos de crises econômicas, visando a aliviar o fluxo de caixa das empresas.

O prazo para pagamento pela empresa das contribuições descontadas dos empregados e trabalhadores avulsos a seu serviço, a contribuição a que se refere o inciso IV do art. 22 da Lei n. 8.212/91 (cooperados que lhe prestem serviços), assim como as contribuições a seu cargo incidentes sobre as remunerações pagas, devidas ou creditadas, a qualquer título, aos segurados empregados, trabalhadores avulsos e contribuintes individuais a seu serviço, é até o dia 20 do mês seguinte ao da competência (art. 20, I, *b*, da Lei n. 8.212/91). O prazo maior para recolhimento se justifica em razão de inflação menor e para que as empresas tenham folga de caixa.

Em relação ao contribuinte individual e ao facultativo, estão obrigados a recolher sua contribuição por iniciativa própria até o dia 15 do mês seguinte ao da competência.

A empresa adquirente, consumidora ou consignatária ou a cooperativa são obrigadas a recolher a contribuição de 2% e 0,1% sobre a receita bruta da comercialização da produção, até o dia 20 do mês subsequente ao da operação de venda ou consignação da produção independentemente de essas operações terem sido realizadas diretamente com o produtor ou com intermediário pessoa física.

A pessoa física, que não seja produtor rural, que adquire produção para venda no varejo a consumidor pessoa física deve recolher até o dia 20 do mês subsequente ao da operação de venda a contribuição pertinente.

O segurado especial e a pessoa física que exploram atividade agropecuária ou pesqueira devem recolher a contribuição que lhes é pertinente até o dia 20 do mês seguinte ao da operação de venda ou consignação da produção, caso comercializem sua produção no exterior; diretamente, no varejo, ao consumidor pessoa física; à pessoa física que explora atividade agropecuária ou pesqueira e ao segurado especial.

É obrigado a arrecadar o segurado especial a contribuição de trabalhadores a seu serviço e a recolhê-la até o dia 20 do mês seguinte ao da competência.

O segurado especial está obrigado a arrecadar as contribuições previstas nos incisos X, XII e XIII do *caput* do art. 30 da Lei n. 8.212/91, os valores referentes ao FGTS e os encargos trabalhistas sob sua responsabilidade, até o dia 7 do mês seguinte ao da competência. Se não houver expediente bancário, o recolhimento será feito para o dia útil imediatamente anterior.

O empregador doméstico está obrigado a arrecadar a contribuição do segurado empregado a seu serviço e a recolhê-la, assim como a parcela a seu cargo, até o dia 7 do mês seguinte ao da competência.

A entidade beneficente de assistência social deve arrecadar a contribuição dos segurados empregado e trabalhador avulso a seu serviço, descontando-a da respectiva remuneração, e recolhê-la até dia 20 do mês seguinte àquele a que se referirem as remunerações.

A contribuição incidente sobre o valor bruto do 13º salário deverá ser calculada em separado e recolhida até o dia 20 do mês de dezembro, sendo devida quando do pagamento ou crédito da última parcela.

No caso de rescisão do contrato de trabalho, as contribuições devidas serão recolhidas no dia 2 do mês subsequente à rescisão, computando-se em separado a parcela referente ao 13º salário.

A retenção na fonte que a empresa faz em relação aos autônomos deve ser recolhida até o dia 20 do mês seguinte ao da competência ou até o dia útil imediatamente anterior se não houver expediente bancário (art. 4º da Lei n. 10.666/2003).

As cooperativas de crédito arrecadarão a contribuição social dos seus associados como contribuinte individual e recolherão o valor arrecadado até o dia 20 do mês subsequente ao da competência a que se referir, ou até o dia útil imediatamente anterior se não houver expediente bancário naquele dia.

Se não houver expediente bancário, o recolhimento das contribuições previstas: (a) no inciso II do art. 30 da Lei n. 8.212/91 deverá ser efetuado até o dia útil imediatamente posterior; (b) na alínea *b* do inciso I e nos incisos III, V, X e XIII até o dia útil imediatamente anterior.

A retenção na fonte feita pela empresa tomadora em relação às empresas prestadoras de serviços deve ser recolhida até o dia 20 do mês seguinte ao da emissão da respectiva nota fiscal ou fatura ou até o dia útil imediatamente anterior se não houver expediente bancário naquele dia (art. 31 da Lei n. 8.212/91).

Estabeleceu a Lei n. 9.676, de 30-6-1998, que poderá ser aumentada, de modo diferenciado, em conjunto ou separadamente, para até três meses, a periodicidade de recolhimento das contribuições previdenciárias arrecadadas pelo INSS, devidas por: (a) segurados empresário, trabalhador autônomo ou a este equiparado e facultativo enquadrados até a classe II da escala de salários-base; (b) empregador doméstico, relativamente a salários de contribuição em valores até o limite previsto na classe I (art. 1º).

Os segurados contribuinte individual e facultativo que recolham sobre o salário mínimo poderão optar pelo recolhimento trimestral das contribuições previdenciárias, com vencimento no dia 15 do mês seguinte ao de cada trimestre civil (§ 15 do art. 216 do RPS). O regulamento não é ilegal, pois a lei contém a palavra *poderá*, que expressa uma faculdade dada ao Poder Executivo. Se não houver expediente bancário no dia 15, o recolhimento passará para o primeiro dia útil subsequente. Aplica-se a disposição anterior ao empregador doméstico ou relativamente aos empregados a seu serviço, cujos salários de contribuição sejam iguais a um salário mínimo, ou inferiores nos casos de admissão, dispensa ou fração de salário em razão do gozo do benefício. Nesse ponto, o regulamento também não é ilegal, pois a lei contém uma faculdade, que pode ser exercida dentro do limite por ela fixado. A inscrição do segurado no segundo ou terceiro mês do trimestre civil não altera a data de vencimento. Não se aplica a regra em comentário à contribuição relativa ao 13º salário do empregado doméstico, que deverá ser recolhida até o dia 20 do mês de dezembro.

É proibido o recolhimento da contribuição da empresa, em valor inferior a R$ 29,00. Se o valor for inferior a R$ 29,00, deverá ser adicionada contribuição ou importância correspondente aos períodos subsequentes, até que seja igual ou superior a R$ 29,00, quando então deverá ser recolhido no prazo de vencimento estabelecido pela legislação para este último período de apuração. Havendo saldo negativo o critério será o mesmo.

A empresa tomadora ou requisitante dos serviços de trabalhador avulso é responsável pelo cumprimento das obrigações que lhe são pertinentes em relação à prestação de serviços desse trabalhador. A empresa também é responsável pelo pagamento das contribuições incidentes sobre parcelas integrantes da remuneração do trabalhador avulso e transferidas ao respectivo sindicato ou depositadas em nome do segurado, como férias e 13º salário.

O desconto da contribuição e da consignação legalmente determinado sempre se presumirá feito, oportuna e legalmente, pela empresa, pelo empregador doméstico, pelo adquirente, consignatário e cooperativa a isso obrigados, não sendo lícito alegar qualquer omissão para se eximirem do recolhimento, ficando tais pessoas diretamente responsáveis pelas importâncias que deixarem de descontar ou tiverem descontado em desacordo com o Regulamento (§ 5º do art. 33 da Lei n. 8.212/91).

13.2 DO NÃO RECOLHIMENTO NO PRAZO LEGAL DAS CONTRIBUIÇÕES À SEGURIDADE SOCIAL

O inciso VIII do art. 114 da Constituição faz referência a acréscimos legais da contribuição previdenciária executada nos processos trabalhistas. Acréscimos legais compreendem juros de mora, correção monetária e multa de mora.

13.2.1 Juros de mora

Anteriormente, a previsão de juros de mora era determinada pelo art. 3º da Lei n. 8.620/93, à razão de 1% ao mês por mês-calendário ou fração, calculados sobre o valor atualizado das contribuições.

A contribuição não recolhida no prazo legal será acrescida de juros equivalentes à taxa referencial do Sistema Especial de Liquidação em Custódia (Selic), acumulada mensalmente, calculados a partir do primeiro dia do segundo mês subsequente ao do encerramento do período de apuração até o último dia do mês anterior ao do pagamento. A taxa de juros Selic é a aplicada no mercado bancário. O objetivo da lei é fazer com que o contribuinte recolha no prazo a contribuição, sob pena de pagar juros normais de mercado. Se o valor dos juros for baixo, a empresa preferirá não pagar a contribuição e empregar o dinheiro no mercado financeiro.

O porcentual dos juros moratórios referentes aos meses de vencimento da própria contribuição ou de seu pagamento corresponderá a 1%. É quando há o pagamento da contribuição fora de prazo, porém no próprio mês de pagamento da contribuição.

A correção monetária será calculada com base na variação da UFIR. A UFIR foi extinta pelo § 3º do art. 29 da Lei n. 10.522, de 19-7-2002.

13.2.2 Multas

Multa moratória decorre do inadimplemento do recolhimento da contribuição previdenciária no prazo legal.

Multa punitiva é a proveniente de infração a determinado dispositivo da lei. É também denominada multa administrativa ou multa fiscal. Exemplo é a hipótese do art. 92 da Lei n. 8.212/91.

As multas eram anteriormente previstas no art. 4º da Lei n. 8.620/93, à razão de 10%, 20%, 30% e 60%.

Os débitos com a União decorrentes das contribuições sociais das empresas, incidentes sobre a remuneração paga ou creditada aos segurados a seu serviço, as dos empregadores domésticos, as dos trabalhadores, incidentes sobre o seu salário de contribuição, das contribuições instituídas a título de substituição e das contribuições devidas a terceiros, não pagos nos prazos previstos em lei, serão acrescidos de multa de mora calculada à taxa de trinta e três centésimos por cento, por dia de atraso. A ideia é o contribuinte recolher a contribuição, pois, quanto mais tempo leva, mais caro ficam os encargos incidentes sobre a contribuição.

O cálculo será feito a partir do primeiro dia subsequente ao do vencimento do prazo previsto para o pagamento da contribuição até o dia em que ocorrer o seu pagamento. O porcentual da multa fica limitado a 20%.

Nos casos de lançamento de ofício, serão aplicadas as seguintes multas: (a) 75% sobre a totalidade ou diferença da contribuição nos casos de falta de pagamento ou recolhimento, de falta de declaração e nos de declaração inexata; (b) 50%, exigida isoladamente, sobre o valor do pagamento mensal, na forma do art. 44 da Lei n. 9.430/96.

O objetivo das multas elevadas é fazer com que o contribuinte recolha a contribuição.

Ao sujeito passivo que, notificado, efetuar o pagamento da contribuição, a compensação ou o parcelamento, será concedida redução da multa de lançamento de ofício nos seguintes porcentuais:

1 – 50%, se for efetuado o pagamento ou a compensação no prazo de 30 dias, contado da data em que o sujeito passivo foi notificado do lançamento;

2 – 40% se o sujeito passivo requerer o parcelamento no prazo de 30 dias, contado da data em que foi notificado do lançamento;

3 – 30%, se for efetuado o pagamento ou a compensação no prazo de 30 dias, contado da data em que o sujeito passivo foi notificado da decisão administrativa de primeira instância;

4 – 20% se o sujeito passivo requerer o parcelamento no prazo de 30 dias, contado da data em que foi notificado da decisão administrativa de primeira instância.

A rescisão de parcelamento, motivada pelo descumprimento das normas que o regulam, implicará o restabelecimento do montante da multa proporcionalmente ao valor da receita não satisfeita o que exceder o valor obtido com a garantia apresentada.

Cabe à Secretaria da Receita Federal do Brasil planejar, executar, acompanhar e avaliar as atividades relativas a tributação, fiscalização, arrecadação, cobrança e recolhimento das contribuições sociais das empresas, dos empregados domésticos e dos trabalhadores (art. 2º da Lei n. 11.457/2007) e o recolhimento das contribuições sociais das empresas incidentes sobre o faturamento, o lucro e as incidentes sobre a receita de concurso de prognósticos. Compete a ela promover a respectiva cobrança e aplicar as sanções previstas legalmente.

Verificação de aprendizagem

1. Quais são os prazos para pagamento da contribuição previdenciária?
2. Qual o percentual de juros de mora?
3. Quais os percentuais das multas pelo não recolhimento da contribuição previdenciária no prazo legal?

Capítulo 14

RESPONSABILIDADE SOLIDÁRIA

A solidariedade nunca é presumida, ou resulta da lei, ou da vontade das partes (art. 265 do CC). Essa regra se aplica às obrigações privadas.

No Direito Tributário, o art. 124 do CTN trata de solidariedade passiva, do sujeito passivo. Determina que são solidariamente obrigadas: I – as pessoas que tenham interesse comum na situação que constitua o fato gerador da obrigação principal; II – as pessoas expressamente designadas na lei. A solidariedade não comporta benefício de ordem.

Reza o art. 125 do CTN que, salvo disposição de lei em contrário, são os seguintes os efeitos da solidariedade: I – o pagamento efetuado por um dos obrigados aproveita aos demais; II – a isenção ou remissão de crédito exonera todos os obrigados, salvo se outorgada pessoalmente a um deles, subsistindo, nesse caso, a solidariedade quanto aos demais pelo saldo; III – a interrupção da prescrição, em favor ou contra um dos obrigados, favorece ou prejudica aos demais.

Serão verificados os dispositivos da Lei n. 8.212/91 que atribuem a solidariedade pelo recolhimento das contribuições à Seguridade Social.

O proprietário, o incorporador definido na Lei n. 4.591, de 16-12-1964, o dono da obra ou condômino da unidade imobiliária, qualquer que seja a forma de contratação da construção, reforma ou acréscimo, são solidários com o construtor, e estes com a subempreiteira, pelo cumprimento das obrigações para com a Seguridade Social, ressalvado o seu direito regressivo contra o executor ou contratante da obra e admitida a retenção de importância a este devida para garantia do cumprimento dessas obrigações, não se aplicando, em qualquer caso, o benefício de ordem. Será considerado como construtor a pessoa física ou jurídica que executar obra, sob sua responsabilidade, no todo ou em parte.

A responsabilidade solidária pode ser elidida, desde que seja exigido do construtor o pagamento das contribuições incidentes sobre a remuneração dos segurados incluída em nota fiscal ou fatura correspondente aos serviços executados, quando da quitação da referida nota fiscal ou fatura.

O cedente de mão de obra deverá elaborar folhas de pagamento e guias de recolhimento distintas para cada empresa tomadora de serviço, devendo esta exigir do executor, quando da quitação da nota fiscal ou fatura, cópia autenticada da guia de recolhimento quitada e respectiva folha de pagamentos.

O adquirente de prédio ou unidade imobiliária que realizar a operação com empresa de comercialização ou com incorporador de imóvel (Lei n. 4.591/64) é excluído da responsabilidade solidária perante a Seguridade Social, ficando os outros solidariamente responsáveis com o construtor, pelo recolhimento das contribuições da seguridade social.

Não haverá incidência da contribuição à Seguridade Social sobre a construção residencial unifamiliar, destinada a uso próprio, desde que a execução não utilize mão de obra assalariada, observando as seguintes condições:

a) a área total da edificação não deverá ultrapassar 70 metros quadrados;
b) a obra deverá ser matriculada no INSS.

Será admitida a construção em regime de mutirão, total ou parcial, desde que informado no ato da matrícula da obra e comprovada pelo INSS.

A Lei n. 8.212/91 também especifica que as empresas que integram grupo econômico de qualquer natureza respondem entre si, solidariamente, pelas obrigações decorrentes de seus dispositivos (art. 30, IX). Isso quer dizer que tanto faz se o grupo de empresas for de natureza urbana ou rural, como, por exemplo, bancos ou empresas prestadoras de serviços, pois a lei usa a expressão "grupo econômico de qualquer natureza". Não há benefício de ordem, podendo a dívida ser exigida de qualquer empresa pertencente ao grupo econômico ou do próprio grupo. Não há necessidade, pela lei, de demonstrar a existência de incapacidade financeira entre as empresas para o fim de se exigir a obrigação. A regra da solidariedade do grupo de empresas se aplica apenas à contribuição previdenciária prevista na Lei n. 8.212/91 e não a impostos.

O operador portuário e o órgão gestor de mão de obra são solidariamente responsáveis pelo pagamento dos encargos trabalhistas, das contribuições previdenciárias e demais obrigações, inclusive acessórias, devidas à Seguridade Social, arrecadadas pelo INSS, vedada a invocação do benefício de ordem (§ 4º do art. 2º da Lei n. 9.719/98).

As empresas tomadoras de trabalho avulso respondem solidariamente pela efetiva remuneração do trabalho contratado e são responsáveis pelo recolhimento dos encargos fiscais e sociais, bem como das contribuições ou de outras importâncias devidas à Seguridade Social, no limite do uso que fizerem do trabalho avulso intermediado pelo sindicato (art. 8º da Lei n. 12.023/2009).

Os produtores rurais integrantes de consórcio de empregadores rurais pessoas físicas são responsáveis solidários em relação às obrigações previdenciárias (§ 3º do art. 25-A da Lei n. 8.212/91). A solidariedade é decorrente de previsão legal e não da vontade das partes.

Foi o § 2º do art. 71 da Lei n. 8.666/93 alterado pela Lei n. 9.032, de 28-4-1995, tendo atualmente a seguinte redação: "A Administração Pública responde, solidariamente com o contratado, pelos encargos previdenciários resultantes da execução do contrato, nos termos do art. 31 da Lei n. 8.212, de 24 de julho de 1991". A partir de 29-4-1995, a Administração Pública passou a ter responsabilidade solidária sobre os encargos previdenciários em relação aos contratos celebrados com as contratadas. Assim, tinha que exigir do contratado a comprovação dos recolhimentos previdenciários para não ficar responsável pelo pagamento das contribuições previdenciárias.

O art. 31 da Lei n. 8.212/91 foi, porém, modificado pela Lei n. 9.711/98, não mais tratando de responsabilidade solidária, mas de hipótese de retenção de 11% sobre o faturamento da empresa contratada. Está, portanto, revogado tacitamente o § 2º do art. 71 da Lei n. 8.666/93, pois o art. 31 da Lei n. 8.212/91 não mais versa sobre solidariedade. A lei é expressa em determinar que a responsabilidade solidária ocorre "nos termos do art. 31 da Lei n. 8.212/91". Tendo este dispositivo outra redação, que não mais trata do tema, tem-se que a Lei n. 9.711/98 revogou tacitamente o citado § 2º do art. 71 da Lei n. 8.666/93.

Assim, não há mais responsabilidade solidária entre a Administração Pública e a empresa contratada por encargos previdenciários decorrentes da execução do contrato.

Previa o art. 16 da Lei n. 6.019/74 que, em caso de falência da empresa de trabalho temporário, a empresa tomadora ou cliente era solidariamente responsável pelo recolhimento das contribuições previdenciárias, no tocante ao tempo em que o trabalhador esteve sob suas ordens. A redação original do art. 31 da Lei n. 8.212/91 previa a solidariedade do contratante de quaisquer serviços executados mediante cessão de mão de obra, inclusive em regime de trabalho temporário pelas obrigações decorrentes da Lei n. 8.212/91, incluindo, portanto, as contribuições previdenciárias, em relação aos serviços a ele prestados. Entendo que a redação original do art. 31 da Lei n. 8.212/91 derrogou o art. 16 da Lei n. 6.019/74, por regular integralmente a matéria e pelo fato de a lei posterior revogar a anterior. A nova redação dada ao art. 31 da Lei n. 8.212/91, por meio da Lei n. 9.711/98, não mais tratou de responsabilidade solidária, instituindo retenção de 11% sobre o valor bruto da nota fiscal ou fatura da empresa prestadora de serviços. Assim, pode-se dizer que não há mais solidariedade entre a tomadora dos serviços e a empresa de trabalho temporário pelo recolhimento das contribuições previdenciárias, por inexistir preceito legal nesse sentido.

A sub-rogação opera-se em favor: (a) do credor que paga a dívida do devedor comum; (b) do terceiro interessado, que paga a dívida pela qual era ou podia ser obrigado, no todo ou em parte (art. 346 do CC).

A empresa adquirente, consumidora ou consignatária ou a cooperativa ficam sub-rogadas nas obrigações da pessoa física que explora atividade agropecuária ou pesqueira e do segurado especial pelo cumprimento do disposto nas obrigações decorrentes do recolhimento da contribuição incidente sobre a receita bruta proveniente da comercialização da produção, independentemente de as operações de venda ou consignação terem sido realizadas diretamente com o produtor ou com intermediário pessoa física, exceto na hipótese do inciso X do art. 30 da Lei n. 8.212/91 (art. 30, IV, da Lei n. 8.212/91).

O STF declarou a inconstitucionalidade do art. 1º da Lei n. 8.540/92, que deu nova redação aos arts. 12, V e VII, 25, I e II, e 30, IV da Lei n. 8.212/91, em razão de bitributação, isonomia e necessidade de lei complementar para ser exigida a contribuição (RE 363.852/MG, j. 3-10-2010, Rel. Min. Marco Aurélio).

Ficam sub-rogados nas obrigações do empregador pessoa jurídica que se dedique à produção rural, o adquirente, o consignatário e a cooperativa pelas contribuições devidas pelo primeiro de 2,5% ou 0,1% sobre a receita bruta. A sub-rogação não se verifica se o empregador rural for pessoa jurídica que se dedique à produção agroindustrial ou se o empregador rural pessoa jurídica comercializar sua produção no exterior ou diretamente, no varejo, ao consumidor (art. 25 da Lei n. 8.870/94).

Fica sub-rogada na obrigação da pessoa física que explora atividade agropecuária ou pesqueira e do segurado especial a pessoa física, que não seja produtor rural, que adquire produção para venda, no varejo, a consumidor pessoa física.

Entende-se como cessão de mão de obra a colocação à disposição do contratante, em suas dependências ou nas de terceiros, de segurados que realizem serviços contínuos, relacionados ou não com a atividade-fim da empresa, quaisquer que sejam a natureza e a forma de contratação (§ 3º do art. 31 da Lei n. 8.212/91). São enquadrados nessa situação:

a) construção civil;
b) limpeza e conservação;
c) manutenção;
d) vigilância;
e) segurança e transporte de valores;
f) transporte de cargas e passageiros;
g) serviços de informática;
h) empreitada de mão de obra;
i) contratação de trabalho temporário, na forma da Lei n. 6.019/74.

O cedente de mão de obra deverá elaborar folhas de pagamentos distintas para cada contratante.

Na falta de prova regular e formalizada pelo sujeito passivo, o montante dos salários pagos pela execução de obra de construção civil pode ser obtido mediante cálculo da mão de obra empregada, proporcional à área construída, de acordo com critérios estabelecidos pela Secretaria da Receita Federal do Brasil, cabendo ao proprietário, dono da obra, condômino da unidade imobiliária ou empresa corresponsável o ônus da prova em contrário.

A Secretaria da Receita Federal afere indiretamente em caso de não comprovação da parte que se refere à mão de obra, nas atividades anteriormente descritas:

a) construção civil 40%

b) limpeza e conservação 40%

c) manutenção 40%

d) vigilância 45%

e) segurança e transporte de valores 40%

f) transporte de cargas e passageiros 25%

Caberá à empresa o ônus da prova em sentido contrário.

14.1 OBRIGAÇÕES ACESSÓRIAS

A obrigação principal surge com a ocorrência do fato gerador, tendo por objeto o pagamento do tributo ou penalidade pecuniária (art. 113, § 1º, do CTN).

A obrigação acessória tem por objetivo prestações, positivas ou negativas, nela previstas no interesse da arrecadação ou da fiscalização dos tributos. São obrigações de fazer ou não fazer dirigidas ao contribuinte.

A primeira obrigação acessória da empresa é elaborar a folha de pagamentos dos segurados a seu serviço. Deve contabilizar, discriminadamente, os valores descontados e pagos a título de contribuição à Seguridade Social.

Os documentos comprobatórios do cumprimento das obrigações devidas à Seguridade Social devem ser guardados por cinco anos para efeito de fiscalização, como as folhas de pagamento e os recibos de pagamento, que é o prazo de decadência para efeito do INSS constituir o crédito da seguridade social. Os benefícios reembolsados pela empresa devem também ser guardados pelo mesmo prazo (salário-maternidade e salário-família).

O pagamento do salário-maternidade compreende a obrigação de preparar folha de pagamento, pois a compensação será feita com a contribuição da empresa devida sobre a folha de pagamento.

A empresa deve guardar por 10 anos não só os comprovantes de pagamento do salário-maternidade, mas também os atestados médicos correspondentes ao período de afastamento.

O período, contudo, é de cinco anos, que é o tempo em que a União pode fazer o lançamento da contribuição previdenciária que deixou de ser recolhida pela empresa quando compensou o salário-maternidade ou o salário-família. Trata-se de período de decadência para a constituição do crédito da Seguridade Social.

A empresa que utiliza sistema de processamento eletrônico de dados para o registro de negócios e atividades econômicas, escrituração de livros ou produção de documentos de natureza contábil, fiscal, trabalhista e previdenciária é obrigada a arquivar e conservar, devidamente certificados, os respectivos sistemas e arquivos, em meio digital ou assemelhado (art. 8º da Lei n. 10.666/2003), durante 10 anos, à disposição da fiscalização. Na verdade, o prazo é de cinco anos, que é o prazo de decadência para o lançamento da contribuição previdenciária.

É obrigada a empresa a informar mensalmente a União, por intermédio de documento a ser definido em regulamento, dados relacionados aos fatos geradores de contribuição previdenciária e outras informações de interesse da União. Era o que ocorria antigamente com a CARC (Cópia Autêntica de Registros Contábeis), em que havia necessidade de a empresa informar ao antigo INPS as contribuições recolhidas pelos empresários e autônomos. O Poder Executivo poderá estabelecer critérios diferenciados de periodicidade, de formalização ou de dispensa de apresentação do referido documento, para segmentos de empresas ou situações específicas. As informações constantes do documento servirão como base de cálculo das contribuições devidas a União, bem como comporão a base de dados para fins de cálculo e concessão dos benefícios previdenciários. O regulamento disporá sobre local, data e forma de entrega do documento. A não apresentação do documento sujeita a empresa a multa variável do art. 32-A da Lei n. 8.212/91. A empresa deverá apresentar o documento mesmo quando não ocorrerem fatos geradores de contribuição previdenciária, sob pena de multa. A não apresentação do documento é condição impeditiva para expedição da prova de inexistência de débito para com a União.

Deve a empresa informar a União, por intermédio da Guia de Recolhimento ao FGTS e Informações à Previdência Social (GFIP), todos os fatos geradores de contribuição previdenciária e outras informações. Hoje, isso vem sendo feito pelo sistema eletrônico, por meio do e-social.

O segurado especial responsável pelo grupo familiar que contratar na forma do § 8º do art. 12 da Lei n. 8.212/91 apresentará as informações relacionadas ao registro de trabalhadores, aos fatos geradores, à base de cálculo e aos valores das contribuições devidas à Previdência Social e ao FGTS e outras informações de interesse da Secretaria da Receita Federal do Brasil, do Ministério do Trabalho e do Conselho Curador do FGTS, por meio de sistema eletrônico com entrada única de dados, e efetuará os recolhimentos por meio de documento único de arrecadação (art. 32-C da Lei n. 8.212/91). Os Ministros de Estado da Fazenda, da Previdência Social e do Trabalho e Emprego disporão, em ato conjunto, sobre a prestação das informações, a apuração, o recolhimento e a distribuição dos recursos recolhidos e sobre as informações geradas por meio de sistema eletrônico e da guia de recolhimento. As informações prestadas no sistema eletrônico têm caráter declaratório, constituem instrumento hábil suficiente para a exigência dos tributos e encargos apurados e substituirão, na forma regulamentada pelo ato conjunto, a obrigatoriedade de entrega de todas as informações geradas por meio do sistema eletrônico e da guia de recolhimento. O segurado especial está obrigado a arrecadar as contribuições, os valores referentes ao FGTS e os encargos trabalhistas sob sua responsabilidade, até o dia 7 do mês seguinte ao da competência. Os recolhimentos devidos deverão ser pagos por meio de documento único de arrecadação. Se não houver expediente bancário na data indicada, o recolhimento será antecipado para o dia útil imediatamente anterior. Os valores não pagos até a data de vencimento sujeitar-se-ão à incidência de acréscimos e encargos legais na forma da legislação do imposto de renda para as contribuições de caráter tributário.

O órgão gestor de mão de obra é o responsável pelo preenchimento e pela entrega da GFIP. A empresa tomadora ou requisitante dos serviços de trabalhador avulso é a responsável pelo preenchimento e entrega da GFIP em relação aos segurados que lhe prestem serviços.

As informações prestadas na GFIP servirão como base de cálculo das contribuições arrecadadas pela União, comporão a base de dados para fins de cálculo e concessão dos benefícios previdenciários, bem como constituir-se-ão em termo de confissão de dívida, na hipótese do não recolhimento. A entrega da GFIP deverá ser efetuada em meio magnético ou mediante formulário, na rede bancária, até o dia 7 do mês seguinte àquele a que se referirem as informações. O preenchimento, as informações prestadas e a entrega da GFIP são de inteira responsabilidade da empresa. O cedente de mão de obra deverá elaborar GFIP específica para cada empresa tomadora de serviço, devendo esta exigir do cedente de mão de obra, quando da quitação da nota fiscal ou fatura, cópia da referida

Guia, com comprovante de entrega. O executor da obra deverá elaborar GFIP específica para cada empresa contratante, devendo esta exigir do executor da obra, quando da quitação da nota fiscal ou fatura, cópia da referida Guia, com comprovante de entrega.

Deve a empresa comunicar, mensalmente, aos empregados, por intermédio de documento a ser definido em regulamento, os valores recolhidos sobre o total da sua remuneração ao INSS.

São desobrigadas de apresentação de escrituração contábil: a) o pequeno comerciante, nas condições estabelecidas pelo Decreto-lei n. 486/69; b) a pessoa jurídica tributada com base no lucro presumido, de acordo com a legislação tributária federal, desde que mantenha a escrituração do Livro Caixa e Livro de Registro de Inventário. Não há necessidade, portanto, de escrituração do livro Diário. Anteriormente, o § 7º do art. 47 do Decreto n. 356/68 previa a existência de escrituração para empresas que se utilizassem do sistema do lucro presumido, em total desacordo com a legislação federal. O Decreto n. 612/92 já não mais fazia essa exigência. O § 16 do art. 225 do Decreto n. 3.048/99 não mais faz essa exigência ilegal.

As microempresas e empresas de pequeno porte optantes pelo Simples Nacional poderão, opcionalmente, adotar contabilidade simplificada para os registros e controles das operações realizadas, conforme regulamentação do Comitê Gestor (art. 27 da Lei Complementar n. 123/2006). Não há dispensa de escrituração.

Na falta de prova regular e formalizada, o montante dos salários pagos pela execução de obra de construção civil pode ser obtido mediante cálculo da mão de obra empregada, proporcional à área construída e ao padrão de execução da obra, de acordo com critérios estabelecidos pelo INSS, cabendo ao proprietário, dono da obra, incorporador, condômino da unidade imobiliária ou empresa corresponsável o ônus da prova em contrário.

As empresas devem fornecer ao sindicato representativo da categoria profissional mais numerosa entre seus empregados cópia da guia de recolhimento das contribuições devidas à seguridade social. Nesse conceito de empresa inclui-se a cooperativa, a associação ou entidade de qualquer natureza ou finalidade, a missão diplomática e a repartição consular de carreira estrangeira. Na hipótese de a empresa possuir mais de uma unidade, os sindicatos terão acesso apenas às guias referentes às unidades situadas em sua base territorial.

Ficam as empresas obrigadas, igualmente, a afixar cópia da guia de recolhimento da contribuição previdenciária no quadro de horário dos empregados (art. 4º da Lei n. 8.870/94), por período de um mês. O objetivo da norma é o empregado poder verificar se o empregador vem fazendo o recolhimento da contribuição previdenciária.

É facultada aos sindicatos a apresentação de denúncia contra a empresa, junto à Secretaria da Receita Federal, no caso de:

a) descumprimento do dever de enviar as guias de recolhimento das contribuições da Previdência Social ou de afixá-las nos quadros de horário dos empregados;
b) divergência entre os valores informados pela empresa e pelo INSS sobre as contribuições recolhidas na mesma competência;
c) existência de evidentes indícios de recolhimento inferior ao devido das contribuições devidas.

A empresa deve prestar à Secretaria da Receita Federal do Brasil todas as informações cadastrais, financeiras e contábeis de seu interesse, na forma por ela estabelecida, bem como os esclarecimentos necessários à fiscalização. Deve também declarar à Secretaria da Receita Federal dados relacionados a fatos geradores, base de cálculo e valores devidos da contribuição previdenciária. A referida declaração constitui instrumento hábil e suficiente para a exigência do crédito tributário, e suas informações comporão a base de dados para fins de cálculo e concessão de benefícios previdenciários.

Compete à fiscalização realizar, por meio dos seus próprios agentes, quando designados, todos os atos e procedimentos necessários à verificação do atendimento das obrigações não tributárias impostas pela legislação previdenciária e à imposição da multa pelo seu descumprimento.

A empresa disponibilizará à fiscalização os documentos necessários à comprovação do vínculo empregatício, de prestação de serviços e de remuneração relativos ao trabalhador previamente identificado.

Verificação de aprendizagem

1. O que se entende por responsabilidade solidária para efeitos previdenciários?
2. Quais são as atividades em que há responsabilidade solidária?
3. Quais são as obrigações acessórias que devem ser cumpridas pela empresa?

Capítulo 15

CRÉDITO DA SEGURIDADE SOCIAL

15.1 INTRODUÇÃO

Antes de discutir o crédito da Seguridade Social, é mister verificar os conceitos de crédito tributário e de lançamento.

Crédito tributário é o direito subjetivo do sujeito ativo de uma obrigação tributária de exigir do sujeito passivo o pagamento do tributo ou da penalidade pecuniária.

O crédito tributário é constituído pelo lançamento (art. 142 do CTN).

Decorre o crédito tributário da obrigação principal e tem a mesma natureza desta (art. 139 do CTN). Representa o crédito tributário a formalização efetiva da relação jurídica entre o fisco e o contribuinte.

O crédito tributário nasce da ocorrência do fato gerador, que dá origem a obrigação tributária. Entretanto o crédito tributário só é constituído pelo lançamento. Esse é o procedimento administrativo tendente a verificar a ocorrência do fato gerador da obrigação correspondente, determinar a matéria tributável, calcular o montante do tributo devido, identificar o sujeito passivo e, sendo o caso, propor a aplicação da penalidade cabível (art. 142 do CTN).

FG → OT → CT
↑
Lçto

Lançamento é um ato administrativo vinculado, pelo qual o agente fiscal vai verificar a ocorrência do fato gerador da obrigação correspondente, determinar a matéria tributável, constatar o montante do tributo devido, identificar o sujeito passivo, propondo, se for o caso, a aplicação da penalidade cabível. O lançamento declara a obrigação tributária e constitui o crédito tributário.

O lançamento é um ato de competência privativa da autoridade administrativa. Outra pessoa não pode praticar o lançamento, ainda que haja mera homologação do tributo pago pelo sujeito passivo.

A atividade do lançamento é vinculada e obrigatória, sob pena de responsabilidade do agente fiscal. Não se trata de atividade discricionária, em que o fiscal tem mais de uma possibilidade de agir dentro da previsão legal.

É uma espécie de controle de legalidade em relação ao tributo devido.

O lançamento transforma a obrigação ilíquida em líquida.

O lançamento reporta-se à data da ocorrência do fato gerador da obrigação e rege-se pela lei então vigente, ainda que posteriormente modificada ou revogada (art. 144 do CTN).

Existem três espécies de lançamento:

a) por declaração;
b) de ofício;
c) por homologação.

No lançamento por declaração, o sujeito passivo ou terceiro presta à autoridade administrativa informações sobre matéria de fato, indispensáveis à sua efetivação (art. 147 do CTN). Exemplo: na declaração de imposto de renda da pessoa física; na declaração que a empresa apresenta do imposto retido na fonte.

O lançamento é feito de ofício pela autoridade administrativa, quando:

a) a lei assim o determine;
b) a declaração não seja prestada, por quem de direito, no prazo e na forma da legislação tributária;
c) a pessoa legalmente obrigada, embora tenha prestado declaração nos termos da letra anterior, deixe de atender, no prazo e na forma da legislação tributária, a pedido de esclarecimento formulado pela autoridade administrativa, recuse-se a prestá-lo ou não o preste satisfatoriamente, a juízo daquela autoridade;
d) se comprovar falsidade, erro ou omissão quanto a qualquer elemento definido na legislação tributária como sendo de declaração obrigatória;
e) se comprovar omissão ou inexatidão, por parte da pessoa legalmente obrigada, no exercício da atividade;

f) se comprovar ação ou omissão do sujeito passivo, ou de terceiro legalmente obrigado, que dê lugar à aplicação de penalidade pecuniária;
g) se comprovar que o sujeito passivo, ou terceiro em benefício daquele, agiu com dolo, fraude ou simulação;
h) deva ser apreciado fato não conhecido ou não provado por ocasião de lançamento anterior;
i) se comprovar que, no lançamento anterior, ocorreu fraude ou falta funcional da autoridade que o efetuou, ou omissão, pela mesma autoridade, de ato ou formalidade essencial (art. 149 do CTN).

O lançamento por homologação ou autolançamento ocorre quanto aos tributos cuja legislação atribua ao sujeito passivo o dever de antecipar o pagamento sem prévio exame da autoridade administrativa, operando-se pelo ato em que a referida autoridade, tomando conhecimento da atividade assim exercida pelo obrigado, expressamente o homologa (art. 150 do CTN). Exemplo: no ICMS e no IPI.

Na Seguridade Social, há também lançamento de ofício, observando-se o art. 149 do CTN. Na contribuição sobre o lucro, o lançamento é por declaração. A hipótese contida no inciso IV do art. 32 da Lei n. 8.212/91 é também de lançamento por declaração, pois implica informação mensal à Secretaria da Receita Federal por meio da GFIP. Com a instituição da GFIP, há também lançamento feito por declaração, em que a empresa é obrigada a apresentar dados ao INSS. No recolhimento da contribuição previdenciária pelos segurados contribuintes individuais, facultativos há lançamento por homologação.

A empresa, o segurado da Previdência Social, o serventuário de Justiça, o síndico ou seu representante, o comissário e o liquidante da empresa em liquidação judicial ou extrajudicial são obrigados a exibir todos os documentos e livros relacionados com as contribuições previstas na Lei n. 8.212/91.

Ocorrendo recusa ou sonegação de qualquer documento ou informação, ou sua apresentação deficiente, a Secretaria da Receita Federal do Brasil pode, sem prejuízo da penalidade cabível, lançar de ofício a importância devida, cabendo à empresa ou ao segurado o ônus da prova em contrário.

15.2 DESENVOLVIMENTO DO TEMA

No que diz respeito ao crédito da Seguridade Social, o procedimento é semelhante.

O crédito da Seguridade Social é constituído pelo lançamento, em que vai ser verificada a ocorrência do fato gerador da obrigação correspondente, determinar a matéria tributável, calcular o montante do tributo devido, identificar o sujeito passivo e, sendo o caso, será aplicada a penalidade cabível.

O § 7º do art. 33 da Lei n. 8.212/91 dispõe que o crédito da Seguridade Social é constituído por meio de notificação de lançamento, de auto de infração e de confissão de valores devidos e não recolhidos pelo contribuinte. O dispositivo, na verdade, enumera hipóteses. Não estabelece um conceito. Estabelece elementos para a constituição do crédito da Seguridade Social. Não define o conceito de crédito da Seguridade Social. Esclarece o art. 245 do Decreto n. 3.048/99 que o crédito da Seguridade Social é constituído por meio de notificação fiscal de lançamento, auto de infração, confissão ou documento declaratório de valores devidos apresentado pelo contribuinte ou outro instrumento previsto em legislação própria.

À Secretaria da Receita Federal do Brasil compete planejar, executar, acompanhar e avaliar as atividades relativas a tributação, fiscalização, arrecadação, cobrança e recolhimento das contribuições sociais previstas no parágrafo único do art. 11 da Lei n. 8.212/91, as contribuições incidentes a título de substituição e as devidas a outras entidades e fundos.

É prerrogativa da Secretaria da Receita Federal do Brasil, por intermédio dos auditores fiscais, o exame da contabilidade da empresa, ficando obrigados a prestar todos os esclarecimentos e informações solicitados o segurado e os terceiros responsáveis pelo recolhimento das contribuições previdenciárias e das contribuições devidas a outras entidades e fundos.

A entrega de declaração pelo contribuinte reconhecendo débito fiscal constitui o crédito tributário, dispensada qualquer outra providência por parte do fisco (Súmula 436 do STJ).

Constatado o atraso total ou parcial no recolhimento de contribuições, ou em caso de falta de pagamento de benefício reembolsado, a fiscalização lavrará notificação de débito, com discriminação clara e precisa dos fatos geradores, das contribuições devidas e dos períodos a que se referem (art. 37 da Lei n. 8.212/91).

Recebida a notificação do débito, a empresa ou o segurado terão o prazo de 30 dias para apresentar defesa.

Não concordando com a constituição do crédito, o contribuinte terá 30 dias de prazo para a interposição de recurso para as Delegacias da Secretaria da Receita Federal de Julgamento, contados da ciência da decisão, dependendo do caso.

A primeira instância em matéria de benefícios são as Juntas de Recursos. A segunda instância são as Câmaras de Julgamento. Ambas as instâncias pertencem ao Conselho de Recursos do Seguro Social, órgão do Ministério do Trabalho e da

Previdência. A Junta de Recursos do Seguro Social tem competência exclusiva para julgar, em primeiro grau, os recursos interpostos contra as decisões prolatadas pelos órgãos regionais do INSS em matéria de interesse dos beneficiários. A autoridade perante a qual se interpõe o recurso é o superintendente do posto de serviços que proferiu a decisão. O INSS fornece formulários para recurso, que basta serem preenchidos. A comunicação da decisão do posto de serviços é feita por assinatura no próprio processo administrativo ou por registro postal com recibo. No dia seguinte, começa a correr o prazo.

Compete ao Conselho de Recursos da Previdência Social julgar (art. 126 da Lei n. 8.213/91):

I – recursos das decisões do INSS nos processos de interesse dos beneficiários;

II – contestações e recursos relativos à atribuição, pelo Ministério da Economia, do Fator Acidentário de Prevenção aos estabelecimentos das empresas;

III – recursos das decisões do INSS relacionados à comprovação de atividade rural de segurado especial de que tratam os arts. 38-A e 38-B, ou demais informações relacionadas ao CNIS de que trata o art. 29-A da Lei n. 8.213/91;

IV – recursos de processos relacionados à compensação financeira de que trata a Lei n. 9.796/99, e à supervisão e à fiscalização dos regimes próprios de previdência social de que trata a Lei n. 9.717/98.

A propositura de ação que tenha por objeto idêntico pedido sobre o qual versa o processo administrativo importa renúncia ao direito de recorrer na esfera administrativa e desistência do recurso interposto (§ 3º do art. 126 da Lei n. 8.213/91)

A primeira instância administrativa em matéria de contribuição são as Delegacias da Receita Federal do Brasil de Julgamento (DRJ). A segunda instância é o Conselho Administrativo de Recursos Fiscais, pertencente ao Ministério da Fazenda. Da decisão de primeira instância cabe recurso voluntário, total ou parcial, com efeito suspensivo, no prazo de 30 dias da decisão (art. 33 do Decreto n. 70.235/72). A autoridade de primeira instância deve recorrer de ofício quando: exonerar o sujeito passivo do pagamento de tributo e de encargos de multa de valor total a ser fixado em ato do Ministro da Economia (art. 34 do Decreto n. 70.235/72). O recurso de ofício deve ser interposto por meio de declaração na própria decisão. Da decisão de primeira instância não cabe pedido de reconsideração (art. 36 do Decreto n. 70.235/72). Cabe recurso especial à Câmara Superior de Recursos Fiscais, no prazo de 15 dias da ciência do acórdão ao interessado, de decisão que der à lei tributária interpretação divergente da que lhe tenha dado outra Câmara, turma de Câmara, turma especial ou a própria Câmara Superior de Recursos Fiscais. Não cabe pedido de reconsideração de ato do Ministro da Fazenda que julgar ou decidir as matérias de sua competência (art. 39 do Decreto n. 70.235/72).

As Juntas de Recursos do Seguro Social são compostas por quatro membros, sendo dois do governo, um dos trabalhadores e um dos empregadores.

O recurso deve ser julgado no prazo de 30 dias em qualquer instância, a contar do seu recebimento. O relator tem prazo de 10 dias para exame, relato e inclusão em pauta. Os recursos, de modo geral, não têm efeito suspensivo.

Os membros das Juntas de Recursos do Seguro Social, salvo os seus presidentes, receberão gratificação de presença por processo que relatarem com voto.

Do julgamento da Junta de Recursos do Seguro Social que infringir lei, regulamento, enunciado ou ato normativo ministerial caberá recurso. O prazo para recurso é de 30 dias, contados da ciência da decisão, e de 30 dias para contrarrazões.

No caso de reforma parcial de decisão do INSS, será restituído o prazo à outra parte, contado da data da ciência da decisão.

Cabe à União recorrer de decisão que contrarie lei, regulamento, enunciado ou ato normativo (recurso de ofício).

O recurso de ofício, à autoridade administrativa imediatamente superior, é cabível da decisão originária que declare indevida a contribuição ou outra importância apurada pela fiscalização, reduza ou releve acréscimo legal ou multa aplicada por infração a dispositivos regulamentares, ou autorize a restituição ou a compensação de qualquer importância. No caso de decisão de autoridade delegada, o recurso de ofício será dirigido, por intermédio do delegante, à autoridade a quem este se subordine administrativamente.

Não é necessário esgotar a instância administrativa para se socorrer da instância judicial. O parágrafo único do art. 38 da Lei n. 6.830/80 prevê que a propositura, pelo contribuinte, de ação para discutir o débito previdenciário, importando na renúncia ao poder de recorrer na esfera administrativa e na desistência do recurso acaso interposto. Prevê o parágrafo único do art. 19 da Lei n. 8.870/94 que a propositura de ação judicial, inclusive cautelar, que tenha por objeto discutir o débito para com o INSS, importa renúncia ao direito de recorrer na esfera administrativa e desistência do recurso interposto.

A propositura, pelo beneficiário ou contribuinte, de ação que tenha por objeto idêntico pedido sobre o qual versa o processo administrativo importa renúncia ao direito de recorrer na esfera administrativa e desistência do recurso interposto.

No âmbito judicial, a matéria previdenciária (custeio e benefícios) é julgada pelos juízes federais (art. 109, I, e § 3º), sendo o recurso examinado pelo TRF (arts.

108, II, e 109, I, da Constituição). A matéria de acidente do trabalho é julgada pela Justiça Estadual.

15.2.1 Depósito recursal

O art. 19 da Lei n. 8.870/94 estabeleceu que nas "ações judiciais, inclusive cautelares, que tenham por objeto discussão de débito para com o INSS serão, obrigatoriamente, precedidas do depósito preparatório do respectivo valor, monetariamente corrigido até a data da efetivação, acrescido de juros, multa de mora e demais encargos". A propositura das ações mencionadas importa renúncia do direito de recorrer na esfera administrativa e desistência do recurso interposto (parágrafo único do art. 19 da Lei n. 8.870/94).

Os depósitos recursais serão efetuados à ordem do INSS ou do juízo, quando for o caso, em estabelecimentos oficiais de crédito, assegurada a atualização monetária (art. 23 da Lei n. 8.870/94).

À primeira vista, o lançamento goza de presunção de veracidade; todavia o contribuinte pode impugná-lo ou socorrer-se da via judicial, caso o entenda incorreto. Não se pode dizer, entretanto, que em todos os casos o contribuinte tem por objetivo frustrar ou protelar o pagamento do valor apurado pela autarquia, mas que tem o direito constitucional de petição, de se dirigir ao Poder Público em defesa de direitos ou contra ilegalidade ou abuso de poder (art. 5º, XXXIV, *a*, da Constituição) em relação a qualquer exação que lhe for imposta ou de se dirigir diretamente ao Poder Judiciário para discutir lesão ou ameaça a direito (art. 5º, XXXV, da Lei Maior). Ressalte-se que ninguém será privado da liberdade ou de seus bens sem o devido processo legal (art. 5º, LIV, da Lei Magna), e aos litigantes, tanto em processo judicial como administrativo, são assegurados o contraditório e a ampla defesa, com os meios e recursos a ela inerentes (art. 5º, LV, da Lei Fundamental). De outro lado, ninguém pode ser considerado culpado até o trânsito em julgado da sentença (art. 5º, LVII, da *Lex Legum*), que se aplica também indiretamente ao caso presente. Dessa forma, não se pode estabelecer uma presunção de que sempre o contribuinte tem o intuito de protelar o pagamento do tributo, pois tem o direito constitucional de discuti-lo, de acordo com os meios e os recursos inerentes à sua defesa.

É de se lembrar que as contribuições sociais, que são as contribuições devidas à Seguridade Social, estão disciplinadas no art. 149 da Constituição, pois o citado comando legal faz expressa remissão ao § 6º do art. 195 da Constituição, devendo observar o inciso III do art. 146 da Constituição. A contribuição da Seguridade Social tem, portanto, natureza jurídica tributária. Cabe, porém, à lei complementar tratar de obrigação, lançamento, crédito e prescrição tributária (art. 146, III, *b*, da Lei Maior), o que não pode ser feito por lei ordinária.

Se o contribuinte está discutindo na via administrativa o crédito da Seguridade Social, tal crédito ainda não está definitivamente constituído. Logo, não poderia ser exigido o depósito, tanto que o prazo de prescrição para a cobrança do crédito só se inicia na data da sua constituição definitiva (art. 174 do CTN) ou desde que constituído (art. 46 da Lei n. 8.212). O próprio lançamento é o ato tendente a verificar a existência do fato gerador da obrigação pertinente e, sendo o caso, propor a penalidade cabível (art. 142 do CTN). Verifica-se, ainda, do inciso I do art. 145 do CTN que o lançamento não se torna definitivo, constituindo definitivamente o crédito tributário, se o contribuinte o impugnar. O mesmo se observa se o contribuinte recorrer administrativamente, hipótese de suspensão da exigibilidade do crédito tributário (art. 151, III, do CTN). De outro lado, o acessório (penalidade) segue a sorte do principal (art. 92 do CC) e, se este, como aquele, é impugnado, não está constituído definitivamente o crédito tributário e não pode ser exigido o depósito para o contribuinte recorrer. A dívida, contudo, só se torna definitiva quando está regularmente inscrita, daí ser chamada de Dívida Ativa Tributária, depois de esgotado o prazo fixado para pagamento decorrente de decisão final proferida em processo regular (art. 201 do CTN). Enquanto não há decisão final proferida em processo regular, inexiste presunção de certeza e liquidez e de dívida pré-constituída, de que falam o art. 204 do CTN e o art. 3º da Lei n. 6.830/80 (Lei de Execução Fiscal), que se aplica à cobrança dos créditos previdenciários (art. 1º da Lei n. 6.830/80), além do que essa presunção é relativa, podendo ser elidida por prova inequívoca em contrário (parágrafo único do art. 204 do CTN). Dessa forma, o crédito do INSS ainda não está definitivamente constituído para ser exigido, mormente quando está sendo impugnado. Assim, não poderia ser exigido o depósito, sendo tal determinação incompatível com o CTN, que é lei complementar, complementando o que está disposto na alínea *b* do inciso III do art. 146 da Constituição.

No tocante ao depósito exigido pelo art. 19 da Lei n. 8.870/94, entendo que se trata apenas de uma faculdade do contribuinte para suspender a exigibilidade do crédito tributário (art. 151, II, do CTN). Caso o contribuinte não faça o depósito, haverá a possibilidade do ajuizamento da execução fiscal (art. 38 da Lei n. 6.830/80 c/c § 1º do art. 784 do CPC/2015), mas não há obrigação de se fazer o depósito, pois o antigo TFR já possuía orientação no sentido de que "não constitui pressuposto da ação anulatória de débito fiscal o depósito de que cuida o art. 38 da Lei n. 6.830/80" (Súmula 247 do TFR). Trata-se apenas de providência que inibe a Fazenda Pública de promover a cobrança do crédito tributário (TFR, 4ª T., Ag. 55.980-RJ, Rel. Min. Armando Rollemberg, j. 4-5-1988, *DJU*, 25-4-1989, p. 6.056). O art. 19 da Lei n. 8.870/94, nesse ponto, contraria o inciso II, do art. 151 do CTN, que é a lei complementar a que se refere a alínea *b* do inciso III do art. 146 da Lei Magna. O art. 19 da Lei n. 8.870/94 foi considerado inconstitucional pelo STF por constituir "barreira de acesso ao Poder Judiciário", violando o direito de ação (art. 5º, XXXV e LV, da Constituição (ADIn 1.074, j. 28-3-2007, Rel. Min. Eros Grau).

Mesmo no que diz respeito ao fato de que o depósito previsto no art. 19 da Lei n. 8.870/94 faz a exigência de que sejam depositados até mesmo a multa de mora, demais encargos e os juros, há atrito com o inciso II do art. 151 do CTN, que apenas menciona a necessidade do depósito em seu montante integral, não falando nem em juros, nem em multa para suspender a exigibilidade do crédito tributário. Se o contribuinte tem de depositar os juros e a multa, está pagando o tributo e o considerando devido, quando, na verdade, o crédito não está constituído e o sujeito passivo o pretende discutir, razão pela qual também é indevida a exigência de multa e juros no referido depósito, que nesse ponto colide com a Constituição, que dispõe que as determinações relativas a crédito tributário e, por conseguinte, à sua suspensão, devem ser objeto de lei complementar e não de lei ordinária.

É inválida a exigência prevista no art. 19 da Lei n. 8.870/94, quando o crédito da Seguridade Social ainda está sendo discutido, por não estar definitivamente constituído, ficando a critério do contribuinte fazer ou não o depósito previsto naqueles comandos legais.

Se se entender que somente a lei complementar é que pode tratar de crédito tributário, como menciona a Constituição (art. 146, III, *b*) e, por consequência, da sua suspensão, o referido comando legal supramencionado também é inconstitucional.

É inconstitucional a exigência de depósito prévio como requisito de admissibilidade de ação judicial na qual se pretenda discutir a exigibilidade do crédito tributário (Súmula Vinculante 28 do STF).

É inconstitucional a exigência de depósito ou arrolamento prévios de dinheiro ou bens para admissibilidade de recurso administrativo (Súmula Vinculante 21 do STF).

É ilegítima a exigência de depósito prévio para admissibilidade de recurso administrativo (Súmula 373 do STJ).

O INSS não está obrigado a efetuar depósito prévio do preparo por gozar das prerrogativas e privilégios da Fazenda Pública (Súmula 483 do STJ).

15.3 DÍVIDA ATIVA DA SEGURIDADE SOCIAL

15.3.1 Introdução

O crédito tributário não pago na época própria é chamado de dívida ativa. A dívida ativa compreende, portanto, o crédito tributário que era exigível e que não foi pago no momento próprio, ou seja, que já está vencido. O art. 201 do CTN esclarece que dívida ativa tributária é a "proveniente de crédito dessa natureza, regularmente inscrita na repartição administrativa competente, depois de esgotado o prazo fixado, para pagamento, pela lei ou por decisão final proferida em processo regular". A dívida ativa nada mais é do que o fato gerador que dá início a obrigação tributária, constituído pelo lançamento do crédito tributário, que, se não pago, implica a dívida vencida, ou seja: a dívida ativa.

FG → OT → CT → DA
↑
Lçto.

O termo de inscrição da dívida ativa deve conter (art. 202 do CTN):

a) o nome do devedor e, sendo o caso, o dos corresponsáveis, bem como, sempre que possível, o domicílio ou a residência de um e de outros;
b) a quantia devida e a maneira de calcular os juros de mora acrescidos;
c) a origem e a natureza do crédito, mencionada especificamente a disposição da lei em que seja fundado. No caso, é o crédito da seguridade decorrente da contribuição previdenciária;
d) a data em que foi inscrito;
e) sendo caso, o número do processo administrativo de que se originar o crédito.

São requisitos essenciais para a validade da inscrição em dívida ativa.

A certidão conterá, ainda, a indicação do livro e da folha da inscrição (parágrafo único do art. 202 do CTN).

A omissão de qualquer dos requisitos anteriormente mencionados ou o erro a eles relativo são causas de nulidade da inscrição e do processo de cobrança dela decorrente, mas a nulidade poderá ser sanada até a decisão de primeira instância, mediante substituição da certidão nula, devolvido ao sujeito passivo, acusado ou interessado, o prazo para a defesa, que somente poderá versar sobre a parte modificada (art. 203 do CTN).

A dívida regularmente inscrita goza da presunção de certeza e liquidez e tem o efeito de prova pré-constituída (art. 204 do CTN c/c art. 3º da Lei n. 6.830/80).

A presunção de liquidez e certeza é relativa (*iuris tantum*), podendo ser elidida por prova em sentido contrário, a cargo de sujeito passivo ou de terceiro a quem aproveite (parágrafo único do art. 204 do CTN).

Os créditos inscritos em Dívida Ativa da União são cobrados por execução fiscal (art. 1º da Lei n. 6.830/80).

15.3.2 Dívida Ativa da Seguridade Social

A Dívida Ativa da Seguridade Social é considerada crédito proveniente de fato gerador das obrigações legais ou contratuais, desde que inscrito no livro próprio e atendidos os requisitos da Lei de Execução Fiscal (Lei n. 6.830/80 e § 4º do art. 245 do RPS).

A obrigação relativa ao crédito da Seguridade Social é legal. Não decorre de obrigação contratual, mas de previsão de lei.

O débito original e seus acréscimos legais, bem como outras multas previstas em lei, constitui dívida ativa da União, promovendo-se a inscrição em livro próprio das contribuições dos empregadores e dos trabalhadores (art. 39 da Lei n. 8.212/91).

É facultado aos órgãos competentes, antes de ajuizar a cobrança da Dívida Ativa, promover o protesto de título dado em garantia de sua liquidação, que será recebido para saldar a dívida (*pro solvendo*). Não é, portanto, necessário promover o protesto, que fica na faculdade do órgão competente.

Serão inscritas como dívida ativa da União as contribuições que não tenham sido recolhidas ou parceladas resultantes das informações prestadas na GFIP.

O débito original atualizado monetariamente, a multa variável e os juros de mora sobre ele incidentes, bem como outras multas previstas na Lei n. 8.212/91, devem ser lançados em livro próprio destinado à inscrição da Dívida Ativa da União quanto às contribuições sociais cuja competência para arrecadar, fiscalizar, lançar e normatizar o recolhimento seja da Secretaria da Receita Federal do Ministério da Fazenda (art. 39 da Lei n. 8.212/91). A certidão textual do livro retromencionado serve de título para a União, por intermédio de seus procuradores ou representantes legais, promover em juízo a cobrança da Dívida Ativa, segundo o mesmo processo e com as mesmas prerrogativas e privilégios da Fazenda Nacional (§ 2º do art. 245 do RPS), conforme a Lei n. 6.830/80.

Serão inscritos em dívida ativa pela Procuradoria-Geral Federal os créditos constituídos pelo INSS em razão de benefício previdenciário ou assistencial pago indevidamente ou além do devido, hipótese em que se aplica o disposto na Lei n. 6.830/80, para a execução judicial (§ 3º do art. 115 da Lei n. 8.213/91).

Inscrito o crédito em dívida ativa da União, o devedor será notificado para, em até cinco dias, efetuar o pagamento do valor atualizado monetariamente, acrescido de juros, multa e demais encargos nela indicados (art. 20-B da Lei n. 10.522/2002). A notificação será expedida por via eletrônica ou postal para o endereço do devedor e será considerada entregue depois de decorridos quinze dias da respectiva expedição. Presume-se válida a notificação expedida para o endereço informado pelo contribuinte ou responsável à Fazenda Pública. Não pago o débito no prazo mencionado, a Fazenda Pública poderá:

I – comunicar a inscrição em dívida ativa aos órgãos que operam bancos de dados e cadastros relativos a consumidores e aos serviços de proteção ao crédito e congêneres; e

II – averbar, inclusive por meio eletrônico, a certidão de dívida ativa nos órgãos de registro de bens e direitos sujeitos a arresto ou penhora, tornando-os indisponíveis.

O crédito relativo a contribuições, atualização monetária, juros de mora, multas, bem como a outras importâncias, está sujeito, nos processos de falência, recuperação judicial ou concurso de credores, às disposições atinentes aos créditos da União, aos quais são equiparados (art. 51 da Lei n. 8.212/91). A referida orientação apenas confirma que o crédito tributário prefere a qualquer outro, seja qual for a natureza ou o tempo da constituição deste, ressalvados os créditos decorrentes da legislação do trabalho ou de acidente do trabalho (art. 186 do CTN). Na falência: (a) o crédito tributário não prefere aos créditos extraconcursais ou às importâncias passíveis de restituição, nos termos da Lei n. 11.101/2005 (Lei de Falências), nem aos créditos com garantia real, no limite do valor do bem gravado; (b) a lei poderá estabelecer limites e condições para a preferência dos créditos decorrentes da legislação do trabalho; (c) a multa tributária prefere apenas aos créditos subordinados (os assim previstos na lei ou no contrato, os créditos dos sócios e dos administradores sem vínculo empregatício). A cobrança judicial do crédito tributário não é sujeita a concurso de credores ou habilitação em falência, recuperação judicial, inventário ou arrolamento (art. 187 do CTN). O concurso de preferência somente se verifica entre pessoas jurídicas de direito público, na seguinte ordem:

1. União. Em primeiro lugar estarão os tributos da União, em segundo os das autarquias;
2. Estados, Distrito Federal, conjuntamente e *pro rata*;
3. Municípios, conjuntamente e *pro rata* (parágrafo único do art. 187 do CTN).

Na falência, a preferência em primeiro lugar é dos créditos extraconcursais (remunerações devidas ao administrador judicial e seus auxiliares, créditos derivados da legislação do trabalho ou decorrentes de acidente do trabalho relativos a serviços prestados após a decretação da falência). Em segundo lugar, vêm os créditos trabalhistas limitados a 150 salários mínimos por credor e os decorrentes de acidentes do trabalho. Em terceiro lugar, vêm os créditos com garantia real até o limite do valor do bem gravado. Em quarto lugar, vêm os créditos tributários. Primeiro serão pagos os créditos tributários da União e depois os das autarquias da União (art. 83 da Lei n. 11.101).

Na recuperação judicial e na extrajudicial não são observadas as regras acima. Em primeiro lugar, preferem os créditos decorrentes da legislação do trabalho ou do acidente do trabalho. Em segundo lugar, prefere o crédito tributário.

À empresa em débito para com a Seguridade Social é vedado:

a) distribuir bonificação a acionistas;
b) dar ou atribuir participação nos lucros a seus sócios ou cotistas, diretores ou outro membro de órgão dirigente, fiscal ou consultivo. O responsável fica sujeito a multa. Esta fica limitada a 50% do valor total do débito da importância.

A União poderá concordar com valores divergentes, para pagamento de débito objeto de execução fiscal, quando a diferença entre os cálculos de atualização da dívida por ele elaborados ou levados a efeito pela contadoria do juízo e os cálculos apresentados pelo executado for igual ou inferior a 5% (art. 10 da Lei n. 9.528/97). Essa disposição aplica-se somente a débitos cuja petição inicial da execução tenha sido protocolada em juízo até 31-3-1997. A extinção de processos de execução, em decorrência da aplicação do que foi anteriormente descrito, não implicará condenação em honorários, custas e quaisquer outros ônus de sucumbência contra o exequente, oferecidos ou não embargos à execução, e acarretará a desistência de eventual recurso que tenha por razão a divergência de valores de atualização nos limites do porcentual referido.

Na execução judicial da dívida ativa da União, suas autarquias e fundações públicas, será facultado ao exequente indicar bens à penhora, a qual será efetivada concomitantemente com a citação inicial de devedor (art. 53 da Lei n. 8.212/91). Os bens penhorados ficam desde logo indisponíveis. Trata-se, portanto, de faculdade do devedor de indicar bens à penhora. A indisponibilidade do bem, porém, não poderá impedir seu uso, mas apenas sua alienação, como garantia do juízo. Efetuado o pagamento integral da dívida executada, com seus acréscimos legais, no prazo de dois dias úteis contados da citação, independentemente da juntada aos autos do respectivo mandado, poderá ser liberada a penhora, desde que não haja outra execução pendente. Não sendo opostos embargos, no caso legal, ou sendo rejeitados, os autos serão conclusos ao juiz do feito, para determinar o prosseguimento da execução.

Nas execuções fiscais da dívida ativa da União, o leilão judicial dos bens penhorados realizar-se-á por leiloeiro oficial, indicado pelo credor, que fará a hasta pública: (a) no primeiro leilão, pelo valor do maior lance que não poderá ser inferior ao da avaliação; (b) no segundo leilão, por qualquer valor, excetuado o vil.

Poderá o juiz, a requerimento do credor, autorizar que seja parcelado o pagamento do valor da arrematação, na forma prevista para os parcelamentos administrativos de débitos previdenciários.

Todas as condições do parcelamento deverão constar do edital de leilão.

O débito do executado será quitado na proporção do valor de arrematação.

O arrematante deverá depositar, no ato, o valor da primeira parcela.

Realizado o depósito, será expedida carta de arrematação, contendo as seguintes disposições: (a) valor da arrematação, valor e número de parcelas mensais em que será paga; (b) constituição de hipoteca do bem adquirido, ou de penhor, em favor do credor, servindo a carta de título hábil para registro da garantia; (c) indicação do arrematante como fiel depositário do bem móvel, quando constituído penhor; (d) especificação dos critérios de reajustamento do saldo e das parcelas, que será sempre o mesmo vigente para os parcelamentos de débitos previdenciários.

Se o arrematante não pagar, no vencimento, qualquer das parcelas mensais, o saldo devedor remanescente vencerá antecipadamente, que será acrescido em 50% de seu valor a título de multa, e, imediatamente, inscrito em dívida ativa e executado.

Se no primeiro ou no segundo leilões não houver licitante, a União poderá adjudicar o bem por 50% do valor da avaliação.

Não podendo o bem adjudicado ser utilizado pela União, e sendo de difícil venda, poderá ser negociado ou doado a outro órgão ou entidade pública que demonstre interesse na sua utilização.

Inexistindo interesse na adjudicação, poderá o juiz do feito, de ofício ou a requerimento do credor, determinar sucessivas repetições da hasta pública.

O leiloeiro oficial, a pedido do credor, poderá ficar como fiel depositário dos bens penhorados e realizar a respectiva remoção.

A União poderá contratar leiloeiros oficiais para promover a venda administrativa dos bens, adjudicados judicialmente ou que receber em dação de pagamento (art. 99 da Lei n. 8.212/91). Providenciará a União, no prazo de 60 dias, a alienação do bem por intermédio do leiloeiro oficial.

15.4 EXTINÇÃO DE PROCESSOS TRABALHISTAS

15.4.1 Introdução

O art. 12 da Lei n. 7.787, de 30-6-1989, tratou da contribuição previdenciária a ser recolhida na extinção dos processos trabalhistas, tendo a seguinte redação: "em caso de extinção de processos trabalhistas de qualquer natureza, inclusive a decorrente de acordo entre as partes, de que resultar pagamento de vencimentos, remuneração, salário e outros ganhos habituais do trabalhador, o recolhimento das contribuições devidas à Previdência Social será efetuado *incontinenti*". Estabelecia o parágrafo único do citado artigo que "a autoridade judiciária velará pelo fiel cumprimento do disposto neste artigo".

O significado da expressão "*incontinenti*" quer dizer "sem demora", "de imediato"; porém a lei não dizia qual era o prazo para o recolhimento da contribuição previdenciária, entendendo-se que seria o mais rápido possível.

O art. 43 da Lei n. 8.212/91 revogou o art. 12 da Lei n. 7.787/89 ao assim tratar do tema: "em caso de extinção de processos trabalhistas de qualquer natureza, inclusive a decorrente de acordo entre as partes, de que resultar pagamento de remuneração ao segurado, o recolhimento das contribuições devidas à Seguridade Social será efetuado *incontinenti*". O antigo parágrafo único do art. 12 da Lei n. 7.787/89 passou a ser o art. 44 da Lei n. 8.212/91, assim disposto: "a autoridade judiciária exigirá a comprovação do fiel cumprimento ao disposto no artigo anterior".

Como se nota do preceito legal em exame, o recolhimento deveria ser feito sem demora. O referido art. 43 da Lei n. 8.212/91 apenas faz menção a pagamento de remuneração ao segurado e não mais a pagamento de vencimentos, remuneração, salários e outros ganhos habituais do trabalhador. Evidentemente que a indenização paga ao empregado não será considerada como remuneração, mas apenas os salários, gorjetas e outros ganhos habituais saldados ao obreiro.

A Lei n. 8.620, de 5-1-1993, oferece nova redação aos arts. 43 e 44 da Lei n. 8.212/91. O art. 43 da Lei n. 8.212/91 passou a estar assim especificado: "nas ações trabalhistas de que resultar o pagamento de direitos sujeitos à incidência de contribuição previdenciária, o juiz, sob pena de responsabilidade, determinará o imediato recolhimento das importâncias devidas à Seguridade Social". O parágrafo único do art. 43 dispõe que "nas sentenças judiciais ou nos acordos homologados em que não figurarem, discriminadamente, as parcelas legais relativas à contribuição previdenciária, esta incidirá sobre o valor total apurado em liquidação de sentença ou sobre o valor do acordo homologado".

O art. 44 estabelecia que "a autoridade judiciária velará pelo fiel cumprimento do disposto no artigo anterior, inclusive fazendo expedir notificação ao Instituto Nacional do Seguro Social – INSS, dando-lhe ciência dos termos da sentença ou do acordo celebrado".

15.4.2 Incidência

Inicialmente, é possível dizer que não são inconstitucionais as disposições do art. 43 da Lei n. 8.212/91 quando determinam ao juiz verificar o recolhimento da contribuição previdenciária, assim como não o é o art. 631 da CLT, que permite a comunicação por qualquer servidor das infrações que verificar. A Justiça do Trabalho realmente não tem função fiscalizadora, apenas comunica ao órgão público o que verificou, cumprindo o juiz a determinação da lei, para que a autoridade competente fiscalize, verificando se está certo ou errado o recolhimento previdenciário, e, se estiver incorreto, promova a cobrança judicial.

A redação dada ao atual art. 43 da Lei n. 8.212/91 não menciona a extinção de processos trabalhistas, apenas se refere aos pagamentos feitos pelo empregador ao empregado nos processos submetidos à apreciação da Justiça do Trabalho. Isso irá ocorrer em relação às sentenças transitadas em julgado, como em razão dos acordos celebrados pelas partes nessa Justiça Especializada.

No art. 12 da Lei n. 7.787/89 fazia-se referência a "vencimentos, remuneração, salário e outros ganhos habituais do trabalhador" para efeito da incidência da contribuição previdenciária. A antiga redação do art. 43 da Lei n. 8.212/91 passou a mencionar apenas a palavra "remuneração". A atual redação desse último dispositivo, determinada pela Lei n. 8.620/93, apenas explicita que a contribuição será cobrada sobre "direitos sujeitos à incidência da contribuição previdenciária", não sendo feita qualquer menção a remuneração, vencimentos, salários ou ganhos habituais.

Não incide contribuição previdenciária sobre juros de mora e sobre multa pelo descumprimento do acordo celebrado entre as partes.

15.4.3 Competência

Rezava o parágrafo único do art. 12 da Lei n. 7.787/89 que a autoridade judiciária (juiz) iria velar pelo fiel cumprimento do recolhimento das contribuições previdenciárias na extinção dos processos trabalhistas. A atual redação do art. 44 da Lei n. 8.212/91, de acordo com as determinações da Lei n. 8.620/93, trata aproximadamente da mesma questão. É preciso analisar, inicialmente, o significado da palavra "velar", que tem o sentido de "vigiar", "cuidar", "zelar", ou seja, o juiz deve fiscalizar o efetivo recolhimento das contribuições previdenciárias incidentes sobre as verbas pagas na extinção dos processos trabalhistas. Embora se possa discutir que a função do juiz não é a de fiscalizar, mas a de julgar, a fiscalização, no caso, estaria adstrita ao cumprimento da lei, no tocante ao recolhimento das contribuições previdenciárias. Ainda assim, o emprego da palavra "velar" é mais adequado, pois o juiz não pode cobrar a contribuição previdenciária, apenas verificar se ela teria sido recolhida. Caso não o fosse, o magistrado oficiaria o INSS, dando-lhe ciência dos termos da sentença ou do acordo celebrado, para que esse órgão tome as providências que julgar necessárias.

A antiga redação do art. 43 da Lei n. 8.212/91 mencionava que o juiz deveria "exigir" a contribuição previdenciária, mas não poderia exigir a contribuição, no sentido de cobrá-la nos próprios autos, pois não tinha competência constitucional para tanto. Atualmente, apenas se dispõe, mais acertadamente, na atual redação do art. 43 da Lei n. 8.212/91, que o juiz "determinará" o recolhimento.

A Emenda Constitucional n. 20/98 acrescentou o § 3º do art. 114 da Constituição, com a seguinte redação: "Compete ainda à Justiça do Trabalho executar, de ofício, as contribuições sociais previstas no art. 195, I, *a*, e II, e seus acréscimos legais, decorrentes das sentenças que proferir".

A Emenda Constitucional n. 45/2004 determinou no inciso VIII do art. 114 da Constituição a competência da Justiça do Trabalho para processar e julgar a "execução, de ofício, das contribuições sociais previstas no art. 195, I, *a*, e II, e seus acréscimos legais, decorrentes das sentenças que proferir".

A palavra executar tem o sentido de obrigar ao pagamento da dívida, de fazer cumprir a obrigação, de promover em juízo a cobrança da prestação a que se obrigou o devedor.

A execução será feita nos próprios autos do processo em relação às sentenças proferidas nos dissídios individuais. Os dissídios coletivos não têm natureza condenatória, apenas criam, modificam ou extinguem direitos, não incidindo contribuições nesse momento, apenas quando se executa o que está contido na sentença normativa, que é feito por meio de ação de cumprimento perante a Vara do Trabalho. A exigência dirá respeito às sentenças proferidas pela Justiça do Trabalho e não a outros débitos confessados e não pagos pelo empregador ou de outras contribuições, que não originárias da própria sentença.

A determinação do juiz executar a contribuição será de ofício, isto é, sem nenhuma provocação, por determinação do próprio magistrado.

Deveria o inciso VIII do art. 114 da Constituição ser complementado por legislação ordinária para verificar como é que será feita a exigência, traçando os seus contornos. O certo é que houvesse a exigência por intermédio da procuradoria da

União e não pelo juiz, devendo o juiz oficiar a esse órgão para executar a contribuição nos próprios autos do processo trabalhista, citando o devedor para pagar a contribuição, sob pena de penhora. O magistrado não tem a função de cobrar a contribuição, apenas possui competência para esse fim, dizendo o direito aplicável à espécie. A função do juiz é julgar e não cobrar contribuições no próprio processo, como um exator.

A Justiça do Trabalho passa a ter competência para dizer sobre a incidência e a não incidência da contribuição, pois quem executa a exação tem poderes para dizer sobre o que incide a contribuição. É a conclusão que se extrai do inciso VIII do art. 114 da Lei Magna, embora este não seja expresso nesse sentido.

Faz referência expressamente o inciso VIII do art. 114 da Constituição ao art. 195, I, *a*, e II, da Constituição, sobre a contribuição do empregador, da empresa e da entidade a ela equiparada, incidente sobre a folha de salários e demais rendimentos do trabalho pagos ou creditados, a qualquer título, a "pessoa física que lhe preste serviço, mesmo sem vínculo empregatício" e "trabalhador e dos demais segurados da previdência social". Logo, a contribuição a ser exigida será: (a) do empregador, da empresa e da entidade a ela equiparada, incidente sobre a folha de salários e demais rendimentos do trabalho pagos ou creditados, a qualquer título, à pessoa física que lhe presta serviço, mesmo sem vínculo empregatício. Isso significa a exigência da contribuição da empresa sobre os pagamentos feitos a empregados, domésticos, trabalhadores avulsos e até a autônomos. É o que acontece quando a Justiça do Trabalho não reconhece o vínculo de emprego, considerando o trabalhador autônomo, ocasião em que serão devidas as contribuições da empresa incidentes sobre a remuneração do autônomo (20%); (b) do trabalhador e dos demais segurados da previdência social. Aqui a exigência será da contribuição do próprio empregado ou do autônomo, que não tiverem sido recolhidas, e não a da empresa. A execução será, portanto, feita tanto em relação à contribuição da empresa, na forma acima especificada, como a do próprio trabalhador ou executar as duas ao mesmo tempo. Não será executada, porém, contribuição incidente sobre a receita, o faturamento ou o lucro da empresa, hipóteses previstas nas alíneas *b* e *c* do inciso I do art. 195 da Lei Maior.

Terá também a Justiça do Trabalho a competência para exigir os acréscimos legais, pelo não recolhimento da contribuição no prazo legal, que são juros, correção monetária e multa.

O objetivo da norma constitucional é aumentar a arrecadação das contribuições previdenciárias na própria fonte de pagamento, que é o processo trabalhista, como foi o do art. 12 da Lei n. 7.787/89, visando evitar sonegação fiscal.

A função do juiz é, enfim, de colaborar com o Poder Executivo na verificação de uma determinação de ordem pública, como ocorre em relação a qualquer funcionário público e a qualquer cidadão, cabendo a União executar a contribuição previdenciária. O juiz do trabalho apenas tem competência para essa execução, dizendo o direito aplicável à espécie.

A atual redação do art. 43 da Lei n. 8.212/91 menciona pena de responsabilidade ao juiz, caso este não determine o imediato recolhimento das importâncias devidas à Seguridade Social que forem pagas nos processos trabalhistas sob sua competência. No entanto inexiste pena sem prévia cominação legal (art. 5º, XXXIX, da Constituição). A pena, quanto à responsabilidade do juiz, deveria ser prevista na lei, que não existe, além do que tal responsabilidade não se inclui na competência estabelecida pelo art. 114 da Lei Fundamental.

O STF entende que a competência da Justiça do Trabalho prevista no art. 114, VIII, da Constituição alcança a execução de ofício das contribuições previdenciárias relativas ao objeto da condenação constante das sentenças que proferir e acordos por ela homologados (Súmula Vinculante 53), ou seja, só pode executar contribuição previdenciária em relação à sentença que defere obrigação de pagar. O item I da Súmula 368 do TST afirma que a competência da Justiça do Trabalho, quanto à execução das contribuições previdenciárias, limita-se às sentenças condenatórias em pecúnia que proferir e aos valores, objeto de acordo homologado, que integrem o salário de contribuição.

Desde a Lei n. 10.035/2000, que deu nova redação a artigos da CLT, observa-se esta Consolidação para executar a contribuição previdenciária nos processos trabalhistas e não a Lei n. 6.830/80.

15.4.4 Liquidação de sentença

A liquidação de sentença é, no processo do trabalho, a fase seguinte ao trânsito em julgado da decisão, pois nesta se reconhece o direito do empregado, podendo ser feita por artigos, por cálculos ou por arbitramento (art. 879 da CLT).

O recolhimento da contribuição só poderá ser feito após o término da liquidação de sentença ou do ato da homologação do acordo, pois é nesse momento em que fica aperfeiçoado o fato gerador da contribuição previdenciária. Só se sabe quanto é devido ao empregado na liquidação de sentença, porém pode ainda ocorrer da sentença de liquidação sofrer embargos, e do julgamento dos embargos ainda há direito ao recurso de agravo de petição, de modo que só com o trânsito em julgado da decisão de embargos é que se poderá falar no *quantum* devido.

Os cálculos de liquidação de sentença deverão consignar, mês a mês, os valores das bases de apuração da contribuição previdenciária a cargo da empresa, bem como os salários de contribuição e os valores das contribuições do segurado empregado, atualizando-os da mesma forma que as verbas a serem pagas ao reclamante.

A contribuição do empregado será calculada, mês a mês, aplicando-se as alíquotas do art. 20 da Lei n. 8.212/91, observado o limite máximo do salário de contribuição. Havendo contribuição do segurado empregado no período objeto do cálculo, desde que comprovado o desconto, o salário de contribuição utilizado deverá ser considerado para fixação da alíquota e para apuração mensal do limite máximo do salário de contribuição do segurado, para fins de obtenção da contribuição decorrente dos valores deferidos na sentença trabalhista.

Será respeitado o limite máximo de contribuição da competência do pagamento. Na competência em que ficar comprovado que a contribuição foi descontada sobre o limite máximo do salário de contribuição, não haverá qualquer contribuição do segurado empregado incidente sobre a parcela mensal da sentença ou acordo.

Para quem optou pelo Simples, as verbas devidas a partir de 1º-1-1997 terão incidência apenas da contribuição previdenciária do empregado, não havendo recolhimento da contribuição do empregador, que já foi feito de acordo com o sistema do Simples. Se as verbas forem referentes a período anterior a 1º-1-1997, sobre as parcelas remuneratórias incidirão as contribuições a cargo do empregado e do empregador e as relativas a terceiros.

Considera-se fato gerador das contribuições previdenciárias decorrentes de créditos trabalhistas reconhecidos ou homologados em juízo, para os serviços prestados até 4-3-2009, inclusive, o efetivo pagamento das verbas, configurando-se a mora a partir do dia dois do mês seguinte ao da liquidação (art. 276, *caput*, do Decreto n. 3.048/99). Eficácia não retroativa da alteração legislativa promovida pela Medida Provisória n. 449/2008, posteriormente convertida na Lei n. 11.941/2009, que deu nova redação ao art. 43 da Lei n. 8.212/91 (Súmula 368, IV, do TST).

Para o labor realizado a partir de 5-3-2009, considera-se fato gerador das contribuições previdenciárias decorrentes de créditos trabalhistas reconhecidos ou homologados em juízo a data da efetiva prestação dos serviços. Sobre as contribuições previdenciárias não recolhidas a partir da prestação dos serviços incidem juros de mora e, uma vez apurados os créditos previdenciários, aplica-se multa a partir do exaurimento do prazo de citação para pagamento, se descumprida a obrigação, observado o limite legal de 20% (art. 61, § 2º, da Lei n. 9.430/96 (Súmula 368, V, do TST).

15.4.5 Discriminação das verbas pagas

Nas sentenças judiciais ou nos acordos homologados em que não figurarem, discriminadamente, as parcelas legais de incidência da contribuição previdenciária, esta incidirá sobre o valor total apurado em liquidação de sentença ou sobre o valor do acordo homologado (§ 1º do art. 43 da Lei n. 8.212/91). A origem desse dispositivo, no tocante à discriminação das verbas pagas nos processos trabalhistas, estava no item 19.1 da Orientação de Serviço Iapas/SAF n. 230/89, que interpretava o art. 12 da Lei n. 7.787/89: "se o documento resultante do acordo firmado não discriminar as parcelas de incidência de contribuição previdenciária, o recolhimento se fará em relação ao valor total registrado no citado documento, até que a autoridade judiciária regulamente o assunto". Não discriminada a rubrica sujeita à incidência da contribuição previdenciária, a exação da Seguridade Social incidirá sobre o valor total pago no acordo. Assim, na ata de audiência na qual é celebrado o acordo, deve-se tomar o cuidado de se especificar quais as parcelas que têm incidência da contribuição previdenciária. Não constando da ata sobre o que incidirá a contribuição previdenciária, essa exação incidirá sobre o total das importâncias pagas, sem se observar qualquer limite.

Se as partes disserem que a verba que está sendo paga no acordo se refere apenas à indenização, cumprirá ao juiz investigar a origem do pagamento em consonância com a petição inicial, o pedido e as ponderações das partes quanto ao que está sendo pago, verificando se se trata realmente de indenização, antes de homologar o acordo, visto que o magistrado não poderá compactuar com fraudes perpetradas pelas partes com o objetivo de não pagarem a contribuição. Caso as partes não especifiquem as verbas em que há a incidência da contribuição, a exação incidirá sobre o total pago. Acordando as partes erroneamente sobre a base de cálculo da contribuição, caberá ao juiz arbitrar sobre o que incide a contribuição, estabelecendo o que se trata de indenização ou de verbas sujeitas ao recolhimento da contribuição previdenciária.

Não se considera como discriminação a fixação de porcentuais de verbas indenizatórias e remuneratórias (§ 3º do art. 276 do RPS). Nessa hipótese, a base de cálculo será o total do acordo.

As contribuições sociais serão apuradas mês a mês, com referência ao período da prestação de serviços, mediante a aplicação de alíquotas, limites máximos do salário de contribuição e acréscimos legais moratórios vigentes relativamente a cada uma das competências abrangidas.

No caso de reconhecimento judicial da prestação de serviços em condições que permitam a aposentadoria especial após 15, 20 ou 25 anos de contribuição, serão devidos os acréscimos de contribuição de que trata o § 6º do art. 57 da Lei n. 8.213/91.

Na hipótese do acordo celebrado após ter sido proferida decisão de mérito, a contribuição será calculada com base no valor do acordo.

Em relação ao termo de acordo celebrado perante as Comissões de Conciliação Prévia, haverá necessidade de discriminação do que está sendo pago, sob pena de a União considerar que toda a importância paga é salário.

15.4.6 Desconto da parte relativa ao obreiro

É possível fazer o desconto da contribuição previdenciária da parte pertinente ao trabalhador quando do pagamento das importâncias que lhe são devidas, pois se trata de desconto autorizado por lei (art. 462 da CLT). As contribuições previdenciárias devidas pelo empregado, pelo doméstico e pelo trabalhador avulso são descontadas das suas respectivas remunerações e recolhidas pelo empregador ou sindicato (art. 30, I, *a*, da Lei n. 8.212/91). Surge a dúvida em relação ao desconto quando do pagamento da parcela do acordo ou da execução da sentença, inexistindo expressa determinação na ata de audiência ou na decisão.

O desconto da contribuição previdenciária do trabalhador, das verbas que lhe são devidas na execução da sentença, decorre de uma disposição de ordem pública, independendo de pedido. Mesmo inexistindo previsão da sentença, o desconto deverá ser feito na execução, sendo saldado ao operário o valor líquido da condenação, competindo à empresa comprovar o recolhimento nos autos da exação previdenciária, não só da parte pertinente ao trabalhador, como da parcela relativa ao empregador.

Os Provimentos ns. 02/93 e 1/96 da Corregedoria Geral da Justiça do Trabalho deixam claro que o desconto deverá ser realizado pela empresa, quando da feitura do pagamento das verbas devidas ao trabalhador.

Dispõe o § 5º do art. 33 da Lei n. 8.212/91 que "o desconto de contribuição e de consignação legalmente autorizadas sempre se presume feito oportuna e regularmente pela empresa a isso obrigada, não lhe sendo lícito alegar omissão para se eximir do recolhimento, ficando diretamente responsável pela importância que deixou de receber ou arrecadou em desacordo com o disposto nesta Lei". A presunção estabelecida pela lei é relativa, admitindo prova em sentido contrário. Como no processo não se sabe se a importância é devida ou não no momento da propositura da ação, só se pode falar em verba devida com o trânsito em julgado da sentença, a não ser que se trate efetivamente de uma verba confessadamente não recolhida pela empresa. Temos de entender o uso da expressão "oportuna e regularmente" do referido parágrafo como sendo em relação às verbas pagas em decorrência da sentença, pois a época oportuna e adequada para se fazer o desconto é na execução da sentença.

Se as verbas a ser pagas não foram incluídas na folha de pagamento, pois não foram saldadas ao empregado, que teve de ingressar com ação para postular os seus direitos trabalhistas, não há que se falar que a empresa ficaria diretamente responsável pelos recolhimentos da contribuição previdenciária, pois os direitos do empregado só estão sendo reconhecidos em juízo. Por tais razões é que o desconto pode ser feito na execução, mesmo não havendo determinação na sentença, pois o valor só passou a ser devido com o trânsito em julgado da decisão, tanto é que o recolhimento da contribuição deve ser feito no dia imediato ao da liquidação da sentença.

A única hipótese em que o recolhimento da contribuição previdenciária deveria ficar a cargo inteiramente da empresa seria quando, v. g., o salário não fosse pago, mas fosse incluído em folha de pagamento, reconhecendo a ré que não fez o pagamento na época oportuna. Nesse caso, a contribuição previdenciária seria devida exclusivamente pelo empregador, nos termos do § 5º do art. 33 da Lei n. 8.212/91, visto que inexistiria controvérsia a ser dirimida, em razão do reconhecimento do pedido do autor por parte da ré. O empregador irá responder pela contribuição quando fizer a retenção no salário do empregado e não a recolher.

O § 5º do art. 33 da Lei n. 8.212/91 diz respeito às contribuições descontadas do salário do empregado no curso do contrato de trabalho e não recolhidas pelo empregador. A verba apenas foi reconhecida na sentença, que tem efeito declaratório, e depende do seu trânsito em julgado.

Estabelece o item III da Súmula 368 do TST que, tratando-se de descontos previdenciários, o critério de apuração está disciplinado no art. 276, § 4º, do Decreto n. 3.048/99, que regulamenta a Lei n. 8.212/91 e determina que a contribuição do empregado, no caso de ações trabalhistas, seja calculada mês a mês, aplicando-se as alíquotas previstas no art. 198, observado o limite máximo do salário de contribuição.

O desconto da contribuição previdenciária não poderá ser feito na execução, caso a própria sentença explicitar que o desconto é vedado pelo empregador, havendo seu trânsito em julgado. Nesse caso, deve-se observar a coisa julgada (art. 5º, XXXVI, da Constituição). Se a sentença nada mencionar sobre os descontos previdenciários, será possível fazê-los na execução, pois o que não é proibido é permitido.

Esclarece a Súmula 401 do TST que os descontos previdenciários e fiscais devem ser efetuados pelo juízo executório, ainda que a sentença exequenda tenha sido omissa sobre a questão, dado o caráter de ordem pública ostentado pela norma que os disciplina. A ofensa à coisa julgada somente poderá ser caracterizada na hipótese de o título exequendo, expressamente, afastar a dedução dos valores a título de imposto de renda e de contribuição previdenciária.

Nos acordos poder-se-ia também fazer o desconto quando for feito o pagamento ao trabalhador, ou a empresa pagar diretamente a contribuição, dependendo do que for acordado. Se nada for pactuado, o desconto deverá ser feito pela empresa, por se tratar de determinação de ordem pública, sendo pago ao trabalhador o valor líquido do acordo.

Na competência em que ficar comprovado que a contribuição incidiu sobre o limite máximo do salário de contribuição, não haverá recolhimento de contribuição pelo empregado.

No desconto será aplicado o teto da contribuição do empregado, observando-o mês a mês. O item III da Súmula 368 do TST mostra também que o cálculo é feito mês a mês.

15.4.7 Prazo

O art. 43 da Lei n. 8.212/91 menciona que o pagamento deve ser efetuado de imediato, *incontinenti*. O artigo não fixa data, pois o fato gerador já ocorreu.

O recolhimento das contribuições devidas à Seguridade Social será feito no dia 10 do mês seguinte ao da liquidação da sentença ou da homologação do acordo. O mais razoável é se dizer que o prazo para o recolhimento da contribuição previdenciária é no dia imediatamente subsequente ao do pagamento feito em juízo, tanto em relação à parte relativa ao empregado, como à cota pertinente ao empregador. Não tem fundamento argumentar que o prazo seria de 10 dias. O juiz poderia até dar um prazo de 10 dias para a empresa efetuar a comprovação dos recolhimentos nos autos, mas o prazo de pagamento continuará sendo no dia imediato subsequente. Para o contribuinte, a situação descrita é mais vantajosa.

Se a sentença estabelece as condições para o pagamento das verbas devidas ao reclamante, como seria o caso de pagamento parcelado, as contribuições devidas à Seguridade Social serão recolhidas na mesma data e proporcionalmente ao valor de cada parcela (§ 1º do art. 276 do Decreto n. 3.048/99). Nesse caso, nota-se que o fato gerador passa a ser o pagamento das importâncias devidas ao autor, e não a competência do mês a que se refere a contribuição. Poder-se-ia dizer, entretanto, que o fato gerador não pode ser especificado no regulamento, mas apenas na lei, o que tornaria essa disposição inconstitucional e ilegal, além do que o Decreto n. 3.048/99 regula hipótese não descrita na Lei n. 8.212/91, o que o torna nulo.

15.4.8 Comprovação

A empresa deverá comprovar nos autos o recolhimento das contribuições previdenciárias, tanto da parte que irá ser descontada do trabalhador, como da parte pertinente ao empregador (arts. 3º e 6º do Provimento n. 02/93 da Corregedoria Geral da Justiça do Trabalho).

Caberá à empresa efetuar o cálculo dos valores devidos a título da contribuição previdenciária, inclusive da cota pertinente ao empregador, deduzindo e recolhendo os valores devidos pelo empregado. A empresa deverá, para tanto, adquirir a guia própria para o recolhimento da contribuição previdenciária, preenchendo-a e recolhendo os valores devidos da exação. O Provimento n. 02/93 da Corregedoria Geral da Justiça do Trabalho houve por bem fixar o prazo até o 15º dia do mês subsequente ao da competência, para que a empresa comprove o recolhimento nos autos, mediante uma via da guia com autenticação mecânica do recebimento ou cópia autenticada.

Antes de o juiz enviar os autos ao arquivo, deverá ser verificado se houve o recolhimento das contribuições previdenciárias. Observando a Secretaria da Vara que houve desatendimento do recolhimento da exação previdenciária, ou havendo dúvida sobre o correto recolhimento dos valores, deve o diretor da Secretaria encaminhar ofício a União, com a relação de processos, indicando o número e a identificação das partes. Os referidos autos ficarão à disposição da União pelo prazo de 30 dias, para que esse órgão tome as devidas providências quanto à fiscalização (art. 8º e §§ do Provimento n. 02/93 da Corregedoria Geral da Justiça do Trabalho). Após esse período o juiz irá determinar que os autos sejam encaminhados ao arquivo.

15.4.9 Execução

Da forma como foi redigida a Lei n. 10.035, de 25-10-2000, que dá nova redação ou acrescenta artigos à Consolidação das Leis do Trabalho, a execução da contribuição previdenciária não necessita da inscrição na dívida ativa da contribuição previdenciária não recolhida, pois a União intervirá no feito na execução ou a execução será impulsionada de ofício pelo juiz.

A Lei n. 10.035/2000 mostra que a matéria de execução da contribuição previdenciária será regulada pela Consolidação das Leis do Trabalho, salvo se esta for omissa, quando será aplicada a Lei n. 6.830/80. Na omissão desta, aplica-se o Código de Processo Civil (art. 889 da CLT).

O termo de conciliação lavrado valerá como decisão irrecorrível, salvo para a Previdência Social quanto às contribuições que lhe forem devidas (parágrafo único do art. 831 da CLT).

Mesmo em caso de acordo, a União poderá recorrer da decisão homologatória apenas em relação às contribuições que lhe forem devidas. As partes não poderão recorrer, mas a União o poderá. É o que se observa do § 4º do art. 832, sendo faculdade e não obrigação da União interpor recurso relativo às contribuições que lhe forem devidas.

As decisões cognitivas ou homologatórias deverão sempre indicar a natureza jurídica das parcelas constantes da condenação ou do acordo homologado, inclusive o limite de responsabilidade de cada parte pelo recolhimento da contribuição previdenciária, se for o caso (§ 3º do art. 832 da CLT).

Na sentença que decidir o mérito da questão ou nas decisões homologatórias deverá haver a indicação da natureza jurídica das parcelas deferidas ou homologadas, como aviso-prévio indenizado, férias indenizadas, salário etc., justamente para se verificar se incide ou não a contribuição. Na sentença ou na homologação do acordo será lícito dizer a quem cabe a responsabilidade pela retenção da parte do empregado. Poderão as partes acordar no sentido de que toda a contribuição fique a cargo do empregador. Entretanto, é permitido o desconto da contribuição da parte relativa ao empregado.

A União será intimada na pessoa do Procurador da Fazenda Nacional das decisões homologatórias de acordos que contenham parcela indenizatória, sendo-lhe facultado interpor recurso relativo aos tributos que lhe forem devidos (§ 4º do art. 832 da CLT).

Pela redação do § 4º do art. 832 da CLT, a União só será intimada da sentença homologatória de acordo quanto a parcelas indenizatórias e não quanto a outras parcelas, como as salariais. Nessa parte, relativa às parcelas indenizatórias, poderá interpor recurso ordinário, se o processo estiver na fase de conhecimento.

A Justiça do Trabalho executará, de ofício, as contribuições sociais previstas na alínea *a* do inciso I e no inciso II do *caput* do art. 195 da Constituição, e seus acréscimos legais, relativas ao objeto da condenação constante das sentenças que proferir e dos acordos que homologar (parágrafo único do art. 876 da CLT).

A execução é de ofício, sendo impulsionada sem provocação das partes, inclusive da União. O verbo está empregado no imperativo e não como faculdade do juiz, como consta do art. 878 da CLT. O juiz impulsionará de ofício e não executará, pois não é parte no processo. Na verdade, o juiz tem mesmo é competência para dizer o direito na execução, como se depreende do inciso VIII do art. 114 da Constituição. O impulso de ofício ocorrerá tanto nas decisões da Vara transitadas em julgado ou quanto à homologação de acordos, como quanto a decisões do TRT, de competência originária, como em ação rescisória.

O acordo celebrado após o trânsito em julgado da sentença ou após a elaboração dos cálculos de liquidação de sentença não prejudicará os créditos da União (§ 6º do art. 832 da CLT). Isso se dá em razão da coisa julgada que se estabeleceu.

O Ministro de Estado da Fazenda poderá, mediante ato fundamentado, dispensar a manifestação da União nas decisões homologatórias de acordo em que o montante da parcela indenizatória envolvida ocasionar perda de escala decorrente da atuação do órgão público (§ 7º do art. 832 da CLT).

Faculta-se ao devedor o pagamento imediato da parte que entender devida à Previdência Social, sem prejuízo da cobrança de eventuais diferenças encontradas na execução *ex officio* (art. 878-A da CLT). O devedor poderá pagar de imediato o que entender devido a União. Se ocorrer alguma diferença, verificada na execução, deverá saldá-la posteriormente.

A liquidação abrangerá, também, o cálculo das contribuições previdenciárias devidas incidentes sobre as verbas deferidas, tanto a parte da empresa, como a parte relativa ao empregado (§ 1º-A do art. 879 da CLT), como já se fazia.

Quando o juiz abrir prazo para apresentação de cálculos, deverá intimar as partes para a apresentação do que é devido a título de contribuição previdenciária, incluindo o que irá ser descontado do empregado.

Elaborada a conta pela parte ou pelos órgãos auxiliares da Justiça do Trabalho, o juiz fará a intimação da União, por intermédio do seu procurador, para manifestação, no prazo de dez dias, sob pena de preclusão (§ 3º do art. 879 da CLT). Normalmente, a conta é apresentada pelas próprias partes. Órgão auxiliar poderá ser a contadoria ou a pessoa que faz contas e é nomeada para esse fim pelo juiz. Após a elaboração da conta haverá intimação da União, por intermédio da Procuradoria do referido órgão. A União terá dez dias de prazo para se manifestar sobre a conta, quanto às contribuições previdenciárias incidentes, sob pena de preclusão, de não mais poder discutir o que for homologado, até mesmo em impugnação. Tendo a União discutido a questão, poderá renová-la na impugnação.

A contribuição devida a União passa a ser incluída na execução trabalhista (art. 880 da CLT), tanto a parte relativa ao empregado, como a do empregador. O executado deverá pagar os valores em 48 horas, ou garantir a execução, sob pena de penhora também quanto à parte das contribuições previdenciárias. Não se aplica, portanto, o art. 8º da Lei n. 6.830/80, que prevê prazo de cinco dias para o executado pagar a dívida ou garantir a execução.

Julgar-se-ão na mesma sentença os embargos e as impugnações à liquidação apresentadas pelos credores trabalhista e previdenciário (§ 4º do art. 884 da CLT). A impugnação da União também será julgada na mesma sentença, quanto à incidência das contribuições previdenciárias. O credor trabalhista é o empregado e o credor previdenciário será a União.

Como o § 4º está inserido no art. 884 da CLT e a ele remete à regra geral, a União pode impugnar a liquidação, após garantido o juízo pela penhora, no prazo de 30 dias. Não se aplica aqui prazo em dobro ou em quádruplo para a União, pois a questão está regulada na CLT, não sendo o caso de se observar a Lei n. 6.830/80 (art. 889 da CLT), além do que o Decreto-lei n. 779/69 faz referência a prazo em dobro para recurso ou em quádruplo para a hipótese do art. 841 da CLT, que é para marcar audiência na fase de conhecimento e não na execução.

Os recolhimentos das importâncias devidas, referentes às contribuições sociais, serão efetuados nas agências locais da Caixa Econômica Federal ou do Banco do Brasil S.A., por intermédio de documento de arrecadação da Previdência Social, dele se fazendo constar o número do processo (art. 889-A da CLT). Os recolhimentos da contribuição previdenciária só poderão ser efetuados na CEF ou no Banco do Brasil e não em outras instituições financeiras. O recolhimento será feito por meio de documento de arrecadação das contribuições previdenciárias, sendo mencionado o número do processo trabalhista.

Sendo concedido parcelamento do débito previdenciário perante a Secretaria da Receita Federal, o devedor deverá juntar aos autos documento comprobatório do referido ajuste, ficando suspensa a execução da respectiva contribuição previdenciária até a quitação de todas as parcelas (§ 1º do art. 889-A da CLT). Se não houver o pagamento do parcelamento ou de algumas prestações, a execução irá ser retomada quanto aos referidos aspectos. O juiz só irá suspender a execução se houver a juntada do parcelamento da contribuição. Do contrário, prosseguirá na execução.

As varas do trabalho encaminharão mensalmente à Secretaria da Receita Federal informações sobre os recolhimentos efetivados nos autos, salvo se outro prazo for estabelecido em regulamento (§ 2º do art. 889-A da CLT). O parágrafo não fixa o prazo para esse fim, que dependerá da previsão do regulamento.

Mostra o § 8º do art. 897 da CLT que o recurso cabível para a União da sentença que julga os embargos ou a impugnação é o agravo de petição e não apelação, como é a previsão do art. 35 da Lei n. 6.830/80. Quem irá julgá-lo é o tribunal pleno, quando não dividido em turmas, ou as turmas do TRT. O prazo para recurso da União será o previsto para o agravo de petição, de 8 dias. Como o Decreto-lei n. 779/69 prevê prazo em dobro para a União, o prazo será de 16 dias para apresentação do agravo de petição (art. 1º, III).

Quando o agravo de petição versar apenas sobre as contribuições sociais, o juiz da execução determinará a extração de cópias das peças necessárias, que serão autuadas em apartado, conforme dispõe o § 3º, parte final, e remetidas à instância superior para apreciação, após contraminuta. É mais fácil a extração de cópias das peças para autuação em separado, como, por exemplo, extrair cópias para o recurso da União em relação à decisão, depois de apresentada a contraminuta do agravo de petição.

15.5 CERTIDÃO NEGATIVA DE DÉBITO

É exigida a Certidão Negativa de Débito (CND), fornecida pelo órgão competente, nos seguintes casos:

I – da empresa: (a) na contratação com o Poder Público e no recebimento de benefícios ou incentivo fiscal ou creditício concedidos por ele; (b) na alienação, ou oneração, a qualquer título, de bem imóvel ou direito a ele relativo; (c) na alienação ou oneração, a qualquer título, de bem móvel de valor superior a R$ 73.161,88 incorporado ao ativo permanente da empresa; (d) no registro ou arquivamento, no órgão próprio, de ato relativo a baixa ou redução de capital de firma individual, redução de capital social, cisão total ou parcial, transformação ou extinção de entidade ou sociedade comercial ou civil e transferência de controle de cotas de sociedades de responsabilidade limitada;

II – do proprietário, pessoa física ou jurídica, de obra de construção civil, quando de sua averbação no registro de imóveis, salvo em relação à construção unifamiliar.

III – do incorporador, na ocasião da inscrição de memorial de incorporação no registro de Imóveis;

IV – do produtor rural pessoa física e do segurado especial, quando da constituição de garantia para concessão de crédito rural e qualquer de suas modalidades, por instituição de créditos pública ou privada, desde que comercializem a sua produção com o adquirente domiciliado no exterior ou diretamente no varejo a consumidor pessoa física, a outro produtor rural pessoa física ou a outro segurado especial;

V – na contratação de operações de crédito com instituições financeiras, assim entendidas as pessoas jurídicas públicas ou privadas, autorizadas pelo Banco Central ou por decreto do Poder Executivo a funcionar no Território Nacional, envolvendo recursos públicos, do FGTS ou captados por meio de caderneta de poupança (art. 47 da Lei n. 8.212).

A prova de inexistência de débito deve ser exigida da empresa em relação a todas as suas dependências, estabelecimentos e obras de construção civil, independentemente de local onde estiverem, ressalvado aos órgãos competentes o direito de cobrança de qualquer débito apurado posteriormente.

Quando for exigida a prova de inexistência de débito do incorporador, independe da apresentada no registro de imóveis por ocasião da inscrição do memorial de incorporação.

Fica dispensada a transcrição, em instrumento público ou particular, de inteiro teor do documento comprobatório da inexistência de débito, bastando a referência ao seu número de série e à data da emissão, bem como a guarda do documento comprobatório à disposição dos órgãos competentes.

O documento comprobatório de inexistência de débito poderá ser apresentado em cópia autenticada, dispensada a indicação de sua finalidade, exceto a do item II *supra*.

O prazo de validade da certidão expedida conjuntamente pela Secretaria Especial da Receita Federal do Brasil e pela Procuradoria-Geral da Fazenda Nacional do Ministério da Economia, referente aos tributos federais e à dívida ativa da União por elas administrados, será de até 180 dias, contado da data de emissão da certidão, prorrogável, excepcionalmente, pelo prazo determinado em ato conjunto dos referidos órgãos (art. 47, § 5º, da Lei n. 8.212/91).

Independe de prova de inexistência de débito:

a) a lavratura ou assinatura de instrumento, ato ou contrato que constitua retificação, ratificação ou efetivação de outro anterior para o qual foi feita a prova;
b) a constituição de garantia para concessão de crédito rural, em qualquer de suas modalidades, por instituição de crédito pública ou privada, desde que o produtor rural pessoa física e o segurado especial não sejam responsáveis diretos pelo recolhimento de contribuições sobre a sua produção para a Seguridade Social;
c) a averbação prevista no inciso II supramencionado, relativa a imóvel cuja construção tenha sido concluída antes de 22 de novembro de 1966.

O condômino adquirente de unidades imobiliárias de obra de construção civil não incorporada na forma da Lei n. 4.591/64 poderá obter documento comprobatório de inexistência de débito, desde que comprove o pagamento das contribuições relativas à sua unidade.

A prática de ato com inobservância do que foi exposto anteriormente, ou do seu registro, acarretará a responsabilidade solidária dos contratantes e do oficial que lavrar ou registrar o instrumento, sendo o ato nulo para todos os efeitos.

Os órgãos competentes podem intervir em instrumento que depender de prova de inexistência de débito, a fim de autorizar sua lavratura, desde que o débito seja pago no ato ou o seu pagamento fique assegurado mediante confissão de dívida fiscal com o oferecimento de garantias reais suficientes.

O servidor, o serventuário da Justiça e a autoridade ou órgão que infringirem o que foi anteriormente mencionado incorrerão em multa aplicada na forma do art. 92 da Lei n. 8.212/91, sem prejuízo da responsabilidade administrativa e penal cabível.

15.6 PARCELAMENTO

Parcelamento é a divisão em prestações da dívida ativa tributária já vencida.

São vedados a moratória e o parcelamento em prazo superior a 60 meses e, na forma de lei complementar, a remissão e a anistia das contribuições sociais incidentes sobre a folha de salários e demais rendimento dos segurados que lhe prestam serviços (§ 11 do art. 195 da Constituição).

Não poderão ser objeto de parcelamento as contribuições descontadas dos empregados, inclusive dos domésticos, dos trabalhadores avulsos, dos contribuintes individuais, as decorrentes da sub-rogação e as demais importâncias descontadas na forma da legislação previdenciária (art. 7º da Lei n. 10.666/2003). Em relação às pessoas citadas, o pagamento deve ser feito de imediato e em uma única vez. O parcelamento pode, portanto, ser feito em relação à contribuição da empresa de 20%, da contribuição para custeio de prestações de acidente do trabalho e de aposentadoria especial.

A contribuição descontada dos empregados, inclusive o doméstico, e do trabalhador avulso é feita de acordo com as alíquotas de 7,5%, 9%, 12% ou 14%. A contribuição do contribuinte individual é a prevista no art. 21 da Lei n. 8.212/91 c/c o art. 4º da Lei n. 10.666/2003.

Só poderá ser objeto de parcelamento a contribuição da empresa e não a retida dos empregados, dos domésticos, dos avulsos e dos contribuintes individuais.

O parcelamento pode ser feito em até 180 meses (art 1º da Lei n. 11.941/2009). A manutenção em aberto de três parcelas, consecutivas ou não, ou de uma parcela, estando pagas todas as demais, implicará, após comunicação ao sujeito passivo, a imediata rescisão do parcelamento e, conforme o caso, o prosseguimento da cobrança. As parcelas pagas com até 30 dias de atraso não configurarão inadimplência.

Será concedido ao empregador doméstico o parcelamento dos débitos com o Instituto Nacional do Seguro Social (INSS) relativos à contribuição de que tratam os arts. 20 e 24 da Lei no 8.212/91, com vencimento até 30-4-2013 (art. 40 da Lei Complementar n. 150/2015). O parcelamento abrangerá todos os débitos existentes em nome do empregado e do empregador, na condição de contribuinte, inclusive débitos inscritos em dívida ativa, que poderão ser: I – pagos com redução de

100% (cem por cento) das multas aplicáveis, de 60% (sessenta por cento) dos juros de mora e de 100% (cem por cento) sobre os valores dos encargos legais e advocatícios; II – parcelados em até 120 (cento e vinte) vezes, com prestação mínima no valor de R$ 100,00. O parcelamento deverá ser requerido no prazo de 120 (cento e vinte) dias após a entrada em vigor desta Lei Complementar n. 150/2015. A manutenção injustificada em aberto de três parcelas implicará, após comunicação ao sujeito passivo, a imediata rescisão do parcelamento e, conforme o caso, o prosseguimento da cobrança. Na hipótese de rescisão do parcelamento com o cancelamento dos benefícios concedidos: I – será efetuada a apuração do valor original do débito, com a incidência dos acréscimos legais, até a data de rescisão; II – serão deduzidas do valor referido no inciso I deste parágrafo as parcelas pagas, com a incidência dos acréscimos legais, até a data de rescisão.

O empresário ou a sociedade empresária que pleitear ou tiver deferido o processamento de recuperação judicial poderá parcelar débitos com a Fazenda Nacional em 84 parcelas mensais e consecutivas (art. 10-A da Lei n. 10.522/2002).

15.7 RESTITUIÇÃO E COMPENSAÇÃO DE CONTRIBUIÇÕES

Compensação é uma forma de extinção das obrigações. Se duas pessoas forem ao mesmo tempo credor e devedor uma da outra, as duas obrigações extinguem-se, até onde se compensarem (art. 368 do CC).

A compensação dependerá de lei específica para ser efetuada, sendo feita com créditos líquidos e certos, vencidos ou vincendos, do sujeito passivo contra a União. Sendo vincendo o crédito do sujeito passivo, a lei determinará a apuração do seu montante, não podendo, porém, cominar redução maior do que a correspondente ao juro de 1% ao mês pelo tempo a decorrer entre a data da compensação e a do vencimento (parágrafo único do art. 170 do CTN).

A restituição diz respeito a pagamento de contribuição superior ao devido ou indevido. Pode exigir um processo administrativo para a devolução do valor.

As contribuições sociais das empresas incidentes sobre a remuneração paga ou creditada aos segurados a seu serviço, as dos empregadores domésticos, as dos trabalhadores, incidentes sobre seu salário de contribuição, as contribuições instituídas a título de substituição e as contribuições devidas a terceiros somente poderão ser restituídas ou compensadas nas hipóteses de pagamento ou recolhimento indevido ou maior que o devido, nos termos e condições estabelecidos pela Secretaria da Receita Federal do Brasil (art. 89 da Lei n. 8.212/91). Não me parece correto, pois a matéria deve ser objeto de lei e não de norma administrativa.

O valor a ser restituído ou compensado será acrescido de juros obtidos pela aplicação da taxa referencial do Sistema Especial de Liquidação e de Custódia (Selic) para títulos federais, acumulada mensalmente, a partir do mês subsequente ao do pagamento indevido ou maior que o devido até o mês anterior ao da compensação ou restituição e de 1% relativamente ao mês em que estiver sendo efetuada.

Os valores compensados indevidamente serão exigidos com os acréscimos moratórios de juros de acordo com a taxa Selic e multa de mora, nos termos do art. 35 da Lei n. 8.212/91.

Na hipótese de compensação indevida, quando se comprove falsidade da declaração apresentada pelo sujeito passivo, o contribuinte estará sujeito à multa isolada aplicada no porcentual previsto no inciso I do *caput* do art. 44 da Lei n. 9.430/96, aplicada em dobro, e terá como base de cálculo o valor total de débito indevidamente compensado.

Aplica-se aos processos de restituição das contribuições e do reembolso de salário-família e salário-maternidade o rito previsto no Decreto n. 70.235/72.

As contribuições de terceiros podem ser objeto de restituição ou compensação, o que será feito pela Secretaria da Receita Federal, que é o órgão incumbido de arrecadar a contribuição, que descontará o repasse financeiro à entidade.

Poderá também ser objeto de compensação ou restituição a contribuição recolhida em valor superior ao devido em decorrência da não dedução na época própria de valor referente à quota de salário-família comprovadamente paga a empregado.

15.7.1 Prescrição do direito de pleitear a restituição

O direito de pleitear a restituição ou de realizar a compensação de contribuições ou de outras importâncias extingue-se em cinco anos, contados da data:

a) do pagamento ou recolhimento indevido;

b) em que se tornar definitiva a decisão administrativa ou passar em julgado a sentença judicial que tenha reformado, anulado ou revogado a decisão condenatória.

O prazo da restituição do indébito não é o previsto na Lei n. 8.212/91, mas o disciplinado no art. 168 do CTN, de cinco anos, pois esta norma é lei complementar (art. 146, III, da Constituição).

15.7.2 Reembolso de pagamentos

Restituição é a devolução do tributo recolhido indevidamente ou em valor superior ao devido. Reembolso refere-se a antecipações que o empregador fez ao empregado a título de benefício, como ocorre com o salário-família.

A empresa será reembolsada pelo valor das cotas do salário-família pagas aos segurados a seu serviço, mediante dedução dos valores dos benefícios pagos, no ato do recolhimento das contribuições devidas.

O pagamento do salário-maternidade das empregadas urbana e rural e da trabalhadora temporária é realizado pela própria empresa e não mais pelo INSS.

A compensação é uma forma de extinção das obrigações tributárias. Somente a lei pode estabelecer hipóteses de extinção de créditos tributários (art. 97, VI, do CTN). Prevê o art. 170 do CTN que a lei, que é a ordinária, pode autorizar a compensação de créditos tributários com créditos líquidos e certos, vencidos ou vincendos, do sujeito passivo contra a Fazenda Pública. O § 1º do art. 72 da Lei n. 8.213/91 tem natureza de lei ordinária e atende ao art. 170 do CTN.

A redação original do art. 72 da Lei n. 8.213/91 dispunha que a compensação pela empresa seria feita quando do recolhimento das contribuições sobre a folha de salários.

Dispõe o § 1º do art. 72 da Lei n. 8.213/91 que será feita a compensação pela empresa do pagamento do salário-maternidade quando do recolhimento das obrigações incidentes sobre a folha de salários e demais rendimentos pagos ou creditados, a qualquer título, à pessoa física que lhe preste serviço. Os pagamentos realizados pela empresa incidentes sobre a folha de salários são, por exemplo, a contribuição de 20% da empresa, a de acidente do trabalho, os relativos ao custeio da aposentadoria especial. A compensação é feita, também, com a contribuição previdenciária devida em relação a demais rendimentos pagos ou creditados, a qualquer título, à pessoa física que lhe preste serviço, como ocorre com os autônomos, em que a empresa tem de recolher a contribuição de 20%.

Não pode ser feita a compensação com as contribuições de terceiros, pois não pertencem à Previdência Social, mas aos sistemas respectivos, nem sobre as contribuições retidas dos empregados, pois o § 1º do art. 72 não se refere à contribuição do trabalhador, mas à da empresa (art. 195, I, *a*, da Constituição).

Se da dedução resultar saldo favorável, a empresa receberá, no ato da quitação, a importância correspondente.

Verificação de aprendizagem

1. Qual o conceito de crédito da Seguridade Social?
2. Quais são os prazos dos recursos administrativos?
3. Como se procede o depósito recursal para recorrer de multa atribuída pelo INSS? É constitucional ou legal o referido entendimento?

4. Qual o conceito de dívida ativa da Seguridade Social?
5. Qual o prazo de prescrição do direito de pleitear a restituição de contribuições pagas indevidamente?
6. Qual o procedimento para reembolsos de pagamentos?
7. Qual a função do juiz no processo quanto ao recolhimento das contribuições previdenciárias?
8. Como se procede o recolhimento da contribuição previdenciária na liquidação de sentença?
9. O que se entende por discriminação das verbas pagas?
10. É possível fazer o desconto da contribuição previdenciária relativa ao empregado?
11. Qual o prazo para o recolhimento da contribuição previdenciária nos processos trabalhistas?
12. Como se deve fazer a comprovação do recolhimento da contribuição e qual o prazo?

Capítulo 16

DECADÊNCIA E PRESCRIÇÃO RELATIVAS À CONTRIBUIÇÃO DA SEGURIDADE SOCIAL

16.1 DECADÊNCIA

16.1.1 Conceito

"Decadência" provém do latim *cadens*, de *cadere* (cair, perecer, cessar). É palavra formada pelo prefixo latino *de* (de cima de), pela forma verbal *cado* (*decadere*) e pelo sufixo *encia* (ação ou estado), tendo por significado a ação de cair ou o estado daquilo que caiu.

Juridicamente, decadência indica a extinção do direito pelo decurso do prazo fixado a seu exercício. *Decadência* é palavra que tem por significado "caducidade", "prazo extintivo ou preclusivo", que compreende a extinção do direito.

16.1.2 Distinção

Distingue-se a decadência da prescrição, embora ambas tenham pontos em comum. Decorrem da inércia do detentor do direito, em dado período.

Na decadência, há a perda do direito pelo decurso de prazo. Na prescrição, ocorre a perda da pretensão ao direito pela inércia da pessoa.

A decadência não é interrompida ou fica suspensa, ao contrário da prescrição.

16.1.3 Decadência da contribuição previdenciária

A decadência é o direito de o sujeito ativo constituir o crédito tributário com o lançamento em certo período. A prescrição corresponde à perda do direito de ação para a cobrança do crédito tributário se decorrido um lapso de tempo, contado da data de sua constituição definitiva.

Implica a decadência o direito de constituir o crédito, de formalizá-lo, o que ocorre com o lançamento. A consequência é a exigibilidade do crédito. Se não há a constituição, não poderá existir a exigência. O objeto da decadência é o direito, que deve ser exercido dentro do tempo especificado na lei. Não observado esse prazo, o direito fica extinto.

A decadência importa o decurso de tempo para a constituição do crédito da Seguridade Social, implicando a perda da possibilidade de constituição e a exigibilidade do direito ao crédito da respectiva contribuição. O direito subjetivo de o sujeito ativo exigir o tributo deixa de existir, extinguindo-se o débito.

O prazo de decadência era tomado por base no parágrafo único do art. 80 da Lei n. 3.807/60 (LOPS), que determinava que os comprovantes discriminativos dos lançamentos das contribuições de previdência deveriam ser arquivados na empresa por cinco anos, para efeito de fiscalização e arrecadação das referidas contribuições. Havia, assim, cinco anos para a previdência social constituir o crédito previdenciário para poder exigi-lo, que se constituía no prazo decadencial. Poder-se-ia entender, portanto, que o prazo de decadência era de cinco anos para a constituição do crédito do referido fundo. O extinto TFR entendia que o prazo de decadência para a constituição do crédito relativo à Previdência Social era de cinco anos (Súmula 108 do TFR).

16.1.4 Contagem de prazo

Deve o prazo de decadência ser contado: (a) do primeiro dia do exercício seguinte àquele que houver anulado, por vício formal, o lançamento anteriormente efetuado; (b) da data em que se tornar definitiva a decisão que houver anulado, por vício formal, o lançamento anteriormente efetuado. A Súmula 219 do TFR também declarava que, "não havendo antecipação de pagamento, o direito de constituir o crédito previdenciário extingue-se decorridos 5 (cinco) anos do primeiro dia do exercício seguinte àquele em que ocorreu o fato gerador".

O direito de constituição do crédito extingue-se definitivamente com o decurso do prazo anteriormente mencionado, contado da data em que tenha sido iniciada a constituição do crédito por notificação, ao sujeito passivo, de qualquer medida preparatória indispensável ao lançamento (parágrafo único do art. 173 do CTN).

Tratando-se de decadência, não haverá interrupção ou suspensão da fluição da contagem do prazo para a constituição do crédito relativo à contribuição previdenciária.

16.2 PRESCRIÇÃO

16.2.1 Histórico

A prescrição é um instituto que se relaciona com a ação. Historicamente, a prescrição surgiu no sistema formulário no processo romano, como exceção. O pretor, ao criar uma ação, previa um prazo dentro do qual ela deveria ser exercida, sob pena de prescrição. Esta, assim, constituía um instrumento contra o titular do direito que deixou de protegê-lo por meio da ação. Pela prescrição, portanto, o que se atinge é a ação.

No Direito Romano, indicavam-se três fontes como fundamentos para a prescrição: (a) para a não fixação de relações jurídicas incertas; (b) visando castigar a negligência; e (c) de sempre haver interesse público.

No Direito Previdenciário, o Decreto n. 20.465/31, que criou as Caixas de Aposentadorias e Pensões (CAPs), mencionava a inexistência de prazo para a cobrança da contribuição (art. 9º). O Decreto n. 35.448/54, que regulamentava a Lei Orgânica dos Seguros Sociais no Brasil (Lei n. 7.526/45), também entendia da mesma forma (art. 65).

O art. 144 da Lei n. 3.807/60 (LOPS) previa que "o direito de receber ou cobrar as importâncias que lhes sejam devidas prescreverá, para as instituições de previdência social, em trinta anos".

16.2.2 Conceito

Praescripto (do verbo *praescribero*, de *prae* + *scribero*), "escrever antes do começo", lembra-nos a parte preliminar (escrita antes) da fórmula em que o pretor romano determinava, ao juiz, a absolvição do réu, caso estivesse esgotado o prazo de ação. Uma vez extinto o lapso de tempo para o uso da ação, cabia a exceção de "prescrição temporal", em razão da falta do exercício da ação. Isto se dava no Direito Pretoriano, pois no Direito Romano antigo as ações eram perpétuas ou inatingíveis. Com a evolução do conceito de prescrição, esta passou a significar a extinção da ação pela expiração do prazo de sua duração (exercício tardio da ação). Há necessidade de se ter certeza e estabilidade nas relações jurídicas, respeitando o direito adquirido, de acordo com determinado espaço de tempo. O interesse público não se compadece com a incerteza das relações jurídicas, criadoras de desarmonia e instabilidade, e que é protegido quando se baixam normas de prescrição, evitando que se eternizem, sem solução, as situações duvidosas ou controvertidas. As pretensões tardias são inadmissíveis, trazendo incertezas nas relações humanas. Trata-se, pois, de um instituto de ordem jurídica que estabiliza as relações jurídicas. Na ordem pública, os fatos que por muito tempo não sofrem contestação adquirem a presunção de se acharem elaborados e terem gerado direito, pelo que não convém aos interesses sociais a modificação de tal situação. Na conhecida frase de Windscheid: "O que durou muito tempo, só por essa razão, parece alguma coisa de sólido e indestrutível".

A prescrição tem um conceito não específico ao Direito da Seguridade Social, mas no ordenamento jurídico pátrio em geral.

O art. 189 do Código Civil mostra que a prescrição não é mais perda do direito da ação, mas perda da exigibilidade do direito ou da pretensão do direito em razão do decurso do prazo.

A decadência é chamada de caducidade ou de prazo extintivo, importando na perda do direito pelo decurso de prazo e não na perda do direito de ação.

Representa a prescrição o fenômeno extintivo de uma ação ajuizável, em razão da inércia de seu titular, durante determinado espaço de tempo que a lei estabeleceu para esse fim. O silêncio da relação jurídica durante um espaço de tempo determinado pela lei significa a perda da ação atribuída a um direito e da correspondente capacidade defensiva. Tem a prescrição um interesse público que visa à harmonia social e ao equilíbrio das relações jurídicas, tuteladas pela ordem pública.

Não estabelecer prazo de prescrição seria entender que o devedor deveria manter indefinidamente os comprovantes de pagamento da dívida.

16.2.3 Requisitos da prescrição

Para que ocorra a prescrição, mister se faz a existência dos seguintes pressupostos: existência de uma ação exercitável pelo titular de um direito; inércia desse titular em relação ao uso da ação durante certo tempo; ausência de um ato ou um fato a que a lei atribua uma função impeditiva (suspensiva ou interruptiva) do curso do prazo prescricional.

16.2.4 Prescrição da contribuição previdenciária

No que diz respeito às contribuições de natureza tributária, a decadência corresponde ao direito de constituição do referido crédito, importando na perda do direito se não for observado. A prescrição seria a perda do direito de ação pelo decurso de tempo para a cobrança do crédito pertinente às citadas contribuições.

O prazo de prescrição é contado da data da constituição definitiva do crédito tributário, quando não mais é possível a interposição de qualquer recurso.

Os prazos de prescrição e decadência normalmente decorrem da natureza jurídica do instituto a que estão ligados.

Até a edição do Código Tributário Nacional (Lei n. 5.172/66), a contribuição previdenciária não tinha natureza tributária.

O art. 144 da Lei n. 3.807/60 (LOPS) explicitava que "o direito de receber ou cobrar as importâncias que lhes sejam devidas prescreverá, para as instituições de previdência social, em trinta anos". *Receber* talvez teria o sentido de recolhimento espontâneo. Para Marly Cardone, o direito de receber seria a decadência e o de cobrar, a prescrição[1]. Assim, o referido prazo era de prescrição e de decadência ao mesmo tempo. Se o INPS constituía o crédito em 10 anos, tinha 20 anos para cobrá-lo, totalizando os 30 anos. Não me parece ser assim. O dispositivo fala em cobrar e em prescrição. Logo, é a ação de cobrança e não o prazo para a constituição do crédito da Previdência Social.

O prazo previsto no art. 144 da Lei n. 3.807/60 era dilatado em razão de estar ligado à aposentadoria, que poderia ser obtida aos 30 anos. O legislador talvez tenha estabelecido o longo prazo com o objetivo de poder ser feita a cobrança em razão da precariedade da fiscalização e do excesso de contribuições a fiscalizar, de modo a não haver prejuízo na arrecadação.

O art. 144 da Lei n. 3.807/60 (LOPS) foi, porém, revogado pelo Código Tributário Nacional. No mesmo sentido, o entendimento de Antônio Álvares da Silva[2] e Luiz Mélega[3]. Há, ainda, precedentes jurisprudenciais em que foi relator o Ministro Décio Miranda (Ac. 35.923-RJ; AgP 36.675-MG; AMS 76.153-BA). O Código Tributário Nacional é lei complementar e disciplinou os prazos de prescrição e decadência para a cobrança de tributos, além do que o mesmo Código determinou a natureza tributária da contribuição previdenciária no inciso II do art. 217, ao prevê-lo como outras formas de contribuições. As hipóteses de prescrição e decadência previdenciárias seriam reguladas pelos arts. 173 e 174 do CTN, que tratam

---

1 CARDONE, Marly A. *Pequeno dicionário de direito previdencial*. São Paulo: LTr, 1983. p. 92.

2 *Prescrição das contribuições do FGTS*. Rio de Janeiro: Aide. 1987. p. 112.

3 Natureza jurídica da contribuição de previdência social. In: *Direito tributário*: estudos em homenagem ao prof. Ruy Barbosa Nogueira. São Paulo: Saraiva, 1984. p. 393.

de decadência e prescrição tributária. O prazo de decadência seria de cinco anos para o INPS constituir o crédito previdenciário. Era regulado o prazo de prescrição no art. 174 do CTN, que prevê que "a ação para a cobrança do crédito tributário prescreve em 5 anos, contados da data da sua constituição definitiva", e que, portanto, revogava o art. 144 da Lei n. 3.807/60.

O Decreto-lei n. 72, de 21-11-1966, dispunha no art. 45 que "ficam mantidas as disposições da Lei n. 3.807, de 26-8-1960, que não contrariem o disposto neste decreto-lei, e revogam-se quaisquer outras disposições em contrário". O decreto-lei não poderia manter o que tinha sido revogado pelo Código Tributário Nacional (Lei n. 5.172/66). A repristinação do dispositivo tem de ser expressa e não genérica.

O Supremo Tribunal Federal tem orientação de que os prazos de decadência e prescrição relativos a períodos anteriores à Emenda Constitucional n. 8/77, são quinquenais (STF, RE 113.209-4/SP, 2ª T., j. 22-5-1987, Rel. Min. Octávio Gallotti. *Revista de Previdência Social*, n. 84, 1987, p. 655), pois considerava, até essa época, como tributária a natureza jurídica da contribuição previdenciária.

A Emenda Constitucional n. 8/77, deu nova redação ao inciso I do § 2º do art. 21 da Emenda Constitucional n. 1/69, dispondo que a União poderia instituir "contribuições, observada a faculdade prevista no item I deste artigo, tendo em vista intervenção no domínio econômico ou o interesse de categorias profissionais e para atender diretamente a parte da União no custeio dos encargos da previdência social". A Emenda Constitucional n. 8/77, acrescentou ainda o inciso X ao art. 43 da Constituição, prevendo "contribuições sociais para custear os encargos previstos (...)" para a previdência social. A partir da edição da Emenda Constitucional n. 8/77, o STF passou a acolher a tese de que a contribuição previdenciária não mais estava sujeita às disposições do Código Tributário Nacional.

O § 9º do art. 2º da Lei n. 6.830/80, deixou expresso que "o prazo para a cobrança das contribuições previdenciárias *continua* a ser o estabelecido no art. 144 da Lei n. 3.807, de 26-8-1960". "Continuar" quer dizer "prosseguir, prolongar sem interrupção, fazer com que não se interrompa"[4]. Ocorre que o art. 144 da Lei n. 3.807/60 tinha sido revogado pelo Código Tributário Nacional, não podendo a Lei n. 6.830/80 estabelecer que ainda estava em vigor o art. 144 da Lei n. 3.807/60, quando este já havia sido revogado. A lei posterior revoga a anterior se for com ela incompatível (§ 1º do art. 2º do Decreto-lei n. 4.657/42). É o que ocorria com o

---

4 FERREIRA, Aurélio Buarque de Holanda. *Novo dicionário da língua portuguesa*. Rio de Janeiro: Nova Fronteira, s. d.

art. 144 da Lei n. 3.807/60, pois passava a ser incompatível com o art. 174 do CTN. Não poderia o § 9º do art. 2º da Lei n. 6.830/80 revigorar o que estava revogado. Ressalta-se que não se pode dar efeito repristinatório à Lei n. 6.830/80, pois inclusive o § 2º do art. 3º do Decreto-lei n. 4.657/42 determina que, "salvo disposição em contrário, a lei revogada não se restaura por ter a lei revogadora perdido a vigência". Entendia-se também que a natureza jurídica da contribuição previdenciária era tributária nesse período, devendo, portanto, observar as disposições do Código Tributário Nacional. O próprio inciso II do art. 217 do CTN indica a natureza tributária da contribuição previdenciária. Não poderia uma lei ordinária (Lei n. 6.830/80) revogar uma lei complementar (Código Tributário Nacional; por força do art. 7º do Ato Complementar n. 36, de 13-3-1967, a Lei n. 5.172/66, passou a denominar-se Código Tributário Nacional), que tratava das normas gerais de direito tributário mencionada pela Emenda Constitucional n. 1/69 (§ 1º do art. 18), pois seus campos de atuação eram diversos. A Lei n. 6.830/80, por ser lei ordinária, não poderia invadir o domínio da lei complementar, dispondo sobre matéria de sua competência. Assim, tal norma não poderia alterar o Código Tributário Nacional. Luiz Mélega também entende que o § 9º do art. 2º da Lei n. 6.830/80 não revigorou o art. 144 da Lei n. 3.807/60[5]. Para versar sobre essas normas gerais de direito tributário, deveria ser editada lei complementar, inclusive no que diz respeito ao FGTS e à contribuição da previdência social. Isso não poderia ser feito, portanto, por lei ordinária, como se estabeleceu na Lei n. 6.830/80. Assim, o prazo de prescrição da contribuição previdenciária só podia ser o de cinco anos descrito no art. 174 do CTN. A Súmula 107 do TFR indicava também o prazo de prescrição de cinco anos.

A Procuradoria do Iapas entendia que o prazo de decadência era de cinco anos após a Emenda Constitucional n. 8/77, mas o de prescrição seria de 30 anos (Parecer CJ/MPAS n. 085/89). Quanto ao prazo de decadência, não há dúvida, pois a Súmula 108 do extinto Tribunal Federal de Recursos tinha firmado o entendimento de que "a constituição do crédito previdenciário está sujeita ao prazo de decadência de 5 (cinco) anos". A Súmula 219 do TFR dizia que, "não havendo antecipação de pagamento, o direito de constituir o crédito previdenciário extingue-se decorridos cinco anos do primeiro dia do exercício seguinte àquele em que ocorreu o fato gerador". No que diz respeito, porém, ao prazo de prescrição é que fica a controvérsia, se de cinco ou de 30 anos.

Se se pretendia dizer que o prazo de prescrição da contribuição previdenciária era de 30 anos, isso deveria ser feito de maneira expressa ou então a lei deveria

---

5 MÉLEGA, Luiz. 1984. p. 393.

revigorar expressamente o art. 144, da Lei n. 3.807/60, o que não foi feito pelo § 9º do art. 2º da Lei n. 6.830/80. Este nem mesmo estabeleceu prazo de prescrição, não determinando que o prazo da prescrição seria de tantos anos, apenas mencionou que continuava em vigor aquilo que já estava revogado, isto é, o art. 144 da Lei n. 3.807/60.

Pode-se afirmar que, em relação aos fatos geradores que ocorreram antes da Emenda Constitucional n. 8/77, o prazo de prescrição era quinquenal, com fundamento no art. 174 do CTN, que revogou o art. 144 da Lei n. 3.807/60. As contribuições que tiveram fato gerador entre a Emenda Constitucional n. 8/77 e a Lei n. 6.830/80, o prazo seria quinquenal, pela incidência do princípio da continuidade das normas jurídicas, pois não havia norma legal especial tratando do tema. Assim, aplicar-se-ia a prescrição contida no art. 174 do CTN, já que o art. 144 da Lei n. 3.807/90 estava revogado. Somente com a Lei n. 6.830/80 é que o prazo teria passado a ser trintenário, o que não é o meu pensamento.

O TFR passou a entender novamente que a prescrição era trintenária com a Lei n. 6.830/80:

> Tributário. Prescrição. Contribuições previdenciárias. Lei nova que aumenta prazo de prescrição. Aplicação. Lei n. 3.807, de 26-8-60, art. 144, CTN, art. 174, Lei n. 6.830, de 1980, art. 2º, § 9º.
> I – o art. 144 da Lei n. 3.807, de 1960, que estabelecia a prescrição trintenária do crédito previdenciário, foi revogado pelo art. 174 do CTN. Todavia, não obstante o caráter tributário do crédito previdenciário, a partir da vigência da Lei n. 6.830, de 1980, art. 2º, § 9º, ficou o mesmo sujeito à prescrição trintenária;
> II – aplicabilidade da lei nova à prescrição em curso;
> III – recurso provido (Ac. 82.128-SP, 4. T., j. 2-5-1983, *JTFR, Lex*, v. 21, 9.83, p. 128).

A contribuição previdenciária continua tendo a natureza jurídica de tributo, pois pode ser enquadrada na hipótese do art. 149 da Constituição, sendo uma contribuição social. O art. 149 da Lei Maior remete o intérprete ao inciso III do art. 146 da mesma norma. A alínea *b* do inciso III do art. 146 da Norma Ápice estabelece que os prazos de prescrição e decadência devem ser determinados por lei complementar. No caso, a Lei n. 8.212/91 não é lei complementar, mas ordinária. Na verdade, o que caracteriza a natureza jurídica específica do tributo é seu fato gerador, sendo irrelevantes a denominação adotada pela lei e a destinação legal do produto de sua arrecadação (art. 4º do CTN). A arrecadação do tributo pode ser delegada (art. 7º do CTN). Logo, os prazos de decadência e prescrição para a cobrança da contribuição previdenciária continuam sendo de cinco anos, determinados nos arts. 173 e 174 do CTN, que é a lei complementar à Constituição.

16.3 DECADÊNCIA E PRESCRIÇÃO

16.3.1 Decadência

Decadência, para fins da contribuição previdenciária, é a perda do direito de constituir o crédito da Seguridade Social em razão do decurso do prazo previsto em lei.

O direito de a Seguridade Social apurar e constituir seus créditos extingue-se após cinco anos (art. 173 do CTN). Trata-se de prazo de decadência. A própria lei emprega a expressão *direito de constituir o crédito*. Se fosse prazo de prescrição, utilizaria a expressão *direito de ação* ou *prazo para a cobrança*.

O prazo de decadência para constituir o crédito da Seguridade Social é contado: (a) do primeiro dia do exercício seguinte àquele em que o crédito poderia ter sido constituído; (b) da data em que se tornar definitiva a decisão que houver anulado, por vício formal, a constituição de crédito que tivesse sido anteriormente efetuado. Na verdade, inexiste suspensão do prazo decadencial na hipótese da letra *b*, mas o lançamento deixa de existir. A União passa a ter um novo direito de constituir o crédito da Seguridade Social. Não se trata de interrupção ou suspensão da decadência, mas de novo direito, com novo prazo decadencial. A anulação determina a abertura de novo prazo decadencial.

A Súmula 219 do TFR declara que, "não havendo antecipação de pagamento, o direito de constituir o crédito previdenciário extingue-se decorridos cinco anos do primeiro dia do exercício seguinte àquele em que ocorreu o fato gerador".

A constituição do crédito é o levantamento do débito do contribuinte, mediante a Notificação Fiscal de Lançamento de Débito.

O empregador deve guardar os documentos pertinentes ao recolhimento das contribuições previdenciárias por cinco anos, que é o prazo de decadência de a União constituir o crédito da Seguridade Social. Se a lei dispõe que a empresa não precisa guardar os documentos após esse prazo, evidentemente não poderá exigir sua apresentação, nem poderá exigir a respectiva contribuição.

O direito de constituição do crédito extingue-se definitivamente com o decurso de prazo nele previsto, contado da data em que tenha sido iniciada a constituição do crédito tributário pela notificação, ao sujeito passivo, de qualquer medida preparatória indispensável ao lançamento (parágrafo único do art. 173 do CTN).

O contribuinte individual que pretenda contar como tempo de contribuição, para fins de obtenção de benefício no Regime Geral de Previdência Social ou de contagem recíproca de tempo de contribuição, período de atividade remunerada alcançada pela decadência deverá indenizar o INSS (art. 45-A da Lei n. 8.212/91).

Isso se deve ao fato de que o regime de Previdência Social é contributivo em relação ao segurado (art. 201 da Constituição). Mesmo havendo prescrição para cobrar a contribuição, o segurado contribuinte individual vai ter que indenizar o INSS se quiser obter o benefício contando certo período de contribuição que estava prescrito. Se houve decadência, não deveria o contribuinte ter de indenizar o INSS, pois houve inércia da União em cobrar a contribuição. Não se trata exatamente de indenização, pois não é o caso de responsabilidade civil. O valor da indenização corresponderá a 20%: (1) da média aritmética simples dos maiores salários de contribuição, reajustados, correspondentes a 80% de todo o período contributivo decorrido desde a competência julho de 1994; ou (2) da remuneração sobre a qual incidem as contribuições para o regime próprio de previdência social a que estiver filiado o interessado, no caso da indenização para fins de contagem recíproca, observado o teto de salário de contribuição e o disposto em regulamento. Sobre os valores apurados incidirão juros moratórios de 0,5% ao mês, capitalizados anualmente, limitados ao percentual máximo de 50% e multa de 10%. O disposto acima não se aplica aos casos de contribuições em atraso não alcançadas pela decadência do direito de a Previdência constituir o respectivo crédito, obedecendo-se, em relação a elas, as disposições aplicadas às empresas em geral.

16.3.2 Prescrição

Prescrição é a perda da exigibilidade do crédito da Seguridade Social pelo decurso do prazo previsto em lei.

Prescreve o direito de ação de cobrar os créditos devidos à Seguridade Social em cinco anos (art. 174 do CTN). O direito de ação (*actio nata*) da União nasce com a constituição do crédito previdenciário pelo lançamento. A partir da constituição do crédito previdenciário, tem a União cinco anos para cobrar a exação não recolhida.

A contribuição previdenciária continua tendo a natureza jurídica de tributo, pois pode ser enquadrada na hipótese do art. 149 da Constituição, sendo uma contribuição social. O art. 149 da Lei Maior remete o intérprete ao inciso III, do art. 146 da mesma norma.

Dispõe a alínea *b* do inciso III do art. 146 da Norma Ápice:

> Art. 146. Cabe à lei complementar: (...)
> III – estabelecer normas gerais em matéria de legislação tributária, especialmente sobre: (...)
> b) obrigação, lançamento, crédito, prescrição e decadência tributários.

No caso, a Lei n. 8.212/91 não é lei complementar, mas ordinária. Na verdade, o que caracteriza a natureza jurídica específica do tributo é o seu fato gerador, sendo irrelevantes a denominação adotada pela lei e a destinação legal do produto da sua arrecadação (art. 4º do CTN). Logo, os prazos de decadência e prescrição para a cobrança da contribuição previdenciária continuam sendo de cinco anos, determinados nos arts. 173 e 174 do CTN, que é a lei complementar à Constituição.

A prescrição e a decadência são normas de direito material. No caso, a Constituição (art. 146, III, *b*) inclui as normas sobre prescrição e decadência como regras de Direito Tributário, no capítulo pertinente às disposições gerais sobre direito tributário. Assim, só por lei complementar é que se pode estabelecer prazos de prescrição e de decadência em matéria de seguridade social, pois inclusive o próprio art. 149 da Constituição remete o intérprete ao § 6º do art. 195 da mesma norma, o que mostra a natureza tributária da contribuição e a necessidade de que aqueles prazos sejam fixados por lei complementar. Assim, estariam em vigência, ainda, os prazos de prescrição e decadência determinados pelo Código Tributário Nacional e que seriam aplicados para a contribuição securitária.

O ideal seria que os prazos de decadência e prescrição da contribuição previdenciária em relação ao homem fossem de 35 anos e quanto à mulher, de 30 anos, pois são os prazos para a concessão do benefício de aposentadoria por tempo de contribuição para homem e mulher. O art. 201 da Constituição é claro no sentido de que o regime de previdência social é contributivo. Exige, portanto, contribuição por parte do próprio trabalhador. Sem contribuição ele não pode receber o benefício. A Lei n. 3.807/60 previa, por exemplo, o prazo de prescrição de 30 anos para ser cobrada a contribuição previdenciária (art. 144). Sob esse ângulo, por exemplo, era melhor, pois permitia ao órgão previdenciário cobrar o benefício, por um tempo maior, em decorrência de que seria concedido benefício ao segurado pelo tempo trabalhado. A lei complementar poderia dispor de prazo diferenciado para a contribuição previdenciária em razão da peculiaridade da referida contribuição e de exigir contribuição por parte do próprio segurado para conceder benefícios de Previdência Social.

São inconstitucionais os prazos de decadência e prescrição previstos nos arts. 45 e 46 da Lei n. 8.212/91, por violarem a letra *b* do inciso III do art. 146 da Constituição (Súmula Vinculante n. 8 do STF). A Lei Complementar n. 128/2008 revogou os arts. 45 e 46 da Lei n. 8.212/91.

Continuam em vigor os prazos de decadência e prescrição previstos nos arts. 173 e 174 do CTN, por terem natureza de lei complementar.

A empresa tem de guardar os comprovantes de recolhimento da contribuição previdenciária por cinco anos, que é o prazo para a constituição do crédito da Seguridade Social pelo lançamento.

A prescrição dos créditos tributários pode ser reconhecida de ofício pela autoridade administrativa. O reconhecimento de ofício aplica-se às contribuições sociais da empresa, incidente sobre a folha de salários, a remuneração paga ou creditada a segurados a seu serviço, as do empregador doméstico, as dos trabalhadores, incidentes sobre o salário de contribuição, às contribuições instituídas a título de substituição e às contribuições devidas a terceiros, assim entendidas outras entidades e fundos.

A prescrição se interrompe:

a) pelo despacho do juiz que ordenar a citação em execução fiscal;
b) pelo protesto judicial;
c) por qualquer ato judicial que constitua em mora o devedor. Aqui se trata de ato judicial e não de ato administrativo do sujeito ativo;
d) por qualquer ato inequívoco, ainda que extrajudicial, que importe em reconhecimento do débito pelo devedor (parágrafo único do art. 174 do CTN).

Tratando-se de interrupção de prazo, começa a correr novamente todo o prazo interrompido de prescrição.

A interrupção do prazo de prescrição não está prevista no art. 46 da Lei n. 8.212/91. Anteriormente, era prevista no parágrafo único do art. 71 do Decreto n. 612/92. O art. 71 do Decreto n. 2.173/97 não tratou do tema, nem o art. 349 do RPS, mas é razoável se utilizar da orientação do Código Tributário Nacional, até diante do fato de que a contribuição previdenciária tem natureza tributária.

A Lei n. 8.212/91 não versa sobre suspensão do prazo de prescrição.

a) Despacho do juiz

A prescrição é interrompida pelo despacho do juiz que ordenar a citação em execução fiscal. O prazo começa a correr novamente por inteiro com a interrupção.

A citação é o ato pelo qual são convocados o réu, o executado ou o interessado para integrar a relação processual (art. 238 do CPC/2015). Na verdade, a citação é o ato que se chama o réu, o executado, para se defender na relação processual, se o desejar.

A interrupção da prescrição não será mais decorrente da citação feita na pessoa do devedor. A citação não se interrompe pela mera distribuição da execução em juízo.

A citação válida é que torna prevento o juízo, induz litispendência e faz litigiosa a coisa; e, ainda quando ordenada por juiz incompetente, constitui em mora o devedor e interrompe a prescrição (art. 240 do CPC/2015). A interrupção da prescrição retroagirá à data da propositura da ação (§ 1º do art. 240 do CPC/2015). O autor deverá promover a citação do réu nos 10 dias subsequentes ao despacho que a ordenar, não ficando prejudicada pela demora imputável exclusivamente ao serviço judiciário. Deixando de ser efetuada a citação nos prazos anteriormente mencionados, haver-se-á não interrompida a prescrição.

A propositura da execução, deferida pelo juiz, por meio de despacho determinando a citação, interrompe a prescrição.

É necessário, porém, que a citação seja feita no prazo previsto nos parágrafos do art. 240 do CPC para que haja a interrupção da prescrição.

Assim, para interromper a prescrição não basta apenas a distribuição da execução. É preciso que seja deferida a citação pelo juiz, sendo esta feita pelo autor no prazo legal.

b) Pelo protesto judicial

O protesto judicial é medida proposta em juízo de jurisdição voluntária, prevista nos arts. 726 a 729 do CPC/2015. Não se trata, portanto, de medida administrativa ou extrajudicial.

É o protesto judicial utilizado pela Fazenda Pública sempre que o prazo prescricional está para vencer (art. 202, II, do Código Civil), sem que haja a possibilidade do ajuizamento da execução fiscal.

c) Ato judicial que constitua o devedor em mora

Trata-se de qualquer ato judicial que venha a constituir o devedor em mora. Não é, portanto, um ato administrativo. Não é um ato extrajudicial.

Neste item serão incluídas a notificação judicial, a interpelação judicial, intimações etc. Não se insere no item em comentário o protesto judicial, que está incluído no tópico anterior.

No caso, o sujeito ativo estará manifestando sua intenção em receber o crédito que lhe é devido.

d) Qualquer ato inequívoco do devedor

A última hipótese de interrupção da prescrição ocorre com qualquer ato inequívoco, ainda que extrajudicial, que importe em reconhecimento do débito pelo devedor. Aqui, estamos diante de ato do devedor de reconhecer que deve ao sujeito ativo. Não se trata de ato do credor.

O ato tanto poderá ser judicial, como até mesmo extrajudicial, no reconhecimento do débito pelo sujeito passivo.

A manifestação inequívoca é que não deixa qualquer margem de dúvidas.

Ao se falar em *ato* e em *manifestação inequívoca*, deve-se entender por manifestação expressa, que pode ser verbal ou escrita. Entretanto, difícil será o reconhecimento da manifestação tácita. Seria uma declaração escrita, uma carta, o pedido de parcelamento do crédito tributário etc.

Interrompida a prescrição, o prazo começa a correr integralmente de novo.

O juiz suspenderá o curso da execução enquanto não for localizado o devedor ou encontrados bens sobre os quais possa recair a penhora, e, nesses casos, não correrá prazo de prescrição (art. 40 da Lei n. 6.830/80). Suspenso o curso da execução, será aberta vista dos autos ao representante da União. Decorrido o prazo máximo de um ano, sem que seja localizado o devedor ou encontrados bens penhoráveis, o juiz ordenará o arquivamento dos autos. Encontrados que sejam, a qualquer tempo, o devedor ou os bens, serão desarquivados os autos para prosseguimento da execução (§ 3º do art. 40 da Lei n. 6.830/80).

Em execução fiscal, não localizados bens penhoráveis, suspende-se o processo por um ano, findo o qual se inicia o prazo de prescrição quinquenal intercorrente (Súmula 314 do STJ).

Verificada a prescrição do crédito, o representante da União, das autarquias não efetivará a inscrição em dívida ativa dos créditos, não procederá ao ajuizamento da execução, não recorrerá e desistirá dos recursos já interpostos.

A prescrição dos créditos tributários pode ser reconhecida de ofício pela autoridade administrativa (art. 53 da Lei n. 11.941/2009), inclusive, portanto, quanto à contribuição previdenciária. O reconhecimento de ofício também se observa às contribuições de terceiros.

Verificação de aprendizagem

1. O que se entende por prescrição e decadência?
2. Aplicam-se os arts. 173 e 174 da CTN quanto às contribuições previdenciárias?
3. Qual o prazo de prescrição para o ajuizamento da ação para a cobrança da contribuição previdenciária?
4. Há interrupção da prescrição? Em que hipóteses?
5. Qual o prazo de decadência para a constituição do crédito previdenciário?

Capítulo 17

CRIMES CONTRA A SEGURIDADE SOCIAL

Aqui se constata a relação do Direito da Seguridade Social com o Direito Penal, ou o que se poderia chamar de Direito Penal Securitário, Direito Penal da Seguridade Social, ou Direito Penal Previdenciário, em que há penalidades para a inobservância das regras atinentes à Seguridade Social.

O art. 5º do Decreto-lei n. 65, de 14-12-1937, equiparava ao crime de apropriação indébita a ausência de recolhimento, pelos empregadores, das contribuições retidas dos empregados e devidas às caixas e institutos de aposentadorias e pensões.

Os crimes contra a Previdência Social já eram previstos no art. 155 da Lei n. 3.807/60. Não fazia referência a apropriação indébita. Previa crimes, mas não fixava penas, que, portanto, não poderiam ser determinadas no regulamento da lei.

O art. 95 da Lei n. 8.212/91 definia os crimes cometidos contra a Seguridade Social.

A Lei n. 8.212/91, por ser posterior e ter regulado inteiramente a matéria, revogou a Lei n. 3.807/60, inclusive o art. 155 (§ 1º do art. 2º do Decreto-lei n. 4.657/42).

A Lei n. 9.983, de 14-7-2000, revogou o *caput* do art. 95 da Lei n. 8.212/91 e seus §§ 1º e 3º a 5º. Agora, os crimes contra a Previdência Social passaram a ser inseridos no Código Penal, que é o lugar mais adequado.

A apropriação indébita previdenciária passa a ser definida no art. 168-A do Código Penal, sendo, portanto, diferente da apropriação indébita comum. Apropriação indébita previdenciária consiste em deixar de repassar à Previdência Social as contribuições a recolher dos contribuintes, no prazo e forma legal ou convencional. A hipótese do *caput* do art. 168-A do Código Penal é a que diz respeito a estabelecimento bancário ou outro autorizado a receber do contribuinte o recolhimento da contribuição previdenciária. Ele recebe, mas não repassa a contribuição.

Sujeito passivo é a União.

Não se exige fraude, que é inerente à sonegação previdenciária.

A apropriação indébita previdenciária exige o encerramento do procedimento administrativo (STF, TP, Inq 2.537-AgR-ED, rel. Min. Marco Aurelio, j. 28-8-2008).

A pena é de reclusão de dois a cinco anos e multa. Nas mesmas penas incorre quem deixar de:

a) recolher, no prazo legal, contribuição ou outra importância destinada à Previdência Social que tenha sido descontada de pagamento efetuado a segurados, a terceiros ou arrecadada do público. O agente político só pratica o referido crime se tal recolhimento for atribuição legal sua. A contribuição da empresa não é descontada do contribuinte.

Se a contribuição não for retida do empregado, não existirá crime, como na hipótese em que o empregador paga ao obreiro o valor bruto do que lhe é devido.

É sujeito ativo a pessoa que não retiver os 11%, ou a contribuição do empregado, pois não repassa a União a contribuição.

Contribuição arrecadada do público é a retenção de 5% sobre a partida desportiva.

Valores já reembolsados à empresa pela União são os relativos ao salário-família.

O crime é omissivo próprio, pois a lei tipifica como crime o ato de não fazer do contribuinte, que se omite em não pagar a contribuição a União. Trata-se de dolo genérico. No desconto e no repasse do valor a União, tem-se que tanto faz se o agente tem ou não intenção de obter proveito econômico com seu ato.

O art. 86 da Lei n. 3.807/60 equiparava o desconto do segurado e o não recolhimento da contribuição ao crime de apropriação indébita. Hoje, não há mais essa equiparação, aplicando-se apenas a previsão expressa contida no art. 168-A do Código Penal.

A determinação da alínea *a* não representa prisão civil por dívida, mas prisão criminal, pelo fato de que a norma tem natureza penal. Trata-se de conduta omissiva do sujeito ativo, de deixar de recolher a contribuição, por vontade em não fazê-lo. As quantias descontadas do empregado não pertencem ao empregador, o que é mais reprovável. Não há, portanto, violação ao inciso LXVII do art. 5º da Constituição. No HC 78.234, o STF entendeu que não está havendo prisão por dívida, mas em razão de a pessoa deixar de recolher contribuição previdenciária que foi retida.

A contribuição deve ser devida, pois, se for indevida, não há crime. À primeira vista, a contribuição é devida pela constituição do crédito da União com o lançamento.

Há jurisprudência do TRF da 4ª R entendendo que, se o empregador descontou a contribuição previdenciária do empregado e não a recolheu, em razão de dificuldades financeiras pelas quais passou a empresa, não configura o crime (2ª T., Ap. Crim. 97.04.01676-0/RS, Rel. Juíza Tânia Escobar, *DJU* 6-5-1998; 1ª T., Ap. Crim. 96.04.60577-1/RS, Rel. Juiz Vladimir Passos de Freitas, *DJU* 19-11-1997, p. 99, 234; Ap. Crim. 96.04.07027-4/RS, Rel. Juiz Teori Albino Zavascki, *DJU* 4-6-1997). Entretanto, o despreparo empresarial não pode ser considerado como fator excludente do crime. Não se trata exatamente de estado de necessidade (art. 24 do Código Penal), pois o fato de a empresa não recolher a contribuição previdenciária descontada do empregado, por razões financeiras, não é ato justificável, pois a coletividade necessita do dinheiro que não foi arrecadado para o pagamento dos benefícios previdenciários, que é situação mais relevante do que a individual da empresa.

O TRF da 5ª Região entendeu que na ausência de dolo não fica caracterizado o crime de apropriação indébita pelo fato de o empregador descontar do empregado e não recolher as contribuições previdenciárias, principalmente do fato de ter pedido parcelamento e das contribuições terem sido contabilizadas nos livros da empresa (Ap. Crim., n. 1.328-PE, 95.05.16759-8, j. 29-9-1998, Rel. Juiz Lázaro Guimarães, *RPS* 222/486).

Os "crimes de sonegação fiscal e apropriação indébita previdenciária prescindem de dolo específico, sendo suficiente, para a sua caracterização, a presença do dolo genérico consistente na omissão voluntária do recolhimento, no prazo legal, dos valores devidos" (AgRg-AREsp 469.137, rel. Min. Reynaldo Soares da Fonseca, 5ª T., STJ, *DJe* 13-12-2017).

b) recolher contribuições devidas à Previdência Social que tenham integrado despesas contábeis ou custos relativos à venda de produtos ou à prestação de serviços;

c) pagar benefício devido a segurado, quando as respectivas cotas ou valores já tiverem sido reembolsadas à empresa pela Previdência Social, como no caso das cotas do salário-família e do salário-maternidade. Na apropriação indébita comum o agente se apropria de qualquer coisa móvel, sendo a pena de um a quatro anos de reclusão e multa.

Não existe a figura culposa, pois implica vontade de praticar o ato, que é reter e não recolher a contribuição previdenciária.

O agente não precisa ficar com o valor, bastando omitir-se em reter e não recolher a contribuição.

É extinta a punibilidade na apropriação indébita previdenciária se o agente, espontaneamente, declara, confessa e efetua o pagamento das contribuições, importâncias ou valores e presta as informações devidas à previdência social, na forma definida em lei ou regulamento, antes do início da ação fiscal. Na hipótese do art. 168-A do Código Penal só é extinta a punibilidade se a pessoa confessa e declara a dívida, mas também faz o pagamento, tudo antes do início da ação fiscal e não depois. Isso quer dizer que se a ação fiscal já tiver sido intentada ou se o agente já tiver sido denunciado pelo Ministério Público, não haverá extinção da punibilidade.

A ação fiscal começa com a emissão e entrega do Termo de Início de Ação Fiscal (TIAF). Antes da ação fiscal, o pagamento da contribuição é causa da extinção da punibilidade. Depois da ação fiscal e antes do oferecimento da denúncia pelo Ministério Público, pode haver o perdão judicial ou a pena de multa (§ 3º do art. 168-A do Código Penal). Após a denúncia e antes de seu recebimento, implica arrependimento posterior (art. 16 do Código Penal). Após o oferecimento da denúncia, há circunstância atenuante (art. 65 do Código Penal).

O crime ocorre por fraude ou má-fé. Há entendimento que não há crime quando a empresa não tem condições econômicas de pagar, pois não haveria ato criminoso, mas inadimplência.

A extinção da punibilidade ocorrerá se o pagamento for feito até a ciência da notificação do débito pelo devedor, pois o mero termo de início da ação fiscal não quer dizer que a contribuição já é devida.

O STJ entende que o parcelamento antes da denúncia por apropriação indébita extingue a punibilidade (6ª T., RO em HC 13.047-SP, Rel. Min. Paulo Gallotti, j. 6-2-2003). Não é necessário o pagamento integral do débito.

Afirma o STJ que a expressão *promover o pagamento*, contida no art. 34 da Lei n. 9.249/95 abrange também o parcelamento da dívida perante a Fazenda Pública. Assim, aplica-se ao crime de apropriação indébita previdenciária (TRF 4ª R., 8ª T., AP Crim. 2003.04.01.058.269-2/PR, j. 11-5-2005, Rel. Des. Fed. Paulo Afonso Brum Vaz, *DJ* 25-5-2005).

A lei objetiva suprimir o crime desde que haja o pagamento do valor devido a União.

O § 3º do art. 168-A do Código Penal exige quatro condições, havendo necessidade da presença de três delas, sendo as duas primeiras obrigatórias e as duas últimas, alternativas.

"A faculdade prevista no § 3º do art. 168-A do Código Penal não se aplica aos casos de parcelamento de contribuições cujo valor, inclusive dos acessórios, seja superior àquele estabelecido, administrativamente, como sendo o mínimo para o ajuizamento de suas execuções fiscais" (§ 4º do art. 168-A do CP).

É facultado ao juiz deixar de aplicar a pena ou aplicar somente a de multa se o agente for primário e de bons antecedentes, desde que: (a) tenha promovido, após o início da ação fiscal e antes de oferecida a denúncia, o pagamento da contribuição social previdenciária, inclusive acessórios; (b) o valor das contribuições devidas, inclusive acessórios, seja igual ou inferior àquele estabelecido pela Previdência Social, administrativamente, como sendo o mínimo para o ajuizamento de suas execuções fiscais.

É possível a aplicação do princípio da insignificância quando o valor da contribuição devida é inferior ao limite mínimo para ajuizar a execução fiscal. Se não é exigido o tributo, não existe o crime.

Passa o art. 337-A do Código Penal a definir sonegação de contribuição previdenciária, que consiste em suprimir ou reduzir contribuição social previdenciária e qualquer acessório, mediante as seguintes condutas:

a) omitir de folha de pagamento da empresa ou de documento informações previstas pela legislação previdenciária de segurados empregado (ex.: GFIP), trabalhador avulso ou trabalhador autônomo ou a este equiparado que lhe preste serviço;
b) deixar de lançar mensalmente nos títulos próprios da contabilidade da empresa as quantias descontadas dos segurados ou as devidas pelo empregador ou pelo tomador de serviços;
c) omitir, total ou parcialmente, receitas ou lucros auferidos, remunerações pagas ou creditadas e demais fatos geradores de contribuições sociais previdenciárias. Pena: reclusão de dois a cinco anos e multa.

É extinta a punibilidade, no caso do art. 337-A do Código Penal, se o agente, espontaneamente, declara e confessa as contribuições, importâncias ou valores e presta as informações devidas à previdência social, na forma definida em lei ou regulamento, antes do início da ação fiscal. No crime de sonegação previdenciária, o contribuinte deve declarar e confessar a dívida, mas não precisa pagá-la para ser beneficiado da extinção da punibilidade. A confissão deve também ser feita antes do início da ação fiscal e não depois. É facultado ao juiz deixar de aplicar a pena ou aplicar somente a de multa se o agente for primário e de bons antecedentes, desde que o valor das contribuições devidas, inclusive acessórios, seja igual ou inferior àquele estabelecido pela Previdência Social, administrativamente, como sendo o mínimo para o ajuizamento de suas execuções fiscais. Se o empregador não é pessoa jurídica e sua folha de pagamento mensal não ultrapassa R$ 6.256,89, o juiz poderá reduzir a pena de um terço até a metade ou aplicar apenas a de multa. A hipótese do § 3º do art. 337-A do Código Penal diz respeito a empregador pessoa física, como autônomos e domésticos, porém a redução da pena fica limitada ao fato de a pessoa física ter folha de pagamento de até R$ 6.256,89. O valor anteriormente mencionado será reajustado nas mesmas datas e com os mesmos índices do reajuste dos benefícios da Previdência Social.

A faculdade prevista no § 3º do art. 168-A do Código Penal não se aplica aos casos de parcelamento de contribuições cujo valor, inclusive dos acessórios, seja superior àquele estabelecido, administrativamente, como sendo o mínimo para o ajuizamento de suas execuções fiscais (§ 4º do art. 168-A do Código Penal).

A pessoa que falsificar, no todo ou em parte, documento público, ou alterar documento público verdadeiro (art. 297 do Código Penal) tem pena de reclusão, de dois a seis anos e multa. Se o agente é funcionário público, e comete o crime prevalecendo-se do cargo, aumenta-se a pena de sexta parte. Para os efeitos penais, equiparam-se a documento público o emanado de entidade paraestatal, o título ao portador ou transmissível por endosso, as ações de sociedade comercial, os livros mercantis e o testamento particular. Nas mesmas penas incorre quem insere ou faz inserir: (a) na folha de pagamento ou em documento de informações que seja destinado a fazer prova perante a previdência social, pessoa que não possua a qualidade de segurado obrigatório; (b) na CTPS do empregado ou em documento que deva produzir efeito perante a previdência social, declaração falsa ou diversa da que deveria ter sido escrita; (c) em documento contábil ou em qualquer outro documento relacionado com as obrigações da empresa perante a previdência social, declaração falsa ou diversa da que deveria ter constado. Nas mesmas penas incorre quem omite, nos documentos anteriormente referidos, nome do segurado e seus dados pessoais, a remuneração, a vigência do contrato de trabalho ou de prestação de serviços.

Ao contrário de determinadas questões que eram previstas no art. 95 da Lei n. 8.212/91 o legislador tratou dos crimes e das penas na legislação, atendendo ao disposto no inciso XXXIX do art. 5º da Lei Maior.

Como há determinação específica no Código Penal, não se aplica a Lei n. 9.430/96 e o art. 34 da Lei n. 9.249/95.

As pessoas que praticarem os crimes acima descritos, como o titular da firma individual, os sócios solidários, gerentes, diretores ou administradores que participam ou tenham participado da gestão da empresa beneficiada, assim como o segurado que tenha obtido vantagens serão considerados pessoalmente responsáveis.

É suspensa a pretensão punitiva do Estado, referente aos crimes previstos no art. 95 da Lei n. 8.212/91 durante o período em que a pessoa jurídica relacionada com o agente dos aludidos crimes estiver incluída no REFIS, desde que a inclusão no referido Programa tenha ocorrido antes do recebimento da denúncia criminal (art. 15 da Lei n. 9.964/2000). Extingue-se a punibilidade dos crimes referidos anteriormente quando a pessoa jurídica relacionada com o agente efetuar o pagamento integral dos débitos oriundos de tributos e contribuições sociais, inclusive acessórios, que tiverem sido objeto de concessão de parcelamento antes do recebimento da denúncia criminal (§ 3º do art. 15 da Lei n. 9.964/2000).

Na hipótese de parcelamento do crédito tributário apresentado antes do oferecimento da denúncia, essa somente poderá ser aceita na superveniência de inadimplemento da obrigação objeto da denúncia (art. 67 da Lei n. 11.941/2009).

É suspensa a pretensão punitiva do Estado, referente aos crimes de apropriação indébita previdenciária (art. 168-A do CP) e de sonegação da contribuição previdenciária, limitada a suspensão aos débitos que tiverem sido objeto da concessão de parcelamento, enquanto não forem rescindidos os parcelamentos (art. 68 da Lei n. 11.941/2009).

A prescrição criminal não corre durante o período de suspensão da pretensão punitiva.

Extingue-se a punibilidade nos crimes mencionados quando a pessoa jurídica relacionada com o agente efetuar o pagamento integral dos débitos oriundos de tributos e contribuições sociais, inclusive acessórios, que tiverem sido objeto de concessão de parcelamento. Na hipótese de pagamento efetuado por pessoa física, a extinção da punibilidade ocorrerá com o pagamento integral dos valores correspondentes à ação penal (parágrafo único do art. 69 da Lei n. 11.941/2009).

É suspensa a pretensão punitiva do Estado, referente aos crimes previstos nos arts. 1º e 2º da Lei n. 8.137/90, e nos arts. 168-A e 337-A do Código Penal, durante o período em que a pessoa jurídica relacionada com o agente dos aludidos crimes estiver incluída em regime de parcelamento (art. 9º da Lei n. 10.684/2003).

Extingue-se a punibilidade dos crimes previstos nos arts. 1º e 2º da Lei n. 8.137/90 e nos arts. 168-A e 337-A do Código Penal quando a pessoa jurídica relacionada com o agente efetuar o pagamento integral dos débitos oriundos de tributos e contribuições sociais, inclusive acessórios (§ 2º do art. 9º da Lei n. 10.684/2003). Os acessórios compreendem juros, correção monetária e multa de mora, que também deverão ser pagos para haver a extinção da punibilidade.

Não se tipifica crime contra a ordem tributária previsto no artigo 1º, incisos I a IV, da Lei n. 8.137/90, antes do lançamento definitivo do tributo (S. Vinculante 24 do STF).

As penas previstas na lei não podem ser aplicadas ao empresário quanto às contribuições por ele próprio devidas, pois o inciso LXVII do art. 5º da Constituição dispõe que não há prisão civil por dívida.

A empresa transgressora das normas previstas na Lei n. 8.212/91 sujeitar-se-á também:

a) à suspensão de empréstimos e financiamentos, por instituições financeiras oficiais;
b) à revisão de incentivos fiscais de tratamento tributário especial;
c) à inabilitação para licitar e contratar com qualquer órgão ou entidade de administração pública direta ou indireta federal, estadual, do Distrito Federal ou municipal;
d) à interdição para o exercício do comércio, se for sociedade mercantil ou empresário individual;
e) à desqualificação para requerer recuperação judicial;
f) à cassação de autorização para funcionar no país, quando for o caso (§ 2º do art. 95 da Lei n. 8.212/91).

O item *d* supracitado menciona a hipótese de o estabelecimento ser interditado para o exercício do comércio. Tal disposição já foi rechaçada pela Súmula 70 do STF, em que foi julgado ser "inadmissível a interdição de estabelecimento como meio coercitivo para a cobrança de tributos". A administração possui outros meios a ser utilizados para a cobrança da contribuição da Seguridade Social, ajuizando a competente ação de execução fiscal, não se podendo utilizar de um meio violento, que inclusive impedirá o devedor de pagar a contribuição, pois, se não vender mercadorias, não terá como pagar o tributo sonegado. Tal determinação fere o direito de propriedade (art. 5º, XXII), a orientação de que ninguém será privado da liberdade ou de seus bens sem o devido processo legal (art. 5º, LIV), de que ninguém será processado nem sentenciado senão pela autoridade judicial competente (art. 5º, LIII), do contraditório e da ampla defesa (art. 5º, LV), e de que ninguém será considerado culpado até o trânsito em julgado da sentença penal condenatória (art. 5º, LVII), todas determinações previstas na Lei Maior.

Se o *caput* do art. 95 da Lei n. 8.212/91 foi revogado pela Medida Provisória 1.963-17/2000, o § 2º do mesmo artigo também está revogado. Não tem sentido o parágrafo estar desvinculado da cabeça do artigo, do aspecto principal. Logo, não se pode falar na aplicação das penalidades mencionadas no parágrafo.

A Seguridade Social, por meio de seus órgãos competentes, promoverá a apreensão de comprovantes de arrecadação e de pagamento de benefícios, bem como de quaisquer documentos pertinentes, inclusive contábeis, mediante lavratura do competente termo, com a finalidade de apurar os crimes retrodescritos.

O § 3º do art. 38 da Lei n. 8.212/91 determina que a empresa ou segurado que, por ato próprio ou de terceiros, tenha obtido, em qualquer tempo, vantagem ilícita em prejuízo direto ou indireto da Seguridade Social, por meio de prática de crime, não poderá obter parcelamentos, independentemente das sanções administrativas, cíveis ou penais cabíveis. Entretanto, há necessidade de trânsito em julgado da decisão condenatória, pois há presunção da inocência da pessoa até o trânsito em julgado da sentença penal condenatória.

Os crimes relativos a contribuições arrecadadas pela Receita Federal (Cofins, PIS, contribuição sobre o lucro) serão tipificados na Lei de Crimes contra a Ordem tributária, pois não são arrecadadas pela Previdência Social.

Se a lei fosse cumprida à risca, haveria muitas pessoas atrás das grades, inexistindo prisões suficientes para tanta gente, pois o não recolhimento das contribuições previdenciárias, na prática, é comum. De outro lado, a Secretaria da Receita Federal não tem fiscais suficientes para fiscalizar o enorme número de empresas existentes no Brasil, o que dá margem a que os sonegadores não recolham a contribuição social, pois a possibilidade de serem fiscalizados é pequena.

Da mesma forma, se a interdição para o comércio fosse observada, haveria muitas pessoas que já não teriam condições de exercer o comércio, em razão da contumaz falta de recolhimento das importâncias devidas à Seguridade Social.

Verificação de aprendizagem

1. Quais são os crimes previstos na Lei n. 8.212/91 contra a Seguridade Social?
2. Existe crime de apropriação indébita relativo à Seguridade Social?
3. Há alguma outra penalidade à empresa que transgredir as normas da Lei n. 8.212/91?
4. É possível a interdição do estabelecimento?
5. É possível a apreensão de documentos?

Parte III

PREVIDÊNCIA SOCIAL

Capítulo 18

PREVIDÊNCIA SOCIAL

18.1 HISTÓRICO

O Decreto n. 4.682/23 foi a primeira norma a tratar de Previdência Social, estabelecendo um sistema de benefícios para os ferroviários.

A segunda norma previdenciária de relevo foi a Lei n. 3.807/60, que estabeleceu a organização da Previdência Social, instituindo benefícios, tanto que foi chamada de Lei Orgânica da Previdência Social (LOPS).

A partir do Decreto-lei n. 72/66 houve a unificação dos antigos Institutos de Aposentadorias e Pensões no INPS. O sistema passou a ser público.

As regras atuais sobre Previdência Social estão esculpidas nos arts. 201 e 202 (Previdência Privada Complementar) da Constituição.

A Lei n. 8.213/91, trata dos benefícios da Previdência Social.

O Decreto n. 3.048/99 é o regulamento da Previdência Social.

18.2 DENOMINAÇÃO

Previdência vem do latim *pre videre*, ver com antecipação as contingências sociais e procurar compô-las, ou de *praevidentia*, prever, antever.

A Constituição de 1934 utilizou pela primeira vez a expressão "previdência", embora não a adjetivasse de "social" (art. 121, § 1º, *h*).

Emprega a Carta Magna de 1937 a expressão "seguro social", que era a denominação utilizada na época (art 137, *n)*, talvez sendo proveniente do sistema implantado por Bismarck na Alemanha. Não era utilizada a expressão "Previdência Social".

É com a Constituição de 1946 que surge pela primeira vez a expressão "Previdência Social" (art. 157, § 2º). Na Constituição de 1967, a expressão usada era "Previdência Social" (art. 158, XVI).

O inciso XVI do art. 165 da Emenda Constitucional n. 1, de 1969, previa a previdência social para certas contingências.

Indica o art. 194 da Constituição que a Seguridade Social é o gênero, sendo uma de suas espécies a Previdência Social.

18.3 CONCEITO

O art. 3º da Lei n. 8.212/91 dispõe que "a Previdência Social tem por fim assegurar aos seus beneficiários meios indispensáveis de manutenção, por motivo de incapacidade, idade avançada, tempo de serviço, desemprego involuntário, encargos de família e reclusão ou morte daqueles de quem dependiam economicamente".

Estabelece o art. 1º da Lei n. 8.213/91 que a Previdência Social, mediante contribuição, tem por objetivo assegurar a seus beneficiários meios indispensáveis de manutenção, por objetivo de incapacidade, desemprego involuntário, idade avançada, tempo de serviço, encargos familiares e prisão ou morte daqueles de quem dependiam economicamente. A definição de Previdência Social do art. 1º da Lei n. 8.213/91 toma por base a finalidade da Previdência Social quanto às contingências a serem cobertas.

Wladimir Novaes Martinez[1] conceitua a previdência social "como a técnica de proteção social que visa propiciar os meios indispensáveis à subsistência da pessoa humana – quando esta não pode obtê-los ou não é socialmente desejável que os aufira pessoalmente através do trabalho, por motivo de maternidade, nascimento, incapacidade, invalidez, desemprego, prisão, idade avançada, tempo de serviço ou morte – mediante contribuição compulsória distinta, proveniente da sociedade e de cada um dos participantes". Segundo Nair Lemos Gonçalves[2], "o evidente propósito de, antecipadamente, reunir recursos dos interessados e organizar mecanismos que pudessem e possam atender a contingências sociais prováveis e futuras. É isso a Previdência Social".

---

1 MARTINEZ, Wladimir Novaes. *A seguridade social na Constituição Federal*. 2. ed. São Paulo: LTr, 1992. p. 99.

2 GONÇALVES, Nair Lemos. *Novo benefício da previdência social*: auxílio-inatividade. São Paulo: Ibrasa, 1976. p. 18.

É a Previdência Social o segmento da Seguridade Social, composto de um conjunto de princípios, de regras e de instituições destinado a estabelecer um sistema de proteção social, mediante contribuição do segurado, que tem por objetivo proporcionar meios indispensáveis de subsistência ao segurado e a sua família, contra contingências de perda ou redução da sua remuneração, de forma temporária ou permanente, de acordo com a previsão da lei.

A Previdência Social é um dos segmentos, das partes do Direito da Seguridade Social. Este é o gênero, que abrange a Previdência Social como espécie. A Previdência Social não é, portanto, autônoma em relação ao Direito da Seguridade Social.

A palavra *conjunto* mostra a existência de um todo, formando um sistema.

Os princípios da Previdência Social estão previstos no art. 2º da Lei n. 8.213/91.

As principais regras são a Lei n. 8.213/91, que trata dos benefícios da Previdência Social, e o Decreto n. 3.048/99, que é o regulamento da Previdência Social.

A principal instituição é o INSS.

O objetivo da Previdência Social é estabelecer um sistema de proteção social para proporcionar meios indispensáveis de subsistência ao segurado e a sua família. É transformar algo futuro e incerto, em algo certo, na possibilidade de recebimento do benefício, se acontecer a contingência. A Previdência Social tem por objetivo substituir o rendimento do segurado pelo benefício previdenciário. É a substitutividade.

O regime previdenciário depende de contribuição por parte do próprio segurado, ao contrário do regime de assistência social, em que o segurado não precisa ter contribuído para ter direito ao benefício.

Meios indispensáveis de manutenção do segurado dizem respeito a sua sobrevivência, a condições mínimas de vida. Pode-se verificar esses meios no inciso IV do art. 7º da Constituição quando menciona os componentes do salário mínimo. Assim, seriam meios indispensáveis moradia, alimentação, educação, saúde, lazer, vestuário, higiene, transporte. O benefício deve garantir também pelo menos um salário mínimo ao segurado (§ 2º do art. 201 da Constituição). É uma forma de preservar a dignidade da pessoa humana.

As contingências são decorrentes de perda ou diminuição de ganhos, como: (a) causas decorrentes de questões relacionadas ao trabalho, em que são exemplos as doenças profissionais e acidente do trabalho; (b) causas não determinadas pelo trabalho, como maternidade, velhice, morte, doença não profissional; (c) causas econômicas, como o desemprego.

São as seguintes as contingências: doença, invalidez, morte, velhice, maternidade, desemprego.

Em verdade, a Previdência Social é eficiente meio de que se serve o Estado moderno na redistribuição da riqueza nacional, visando ao bem-estar do indivíduo e da coletividade, prestado, por intermédio das aposentadorias, como forma de reciclagem da mão de obra e oferta de novos empregos.

O Direito Previdenciário nasce com o Direito do Trabalho, tendo por objetivo minorar as diferenças de classes, de modo a assegurar uma vida digna ao trabalhador. Teve, também, por intuito, diminuir as diferenças sociais entre os trabalhadores e distribuir a renda.

A Previdência Social consiste, portanto, em uma forma de assegurar ao trabalhador, com base no princípio da solidariedade, benefícios ou serviços quando seja atingido por uma contingência social. Entende-se, assim, que o sistema é baseado na solidariedade humana, em que a população ativa deve sustentar a inativa, os aposentados. As contingências sociais seriam justamente o desemprego, a doença, a invalidez, a velhice, a maternidade, a morte etc.

Não existe exatamente um dano como no direito civil, mas uma contingência social, que impossibilita o segurado de trabalhar.

A Previdência Social é essencial para a pessoa poder sobreviver quando não tem renda e recebe benefício. O benefício tem natureza alimentar.

Direito Previdenciário é o sistema que estabelece benefícios ou serviços para as contingências definidas em lei, mediante contribuição por parte do segurado. É uma espécie de Política Pública.

18.4 CARACTERÍSTICAS

Os sistemas de Previdência Social podem ser contributivos e não contributivos. No primeiro, contribuem os segurados para ter direito aos benefícios. No sistema não contributivo, as receitas são provenientes de impostos. A receita é retirada do Tesouro, sem ter destinação ou contribuição específicas. Os países nórdicos adotam esse sistema.

Sistema público é o prestado pelo Estado. Exemplos são o Regime Geral de Previdência Social, os regimes próprios de funcionários públicos e militares. Regime privado é o de previdência privada complementar.

Os sistemas de previdência podem ser: (a) de capitalização, em que é feita uma espécie de poupança individual, que rende juros e correção monetária. Esse regime não depende de solidariedade entre as pessoas. O regime de capitalização é do sistema privado, de previdência privada complementar; (b) repartição simples: as pessoas se solidarizam, fazendo contribuições para um fundo, que é usado quando ocorrem contingências. É o chamado pacto entre gerações. O regime de repartição simples é do sistema público de Previdência Social; (c) misto, que compreende uma combinação dos regimes de capitalização e repartição simples. Para funcionários públicos o regime pode ser misto: até o teto do Regime Geral e capitalização para quem quiser a diferença para o salário da ativa.

O atual sistema de Seguridade Social aperfeiçoa, por meio da Previdência Social, a ideia do século passado no tocante à solidariedade das pessoas e das gerações no seio do sistema liberal.

A relação jurídica da Previdência Social pública é: (a) de trato sucessivo ou de duração, pois perdura no tempo. Não se esgota numa única prestação. A relação jurídica existe enquanto o segurado trabalhar ou estiver recebendo a prestação previdenciária. O segurado recebe o benefício da aposentadoria enquanto viver; (b) unitária, pois decorre da previsão da lei (RGPS); (c) onerosa, em razão de que o segurado deve contribuir para ter direito ao benefício; (d) sinalagmática: A relação previdenciária é sinalagmática, pois há direitos e obrigações. No regime previdenciário, o segurado só tem direito ao benefício se tiver contribuído para o sistema. O INSS só paga o benefício se houver contribuição por parte do segurado. O dever de pagar implica, no futuro, o direito ao benefício, desde que atendidas as condições previstas em lei. Há um sinalagma genético, pois a correspectividade das obrigações existe desde o início da relação previdenciária; (e) aleatória, em razão de que há incerteza quanto às prestações. O segurado pode não receber qualquer prestação, como na hipótese de morrer e nunca ter recebido qualquer benefício do sistema. A contingência prevista em lei pode não ocorrer.

Na relação, há três pessoas: o INSS (paga benefícios), o segurado (beneficiário) e a empresa (contribuinte).

Sujeito ativo da relação previdenciária é o segurado ou o dependente, que recebem o benefício. É o credor do benefício previdenciário.

Beneficiários são as pessoas físicas protegidas pelo sistema de Previdência Social. São os segurados ou dependentes. O sujeito ativo da prestação previdenciária é o beneficiário.

Sujeito passivo da relação é o INSS, que paga os benefícios. É o devedor do benefício previdenciário.

Há dualidade de relações entre segurado e INSS. Cada relação tem vida própria, porém elas são interdependentes. As contribuições servem para pagar as prestações.

A relação compreende proteção quando da ocorrência da necessidade em relação ao segurado e amparo quando do pagamento do benefício. Ocorrendo a contingência, o segurado tem direito de crédito, em relação ao INSS, de receber o benefício.

A relação jurídica previdenciária serve para assegurar remuneração para o segurado poder sobreviver ou reforçá-la, quando for insuficiente. O benefício é uma prestação substitutiva da renda do segurado.

Compreende a relação jurídica previdenciária dois aspectos: (a) o custeio, que objetiva o pagamento da contribuição; (b) a relação de proteção social, que visa à concessão do benefício.

No sistema previdenciário brasileiro há necessidade de pagamento da contribuição para ter direito ao benefício.

A relação jurídica previdenciária é complexa, pois há direitos e deveres para segurados e autarquia. Não é instantânea. O segurado deve pagar a contribuição para ter direito ao benefício.

O INSS só paga o benefício se houver custeio. Ele recebe as contribuições para pagar os benefícios. A relação está interligada.

A relação jurídica da Assistência Social é autônoma, pois não há necessidade de recolhimento da contribuição para o segurado ter direito ao benefício.

O aposentado que volta a exercer atividade remunerada tem relação de contribuinte, embora já esteja protegido pelo sistema, tanto que recebe benefício.

É a mesma relação que ocorre com o empregador, que não se beneficia do sistema. O fundamento é a solidariedade do sistema, no sentido de que todos devem contribuir para sustentar as prestações do sistema.

Os segurados da Previdência Social são ao mesmo tempo beneficiários e contribuintes do sistema. Há duplicidade nesse ponto.

Os dependentes estão no polo ativo da relação, mesmo não tendo recolhido a contribuição, mas isso decorre da existência do segurado, que recolhe a exação. Não existe dependente se nunca tiver havido em primeiro lugar o segurado.

É uma relação pública, pois as prestações são públicas. As partes não fazem um contrato. As obrigações decorrem da lei. Para o segurado, a prestação tem natureza de um direito público subjetivo.

A Previdência Social não é autônoma. Segundo o art. 194 da Constituição, é parte do gênero Seguridade Social. Seus princípios são praticamente os mesmos da Seguridade Social.

A prestação previdenciária tem natureza substitutiva da remuneração do segurado ou dependente e alimentar, pois visa manter a pessoa.

Dispõe o art. 201 da Constituição que a Previdência Social será organizada sob a forma de regime geral, de caráter contributivo e de filiação obrigatória, observados critérios que preservem o equilíbrio financeiro e atuarial, e atenderá, nos termos da lei, a:

I – cobertura dos eventos de incapacidade temporária ou permanente para o trabalho e idade avançada;

II – proteção à maternidade, especialmente à gestante (art. 7º, XVIII);

III – proteção ao trabalhador em situação de desemprego involuntário (art. 7º, II, da Lei Fundamental);

IV – pensão por morte do segurado, homem ou mulher, ao cônjuge ou companheiro e dependentes;

V – salário-família e auxílio-reclusão para os dependentes dos segurados de baixa renda.

O sistema de Previdência Social não tem por objetivo proteger o segurado contra todas as contingências possíveis, mas apenas as previstas em lei. Não são eventos. Eventos são a Copa do Mundo, as Olimpíadas, um *show* etc. Incapacidade temporária pode ser na doença ou na invalidez temporária. Incapacidade permanente pode ser na invalidez permanente. A morte não deixa de ser contingência, pois a pensão por morte tem previsão no inciso IV do art. 201 da Constituição.

O regime de Previdência Social já era de caráter contributivo, isto é, quem não contribuísse não teria direito a benefício proporcionado pelo regime geral.

O segurado somente terá reconhecida como tempo de contribuição ao Regime Geral de Previdência Social a competência cuja contribuição seja igual ou superior à contribuição mínima mensal exigida para sua categoria, assegurado o agrupamento de contribuições (§ 14 do art. 195 da Constituição).

O elemento temporal da relação previdenciária é a carência estabelecida em lei para poder fazer jus ao benefício.

O elemento material é a contingência: doença, invalidez, morte, idade avançada, maternidade, desemprego involuntário, reclusão, encargos familiares.

O aspecto espacial diz respeito à territorialidade.

Acrescenta o art. 201 da Constituição, na redação da Emenda Constitucional n. 20/98, o fato de que há filiação obrigatória. Entretanto, o § 5º do art. 201 da Constituição admite indiretamente a existência do segurado facultativo, ao mencionar que é vedada a filiação ao regime geral de Previdência Social, na qualidade de segurado facultativo, de pessoa participante de regime próprio de previdência. Logo, não existem apenas segurados obrigatórios ao sistema, mas também segurados que podem filiar-se facultativamente ao sistema, como a dona de casa, o síndico de condomínio, o estudante e o desempregado.

Passa a haver necessidade de serem observados critérios que preservem o equilíbrio financeiro e atuarial.

José Manuel Almansa Pastor[3] aponta três critérios a respeito do seguro social. O critério subjetivo é o instrumento destinado a combater a insegurança dos economicamente débeis ou a instabilidade econômica da classe operária. O critério objetivo analisa a contingência coberta, que é seu objeto, como o desemprego ou outros. O critério da especificidade afirma que existe um regime jurídico próprio em razão de imperativos de justiça social.

Notional accounts é o sistema fundado no regime de repartição simples, mas são criadas contas individuais, permitindo a identificação por segurado das contribuições recolhidas. É a capitalização escritural das contas individuais. É encontrado na Itália, na Suécia, na Polônia e na Lituânia.

O sistema brasileiro de Previdência Social é um modelo de repartição simples (*pay as you go system*). Os ativos contribuem para o benefício dos inativos. Há solidariedade entre as pessoas na cotização do sistema para a concessão do futuro benefício. Existe um contrato entre gerações: a geração atual custeia a geração anterior. A massa de recursos arrecadada de todos é que paga os benefícios dos trabalhadores.

O regime atual de Previdência Social é mutualista e não de capitalização individual (*fully funded system*), pois o sistema concede outros benefícios e não apenas aposentadoria, como auxílio-doença.

Quanto aos segurados envolvidos, o regime estudado é para os trabalhadores em geral. Os funcionários públicos têm regime diferenciado. Quanto à forma do regime, pode ser: (a) geral ou básico, que se refere a todos os segurados. É um regime público, administrado pelo INSS, dirigido aos particulares; (b) complementar, que visa complementar o regime geral, tendo natureza privada.

A Previdência Social compreende: 1 – o Regime Geral de Previdência Social; 2 – o Regime Facultativo Complementar da Previdência Social (art. 9º da Lei n. 8.212/91). O Regime Geral da Previdência Social – RGPS garante a cobertura de benefício por motivo de incapacidade, idade avançada, tempo de contribuição, encargos familiares e prisão ou morte daqueles de quem dependam economicamente, exceto prestações por desemprego involuntário, que são objeto de lei específica.

A Previdência Social não tem por objetivo manter o padrão de vida do segurado quando este estava trabalhando.

A Previdência Complementar visa manter o padrão de vida que o segurado tinha antes de se aposentar.

---

[3] ALMANSA PASTOR, José Manuel. *Derecho de la seguridad social*. 7. ed. Madri: Tecnos, 1991. p. 54.

Hoje não se faz mais a distinção que havia no sistema anterior em que existiam dois regimes: o urbano e o rural. Atualmente a Previdência Social é para todos, seja para os trabalhadores urbanos ou rurais. Exige-se apenas que os segurados contribuam para o sistema para ter direito aos benefícios previdenciários.

Lei instituirá sistema especial de inclusão previdenciária, com alíquotas diferenciadas, para atender aos trabalhadores de baixa renda, inclusive os que estão em situação de informalidade, e àqueles sem renda própria que se dediquem exclusivamente ao trabalho doméstico no âmbito de sua residência, desde que pertencentes a famílias de baixa renda (§ 12 do art. 201 da Constituição). A lei mencionada é a ordinária federal.

A aposentadoria concedida ao segurado de que trata o § 12 terá valor de um salário mínimo (§ 13 do art. 201 da Constituição).

Havia necessidade de ser feita a reforma da Previdência Social, que ocorreu com a Emenda Constitucional n. 20/98, a Emenda Constitucional n. 41/2003 e a Emenda Constitucional n. 103/2019.

Os trabalhadores obtinham a aposentadoria mais cedo, pois comprovavam o recolhimento necessário. Entretanto, recebem por mais tempo o benefício, em razão de que a Medicina permite que o homem viva por mais tempo.

As mulheres tinham vários filhos, que, num primeiro momento, iam trabalhar e contribuíam para o sistema. Em 1960, cada mulher tinha em média 6,2 filhos. Na década de 60, as mulheres tinham em média 5,8 filhos.

O empregado recolhia 8% de sua remuneração e o empregador, 12%, totalizando 20%. Multiplicado o valor obtido pelos cinco filhos, dava para pagar o porcentual de 100% da aposentadoria do pai dessa família.

A média no ano de 2000 era de 2,38 filhos por mulher. Com isso, houve diminuição da arrecadação da contribuição previdenciária, pois há um número menor de segurados ingressando no sistema para contribuir.

O desemprego importa que o trabalhador nada recolha para o sistema, porém dele usufrui sob a forma de seguro-desemprego e sistema de saúde, implicando gastos para o regime.

Na área privada, na década de 50, oito contribuintes financiavam um aposentado. Na década de 70, a relação era de 4,2 para 1. Na década de 80, 3,2 para 1. Na década de 90, 2,5 para 1. Não há dúvida de que há necessidade de reforma, mas ela deve ser feita para melhorar a condição social das pessoas e não para piorá-la. Para esse fim se destina a Previdência Social.

Um dos maiores problemas da Previdência Social é o emprego da arrecadação para outros fins, em razão do fato de que havia muito dinheiro nos institutos de aposentadorias e pensões (IAPs), decorrentes das contribuições dos segurados, mas ele não era usado, pois eram poucos os aposentados. O numerário foi empregado em 1956 para construir Brasília, mas, ao que se sabe, não foi devolvido ao sistema.

Estima-se que os institutos de aposentadorias tenham gasto em torno de U$ 3 bilhões para construir Brasília.

O dinheiro da previdência ainda financiou a Ponte Rio-Niterói e sedes luxuosas de clubes em Brasília.

Os valores da Previdência Social foram, ainda, usados para: a constituição e o aumento de capital de várias empresas estatais; a manutenção de saldos na rede bancária como compensação pela execução de serviços de arrecadação de contribuições e de pagamento de benefícios.

Fala-se em um sistema de capitalização em que a pessoa iria fazer uma reserva para utilizá-la na velhice. Apenas na faixa entre um a dois salários mínimos existiria um sistema oficial. Em alguns países, tem-se utilizado do sistema de capitalização e formação de reservas em um fundo individual de cada trabalhador. Quanto mais a pessoa poupar, melhor será seu futuro. A Previdência que se pretende instituir será um regime de capitalização, uma poupança individual.

Não há dúvida de que poupar é necessário para melhor prover o amanhã. Entretanto, há certas pessoas que não têm o que poupar, pois o salário já é irrisório e mal dá para sobreviver. Essas pessoas não vão poupar nada, pois não têm como.

Uma pessoa poderia fazer poupança pessoal, investimentos em aplicações financeiras, mas está sujeita a certas contingências que a impeçam de trabalhar, como doença, desemprego, invalidez e não apenas por ocasião de sua velhice. Daí a necessidade de um sistema estatal de Previdência Social.

Essa é a razão pela qual o sistema deve ser de repartição, compreendendo a solidariedade entre as pessoas, pois serão poucos os que poderão poupar e muitos os que nada terão, por não terem o que poupar.

18.5 PRINCÍPIOS

O parágrafo único do art. 3º da Lei n. 8.212/91 e o art. 2º da Lei n. 8.213/91 esclarecem que a Previdência Social obedecerá aos seguintes princípios e diretrizes:

a) universalidade de participação nos planos previdenciários, mediante contribuição.

Qualquer pessoa poderá participar dos benefícios da Previdência Social, mediante contribuição na forma dos planos previdenciários, desde que contribua. Tanto ocorre com o nacional, como em relação ao estrangeiro;

b) valor da renda mensal dos benefícios, substitutos do salário de contribuição ou de rendimento do trabalho do segurado, não inferior ao do salário mínimo;
c) cálculo dos benefícios, considerando-se os salários de contribuição, corrigidos monetariamente;
d) preservação do valor real dos benefícios (§ 4º do art. 201 da Constituição);
e) previdência complementar facultativa, custeada por contribuição adicional;
f) uniformidade e equivalência dos benefícios e serviços às populações urbanas e rurais (inciso II do art. 2º da Lei n. 8.213/91);
g) seletividade e distributividade na prestação dos benefícios (inciso III do art. 2º da Lei n. 8.213/91); O benefício distribui renda às pessoas;
h) irredutibilidade do valor dos benefícios de forma a preservar-lhes o poder aquisitivo;
i) caráter democrático e descentralizado da gestão administrativa, mediante gestão quadripartite, com participação dos trabalhadores, dos empregadores, dos aposentados e do governo nos órgãos colegiados.
j) solidariedade. Os ativos contribuem para custear os benefícios dos inativos.

   A solidariedade social, até certo valor, deve ser obrigatória, pois, do contrário, não se pode falar na manutenção do sistema de Previdência Social. A baixa renda do trabalhador o impediria de contribuir se o sistema fosse voluntário, pois iria usar todo o numerário para honrar seus compromissos.
k) a precedência do custeio em relação ao benefício é um princípio da Previdência Social, pois não há benefício sem custeio. Deve haver o custeio para o pagamento do benefício. Não pode haver contribuição sem benefício, nem benefício sem contribuição. A precedência visa observar o equilíbrio econômico-financeiro do sistema.

   O custeio implica o pagamento do benefício. Se já recebo benefício, não tem sentido falar em custear o próprio benefício.

Pode não haver contrapartida se o segurado paga as contribuições, mas nunca irá usar o benefício, como se falecer e não deixar dependentes.

Os princípios informadores da Previdência Social são praticamente os mesmos que orientam a Seguridade Social, e que já foram analisados anteriormente.

A primeira lembrança que pode ser feita vem a ser que o valor do benefício não pode ser inferior a um salário mínimo. Trata-se de orientação importante, pois no sistema anterior muitos benefícios devidos aos segurados rurais eram pagos no valor inferior a um salário mínimo, sendo a referida distorção corrigida. Quanto à Previdência Complementar facultativa, fica a critério de cada pessoa, mas que poderá ser instituída oficialmente, mediante contribuição adicional.

18.6 FAPI

A Lei n. 9.477/97, institui o Fundo de Aposentadoria Programada Individual – FAPI – e o Plano de Incentivo à Aposentadoria Programada Individual.

Os recursos podem ser oriundos do trabalhador ou do empregador detentor do Plano, destinado a seus empregados e administradores.

Os Fundos podem ser instituídos e administrados por instituições financeiras ou por sociedades seguradoras autorizadas a funcionar pela Susep (art. 3º).

Compete ao Banco Central e à Susep: (a) autorizar a constituição dos Fundos de Aposentadoria Programada Individual e a transferência de sua administração; (b) exercer a fiscalização dos administradores dos Fundos e aplicar as penalidades previstas.

O resgate parcial ou total do Fapi pode realizar-se: (a) com isenção do IOF após o prazo de 10 anos, contado a partir da contribuição inicial para a formação do patrimônio e nos casos de invalidez permanente, de aposentadoria, ou de morte do participante, hipótese esta em que o resgate se dará na forma da legislação civil; (b) com incidência do IOF, à razão de 25% sobre o valor resgatado antes do prazo de 10 anos, contado a partir da contribuição inicial. A hipótese da letra *b* não se aplica nos casos de invalidez permanente, de aposentadoria ou de morte do participante, hipótese esta em que o resgate dar-se-á na forma da legislação civil.

Os recursos utilizados pelo empregador para a aquisição de quotas para seus empregados ou administradores não são considerados integrantes da remuneração dos beneficiários para os fins da legislação do trabalho e da previdência social, nem integram a base de cálculo para a contribuição do FGTS.

O empregado que perder o vínculo de emprego com a empresa continua com direito às quotas do Fundo adquiridas em seu nome, com recursos do empregador, podendo movimentá-las somente após o prazo de capitalização, observados os casos especiais previstos no inciso I do art. 9º da Lei n. 9.477/97.

Trata-se o FAPI mais de uma espécie de aplicação financeira programada do que de Previdência Privada.

18.7 CONSELHO NACIONAL DE PREVIDÊNCIA SOCIAL

O CNPS é órgão superior de deliberação colegiada, que terá como membros:

a) seis representantes do Governo Federal;

b) nove representantes da sociedade civil, sendo: (1) três representantes dos aposentados e pensionistas; (2) três representantes dos trabalhadores em atividade; (3) três representantes dos empregadores.

Os membros do CNPS e seus respectivos suplentes serão nomeados pelo presidente da República, tendo os representantes titulares da sociedade civil mandato de dois anos, podendo ser reconduzidos, de imediato, uma única vez.

Os representantes dos trabalhadores em atividade, dos aposentados, dos empregadores e seus respectivos suplentes serão indicados pelas centrais sindicais e confederações nacionais.

Reunir-se-á o CNPS, ordinariamente, uma vez por mês, por convocação de seu presidente, não podendo ser adiada a reunião por mais de 15 dias se houver requerimento nesse sentido da maioria dos conselheiros.

Poderá ser convocada reunião extraordinária por seu presidente ou a requerimento de um terço de seus membros, conforme dispuser o regimento interno do CNPS.

As ausências ao trabalho dos representantes dos trabalhadores em atividade, decorrentes das atividades do Conselho, serão abonadas, computando-se como jornada efetivamente trabalhada para todos os fins e efeitos legais.

Aos membros do CNPS, enquanto representantes dos trabalhadores em atividade, titulares e suplentes, é assegurada garantia de emprego, da nomeação até um ano após o término do mandato de representação, somente podendo ser demitidos por motivo de falta grave, regularmente comprovada por meio de processo judicial.

Competirá à Previdência Social proporcionar ao CNPS os meios necessários ao exercício de suas competências, para o que contará com uma Secretaria Executiva.

Compete ao CNPS:

1. estabelecer diretrizes gerais e apreciar as decisões de políticas aplicáveis à Previdência Social;
2. participar, acompanhar e avaliar sistematicamente a gestão previdenciária;
3. apreciar e aprovar os planos e programas de Previdência Social;

4. apreciar e aprovar as propostas orçamentárias da Previdência Social, antes de sua consolidação na proposta orçamentária da Seguridade Social;
5. acompanhar e apreciar, por meio de relatórios gerenciais por ele definidos, a execução dos planos, programas e orçamentos no âmbito da Previdência Social;
6. acompanhar a aplicação da legislação pertinente à Previdência Social;
7. apreciar a prestação de contas anual a ser remetida ao Tribunal de Contas da União, podendo, se for necessário, contratar auditoria externa;
8. estabelecer os valores mínimos em litígio, acima dos quais será exigida a anuência prévia do procurador-geral ou do presidente do INSS para formalização de desistência ou transigência judiciais;
9. elaborar o seu regimento interno.

As decisões proferidas pelo CNPS deverão ser publicadas no Diário Oficial da União.

Compete aos órgãos governamentais:

1. prestar toda e qualquer informação necessária ao adequado cumprimento das competências do CNPS, fornecendo inclusive estudos técnicos;
2. encaminhar ao CNPS, com antecedência mínima de dois meses do seu envio ao Congresso Nacional, a proposta orçamentária da Previdência Social, devidamente atualizada.

Deverá indicar o CNPS cidadão de notório conhecimento da área para exercer a função de ouvidor-geral da Previdência Social, que terá mandato de dois anos, sendo vedada a sua recondução.

Caberá ao Congresso Nacional aprovar a escolha do ouvidor anteriormente mencionado. As atribuições do ouvidor serão definidas em lei específica.

Verificação de aprendizagem

1. O que é Previdência Social?
2. Quais são os princípios da Previdência Social?
3. O que se entende por Previdência Oficial complementar?
4. O que se entende por Previdência Privada complementar?
5. Por que o benefício não pode ter valor inferior a um salário mínimo?

Capítulo 19

BENEFICIÁRIOS DA PREVIDÊNCIA SOCIAL

Os beneficiários da Previdência Social podem ser divididos em segurados e dependentes. Beneficiários diretos são os segurados. Beneficiários indiretos são, em princípio, os dependentes.

19.1 SEGURADO

Segurado é tanto o que exerce ou exerceu atividade remunerada, como aquele que não exerce atividade (desempregado) ou que não tem remuneração por sua atividade (dona de casa). O segurado é uma pessoa física. Podem os segurados ser divididos em segurados obrigatórios (empregado, empregado doméstico, trabalhador avulso), obrigatórios individuais (trabalhador autônomo, eventual e equiparado, empresário) e segurado facultativo (desempregado, estudante, dona de casa, síndico de condomínio).

19.1.1 Manutenção da qualidade de segurado

A manutenção da qualidade de segurado é o período em que esse continua filiado ao sistema, ou seja, é o chamado "período de graça", em que o segurado continua tendo direito a benefícios e a serviços, embora não recolha contribuições.

Não se confunde a manutenção da qualidade de segurado com o período de carência. Este é o lapso de tempo mínimo para que o segurado faça jus ao benefício.

Na manutenção da qualidade de segurado, o segurado permanece filiado ao sistema, mesmo não contribuindo, pelo período de tempo especificado na lei.

Deixando o segurado de exercer atividade abrangida pelo Regime de Previdência Social, ou ficando desempregado, poderá conservar essa qualidade independentemente de contribuições:

a) sem limite de prazo, para quem estiver em gozo de benefício, exceto do auxílio-acidente. O auxílio-acidente é concedido como indenização (art. 86 da Lei n. 8.213/91);

b) até 12 meses após a cessação de benefício por incapacidade ou após a cessação das contribuições, para o segurado que deixar de exercer atividade remunerada abrangida pela Previdência Social ou estiver suspenso ou licenciado sem remuneração. Pode ser o exemplo do segurado desempregado.

   O STJ entende que o trabalhador que deixa de contribuir para a Previdência Social em razão de estar incapacitado para o trabalho não perde a qualidade de segurado (6ª T., AgRg no REsp 985.147/RS, rel. Min. Maria Thereza de Assis Moura, j. em 28-9-2010, *DJe* 18-10-2010);

c) até 12 meses após cessar a segregação, para o segurado acometido de doença de segregação compulsória;

d) até 12 meses após o livramento, para o segurado detido ou recluso. Se o preso for libertado em 4 de abril, seu prazo termina em 15 de maio do ano seguinte, que seria a data para recolher a contribuição de segurado contribuinte individual ou facultativo. O inciso IV do art. 15 da Lei n. 8.213/91 se refere a reclusão. Não existe preso retido, mas recluso. Na detenção, em tese o empregado pode trabalhar;

e) até três meses após o licenciamento, para o segurado incorporado às Forças Armadas para prestar Serviço Militar;

f) até seis meses após a cessação das contribuições, em relação ao segurado facultativo.

O prazo previsto no item *b* será prorrogado para até 24 meses se o segurado já tiver pago mais de 120 contribuições mensais sem interrupção que acarrete a perda da qualidade de segurado (§ 1º do art. 13 do Decreto n. 3.048/99). Mais de 120 contribuições tem de ser pelo menos 121 contribuições. Tal prazo ou o do item *b* serão, ainda, acrescidos de 12 meses para o segurado desempregado, desde que comprovada essa situação por registro no órgão do Ministério do Trabalho. Período de desemprego é o que o segurado fica desempregado e não o que deixa de exercer profissão. O segurado que se desvincular de regime próprio de previdência social também observará a última hipótese.

Ocorrerá a perda da qualidade de segurado no dia seguinte ao do término do prazo fixado no Plano de Custeio da Seguridade Social para o recolhimento da contribuição referente ao mês imediatamente posterior ao do final dos prazos acima mencionados (§4º do art. 15 da Lei n. 8.213/91). A contribuição do segurado empregado é recolhida no dia 20 do mês seguinte ao vencido. Contribuição de maio é recolhida até 20 de junho. Se vence em maio o prazo, terminará em 20 de junho.

A perda da qualidade de segurado importa em caducidade dos direitos inerentes a essa qualidade (art. 102 da Lei n. 8.213/91).

Na perda da qualidade de segurado, há a extinção da relação jurídica com o INSS, não fazendo jus o segurado a benefício.

Não prejudica o direito à aposentadoria para cuja concessão tenham sido preenchidos todos os requisitos com a perda da qualidade de segurado, segundo a legislação em vigor à época em que esses requisitos foram atendidos.

A pensão por morte não será concedida aos dependentes do segurado que falecer após a perda dessa qualidade, nos termos das hipóteses de manutenção da qualidade de segurado, salvo se preenchidos os requisitos para obtenção da aposentadoria na forma do parágrafo anterior.

Caso o trabalhador tenha perdido a qualidade de segurado, não será computado o período anterior a esse evento, para efeito de enquadramento.

A perda da qualidade de segurado não será considerada para a concessão das aposentadorias por tempo de contribuição e especial (art. 3º da Lei n. 10.666/2003).

A orientação determinada pela Lei n. 10.666/2003 acaba beneficiando o segurado, pois muitas pessoas perdem a qualidade de segurado pelo fato de não contribuírem durante o período definido na legislação.

Para aposentadoria por invalidez e para o auxílio-doença haverá necessidade de observância das regras relativas à manutenção da qualidade do segurado previstas no art. 13 do RPS.

Para a aposentadoria por idade, a perda da qualidade de segurado não será considerada para a concessão do benefício, desde que o segurado conte com, no mínimo, o tempo de contribuição correspondente ao exigido para efeito de carência na data do requerimento do benefício (§ 1º do art. 3º da Lei n. 10.666/2003). Isso significa que o segurado deverá ter 180 contribuições, se ingressou no sistema após 24-7-1991.

Na hipótese de perda da qualidade de segurado, para fins da concessão dos benefícios de auxílio-doença, de aposentadoria por invalidez, de salário-maternidade e de auxílio-reclusão, o segurado deverá contar, a partir da data da nova filiação à Previdência Social, com metade dos períodos de carência previstos nos incisos I, III e IV do *caput* do art. 25 da Lei n. 8.212/91 (art. 27-A da Lei n. 8.212/91).

A concessão do benefício de aposentadoria por idade, de acordo com o § 1º do art. 3º da Lei n. 10.666/2003, observará, para os fins de cálculo do valor do benefício, as regras do *caput* do art. 3º e seu § 2º da Lei n. 9.876/99, ou, não havendo salários de contribuição recolhidos no período a partir da competência julho de 1994, será concedido um salário mínimo a título de benefício (art. 35 da Lei n. 8.213/91).

19.1.2 Segurado facultativo

Mesmo após expirados os prazos em que o contribuinte ainda permanece como segurado da Previdência Social, o segurado poderá manter essa qualidade. Para tanto, deverá recolher 20% do seu salário de contribuição.

Passando a contribuir como segurado facultativo, este, para manter esta qualidade, deverá enquadrar-se, na forma estabelecida na escala de salário-base, em qualquer classe, até a equivalente ou a mais próxima da média aritmética simples de seus seis últimos salários de contribuição, atualizados monetariamente, devendo observar, para acesso às classes seguintes, os respectivos interstícios.

O segurado facultativo deverá fazer o pagamento das contribuições até o último dia do mês seguinte ao final dos prazos em que ainda mantém a qualidade de segurado, sob pena de perder essa qualidade. O segurado facultativo não poderá interromper o pagamento das contribuições, durante os 12 meses consecutivos mencionados, após regularizar as contribuições em atraso.

19.2 DEPENDENTES

Dependente é o beneficiário das prestações em razão do vínculo previdenciário com o segurado.

O segurado é beneficiário direto das prestações da Seguridade Social. O dependente é beneficiário indireto.

Herdeiros ou sucessores têm previsão na legislação civil. A palavra "dependente" é usada na legislação previdenciária.

Dependência econômica é o estado de fato em que está o dependente por ser mantido e sustentado pelo segurado.

Não se confunde o dependente do segurado para fins de Previdência Social com a dependência para efeito do imposto de renda. Nesta, os dependentes são: (a) o(a) cônjuge ou companheiro(a), desde que haja vida em comum por mais de cinco anos, ou por período menor se da união resultou filho; (b) o(a) filho(a) ou enteado(a), até 21 anos, ou maior de 21 quando incapacitado(a) física ou mentalmente para o trabalho; (c) o menor pobre, até 21 anos, que o contribuinte crie e eduque e do qual detenha a guarda judicial; (d) o irmão, o neto ou o bisneto, sem arrimo dos pais, até 21 anos ou maior de 21 anos, quando incapacitado física ou mentalmente para o trabalho; (e) os pais, os avós ou os bisavós, desde que não aufiram rendimentos, tributáveis ou não, superiores ao limite de isenção mensal; (f) o incapaz (louco, surdo-mudo e pródigo, assim declarado judicialmente) do qual o contribuinte seja tutor ou curador (art. 35 da Lei n. 9.250/95). Os dependentes mencionados nos itens *b* e *d* poderão ser assim considerados, quando maiores, até 24 anos de idade, se ainda estiverem cursando estabelecimento de ensino superior ou escola técnica de 2º grau.

Não se pode estender a condição de dependentes para o universitário até 24 anos, por falta de previsão expressa na lei previdenciária. Não há fonte de custeio para esse fim também.

O ideal seria que houvesse um único critério legal para efeito de definir os dependentes e não um previdenciário e outro para fins de imposto de renda.

São dependentes: (a) preferenciais: cônjuge e filhos, companheiro ou companheira, equiparado a filho; (b) não preferenciais: pais e irmãos.

O critério vertical é o observado para os dependentes de uma classe superior para a inferior. O critério horizontal diz respeito a dependentes que estiverem na mesma classe.

Os dependentes na Previdência Social podem ser divididos em três classes:

a) **Classe 1**: o cônjuge, a companheira, o companheiro e o filho não emancipado, de qualquer condição, menor de 21 anos ou inválido ou que tenha deficiência intelectual ou mental ou deficiência grave.

   Não há mais necessidade de que a companheira mantenha vida em comum por mais de cinco anos com o segurado, ao mesmo tempo em que se dá a condição de dependente ao companheiro, aspectos que inexistiam na legislação anterior. Considera-se companheira e companheiro as pessoas que mantenham união estável com o segurado ou a segurada. A união estável é considerada a que for verificada entre o homem e a mulher, como entidade familiar. Anteriormente à Lei n. 5.890/73, a concubina era classificada como pessoa designada para efeito de dependência.

O cônjuge separado e que não recebe alimentos não é dependente. Precisa comprovar a dependência econômica.

Entende-se por filhos de qualquer condição os menores de 21 anos, legítimos, naturais, adotivos e os inválidos. A situação aqui é mais favorável na idade ao filho.

Não mais se questiona sobre a necessidade de o filho ser legítimo ou não; até mesmo por força do § 6º do art. 227 da Constituição, que não mais distingue entre os filhos havidos ou não da relação do casamento ou por adoção. É irrelevante para o Direito Previdenciário se o filho é legítimo ou ilegítimo, se é decorrente de união estável e até se o segurado já era casado.

A alteração da maioridade prevista no Código Civil de 21 para 18 anos não alterou a Lei n. 8.213/91, que é lei especial e regula situação específica na Previdência Social.

O emancipado perde a condição de dependente com a emancipação. Esta ocorre pela concessão dos pais, ou de um deles na falta do outro, mediante instrumento público, independentemente de homologação judicial, ou por sentença do juiz, ouvido o tutor, se o menor tiver 16 anos completos (art. 5º, parágrafo único, I, do CC). Assim, para a emancipação é mister a pessoa ter 16 anos. Determinada a emancipação, perde o dependente essa condição para efeito da Seguridade Social;

A invalidez do dependente será constatada mediante exame médico pericial no INSS.

Não basta que o dependente tenha deficiência intelectual ou mental que o torne absoluta ou relativamente incapaz, mas é preciso que seja assim declarado judicialmente.

b) **Classe 2**: os pais;

c) **Classe 3**: o irmão não emancipado, de qualquer condição, menor de 21 anos ou inválido ou que tenha deficiência intelectual ou mental ou deficiência grave.

Passará o item 3 em 18-6-2017 a ter a seguinte redação "o irmão de qualquer condição menor de 21 (vinte e um) anos ou inválido ou que tenha deficiência intelectual ou mental ou deficiência grave, nos termos do regulamento".

O inválido, mesmo que seja irmão ou filho emancipado, será considerado dependente, pois a condição contida nos incisos I e III do art. 16 da Lei n. 8.213/91 é alternativa, ou seja, qualquer inválido, mesmo sendo emancipado.

> Falta de capacidade de comunicação, dificuldade de entendimento, dificuldade de aprendizado são hipóteses de deficiência intelectual.
>
> Esquizofrenia é espécie de distúrbio mental.
>
> A pessoa designada era a menor de 21 anos ou maior de 60 anos ou inválida. Considerava-se como designação o ato de vontade do segurado em indicar o dependente. A lei anterior mencionava que deveria ser a pessoa designada menor de 18 anos. O art. 8º da Lei n. 9.032/95 revogou o inciso IV do art. 16 da Lei n. 8.213/91, sendo que a pessoa designada deixou de ser dependente para efeito da Previdência Social.
>
> O rol da lei é taxativo. Não são admitidos outros dependentes. Assim, mesmo que a pessoa passe por dificuldades para poder sobreviver, como o neto etc., não será considerada como dependente para fins previdenciários.

Determinou o Código Civil de 2002 que a menoridade cessa aos 18 anos completos (art. 5º).

O novo Código Civil modificou ou revogou a Lei n. 8.213/91?

Entendo que não.

Nada impede que determinada legislação, e apenas para os fins que determina, estabeleça a condição de dependente até certa idade. Exemplo é a legislação do Imposto de Renda, que determina que o filho ou o menor pobre podem ser dependentes do contribuinte até 24 anos, se estiverem cursando estabelecimento de ensino superior ou escola técnica de segundo grau (§ 1º do art. 35 da Lei n. 9.250/95). No caso, existe dependência apenas para os fins do imposto de renda, mesmo sendo a pessoa maior de 18 anos. Não houve revogação de tal disposição da legislação do imposto de renda pelo Código Civil.

O maior de 21 anos e menor de 24 não pode continuar a receber pensão se estiver cursando grau universitário, por falta de amparo legal.

Muitos dependentes maiores de 18 anos e menores de 21 anos ainda estudam ou só estudam e ainda são dependentes economicamente dos pais.

Não há fonte de custeio total (§ 5º do art. 195 da Constituição) para estender de 21 a 24 anos a questão relativa à dependência.

A Súmula 74 do TFR dizia que "extingue-se o direito à pensão previdência por morte do dependente que atinge 21 anos, ainda que estudante de curso superior."

O filho ou irmão inválidos maiores de 21 anos continuam sendo dependentes para fins previdenciários, mesmo após a vigência do novo Código Civil, porque aqui a questão não é de maioridade, mas de necessidade da pessoa para poder sobreviver, sendo amparada pela Previdência Social. É uma questão social.

Os arts. 3º a 5º do novo Código Civil fazem referência à capacidade ou incapacidade e não à dependência.

Dispõe o § 1º do art. 2º do Decreto-lei n. 4.657/42 a que a lei posterior revoga a anterior quando expressamente o declare, quando seja com ela incompatível ou quando regule inteiramente a matéria de que tratava a lei anterior.

No primeiro critério, o conflito é resolvido pela prevalência da norma posterior em relação à anterior: *lex posterior derogat priori.* O novo Código Civil não revogou expressamente a regra do art. 16 da Lei n. 8.213/91.

O novo Código Civil não é incompatível com o art. 16 da Lei n. 8.213/91, pois não trata de dependência.

Não regulou o novo Código Civil inteiramente a matéria, em razão de que não versa sobre Previdência Social, nem trata de dependência para esses fins.

A lei nova, que estabeleça disposições gerais ou especiais a par das já existentes, não revoga nem modifica a lei anterior (§ 2º do art. 2º do Decreto-lei n. 4.657/42). A norma especial prevalece sobre a geral: *lex specialis derogat generali.* O Código Civil é lei geral. A Lei n. 8.213/91 é lei especial. O Código Civil não tem disposições gerais ou especiais sobre dependentes para fins previdenciários.

Logo, o Código Civil não revogou os incisos I e III do art. 16 da Lei n. 8.213/91, no que diz respeito à dependência.

A lei pode tratar de forma diferenciada questões relativas a dependentes, como o faz a lei previdenciária e a de lei do imposto de renda. São situações específicas, que devem ser respeitadas.

Para que a dependência dos filhos e irmãos até 21 anos seja modificada é necessário que nova lei regule o assunto e, se quiser, adapte a regra ao novo Código Civil.

Assim, os dependentes do segurado com mais de 18 anos e menos de 21 anos poderão receber pensão por morte ou auxílio-reclusão do INSS, não tendo seus direitos alterados.

Os dependentes do segurado maiores de 18 anos e menores de 21 anos, que estão recebendo pensão por morte ou auxílio-reclusão, continuam a receber o benefício, pois têm direito adquirido, em razão de que na data da concessão do benefício era aplicada a regra do art. 16 da Lei n. 8.213/91. O novo Código Civil não pode retroagir para apanhar situação já definitivamente constituída e que já faz parte do patrimônio jurídico do dependente, em razão de que este atendeu a todas as condições na época para ter direito ao benefício. O benefício dessas pessoas só será cancelado quando atingirem 21 anos.

Os incisos I e III do art. 16 da Lei n. 8.213/91 não foram revogados pelo novo Código Civil, até porque a redação atual é decorrente da Lei n. 12.470/2011, que é posterior à edição do Código Civil.

O § 3º do art. 33 da Lei n. 8.069/90 (ECA) foi revogado tacitamente, pois a lei nova regulou inteiramente a matéria.

O art. 16 da Lei n. 8.213/91 considera dependentes os filhos não emancipados. Não menciona qual é a idade para a emancipação, que é a prevista no Código Civil, de 16 anos (art. 5º, parágrafo único, I).

Os dependentes de uma mesma classe irão concorrer em igualdade de condições para efeitos de dependência.

Os dependentes da classe I são preferenciais, pois preferem aos dos outros incisos. Sua dependência econômica em relação ao segurado é presumida. Não há necessidade de provar dependência econômica em relação ao segurado. É uma presunção absoluta e não relativa. O INSS não poderá fazer prova em sentido contrário. É uma igualdade horizontal entre os dependentes. A dependência dos demais dependentes deverá ser comprovada. Presume-se que a pessoa seja mantida e sustentada pelo segurado. Se a pessoa não vive com o segurado, não existe presunção de dependência econômica.

O dependente pode ter recursos próprios. Isso não prejudica a sua condição de dependente para fins da Seguridade Social, desde que seu sustento dependa do segurado.

A existência de dependente de qualquer das classes mencionadas exclui do direito às prestações os das classes seguintes. Assim, para haver dependente na classe 3, não pode haver na 1 e/ou na 2. Para ter dependente na classe 2, não pode ter na 1, excluindo o dependente da classe 3.

O § 2º do art. 11 da Lei n. 3.807/60 previa a equiparação a filho, mediante declaração escrita do segurado: (a) do enteado; (b) do menor que, por determinação judicial, se ache sob sua guarda; (c) do menor que se ache sob sua tutela e não possua bens suficientes para o próprio sustento e educação.

A determinação da Lei n. 3.807/60 foi repetida no § 2º do art. 13 do RPS especificado pelo Decreto n. 77.077/76, pelo § 2º do art. 10 da CLPS (Decreto n. 89.312/84).

A redação original do § 2º do art. 16 da Lei n. 8.213/91 previa a equiparação a filho, mediante declaração do segurado: (a) do enteado; (b) do menor que, por determinação judicial, esteja sob sua guarda; (c) do menor que esteja sob sua tutela e não possua condições suficientes para o próprio sustento e educação. Isso quer dizer que tal dispositivo repetia a disposição da Lei n. 3.807/60.

A Medida Provisória n. 1.523, de 11-10-1996, alterou a redação do § 2º do art. 16 da Lei n. 8.213/91. Tal medida foi convertida na Lei n. 9.528/97, estando o citado § 2º assim redigido: "o enteado e o menor tutelado equiparam-se a filho mediante declaração do segurado e desde que comprovada a dependência econômica na forma estabelecida no Regulamento".

A alteração legal implicou que o menor sob a guarda do segurado deixou de ser dependente para os efeitos da Previdência Social. Isso quer dizer que essa pessoa não poderá, por exemplo, fazer jus a pensão por morte do segurado.

Podem, assim, ser equiparados aos filhos, mediante declaração do segurado e desde que comprovada a dependência econômica:

a) o(a) enteado(a);

b) o menor que esteja sob sua tutela.

Guarda é o processo inicial para a tutela e a adoção.

Na tutela, o menor é colocado em família substituta.

Os filhos menores são postos em tutela: (a) com o falecimento dos pais ou sendo estes julgados ausentes; (b) em caso de os pais decaírem do poder familiar (art. 1.728 do CC). Será prestada a tutela para os filhos menores de 18 anos (art. 1.728 do CC). A curatela é prestada a pessoas que, por causa transitória ou permanente, não puderem exprimir sua vontade; aos ébrios habituais e aos viciados em tóxico; aos pródigos (art. 1.767 do CC). Na guarda, o filho fica com o cônjuge que estiver em condições de assumir os cuidados com ele ou em cuja companhia já estavam os filhos. A guarda destina-se a regularizar a posse de fato, podendo ser deferida, liminar ou incidentalmente nos procedimentos de tutela e adoção, exceto no de adoção por estrangeiros (§ 1º do art. 33 da Lei n. 8.069/90). Excepcionalmente, deferir-se-á guarda, fora dos casos de tutela e adoção, para atender a situações peculiares ou suprir a falta eventual dos pais ou responsável, podendo ser deferido o direito de representação para a prática de atos determinados (§ 2º do art. 33 da Lei n. 8.069/90).

O menor que estiver sob a guarda do segurado não mais será considerado dependente. A guarda sai da hipótese de dependência em razão dos absurdos que eram cometidos, pelo requerimento da inclusão de menor sob a guarda dos avós com o objetivo de dependência para efeito de previdência social. Isso onera a previdência e descaracteriza a ordem normal das coisas.

Argumenta-se que a disposição contida na nova redação do § 2º do art. 16 da Lei n. 8.213/91 seria inconstitucional por violar o inciso II do § 3º do art. 227 da Lei Maior.

Pondera-se que o inciso II, do § 3º do art. 227 da Constituição da República garante ao menor proteção especial do Estado, abrangendo as garantias previdenciárias, incluindo a condição de dependente.

Essas garantias, porém, são as previstas na lei, que irá definir quais são os benefícios devidos e demais condições, entre elas quem é dependente. É a aplicação do princípio da reserva legal (art. 5º, II da Lei Magna).

A mencionada norma constitucional é uma regra de eficácia limitada, pois é dependente da previsão da lei para sua implementação.

O fundamento de validade de todas as normas do ordenamento jurídico está na Constituição.

No caso em tela, não se verifica limitação da abrangência do inciso II, do § 3º do art. 227 da Constituição pelo § 2º do art. 16 da Lei n. 8.213/91, quando exclui o menor sob guarda da condição de dependente. O citado dispositivo constitucional diz respeito ao menor como segurado, como trabalhador, tanto que o mesmo inciso faz referência à proteção trabalhista, que só pode referir-se a quem é trabalhador. Não se está tratando de questão de dependente. Logo, a lei ordinária pode versar sobre o assunto, excluindo o menor sob a guarda da condição de dependente.

Não vejo inconstitucionalidade do § 2º do art. 16 da Lei n. 8.213/91 sob violação do princípio da isonomia (art. 5º, *caput*, da Constituição), em razão de que a guarda não é semelhante à tutela e à curatela, que têm tratamento diferenciado. Assim, tratando-se de situações distintas, é possível a existência de discriminação, como de a lei excluir o menor sob guarda da condição de dependente para fins de Previdência Social.

Prevê o § 2º do art. 33 da Lei n. 8.069/90 (ECA) que, excepcionalmente, deferir-se-á a guarda, fora dos casos de tutela e adoção, para atender a situações peculiares ou suprir a falta eventual dos pais ou responsável, podendo ser deferido o direito de representação para a prática de atos determinados. A guarda a que faz referência a lei é para fins civis e não previdenciários. Entretanto, o § 3º do mesmo artigo dispõe que a guarda confere à criança ou adolescente a condição de dependente, para todos os fins e efeitos de direito, inclusive previdenciários.

Entendo que o § 3º do art. 33 da Lei n. 8.069/90 foi derrogado pela previsão do § 2º do art. 16 da Lei n. 8.213/91 na nova redação determinada pela Lei n. 9.528/97, pois a lei posterior revoga a anterior quando seja incompatível com esta última (§ 1º do art. 2º do Decreto-lei n. 4.657/42). É o que ocorre na disposição do § 2º do art. 16 da Lei n. 8.213/91 que é incompatível com a previsão do § 2º do art. 33 da Lei n. 8.069/90. Dessa forma, o menor sob guarda não mais é dependente para fins previdenciários.

Cabe à norma legal incluir ou excluir pessoas na condição de dependente, como já ocorreu com a pessoa designada pelo segurado, que era dependente e deixou de sê-lo. A matéria é de ordem legal, e o legislador pode dispor da forma como desejar, tendo por base critério eminentemente político.

O menor sob guarda não tem direito a pensão do guardião se o falecimento deste ocorreu na vigência da Lei n. 9.528/97, pois não há direito adquirido a benefício futuro.

O filho de criação só poderá ser incluído entre os filhos do segurado mediante apresentação de termo de tutela.

Os filhos comprovam seu vínculo com o segurado por meio de certidão de nascimento. Podem concorrer com:

a) os demais dependentes da mesma classe;
b) o(a) cônjuge, o companheiro e a companheira;
c) os pais, caso em que estes fazem jus apenas à assistência médica, desde que não vivam na dependência do segurado e não sejam filiados a outro sistema de previdência social.

O menor sob tutela e o enteado podem concorrer com as mesmas pessoas anteriormente descritas em relação aos filhos.

Para inscrever o enteado é preciso certidão de casamento do segurado e de nascimento do dependente, para o menor tutelado, certidão judicial da tutela.

A dependência econômica pode ser parcial, devendo, no entanto, representar um auxílio substancial, permanente e necessário, cuja falta acarretaria desequilíbrio dos meios de subsistência do dependente (Enunciado n. 13 do CRPS).

As provas de união estável e de dependência econômica exigem início de prova material contemporânea aos fatos, produzido em período não superior a 24 meses anterior à data do óbito ou do recolhimento à prisão do segurado, não admitida a prova exclusivamente testemunhal, exceto na ocorrência de motivo de força maior ou caso fortuito, conforme disposto no regulamento (§ 5º do art. 16 da Lei n. 8.213/91).

Na hipótese da alínea c do inciso V do § 2º do art. 77 da Lei n. 8.213/91, a par da exigência do § 5º do art. 16 da Lei n. 8.213/91, deverá ser apresentado, ainda, início de prova material que comprove união estável por pelo menos dois anos antes do óbito do segurado (§ 6º do art. 16 da Lei n. 8.213/91).

Será excluído definitivamente da condição de dependente quem tiver sido condenado criminalmente por sentença com trânsito em julgado, como autor, coautor ou partícipe de homicídio doloso, ou de tentativa desse crime, cometido contra a pessoa do segurado, ressalvados os absolutamente incapazes e os inimputáveis (§ 7º do art. 16 da Lei n. 8.213/91). Inimputável é a pessoa que não pode ser acusada ou responsabilizada.

No ato de requerimento de benefícios operacionalizados pelo INSS, não será exigida apresentação de termo de curatela de titular ou de beneficiário com deficiência, observados os procedimentos a serem estabelecidos em regulamento (art. 110-A da Lei n. 8.213/91).

Perde a qualidade de dependente:

1. para o cônjuge, pela separação judicial ou divórcio, enquanto não lhe for assegurada a prestação de alimentos, pela anulação do casamento ou sentença judicial transitada em julgado. Assegurada a prestação de alimentos, volta o cônjuge a ser dependente;
2. para o companheiro ou companheira, pela cessação da união estável com o segurado ou segurada, enquanto não lhe for assegurada a prestação de alimentos. Assegurada a prestação de alimentos, o companheiro ou companheira volta a ser dependente;
3. para o filho e equiparado e irmão, de qualquer condição, ao completarem 21 anos de idade, salvo se inválidos, ou pela emancipação, no caso dos primeiros;
4. para os dependentes em geral:
   a) pela cessação da invalidez;
   b) pelo falecimento.

Perderá também a qualidade de dependente o menor (filho ou irmão) que for emancipado. A emancipação ocorre: (a) por concessão dos pais, ou de um deles na falta do outro, mediante instrumento público, independentemente de homologação judicial, ou por sentença do juiz, ouvido o tutor, se o menor tiver 16 anos completos; (b) pelo casamento; (c) pelo exercício de emprego público efetivo; (d) pela colação de grau em curso de ensino superior; (e) pelo estabelecimento civil ou comercial, ou pela existência de relação de emprego, desde que, em razão deles, o menor com 16 anos completos tenha economia própria. O inciso III do art. 17 do Regulamento está derrogado na sua parte final, pois não pode dispor contra o Código Civil no ponto em que se a emancipação for decorrente de colação de grau científico em curso de ensino superior não implica a perda da qualidade de dependente. O art. 16 da Lei n. 8.213/91 também não dispõe nesse sentido (§ 1º do art. 5º do CC).

19.3 DAS INSCRIÇÕES

19.3.1 Segurado

O segurado será considerado inscrito quando cadastrado no Registro Geral de Previdência Social, mediante comprovação dos dados pessoais e de outros elementos necessários e úteis a sua caracterização.

O contrato de trabalho prova a inscrição do empregado, mas não do trabalhador avulso, que não é empregado, nem tem contrato de trabalho. O trabalhador avulso será considerado inscrito pelo preenchimento dos documentos que o habilitem ao exercício de sua atividade, formalizados pelo sindicato da classe ou órgão gestor de mão de obra, que o arregimenta, recolhe os valores recebidos das empresas pela prestação de serviços e faz o rateio entre os que participaram da operação. O empregado doméstico estará inscrito com a apresentação de documento que comprove a existência de contrato de trabalho.

O contribuinte individual é considerado inscrito pela apresentação de documento que caracterize a sua condição ou o exercício de atividade profissional, liberal ou não, como ocorre com o registro no CRC, na OAB, no Crea, no CRM etc.

O autônomo ou equiparado inscreve-se com a apresentação do documento que caracterize o exercício efetivo da atividade profissional, liberal ou não, a que estiver equiparado.

O segurado especial será considerado inscrito pela apresentação de documento que comprove o exercício de atividade rural.

O segurado facultativo estará inscrito pela apresentação de documento de identidade e declaração expressa de que não exerce atividade que o enquadre na categoria de segurado obrigatório.

A inscrição do segurado em qualquer das categorias mencionadas anteriormente requer que a pessoa tenha 16 anos, pois os menores de 16 anos não podem exercer qualquer trabalho, salvo na condição de aprendiz, a partir de 14 anos (art. 7º, XXXIII, parte final, da Constituição).

Se o segurado exercer mais de uma atividade remunerada sujeita ao Regime da Previdência Social, concomitantemente, será obrigatoriamente inscrito em relação a cada uma delas.

A anotação na CTPS vale para todos os efeitos como prova de filiação à Previdência Social, em relação ao contrato de trabalho, tempo de serviço e salário de contribuição, mas é uma presunção relativa, e não absoluta, admitindo-se prova em sentido contrário, principalmente se, em caso de dúvida, o INSS pedir a apresentação dos documentos que serviram de base à anotação.

A filiação à Previdência Social decorre automaticamente do exercício de atividade remunerada para os segurados obrigatórios. Em relação aos segurados facultativos, a inscrição é realizada com o pagamento da primeira contribuição.

A comprovação dos dados pessoais e de outros elementos necessários e úteis à caracterização do segurado poderá ser exigida quando da concessão do benefício.

Não será admitida a inscrição *post mortem* de segurado contribuinte individual e de segurado facultativo (§ 7º do art. 17 da Lei n. 8.213/91).

Presentes os pressupostos da filiação, admite-se a inscrição *post mortem* do segurado especial.

19.3.2 Dependente

O dependente será considerado inscrito quando o segurado o qualificar perante a Previdência Social e apresentar os documentos necessários para tanto.

A inscrição do dependente do segurado deve ser feita de preferência no ato de sua inscrição, mas é de sua incumbência. Havendo fato superveniente que importe em exclusão ou inclusão de dependente, há necessidade da comunicação ao INSS, com as provas cabíveis.

Para o segurado inscrever o dependente, deverá apresentar os seguintes documentos:

I – para os dependentes preferenciais:

a) cônjuge e filhos: certidões de casamento e de nascimento;

b) companheiro ou companheira: documento de identidade e certidão de casamento com averbação da separação judicial ou divórcio, quando um dos companheiros ou ambos já tiverem sido casados, ou de óbito, se for o caso;

c) equiparado a filho: certidão judicial de tutela e, mediante declaração do segurado, em se tratando de enteado, certidão de casamento do segurado e de nascimento do dependente;

II – pais: certidão de nascimento do segurado e documentos de identidade dos pais;

III – irmão: certidão de nascimento.

Para a comprovação do vínculo e da dependência econômica, conforme o caso, devem ser apresentados no mínimo três dos seguintes documentos:

a) certidão de nascimento de filho havido em comum;
b) certidão de casamento religioso;
c) declaração do imposto de renda do segurado em que conste o interessado como seu dependente;
d) disposições testamentárias;
e) declaração especial feita perante tabelião;
f) prova do mesmo domicílio;
g) prova de encargos domésticos evidentes e existência de sociedade ou comunhão nos atos da vida civil;
h) procuração ou fiança reciprocamente outorgada;
i) conta bancária conjunta;
j) registro em associação de qualquer natureza, em que conste o interessado como dependente do segurado;
k) anotação constante de Ficha ou Livro de Registro de Empregados;
l) apólice de seguro da qual conste o segurado como instituidor do seguro e a pessoa interessada como sua beneficiária;
m) ficha de tratamento em instituição de assistência médica, da qual conste o segurado como responsável;
n) escritura de compra e venda de imóvel pelo segurado em nome do dependente;
o) declaração de não emancipado do dependente menor de 21 anos;
p) quaisquer outros que possam levar à convicção do fato a comprovar.

A apresentação de três documentos compreende aspecto de quantidade. Que pode não provar efetivamente que as pessoas vivam juntas ou que haja necessidade econômica. A questão deveria ser da qualidade dos documentos e não de quantidade.

Não se aceitará a inscrição da companheira do segurado casado.

Incumbe ao dependente promover sua inscrição quando do requerimento do benefício a que estiver habilitado. Pode ocorrer, portanto, de o segurado não inscrever o dependente no momento de sua inscrição. Nada impede, assim, que o dependente se inscreva por ocasião do requerimento do benefício para o qual estiver habilitado.

No caso de dependente inválido, a invalidez será comprovada mediante exame médico pericial a cargo do INSS.

Para a dependência referente aos pais e ao irmão, o segurado deverá comprovar a inexistência de dependentes preferenciais, mediante declaração firmada perante o INSS.

Ocorrendo o falecimento do segurado, sem que tenha sido feita a inscrição do dependente, cabe a este promovê-la, observados os seguintes critérios:

a) companheiro ou companheira: pela comprovação do vínculo;
b) para os pais, pela comprovação de dependência econômica;
c) irmãos: pela comprovação de dependência econômica e declaração de não emancipação;
d) equiparado a filho: pela comprovação de dependência econômica, prova da equiparação e declaração de que não tenha sido emancipado.

Pode ser feita prova exclusivamente testemunhal para demonstrar a união estável, pois o § 3º do art. 55 da Lei n. 8.213/91 diz respeito à comprovação do tempo de contribuição.

Verificação de aprendizagem

1. De que forma o segurado mantém a qualidade inerente a sua condição?
2. Como podem ser divididos os dependentes?
3. Como se procede a inscrição do segurado?
4. Como se procede a inscrição do dependente?
5. Como se comprova o concubinato para os efeitos da Previdência Social?

Capítulo 20

PRESTAÇÕES DA PREVIDÊNCIA SOCIAL

As prestações compreendidas pelo Regime Geral de Previdência Social são expressas em benefícios e serviços. As prestações são o gênero, do qual são espécies os benefícios e os serviços. Benefícios são valores pagos em dinheiro aos segurados e dependentes. Serviços são bens imateriais postos à disposição do segurado, como habilitação e reabilitação profissional, serviço social, assistência médica etc.

Podem ser divididas as prestações quanto ao segurado, quanto ao dependente e quanto ao segurado e dependente.

Quanto ao segurado, as prestações são as seguintes: aposentadoria por invalidez, aposentadoria por idade, aposentadoria por tempo de contribuição, aposentadoria especial, auxílio-doença, salário-família, salário-maternidade, auxílio-acidente.

No que diz respeito às prestações quanto ao dependente, são elas: pensão por morte e auxílio-reclusão.

No condizente às prestações quanto ao segurado e dependente, temos: serviço social e reabilitação profissional.

Os benefícios podem ser comuns e acidentários.

As prestações por acidente do trabalho são: auxílio-acidente, aposentadoria por invalidez, acidentária, auxílio-doença acidentário, pensão por morte acidentária.

O benefício terá por objetivo substituir o rendimento do trabalhador quando na atividade, seu salário, por exemplo. Não é o benefício um favor prestado ao segurado pela Previdência Social, mas um direito.

Os benefícios referidos no *caput* do art. 18 da Lei n. 8.213/91 poderão ser solicitados, pelos interessados, aos Oficiais de Registro Civil das Pessoas Naturais, que encaminharão, eletronicamente, requerimento e respectiva documentação comprobatória de seu direito para deliberação e análise do Instituto Nacional do Seguro Social (INSS), nos termos do regulamento (§ 4º do art. 18 da Lei n. 8.213/91).

20.1 PERÍODO DE CARÊNCIA

A carência é instituto típico do contrato de seguro, em que se exige tempo ou número de pagamentos para fazer jus ao benefício. No seguro-saúde, há necessidade de cumprir a carência para usar o plano de saúde.

Não se deveria exigir carência em determinados benefícios necessários e decorrentes de situações imprevisíveis.

Considera-se período de carência o tempo correspondente ao número mínimo de contribuições mensais indispensáveis para que o beneficiário faça jus ao benefício. O período de carência é observado a partir do transcurso do primeiro dia dos meses de suas competências.

Pode-se enfocar o período de carência de outra forma, como o faz Jefferson Daibert[1], que "é o lapso de tempo durante o qual os beneficiários não têm direito a determinadas prestações, em razão de ainda não haver sido pago o número mínimo de contribuições exigidas" em lei. É a análise do instituto sob o ponto de vista negativo, do período em que o segurado não tem direito ao benefício.

Distingue-se o período de carência da manutenção da qualidade do segurado. Nesta, o segurado permanece filiado ao sistema, mesmo não contribuindo, pelo período especificado na lei. O período de carência é o espaço de tempo em que o segurado não faz jus ao benefício. A manutenção da qualidade de segurado é um pressuposto para a concessão do benefício. Mesmo havendo período de carência, se o segurado não mantiver essa qualidade, deixa de ter direito ao benefício.

---

1 DAIBERT, Jefferson. *Direito previdenciário e acidentário do trabalho urbano*. Rio de Janeiro: Forense, 1978. p. 200.

Não se computa, para efeito de carência, o tempo de serviço do trabalhador rural anteriormente à competência novembro de 1991.

No caso de perda da qualidade de segurado, para efeito de carência para a concessão dos benefícios, o segurado deverá contar, a partir da nova filiação à Previdência Social, com metade dos períodos previstos nos incisos I e III do *caput* do art. 25 desta Lei n. 8.213/91 (art. 27-A da Lei n. 8.213/91). Assim, serão: seis contribuições mensais para auxílio-doença e aposentadoria por invalidez; cinco contribuições mensais para salário maternidade para as seguradas contribuinte individual, especial e facultativa. Não se exige mais recolhimento de contribuições para efeito de carência visando contar tempo anterior para efeito de aposentadorias.

Para o cômputo do período de carência, serão consideradas as contribuições:

I – referentes ao período a partir da data de filiação ao Regime Geral de Previdência Social (RGPS), no caso dos segurados empregados, inclusive os domésticos, e dos trabalhadores avulsos;

II – realizadas a contar da data de efetivo pagamento da primeira contribuição sem atraso, não sendo consideradas para este fim as contribuições recolhidas com atraso referentes a competências anteriores, no caso dos segurados contribuinte individual, especial e facultativo (art. 27 da Lei n. 8.213/91).

Há necessidade de se observarem os seguintes períodos de carência:

1. 12 contribuições mensais, nos casos de auxílio-doença e aposentadoria por invalidez. A justificativa para o prazo menor é de que a contingência pode ocorrer a qualquer momento e a pessoa não faria jus ao benefício;
2. 180 contribuições mensais, para a aposentadoria por idade, tempo de contribuição e especial;
3. 10 contribuições mensais em relação ao salário-maternidade das seguradas contribuintes individuais (empresária, autônoma, eventual etc.), segurada especial e segurada facultativa, observado o parágrafo único do art. 39 da Lei n. 8.213/91;
4. 24 contribuições mensais para o auxílio-reclusão.

Em caso de parto antecipado, para o período de carência descrito no item 3 será reduzido em número de contribuições equivalente ao número de meses em que o parto foi antecipado.

Independem de carência as seguintes prestações:

a) pensão por morte, salário-família e auxílio-acidente.

A desnecessidade do período de carência para a pensão por morte até se justifica sobre o aspecto social, em razão do segurado poder falecer até mesmo no primeiro dia em que se filia ao sistema. Em relação ao auxílio-acidente a ideia é a mesma, pois do contrário o acidente poderia ocorrer no primeiro dia da filiação do segurado ao sistema, e não ter direito a qualquer benefício, justamente quando mais necessita de uma prestação previdenciária;

b) auxílio-doença e aposentadoria por invalidez decorrentes de acidente de qualquer natureza ou causa, bem como nos casos de segurado que, após filiar-se ao Regime Geral de Previdência Social, for acometido de alguma das doenças e afecções especificadas em lista elaborada pelos Ministérios da Saúde e da Previdência Social a cada três anos, de acordo com os critérios de estigma, deformação, mutilação, deficiência, ou outro fator que lhe confira especificidade e gravidade que mereçam tratamento particularizado.

Aqui a orientação é a mesma já mencionada no item *a*. Dada a imprevisibilidade da ocorrência de acidente do trabalho, é preciso que a prestação independa de período de carência, sob pena de o segurado, quando mais necessitar de um auxílio, nada receber. Mesmo que se exigisse um período de carência pequeno, a situação seria a mesma. Daí o objetivo do legislador em aumentar a proteção social;

c) aposentadoria por idade ou por invalidez, auxílio-doença, auxílio-reclusão ou pensão por morte aos segurados especiais, desde que comprovem o exercício de atividade rural, ainda que de forma descontínua, no período imediatamente anterior ao requerimento do benefício, igual ao número de meses correspondentes à carência do benefício requerido;

d) salário-maternidade para as seguradas empregada, trabalhadora avulsa e a empregada doméstica;

e) serviço social;

f) reabilitação profissional.

O acidente de qualquer natureza ou causa ocorre, para efeitos previdenciários, quando houver provocado lesão corporal ou perturbação funcional, com perda ou redução da capacidade laborativa, permanente ou temporária do segurado.

A carência das aposentadorias por idade, tempo de serviço e especial para os segurados inscritos na Previdência Social Urbana até 24 de julho de 1991, bem como para o trabalhador e empregador rural amparados pela Previdência Social

Rural, obedecerá à seguinte Tabela, levando-se em conta o ano em que o segurado implementou todas as condições necessárias à obtenção do benefício (art. 142 da Lei n. 8.213/91):

Ano de Entrada do Requerimento	Meses de Contribuição Exigidos
1991	60 meses
1992	60 meses
1993	66 meses
1994	72 meses
1995	78 meses
1996	90 meses
1997	96 meses
1998	102 meses
1999	108 meses
2000	114 meses
2001	120 meses
2002	126 meses
2003	132 meses
2004	138 meses
2005	144 meses
2006	150 meses
2007	156 meses
2008	162 meses
2009	168 meses
2010	174 meses
2011	180 meses

Assim, a partir de 1992, aquelas pessoas que estavam inscritas na Previdência Social Urbana, até 24-7-1991, bem como os trabalhadores e empregadores rurais amparados pela Previdência Social Rural, terão de observar a tabela supra. O período de carência irá aumentando de seis em seis meses até atingir 180 meses (atual prazo de período de carência) em 2011. Visa o legislador fazer com que o segurado contribua um maior número de anos para poder se aposentar, pois no regime anterior, dependendo do caso, o segurado que tivesse contribuído por cinco anos e tivesse idade poderia se aposentar. Dessa forma, pretende a Previdência arrecadar mais, durante um espaço maior de tempo, para o pagamento do benefício.

Considera-se também como período de carência o período em que o servidor público ocupante do cargo em comissão tenha contribuído nos termos dos arts. 8º e 9º da Lei n. 8.162/91 e art. 2º da Lei n. 8.688/93.

Condições de elegibilidade são: carência, idade e tempo de contribuição.

20.2 SALÁRIO DE BENEFÍCIO

Assim como se utiliza para o cálculo da contribuição previdenciária o salário de contribuição, temos também uma base de cálculo para o benefício previdenciário, que é o salário de benefício.

Salário de benefício é a média aritmética de certo número de contribuições atualizadas utilizada para o cálculo da renda mensal inicial do benefício. O salário de benefício não é ainda o valor do benefício, pois é necessário aplicar o coeficiente de cálculo para chegar à renda mensal inicial.

Tecnicamente não representa salário, pois autônomos terão salário de benefício, mas não percebem salário, que diz respeito apenas ao empregado.

Esclarece o Regulamento que o salário de benefício é o valor básico utilizado para o cálculo da renda mensal dos benefícios de prestação continuada, inclusive os regidos por normas especiais, exceto o salário-família, o salário-maternidade, a pensão por morte e os demais benefícios da legislação especial (art. 31). Assim, no cálculo da renda mensal inicial dos benefícios previdenciários será levado em conta o salário de benefício, inclusive para os benefícios regidos por normas especiais e para acidente do trabalho. Não se incluem no cálculo do salário de benefício o salário-família e o salário-maternidade.

Previa o art. 202 da Constituição que o cálculo do benefício seria feito de acordo com a média dos 36 últimos salários de contribuição, corrigidos monetariamente mês a mês, sendo feitos reajustes de modo a preservar o seu valor real. O objetivo do constituinte ao estabelecer o citado dispositivo foi de o legislador ordinário não poder alterar ao seu livre alvedrio o cálculo do benefício. Estabeleceu-se uma garantia ao segurado, pois o governo vinha estabelecendo artifícios para o cálculo do benefício que, na prática, reduziam o seu valor.

Com a Emenda Constitucional n. 20/98 desapareceu a garantia do segurado contida na Constituição no sentido de que o benefício deve ser calculado de acordo com os 36 últimos salários de contribuição. Os arts. 201 e 202 da Constituição não mais tratam do tema, sendo que o segundo passou a versar sobre previdência privada complementar.

Atualmente, apenas existe a previsão do § 3º do art. 201 da Constituição, determinando que todos os salários de contribuição considerados para o cálculo do benefício serão devidamente atualizados, na forma da lei.

Passaram a prever os arts. 40 e 201 da Constituição que se deve observar o equilíbrio financeiro e atuarial para o pagamento dos benefícios previdenciários. É uma forma de estabelecer segurança jurídica para o pagamento dos benefícios.

A nova determinação constitucional implica alteração por lei ordinária do período de cálculo do benefício, que é computado desde 1994. Isso vai trazer um aspecto negativo, em razão de que no início da vida do segurado este tem salário menor e, portanto, o benefício pode ser reduzido indiretamente.

Consiste o salário de benefício:

a) para os benefícios de aposentadoria por idade e por tempo de contribuição, na média aritmética simples dos maiores salários de contribuição correspondentes a 80% de todo o período contributivo, multiplicado pelo fator previdenciário;

b) para os benefícios aposentadoria por invalidez, aposentadoria especial, auxílio-doença e auxílio-acidente, na média aritmética simples dos maiores salários de contribuição correspondentes a 80% de todo o período contributivo. O fator previdenciário não incide nas aposentadorias especial e por invalidez, pois são situações extraordinárias e de necessidade do segurado. Na segunda, o segurado se aposenta prematuramente.

O salário de benefício de segurado especial consiste no valor equivalente ao salário mínimo, ressalvado o disposto no inciso II do art. 39 e nos §§ 3º e 4º do art. 48 da Lei n. 8.213/91.

Os benefícios salário-família, salário-maternidade, pensão por morte e auxílio-reclusão não são calculados com base no salário de benefício.

O fator previdenciário será calculado considerando-se a idade, a expectativa de sobrevida e o tempo de contribuição do segurado ao se aposentar, segundo a seguinte fórmula:

$$f = \frac{Tc \times \alpha}{Es} \times \left[1 + \frac{(Id + Tc \times a)}{100} \right]$$

Em que:

f = fator previdenciário;

Es = expectativa de sobrevida no momento da aposentadoria. A expectativa de vida deve ser verificada na data da aposentadoria e não ao nascer, pois a primeira é mais correta;

Tc = tempo de contribuição até o momento da aposentadoria;

Id = idade no momento da aposentadoria;

a = alíquota de contribuição correspondente a 0,31. O fator 0,31 é igual às alíquotas de 20% do empregador e 11% do segurado, mas nem todos os empregados recolhem a contribuição previdenciária à razão de 11%.

Para efeito do parágrafo anterior, a expectativa de sobrevida do segurado na idade da aposentadoria será obtida a partir da tábua completa de mortalidade construída pelo IBGE, considerando-se a média nacional única para ambos os sexos. Em 2020, a expectativa média de vida do brasileiro era de 76,8 anos, ao nascer.

Na aplicação do fator previdenciário ao tempo de contribuição do segurado serão adicionados:

a) cinco anos, quando se tratar de mulher;
b) cinco anos, quando se tratar de professor que comprove exclusivamente tempo de efetivo exercício das funções de magistério na educação infantil e no ensino fundamental e médio;
c) dez anos, quando se tratar de professora que comprove exclusivamente tempo de efetivo exercício das funções de magistério na educação infantil e no ensino fundamental e médio.

Para o segurado filiado à Previdência Social até 28-11-1999, que vier a cumprir as condições exigidas para a concessão dos benefícios do Regime Geral de Previdência Social, no cálculo do salário de benefício será considerada a média aritmética simples dos maiores salários de contribuição, correspondentes a, no mínimo, 80% de todo o período contributivo decorrido desde a competência julho de 1994, observado o disposto nos incisos I e II do *caput* do art. 29 da Lei n. 8.213/91 (art. 3º da Lei n. 9.876/99).

Quando se tratar de segurado especial, no cálculo do salário de benefício será considerado 1/13 da média aritmética simples dos maiores valores sobre os quais incidiu a sua contribuição anual, correspondentes a, no mínimo, 80% de todo o período contributivo decorrido desde a competência julho de 1994, observado o disposto nos incisos I e II do § 6º do art. 29 da Lei n. 8.213/91.

No caso das aposentadorias por idade, por tempo de serviço e especial, o divisor considerado no cálculo da média referida no parágrafo anterior não poderá ser inferior a 60% do período decorrido da competência julho de 1994 até a data de início do benefício, limitado a 100% de todo o período contributivo. A expressão *limitado a 100% de todo período contributivo*, contida no § 2º do art. 3º da Lei n. 9.876/99, diz respeito ao período que o segurado contribuiu e não ao número de meses decorridos entre julho de 1994 até a data de entrada do requerimento. Nesse sentido há julgado da 2ª Turma Recursal da Seção Judiciária do Estado de Santa Catarina, Rel. Juíza Marina Vasques Duarte de Barros Falcão, j. 28-6-2006, Proc. 2005.72.95.019068-1.

Para a obtenção do salário de benefício, o fator previdenciário será aplicado de forma progressiva, incidindo sobre sessenta avos da média aritmética anteriormente descrita, por mês que se seguir a sua publicação, cumulativa e sucessivamente, até completar sessenta avos da referida média.

Quanto maior for a expectativa de vida do segurado, menor será a sua aposentadoria, pois o benefício será pago por mais tempo.

É garantido ao segurado que até 28-11-1999 tenha cumprido os requisitos para a concessão do benefício o cálculo segundo as regras até então vigentes (art. 6º da Lei n. 9.876/99).

Ao segurado com direito a aposentadoria por idade é garantida a opção pela não aplicação do fator previdenciário a que se refere o art. 29 da Lei n. 8.213/91 (art. 7º da Lei n. 9.876/99). Poucos irão querer optar pelo fator, que é prejudicial ao segurado.

O fator previdenciário foi instituído pela Lei n. 9.876, de 26-11-1999. Toma por base: expectativa de sobrevida no momento da aposentadoria, tempo de contribuição até o momento da aposentadoria, idade no momento da aposentadoria.

Se o fator é menor do que um, haverá redução do benefício. Se o fator for maior que um, haverá acréscimo no valor. Se for igual a 1, não haverá alteração.

Quem se aposentar mais cedo terá aposentadoria menor, pois a expectativa de vida da pessoa é maior, recebendo o benefício por mais tempo. Nesse caso, o fator previdenciário objetiva estimular os segurados a retardar o pedido de aposentadoria.

Tem fundamento no art. 201 da Constituição, que determina a observância de critérios que preservem o equilíbrio financeiro e atuarial, nos termos da lei. Exatamente isso foi observado pela Lei n. 9.876/99.

O art. 40 da Constituição, de acordo com a redação da Emenda Constitucional n. 41/2003, também prevê o caráter contributivo do sistema previdenciário dos servidores públicos, atendendo o equilíbrio financeiro e atuarial.

Equilíbrio financeiro é o previsto no orçamento da Seguridade Social, devendo haver mais receitas do que despesas.

Equilíbrio atuarial é, por exemplo, expectativa de vida da pessoa, tempo de contribuição, idade. Isso mostra que a Previdência Social não compreende só Direito, mas o aspecto econômico e também o atuarial, pois é um seguro social.

O STF não concedeu liminar na postulação relativa à inconstitucionalidade do fator previdenciário, pois a preservação do equilíbrio financeiro e atuarial está prevista na própria Lei Maior, dando respaldo a que o fator previdenciário seja instituído por lei ordinária (Pleno, ADInMC 2.110-DF e ADInMC 2.111-DF, j. 16-3-2000, Rel. Min. Sydney Sanches, Informativo STF n. 181, de 13 a 17-3-2000).

Quem se aposentar mais tarde tem aposentadoria maior, pois a expectativa de vida da pessoa é menor.

O INSS tem dados armazenados de contribuição dos segurados desde julho 1994, que são utilizados no cálculo do benefício.

Entendo que deve permanecer o cálculo atuarial, pois o que o segurado paga deve ser suficiente para custear o benefício no futuro. Do contrário, haverá déficit no sistema.

É claro que no início da vida de trabalho do segurado, ele recolhe sobre salário menor, porque ganha menos. Seu salário vai aumentando no curso do tempo.

O sistema precisa ser aperfeiçoado, pois, de fato, há injustiças. Entretanto, não pode ficar pior no aspecto atuarial, prejudicando o pagamento de futuros benefícios.

Até que lei discipline o cálculo dos benefícios do regime próprio de previdência social da União e do Regime Geral de Previdência Social, será utilizada a média aritmética simples dos salários de contribuição e das remunerações adotados como base para contribuições a regime próprio de previdência social e ao Regime Geral de Previdência Social, ou como base para contribuições decorrentes das atividades militares de que tratam os arts. 42 e 142 da Constituição, atualizados monetariamente, correspondentes a 100% do período contributivo desde a competência julho de 1994 ou desde o início da contribuição, se posterior àquela competência (art. 26 da Emenda Constitucional n. 103/2019).

A média será limitada ao valor máximo do salário de contribuição do Regime Geral de Previdência Social para os segurados desse regime e para o servidor que ingressou no serviço público em cargo efetivo após a implantação do regime de previdência complementar ou que tenha exercido a opção correspondente, nos termos do disposto nos §§ 14 a 16 do art. 40 da Constituição.

O valor do benefício de aposentadoria corresponderá a 60% da média aritmética definida na forma prevista no *caput* e no § 1º do art. 26 da Emenda Constitucional n. 103/2019, com acréscimo de dois pontos percentuais para cada ano de contribuição que exceder o tempo de 20 anos de contribuição nos casos:

I – do inciso II do § 6º do art. 4º, do § 4º do art. 15, do § 3º do art. 16 e do § 2º do art. 18;

II – do § 4º do art. 10, ressalvado o disposto no inciso II do § 3º e no § 4º deste artigo;

III – de aposentadoria por incapacidade permanente aos segurados do Regime Geral de Previdência Social, ressalvado o disposto no inciso II do § 3º deste artigo; e

IV – do § 2º do art. 19 e do § 2º do art. 21, ressalvado o disposto no § 5º deste artigo.

O valor do benefício de aposentadoria corresponderá a 100% da média aritmética definida na forma prevista no *caput* e no § 1º:

I – no caso do inciso II do § 2º do art. 20;

II – no caso de aposentadoria por incapacidade permanente, quando decorrer de acidente de trabalho, de doença profissional e de doença do trabalho.

O valor do benefício da aposentadoria de que trata o inciso III do § 1º do art. 10 corresponderá ao resultado do tempo de contribuição dividido por 20 anos, limitado a um inteiro, multiplicado pelo valor apurado na forma do *caput* do § 2º do art. 26 da Emenda Constitucional n. 103/2019, ressalvado o caso de cumprimento de critérios de acesso para aposentadoria voluntária que resulte em situação mais favorável.

O acréscimo será aplicado para cada ano que exceder 15 anos de tempo de contribuição para os segurados de que tratam a alínea *a* do inciso I do § 1º do art. 19 e o inciso I do art. 21 e para as mulheres filiadas ao Regime Geral de Previdência Social.

Poderão ser excluídas da média as contribuições que resultem em redução do valor do benefício, desde que mantido o tempo mínimo de contribuição exigido, vedada a utilização do tempo excluído para qualquer finalidade, inclusive para o acréscimo a que se referem os §§ 2º e 5º do art. 26 da Emenda Constitucional n. 103/2019, para a averbação em outro regime previdenciário ou para a obtenção dos proventos de inatividade das atividades de que tratam os arts. 42 e 142 da Constituição.

Os benefícios serão reajustados nos termos estabelecidos para o Regime Geral de Previdência Social.

O segurado que preencher o requisito para a aposentadoria por tempo de contribuição poderá optar pela não incidência do fator previdenciário no cálculo de sua aposentadoria, quando o total resultante da soma de sua idade e de seu tempo de contribuição, incluídas as frações, na data de requerimento da aposentadoria, for (art. 29-C da Lei n. 8.213/91):

I – igual ou superior a noventa e cinco pontos, se homem, observando o tempo mínimo de contribuição de trinta e cinco anos; ou

II – igual ou superior a oitenta e cinco pontos, se mulher, observado o tempo mínimo de contribuição de trinta anos. É a chamada fórmula 85/95.

Serão somadas as frações em meses completos de tempo de contribuição e idade.

As somas de idade e de tempo de contribuição serão majoradas em um ponto em:

I – 31 de dezembro de 2018;

II – 31 de dezembro de 2020;

III – 31 de dezembro de 2022;

IV – 31 de dezembro de 2024; e

V – 31 de dezembro de 2026.

O tempo mínimo de contribuição do professor e da professora que comprovarem exclusivamente tempo de efetivo exercício de magistério na educação infantil e ou no ensino fundamental e médio será de, respectivamente, trinta e vinte e cinco anos, e serão acrescidos cinco pontos à soma da idade com o tempo de contribuição.

Ao segurado que alcançar o requisito necessário ao exercício da opção e deixar de requerer aposentadoria será assegurado o direito à opção com a aplicação da pontuação exigida na data do cumprimento do requisito.

A expressão salário de benefício pode sugerir ao leitor a ideia do próprio valor recebido pelo beneficiário da Previdência Social. Contudo, como indica a lei, o salário de benefício é a base de cálculo para a fixação da renda mensal inicial do benefício, e não o próprio benefício.

SB = f x M;

f = fator previdenciário;

M = média aritmética simples dos salários de contribuição corrigidos mês a mês.

O valor do salário de benefício não será inferior a um salário mínimo, nem superior ao limite máximo de salário de contribuição na data do início do benefício. O benefício de acidente do trabalho também se sujeita ao valor do teto, conforme o § 2º do art. 29 da Lei n. 8.213/91.

Nas hipóteses de auxílio-doença e de aposentadoria por invalidez, contando o segurado com menos de 144 contribuições mensais no período contributivo, o salário de benefício corresponderá à soma dos salários de contribuição dividida pelo número de contribuições apurado.

Para os segurados contribuinte individual e facultativo optantes pelo recolhimento trimestral, que tenham solicitado qualquer benefício previdenciário, o salário de benefício consistirá na média aritmética simples de todos os salários de contribuição integrantes da contribuição trimestral, desde que efetivamente recolhidos.

20.2.1 Cálculo

O INSS utilizará as informações constantes no Cadastro Nacional de Informações Sociais – CNIS sobre os vínculos e as remunerações dos segurados, para fins de cálculo de salário de benefício, comprovação de filiação ao Regime Geral de Previdência Social, tempo de contribuição e relação de emprego (art. 29-A da Lei n. 8.213/91). Esse cadastro tem dados desde 1994.

Os salários de contribuição considerados no cálculo do valor do benefício serão corrigidos, mês a mês, de acordo com a variação integral do Índice Nacional de Preços ao Consumidor (INPC), calculado pela Fundação Instituto Brasileiro de Geografia e Estatística (IBGE) (art. 29-B da Lei n. 8.213/91).

Terá o INSS até 180 dias, contados a partir da solicitação do pedido, para fornecer ao segurado as informações mencionadas anteriormente.

O segurado poderá solicitar, a qualquer momento, a inclusão, exclusão ou retificação de informações constantes do CNIS, com a apresentação de documentos comprobatórios dos dados divergentes, conforme critérios definidos pelo INSS.

A aceitação de informações relativas a vínculos e remunerações inseridas extemporaneamente no CNIS, inclusive retificações de informações anteriormente inseridas, fica condicionada à comprovação dos dados ou das divergências apontadas, conforme critérios definidos em regulamento. O certo deveria o critério estar na lei e não no regulamento.

Considera-se extemporânea a inserção de dados decorrentes de documento inicial ou de retificação de dados anteriormente informados, quando o documento ou a retificação, ou a informação retificadora, forem apresentados após os prazos estabelecidos em regulamento.

Havendo dúvida sobre a regularidade de vínculo incluído no CNIS e inexistência de informações sobre remuneração e contribuições, o INSS exigirá a apresentação dos documentos que serviram de base à anotação, sob pena de exclusão de período.

Os ganhos habituais do empregado, a qualquer título (tanto em dinheiro como em utilidades), desde que tenha havido a incidência da contribuição previdenciária, entrarão no cálculo do salário de benefício.

Não será considerado para efeito do cálculo do salário de benefício o aumento dos salários de contribuição excedentes do limite legal, inclusive o voluntariamente concedido nos 36 meses imediatamente anteriores ao início do benefício, exceto se houver homologação pela Justiça do Trabalho, resultante de promoção regulada pelas normas gerais da empresa, admitida pela legislação do trabalho, de sentença normativa ou de reajustamento salarial obtido pela categoria do obreiro.

Se, no período básico de cálculo, o segurado tiver recebido benefício por incapacidade, considerar-se-á salário de contribuição, no período, o salário de benefício que serviu de base para o cálculo da renda mensal, reajustado nas mesmas épocas e nas mesmas bases dos benefícios em geral, não podendo ser inferior ao salário mínimo, nem superior ao limite máximo do salário de contribuição.

O valor mensal do auxílio-acidente integra o salário de contribuição, para fins de cálculo do salário de benefício de qualquer aposentadoria, observados, no que couber, o limite de pelo menos um salário mínimo e o teto máximo do benefício.

Ao se apurar o salário de benefício, não haverá qualquer correlação entre o valor obtido e o número de salários mínimos que o segurado contribuiu.

20.2.2 Atividades concomitantes

O salário de benefício do segurado que contribuir em razão de atividades concomitantes será calculado com base na soma dos salários de contribuição das atividades exercidas na data do requerimento ou do óbito, ou no período básico de cálculo, observado o disposto no art. 29 desta Lei n. 8.213/91 (art. 32 da Lei n. 8.213/91).

O disposto no art. 32 da Lei n. 8.213/91 não se aplica ao segurado que, em obediência ao limite máximo do salário de contribuição, contribuiu apenas por uma das atividades concomitantes (§ 1º do art. 32 da Lei n. 8.213/91).

Não se aplica também ao segurado que tenha sofrido redução do salário de contribuição das atividades concomitantes em respeito ao limite máximo desse salário (§ 2º do art. 32 da Lei n. 8.213/91).

Quando o exercício de uma das atividades concomitantes se desdobra por atividades sucessivas, o tempo a ser considerado é a soma dos períodos de trabalho nas atividades sucessivas.

Se o segurado se afasta de uma das atividades antes da data do requerimento ou do óbito, mas em data abrangida pelo período básico de cálculo do salário de benefício, o respectivo salário de contribuição é contado, observadas as normas descritas para as atividades concomitantes.

No caso de aposentadoria por invalidez precedente de auxílio-doença, o salário de benefício da aposentadoria por invalidez deve corresponder à soma das seguintes parcelas:

a) o valor do salário de benefício do auxílio-doença a ser transformado em aposentadoria por invalidez, reajustado nas mesmas épocas e nas mesmas bases dos benefícios em geral, não podendo ser inferior a um salário mínimo;

b) o valor correspondente ao porcentual da média dos salários de contribuição de cada uma das demais atividades não consideradas no cálculo do auxílio-doença a ser transformado, porcentual esse equivalente à relação entre os meses completos de contribuição, até o máximo de 12 meses, e os estipulados como período de carência para a aposentadoria por invalidez.

20.2.3 13º salário

Dispunha o § 6º do art. 30 do Decreto n. 357/91 que não se incluía no cálculo do salário de benefício o 13º salário.

O § 6º do art. 30 do Decreto n. 611/92 disciplinava que o 13º salário somente será considerado no cálculo do salário de benefício quando o trabalhador tiver um ano completo de atividade, o que dá a entender que não é um ano de casa, mas o trabalho realizado durante todo o ano na empresa. Assim, no cálculo do salário de benefício iriam se computar os 36 últimos salários de contribuição, incluindo o 13º salário, e não os 36 últimos meses. Poder-se-ia apurar o salário de benefício apenas em um período de 33 meses de salário de contribuição, utilizando-se dos três salários de contribuição correspondentes ao 13º salário de três anos, desde que durante um ano completo de atividade.

A Lei n. 8.870/94, deu nova redação ao § 7º do art. 28 da Lei n. 8.212/91 e ao § 3º do art. 29 da Lei n. 8.213/91, estabelecendo que o 13º salário integra o salário de contribuição, porém não integra o cálculo do benefício. Assim, para efeito do cálculo do salário de benefício, o 13º salário não estará mais nele incluído.

20.3 RENDA MENSAL DOS BENEFÍCIOS

A renda mensal do benefício até 1966 era de até 5 salários mínimos regionais. A partir da vigência do Decreto-lei n. 66/66 passou a ser de 10 salários mínimos.

Com o advento da Lei n. 5.890/73, a renda mensal máxima passou a ser de 20 salários mínimos. Com a edição da Lei n. 6.205/75, o limite máximo de contribuição passou a ser 20 vezes o maior valor de referência, tendo a renda mensal como cálculo um valor decretado pelo presidente da República e modificado a cada 12 meses nas ocasiões da mudança do salário mínimo.

A Lei n. 6.950/81 fixou o limite máximo de contribuição em 20 vezes o maior piso legal vigente. Criou-se o maior valor-teto de 20 salários mínimos e o menor valor-teto de 10 salários mínimos. O art. 136 da Lei n. 8.213/91 eliminou o menor e o maior valor-teto para o cálculo do salário de benefício, a partir de 6-10-1988 (art. 275 do Decreto 611/92).

O ato de concessão do benefício é um ato administrativo, que está sujeito aos princípios do Direito Administrativo, especialmente, motivação, legalidade, moralidade etc.

Nenhum benefício que substitua o salário de contribuição ou rendimento do trabalho do segurado terá valor mensal inferior ao salário mínimo (§ 2º do art. 201 da Constituição).

A renda mensal do benefício de prestação continuada, de acordo com a Lei n. 8.213/91, não poderá ter valor inferior a um salário mínimo, nem superior a aproximadamente 10 salários mínimos.

A fixação do valor mínimo do benefício com base no salário mínimo significa o mínimo que a pessoa necessita para sobreviver, para suas necessidades básicas.

No cálculo da renda mensal do benefício, inclusive o decorrente de acidente do trabalho, serão computados:

a) para o segurado empregado, inclusive o doméstico e trabalhador avulso, os salários de contribuição referentes aos meses de contribuições devidas, ainda que não recolhidas pela empresa, sem prejuízo da respectiva cobrança e da aplicação das penalidades cabíveis;
b) para o segurado empregado, inclusive o doméstico, o trabalhador avulso e o segurado especial, o valor mensal do auxílio-acidente, considerado como salário de contribuição para fins de concessão de qualquer aposentadoria. O item trata da observância do valor do auxílio-acidente para o cálculo de aposentadoria e não de outros benefícios;
c) para os demais segurados, os salários de contribuição referentes aos meses de contribuições efetivamente recolhidas. É o que ocorre com o doméstico, o empresário, o autônomo e equiparado a autônomo e o segurado facultativo.

Ao segurado empregado, inclusive o doméstico, e ao trabalhador avulso que tenham cumprido todas as condições para a concessão do benefício pleiteado, mas não possam comprovar o valor de seus salários de contribuição no período básico de cálculo, será concedido o benefício de valor mínimo. A renda será recalculada quando os referidos segurados conseguirem apresentar a prova dos efetivos salários de contribuição (art. 35 da Lei n. 8.213/91).

A renda mensal inicial será recalculada nos casos em que o trabalhador não tiver prova do salário de contribuição, devendo ser reajustada com a dos benefícios correspondentes com igual data de início e substituirá, a partir da data do requerimento de revisão do valor do benefício, a renda mensal que prevalecia até então.

No cálculo da renda mensal de qualquer benefício deve ser levado em conta o tempo de serviço do segurado, conforme descrito para a aposentadoria por tempo de serviço.

A renda mensal do benefício de prestação continuada será calculada aplicando-se sobre o salário de benefício os seguintes porcentuais:

a) auxílio-doença: 91% do salário de benefício. O benefício de auxílio-doença não é, portanto, integral;
b) aposentadoria por invalidez: 100% do salário de benefício;

c) aposentadoria por idade: 70% do salário de benefício, mais 1% deste por grupo de 12 contribuições mensais, até o máximo de 30%;

d) aposentadoria por tempo de contribuição:

d.1 para a mulher: 100% do salário de benefício aos 30 anos de contribuição;

d.2 para o homem: 100% do salário de benefício aos 35 anos de contribuição;

d.3 100% do salário de benefício, para o professor aos 30 anos, e para a professora aos 25 anos de efetivo exercício em função de magistério na educação infantil, no ensino médio e fundamental.

e) aposentadoria especial: 100% do salário de benefício;

f) pensão por morte ou auxílio-reclusão: 100% do valor do salário de benefício;

g) auxílio-acidente: 50% do salário de benefício.

Para o segurado especial (produtor, parceiro, meeiro etc.) é garantida a concessão:

a) de aposentadoria por idade ou por invalidez, de auxílio-doença, de auxílio-reclusão ou de pensão por morte, no valor de um salário mínimo, e de auxílio-acidente, conforme disposto no art. 86 da Lei n. 8.213/91, desde que comprovem o exercício da atividade rural, ainda que de forma descontínua, no período imediatamente anterior ao requerimento do benefício, igual ao número de meses correspondentes à carência do benefício requerido, observado o disposto nos arts. 38-A e 38-B da Lei n. 8.213/91; ou

b) dos benefícios assegurados no Regulamento de Benefícios da Previdência Social, desde que contribuam facultativamente.

Assim, a renda mensal inicial pode ser expressa da seguinte forma:

RMI = SB x coeficiente.

Tem o benefício previdenciário natureza alimentar, pois visa à manutenção do segurado e de sua família.

Sem prejuízo do disposto no art. 35 da Lei n. 8.213/91, cabe à Previdência Social manter cadastro dos segurados com todos os informes necessários para o cálculo da renda mensal dos benefícios (art. 38 da Lei n. 8.213/91).

20.4 REAJUSTAMENTO DO VALOR DOS BENEFÍCIOS

Os benefícios serão reajustados para a preservação de seu valor real na data de sua concessão.

No reajuste, o benefício deve ser corrigido para evitar a perda do poder aquisitivo.

Na revisão, há correção da renda mensal inicial pelo fato de que foram usados os índices inadequados de correção monetária.

Quem ganha benefício à razão de um salário mínimo por mês terá a referida prestação corrigida quando for alterado o salário mínimo.

Prevê o § 4º do art. 201 da Constituição que é assegurado o reajustamento dos benefícios para preservar-lhes, em caráter permanente, o valor real, conforme critérios definidos em lei. Critérios são os parâmetros ou métodos para ser feito o reajustamento dos benefícios, visando a preservação do valor real do benefício.

A partir de 5-4-1991, com a vigência dos incisos I e II do art. 41 da Lei n. 8.213/91, o índice de correção monetária passou a ser o INPC, até sua revogação em janeiro de 1993 pela Lei n. 8.542/92, passando a ser utilizado o IRSM, que também não existe mais.

Os valores dos benefícios em manutenção são reajustados, anualmente, na mesma data do reajuste do salário mínimo, *pro rata*, de acordo com suas respectivas datas de início ou do seu último reajustamento, com base no INPC do IBGE (art. 41-A da Lei n. 8.213/91). Isso tem sido feito no mês de janeiro de cada ano.

Deveriam ser observados os seguintes critérios: a) preservação do valor real do benefício. A preservação não é exatamente um critério, inclusive pelo fato de que já tem previsão no § 4º do art. 201 da Constituição; b) atualização anual que visa a preservação do valor real do benefício, de acordo com a variação anual da inflação; c) variação de preços de produtos necessários e relevantes para a aferição da manutenção do valor de compra dos benefícios.

A especificação de um índice de correção do benefício evita que o governo utilize o IQQ (o índice que eu quero), podendo usar o menor índice que apurar a inflação do período.

O STF tem entendido que os benefícios previdenciários devem ser reajustados pelos índices previstos na legislação infraconstitucional. Isso não importa violação a irredutibilidade ou a preservação do valor real dos benefícios, salvo se demonstrado que os indexadores são inadequados por não refletirem a real variação do custo de vida em determinado período (Pleno, RE 376.846/SC, Re. Min. Carlos Velloso, *DJ* 2-4-2004).

Julga o STF que a Constituição assegura apenas o direito ao reajuste do benefício previdenciário. Cabe ao legislador ordinário a fixação de critérios para a preservação do valor real (1ª T., Ag Rg-AI 279.377-3/RJ, Rel. Min. Ellen Gracie, *DJ* 23-3-2001).

Há presunção de constitucionalidade da legislação infraconstitucional realizadora do reajuste previsto no § 4º do art. 201 da Constituição.

O valor do auxílio-acidente será reajustado conforme o que já foi mencionado anteriormente e não variará de acordo com o salário de contribuição do segurado.

Nenhum benefício reajustado pode ser superior ao limite máximo do salário de benefício, respeitados, evidentemente, os direitos adquiridos. Não poderá ser também inferior ao valor de um salário mínimo, salvo em relação ao auxílio-acidente e do salário-família.

O STF entendeu que o teto do salário de benefício (§ 2º do art. 29, da Lei n. 8.213/91) não é inconstitucional (RE 280.382/SP, Rel. Min. Neri da Silveira, *DJ* 3-4-2002, p. 114).

Para os benefícios que tenham sido majorados devido à elevação do salário mínimo, o referido aumento deverá ser compensado quando da aplicação do reajuste anual com base no INPC, de acordo com as normas a serem baixadas pela Previdência Social.

20.5 PAGAMENTO DOS BENEFÍCIOS

O pagamento dos benefícios da Seguridade Social será feito por meio da rede bancária ou por outras formas definidas pela Previdência Social (art. 60 da Lei n. 8.212/91).

São pagos benefícios superiores a um salário mínimo do 1º ao 5º dia útil do mês seguinte ao de sua competência, observando-se a distribuição proporcional do número de beneficiários por dia de pagamento.

Os benefícios com renda mensal no valor de até um salário mínimo serão pagos no período compreendido entre o 5º dia útil que anteceder o final do mês de sua competência e o 5º dia útil do mês subsequente, observada a distribuição proporcional de beneficiários por dia de pagamento. Do contrário, todos os aposentados irão ao banco no mesmo dia.

Salvo quanto a valor devido à Previdência Social e a desconto autorizado pela Lei n. 8.213/91, ou derivado da obrigação de prestar alimentos reconhecida em sentença judicial, o benefício concedido a segurado ou dependente não pode ser objeto de penhora, arresto ou sequestro, sendo nulas de pleno direito sua venda ou cessão, ou a constituição de qualquer ônus sobre ele, bem como a outorga de poderes irrevogáveis ou em causa própria para seu recebimento (art. 114 da Lei n. 8.213/91).

O STF entende que o benefício recebido de boa-fé pelo segurado não pode ser devolvido, em razão do seu caráter alimentar (1ª T., ARE 734.242 AgRg, rel. Min. Barroso, *DJ*3 175, publ. 8-9-2015).

O benefício tem natureza alimentar. O beneficiário depende do benefício para sobreviver. Entretanto, podem ser descontados dos benefícios previdenciários:

a) contribuições devidas pelo segurado à Previdência Social;
b) pagamento administrativo ou judicial de benefício previdenciário ou assistencial indevido, ou além do devido, inclusive na hipótese de cessação do benefício pela revogação de decisão judicial, em valor que não exceda 30% da sua importância, nos termos do regulamento;
c) imposto de renda na fonte;
d) alimentos decorrentes de sentença judicial;
e) mensalidades de associações e demais entidades de aposentados legalmente reconhecidas, desde que autorizadas por seus filiados;
f) pagamento de empréstimos, financiamentos, cartões de crédito e operações de arrendamento mercantil concedidos por instituições financeiras e sociedades de arrendamento mercantil, ou por entidades fechadas ou abertas de previdência complementar, públicas ou privadas, quando expressamente autorizado pelo beneficiário, até o limite de 35% do valor do benefício, sendo 5% destinados exclusivamente para: 1) a amortização de despesas contraídas por meio de cartão de crédito; ou 2) a utilização com a finalidade de saque por meio do cartão de crédito (art. 115 da Lei n. 8.213/91).

Na hipótese de pagamento do benefício além do devido, o desconto será feito em parcelas, conforme dispuser o regulamento, salvo má-fé.

Na hipótese dos descontos dos itens *b* e *f*, haverá prevalência do desconto do item *b*.

Na hipótese de mensalidade de associação de aposentados, a autorização do desconto deverá ser revalidada a cada três anos, a partir de 31 de dezembro de 2022, podendo esse prazo ser prorrogado por mais um ano, por meio de ato do Presidente do INSS (art. 115, § 6º, da Lei n. 8.213/91).

Os valores creditados indevidamente em razão de óbito, em favor de pessoa natural falecida, em instituições integrantes do sistema financeiro nacional por pessoa jurídica de direito público interno deverão ser restituídos (art. 36 da Lei n. 11.481/2007). Essa regra: não se aplica aos créditos referentes a períodos de competência anteriores ao óbito; não se aplica aos benefícios do Programa Bolsa Família, de que trata a Lei n. 10.836, de 9 de janeiro de 2004; e não afasta outros mecanismos de restituição de valores pagos por entes públicos. O ente público informará à instituição financeira o valor monetário exato a ser restituído. O cálculo para a restituição do valor considerará a proporcionalidade dos valores pagos referentes ao período posterior ao falecimento do beneficiário. O ente público comprovará o óbito à instituição financeira utilizando-se de um dos seguintes instrumentos: I – certidão de óbito original; II – cópia autenticada, em cartório ou administrativamente, da certidão de óbito, inclusive por meio eletrônico; III – comunicação eletrônica remetida pelo cartório ao ente público; IV – informação relativa ao óbito prestada por órgão integrante do Sistema Único de Saúde (SUS); ou V – informação prestada pelo INSS, por meio de relatório conclusivo de apuração de óbito. Após o recebimento do requerimento de restituição e observadas as normas a serem editadas pelo Conselho Monetário Nacional, a instituição financeira: I – bloqueará, imediatamente, os valores disponíveis; e II – restituirá ao ente público os valores bloqueados até o 45º dia após o recebimento do requerimento. Na hipótese de não haver saldo suficiente para a restituição, a instituição financeira restituirá o valor disponível e comunicará a inexistência ou insuficiência de saldo ao ente público. Consideram-se disponíveis os valores existentes na conta corrente do beneficiário ou nas aplicações automáticas de recursos a ela vinculadas na data em que a instituição retornar ao ente público. Na hipótese de a instituição financeira constatar erro no requerimento de restituição, por meio do comparecimento do beneficiário ou de prova de vida, deverá, imediatamente: I – desbloquear os valores; e II – comunicar o desbloqueio ao ente público requerente. O afirmado acima não exclui a retificação do requerimento pelo ente público, de ofício ou a pedido do beneficiário.

Serão inscritos em dívida ativa pela Procuradoria-Geral Federal os créditos constituídos pelo INSS em decorrência de benefício previdenciário ou assistencial pago indevidamente ou além do devido, inclusive na hipótese de cessação do benefício pela revogação de decisão judicial, nos termos da Lei n. 6.830/80, para a execução judicial (§ 3º do art. 115 da Lei n. 8.213/91).

Será objeto de inscrição em dívida ativa, para os fins do disposto no § 3º do art. 115 da Lei n. 8.213/91, em conjunto ou separadamente, o terceiro beneficiado que sabia ou deveria saber da origem do benefício pago indevidamente em razão de fraude, de dolo ou de coação, desde que devidamente identificado em procedimento administrativo de responsabilização (§ 4º do art. 115 da Lei n. 8.213/91).

O procedimento acima será disciplinado em regulamento, nos termos da Lei n. 9.784/99, e no art. 27 do Decreto-lei n. 4.657/42 (§ 5º do art. 115 da Lei n. 8.213/91).

Na hipótese prevista no inciso V do *caput* do art. 115 da Lei n. 8.213/91, a autorização do desconto deverá ser revalidada a cada três anos, a partir de 31 de dezembro de 2021, nos termos do regulamento (§ 6º do art. 115 da Lei n. 8.213/91).

Os titulares de benefícios de aposentadoria e pensão do Regime Geral de Previdência Social podem autorizar os descontos de empréstimos de seus benefícios.

O INSS terá a responsabilidade de: a) reter os valores autorizados pelo beneficiário e repasse à instituição consignatária, não cabendo à autarquia responsabilidade solidária pelos débitos contratados pelo segurado; b) manter os pagamentos do titular do benefício na mesma instituição financeira enquanto houver saldo devedor nas operações em que for autorizada a retenção, não cabendo à autarquia responsabilidade solidária pelos débitos contratados pelo segurado.

É vedado ao titular de benefício que realiza a operação de empréstimo, solicitar a alteração da instituição financeira pagadora, enquanto houver saldo devedor em amortização.

É facultada a transferência da consignação do empréstimo, financiamento ou arrendamento firmado pelo empregado na vigência do seu contrato de trabalho quando de sua aposentadoria.

Será pago o benefício diretamente ao beneficiário, salvo em caso de ausência, moléstia contagiosa ou impossibilidade de locomoção, quando será pago a procurador cujo mandato não terá prazo superior a 12 meses, podendo ser renovado ou revalidado pelos setores de benefícios do INSS.

O procurador do beneficiário deverá firmar, perante o INSS, termo de responsabilidade mediante o qual se comprometa a comunicar ao Instituto qualquer evento que possa anular a procuração, principalmente o óbito do outorgante, sob pena de incorrer nas sanções criminais cabíveis.

O benefício devido ao segurado ou dependente incapaz será pago ao cônjuge, pai, mãe, tutor ou curador, admitindo-se, na sua falta e por período não superior a seis meses, o pagamento a herdeiro necessário, mediante termo de compromisso firmado no ato do recebimento (art. 110 da Lei n. 8.213/91).

Para efeito da curatela, no caso de interdição do beneficiário, a autoridade judiciária pode louvar-se no laudo médico-pericial da Previdência Social.

O dependente excluído, na forma do § 7º do art. 16 da Lei n. 8.213/91, ou que tenha a parte provisoriamente suspensa, na forma do § 7º do art. 77 da Lei n. 8.213/91, não poderá representar outro dependente para fins de recebimento e percepção do benefício (§ 2º do art. 110 da Lei n. 8.213/91).

O dependente que perde o direito à pensão por morte, na forma do § 1º do art. 74 da Lei n. 8.213/91, não poderá representar outro dependente para fins de recebimento e percepção do benefício (§ 3º do art. 110 da Lei n. 8.213/91).

O segurado menor poderá firmar recibo de pagamento de benefício, independentemente da presença dos pais ou do tutor.

Os benefícios poderão ser pagos mediante depósito em conta corrente, exceto o pagamento de auxílio-doença e os pagamentos a procurador.

Os pagamentos dos benefícios de prestação continuada não poderão ser antecipados.

O primeiro pagamento do benefício será efetuado até 45 dias após a data da apresentação, pelo segurado, da documentação necessária a sua concessão.

O pagamento de parcelas relativas a benefícios, efetuado com atraso por responsabilidade da Previdência Social, será atualizado pelo mesmo índice utilizado para os reajustamentos dos benefícios do Regime Geral de Previdência Social, verificado no período compreendido entre o mês que deveria ter sido pago e o mês do efetivo pagamento (art. 31 da Lei n. 10.741/2003).

A correção monetária é devida a partir do vencimento de cada parcela e não a partir do ajuizamento da ação.

A apresentação de documentação incompleta não pode constituir motivo de recusa de requerimento de benefício.

O INSS implementará e manterá processo administrativo eletrônico para requerimento de benefícios e serviços e disponibilizará canais eletrônicos de atendimento (art. 124-A da Lei n. 8.213/91).

Facilitará o INSS o atendimento, o requerimento, a concessão, a manutenção e a revisão de benefícios por meio eletrônico e implementará procedimentos automatizados, de atendimento e prestação de serviços por meio de atendimento telefônico ou de canais remotos (§ 1º do art. 124-A da Lei n. 8.213/91).

Poderão ser celebrados acordos de cooperação, na modalidade de adesão, com órgãos e entidades da União, dos Estados, do Distrito Federal e dos Municípios, para a recepção de documentos e o apoio administrativo às atividades do INSS que demandem serviços presenciais.

Empresas, sindicatos e entidades fechadas de previdência complementar poderão, mediante celebração de acordo de cooperação técnica com o INSS, encarregar-se, relativamente a seus empregados, associados ou beneficiários, de requerer benefícios previdenciários por meio eletrônico, preparando-os e instruindo-os nos termos do acordo (art. 117 da Lei n. 8.212/91).

Empresas, sindicatos e entidades fechadas de previdência complementar poderão realizar o pagamento integral dos benefícios previdenciários devidos a seus beneficiários, mediante celebração de contrato com o INSS, dispensada a licitação (art. 117-A da Lei n. 8.212/91). Os contratos deverão prever as mesmas obrigações, condições e valores devidos pelas instituições financeiras responsáveis pelo pagamento dos benefícios pelo INSS. As obrigações, condições e valores serão definidos em ato próprio do INSS.

A implementação de serviços eletrônicos preverá mecanismos de controle preventivos de fraude e de identificação segura do cidadão.

O INSS, para o exercício de suas competências, observado o disposto nos incisos XI e XII do art. 5º da Constituição e na Lei n. 13.709/2018, terá acesso aos dados necessários para a análise, a concessão, a revisão e a manutenção de benefícios por ele administrados, em especial aos dados (art. 124-B da Lei n. 8.231/91):

a) dos registros e dos prontuários eletrônicos do Sistema Único de Saúde (SUS), administrados pelo Ministério da Saúde;
b) dos documentos médicos mantidos por entidades públicas e privadas, sendo necessária, no caso destas últimas, a celebração de convênio para garantir o acesso; e
c) de movimentação das contas do FGTS, instituído pela Lei n. 5.107/66, mantidas pela Caixa Econômica Federal.

Serão preservados a integridade e o sigilo dos dados acessados pelo INSS, eventualmente existentes, e o acesso aos dados dos prontuários eletrônicos do Sistema Único de Saúde (SUS) e dos documentos médicos mantidos por entidades públicas e privadas será exclusivamente franqueado aos peritos médicos federais designados pelo INSS.

O Ministério da Economia terá acesso às bases de dados geridas ou administradas pelo INSS, incluída a folha de pagamento de benefícios com o detalhamento dos pagamentos.

As bases de dados e as informações poderão ser compartilhadas com os regimes próprios de previdência social, para estrita utilização em suas atribuições relacionadas à recepção, à análise, à concessão, à revisão e à manutenção de benefícios por eles administrados, preservados a integridade dos dados e o sigilo eventualmente existente, na forma disciplinada conjuntamente pela Secretaria Especial de Previdência e Trabalho do Ministério da Economia e pelo gestor dos dados.

Fica dispensada a celebração de convênio, de acordo de cooperação técnica ou de instrumentos congêneres para a efetivação do acesso aos dados, quando se tratar de dados hospedados por órgãos da administração pública federal, e caberá ao INSS a responsabilidade de arcar com os custos envolvidos, quando houver, no acesso ou na extração dos dados, exceto quando estabelecido de forma diversa entre os órgãos envolvidos. Excetua-se da vedação a autorização para compartilhamento com as entidades de previdência complementar das informações sobre o óbito de beneficiários dos planos de previdência por elas administrados.

As solicitações de acesso a dados hospedados por entidades privadas possuem característica de requisição, dispensados a celebração de convênio, acordo de cooperação técnica ou instrumentos congêneres para a efetivação do acesso aos dados e o ressarcimento de eventuais custos, vedado o compartilhamento dos dados com demais entidades de direito privado.

O servidor responsável pela análise dos pedidos dos benefícios motivará suas decisões ou opiniões técnicas e responderá pessoalmente apenas na hipótese de dolo ou erro grosseiro (art. 124-C da Lei n. 8.213/91). As decisões administrativas têm de ser motivadas, até para que o segurado possa saber o motivo para poder recorrer.

A administração pública federal desenvolverá ações de segurança da informação e comunicações, incluídas as de segurança cibernética, de segurança das infraestruturas, de qualidade dos dados e de segurança de interoperabilidade de bases governamentais, e efetuará a sua integração, inclusive com as bases de dados e informações dos Estados, dos Municípios e do Distrito Federal, com o objetivo de atenuar riscos e inconformidades em pagamentos de benefícios sociais (art. 124-D da Lei n. 8.213/91).

O INSS manterá programa permanente de revisão da concessão e da manutenção dos benefícios por ele administrados, a fim de apurar irregularidades ou erros materiais (art. 69 da Lei n. 8.212/91).

Havendo indício de irregularidade na concessão ou erros materiais na concessão, na manutenção do benefício, o INSS notificará o beneficiário, o seu representante legal ou o seu procurador para apresentar defesa, provas ou documentos de que dispuser, no prazo de: I – 30 dias, no caso de trabalhador urbano; II – 60 (sessenta) dias, no caso de trabalhador rural individual e avulso, agricultor familiar ou segurado especial (§ 1º do art. 69 da Lei n. 8.212/91).

A notificação será feita: I – preferencialmente por rede bancária ou por meio eletrônico, conforme previsto em regulamento; II – por via postal, por carta simples, considerado o endereço constante do cadastro do benefício, hipótese em que o aviso de recebimento será considerado prova suficiente da notificação; III – pessoalmente, quando entregue ao interessado em mãos; ou IV – por edital, nos casos de retorno com a não localização do segurado, referente à comunicação indicada no inciso II deste parágrafo (§ 2º do art. 69 da Lei n. 8.212/91). A notificação será feita para que ele possa recorrer no âmbito administrativo, exercendo o contraditório e a ampla defesa.

A defesa poderá ser apresentada pelo canal de atendimento eletrônico do INSS ou na Agência da Previdência Social do domicílio do beneficiário, na forma do regulamento (§ 3º do art. 69 da Lei n. 8.212/91).

O benefício será suspenso nas seguintes hipóteses: I – não apresentação da defesa no prazo estabelecido; II – defesa considerada insuficiente ou improcedente pelo INSS (§ 4º do art. 69 da Lei n. 8.212/91).

O INSS deverá notificar o beneficiário quanto à suspensão do benefício de que trata o § 4º do art. 69 da Lei n. 8.212/91 e conceder-lhe prazo de 30 dias para interposição de recurso. O recurso não terá efeito suspensivo.

Decorrido o prazo de 30 dias após a suspensão a que se refere o § 4º do art. 69 da Lei n. 8.212/91, sem que o beneficiário, o seu representante legal ou o seu procurador apresente recurso administrativo aos canais de atendimento do INSS ou a outros canais autorizados, o benefício será cessado.

O INSS poderá realizar recenseamento para atualização do cadastro dos beneficiários, abrangidos os benefícios administrados pelo INSS, observado o disposto no § 8º do art. 69 da Lei n. 8.212/91.

A pessoa que receber benefício realizará anualmente, no mês de aniversário do titular do benefício, a comprovação de vida, preferencialmente por meio de atendimento eletrônico com uso de biometria, ou outro meio definido pelo INSS que assegure a identificação inequívoca do beneficiário, implementado pelas instituições financeiras pagadoras dos benefícios, observadas as seguintes disposições: I – a prova de vida e a renovação de senha serão efetuadas pelo beneficiário, preferencialmente no mesmo ato, mediante identificação por funcionário da instituição financeira responsável pelo pagamento, quando não realizadas por atendimento eletrônico com uso de biometria; II – a prova de vida poderá ser realizada por representante legal ou por procurador do beneficiário, legalmente cadastrado no INSS; III – os órgãos competentes deverão dispor de meios alternativos que garantam a realização da prova de vida do beneficiário com idade igual ou superior a 80 anos ou com dificuldade de locomoção, inclusive por meio de atendimento domiciliar quando necessário; IV – as instituições financeiras deverão, obrigatoriamente, envidar esforços a fim de facilitar e auxiliar o beneficiário com idade igual ou superior a 80 anos ou com dificuldade de locomoção, de forma a evitar ao máximo o seu deslocamento até a agência bancária e, caso isso ocorra, dar-lhe preferência máxima de atendimento, para diminuir o tempo de permanência do idoso no recinto e evitar sua exposição a aglomeração; V – a instituição financeira, quando a prova de vida for nela realizada, deverá enviar as informações ao INSS, bem como divulgar aos beneficiários, de forma ampla, todos os meios existentes para efetuar o procedimento, especialmente os remotos, a fim de evitar o deslocamento dos beneficiários; e VI – o INSS poderá bloquear o pagamento do benefício encaminhado às instituições financeiras até que o beneficiário realize a prova de vida, permitida a liberação do pagamento automaticamente pela instituição financeira (art. 69, § 8º, da Lei n. 8.212/91).

Apurada a irregularidade recorrente ou fragilidade nos procedimentos, pelos órgãos de controle, os procedimentos de análise e concessão de benefícios serão revistos, de modo a reduzir o risco de fraude e concessão irregular.

O titular do Cartório de Registro Civil de Pessoas Naturais remeterá ao INSS, em até um dia útil, pelo Sistema Nacional de Informações de Registro Civil (Sirc) ou por outro meio que venha a substituí-lo, a relação dos nascimentos, dos natimortos, dos casamentos, dos óbitos, das averbações, das anotações e das retificações registradas na serventia (art. 68 da Lei n. 8.212/91). Para os municípios que não dispõem de provedor de conexão à internet ou de qualquer meio de acesso à internet, fica autorizada a remessa da relação em até cinco dias úteis. Para os registros de nascimento e de natimorto, constarão das informações, obrigatoriamente, a inscrição no Cadastro de Pessoas Físicas (CPF), o sexo, a data e o local de nascimento do registrado, bem como o nome completo, o sexo, a data e o local de nascimento e a inscrição no CPF da filiação. Para os registros de casamento e de óbito, constarão das informações, obrigatoriamente, a inscrição no CPF, o sexo, a data e o local de nascimento do registrado, bem como, acaso disponíveis, os seguintes dados: I – número do cadastro perante o Programa de Integração Social (PIS) ou o Programa de Formação do Patrimônio do Servidor Público (Pasep); II – Número de Identificação do Trabalhador (NIT); III – número de benefício previdenciário ou assistencial, se a pessoa falecida for titular de qualquer benefício pago pelo INSS; IV – número de registro da Carteira de Identidade e respectivo órgão emissor; V – número do título de eleitor; VI – número e série da Carteira de Trabalho e Previdência Social (CTPS). No caso de não haver sido registrado nenhum nascimento, natimorto, casamento, óbito ou averbações, anotações e retificações no mês, deverá o Titular do Cartório de Registro Civil de Pessoas Naturais comunicar esse fato ao INSS até o 5º dia útil do mês subsequente.

A lavratura de procuração pública e a emissão de sua primeira via para fins exclusivos de recebimento de benefícios previdenciários ou assistenciais administrados pelo INSS são isentas do pagamento das custas e dos emolumentos (art. 68-A da Lei n. 8.212/91).

O documento de procuração deverá ser revalidado, anualmente, nos termos de norma definida pelo INSS (art. 76, § 1º, da Lei n. 8.212).

Na hipótese de pagamento indevido de benefício a pessoa não autorizada, ou após o óbito do titular do benefício, a instituição financeira é responsável pela devolução dos valores ao INSS, em razão do descumprimento das obrigações a ela impostas por lei ou por força contratual (art. 76, § 2º, da Lei n. 8.212).

Para fins do disposto no § 8º do art. 69 da Lei n. 8.212/91, preservados a integridade dos dados e o sigilo eventualmente existente, o INSS: I – terá acesso a todos os dados biométricos mantidos e administrados pelos órgãos públicos federais; e II – poderá ter, por meio de convênio, acesso aos dados biométricos: a) da Justiça Eleitoral; e b) de outros entes federativos.

O antigo TFR já havia decidido que "a suspeita de fraude na concessão do benefício previdenciário, não enseja, de plano, a suspensão ou cancelamento, mas dependerá de apuração em procedimento administrativo" (Súmula 160). A súmula mostra a impossibilidade da suspensão do benefício por tempo indeterminado. A jurisprudência tem admitido, porém, o bloqueio por curto período de tempo, com o objetivo de que o segurado compareça ao posto de benefício para a apresentação de documentos.

A suspensão ilegal do benefício pode implicar o pagamento de indenização por dano moral ao segurado, pois causou-lhe prejuízo, inclusive de subsistência.

O STJ entendeu que a pessoa que receber prestação em tutela antecipada tem de devolver o valor (REsp 1.384.418/SC, 1401.560). O inciso II do art. 115 da Lei n. 8.213/91 permite o desconto quando o valor foi recebido indevidamente.

O recadastramento de segurados da Previdência Social, por qualquer motivo, não poderá ser procedido de prévio bloqueio de pagamento de benefícios.

Será efetivado o recadastramento de segurados da Previdência Social, seja qual for a sua motivação, obrigatoriamente, da seguinte forma: (a) prévia notificação pública do recadastramento; (b) estabelecimento de prazo para início e conclusão do recadastramento, nunca inferior a 90 dias (art. 2º da Lei n. 11.720/2008).

O recadastramento de segurados com idade igual ou superior a 60 anos será objeto de prévio agendamento no órgão recadastrador, que o organizará de acordo com a data de aniversário ou da data da concessão do benefício inicial.

Quando se tratar de segurado com idade igual ou superior a 80 anos ou que, independentemente da idade, por recomendação médica, estiver impossibilitado de se deslocar, o recadastramento deverá ser realizado na sua residência.

Para todo e qualquer procedimento que envolva a Previdência Social, que tenha como destinatário segurado com idade igual ou superior a 60 anos, o tratamento a lhe ser dispensado deverá observar o que dispõe a Lei n. 10.741/2003 (Estatuto do Idoso).

Esclarece a Súmula 148 do STJ que os débitos relativos a benefícios previdenciários, vencidos e cobrados em juízo após a vigência da Lei n. 6.899/81, devem ser corrigidos monetariamente na forma prevista nesse diploma legal. Mostra a Súmula 43 do STJ que incide a correção monetária sobre a dívida por ato ilícito a partir da data do efetivo prejuízo. A correção monetária deve ser feita desde quando a prestação era devida e não do ajuizamento da ação. Do contrário, terá prejuízo o segurado, pois não receberá integralmente seu crédito.

O STF entende que há necessidade de prévio requerimento do benefício no âmbito administrativo para postulá-lo na Justiça, pois se o segurado não fez a postulação no âmbito administrativo, não tem interesse em postulá-lo em juízo. Não há, porém, necessidade de esgotar a via administrativa para postular o benefício na Justiça.

Verificação de aprendizagem

1. Como se dividem as prestações previdenciárias?
2. O que são benefícios e serviços?
3. O que é período de carência?
4. O que é salário de benefício?
5. O que é renda mensal dos benefícios?
6. Como serão reajustados os benefícios previdenciários?

Capítulo 21

BENEFÍCIOS

Os benefícios são divididos em comuns e acidentários. Estes são decorrentes de acidente do trabalho.

21.1 AUXÍLIO-DOENÇA

O seguro-doença tem sua origem na Alemanha de Bismarck (1883), sendo o primeiro benefício que foi implantado naquele país.

O art. 476 da CLT, que ainda tem a sua redação original, reza que, "em caso de seguro-doença ou auxílio-enfermidade, o empregado é considerado em licença não remunerada, durante o prazo desse benefício".

A Constituição de 1946 estabeleceu que a previdência era instituída contra as consequências da doença (art. 157, XVI).

O art. 24 da Lei n. 3.807/60 determinava que o auxílio-doença era devido ao segurado que, após 12 contribuições mensais, ficasse incapacitado para o seu trabalho por prazo superior a 15 dias.

Explicitava a Carta Magna de 1967 que a previdência social deveria proteger a pessoa nos casos de doença (art. 158, XVI).

A Emenda Constitucional n. 1/69, dispunha que a previdência social visava amparar os casos de doença (art. 165, XVI).

A aposentadoria por invalidez era dada ao segurado que após 12 contribuições mensais, estando ou não em gozo de auxílio-doença, fosse considerado incapaz ou insuscetível de reabilitação para o exercício de atividade que lhe garanta a subsistência (art. 6º da Lei n. 5.890/73).

A redação original da Constituição de 1988 determinava que os planos de previdência social deveriam atender, mediante contribuição, cobertura de eventos de doença (art. 201, I).

A redação atual do inciso I do art. 201 da Constituição, decorrente da Emenda Constitucional n. 103/2019, prevê que os planos de previdência social devem atender, mediante contribuição, cobertura em relação a incapacidade temporária, que é a doença. Incapacidade temporária é o gênero. A doença é a espécie.

É previsto o auxílio-doença nos arts. 59 a 64 da Lei n. 8.213/91.

Eram empregadas as denominações seguro-doença e auxílio-enfermidade, tanto que são encontradas na redação original da CLT do art. 476. A partir da vigência da Lei n. 3.807/60 a denominação usada passou a ser auxílio-doença.

O auxílio-doença é um benefício previdenciário de curta duração e renovável a cada oportunidade em que o segurado dele necessite. É um benefício pago em decorrência de incapacidade temporária. É provisório.

Quando o segurado fica incapacitado para o trabalho por mais de 15 dias consecutivos, terá direito ao auxílio-doença (art. 59 da Lei n. 8.213/91). Há aqui hipótese de que, havendo relação de emprego, o contrato de trabalho fica suspenso. A empresa não tem obrigação de contar o tempo de serviço, nem de pagar salário a partir do 16º dia do afastamento.

O art. 59 da Lei n. 8.213/91 não distingue entre incapacidade total e parcial, mas apenas menciona “ficar incapacitado”. Entretanto, se há incapacidade total da pessoa, será concedido o benefício de aposentadoria por invalidez.

Nos 15 primeiros dias de afastamento da atividade por motivo de doença, caberá à empresa pagar o salário integral do empregado. No caso da existência de relação de emprego, o contrato de trabalho fica interrompido, tendo a empresa de contar como tempo de serviço os primeiros 15 dias de afastamento e pagar os salários correspondentes.

Se o segurado tiver afastamento inferior a 15 dias, e havendo novos afastamentos, a empresa pagará os 15 dias de afastamento, somando-se os períodos de afastamento inferiores a 15 dias. O INSS pagará o benefício a partir do 16º dia.

Para a concessão do auxílio-doença, há necessidade de o segurado observar um período de carência de 12 contribuições mensais (art. 25, I, da Lei n. 8.213/91). Não pode ser um período grande, pois o segurado pode precisar do benefício e não ter carência.

Independe de carência o auxílio-doença nos casos de acidente de qualquer natureza ou causa e de doença profissional ou do trabalho, como também nos casos de segurado que, após filiar-se ao Regime Geral de Previdência Social, for acometido de alguma das doenças e afecções especificadas em lista elaborada pelos Ministérios da Saúde e da Previdência Social, atualizada a cada três anos, de acordo com critérios de estigma, deformação, mutilação, deficiência, ou outro fator que lhe confira especificidade e gravidade que mereçam tratamento particularizado (art. 26, II, da Lei n. 8.213/91).

Até que seja elaborada a lista de doenças mencionada no inciso II do art. 26, independe de carência a concessão de auxílio-doença e de aposentadoria por invalidez ao segurado que, após filiar-se ao RGPS, for acometido das seguintes doenças: tuberculose ativa, hanseníase, alienação mental, esclerose múltipla, hepatopatia grave, neoplasia maligna, cegueira, paralisia irreversível e incapacitante, cardiopatia grave, doença de Parkinson, espondiloartrose anquilosante, nefropatia grave, estado avançado da doença de Paget (osteíte deformante), síndrome da deficiência imunológica adquirida (AIDS) ou contaminação por radiação, com base em conclusão da medicina especializada (art. 151 da Lei n. 8.213/91).

Não será devido o auxílio-doença ao segurado que se filiar ao Regime Geral de Previdência Social já portador da doença ou da lesão invocada como causa para o benefício, exceto quando a incapacidade sobrevier por motivo de progressão ou agravamento da doença ou da lesão (§ 1º do art. 59 da Lei n. 8.212/91).

Não será devido o auxílio-doença para o segurado recluso em regime fechado.

O segurado em gozo de auxílio-doença na data do recolhimento à prisão terá o benefício suspenso (§ 3º do art. 59 da Lei n. 8.213/91). A suspensão será de até 60 dias, contados da data do recolhimento à prisão, cessado o benefício após o referido prazo.

Na hipótese de o segurado ser colocado em liberdade antes do prazo previsto no § 4º do art. 59 da Lei n. 8.213/91, o benefício será restabelecido a partir da data da soltura.

Em caso de prisão declarada ilegal, o segurado terá direito à percepção do benefício por todo o período devido.

O disposto nos §§ 2º, 3º, 4º, 5º e 6º do art. 59 da Lei n. 8.213/91 aplica-se somente aos benefícios dos segurados que forem recolhidos à prisão a partir da data de publicação da Lei n. 13.846/2019.

O segurado recluso em cumprimento de pena em regime aberto ou semiaberto terá direito ao auxílio-doença.

Independe também de período de carência o auxílio-doença para os segurados especiais (pescador artesanal, arrendatário rural etc.), desde que comprovem o exercício de atividade rural, ainda que de forma descontínua, no período imediatamente anterior ao requerimento do benefício, igual ao número de meses correspondentes à carência do benefício requerido.

O início do direito ao auxílio-doença em relação ao empregado será contado a partir do 16º dia do afastamento da atividade. Assim, pode-se dizer que o benefício é devido a partir do 16º dia do afastamento e não logo no 1º dia do afastamento do trabalhador. Se o segurado que estiver afastado por mais de 30 dias requerer o auxílio-doença, este será devido a contar da data da entrada do requerimento (§ 1º do art. 60 da Lei n. 8.213/91).

Quanto aos demais segurados, o início do benefício dar-se-á a contar da data do início da incapacidade e enquanto o segurado permanecer incapaz (art. 60 da Lei n. 8.213/91). É possível dizer, portanto, que o auxílio-doença não é devido apenas quando o segurado está empregado. Mantendo a condição de segurado, o benefício será devido ao trabalhador mesmo na hipótese de estar desempregado. Não se aplica essa orientação quando a Previdência Social tiver ciência de tratamento ambulatorial ou internação hospitalar devidamente comprovados pelo segurado por meio de atestado, que deverá ser apreciado pela perícia médica.

O auxílio-doença do doméstico inicia-se no primeiro dia de incapacidade, não tendo o empregador doméstico de pagar os 15 primeiros dias. Empregador doméstico não é empresa. Não tem a mesma capacidade de contribuição da empresa.

Caso o empregado venha percebendo algum adicional (como de horas extras, de insalubridade etc.), haverá necessidade de se discriminarem esses valores para efeito do cálculo do benefício. O segurado empregado poderá requerer também o pagamento do salário-família.

Consiste o auxílio-doença em uma renda mensal de 91% do salário de benefício. O porcentual da renda mensal é atualmente um só, não mais sendo dividido em razão do número de meses ou anos trabalhados pelo segurado. Deveria ser integral, em razão da necessidade do segurado decorrente de doença, pois não pode trabalhar.

O auxílio-doença não poderá exceder a média aritmética simples dos últimos 12 salários de contribuição, inclusive em caso de remuneração variável, ou, se não alcançado o número de 12, a média aritmética simples dos salários de contribuição existentes (§ 10 do art. 29 da Lei n. 8.213/91).

Ao segurado que exercer mais de uma atividade abrangida pela Previdência Social será devido o auxílio-doença, mesmo no caso de incapacidade apenas para o exercício de uma delas, devendo a perícia médica ser conhecedora de todas as atividades que o segurado estiver exercendo (art. 73 do Decreto n. 3.048/99). Nesse caso, o auxílio-doença será concedido em relação à atividade para a qual o segurado estiver incapacitado, considerando-se para efeito de carência somente as contribuições relativas a essa atividade. Exercendo o segurado a mesma profissão nas várias atividades, será exigido de imediato o afastamento de todas elas. Se o segurado exercer mais de uma atividade, e incapacitando-se para uma delas, deverá o auxílio-doença ser mantido indefinidamente, não cabendo sua transformação em aposentadoria por invalidez, enquanto essa incapacidade não se estender às demais atividades (art. 74 do RPS).

Havendo novo requerimento de benefício decorrente da mesma doença dentro de 60 dias contados da cessação do benefício anterior, a empresa fica desobrigada do pagamento dos 15 primeiros dias de afastamento, prorrogando-se o benefício anterior e descontando-se os dias trabalhados, se for o caso. Se dentro de 60 dias da cessação do auxílio-doença o segurado requerer novo benefício e ficar provado que se trata da mesma doença, o benefício anterior será prorrogado, descontando-se os dias em que ele tiver trabalhado, se for o caso. Se o segurado empregado, por motivo de doença, se afastar do trabalho durante 15 dias, retornando à atividade no 16º dia, e se dela voltar a se afastar dentro de 60 dias desse retorno, fará jus ao auxílio-doença a partir da data do novo afastamento.

A empresa estará obrigada ao pagamento dos 15 primeiros dias de afastamento do segurado quando o segundo benefício for concedido depois de decorridos 60 dias contados da cessação do primeiro, ainda que ambos sejam decorrentes da mesma doença. Deverá também a empresa pagar os 15 primeiros dias se, embora não excedidos os 60 dias da cessação do benefício anterior, o novo benefício for decorrente de outra doença.

A legislação previdenciária não esclarece, porém, o caso de afastamentos sucessivos do empregado por interregnos inferiores a 15 dias. Nesses casos há que se entender que o empregador é obrigado a remunerar os 15 primeiros dias, mesmo não excedidos 60 dias entre um benefício e outro, encaminhando o segurado ao INSS a partir do 16º dia ou, quando o empregado retorna no 16º dia, com novo afastamento dentro dos 60 dias. O fundamento de tal situação é de que o auxílio-doença só é devido para o segurado que se afastar por mais de 15 dias consecutivos, o que não ocorre quando o segurado se afasta apenas 15 dias.

Cessará o auxílio-doença quando houver recuperação da capacidade do trabalho, pela transformação em aposentadoria por invalidez, com a morte do segurado, ou auxílio-acidente de qualquer natureza, desde que nesse caso resulte sequela que implique redução da capacidade funcional. Não há um prazo máximo para a concessão do auxílio-doença. O auxílio-acidente de qualquer natureza, mensal e vitalício, corresponderá a 50% do salário de benefício que deu origem ao benefício do auxílio-doença.

Compete aos ocupantes do cargo de Perito-Médico da Previdência Social e, supletivamente, aos ocupantes do cargo de Supervisor Médico-Pericial da carreira de que trata a Lei n. 9.620/98, no âmbito do Instituto Nacional do Seguro Social

(INSS) e da Previdência Social, o exercício das atividades médico-periciais inerentes ao Regime Geral de Previdência Social (RGPS) de que tratam as Leis ns. 8.212/91, 8.213/91, 8.742/93 (Lei Orgânica da Assistência Social), e, em especial (art. 2º da Lei n. 10.876/2004):

I – emissão de parecer conclusivo quanto à capacidade laboral para fins previdenciários;

II – inspeção de ambientes de trabalho para fins previdenciários;

III – caracterização de invalidez para benefícios previdenciários e assistenciais;

IV – execução das demais atividades definidas em regulamento; e

V – supervisão da perícia médica de que trata o § 5º do art. 60 da Lei n. 8.213/91, na forma estabelecida pela Previdência Social.

Os peritos médicos da Previdência Social poderão requisitar exames complementares e pareceres especializados a serem realizados por terceiros contratados ou conveniados pelo INSS, quando necessários ao desempenho de suas atividades.

A empresa que dispuser de serviço médico próprio ou em convênio fará o exame médico e o abono das faltas correspondentes aos primeiros 15 dias de afastamento da atividade (Súmula 282 do TST). Caso a empresa não possua médico ou convênio médico, ficará a cargo do médico da previdência, do sindicato ou de entidade pública o fornecimento do atestado. Os atestados médicos deverão obedecer a esta ordem para efeito de abono dos dias em que houve falta do empregado (Súmula 15 do TST). Assim, primeiro vale o atestado médico da empresa ou do convênio e depois os atestados dos médicos da previdência, do sindicato ou de entidade pública, para efeito do abono do dia em que houve ausência do empregado ao serviço.

Essa ordem preferencial dos atestados tem origem no art. 5º da Lei n. 3.807/60 (LOPS), com a redação que lhe foi dada pela Lei n. 5.890/73, regra essa reproduzida no art. 27 da CLPS (Decreto 89.312/84). O § 2º do art. 6º da Lei n. 605/49 (que trata do repouso semanal remunerado) nesse ponto está revogado, pois dispõe que a ordem de preponderância dos atestados se faria em primeiro lugar em relação ao médico do INSS. Como o § 2º do art. 6º da Lei n. 605/49 e o art. 5º da Lei n. 3.807/60 possuíam o mesmo campo de incidência, sendo entre si incompatíveis, prevalece a regra do último dispositivo legal sobre o primeiro, tendo sido revogado o § 2º do art. 6º da Lei n. 605/49. Esse entendimento não se modifica com o § 4º do art. 60 da Lei n. 8.213/91, que reproduz a orientação da LOPS.

Deve conter o atestado médico para efeito do abono da falta do operário:

a) tempo de dispensa concedido ao segurado, por extenso e numericamente;
b) código da doença diagnosticada, segundo a Classificação Internacional de Doenças (CID);
c) assinatura do médico ou odontólogo, que será feita sobre carimbo, onde deve constar o seu nome completo e o registro no respectivo Conselho profissional.

Sempre que possível, o ato de concessão ou de reativação de auxílio-doença, judicial ou administrativo, deverá fixar o prazo estimado para a duração do benefício (§ 8º do art. 60 da Lei n. 8.213/91). Quem pode fixar o prazo estimado para a duração do auxílio-doença é o médico e isso depende de cada caso, da complexão física da pessoa, da pessoa, da capacidade de recuperação em razão da doença.

Na ausência de fixação do prazo na perícia, o benefício cessará após o prazo de 120 dias, contado da data de concessão ou de reativação do auxílio-doença, exceto se o segurado requerer a sua prorrogação perante o INSS, na forma do regulamento, observado o disposto no art. 62 da Lei n. 8.213/91 (§ 9º do art. 60 da Lei n. 8.213/91). Foi estabelecido um parâmetro objetivo de 120 dias como prazo máximo de concessão do benefício. Entretanto, cada caso é um caso. Há pessoas que podem se recuperar mais facilmente em razão da doença e outras não.

O segurado em gozo de auxílio-doença, concedido judicial ou administrativamente, poderá ser convocado a qualquer momento para avaliação das condições que ensejaram sua concessão ou manutenção, observado o disposto no art. 101 da Lei n. 8.213/91 (§ 10 do art. 101 da Lei n. 8.213/91).

O segurado que não concordar com o resultado da avaliação da perícia poderá apresentar, no prazo máximo de 30 dias, recurso da decisão da administração perante o Conselho de Recursos do Seguro Social, cuja análise médica pericial, se necessária, será feita pelo assistente técnico médico da Junta de Recursos do Seguro Social, perito diverso daquele que indeferiu o benefício (§ 11 do art. 101 da Lei n. 8.213/91).

O segurado em gozo de auxílio-doença, insuscetível de recuperação para sua atividade habitual, deverá submeter-se a processo de reabilitação profissional para o exercício de outra atividade (art. 62 da Lei n. 8.213/91). O benefício será mantido até que o segurado seja considerado reabilitado para o desempenho de atividade que lhe garanta a subsistência ou, quando considerado não recuperável, seja aposentado por invalidez. A alteração das atribuições e responsabilidades do segurado compatíveis com a limitação que tenha sofrido em sua capacidade física ou mental não configura desvio de cargo ou função do segurado reabilitado ou que estiver em processo de reabilitação profissional a cargo do INSS.

Os §§ 1º a 3º do art. 78 do RPS são considerados contrários à previsão do art. 62 da Lei n. 8.213/91, que considera o benefício devido até que o segurado esteja reabilitado para a execução de atividade laboral (AgInt AREsp 968.191-MG, rel. Min. Mauro Campbell, 2ª T., j. 17-10-2017, *DJe* 20-10-2017).

Caso seja considerado irrecuperável, será aposentado por invalidez.

O segurado que durante o gozo do auxílio-doença vier a exercer atividade que lhe garanta subsistência poderá ter o benefício cancelado a partir do retorno à atividade (§ 6º do art. 60 da Lei n. 8.213/91).

Na hipótese do § 6º do art. 60 da Lei n. 8.213/91, caso o segurado, durante o gozo do auxílio-doença, venha a exercer atividade diversa daquela que gerou o benefício, deverá ser verificada a incapacidade para cada uma das atividades exercidas.

A empresa que garantir ao segurado licença remunerada ficará obrigada a pagar-lhe durante o período de auxílio-doença a eventual diferença entre o valor desta e a importância garantida pela licença. A complementação consistirá em garantir ao empregado o salário integral, ficando a empresa com o pagamento da diferença entre o que paga a Previdência Social e o real salário do empregado.

Não há incidência da contribuição previdenciária sobre a complementação do auxílio-doença paga pelo empregador, desde que tenha sido estendido à totalidade dos empregados da empresa (art. 28, § 9º, *n*, da Lei n. 8.212/91).

O segurado empregado, inclusive o doméstico, em gozo de auxílio-doença é considerado pela empresa e pelo empregador doméstico como licenciado (art. 63 da Lei n. 8.213/91). Logo, não irá receber salário, mas o benefício previdenciário de auxílio-doença.

O auxílio-doença será devido durante o curso de reclamação trabalhista, relacionada com a rescisão do contrato de trabalho, ou após a decisão final, desde que implementadas as condições mínimas para a concessão do benefício. Se o segurado não comprovar o valor dos seus salários de contribuição no período básico de cálculo, será concedido o benefício de valor mínimo, devendo essa renda ser recalculada quando da apresentação de prova dos salários de contribuição. Ao empregado doméstico que não comprovar o efetivo recolhimento das contribuições devidas, será concedido o benefício de valor mínimo, devendo sua renda ser recalculada quando da apresentação da prova de recolhimento das contribuições.

O empregado não poderá receber aviso-prévio se estiver afastado por auxílio-doença, pois o contrato de trabalho estará suspenso. Se o aviso-prévio é dado no primeiro dia de afastamento, corre até o 15º dia, pois há período de interrupção do contrato de trabalho, mas não correrá a partir do 16º dia, quando houve a suspensão do pacto laboral. Voltando o empregado ao trabalho, começará a fluir novamente o restante do prazo do aviso-prévio.

A empresa ficará obrigada a recolher o FGTS durante apenas os 15 primeiros dias do afastamento do empregado.

A Previdência Social deve processar de ofício o benefício, quando tiver ciência da incapacidade do segurado sem que este tenha requerido auxílio-doença.

21.2 ABONO DE PERMANÊNCIA EM SERVIÇO

Tendo direito o segurado à aposentadoria por tempo de serviço, poderia optar pelo prosseguimento de sua atividade, fazendo jus ao abono de permanência em serviço. No dito popular era o chamado "pé na cova".

Muitas vezes o segurado tinha interesse em permanecer trabalhando para ter um salário integral, não querendo se aposentar. Assim, requeria o abono de permanência em serviço. Poderia ocorrer, também, que o trâmite da documentação necessária à aposentadoria fosse demorado, compreendendo prova do tempo de serviço, preferindo o segurado, nesse interregno, requerer o abono por tempo de serviço, que era muito mais simples.

O valor do abono de permanência em serviço, mensal, correspondia a 25% da aposentadoria por tempo de serviço para o segurado com 35 anos ou mais de serviço e para a segurada com 30 anos ou mais de serviço. O abono por tempo de serviço não era acumulável com a aposentadoria por tempo de serviço. Havia necessidade, porém, de se observar o período de carência de 180 contribuições mensais.

Extinguia-se o abono em comentário quando houvesse aposentadoria de qualquer espécie ou falecimento do segurado.

Poderia ser o abono de permanência em serviço acumulado com o auxílio-doença, uma vez que são totalmente distintas as situações. Era direito do segurado requerer o abono de permanência em serviço mesmo se estivesse percebendo o auxílio-doença, ou requerer o auxílio-doença quando já percebesse o abono de permanência em serviço.

O abono de permanência em serviço foi extinto pela Lei n. 8.870/94. Hoje, só podem requerer o benefício os segurados que tinham direito adquirido. As pessoas que já o percebiam continuarão a recebê-lo.

21.3 APOSENTADORIA POR INVALIDEZ

O valor da aposentadoria visa substituir o salário ou a renda que o trabalhador tinha quando estava trabalhando. Não pode ser um prêmio, pois exige contribuição do trabalhador.

Na Lei Eloy Chaves, a aposentadoria por invalidez era concedida ao segurado com 10 anos de serviço (art. 13). Se ocorresse acidente do trabalho, não se exigia a carência (art. 15).

A alínea *h* do art. 121 da Constituição de 1934 já previa a instituição de previdência para cobrir eventos de invalidez.

A Constituição de 1937 muda um pouco a orientação anterior, assegurando a instituição de seguros de invalidez (art. 137, *m*).

Na Constituição de 1946 previa-se previdência contra as consequências da invalidez (art. 157, XVI).

O art. 27 da Lei n. 3.807/60 tratava da aposentadoria por invalidez, que era devida ao segurado que, após 12 contribuições mensais, estando ou não em gozo de auxílio-doença, fosse considerado incapaz ou insuscetível de reabilitação para o exercício de atividade que lhe garantisse a subsistência.

Já na Constituição de 1967 passou-se a usar a expressão "previdência social" nos casos de invalidez (art. 158, XVI).

A Emenda Constitucional n. 1/69, estabeleceu previdência social nos casos de invalidez (art. 165, XVI).

A redação original da Constituição de 1988 determinava que os planos de previdência social deveriam atender, mediante contribuição, a cobertura de eventos de invalidez (art. 201, I).

A redação atual do inciso I do art. 201 da Constituição prevê que os planos de previdência social devem atender, mediante contribuição, a cobertura de eventos decorrentes de incapacidade permanente ou temporária. A aposentadoria por invalidez geralmente é temporária, mas pode ser permanente, se não houver mais a possibilidade de recuperação do segurado.

Os arts. 42 a 47 da Lei n. 8.213/91 tratam da aposentadoria por invalidez.

As aposentadorias podem ser divididas em voluntárias e compulsórias. As voluntárias dependem da vontade do segurado em requerer o benefício, como a aposentadoria por tempo de contribuição, por invalidez, especial. As compulsórias ocorrem no serviço público, quando o servidor tem 75 anos e é obrigado a se aposentar.

A OIT considera que as legislações nacionais têm três conceitos de invalidez: (a) invalidez física, que compreende a perda total ou parcial de qualquer parte do corpo ou de faculdade física ou mental; (b) invalidez profissional, que é a impossibilidade de a pessoa continuar trabalhando na atividade que anteriormente exercia; (c) invalidez geral é a perda da capacidade de ganho pela impossibilidade de aproveitamento de qualquer oportunidade de trabalho. Nossa legislação está mais próxima da última hipótese.

Invalidez é a impossibilidade de exercer toda e qualquer atividade remunerada.

Grande invalidez é o caso em que o segurado precisa de cuidados de terceiros.

A aposentadoria por invalidez é um benefício previdenciário devido ao segurado que, estando ou não em gozo de auxílio-doença, for considerado incapaz para o trabalho e insusceptível de reabilitação para o exercício de atividade que lhe garanta a subsistência, sendo o benefício pago enquanto permanecer nessa condição. É, portanto, um benefício temporário.

Há necessidade de cumprimento do período de carência de 12 contribuições mensais. Não há carência para a aposentadoria por invalidez decorrente de acidente ou para os casos dos segurados especiais. Independe de carência a concessão da aposentadoria por invalidez nos casos de acidente de qualquer natureza ou causa e de doença profissional ou do trabalho, bem como nos casos de segurado que, após filiar-se ao RGPS, for acometido de alguma das doenças e afecções especificadas em lista elaborada pelos Ministérios da Saúde e da Previdência Social, atualizada a cada três anos, de acordo com os critérios de estigma, deformação, mutilação, deficiência ou outro fator que lhe confira especificidade e gravidade que mereçam tratamento particularizado (art. 26, II, da Lei n. 8.213/91).

Enquanto não for elaborada pela Previdência Social a lista de doenças infecciosas (art. 26, II, da Lei n. 8.213/91), independe de carência, a concessão de aposentadoria por invalidez ao segurado que, após filiar-se ao RGPS, for acometido das doenças: tuberculose ativa; hanseníase; alienação mental; esclerose múltipla, neoplasia maligna; cegueira; paralisia irreversível e incapacitante; cardiopatia grave; doença de Parkinson; espondiloartrose anquilosante; nefropatia grave; estado avançado da doença de Paget (osteíte deformante); Síndrome da Imunodeficiência Adquirida (Aids); contaminação por radiação, com base em conclusão de medicina especializada; hepatopatia grave ou contaminação por radiação, com base em conclusão da medicina especializada (art. 151 da Lei n. 8.213/91). O segurado especial deverá comprovar apenas o exercício de atividade rural nos 12 meses imediatamente anteriores ao do requerimento do benefício.

A concessão de aposentadoria por invalidez dependerá da verificação da condição de incapacidade, mediante exame médico pericial a cargo da Previdência Social, podendo o segurado, às suas expensas, fazer-se acompanhar de médico de sua confiança.

A doença ou lesão de que o segurado já era portador ao filiar-se ao RGPS não lhe conferirá direito à aposentadoria por invalidez, salvo quando a incapacidade sobrevier por motivo de progressão ou agravamento dessa doença ou lesão.

A renda mensal da aposentadoria por invalidez é de 100% do salário de benefício. O porcentual da renda mensal inicial agora é único, não mais sendo dividido em razão do número de contribuições do segurado. É devida a contar do dia imediato ao da cessação do auxílio-doença.

A renda mensal inicial da aposentadoria por invalidez precedida de auxílio-doença será apurada na forma do art. 36, § 7º, do Decreto n. 3.048/99, observando-se, porém, os critérios previstos no art. 29, § 5º, da Lei n. 8.213/91, quando intercalados períodos de afastamento e de atividade laboral (Súmula 557 do STJ).

Concluindo a perícia médica inicial pela existência de incapacidade total e definitiva para o trabalho, a aposentadoria por invalidez será devida:

a) ao segurado empregado, a contar do 16º dia do afastamento da atividade ou a partir da data de entrada do requerimento, se entre o afastamento e a entrada do requerimento decorrerem mais de 30 dias;
b) ao segurado empregado doméstico, contribuinte individual, trabalhador avulso, segurado especial e facultativo, a contar da data do início da incapacidade ou da data de entrada do requerimento, se entre essas datas decorrerem mais de 30 dias.

Durante os primeiros 15 dias de afastamento da atividade por motivo de invalidez, caberá à empresa pagar ao segurado empregado o salário.

A concessão de aposentadoria por invalidez, inclusive mediante transformação de auxílio-doença para o segurado que exerce mais de uma atividade sujeita à Previdência Social, está condicionada ao afastamento de todas as atividades. A aposentadoria por invalidez poderá ser concedida a partir do afastamento do segurado, mesmo não tendo havido a concessão de auxílio-doença. Daí aplica-se o coeficiente de 100%.

No caso de conversão do auxílio-doença em aposentadoria por invalidez deve-se usar o valor do salário de benefício do auxílio-doença devidamente reajustado como salário de contribuição do período básico de cálculo, sendo calculado o novo salário de benefício para a aposentadoria por invalidez, não podendo ser inferior a um salário mínimo (§ 5º do art. 29 da Lei n. 8.213/91). O critério não é o do regulamento de 100% do salário de benefício que serviu de base para o cálculo da renda mensal do auxílio-doença.

O valor da aposentadoria por invalidez do segurado que necessitar da assistência permanente de outra pessoa será acrescido de 25%. Mesmo que o valor da aposentadoria já seja estabelecido no limite máximo legal, também será devido o adicional. Deve ser recalculado quando o benefício que lhe deu origem for reajustado. No entanto, o acréscimo de 25% cessará com a morte do aposentado, não sendo incorporado ao valor da pensão.

O acréscimo de 25% tem natureza compensatória, de compensar a dificuldade do segurado com o auxílio de terceiros. É personalíssimo.

O STJ estende o acréscimo de 25% para todos os necessitados. Chama de auxílio-acompanhante (STJ, REsp 1.720.805, Proc. 2018/0020632-2/RJ, 1ª S., rel. Regina Helena Costa, *DJe* 26-9-2018, p. 1537). A decisão fere o § 5º do art. 195 da Constituição, que exige fonte de custeio específica para estender a outro benefício da seguridade social.

Previa o § 3º do art. 4º da Lei n. 3.332/57 que a aposentadoria por invalidez era definitiva quando o segurado completava cinco anos de vigência.

Determinava o § 6º do art. 27 da Lei n. 3.807/60 que, a partir de 55 anos de idade, o segurado aposentado ficava dispensado dos exames para fins de verificação de incapacidade e dos tratamentos e processos de reabilitação profissional. Entendia-se, com base nesse dispositivo, que, após os 55 anos, a aposentadoria por invalidez era definitiva e o segurado não tinha mais condições de se recuperar, tanto que não mais se exigiam exames médicos.

Dispõe o art. 475 da CLT, que tem a redação original de 1943, que o empregado aposentado por invalidez tem seu contrato de trabalho suspenso durante o prazo fixado pelas leis de previdência para a efetivação do benefício.

A Súmula 217 do STF foi editada em 11-7-1963, quando foi publicada no *Diário de Justiça da União*. Seu fundamento é o art. 475 da CLT. Esclarece que tem direito de retornar ao emprego, ou ser indenizado em caso de recusa do empregador, o aposentado que recupera a capacidade de trabalho dentro de cinco anos a contar da aposentadoria, que se torna definitiva após esse prazo.

Reza o § 1º do art. 475 da CLT, com a redação determinada pela Lei n. 4.824, de 5-11-1965, que, recuperando o empregado a capacidade de trabalho e sendo a aposentadoria cancelada, ser-lhe-á assegurado o direito à função que ocupava ao tempo da aposentadoria.

Previa o § 3º do art. 4º da Lei n. 3.332, de 26 de janeiro de 1957, que a aposentadoria por invalidez era definitiva, quando completava cinco anos de vigência.

Determinava o § 6º do art. 27 da Lei n. 3.807/60 que a partir de 55 anos de idade, o segurado aposentado ficava dispensado dos exames para fins de verificação de incapacidade e dos tratamentos e processos de reabilitação profissional. Entendia-se com base nesse dispositivo que, após os 55 anos, a aposentadoria por invalidez era definitiva e o segurado não tinha mais condições de se recuperar, tanto que não mais se exigiam exames médicos.

O antigo Prejulgado n. 37 do TST, de 21-9-1971, estabeleceu que, "cancelada a aposentadoria por invalidez, mesmo após cinco anos, o trabalhador terá direito de retornar ao emprego, facultado, porém, ao empregador, indenizá-lo na forma da lei".

Estabelecia o § 7º do art. 6º da Lei n. 5.890/73 que, a partir de 55 anos de idade, o segurado aposentado ficava dispensado dos exames para fins de verificação de incapacidade e dos tratamentos e processos de reabilitação profissional.

Prescrevia o art. 7º da Lei n. 5.890/73 que a aposentadoria por invalidez seria mantida enquanto a incapacidade do segurado persistisse, ficando ele obrigado a submeter-se aos exames que, a qualquer tempo, fossem julgados necessários para verificação da manutenção, ou não, dessas condições. Verificada a recuperação da capacidade de trabalho do segurado aposentado, procedia-se da seguinte forma: (I) se, dentro de cinco anos, contados da data do início da aposentadoria, ou de três anos, contados da data em que terminou o auxílio-doença em cujo gozo estava, for o aposentado declarado apto para o trabalho, o benefício ficará extinto: (a) imediatamente, para o segurado empregado, a quem assistirão os direitos resultantes do disposto no art. 475 e respectivos parágrafos da CLT, valendo como título hábil, para esse fim, o certificado de capacidade fornecido pela previdência social; (II) se a recuperação da capacidade de trabalho ocorrer após os prazos estabelecidos no item anterior, bem assim quando, a qualquer tempo, essa recuperação não for total, ou for o segurado declarado apto para o exercício de trabalho diverso do que habitualmente exercia, a aposentadoria será mantida, sem prejuízo do trabalho, sendo reduzida em 18 meses até sua extinção.

Estabeleceu o Decreto n. 83.080/79 (Regulamento de Benefícios da Previdência Social) que "se o segurado é declarado apto para o trabalho após o prazo do item I, se, a qualquer tempo a recuperação não é total ou se o segurado é declarado pela previdência social apto para o trabalho diverso do que anteriormente exercia, a aposentadoria é mantida, sem prejuízo da volta ao trabalho" (art. 119, II). Trabalho é o esforço da pessoa para determinado fim econômico.

A Resolução Administrativa 102/82 do TST, publicada no Diário de Justiça da União de 11-10-1982, transformou o Prejulgado 37 na Súmula 160.

A redação do Decreto n. 89.312/84 foi um pouco diferente do regulamento anterior: "Quando a recuperação ocorre após o período do item I, ou não é total, ou o segurado é declarado apto para o exercício de trabalho diverso do que habitualmente exercia, a aposentadoria é mantida, sem prejuízo da volta à atividade" (art. 31, II). Atividade é a atribuição ou serviço desempenhado pela pessoa.

Mostra o art. 42 da Lei n. 8.213/91 que o benefício de aposentadoria por invalidez é devido enquanto permanecer nesta condição (for considerado incapaz e insusceptível de reabilitação para o exercício da atividade que lhe garanta a subsistência).

O inciso I do art. 47 da Lei n. 8.213/91 dispôs que, quando a recuperação do aposentado por invalidez ocorrer dentro de cinco anos, contados da data do início da aposentadoria por invalidez ou do auxílio-doença que a antecedeu, sem interrupção, o benefício cessará. Declarou o inciso II do mesmo artigo que se a recuperação for parcial, ou ocorrer após o prazo de cinco anos, ou ainda quando o segurado for declarado apto para o exercício de trabalho diverso do qual habitualmente exercia, a aposentadoria será mantida, sem prejuízo da volta à atividade, sendo o benefício extinto no prazo de 18 meses a contar da recuperação da capacidade.

Dispunha o art. 101 da Lei n. 8.213/91 que o segurado em gozo de aposentadoria por invalidez ou de auxílio-doença e o pensionista inválido, enquanto não completassem 55 anos, estavam obrigados, sob pena de suspensão do benefício, a submeter-se a exame médico a cargo da Previdência Social, a processo de reabilitação profissional por ela prescrito e custeado e a tratamento dispensado gratuitamente, exceto o cirúrgico e a transfusão de sangue, que são facultativos. Esse artigo teve a redação alterada pela Lei n. 9.032/95, que não mais fez referência à idade de 55 anos. Assim, não existia mais idade limite de 55 anos para o segurado fazer exames médicos em caso de invalidez para ser considerada definitiva a aposentadoria.

Posteriormente, passou-se a entender que a aposentadoria por invalidez é provisória, pois o segurado pode, em certos casos, recuperar-se.

O STJ já entendeu que a aposentadoria por invalidez não é definitiva, mesmo depois de cinco anos, se o aposentado recupera a capacidade de trabalho (REsp 460.331, 5ª T., Rel. Min. Arnaldo Esteves Lima, j. 20-11-2006, *DJ* 11-12-2006, p. 405).

A Súmula 440 do TST afirma que o contrato de trabalho está suspenso na aposentadoria por invalidez, mas o empregado tem de ser mantido no Plano de Saúde ou de assistência médica oferecido pela empresa.

Outra solução poderia ser que a aposentadoria é compulsória para o empregado que completa 70 anos de idade e para a empregada com 65 anos (art. 51 da

Lei n. 8.213/91). Atingidas as referidas idades, a aposentadoria por invalidez também seria definitiva e não provisória.

O aposentado por invalidez deve submeter-se a exame médico, a cargo da Previdência Social, sob pena de ser sustado o pagamento do benefício, inclusive processo de reabilitação profissional por ela prescrito e custeado, e tratamento dispensado gratuitamente, exceto o cirúrgico e a transfusão de sangue, que são facultativos (art. 101 da Lei n. 8.213/91, com a redação da Lei n. 9.032/95). Não mais se exigia que o segurado fizesse exame médico até completar 55 anos, mas o exame seria periódico. Isso mostra que a aposentadoria por invalidez não é definitiva, em razão da necessidade periódica de exame médico.

Não há na lei previdenciária prazo de duração para a efetivação da aposentadoria por invalidez.

Na Espanha, o contrato de trabalho se extingue por invalidez permanente total ou absoluta do trabalhador (art. 49, 1, *e*, do Estatuto do Trabalhador).

Em Portugal é forma de extinção do contrato de trabalho a aposentadoria por invalidez (art. 343, *c*, do Código de Trabalho), com a cessação automática do pacto laboral.

O Código de Trabalho português mostra que a suspensão do contrato de trabalho pode fundamentar-se na impossibilidade temporária (art. 294º, 1). Logo, não pode ser definitiva nem durar longo tempo.

Se houver reaquisição da capacidade de trabalho, mesmo para segurada com menos de 55 anos, o benefício deve ser cancelado (REsp 187.648, 5ª T., Rel. Min. Gilson Dipp, j. 19-8-1999, *DJ* 13-9-1999).

A suspensão dos efeitos do contrato de trabalho não poderia ser indefinida, pois causa insegurança jurídica ao empregador, que não sabe quando ou se poderá contar com o empregado que foi aposentado por invalidez.

A aposentadoria por invalidez não é permanente. Ela é provisória até que o médico diga que o trabalhador não tem mais capacidade de recuperação, quando será considerada definitiva.

A conclusão a que se chega hoje é de que a aposentadoria por invalidez, de modo geral, é provisória. Ela só será definitiva quando o médico assim entender, pois o segurado não é mais susceptível de recuperação. Passados cinco anos da concessão da aposentadoria por invalidez, não importa que ela venha a ser definitiva, pois o trabalhador pode se recuperar.

O empregador, porém, não pode ficar aguardando indefinidamente o empregado, pois necessita de trabalhador para fazer o serviço. Na prática, muitas vezes a empresa contrata substituto interinamente.

Dispõe o § 1º do art. 101 da Lei n. 8.213/91 que "o aposentado por invalidez e o pensionista inválido que não tenham retornado à atividade estarão isentos do exame médico: I – após completarem cinquenta e cinco anos ou mais de idade e quando decorridos quinze anos da data da concessão da aposentadoria por invalidez ou do auxílio-doença que a precedeu; ou II – após completarem sessenta anos de idade". Na verdade, não se trata de isenção, pois esta diz respeito a dispensa legal do pagamento de tributo. Trata-se da dispensa de se fazer o exame médico.

A norma trata de condição alternativa: tanto pode ocorrer a hipótese do item I como a do item II. Não se exigem as duas ao mesmo tempo para se falar na pessoa estar dispensada do exame médico. Tanto pode a pessoa ter 60 anos como pode ter 55 anos e o benefício ter sido concedido por mais de 15 anos.

A norma jurídica regulamentou situação da prática, em que em alguns casos já se deixava de fazer perícia depois do segurado atingir a idade de 60 anos ou após ter completado 55 anos e quando decorridos 15 anos da data da concessão da aposentadoria por invalidez ou do auxílio-doença que a precedeu. Passa a ser um parâmetro objetivo.

A conclusão que se extrai da alteração feita no § 1º do art. 101 da Lei n. 8.213/91 é que a partir de 60 anos ou 55 anos de idade e 15 anos da data da concessão do benefício o INSS não fará mais exame médico pericial no aposentado por invalidez e o pensionista inválido não mais está obrigado a fazer exame médico periódico bienal quando completar 60 anos, que está de acordo com a idade do idoso (art. 1º da Lei n. 10.741/2003). Assim, a aposentadoria por invalidez será definitiva. Há presunção legal de que aos 60 anos ou aos 55 anos e após 15 ano da concessão do benefício não é preciso mais ser feita a perícia. Logo, os efeitos do contrato de trabalho do empregado com o empregador não estarão mais suspensos, pois estará efetivado o benefício (art. 475 da CLT) e poderá ser rescindido o contrato de trabalho do empregado, agora aposentado por invalidez.

A redação da lei não faz distinção quanto a sexo. Logo, tanto homem como mulher não mais precisam fazer perícia por invalidez depois dos 60 anos ou depois dos 55 anos, desde que o benefício tenha sido concedido por mais de 15 anos.

Nos casos em que o trabalhador se recupera e a aposentadoria é cancelada, o empregador poderá dispensar o trabalhador, pagando as verbas rescisórias pertinentes (§ 1º do art. 475 da CLT).

Entende o TST que, cancelada a aposentadoria por invalidez, mesmo após cinco anos, o trabalhador terá direito de retornar ao emprego, facultado, porém, ao empregador, indenizá-lo na forma da lei (Súmula 160).

Foram estabelecidas três exceções no § 2º do art. 101 da Lei n. 8.213/91 para efeito de continuar a ser feito o exame médico:

a) se há necessidade de assistência permanente de outra pessoa, referente ao acréscimo de 25%;

b) se o próprio aposentado solicita retorno ao trabalho;

c) se a autoridade judiciária solicita a perícia para fins de curatela.

A perícia terá acesso aos prontuários médicos do periciado no Sistema Único de Saúde (SUS), desde que haja a prévia anuência do periciado e seja garantido o sigilo sobre os dados dele (§ 4º do art. 101 da Lei n. 8.213/91).

É assegurado o atendimento domiciliar e hospitalar pela perícia médica e social do INSS ao segurado com dificuldades de locomoção, quando seu deslocamento, em razão de sua limitação funcional e de condições de acessibilidade, imponha-lhe ônus desproporcional e indevido, nos termos do regulamento (§ 5º do art. 101 da Lei n. 8.213/91). Há pessoas que não têm condições físicas de comparecer à perícia no INSS, seja por idade ou por outro motivo. Pode, portanto, ser feito atendimento domiciliar ou hospitalar pela perícia médica.

O segurado aposentado por invalidez poderá ser convocado a qualquer momento para avaliação das condições que ensejaram o afastamento ou a aposentadoria, concedida judicial ou administrativamente, observado o disposto no art. 101 desta Lei n. 8.213/91 (§ 4º do art. 43 da Lei n. 8.213/91).

A pessoa com HIV/Aids é dispensada da avaliação referida no parágrafo anterior (§ 5º do art. 43 da Lei n. 8.213/91).

Julgando-se o aposentado por invalidez apto a retornar à atividade, deverá submeter-se a nova avaliação médico-pericial. Caso a perícia conclua pelo retorno à atividade, a aposentadoria cessará.

Se o aposentado por invalidez retornar voluntariamente à atividade, não terá direito ao benefício a partir da data do retorno.

Ao se verificar a recuperação da capacidade de trabalho do aposentado por invalidez, será observado o seguinte:

1. quando a recuperação for total e ocorrer dentro de cinco anos contados da data do início da aposentadoria por invalidez, ou de auxílio-doença que o antecedeu sem interrupção, o benefício cessará:

    a) de imediato, para o segurado empregado que tiver direito a retornar à função que desempenhava na empresa ao se aposentar, na forma da legislação trabalhista, valendo como documento, para tal fim, o certificado de capacidade fornecido pela Previdência Social;

b) após tantos meses quantos forem os anos de duração do auxílio-doença e da aposentadoria por invalidez, para os demais segurados;

2. quando a recuperação for parcial ou ocorrer após o período descrito no item 1, ou ainda quando o segurado for declarado apto para o exercício de trabalho diverso do qual habitualmente exercia, a aposentadoria será mantida, sem prejuízo da volta à atividade:

a) por seu valor integral, durante seis meses contados da data em que for verificada a recuperação da capacidade;

b) com redução de 50%, no período seguinte de seis meses;

c) com redução de 75% também por igual período de seis meses, ao término do qual cessará definitivamente.

A lei faz referência a exercício de trabalho diverso. Isso quer dizer que as regras acima aplicam-se não só ao empregado, mas também a qualquer tipo de segurado do sistema.

O segurado que retorna à atividade poderá requerer, a qualquer tempo, novo benefício, que terá processamento normal.

A Lei Complementar n. 142/2013, regulamenta o § 1º do art. 201 da Constituição, que trata da aposentadoria da pessoa com deficiência e que é segurada do RGPS. Pessoa com deficiência é a que tem impedimentos de longo prazo de naturezas física, mental, intelectual ou sensorial, as quais, em interação com diversas barreiras, podem obstruir sua participação plena e efetiva na sociedade em igualdade de condições com as demais pessoas. A aposentadoria é assegurada ao segurado com deficiência: (a) aos 25 anos de tempo de contribuição, se homem, e 20 anos, se mulher, no caso de segurado com deficiência moderada; (b) aos 29 anos de tempo de contribuição, se homem, e 28 anos, se mulher, no caso de segurado com deficiência moderada; (c) aos 33 anos de tempo de contribuição, se homem, e 28 anos, se mulher, no caso de segurado com deficiência leve; (d) aos 60 anos de idade, se homem, e 55 anos de idade, se mulher, independentemente do grau de deficiência, desde que cumprido tempo mínimo de contribuição de 15 anos e comprovada a existência de deficiência durante igual período. A avaliação da deficiência será médica e funcional. O grau de deficiência será atestado por perícia própria do INSS, por meio de instrumentos desenvolvidos para esse fim. A existência de deficiência anterior à data de vigência da Lei Complementar n. 142/2013 deverá ser certificada, inclusive quanto ao seu grau, por ocasião da primeira avaliação, sendo obrigatória a fixação da data provável do início da deficiência. A comprovação do tempo de contribuição na condição de segurado com deficiência em período anterior à entrada em vigor da Lei Complementar n. 142/2013 não será admitida por meio de prova exclusivamente testemunhal. Se o segurado, após a filiação ao RGPS, tornar-se pessoa com deficiência, ou tiver seu grau de deficiência alterado, os parâmetros serão proporcionalmente ajustados, considerando-se o número de anos em que o segurado exerceu atividade laboral sem deficiência e com deficiência, observado o grau de deficiência correspondente. Os coeficientes serão de 100% nos casos das letras a, b e c acima; 70% mais 1% do salário de benefício por grupo de 12 contribuições mensais até o máximo de 30%, no caso de aposentadoria por idade. Aplicam-se à pessoa com deficiência: (a) o fator previdenciário nas aposentadorias, se resultar em renda mensal do valor mais elevado; (b) a contagem recíproca do tempo de contribuição na condição de segurado com deficiência relativa à filiação ao RGPS, ao regime próprio de previdência do servidor público ou a regime de previdência militar, devendo os seguintes compensar-se financeiramente; (c) a percepção de qualquer outra espécie de aposentadoria estabelecida na Lei n. 8.213/91, que lhe seja mais vantajosa do que as opções da Lei Complementar n. 142/2013. A redução do tempo de contribuição não poderá ser acumulada, no tocante ao mesmo período contributivo, com a redução assegurada aos casos de atividades exercidas sob condições especiais que prejudiquem a saúde ou a integridade física.

Ausente requerimento administrativo no INSS, o termo inicial para a implantação da aposentadoria por invalidez concedida judicialmente será a data da citação válida (Súmula 576 do STJ).

21.4 APOSENTADORIA POR TEMPO DE CONTRIBUIÇÃO

21.4.1 Histórico

A aposentadoria por tempo de serviço era anteriormente denominada de "aposentadoria ordinária". Existe no Brasil desde a Lei Eloy Chaves (Decreto n. 4.682/23), porém era concedida apenas aos ferroviários. Na Lei Eloy Chaves, a aposentadoria ordinária era concedida aos 30 anos de serviços e 50 anos de idade (art. 12).

Havia elevado custo com tal aposentadoria, tanto que foi suspensa em 1940. Foi, contudo, restabelecida em 1948 e mantida pela Lei 3.807/60 (LOPS), já denominada de aposentadoria por tempo de serviço, porém com limite de idade de 55 anos, que somente foi suprimido em 1962, por intermédio da Lei n. 4.130/62.

A Carta Magna de 1967 determinava no inciso XX do art. 158 aposentadoria para a mulher aos 30 anos de trabalho, com salário integral.

A Emenda Constitucional n. 1/69, repetiu a orientação anterior no inciso XIX do art. 165: "aposentadoria para a mulher aos 30 anos de trabalho, com salário integral." O inciso XX do mesmo artigo tratava da aposentadoria do professor após trinta anos e, para a professora, após 25 anos de efetivo exercício em funções de magistério, com salário integral, inciso que foi acrescentado pela Emenda Constitucional n. 18/81.

A Constituição de 1988 especificava, no art. 202, II, a aposentadoria após 35 anos de trabalho, ao homem, e após 30, à mulher, ou em tempo inferior, se sujeitos a trabalho sob condições especiais, que prejudiquem a saúde ou a integridade física, definidas em lei. O professor tinha aposentadoria após 30 anos e a professora, após 25 anos, por efetivo exercício de função de magistério (art. 202, III). O § 1º do art. 202 da Lei Maior estabelecia a possibilidade da aposentadoria proporcional, após 30 anos de trabalho, ao homem, e, após 25 anos, à mulher.

Assegura o inciso I, do § 7º do art. 201 da Constituição, de acordo com a Emenda Constitucional n. 20/98, aposentadoria no Regime Geral de Previdência Social, nos termos da lei, aos 35 anos de contribuição, se homem, e aos 30 anos de contribuição, se mulher.

Atualmente, o homem se aposenta com 65 anos e 35 anos de contribuição e a mulher com 60 anos e 30 anos de contribuição (art. 201, § 7º, I, da Constituição).

O professor se aposenta com 60 anos e a professora com 57, desde que comprove tempo de efetivo exercício das funções de magistério na educação infantil e no ensino fundamental e médio fixado em lei complementar (§ 8º do art. 201 da Constituição).

21.4.2 Direito comparado

Na Argentina, no Uruguai, no Chile já existiu o benefício da aposentadoria por tempo de contribuição. Na Argentina não mais existe, sendo limitado nos outros países a faixas etárias que o inviabilizam. Pelo que se tem notícia, somente os seguintes países ainda possuem aposentadoria por tempo de serviço: Irã, Iraque, Kuwait e Brasil. Na Itália era possível se aposentar aos 45 anos de trabalho e 35 anos de contribuição, porém, a lei italiana de 1993 eliminou a referida aposentadoria.

21.4.3 Denominação

Quanto à denominação, são observadas diversas expressões para qualificar a aposentadoria. Nos países de língua espanhola usa-se a palavra *jubilación*. Em muitos países emprega-se a palavra "pensão" ou "pensão por retirada", que no nosso país tem significação mais específica, dependendo da morte do segurado. Em Portugal emprega-se a palavra "reforma" (art. 343, *c*, do Código do Trabalho). Nos países de língua inglesa, são usadas as expressões *pension* ou *retiring*. Em francês usa-se *retraite*, no sentido de reforma, de aposentadoria.

Na Lei Eloy Chaves, a aposentadoria por tempo de contribuição era denominada aposentadoria ordinária. Antes da Emenda Constitucional n. 20/98, a denominação era aposentadoria por tempo de serviço. Após a referida emenda a denominação passou a ser aposentadoria por tempo de contribuição.

Em um sentido mais amplo, a palavra aposentadoria quer dizer retirar-se aos seus aposentos, deixar de trabalhar, ficar em casa. Indica dar pouso, repousar.

Usa-se agora a expressão "aposentadoria por tempo de contribuição" e não "por tempo de serviço". Talvez o fundamento seja da necessidade da prova do recolhimento da contribuição previdenciária para fazer jus ao benefício, pois o regime de Previdência Social é contributivo por parte do próprio segurado (art. 201 da Constituição).

21.4.4 Modificações

Nas propostas de modificação da legislação previdenciária sempre se pretendeu extinguir o benefício em comentário.

Há autores que preconizam o fim da aposentadoria por tempo de serviço com o argumento de que não há risco a ser coberto nesse sistema, não se justificando a proteção da previdência social, que é embasada no referido risco social[1]. O art. 201 da Constituição não prevê a aposentadoria por tempo de contribuição como contingência a ser coberta pelo sistema. Penso que a aposentadoria por tempo de contribuição deva ser mantida, pois há contingência a ser coberta, porque o trabalhador já está cansado depois de tantos anos de trabalho. O tempo de contribuição é considerado contingência pelo desgaste do trabalhador com o passar dos anos, por suas dificuldades em conseguir emprego, pois tem mais de 40 anos. Não se pode negar, porém, que a aposentadoria por tempo de contribuição é até mesmo uma forma de renovação de quadros, dando oportunidades aos mais novos, concedendo mais postos de trabalho aos iniciantes.

É impossível estabelecer-se um limite muito alto de idade para a sua concessão, sob pena de se fazer com que o segurado venha a falecer antes de se aposentar. Ressalte-se que a idade mínima de 55 anos já era prevista tanto na Lei Eloy Chaves como na Lei n. 3.807/60.

---

1 MAGANO, Octavio Bueno. Aposentadoria. In: *Política do Trabalho*. São Paulo: LTr, 1992. p. 303.

Para a Previdência Social é deficitária a aposentadoria proporcional por tempo de serviço, pois um segurado se aposenta, muitas vezes, quando está com ampla capacidade física e intelectual para o trabalho. Aumenta a folha de pagamentos da Previdência Social. Provavelmente, essa pessoa receberá aposentadoria por longo tempo, tendo muitas vezes pouca idade. Na prática, o segurado continua trabalhando, pois o valor do benefício é baixo. As pessoas passam mais tempo aposentadas, pois morrerão mais tarde, ante a melhora das condições de saúde e do maior número de anos de vida da pessoa.

A Lei n. 8.213/91 trata do tema nos arts. 52 a 56.

21.4.5 Aposentadoria proporcional

Previa o § 1º do art. 202 da Constituição que o segurado que tivesse 30 anos de serviço ou a segurada com 25 anos de serviço poderiam requerer a aposentadoria por tempo de serviço, proporcionalmente.

Segurado do sexo masculino que tenha começado a trabalhar com 12 anos, na vigência da Constituição anterior, poderia se aposentar com 42, somados os 30 anos de serviço. A mulher poderia se aposentar proporcionalmente aos 37 anos, tendo ingressado aos 12 anos no trabalho e tendo 25 anos de tempo de serviço (art. 202, § 1º, da Constituição).

Essas pessoas, porém, não são necessitadas, ao contrário. Aquele segurado mais necessitado que precisaria do dinheiro, em virtude de ter baixa renda, não se aposenta, simplesmente porque não consegue provar ter contribuído ou por ter ingressado muito tarde como contribuinte do sistema, ou dispensou o registro na sua CTPS em períodos em que foi empregado.

O sistema atual foi concluído no tempo em que os cidadãos morriam, em média, com 45 anos. Dessa forma, é válida a revisão no sentido de se estabelecer um sistema misto entre idade e tempo de serviço.

Atualmente, não há mais previsão de aposentadoria proporcional na Constituição, em razão da nova redação dada aos arts. 201 e 202 da Lei Maior, pela Emenda Constitucional n. 20/98.

O art. 3º da Emenda Constitucional n. 20/98 assegurou o direito já adquirido à aposentadoria proporcional às pessoas que em 16-12-1998 já tivessem implementado todas as condições para requerer o benefício, ou seja, que tinham 30 anos de tempo de serviço (homem) ou 25 anos de serviço (mulher). Essas pessoas poderão requerer a aposentadoria proporcional ao tempo de serviço a qualquer tempo.

Assegurou o art. 9º da Emenda Constitucional n. 20/98 ao segurado que se tenha filiado ao regime até 16-12-1998 aposentar-se com valores proporcionais ao tempo de contribuição, desde que tenha 53 anos de idade (homem) ou 48 anos de idade (mulher) e conte tempo de contribuição igual, no mínimo, à soma de: (a) 30 anos, se homem, e 25 anos, se mulher; (b) um período adicional de contribuição equivalente a 40% do tempo que, na data de 16-12-1998, faltaria para atingir o limite de tempo constante da alínea anterior. Os requisitos das alíneas *a* e *b* são cumulativos. A regra do art. 9º aplica-se às pessoas que ainda não tinham 30 anos de tempo de serviço (homem) ou 25 (mulher).

O segurado que já adquiriu o direito à aposentadoria proporcional poderá, se quiser, optar pelo sistema do parágrafo anterior. Na prática, não vai fazê-lo, pois já adquiriu o direito e pode exercê-lo a qualquer momento, como reconhece o art. 3º da Emenda Constitucional n. 20/98.

O valor da aposentadoria proporcional será equivalente a 70% da aposentadoria a que se refere o *caput* do art. 9º, acrescido de 5% por ano de contribuição que supere a soma a que se refere o inciso I, § 1º do art. 9º da Emenda Constitucional n. 20/98, até o limite de 100%.

21.4.6 Professores

O professor poderia aposentar-se por tempo de serviço aos 30 anos e a professora, aos 25 anos de efetivo exercício do magistério (art. 202, III da Constituição).

A Emenda Constitucional n. 20/98 deu nova redação ao art. 201 da Constituição. O § 8º do art. 201 da Lei Maior passou a especificar que o professor que tiver 30 anos de contribuição e a professora que tiver 25 anos de contribuição terão o direito à aposentadoria, desde que comprovem exclusivamente tempo de efetivo exercício das funções de magistério na educação infantil e no ensino fundamental e médio.

O professor que não tem direito adquirido não mais poderá requerer aposentadoria com 30 anos de contribuição (homem) e 25 anos de contribuição (mulher) quando desempenhe atividade de magistério no ensino superior. Nesses casos, terá de cumprir 35 anos de contribuição (homem) e 30 anos de contribuição (mulher) em atividade comum.

O professor que já tenha 30 anos de serviço (homem) ou 25 anos de serviço (mulher), mesmo no ensino superior, poderá requerer a aposentadoria integral a qualquer momento (art. 3º da Emenda Constitucional n. 20/98).

Tendo o professor exercido atividade de magistério até 16-12-98 e optando por aposentar-se na forma do art. 9º da Emenda Constitucional n. 20/98, terá o tempo de serviço exercido até 16-12-1998 contado com o acréscimo de 17%, se homem, e de 20%, se mulher, desde que se aposente, exclusivamente, com tempo de efetivo exercício de atividade de magistério (§ 2º do art. 9º da Emenda Constitucional n. 20/98).

O professor se aposenta com 60 anos e a professora com 57, desde que comprove tempo de efetivo exercício das funções de magistério na educação infantil e no ensino fundamental e médio fixado em lei complementar (§ 8º do art. 201 da Constituição).

Para o professor que comprovar exclusivamente 25 anos de contribuição, se mulher, e 30 anos de contribuição, se homem, em efetivo exercício das funções de magistério na educação infantil e no ensino fundamental e médio, o somatório da idade e do tempo de contribuição, incluídas as frações, será equivalente a 81 pontos, se mulher, e 91 pontos, se homem, aos quais serão acrescidos, a partir de 1º de janeiro de 2020, um ponto a cada ano para o homem e para a mulher, até atingir o limite de 92 pontos, se mulher, e 100 pontos, se homem (§ 3º do art. 15 da Emenda Constitucional n. 103/2019).

Para efeito de aposentadoria especial dos professores, não se computa o tempo de serviço prestado fora da sala de aula (Súmula 726 do STF). A determinação da Constituição é dirigida apenas ao professor que trabalha em sala de aula e não ao orientador educacional, pois o primeiro fica sujeito a atividade insalubre, como pó de giz, esforça suas cordas vocais e às vezes trabalha jornadas extensas. O orientador educacional não tem o mesmo desgaste do professor.

O STF entendeu que "as funções de direção, coordenação e assessoramento pedagógico integram a carreira do magistério, desde que exercidos em estabelecimento de ensino básico, por professores de carreira, excluídos os especialistas em educação (STF, Pleno, ADIn 3.772, Rel. Min. Ricardo Lewandowski, *DOU* 10-12-2009).

O § 8º do art. 201 e o § 5º do art. 40 da Constituição fazem referência a funções de magistério, que compreende o exercício de atividade administrativa, como de coordenação, chefia de departamentos e direção da escola, porque exigem especialista em educação.

O STF entendeu que o exercício de magistério não se restringe à sala de aula, mesmo também ao professor que exerce atividade administrativa no estabelecimento de ensino (Pleno, ADIn 3.772, Min. Carmen Lúcia, *DJe* 20-11-2009).

A aposentadoria do professor deveria ser a normal, como de qualquer pessoa, tirando inclusive a matéria da Constituição. Não se verifica maior penosidade na aposentadoria do professor do que em outras profissões, nem em relação aos que trabalham com crianças e adolescentes. O que é preciso é que se assegure um salário digno ao professor e que ele não trabalhe em três períodos (manhã, tarde e noite).

21.4.7 Aposentadoria integral

Assegura o § 7º do art. 201 da Constituição aposentadoria no Regime Geral de Previdência Social, nos termos da lei: 35 anos de contribuição, se homem, e 30 anos de contribuição, se mulher.

Não tinha sido estabelecida idade mínima para a aposentadoria, pois a Câmara a rejeitou.

Embora não sejam usadas no § 7º do art. 201 da Constituição as conjunções "ou" ou "e", será exigido também o requisito idade para a aposentadoria. O § 7º dispõe que devem ser obedecidas duas condições: (a) 35 anos de contribuição, se homem, e 30 anos de contribuição, se mulher; (b) 65 anos de idade, se homem, e 60 anos de idade, se mulher, reduzido em cinco anos o limite para os trabalhadores rurais de ambos os sexos e para os que exerçam suas atividades em regime de economia familiar, nestes incluídos o produtor rural, o garimpeiro e o pescador artesanal. São, portanto, requisitos cumulativos: idade e tempo de contribuição e não alternativos.

O intuito do constituinte era tratar da aposentadoria por tempo de contribuição no inciso I do § 7º do art. 201 da Lei Maior. No inciso II do mesmo dispositivo estaria consagrada a aposentadoria por idade.

Da forma como ficou redigido o dispositivo há uma aposentadoria só, que exige tempo de contribuição combinado com idade mínima. São requisitos cumulativos.

O INSS passou a interpretar a questão no sentido de não considerar os requisitos cumulativos, mas duas situações distintas: aposentadoria por tempo de contribuição e aposentadoria por idade.

A nova determinação menciona tempo de contribuição e não tempo de serviço. O tempo de serviço considerado pela legislação vigente para efeito de aposentadoria, cumprido até que a lei discipline a matéria, será contado como tempo de contribuição (art. 3º da Emenda Constitucional n. 20/98).

As pessoas que já possuíam 35 anos de serviço (homem) e 30 anos de serviço (mulher) podem requerer a aposentadoria integral a qualquer momento, pois o art. 3º da Emenda Constitucional n. 20/98 garante o direito já adquirido pelos segurados.

A Emenda Constitucional n. 20/98 acabou com a aposentadoria por tempo de serviço, que apenas fica mantida num regime transitório, para as pessoas que já estavam no sistema até a data da promulgação da referida emenda.

Para o trabalhador, o tempo de contribuição é muito pior, pois antes só precisava provar ter trabalhado, que indicaria seu tempo de serviço. A anotação na CTPS provava o tempo de serviço. Agora, precisa provar que o empregador recolheu a contribuição, o que é um contrassenso.

Passados 30 ou 35 anos será que o trabalhador vai achar a empresa para quem trabalhou para lhe pedir os comprovantes do recolhimento das contribuições para fazer jus ao benefício? Isso não é tarefa do trabalhador, é da fiscalização. Se a fiscalização é inerte e insuficiente, ele não pode ser punido pelo fato.

O trabalhador analfabeto ou de poucos estudos vai lembrar-se, na data da rescisão de seu contrato de trabalho, de pedir ao empregador cópia do recolhimento das contribuições para no futuro pedir sua aposentadoria? Com certeza não vai. Como vai conseguir comprovar o tempo de contribuição no futuro? Só Deus sabe.

Pessoas que ainda não adquiriram o direito à aposentadoria integral terão de atender cumulativamente aos seguintes requisitos: (a) contar com 53 anos de idade (homem) e 48 anos de idade (mulher); (b) contar com o tempo de contribuição igual, no mínimo, à soma de: (1) 35 anos (homem) e 30 anos (mulher); e (2) um período adicional de contribuição equivalente a 20% que, em 16-12-1998, faltaria para atingir o limite de tempo constante do número anterior.

21.4.8 Generalidades

O segurado de que trata o inciso I do § 7º do art. 201 da Constituição filiado ao Regime Geral de Previdência Social até a data de entrada em vigor desta Emenda Constitucional poderá aposentar-se quando preencher, cumulativamente, os seguintes requisitos (art. 18 da Emenda Constitucional n. 103/2019):

I – 60 anos de idade, se mulher, e 65 anos de idade, se homem; e

II – 15 anos de contribuição, para ambos os sexos.

A partir de 1º de janeiro de 2020, a idade de 60 anos da mulher, prevista no inciso I, será acrescida em seis meses a cada ano, até atingir 62 anos de idade.

O valor da aposentadoria será apurado na forma da lei.

Ao segurado filiado ao Regime Geral de Previdência Social até 13-11-2019, fica assegurado o direito à aposentadoria quando forem preenchidos, cumulativamente, os seguintes requisitos (art. 15 da Emenda Constitucional n. 103/2019):

I – 30 anos de contribuição, se mulher, e 35 anos de contribuição, se homem; e

II – somatório da idade e do tempo de contribuição, incluídas as frações, equivalente a 86 (oitenta e seis) pontos, se mulher, e 96 (noventa e seis) pontos, se homem, observado o disposto nos §§ 1º e 2º.

A partir de 1º de janeiro de 2020, a pontuação a que se refere o inciso II será acrescida a cada ano de um ponto, até atingir o limite de 100 pontos, se mulher, e de 105 pontos, se homem.

A idade e o tempo de contribuição serão apurados em dias para o cálculo do somatório de pontos a que se referem o inciso II.

O valor da aposentadoria será apurado na forma da lei.

Ao segurado filiado ao Regime Geral de Previdência Social até a data de entrada em vigor desta Emenda Constitucional e que na referida data contar com mais de 28 (vinte e oito) anos de contribuição, se mulher, e 33 (trinta e três) anos de contribuição, se homem, fica assegurado o direito à aposentadoria quando preencher, cumulativamente, os seguintes requisitos (art. 17 da Emenda Constitucional n. 103/2019):

I – 30 anos de contribuição, se mulher, e 35 anos de contribuição, se homem; e

II – cumprimento de período adicional correspondente a 50% (cinquenta por cento) do tempo que, na data de entrada em vigor desta Emenda Constitucional, faltaria para atingir 30 anos de contribuição, se mulher, e 35 anos de contribuição, se homem.

O benefício terá seu valor apurado de acordo com a média aritmética simples dos salários de contribuição e das remunerações calculada na forma da lei, multiplicada pelo fator previdenciário, calculado na forma do disposto nos §§ 7º a 9º do art. 29 da Lei n. 8.213/91.

O período de carência foi elevado de 60 contribuições, como era prescrito na lei anterior, para 180 contribuições mensais, visando, de certa forma, tentar desestimular a aposentadoria precoce por tempo de contribuição.

O coeficiente de cálculo na lei anterior era de 80% e o maior porcentual era de 95%. A renda mensal da aposentadoria por tempo de contribuição:

a) para a mulher: 100% do salário de benefício aos 30 anos de contribuição;

b) para o homem: 100% do salário de benefício aos 35 anos de contribuição;

c) 100% do salário de benefício, para o professor aos 30 anos e para a professora aos 25 anos de efetivo exercício em razão do exercício do magistério na educação infantil e no ensino fundamental e médio.

Verifica-se que o coeficiente de cálculo foi aumentado para o limite máximo de 100%.

O aposentado deveria receber menos do que 100%, pois seria um incentivo para aposentar-se mais tarde e continuar a trabalhar. As despesas com transporte, vestuário, alimentação fora de casa deixam de existir.

A aposentadoria não é um prêmio. Prêmio seria se não houvesse contribuição para custear o benefício futuro.

O direito em formação da aposentadoria não é um contrato, pois não se faz contrato com o Estado. É uma regra de direito público, que decorre da previsão da lei e não da vontade das partes.

A aposentadoria por tempo de contribuição será devida:

a) ao segurado empregado, inclusive o doméstico:
   a.1 a partir da data do desligamento do serviço quando requerida até 90 dias depois dela;
   a.2 a partir da data do requerimento quando não houver desligamento do emprego ou quando for requerida após o prazo do item anterior;
b) para os demais segurados, a partir da data da entrada do requerimento.

Mesmo quando incompleta a documentação, se o segurado houver preenchido os requisitos legais para concessão da aposentadoria por tempo de contribuição na data do requerimento administrativo, esta data será o termo inicial da concessão do benefício (Súmula 33 do Conselho da Justiça Federal), pois é vedada a recusa do pedido por tal motivo (art. 105 da Lei n. 8.213/91).

Considera-se tempo de contribuição o período, contado data a data, desde o início até a data do requerimento ou desligamento de atividade abrangida pela Previdência Social, descontados os períodos legalmente estabelecidos, como de suspensão do contrato de trabalho, de interrupção de exercício e desligamento da atividade.

No caso do segurado marítimo, cada 255 dias de embarque em navios nacionais, contados da data do embarque à do desembarque, equivalem a um ano de atividade em terra. Obtém-se essa equivalência pela proporcionalidade de 255 dias de embarque para 360 dias em terra.

Conta-se como tempo de contribuição:

1. o período de exercício de atividade abrangida pela Previdência Social urbana e rural, ainda que anterior a sua instituição, com a observância do n. 17 infra;
2. o período de contribuição efetuada por segurado depois de ter deixado de exercer atividade remunerada que o enquadrava na condição de segurado obrigatório da previdência social;
3. o período em que o segurado esteve recebendo auxílio-doença ou aposentadoria por invalidez, entre períodos de atividade. O auxílio-doença a que se refere este item é o comum e não o decorrente de acidente do trabalho. A percepção do auxílio-doença, porém, deve ter ocorrido entre períodos de atividade, isto é, no período de tempo intercalado entre um auxílio-doença e outro, mas desde que o segurado esteja em atividade,

entre o afastamento e a volta ao trabalho, no mesmo ou em outro emprego ou atividade. O segurado poderá filiar-se como segurado facultativo após o período de percepção do auxílio-doença que irá suprir a volta ao trabalho para efeito da caracterização do período intercalado;

4. o tempo de Serviço Militar, salvo se já contado para inatividade remunerada nas Forças Armadas ou Auxiliares, ou para aposentadoria no serviço público federal, estadual, do Distrito Federal ou municipal, ainda que anterior à filiação ao Regime Geral de Previdência Social, nas seguintes condições:
   a) obrigatório ou voluntário;
   b) alternativo, assim considerado o atribuído pelas Forças Armadas àqueles que, após o alistamento, alegarem imperativo de consciência, entendendo-se como tal o decorrente de crença religiosa e de convicção filosófica ou política, para se eximirem de atividades de caráter militar;
5. o período em que a segurada esteve recebendo salário-maternidade. Nesse período, há inclusive recolhimento de contribuição, sendo o salário-maternidade salário de contribuição (§ 2º do art. 28 da Lei n. 8.212/91);
6. o período de contribuição efetuada como segurado facultativo;
7. o período em que o segurado anistiado esteve impossibilitado de continuar exercendo atividade que o enquadrava como segurado obrigatório da Previdência Social, em decorrência de motivação exclusivamente política por atos de exceção, institucional ou complementar;
8. o tempo de serviço público federal, estadual, do Distrito Federal ou municipal, inclusive o prestado a autarquia ou a sociedade de economia mista ou a fundação instituída pelo Poder Público, desde que a certidão tenha sido requerida até 30-9-1975;
9. o período em que o segurado esteve recebendo benefício por incapacidade por acidente do trabalho, intercalado ou não;
10. o tempo de serviço do segurado trabalhador rural anterior à competência novembro de 1991;
11. o tempo de exercício de mandato classista junto a órgãos de deliberação coletiva em que, nessa qualidade, haja contribuição para a Previdência Social;
12. o tempo de serviço público prestado à administração federal, direta e autarquias federais, bem como às estaduais, do Distrito Federal e municipais, quando aplicada a legislação que autoriza a contagem recíproca de tempo de contribuição;

13. o período de licença remunerada, desde que tenha havido desconto de contribuições;
14. o período em que o segurado tenha sido colocado pela empresa em disponibilidade remunerada, desde que tenha havido desconto de contribuições;
15. o tempo de serviço prestado à Justiça dos Estados, às serventias extrajudiciais e às escrivanias judiciais, desde que não tenha havido remuneração pelos cofres públicos e que a atividade não estivesse na época vinculada a sistema próprio de previdência social;
16. o tempo de atividade patronal ou autônoma, exercida anteriormente à vigência da Lei n. 3.807/60, com indenização dos valores não pagos ao INSS;
17. o período de atividade na condição de empregador rural, desde que comprovado o recolhimento de contribuições na forma da Lei n. 6.260/75, com o pagamento das contribuições devidas ao INSS do período anterior;
18. o tempo de serviço referente ao exercício de mandato eletivo federal, estadual, distrital ou municipal, desde que tenha havido contribuição em época própria e não tenha sido contado para efeito de aposentadoria por outro regime de previdência social;
19. o período de atividade dos auxiliares locais de nacionalidade brasileira no exterior, amparados pela Lei n. 8.745/93, anteriormente a 1º-1-1994, desde que sua situação previdenciária esteja regularizada junto ao INSS;
20. o tempo de trabalho em que o segurado esteve exposto a agentes nocivos químicos, físicos, biológicos ou associação de agentes prejudiciais à saúde ou à integridade física, convertido na forma prevista para a aposentadoria especial;
21. o tempo de contribuição efetuado pelo servidor público ocupante de cargo em comissão (art. 12, g, da Lei n. 8.212/91) que tenha observado os arts. 8º e 9º da Lei n. 8.162/91 e art. 2º da Lei n. 8.688/93, sendo que tais contribuições serão computadas para efeito de carência.

É vedada a contagem de tempo de contribuição fictício para efeito de concessão dos benefícios previdenciários e de contagem recíproca (§ 14 do art. 201 da Constituição).

O tempo de serviço descrito nos números de 1 a 21 será considerado para cálculo do valor da renda mensal de qualquer benefício, com exceção do tempo de serviço do trabalhador rural anterior a novembro de 1991, que será computado exclusivamente para fins de concessão do benefício de até um salário mínimo, na forma do § 2º do art. 55 da Lei n. 8.213.

O tempo prestado pelos Agentes Comunitários de Saúde e pelos Agentes de Combate às Endemias, independentemente da forma de seu vínculo e desde que tenha sido efetuado o devido recolhimento da contribuição previdenciária, será considerado para fins de concessão de benefícios e contagem recíproca pelos regimes previdenciários (§ 2º do art. 9º da Lei n. 11.350/2006).

A anotação na CTPS decorrente de sentença trabalhista homologatória constitui indício de prova material para fins previdenciários (Súmula 31 do Conselho de Justiça Federal).

O segurado contribuinte individual, que trabalhe por conta própria, sem relação do trabalho com empresa ou equiparado, e o segurado facultativo que contribuam na forma do § 2º do art. 21 da Lei n. 8.212/91, não farão jus à aposentadoria por tempo de contribuição.

Não será computado como tempo de contribuição, para efeito de concessão do benefício de aposentadoria por tempo de contribuição, o período em que o segurado contribuinte individual ou facultativo tiver contribuído na forma do § 2º do art. 21 da Lei n. 8.212/91, salvo se tiver complementado as contribuições na forma do § 3º do mesmo artigo.

A totalização é a possibilidade de utilização do tempo de serviço prestado em um país em outro.

O Enunciado 7 do CRPS esclarece que "o tempo de serviço prestado no exterior a empresa não vinculada à Previdência Social brasileira não pode ser computado, salvo tratado de reciprocidade entre o Brasil e o Estado estrangeiro onde o trabalho, prestado num, seja contado no outro, para os efeitos dos benefícios ali previstos".

Se o menor começar a trabalhar antes dos 16 anos, como empregado, terá direito a contagem de tempo de serviço para a Previdência Social, porque a norma constitucional não pode ser interpretada em seu detrimento.

Não será computado como tempo de serviço o já considerado para a concessão de qualquer aposentadoria prevista no regulamento ou por outro sistema de Previdência Social.

Entende-se como função de magistério a atividade docente do professor exercida exclusivamente em sala de aula.

A contagem de tempo de aposentadoria do professor será feita em razão do exercício efetivo do magistério, não sendo computadas as licenças (Ac. un. da 5ª T. do STJ, RMS 6.031-RS, Rel. Min. José Arnaldo, j. 19-11-1996, *DJU* 1, 24-2-1997, p. 3351-3352).

Conta-se como tempo de serviço para os professores:

1. o de serviço público federal, estadual, do Distrito Federal ou municipal;
2. o de recebimento de benefícios por incapacidade, entre períodos de atividade;

3. o de benefício por incapacidade decorrente de acidente do trabalho, intercalado ou não.

A comprovação da condição de professor será feita mediante a apresentação:

1. do respectivo diploma registrado nos órgãos competentes federais e estaduais;
2. de qualquer outro documento que comprove a habilitação para o exercício do magistério, na forma de lei específica;
3. dos registros em Carteira Profissional ou CTPS complementados, se for o caso, por declaração do estabelecimento de ensino onde foi exercida a atividade, sempre que necessária essa informação, para efeito e caracterização da atividade desenvolvida.

O STJ entendeu que é aplicado o fator previdenciário ao professor (REsp 1.599.097). Todo o tempo de serviço deve ser prestado como professor e não parte dele.

O segurado especial terá direito a aposentadoria por tempo de contribuição desde que inscrito facultativamente como contribuinte individual. Se o recolhimento é feito apenas sobre a receita bruta da comercialização da produção, não faz jus o segurado especial a aposentadoria por tempo de contribuição, pois aquela substitui a contribuição da empresa.

O trabalhador rural, na condição de segurado especial, sujeito à contribuição obrigatória sobre a produção rural comercializada, somente faz jus à aposentadoria por tempo de contribuição se recolher as contribuições facultativas (Súmula 272 do STJ).

A prova de tempo de serviço, considerado tempo de contribuição, é feita mediante documentos que comprovem o exercício de atividade nos períodos a serem contados, devendo esses documentos ser contemporâneos dos fatos a comprovar e mencionar as datas de início e término e, quando se tratar de trabalhador avulso, a duração do trabalho e a condição em que foi prestado.

A comprovação do exercício de atividade rural será feita complementarmente à autodeclaração de que trata o § 2º e ao cadastro de que trata o § 1º, ambos do art. 38-B da Lei n. 8.213/91, por meio de, entre outros (art. 106 da Lei n. 8.213/91):

1. contrato individual de trabalho ou CTPS;
2. contrato de arrendamento, parceria ou comodato rural;
3. Declaração de Aptidão ao Programa Nacional de Fortalecimento da Agricultura Familiar, de que trata o inciso II do *caput* do art. 2º da Lei n. 12.188, de 11 de janeiro de 2010, ou por documento que a substitua;
4. bloco de notas do produtor rural;

5. notas fiscais de entrada de mercadorias, emitidas pela empresa adquirente da produção, com indicação do nome do segurado como vendedor;
6. documentos fiscais relativos a entrega de produção rural à cooperativa agrícola, entreposto de pescado ou outros, com indicação do segurado como vendedor ou consignante;
7. comprovantes de recolhimento de contribuição à Previdência Social decorrentes da comercialização da produção;
8. cópia da declaração de Imposto de Renda, com indicação de renda proveniente da comercialização de produção rural; ou
9. licença de ocupação ou permissão outorgada pelo Incra.

O art. 106 da Lei n. 8.213/91 é exemplificativo, pois usa a expressão "entre outros". Não é, portanto, exaustivo.

Dispõe o § 3º do art. 55 da Lei n. 8.213/91 que "a comprovação do tempo de serviço para os efeitos desta Lei, inclusive mediante justificação administrativa ou judicial, observado o disposto no art. 108 desta Lei, só produzirá efeito quando baseada em início de prova material contemporânea dos fatos, não sendo admitida prova exclusivamente testemunhal, exceto na ocorrência de motivo de força maior ou caso fortuito, na forma prevista no Regulamento". Dirige-se o dispositivo, porém, à administração da Previdência Social e só a ela obriga.

O INSS não aceita a comprovação do tempo de contribuição se não houver um início de prova material (documental), tendo por objetivo evitar fraudes. Haverá, porém, a necessidade do exame de cada caso em concreto.

Reza o art. 442 do CPC que "a prova testemunhal é sempre admissível, não dispondo a lei de modo diverso". O § 3º do art. 55 da Lei n. 8.213/91 dispõe de forma diversa.

Entretanto, o Poder Judiciário, ou seja, o juiz, está adstrito ao livre convencimento motivado ou ao princípio da persuasão racional da prova, de acordo com o art. 371 do CPC/2015. O art. 369 do CPC/2015 é claro no sentido de que "todos os meios legais, bem como os moralmente legítimos, ainda que não especificados neste Código, para provar a verdade dos fatos em que se funda o pedido ou a defesa e influi eficazmente na convicção do juiz".

Há necessidade de que a prova testemunhal, para a comprovação do tempo de contribuição, seja reforçada por elementos materiais, pois a prova testemunhal é meramente supletiva (TRF da 4ª R., Ac. das Turmas Reunidas, EIAC 90.04.16265-8-RS, Rel. Juiz Ari Pargendler, j., 29-4-1992, *DJU* II, 10-6-1992, p. 16.693). Havendo, contudo, prova exclusivamente testemunhal para a contagem do tempo de contribuição, se o INSS se limita apenas a defender a referida prova, não suscitando qualquer dúvida quanto à integridade das testemunhas, que conheciam os fatos e eram contemporâneas a estes, é válida a prova testemunhal (TRF da 5ª R., 2ª T., AC 9868-Al, Rel. Juiz Araken Mariz, j. 15-10-1991, *DJU* II, 29-11-1991, p. 30.543). Pode também ser deferida apenas a prova testemunhal desde que segura e livre de qualquer dúvida quanto ao período que se pretende demonstrar, pois vale o princípio da persuasão racional da prova, desde que haja motivação do juiz na sentença (art. 371 do CPC/2015). Pode-se dizer, portanto, que a prova testemunhal é idônea para, isoladamente, evidenciar fato juridicamente relevante. Ressalva-se apenas que a prova não pode ser obtida por meio ilícito. Verifica-se, portanto, que o destinatário da prova é o juiz. De acordo com o princípio da livre convicção, o juiz pode considerar apenas a prova testemunhal desde que colhida entre pessoas íntegras, conhecedoras da causa e contemporâneas aos fatos. O STJ entendeu que é possível apenas a prova testemunhal para demonstrar o tempo de serviço do segurado, pois qualquer meio de prova é útil (6ª T., REsp. 59.585-1-SP, j. 21-3-1995, Rel. Min. Luiz Vicente Cernicchiaro, *DJU* 24-4-1995, RPS 179/737). A não validade de prova exclusivamente testemunhal é dirigida à autoridade administrativa e não ao juiz, até porque testemunha é meio de prova e apenas no âmbito administrativo poderia dar ensejo a fraudes, além do que inexiste hierarquia entre as provas determinadas no Código de Processo Civil de 2015, que devem ser apreciadas no seu conjunto.

Pode-se reconhecer o tempo de serviço rural anterior ao documento mais antigo apresentado, desde que amparado em convincente prova testemunhal colhida sob o contraditório (Súmula 577 do STJ).

É possível a comprovação de tempo de serviço por prova testemunhal nos casos de força maior ou caso fortuito. Força maior é o acontecimento inevitável e previsível, em relação ao qual alguém não deu causa. Exemplos: terremoto, furacão, naufrágio, inundação, maremoto, incêndio. É o exemplo em que a empresa perdeu a documentação do segurado em razão de inundação ou de incêndio.

Há entendimento de que é preciso prova material até mesmo quando é celebrado acordo entre empregado e empregador, quanto a reconhecimento de tempo de serviço, na Justiça do Trabalho, que não vincula a Previdência Social. Nesse caso, não há coisa julgada no processo trabalhista em relação ao INSS, que não participou do feito. Com a Emenda Constitucional n. 20/98 passou a haver a cobrança da contribuição previdenciária na própria Justiça do Trabalho. Logo, a anotação na CTPS é válida como prova, devendo o INSS demonstrar algo em sentido contrário ou fraude.

A relação entre a doméstica e o empregador doméstico é bastante informal, sendo que muitas vezes nem mesmo há documentos que comprovam o pagamento de salários, dada a confiança existente entre as partes. Assim, não se poderia exigir prova documental nessa relação, sendo válida a prova testemunhal para a comprovação do tempo de serviço (Ac. da 2ª T. do TRF da 3ª R., Ac. 92.03.22547-1 SP, Rel. Juiz José Kallás, j. 14-12-1993, *DJU* II, 8-6-1994, p. 29.765).

A mera qualificação da pessoa em documentos, como certificado de Serviço Militar e certidão de casamento, é hábil para provar a profissão, mas não o seu efetivo exercício.

A prova exclusivamente testemunhal não basta à comprovação da atividade rurícola, para efeito da obtenção do benefício previdenciário (Súmula 149 do STJ). O entendimento é razoável, pois, não sendo feito início de prova documental, pode dar origem a fraude.

Cabe ação declaratória para reconhecimento de tempo de serviço para fins previdenciários (Súmula 242 do STJ).

Desaposentação é a renúncia a aposentadoria, visando contar o tempo de serviço anterior para futura aposentadoria, no mesmo ou em outro regime.

É admitida a desaposentação, ou seja, o aposentado retornar à situação anterior, deixando de ter essa condição. Ninguém é obrigado a permanecer aposentado, contra seu interesse. O Estado deixa de ter a despesa no pagamento do benefício. É uma espécie de renúncia do segurado à aposentadoria. Desaposentação é um ato desconstitutivo.

A Constituição não veda a desaposentação. As Leis de ns. 8.212/91 e 8.213/91 também não o fazem. O que não é proibido é permitido. O objetivo é poder requerer outra aposentadoria e até mais vantajosa, com a utilização do tempo de serviço. A norma não pode ser interpretada contra o segurado, com o intuito de obrigá-lo a permanecer aposentado.

A desaposentação é um direito patrimonial de caráter disponível. Não há lei que vede a desaposentação. O INSS não pode obrigar alguém a continuar aposentado, recebendo o benefício.

O art. 181-B do Decreto n. 3.048/99 menciona que as aposentadorias são irrenunciáveis e irreversíveis. Não há previsão na lei nesse sentido. O artigo não pode regulamentar o que não tem previsão em lei. É nulo, pois excedeu os limites da lei.

O segurado pode renunciar ao direito de continuar aposentado.

A irrenunciabilidade dos alimentos, contida no parágrafo único do art. 1.701 do Código Civil, não diz respeito à aposentadoria concedida pelo INSS.

Para o INSS, a desaposentação é mais favorável, porque deixa de ter de pagar o benefício.

Não se trata de afronta a ato jurídico perfeito, pois a lei não o está violando. Não há lei regulando a desaposentação.

A devolução do recebido é necessária para preservar o equilíbrio atuarial e financeiro do sistema. O trabalhador não pode querer receber aposentadoria no futuro sem ter recolhido o suficiente para o sistema, de acordo com a previsão legal. A aposentadoria compreende regime contributivo por parte do próprio segurado. Com a desaposentação, há a restituição das partes ao estado anterior. O trabalhador não está aposentado e há necessidade de ser devolvido o valor recebido ao INSS. A Previdência Social tem natureza contributiva por parte do segurado (art. 201 da Constituição), exigindo que o trabalhador devolva o valor para ser computado para futuro benefício.

Para haver a contagem do tempo de serviço é preciso o recolhimento de contribuição, pois o regime de Previdência Social é contributivo (art. 201 da Constituição). Se não for devolvida a contribuição ao INSS, não há como ser contado o período, até porque o INSS já teria pago por um tempo o benefício.

Para o segurado retornar ao Estado anterior, é necessário devolver os valores recebidos de aposentadoria.

O ato de concessão da aposentadoria é válido, mas a devolução dos valores é necessária em razão do custeio da aposentadoria. O STJ entende que não há necessidade da devolução dos valores recebidos durante a aposentadoria.

O STF afirmou que somente a lei pode criar benefícios e vantagens previdenciárias, não havendo previsão legal do direito à desaposentação, sendo constitucional a regra do § 2º do art. 18 da Lei n. 8.213/91 (Pleno, RE n. 661.256/SC e 827.833/SC, j. 27-10-2016, rel. Min. Dias Toffoli, *DJe* 221, 27-9-2017). O recálculo da aposentadoria somente pode ser estabelecido por intermédio de lei, em razão de novas contribuições decorrentes da permanência do trabalhador como segurado (RE n. 661.256/SC, 381.367, 827.833).

21.5 APOSENTADORIA POR IDADE

A Bíblia mostra que "os dias da nossa vida sobem a setenta anos ou, em havendo vigor, a oitenta; nesse caso, o melhor deles é canseira e enfado, porque tudo passa rapidamente, e nós voamos" (Salmos 90:10).

Na Itália usa-se a expressão *pensione di vecchiaia.*

A Constituição de 1934 previa instituição de previdência em favor da velhice (art. 121, § 1º, *h*).

Muda a Constituição de 1937 a redação anterior, passando a especificar "a instituição de seguros de velhice" (art. 137, *m*).

Na Constituição de 1946 determina-se previdência em favor da velhice (art. 157, XVI).

O art. 30 da Lei n. 3.807/60 prescrevia a aposentadoria por velhice, que seria concedida ao segurado que, após haver realizado 6C contribuições mensais, completasse 65 ou mais anos de idade, quando do sexo masculino, e 60 anos de idade, quando do sexo feminino.

A Carta Magna de 1967 passa a usar a expressão "previdência social" nos casos de velhice (art. 158, XVI).

A Emenda Constitucional n. 1/69, estabelecia previdência social nos casos de velhice (art. 165, XVI).

Mencionava o inciso I do art. 201 da Constituição, na sua redação original, que os planos da previdência social cobririam eventos decorrentes de velhice.

A Emenda Constitucional n. 20/98 deu nova redação ao inciso I do art. 201 da Constituição, passando a fazer referência a idade avançada.

A atual redação do inciso I do art. 201 da Lei Magna, decorrente da Emenda Constitucional n. 103, prescreve que a Previdência Social cobrirá eventos decorrentes de idade avançada.

O inciso II do § 7º do art. 201 da Lei Maior determina aposentadoria aos 65 anos de idade, para o homem, e aos 60, para a mulher, reduzido em cinco anos o limite de idade para os trabalhadores rurais de ambos os sexos e para os que exercem suas atividades em regime de economia familiar, neste incluídos o produtor rural, o garimpeiro e o pescador artesanal.

No sistema anterior falava-se em aposentadoria por velhice. Velhice pode ser entendida como uma palavra ofensiva, pejorativa, de alguém que é velho. Velhice não é sinônimo de doença ou de incapacidade. A expressão "aposentadoria por idade" surge com a Lei n. 8.213/91. O inciso I do art. 201 da Constituição faz referência a idade avançada. A denominação utilizada atualmente é mais correta, pois o fato de a pessoa ter 60 ou 65 anos não quer dizer que seja velha. Há pessoas com essa idade que têm aparência de 10, 20 anos mais moça, além do que a expectativa de vida das pessoas hoje tem atingido muito mais do que 60 anos. Às vezes, chamar a pessoa de velha tem sentido pejorativo. As pessoas se ofendem. Daí por que se falar em aposentadoria por idade, quando a pessoa atinge a idade especificada na lei. A denominação é mais neutra.

A Lei n. 8.213/91 trata da referida aposentadoria nos arts. 48 a 51.

No âmbito da OIT há várias convenções ou recomendações sobre o tema. A Convenção n. 102, de 1952, especifica regras sobre a base do sistema de Seguridade Social. A Convenção n. 128, de 1967, traz orientações sobre prestações de invalidez e velhice. A Recomendação n. 67, de 1944, trata da segurança dos meios de vida. A Recomendação n. 162 dispõe sobre as pessoas idosas, propondo que sejam evitadas idades obrigatórias para a aposentadoria.

A aposentadoria é devida ao segurado que completar 65 anos de idade, se homem, e 60 anos, se mulher, reduzidos esses limites para 60 e 55 anos, respectivamente, para os trabalhadores rurais. Essa regra da redução de tempo para o trabalhador rural vale, portanto, para os trabalhadores rural empregado, eventual, avulso e segurado especial, bem como para os segurados garimpeiros que trabalhem, comprovadamente, em regime de economia familiar. A justificativa do prazo diferenciado na área rural é de que o trabalho seria mais penoso, pois o segurado presta serviços a céu aberto, sujeito a sol, chuva, frio etc. Assim, o trabalhador se desgastaria mais rapidamente do que outra pessoa. Não há que se falar em violação ao princípio da igualdade, pois é a própria Constituição que determina essa diferença de idade. Em futura reforma constitucional poder-se-ia preconizar que essa desigualdade fosse abolida, diante principalmente do fato de que hoje homens e mulheres são iguais, tendo os mesmos direitos e obrigações, não se justificando essa distinção.

Da forma como está redigido o § 7º do art. 201 da Constituição, mesmo na aposentadoria por idade será exigido o requisito tempo de contribuição: 35 anos de tempo de contribuição, para o homem, e 30 anos de tempo de contribuição, para a mulher. A aposentadoria em comentário exige idade e tempo de contribuição mínimo. Os requisitos contidos no § 7º são cumulativos e não alternativos. Assim, é preciso cumular a idade com o tempo de contribuição.

O INSS entendia, na vigência da Emenda Constitucional n. 20/98, que os requisitos não eram cumulativos, mas seriam duas situações distintas: uma é a aposentadoria por tempo de contribuição e a outra é a questão da idade.

Há necessidade de se cumprir o período de carência de 180 contribuições mensais.

O trabalhador rural deve comprovar o efetivo exercício de atividade rural, ainda que de forma descontínua, no período imediatamente anterior ao requerimento do benefício, por tempo igual ao número de meses de contribuição correspondente à carência do benefício pretendido, computado o período a que se referem os incisos III a VIII do § 9º do art. 11 da Lei n. 8.213/91.

Os trabalhadores rurais que não atendam ao disposto no parágrafo anterior, mas que satisfaçam essa condição, se forem considerados períodos de contribuição sob outras categorias do segurado, farão jus ao benefício ao completarem 65 anos de idade, se homem, e 60 anos, se mulher. O cálculo da renda mensal do benefício será apurado de acordo com o disposto no inciso II do *caput* do art. 29 da Lei n. 8.213/91, considerando-se como salário de contribuição mensal do período como segurado especial o limite mínimo de salário de contribuição da Previdência Social.

O trabalhador rural empregado ou autônomo e o segurado especial podem requerer aposentadoria por idade, no valor de um salário mínimo, contado a partir da data de vigência da Lei n. 8.213/91, desde que comprovem o exercício de atividade rural, ainda que descontínua, no período imediatamente anterior ao requerimento do benefício, em número de meses idênticos à carência do referido benefício.

O inciso II do § 7º do art. 201 da Constituição permite a aposentadoria rural para homens e mulheres e para os que exerçam suas atividades em regime de economia familiar, nesses incluídos o produtor rural, o garimpeiro e o pescador artesanal. São duas situações distintas. Garimpeiro e pescador não são trabalhadores rurais, mas estão incluídos na aposentadoria por idade, pois a Constituição usa a conjunção aditiva *e*. Entretanto, para que o produtor rural, o garimpeiro e o pescador artesanal tenham direito ao benefício devem exercer suas atividades em regime de economia familiar.

A aposentadoria será paga enquanto o segurado viver.

Para o trabalhador rural empregado, o prazo fica prorrogado até 31-12-2010 (art. 2º da Lei n. 11.718/2008). Essa regra também se aplica ao trabalhador rural enquadrado na categoria de segurado contribuinte individual que presta serviços de natureza rural, em caráter eventual, a uma ou mais empresas, sem relação de emprego.

O tempo de serviço do segurado trabalhador rural, anterior a novembro de 1991, será computado independentemente do recolhimento das contribuições a ele correspondentes, exceto para efeito de carência (§ 2º do art. 55 da Lei n. 8.213/91).

A Constituição, de certa forma, melhorou a situação do homem do campo, pois no regime anterior havia dois sistemas, um urbano e outro rural, e o atual sistema é igual para ambos, ainda assegurando pelo menos um salário mínimo ao trabalhador rural, o que não ocorria no sistema anterior em que podia perceber valor inferior. Entretanto, não mais se justifica conceder aposentadoria ao trabalhador rural sem nunca ter contribuído, apenas porque essa pessoa comprove o exercício da atividade rural em número de meses igual à carência do benefício, mesmo que de forma descontínua (art. 143 da Lei n. 8.213/91). Há o inconveniente também de que se arrecada pouco no campo para o volume de benefícios em valor que se paga.

As aposentadorias dos trabalhadores rurais sem contribuição têm trazido muita fraude, como se tem verificado, porém nada impede que o trabalhador rural recolha normalmente a sua contribuição para ter direito a uma aposentadoria comum e igual à do trabalhador urbano.

Para fins de comprovação do tempo de labor rural, o início de prova material deve ser contemporâneo à época dos fatos a provar (Súmula 34 do Conselho da Justiça Federal). Só certidão de casamento nada prova. É apenas uma declaração informando a profissão. Deve ser analisada com outros documentos.

Se o sistema para o trabalhador rural continuar em parte não contributivo, já que há a possibilidade de opção, é claro que o referido trabalhador vai optar por não contribuir, daí a necessidade de modificação do referido sistema.

O segurado empregado, inclusive o doméstico, terá direito a aposentadoria por idade:

a) a partir da data do desligamento do emprego, quando requerida até 90 dias depois dela;

b) a partir da data do requerimento, quando não houver desligamento do emprego ou quando for requerida após o prazo do item anterior.

Os demais segurados terão direito a aposentadoria por idade a partir da data da entrada do requerimento.

A renda mensal da aposentadoria por idade será de 70% do salário de benefício, mais 1% deste por grupo de 12 contribuições mensais, até o máximo de 30%. Não se fez distinção entre homem e mulher.

A aposentadoria por idade pode ser requerida pela empresa, desde que o segurado empregado tenha cumprido o período de carência e completado 70 anos de idade, se do sexo masculino, ou 65 anos, se do sexo feminino, ocasião em que será compulsória. O empregado terá direito à indenização que lhe for devida de acordo com a legislação trabalhista, considerando-se como data de rescisão do contrato de trabalho a imediatamente anterior à do início da aposentadoria (art. 51 da Lei n. 8.213/91).

A perda da condição de segurado não será considerada para a concessão da aposentadoria por idade, desde que a pessoa conte com, no mínimo, o tempo de contribuição correspondente ao exigido para efeito de carência na data de requerimento do benefício (art. 30 da Lei n. 10.741/2003). No mesmo sentido o parágrafo 1.º do art. 3.º da Lei n. 10.666.

Para a concessão de aposentadoria rural por idade, não se exige que o início de prova material corresponda a todo o período equivalente à carência do benefício (Súmula 14 da TNU).

A prova do trabalho rural pode ser pelas mãos calejadas do segurado, unhas rachadas, pele enrugada pelo sol. Há necessidade de se verificar o conjunto da prova, de acordo com a livre convicção do juiz.

É preciso verificar se, requerendo o empregado a aposentadoria, poderá continuar a laborar na empresa. Nesse caso é mister analisar se o contrato de trabalho é ou não rescindido pela aposentadoria do trabalhador.

No Direito comparado existem legislações que consagram a cessação do contrato de trabalho quando o empregado pede a aposentadoria, embora algumas delas não mencionem a possibilidade de o empregado continuar a trabalhar na empresa.

Na Espanha, o Estatuto dos Trabalhadores dispõe que o contrato de trabalho se extinguirá com a aposentadoria do trabalhador (art. 49, 1, *f*).

Em Portugal, a "reforma" do trabalhador importará na caducidade do contrato de trabalho (art. 343, *c*, do Código do Trabalho), com a cessação automática do pacto laboral. Ensina Antonio de Lemos Monteiro Fernandes que a preocupação do legislador foi a "de libertar efetivamente postos de trabalho a partir de certo momento – o da obtenção da reforma –, preocupação surgida no contexto de uma grave crise de desemprego"[2].

Na Argentina, quando o trabalhador possa requerer o benefício previdenciário, pelo porcentual máximo, tem o empregador a obrigação de manter o emprego pelo prazo máximo de um ano. Concedido o benefício ou vencido o prazo mencionado, o contrato de trabalho fica extinto (art. 252 da Ley do Contrato de Trabajo, com a redação determinada pela Ley 21.659).

Na Grã-Bretanha, o trabalhador, para fazer jus à "pensão por velhice", deve efetivamente estar afastado de qualquer atividade e ter 65 anos (homem) e 60 anos (mulher). Após os 70 anos é autorizada a admissão em novo emprego.

Na França, a aposentadoria por vontade do empregado importa na rescisão do contrato de trabalho.

Na Bélgica, o aposentado é proibido de exercer atividade profissional, sob pena de ter suspenso o seu benefício.

Na Alemanha, a aposentadoria não faz cessar o contrato de trabalho, mas, geralmente, as convenções coletivas determinam a cessação do contrato de trabalho observada determinada idade.

Na Itália, a *pensione di vecchiaia* é concedida aos 60 anos aos homens e aos 55 anos às mulheres, os quais podem continuar a trabalhar por mais cinco anos, para fazer jus aos montantes máximos do benefício.

Inicialmente a Lei n. 3.807/60 (LOPS) não previa o desligamento do emprego para a concessão da aposentadoria. O Decreto-lei n. 66/66, em seu art. 9º, acres-

---

2 FERNANDES, Antonio Lemos de Monteiro. *Direito do trabalho*. 8. ed. Coimbra: Almedina, 1992. p. 438.

centou o § 7º ao art. 32 da Lei n. 3.807/60, determinando que a aposentadoria por tempo de serviço seria devida a contar da data de comprovação do desligamento do emprego ou efetivo afastamento da atividade, que só deverá ocorrer após a concessão do benefício.

O § 1º do art. 30 da Lei n. 3.807/60, de acordo com a redação determinada pelo Decreto-lei n. 66/66, estabeleceu que "a data de início da aposentadoria por velhice será a da entrada do respectivo requerimento ou a do afastamento da atividade por parte do segurado, se posterior àquela". A aposentadoria por idade poderia, portanto, ter início tanto com o afastamento do empregado como mediante a apresentação do correspondente requerimento.

De acordo com o § 1º do art. 8º e o § 3º do art. 10 da Lei n. 5.890/73, o segurado só teria direito à aposentadoria quando se desligasse do emprego ou cessasse sua atividade. O desligamento do emprego trazia prejuízo ao obreiro, que podia ficar vários meses esperando a concessão da aposentadoria, sem ter uma fonte de renda.

A Lei n. 6.887/80, deu nova redação ao § 3º do art. 5º da Lei n. 3.807/60 e ao § 3º do art. 10 da Lei n. 5.890/73, sendo que a aposentadoria por velhice ou a por tempo de serviço seriam devidas desde a data da entrada do requerimento. Não havia mais a necessidade do desligamento do empregado para se receber o benefício previdenciário, podendo o trabalhador aguardar no serviço o trâmite do requerimento da aposentadoria no âmbito do antigo INPS.

Posteriormente, a Lei n. 6.950/81, passou a exigir novamente o desligamento do emprego para a concessão da aposentadoria (art. 3º, I). O objetivo era a criação de novos empregos para os trabalhadores mais jovens, pois a aposentadoria, à primeira vista, dá a ideia de repouso, de inatividade.

As alíneas *a* e *b* do § 1º do art. 32 do Decreto n. 89.312/84, que era a Consolidação das Leis da Previdência Social (CLPS), previam o desligamento do emprego como condição para o início da aposentadoria.

A doutrina entendia que a aposentadoria fazia cessar o contrato de trabalho, como: Valentin Carrion[3], Evaristo de Moraes Filho e Antonio Carlos Flores de Moraes[4], Cesarino Jr.[5], Arnaldo Süssekind e Délio Maranhão[6].

---

3 CARRION, Valentin. *Comentários à consolidação das leis do trabalho*. 11. ed. São Paulo: Revista dos Tribunais, 1989. p. 289.

4 MORAES FILHO, Evaristo de; MORAES, Antonio Carlos Flores de. *Introdução ao direito do trabalho*. São Paulo: LTr, 1991. p. 347.

5 CESARINO JR., A. F. *Direito social*. São Paulo: LTr, 1980. p. 303.

6 *Pareceres sobre direito do trabalho e previdência social*. v. 1. São Paulo: LTr, 1976. p. 34.

A Lei n. 8.213/91 determinou na alínea *b* do inciso I do art. 49, que não há necessidade de desligamento do emprego para o requerimento da aposentadoria, estando o empregado autorizado a continuar trabalhando na empresa. Lembre-se de que "desligar" tem o sentido de separar algo que estava unido e também de desagregar-se do serviço. Rescisão, entretanto, diz respeito ao desfazimento do vínculo de emprego. Verifica-se também que o § 2º do art. 18 da Lei n. 8.213/91 menciona que o aposentado pode permanecer em atividade sujeita ao Regime Geral de Previdência Social ou a ela retornar. Assim, o empregado não precisa desligar-se da empresa para requerer a aposentadoria, pois a tramitação desta, no INSS, pode demorar alguns meses, não ficando o obreiro desamparado quanto aos seus rendimentos, podendo continuar a laborar na empresa.

Enquanto a Lei n. 6.950/81 exigia o desligamento do emprego para a concessão da aposentadoria, a alínea *b* do inciso I do art. 49 da Lei n. 8.213/91 não o faz, permitindo que o trabalhador permaneça no posto de trabalho enquanto aguarda o deferimento do requerimento da aposentadoria.

Deve-se ressaltar, porém, que a continuidade na prestação de serviços na empresa, após o requerimento do empregado solicitando aposentadoria, dependerá da aceitação do empregador, porque o contrato de trabalho tem por requisito a bilateralidade. A empresa não estará obrigada a concordar com a permanência do empregado prestando serviços após o requerimento de sua aposentadoria. Se as partes ajustarem a continuidade dos serviços, não haverá qualquer óbice.

Observe-se que o art. 453 da CLT tinha a seguinte redação: "no tempo de serviço do empregado, quando readmitido, serão computados os períodos, ainda que não contínuos, em que tiver trabalhado anteriormente na empresa, salvo se houver sido despedido por falta grave ou houver recebido indenização legal". A Súmula 21 do TST interpretava esse artigo no sentido de que "o empregado aposentado tem direito ao cômputo do tempo anterior à aposentadoria, se permanecer a serviço da empresa ou a ela retornar". A Lei n. 6.204, de 29-4-1975, deu nova redação ao referido artigo: "no tempo de serviço do empregado, quando readmitido, serão computados os períodos, ainda que não contínuos, em que tiver trabalhado anteriormente na empresa, salvo se houver sido despedido por falta grave, recebido indenização legal ou se aposentado espontaneamente". A leitura do citado art. 453 da CLT evidencia que não é preciso o afastamento do emprego para o requerimento da aposentadoria e a extinção do contrato de trabalho. Posteriormente, a Súmula 21 do TST foi cancelada porque ficou superada pela redação do art. 453 da CLT, de acordo com a Lei n. 6.204/2007. Nota-se que a Lei n. 8.213/91 não revogou o art. 453 da CLT, apenas este impede o cômputo do tempo anterior à aposentadoria espontânea do empregado para fins indenizatórios. Mesmo que não haja o desligamento do emprego, há a extinção automática do contrato de trabalho com a aposentadoria, dando início a novo contrato de trabalho se o empregado permanecer na empresa.

A Medida Provisória n. 381/93, no seu art. 2º, dava nova redação ao art. 49 da Lei n. 8.213/91, exigindo que o empregado se desligasse da empresa para requerer a aposentadoria. As Medidas Provisórias ns. 408/94, 425/94, e 446/94, mantiveram o mesmo critério, porém, nenhuma delas foi convertida em lei, permanecendo a redação do art. 49 da Lei n. 8.213/91. Houve um projeto de conversão para a aprovação da Medida Provisória n. 446/94 que resultou na Lei n. 8.870/94, mas a redação do art. 49 da Lei n. 8.213/91 não foi modificada. Assim, o empregado não precisa se desligar do emprego para requerer sua aposentadoria.

A Medida Provisória n. 1.523/96, em suas versões iniciais, dava nova redação ao art. 148 da Lei n. 8.213/91, dispondo que o ato de concessão do benefício de aposentadoria importa extinção do vínculo empregatício. Essa redação, porém, não mais foi repetida.

Entendo que a aposentadoria continua a ser uma forma de cessação do contrato de trabalho, pois o segurado, ao se aposentar, deixa de receber salário para receber uma prestação previdenciária. Vários doutrinadores se posicionaram nesse sentido, na vigência da Lei n. 8.213, como Octávio Bueno Magano[7], Arnaldo Süssekind e Luiz Inácio Barbosa Carvalho[8] e Amauri Mascaro Nascimento[9]. Caso o empregado continue prestando serviços na empresa, inicia-se novo pacto laboral.

Adotando-se a ideia do antigo abono de permanência em serviço (art. 87 da Lei n. 8.213/91), revogado pela Lei n. 8.870/94, se o empregado se aposentar, não mais pode contar com o emprego. Se quiser mantê-lo, poderá, em vez de requerer a aposentadoria, optar pelo abono de permanência em serviço, o que também mostra que com a aposentadoria há a extinção do contrato de trabalho. Há que se ressaltar, porém, que não se confunde continuidade do aposentado na empresa com continuidade do contrato de trabalho, pois existe autorização legal para o trabalhador continuar prestando serviço à empresa. As aposentadorias (por tempo de contribuição e por idade) são definitivas, importando na cessação do contrato

---

7 MAGANO, Octavio Bueno. *Manual de direito do trabalho*: direito individual do trabalho. 3. ed. São Paulo: LTr, 1992. v. 2, p. 312.

8 *Pareceres de direito do trabalho e previdência social*, v. 7, São Paulo: LTr, 1992, p. 269.

9 NASCIMENTO, Amauri Mascaro. *Iniciação ao direito do trabalho*. 18. ed. São Paulo: LTr, 1992. p. 211.

de trabalho, enquanto na aposentadoria por invalidez isso não ocorre, pois esta não é definitiva, apenas suspende o contrato de trabalho.

O art. 33 da Lei n. 8.213/91 dispôs que a renda mensal do benefício de prestação continuada substitui o rendimento do trabalho do segurado. Isso implica dizer que o benefício acarreta a extinção do vínculo de emprego, pois os proventos irão substituir o salário do obreiro.

O art. 453 da CLT também indica indiretamente que a aposentadoria espontânea rescinde o contrato de trabalho, pois o trabalhador não poderá contar o tempo de serviço anterior na empresa.

O inciso II do § 3º do art. 1º da Lei n. 4.090/62 reza que a aposentadoria é causa de cessação do contrato de trabalho.

Dispõe, ainda, o art. 51 da Lei n. 8.213/91 que "a aposentadoria por idade pode ser requerida pela empresa, desde que o segurado tenha cumprido o período de carência e completado 70 anos de idade, se do sexo masculino, ou 65 anos, se do sexo feminino, sendo compulsória". A parte final do mesmo artigo prevê a cessação do contrato de trabalho pela aposentadoria, mas nada impede também que seja feito novo contrato de trabalho, permanecendo o empregado na empresa no aguardo da tramitação da aposentadoria. Sendo a aposentadoria requerida pela empresa, tem direito o obreiro à indenização prevista nos arts. 477 e ss da CLT, relativa ao período em que não foi optante pelo FGTS, podendo sacar o referido fundo, acrescido da indenização de 40%, além do pagamento de aviso-prévio, 13º salário e férias proporcionais, visto que a iniciativa do rompimento do pacto laboral é da empresa, o que é equiparado à despedida sem justa causa. O contrato de trabalho é considerado rescindido no dia anterior ao do início da aposentadoria.

O STF entendeu que são inconstitucionais os §§ 1º (ADIn 1.770-4, *DOU* 1 20-10-2006) e 2º do art. 453 da CLT (ADIn 1.721-3, *DOU* I 11-3-2003 e 20-10-2006), que faziam referência à aposentadoria do empregado.

Os empregados dos consórcios públicos, das empresas públicas, das sociedades de economia mista e das suas subsidiárias serão aposentados compulsoriamente, observado o cumprimento do tempo mínimo de contribuição, ao atingir a idade de 75 anos, na forma estabelecida em lei (§ 16 do art. 201 da Constituição).

Pela rescisão do contrato de trabalho decorrente da aposentadoria espontânea o empregado tem direito ao levantamento do FGTS (art. 20, III, da Lei n. 8.036/90), pagamento do 13º salário proporcional (art. 1º, § 3º, II, da Lei n. 4.090/62) e férias proporcionais. Não fará jus à indenização de 40% do FGTS e a aviso-prévio (art. 487 da CLT), pois não há despedimento por parte da empresa.

A baixa na CTPS do operário será anotada no dia da aposentadoria, sendo sua readmissão no dia imediato subsequente.

O TST entende que a aposentadoria espontânea não é causa de extinção do contrato de trabalho se o empregado permanece prestando serviços ao empregador após a jubilação. Assim, por ocasião da sua dispensa imotivada, o empregado tem direito à indenização de 40% do FGTS sobre a totalidade dos depósitos efetuados no curso do pacto laboral (OJ 361 da SBDI-1).

A aposentadoria por idade poderá ser decorrente da transformação de aposentadoria por invalidez ou auxílio-doença, desde que requerida pelo segurado, observada a carência exigida.

Muitos países concedem aposentadoria aos seus emigrantes, principalmente àqueles que hoje vivem no Brasil, bastando que comprovem que contribuíram com a previdência da época. Tal benefício pode ser requerido independentemente de a pessoa já receber a aposentadoria brasileira.

Na Alemanha, tendo o emigrante contribuído por cinco anos e possuindo 65 anos ou mais de idade, há direito de requerer a aposentadoria. O pedido deve ser feito no consulado, que o envia à Alemanha. Aprovado o pedido, o pagamento é feito por cheque emitido em dólar, sendo enviado à residência do beneficiário. Normalmente esse pedido é concedido em seis meses.

Na Espanha, também deve o emigrante ter contribuído por cinco anos e ter no mínimo 65 anos para ter direito ao benefício no Brasil. Também é devida a aposentadoria aos emigrantes que nunca tenham contribuído para o sistema espanhol, bastando que comprovem ter 65 anos ou mais e estejam em dificuldades de sustento. É o que se chama de "aposentadoria não contributiva". O pedido deve ser feito em qualquer posto do INSS, que providenciará que os documentos sejam enviados à divisão de Acordos Internacionais do INSS, no Rio de Janeiro. O valor do benefício muda de acordo com o tempo de contribuição, nos casos em que se exige a contribuição. O piso é de aproximadamente US$ 300,00. A aposentadoria é devida, caso aprovada, a contar da data em que foi feito o pedido. Os viúvos podem requerer o benefício comprovando que o marido ou a esposa tenham trabalhado na Espanha.

Na França, àqueles que recolheram no mínimo três meses à Caixa de Previdência francesa, antes de saírem do país, tendo 60 anos de idade, há direito à aposentadoria daquele país. O valor pago será proporcional ao tempo de contribuição ao sistema. O prazo de apreciação é de aproximadamente seis meses.

Na Itália, há a permissão de que os emigrantes tenham direito à aposentadoria de acordo com pacto firmado entre o INSS e o Istituto Nazionale di Previdenza

Sociale (INPS) italiano. O benefício é devido para quem trabalhou por cinco anos na Itália e tenha 65 anos ou mais de idade. Para os emigrantes italianos residentes no Brasil é exigido que haja uma contribuição mínima de 30 anos à Previdência brasileira. O pedido pode ser feito no posto do INSS, comprovando o interessado ter contribuído para o sistema brasileiro. Com a prova de que a pessoa contribuiu na Itália, o consulado faz a análise do pedido. Se o pedido for aprovado, deve o interessado retirar os documentos e enviá-los ao INSS, que fará o encaminhamento à Divisão de Acordos Internacionais. Esse trâmite costuma levar em média um ano. O valor a ser pago consiste na diferença entre o piso italiano de aproximadamente US$ 800,00 e a aposentadoria brasileira. Os pedidos devem ser feitos pessoalmente.

Em Portugal, o benefício deve ser solicitado diretamente ao Centro Nacional de Pensões, em Lisboa, para a obtenção das informações necessárias. O consulado apenas orienta como deve ser feito o pedido. É exigido o requisito de que essas pessoas não tenham rendimento algum no Brasil.

Na Suíça, há a exigência de um mínimo de 12 meses para a concessão de contribuição pelo emigrante. Os homens devem ter 65 anos de idade e as mulheres, 62 anos. O valor do benefício depende do tempo total de contribuição ao sistema previdenciário do país, antes de o emigrante ter vindo para o Brasil.

Nos Estados Unidos, o desconto feito no salário da pessoa é em torno de 7,5% para o custeio da aposentadoria.

No Japão, a aposentadoria por idade se dá aos 65 anos. Os trabalhadores da ativa e as empresas contribuem, sendo que o valor varia de acordo com a faixa salarial da pessoa.

No Chile, a aposentadoria tem natureza privada. O trabalhador contribui com 13% do seu salário e as empresas, com 3%. Os homens se aposentam aos 65 anos de idade e as mulheres, aos 60 anos. O valor da aposentadoria dependerá do valor que foi recolhido a título de contribuição. A administração do sistema é feita pelas Administradoras de Fondos Pensiones (AFPs).

A tabela a seguir mostra a idade de aposentadoria em alguns países:

Países	Idade	
	Homens	Mulheres
Alemanha	67	67
Austrália	65	65
Argentina	65	60

Países	Idade	
	Homens	Mulheres
Áustria	65	60
Bélgica	65	60
Brasil	65	62
Canadá	65	65
Chile	65	60
Colômbia	65	65
Costa Rica	60	60
Cingapura	55	55
Cuba	60	55
Dinamarca	67	67
Espanha	65	65
EUA	66	66
Finlândia	66	66
França	65	65
Grécia	65	60
Holanda	65	65
Indonésia	60	55
Inglaterra	65	60
Irlanda	65	65
Israel	65	65
Itália	65	60
Japão	65	65
Luxemburgo	65	60
Malásia	55	55
México	65	65
Noruega	67	67
Nova Zelândia	65	65
Paraguai	60	60
Portugal	65	65
Suécia	65	65
Suíça	65	62
Taiwan	60	55
Uruguai	60	60

21.6 APOSENTADORIA ESPECIAL

A aposentadoria especial foi instituída pelo art. 31 da Lei n. 3.807/60, sendo concedida ao segurado que, contando no mínimo 50 anos de idade e 15 anos de contribuições, tenha trabalhado durante 15, 20 ou 25 anos pelo menos, conforme a atividade profissional, em serviços que, para esse efeito, forem considerados penosos, insalubres ou perigosos, por Decreto do Poder Executivo. Havia carência de 180 contribuições. O § 2º do art. 31 da referida norma determinava que a aposentadoria dos aeronautas e a dos jornalistas profissionais reger-se-ia pela respectiva legislação especial. Foi regulamentada pelo Decreto n. 48.959-A/60.

O Decreto n. 58.831/64, com relação à atividade profissional, estabeleceu alteração de agentes nocivos e atividades profissionais classificadas como insalubres, perigosas ou penosas.

O Decreto n. 63.230/68 excluiu do rol dos beneficiários da aposentadoria especial os engenheiros da construção civil e os eletricistas. Esse decreto permitiu a conversão do tempo de serviço: se o segurado trabalhasse sucessivamente em duas ou mais atividades penosas, perigosas ou insalubres, sem ter atingido o prazo mínimo exigido, as atividades poderiam ser somadas.

O art. 31 da Lei n. 3.807 foi alterado pela Lei n. 5.440-A/68, que suprimiu o requisito idade de 50 anos para a aposentadoria especial. A Lei n. 5.890/73 não exigia o implemento de tal idade.

O art. 9º da Lei n. 5.890/73 estabeleceu que "a aposentadoria especial será concedida ao segurado que, contando no mínimo 5 anos de contribuições, tenha trabalhado durante 15, 20 ou 25 anos, pelo menos, conforme a atividade profissional, em serviços que, para efeito, forem considerados penosos, insalubres ou perigosos, por Decreto do Poder Executivo".

A Lei n. 6.643/79 permitiu a contagem do tempo de serviço, para fins de aposentadoria especial, do período em que o empregado se licenciasse para os fins do exercício de cargo na Administração Pública ou representação sindical. Nesses casos, porém, não havia atividade em ambiente nocivo à saúde.

A Lei n. 6.887/80 permitiu a conversão do tempo de serviço alternadamente em atividades comuns e especiais, segundo critérios definidos pelo Ministério da Previdência Social.

O inciso II do art. 202 da Constituição previa que a aposentadoria seria concedida após 35 anos de trabalho para o homem e 30, para a mulher, ou em tempo inferior, se sujeitos a trabalho sob condições especiais que prejudiquem a saúde ou integridade física definidas em lei e não em regulamento.

A Emenda Constitucional n. 20/98 modificou a redação do art. 202 da Constituição. A matéria passou para o § 1º do art. 201 da Lei Maior, que determina ser vedada a adoção de requisitos ou critérios diferenciados para a concessão de aposentadoria de benefícios, ressalvada, nos termos de lei complementar, a possibilidade de previsão de idade e tempo de contribuição distintos da regra geral para concessão de aposentadoria exclusivamente em favor dos segurados: I – com deficiência, previamente submetidos a avaliação biopsicossocial realizada por equipe multiprofissional e interdisciplinar; II – cujas atividades sejam exercidas com efetiva exposição a agentes químicos, físicos e biológicos prejudiciais à saúde, ou associação desses agentes, vedada a caracterização por categoria profissional ou ocupação (§ 1º do art. 201 da Constituição). Até que a lei complementar a que se refere o § 1º do art. 201 da Constituição seja publicada, são recepcionados os arts. 57 e 58 da Lei n. 8.213/91, que tratam da aposentadoria especial.

A aposentadoria é especial em razão da atividade que a pessoa exerce e lhe causa prejuízo à saúde.

Aposentadoria especial é o benefício previdenciário decorrente do trabalho realizado em condições prejudiciais à saúde ou à integridade física do segurado, de acordo com a previsão da lei. Trata-se de um benefício de natureza extraordinária, tendo por objetivo compensar o trabalho do segurado que presta serviços em condições adversas à sua saúde ou que desempenha atividade com riscos superiores aos normais.

A aposentadoria é especial em razão da atividade que o trabalhador exerce.

A aposentadoria especial é espécie de aposentadoria por tempo de contribuição. Não é espécie de aposentadoria por invalidez, pois não compreende invalidez.

Distingue-se a aposentadoria especial da por tempo de contribuição, pois a primeira é extraordinária. Na aposentadoria especial o tempo necessário é de 15, 20 ou 25 anos de trabalho em condições prejudiciais à saúde do segurado, enquanto na por tempo de contribuição é necessário que a segurada tenha trabalhado pelo menos 30 anos e o segurado, 35.

Difere, também, a aposentadoria especial da aposentadoria por invalidez, pois nesta o fato gerador é a incapacidade para o trabalho e na aposentadoria especial esse fato inexiste. A aposentadoria especial pressupõe agressão à saúde do trabalhador por meio de exposição a agentes nocivos. A segunda decorre de incapacidade e insusceptibilidade de reabilitação do segurado. O aposentado de forma especial não fica inválido para o trabalho, apenas não pode exercer atividade que o exponha a agentes nocivos à saúde.

Defere-se a aposentadoria especial quando o segurado tenha laborado em atividades sujeitas a condições especiais que prejudiquem sua saúde e integridade física. É uma forma de compensação pelo trabalho em condições adversas à saúde.

Até que lei disponha sobre o tempo de contribuição, o segurado filiado ao Regime Geral de Previdência Social após a data de entrada em vigor desta Emenda Constitucional será aposentado aos 62 anos de idade, se mulher, 65 anos de idade, se homem, com 15 anos de tempo de contribuição, se mulher, e 20 anos de tempo de contribuição, se homem (art. 19 da Emenda Constitucional n. 103/2019).

Até que lei complementar disponha sobre a redução de idade mínima ou tempo de contribuição prevista nos §§ 1º e 8º do art. 201 da Constituição, será concedida aposentadoria:

I – aos segurados que comprovem o exercício de atividades com efetiva exposição a agentes químicos, físicos e biológicos prejudiciais à saúde, ou associação desses agentes, vedada a caracterização por categoria profissional ou ocupação, durante, no mínimo, 15, 20 ou 25 anos, nos termos do disposto nos arts. 57 e 58 da Lei n. 8.213, de 24 de julho de 1991, quando cumpridos:

a) 55 anos de idade, quando se tratar de atividade especial de 15 (quinze) anos de contribuição;

b) 58 anos de idade, quando se tratar de atividade especial de 20 anos de contribuição; ou

c) 60 anos de idade, quando se tratar de atividade especial de 25 anos de contribuição;

II – ao professor que comprove 25 anos de contribuição exclusivamente em efetivo exercício das funções de magistério na educação infantil e no ensino fundamental e médio e tenha 57 anos de idade, se mulher, e 60 anos de idade, se homem (art. 19, § 1.º, da Emenda Constitucional n. 103).

O valor das aposentadorias será apurado na forma da lei.

É devida a aposentadoria especial ao segurado (art. 57 da Lei n. 8.213/91). A lei não distingue que espécie de segurado é que terá direito à referida aposentadoria, o que importa dizer que pode ser qualquer um deles. A condição fundamental é o trabalho comprovado em atividade que coloque em risco a saúde e a integridade física do segurado.

O segurado contribuinte individual não faz jus a aposentadoria especial, pois não trabalha em atividade que lhe prejudique a saúde e é livre para fazer o horário que desejar.

Não se aplica a aposentadoria especial a segurados facultativo, doméstico e eclesiástico, pois não exercem atividade que lhes prejudique a saúde.

As disposições legais sobre aposentadoria especial do segurado filiado ao Regime Geral de Previdência Social aplicam-se, também, ao cooperado filiado à cooperativa de trabalho e de produção que trabalha sujeito a condições especiais que prejudiquem sua saúde ou sua integridade física (art. 1º da Lei n. 10.666/2003).

O segurado cooperado passa a ter direito a aposentadoria especial, até diante do fato de que há custeio específico para esse fim.

O § 4º do art. 57 da Lei n. 8.213/91 não mais menciona atividades penosas, insalubres ou perigosas, mas faz referência a agentes nocivos, químicos, físicos, biológicos ou associações de agentes prejudiciais à saúde do segurado (minas de subsolo).

Agentes nocivos são os que possam trazer ou ocasionar danos à saúde ou à integridade física do trabalhador nos ambientes de trabalho, em razão de sua natureza, concentração, intensidade e exposição aos agentes físicos (ruídos, vibrações, calor, pressões anormais, radiações ionizantes, eletricidade, eletromagnetismo, umidade, temperatura etc.), químicos (poeiras, gases, vapores, neblinas, fumos, névoas, óleo contendo hidrocarbonetos etc.), biológicos (micro-organismos, como bactérias, fungos, parasitas, bacilos, vírus, vermes etc.).

Considera-se atividade ou operação insalubre aquela que, por sua natureza, condições ou métodos de trabalho, exponha o empregado a agente nocivo a sua saúde, acima dos limites de tolerância fixados em razão da natureza e da intensidade do agente e do tempo de exposição aos seus efeitos (art. 189 da CLT). Há insalubridade quando o trabalhador tem contato com agentes químicos, físicos ou biológicos, descritos na NR 15 da Portaria n. 3.214/78.

Evidencia-se a penosidade quando o trabalho é desgastante, tanto física como mentalmente. O inciso XXIII do art. 7º da Constituição apenas menciona que deve haver um pagamento de adicional para atividade penosa, porém não existe lei nesse sentido até o momento. Poder-se-ia considerar trabalho penoso o que era proibido à mulher nos subterrâneos, nas minerações em subsolo, nas pedreiras e obras de construção pública ou particular, conforme previa o art. 387 da CLT, que foi revogado pela Lei n. 7.855/89. Era considerado trabalho penoso para efeitos de aposentadoria o de telefonista, pois a Lei n. 9.528/97 revogou a Lei n. 7.850/89.

São consideradas atividades ou operações perigosas aquelas que, por sua natureza ou métodos de trabalho, impliquem o contato permanente com inflamáveis ou explosivos em condições de risco acentuado (art. 193 da CLT). O que define o contato e as condições para a configuração da periculosidade é a NR 16, aprovada pela Portaria n. 3.214/78. Também é considerada perigosa a atividade dos eletricistas.

Tinha direito também a aposentadoria especial o jornalista. O jornalista que trabalha em empresa jornalística aposentava-se por tempo de serviço aos 30 anos de serviço, com renda mensal correspondente a 95% do salário de benefício (art. 37 da CLPS). Extinguiu-se tal aposentadoria pela Lei n. 9.528/97.

A aposentadoria especial é devida ao segurado que tenha trabalhado durante 15, 20 ou 25 anos, conforme o caso, em condições descritas pela lei como prejudiciais à saúde ou à integridade física do trabalhador. O segurado deverá fazer prova de trabalho nessas condições. Se a empresa recolheu ou não as contribuições previdenciárias, isso não trará qualquer consequência para o segurado empregado, avulso e trabalhador temporário.

O exercício de atividade com energia elétrica ou penosa só implica o pagamento da aposentadoria especial até 5-3-1997 se o segurado contasse 25 anos ou mais de exercício de atividade nessa condição.

Dispunha o art. 152 da Lei n. 8.213/91 que, enquanto a relação das atividades profissionais não fosse elaborada, prevaleceria a lista constante da legislação anterior no que diz respeito à aposentadoria especial. O art. 152 da Lei n. 8.213/91 foi revogado pelo art. 15 da Lei n. 9.528/97.

O art. 58 da Lei n. 8.213/91 determina que a relação dos agentes nocivos químicos, físicos e biológicos ou a associação de agentes prejudiciais à saúde ou à integridade física considerados para fins de concessão da aposentadoria especial serão definidas pelo Poder Executivo. Na redação anterior do art. 58 da Lei n. 8.213/91 havia necessidade de que a referida relação fosse determinada por lei. Agora, basta um decreto do Poder Executivo.

Dispõe o anexo IV do Decreto n. 3.048/99 sobre a relação dos agentes físicos, químicos e biológicos.

O antigo TFR já havia se orientado, por meio da Súmula 198, que, "atendidos os demais requisitos, é devida a aposentadoria especial, se perícia judicial constata que a atividade exercida pelo segurado é perigosa, insalubre ou penosa, mesmo não inscrita em Regulamento". Atualmente, a jurisprudência vem entendendo da mesma forma, dizendo que as atividades constantes do regulamento são exemplificativas e não taxativas. Provando o segurado que trabalha em condições perigosas, insalubres ou penosas, terá direito ao benefício.

O fato de os serviços realizados em condições especiais não coincidirem com a atividade principal do empregador não desnatura o direito à aposentadoria especial.

O tempo de serviço para os efeitos da aposentadoria especial é considerado em relação aos períodos correspondentes a trabalho permanente e habitual prestado em atividades sujeitas a condições especiais que prejudiquem a saúde ou a integridade física do segurado.

O tempo de trabalho laborado com exposição a ruído é considerado especial, para fins de conversão em comum, nos seguintes níveis: superior a 80 decibéis, na vigência do Decreto n. 53.831/64 (item 1.1.6 do Anexo); superior a 90 decibéis, a partir de 5 de março de 1997, na vigência do Decreto n. 2.172/97; superior a 85 decibéis, a partir da edição do Decreto n. 4.882/2003 (Súmula 32 do Conselho da Justiça Federal).

Pelo que se observa da atual redação do § 3º do art. 57 da Lei n. 8.213/91, não terá direito a aposentadoria especial o segurado que trabalhou ocasionalmente ou de maneira intermitente em condições prejudiciais à sua saúde. Agora, mesmo que haja exposição intermitente ou ocasional em condições nocivas à saúde do trabalhador, não haverá direito à aposentadoria especial. A palavra "permanente" pode ser interpretada no sentido de que o trabalho em condições nocivas à saúde deve ser diário ou durante toda a jornada de trabalho.

O segurado deve ficar diariamente exposto a agentes nocivos, físicos, químicos e biológicos ou associação de agentes.

Trabalho não ocasional nem intermitente é aquele em que na jornada de trabalho não houve interrupção ou suspensão do exercício de atividade com exposição aos agentes nocivos, em que não foi exercida, de forma alternada, atividade comum e especial. Se o EPI eliminar ou neutralizar o agente nocivo, não fará jus o trabalhador à aposentadoria especial, pois o contato com o elemento químico, físico, biológico ou associação de agentes fica afastado. O empregado não estará exposto aos referidos agentes, nem haverá prejuízo a sua saúde ou integridade física.

Se o trabalhador prestar serviços durante a jornada parte em atividade sujeita a aposentadoria especial e parte sujeita a aposentadoria comum, não faz jus a aposentadoria especial, mas apenas a outros tipos de aposentadorias.

Não necessariamente, a aposentadoria especial irá coincidir com as pessoas que recebem adicionais de remuneração. Exemplo seria o adicional de periculosidade. O pagamento do adicional pode ser um indício ao direito à aposentadoria especial.

A pessoa que exercia atividade sindical, mas que anteriormente trabalhava em atividade perigosa, insalubre ou penosa, tinha direito ao cômputo do tempo de serviço para efeito da aposentadoria especial. Essa regra advinha, inicialmente, da Lei n. 6.643/79, que acrescentou o § 3º ao art. 9º da Lei n. 5.890/73, esclarecendo que se computava, para fins de aposentadoria especial, o período em que o exercente de atividades insalubres, perigosas ou penosas, permanecia exercendo mister sindical, mesmo que não estivesse efetivamente trabalhando na empresa. O § 4º do art. 57 da Lei n. 8.213/91, que disciplinava essa regra, teve redação modificada pela Lei n. 9.032/95, que não previu essa hipótese. Pode-se, portanto, considerar que o dirigente sindical que está desempenhando o mandato respectivo, mas não está exercendo atividade em condições prejudiciais à sua saúde, não terá o tempo de serviço citado contado como tempo para aposentadoria especial, justamente por não estar trabalhando em condições gravosas à sua saúde. O próprio § 4º do art. 57 da Lei n. 8.213/91 exige que o segurado comprove não só o tempo de trabalho, mas também a exposição a agentes nocivos, como químicos, físicos, biológicos ou outros, dando a entender que a pessoa que não exerce atividade em condições prejudiciais à sua saúde, como o período em que o dirigente sindical está exercendo seu mandato, não terá o referido tempo considerado para efeito de aposentadoria especial.

Afirmou o STF que, "na hipótese de exposição do trabalhador a ruído acima dos limites legais de tolerância, a declaração do empregador no âmbito do Perfil Profissiográfico Previdenciário (PPP), no sentido da eficácia do Equipamento de Proteção Individual (EPI), não descaracteriza o tempo de serviço especial para a aposentadoria" (Pleno, ARE 664.335, j. 4-12-2014, Rel. Min. Luiz Fux).

Agora, quem estiver em gozo de auxílio-doença, prestando Serviço Militar ou for dirigente sindical que está exercendo mandato e está afastado da empresa, não terá direito ao cômputo de tempo de serviço para efeito da transformação da aposentadoria comum em especial, por falta de previsão legal e até mesmo diante da nova redação do § 4º do art. 57 da Lei n. 8.213/91. Observa-se que o benefício não mais decorre do fato de a pessoa pertencer a determinada categoria, mas vem a ser um direito subjetivo do segurado. O § 3º do art. 57 da Lei n. 8.213/91 exige a prova, pelo segurado, do tempo de trabalho permanente, não ocasional nem intermitente, em condições especiais que prejudiquem sua saúde ou integridade física. Mesmo se o segurado estiver em gozo de auxílio-acidente, não terá direito ao cômputo do tempo de serviço para a aposentadoria especial, pois não estará trabalhando em atividade que lhe causa mal à saúde. Ao contrário, estará afastado do trabalho, sem esse contato. A lei, ao usar a expressão "não ocasional, nem intermitente", dá a entender que o termo permanente quer dizer a prova do trabalho em condições adversas à saúde durante toda a jornada de trabalho do segurado.

O segurado poderá comprovar que há uma associação de agentes prejudiciais à sua saúde ou à sua integridade física, pelo período equivalente ao exigido para a concessão do benefício.

Computam-se, também, como tempo de serviço em condições especiais:

1. os períodos em que o segurado exerceu as funções de servente, auxiliar ou ajudante, desde que o trabalho nessas funções tenha sido realizado de modo habitual e permanente, nas mesmas condições e no mesmo ambiente em que executa o profissional;
2. o período em que o menor exerça atividade em local sujeito a condições nocivas à sua saúde, desde que comprovada essa realização (Resolução CD/DNPS n. 282/71, Proc. NTPS n. 103.327/71).

Os arts. 57 e 58 da Lei n. 8.213/91 não exigem implemento de idade para a concessão de aposentadoria especial. O art. 31 da Lei n. 3.807/60 exigia o limite mínimo de 50 anos de idade para que o segurado tivesse direito a aposentadoria especial. A Lei n. 5.440-A/68, alterou a redação do art. 31 da Lei n. 3.807/60, suprimindo a expressão "50 anos de idade". A Lei n. 5.527/68, estabeleceu que "as categorias profissionais que até 22-5-1968 faziam jus à aposentadoria de que trata o art. 31 da Lei n. 3.807/60, em sua primitiva redação e na forma do Decreto n. 53.831, de 25-3-1964, mas que foram excluídas do benefício por força da nova regulamentação aprovada pelo Decreto n. 63.230/68, conservarão o direito a esse benefício nas condições de tempo de serviço e de idade vigente naquela data", o que mostrava novamente a necessidade de a pessoa ter 50 anos para ter direito à aposentadoria especial. A Lei n. 5.890/73 alterou novamente a Lei n. 3.807/60, porém não exigiu que o segurado tivesse 50 anos de idade para a concessão da aposentadoria especial, entendendo-se que revogou a orientação anterior, não sendo necessário o limite mínimo de idade. Hoje, a Lei n. 8.213/91 não faz a exigência de idade mínima para que o segurado tenha direito à aposentadoria especial, podendo ser concedida com qualquer idade. Assim, é apenas exigido o cumprimento do período de carência. O período de carência é de 180 contribuições mensais.

O Parecer CJ/MPAS n. 223, de 31-8-1995, entendeu que não é mais o caso de se exigir limite de idade para a concessão da aposentadoria especial, revogando o entendimento contido no Parecer CJ n. 139/93.

A Ordem de Serviço n. 514, de 22-9-95, deixou de exigir o limite de idade de 50 anos para a concessão da aposentadoria especial.

21.6.1 Conversão do tempo de serviço

O tempo de trabalho exercido sob condições especiais que sejam ou venham a ser consideradas prejudiciais à saúde ou à integridade física será somado, após a respectiva conversão ao tempo de trabalho exercido em atividade comum, segundo critérios estabelecidos pela Previdência Social, para efeito de concessão de qualquer benefício (§ 5º do art. 57 da Lei n. 8.213/91).

Na redação anterior do § 3º do art. 57 da Lei n. 8.213/91 usava-se a expressão "critérios de equivalência", que não é mais encontrada no § 5º do art. 57 da Lei n. 8.213/91, podendo a Previdência Social usar outro critério para fixar a proporcionalidade.

Para o segurado que houver exercido sucessivamente duas ou mais atividades sujeitas a condições especiais prejudiciais à saúde ou à integridade física, sem completar em qualquer delas o prazo mínimo exigido para a aposentadoria especial, os respectivos períodos serão somados após conversão, conforme tabela abaixo, considerada a atividade preponderante:

Tempo a converter	**Multiplicadores**		
	Para 15	Para 20	Para 25
de 15 anos	–	1,33	1,67
de 20 anos	0,75	–	1,25
de 25 anos	0,60	0,80	–

O § 3º do art. 57 da Lei n. 8.213/91, na redação original, permitia a soma do tempo de serviço de maneira alternada em atividade comum e especial. A redação do § 5º do citado artigo, de acordo com a Lei n. 9.032/95, menciona apenas a conversão do tempo especial para comum e não alternadamente, como explicitava a norma legal anterior, o que leva a crer que a conversão só pode ser feita do tempo de trabalho exercido em atividade especial para comum, e não do tempo comum para especial. O próprio § 4º do art. 57 da Lei n. 8.213/91 não mais previu a hipótese de contagem de tempo de serviço comum em especial, que era o caso do dirigente sindical que anteriormente exercia atividade em condições adversas e no seu mister sindical não o faz.

O Poder Executivo estabelecerá critérios para a conversão do tempo de trabalho exercido até 28-5-1998, sob condições especiais que sejam prejudiciais à saúde ou à integridade física, nos termos dos arts. 57 e 58 da Lei n. 8.213/91 e de seu regulamento, em tempo de trabalho exercido em atividade comum, desde que o segurado tenha implementado porcentual do tempo necessário para a obtenção da respectiva aposentadoria especial, conforme estabelecido em regulamento (art. 28 da Lei n. 9.711/98).

O tempo de serviço anterior à Medida Provisória n. 1.663/95, que posteriormente foi convertida na Lei n. 9.032/95, trabalhado em condições especiais, prejudiciais à saúde ou à integridade física, deve ser convertido em tempo comum, por se tratar de direito adquirido do segurado (art. 5º, XXXVI, da Constituição).

O art. 70 do RPS permite que seja feita a conversão do tempo de atividade sob condições especiais em tempo de atividade comum. Não há, porém, previsão legal para tanto. O regulamento é, portanto, ilegal, pois a lei dispõe exatamente em sentido contrário. Entretanto, é mais favorável ao segurado e está sendo utilizado. A tabela é a seguinte:

Tempo a converter	**Multiplicadores**	
	Mulher (para 30)	Homem (para 35)
de 15 anos	2,00	2,33
de 20 anos	1,50	1,75
de 25 anos	1,20	1,40

O STJ já entendeu que o tempo de serviço do trabalhador que prestou serviços em condições prejudiciais a sua saúde vai sendo adquirido aos poucos. O tempo de serviço convertido é incorporado ao patrimônio jurídico do segurado de acordo com a lei vigente da época (REsp. 437.974-PR, Rel. Min. Hamilton Carvalhido, j. 20-8-2002, *RPS* 268/259).

O tempo de serviço para requerimento de aposentadoria especial é disciplinado pela lei vigente na época em que foi efetivamente prestado. Não pode haver restrição ao seu cômputo, mesmo que a atividade deixe de ser considerada especial, pois a lei ou o regulamento não podem ter aplicação retroativa, sob pena de ofensa a direito adquirido (5ª T., REsp 387.717-PB, Rel. Min. Jorge Scartezzini, *DJU* 2-12-2002).

O direito à contagem especial do tempo de serviço prestado sob condições insalubres pelo servidor público celetista, à época em que a legislação permitia tal benesse, incorporou-se ao seu patrimônio jurídico (STF, 2ª T., RE 382.701-4/SC, j. 9-12-2003, Rel. Min. Ellen Gracie, *DJU* 1 6-2-2004, p. 52).

Não se exige laudo técnico pericial para período anterior a 29-4-1995.

Agora, o segurado só fará jus a aposentadoria especial se comprovar o trabalho em atividade prejudicial a sua saúde por 15, 20 ou 25 anos, sem que haja a conversão do tempo de serviço.

A concessão da aposentadoria especial dependerá de comprovação pelo segurado, perante o INSS, do tempo de trabalho permanente, não ocasional nem intermitente, em condições especiais que prejudiquem a saúde e a integridade física, durante o período mínimo fixado.

O segurado deverá comprovar, além do tempo de trabalho, exposição aos agentes nocivos químicos, físicos, biológicos ou associação de agentes prejudiciais à saúde ou à integridade física, pelo período equivalente ao exigido para a concessão do benefício.

A comprovação da efetiva exposição do segurado aos agentes nocivos será feita mediante formulário, na forma estabelecida pelo INSS, emitido pela empresa ou seu preposto, com base em laudo técnico de condições ambientais do trabalho expedido por médico do trabalho ou engenheiro de segurança do trabalho, nos termos da legislação trabalhista.

Do laudo técnico deverão constar informações sobre a existência de tecnologia de proteção coletiva ou individual que diminua a intensidade do agente agressivo a limites de tolerância e recomendação sobre a sua adoção pelo estabelecimento respectivo.

Limite de tolerância é o período em que o trabalhador pode ficar exposto a agente adverso à saúde, sem que lhe cause prejuízo.

A empresa que não mantiver laudo técnico atualizado com referência aos agentes nocivos existentes no ambiente de trabalho de seus trabalhadores ou que emitir documento de comprovação de efetiva exposição em desacordo com o respectivo laudo estará sujeita à multa prevista no art. 133 da Lei n. 8.213/91.

Deve a empresa elaborar e manter atualizado perfil profissiográfico abrangendo as atividades desenvolvidas pelo trabalhador e fornecer a este, quando da rescisão do contrato de trabalho, cópia autêntica deste documento.

"Perfil profissiográfico" é o mapeamento das condições de trabalho e do ambiente de trabalho, descrevendo as diversas atividades do empregado no exercício de seu trabalho.

O perfil profissiográfico deve ser fornecido pela empresa ao empregado quando da rescisão do contrato de trabalho. A lei não dispõe que o fornecimento diz respeito apenas a quem exerce atividade insalubre ou para efeito de aposentadoria especial. Logo, deve ser fornecido ao empregado em todos os casos, quando da rescisão do contrato de trabalho.

É correto se falar que é melhor eliminar o risco para preservar a saúde do trabalhador.

As empresas estão comprando equipamentos para evitar que o empregado trabalhe sem condições de risco para não terem de recolher alíquota suplementar para o custeio da aposentadoria especial.

Pode ocorrer de as empresas maquiarem o ambiente de trabalho, sob o argumento de torná-lo mais saudável, somente para não pagarem a contribuição adicional. A vítima será o segurado.

As exigências mais rigorosas que têm sido feitas, como do Perfil Profissiográfico Previdenciário, na prática acabam inviabilizando o benefício.

A consequência é que o número de aposentadorias especiais tem diminuído.

O segurado que teve a concessão de aposentadoria especial que retorna ou continua a exercer a mesma atividade tem o benefício cancelado.

A Lei n. 9.032/95, deu nova redação ao § 6º do art. 57 da Lei n. 8.212/91, dispondo: "É vedado ao segurado aposentado, nos termos deste artigo, continuar no exercício de atividade ou operações que o sujeitem aos agentes nocivos constantes da relação referida no art. 58 desta lei". O dispositivo proibia o segurado de exercer atividade prejudicial à sua saúde, mas não dizia exatamente se a aposentadoria seria cancelada ou suspensa.

A Lei n. 9.732/98, deu nova redação ao § 6º do referido art. 57, determinando "O benefício previsto neste artigo será financiado com os recursos provenientes da contribuição de que trata o inciso II do art. 22 da Lei n. 8.212/91, cujas alíquotas serão acrescidas de doze, nove ou seis pontos percentuais, conforme a atividade exercida pelo segurado a serviço da empresa permita a concessão de aposentadoria especial após quinze, vinte ou vinte e cinco anos de contribuição, respectivamente".

Foi incluído pela Lei n. 9.732/98 o § 8º do art. 57 da Lei n. 8.213/91: "Aplica-se o disposto no art. 46 ao segurado aposentado nos termos deste artigo que continuar no exercício de atividade ou operação que o sujeite aos agentes nocivos constantes da relação referida no art. 58 desta Lei". Dispõe o art. 46 da Lei n. 8.212/91 que "o aposentado por invalidez que retornar voluntariamente à atividade terá sua aposentadoria automaticamente cancelada, a partir da data do retorno".

A determinação do § 8º do art. 57 da Lei n. 8.213/91 no sentido de que o aposentado que continuar no exercício da atividade terá sua aposentadoria cancelada, é acertada, pois, se o segurado foi aposentado por trabalhar em condições especiais que lhe prejudicavam a saúde, não se justifica se aposentar e continuar a exercer a mesma atividade prejudicial à saúde.

No entanto, é sabido que na prática o segurado obtém a aposentadoria especial e vai continuar trabalhando, principalmente em razão do baixo valor do benefício.

A determinação do § 8º do art. 57 da Lei n. 8.213/91 elimina a possibilidade do aposentado voltar a exercer a mesma atividade que exercia e pela qual foi aposentado, desde que o sujeite novamente a condições adversas à sua saúde.

O referido parágrafo dá a entender sobre a rescisão do contrato de trabalho do segurado que obtiver a aposentadoria especial, pois é vedado àquele continuar no exercício de atividade ou operação que o sujeite a agentes nocivos à sua saúde. O segurado não pode exercer a mesma atividade na empresa, mas pode exercer outra, em ambiente salubre. Nada impede, porém, que o empregador coloque o empregado em outra atividade, que não lhe prejudique a saúde. Assim, não seria necessária a rescisão do contrato de trabalho do empregado.

Se o segurado voltar ao exercício de atividade insalubre, porém que fica eliminada ou neutralizada pelo uso de EPI, não terá sua aposentadoria cancelada.

Há argumentos no sentido de que o § 8º do art. 57 da Lei n. 8.213/91 é inconstitucional, pois contraria o XIII do art. 5º da Constituição. Entendo que isso não ocorre, pois nada impede o exercício de outra atividade ou profissão, desde que não seja em atividade ou local prejudicial à saúde do trabalhador. O segurado aposentado mediante aposentadoria especial poderá exercer a mesma atividade ou profissão que exercia antes, desde que não seja em local ou atividade adversa à sua saúde. Nada impede que exerça outra atividade, até mesmo decorrente da mesma profissão, desde que não seja em local nocivo à sua saúde. Logo, verifica-se que o § 8º do art. 57 da Lei n. 8.213/91 não está impedindo ninguém de exercer seu trabalho, ofício ou profissão.

Também não há violação ao inciso VIII do art. 170 da Constituição, pois a busca do pleno emprego é uma norma programática dirigida ao legislador ordinário, que deve complementá-la. O fato de a ordem social ter como base o primado do trabalho e como objetivo o bem-estar e justiça sociais (art. 193 da Constituição) também não torna inconstitucional o § 8º do art. 57 da Lei n. 8.213/91, pois o direito à aposentadoria também está contido na Constituição (art. 7º, XXIV) e é dependente de lei, visando também a renovação dos postos de trabalho. Deve, assim, ser feita interpretação sistemática da Lei Maior.

Na verdade, o § 8º do art. 57 da Lei n. 8.213/91 encerra também matéria de segurança e medicina do trabalho, pois complementa o inciso XXII do art. 7º da

Constituição no tocante a redução dos riscos inerentes ao trabalho, por meio de normas de saúde, higiene e segurança. Evidencia o direito à saúde.

O inciso XXXIII do art. 7º da Constituição não trata de aposentadoria especial e não impede que ela seja cancelada.

O art. 6º da Lei Maior versa genericamente sobre previdência social como direito social. Não proíbe o cancelamento da aposentadoria especial se o segurado retornar a atividade prejudicial à sua saúde.

O STJ entendeu que o benefício pode ser cancelado (REsp 200701528460 (966736/RS), 5ª T., Rel. Min. Napoleão Nunes Maia Filho, *DJU* 10-9-2007).

Científica e tecnicamente não é adequado que o segurado volte a exercer a mesma atividade em razão da concessão da aposentadoria especial. Se o segurado foi aposentado em condições que lhe eram prejudiciais à saúde, não se justifica que volte a exercer a mesma atividade.

O ideal é que o benefício fosse suspenso e não cancelado. Se o segurado deixar de exercer a atividade prejudicial à sua saúde, o benefício volta a ser pago. Entretanto, a redação da lei é no sentido do cancelamento do benefício. Nada impede que o segurado postule novamente o benefício de aposentadoria por invalidez.

Não vejo inconstitucionalidade no § 8º do art. 57 da Lei n. 8.213/91.

O STF entendeu constitucional que o empregado não pode voltar a exercer atividade nociva à saúde, perdendo direito à aposentadoria especial (RE 791.961, rel. Min. Toffoli, j. 5-6-2020).

O período de carência da aposentadoria especial é de 180 contribuições mensais.

A renda mensal inicial da aposentadoria especial consiste em 100% do salário de benefício. Agora o porcentual é único, inexistindo um porcentual mínimo e um acréscimo, dependendo do número de contribuições do segurado. Na redação original do § 1º do art. 57 da Lei n. 8.213/91, o porcentual mínimo era de 85% do salário de benefício, havendo mais 1% em cada grupo de doze contribuições, não podendo ultrapassar 100%. Verifica-se que, nesse ponto, a mudança determinada pela Lei n. 9.032/95 foi mais benéfica ao segurado.

A data do início do benefício será: (a) para o empregado, a partir da data do desligamento do emprego, quando requerida até 90 dias depois dela; a partir da data do requerimento, quando não houver desligamento do emprego ou quando for requerida após o prazo de 90 dias mencionado anteriormente; (b) para os demais segurados, a partir da data da entrada do requerimento (§ 2º do art. 57 c/c art. 49 da Lei n. 8.213/91).

O motorista de caminhão de carga faz jus à aposentadoria especial desde que tenha exercido essa atividade por no mínimo 25 anos, de modo permanente e habitual. Os períodos em que o segurado estiver em gozo de benefício por incapacidade não mais serão computados.

Não poderá haver a cumulação da aposentadoria especial com aposentadoria decorrente de acidente do trabalho. O inciso II do art. 124 da Lei n. 8.213/91 proíbe acumulação de mais de uma aposentadoria. Pode a aposentadoria especial ser acumulada com o auxílio-acidente, pois não há proibição nesse sentido no art. 124 da Lei n. 8.213/91.

A Lei n. 9.528/97 extinguiu as aposentadorias especiais que tinham o jornalista (Lei n. 3.529/59), o jogador de futebol (Lei n. 5.939/73), os juízes temporários da União (Lei n. 6.903/74) e a telefonista (Lei n. 7.850/89).

Na contagem do tempo de serviço dos marítimos, para efeito de aposentadoria especial, não será efetuada a conversão do tempo de embarque em tempo de atividade em terra.

O ano marítimo era considerado como de 255 dias em mar correspondendo a 365 dias em terra, em razão das peculiaridades do trabalho marítimo e de o empregado ter que ficar muito tempo no navio sem pisar em terra. Essa conversão para aposentadoria especial é válida apenas até 28-5-1998.

Os juízes da Justiça Eleitoral nomeados entre advogados serão aposentados de acordo com as normas estabelecidas pela legislação previdenciária a que estavam submetidos antes da investidura na magistratura, mantida a referida vinculação previdenciária durante o exercício do mandato. O aposentado de qualquer regime previdenciário que exercer a magistratura temporária vincula-se, obrigatoriamente, ao RGPS.

Há também entendimentos de que a aposentadoria especial deveria acabar, pelo mesmo motivo de um empregado poder se aposentar até com 29 anos de idade, ou seja, início aos 14 anos de idade mais 15 anos de atividade em condições que lhe sejam adversas à saúde. O correto seria se falar na eliminação do risco à saúde e à integridade física do trabalhador. O trabalhador não deveria se sujeitar a riscos excessivos à sua saúde. O empregador deveria ser obrigado a cumprir rigorosamente as normas sobre medicina e segurança do trabalho.

21.7 PENSÃO POR MORTE

21.7.1 Histórico

Na Lei Eloy Chaves a pensão por morte era de 50% da aposentadoria para segurados com mais de 30 anos de serviço ou caso de acidente e 25% da aposentadoria para segurados entre 10 e 30 anos de serviço.

No IAPI a pensão por morte era de 50% da aposentadoria (1936).

No IAPC, em 1953, era de 30% da aposentadoria mais 10% por dependente, sendo no máximo 100%.

A Constituição de 1946 estabelecia previdência contra as consequências da morte (art. 157, XVI).

Os arts. 36 a 42 da Lei n. 3.807/60 tratavam da pensão. O art. 36 rezava que a pensão era garantida aos dependentes do segurado, aposentado ou não, que falecesse, após haver realizado 12 contribuições mensais.

Previa o parágrafo único do art. 37 da Lei n. 3.807/60 que "a importância total assim obtida, em hipótese alguma inferior a 50% (cinquenta por cento) do valor da aposentadoria, que percebia ou a que teria direito, será rateada em quotas iguais entre todos os dependentes com direito à pensão, existentes ao tempo da morte do segurado". Esse dispositivo foi revogado pela Lei n. 5.890/73.

A pensão era devida ao conjunto dos dependentes do segurado. Era constituída de uma parcela familiar de 50% do valor da aposentadoria que o segurado percebia ou daquela a que teria direito se na data do seu falecimento fosse aposentado, e mais tantas parcelas iguais, cada uma, a 10% do valor da mesma aposentadoria quantos fossem os dependentes do segurado, até o máximo de cinco (art. 37 da Lei n. 3.807/60).

Somente a partir da promulgação da Lei n. 4.214/63, é que passou a ser devida a pensão por morte aos dependentes do trabalhador rural.

A Constituição de 1967 usava a expressão "previdência social nos casos de morte" (art. 158, XVI).

A Emenda Constitucional n. 1/69, rezava: "previdência social em casos de morte" (art. 165, XVI).

O inciso III do § 5º do art. 3º da Lei n. 5.890/73 previa que o "valor mensal dos benefícios de prestação continuada não poderá ser inferior aos seguintes percentuais, em relação ao valor do salário mínimo mensal de adulto vigente na localidade de trabalho do segurado: (...) III – a 60% (sessenta por cento), para os casos de pensão".

A redação original da Constituição de 1988 estabelecia que os planos de Previdência Social atenderiam, mediante contribuições, à cobertura dos eventos de morte (art. 201, I). O inciso V do mesmo artigo estabelece pensão por morte do segurado, homem ou mulher, ao cônjuge ou companheiro e dependentes, observado que nenhum benefício poderá ter valor inferior a um salário mínimo. A regra do inciso V do art. 201 da Constituição tem aplicação a partir da vigência da Lei n. 8.213/91.

A redação original do art. 75 da Lei n. 8.213/91 era: "O valor mensal da pensão por morte será: (a) constituído de uma parcela, relativa à família, de 80% (oitenta por cento) do valor da aposentadoria que o segurado recebia ou a que teria direito, se estivesse aposentado na data do seu falecimento, mais tantas parcelas de 10% do valor da mesma aposentadoria quantos forem os seus dependentes, até o máximo de duas; (b) 100% do salário de benefício ou do salário de contribuição vigente no dia do acidente, o que for mais vantajoso, caso o falecimento seja consequência de acidente do trabalho". Estabelecia-se uma parcela de 80% relativa à família no valor da aposentadoria que o segurado recebia ou a que teria direito se estivesse aposentado na data de seu falecimento, mais tantas parcelas de 10%, até o máximo de duas.

O art. 75 da Lei n. 8.213/91 teve a redação alterada pela Lei n. 9.032/95: "O valor mensal da pensão por morte, inclusive a decorrente de acidente do trabalho, consistirá numa renda mensal correspondente a 100% (cem por cento) do salário de benefício, observado o disposto na Seção III, especialmente no art. 33 desta lei". Com isso, desapareceram a parcela familiar e as quotas individuais. A base de cálculo passa a ser o salário de benefício, em vez da aposentadoria do segurado falecido.

Foi novamente alterada a redação do art. 75 da Lei n. 8.213/91 pela Lei n. 9.528/97: "O valor mensal da pensão por morte será de cem por cento do valor da aposentadoria que o segurado recebia ou daquela a que teria direito se estivesse aposentado por invalidez na data de seu falecimento, observado o disposto no art. 33 desta lei." Foi mantido o coeficiente de 100%, porém foi modificada a base de cálculo, que passa a ser novamente a aposentadoria do segurado.

Agora há um porcentual único de 100% do valor da aposentadoria, não mais se falando em um porcentual mínimo e mais outro relativo a dependentes. O porcentual agora se refere integralmente à família e não à família mais os dependentes, o que demonstra pouco importar o número de dependentes que o segurado tiver, apenas para o rateio. Não há mais também um porcentual diferenciado para caso de acidente do trabalho.

21.7.2 Denominação

Os arts. 36 a 42 da Lei n. 3.807/60 faziam menção apenas à pensão.

Em sentido amplo, pensão é uma renda paga a certa pessoa durante toda a sua vida. Para Pedro Orlando[10], pensão é uma "renda vitalícia ou temporária" que o

---

[10] ORLANDO, Pedro. *Novíssimo dicionário jurídico brasileiro*. São Paulo: LEP, 1959.

Estado ou o particular se obriga a pagar, mensal ou anualmente, a determinada pessoa em decorrência de serviços prestados. Vê-se que nesta afirmação também há a previsão do pagamento da pensão, não só pelo Estado, mas também pelo particular.

O vocábulo "pensão" é muito amplo, ou seja, é o gênero do qual são espécies a pensão alimentícia do Direito Civil e a pensão por morte do Direito Previdenciário.

O Decreto n. 89.312/84 (CLPS) fazia referência apenas a pensão (art. 47).

Hoje, a Lei n. 8.213/91 (arts. 74 a 79) usa a expressão "pensão por morte", mais adequada, que vem bem a indicar o benefício previdenciário.

Na pensão por morte previdenciária, a palavra *previdenciária* estaria adjetivando a morte. Seria a morte previdenciária.

21.7.3 Conceito

Pensão por morte é o benefício previdenciário pago aos dependentes em decorrência do falecimento do segurado.

O Decreto n. 89.312/84 (CLPS) dispunha que, para o pagamento da pensão por morte, havia necessidade de período de carência de 12 meses. Atualmente, o inciso I do art. 26 da Lei n. 8.213/91 é bem explícito no sentido de que a pensão por morte independe de período de carência.

21.7.4 Classificação

A morte é um momento de tristeza para os parentes pela perda da pessoa, mas também pelo fato de trazer transtornos financeiros.

A pensão por morte será devida ao conjunto dos dependentes do segurado que falecer, aposentado ou não, a contar da data: (a) do óbito, quando requerida em até 180 dias após o óbito, para os filhos menores de 16 anos, ou em até 90 dias após o óbito, para os demais dependentes; (b) do requerimento, quando requerida após o prazo previsto na alínea anterior; (c) da decisão judicial, no caso de morte presumida (art. 74 da Lei n. 8.213/91).

Em caso de habilitação de novo dependente, em que não houve requerimento administrativo, os efeitos financeiros da pensão deverão ser contados a partir da data do ajuizamento da ação.

O direito à pensão ocorre com a contingência morte do segurado. Tanto faz se o segurado estava na atividade ou se já estava aposentado. Em um e em outro caso o benefício será devido.

O marido tem direito à pensão por morte da mulher e vice-versa (art. 201, V, da Constituição). Antigamente era só a mulher que tinha direito à pensão, que não era devida ao marido, caso houvesse o falecimento da esposa.

A lei não prevê como forma de extinção da pensão o fato de o segurado contrair matrimônio.

A Súmula 170 do TFR esclareceu que não se extingue a pensão previdenciária se do novo casamento não resulta melhoria na situação econômico-financeira da viúva, de modo a tornar dispensável o benefício.

A esposa, que mesmo após separação judicial, continuou a viver maritalmente com o ex-esposo, na condição de companheira, faz jus à percepção de pensão por morte.

21.7.5 Valor

Previa o art. 48 da Lei n. 3.807/60 que o valor da pensão por morte era devido ao conjunto de dependentes. Era constituído de parcela familiar de 50% do valor da aposentadoria e mais tantas parcelas de 10%, até o máximo de cinco.

A redação do art. 75 da Lei n. 8.213/91 estabeleceu uma parcela de 80% relativa à família no valor da aposentadoria que o segurado recebia ou a que teria direito se estivesse aposentado na data de seu falecimento, mais tantas parcelas de 10%, até o máximo de duas.

A Lei n. 9.032/95, deu nova redação ao art. 75 da Lei n. 8.213/91, estabelecendo que o valor mensal da pensão por morte passa a ser de 100% do salário de benefício. Com isso, desapareceram a parcela familiar e as quotas individuais. A base de cálculo passa a ser o salário de benefício, em vez da aposentadoria do segurado falecido.

A Lei n. 9.528/97, deu nova redação ao art. 75 da Lei n. 8.213/91, mantendo o coeficiente de 100%, porém modificando a base de cálculo, que passa a ser novamente a aposentadoria do segurado.

Há um porcentual único de 100% sobre o salário de benefício, não mais se falando em um porcentual mínimo e mais outro relativo a dependentes. O porcentual agora se refere integralmente à família e não à família mais os dependentes, o que demonstra que pouco importa o número de dependentes que o segurado tiver, apenas para o rateio. Não há mais também um porcentual diferenciado para caso de acidente do trabalho.

Afirma-se que o coeficiente de cálculo da pensão não deveria ser de 100%, pois, com a morte do segurado, há menores despesas com alimentação, transporte, saúde etc. Esse argumento é relativo, em razão de que, se a família é numerosa, a saída de uma pessoa ainda assim implica o recebimento do benefício integral. Se o porcentual for reduzido, a família tem prejuízo, pelo fato de que a receita familiar será menor.

A manutenção do valor da pensão por morte é uma forma de distribuição de renda, que é um dos princípios da Seguridade Social, ajuda na manutenção da condição econômica do cônjuge supérstite e também é forma de permitir que ele consuma e alimente a cadeia econômica.

Morrendo o casal, desde que ambos sejam segurados da Previdência Social, os filhos recebem as duas pensões. Acumula-se o valor se um dos cônjuges que era segurado vier a falecer. O viúvo ou a viúva têm direito à pensão do cônjuge, mesmo na hipótese de se casarem novamente.

A pensão por morte concedida a dependente de segurado do Regime Geral de Previdência Social ou de servidor público federal será equivalente a uma cota familiar de 50% do valor da aposentadoria recebida pelo segurado ou servidor ou daquela a que teria direito se fosse aposentado por incapacidade permanente na data do óbito, acrescida de cotas de 10 pontos percentuais por dependente, até o máximo de 100% (art. 23 da Emenda Constitucional n. 103/2019).

As cotas por dependente cessarão com a perda dessa qualidade e não serão reversíveis aos demais dependentes, preservado o valor de 100% da pensão por morte quando o número de dependentes remanescente for igual ou superior a cinco (§ 1º do art. 23 da Emenda Constitucional n. 103/2019).

Na hipótese de existir dependente inválido ou com deficiência intelectual, mental ou grave, o valor da pensão por morte será equivalente a:

I – 100% da aposentadoria recebida pelo segurado ou servidor ou daquela a que teria direito se fosse aposentado por incapacidade permanente na data do óbito, até o limite máximo de benefícios do Regime Geral de Previdência Social; e

II – uma cota familiar de 50% acrescida de cotas de 10 pontos percentuais por dependente, até o máximo de 100%, para o valor que supere o limite máximo de benefícios do Regime Geral de Previdência Social.

Quando não houver mais dependente inválido ou com deficiência intelectual, mental ou grave, o valor da pensão será recalculado na forma do disposto no *caput* e no § 1º do art. 23 da Emenda Constitucional n. 103/2019.

O tempo de duração da pensão por morte e das cotas individuais por dependente até a perda dessa qualidade, o rol de dependentes e sua qualificação e as condições necessárias para enquadramento serão aqueles estabelecidos na Lei n. 8.213/91.

A Constituição não dispõe que a pensão por morte deve ser concedida de forma vitalícia. Nada impede que seja por um período, quando a pessoa ainda é jovem e pode procurar uma fonte de rendimento.

Para o dependente inválido ou com deficiência intelectual, mental ou grave, sua condição pode ser reconhecida previamente ao óbito do segurado, por meio de avaliação biopsicossocial realizada por equipe multiprofissional e interdisciplinar, observada revisão periódica na forma da legislação.

Equiparam-se a filho, para fins de recebimento da pensão por morte, exclusivamente o enteado e o menor tutelado, desde que comprovada a dependência econômica.

As regras sobre pensão na data de entrada em vigor da Emenda Constitucional n. 103/2019 poderão ser alteradas na forma da lei para o Regime Geral de Previdência Social e para o regime próprio de previdência social da União.

Aplicam-se às pensões concedidas aos dependentes de servidores dos Estados, do Distrito Federal e dos Municípios as normas constitucionais e infraconstitucionais anteriores à data de entrada em vigor desta Emenda Constitucional, enquanto não promovidas alterações na legislação interna relacionada ao respectivo regime próprio de previdência social.

É vedada a acumulação de mais de uma pensão por morte deixada por cônjuge ou companheiro, no âmbito do mesmo regime de previdência social, ressalvadas as pensões do mesmo instituidor decorrentes do exercício de cargos acumuláveis na forma do art. 37 da Constituição (art. 24 da Emenda Constitucional n. 103/2019).

Será admitida a acumulação de:

I – pensão por morte deixada por cônjuge ou companheiro de um regime de previdência social com pensão por morte concedida por outro regime de previdência social ou com pensões decorrentes das atividades militares de que tratam os arts. 42 e 142 da Constituição;

II – pensão por morte deixada por cônjuge ou companheiro de um regime de previdência social com aposentadoria concedida no âmbito do Regime Geral de Previdência Social ou de regime próprio de previdência social ou com proventos de inatividade decorrentes das atividades militares de que tratam os arts. 42 e 142 da Constituição; ou

III – pensões decorrentes das atividades militares de que tratam os arts. 42 e 142 da Constituição com aposentadoria concedida no âmbito do Regime Geral de Previdência Social ou de regime próprio de previdência social.

Nas hipóteses das acumulações previstas no § 1º do art. 24 da Emenda Constitucional n. 103/2019, é assegurada a percepção do valor integral do benefício mais vantajoso e de uma parte de cada um dos demais benefícios, apurada cumulativamente de acordo com as seguintes faixas:

I – 60% do valor que exceder um salário mínimo, até o limite de dois salários mínimos;

II – 40% do valor que exceder dois salários mínimos, até o limite de três salários mínimos;

III – 20% do valor que exceder três salários mínimos, até o limite de quatro salários mínimos; e

IV – 10% do valor que exceder quatro salários mínimos.

A aplicação do disposto no § 2º do art. 24 da Emenda Constitucional n. 103/2019 poderá ser revista a qualquer tempo, a pedido do interessado, em razão de alteração de algum dos benefícios.

As restrições não serão aplicadas se o direito aos benefícios houver sido adquirido antes da data de entrada em vigor da Emenda Constitucional n. 103/2019.

As regras sobre acumulação previstas neste artigo e na legislação vigente na data de entrada em vigor da Emenda Constitucional n. 103/2019 poderão ser alteradas na forma do § 6º do art. 40 e do § 15 do art. 201 da Constituição.

Pode ocorrer de o segurado estar separado judicialmente ou de fato e viver com companheira. A lei antiga exigia para a prova dessa união: cinco anos de vida em comum, ou filho, para que se tivesse direito à pensão. A companheira passa a ter direito de receber integralmente o benefício se o segurado não pagava pensão alimentícia à ex-esposa. Caso houvesse o pagamento de pensão alimentícia, o valor da pensão é dividido com a companheira. Não tendo o segurado companheira, a pensão fica com a ex-mulher. Não tendo o segurado família, a pensão é paga aos pais, irmãos de até 21 anos ou inválidos. Os segurados rurais também terão direito à pensão.

21.7.6 Concessão

A concessão da pensão por morte não será protelada pela falta de habilitação ou outro possível dependente, e qualquer inscrição ou habilitação posterior que importe em exclusão ou inclusão do dependente só produzirão efeito a contar da data da inscrição ou habilitação. Outro dependente pode ser filho ou companheira.

O cônjuge ausente não exclui do direito à pensão por morte o companheiro ou a companheira, somente fazendo jus ao benefício a partir da data de sua habilitação e mediante prova de dependência econômica.

O cônjuge divorciado ou separado judicialmente ou de fato, que recebia pensão de alimentos, concorrerá em igualdade de condições com os dependentes (cônjuge, companheira, companheiro e filho, de qualquer condição, menor de 21 anos ou inválido).

Nos casos em que o ex-cônjuge não exerce o direito de prestação de alimentos e passe a ter necessidade econômica, será considerado dependente para fins de pensão por morte.

No sistema anterior à Lei n. 8.213/91, estando o ex-cônjuge divorciado e recebendo prestação de alimentos, sua cota no valor global da pensão por morte do segurado falecido corresponderia sempre à porcentagem arbitrada judicialmente sobre os ganhos do *de cujus* a título de pensão alimentícia (Decreto n. 83.080/79, arts. 69, § 3º, e 127, I). Justificava-se tal procedimento, pois o cônjuge tinha direito a um porcentual da pensão que seria o pagamento de sua parte na pensão alimentícia. O restante pertenceria aos demais beneficiários.

Atualmente não se faz da forma anteriormente descrita. Quando houver mais de um pensionista haverá o rateio entre todos, em partes iguais (art. 77 da Lei n. 8.213/91). Reverterá em favor dos demais a parte daquele cujo direito à pensão cessar (art. 77, § 1º, da Lei n. 8.213/91). Assim, ao se falar em divisão em partes iguais, se a primeira família compreende ex-esposa e dois filhos e a segunda, a companheira e seis filhos, a pensão será para a primeira família de 30% e para a segunda, de 70%. Apenas se falará na igualdade de rateio quando a esposa e a companheira tiverem o mesmo número de filhos com o *de cujus*.

A Súmula 64 do TFR dizia que "a mulher que dispensou, no acordo de desquite, a prestação de alimentos, conserva, não obstante, o direito à pensão decorrente do óbito do marido, desde que comprovada a necessidade do benefício". Sobrevindo causa por meio de comprovado estado de necessidade por parte da ex-esposa, ainda que esta tenha renunciado à pensão alimentícia, faz jus ao benefício de pensão por parte do cônjuge falecido. Se a esposa está separada, deve comprovar que necessita do benefício após a morte do ex-marido, para ter direito à pensão, e não da dependência econômica em vida, até porque os alimentos são irrenunciáveis (art. 1.707 do CC). A mulher que renunciou aos alimentos na separação judicial tem direito à pensão previdenciária por morte do ex-marido, comprovada a necessidade econômica superveniente (Súmula 336 do STJ).

Se o segurado casa e convive com a esposa, mas mantém dois relacionamentos, não tem direito a concubina a pensão por morte (STF, RE 590.779-ES, Rel. Min. Marco Aurélio), diante do fato de que se trata de relação adulterina ou extraconjugal, na qual não houve *more uxorio* entre o homem e a mulher. Concubinato é a relação entre o homem e a mulher impedidos de casar. Na união estável, homem e mulher vivem na mesma casa, mas não são impedidos de casar.

Caso o segurado esteja separado de fato e viva com a mulher, no falecimento do primeiro a segunda faz jus à pensão por morte.

A pensão por morte presumida não exige os requisitos do Código Civil.

Há duas hipóteses: 1) morte presumida, declarada pela autoridade judicial competente. Exige seis meses de ausência e não os prazos do Código Civil. Será concedida pensão provisória; 2) Em caso de desaparecimento do segurado, em razão de acidente, desastre e catástrofe. Não exige declaração judicial do juiz competente. Não se observa o prazo de seis meses. Não há prazo na Lei n. 8.213/91. Deve haver prova do evento e de que o segurado desapareceu por força do evento. os valores recebidos pelos dependentes, após o desaparecimento do segurado, não serão devolvidos, salvo comprovada má-fé deles. A boa-fé se presume dos dependentes. A boa-fé é dos dependentes e não do segurado. Caso o segurado tenha desaparecido de propósito, com má-fé, mas sem o consentimento dos dependentes, estes não terão de devolver os valores recebidos.

Ocorrendo morte presumida do segurado, declarada pela autoridade judicial competente, depois de seis meses de ausência, será concedida pensão provisória. Mediante prova do desaparecimento do segurado em consequência de acidente, desastre ou catástrofe, seus dependentes farão jus à pensão provisória, independente de declaração e do prazo anteriormente mencionado. Verificado o reaparecimento do segurado, o pagamento da pensão cessará imediatamente, desobrigados os dependentes da reposição dos valores recebidos, salvo má-fé.

A competência para a declaração da morte presumida é do juiz federal (STJ, CC 201.30326290, 1ª S., Rel. Min. Sérgio Kukina, *DJE* 29.10.2013).

À Justiça Federal cabe o reconhecimento da união estável para os fins de concessão da pensão por morte (TRT 4ª R., 5ª T., AC 313.632, Juiz Néfi Cordeiro, *DJU* II, 10-1-2001).

União estável entre homossexuais foi reconhecida pelo STF (ADIn 4.277, rel. Min. Ayres Brito). Considerou entidade familiar a união estável entre pessoas do mesmo sexo, invocando o princípio da igualdade, bem como o direito personalíssimo da pessoa à orientação sexual.

A pensão por morte somente será devida ao dependente inválido se a invalidez for fixada pela perícia médica na data do óbito. Ao dependente aposentado por invalidez poderá ser exigido exame médico pericial, a critério do INSS. O dependente menor que se invalidar antes de completar 21 anos de idade deverá ser submetido a exame médico pericial, não se extinguindo a respectiva cota, se confirmada a invalidez.

Se a invalidez do filho ocorre depois da morte do segurado, não tem direito a pensão por morte, pois, na data do óbito, não era dependente do segurado.

O pensionista inválido está obrigado, independentemente de idade, sob pena de suspensão do benefício, a submeter-se a exame médico a cargo da Previdência Social, processo de reabilitação profissional por ela prescrito e custeado e tratamento dispensado gratuitamente, exceto o cirúrgico e a transfusão de sangue, que são facultativos.

Os filhos de qualquer condição e os irmãos menores de 21 anos fazem jus a pensão por morte, desde que não se emancipem, pois dessa forma perdem a condição de dependente.

A Súmula 229 do TFR previa que "a mãe do segurado tem direito à pensão previdenciária, em caso de morte do filho, se provada a dependência econômica, mesmo não exclusiva".

O STJ tem entendido cabível pensão a parceiro homossexual, equiparando a situação a união estável, desde que provada a *more uxorio*, que faz presumir a dependência econômica entre os parceiros.

O dependente do segurado especial terá direito a um salário mínimo a título de pensão por morte. Caso esteja contribuindo facultativamente, terá o benefício concedido com base no salário de contribuição.

O valor da pensão recebida por um dependente que perdeu o direito, por algum dos motivos contidos na lei, será repassado ao(s) dependente(s) que continuar(em) na condição de pensionista(s).

A mulher filiada à Previdência Urbana não perde o direito à pensão por morte do marido, que era segurado da Previdência Social Rural.

A concessão da pensão é regida pela lei vigente na data do óbito do segurado, desde que preenchidos os requisitos legais para sua percepção. O STF entende que o porcentual da pensão é regido pela lei da data da concessão do benefício (RE 485.940-8-RN, Pleno, Rel. Min. Carmen Lúcia, *DJU* 1 20-4-2007). A lei aplicável à concessão de pensão previdenciária por morte é a vigente na data do óbito do segurado (Súmula 340 do STJ). A Súmula 4 da Turma Nacional de Uniformização entendeu que "não há direito adquirido à condição de dependente de pessoa designada, quando o falecimento do segurado deu-se após o advento da Lei n. 9.032/1995".

É devida a pensão por morte aos dependentes do segurado que, apesar de ter perdido essa qualidade, preencheu os requisitos legais para a obtenção de aposentadoria até a data do seu óbito (Súmula 416 do STJ).

Os herdeiros não podem renunciar a aposentadoria que não foi renunciada pelo *de cujus* em vida, para requerer melhor pensão. É um direito personalíssimo do aposentado (STJ, REsp 2014/0257426-9, 2ª T., Rel. Min. Humberto Martins, *DJE* 26-5-2015).

Após o óbito do segurado não é possível aos dependentes a regularização das contribuições do *de cujus* para efeito de recebimento de pensão. A inscrição do segurado termina com o óbito. A responsabilidade é do contribuinte em vida e não dos dependentes depois da sua morte.

21.7.7 Cessação

O direito à percepção da cota individual cessará:

1. pela morte do pensionista;
2. para o filho, a pessoa a ele equiparada ou o irmão, de ambos os sexos, ao completar 21 anos de idade, salvo se for inválido ou tiver deficiência intelectual ou mental ou deficiência grave. A pensão por morte, devida ao filho até os 21 anos de idade, não se prorroga pela pendência do curso universitário (Súmula 37 do Juizado Especial Federal);
3. para filho ou irmão inválido, pela cessação da invalidez;
4. para filho ou irmão que tenha deficiência intelectual ou mental ou deficiência grave, pelo afastamento da deficiência, nos termos do regulamento;;
5. para cônjuge ou companheiro:
   a) se inválido ou com deficiência, pela cessação da invalidez ou pelo afastamento da deficiência, respeitados os períodos mínimos decorrentes da aplicação das alíneas "b" e "c";
   b) em quatro meses, se o óbito ocorrer sem que o segurado tenha vertido 18 (dezoito) contribuições mensais ou se o casamento ou a união estável tiverem sido iniciados em menos de dois anos antes do óbito do segurado;
   c) transcorridos os seguintes períodos, estabelecidos de acordo com a idade do beneficiário na data de óbito do segurado, se o óbito ocorrer depois de vertidas 18 contribuições mensais e pelo menos dois anos após o início do casamento ou da união estável:
      1) três anos, com menos de 21 anos de idade;
      2) seis anos, entre 21 e 26 anos de idade;
      3) 10 anos, entre 27 e 29 anos de idade;
      4) 15 anos, entre 30 e 40 anos de idade;
      5) 20 anos, entre 41 e 43 anos de idade;

6) vitalícia, com 44 ou mais anos de idade.

6. pela perda do direito, na forma do § 1º do art. 74 da Lei n. 8.213/91

Serão aplicados, conforme o caso, a regra contida na letra "a" ou os prazos previstos na letra "c", ambas do inciso V do § 2º do art. 77 da Lei n. 8.213/91 se o óbito do segurado decorrer de acidente de qualquer natureza ou de doença profissional ou do trabalho, independentemente do recolhimento de 18 contribuições mensais ou da comprovação de dois anos de casamento ou de união estável (§ 2º-A do art. 77 da Lei n. 8.213/91).

A pensão depende da idade da viúva ou viúvo. Só é vitalícia depois dos 44 anos de idade.

Para deixar de pagar a pensão para a viúva deveria ser considerada a renda da pessoa.

O tempo de contribuição a RPPS será considerado na contagem das 18 contribuições mensais de que tratam as alíneas "b" e "c" do inciso V do § 2º do art. 77 da Lei n. 8.213/91 (§ 5º do art. 77 da Lei n. 8.213/91).

O exercício de atividade remunerada, inclusive na condição de microempreendedor individual, não impede a concessão ou manutenção da parte individual da pensão do dependente com deficiência intelectual ou mental ou com deficiência grave (§ 6º do art. 77 da Lei n. 8.213/91).

Se houver fundados indícios de autoria, coautoria ou participação de dependente, ressalvados os absolutamente incapazes e os inimputáveis, em homicídio, ou em tentativa desse crime, cometido contra a pessoa do segurado, será possível a suspensão provisória de sua parte no benefício de pensão por morte, mediante processo administrativo próprio, respeitados a ampla defesa e o contraditório, e serão devidas, em caso de absolvição, todas as parcelas corrigidas desde a data da suspensão, bem como a reativação imediata do benefício (§ 7º do art. 77 da Lei n. 8.213/91).

Após o transcurso de pelo menos três anos e desde que nesse período se verifique o incremento mínimo de um ano inteiro na média nacional única, para ambos os sexos, correspondente à expectativa de sobrevida da população brasileira ao nascer, poderão ser fixadas, em números inteiros, novas idades para os fins previstos na alínea "c" do inciso V do § 2º do art. 77 da Lei n. 8.213/91 em ato do Ministro de Estado da Previdência Social, limitado o acréscimo na comparação com as idades anteriores ao referido incremento (§ 2º-B do art. 77 da Lei n. 8.213/91).

Com a extinção da parte do último pensionista, a pensão se extinguirá.

O dependente menor de idade, que se invalidar antes de completar 21 anos, deverá ser submetido a exame médico pericial, não se extinguindo a respectiva cota se confirmada a invalidez.

Perde o direito à pensão por morte o condenado criminalmente por sentença com trânsito em julgado, como autor, coautor ou partícipe de homicídio doloso, ou de tentativa desse crime, cometido contra a pessoa do segurado, ressalvados os absolutamente incapazes e os inimputáveis (§ 1º do art. 74 da Lei n. 8.213/91). Há necessidade do trânsito em julgado da sentença penal.

Perde o direito à pensão por morte o cônjuge, o companheiro ou a companheira se comprovada, a qualquer tempo, simulação ou fraude no casamento ou na união estável, ou a formalização desses com o fim exclusivo de constituir benefício previdenciário, apuradas em processo judicial no qual será assegurado o direito ao contraditório e à ampla defesa (§ 2º do art. 74 da Lei n. 8.213/91).

Ajuizada a ação judicial para reconhecimento da condição de dependente, este poderá requerer a sua habilitação provisória ao benefício de pensão por morte, exclusivamente para fins de rateio dos valores com outros dependentes, vedado o pagamento da respectiva cota até o trânsito em julgado da respectiva ação, ressalvada a existência de decisão judicial em contrário (§ 3º do art. 74 da Lei n. 8.213/91).

Nas ações em que o INSS for parte, este poderá proceder de ofício à habilitação excepcional da referida pensão, apenas para efeitos de rateio, descontando-se os valores referentes a esta habilitação das demais cotas, vedado o pagamento da respectiva cota até o trânsito em julgado da respectiva ação, ressalvada a existência de decisão judicial em contrário (§ 4º do art. 74 da Lei n. 8.213/91).

Rejeitado o pedido da ação penal, o valor retido será corrigido pelos índices legais de reajustamento e será pago de forma proporcional aos demais dependentes, de acordo com as suas cotas e o tempo de duração de seus benefícios (§ 5º do art. 74 da Lei n. 8.213/91).

Em qualquer caso, fica assegurada ao INSS a cobrança dos valores indevidamente pagos em razão de nova habilitação.

21.8 PENSÃO ESPECIAL PARA OS PORTADORES DA SÍNDROME DE TALIDOMIDA

A Amida Neftálica do Ácido Glutâmico foi desenvolvida na Alemanha em 1954 para ser usada como sedativo no controle de ansiedade, tensões e náuseas. Hoje, também é usada no combate à hanseníase e à AIDS.

A Lei n. 7.070/82 estabeleceu pensão especial, mensal, vitalícia e intransferível, aos portadores da deficiência física conhecida como Síndrome de Talidomida. O benefício é devido a partir da entrada do pedido de pagamento junto ao INSS.

A Talidomida é um remédio que a gestante tomava durante a gravidez para evitar a dor. A ingestão do referido remédio durante a gravidez provocava deficiência física na criança, razão pela qual se resolveu estabelecer a citada pensão especial para os portadores da Síndrome de Talidomida.

O valor da pensão especial será calculado em razão dos pontos indicadores da natureza e do grau de dependência resultante da deformidade física, à razão, cada um, de metade do maior salário mínimo vigente no país.

A natureza da dependência compreenderá a incapacidade para o trabalho, para a deambulação, para a higiene pessoal e para a própria alimentação, atribuindo-se a cada uma um ou dois pontos, respectivamente, conforme seja o grau parcial ou total.

A percepção do benefício dependerá unicamente da apresentação de atestado médico comprobatório das condições anteriormente mencionadas, passando por junta médica oficial para esse fim constituída pelo INSS, sem qualquer ônus para os interessados.

A pensão especial ora em comentário, ressalvado o direito de opção, não é cumulável com rendimento ou indenização que, a qualquer título, venha a ser paga pela União a seus beneficiários.

O benefício em comentário tem natureza indenizatória em razão da omissão da União na fiscalização do remédio (parágrafo único, do art. 3º da Lei n. 7.070/82), não prejudicando eventuais benefícios de natureza previdenciária, e não poderá ser reduzido em razão de eventual aquisição de capacidade laborativa ou de redução de incapacidade para o trabalho, ocorridas após sua concessão.

A pensão será mantida e paga pelo INSS, por conta do Tesouro Nacional.

A Lei n. 8.686/93, acrescentou algumas orientações à Lei n. 7.070/82. A partir de 1º-1-2016, o valor da pensão em comentário será revisto mediante a multiplicação do número total de pontos indicadores da natureza e do grau de dependência resultante da deformidade física, constante do processo de concessão, pelo valor de R$ 1.365,59. O valor da pensão não será inferior a um salário mínimo (parágrafo único do art. 1º da Lei n. 8.686/93). A partir de junho de 1993, o valor da pensão será reajustado nas mesmas épocas e segundo os mesmos índices aplicados aos benefícios de prestação continuada mantidos pela Previdência Social (art. 2º da Lei n. 8.686/93).

O beneficiário da pensão fará jus a mais um adicional de 35% sobre o valor do benefício, desde que comprove pelo menos: (a) 25 anos, se homem, e 20 anos, se mulher, de contribuição para a Previdência Social; (b) 55 anos de idade, se homem, ou 50 anos de idade, se mulher, e contar pelo menos 15 anos de contribuição para a Previdência Social.

Os portadores da Síndrome de Talidomida terão prioridade no fornecimento de aparelhos de órtese, prótese e demais instrumentos de auxílio, bem como nas cirurgias e na assistência médica fornecidas pelo Ministério da Saúde, por meio do SUS.

21.9 PENSÃO ESPECIAL ÀS VÍTIMAS DE HEMODIÁLISE DE CARUARU

A Lei n. 9.422/96, instituiu pensão especial às vítimas de hemodiálise de Caruaru. A pensão é de um salário mínimo, sendo devida ao cônjuge, companheiro ou companheira, descendente, ascendente e colaterais até segundo grau das vítimas fatais de hepatite tóxica, por contaminação em processo de hemodiálise no Instituto de Doenças Renais na cidade de Caruaru (PE), no período compreendido entre fevereiro e março de 1996. Havendo mais de um pensionista habilitado ao recebimento da pensão, esta será dividida em partes iguais. A pensão não se transmitirá ao sucessor e se extinguirá com a morte do último beneficiário. Será a pensão sustada no caso de a Justiça sentenciar os proprietários do Instituto com o pagamento de indenização ou pensão aos dependentes das vítimas. O benefício é pago pelo INSS. Pode ser acumulado com outros benefícios.

O valor é de um salário mínimo.

21.10 PENSÃO MENSAL VITALÍCIA AOS SERINGUEIROS

Os seringueiros recrutados nos termos do Decreto-lei n. 5.813/43, e amparados pelo Decreto-lei n. 9.882/46, receberão, quando carentes, pensão mensal vitalícia no valor de dois salários mínimos (art. 54 do ADCT).

O benefício é estendido aos seringueiros que, atendendo a apelo do governo brasileiro, contribuíram para o esforço de guerra, trabalhando na produção de borracha, na região amazônica, durante a Segunda Guerra Mundial.

São transferíveis aos dependentes reconhecidamente carentes os benefícios ora em comentário.

A Lei n. 7.986/89 regulamentou o benefício ao seringueiro.

A comprovação da efetiva prestação de serviços, inclusive mediante justificação administrativa ou judicial, só produzirá efeito quando baseada em início de prova material, não sendo admitida prova exclusivamente testemunhal.

Caberá à Defensoria Pública, por solicitação do interessado, quando necessitado, promover a justificação judicial, ficando o solicitante isento de quaisquer custas judiciais ou outras despesas.

O prazo para julgamento da justificação é de 15 dias.

Far-se-á a comprovação da efetiva prestação de serviços perante os órgãos do Ministério da Previdência e Assistência Social.

A partir de 1º de janeiro de 2022 o valor da pensão é R$ 2.424,00.

21.11 PENSÃO PARA OS PORTADORES DE HANSENÍASE

A Lei n. 11.520/2007 concede a pensão especial às pessoas portadoras de hanseníase (lepra) que foram submetidas a isolamento e internação compulsórios.

O valor da pensão especial concedida às pessoas atingidas pela hanseníase e que foram submetidas a isolamento e internação compulsórios em hospitais-colônia é de R$ 1.831,71.

A pensão é intransmissível.

O pagamento é feito pelo INSS (art. 1º), por conta da União (art. 6º). Pode ser cumulada com outros benefícios previdenciários.

21.12 SALÁRIO-MATERNIDADE

21.12.1 Histórico

Determinava o Decreto n. 21.417-A/32, que a empregada tinha direito a "um auxílio correspondente à metade dos seus salários, de acordo com a média dos seis últimos meses, que seria pago pelas Caixas criadas pelo Instituto de Seguro Social e, na falta destas, pelo empregador".

A Constituição de 1934 previa assistência médica e sanitária à gestante, assegurando a esta descanso, antes e depois do parto, sem prejuízo do salário e do emprego, além de instituição de previdência, a favor da maternidade (art. 121, § 1º, *h*).

Determinava a Constituição de 1937 assistência médica e higiênica à gestante, assegurado a esta, sem prejuízo do salário, um período de repouso antes e depois do parto (art. 137, I).

O Decreto n. 21.417-A/32 determinou o pagamento da licença-maternidade, consistente em "um auxílio correspondente à metade dos seus salários, de acordo com a média dos seus seis últimos meses, que seria pago pelas Caixas criadas pelo Instituto de Seguro Social e, na falta destas, pelo empregador".

Prescrevia a Constituição de 1946 assistência sanitária, inclusive hospitalar e médica à gestante (art. 157, XIV). Mencionava, ainda, que a previdência deveria assegurar prestações em favor da maternidade (art. 157, XVI). O inciso X previa o direito da gestante a descanso antes e depois do parto, sem prejuízo do emprego nem do salário.

O Decreto n. 51.627/62, promulgou a Convenção n. 3 da OIT, que prevê o pagamento das prestações para a manutenção da empregada e de seu filho, que serão pagas pelo Estado ou por sistema de seguro. O Brasil ratificou também a Convenção n. 103 da OIT, promulgada pelo Decreto n. 58.820/66, que dispõe que "em caso algum o empregador deverá ficar pessoalmente responsável pelo custo das prestações devidas à mulher que emprega" (art. IV, 8). As prestações devidas à empregada gestante, tanto antes como depois do parto, devem ficar a cargo de um sistema de seguro social ou fundo público, sendo que a lei não pode impor esse ônus ao empregador, inclusive com o objetivo de evitar a discriminação do trabalho da mulher.

O Brasil ratificou a Convenção sobre a Eliminação de Todas as Formas de Discriminação contra a Mulher. O art. 11 da referida norma prevê no n. 2 que, "a fim de impedir a discriminação contra a mulher por razões de casamento ou maternidade e assegurar a efetividade de seu direito a trabalhar, os Estados-Partes tomarão as medidas adequadas para: (...) (b) Implantar a licença-maternidade, com salário pago ou benefícios sociais comparáveis, sem perda do emprego anterior, antiguidade ou benefícios sociais".

Disciplinava a Constituição de 1967 o descanso remunerado da gestante, antes e depois do parto, sem prejuízo do emprego e do salário (art. 158, XI). O inciso XVI do art. 157 atribuía à Previdência Social o encargo de proteção da maternidade.

A Emenda Constitucional n. 1/69, também tratou do descanso remunerado da gestante, antes e depois do parto, sem prejuízo do emprego e do salário (art. 165, XI). A Previdência Social deveria proteger a maternidade (art. 157, XVI).

Somente com a edição da Lei n. 6.136/74, é que o salário-maternidade passou a ser uma prestação previdenciária, não mais tendo o empregador de pagar o salário da empregada que vai dar à luz. O custeio do salário-maternidade era de 0,3% sobre a folha de pagamento (art. 4º da Lei n. 6.136), que foi extinto pela Lei n. 7.787/89, ficando englobado no porcentual de 20% da empresa (§ 1º do art. 3º da Lei n. 7.787/89). Essa orientação foi repetida no inciso I, do art. 22 da Lei n. 8.212/91.

O salário-maternidade era devido no período de 84 dias, 28 dias antes (quatro semanas) e 56 dias depois do parto (oito semanas), totalizando os 84 dias (12 semanas).

Determinou o inciso XVIII do art. 7º da Constituição que a gestante passa a ter direito a 120 dias de licença-maternidade, sem prejuízo do emprego e do salário. A Lei Maior estabeleceu o número de dias da licença-maternidade, assim como ampliou o prazo que era previsto na lei ordinária.

O inciso II do art. 201 da Constituição estabelece que os planos de Previdência Social, mediante contribuição, devem atender a proteção à maternidade, especialmente à gestante, nos termos da lei.

Os arts. 71 a 73 da Lei n. 8.213/91 tratam do salário-maternidade.

Na Argentina a licença à gestante é de 90 dias, no Paraguai e no Uruguai, de 84 dias. Na Argentina são 45 dias antes e 45 dias depois do parto, pagos pelo empregador e compensados pela Previdência Social. No Paraguai são seis semanas antes e seis semanas depois do parto, pagas pela Previdência Social. No Uruguai o sistema é o mesmo do Paraguai.

21.12.2 Denominação

São encontradas as denominações *licença à gestante* (art. 7º, XVIII, da Constituição), *licença-maternidade* e *salário-maternidade* para qualificar o instituto em comentário. A Lei n. 8.213/91 usa a expressão *salário-maternidade*.

21.12.3 Conceito

O salário-maternidade é o benefício previdenciário consistente na remuneração paga pelo INSS à segurada gestante durante seu afastamento, de acordo com o período estabelecido por lei e mediante comprovação médica.

21.12.4 Distinção

Licença-maternidade ou licença-gestante é o período de 120 dias de afastamento da empregada. A licença à gestante é prevista no inciso XVIII do art. 7º da Constituição, que diz respeito à empregada, pois ela é que não pode ser prejudicada em relação ao recebimento de salário. O art. 10, I, *b*, do ADCT, é concernente à empregada gestante; porém o período de 150 dias é de garantia de emprego, no qual não pode ser dispensada. Salário-maternidade é o pagamento pelo INSS do benefício pelo período de afastamento da segurada gestante.

Distingue-se o salário-maternidade do auxílio-natalidade. Este era prestação de assistência social. O primeiro é prestação da previdência social. No auxílio-natalidade, como prestação de assistência social, não era necessário o pagamento de contribuição para fazer jus ao benefício (art. 203 da Constituição), enquanto o salário-maternidade necessita de contribuição (art. 201 da Lei Maior). O salário-maternidade tem por objetivo o pagamento de remuneração à gestante durante os 120 dias de repouso. O auxílio-natalidade era um benefício de pagamento único, decorrendo do parto.

21.12.5 Natureza jurídica

A natureza jurídica do salário-maternidade é de benefício previdenciário, pois é a previdência social que faz o seu pagamento (art. 71 da Lei n. 8.213/91). Não se trata de uma prestação de assistência social, por não ser prevista no art. 203 da Constituição, mas de prestação previdenciária incluída no inciso II do art. 201 e inciso XVIII do art. 7º da Constituição.

O pagamento feito a título de licença-gestante não representa salário, em razão de que é feito pelo INSS e não pelo empregador. Segurada autônoma não tem, por exemplo, salário. O art. 72 da Lei n. 8.213/91 faz referência que o salário-maternidade é uma renda mensal igual a remuneração integral da segurada empregada e trabalhadora avulsa. Entretanto, não quer dizer que o salário-maternidade tem natureza de remuneração, mas que o valor do benefício a ser pago é igual ao da remuneração da empregada, porém continua a ser um benefício previdenciário.

Não é requisito do benefício salário-maternidade nascer a criança com vida.

21.12.6 Seguradas abrangidas

O art. 71 da Lei n. 8.213/91 prevê o direito do salário-maternidade para a segurada da Previdência Social. Isso inclui qualquer segurada, tanto a empregada (urbana, rural ou temporária), como a empregada doméstica, trabalhadora avulsa (art. 7º, XXXIV, da Lei Maior), contribuinte individual (autônoma, eventual, empresária), segurada especial e facultativa. Assim, qualquer segurada da Previdência Social passa a ter direito ao benefício do salário-maternidade. É indevido o salário-maternidade a outras seguradas, que não sejam da Previdência Social, por falta de previsão legal.

O salário-maternidade é estendido para a trabalhadora autônoma, eventual, empresária e facultativa sem que exista fonte de custeio total e específica para esse fim, que não foi prevista em lei, violando o § 5º do art. 195 da Constituição. É, portanto, inconstitucional a nova regra.

Quando foi estendido o salário-maternidade para a segurada especial, houve um acréscimo na alíquota do segurado especial, incidente sobre a comercialização da produção, conforme a Lei n. 8.861/94, visando a custear as prestações do salário-maternidade à referida segurada.

Agora, a questão não foi repetida, inexistindo custeio específico para as seguradas contribuintes individuais e facultativas. Logo, resta inconstitucional a nova determinação.

A avó, que cede o útero para gerar a criança, mediante inseminação do óvulo de sua nora, tem direito ao salário-maternidade, pois houve gestação e precisa se recuperar.

A mãe biológica não deveria ter direito ao benefício, por falta de previsão legal e porque seriam concedidos dois benefícios com um único fato gerador a violar a regra da contrapartida.

A segurada mãe substituta que teve a criança, faz jus ao benefício, pois houve gestação nos nove meses e parto. Embora o filho não seja seu, pois o espermatozoide e o óvulo são de outras pessoas, faz jus ao benefício.

Anteriormente, a licença-maternidade não poderia ser concedida à adotante, por falta de previsão legal nesse sentido. O inciso XVIII do art. 7º da Constituição faz referência a licença à gestante, pressupondo a existência de gestação. A adotante não gera uma criança, mas passa a tomar conta de uma criança já existente, à qual não deu à luz. Seria vedado, portanto, empregar tal dispositivo por analogia.

A Lei n. 10.421/2002, concedeu salário-maternidade à adotante. Na verdade, não deveria se falar em salário-maternidade para a adotante, mas em licença remunerada paga pelo INSS, pois não existiu gestação. Tem o art. 71-A da Lei n. 8.213/91 a seguinte redação:

> Art. 71-A. Ao segurado ou segurada da Previdência Social que adotar ou obtiver guarda judicial para fins de adoção de criança é devido salário-maternidade pelo período de 120 (cento e vinte) dias.

É bastante razoável o entendimento da concessão do benefício à adotante para que ela possa cuidar da criança e para que esta possa se adaptar à nova residência, às novas pessoas.

É acertado, também, o entendimento de que o salário-maternidade da adotante deve ser pago pela Previdência Social (art. 71 da Lei n. 8.213/91), pois se o empregador for fazer o desembolso, provavelmente não irá contratar empregadas adotantes ou mantê-las trabalhando.

O art. 71-A da Lei n. 8.213/91 faz referência à segurada e não a empregada. Assim, qualquer segurada tem direito à licença-maternidade para adoção, compreendendo a empregada (urbana e rural), a doméstica, a trabalhadora temporária, a trabalhadora avulsa e a segurada contribuinte individual (empresária, autônoma, eventual e a antiga equiparada a autônoma), a especial e a facultativa.

O art. 71-A da Lei n. 8.213/91 estendeu o benefício do salário-maternidade à segurada adotante, que não tinha previsão na legislação anterior.

Prevê o § 5º do art. 195 da Constituição que

> nenhum benefício ou serviço da seguridade social poderá ser criado, majorado ou estendido sem a correspondência fonte de custeio total.

A criação compreende um benefício novo, que não existia até então. O salário-maternidade já tinha previsão anteriormente.

A majoração diz respeito a benefício que já existia e que foi aumentado. Não é o caso presente, em razão do que o salário-maternidade não foi aumentado.

A extensão é caracterizada pela existência de um benefício que fica ampliado e passa a abranger outras hipóteses. É o que ocorre com o salário-maternidade estendido à segurada adotante.

Havia, portanto, necessidade de custeio total para essa extensão, sob pena de inconstitucionalidade.

Determinou o art. 4º da Lei n. 10.421/2002 que "no caso das seguradas da previdência social adotantes, a alíquota para o custeio das despesas decorrentes desta Lei será a *mesma* que custeia as seguradas gestantes, disposto no inciso I do art. 22 da Lei n. 8.212/91".

Está mal redigido o art. 4º da Lei n. 10.421/2002. Não se pode falar em custeio das seguradas gestantes, mas custeio do benefício das seguradas gestantes.

É preciso lembrar que o art. 3º da Lei n. 7.787/89 aumentou a alíquota do custeio da seguridade social de 10% para 20%. Nesse porcentual, incluiu o salário-maternidade (§ 1º do art. 3º da Lei n. 7.787/89), que anteriormente era calculado em separado sobre a folha de pagamentos. O inciso I do art. 22 da Lei n. 8.212/91 manteve o mesmo porcentual de 20% incidente sobre a remuneração paga aos empregados.

A Lei n. 10.421/2002 estendeu o benefício à segurada adotante, que não existia até então.

O custeio é idêntico ao de qualquer segurada gestante, tanto que o art. 4º da Lei n. 10.421/2002 menciona que será o mesmo do inciso I do art. 22 da Lei n. 8.212/91. Mesmo quer dizer igual, idêntico. Esse dispositivo não trata especificamente de custeio da segurada gestante, muito menos há regra diferenciada de custeio para o salário-maternidade da adotante. Não há custeio adicional. É o que já estava previsto anteriormente. Não foi criado custeio novo para tal fim. A Seguridade Social passa a gastar mais numerário para pagar o benefício estendido, que não tinha previsão anteriormente. Logo, deixou de ser estabelecida fonte de custeio total para benefício da adotante.

O legislador ordinário quis tapear a regra constitucional do § 5º do art. 195 da Constituição, indicando a existência de custeio no inciso I do art. 22 da Lei n. 8.212/91, quando esse dispositivo não versa sobre custeio do salário-maternidade da segurada adotante. Logo, a regra contida no art. 4º da Lei n. 10.421/2002 é inconstitucional.

O adotante tem de ser pelo menos 16 anos mais velho que o adotando (§ 3º do art. 42 da Lei n. 8.069/90).

Caso a adoção seja feita em relação a criança com mais de oito anos, não há direito ao salário-maternidade para a adotante.

O benefício previdenciário é sempre de 120 dias, independente da idade da criança.

Ressalvado o pagamento de salário-maternidade à mãe biológica e o disposto no art. 71-B da Lei n. 8.213/91, não poderá ser concedido o benefício a mais de um segurado, decorrente do mesmo processo de adoção ou guarda, ainda que os cônjuges ou companheiros estejam submetidos a Regime Próprio de Previdência Social.

No caso de falecimento da segurada ou segurado que fizer jus ao recebimento do salário-maternidade, o benefício será pago, por todo o período ou pelo tempo restante a que teria direito, ao cônjuge ou companheiro sobrevivente que tenha a qualidade de segurado, exceto no caso de falecimento do filho ou de seu abandono, observadas as normas aplicáveis ao salário-maternidade. O pagamento do benefício deverá ser requerido até o último dia do prazo para o término do salário-maternidade originário. O benefício será pago diretamente pela Previdência Social durante o período entre a data do óbito e o último dia do término do salário-maternidade originário e será calculado sobre: 1. a remuneração integral, para o empregado e trabalhador avulso; 2. o último salário de contribuição, para o empregado doméstico; 3. 1/12 da soma dos 12 últimos salários de contribuição apurados em um período não superior a 15 meses, para o contribuinte individual, facultativo e desempregado; 4. o valor do salário mínimo, para o segurado especial.

O salário-maternidade só será concedido mediante a apresentação do termo judicial de guarda à adotante ou guardiã (§ 4º do art. 392-A da CLT). De certa forma, já é o que ocorre com o pagamento do salário-família, em que o empregado deve apresentar certidão de nascimento do filho para fazer jus ao benefício. Enquanto não for apresentado o documento, não será deferido o salário-maternidade. Do contrário, o empregador ou o INSS não têm como saber sobre a adoção.

O salário-maternidade será indevido no período em que é feito o estágio de convivência, pois nesse período não há sentença judicial que declara o vínculo de adoção. A adotante não poderá apresentar o termo judicial.

A percepção do salário-maternidade, inclusive a referente ao art. 71-B da Lei n. 8.213/91, está condicionada ao afastamento do segurado do trabalho ou da atividade desempenhada, sob pena de suspensão do benefício (art. 71-C da Lei n. 8.213/91).

Quando não for possível que a gestante ou a lactante afastada exerça suas atividades em local salubre na empresa, a hipótese será considerada como gravidez de risco e ensejará a percepção de salário-maternidade, nos termos da Lei n. 8.213/91, durante todo o período de afastamento (art. 394-A, § 3º, da CLT). O dispositivo institui hipótese de salário-maternidade que não tem fonte de custeio. Fere o § 5º do art. 195 da Constituição.

21.12.7 Período de carência

O salário-maternidade não tinha período de carência.

Com a Lei n. 9.876/99, as seguradas empregada, trabalhadora avulsa e empregada doméstica continuam não tendo período de carência (art. 26, VI, da Lei n. 8.213).

Para as seguradas contribuintes individuais (autônomas, eventuais, empresárias etc.), especiais e facultativas há carência de 10 contribuições mensais, observado o parágrafo único do art. 39 da Lei n. 8.213/91 (art. 25, III, da Lei n. 8.213/91). Isso quer dizer que a segurada especial deve comprovar o exercício de atividade rural, ainda que de forma descontínua, nos 12 meses imediatamente anteriores ao de início do benefício.

Para as seguradas que têm 10 contribuições como período de carência, que são a especial e a facultativa, não há direito ao salário-maternidade se a adoção for feita antes de completar o período de carência.

Em caso de parto antecipado, o período de carência a que anteriormente se fez referência será reduzido em número de contribuições equivalentes ao número de meses em que o parto foi antecipado (parágrafo único do art. 25 da Lei n. 8.213/91).

O salário-maternidade com carência diferente não viola o princípio da igualdade, pois os segurados têm condições diferentes.

21.12.8 Pagamento

Anteriormente à Lei n. 9.876/99, o pagamento do salário-maternidade da segurada empregada urbana ou rural era feito pela própria empresa. Afirmava-se que havia muitas fraudes na empresa, com pagamentos irregulares, como, por exemplo, de pessoas que efetivamente não eram empregadas e só eram registradas para receber o salário-maternidade. Havia hipóteses em que os valores pagos eram elevadíssimos. A questão era, porém, de fiscalização. Presume-se a boa-fé. A má-fé deve ser provada.

Com a referida Lei n. 9.876/99, passou o salário-maternidade a ser pago pelo INSS.

As mulheres passaram a encontrar maiores dificuldades no recebimento do salário-maternidade, pois passaram a ter de enfrentar filas, mau atendimento nos postos do INSS. Houve casos de demora de até quatro meses no pagamento do benefício, enquanto ele era processado e checados os salários de contribuição. A empregada ficava sem receber qualquer remuneração no período, pois a empresa não tinha obrigação de pagá-la. Em razão desses fatos, foi editada a Lei n. 10.710, que restabelece o pagamento do benefício à empregada urbana ou rural na própria empresa, facilitando o recebimento da prestação para a mulher.

A mudança feita pela Lei n. 10.710/2003 no art. 71 da Lei n. 8.213/91 suprime a expressão *paga pela Previdência Social.*

Dispunha a redação original do art. 72 da Lei n. 8.213/91 que o salário-maternidade da trabalhadora avulsa consistiria numa renda mensal igual à sua remuneração integral, sendo paga pela empresa. Não tem o avulso vínculo de emprego com o sindicato, muito menos com a empresa. A empresa que recebe a prestação de serviços não poderá compensar o adiantamento do salário-maternidade com o valor devido a título de contribuição previdenciária, porque a trabalhadora avulsa não é sua empregada. Determinava o art. 101 do Regulamento da Previdência Social que o salário-maternidade da trabalhadora avulsa seria pago diretamente pelo INSS, que é o procedimento correto, no valor correspondente à sua última remuneração.

O pagamento do salário-maternidade da trabalhadora avulsa e da empregada do microempreendedor individual (art. 18-A da Lei Complementar n. 123/2006) será feito pela Previdência Social (§ 3º do art. 72 da Lei n. 8.213/91) e não pelo sindicato ou tomador dos serviços. O inciso III do art. 73 da Lei n. 8.213/91 se refere a demais seguradas, que são a contribuinte individual e a facultativa, mas não a avulsa, pois a ela faz referência o § 3º do art. 72 da Lei n. 8.213/91.

O salário-maternidade da segurada adotante também será pago diretamente pela Previdência Social. Se ela for empregada, não será pago pela empresa, mas pelo INSS, o que pode trazer burocracias no recebimento pela segurada empregada, que ficará por algum tempo sem receber remuneração.

O art. 73 versa sobre as hipóteses em que o salário-maternidade será pago diretamente pela Previdência Social, que são os da empregada doméstica, da segurada especial e demais seguradas (contribuinte individual e facultativa).

Previa o art. 95 do Regulamento da Lei dos Benefícios da Previdência Social, baixado pelo Decreto n. 357/91, que "o salário-maternidade só será devido pela Previdência Social enquanto existir a relação de emprego, cabendo ao empregador, no caso de despedida sem justa causa, o ônus decorrente da dispensa".

Prescrevia o art. 95 do Regulamento dos Benefícios da Previdência, determinado pelo Decreto n. 611/92, que "o salário-maternidade somente será devido pela Previdência Social enquanto existir a relação de emprego".

Dispunha o art. 95 do Regulamento dos Benefícios da Previdência Social, estabelecido pelo Decreto n. 2.172/97, que "o salário-maternidade da empregada será devido pela Previdência Social enquanto existir a relação de emprego".

Atualmente a matéria é regulada pelo art. 97 do RPS, especificado pelo Decreto n. 3.048/99, indicando que "o salário-maternidade da empregada será devido pela previdência social enquanto existir a relação de emprego, observadas as regras quanto ao pagamento desse benefício pela empresa".

Não existe, porém, previsão legal para a determinação do art. 97 do RPS.

O art. 71 da Lei n. 8.213/91 faz referência apenas a seguradas. Não as adjetiva de empregadas. Não mais faz distinção em relação a ser indevido o benefício para outras seguradas.

Prevê o art. 73 da Lei n. 8.213/91 a concessão do salário-maternidade para pessoas que não são empregadas, como a trabalhadora autônoma e a segurada especial. Indica o art. 72 da mesma lei que a trabalhadora avulsa também faz jus ao benefício. Logo, não é requisito para a percepção do salário-maternidade estar empregada. É condição para o recebimento do benefício apenas a manutenção da qualidade de segurada da trabalhadora.

É mantida a qualidade de segurado até 12 meses após a cessação das contribuições, caso o segurado deixe de exercer atividade remunerada abrangida pela Previdência Social ou estiver suspenso ou licenciado sem remuneração (art. 15, II, da Lei n. 8.213/91). O referido prazo será prorrogado para até 24 meses se o segurado tiver pago mais de 120 contribuições mensais sem interrupção que acarrete a perda da qualidade de segurado. É acrescido o citado período de 12 meses para o segurado desempregado, desde que comprovada essa situação no órgão próprio do Ministério do Trabalho. Durante os prazos mencionados, o segurado goza de todos os direitos perante a Previdência Social (§ 3º do art. 15 da Lei n. 8.213/91). Logo, a segurada também faz jus ao salário-maternidade, mesmo estando desempregada. Basta manter o período de graça.

A lei não dispõe que o salário-maternidade só é pago na vigência da relação de emprego, pois também é pago a trabalhadora autônoma e empresária.

Trata o art. 71 da Lei n. 8.213/91 sobre o salário-maternidade, mas não manda observar o regulamento, apenas "as situações e condições previstas na legislação no que concerne à proteção à maternidade".

Ainda que haja necessidade de observar "as situações e condições previstas na legislação no que concerne à proteção à maternidade", na forma descrita no art. 71 da CLT, o mesmo dispositivo determina que o pagamento é feito pela Previdência Social e não pelo empregador. A legislação de proteção à maternidade não estabelece quem paga o salário-maternidade, nem exige que exista vínculo de emprego entre as partes.

Não se pode dizer que existe *bis in idem*, pois se não mais está vigente o contrato de trabalho, o empregador não tem obrigação de pagar o salário-maternidade, mas apenas o INSS. Não haverá, portanto, dois pagamentos relativos ao mesmo período. Apenas um sujeito estará obrigado ao pagamento do direito, que é a autarquia previdenciária.

A argumentação mencionada serve tanto para a empregada comum, como para a doméstica, pois o raciocínio é o mesmo: a lei não exige que a trabalhadora esteja empregada para fazer jus ao salário-maternidade. Essa exigência é feita pelo regulamento, que excede o conteúdo da lei.

O parágrafo único do art. 97 do RPS passa a permitir à segurada desempregada receber o salário-maternidade durante o período de graça.

O salário-maternidade do adotante ou da pessoa que obtiver guarda judicial será pago diretamente pela Previdência Social (§ 1º do art. 71-A da Lei n. 8.213/91). Não será, portanto, pago pela empresa.

21.12.9 Valor

A empregada e a trabalhadora avulsa terão direito a uma renda mensal igual a sua remuneração mensal a título de salário-maternidade (art. 72 da Lei n. 8.213/91).

Para a empregada doméstica, o valor do salário-maternidade corresponderá ao do seu último salário de contribuição.

Havendo aumento salarial no curso dos 120 dias de afastamento da empregada gestante, o salário-maternidade deverá ser pago com os referidos reajustes.

No caso de empregos concomitantes, a segurada fará jus ao salário-maternidade relativo a cada emprego. Do contrário, haveria discriminação em relação ao salário.

Nos meses de início e término do salário-maternidade da segurada empregada, o salário-maternidade será proporcional aos dias de afastamento do trabalho.

O benefício do salário-maternidade será devido à razão de pelo menos um salário mínimo, sendo que para as demais seguradas consistirá: (a) em um doze avos do valor sobre o qual incidiu sua última contribuição anual, para a segurada especial; (b) em um doze avos da soma dos doze últimos salários de contribuição, apurados em um período não superior a 15 meses, para as demais seguradas (art. 73, II e III, da Lei n. 8.213/91). Aplica-se à segurada desempregada, desde que mantida a qualidade de segurada, na forma prevista no art. 15 da Lei n. 8.213, o disposto no item *b* (parágrafo único do art. 73 da Lei n. 8.213/91).

O art. 101 do Regulamento da Previdência Social manda observar o art. 35 da mesma norma, que prevê que o benefício será de pelo menos um salário mínimo. Essa regra repete o § 2º do art. 201 da Constituição, não permitindo que o benefício que substitua o salário de contribuição ou o rendimento do trabalho do segurado tenha valor mensal inferior ao salário mínimo.

Assim, se no cálculo do benefício da segurada especial e das demais seguradas, como da facultativa e da segurada obrigatória individual, o valor encontrado for inferior a um salário mínimo, o INSS deverá pagar pelo menos um salário mínimo de benefício.

Ao contrário, se o valor for superior a um salário mínimo, devem ser observadas as seguintes regras: (a) um doze avos do valor sobre o qual incidiu sua última contribuição anual, para a segurada especial; (b) um doze avos da soma dos doze últimos salários de contribuição, apurados em um período não superior a 15 meses, para as demais seguradas.

Limita o art. 14 da Emenda Constitucional n. 20/98, ao teto os benefícios do RGPS.

O STF, entretanto, concedeu liminar em ação direta de inconstitucionalidade, em relação ao art. 14 da Emenda Constitucional n. 20/98 (ADIn 1.946, j. 29-4-1999, Rel. Min. Sydney Sanches *DJU* I 10-5-1999, p. 30). Entende o STF que o salário-maternidade não está sujeito ao teto do benefício, devendo o INSS pagar o benefício integralmente, independentemente do valor do salário da trabalhadora gestante. Os ministros do STF afirmaram que a limitação contraria a Constituição, em razão de que a gestante tem garantido o direito à licença-maternidade, sem prejuízo do emprego e do salário, com duração de 120 dias (art. 7º, XVIII).

No julgamento de mérito, o STF entendeu que o pagamento do salário-maternidade pode ser superior ao teto, pois, do contrário, haveria "discriminação que a Constituição buscou combater, quando proibiu diferença de salários, de exercício de funções e de critérios de admissão, por motivo de sexo (art. 7º, XXX, da CF/88), proibição, que, em substância, é um desdobramento do princípio da igualdade de direitos, entre homens e mulheres" (STF, Pleno, ADIn 1.946-5, j. 3-4-2003, Rel. Min. Sydney Sanches, *DJU* 1 16-5-2003, p. 90).

Determina o § 1º do art. 72 da Lei n. 8.213/91 que seja observado o art. 248 da Constituição. Reza o referido dispositivo constitucional que os benefícios pagos, a qualquer título, pelo órgão responsável pelo regime geral de previdência social, ainda que à conta do Tesouro Nacional, e os não sujeitos ao limite máximo de valor fixado para os benefícios concedidos por esse regime observarão os limites fixados no inciso XI do art. 37 da Constituição. Assim, o limite máximo do pagamento do salário-maternidade pelo INSS é o subsídio, em espécie, dos ministros do STF.

A empregada gestante tem direito à licença-maternidade de 120 dias, sem prejuízo do emprego e do salário. O cálculo não é feito com base no seu último salário de contribuição, como mencionava o art. 71 da Lei n. 8.213/91, mas sobre o seu salário.

Se a empregada tem mais de um emprego, recebe o salário-maternidade em cada um deles. O teto mensal dos Ministros do STF tem de ser observado em cada emprego.

21.12.10 Segurada especial

Para a segurada especial continua havendo o requisito de comprovação do exercício de atividade rural, ainda que de forma descontínua, nos 12 meses imediatamente anteriores ao de início do benefício, pois o parágrafo único do art. 39 da Lei n. 8.213/91 não foi revogado expressamente pela Lei n. 9.876/99, além do que o inciso III do art. 25 da Lei n. 8.213/91 faz expressa referência ao citado dispositivo.

21.12.11 Requerimento

A empregada doméstica e a segurada especial tinham 90 dias após o parto para requerer o salário-maternidade. Essa disposição era prevista no parágrafo único do art. 71 da Lei n. 8.213/91, que foi revogado pelo art. 15 da Lei n. 9.528/97. Não há mais prazo para tais seguradas requererem o salário-maternidade.

21.12.12 Prazo

Prevê o inciso XVIII do art. 7º da Constituição que a empregada tem direito à licença gestante de 120 dias, sem prejuízo do emprego e do salário. O salário-

-maternidade, que é um benefício previdenciário, terá prazo de 120 dias, sendo 28 dias antes do parto e 92 depois (art. 71 da Lei n. 8.213/91), totalizando aproximadamente 17 semanas.

O período em que a segurada estiver em licença-maternidade, de 120 dias, será computado no tempo de serviço da empregada para fins de férias, sendo considerada falta justificada (art. 131, II, da CLT) e para efeito de aposentadoria. O citado período não será computado para a gratificação de Natal, que será paga pelo INSS.

A segurada aposentada que retornar à atividade fará jus ao pagamento do salário-maternidade de 120 dias.

Em casos excepcionais, os períodos de repouso anterior e posterior ao parto podem ser aumentados de mais duas semanas, mediante atestado médico (§ 2º do art. 392 da CLT) fornecido pelo SUS ou pelo serviço médico da empresa ou por ela credenciado.

Tendo a criança nascido morta, ainda há o direito ao salário-maternidade, pois há necessidade da recuperação física da mulher. Considera-se natimorto aquele que nasceu sem vida ou que, tendo nascido com vida, logo em seguida faleceu. Normalmente tem-se considerado como natimorto o nascimento sem vida após seis meses de gestação.

Mesmo em caso de parto antecipado, a segurada terá direito aos 120 dias do salário-maternidade, que seria o parto antes de nove meses.

Inexistindo aborto criminoso, comprovado mediante atestado médico fornecido pelo SUS ou pelo serviço médico próprio da empresa ou por ela credenciado, a segurada terá direito ao salário-maternidade correspondente a duas semanas (art. 395 da CLT). Em caso de aborto criminoso, não haverá direito ao benefício.

A Lei n. 11.770/2008, estendeu a licença-maternidade prevista no inciso XVIII do art. 7º da Constituição por mais 60 dias. A empregada que adotar ou obtiver guarda judicial também tem direito ao benefício. Entretanto, a referida norma não estendeu o salário-maternidade por mais 60 dias, com pagamento pelo INSS do benefício. Não há inclusive custeio próprio para tal extensão (§ 5º do art. 195 da Constituição). Quem vai pagar os 60 dias é o empregador.

21.12.13 Atestado

Compete aos órgãos pertencentes ao SUS ou ao serviço médico próprio da empresa ou por ela credenciado fornecer os atestados médicos necessários, inclusive para efeitos trabalhistas. Quando o parto ocorrer sem acompanhamento médico, o atestado será fornecido pela perícia médica do INSS.

O início do afastamento do trabalho da segurada empregada será determinado com base em atestado médico fornecido pelo SUS. Quando a empresa dispuser de serviço médico próprio ou credenciado, o atestado deverá ser fornecido por aquele serviço médico. O atestado deverá indicar, além dos dados médicos necessários, os períodos antes e após o parto, bem como a data do afastamento do trabalho.

21.12.14 Documentos

A empresa deverá conservar durante 10 anos os comprovantes dos pagamentos e os atestados médicos, para exame da fiscalização da Previdência Social. Esse era o prazo de decadência previsto na Lei n. 8.212/91 para a constituição do crédito da Seguridade Social pelo lançamento em relação a diferenças de contribuição previdenciária. Hoje, o prazo é de cinco anos para a constituição do crédito da Seguridade Social (art. 173 do CTN).

21.12.15 Cumulação

Não pode o salário-maternidade ser acumulado com benefício por incapacidade. Ocorrendo incapacidade em concomitância com o período de pagamento do salário-maternidade, o benefício por incapacidade, conforme o caso, deverá ser suspenso enquanto perdurar o referido pagamento, ou terá sua data de início adiada para o primeiro dia seguinte ao término do período de 120 dias. O salário-maternidade decorre do exercício de atividade e a aposentadoria por invalidez, da impossibilidade de trabalho, razão pela qual são incompatíveis. O salário-maternidade poderá ser maior que o benefício por incapacidade, pois não fica limitado ao teto. Se não fosse pago o salário-maternidade, ficaria prejudicado o pagamento integral do salário da segurada.

Será vedada a acumulação do salário-maternidade com o auxílio-doença (art. 124, IV, da Lei n. 8.213/91).

21.12.16 Abono

Será devido, juntamente com a última parcela paga em cada exercício, o abono anual (13º salário do beneficiário) do salário-maternidade, proporcional ao período de duração do benefício.

O abono anual proporcional referente ao salário-maternidade da empregada será pago pela empresa e descontado da contribuição previdenciária devida por ela. Nos demais casos, será pago pelo INSS.

21.12.17 Contribuições

O empregador deverá recolher a contribuição de 20% sobre o salário-maternidade, pois este é considerado salário de contribuição (§ 2º do art. 28 da Lei n. 8.212/91).

Está o empregador doméstico obrigado a recolher a contribuição previdenciária de 8% sobre a remuneração constante da CTPS da doméstica.

A contribuição da segurada em gozo do salário-maternidade será descontada, pelo INSS, de seu benefício ou de seu salário pelo empregador.

Dispõe o inciso IV do art. 28 do Regulamento do FGTS que o depósito do fundo será feito em caso de licença à gestante. Determina o § 5º do art. 15 da Lei n. 8.036 que o depósito do FGTS deve ser feito em casos de afastamento para prestação de serviço militar obrigatório e licença por acidente do trabalho, porém não menciona expressamente que o FGTS deve ser depositado no caso de licença à gestante. Reza o parágrafo único do art. 4º da CLT que considera-se como tempo de serviço, para efeito de indenização e estabilidade, o período de prestação de serviço militar e acidente do trabalho. A licença à gestante não representa remuneração, pois não é paga pelo empregador, mas benefício previdenciário. Não deve existir a incidência do FGTS sobre o pagamento feito pelo INSS à segurada a título de salário-maternidade. O fato de o art. 72 da Lei n. 8.213/91 mencionar que o salário-maternidade consiste numa renda mensal igual a remuneração integral da segurada empregada e trabalhadora avulsa, não quer dizer que o salário-maternidade tem natureza de remuneração, mas que o valor do benefício a ser pago é igual ao da remuneração da empregada, porém continua a ser um benefício previdenciário.

O FGTS é uma contribuição dependente de fato gerador e base de cálculo previstos em lei (art. 97, III e IV, do CTN). Se a lei não é expressa no sentido de que o FGTS incide sobre o salário-maternidade, não pode o regulamento exceder da previsão legal, criando contribuição não prevista em lei.

Sei que a fiscalização do FGTS entenderá que incide a contribuição sobre o pagamento do salário-maternidade, aplicando o regulamento, porém tal entendimento é ilegal.

Haverá incidência do imposto de renda na fonte sobre o pagamento feito a título de salário-maternidade (arts. 628 e 639 do RIR).

21.13 SALÁRIO-FAMÍLIA

21.13.1 Histórico

O salário-família foi instituído pela Lei n. 4.266/63. Era devido a todo empregado regido pela CLT, qualquer que fosse sua forma de remuneração e na proporção do respectivo número de filhos no porcentual de 5% sobre o salário mínimo.

O benefício não se incorporava ao salário dos empregados. O Decreto n. 53.153/63, regulamentou a referida lei.

A ideia da instituição do salário-família era possibilitar que o trabalhador pudesse comprar um litro de leite por dia para cada dependente.

Previa o inciso II do art. 158 da Constituição de 1967 "salário-família aos dependentes do trabalhador".

A Lei n. 5.559/68, estendeu o salário-família aos filhos inválidos de qualquer idade, informando que os aposentados por invalidez e velhice têm direito ao benefício.

A Emenda Constitucional n. 1/69, assegurou salário-família aos dependentes do trabalhador (art. 165, II).

A Constituição de 1988 concede o salário-família não só ao trabalhador urbano, mas também ao rural para os seus dependentes (art. 7º, XII). O inciso II do art. 201 da Lei Maior de 1988 especificava a ajuda à manutenção dos dependentes dos segurados de baixa renda.

A Lei n. 8.213/91 passou a prever o salário-família nos arts. 65 a 70. A Lei n. 4.266-63 foi revogada tacitamente pela Lei n. 8.213/91, que regulou inteiramente a matéria.

A Emenda Constitucional n. 20/98 deu nova redação ao inciso XII do art. 7º e ao inciso IV do art. 201 da Lei Maior, que passaram a estabelecer que o salário-família é pago apenas em razão do dependente do trabalhador de baixa renda.

Os arts. 81 a 92 do RPS, determinado pelo Decreto n. 3.048/99, complementam as determinações da Lei n. 8.213/91.

21.13.2 Conceito

Salário-família é o benefício previdenciário pago pelo INSS em razão do dependente do trabalhador de baixa renda, na forma da lei.

21.13.3 Natureza jurídica

A natureza jurídica do salário-família não é de salário, pois não é pago diretamente pelo empregador em decorrência da contraprestação de serviços (art. 457 da CLT), mas pela Previdência Social. Trata-se, portanto, de benefício previdenciário. Não corresponde a benefício de Assistência Social, pois é uma forma de ajuda à manutenção dos dependentes dos segurados de baixa renda (art. 201, IV, da Constituição), não se incluindo nos objetivos dos incisos do art. 203 da Lei Maior, que dispõem sobre a Assistência Social.

21.13.4 Custeio

Anteriormente à edição da Lei n. 7.787/89, havia um porcentual para custear diretamente o pagamento do salário-família (4%, conforme art. 4º da Lei n. 6.136/74), o que era especificado em campo próprio da guia de recolhimento da contribuição previdenciária. A partir de setembro de 1989, com a edição da Lei n. 7.787/89, passou a não mais existir essa determinação, visto que a alíquota de 20%, pertinente às empresas, englobou o referido porcentual (§ 1º do art. 3º da Lei n. 7.787/89).

21.13.5 Beneficiários

Anteriormente à Lei Maior de 1988, o empregado rural não tinha direito ao salário-família (S. 227 do TST), pois a Lei n. 4.266/63 só o concedia ao empregado regido pela CLT. A Súmula 344 do TST revê a Súmula 227 passando a entender que o salário-família é devido ao trabalhador rural, somente após a vigência da Lei n. 8.213/91.

O trabalhador avulso tem os mesmos direitos que o trabalhador com vínculo empregatício permanente (art. 7º, XXXIV, da Constituição). Logo, também faz jus ao salário-família. O trabalhador avulso recebe o valor integral do salário-família, independentemente do número de dias trabalhados no mês.

O empregado doméstico tem direito ao salário-família, em razão de que o parágrafo único do art. 7º da Constituição faz remissão ao inciso XII do mesmo artigo, mas não existe custeio específico para a concessão do benefício.

Não será devido o salário-família ao autônomo, equiparado a autônomo, ao empresário e ao segurado facultativo, que não são empregados. Inexiste previsão na legislação ordinária sobre o tema.

O trabalhador temporário tem direito ao salário-família, pois é um empregado urbano, nos termos do art. 65 c/c art. 11, I, *b*, da Lei n. 8.213/91.

21.13.6 Idade

Para que haja o direito ao pagamento do salário-família, o dependente deve possuir no máximo 14 anos de idade.

O limite dos 14 anos tinha por base o inciso IX do art. 157 da Constituição de 1946, que assim estabelecia a idade mínima para o trabalho. A partir de 14 anos o segurado deixa de receber o benefício, pois seu filho pode trabalhar.

O inciso XXXIII do art. 7º da Constituição foi modificado pela Emenda Constitucional n. 20, tendo sido estabelecido o limite de idade de 16 anos para o trabalho, salvo na condição de aprendiz, a partir dos 14 anos. Entretanto, não houve modificação na idade, no que diz respeito ao salário-família, que precisa ser feita por lei ordinária.

Há necessidade de custeio específico para o pagamento do salário-família no período dos 14 aos 16 anos, que não existe no momento. Determina expressamente o § 5º do art. 195 da Constituição que nenhum benefício da seguridade social poderá ser criado, majorado ou estendido sem a correspondente fonte de custeio total.

Não se pode dizer que a Emenda Constitucional n. 20/98 teria modificado a legislação ordinária quanto à idade para o pagamento do salário-família, que só pode ser feita por lei ordinária.

Assim, continuará a ser pago o salário-família ao dependente do segurado até 14 anos.

Embora o valor seja pequeno, pode ajudar o segurado na compra de alimentos, principalmente para o segurado de baixa renda.

21.13.7 Dependentes

O segurado deve ter como dependente filho e não irmão, para efeito de pagamento do salário-família. O filho não precisa ser decorrente do casamento, podendo o pai ser solteiro, amasiado. Pode, também, o filho ser adotivo, como indica o § 6º do art. 227 da Constituição.

Equiparam-se a filho, mediante declaração do segurado: o enteado e o menor que estejam sob sua tutela, desde que comprovada a dependência econômica (§ 2º do art. 16 da Lei n. 8.213/91). Não há limite de número de filhos para pagamento do salário-família.

21.13.8 Direito

O benefício do salário-família é devido ao segurado empregado que tiver filho menor de 14 anos ou inválido de qualquer idade, na proporção do respectivo número de filhos ou equiparados.

Faz jus ao salário-família o aposentado por invalidez ou por idade e os demais aposentados com 65 anos de idade ou mais, se do sexo masculino, ou 60 anos ou mais, se do feminino, sendo reduzida a idade em cinco anos quando se tratar de empregado trabalhador rural.

Se o pai e a mãe forem segurados empregados ou avulsos, cada qual terá direito ao salário-família, desde que ambos sejam trabalhadores de baixa renda, inclusive em relação aos mesmos dependentes.

Mantendo o empregado mais de um contrato de trabalho com diferentes empregadores, terá direito ao salário-família integral em cada um deles.

O INSS não verifica o pagamento feito em cada empresa em relação a empregado que tem mais de um emprego.

A empresa não tem como saber se o empregado tem outro emprego. Assim, tem obrigação de pagar o salário-família se o empregado apresentar os documentos pertinentes.

O fato gerador é ser empregado, como se depreende do art. 65 da Lei n. 8.213/91.

O limite legal terá de ser observado em cada um dos empregos, sem ser feita a soma.

Tendo havido divórcio, separação judicial ou de fato dos pais, ou em caso de abandono legalmente caracterizado ou perda do pátrio poder, o salário-família passará a ser pago diretamente àquele a cujo cargo ficar o sustento do menor, ou a outra pessoa, se houver determinação judicial nesse sentido.

Havendo guarda compartilhada o salário-família deve ser pago a ambos os pais, pois o sustento do menor incumbe a eles.

21.13.9 Condições para o pagamento

Não há período de carência para o salário-família.

O empregado terá direito ao salário-família a partir do momento em que apresentar a certidão de nascimento de seus filhos ou da documentação relativa ao equiparado ou inválido.

Haverá também necessidade de apresentação anual do atestado de vacinação obrigatória, que foi substituído pelo Cartão da Criança, até seis anos de idade, além de apresentação de comprovação semestral de frequência à escola do filho ou equiparado, a partir dos sete anos.

Se o segurado não apresentar o atestado de vacinação obrigatória e a comprovação de frequência escolar do filho ou equiparado, nas datas definidas pelo INSS, o benefício do salário-família será suspenso, até que a documentação seja apresentada.

A comprovação de frequência escolar será feita mediante apresentação de documento emitido pela escola, na forma da legislação própria, em nome do aluno, em que conste o registro de frequência regular ou de atestado do estabelecimento de ensino, comprovando a regularidade da matrícula e frequência escolar do aluno. Não existe inconstitucionalidade da referida orientação, pois o salário-família depende das condições previstas em lei para o seu pagamento (art. 7º, XII, da Constituição).

O empregado doméstico deve apresentar apenas a certidão de nascimento (parágrafo único do art. 67 da Lei n. 8.213/91).

É indevido o salário-família no período entre a suspensão do benefício motivada pela falta de comprovação da frequência escolar e o seu reativamento, salvo se provada a frequência escolar regular no período.

O salário-família somente será pago ao empregado quando forem atendidas todas as formalidades acima descritas. O TST já havia firmado orientação, por meio da Súmula 254, de que "o termo inicial de direito ao salário-família coincide com a prova da filiação. Se feita em juízo, corresponderá à data de ajuizamento do pedido, salvo se comprovado que anteriormente o empregador se recusara a receber a respectiva certidão".

A invalidez do filho ou equiparado maior de 14 anos de idade deve ser verificada em exame médico pericial a cargo da Previdência Social.

A empresa ou o empregador doméstico deverão guardar por 10 anos os comprovantes de pagamento relativos ao salário-família e as cópias das certidões de nascimento, para fiscalização da Previdência Social (§ 1º do art. 68 da Lei n. 8.213/91). Assim, o prazo para guardar os documentos relativos ao salário-família é de cinco anos, que é o prazo de decadência para o lançamento da contribuição previdenciária.

Para efeito de concessão e manutenção do salário-família, o segurado deve firmar termo de responsabilidade, no qual se comprometa a comunicar à empresa ou ao INSS qualquer fato ou circunstância que determinem a perda do direito ao benefício, ficando sujeito, em caso de não cumprimento, às sanções penais e trabalhistas cabíveis.

O pagamento da cota de salário-família é feito mensalmente: (a) ao empregado, pela empresa, com o respectivo salário, e ao trabalhador avulso pelo sindicato ou órgão gestor de mão de obra, mediante convênio; (b) ao empregado e trabalhador avulso aposentados por invalidez ou em gozo de auxílio-doença, pelo INSS, juntamente com o benefício; (c) ao trabalhador rural aposentado por idade aos 60 anos, se do sexo masculino, ou 55 anos, se do sexo feminino, pelo INSS, juntamente com a aposentadoria; e (d) aos demais empregados e trabalhadores avulsos aposentados aos 65 anos de idade, se do sexo masculino, ou sessenta anos, se do sexo feminino, pelo INSS, juntamente com a aposentadoria. Não é, portanto, a empresa que irá pagar o salário-família do aposentado por invalidez, idade ou tempo de contribuição, mas o pagamento será feito diretamente pelo INSS, juntamente com o benefício.

Se o pagamento do salário for semanal ou em outros períodos, as cotas serão saldadas juntamente com o último pagamento relativo ao mês.

O salário-família do trabalhador avulso independe do número de dias trabalhados no mês, devendo seu pagamento corresponder ao valor integral da cota. No que diz respeito ao empregado, no mês da sua admissão e dispensa, a cota do salário-família será paga proporcionalmente ao número de dias trabalhados, considerando-se, nesses casos, o valor da cota pela remuneração que seria devida no mês.

O empregado deve dar quitação à empresa, ao sindicato ou ao órgão gestor de mão de obra de cada recebimento mensal do salário-família, na própria folha de pagamento ou por outra forma admitida, de modo que a quitação fique plena e claramente caracterizada.

Existindo benefício de auxílio-doença a favor do empregado, as cotas serão pagas pelo INSS. O salário-família correspondente ao mês do afastamento do trabalho será pago integralmente pela empresa, pelo sindicato ou órgão gestor de mão de obra, conforme o caso. Se o filho nascer ou houver invalidez de filho maior de 14 anos durante o período de afastamento, o segurado poderá se habilitar perante o INSS. No mês da cessação do benefício do auxílio-doença o pagamento será feito de maneira integral pelo INSS.

As cotas do salário-família serão pagas pela empresa ou pelo empregador doméstico, mensalmente, junto com o salário, efetivando-se a compensação quando do recolhimento das contribuições, conforme dispuser o Regulamento (art. 68 da Lei n. 8.213/91). Se o valor pago pela empresa for superior ao valor das contribuições a recolher, resultante de crédito favorável à empresa, esta receberá no ato da quitação a importância correspondente.

A falta de comunicação oportuna de fato que implique a cessação do salário-família, bem como a prática, pelo empregado, de fraude de qualquer natureza para seu recebimento, autorizam a empresa, o INSS, o sindicato ou o órgão gestor de mão de obra, conforme o caso, a descontar dos pagamentos de cotas devidas com relação a outros filhos ou, na falta delas, do próprio salário do empregado ou da renda mensal do seu benefício, o valor das cotas indevidamente recebidas, sem prejuízo das sanções penais cabíveis.

As cotas do salário-família não serão incorporadas, para qualquer efeito, ao salário ou ao benefício (art. 70 da Lei n. 8.213/91). São personalíssimas. Não têm incidência da contribuição previdenciária (art. 28, § 9º, *a*, da Lei n. 8.212/91), nem do imposto de renda. O FGTS não incide sobre o salário-família, pois o referido pagamento não corresponde a salário, mas a benefício previdenciário.

Saindo o empregado em férias, tem direito o obreiro ao salário-família, pois o empregador tem de pagar o salário correspondente às férias e, por consequência, o salário-família.

21.13.10 Valor

Até 30-4-1984 a quota do salário-família era calculada à razão de 5% sobre o salário mínimo regional. De 1º-5-1984 a 9-8-1987, essa porcentagem passou a incidir sobre o salário mínimo vigente no país (valor único). A partir de 10-8-1987 até 3-7-1989, o cálculo era feito à razão de 5% sobre o salário mínimo de referência (§ 1º do art. 2º do Decreto-lei n. 2.351/87), pois era vedada a vinculação ao piso nacional de salários para qualquer fim (art. 3º do Decreto-lei n. 2.351/87). Com a promulgação da Constituição de 1988, ficou mais explícita a vedação da vinculação de qualquer valor ao salário mínimo (art. 7º, IV), exceto para as aposentadorias, enquanto não aprovado o Plano de Custeio e Benefícios da Previdência Social (art. 58 do ADCT), e para a renda mensal vitalícia (art. 203, V, da Constituição). Em 4 de julho de 1989 foi revogado o Decreto-lei n. 2.351/87 pela Lei n. 7.789/89. Daí em diante o valor da quota do salário-família passou a ser divulgado, periodicamente, pelo órgão previdenciário.

Hoje, o salário-família tem um valor fixo, que é atualizado quando houver alteração do valor dos benefícios da previdência social.

O objetivo da modificação é que, no conjunto, o valor do salário-família representava importância elevada para a Previdência Social pagá-lo. Para o segurado de salário mais elevado, o valor pago era ínfimo e não servia para nada, mas no conjunto representava despesas para o sistema. Assim, apenas o segurado de baixa renda é que passa a ter direito ao benefício.

A partir de janeiro de 2022 o valor do salário-família é de R$ 56,47 por filho. O empregado que perceber além de R$ 1.655,98 não tem direito ao benefício.

Será devida a cota total do salário-família, independentemente do número de dias efetivamente trabalhados pelo empregado.

O salário-família não é benefício que visa substituir a remuneração do trabalhador. Logo, pode ter valor inferior ao salário mínimo.

21.13.11 Cessação do pagamento

O direito ao salário-família cessará automaticamente:

a) por morte do filho ou equiparado, a contar do mês seguinte ao do óbito. Não é, portanto, no próprio mês do óbito que há a cessação do salário-família;
b) quando o filho ou equiparado completar 14 anos de idade, salvo se inválido, a contar do mês seguinte ao da data do aniversário. Em relação à invalidez, não há limite de idade;
c) pela recuperação da capacidade do filho ou equiparado inválido, a contar do mês seguinte ao da cessação da incapacidade;
d) pelo desemprego do segurado. Isso mostra que o benefício é devido ao segurado em razão de este estar empregado. Sendo dispensado, perde o direito ao salário-família;
e) pela morte do segurado. Com a morte do segurado, deixa de existir a relação de emprego, cessando o pagamento do salário-família.

21.14 AUXÍLIO-RECLUSÃO

O auxílio-reclusão foi criado pelo Instituto de Aposentadorias e Pensões dos Marítimos e posteriormente pelo Instituto de Aposentadoria e Pensões dos Bancários.

O art. 43 da Lei n. 3.807/60 previa aos beneficiários do segurado detento ou recluso, que não percebiam qualquer espécie de remuneração da empresa e que houvessem realizado no mínimo 12 contribuições mensais, o auxílio-reclusão. O pagamento do auxílio era mantido enquanto durasse a prisão do segurado, o que era comprovado por meio de atestados trimestrais firmados por autoridade competente (§ 2º do art. 43 da Lei n. 3.807/60).

As Constituições anteriores não faziam referência ao auxílio-reclusão. A primeira que tratou do tema foi a Lei Maior de 1988. O inciso I do art. 201 previa a cobertura de eventos decorrentes de reclusão.

A atual redação do art. 201 da Constituição, conforme a Emenda Constitucional n. 20/98, não mais previu a reclusão como contingência a ser amparada pela Previdência Social. Entretanto, é preciso ser feita a interpretação sistemática com o inciso IV do art. 201 da Constituição, quando prevê o auxílio-reclusão para os dependentes dos segurados de baixa renda. O art. 13 da Emenda Constitucional n. 20/98 mostra que a renda é do segurado e não de sua família ou dos dependentes. O benefício ser devido aos dependentes do segurado de baixa renda teve por fundamento o princípio da seletividade.

Hoje, o auxílio-reclusão é previsto no art. 80 da Lei n. 8.213/91.

O auxílio-reclusão é devido nas mesmas condições da pensão por morte, aos dependentes do segurado de baixa renda recolhido à prisão em regime fechado. Como esclarece Wladimir Novaes Martinez[11], o auxílio-reclusão "não tem por escopo tutelar ou indenizar a prisão do trabalhador, ou não poder trabalhar por estar detido, mas substituir os seus meios de subsistência e os de sua família".

O benefício não beneficia a pessoa condenada, mas a sua família. Visa proteger a família. O fundamento é que a família não cometeu o crime e pode ficar privada de numerário para o seu sustento.

A ideia do benefício é o fato de que o preso deixa de ter renda. Sua família fica desamparada, razão pela qual deveria ser pago um valor para esse fim. A família do preso perde o rendimento que ele tinha e precisa manter a sua subsistência.

A condição essencial para o recebimento do auxílio-reclusão é que o recluso não perceba remuneração da empresa, nem esteja em gozo de auxílio-doença, aposentadoria ou abono de permanência em serviço. Se o recluso trabalhar e receber remuneração, perde o direito ao benefício.

São requisitos para a concessão do benefício: a) o segurado deve manter essa qualidade; b) qualidade de dependente; c) recolhimento à prisão; d) baixa renda.

Eis um benefício que deveria ser extinto, pois não é possível que a pessoa fique presa e ainda a sociedade como um todo tenha de pagar um benefício à família do preso, como se este tivesse falecido. De certa forma, o preso é que deveria pagar por estar nessa condição, principalmente por roubo, furto, tráfico, estupro, homicídio etc.

Na verdade, vem a ser um benefício de contingência provocada pelo segurado, razão pela qual não deveria ser pago, pois o preso dá causa, com seu ato, em estar nessa condição. Logo, não deveria a Previdência Social ter de pagar tal benefício. Lembre-se que, se o acidente do trabalho é provocado pelo trabalhador, este não faz jus a indenização. Quando o empregado pede demissão, não tem direito ao seguro-desemprego. O mesmo deveria ocorrer aqui.

Na maioria das vezes esse benefício acaba não sendo pago à família do preso por falta de informação desta ou então pelo fato de o segurado nunca ter contribuído para o sistema. É o que ocorreria com o segurado que perdeu essa qualidade.

O requerimento do auxílio-reclusão será instruído com certidão judicial que ateste o recolhimento efetivo à prisão, e será obrigatória a apresentação de prova de permanência na condição de presidiário para a manutenção do benefício (§ 1º

---

11 MARTINEZ, Wladimir Novaes. 1992. p. 200.

do art. 80 da Lei n. 8.213/91). A certidão tem de ser judicial, mostrando que o segurado está recolhido à prisão.

A certidão judicial e a prova de permanência na condição de presidiário poderão ser substituídas pelo acesso à base de dados, por meio eletrônico, a ser disponibilizada pelo Conselho Nacional de Justiça, com dados cadastrais que assegurem a identificação plena do segurado e da sua condição de presidiário (§ 5º do art. 80 da Lei n. 8.213/91).

O INSS celebrará convênios com os órgãos públicos responsáveis pelo cadastro dos presos para obter informações sobre o recolhimento à prisão (§ 2º do art. 80 da Lei n. 8.213/91).

A prisão, portanto, é o requisito para se obter esse benefício, pouco importa se a prisão é arbitrária, cautelar, provisória ou definitiva, domiciliar. O que interessa é estar preso. Não importa se estiver preso na delegacia ou em estabelecimento prisional. A prisão pode ser em flagrante, temporária ou preventiva.

Há período de carência de 24 contribuições mensais para o auxílio-reclusão.

A renda mensal inicial será de 100% do valor do salário de benefício. O próprio cônjuge será considerado como dependente, se houver.

O cálculo do auxílio-reclusão será feito com base na renda do segurado, como dá a entender o inciso IV do art. 201 da Constituição, e não sobre a renda dos dependentes. O inciso faz referência ao segurado de baixa renda e não ao dependente de baixa renda do segurado. O STF também entendeu assim (RE 486.413 e 587.365, j. 25-3-2009, Rel. Min. Ricardo Lewandowski). Talvez o melhor critério estabelecido em lei seria verificar a renda familiar da família do preso para deferir o auxílio-reclusão, já que o benefício é devido à família do preso.

Considera-se segurado de baixa renda aquele que, no mês de competência de recolhimento à prisão, tenha renda, apurada nos termos do disposto no § 4º do art. 80 da Lei n. 8.213/91, de valor igual ou inferior àquela prevista no art. 13 da Emenda Constitucional n. 20, de 15 de dezembro de 1998, corrigido pelos índices de reajuste aplicados aos benefícios do RGPS (§ 3º do art. 80 da Lei n. 8.213/91).

A aferição da renda mensal bruta para enquadramento do segurado como de baixa renda ocorrerá pela média dos salários de contribuição apurados no período de 12 meses anteriores ao mês do recolhimento à prisão (§ 4º do art. 80 da Lei n. 8.213/91).

Para a concessão de auxílio-reclusão verifica-se se tem renda ou ausência de renda e não é o último salário de contribuição (REsp 1.485.417, STJ, 1ª T, rel. Herman Benjamin). O STJ entendeu que, para a concessão do auxílio-reclusão, o critério de aferição de renda do segurado que não exerce atividade laboral remunerada no momento do recolhimento à prisão é a ausência de renda, e não o último salário de contribuição (Tema 896).

Até que a lei discipline o acesso ao auxílio-reclusão para os dependentes do segurado de baixa renda, o benefício será concedido apenas às pessoas que tenham renda bruta mensal igual ou inferior a R$ 1.655,98, que serão corrigidos pelos mesmos índices aplicados aos benefícios do RGPS.

O benefício em comentário não poderá ser inferior a um salário mínimo. O segurado especial também terá direito a um salário mínimo de benefício. Caso esteja contribuindo facultativamente, terá o benefício concedido com base no salário de contribuição.

O último salário de contribuição deve ser considerado como o último valor integral antes do encarceramento, pois o segurado pode não ter trabalhado em alguns dias do mês, antes de ser preso.

No caso de haver qualificação de dependentes após a reclusão ou detenção do segurado, é mister que haja preexistência da dependência econômica.

A data do início do benefício será a em que ocorrer o efetivo recolhimento do segurado à prisão.

A lei não exige que a prisão seja decorrente de crime, apenas que o segurado fique preso.

O auxílio-reclusão será mantido enquanto o segurado permanecer preso em regime fechado.

No regime fechado a pena é igual ou superior a oito anos, devendo ser cumprida em estabelecimento de segurança máxima, como as penitenciárias (art. 87 da Lei n. 7.210/84 – LEP).

No regime semiaberto a pena é superior a quatro anos e inferior a oito anos, sendo cumprida em colônias agrícolas, industriais ou similares (art. 91 da LEP).

No regime aberto as penas são iguais ou inferiores a quatro anos, sendo cumprido em casa de albergado à noite e nos fins de semana (art. 93 da LEP).

O segurado que estiver sujeito a pena a ser cumprida em regime fechado tem direito ao auxílio-reclusão, pois não pode trabalhar para empregador.

No regime aberto, o segurado pode trabalhar, recolhendo-se à noite para o presídio. Nesse caso, não faz jus ao auxílio-reclusão.

No regime semiaberto, o condenado fica sujeito a trabalho em comum durante o período diurno, em colônia agrícola, industrial ou estabelecimento similar (§ 1º do art. 35 do Código Penal). Entretanto, a lei não dispõe que haja direito ao auxílio-reclusão no regime semiaberto, mas apenas no regime fechado.

Se o segurado tiver recebido benefícios por incapacidade no período de 12 meses anteriores ao do recolhimento à prisão, sua duração será contada considerando-se como salário de contribuição no período o salário de benefício que serviu de base para o cálculo da renda mensal, reajustado na mesma época e com a mesma base dos benefícios em geral, não podendo ser inferior ao valor de um salário mínimo (§ 6º do art. 80 da Lei n. 8.213/91).

O exercício de atividade remunerada do segurado recluso, em cumprimento de pena em regime fechado, não acarreta a perda do direito ao recebimento do auxílio-reclusão para seus dependentes (§ 7º do art. 80 da Lei n. 8.213/91).

Se o segurado se casar, a mulher do segurado tem direito ao auxílio-reclusão a partir da data do casamento.

Caso nasça filho do segurado recluso, o filho tem direito ao benefício a partir da data do seu nascimento.

O beneficiário deverá apresentar trimestralmente atestado da autoridade competente de que o segurado continua detento ou recluso. Na reclusão, a pena deve ser cumprida em regime fechado, semiaberto ou aberto. Na detenção, a pena será cumprida em regime semiaberto, ou aberto, salvo necessidade de transferência a regime fechado (art. 33 do Código Penal).

No livramento condicional e no *sursis*, o segurado está solto e pode trabalhar, não sendo o caso da concessão de auxílio-reclusão.

O benefício será devido em caso de prisão civil por dívida, pois fica o segurado tolhido da liberdade e de trabalhar.

Permite o art. 29 da Lei n. 7.210/84 que o trabalho do preso seja remunerado, que poderá ser interno (arts. 31 a 35 da Lei n. 7.210/84) ou externo (arts. 36 e 37 da Lei n. 7.210/84).

Os dependentes do segurado especial têm direito ao auxílio-reclusão de um salário mínimo (art. 39, II, da Lei n. 8.213/91), salvo se recolherem como segurados facultativos.

É equiparado à condição de preso o menor entre 16 e 18 anos que esteja internado em estabelecimento educacional ou congênere, sob custódia do Juizado da Infância e Juventude.

Havendo a soltura do segurado, não será mais devido o auxílio-reclusão.

No caso de fuga, o benefício será suspenso e, se houver recaptura do segurado, será restabelecido a contar da data em que ela ocorreu, desde que esteja ainda mantida a qualidade de segurado. Após a soltura do segurado, é vedada a concessão de auxílio-reclusão.

Se houver exercício de atividade dentro do período de fuga, será este considerado para verificação da perda ou não da qualidade de segurado.

Na ocorrência do falecimento do segurado detento ou recluso, o auxílio-reclusão será automaticamente convertido em pensão por morte, tendo o dependente direito a 100% do salário de benefício.

Não havendo concessão de auxílio-reclusão, em razão de o salário de contribuição ser superior a R$ 1.655,98, será devida pensão por morte aos dependentes se o óbito do segurado tiver ocorrido dentro do prazo de até 12 meses, após o livramento.

Aplicam-se ao auxílio-reclusão as demais normas que regem a pensão por morte.

Em caso de morte de segurado recluso que tenha contribuído para a previdência social durante o período de reclusão, o valor da pensão por morte será calculado levando-se em consideração o tempo de contribuição adicional e os correspondentes salários de contribuição, facultada a opção pelo valor do auxílio-reclusão (§ 8º do art. 80 da Lei n. 8.213/91).

Para pagamento em período superior a quatro meses deve haver pagamento de 18 contribuições e que o casamento ou união estável teve início em pelo menos dois anos antes da prisão do segurado.

21.15 ABONO ANUAL

O abono anual foi instituído pela Lei n. 4.281/63. Era devido para os aposentados e pensionistas dos Institutos de Aposentadorias e Pensões, com o nome de abono especial, correspondente a 1/12 do valor anual da aposentadoria ou pensão que o segurado ou seus dependentes tivessem percebido da respectiva instituição. Deveria ser pago até o dia 15 de janeiro do exercício seguinte ao vencido. Era extensivo a todos os segurados que durante o ano tivessem percebido auxílio-doença por mais de seis meses, ou a dependentes seus, que, por igual período, tivessem percebido auxílio-reclusão. Verifica-se que o abono anual era devido apenas se o segurado tivesse percebido auxílio-doença por mais de seis meses ou seus dependentes tivessem percebido auxílio-reclusão por igual período. Assemelhava-se à gratificação de Natal (13º salário), criada pela Lei n. 4.090/63.

O inciso VIII do art. 7º da Constituição de 1988 especifica o direito ao 13º salário com base na remuneração integral ou no valor da aposentadoria. O § 6º do art. 201 declara que a gratificação natalina dos aposentados e pensionistas terá por base o valor dos proventos do mês de dezembro de cada ano.

O art. 5º da Lei n. 8.114/90, estabeleceu que o abono anual é devido ao segurado ou dependente da Previdência Social Urbana e Rural que, durante o ano, recebeu o auxílio-acidente, auxílio-doença ou aposentadoria, pensão ou auxílio-reclusão. O parágrafo único do mesmo artigo especificava que, a partir de 1990, o abono anual deveria ser calculado, no que couber, da mesma forma que a gratificação de Natal dos trabalhadores, tendo por base o valor da renda mensal do benefício do mês de dezembro de cada ano.

O art. 40 e seu parágrafo único da Lei n. 8.213/91 repetiram a orientação do art. 5º e seu parágrafo único da Lei n. 8.114/90.

É devido o abono anual ao segurado ou ao dependente que, durante o ano, recebeu auxílio-doença, auxílio-acidente, aposentadoria, salário-maternidade, pensão por morte ou auxílio-reclusão (art. 40 da Lei n. 8.213/91), salário-maternidade. Enquanto o 13º salário se refere apenas aos empregados, o abono anual é deferido ao segurado, que inclusive nunca foi empregado, como o empresário e o trabalhador autônomo. O abono anual é devido a qualquer segurado que tenha recebido aqueles benefícios: empregado, doméstico, avulso, autônomo, equiparado a autônomo, empresário e facultativo.

O abono anual não é, portanto, pago a quem recebeu abono de permanência em serviço, renda mensal vitalícia ou pensão decorrente da Síndrome de Talidomida. Não se distingue, também, se a aposentadoria é comum ou especial, decorrente de acidente do trabalho ou não. Ao contrário do que se observava na Lei n. 4.281/63, não há necessidade de que o segurado tenha recebido o benefício por pelo menos seis meses.

Será o abono anual calculado, no que couber, da mesma forma que o 13º salário dos empregados, tendo por base o valor da renda mensal de benefício do mês de dezembro de cada ano.

Antigamente o abono anual era devido com base em 1/12 do valor total do benefício recebido durante o ano (art. 54, I, da CLPS). O inciso VIII do art. 7º da Lei Maior disciplina que o 13º salário dos aposentados (abono anual) terá por base o valor da aposentadoria, acabando com o critério retrodescrito. Assim, o abono anual dos aposentados e pensionistas terá por base o valor dos proventos do mês de dezembro de cada ano (§ 6º do art. 201 da Lei Fundamental).

Sendo o percebimento do benefício inferior a 12 meses, o abono anual será calculado de forma proporcional ao que foi recebido durante o ano. Mês será o período igual ou superior a 15 dias.

Deve ser pago preferencialmente até dia 15 de janeiro do ano seguinte ao do exercício vencido. A última parcela deveria ser paga em 20 de dezembro, como na Lei n. 4.090/63.

O benefício já era devido a partir de 5-10-1988, como entendeu o STF (AgRg em Ag. 147-959-1-RS, Rel. Min. Marco Aurélio, j. 9-3-1993, 2ª T., *DJU* I, 26-3-1993, p. 5.007), embora na época não houvesse custeio.

21.16 PECÚLIO

O pecúlio era previsto no art. 34 da Lei n. 3.807/60, no caso da ocorrência de invalidez ou morte do segurado antes de completar o período de carência, sendo-lhe restituída, ou aos seus beneficiários, em dobro, a importância das contribuições realizadas, acrescidas de juros de 4%.

A Lei n. 6.243/75, também tratou do pecúlio, revogando disposições das Leis ns. 3.807/60 e 5.890/73.

Na Lei n. 8.213/91, era previsto nos arts. 81 a 85.

Pecúlio, em sentido amplo, é uma reserva de dinheiro, fruto do trabalho e de economia do numerário.

Na acepção previdenciária, pecúlio vem a ser a devolução daquilo que foi pago pelo segurado a título de contribuição previdenciária, atendidas certas características.

O pecúlio era um benefício de pagamento único, correspondente à soma das importâncias relativas às contribuições do segurado, remuneradas de acordo com o índice de remuneração básica dos depósitos da poupança com data de aniversário no dia 1º. Não tinha período de carência.

Era devido:

a) ao segurado que se incapacitasse definitivamente para o trabalho antes de completar o período de carência;
b) ao segurado ou a seus dependentes, em caso de invalidez ou morte decorrente de acidente do trabalho.

Era devido, ainda, ao segurado aposentado por idade ou por tempo de serviço pelo Regime Geral de Previdência Social que permanecesse ou que voltasse a exercer atividade abrangida por aquele sistema, quando dele se afastasse (art. 81, II, da Lei n. 8.213/91). Entretanto, o inciso II do art. 81 da Lei n. 8.213/91 foi revogado pelo art. 29 da Lei n. 8.870/94.

Se o segurado aposentado que já recebesse pecúlio voltasse a exercer atividade abrangida pelo RGPS faria jus ao recebimento de novo pecúlio após 36 meses contados da nova filiação (art. 84 da Lei n. 8.213/91). O art. 84 da Lei n. 8.213/91 também foi revogado pela Lei n. 8.870/94.

A contribuição da empresa de 20% sobre a remuneração do autônomo, que já é aposentado, não entra no cálculo do pecúlio, quando este for requerido, pois não é valor recolhido pelo trabalhador, mas pela empresa.

Os dependentes do segurado falecido podiam requerer a devolução do pecúlio.

A Lei n. 9.032/95, revogou a alínea *a* do inciso III do art. 18, os arts. 82, 83 e 85 da Lei n. 8.213/91. Apesar de não ter revogado o art. 81 da mesma norma (por um erro da mesa do Congresso Nacional, pois o Projeto de Lei – art. 10 – previa a revogação expressa dos incisos I e III do art. 81 da Lei n. 8.213/91), entende-se que este também foi revogado tacitamente, visto que deixa de existir o pecúlio como benefício do segurado e dependente com a revogação expressa da alínea *a* do inciso III do art. 18 da Lei n. 8.213/91. Assim, a partir de 29-4-1995, data da publicação da Lei n. 9.032/95 no *Diário Oficial da União*, o benefício previdenciário do pecúlio deixa de existir em todos os casos. Com a Lei n. 9.129/95 dissipou-se qualquer dúvida a respeito da extinção do pecúlio, pois o art. 7º da referida norma revogou o art. 81 da Lei n. 8.213/91, que já estava revogado tacitamente pela Lei n. 9.032/95, ao revogar os arts. 82, 83 e 85 da Lei n. 8.213/91, que tratavam da operacionalização dos incisos I e III do art. 81 da Lei n. 8.213/91. Agora só fará jus ao pecúlio quem tiver direito adquirido.

O sistema atual é injusto para o segurado, pois, se o aposentado volta a exercer atividade remunerada e sujeita a salário de contribuição, terá de recolher a contribuição previdenciária. Entretanto, ela não mais será devolvida ao segurado sob a forma de pecúlio. Para o segurado, o recolhimento da contribuição previdenciária não lhe traz nenhuma vantagem, nem melhora o valor de sua aposentadoria.

21.17 BENEFÍCIO DE EX-COMBATENTES

A Lei n. 4.242/63 instituiu aposentadoria do ex-combatente como prêmio a tais pessoas. A Lei n. 5.698/71, trata das prestações devidas aos ex-combatentes. A aposentadoria é especial e deferida às pessoas que tenham efetivamente participado de operações bélicas durante a Segunda Guerra Mundial, como integrantes da Força do Exército, da Força Expedicionária Brasileira, da Força Aérea Brasileira, da Marinha de Guerra e Mercante, no período de 22-3-1941 a 8-5-1945.

O ex-combatente tem direito a aposentadoria, pensão militar, aposentadoria por velhice de ex-combatente e aposentadoria por tempo de serviço de ex-combatente marítimo.

A aposentadoria do ex-combatente exige 25 anos de tempo de serviço, 36 contribuições sobre o salário integral e prova da condição de ex-combatente. Será concedido o benefício sob a forma de renda mensal vitalícia, com base na média do salário integral realmente percebido nos 12 meses anteriores à respectiva concessão, ao segurado ex-combatente de qualquer Instituto de Aposentadorias e Pensões ou Caixa de Aposentadorias e Pensões, com qualquer idade. O segurado não poderá ter forma de prover sua subsistência, nem poderá perceber importância dos cofres públicos. O benefício tem natureza assistencial ou indenizatória.

Assegurou o art. 53 do ADCT: (a) pensão especial correspondente à deixada por segundo-tenente das Forças Armadas, que poderá ser requerida a qualquer tempo, sendo inacumulável com quaisquer rendimentos recebidos dos cofres públicos, exceto os benefícios previdenciários, ressalvado o direito de opção; (b) em caso de morte, pensão à viúva ou companheira ou dependente, de forma proporcional, de valor igual à letra anterior; (c) aposentadoria com proventos integrais aos 25 anos de serviço efetivo, em qualquer regime jurídico.

Com base no art. 53 do ADCT, é possível a cumulação de aposentadoria especial com a previdenciária. Não será possível, porém, cumular pensão militar de ex-combatente com benefício de ex-combatente, pois ambos têm natureza indenizatória.

A pensão é acumulável com aposentadoria estatutária.

21.18 PENSÃO ESPECIAL DESTINADA A CRIANÇAS COM SÍNDROME CONGÊNITA DO ZIKA VÍRUS

Fica instituída a pensão especial destinada a crianças com Síndrome Congênita do Zika Vírus, nascidas entre 1º de janeiro de 2015 e 31 de dezembro de 2019, beneficiárias do Benefício de Prestação Continuada (BPC) de que trata o art. 20 da Lei n. 8.742, de 7 de dezembro de 1993 (art. 1º da Lei n. 13.985/2020).

A pensão especial será mensal, vitalícia e intransferível e terá o valor de um salário mínimo.

A pensão especial não poderá ser acumulada com indenizações pagas pela União em razão de decisão judicial sobre os mesmos fatos ou com o BPC de que trata o art. 20 da Lei n 8.742, de 7 de dezembro de 1993.

O reconhecimento da pensão especial ficará condicionado à desistência de ação judicial que tenha por objeto pedido idêntico sobre o qual versa o processo administrativo.

A pensão especial será devida a partir do dia posterior à cessação do BPC ou dos benefícios referidos no § 2º deste artigo, que não poderão ser acumulados com a pensão.

A pensão especial não gerará direito a abono ou a pensão por morte.

Art. 2º O requerimento da pensão especial será realizado no Instituto Nacional do Seguro Social (INSS) (Lei n. 13.985/2020).

Será realizado exame pericial por perito médico federal para constatar a relação entre a síndrome congênita adquirida e a contaminação pelo vírus da zika.

As despesas decorrentes do disposto na Lei correrão à conta da programação orçamentária Indenizações e Pensões Especiais de Responsabilidade da União.

O INSS e a Empresa de Tecnologia e Informações da Previdência (Dataprev) adotarão as medidas necessárias para a operacionalização da pensão especial no prazo de 60 dias, contado da data de publicação dessa Lei.

No caso de mães de crianças nascidas até 31 de dezembro de 2019 acometidas por sequelas neurológicas decorrentes da Síndrome Congênita do Zika Vírus, será observado o seguinte:

I – a licença-maternidade, de que trata o art. 392 da CLT, será de 180 dias;

II – o salário-maternidade de que trata o art. 71 da Lei n. 8.213, de 24 de julho de 1991, será devido por 180 dias.

Verificação de aprendizagem

1. O que é auxílio-doença? A partir de quando é devido o benefício?
2. Como se procede na concessão do benefício da aposentadoria por invalidez? Até quando o segurado deve realizar exames médicos?
3. Em que condições é devida a aposentadoria por tempo de serviço?
4. A partir de que idade é devida a aposentadoria por idade?
5. A aposentadoria faz cessar o contrato de trabalho?
6. Em que condições é devida a aposentadoria especial?
7. Como se procede a conversão do tempo de serviço na aposentadoria especial?
8. A quem é devida a pensão por morte?
9. Há período de carência na pensão por morte?
10. O salário-maternidade é devido por quanto tempo e para quais seguradas?
11. A quem é devido o salário-família?
12. A quem é devido o auxílio-reclusão e em que condições?
13. O que é abono anual?

Capítulo 22

ACIDENTE DO TRABALHO

22.1 HISTÓRICO

O estudo da infortunística começou a surgir com a Revolução Industrial, em que foi substituído o trabalho manual pelo uso de máquinas. O tear e a máquina a vapor eram os causadores dos acidentes do trabalho. A partir desse momento é que começa a haver preocupação com o acidentado.

Verificava-se que o acidentado no trabalho não conseguia nova colocação em outras empresas, ficando totalmente desprotegido.

A primeira legislação a tratar do tema acidente do trabalho foi a alemã, em 6-7-1884, por intermédio de Bismarck. Estabeleceu-se ampla definição de acidente do trabalho, incluindo o ocorrido no curso do contrato de trabalho. Havia a assistência médica e farmacêutica. Determinava-se o pagamento de um valor pecuniário para compensar o fato de que o empregado iria ficar sem receber salário, assim como assegurava-se auxílio-funeral, caso ocorresse o acidente fatal. O empregado recebia uma prestação correspondente a 100% de seu salário enquanto durasse a incapacidade. Pagava-se pensão em caso de morte. Em um primeiro momento o seguro era feito mutuamente e depois garantido pelo Tesouro alemão. A lei era aplicada apenas às indústrias que tinham atividades perigosas, estabelecendo-se também um sistema de normas de segurança no trabalho.

Na Inglaterra, a primeira norma a versar sobre o tema foi em 1897. Não era prevista assistência médica. Em caso de morte não se pagava pensão aos dependentes, mas benefícios limitados a um prazo máximo de três anos. O empregador não era obrigado a segurar o empregado. Havendo negligência por parte do trabalhador, não se admitia a existência de acidente do trabalho. Hoje, se aplica o sistema proposto em 1946, pelo plano Beveridge, consubstanciado na "Consolidation Act", de 1965. Há um sistema tripartite de contribuições, tendo proteção para incapacidade, morte, assistência médica e hospitalar, reabilitação etc.

Na França, em 9-4-1898, surge a lei sobre acidentes do trabalho. Aplicava-se apenas a algumas atividades consideradas perigosas, como as indústrias de construção, de manufatura, de transporte terrestre e fluvial, de carga e descarga, mineira. Era observada apenas a trabalhadores empregados. O acidente do trabalho também era considerado como o decorrente de doença profissional. Pagava-se ao acidentado ou a seus dependentes uma renda vitalícia ou temporária. Era previsto o auxílio-funeral, a assistência médica e financeira. O seguro era facultativo. As sociedades de mútuo socorro faziam os seguros ou então as caixas ou sociedades, nos casos das minas.

Na Itália, em 17-5-1898, estabeleceu-se a primeira lei sobre o tema. Aplicava-se inicialmente a poucas indústrias. Em 29-6-1903, foi complementada por nova lei. Houve a fusão dos dois diplomas legais em janeiro de 1904.

Na Espanha, em 30-1-1900, foi editada a primeira lei sobre acidentes do trabalho. O acidente do trabalho era definido como "toda lesão corporal que o operário sofra na ocasião ou em consequência do trabalho que executa por conta alheia". Hoje a lei existente praticamente é a mesma, tendo sido substituída a palavra "operário" por trabalhador. O seguro era facultativo por parte do empregador.

Em Portugal, a primeira lei a versar sobre o tema foi a Lei n. 83/13, que foi regulamentada pelo Decreto n. 4.288/18.

Nos Estados Unidos a legislação começou a ser expedida a partir de 1908, para os funcionários públicos da União, e a partir de 1911 passou a se adotar legislações em cada Estado.

No âmbito da OIT temos: a Convenção n. 12, de 1921, sobre a reparação de acidentes do trabalho na agricultura; a Convenção n. 17, de 1925, sobre indenizações em caso de morte ou incapacidade permanente, pagas sob a forma de renda; a Convenção n. 18, de 1925, versando sobre reparação de doenças profissionais; a Convenção n. 19, de 1925, especificando sobre a igualdade do tratamento entre nacionais e estrangeiros nos casos de acidentes do trabalho; a Convenção n. 42, de 1934, sobre doenças profissionais; a Convenção n. 102, de 1952, aprovada pelo Decreto Legislativo n. 269/2008, que indicou as contingências cobertas para efeito da proteção acidentária; a Convenção n. 118/62, sobre a igualdade de tratamento de nacionais e estrangeiros em matéria de previdência social e, principalmente, quanto a acidente do trabalho; a Convenção n. 121/64, que reviu a Convenção n. 102. As Recomendações n. 22 e 23 complementaram a Convenção n. 17; a Recomendação n. 121 complementou a Convenção n. 121. A Convenção n. 134 da OIT foi aprovada pelo Decreto Legislativo n. 43/95, tratando sobre prevenção de acidentes do trabalho dos marítimos. A Convenção n. 152 da OIT, de 1979, foi aprovada pelo Decreto Legislativo n. 84/89, e promulgada pelo Decreto n. 99.534/90. Trata da proteção contra acidentes dos trabalhadores empregados na carga e descarga dos navios.

O Decreto n. 4.085/2002, promulga a Convenção n. 174 da OIT, que trata da prevenção de acidentes industriais maiores.

Surgia a necessidade de adaptação do conceito de responsabilidade civil para efeito de pagamento da indenização de acidente do trabalho. Assim, passam a aparecer teorias ou legislações amparando o acidentado.

22.2 TEORIAS QUE FUNDAMENTAM A PROTEÇÃO AO ACIDENTADO

22.2.1 Culpa aquiliana

A teoria da culpa aquiliana tem por base a *Lex Aquilia* do Direito Romano, que tratava da reparação dos danos causados às coisas alheias. Era também chamada de teoria extracontratual ou de culpa delitual.

O dano a ser indenizado decorria da demonstração de culpa. Havia necessidade de se estabelecer a prova do dano, quem o tinha cometido, se havia nexo entre o dano e a falta. A teoria da culpa era aplicada na Inglaterra em 1837. No Brasil, antes da Lei n. 3.724/19, adotava-se a teoria da culpa. Poder-se-ia dizer que o ônus da prova era de incumbência das vítimas, caso pretendessem receber indenizações, tendo por base a culpa do empregador, comprovada a negligência, imprudência ou imperícia do último. Aplicava-se, na verdade, o art. 159 do CC/16, no sentido de que aquele que por ação ou omissão causasse prejuízo a outrem ficava obrigado a reparar o dano. Na prática, o acidentado não conseguia provar a culpa do empregador, ficando totalmente desamparado em razão do infortúnio.

22.2.2 Teoria do contrato

A teoria do contrato era a que entendia que o empregador tinha obrigação de proteger o operário de acidente do trabalho em razão de cláusula que estaria implícita no contrato de trabalho. O empregador deveria velar pela segurança do trabalhador. Se o trabalho era perigoso, mais uma razão havia para a referida proteção. Na execução do trabalho, o empregador deveria restituir o empregado ao final da jornada de forma como o tinha recebido no seu início, sob pena de pagar indenização. A referida teoria invertia o ônus da prova, sendo que a existência de acidente importava na presunção relativa da culpa do empregador, mas admitia prova em sentido contrário.

Na prática, o empregado continuava completamente desprotegido, pois o empregador acabava demonstrando que cumpria as normas legais e técnicas, adotando medidas de prevenção de acidentes. Na maioria das vezes, verificava-se, até mesmo, que o acidente teria ocorrido ou por culpa do empregado ou por força maior, continuando o empregado sem qualquer proteção.

22.2.3 Responsabilidade pelo fato da coisa

Essa teoria tinha por base o fato de que o dano causado ao empregado deveria ser reparado pelo proprietário do objeto que o causou, ou seja, o proprietário da máquina, o empregador, deveria ser responsabilizado pelo acidente. Tomava-se por base a parte final da alínea primeira do art. 1.382 e os arts. 1.385 e 1.386 do Código de Napoleão, que prescreviam a responsabilidade dos proprietários de animais e de prédios em ruínas de responderem pelos danos causados a terceiros, de maneira objetiva. Assim, quem fosse proprietário da máquina, por analogia àquelas disposições, deveria reparar o dano causado ao empregado pelo acidente. Não se cogitava da culpa do empregador.

Um dos principais defensores da referida teoria era Louis Josserand[1]. Esse autor, porém, indicava as limitações da citada teoria, declinando que ela não se aplicaria aos acidentes decorrentes de culpa do obreiro, pois não seria proveniente da coisa, da máquina, do empregador. Muitas contingências também não eram contempladas, como acidente de trajeto. Daí a necessidade de se elaborar outra teoria, inclusive para abarcar os casos em que o próprio empregado incorria em negligência, imprudência ou imperícia dando causa ao acidente, que eram os mais frequentes.

22.2.4 Teoria do risco profissional

A teoria do risco profissional decorre da atividade profissional da vítima. Veio introduzir definitivamente a teoria da responsabilidade objetiva do empregador, afastando a discussão em torno da culpa.

---

1 JOSSERAND, Louis. *Évolutions et actualités*. Paris: Sirey, 1936. p. 43.

Os acidentes vinham ocorrendo em razão de uma série de consequências decorrentes de doenças profissionais, em que não se poderia cogitar quanto à culpa do empregador ou do empregado. Assim, havia a necessidade de se estabelecer uma teoria que cobrisse os riscos de força maior e outros completamente aleatórios. Deveria se estabelecer uma situação objetiva para cobrir o risco e reparar o trabalhador na ocorrência do acidente. Observava-se que o patrão explorava seu negócio, expondo o trabalhador a certos riscos, beneficiando-se do trabalho do obreiro. Em contrapartida, ocorrendo o infortúnio, deveria o empregador responsabilizar-se pela indenização a ser paga ao operário, sem se discutir se a falta foi ou não por sua culpa. Era a aplicação da máxima latina *ubi emolumentum ibi onus*. Essa teoria era defendida por Paul Pic[2].

Como a indenização para o pagamento do dano decorrente de acidente do trabalho independia até mesmo da culpa do empregado, era preciso se estabelecer alguma limitação à referida indenização, pois do contrário implicaria a própria sobrevivência do negócio do empregador. Surge, então, uma forma de indenização tarifária, estabelecida de acordo com certa tarifa ou tabela para o pagamento da indenização de acidente do trabalho. De imediato sabia-se quanto era a indenização a ser paga. Se o empregado perdia o dedo, a indenização era $ 10, se perdia o braço era $ 20, e assim por diante. Como a indenização era obrigatória, surgia uma forma de se segurar o trabalhador de modo a lhe pagar uma importância caso ocorresse o sinistro. Na prática essa teoria só amparava aqueles que trabalhassem em atividades perigosas, não se estendendo aos demais trabalhadores.

22.2.5 Teoria do risco de autoridade

A teoria do risco de autoridade era baseada na relação jurídica de subordinação entre o empregado e o empregador, ou do poder de direção do empregador sobre o empregado, proveniente do contrato de trabalho. Pelo fato de o empregador admitir e dirigir a atividade do empregado, deveria repará-lo pela existência de qualquer acidente ocorrido no local de trabalho, tanto direta como indiretamente, mas inerente à atividade do empregador. Tinha, portanto, a ideia do perigo existente na atividade do empregador e que era proporcionado ao empregado. Essa teoria era mais condizente com a atividade industrial, em que existiam máquinas e ocorriam na maioria das vezes os acidentes, mas não na atividade comercial ou na agricultura, em que esses praticamente inexistiam.

---

2 PIC, Paul. *Législation industrielle*. Paris: Arthur Rousseau, 1912. p. 868.

Verificava-se, portanto, que a ideia do risco da autoridade era pelo fato de que o empregador dirigia a atividade do empregado, implicando a responsabilidade do patrão, mais se justificando em razão da subordinação do que do perigo resultante da atividade do primeiro (Juan D. Pozzo[3]). Assim, nota-se que a responsabilidade decorria da existência do contrato de trabalho. O empregador, por natureza, é aquele que assume os riscos de sua atividade, em razão também da existência do poder de direção sobre o empregado. O empregado não poderia assumir os riscos de sua atividade, que ficava por conta do patrão, em razão de ser por este dirigido. Caso o acidente ocorresse, deveria ficar a cargo do empregador repará-lo, pois, se este tinha a autoridade, deveria pagar a indenização pelo acidente ocorrido (André Rouast e Maurice Givord[4]).

Há outras teorias que fazem referência ao risco.

A teoria do risco proveito afirma que a pessoa que se beneficia da atividade do trabalhador deve responder pelos danos que acarreta. Quem se aproveita dos bônus deve suportar o ônus.

Prega a teoria do risco criado que há responsabilidade do empregador pelo simples fato de criar riscos, independentemente de haver culpa.

Mostra a teoria do risco excepcional que o dever de indenizar independe de culpa, em decorrência de a atividade desenvolvida pela vítima apresentar risco acentuado ou excepcional pela natureza perigosa da atividade (ex.: atividade de energia elétrica de alta tensão, exploração de energia nuclear, radiação etc.).

A teoria do risco integral exige apenas o dano para o pagamento de indenização, mesmo que haja culpa exclusiva da vítima, caso fortuito ou força maior.

A ideia do risco vem do Direito Civil, do contrato de seguro. Hoje se fala em necessidade das pessoas ou nas contingências previstas em lei. No risco, há possibilidade de dano. Na Seguridade Social pode não haver dano e a prestação ser devida.

22.2.6 Seguro social

A teoria do seguro social ou do risco social é baseada na solidariedade que informa a Seguridade Social, de que todos os membros da sociedade têm de se solidarizar na proteção de contingências sociais que possam ocorrer em relação ao trabalhador,

---

3 POZZO, Juan D. Los accidentes del trabajo. In: *Tratado de derecho del trabajo*. v. 4. Buenos Aires: La Ley, 1972. p. 378.

4 ROUAST, André, GIVORD, Maurice. *Traité du droit des accidents du travail et des maladies professionelles*. Paris: Dalloz, 1934. p. 26.

como as decorrentes de desemprego, invalidez, velhice, morte e também inerentes ao acidente do trabalho. O que se observa é que os riscos de acidentes do trabalho são socializados, ou seja, repartidos igualmente entre todos os membros da sociedade. A responsabilidade deixa de ser do empregador para ser do Estado, suportada por todas as pessoas, por meio do seguro social. O trabalhador tem as mesmas necessidades no acidente do trabalho do que na ocorrência da velhice, do desemprego, da invalidez etc., que deveriam ser suportadas pela Previdência Social. É necessário o pagamento de um valor ao segurado em decorrência do infortúnio enquanto permanecer impossibilitado de trabalhar, sendo que a indenização deve ser paga pelo Estado. Não seria apenas em decorrência de atividade perigosa do empregador que seria devida a reparação (como na teoria do risco profissional), nem em relação ao fato de o empregador dirigir o empregado (teoria do risco da autoridade), mas até mesmo seria estendida em relação a outras pessoas que nem mesmo vínculo de emprego possuem, como no caso do trabalhador avulso e do autônomo.

22.3 EVOLUÇÃO LEGISLATIVA NO BRASIL

22.3.1 Primeiras legislações

O Código Comercial Brasileiro de 1850 foi o primeiro diploma legal a dar a orientação geral sobre acidente do trabalho, ao prever a manutenção dos salários por três meses contínuos por acidentes "imprevistos e inculpados" (art. 78).

Mesmo antes do advento do Código Civil já se procurava indenizar os danos causados por acidente do trabalho de acordo com a legislação civil, adotando-se a orientação das Ordenações Filipinas, pois o trabalhador deveria ser ressarcido do dano que teria sofrido em seu patrimônio. A responsabilidade tinha por base o dano extracontratual (culpa aquiliana). O obreiro deveria fazer a prova no sentido da culpa do empregador. O operário, porém, não conseguia fazer a prova do acidente, quanto à culpa do empregador, pois as testemunhas que arrolava não compareciam, visto que eram oriundas da própria empresa, ficando com medo de serem despedidas pelo patrão. O obreiro também não conseguia fazer prova por documentos, pois não os possuía. Assim, não fazia a prova das suas afirmações. A teoria da responsabilidade extracontratual não se modifica com a edição do Código Civil, de 1916, que no art. 159 dispunha que "aquele que, por ação ou omissão voluntária, negligência ou imprudência, violar direito, ou causar prejuízo a outrem, fica obrigado a reparar o dano". A orientação, portanto, continuou sendo a mesma: de que o acidente decorria da responsabilidade extracontratual, sendo que o empregado continuou a não fazer a prova da culpa do empregador pelo acidente.

Mais tarde surge a teoria da responsabilidade subjetiva contratual. Com essa teoria passou-se a inverter o ônus probatório, ficando a cargo do empregador provar que não teve culpa no acidente do trabalho, revelando uma forma de produzir prova de maneira negativa, o que, de certa forma, é impossível. Mesmo assim, o empregador conseguia demonstrar que não teve culpa no acidente do trabalho, resultando em que o empregado acidentado continuava sem qualquer reparação em decorrência do acidente sofrido.

22.3.2 Lei n. 3.724/19

A primeira lei que tratou de acidente do trabalho foi a Lei n. 3.724/19, adotando a teoria do risco profissional. Não mais se discutia quem era o culpado pelo acidente do trabalho. A referida norma passou, então, a adotar a teoria da responsabilidade objetiva do empregador. Havendo o acidente do trabalho, a responsabilidade pela indenização era do empregador, não havendo necessidade de se discutir quem teve culpa no acidente. Nessa época começa a surgir o seguro de acidentes do trabalho, de natureza privada, em que o empregador contratava uma empresa para cobrir e reparar qualquer questão decorrente de acidente do trabalho sofrido pelo obreiro. Dessa forma, o empregador apenas passava à empresa seguradora a responsabilidade de cobrir as decorrências do acidente do trabalho sofrido pelo empregado. No entanto, a jurisprudência do STF fixou-se no sentido de que, na hipótese de a seguradora não pagar, por ter entrado em liquidação ou por não ter condições financeiras de suportar os encargos decorrentes do acidente do trabalho, subsistia a responsabilidade do empregador no tocante à indenização pelo acidente ocorrido (Súmula 529). O que se verificava em decorrência da aplicação da Lei n. 3.724/19 é que o pagamento da indenização relativa ao acidente do trabalho era tarifado, ou seja: havia uma tabela em que a seguradora pagava a indenização de acordo com valores previamente estabelecidos, não importando se o dano fosse plenamente reparado. O empregado recebia as importâncias que lhe eram pagas, porém, caso não pudesse retornar ao trabalho, não tinha direito a qualquer outra reparação.

De acordo com a Lei n. 3.724/19, o acidente do trabalho era caracterizado pela reunião de vários elementos: subitaneidade, violência, involuntariedade e exterioridade (art. 1º). Já se estendia a proteção às doenças profissionais, excluindo-se, porém, as concausas. O acidente somente não ocorria nos casos de força maior, dolo do próprio acidentado ou de terceiros, mas não no caso de culpa da vítima (art. 2º). A aplicação da Lei n. 3.724/19 estava adstrita às atividades consideradas mais perigosas, desde que houvesse a utilização de motores, inclusive as agrícolas.

As atividades comerciais eram excluídas do sistema de acidentes do trabalho. Só se aplicava aos empregados (art. 3º). O crédito acidentário era impenhorável (art. 25). O seguro era facultativo. Não havia previsão sobre prevenção de acidentes ou multas aplicadas pela fiscalização trabalhista. Os processos de acidentes do trabalho eram de competência da Justiça Comum.

Verifica-se que a Lei n. 3.724/19 acolhe o princípio da unicausalidade. Apenas os eventos que eram decorrentes única e exclusivamente do contrato de trabalho eram beneficiados. Os acidentes do trabalho deveriam ser comunicados à autoridade policial, que deveria apurar o acidente, instruindo o inquérito e enviando-o ao juízo competente. O Ministério Público prestava assistência judiciária à vítima.

O Decreto n. 13.498/19, regulamentou a Lei n. 3.724/19.

22.3.3 Decreto n. 24.637/34

O anteprojeto preparado por Evaristo de Moraes converteu-se no Decreto n. 24.637/34.

Essa norma concedia o benefício de acidente do trabalho aos industriários e trabalhadores agrícolas, independentemente de usarem máquinas motoras. Também era concedido o benefício aos comerciários e empregados domésticos (art. 3º). Eram excluídos do benefício:

I – Na indústria e no comércio:

a) os empregados com vencimentos superiores a um conto de réis, os técnicos e os contratados com benefícios superiores aos previstos na lei;
b) os agentes e prepostos com remuneração exclusiva por meio de comissões ou gorjetas;
c) os profissionais autônomos;
d) os consultores técnicos, como advogados e médicos, que exercessem apenas funções consultivas ou informativas;
e) os domésticos e jardineiros, com residência no domicílio do empregador e com salário mensal inferior a cinquenta mil-réis;
f) os cônjuges, ascendentes, descendentes colaterais e afins, com domicílio em comum com o proprietário, desde que empregados em pequenos estabelecimentos industriais ou comerciais sob regime familiar.

II – Na agricultura e pecuária:

a) os parceiros, mesmo quando não realizassem serviços de parceria;
b) os parentes do proprietário rural até o terceiro grau, em linha reta ou colateral, que trabalhassem em regime de economia doméstica (art. 64).

A lei estabelecia que as doenças inerentes ou peculiares a determinados ramos de atividade também se incluíam como doenças profissionais. Além da indenização tarifada, foi instituída pensão para os herdeiros ou beneficiários do acidentado. Os empregadores sem contrato de seguro ficavam obrigados a fazer um depósito junto às repartições fiscais ou de crédito (art. 36). Passaram a ser estabelecidas multas. Admitia-se a concausa, ou seja, os fatos consequentes do acidente. Os herdeiros ou beneficiários poderiam ingressar com ação contra o terceiro responsável pelo acidente.

O empregador deveria continuar comunicando o acidente à autoridade policial.

A Constituição de 1934 assegurava instituição de previdência nos casos de acidentes do trabalho (art. 121, § 1º, *h*). Prescrevia a Constituição de 1937 a instituição de seguros nos casos de acidente do trabalho (art. 137, *m*).

22.3.4 Decreto-lei n. 7.036/44

O Decreto-lei n. 7.036/44, trouxe algumas alterações em relação às normas anteriores. O acidente passou a ser conceituado como o que provoca lesão corporal, indicando sua causa e não mais o efeito como na norma anterior. Eram também excluídos do sistema os empregados com vencimentos superiores a cem contos de réis. Deixou claro o princípio da concausalidade, pois não mais se exigia que o acidente fosse a única causa do evento. Foi estendido o conceito de acidente do trabalho para abranger aquele que ocorresse durante o intervalo para refeições, ou destinado a satisfazer necessidades fisiológicas ou para descanso no local de trabalho.

O acidente *in itinere* foi melhor delineado, no sentido de ser considerado não só o ocorrido na condução fornecida pelo empregador, como aquele em que o empregado fosse transportado por vias e meios perigosos. Os dependentes passaram a ser os beneficiários do acidentado morto, não mais se falando em herdeiros. A indenização acidentária poderia ser cumulada com prestações da previdência social, inclusive com a de direito comum, caso ficasse provado o dolo do empregador. Passa a norma em comentário a tratar de um capítulo pertinente à prevenção de acidentes e também a versar sobre a readaptação profissional.

Ainda se adotava a teoria de risco profissional com a referida norma. O seguro contra acidentes do trabalho ficava a cargo exclusivo do empregador. A comunicação do acidente deveria ser feita pelo empregador à autoridade judiciária. Nos casos de morte, deveria ser feito inquérito policial. Os servidores públicos não estatutários também passaram a ter direito aos benefícios do sistema.

Admitiu-se a acumulação da indenização acidentária com a de direito civil, desde que houvesse dolo do empregador. O art. 31 da norma em comentário dispunha que "o pagamento da indenização estabelecida pela presente lei exonera o empregador de qualquer outra indenização de direito comum, relativa ao mesmo acidente, a menos que este resulte de dolo seu ou de seus prepostos". A Súmula 229 do STF ampliou a determinação do art. 31 do Decreto-lei n. 7.036/44 ao dizer que "a indenização acidentária não exclui a do direito comum, em caso de dolo ou culpa grave do empregador".

A Constituição de 1946 determinava a "obrigatoriedade da instituição do seguro pelo empregador contra os acidentes do trabalho" (art. 157, XVII).

Estabelecia a Carta Magna de 1967 o seguro obrigatório pelo empregador contra acidentes do trabalho (art. 158, XVII).

22.3.5 Decreto-lei n. 293/67

O Decreto-lei n. 293/67, estabeleceu que havia ainda a forma de seguro privado, mas admitiu que o INPS continuasse a operar na área, mediante concorrência.

No caso de morte ou incapacidade permanente e total, havia o pagamento de uma renda mensal em benefício do acidentado ou de seus dependentes. Se a incapacidade permanente fosse superior a 25%, a renda mensal era optativa. Se o limite fosse inferior, a indenização seria a forma exclusiva de se reparar o infortúnio.

22.3.6 Lei n. 5.316/67

A Lei n. 5.316/67, foi regulamentada pelo Decreto n. 61.784/67.

A Previdência Social passou a ficar incumbida do seguro contra acidente do trabalho. Temos agora uma responsabilidade objetiva, que é atribuída ao Estado, de reparar o dano decorrente do acidente do trabalho, por meio da Previdência Social. Para o empregado ter direito às reparações do acidente do trabalho, pouco importa se foi ou não registrado, ou se recolheu alguma contribuição para o sistema previdenciário. Nessa fase surge, além do auxílio-doença, a aposentadoria por invalidez, passando o empregado a perceber nessa última hipótese um benefício de prestação continuada, mensal. Foram previstos também outros benefícios, como a pensão por morte, o auxílio-acidente, o pecúlio e serviços de assistência médica e reabilitação profissional.

A referida norma não teve aplicação imediata, sendo que no seu interregno mandou-se aplicar as regras do Decreto-lei n. 7.036/44. Os trabalhadores rurais também passaram a integrar o sistema e foram adaptados às condições do Decreto-lei n. 7.036/44.

Os domésticos perderam os benefícios de acidente do trabalho. A comunicação de acidente do trabalho deveria ser feita à Previdência Social e nos casos fatais à autoridade policial.

As doenças profissionais e do trabalho continuavam a ser protegidas, acolhendo-se também o princípio da concausalidade.

A Emenda Constitucional n. 1/69, assegurou seguro contra acidentes do trabalho mediante contribuição da União, do empregador e do empregado (art. 165, XVI).

22.3.7 Lei n. 6.195/74

A Lei n. 6.195/74, foi regulamentada pelo Decreto n. 76.022/75. Tratava do regime rural de acidentes do trabalho. O trabalhador rural foi integrado ao regime de acidentes do trabalho da Previdência Social, havendo custeio por meio do Funrural. O Decreto-lei n. 7.036/44 foi definitivamente revogado.

O trabalhador rural passou a ter direito aos seguintes benefícios: auxílio-doença, aposentadoria por invalidez, pensão, assistência médica e reabilitação.

O custeio era feito por meio de alíquota de 0,5% sobre os produtos agropecuários vendidos na primeira comercialização.

22.3.8 Lei n. 6.367/76

A Lei n. 5.316/67 foi revogada expressamente pela Lei n. 6.367/76, que versava sobre acidentes do trabalho dos empregados urbanos. Essa lei foi regulamentada pelo Decreto n. 79.037/76.

Na referida norma houve a persistência da concausalidade.

O seguro obrigatório era realizado pelo INPS (art. 1º). Dentro do conceito de empregado incluíam-se o trabalhador temporário e o trabalhador avulso (§ 1º do art. 1º). Não se aplicavam as disposições da referida norma ao titular de firma individual, ao diretor, sócio-gerente ou cotista que não tivessem a condição de empregado. Alguns benefícios foram extintos e outros reduzidos. Foi criado o auxílio-suplementar pelo art. 9º, que cessaria com a aposentadoria do acidentado e seu valor não seria incluído no cálculo da pensão. A assistência médica, hospitalar, odontológica e farmacêutica, bem como o transporte do acidentado e a reabilitação profissional seriam devidos em caráter obrigatório (art. 10).

O acidente do trabalho deveria ser comunicado ao INPS no prazo de 24 horas e à autoridade policial no caso de morte. Fixava-se multa pelo descumprimento da referida disposição (art. 14).

As ações acidentárias seriam de competência da Justiça Comum.

22.3.9 Outras disposições

Mais tarde surge o Decreto n. 83.080/79, dispondo sobre acidente do trabalho na área urbana e rural, revogando, assim, os decretos anteriores.

A Constituição de 1988, no inciso XXVIII do art. 7º, especificou o "seguro contra acidente de trabalho, a cargo do empregador, sem excluir a indenização a que está obrigado, quando incorrer em dolo ou culpa".

Estabelecia a redação original do inciso I do art. 201 da Lei Maior que os planos de previdência social, mediante contribuição, atenderão, nos termos da lei, "à cobertura dos eventos de doença, invalidez, morte, incluídos os resultantes de acidentes do trabalho".

Em 24 de julho de 1991 vem ao mundo jurídico a Lei n. 8.213/91, estabelecendo as regras para o segurado ter direito aos benefícios da Previdência Social. Na Lei n. 8.213/91 o acidente do trabalho foi tratado, entre outros dispositivos, nos arts. 19 a 23, revogando as determinações da Lei n. 6.367/76 em sentido contrário. Ressalte-se, ainda, que o art. 121 da Lei n. 8.213/91 não exclui a responsabilidade civil da empresa ou de outra pessoa em razão do pagamento pela Previdência Social das prestações por acidente do trabalho. O art. 120 da mesma norma vai mais adiante, esclarecendo que, "nos casos de negligência quanto às normas-padrão de segurança e higiene do trabalho indicados para a proteção individual e coletiva, a Previdência Social proporá ação regressiva contra os responsáveis". O auxílio-suplementar foi abolido. A empresa passa a ser responsável pela adoção e uso das medidas coletivas e individuais de proteção e segurança da saúde do trabalhador (§ 1º do art. 19 da Lei n. 8.213/91). Com a Lei n. 8.213/91, a legislação de acidente do trabalho foi incorporada à legislação de benefícios da previdência social, não mais existindo uma lei própria para tratar do tema.

A atual redação do inciso I do art. 201 da Constituição, de acordo com a redação da Emenda Constitucional n. 20/98, não mais menciona como contingências a serem cobertas pela Previdência Social as decorrentes de acidente do trabalho.

O § 10 do art. 201 da Lei Magna dispõe que "lei complementar poderá disciplinar a cobertura de benefícios não programados, a ser atendida concorrentemente pelo regime geral de previdência social e pelo setor privado". Essa lei complementar não é obrigatória, mas facultativa. Ela poderá disciplinar. Na redação atual, não se fala de acidente do trabalho, mas cobertura de benefícios não programados.

Pela determinação constitucional, a lei é ordinária. Não se exige, portanto, lei complementar. Enquanto não existir lei tratando do assunto, é recebida a Lei n. 8.213/91, que é lei ordinária.

O estabelecimento do regime concorrente entre o INSS e o setor privado vem a ser um retrocesso. A existência de um regime privado outrora não deu certo, pois não atendia às necessidades dos acidentados, principalmente quando se estabelecia a indenização tarifada.

Os sindicatos combateram o regime de seguro privado no sistema de acidente do trabalho, dando origem à Lei n. 5.316/67, que passou a estabelecer um regime de responsabilidade objetiva, atribuído ao Estado. A partir da edição da referida norma, temos um sistema público de acidente do trabalho. A determinação da Constituição implica retrocesso ao sistema anterior a 14-9-1967, que não deu certo.

Afirma-se que a privatização visa economizar dinheiro público. A iniciativa privada iria fazer investimentos para evitar acidentes. Essa assertiva é relativa, pois alguns empregadores poderão fazer os investimentos em prevenção de acidentes e outros não, prejudicando os empregados.

Deve ficar com o Estado o pagamento da prestação de acidente do trabalho, pois, em certas áreas com muitos acidentes, a iniciativa privada não iria querer atuar ou iria impor prêmio muito elevado para custear o seguro, o que inviabilizaria a prestação.

22.4 PREVENÇÃO DE ACIDENTES

O empregador tem obrigação de constituir uma comissão interna de prevenção de acidentes (Cipa), de acordo com as instruções expedidas pelo Ministério do Trabalho, nos estabelecimentos ou locais de obra, de acordo com o art. 163 da CLT, bastando ter mais de 20 empregados em cada estabelecimento.

Cabe à empresa também cumprir e fazer cumprir as normas de segurança e medicina do trabalho; instruir seus empregados, por meio de ordens de serviço, quanto às precauções a tomar no sentido de evitar acidentes do trabalho ou doenças ocupacionais; adotar as medidas que lhes sejam determinadas pelo Ministério do Trabalho, por meio do órgão regional competente; facilitar o exercício da fiscalização pela autoridade competente (art. 157 da CLT).

O acidente muitas vezes pode ser obra do acaso, mas também pode ser decorrente do descaso do empregador em proporcionar ao empregado ambiente de trabalho sadio.

A empresa é obrigada a fornecer aos empregados, gratuitamente, equipamento de proteção individual (EPI) adequado ao risco e em perfeito estado de conservação e funcionamento, sempre que as medidas de ordem geral não ofereçam completa proteção contra os riscos de acidentes e danos à saúde dos empregados (art. 166 da CLT). O equipamento de proteção individual só poderá ser posto à venda ou utilizado com a indicação do Certificado de Aprovação do Ministério do Trabalho (art. 167 da CLT).

O empregado, por sua vez, deve: observar as normas de segurança e medicina do trabalho, inclusive as instruções expedidas pela empresa quanto às precauções sobre acidentes do trabalho ou doenças ocupacionais; colaborar com a empresa na aplicação dos dispositivos sobre segurança e medicina do trabalho. Constitui ato faltoso do empregado a recusa injustificada: à observância das instruções expedidas pelo empregador já mencionadas; ao uso dos equipamentos de proteção individual fornecidos pela empresa (art. 158 e seu parágrafo único da CLT).

As empresas deverão observar, entre outras determinações, as regras inseridas em códigos de obras ou regulamentos sanitários dos Estados ou Municípios em que se situem os seus estabelecimentos, bem como daquelas oriundas de convenções coletivas de trabalho quanto a regras de segurança e medicina do trabalho (art. 154 da CLT).

Com base no art. 200 da CLT, de acordo com a redação da Lei n. 6.514/77, que deu nova redação a todo o Capítulo V da CLT sobre medicina e segurança do trabalho, ficou autorizado o Ministério do Trabalho a expedir normas sobre o tema. Surgiu em 8 de junho de 1978 a Portaria n. 3.214, que aprovou as Normas Regulamentadoras (NR) quanto às regras de proteção de acidentes na empresa e outras. A NR 5 trata da Cipa. A NR 6 especifica as regras sobre EPIs. Outras NRs da mesma portaria versam sobre condições insalubres, perigosas, sobre ergonomia, sobre instalações e serviços de eletricidade, sobre exames médicos etc.

A Previdência Social ajuizará ação regressiva contra os responsáveis nos casos de:

I – negligência quanto às normas padrão de segurança e higiene do trabalho indicadas para a proteção individual e coletiva;

II – violência doméstica e familiar contra a mulher, nos termos da Lei n. 11.340/2006 (art. 120 da Lei n. 8.213/91).

22.5 DENOMINAÇÃO

No Brasil, a denominação utilizada é "acidente do trabalho". Na França, emprega-se a expressão *accident du travail*. Na Inglaterra, *industrial accident*. Na Alemanha, *Betriebsunfall*. Na Espanha, *accidentes de trabajo*. Na Itália, *infortunio sul lavoro*.

22.6 CONCEITO DE ACIDENTE DO TRABALHO

Acidente é o acontecimento imprevisto ou de força maior que ocasiona dano a pessoa ou coisa. O evento é súbito, inesperado.

O art. 19 da Lei n. 8.213/91 conceitua acidente do trabalho como "o que ocorre pelo exercício do trabalho a serviço de empresa ou de empregador doméstico ou pelo exercício do trabalho dos segurados 'especiais', provocando lesão corporal ou perturbação funcional que cause a morte ou a perda ou redução, permanente ou temporária, da capacidade para o trabalho".

Seria melhor conceituar o acidente do trabalho como a contingência que ocorre pelo exercício de trabalho a serviço do empregador, do empregador doméstico ou pelo exercício de trabalho dos segurados especiais, provocando lesão corporal ou perturbação funcional que cause a morte ou a perda ou redução, permanente ou temporária, da capacidade para o trabalho. Nesse conceito há que se destacar o gênero próximo, que é a contingência, e a diferença específica, que diz respeito ao restante da definição.

De plano constata-se que no conceito de acidente do trabalho é incluído aquele no exercício do trabalho e dos segurados especiais, o que não se verificava na Lei n. 6.367/76.

O termo mais correto é *contingência*, e não *evento*, como inclusive consta do inciso I do art. 201 da Constituição. Evento é o jogo de futebol, o espetáculo, mas não o acidente do trabalho. Morte, por exemplo, não pode ser considerada evento, pois do contrário seria uma festa, um espetáculo.

Prefiro utilizar a palavra *empregador*, e não *empresa*, pois o primeiro é o que tem empregados, podendo tanto ser a pessoa física, como a jurídica. Empresa é algo abstrato ou então é a atividade organizada para a produção de bens e serviços para o mercado, que pode ou não ter empregados.

O acidente do trabalho, em princípio, é aquele que decorre do exercício do trabalho. Não se pode considerar, portanto, acidente do trabalho o proveniente de acidente de trânsito que nada tenha a ver com o trabalho.

É preciso que, para existência do acidente do trabalho, exista um nexo entre o trabalho e o efeito do acidente. Esse nexo de causa-efeito é tríplice, pois compreende o trabalho, o acidente, com a consequente lesão, e a incapacidade, resultante da lesão. Deve haver um nexo causal entre o acidente e o trabalho exercido.

Inexistindo essa relação de causa-efeito entre o acidente e o trabalho, não se poderá falar em acidente do trabalho. Mesmo que haja lesão, mas que esta não venha a deixar o segurado incapacitado para o trabalho, não haverá direito a qualquer prestação acidentária.

É mister também que ocorra um nexo causal entre a contingência e o trabalho, resultando na lesão com a consequente incapacidade do operário para o trabalho, seja ela temporária ou definitiva. É o que se chama de "causalidade direta", "acidente-tipo" ou "acidente típico".

Assim, o acidente-tipo se verifica quando o empregado estiver no exercício do trabalho a serviço do empregador ou em relação ao segurado especial. Deve haver uma lesão corporal ou perturbação funcional que possa resultar em morte ou incapacidade laborativa temporária ou permanente, total ou parcialmente. O acidente-tipo ocorre apenas com um único evento, que é totalmente imprevisto e de consequências imediatas.

A causalidade direta ocorre porque o acidente do trabalho é um acontecimento ou evento imprevisto, em que não há a vontade do empregado em se machucar. Verifica-se a prejudicialidade, porque compreende lesão corporal ou uma perturbação funcional que origina a morte, a perda ou a redução, permanente ou temporária, da capacidade do trabalho do operário.

Não se confunde, porém, o nexo causal com o nexo etiológico. Neste verifica-se o fato que origina ou desencadeia o acidente do trabalho. Já no primeiro pode haver a abrangência sobre o agravamento das lesões ou doenças decorrentes do trabalho.

22.6.1 Doenças do trabalho

Etiologia é a parte da Medicina que trata da causa das doenças.

Considera-se, ainda, acidente do trabalho:

1. a doença profissional, assim entendida a produzida ou desencadeada pelo exercício de trabalho peculiar a determinada atividade e constante da relação do Anexo II do Decreto n. 3.048/99. São doenças inerentes exclusivamente à profissão e não ao trabalho, embora possam ser desenvolvidas no trabalho. Há presunção da lei. Exemplo é a doença do pulmão adquirida pelo mineiro em razão do exercício de sua profissão.

   As doenças profissionais são as causadas por agentes físicos, químicos ou biológicos inerentes a certas funções ou atividades. Não se confundem com os acidentes-tipo, pois têm atuação lenta no organismo humano. São também denominadas idiopatias, tecnopatias ou ergopatias.

2. doença do trabalho, que é a adquirida ou desencadeada em razão de condições especiais em que o trabalho é realizado e com ele se relaciona dire-

tamente, desde que constante da relação mencionada no Anexo II do Decreto n. 3.048/99. São chamadas de mesopatias. Exemplo é a afecção auditiva decorrente do trabalho na exploração de pedreiras.

Em caso excepcional, constatando-se que a doença não incluída nos itens 1 e 2 anteriores resultou de condições especiais, em que o trabalho é executado e com ele se relaciona diretamente, a Previdência Social deve considerá-la como acidente do trabalho.

Etiologia é a parte da Medicina que trata da causa das doenças.

A doença do trabalho é o gênero do qual a doença profissional é espécie. O que deve ser ressaltado é que nem toda doença pode ser considerada do trabalho, pois somente aquelas determinadas pela lei é que o serão, na forma prevista no Anexo II do Decreto n. 3.048/99. As doenças encontradas nessa relação são chamadas "tecnopatias" ou "ergopatias". As que não estão relacionadas no mencionado anexo não dão direito a prestações por acidente do trabalho, sendo chamadas de "mesopatias", como ocorre com exposição a agentes químicos, como benzeno, chumbo; físicos, como ruído, radiações; biológicos, como microorganismos e parasitas que causem infecções etc. A exceção à regra se dá quando as mesopatias não relacionadas no citado anexo tenham resultado de condições especiais em que o trabalho é executado e com ele se relaciona diretamente, que serão consideradas pela Previdência como acidente do trabalho (§ 2º do art. 20 da Lei n. 8.213/91).

A legislação brasileira adota a classificação de Schilling. No primeiro grupo a causa é necessária, decorrente de atividades profissionais em razão de características deletérias ou de risco. No segundo grupo, o trabalho é um fator contributivo, mas não é necessário para o surgimento da enfermidade. No terceiro grupo, o trabalho é um ator agravante de uma doença existente.

Não são consideradas como doenças do trabalho:

a) a doença degenerativa. É a que não tem nexo de causa e efeito com o trabalho, como doenças de coluna (epondiloartrose, artrose, lombalgias);
b) a inerente a grupo etário, como reumatismo, osteoporose, esclerose etc.;
c) a que não produz incapacidade laborativa;
d) a doença endêmica adquirida por segurados habitantes de região em que ela se desenvolva, salvo comprovação de que resultou de exposição ou contato direto determinado pela natureza do trabalho. É o que ocorreria com doenças como malária, febre amarela, que ocorrem mais na Amazônia, ou dengue.

São também considerados acidentes do trabalho, desde que relacionados com o serviço, a redução ou perda da audição e a lesão por esforço repetitivo (LER).

Consiste a espondilolistese no deslizamento de uma vértebra. Predomina o entendimento de que se trata de afecção de natureza congênita ou degenerativa, sem relação com as condições de trabalho.

22.6.2 Causalidade indireta

O art. 21 da Lei n. 8.213/91 equipara também ao acidente do trabalho outras hipóteses em que o segurado venha a sofrer uma lesão que é relacionada com sua atividade laboral. É chamada causalidade indireta.

São equiparados ao acidente do trabalho os seguintes casos:

a) o acidente sofrido pelo segurado no local e no horário de trabalho, proveniente de:
   1. ato de agressão, sabotagem ou terrorismo praticado por terceiros ou companheiro de trabalho;
   2. ofensa física intencional, inclusive de terceiro, por motivo de disputa relacionada com o trabalho;
   3. ato de imprudência, de negligência ou de imperícia de terceiros, ou de companheiro de trabalho;
   4. ato de pessoa privada do uso da razão;
   5. desabamento, inundação, incêndio e outros casos fortuitos decorrentes de força maior. Este é o acontecimento inevitável e previsível ao qual a pessoa não deu causa;

b) a doença proveniente de contaminação acidental do empregado no exercício de sua atividade;

c) o acidente sofrido, ainda que fora do local e horário de trabalho:
   1. na execução de ordem ou na realização de serviços sob a autoridade da empresa.

   Nesse item pode ser enquadrado o acidente do empregado que portava BIP, pois não importa se o acidente ocorreu fora do local e do horário de trabalho. O fato de o empregado portar BIP não implica hora de "sobreaviso", para se aplicar por analogia o § 2º do art. 244 da CLT, pois o empregado não tem privada a sua liberdade de locomoção, de modo a ficar exclusivamente na sua residência aguardando ser chamado, como ocorre no "sobreaviso". O trabalhador não está exatamente aguardando ordens ou realizando serviço. Logo, não se pode considerar o trabalhador que porta BIP como à disposição do empregador, nem se poderá falar em acidente do trabalho, se ocorrer o infortúnio;

2. na prestação espontânea de qualquer serviço à empresa para lhe evitar prejuízo ou proporcionar proveito;
3. em viagem a serviço da empresa, inclusive para estudo, quando financiada por esta, dentro de seus planos para melhor capacitação da mão de obra, independentemente do meio de locomoção utilizado, inclusive veículo de propriedade do segurado;
4. no percurso da residência para o local de trabalho ou deste para aquela, qualquer que seja o meio de locomoção, inclusive veículo de propriedade do segurado. É o que se chama de acidente *in itinere*.

Verifica-se que a lei determina que outras hipóteses podem desencadear o acidente do trabalho, ainda que indiretamente. Esses eventos podem ocorrer tanto no local e no horário do trabalho, como fora destes.

Vem também a lei a estender o acidente do trabalho para aquele evento ocorrido no percurso da residência do empregado para o local de trabalho e vice-versa, qualquer que seja o meio de locomoção, inclusive veículo de propriedade do segurado. Chama-se a isso de acidente *in itinere*, ou aquele ocorrido no percurso entre a residência e o trabalho e para a sua volta, vindo a incapacitar o obreiro para o trabalho.

A expressão *in itinere* tem origem no latim *iter*, que tem o significado de "caminho", "itinerário". Fica caracterizado o acidente *in itinere* quando ocorre no trajeto de retorno do trabalho para a casa dos pais, nada impedindo que o trabalhador tenha dupla residência (Ac. da 5ª C. do 2º TAC SP, Ac. 359.71500/0, Rel. Juiz Ismeraldo Farias, j. 17-11-1993, *DJ SP*, 29-4-1994, p. 103). Já se decidiu que um pequeno desvio de percurso não impede a caracterização do acidente do trabalho (*RT* 619/139). A interrupção do percurso deve ser de tal maneira que desapareça a relação com o trabalho. O fato de a pessoa parar na farmácia, na padaria, no supermercado para fazer pequenas compras não irá descaracterizar o acidente que possa nesse período ocorrer.

Se o empregado é assaltado no percurso para o trabalho e morre, existe o acidente do trabalho, pois a lei reconhece o acidente de trajeto.

Ocorre também o acidente *in itinere* quando o empregado vai fazer o intervalo legal ou quando dele retorna para a empresa.

Não se exige que o trabalhador preste direta e imediatamente o serviço na ida e volta ao trabalho. A exigência decorre da existência de contrato de trabalho. Se, embora suspenso o contrato de trabalho, o empregado comparece ao empregador para cuidar de assuntos atinentes ao pacto laboral, como entrega de documentos exigidos pelo empregador, considera-se como acidente de trajeto se a empregada vai até sua residência buscar esses documentos exigidos pela empresa. Da mesma forma, caracteriza-se o acidente do trabalho no evento ocorrido em dia útil, em horário comercial, quando o trabalhador exerce atividade sindical, sem desvinculação com a empregadora (Ac. da 9ª C. do 2º TAC SP, Ac. 392.693-00/8, Rel. Designado Juiz Radislau Lamotta, j. 1º-12-1993, *DJ* SP, 5-8-1994, p. 87). No caso, não houve suspensão ou interrupção do contrato de trabalho, visto que o empregado recebia remuneração da empresa, exercendo a atividade sindical, havendo inclusive recolhimento de contribuições previdenciárias.

O acidente ocorrido em jogo de futebol, quando o empregado está vestindo a camisa da empresa, é considerado como acidente do trabalho. Na ocasião os funcionários da empresa tiveram a oportunidade da integração com outras pessoas, resultando melhor relacionamento e entrosamento entre os participantes, o que pode proporcionar melhoria na qualidade do serviço e melhor produtividade. A empresa goza da publicidade ao colocar o seu nome na camisa do seu time de futebol. Já o empregado, ao vestir a camisa da empresa, divulga o nome do empregador, fazendo propaganda da marca deste. O empregador convoca para essas competições apenas aqueles empregados mais talentosos, que irão vestir suas cores, e não qualquer pessoa. O lazer auferido pelo empregado não foi, assim, proveito apenas do obreiro, mas também da empresa (Ac. da 6ª C. do 2º TAC SP, Ac. 323.878/9-00, j. 22-7-92, Rel. Juiz Francisco Barros, in: *Repertório IOB de Jurisprudência*, n. 24/92, p. 447-478, ementa 2/7031). Há também acidente do trabalho quando o empregado volta do evento esportivo para sua residência, tendo participado de jogo pelo empregador (*JTACSP* 110/395), que se considera como acidente de trajeto.

O dolo do acidentado excluirá, porém, a configuração de acidente do trabalho.

22.6.3 Concausalidade

Na concausalidade podem existir várias causas para caracterizar o acidente. Concausa representa um acréscimo de outra causa à causa já existente e que concorre para o resultado do acidente.

A concausalidade do acidente do trabalho pode ser observada no inciso I do art. 21 da Lei n. 8.213/91, quando a lei equipara ao acidente do trabalho "o acidente ligado ao trabalho que, embora não tenha sido a causa única, haja contribuído diretamente para a morte do segurado, para a redução ou perda da sua capacidade para o trabalho, ou produzido lesão que exija atenção médica para a sua recuperação".

A exceção prevista no inciso I do art. 21 da Lei n. 8.213/91 é conhecida, portanto, como concausalidade. Tendo o fato ocorrido como uma condição fundamental para o acidente do trabalho, estará configurado o infortúnio. É o que ocorre quando o fato superveniente a um evento vem a resultar, por exemplo, na morte do empregado. Seria a hipótese de um empregado quebrar um braço no local de trabalho e posteriormente vir a perdê-lo por gangrena. Como se vê, o segundo fato contribuiu para a ocorrência do evento final: a perda de todo o braço do trabalhador. O evento tempo entre o primeiro fato e o segundo não descaracteriza o acidente do trabalho, pois se o operário não tivesse quebrado o braço na empresa, não teria necessidade de amputar esse mesmo braço posteriormente.

Esclarece Octávio Bueno Magano[5] que "a concausa pode ser preexistente, superveniente ou simultânea. Se o trabalhador sofre ferimento leve e não obstante vem a morrer porque era diabético, tem-se que a concausa é preexistente. Se o trabalhador recebe ferimento leve e vem a morrer em virtude do tétano, trata-se de concausa superveniente. Se o trabalhador, acometido de mal súbito, cai de um andaime, morrendo em consequência, configura-se a concausa simultânea".

Pode-se, por exemplo, considerar como concausa o portador de esquizofrenia que teve moléstia desencadeada em decorrência de assalto (Ac. da 8ª C. do 2º TAC SP Ac. 387.936-00/2, Rel. Juiz Renzo Leonardi, j. 23-12-1993, *DJ* SP, 21-10-1994, p. 107).

22.6.4 Períodos de intervalo na jornada de trabalho

O empregado é considerado no exercício do trabalho no intervalo para refeições e descanso, ou qualquer outro período em que tenha de satisfazer outras necessidades fisiológicas.

Dessa forma, quando o empregado está se alimentando ou descansando dentro da jornada de trabalho, até mesmo jogando futebol nas dependências da empresa, pode ocorrer o acidente do trabalho.

O mesmo pode-se dizer quando o empregado está satisfazendo necessidades fisiológicas durante a jornada de trabalho, quando, por exemplo, o empregado está se lavando ou tomando banho.

22.6.5 Agravamento do acidente

Não é considerada agravação ou complicação de acidente do trabalho a lesão que, resultante de acidente de outra origem, se associe ou se superponha às consequências do anterior. Será considerado agravamento de acidente do trabalho

---

5 MAGANO, Octavio Bueno. *Lineamentos de infortunística*. São Paulo: Bushatsky, 1976. p. 34

aquele sofrido pelo acidentado quando estiver sob a responsabilidade da Reabilitação Profissional.

22.6.6 Dia do acidente

Considera-se como dia do acidente, na ocorrência de doença profissional ou do trabalho, a data do início da incapacidade laborativa para o exercício da atividade habitual, ou o dia de segregação compulsória, ou o dia em que for realizado o diagnóstico, valendo para esse efeito o que ocorrer primeiro (art. 23 da Lei n. 8.213/91).

22.7 APLICAÇÃO

As prestações relativas a acidente do trabalho são devidas:

a) ao empregado, incluindo o empregado urbano (CLT), o rural (Lei n. 5.889/73), o doméstico e o trabalhador temporário (Lei n. 6.019/74);

b) ao trabalhador avulso;

c) ao segurado especial.

As prestações de acidente do trabalho não se observam ao médico residente que é considerado contribuinte individual pela Lei n. 6.932/81. Não se podem estender ao médico residente as prestações de acidente do trabalho, pois não há custeio para tanto (§ 5º do art. 195 da Constituição). Destaque-se, também, que a própria Lei n. 8.213/91 não trata do assunto. Além disso, as prestações de acidente do trabalho não são deferidas a contribuintes individuais.

Não se aplicam os benefícios acidentários aos trabalhadores autônomos e equiparados, aos empresários, aos segurados facultativos e aos dependentes dos segurados mencionados, aos servidores públicos estatutários. No entanto, aplicam-se ao servidor regido pela CLT. Aquelas pessoas não recolhem contribuição para custear o acidente do trabalho, não fazendo jus ao respectivo benefício.

O fato de o empregado não estar registrado não implica a perda do direito ao benefício. O mesmo ocorre se a empresa não recolhe as contribuições previdenciárias, pois o empregado continuará tendo direito aos benefícios.

Se o empregado tem menos de 16 anos e mesmo assim presta serviços ao empregador, terá direito à reparação pelo infortúnio, pois se há o trabalho não poderá ficar desprotegido. O inciso XXXIII do art. 7º da Constituição não pode ser interpretado em prejuízo do próprio menor. Assim, se o acidente do trabalho ocorreu, mesmo tendo o empregado menos de 16 anos, é de se reconhecer o acidente do trabalho e o pagamento do respectivo benefício.

Determina o art. 1º da Convenção n. 19 da OIT, promulgada pelo Decreto n. 41.721/57, que o país compromete-se a conceder aos nacionais de qualquer outro membro que tenha ratificado a referida norma internacional, em relação a pessoas que forem vítimas de acidentes do trabalho ocorridos em seu território ou em territórios sob sua dependência, terão o mesmo tratamento assegurado aos seus próprios acidentes em matéria de indenização por acidente do trabalho. Isso significa que será aplicada a lei brasileira ao estrangeiro.

O art. 2º da Convenção n. 19 da OIT prevê que para a indenização por acidente do trabalho sobrevindo a trabalhadores ocupados temporária ou intermitentemente no território de um membro, por conta de empresa situada em território de outro membro, poderá ser observada a legislação deste último, por acordo especial entre os membros interessados. A regra é facultativa, pois pode não haver previsão para aplicação de determinada lei. Lembre-se, ainda, de que o artigo citado menciona a sua aplicação em relação a trabalhadores ocupados temporária ou intermitentemente e não em caso de trabalho habitual em certo país.

Alguns tratados internacionais estabelecem que se o trabalhador presta serviços no estrangeiro em caráter temporário ou eventual, geralmente de até seis meses, é aplicável a lei da sede da empresa, caso ocorra o acidente[6].

Mostra o art. 198 do Código de Bustamante que "é igualmente territorial a legislação sobre os acidentes do trabalho e a proteção social do trabalhador".

Indica o referido código que a lei aplicável é a *lex loci laboris* ou a lei do local onde ocorreu o infortúnio.

No caso de empregados contratados no Brasil ou transferidos para prestar serviços no exterior aplica-se a Lei n. 7.064/82. Esta norma explicita no parágrafo único do art. 2º que é aplicável a tais trabalhadores a lei brasileira sobre Previdência Social. Hoje, essa norma é a Lei n. 8.213/91, que nos arts. 19 a 23 inclui regras sobre acidente do trabalho. Isso quer dizer que se aplica a nossa legislação acidentária ao empregado contratado ou transferido para trabalhar no exterior, caso sofra o acidente. O art. 11 da Lei n. 7.064/82 prevê que não são devidas certas contribuições, mas não se refere ao custeio de acidente do trabalho, o que mostra que a empresa deverá recolher a contribuição de acidente do trabalho de 1, 2 ou 3% sobre a folha de pagamentos.

---

6 Tratado Franco-Belga, de 21-2-1906.

Considera o inciso I do art. 12 da Lei n. 8.212/91 como segurado obrigatório, na condição de empregado: (1) o brasileiro ou estrangeiro domiciliado e contratado no Brasil para trabalhar como empregado em sucursal ou agência de empresa nacional no exterior; (2) o brasileiro civil que trabalha para a União, no exterior, em organismos oficiais brasileiros ou internacionais dos quais o Brasil seja membro efetivo, ainda que lá domiciliado e contratado, salvo se segurado na forma da legislação vigente do país do domicílio; (3) o brasileiro ou estrangeiro domiciliado e contratado no Brasil para trabalhar como empregado em empresa domiciliada no exterior, cuja maioria do capital votante pertença a empresa brasileira de capital nacional. Nesses casos, se o acidente do trabalho ocorrer no estrangeiro, o empregado é considerado segurado da nossa Previdência Social, fazendo jus aos benefícios de acidente do trabalho previstos no Brasil pela Lei n. 8.213/91.

22.8 COMUNICAÇÃO DO ACIDENTE

O acidente do trabalho deverá ser comunicado pela empresa ou pelo empregador doméstico à Previdência Social até o primeiro dia útil seguinte ao da ocorrência e, em caso de morte, de imediato, à autoridade competente, sob pena de multa variável entre o limite mínimo e máximo do salário de contribuição, sucessivamente aumentada nas reincidências.

O acidentado e seus dependentes receberão cópia da comunicação do acidente do trabalho, bem como o sindicato a que corresponda a sua categoria.

Na falta de comunicação por parte da empresa, podem formalizá-la o próprio acidentado, seus dependentes, a entidade sindical competente, o médico que o assistiu ou qualquer autoridade pública, não prevalecendo nesses casos o prazo de comunicação anteriormente mencionado. A comunicação eximirá a empresa de responsabilidade pela falta do cumprimento do prazo. Ressalte-se que o inciso XXVIII do art. 7º da Lei Maior prevê o seguro contra acidentes do trabalho a cargo do empregador, sem excluir a indenização a que este está obrigado nos casos de incorrer em dolo ou culpa.

A obrigação de comunicar o acidente é da empresa e não do acidentado, não se podendo exigir deste, como condição da ação judicial, a comunicação ao INSS. Para propositura da ação não há necessidade de postulação prévia na área administrativa (STJ, 1ª T., RESP 15.633 – RJ, Rel. Min. Demócrito Reinaldo, j. 11-5-1992, *DJU* I, 22-6-1992, p. 9.725).

Assim, o empregado não precisa trazer a CAT aos autos como prova de notificação do INSS quando o empregador não cumpre a obrigação legal. Somente se poderia entender como indispensável a juntada da CAT com a inicial quando o evento é comunicado ao INSS pela empresa.

O STF entendeu que não é inconstitucional a exigência de que o acidentado junte com a inicial o CAT como condição da ação (RE 144.840-SP, j. 2-4-1996, Rel. Min. Moreira Alves, conforme *Informativo do STF* n. 25, *DJ* 8-11-1996).

22.9 CARACTERIZAÇÃO DO ACIDENTE

O acidente deverá ser caracterizado:

a) administrativamente, por meio do setor de benefícios do INSS, que estabelecerá o nexo entre o trabalho exercido e o acidente;
b) tecnicamente, por intermédio da perícia médica do INSS, que estabelecerá o nexo da causa e efeito entre:
    1. o acidente e a lesão;
    2. a doença e o trabalho;
    3. a causa *mortis* e o acidente;
c) judicialmente, por perícia determinada pelo juiz.

Para a caracterização do acidente é preciso:

a) causa: o acidente é proveniente de uma causa, não é provocado;
b) nocividade: o acidente deve provocar lesão corporal ou perturbação funcional;
c) incapacidade: o acidente deve impedir o segurado de trabalhar;
d) nexo etiológico: deve haver relação direta ou indireta entre a lesão e o trabalho realizado pela vítima.

A perícia médica do INSS considerará caracterizada a natureza acidentária da incapacidade quando constatar ocorrência de nexo técnico epidemiológico entre o trabalho e o agravo, decorrente da relação entre a atividade da empresa ou do empregado doméstico e a entidade mórbida motivadora da incapacidade elencada na Classificação Internacional de Doenças – CID, em conformidade com o que dispuser o regulamento (art. 21-A da Lei n. 8.213/91). Representa hipótese de presunção relativa, permitindo ao INSS fazer prova em sentido contrário. A perícia médica do INSS deixará de aplicar o disposto acima quando demonstrada a inexistência do nexo epidemiológico. A empresa ou o empregador doméstico poderão requerer a não aplicação do nexo técnico epidemiológico, de cuja decisão caberá recurso, com efeito suspensivo, da empresa, do empregador doméstico ou do segurado ao Conselho de Recursos do Seguro Social.

O INSS anotará na CTPS do empregado o acidente do trabalho e os seus benefícios (art. 30 da CLT).

22.10 PERÍODO DE CARÊNCIA

Não há necessidade de período de carência para que o segurado possa perceber os benefícios acidentários. A partir do momento em que o trabalhador passa a ter a condição de segurado, já tem direito às prestações decorrentes de acidente do trabalho. Pode ocorrer, assim, que o empregado venha a se acidentar no primeiro dia de trabalho na empresa, sem nunca ter contribuído para a Previdência Social, por ser o seu primeiro emprego, tendo direito às prestações por acidente do trabalho, observados os requisitos da lei. É uma necessidade premente ou urgente do trabalhador.

22.11 PRESTAÇÕES

O acidentado e seus dependentes têm direito às seguintes prestações:

1. quanto ao segurado: auxílio-doença, aposentadoria por invalidez e auxílio-acidente;
2. quanto ao dependente: pensão por morte;
3. quanto ao segurado e dependente: serviço social e reabilitação profissional.

Poder-se-ia dividir as prestações de pagamento continuado em auxílio-doença, auxílio-acidente, aposentadoria por invalidez e pensão.

O beneficiário em gozo de auxílio-doença, aposentadoria por invalidez, auxílio-acidente e pensão por morte tem direito ao abono anual (13º salário dos aposentados).

22.12 CUMULAÇÃO

O auxílio-doença e a aposentadoria por invalidez, decorrentes de acidente do trabalho, não podem ser acumulados com o auxílio-doença e qualquer aposentadoria do RGPS.

22.13 CÁLCULO

O valor do benefício de acidente do trabalho será calculado com base no salário de benefício (art. 28 da Lei n. 8.213/91). Não mais se adota a regra de que se deve observar o salário de benefício de acordo com a média dos 36 salários de contribuição devidamente corrigidos ou o salário de contribuição da data do acidente, o que fosse mais favorável ao segurado. No cálculo não entra o 13º salário, que não faz parte do salário de benefício.

Todos os salários de contribuição computados no cálculo do benefício serão corrigidos monetariamente.

Esclarece a Súmula 159 do STJ que o benefício acidentário, no caso de contribuinte que perceba remuneração variável, deve ser calculado com base na média aritmética dos últimos 12 meses de contribuição.

Não se considera no cálculo de salário de benefício o aumento do salário de contribuição excedente ao limite legal, inclusive o voluntariamente concedido nos 36 meses imediatamente anteriores ao início do benefício, exceto se houver homologação pela Justiça do Trabalho, resultante de promoção regulada por normas gerais da empresa, admitida pela legislação do trabalho, de sentença normativa ou de reajustamento salarial obtido pela categoria respectiva.

A renda mensal dos benefícios por acidente do trabalho, como auxílio-doença, aposentadoria por invalidez e pensão por morte, não poderá ser inferior ao salário mínimo, tendo o mesmo teto dos demais benefícios, pois depende da previsão legal.

22.14 EXAME MÉDICO

O acidentado em gozo de benefício por incapacidade está obrigado, sob pena de suspensão do benefício, a submeter-se a exame médico a cargo da Previdência Social, processo de reabilitação profissional, por ela prescrito e custeado, e tratamento dispensado gratuitamente, com exceção do cirúrgico e da transfusão de sangue, que são facultativos.

22.15 TRANSFORMAÇÃO

O aposentado pelo RGPS que, tendo ou não retornado à atividade, apresentar doença profissional ou do trabalho relacionada com a atividade que antes exercia, não terá direito à transformação de sua aposentadoria em aposentadoria por invalidez acidentária, desde que atenda às condições exigidas para a concessão desse benefício. Isso ocorre porque o art. 123 da Lei n. 8.213/91 foi revogado pela Lei n. 9.032/95.

22.16 RETORNO À ATIVIDADE DO APOSENTADO

O segurado em gozo de aposentadoria por tempo de contribuição, especial ou por idade, que permanecer ou voltar a exercer atividade abrangida pelo RGPS somente terá direito, em caso de acidente do trabalho, à reabilitação profissional, não fazendo jus a outras prestações, salvo as decorrentes de sua condição de aposentado. Não fará jus então ao auxílio-doença acidentário, nem a salário-maternidade pago pela Previdência Social.

Se o acidente do trabalho acarretasse invalidez ao aposentado, este poderia optar pela transformação de sua aposentadoria em aposentadoria por invalidez acidentária. No caso de morte, seria concedida a pensão decorrente do acidente do trabalho, quando mais vantajosa. Entretanto, o art. 123 da Lei n. 8.213/91 foi revogado pela Lei n. 9.032/95, não mais sendo permitidas tais situações de transformação de aposentadoria.

22.17 NATUREZA JURÍDICA DA PRESTAÇÃO DE ACIDENTE DO TRABALHO

Com a Lei n. 5.316/67 o acidente do trabalho passou a ser uma prestação previdenciária. Não mais se poderia falar que a prestação teria natureza privada, ou decorrente do seguro privado. Na verdade, seria uma forma de seguro social, em que o benefício é pago pelo INSS. Não se trata de contrato de seguro, mas de prestação decorrente de lei, *ex lege*. É um benefício de natureza pública.

Nas normas posteriores a orientação é a mesma, como se verificava da Lei n. 6.367/76 ou da atual Lei n. 8.213/91.

No acidente do trabalho, paga-se benefício em decorrência da incapacidade do segurado e não da lesão em si. O pagamento não tem natureza de indenização.

A legislação acidentária ampara lesões que impliquem redução da capacidade funcional do trabalhador e não lesões estéticas (Ac. da 7ª C do 2º TAC SP, Ac. 487.135-00/3, Rel. Juiz Américo Angélico, j. 8-7-1997, *DJ* SP II, 28-7-1997, p. 7). Danos estéticos devem ser postulados de acordo com a legislação civil.

22.18 PRESTAÇÕES RELATIVAS A ACIDENTE DO TRABALHO

22.18.1 Auxílio-doença acidentário

O auxílio-doença acidentário será devido ao acidentado que ficar incapacitado para seu trabalho por mais de 15 dias consecutivos. Em relação ao trabalhador avulso, o auxílio-doença ficará a cargo da Previdência Social a contar do dia seguinte ao do acidente.

A renda mensal do auxílio-doença acidentário é de 91% do salário de benefício (art. 61 da Lei n. 8.213/91). Nota-se que o porcentual não mais se aplica em relação ao que for mais favorável ao segurado, mas sobre o salário de benefício.

O auxílio-doença será devido a contar do 16º dia seguinte ao do afastamento do trabalho em consequência do acidente.

Os 15 primeiros dias seguintes ao acidente serão pagos pela empresa, inclusive o dia do acidente. Quando o acidentado não se afastar do trabalho no dia do acidente, os 15 dias de responsabilidade da empresa pela sua remuneração integral são contados a partir da data do afastamento.

22.18.2 Aposentadoria por invalidez acidentária

A aposentadoria por invalidez decorrente de acidente do trabalho será devida ao acidentado que, estando ou não em gozo do auxílio-doença, for considerado incapaz para o trabalho e insusceptível de reabilitação para o exercício de atividade que lhe garanta a subsistência.

Se a perícia médica inicial concluir pela existência de incapacidade total e definitiva para o trabalho, a aposentadoria por invalidez será devida a contar da data em que o auxílio-doença deveria ter início.

A renda mensal inicial da aposentadoria por invalidez acidentária será igual a 100% do salário de benefício (art. 44 da Lei n. 8.213/91).

Estando o acidentado em gozo de auxílio-doença, o valor da aposentadoria por invalidez será igual ao do auxílio-doença se este, por força de reajustamento, for superior ao previsto neste parágrafo.

O valor da aposentadoria por invalidez do segurado que, em consequência do acidente do trabalho, necessitar da assistência permanente de outra pessoa, será acrescido de 25% e devido ainda que o valor da aposentadoria atinja o limite máximo legal, sendo recalculado quando o benefício que lhe deu origem for reajustado.

O STJ entendeu que "Comprovada a necessidade de assistência permanente de terceiro, é devido o acréscimo de 25%, previsto no artigo 45 da Lei 8.213/1991, a todas as modalidades de aposentadoria" (REsp 1.648.305/RS e REsp 1.720.805/RJ). A extensão foi dada em razão do princípio da igualdade. Entretanto, não há fonte de custeio para a referida extensão a todas as aposentadorias (§ 5º do art. 195 da Constituição).

Em caso de falecimento do segurado, o porcentual de 25% não se incorpora à pensão, por ser personalíssimo, dizendo respeito à necessidade de assistência permanente de outra pessoa.

Ocorre necessidade de assistência permanente, na forma do Anexo I do Decreto n. 3.048/99, quando houver:

1. cegueira total;
2. perda de nove dedos das mãos ou superior a esta;

3. paralisia dos dois membros inferiores ou superiores;
4. perda dos membros inferiores, acima dos pés, quando a prótese for impossível;
5. perda de uma das mãos e de dois pés, ainda que a prótese seja possível;
6. perda de um membro superior e outro inferior, quando a prótese for impossível;
7. alteração das faculdades mentais com grave perturbação da vida orgânica e social;
8. doença que exija permanência contínua no leito;
9. incapacidade permanente para as atividades da vida diária.

Essas hipóteses são taxativas e não meramente exemplificativas.

O início do benefício se dará a partir do 16º dia após a constatação da invalidez. Assim, os primeiros 15 dias do afastamento ficarão por conta do empregador.

Na hipótese de o segurado aposentado por invalidez voltar a exercer atividade remunerada, de maneira voluntária, acarretará, automaticamente, o cancelamento da concessão do benefício (art. 46 da Lei n. 8.213/91).

O art. 122 da Lei n. 8.213/91 previa a possibilidade da transformação da aposentadoria comum em aposentadoria por invalidez acidentária, se esta fosse mais vantajosa. Na prática, a opção pela aposentadoria por invalidez acidentária era mais vantajosa, pois o segurado teria o coeficiente de 100%, podendo optar pelo salário do dia do acidente. Tal critério deixa de existir, em razão de que o referido artigo foi revogado pelo art. 8º da Lei n. 9.032/95 e atualmente tem outra redação.

22.18.3 Pensão por morte acidentária

A pensão por morte será devida aos dependentes do segurado falecido em consequência de acidente do trabalho, a contar da data do óbito.

A renda mensal inicial da pensão por morte será de 100% do valor da aposentadoria que o segurado recebia ou daquela a que teria direito se estivesse aposentado por invalidez na data de seu falecimento (art. 75 da Lei n. 8.213/91). O valor da renda mensal não poderá ser inferior ao do salário mínimo, nem superior ao do limite máximo do salário de contribuição. Não será, também, inferior à renda mensal do salário de benefício, independentemente do número de dependentes.

Será a pensão por morte devida ao conjunto dos dependentes do segurado que falecer, aposentado ou não, a contar da data: (a) do óbito, quando requerida até 30 dias depois deste; (b) do requerimento, quando requerida após o prazo previsto na letra anterior.

Havendo mais de um pensionista, haverá rateio entre todos, em partes iguais, revertendo em favor dos demais a parte cujo direito à pensão cessar.

A extinção da cota da pensão se dará:

1. pela morte do pensionista;
2. para o filho, a pessoa a ele equiparada ou o irmão, de ambos os sexos, pela emancipação ou ao completar 21 anos de idade, salvo se for inválido;
3. para o pensionista inválido, pela cessação da invalidez, verificada em exame médico pericial a cargo da Previdência Social.

O cônjuge divorciado ou separado judicialmente ou de fato que recebia pensão de alimentos concorrerá em igualdade de condições com os dependentes de que trata o inciso I, do art. 16, da Lei n. 8.213/91, que são o cônjuge, a(o) companheira(o) e o filho de qualquer condição, não emancipado menor de 21 anos ou inválido.

Na hipótese de o segurado falecido estar, na data de seu falecimento, obrigado por determinação judicial a pagar alimentos temporários a ex-cônjuge, ex-companheiro ou ex-companheira, a pensão por morte será devida pelo prazo remanescente na data do óbito, caso não incida outra hipótese de cancelamento anterior do benefício (§ 3º do art. 76 da Lei n. 8.213/91).

O segurado que falecer em razão de acidente do trabalho não outorga a seus dependentes duas pensões: uma por acidente do trabalho e outra que seria a pensão comum, previdenciária. O fato gerador morte dá direito apenas a um benefício. Se a atividade do segurado é uma só, o benefício só pode ser um, pois o regime previdenciário não determina o pagamento de duas pensões. Não foi intuito do legislador estabelecer dois benefícios, caso contrário o faria expressamente. Inexiste violação ao inciso I do art. 201 da Constituição, pois tal dispositivo não estabelece o pagamento de duas pensões, apenas menciona cobertura dos eventos de morte, mas não determina o pagamento de duas pensões. O fato de haver fonte de custeio própria para a prestação de acidente por parte do empregador não implica dizer que serão duas as pensões concedidas, uma por acidente do trabalho e outra por morte. A proteção previdenciária é uma só. O benefício, em consequência, também é um só.

O parágrafo único do art. 122 da Lei n. 8.213/91 permitia a conversão da pensão por morte decorrente de acidente do trabalho em pensão acidentária, se mais vantajosa. Esse critério não mais existe, pois o art. 8º da Lei n. 9.032/95 revogou o referido art. 122 da Lei n. 8.213/91.

O inciso VI do art. 124 da Lei n. 8.213/91 veda a acumulação de mais de uma pensão deixada por cônjuge ou companheiro, ressalvado o direito de opção pela mais vantajosa.

22.18.4 Auxílio-acidente

22.18.4.1 Histórico

O art. 18 do Decreto-lei n. 9.036/44, regulamentado pelo Decreto n. 18.809/45, tratou da incapacidade parcial e permanente do trabalhador, mediante a concessão de prestação inominada, de três a oitenta centésimos da quantidade correspondente a quatro anos de diárias. Seria uma indenização em razão de prejuízo causado à aptidão de trabalho do segurado.

A Lei n. 2.873/56 alterou o art. 18 do Decreto n. 9.036/44 determinando um benefício de 20% da "indenização para os casos de cegueira total, e perda ou paralisação de membros superiores ou inferiores e de alienação mental". Foi a primeira norma que estabeleceu um porcentual para o cálculo do benefício.

Previa o art. 7º da Lei n. 5.316/67 o auxílio-acidente: "a redução permanente da capacidade para o trabalho em percentagem superior a 25%, garantirá ao acidentado, quando não houver direito a benefício por incapacidade ou após sua cessação, e independentemente de qualquer remuneração ou outro atendimento, um auxílio-acidente, mensal, reajustável na forma da legislação previdenciária, calculado sobre o valor estabelecido no item II do art. 6º e correspondente à redução verificada". O auxílio-acidente seria mensal, reajustável na forma da legislação previdenciária, calculado sobre o valor mensal igual ao do salário de contribuição devido ao empregado no dia do acidente, não podendo ser inferior ao salário de benefício.

Dispunha o art. 9º da Lei n. 6.367/76 que o acidentado do trabalho que, após a consolidação das lesões resultantes do acidente, apresentasse, como sequelas definitivas, perdas anatômicas ou redução da capacidade funcional, constantes de relação previamente elaborada pelo Ministério da Previdência e Assistência Social, as quais, embora não impedindo o desempenho da mesma atividade, demandassem, permanentemente, maior esforço na realização do trabalho, faria jus, a partir da cessação do auxílio-doença, a um auxílio mensal que corresponderia a 20% do valor mensal igual ao do salário de contribuição, vigente no dia do acidente, não podendo ser inferior ao de seu salário de benefício. O segurado permanecia incapacitado para o exercício da função, mas não de outra. O benefício cessaria com a aposentadoria do acidentado e seu valor não era incluído no cálculo da pensão (parágrafo único do art. 9º).

O auxílio-acidente é previsto no art. 86 da Lei n. 8.213/91.

Com a Lei n. 9.032/95 os três porcentuais existentes foram fundidos em apenas o de 50% da média do salário de contribuição.

A Lei n. 9.129/95 determinou que "o auxílio-acidente será concedido, como indenização, ao segurado quando, após a consolidação das lesões decorrentes de acidente de qualquer natureza, resultarem sequelas que impliquem redução da capacidade funcional" (art. 5º).

A Lei n. 9.528/97 fez as alterações no próprio corpo do art. 86 da Lei n. 8.213/91. Algumas delas foram previstas na Lei n. 9.129/95, como o fato de o auxílio-acidente ser concedido como indenização.

22.18.4.2 Denominação

São verificadas várias denominações em relação ao benefício em estudo.

Na Lei n. 5.316/67, empregava-se a denominação *auxílio-acidente*.

Na vigência da Lei n. 6.367/76, usavam-se as denominações *auxílio-acidente* e *auxílio mensal*. Na prática, utilizava-se a denominação *auxílio suplementar*.

Atualmente, na Lei n. 8.213/91, volta-se a utilizar a denominação *auxílio-acidente*.

22.18.4.3 Conceito

O auxílio-acidente será concedido, como indenização, ao segurado quando, após a consolidação das lesões decorrentes de acidente de qualquer natureza, resultarem sequelas que impliquem redução da capacidade para o trabalho que habitualmente exercia (art. 86 da Lei n. 8.213/91).

O acidente de qualquer natureza é genérico. Parece que a ideia era também atender o acidente que ocorre no fim de semana, mas que não é exatamente acidente do trabalho.

A condição para o recebimento do auxílio-acidente é a consolidação das lesões decorrentes do sinistro.

22.18.4.4 Distinção

O auxílio-acidente não se confunde com o auxílio-doença. O primeiro é pago quando forem consolidadas as lesões ou perturbações funcionais que ocorreram com o acidentado. No segundo, o segurado está temporariamente incapaz de exercer seu trabalho.

22.18.4.5 Natureza jurídica

A natureza jurídica do auxílio-acidente passa a ser de indenização, como menciona o art. 86 da Lei n. 8.213/91, mas indenização de natureza previdenciária e não civil. Tem natureza indenizatória para compensar o segurado da redução da sua capacidade laboral.

De acordo com as novas disposições do art. 86 da Lei n. 8.213/91, com a redação da Lei n. 9.528/97, o auxílio-acidente não tem natureza suplementar, como ocorria na Lei n. 6.367/76, nem complementar, nem substitutiva, mas de forma a compensar, a indenizar o segurado pelo fato de não ter plena capacidade de trabalho em razão do acidente.

O recebimento do auxílio-acidente permite que o trabalhador volte a prestar serviços na empresa. Não se destina o auxílio-acidente a substituir a renda do segurado, pois ele pode desempenhar atividade que lhe dê remuneração.

22.18.4.6 Acidente de qualquer natureza

Mostra o art. 86 da Lei n. 8.213/91 que o acidente é de qualquer natureza, o que é bastante amplo, não mais mencionando apenas acidente do trabalho ou doença do trabalho e doença profissional. Isso evidencia que tanto faz se o segurado se acidenta no trabalho ou fora dele, pois terá direito ao auxílio-acidente. Indica que o benefício não é exclusivamente acidentário. Acidente de qualquer natureza tem de ser interpretado de acordo com a condição mais favorável ao segurado. Dessa forma, será pago o auxílio-acidente se decorrer de acidente comum (de qualquer natureza).

Dispõe o parágrafo único do art. 30 do RPS que "entende-se como acidente de qualquer natureza ou causa aquele de origem traumática e por exposição a agentes exógenos (físicos, químicos e biológicos), que acarreta lesão corporal ou perturbação funcional que cause a morte, a perda, ou a redução permanente ou temporária da capacidade laborativa". Isso pode ser decorrente de um acidente com veículo ou na participação num jogo esportivo, que não têm a ver com o trabalho.

Mesmo nos casos em que o segurado tem de mudar de atividade, mas apresenta redução da capacidade, o benefício é devido, pois a lei não exclui tal hipótese.

O fato de a moléstia ser reversível também não importa na perda do direito ao benefício, por não haver regra de exclusão na lei para o referido caso.

O benefício não tem período de carência (art. 26, I, da Lei n. 8.213/91).

22.18.4.7 Beneficiários

Os beneficiários do auxílio-acidente são o empregado, o doméstico, o segurado especial e o trabalhador avulso (§ 1º do art. 18 da Lei n. 8.213/91). Deixando o trabalhador de ser empregado, não terá direito ao auxílio-acidente, pois o benefício depende de o trabalhador estar empregado. As exceções seriam o segurado especial e o trabalhador avulso.

Os incisos I e II do art. 39 da Lei n. 8.213/91 não estabelecem o auxílio-acidente ao segurado especial. O segurado especial contribui, porém, para o custeio das prestações de acidente do trabalho (art. 25, II, da Lei n. 8.212/91), o que inclui o auxílio-acidente. Há expressa previsão do pagamento do auxílio-acidente no § 1º do art. 18 da Lei n. 8.213/91, que teve nova redação determinada pela Lei n. 9.032, enquanto a redação do art. 39 da Lei n. 8.213/91 é a original de 1991. Prevalece, portanto, a redação do § 1º do art. 18 da Lei n. 8.213/91, decorrente da Lei n. 9.032/95, que é posterior à do art. 39 da mesma lei, que tem a redação original. Assim, tem direito o segurado especial ao auxílio-acidente.

Tem direito o empregado doméstico ao auxílio-acidente, pois o empregador doméstico paga contribuição para custear as prestações de acidente do trabalho. O parágrafo único do art. 7º da Constituição já faz referência ao inciso XXVIII do art. 7º da Constituição e a lei estabelece o custeio de benefícios de acidente do trabalho para o doméstico.

22.18.4.8 Valor

O auxílio-acidente mensal e vitalício corresponderá a 50% do salário de benefício do segurado (§ 1º do art. 86 da Lei n. 8.213/91).

O pagamento do auxílio-acidente é mensal e será devido enquanto o segurado acidentado viver ou até o início da concessão de aposentadoria, o que ocorrer primeiro. O benefício do auxílio-acidente é personalíssimo. Em caso de falecimento do segurado, não será transferido para os dependentes.

Poderá o auxílio-acidente ser inferior a um salário mínimo, pois não representa benefício substitutivo do salário de contribuição, mas indenização.

O auxílio-acidente independe do número de contribuições pagas pelo segurado. É necessária apenas a manutenção da qualidade do segurado. É recebido de forma cumulativa.

Será o auxílio-acidente devido até a véspera do início de qualquer aposentadoria ou até a data do óbito do segurado. O § 1º do art. 86 da Lei n. 8.213/91 não faz distinção quanto à espécie de aposentadoria, que poderá ser acidentária, excepcional do anistiado, por tempo de contribuição, idade, especial. Ao se fazer referência a qualquer aposentadoria, significa aposentadoria de qualquer regime, tanto público como privado. Se a lei não distingue, não cabe ao intérprete fazê-lo apenas para a aposentadoria do Regime Geral de Previdência Social. O benefício cessa com a aposentadoria e com o óbito do segurado, não se transferindo, portanto, para os dependentes.

Se o segurado está aposentado, não irá receber auxílio-acidente, caso se acidentar. O fundamento é de que o segurado já pode arcar com sua subsistência em decorrência de já receber benefício previdenciário. Entretanto, terá maior dificuldade em exercer sua atividade no emprego para o qual voltou a prestar serviços.

Com a revogação do antigo § 4º do art. 86 da Lei n. 8.213/91 pela Lei n. 9.032/95, não é mais possível, se o segurado falecer em gozo de auxílio-acidente, a incorporação da metade do valor do auxílio à pensão, se a morte não resultar de acidente do trabalho. Agora, o auxílio-acidente não se incorpora à pensão, no caso de morte do segurado que estava recebendo aquele benefício, em nenhuma hipótese. Diz respeito apenas ao acidentado.

Inexistem os porcentuais de 30%, 40% ou 60% decorrentes da redução da capacidade do segurado, que eram previstos na redação original do § 1º do art. 86 da Lei n. 8.213/91, mas apenas o porcentual de 50% sobre o salário de benefício. Atualmente, não se discute o grau de incapacidade, sendo o porcentual único de 50%.

A base de cálculo do auxílio-acidente não pode ser a aposentadoria, porque esta é concedida com base nos critérios da legislação previdenciária comum, enquanto o auxílio tem natureza acidentária, e deve ser calculado com base no porcentual próprio sobre o salário de benefício (50%).

O valor mensal do auxílio-acidente integra o salário de contribuição, para fins de cálculo do salário de benefício de qualquer aposentadoria (art. 31 da Lei n. 8.213/91). Não há referência à integração para o cálculo do auxílio-doença, pois é com a cessação deste que se inicia o auxílio-acidente.

22.18.4.9 Concessão de outro benefício

Não prejudica a continuidade do recebimento do auxílio-acidente o pagamento de salário ou concessão de outro benefício, exceto de aposentadoria (§ 3º do art. 86 da Lei n. 8.213/91). Isso quer dizer que o segurado poderá perceber salário-maternidade ou salário-família. Com a aposentadoria, porém, haverá a cessação do auxílio-acidente.

Não importa, portanto, se o segurado tem outra renda, como o salário ou a concessão de outro benefício. O certo seria falar em remuneração, que tem sentido mais amplo e engloba o salário.

22.18.4.10 Data de concessão

Será devido o auxílio-acidente a contar do dia seguinte ao da cessação do auxílio-doença, independentemente de qualquer remuneração ou rendimento auferido pelo acidentado, vedada sua acumulação com qualquer aposentadoria (§ 2º do art. 86 da Lei n. 8.213/91). O auxílio-acidente pode ser acumulado com o pagamento de salário ou outra remuneração do segurado.

22.18.4.11 Reabertura

Dispõe o § 6º do art. 104 do RPS que, "no caso de reabertura de auxílio-doença por acidente de qualquer natureza que tenha dado origem a auxílio-acidente, este será suspenso até a cessação do auxílio-doença reaberto, quando será reativado".

22.18.4.12 Remuneração

O parágrafo único do art. 118 da Lei n. 8.213/91 permitia que o segurado reabilitado pudesse receber remuneração menor do que a da época do acidente, mediante compensação com o valor do auxílio-acidente. A empresa, assim, poderia pagar salário inferior ao que pagava anteriormente ao empregado, pois havia permissão legal, embora tal orientação contrariasse o inciso VI do art. 7º da Constituição, que só permite a redução de salário por acordo ou convenção coletiva. O referido parágrafo foi revogado pela Lei n. 9.032/95. Logo, o segurado não poderá receber remuneração menor do que a da época do acidente, nem poderá haver compensação com o auxílio-acidente recebido da Previdência Social.

22.18.4.13 Perda de audição

A perda da audição, em qualquer grau, somente proporcionará a concessão do auxílio-acidente quando, além do reconhecimento de causalidade entre o trabalho e a doença, resultar, comprovadamente, em redução ou perda da capacidade para o trabalho que habitualmente exercia (§ 4º do art. 86 da Lei n. 8.213/91).

É preciso haver nexo de causalidade entre o trabalho e a doença. Inexistindo essa dependência, não terá direito o segurado ao auxílio-acidente. Em certos casos, será difícil o segurado comprovar que o nexo causal ocorreu no trabalho que desenvolvia, perdendo o direito ao benefício. Terá de provar também a redução ou perda da capacidade para o trabalho que habitualmente exercia. Poderá ocorrer de a perda da audição não importar na redução ou perda da capacidade para o trabalho, ficando prejudicado o segurado, que não terá direito ao auxílio-acidente.

Em relação à perda de audição, o auxílio-acidente só será devido em decorrência de acidente de trabalho e não nos casos de outros acidentes.

A perícia terá dificuldade em avaliar a redução auditiva, por se tratar de questão subjetiva do segurado e depende da sua colaboração.

22.18.4.14 Cumulação

O benefício é devido a contar da cessação do auxílio-doença. Se é devido a contar da cessação do auxílio-doença, não pode ser com ele acumulado, pois primeiro vem o auxílio-doença e depois, quando ele cessa, concede-se o benefício do auxílio-acidente. Isso quer dizer de qualquer regime, pois não foi estabelecida qualquer exceção.

Isso significa que o segurado poderá perceber salário-maternidade ou salário-família. Com a aposentadoria, porém, haverá a cessação do auxílio-acidente (§ 1º do art. 86 da Lei n. 8.213/91). Não haverá a cumulação com o auxílio-doença, pois é com a cessação do auxílio-doença que se inicia o benefício do auxílio-acidente (§ 2º do art. 86 da Lei n. 8.213/91).

Outros benefícios são, por exemplo, o salário-maternidade, salário-família, abono anual.

A acumulação de auxílio-acidente com aposentadoria pressupõe que a lesão incapacitante e a aposentadoria sejam anteriores a 11-11-1997, observado o critério do art. 23 da Lei n. 8.213/91 para definição do momento da lesão nos casos de doença profissional ou do trabalho (Súmula 507 do STJ).

O aposentado pelo Regime Geral de Previdência Social que permanecer em atividade sujeita a este Regime, ou a ele retornar, não fará jus a nenhuma prestação da Previdência Social em decorrência do exercício dessa atividade, exceto ao salário-família e à reabilitação profissional, quando empregado (§ 2º do art. 18 da Lei n. 8.213/91, com a redação da Lei n. 9.528/97). Não fará, portanto, jus ao auxílio-acidente, como previa a redação do § 2º do art. 18 da Lei n. 8.213/91, conforme a redação da Lei n. 9.032/95.

Será vedada a cumulação de mais de um auxílio-acidente (art. 124, V, da Lei n. 8.213/91). Se o empregado tem mais de um emprego, só fará jus a um único auxílio-acidente.

Se o segurado é vítima de novo acidente, não tem direito à cumulação de mais de um auxílio-acidente. Ainda que haja a sobreposição de lesões, só haverá direito a um único auxílio-acidente.

O direito a um segundo auxílio-acidente implicaria um benefício com coeficiente de 100% (50 + 50), que seria igual a uma aposentadoria por invalidez.

O benefício não poderá ser acumulado com qualquer aposentadoria, pois o § 1º do art. 86 da Lei n. 8.213/91 dispõe que o auxílio-acidente é devido até a véspera do início de qualquer aposentadoria. Concedida esta, cessa o auxílio-acidente. A jurisprudência anterior à edição da Lei n. 9.528/97 entendia sobre a possibilidade da cumulação do auxílio-acidente com a aposentadoria, especialmente a por tempo de serviço e a especial, desde que a causa da aposentadoria fosse diversa da incapacidade. Agora, com a disposição dos §§ 2º e 3º do art. 86 da Lei n. 8.213/91, com a redação determinada pela Lei n. 9.528/97, não é mais possível a acumulação com qualquer aposentadoria.

22.18.4.15 Abono anual

O abono anual é devido para o segurado que recebeu auxílio-acidente durante o ano (art. 40 da Lei n. 8.213/91), mesmo sendo o benefício inferior a um salário mínimo.

22.18.4.16 Ação judicial

Em caso de o segurado ter de ingressar com ação para postular o auxílio-acidente, o benefício é devido a partir da citação e não da data do laudo, pois passa a ser devido da data em que o réu tomou conhecimento oficialmente da pretensão do autor, que justamente ocorre com a citação. O STJ entende que o termo inicial do auxílio-acidente é a data da juntada do laudo pericial. (3ª S., E REsp. 149.937/SP, Rel. Min. José Arnaldo, *DJ* 27-9-1999).

Revisão de auxílio-acidente de qualquer natureza é de competência da Justiça Federal, pois não diz respeito ao acidente do trabalho.

22.18.4.17 Vigência

O novo percentual de 50% tem aplicação a partir da alteração da Lei n. 9.032/95. Não pode ser aplicado retroativamente a benefícios concedidos antes da vigência da referida lei. O STF já afirmou que a natureza acidentária do auxílio-acidente não pode implicar a aplicação retroativa da Lei n. 9.032/95 (1ª T., RE 613.155, Rel. Min. Luiz Fux, j. 16-9-2011).

22.18.5 Pecúlio

O pecúlio era devido ao segurado ou a seus dependentes, em caso de invalidez ou morte decorrente de acidente do trabalho.

Consistia o pecúlio em um pagamento único de 75% do limite máximo do salário de contribuição, no caso de invalidez, e de 150% desse mesmo limite, no caso de morte.

Com a edição da Lei n. 9.032/95, o pecúlio deixa de existir, pois foram revogados a alínea *a*, do inciso III, do art. 18, e os arts. 82, 83 e 85 da Lei n. 8.213/91. A Lei n. 9.129/95 revogou o art. 81 da Lei n. 8.213/91, ficando, de vez, extinto o pecúlio.

22.18.6 Abono anual acidentário

O abono anual será devido ao segurado que receber durante o ano civil prestações de auxílio-doença acidentário, auxílio-acidente, aposentadoria por invalidez acidentária ou pensão por morte decorrente de acidente do trabalho.

Será o abono anual calculado, no que couber, da mesma forma que a gratificação de Natal dos trabalhadores, tendo por base o valor da renda mensal do benefício do mês de dezembro de cada ano.

Considera-se mês o período igual ou superior a 15 dias.

O benefício deverá ser pago até o dia 15 de janeiro do ano seguinte ao do exercício vencido.

22.19 GARANTIA DE EMPREGO DO ACIDENTADO

Prescreve o art. 118 da Lei n. 8.213/91 que "o segurado que sofreu acidente do trabalho tem garantida, pelo prazo mínimo de 12 meses, a manutenção do seu contrato de trabalho na empresa, após a cessação do auxílio-doença acidentário, independentemente da percepção de auxílio-acidente". Trata-se de uma norma trabalhista incluída na lei previdenciária.

A garantia de emprego do acidentado vinha sendo prevista em normas coletivas, como ocorre com os metalúrgicos, em que se assegura estabilidade a pessoa com moléstia profissional ou em virtude de acidente do trabalho, desde que atenda a determinadas condições. Essa estabilidade, entretanto, é muito mais ampla que a do art. 118 da Lei n. 8.213/91, pois não menciona 12 meses de garantia de emprego, mandando reintegrar o empregado acidentado.

É certo que o próprio TST, por meio do antigo Precedente em dissídios coletivos de n. 30, já vinha garantindo "ao trabalhador vítima de acidente de trabalho 180 (cento e oitenta) dias de estabilidade no emprego, contados após a alta do órgão previdenciário". Essa orientação teve validade até a edição da Lei n. 8.213/91, que criou a estabilidade ao acidentado (art. 118), como se observa da nova redação do citado precedente. Indaga-se, porém, se o art. 118 da Lei n. 8.213/91 seria constitucional. Argumentam os defensores da inconstitucionalidade de tal mandamento legal que só a lei complementar prevista no inciso I do art. 7º da Constituição é que poderá prever outros tipos de estabilidade, sendo impossível fazê-lo por meio de lei ordinária (Lei n. 8.213/91).

O art. 118 da Lei n. 8.213/91 é constitucional.

Fazendo-se a interpretação histórica dos textos legais da Assembleia Nacional Constituinte, que deram origem ao inciso I do art. 7º da Lei Fundamental, chega-se à conclusão de que não era proibida a concessão de estabilidade por intermédio de lei ordinária.

O inciso XIII do art. 2º do projeto da Subcomissão dos Direitos dos Trabalhadores previa estabilidade desde a admissão no emprego, exceto na ocorrência de falta grave comprovada judicialmente, observando-se a possibilidade de se firmar contrato de experiência por 90 dias. Vê-se que não havia nenhum impedimento de se estabelecer estabilidade por meio de lei ordinária.

No projeto da Comissão da Ordem Social garantia-se relação de emprego estável, salvo a ocorrência de falta grave e contrato a termo, inclusive de experiência. Não era, portanto, vedada a concessão de estabilidade por lei ordinária.

No projeto da Comissão de Sistematização assegurava-se o emprego contra despedida imotivada, sendo lícita a contratação a termo, verificada a ocorrência de falta grave cometida pelo empregado, ou de justa causa para a dispensa, baseada em fato econômico intransponível, fato tecnológico ou infortúnio da empresa. Como se vê, era lícito estabelecer-se a garantia provisória do emprego mediante lei ordinária.

Afinal prevaleceu a possibilidade da despedida imotivada, desde que houvesse indenização compensatória para tanto, que seria determinada em lei complementar (art. 7º, I, da Lei Maior). Provisoriamente essa indenização compensatória consistiu no aumento da indenização do FGTS de 10% para 40% (art. 10, I, do ADCT).

A interpretação literal do inciso I do art. 7º da Lei Fundamental não revela que a estabilidade somente pode ser prevista em lei complementar. Ao se escrever naquele artigo quanto à "relação de emprego protegida contra despedida arbitrária ou sem justa causa, nos termos da lei complementar, que preverá indenização compensatória, dentre outros direitos", não se determinou em nenhum momento que a estabilidade, em casos especiais, não pudesse ser instituída por lei ordinária.

A Norma Ápice apenas assegurou a proteção contra a despedida arbitrária ou sem justa causa. A lei complementar que estabelecer essa proteção preverá indenização compensatória para tal despedida, mas também poderá disciplinar outros direitos. A proteção contra a despedida arbitrária ou sem justa causa é que será prevista na lei complementar, mediante indenização compensatória, porém não se fala em estabilidade, que pode até ser albergada por essa norma especial, mas não necessariamente o será. Nada impede, por consequência, que a lei ordinária crie garantia de emprego para o acidentado, como o fez o art. 118 da Lei n. 8.213/91.

Fazendo-se a interpretação sistemática do inciso I do art. 7º do Estatuto Supremo com outros dispositivos deste, não se chega à conclusão de que é defeso ao legislador ordinário estatuir garantia de emprego.

O *caput* do art. 7º da Lei Magna dispõe que "são direitos dos trabalhadores urbanos e rurais, além de outros que visem à melhoria de sua condição social (...)" Ao se empregar a expressão "além de outros" direitos, mostra-se que a relação contida nos incisos I a XXXIV do art. 7º da Constituição está apenas outorgando ao empregado um mínimo de direitos trabalhistas. Não há enumeração taxativa ou exaustiva (*numerus clausus*) dos direitos trabalhistas na Lei Maior, mas exemplificativa, sendo que outros direitos podem ser previstos pela lei ordinária, inclusive a garantia preconizada pelo art. 118 da Lei n. 8.213/91. Tanto é assim que não se faz menção no referido art. 7º ao trabalhador temporário, o que nem por isso torna inconstitucional a Lei n. 6.019/74.

Reza o § 2º do art. 5º da Lei Fundamental que não se excluem *outros direitos* e garantias decorrentes do regime e dos princípios por ela adotados, até mesmo pelos tratados internacionais em que a República Federativa do Brasil seja parte. Quanto aos referidos tratados, a Convenção n. 98 da OIT, ratificada pelo Brasil, assegura proteção adequada aos trabalhadores contra quaisquer atos atentatórios à liberdade sindical em matéria de emprego (art. 1º). A lei ordinária, seguindo essa orientação, assegurou estabilidade não só ao dirigente sindical, mas também ao dirigente de associação profissional (§ 3º do art. 543 da CLT).

O fato de a Constituição só conceder garantia de emprego ao dirigente sindical (art. 8º, VIII), ao cipeiro (art. 10, II, *a*, do ADCT) e à gestante (art. 10, II, *b*, do ADCT), não obsta que a lei ordinária estabeleça outras garantias de emprego, pois a Lei Magna traz em seu bojo um mínimo de direitos a serem observados pelo empregador, até porque as Constituições anteriores nunca tinham versado sobre estabilidade provisória, o que não impedia de estabelecê-la via lei ordinária, como o foi (arts. 165 e 543, § 3º da CLT).

Logo, inexiste inconstitucionalidade do comando legal em comentário, podendo perfeitamente a lei ordinária veicular matéria sobre garantia de emprego, como ocorre com o membro do CNPS (§ 7º do art. 3º da Lei n. 8.213/91), com o representante dos empregados no Conselho Curador do FGTS (§ 9º do art. 3º da Lei n. 8.036/90), com o cipeiro (art. 165 da CLT), com o dirigente de cooperativa de empregados (Lei n. 5.764/71), nas leis eleitorais, e futuramente pode também haver estabilidade para o delegado sindical ou o representante dos empregados na empresa (art. 11 da Constituição).

O STF rejeitou o pedido da Ação Direta de Inconstitucionalidade que pedia a inconstitucionalidade do art. 118 da Lei n. 8.213/91, por não se atritar com o inciso I do art. 7º da Constituição (ADIn 639-8-DF, j. 2.6.05, Rel. Min. Joaquim Barbosa, *DJU* 9-11-2005).

O item I da Súmula 378 do TST entende constitucional o art. 118 da Lei n. 8.213/91.

Faz referência o art. 118 da Lei n. 8.213/91 a segurado, mas não diz qual é. Entretanto, contrato de trabalho só se refere a empregado e não a outros segurados, pois o empregado é que tem contrato de trabalho.

A garantia de emprego de 12 meses ao empregado acidentado no trabalho somente ocorre após a cessação do auxílio-doença acidentário, independentemente da percepção de auxílio-acidente. Assim, não havendo a concessão de auxílio-doença ao acidentado, o empregado não faz jus à garantia de emprego do art. 118 da Lei n. 8.213/91. Se houver a concessão de auxílio-doença comum, a garantia de emprego não será devida. Inexistindo afastamento do empregado, em virtude de acidente do trabalho, por mais de 15 dias, não há direito a auxílio-doença, e, não sendo concedido este, não haverá estabilidade.

Só é assegurada a garantia de emprego de 12 meses após a cessação do auxílio-doença, pois antes disso o empregado não pode ser dispensado, porque a partir do 16º dia do afastamento do obreiro o contrato de trabalho estará suspenso.

Nota-se que a garantia de emprego só é devida após a cessação do auxílio-doença acidentário. Logo, inexistindo direito ao auxílio-doença acidentário, não é devida a garantia de emprego. É o que ocorre, *v. g.*, no caso do segurado que percebe aposentadoria especial, por idade ou por tempo de serviço e que não tem direito ao auxílio-doença acidentário (arts. 18, § 2º, 121, da Lei n. 8.213/91), não fazendo jus, portanto, à garantia de emprego em comentário.

Declara o art. 59 da Lei n. 8.213/91 que "o auxílio-doença será devido ao acidentado que ficar incapacitado para o seu trabalho por mais de 15 dias consecutivos (...)" Dessa forma, se o segurado fica apenas 11 dias incapacitado, não há direito a auxílio-doença.

O auxílio-doença acidentário é, pois, um benefício previdenciário que não é pago pela empresa. Assim, os 15 primeiros dias não são considerados auxílio-doença acidentário, justamente porque não correspondem a benefício previdenciário. Na verdade, trata-se de período de interrupção do contrato de trabalho, mas nos 15 primeiros dias não há direito a benefício previdenciário, tanto que este só é devido quando o segurado cumpre um período de carência, que em casos de acidente do trabalho não é exigido (art. 26, II, da Lei n. 8.213/91).

Mesmo em se tratando de auxílio-doença comum, o art. 59 da Lei n. 8.213/91 dispõe que o benefício só é devido ao segurado que ficar incapacitado por mais de 15 dias consecutivos. Logo, não ficando incapacitado por mais de 15 dias, não é devido o benefício previdenciário. O art. 60 da Lei n. 8.213/91, em seu § 3º, informa que o auxílio-doença comum é devido ao segurado a contar do 16º dia do afastamento da atividade, sendo que a empresa deve pagar o "salário" integral do empregado durante os 15 primeiros dias.

Mostra-se, assim, que o intuito do legislador foi proteger o trabalhador quando da cessação do benefício previdenciário e não antes, pois durante os 15 primeiros dias do acidente o empregado não pode ser despedido, porque seu contrato de trabalho está apenas interrompido. Após concedido o auxílio-doença acidentário é que o empregado começa a ter direito à garantia de emprego citada no art. 118 da Lei n. 8.213/91, que se inicia com a cessação do benefício, que é o fato gerador para a garantia de emprego de 12 meses.

O art. 118 da Lei n. 8.213/91 não estipula que a garantia de emprego ocorre a partir da alta médica, mas após a cessação do auxílio-doença acidentário, independentemente da percepção do auxílio-acidente. O auxílio-acidente não é o fato gerador da garantia de emprego, mas a cessação do auxílio-doença acidentário. *Independente da percepção de auxílio-acidente* quer dizer que a garantia de emprego é assegurada, mesmo que o retorno do empregado ocorra sem nenhuma sequela.

Se no decorrer do ajuizamento da ação trabalhista tiver se expirado o prazo de 12 meses para a garantia do emprego ao acidentado, o empregado não mais poderá ser reintegrado, apenas será paga a indenização do período respectivo.

O art. 118 da Lei n. 8.213/91, na verdade, mantém por 12 meses o contrato do empregado acidentado e não a função, devendo o trabalhador reassumir o seu mister no trabalho ou outra função compatível com seu estado após o acidente.

O dispositivo em comentário dificulta a possibilidade da dispensa do operário, pois raramente o trabalhador acidentado encontraria outro emprego nessas condições. O que vai ocorrer na prática é a dispensa do obreiro, preferindo a empresa pagar a indenização do período de estabilidade do que reintegrar o acidentado, ficando prejudicado o intuito do legislador, que era o de garantir efetivamente o emprego ao trabalhador acidentado. Preferível teria sido a reintegração do trabalhador no emprego, como ocorre em certas normas coletivas.

No contrato de trabalho de prazo determinado e no de experiência não há direito à estabilidade prevista no art. 118 da Lei n. 8.213/91, pois as partes conhecem antecipadamente a data do término do contrato, e não há despedida arbitrária ou sem justa causa.

O tempo de serviço correspondente ao aviso-prévio, ainda que indenizado, será computado como tempo de serviço para todos os efeitos legais (art. 487, § 1º, da CLT). Assim, o acidente do trabalho ocorrido no curso do aviso-prévio, com o afastamento compulsório do obreiro, confere-lhe a garantia de emprego. No caso de os 15 dias a cargo da empresa recaírem fora da projeção do aviso-prévio, não será devida a garantia de emprego, visto que o contrato estaria interrompido e não suspenso.

Pode ocorrer que o empregado se afaste com periodicidade para tratamento médico, com percepção de auxílio-doença acidentário, sendo que a garantia de emprego de 12 meses será computada a partir do retorno do empregado ao trabalho, quando da cessação definitiva do pagamento do auxílio-doença acidentário, o que poderá prolongar o contrato de trabalho do operário por muito tempo.

O parágrafo único do art. 118 da Lei n. 8.213/91 previa que o segurado reabilitado poderia ter remuneração menor do que a da época do acidente, desde que compensada pelo valor do auxílio-acidente. Esse parágrafo foi revogado pelo art. 8º da Lei n. 9.032/95. Agora, o segurado reabilitado em virtude de acidente do trabalho deve perceber a mesma remuneração da época do acidente, não podendo ter remuneração inferior àquela que estaria percebendo quando de seu retorno.

Estabelece, ainda, o § 1º do art. 93 da Lei n. 8.213/91 outra forma de garantia de emprego. Não se poderá dispensar o trabalhador reabilitado ou deficiente habilitado ao final de contrato por prazo determinado de mais de 90 dias e contrato por prazo indeterminado, se não houver a contratação de substituto de condição semelhante. Dessa forma, até que se admita substituto de condição semelhante à do trabalhador reabilitado ou deficiente habilitado, este não poderá ser dispensado.

22.20 PRESCRIÇÃO

É de dez anos o prazo de decadência do direito ou da ação do segurado ou beneficiário para a revisão do ato de concessão, indeferimento, cancelamento ou cessação de benefício e do ato de deferimento, indeferimento ou não concessão de revisão de benefício (art. 103 da Lei n. 8.213/91). A decadência é a perda do direito pelo decurso de prazo. Decadência não é a perda do direito de ação do segurado ou beneficiário. Passados esses dez anos, o ato de concessão do benefício não poderá mais ser revisto. Poderão ser reclamadas diferenças, observado o prazo de prescrição, mas não a concessão do benefício.

A contagem é feita:

I – do dia primeiro do mês subsequente ao do recebimento da primeira prestação ou da data em que a prestação deveria ter sido paga com o valor revisto; ou

II – do dia em que o segurado tomar conhecimento da decisão de indeferimento, cancelamento ou cessação do seu pedido de benefício ou da decisão de deferimento ou indeferimento de revisão de benefício, no âmbito administrativo.

Prescreve em cinco anos, a contar da data em que deveria ter sido paga, toda e qualquer ação para haver prestações vencidas ou quaisquer restituições ou diferenças devidas pela Previdência Social (parágrafo único do art. 103 da Lei n. 8.213/91).

A contagem é feita da data:

a) do acidente, quando dele resultar a morte ou a incapacidade temporária, verificada esta em perícia médica a cargo da Previdência Social;
b) em que for reconhecida pela Previdência Social incapacidade permanente ou agravamento das sequelas do acidente.

O STF fixou orientação de que "a prescrição da ação de acidente do trabalho conta-se do exame pericial que comprovar a enfermidade ou verificar a natureza da incapacidade" (Súmula 230).

O início do termo prescricional na ação acidentária conta-se a partir da perícia judicial. Se a autarquia não reconhece a incapacidade no âmbito administrativo, o prazo prescricional também é contado a partir da perícia judicial. A prescrição na ação acidentária não atinge o fundo do direito, só as prestações. O termo inicial da prescrição é o exame pericial, autárquico ou judicial, que reconhecer sua existência, bem como o nexo etiológico com o trabalho. Por serem alternativas as situações definidas no art. 104 da Lei n. 8.213/91, pode-se entender também que o termo inicial do lapso prescricional é contado do reconhecimento da incapacidade permanente do acidentado, pela autarquia.

Contra menores de 16 anos, loucos de todo o gênero, surdos-mudos que não puderem exprimir sua vontade e os ausentes, declarados tais por ato do juiz, não correrá prescrição.

22.21 AÇÃO ACIDENTÁRIA

Nas Constituições anteriores à de 1988, a competência para conhecer das ações de acidente do trabalho era da Justiça Comum estadual. Entendia-se dessa forma até 1966, pois a relação entre os envolvidos era privada, entre a companhia seguradora e o segurado. O INSS não participava da relação, o que somente passou a ocorrer a partir da Lei n. 5.316/67.

As Constituições passaram a tratar da competência da Justiça Comum para analisar o pedido de acidente do trabalho. É o que se observa no § 1º do art. 123 da Constituição de 1946, no § 2º do art. 134 da Constituição de 1967, no § 2º do art. 142 da Emenda Constitucional n. 1/69. O STF tem entendimento firmado na Súmula 501 de que "compete à justiça ordinária estadual o processo e o julgamento, em ambas as instâncias, das causas de acidente do trabalho, ainda que promovidas contra a União, suas autarquias, empresas públicas ou sociedades de economia mista".

Mostra o § 2º do art. 643 da CLT que as questões referentes a acidentes do trabalho são sujeitas à competência da justiça comum.

O inciso I do art. 109 da Constituição de 1988 não é muito claro a respeito de quem seria a competência para julgar a ação acidentária, porém se entendeu que era da Justiça Comum estadual. Nesse sentido foi editada a Súmula 15 do STJ, que confirmou essa orientação.

O art. 129 da Lei n. 8.213/91 deixou claro que a competência para processar a ação acidentária é da Justiça dos Estados e do Distrito Federal (II). O rito dessa ação é o sumário, correndo inclusive nas férias forenses.

O STJ entendeu que em relação ao acidente de qualquer natureza, diverso do acidente do trabalho, a competência é da Justiça Federal (3ª S., EDCC n. 37.061, Rel. Paulo Gallotti, *DJ* 17-5-2004).

Julgou o STF que a competência da Justiça Estadual para julgar lide de natureza acidentária compreende também a revisão do próprio benefício (STF, 1ª T., RE n. 264.560-SP, j. 25-4-2000, Rel. Min. Ilmar Galvão, *DJU* 1 10-8-2000, p. 14). Quem concede o benefício, faz a revisão, inclusive para reajuste de benefícios.

Dispõe o inciso I do art. 109 da Constituição que a ação em que as autarquias da União sejam autoras ou rés serão propostas na Justiça Federal. É o que ocorre em relação à postulação relativa a benefícios previdenciários, exceto acidente do trabalho.

Prevê o § 3º do art. 109 da Constituição que lei poderá autorizar que as causas de competência da Justiça Federal em que forem parte instituição de previdência social e segurado possam ser processadas e julgadas na justiça estadual quando a comarca do domicílio do segurado não for sede de vara federal. A lei aqui é a ordinária federal.

O inciso III do art. 15 da Lei n. 5.010, ao estabelecer o marco de 70 km, é inconstitucional, pois o § 3º do art. 109 da Constituição dispõe que a lei poderá permitir que outras causas sejam também processadas e julgadas pela justiça estadual e não estabelece marco de 70 km. A Constituição não estabelece a condição prevista no inciso III do art. 15.

A petição inicial deve ser instruída com a prova da efetiva notificação da Previdência Social quanto à existência do acidente, por meio da Comunicação de Acidente de Trabalho (CAT).

Se a empresa, porém, não faz a comunicação do acidente do trabalho, esta poderá ser feita pelo próprio acidentado (§ 2º do art. 22 da Lei n. 8.213/91). O inciso II do art. 129 da Lei n. 8.213/91 apenas diz que há necessidade de que a petição seja instruída com a CAT. Pode até a petição inicial deixar de ser instruída com a CAT se é fato público e notório que o INSS não concede o benefício, como ocorre com dano auditivo de que o acidentado é portador. A anotação na CTPS do reclamante ou a comunicação de alta acidentária supre a omissão da juntada da CAT.

Antigamente não havia necessidade do exaurimento da via administrativa para a propositura da ação de natureza previdenciária. O § 4º do art. 153 da Emenda Constitucional n. 1/69, também não exigia o exaurimento da via administrativa para se ingressar com ação contra a Previdência Social, apenas que a lei poderia condicionar o exaurimento da via administrativa; porém nunca houve uma norma que tratasse do tema. O antigo TFR firmou entendimento de que "o exaurimento da via administrativa não é condição para a propositura de ação de natureza previdenciária" (Súmula 213). A atual Constituição nada menciona sobre o exaurimento da via administrativa para se postular qualquer verba de natureza previdenciária. Na Lei Maior de 1988 ainda está escrito que "a lei não excluirá da apreciação do Poder Judiciário lesão ou ameaça a direito" (art. 5º, XXXV), o que mostra a desnecessidade de se ingressar com o pedido administrativo no INSS. A Súmula 89 do STJ, interpretando a Lei n. 6.367/76, esclarece que "a ação acidentária prescinde do exaurimento da via administrativa". Não há inclusive previsão legal no sentido da necessidade de se ingressar previamente com pedido administrativo. O segurado tem interesse de agir quando postula diretamente no Judiciário, que não está condicionado ao exaurimento da via administrativa. Quando o INSS não pode conceder ou negar algo se não há pedido, haverá necessidade de requerimento na via administrativa. Só é desnecessário o requerimento administrativo quando é público e notório que o INSS nega determinada pretensão do segurado. O STF entendeu que a aposentadoria não pode ser requerida diretamente na Justiça. Há necessidade de requerimento administrativo no INSS. O INSS não pode conceder benefício sem requerimento (RE 631.240, j. 28-8-2014, Rel. Min. Barroso).

O inciso II do art. 129 da Lei n. 8.213/91 se refere a uma obrigação da empresa de comunicar o acidente do trabalho (art. 22). O fato de o segurado poder formalizar a comunicação (§ 2º do art. 22 da Lei n. 8.213/91) demonstra que a comunicação não é obrigatória ou essencial ao ajuizamento da ação. A lei não condiciona o ingresso da ação ao pedido na via administrativa. O fato de se poder verificar na via administrativa se há ou não resistência da autarquia pode perfeitamente ser demonstrado no comportamento dela na contestação, quando contesta o pedido, mostrando sua resistência. Ademais, a lei não excluirá da apreciação do Poder Judiciário lesão ou ameaça a direito (art. 5º, XXXV, da Constituição).

O Ministério Público não tem legitimidade para propor a ação acidentária (art. 17 do CPC), pois quem poderá propô-la é o acidentado, que será a parte que irá figurar no polo ativo da ação. Não há nenhum dispositivo da Constituição, da antiga Lei n. 6.367/76 ou da atual Lei n. 8.213/91, que assegure o direito de ação ao Ministério Público em questões acidentárias. O Ministério Público irá atuar na ação acidentária como *custos legis* (fiscal da lei), sendo obrigatória a sua intervenção no processo. Deverá se manifestar antes de ser proferida a sentença, sob pena de nulidade. A Súmula 226 do STJ firmou entendimento de que o Ministério Público tem legitimidade para recorrer nas ações de acidente do trabalho, ainda que o acidentado esteja representado por advogado de sua livre escolha.

O procedimento judicial da ação acidentária é isento de pagamento de quaisquer custas e de verbas relativas à sucumbência (parágrafo único do art. 129 da Lei n. 8.213/91). Isso quer dizer que o segurado não tem de pagar custas judiciais, nem está sujeito às verbas da sucumbência, como honorários periciais e de advogado. Tal fato é garantido pela lei em razão da hipossuficiência do trabalhador, que, se tivesse de saldar as referidas despesas, não teria condições de ajuizar a ação acidentária. Isso já se verificava no art. 67 do Decreto-lei n. 7.036/44, no § 1º do art. 15 da Lei n. 5.316/67. O objetivo é de que o acidentado não tenha de arcar com pagamento de honorários ou adiantamentos de despesas processuais em razão de já ter sido desfalcado em seu patrimônio com o acidente.

O parágrafo único do art. 129 da Lei n. 8.213/91 dispensa do pagamento das custas apenas o obreiro, que é hipossuficiente. A isenção do pagamento de honorários de advogado nas ações acidentárias é restrita ao segurado e não à autarquia (Súmula 110 do STJ), pois o segurado tem de propor a ação para valer-se de seus direitos e não tem condições econômicas de pagamento.

Se o empregado não receber honorários de advogado, não estará sendo satisfeita integralmente a lide, com prejuízo para o obreiro, principalmente pelo fato de o advogado do trabalhador descontar uma porcentagem da indenização recebida. Esclarece a Súmula 111 do STJ que os honorários advocatícios nas ações previdenciárias não incidem sobre prestações vincendas.

O INSS não estará sujeito ao pagamento de custas, traslados, certidões, registros, averbações e quaisquer outros emolumentos nas causas em que for autor, réu, assistente ou opoente, inclusive nas ações de natureza trabalhista, acidentária e de benefícios (§ 1º do art. 8º da Lei n. 8.620/93), porém deverá antecipar os honorários periciais nas ações de acidentes do trabalho (§ 2º do art. 8º da Lei n. 8.620/93).

Mostra a Súmula 178 do STJ que "o INSS não goza de isenção do pagamento de custas e emolumentos nas ações acidentárias e de benefícios propostas na Justiça Estadual". Assim, a isenção que o INSS gozará dirá respeito apenas aos processos na Justiça Federal (art. 4º, I, da Lei n. 9.289/96). Isso ocorre em razão de que a União não pode isentar tributos de competência dos Estados (art. 151, III, da Constituição), como é o caso das taxas de custas judiciárias estaduais. Há competência concorrente para legislar sobre custas de serviços forenses (art. 24, IV, da Constituição). A União não poderia legislar sobre questão de competência dos Estados, como ocorre em relação às custas. O § 1º do art. 8º da Lei n. 8.620/93 tem validade apenas nas ações propostas perante a Justiça Federal. Caso o Estado-membro conceda a isenção de custas para o INSS, não são elas devidas, como ocorre no Estado de São Paulo, em que a Lei n. 4.952/85 isenta a referida autarquia da taxa judiciária.

Os juros de mora nas ações relativas a benefícios previdenciários incidem a partir da citação válida (Súmula 204 do STJ).

O art. 13 da Lei n. 6.367/76 prevê hipótese de que, "para pleitear direitos decorrentes desta lei, não é obrigatória a constituição de advogado". Pode-se, contudo, sustentar que esse art. 13 da Lei n. 6.367/76 não foi revogado pela Lei n. 8.213/91, que não tratou expressamente do tema. De outro lado, o parágrafo único do art. 129 da Lei n. 8.213/91, ao dizer que o segurado não precisa pagar honorários de advogado caso perca a ação, dá a entender que o causídico é dispensável na ação acidentária, subsistindo o *ius postulandi* do obreiro para ajuizar a ação acidentária. Com a edição da Lei n. 8.906/94, o inciso I do art. 1º declarou que a postulação a qualquer órgão do Poder Judiciário é atividade privativa de advogado. Como a Justiça Estadual é um dos órgãos do Poder Judiciário, a ação de acidente do trabalho deve ser proposta por advogado, restando revogado o art. 13 da Lei n. 6.367/76. O STF suspendeu, em medida liminar em ação direta de inconstitucionalidade, o inciso I do art. 1º da Lei n. 8.906/94, no que diz respeito à necessidade de advogado na Justiça do Trabalho e no juizado especial de pequenas causas, mas nada mencionou em relação às questões de acidente do trabalho. Assim, pode-se entender que o advogado é necessário nas ações de acidente do trabalho, com base na Lei n. 8.906, estando revogado o art. 13 da Lei n. 6.367/76.

O procedimento a ser observado nas ações acidentárias é o sumário, na forma do art. 129, II, da Lei n. 8.213/91. Durante as férias forenses o processo não sofrerá paralisação, seguindo o seu ritmo normal, pois as parcelas acidentárias têm natureza alimentar e a matéria pode ser considerada como urgente. Utiliza-se o procedimento sumário, pois este tem uma marcha mais rápida do que o procedimento ordinário, resultando em uma maior celeridade processual, principalmente em razão das prestações alimentícias que são reivindicadas.

A denunciação da lide do empregador é inadmissível na ação acidentária, pois quem paga o benefício é o INSS e não o empregador. O art. 120 da Lei n. 8.213/91 permite ao INSS propor ação regressiva contra os responsáveis pela não observância de normas de segurança e medicina do trabalho. A ação tem natureza indenizatória, pois visa restituir o que o INSS pagou ao acidentado por culpa da empresa.

Poder-se-ia dizer que em matéria de acidente do trabalho vigoraria a lei do país em que se constituir a obrigação (art. 9º do Decreto-lei n. 4.657/42), independentemente do empregado ter trabalhado no exterior. A orientação doutrinária preponderante é a de que se observa a lei da execução do contrato de trabalho, a *lex loci laboris*, isto é, a lei do local em que ocorreu o acidente do trabalho. É o prolongamento da ideia de que o empregado está sujeito às regras do local onde trabalha e não de onde foi contratado.

Tratando-se de ação de reparação de dano, que é o acidente ocorrido com a pessoa e que tem natureza alimentar, admite-se a opção do autor na indicação do foro, que pode ser o de sua residência, ou o do local do acidente (art. 53, V, *a*, do CPC).

O juiz poderá designar de ofício a perícia médica para apuração do alegado na exordial. Entretanto, o autor pode desistir da ação antes do oferecimento da contestação, não depois (§ 4º do art. 485 do CPC/2015).

É necessário o reexame da sentença que acolhe ou acolhe em parte o pedido do acidentado, pois o INSS é uma autarquia da União (art. 496, I, do CPC/2015). Não se aplica a remessa de ofício em relação a: I – 1.000 (mil) salários mínimos para a União e as respectivas autarquias e fundações de direito público; II – 500 (quinhentos) salários mínimos para os Estados, o Distrito Federal, as respectivas autarquias e fundações de direito público e os Municípios que constituam capitais dos Estados; III – 100 (cem) salários mínimos para todos os demais Municípios e respectivas autarquias e fundações de direito público. Também não se aplica a remessa de ofício quando a sentença estiver fundada em: I – súmula de tribunal superior; II – acórdão proferido pelo Supremo Tribunal Federal ou pelo Superior Tribunal de Justiça em julgamento de recursos repetitivos; III – entendimento firmado em incidente de resolução de demandas repetitivas ou de assunção de competência; IV – entendimento coincidente com orientação vinculante firmada no âmbito administrativo do próprio ente público, consolidada em manifestação, parecer ou súmula administrativa.

É possível a ação revisional das prestações deferidas em ação de acidente do trabalho, nos termos do inciso I do art. 505 do CPC/2015, desde que haja agravamento da incapacidade ou morte sem a ocorrência de novo acidente (arts. 21, § 2º, e 104, II, da Lei n. 8.213/91). Se o novo acidente for decorrente de antigas causas, será a hipótese da postulação de novo benefício, em razão da independência e autonomia dos acidentes do trabalho.

A legislação acidentária tutela direitos indisponíveis, inexistindo julgamento *ultra* ou *extra petita*, pois somente a perícia tem condições de dizer qual o mal que sofre o obreiro e só a sentença irá dizer qual é efetivamente seu direito.

Normalmente a prestação postulada na inicial é genérica, razão pela qual o juiz pode conceder prestação não postulada expressamente, pois o obreiro não sabe qual foi o mal que lhe foi adverso e lhe causou o acidente.

Se o acidente do trabalho decorre de acidente de trânsito, a indenização civil não pode ser compensada com a previdenciária e vice-versa.

O STJ entendeu que a prescrição da ação de acidente do trabalho conta-se a partir da apresentação do laudo pericial em juízo (Ac. 6ª T., REsp 71.362-SP, Rel. Min. Luiz Vicente Cernicchiaro, j. 19-9-1995, *DJU* 1, 15-4-1996, p. 11.561).

A Súmula 230 do STF indica que a prescrição da ação de acidente do trabalho conta-se do exame pericial que comprovar a enfermidade ou verificar a natureza da incapacidade.

Na execução contra o INSS o prazo de embargos previsto no art. 910 do CPC/2015 é de 30 dias (art. 130 da Lei n. 8.213/91).

O Ministro da Previdência Social poderá autorizar o INSS a formalizar a desistência ou abster-se de propor ações e recursos em processos judiciais sempre que a ação versar matéria sobre a qual haja declaração de inconstitucionalidade proferida pelo STF, súmula ou jurisprudência consolidada do STF ou dos tribunais superiores.

Nas ações rescisórias propostas pelo INSS descabe o depósito prévio previsto no inciso II do art. 968 do CPC/2015 (Súmula 175 do STJ).

22.22 RESPONSABILIDADE CIVIL DO EMPREGADOR E DE TERCEIROS

Responsabilidade vem do latim *respondere*, tendo o sentido de responsabilizar-se, garantir ou assumir o pagamento do que se obrigou ou do ato que praticou.

Responsabilidade objetiva independe de culpa. Importa risco aos direitos de outra pessoa, como na hipótese do art. 927 do Código Civil e do § 6º do art. 37 da Constituição, em relação à Fazenda Pública por ato de seus prepostos.

A responsabilidade subjetiva é a que decorre de culpa, de negligência, imprudência, imperícia, ou de dolo. Deve ser provada pela parte.

O Decreto-lei n. 7.036/44 continha norma expressa no sentido de que o pagamento da indenização acidentária exonerava o empregador do pagamento de qualquer outra verba, salvo se o acidente resultasse de dolo seu ou de seus prepostos (art. 31). O STF, porém, fixou orientação consubstanciada na Súmula 229, equiparando o dolo a culpa grave: "a indenização acidentária não exclui a do direito comum, em caso de dolo ou culpa grave do empregador".

Até a edição da Lei n. 5.316/67, a responsabilidade do empregador era disciplinada no Código Civil. Com a Lei n. 5.316/67 as prestações de acidente do trabalho passaram a ser da competência da Previdência Social.

Estabelece o inciso XXVIII do art. 7º da Constituição o "seguro contra acidentes do trabalho, a cargo do empregador, sem excluir a indenização a que este está obrigado, quando incorrer em dolo ou culpa". A Constituição vem a albergar a orientação da Súmula 229 do STF. Mostra-se, assim, que o seguro contra o acidente do trabalho fica a cargo do empregador. Contudo, este será responsável também pela indenização devida ao obreiro se incorrer em dolo ou culpa no acidente. Sem excluir, quer dizer que é cumulada com a indenização em caso de dolo ou culpa. Agora não é mais necessária culpa grave do empregador, mas apenas culpa, segundo a regra do inciso XXVIII do art. 7º da Constituição. A culpa pode ser leve ou levíssima.

O inciso XXVIII do art. 7º tem duas partes: uma que é o seguro contra acidentes do trabalho, que é recolhido pelo empregador; outra que é a responsabilidade civil de pagar indenização quando o empregador incorrer em dolo ou culpa.

A responsabilidade civil do empregador contida no inciso XXVIII do art. 7º da Constituição é subjetiva e não objetiva. Depende da prova de dolo ou culpa. Não é sempre presumida como na hipótese do § 6º do art. 37 da Constituição.

"O trabalhador que atua em atividade de risco tem direito à indenização em razão de danos decorrentes de acidente do trabalho, independentemente da comprovação de culpa ou dolo do empregador" (RE 828.040, rel. Min. Alexandre de Moraes).

O parágrafo único do art. 927 do Código Civil não se aplica para acidente do trabalho, pois o inciso XXVIII do art. 7º da Constituição dispõe que a indenização só é devida em caso de dolo ou culpa. Se a Constituição regulamenta de forma clara a responsabilidade no acidente do trabalho, não pode a norma infraconstitucional dispor de forma contrária. Tendo a Constituição esgotado o assunto, não cabe espaço à lei ordinária. A responsabilidade é subjetiva. Se o constituinte quisesse que a responsabilidade fosse objetiva, teria sido expresso nesse sentido, porém não o foi. O dispositivo constitucional é expresso. Não há lacuna na Constituição para ser complementada ou estabelecida pela lei ordinária.

Dispõe o *caput* do art. 7º da Constituição que "são direitos dos trabalhadores urbanos e rurais, além de outros que visem à melhoria da sua condição social". Prescrição, por exemplo, não é um direito do trabalhador, apesar de constar do inciso XXIX do mesmo artigo. O parágrafo único do art. 927 do Código Civil não é regra de melhoria de condições sociais, mas de responsabilidade civil. Logo, não pode ser aplicado sob o argumento de melhorar condição social do trabalhador.

O parágrafo único do art. 927 do Código Civil não é inconstitucional, apenas não se aplica em caso de acidente do trabalho, em razão da regra prevista no inciso XXVIII do art. 7º da Constituição.

No Tema 932 do STF, rel. Min. Alexandre de Moraes, RE 828.040, foi dito que: "o art. 927, parágrafo único, do Código Civil é compatível com o art. 7º, XXVIII, da Constituição Federal, sendo constitucional a responsabilização objetiva do empregador por danos decorrentes de acidentes do trabalho, nos casos especificados em lei, ou quando a atividade normalmente desenvolvida, por sua natureza, apresentar exposição habitual a risco especial, com potencialidade lesiva e implicar ao trabalhador ônus maior do que aos demais membros da coletividade".

Responsabilidade objetiva é a do INSS por conceder o benefício acidentário ao segurado, tendo por base o fato de que o seguro contra acidentes do trabalho fica por conta do empregador (art. 7º, XXVIII, da Constituição).

O pagamento de prestações pela Previdência Social em decorrência dos casos previstos nos incisos I e II do *caput* do art. 120 da Lei n. 8.213/91 não exclui a responsabilidade civil da empresa, no caso do inciso I, ou do responsável pela violência doméstica e familiar, no caso do inciso II. A responsabilidade civil é regulada genericamente no art. 186 do Código Civil.

Pode-se dizer que a partir da Constituição de 1988 não é preciso provar a culpa grave do empregador, basta apenas que exista culpa, sem que ela seja grave.

Agora, pagando o empregador indenização ao empregado, este ainda fará jus aos benefícios previdenciários decorrentes de acidente do trabalho que forem previstos em lei. Mesmo o INSS pagando benefício previdenciário, o empregado poderá fazer jus à indenização civil, caso o empregador incorra em dolo ou culpa.

A responsabilidade civil decorrente do acidente do trabalho independe da responsabilidade previdenciária. É possível a acumulação de ambas as hipóteses desde que haja dolo ou culpa do empregador.

A ação acidentária tem natureza alimentar, compensatória, pois substitui o salário que o empregado deixa de receber. A ação civil terá natureza indenizatória, de reparar o dano causado pelo empregador ou por terceiro, restaurando o *status quo ante*, a situação anterior.

A ação regressiva do INSS contra a empresa é da competência da Justiça Federal, por se tratar o INSS de autarquia da União (art. 109, I, da Constituição).

A relação não é entre empregado e empregador. Não é relação de trabalho (art. 114, I, da Constituição), mas relação entre empresa e INSS. Trata-se de responsabilidade civil da empresa e direito de regresso.

A ação regressiva tem natureza condenatória. É uma postulação civil e indenizatória. Não tem natureza administrativa ou previdenciária.

Não tem natureza pedagógica, como no dano moral, pois o valor estabelecido não tem por objetivo inibir o empregador da prática do ato, mas ressarcir o INSS com o que gastou.

O benefício previdenciário decorre da teoria do seguro social, sendo pago pelo INSS. A responsabilidade civil é decorrente da culpa do empregador, por meio de seu preposto. São reparações distintas, com sujeitos passivos diversos.

A Súmula 188 do STF afirma que o segurador tem ação regressiva contra o causador do dano pelo que efetivamente pagou até o limite previsto no contrato de seguro.

Dispõe o art. 934 do Código Civil que "aquele que ressarcir o dano causado por outrem pode reaver o que houver pago daquele por quem pagou".

Para a propositura da ação é necessário que: (a) tenha ocorrido o acidente; (b) o INSS tenha pago o benefício acidentário; (c) tenha havido dolo ou culpa do empregador.

Não se pode compensar a verba recebida na ação acidentária com a devida na ação civil, pois as verbas têm natureza distinta. As indenizações são autônomas e cumuláveis.

Com o pagamento da contribuição para o custeio de acidente do trabalho, o empregador fica coberto, em caso de infortúnio, pelo benefício previdenciário que será concedido ao empregado.

O fato de a empresa contribuir para o seguro contra acidentes do trabalho não implica que não fica responsável civilmente pelos prejuízos que causar, inclusive mediante ação regressiva proposta pelo INSS.

Não há *bis in idem*, pois a questão é de responsabilidade civil por ato ilícito, decorrente de ação ou omissão, culpa.

Pode a responsabilidade civil do empregador ser demonstrada se não cumpre as normas de segurança e medicina do trabalho, como das regras relativas à Cipa.

A culpa do empregador pode decorrer de não fornecer o EPI, de não fiscalizar seu uso, de não verificar a validade dos EPIs etc.

O empregador somente fica livre do pagamento de indenização por responsabilidade civil se não restar provada sua culpa, ou dolo, em relação ao acidente ocorrido. O STJ, por meio da Súmula 141, entende que "é presumida a culpa do patrão ou comitente pelo ato culposo do empregado ou preposto".

A indenização pela responsabilidade civil do empregador pode abranger perdas e danos, lucros cessantes, danos estéticos e morais, despesas médico-hospitalares. Decorre da incapacidade laborativa ou da redução da capacidade de trabalho do empregado.

São cumuláveis as indenizações por dano material e dano moral oriundos do mesmo fato (Súmula 37 do STJ).

O fundamento do pedido de indenização é decorrente das sequelas ocorridas com o trabalhador após o acidente. A causa próxima é o acidente. A causa remota é a incapacidade laborativa e as sequelas decorrentes do acidente.

O empregador assume os riscos da sua atividade econômica (art. 2º da CLT). O trabalho não pode ser um risco para o trabalhador, em decorrência do ambiente de trabalho.

No caso de lesão ou outra ofensa à saúde, o ofensor indenizará o ofendido das despesas do tratamento e dos lucros cessantes até o fim da convalescença, além de algum outro prejuízo que o ofendido prove haver sofrido (art. 949 do CC).

Se a ofensa resultar defeito pelo qual o ofendido não possa exercer o seu ofício ou profissão, ou se lhe diminua a capacidade de trabalho, a indenização, além das despesas do tratamento e lucros cessantes até ao fim da convalescença, incluirá pensão correspondente à importância do trabalho para que se inabilitou (art. 950 do CC).

A responsabilidade civil do empregador não ficará caracterizada quando: (a) o empregado desobedecer às ordens do patrão; (b) o obreiro provocou o acidente, como na hipótese em que o empregado coloca um dedo na máquina visando provocar o acidente e receber o benefício previdenciário ou da não observância de normas de medicina e segurança do trabalho, de não usar equipamento de proteção.

A legítima defesa, o caso fortuito ou a força maior são excludentes da responsabilidade civil.

Não é exatamente o risco da atividade do empregador que ensejará o pagamento da indenização por responsabilidade civil, mas a não observância de normas de prevenção de acidentes que o empregador não cumpriu ou seu intuito deliberado em causar o acidente.

No acidente de trajeto não há dolo ou culpa do empregador, não havendo responsabilidade civil do empregador, mas gera direito ao benefício previdenciário.

Se o acidente do trabalho for praticado por terceiro, aquele que sofreu o infortúnio não ficará privado dos benefícios acidentários da Previdência Social, mas o terceiro irá responder civil e criminalmente, se for o caso.

A Súmula 278 do STJ afirma que o termo inicial do prazo prescricional, na ação de indenização, é a data em que o segurado teve ciência inequívoca da incapacidade laboral.

Nos casos de negligência quanto às normas-padrão de segurança e higiene do trabalho indicados para a proteção individual e coletiva, a Previdência Social proporá ação regressiva contra os responsáveis (art. 120 da Lei n. 8.213/91).

A prescrição na cobrança da indenização da empresa pelo INSS ocorrerá no prazo de três anos, por se tratar de questão de responsabilidade civil (art. 206, § 3º, VI, do CC).

O STJ entende que o prazo de prescrição para ressarcimento do pagamento feito pelo INSS em acidente do trabalho é de cinco anos com base no art. 1º do Decreto n. 20.910/32 (STJ, 2ª T., REsp 1.731.792-RS, rel. Min. Herman Benjamin, j. 15-5-2018, *DJe* 2-8-2018).

Verificação de aprendizagem

1. Quais as teorias que fundamentam a proteção ao acidentado?
2. Quais foram as leis que trataram de acidente do trabalho no Brasil?
3. O que é acidente do trabalho?
4. O que se considera doença profissional?
5. O que se considera doença do trabalho?
6. O que é causalidade indireta?
7. O que é concausalidade?
8. A quem se aplica a legislação sobre acidente do trabalho?
9. Quem deve comunicar o acidente do trabalho?
10. Há período de carência para o acidente do trabalho? Por quê?
11. Quais são as prestações devidas no acidente do trabalho?
12. Como se caracteriza a estabilidade do acidentado?
13. Qual o juízo competente para se propor a ação acidentária?

Capítulo 23

SEGURO-DESEMPREGO

23.1 HISTÓRICO

O seguro-desemprego já era previsto no inciso XV do art. 157 da Constituição de 1946, que mencionava a "assistência aos desempregados" como preceito da legislação do trabalho e da previdência social. Dizia-se que o referido mandamento era regra jurídica programática, pois não era possível a plena eficácia do referido dispositivo, justamente porque faltava uma lei para lhe dar seus contornos.

O art. 167 da Lei n. 3.807/60 (LOPS) foi o primeiro dispositivo no âmbito infraconstitucional a trazer alguma orientação sobre o tema: "para atender a situação excepcional decorrente de crise ou calamidade pública que ocasione desemprego em massa, poderá ser instituído o seguro-desemprego, custeado pela União e pelos empregadores".

Efetivamente, o inciso XV do art. 157 da Constituição de 1946 somente foi regulamentado com a edição da Lei n. 4.923/65. O art. 5º da referida norma esclarecia que o Poder Executivo ficava autorizado a instituir um plano de assistência aos trabalhadores que, após 120 dias consecutivos de serviço na mesma empresa, estiverem desempregados ou venham a se desempregar, por dispensa sem justa causa ou por fechamento total ou parcial da empresa. A assistência seria prestada com um auxílio em dinheiro no valor máximo de 80% do salário mínimo local.

A prestação seria devida até o prazo máximo de seis meses, a partir do mês seguinte àquele a que corresponder o número de meses computados no cálculo da indenização, paga na forma da legislação trabalhista. Visava a Lei n. 4.923/65 criar um cadastro da movimentação de mão de obra e não um sistema de proteção ao trabalhador dispensado.

O Decreto n. 58.155/66, constituiu o Fundo de Assistência aos Desempregados e regulamentou sua aplicação. O Decreto n. 58.684/66, instituiu o plano de assistência e disciplinou o custeio.

O inciso XVI do art. 158 da Constituição de 1967 estabeleceu que seria assegurado aos trabalhadores "previdência social, mediante contribuição da União, do empregador e do empregado, para seguro-desemprego, proteção da maternidade e, nos casos de doença, velhice, invalidez ou morte".

O inciso XVI do art. 165 da Emenda Constitucional n. 1/69, repete aproximadamente a orientação da Constituição de 1967: "previdência social nos casos de doença, velhice, invalidez, morte, seguro-desemprego, seguro contra acidentes de trabalho (...)".

Surge o Plano Cruzado, por meio do Decreto-lei n. 2.283/86, que foi republicado de acordo com o Decreto-lei n. 2.284, de 10-3-1986. O Decreto-lei n. 2.284/86 veio a instituir efetivamente o sistema, tendo sido regulamentado pelo Decreto n. 92.608/86.

O inciso II do art. 7º da Constituição de 1988 modifica um pouco a previsão das Constituições anteriores, assegurando aos trabalhadores urbanos e rurais: "seguro-desemprego, em caso de desemprego involuntário". Logo, se o desemprego é causado pelo próprio trabalhador, o benefício é indevido.

O inciso III do art. 201 da Constituição estabelece que os planos de Previdência Social, mediante contribuição, atenderão à proteção do trabalhador em situação de desemprego involuntário, o que mostra que o benefício em comentário é uma prestação da Previdência Social. O art. 239 da mesma norma esclareceu que o PIS e o Pasep passariam a custear o programa de seguro-desemprego.

A Lei n. 7.998/90, regulamentou os preceitos constitucionais mencionados. A referida norma regulou o programa de seguro-desemprego, instituindo o Fundo de Amparo ao Trabalhador (FAT). Houve alterações por intermédio da Lei n. 8.019/90.

A Lei n. 8.352/91, alterou o art. 9º da Lei n. 8.019/90 e tratou das disponibilidades financeiras do Fundo de Amparo ao Trabalhador. A Lei n. 8.438/92, prorrogou o prazo do art. 3º da Lei n. 8.352/91, quanto à prova que o empregado deveria fazer de ter sido empregado de pessoa jurídica ou pessoa física a ela equiparada, durante pelo menos 15 meses nos últimos 24 meses. O referido prazo foi novamente prorrogado pela Lei n. 8.561/92.

A Lei n. 8.900/94, alterou novamente a Lei n. 7.998/90, estabelecendo principalmente o número de parcelas devidas do seguro-desemprego, entre outras coisas.

No âmbito da OIT, vale ressaltar que a Convenção n. 2 e a Recomendação n. 1 estabeleceram que os membros daquela organização deveriam elaborar um sistema de seguros contra o desemprego, além do pagamento de uma indenização ao desempregado. A Convenção n. 102 indica que o seguro-desemprego é uma das prestações a serem implementadas pela Previdência Social. A Convenção n. 158 da OIT, denunciada pelo Brasil por meio do Decreto n. 2.100/96, previu que, em conformidade com a legislação e a prática nacionais, todo trabalhador cuja relação de trabalho tiver terminado terá direito a benefícios do seguro-desemprego, de um sistema de assistência aos desempregados ou de outras formas de Previdência Social (art. 12, *b*).

23.2 CONCEITO

O seguro-desemprego é um benefício previdenciário que tem por finalidade promover a assistência financeira temporária do trabalhador desempregado em virtude de ter sido dispensado sem justa causa, inclusive a indireta. Destina-se, também, a auxiliar os trabalhadores na busca de emprego, promovendo, para tanto, ações integradas de orientação, recolocação e qualificação profissional.

23.3 NATUREZA JURÍDICA

O seguro-desemprego não é um salário, pois quem o paga não é o empregador, além do que o contrato de trabalho já terminou quando começa o pagamento do citado auxílio. Trata-se, portanto, de um benefício previdenciário e não de uma prestação de assistência social, pois o inciso III do art. 201 da Constituição esclarece que o citado pagamento ficará por conta da Previdência Social.

Assim, o seguro-desemprego decorre de uma contingência relativa ao trabalhador, ou seja, ter perdido o emprego por dispensa sem justa causa ou por rescisão indireta. Dessa forma, há necessidade de haver um sistema para cobrir a referida situação, o que é feito pela Previdência Social. O que gera o pagamento do benefício é o desemprego involuntário, pois, se o desemprego decorrer de pedido de demissão ou de dispensa com justa causa, não há pagamento de benefício.

O seguro-desemprego tem por objetivo substituir o valor que o empregado ganhava enquanto estava no exercício da função, embora não haja correspondência absoluta entre uma coisa e outra. É um benefício de caráter temporário.

Na verdade, o seguro-desemprego tem por objetivo prestar assistência financeira ao desempregado, além do que o número de prestações é limitado. O caráter assistencial pode ser verificado a partir do momento em que o desempregado não pode ter outra fonte de renda. Não obstante seja um benefício previdenciário, segundo a Constituição, quem o paga não é a Previdência Social, mas o Ministério do Trabalho, que tem cadastros e condições para verificar os desempregados.

O seguro-desemprego tem natureza alimentar, pois o trabalhador usa o referido pagamento para fazer face às suas despesas.

23.4 CUSTEIO

O art. 239 da Constituição dispõe que a arrecadação decorrente das contribuições do PIS e do Pasep passa a custear o programa do seguro-desemprego, outras ações da previdência social e o abono do sistema. O § 4º do art. 239 determina que o custeio do seguro-desemprego receberá uma contribuição adicional da empresa cujo índice de rotatividade da força de trabalho superar o índice médio da rotatividade do setor, na forma estabelecida por lei. O citado parágrafo representa a adoção da experiência Rating, adotada nos Estados Unidos. As empresas que geram menos desemprego devem ser beneficiadas.

Determina o § 1º do art. 239 da Lei Maior que, dos recursos mencionados no *caput*, no mínimo 28% (vinte e oito por cento) serão destinados para o financiamento de programas de desenvolvimento econômico, por meio do Banco Nacional de Desenvolvimento Econômico e Social, com critérios de remuneração que preservem o seu valor. A ideia do citado dispositivo diz respeito ao fato de que os recursos do PIS/Pasep não deveriam ser utilizados apenas para pagar benefícios aos desempregados, mas também para assegurar investimento visando gerar empregos.

O art. 10 da Lei n. 7.998/90 institui o Fundo de Amparo ao Trabalhador (FAT), vinculado ao Ministério do Trabalho, destinado ao custeio do programa de seguro-desemprego, ao pagamento do abono salarial e ao financiamento de programas de desenvolvimento econômico, de educação profissional e tecnologia e de desenvolvimento econômico.

Constituem recursos do FAT, entre outros, o produto da arrecadação das contribuições devidas ao PIS/Pasep e a contribuição adicional prevista no § 4º do art. 239 da Constituição.

Compete ao Ministério do Trabalho a fiscalização do programa do seguro-desemprego e do abono salarial (art. 23 da Lei n. 7.998/90).

23.5 FINALIDADE

O programa do seguro-desemprego tem por finalidade:

a) prover assistência financeira temporária ao trabalhador desempregado em virtude de dispensa sem justa causa, inclusive a indireta, e ao trabalhador comprovadamente resgatado de regime de trabalho forçado ou da condição análoga à de escravo;
b) auxiliar os trabalhadores na busca ou na preservação do emprego, promovendo, para tanto, ações integradas de orientação, recolocação e qualificação profissional.

No Brasil, o seguro-desemprego tem alcance limitado, pois muitas pessoas estão na informalidade.

O seguro-desemprego acaba repondo apenas uma parcela da renda perdida, pois fica limitado a determinado valor.

Apesar de tudo, o seguro-desemprego garante algum recurso ao trabalhador durante certo tempo, visando a que busque novo emprego.

Se o valor do seguro-desemprego é alto e pago por longo tempo, desestimula o trabalhador em buscar novo emprego. É por esse motivo que são estabelecidos valores baixos e por pouco tempo. Muitas vezes, são estabelecidos valores decrescentes nos sistemas, de forma a forçar o trabalhador a procurar novo emprego.

23.6 HABILITAÇÃO

O trabalhador que for dispensado sem justa causa, inclusive mediante rescisão indireta, deverá comprovar:

a) ter recebido salários de pessoa jurídica ou de pessoa física a ela equiparada, relativos a: a) pelo menos 12 meses nos últimos 18 meses imediatamente anteriores à data de dispensa, quando da primeira solicitação; b) pelo menos nove meses nos últimos 12 meses imediatamente anteriores à data de dispensa, quando da segunda solicitação; c) cada um dos seis meses imediatamente anteriores à data de dispensa, quando das demais solicitações;
b) não estar em gozo de qualquer benefício previdenciário de prestação continuada, salvo o auxílio-acidente. O segurado não poderá estar recebendo

auxílio-doença ou aposentadoria. Poderá o benefício ser cumulado com: (a) a pensão por morte, pois é paga ao dependente. No caso, serão pagas ao dependente prestações vencidas do seguro-desemprego até o falecimento do segurado; (b) o auxílio-acidente tem caráter indenizatório, em razão de sequela do trabalhador, e não visa substituir o salário do trabalhador;

c) não possuir renda própria de qualquer natureza suficiente à sua manutenção e de sua família;

d) não estar em gozo de auxílio-desemprego.

e) matrícula e frequência, quando aplicável, nos termos do regulamento, em curso de formação inicial e continuada ou de qualificação profissional habilitado pelo Ministério da Educação, nos termos do art. 18 da Lei n. 12.513/2011, ofertado por meio da Bolsa-Formação Trabalhador concedida no âmbito do Programa Nacional de Acesso ao Ensino Técnico e Emprego (Pronatec), instituído pela Lei n. 12.513/2011, ou de vagas gratuitas na rede de educação profissional e tecnológica.

Os requisitos acima são cumulativos e não exemplificativos.

Considera-se mês de atividade a fração igual ou superior a 15 dias.

Para efeito da habilitação ao seguro-desemprego, desconsiderar-se-á o período de suspensão contratual para o cálculo dos períodos de que tratam as hipóteses *a* e *b* supra.

A União poderá condicionar o recebimento da assistência financeira do Programa de Seguro-Desemprego à comprovação da matrícula e da frequência do trabalhador em curso de formação inicial e continuada ou qualificação profissional, com carga horária mínima de 160 horas (§ 1º do art. 3º da Lei n. 7.998/90).

O Poder Executivo regulamentará os critérios e requisitos para a concessão da assistência financeira do Programa de Seguro-Desemprego, nos casos previstos no parágrafo anterior, considerando a disponibilidade de bolsa-formação no âmbito do Pronatec ou de vagas gratuitas na rede de educação profissional e tecnológica para o cumprimento da condicionalidade pelos respectivos beneficiários.

A oferta de bolsa para formar os trabalhadores considerará, entre outros critérios, a capacidade de oferta, a reincidência no recebimento do benefício, o nível de escolaridade e a faixa etária do trabalhador.

23.7 BENEFICIÁRIOS

São beneficiários do seguro-desemprego o trabalhador urbano e o rural, como se observa do *caput* do art. 7º da Constituição.

O trabalhador temporário também não tem direito ao benefício, pois seu contrato de trabalho com a empresa de trabalho temporário tem prazo determinado para findar.

Os profissionais liberais e o condomínio são equiparados a pessoas jurídicas para efeito do seguro-desemprego. Assim, seus empregados poderão requerer o benefício em comentário.

Embora o parágrafo único do art. 7º da Lei Magna não faça referência ao inciso II do mesmo artigo, nada proíbe que a lei ordinária institua o seguro-desemprego para o doméstico. Os empregados domésticos passam a ter direito ao seguro-desemprego a partir da vigência da Medida Provisória n. 1.986/99.

O seguro-desemprego é custeado pelo sistema PIS/Pasep (art. 239 da Constituição). O art. 1º da Lei n. 8.019/90 estabelece que a arrecadação das contribuições do PIS e do Pasep serve para a cobertura integral das necessidades do Fundo de Amparo ao Trabalhador (FAT). Dispõe o art. 2º da Lei n. 10.208/2001 que as despesas decorrentes do pagamento do seguro-desemprego serão atendidas à conta dos recursos do FAT.

Ocorre que os empregadores domésticos não recolhem o PIS, até pelo fato de não terem receita bruta, pois não têm atividade lucrativa. Inexiste, assim, custeio específico para que seja estendido o seguro-desemprego para o empregado doméstico. O § 5º do art. 195 da Constituição é expresso no sentido de que nenhum benefício da Seguridade Social (que inclui a Previdência Social) poderá ser criado, estendido ou majorado sem a correspondente fonte de custeio total. O seguro-desemprego é uma prestação da Previdência Social (art. 201, III, da Constituição). Logo, há necessidade de custeio específico para que haja a extensão do seguro-desemprego para o empregado doméstico, por não prever a forma de custeio total para o novo benefício.

23.8 HIPÓTESES DE CONCESSÃO

O seguro-desemprego será concedido ao trabalhador que for dispensado sem justa causa, ou em decorrência de rescisão indireta. Assim, se o trabalhador pedir demissão ou for dispensado por justa causa, não fará jus ao benefício.

O término do contrato de trabalho por prazo determinado não caracteriza dispensa sem justa causa, inclusive no caso do término do contrato de experiência.

Havendo culpa recíproca para a rescisão do contrato de trabalho, o benefício é indevido, pois o empregado também teve culpa para a cessação do vínculo laboral.

Nos contratos de trabalho de prazo determinado, se houver rescisão antecipada do pacto, o empregado tem direito ao benefício, pois a hipótese equipara-se à dispensa por parte do empregador.

Na adesão ao programa de desligamento voluntário da empresa, não há direito ao seguro-desemprego, pois não houve dispensa sem justa causa, mas acordo entre as partes para a cessação do contrato de trabalho.

23.9 CONCESSÃO

O seguro-desemprego será concedido ao trabalhador desempregado, por período máximo variável de três a cinco meses, de maneira contínua ou alternada, a cada período aquisitivo, contados da data de dispensa que deu origem à última habilitação, cuja duração será definida pelo Conselho Deliberativo do Fundo de Amparo ao Trabalhador (Codefat).

O benefício do seguro-desemprego poderá ser retomado a cada novo período aquisitivo, satisfeitas as condições arroladas nos incisos I, III, IV e V do *caput* do art. 3º da Lei n. 7.998/90.

A determinação do período máximo anteriormente mencionado observará a seguinte relação entre o número de parcelas mensais do benefício do seguro-desemprego e o tempo de serviço do trabalhador nos 36 meses que antecederem a data de dispensa que originou o requerimento do seguro-desemprego, vedado o cômputo de vínculos empregatícios utilizados em períodos aquisitivos anteriores:

I – para a primeira solicitação:

a) quatro parcelas, se o trabalhador comprovar vínculo empregatício com pessoa jurídica ou pessoa física a ela equiparada de, no mínimo, 12 meses e, no máximo, 23 meses, no período de referência; ou

b) cinco parcelas, se o trabalhador comprovar vínculo empregatício com pessoa jurídica ou pessoa física a ela equiparada de, no mínimo, 24 meses, no período de referência;

II – para a segunda solicitação:

a) três parcelas, se o trabalhador comprovar vínculo empregatício com pessoa jurídica ou pessoa física a ela equiparada de, no mínimo, nove meses e, no máximo, 11 meses, no período de referência;

b) quatro parcelas, se o trabalhador comprovar vínculo empregatício com pessoa jurídica ou pessoa física a ela equiparada de, no mínimo, 12 meses e, no máximo, 23 meses, no período de referência; ou

c) cinco parcelas, se o trabalhador comprovar vínculo empregatício com pessoa jurídica ou pessoa física a ela equiparada de, no mínimo, 24 meses, no período de referência;

III – a partir da terceira solicitação:

a) três parcelas, se o trabalhador comprovar vínculo empregatício com pessoa jurídica ou pessoa física a ela equiparada de, no mínimo, seis meses e, no máximo, 11 meses, no período de referência;

b) quatro parcelas, se o trabalhador comprovar vínculo empregatício com pessoa jurídica ou pessoa física a ela equiparada de, no mínimo, 12 meses e, no máximo, 23 meses, no período de referência; ou

c) cinco parcelas, se o trabalhador comprovar vínculo empregatício com pessoa jurídica ou pessoa física a ela equiparada de, no mínimo, 24 meses, no período de referência.

A fração igual ou superior a 15 dias de trabalho será havida como mês integral.

Nos casos em que o cálculo da parcela do seguro-desemprego resultar em valores decimais, o valor a ser pago deverá ser arredondado para a unidade inteira imediatamente superior.

O período máximo poderá ser excepcionalmente prolongado por até dois meses, para grupos específicos de segurados, a critério do Codefat, desde que o gasto adicional representado por esse prolongamento não ultrapasse, em cada semestre, 10% do montante da reserva mínima de liquidez de que trata o § 2º do art. 9º da Lei n. 8.019/90.

Na hipótese de prolongamento do período máximo de percepção do benefício do seguro-desemprego, o Codefat observará, entre outras variáveis, a evolução geográfica e setorial das taxas de desemprego no país e o tempo médio de desemprego de grupos específicos de trabalhadores.

O Codefat observará as estatísticas do mercado de trabalho, inclusive o tempo médio de permanência no emprego, por setor, e recomendará ao Ministro de Estado do Trabalho e Emprego a adoção de políticas públicas que julgar adequadas à mitigação da alta rotatividade no emprego.

O empregado doméstico que for dispensado sem justa causa fará jus ao benefício do seguro-desemprego, na forma da Lei n. 7.998/90, no valor de um salário mínimo, por período máximo de três meses, de forma contínua ou alternada (art. 26 da Lei Complementar n. 150/2015). Na verdade, a extensão do benefício do seguro-desemprego ao doméstico é inconstitucional, pois não há fonte de custeio total para ele ser concedido (§ 5º do art. 195 da Constituição). O empregador doméstico não recolhe PIS, que é a forma de custear o benefício. O benefício será concedido ao empregado nos termos do regulamento do Conselho Deliberativo do Fundo de Amparo ao Trabalhador (Codefat). Será cancelado o benefício do seguro-desemprego, sem prejuízo das demais sanções cíveis e penais cabíveis:

I – pela recusa, por parte do trabalhador desempregado, de outro emprego condizente com sua qualificação registrada ou declarada e com sua remuneração anterior;

II – por comprovação de falsidade na prestação das informações necessárias à habilitação;

III – por comprovação de fraude visando à percepção indevida do benefício do seguro-desemprego; ou

IV – por morte do segurado.

O trabalhador que vier a ser identificado como submetido a regime de trabalho forçado ou reduzido a condição análoga à de escravo, em decorrência de ação de fiscalização do Ministério do Trabalho, será dessa situação resgatado e terá direito à percepção de três parcelas de seguro-desemprego no valor de um salário mínimo cada uma.

O trabalhador resgatado não tem prazo de 90 dias para requerer o benefício. Norma administrativa não pode estabelecer o que não tem previsão em lei.

O pescador profissional, desde que exerça sua atividade profissional ininterruptamente, de forma artesanal e individualmente ou em regime de economia familiar, fará jus ao benefício do seguro-desemprego, no valor de 1 (um) salário mínimo mensal, durante o período de defeso de atividade pesqueira para a preservação da espécie. Considera-se profissão habitual ou principal meio de vida a atividade exercida durante o período compreendido entre o defeso anterior e o em curso, ou nos 12 meses imediatamente anteriores ao do defeso em curso, o que for menor (1º do art. 1. da Lei n. 10.779/2003).

23.10 VALOR DO BENEFÍCIO

O valor do benefício não poderá ser inferior ao valor do salário mínimo.

Para fins de apuração do benefício, será considerada a média dos salários dos três últimos meses de trabalho.

O cálculo será feito observando a média tanto do salário fixo como do variável, como se o empregado percebesse algum adicional, comissão ou percentagem.

Mesmo que o empregado não tenha trabalhado integralmente em qualquer dos três últimos meses, o salário será calculado com base no mês completo de trabalho.

Percebendo o trabalhador salário por quinzena, por semana, ou por hora, o valor do seguro-desemprego será calculado com base no que seria equivalente ao seu salário mensal, tomando-se por parâmetro o mês de 30 dias ou 220 horas.

Estando o trabalhador em gozo de auxílio-doença ou convocado para prestação do serviço militar, bem como na hipótese de não ter recebido salários nos três últimos meses, o valor do benefício será fixado como fundamento na média dos dois últimos salários ou, ainda, no valor do último salário.

O valor do benefício do pescador profissional será de um salário mínimo mensal, durante o período de proibição de atividade pesqueira para a preservação da espécie (art. 1º da Lei n. 10.779/2003). O trabalhador não poderá estar em gozo de nenhum benefício de prestação continuada da Previdência e da Assistência Social, exceto auxílio-acidente e pensão por morte. Isso significa que não poderá estar em gozo de aposentadoria, auxílio-doença ou o benefício de prestação continuada da Assistência Social.

23.11 PRAZO PARA CONCESSÃO

O prazo para o requerimento do seguro-desemprego será a partir do 7º até o 120º dia subsequentes à data de sua dispensa. Deve o trabalhador requerer o benefício na Delegacia Regional de Trabalho.

Inexistindo DRT no local, o requerimento do seguro-desemprego poderá ser encaminhado por outra entidade autorizada pelo Ministério do Trabalho.

Do indeferimento do pedido do seguro-desemprego, caberá recurso ao Ministério do Trabalho por intermédio de suas delegacias, no prazo de 90 dias contados da data em que o trabalhador tiver ciência.

Se o trabalhador promove reclamação trabalhista contra seu ex-empregador, requerendo o seguro-desemprego ou o reconhecimento de que a dispensa ocorreu sem justa causa, o prazo para se requerer o benefício na DRT será de 7 até 120 dias após o trânsito em julgado da sentença ou do acordo. Logicamente o benefício somente poderá ser requerido se a sentença for favorável ao trabalhador.

Para o empregador há apenas obrigação de fazer e de fornecer as guias para o empregado se habilitar ao recebimento do seguro-desemprego. Não se trata de obrigação de pagar. Somente se o empregador não fornecer as guias, a obrigação de fazer converte-se em obrigação de pagar a indenização substitutiva.

23.12 DOCUMENTOS NECESSÁRIOS

O benefício será recebido pelo próprio segurado, no domicílio bancário por ele indicado, sendo necessária a apresentação dos seguintes documentos:

a) carteira de identidade;
b) CTPS;
c) documento de identificação do PIS ou do Pasep;
d) Comunicação de Dispensa (CD);
e) Termo de Rescisão do Contrato de Trabalho (TRCT);
f) documento de levantamento dos depósitos do FGTS.

Esse último requisito não precisa ser atendido, pois não está previsto em lei e o benefício independe do levantamento do FGTS ou de o empregador ter feito os depósitos na referida conta. A referida disposição decorre de norma administrativa que não pode exceder os limites da lei.

O agente pagador deverá conferir os critérios de habilitação do trabalhador ao benefício, registrando o pagamento da parcela na CTPS do obreiro, sobrepondo o carimbo autografado do caixa nas folhas de anotações de sua CTPS.

O pagamento da primeira parcela corresponderá aos primeiros 30 dias de desemprego, a contar da data do despedimento.

O trabalhador fará jus ao pagamento integral das parcelas subsequentes para cada mês de desemprego ou no último período do desemprego, desde que este corresponda a fração igual ou superior a 15 dias de desemprego. As parcelas restantes serão recebidas a cada intervalo de 30 dias, contados da emissão da parcela anterior.

Para se habilitar ao benefício do seguro-desemprego, o trabalhador doméstico deverá apresentar ao órgão competente do Ministério do Trabalho (art. 28 da Lei Complementar n. 150/2015): I – Carteira de Trabalho e Previdência Social, na qual deverão constar a anotação do contrato de trabalho doméstico e a data de dispensa, de modo a comprovar o vínculo empregatício, como empregado doméstico, durante pelo menos 15 meses nos últimos 24 meses; II – termo de rescisão do contrato de trabalho; III – declaração de que não está em gozo de benefício de prestação continuada da Previdência Social, exceto auxílio-acidente e pensão por morte; IV – declaração de que não possui renda própria de qualquer natureza suficiente à sua manutenção e de sua família. O seguro-desemprego deverá ser requerido de 7 a 90 dias contados da data de dispensa (art. 29 da Lei Complementar n. 150/2015). Novo seguro-desemprego só poderá ser requerido após o cumprimento de novo período aquisitivo, cuja duração será definida pelo Codefat (art. 30 da Lei Complementar n. 150/2015).

23.13 SUSPENSÃO DO BENEFÍCIO

O benefício do seguro-desemprego será suspenso quando:

a) o trabalhador for admitido em novo emprego. Essa hipótese não é de suspensão do benefício, mas de sua cessação, pois o segurado passa a estar empregado;
b) houver início de pagamento de benefício previdenciário, salvo auxílio-acidente;
c) do início de percepção de auxílio-desemprego (art. 7º, III, da Lei n. 7.998/90). O auxílio-desemprego era anteriormente previsto na Lei n. 4.923/65, que vigorou até a edição do Decreto-lei n. 2.284/86, quando foi criado o seguro-desemprego;
d) recusa injustificada por parte do trabalhador desempregado em participar de ações de recolocação de emprego, conforme regulamentação do Codefat.

Caso o motivo da suspensão tenha sido decorrente da admissão do trabalhador em novo emprego, implicando o não recebimento integral do seguro-desemprego, o trabalhador poderá receber as parcelas restantes, provenientes do mesmo período aquisitivo, desde que seja novamente dispensado sem justa causa.

23.14 CANCELAMENTO DO BENEFÍCIO

O benefício do seguro-desemprego será cancelado:

a) pela recusa por parte do trabalhador desempregado de outro emprego condizente com sua qualificação registrada ou declarada e com sua remuneração anterior;
b) por comprovação de falsidade na prestação das informações necessárias à habilitação;
c) por comprovação de fraude visando à percepção indevida de benefício de seguro-desemprego;
d) por morte do segurado.

Isso mostra que o benefício é personalíssimo e não se transfere para os dependentes, salvo quanto a prestações vencidas e não pagas.

Nas hipóteses mencionadas nos itens *a* a *c* o benefício será suspenso por um período de dois anos, dobrando-se o referido prazo em caso de reincidência.

O benefício poderá ser cancelado na hipótese de o beneficiário deixar de cumprir a condicionalidade descrita no § 1º do art. 3º da Lei n. 7.998/90.

23.15 INTRANSFERIBILIDADE

O seguro-desemprego é intransferível, exceto:

a) por morte do segurado, para efeito de recebimento das parcelas vencidas, que serão pagas aos dependentes mediante apresentação de alvará judicial. Com a morte do segurado o benefício cessa, não se transferindo para os herdeiros as prestações vincendas;

b) por grave moléstia do segurado, comprovada por perícia do INSS, hipótese em que o pagamento será feito ao seu curador, provisório ou definitivo, ou ao procurador admitido pela Previdência Social.

23.16 RESTITUIÇÃO DO BENEFÍCIO INDEVIDO

O trabalhador que receber benefício que lhe era indevido fica obrigado a ressarcir o órgão segurador, mediante desconto em tantos salários quantas forem as parcelas recebidas indevidamente, sem prejuízo de responder criminalmente, nos termos da lei.

23.17 BOLSA DE QUALIFICAÇÃO PROFISSIONAL

A bolsa de qualificação profissional será custeada pelo Fundo de Amparo ao Trabalhador, à qual fará jus o trabalhador que estiver com o contrato de trabalho suspenso em virtude de participação em curso ou programa de qualificação profissional oferecido pelo empregador, em conformidade com o disposto em convenção ou acordo coletivo celebrado para esse fim.

A periodicidade, os valores, o cálculo do número de parcelas e os demais procedimentos operacionais de pagamento da bolsa de qualificação profissional, bem como os pré-requisitos para habilitação serão os mesmos adotados em relação ao benefício do seguro-desemprego, exceto quanto à dispensa sem justa causa.

O pagamento da bolsa de qualificação profissional será suspenso se ocorrer a rescisão do contrato de trabalho.

O benefício da bolsa de qualificação profissional será cancelado nas seguintes situações: (a) fim da suspensão contratual e retorno ao trabalho; (b) por comprovação de falsidade na prestação das informações necessárias à habilitação; (c) por comprovação de fraude visando à percepção indevida da bolsa de qualificação profissional; (d) por morte do beneficiário.

Se durante a suspensão do contrato não for ministrado o curso ou programa de qualificação profissional, ou o empregado permanecer trabalhando para o empregador, as parcelas da bolsa de qualificação profissional que o empregado tiver recebido serão descontadas das parcelas do benefício do seguro-desemprego a que fizer jus, sendo-lhe garantido, no mínimo, o recebimento de uma parcela do seguro-desemprego.

Verificação de aprendizagem

1. Qual a atual norma que regula o seguro-desemprego?
2. Qual a natureza jurídica do seguro-desemprego?
3. Como se procede à habilitação no seguro-desemprego?
4. Quem são os beneficiários do seguro-desemprego?
5. Como se dá a concessão do seguro-desemprego?
6. Qual o prazo para a concessão do seguro-desemprego?
7. Quais são os documentos necessários para obtenção do seguro-desemprego?
8. Quando se dá a suspensão e o cancelamento do benefício?

Capítulo 24

CUMULAÇÃO DE BENEFÍCIOS E PRESCRIÇÃO

24.1 CUMULAÇÃO DE BENEFÍCIOS

Inexistindo direito adquirido, não é permitida a cumulação de:

a) aposentadoria com auxílio-doença;
b) mais de uma aposentadoria. Não há a possibilidade de cumulação de mais de uma aposentadoria, nem mesmo as acidentárias;
c) aposentadoria e abono de permanência em serviço;
d) salário-maternidade e auxílio-doença;
e) mais de um auxílio-acidente. Mesmo que o empregado tenha mais de um emprego, não fará jus a mais de um auxílio-acidente. Ainda que haja a sobreposição de lesões, só haverá direito a um único auxílio-acidente;
f) mais de uma pensão deixada por cônjuge ou companheiro, ressalvado o direito de opção pela mais vantajosa (art. 124 da Lei n. 8.213/91).

Lei complementar estabelecerá vedações, regras e condições para a acumulação de benefícios previdenciários (§ 15 do art. 201 da Constituição).

É vedado o recebimento conjunto do seguro-desemprego com qualquer benefício de prestação continuada da Previdência Social, exceto pensão por morte ou auxílio-acidente. A pensão por morte é paga aos dependentes. Serão pagas as prestações do seguro-desemprego adquiridas até a morte do segurado. O auxílio-acidente tem natureza de indenização. Não visa substituir o salário do trabalhador.

É possível concluir que o auxílio-doença pode ser cumulado com o abono de permanência em serviço, pois são distintos os seus fatos geradores: o primeiro decorre de a pessoa estar trabalhando, tendo a doença; o segundo é proveniente de a pessoa já ter tempo de serviço e não querer se aposentar.

A pensão pode ser cumulada com a aposentadoria. Por exemplo, a esposa percebia benefício próprio de aposentadoria por velhice, de natureza urbana, passando a perceber pensão por morte de trabalhador rural. São distintos os benefícios e originários de causas diversas, razão pela qual é permitida a cumulação. O art. 124 da Lei n. 8.213/91 não proíbe a acumulação de pensão com aposentadoria, até porque pensão é benefício do dependente e aposentadoria é do segurado.

O auxílio-doença comum não pode ser cumulado com o auxílio-doença acidentário, pois nesse caso prevalecerá a situação mais favorável ao segurado.

O auxílio-acidente não poderá ser cumulado com o auxílio-doença, pois o primeiro somente começa a ser pago após a cessação do segundo.

A aposentadoria por invalidez não poderá ser cumulada com qualquer auxílio-doença, pois a primeira vem depois do segundo.

É impossível a cumulação do auxílio-acidente com a aposentadoria por invalidez, pois esta pressupõe a inatividade, sendo que se o aposentado por invalidez volta a trabalhar perde a aposentadoria.

O auxílio-acidente não pode ser acumulado com qualquer aposentadoria (§ 2º do art. 86 da Lei n. 8.213/91). Isso quer dizer de qualquer regime, pois não foi estabelecida qualquer exceção.

O STJ tem entendido que é possível a cumulação ao auxílio-acidente com aposentadoria especial se a lesão acidentária tenha ocorrido antes da vigência da norma proibitiva contida no § 2º do art. 86 da Lei n. 8.213/91, em decorrência da alteração da Lei n. 9.528/97 (ERESP 333.1439/S), Rel. Min. Vicente Leal, 3ª Seção, *DJ* 21-10-2002, p. 274; 6ª T., Ag Rg 552.738/SP, Rel. Min. Paulo Medina, *DJ* 24-5-2004, p. 353).

Não será possível a cumulação de aposentadoria por invalidez comum com aposentadoria por invalidez acidentária, pois não existirão duas incapacidades ao mesmo tempo. O mesmo se poderia falar em cumulação de pensão por morte comum acidentária, pois nesse caso o benefício será o mais vantajoso ao segurado.

O auxílio-doença acidentário não poderá ser cumulado com aposentadoria (especial, por idade ou por tempo de contribuição), diante da determinação expressa do inciso I do art. 124 da Lei n. 8.213/91. Nesse caso, dizia o art. 122 da Lei n. 8.213/91 que seria facultativo ao segurado em gozo de aposentadoria especial, por idade ou por tempo de contribuição, que voltasse a exercer atividade abrangida pelo regime previdenciário, em caso de acidente do trabalho que acarretasse invalidez, devendo optar pela transformação da aposentadoria comum ou aposentadoria acidentária. No caso de morte, seria concedida a pensão acidentária, se mais vantajosa. O próprio § 2º do art. 18 da Lei n. 8.213/91 esclarece que o aposentado pelo regime de Previdência Social que permanecer em atividade sujeita ao referido sistema, ou a ela retornar, somente tem direito à reabilitação profissional, ao auxílio-acidente e ao salário-família, não fazendo jus a quaisquer outras prestações. Pode, à primeira vista, parecer injusto o aposentado que sofre acidente do trabalho não ter direito ao auxílio-doença acidentário, mas diante do texto de lei não fará jus ao referido benefício. Por consequência, não fará jus a 12 meses de garantia de emprego após o acidente, visto que, se inexiste o auxílio-doença acidentário, não há direito à estabilidade.

Não será possível cumular aposentadoria especial com outra aposentadoria, inclusive acidentária, diante da orientação do inciso II do art. 124 da Lei n. 8.213/91, mas será possível a cumulação com o auxílio-acidente, pois os fatos geradores são distintos e não há impedimento no art. 124 da Lei n. 8.213/91.

Os serviços podem ser cumulados com benefícios, pois inexiste vedação legal nesse sentido. A habilitação ou a reabilitação profissionais poderão ser cumuladas com benefícios. A assistência médica também poderá ser prestada ao mesmo tempo em que o benefício estiver sendo pago.

Os dependentes podem ter dois ou mais benefícios decorrentes de sua situação, bem como pode haver cumulação com benefícios que são inerentes a sua condição de segurado, caso os tenham.

No entanto, o benefício de prestação continuada não pode ser cumulado com qualquer outro benefício, pois o segurado não poderá ter outro meio de subsistência ou de tê-la provida por sua família (art. 203, V, da Constituição).

Salvo no caso de invalidez, o retorno ou a permanência na atividade do aposentado não prejudica a sua aposentadoria, que será mantida no seu valor integral.

24.2 RETORNO À ATIVIDADE

O aposentado pelo Regime de Previdência Social que permanece em atividade sujeita a este regime ou a ela retorna somente tem direito, por ocasião do afastamento, ao salário-família e à reabilitação profissional, quando empregado, não fazendo jus a outras prestações.

A não concessão do salário-maternidade à aposentada que volta a exercer atividade sujeita ao regime previdenciário mostra-se injusta, pois a empregada, após aposentar-se, poderia ficar grávida e não teria direito ao benefício. Poderia haver a suspensão da aposentadoria enquanto percebesse o salário-maternidade, porém não há previsão na lei nesse sentido. Não faz jus o referido aposentado ao salário-maternidade. Não terá direito também ao auxílio-acidente, pois a nova redação do § 2º do art. 18 da Lei n. 8.213/91, conforme a Lei n. 9.528/97, não repete a redação do antigo parágrafo que era dada pela Lei n. 9.032/95 e que determinava o pagamento do auxílio-acidente.

24.3 PRESCRIÇÃO DAS PRESTAÇÕES NÃO RECLAMADAS NAS ÉPOCAS PRÓPRIAS

O art. 20 da Lei Eloy Chaves dispunha que o direito de pedir aposentadoria ordinária se extingue quando se completarem cinco anos da saída do empregado ou operário da respectiva empresa.

Previa o art. 15 do Decreto-lei n. 7.526/45 que "não prescreverão quaisquer direitos ao recebimento de benefícios, prescrevendo apenas, e no período de um ano da data em que tornar devido, o direito ao recebimento das importâncias respectivas".

O art. 7º da Lei n. 6.309/75, estabeleceu que "os processos de interesse de benefícios e demais contribuintes não poderão ser revistos após 5 (cinco) anos, contados de sua decisão final, ficando dispensada a conservação da documentação respectiva além desse prazo".

A redação original do art. 103 da Lei n. 8.213/91 era: "Sem prejuízo do direito ao benefício, prescreve em 5 (cinco) anos o direito às prestações não pagas nem reclamadas na época própria, resguardados os direitos dos menores dependentes, dos incapazes ou dos ausentes." Não se fazia referência a prazo de decadência, mas de prescrição das parcelas dos últimos anos. Não prescrevia o fundo de direito, mas apenas as prestações dos cinco anos anteriores à propositura da ação.

A Lei n. 9.528/97, deu nova redação ao art. 103 da Lei n. 8.213/91: "É de dez anos o prazo de decadência de todo e qualquer direito ou ação do segurado ou beneficiário para a revisão do ato de concessão de benefício, a contar do dia primeiro do mês seguinte ao do recebimento da primeira prestação ou, quando for o caso, do dia em que tomar conhecimento da decisão indeferitória definitiva no âmbito administrativo." Esse dispositivo passou a fazer referência a prazo de decadência, da perda do direito pelo decurso do prazo. O prazo de prescrição era de cinco anos e passou a ser de decadência de 10 anos. A redação do dispositivo também não era muito boa, pois ora fazia referência a decadência de direito e depois de ação. Se a questão diz respeito à ação, o prazo seria de prescrição e não de decadência, como era o entendimento com base no Código Civil de 1916.

A Lei n. 9.711/98, deu nova redação ao art. 103 da Lei n. 8.213/91: "É de cinco anos o prazo de decadência de todo e qualquer direito ou ação do segurado ou beneficiário para a revisão do ato de concessão de benefício, a contar do dia primeiro do mês seguinte ao do recebimento da primeira prestação ou, quando for o caso, do dia em que tomar conhecimento da decisão indeferitória definitiva no âmbito administrativo." O prazo de decadência foi reduzido de 10 para cinco anos.

O art. 103 da Lei n. 8.213 foi novamente alterado pela Lei n. 10.839/2004: "É de dez anos o prazo de decadência de todo e qualquer direito ou ação do segurado ou beneficiário para a revisão do ato de concessão de benefício, a contar do dia primeiro do mês seguinte ao do recebimento da primeira prestação ou, quando for o caso, do dia em que tomar conhecimento da decisão indeferitória definitiva no âmbito administrativo."

Até 27-6-1997 não havia prazo decadencial para pedir revisão do benefício. De 28-6-1997 a 22-10-1998 foi editada a Medida Provisória 1.523-9/97, convertida na Lei n. 9.528/97. O segurado tinha 10 anos para requerer a revisão do ato de concessão do benefício. A partir de 23-10-1998, foi publicada a Medida Provisória n. 1.663-15, convertida na Lei n. 9.711/98. O prazo de decadência passou a ser de cinco anos. A Medida Provisória n. 138/2003 foi publicada em 20-11-2003 e convertida na Lei n. 10.839/2004, passando a ser de 10 anos o prazo de decadência.

A lei não poderia ser retroativa estabelecendo o prazo de 10 anos. Logo, só pode ser observada 10 anos depois. A norma vale a partir da sua vigência.

O art. 103 da Lei n. 8.213/91 trata de decadência, mas para a revisão do ato de concessão de benefício. O prazo não se aplica a atos anteriores, mas é contado a partir da vigência da norma, em 1-8-1997, quando entrou em vigor pela Medida Provisória n. 1.523, de 28-6-1997 (STF RE 626.489-SE, j. 16-10-2013, rel. Min. Barroso, *DJE* 23-9-2014).

O STF entendeu inconstitucional o art. 24 da Lei n. 13.846/2019 ao dar nova redação ao art. 103 da Lei n. 8.213/91 por violar o exercício do direito material à obtenção do benefício (STF, ADI 6.096, rel. Min. Edson Fachin, *DJU* 26-11-2020, p. 66).

A contagem é feita:

I – do dia primeiro do mês subsequente ao do recebimento da primeira prestação ou da data em que a prestação deveria ter sido paga com o valor revisto; ou

II – do dia em que o segurado tomar conhecimento da decisão de indeferimento, cancelamento ou cessação do seu pedido de benefício ou da decisão de deferimento ou indeferimento de revisão de benefício, no âmbito administrativo.

Prescreve em cinco anos, a contar da data em que deveriam ter sido pagas, toda e qualquer ação para haver prestações vencidas ou quaisquer restituições ou diferenças devidas pela Previdência Social (parágrafo único do art. 103 da Lei n. 8.213). A interrupção da prescrição, operada pelo despacho que ordena a citação, ainda que proferido por juízo incompetente, retroagirá à data da propositura da ação (§ 1º do art. 240 do CPC/2015), desde que a parte promova a citação nos prazos previstos nos §§ 2º e 3º do art. 240 do CPC/2015.

A pretensão ao benefício previdenciário é imprescritível. Não há lei dispondo sobre essa prescrição.

A Lei n. 8.213/91 trata da prescrição de benefícios e não de serviços. Isso quer dizer que os serviços não têm prazo de prescrição para os beneficiários.

Não corre o prazo prescricional de direito ao benefício, embora o segurado tenha interrompido as contribuições por mais de 12 meses, se seu vínculo empregatício estava *sub judice* (Enunciado n. 9 do CRPS).

Contra menores dependentes, incapazes ou ausentes não correrá a prescrição.

A prescrição poderá ser decretada de ofício pelo juiz. O Ministério Público, porém, não poderá arguir prescrição, por não ser parte.

O direito da Previdência Social de anular os atos administrativos de que decorram efeitos favoráveis para os seus beneficiários decai em dez anos, contados da data em que foram praticados, salvo comprovada má-fé (art. 103-A da Lei n. 8.213/91). Trata-se de hipótese de decadência, que compreende a perda do direito e não perda da pretensão, que seria a prescrição.

O STJ entende que a alteração do art. 103-A da Lei n. 8.213/91 conta-se a partir de 1º-2-1999.

No caso de efeitos patrimoniais contínuos, o prazo decadencial contar-se-á da percepção do primeiro pagamento. É o que ocorre com benefícios de prestação continuada, como, *v. g.*, as aposentadorias, o auxílio-doença etc.

Considera-se exercício do direito de anular qualquer medida de autoridade administrativa que importe impugnação à validade do ato.

Verificação de aprendizagem

1. É possível a cumulação de benefícios?
2. Qual o benefício a que o segurado tem direito no retorno à atividade?
3. Como ocorre a prescrição das prestações não reclamadas nas épocas próprias?

Capítulo 25

TEMPO DE SERVIÇO E CONTAGEM RECÍPROCA

25.1 JUSTIFICAÇÃO ADMINISTRATIVA

A justificação administrativa surgiu com o parágrafo único do art. 28 do Decreto n. 20.465/31, em que se verificava a possibilidade de o segurado provar matéria de seu interesse, admitindo-se justificação judicial para provar o tempo de serviço.

O art. 196 do Decreto n. 5.493/40, no antigo IAPC, previa a demonstração formal administrativa sob a denominação de "justificação avulsa". O Decreto n. 2.410/60 estendeu a justificação a todos os Institutos de Aposentadorias e Pensões, ampliando-a para outros temas. O Decreto-lei n. 7.485/45 permitia a prova do casamento com justificativa judicial.

O § 3º do art. 32 da Lei n. 3.807/60 admitiu pela primeira vez a justificação administrativa, mediante início razoável de prova material.

A justificação administrativa é o meio utilizado para se suprir a falta ou insuficiência de documento ou outra circunstância que evidencie tempo de serviço, dependência, identidade e relação de parentesco etc.

Tem por objetivo a justificação administrativa a prova de certos fatos ou circunstâncias, de interesse previdenciário, no qual não seja possível a obtenção de meios razoáveis ou acessíveis de demonstração.

É um meio de prova de natureza administrativa, processado perante a própria Previdência Social. Esta vai avaliar a prova produzida para verificar sua autenticidade.

Distingue-se a justificação administrativa da judicial. A primeira é processada no âmbito do INSS. A segunda processa-se perante o juiz.

Não se admitirá a justificação administrativa quando o fato a comprovar exigir registro público de casamento, de idade ou de óbito, ou de qualquer outro ato jurídico para o qual a lei prescreva forma especial.

O INSS não admite prova exclusivamente testemunhal para a justificação administrativa. Há necessidade de início de prova material para que, combinada com a prova testemunhal, seja deferido aquilo que o segurado ou beneficiário está pleiteando.

Ao se utilizar a expressão "início razoável de prova material", não se quer dizer que a prova do fato deve ser feita à exaustão.

Dispensa-se a prova material se houver ocorrência de motivo de força maior ou caso fortuito. Caracteriza-se motivo de força maior ou caso fortuito a verificação de ocorrência notória, tal como incêndio, inundação ou desmoronamento, que tenha atingido a empresa na qual o segurado alegue ter trabalhado, devendo ser comprovada por meio de ocorrência policial e verificada a correlação entre a atividade da empresa e a profissão do segurado.

Se a empresa estiver em atividade, mesmo que não tenha sofrido sinistro, será permitido o processamento da justificação administrativa desde que tenham sido esgotados todos os outros meios de prova admitidos em lei e não fique comprovado o tempo de serviço pretendido, observada a exigência de início de prova material.

Para efeito de comprovação de tempo de serviço, se a empresa não estiver mais em atividade, deverá o interessado juntar prova oficial de sua existência no período que se pretende comprovar.

O interessado deverá requerer a justificação administrativa, expondo, clara e minuciosamente, os pontos que pretende justificar, indicando testemunhas idôneas. O número de testemunhas será de no mínimo três e no máximo seis. O interessado na justificação não poderá ser testemunha.

Não poderão ser testemunhas:

a) os loucos de todo gênero;
b) os cegos e os surdos, quando o fato que se quer provar depender dos sentidos que lhes faltam;
c) os menores de 16 anos;

d) o ascendente, o descendente ou colateral, até o 3º grau, por consanguinidade ou afinidade.

As testemunhas serão ouvidas no dia e na hora marcados, sendo inquiridas a respeito dos pontos que forem objeto da justificação. O interessado na justificação poderá estar presente, ocasião em que poderá fazer perguntas às testemunhas. Os depoimentos serão tomados em separado pela autoridade administrativa.

Dispõe o art. 150 do RPS que aos autores de declarações falsas, prestadas em justificações processadas perante a Previdência Social, serão aplicadas as penas previstas no art. 299 do Código Penal. Este trata de falsidade ideológica, quando há omissão, em documento público ou particular, de declaração que dele devia constar, ou nele inserir ou fazer inserir declaração falsa ou diversa da que deveria ser escrita, com o fim de prejudicar direito, criar obrigação ou alterar a verdade sobre fato juridicamente relevante. Quem emite o documento não é a testemunha, mas o INSS. O certo seria aplicar o art. 342 do Código Penal, que fala em falso testemunho, da pessoa que fizer afirmação falsa, ou negar ou calar a verdade, como testemunha, em processo administrativo, que é o que ocorre na justificação administrativa.

Terminada a colheita de provas, o processo será enviado à conclusão da autoridade que houver designado o processamento, a quem competirá homologar ou não a justificação realizada.

A justificação administrativa será avaliada globalmente quanto à forma e ao mérito, valendo perante o INSS para os fins especificamente visados, caso considerada eficaz. Será processada sem qualquer ônus para o interessado.

Somente será admitido o processamento da justificação administrativa na hipótese de ficar evidenciada a inexistência de outro meio capaz de configurar a verdade do fato alegado e o início de prova material apresentado levar à convicção do que se pretende comprovar.

Não caberá recurso da decisão da autoridade administrativa que considerar eficaz ou ineficaz a justificação administrativa.

Compete à Justiça Federal processar justificações judiciais destinadas a instruir pedidos perante entidades que nela têm exclusividade de foro, ressalvada a aplicação do inciso II do art. 15 da Lei n. 5.010/66 (Súmula 32 do STJ).

25.2 RECONHECIMENTO DO TEMPO DE FILIAÇÃO

O reconhecimento do tempo de filiação é o direito que o segurado tem de ver observado, em qualquer época, o tempo de serviço exercido anteriormente em atividade abrangida pela Previdência Social.

Havendo reconhecimento de filiação em período em que o exercício de atividade não exigia filiação obrigatória à Previdência Social, esse período somente será averbado se o INSS for indenizado pelas contribuições não pagas. O valor da indenização será de 10% sobre um salário mínimo vigente na data do pagamento, multiplicado pelo número de meses que se pretende certificar. Não incidirão juros de mora e multa sobre o valor apurado a título de indenização, que inclusive pode ser objeto de parcelamento.

O pagamento de indenização diz respeito apenas a segurados facultativos, que não têm obrigação de recolhimento da contribuição.

Em relação aos segurados obrigatórios não se pode falar em indenização, principalmente com base no valor da última remuneraçãc, pois deve-se observar o fato gerador da época da obrigação. Do contrário, a norma está sendo retroativa, pois o segurado poderia contribuir com valor inferior à última remuneração.

A forma de cálculo utilizando-se a última remuneração, pressupõe que o valor já esteja atualizado. Não pode haver, portanto, outra atualização por parte do INSS, nem aplicação de juros e multa. É devida a aplicação apenas do porcentual de 20%. Há entendimento do STJ no mesmo sentido (REsp 236.402/SC, 5ª T., Rel. Min. Edson Vidigal, *DJU* 1º-8-2000, p. 307).

O tempo de serviço prestado pelo trabalhador rural anterior à competência novembro de 1991 será reconhecido, desde que devidamente comprovado, independentemente do recolhimento das contribuições a ele correspondentes. Não pode haver cobrança de contribuições referentes ao período anterior a 1991, quando não se exigia contribuição do segurado no período, mas o exercício de atividade.

Caso o contribuinte individual manifeste interesse em recolher contribuições relativas a período anterior a sua inscrição, a retroação da data de início das contribuições será autorizada, desde que comprovado o exercício da atividade no respectivo período. O recolhimento é uma faculdade do contribuinte para poder contar o período em que não há recolhimento de contribuição.

25.3 AVERBAÇÃO DO TEMPO DE SERVIÇO

A averbação do tempo de serviço consiste no assentamento, em documento hábil, em que se reconhece a filiação à Previdência Social.

O tempo de serviço averbado não será considerado para efeito de carência.

Servirá a averbação do tempo de serviço para a prova do tempo de serviço do segurado. Exemplo: segurado que sai do Regime Geral de Previdência Social e vai para o serviço público.

25.4 CONTAGEM RECÍPROCA DE TEMPO DE CONTRIBUIÇÃO

A Lei n. 3.807/60 não previa a soma dos tempos de serviço como ocorre atualmente. Com o advento da Lei n. 3.841/60 é que se instituiu a contagem recíproca do tempo de serviço para aposentadoria, entre a União, suas autarquias, sociedades de economia mista e fundações instituídas pelo Poder Público. A Lei n. 6.226/75 passou a prever a contagem recíproca do tempo de serviço para o funcionário público federal e o segurado do regime urbano, mas não havia previsão para os demais funcionários públicos, nem para o regime rural, podendo-se dizer que em 5-10-1988 foi recebida pela Constituição. Só com a Lei n. 6.864/80 é que foram incluídos os servidores municipais e estaduais para efeito da contagem recíproca do tempo de serviço.

O § 9º do art. 201 da Constituição declara que, "para fins de aposentadoria, será assegurada a contagem recíproca do tempo de contribuição entre o Regime Geral de Previdência Social e os regimes próprios de previdência social, e destes entre si, observada a compensação financeira, de acordo com os critérios estabelecidos em lei". Haverá uma espécie de compensação entre os diversos regimes, conforme for previsto em lei. Tal regra complementa o § 9º do art. 40 da Lei Maior ao dispor que "o tempo de contribuição federal, distrital, estadual ou municipal será contado para fins de aposentadoria, observado o disposto nos §§ 9º e 9º-A do art. 201, e o tempo de serviço correspondente para efeito de disponibilidade". Assim, também entre os regimes públicos das diversas esferas poderá haver a contagem recíproca do tempo de serviço.

O tempo de serviço militar exercido nas atividades de que tratam os arts. 42, 142 e 143 da Constituição e o tempo de contribuição ao Regime Geral de Previdência Social ou a regime próprio de previdência social terão contagem recíproca para fins de inativação militar ou aposentadoria, e a compensação financeira será devida entre as receitas de contribuição referentes aos militares e às receitas de contribuição aos demais regimes (§ 9º-A do art. 201 da Constituição).

Será assegurada a contagem de tempo de contribuição fictício no Regime Geral de Previdência Social decorrente de hipóteses descritas na legislação vigente até a data de entrada em vigor desta Emenda Constitucional para fins de concessão de aposentadoria, observando-se, a partir da sua entrada em vigor, o disposto no § 14 do art. 201 da Constituição (art. 25 da Emenda Constitucional n. 103/2019).

Para fins de comprovação de atividade rural exercida até a data de entrada em vigor desta Emenda Constitucional, o prazo de que tratam os §§ 1º e 2º do art. 38-B da Lei n. 8.213, de 24 de julho de 1991, será prorrogado até a data em que o Cadastro Nacional de Informações Sociais (CNIS) atingir a cobertura mínima de 50% dos trabalhadores de que trata o § 8º do art. 195 da Constituição, apurada conforme quantitativo da Pesquisa Nacional por Amostra de Domicílios Contínua (Pnad).

Será reconhecida a conversão de tempo especial em comum, na forma prevista na Lei n. 8.213, de 24 de julho de 1991, ao segurado do Regime Geral de Previdência Social que comprovar tempo de efetivo exercício de atividade sujeita a condições especiais que efetivamente prejudiquem a saúde, cumprido até a data de entrada em vigor desta Emenda Constitucional, vedada a conversão para o tempo cumprido após esta data.

Considera-se nula a aposentadoria que tenha sido concedida ou que venha a ser concedida por regime próprio de previdência social com contagem recíproca do Regime Geral de Previdência Social mediante o cômputo de tempo de serviço sem o recolhimento da respectiva contribuição ou da correspondente indenização pelo segurado obrigatório responsável, à época do exercício da atividade, pelo recolhimento de suas próprias contribuições previdenciárias.

A contagem recíproca do tempo de contribuição é feita em relação às contribuições efetuadas e não em relação à filiação.

Contagem recíproca do tempo de contribuição é o período que é contado para efeito de aposentadoria, tanto no serviço público, como no privado, inclusive para o trabalhador urbano e rural.

A contagem recíproca do tempo de serviço rural exige indenização por parte do segurado em relação a contribuições não recolhidas, pois, do contrário, não é possível a contagem recíproca de tempo de contribuição. Difere essa contagem recíproca da comprovação de exercício de atividade rural para fins de aposentadoria, que não exige contribuição por parte do segurado rural.

Dispõe o art. 94 da Lei n. 8.213/91 que, para efeito dos benefícios previstos no Regime Geral de Previdência Social ou no serviço público, é assegurada a contagem recíproca do tempo de contribuição na atividade privada, rural e urbana, e do tempo de contribuição ou de serviço na administração pública, hipótese em que os diferentes sistemas de Previdência Social se compensarão financeiramente.

Tanto a Constituição como o art. 94 da Lei n. 8.213/91 fazem referência a tempo de contribuição e não a tempo de serviço. O tempo de serviço considerado pela legislação vigente para efeito de aposentadoria, cumprido até que a lei discipline a matéria, será contado como tempo de contribuição (art. 4º da Emenda Constitucional n. 20/98).

25.4.1 Compensação

A compensação financeira será efetuada em relação ao regime em que o interessado estiver vinculado ao requerer o benefício, pelos demais, em relação aos respectivos tempos de contribuição ou de serviço.

A Lei n. 9.796/99, regulou a compensação financeira entre regimes de previdência social. Foi regulamentada pelo Decreto n. 10.188/2019.

Considera-se regime de origem o regime previdenciário ao qual o segurado ou servidor público esteve vinculado, sem que dele receba aposentadoria ou tenha gerado pensão para seus dependentes. Regime instituidor é o regime previdenciário responsável pela concessão e pagamento de benefício de aposentadoria ou pensão dela decorrente a segurado ou servidor público, ou a seus dependentes, com cômputo de tempo de contribuição no âmbito do regime de origem.

O RGPS, como regime instituidor, tem direito de receber de cada regime de origem compensação financeira (art. 3º da Lei n. 9.796/99).

Cada regime de origem deve pagar ao Regime Geral de Previdência Social, para cada mês de competência do benefício, o valor resultante da multiplicação da renda mensal do benefício pelo porcentual do tempo de serviço total do segurado correspondente ao tempo de contribuição no âmbito daquele regime de origem.

Aplica-se o disposto no art. 3º da Lei n. 9.796/99 aos períodos de contribuição utilizados para fins de concessão de aposentadoria pelo INSS em decorrência de acordos internacionais.

Para fins de compensação financeira entre o RGPS e o RPPS da União, dos Estados, do Distrito Federal e dos Municípios, os regimes instituidores apresentarão aos regimes de origem os dados relativos aos benefícios em manutenção em 5-5-1999 concedidos a partir de 5-10-1988 (art. 12 da Lei n. 10.666/2003)

25.4.2 Carência

Não é necessária a carência para que o segurado tenha direito de computar, para fins de concessão dos benefícios do RGPS, o tempo de serviço prestado à Administração Pública federal direta, autárquica e fundacional.

Poderá, também, ser contado o tempo de serviço prestado à Administração Pública direta, autárquica e fundacional dos Estados, do Distrito Federal e dos Municípios, desde que estes assegurem a seus servidores, mediante legislação própria, a contagem de tempo de serviço em atividade vinculada ao RGPS.

25.4.3 Contagem do tempo

O tempo de contribuição no serviço público não pode ser contado com o da atividade privada, se forem concomitantes.

Não é possível a contagem em dobro do tempo de contribuição, como ocorre em certos casos característicos do servidor público, como tempo de guerra ou de licença-prêmio.

É vedada, também, a contagem recíproca do tempo de contribuição em condições especiais, como a conversão de tempo do marítimo em terrestre.

O tempo de contribuição utilizado para concessão de aposentadoria por um regime não será contado por outro.

O tempo de serviço anterior ou posterior à obrigatoriedade de filiação à Previdência Social só será contado mediante indenização da contribuição correspondente ao período respectivo, com acréscimo de juros moratórios de 0,25% ao mês, capitalizados anualmente, e multa de 10%.

É vedada a emissão de Certidão de Tempo de Contribuição (CTC) com o registro exclusivo de tempo de serviço, sem a comprovação de contribuição efetiva, exceto para o segurado empregado, empregado doméstico, trabalhador avulso e, a partir de 1º de abril de 2003, para o contribuinte individual que presta serviço a empresa obrigada a arrecadar a contribuição a seu cargo, observado o disposto no § 5º do art. 4º da Lei n. 10.666/2003 (art. 98, V, da Lei n. 8.213/91). Essa regra não se aplica ao tempo de serviço anterior à edição da Emenda Constitucional n. 20/98 que tenha sido equiparado por lei a tempo de contribuição (parágrafo único do art. 96 da Lei n. 8.213/91).

A CTC somente poderá ser emitida por regime próprio de previdência social para ex-servidor.

É proibida a contagem recíproca de tempo de contribuição do RGPS por regime próprio de previdência social sem a emissão da CTC correspondente, ainda que o tempo de contribuição referente ao RGPS tenha sido prestado pelo servidor público ao próprio ente instituidor.

É vedada a desaverbação de tempo em regime próprio de previdência social quando o tempo averbado tiver gerado a concessão de vantagens remuneratórias ao servidor público em atividade.

Para fins de elegibilidade às aposentadorias especiais referidas no § 4º do art. 40 e no § 1º do art. 201 da Constituição, os períodos reconhecidos pelo regime previdenciário de origem como de tempo especial, sem conversão em tempo comum, deverão estar incluídos nos períodos de contribuição compreendidos na CTC e discriminados de data a data.

Não será computado como tempo de contribuição, para efeito dos benefícios previstos em regimes próprios de previdência social, o período em que o segurado contribuinte individual ou facultativo tiver contribuído na forma do § 2º do art. 21 da Lei n. 8.212/91, salvo se complementadas as contribuições com o porcentual de 9%.

Tendo o segurado tempo de contribuição anterior ou posterior à obrigatoriedade de filiação à Previdência Social, somente haverá a sua contagem mediante indenização da contribuição correspondente ao período respectivo, com o acréscimo de juros moratórios de 0,5% ao mês, capitalizados anualmente, e multa de 10%.

Em relação ao trabalhador rural, o tempo de contribuição anterior a novembro de 1991 será computado sem que seja necessário o pagamento das contribuições a ele correspondentes, desde que cumprido o período de carência (a respeito deste tema, verificar o que já foi falado sobre período de carência).

A aposentadoria por tempo de contribuição, com contagem recíproca do referido período, será concedida à segurada a partir de 25 anos completos de serviço e ao segurado a partir de 30 anos completos de serviço, ressalvadas as hipóteses de redução previstas em lei (art. 97 da Lei n. 8.213/91), o que remete o intérprete ao cômputo recíproco do tempo de contribuição das aposentadorias especiais (para trabalhos penosos, insalubres ou perigosos).

O tempo de contribuição no serviço público federal, estadual, do Distrito Federal ou municipal valerá para contagem recíproca de tempo de serviço para efeito de cálculo.

O benefício resultante da contagem recíproca do tempo de contribuição será concedido e pago pelo sistema a que o interessado estiver vinculado ao requerê-lo e calculado na forma da respectiva legislação. Dessa forma, se o segurado requerer o benefício como funcionário público, o cálculo será feito de acordo com essa legislação, por exemplo, para os funcionários federais, de acordo com a Lei n. 8.112/91.

Verificação de aprendizagem

1. O que é justificação administrativa?
2. Como se procede ao reconhecimento do tempo de filiação?
3. Como se procede a averbação do tempo de serviço?
4. Como se dá a contagem recíproca do tempo de serviço?
5. Há carência no caso da questão anterior?

Capítulo 26

PREVIDÊNCIA COMPLEMENTAR

26.1 PREVIDÊNCIA PRIVADA COMPLEMENTAR

26.1.1 Histórico

O Montepio Geral de Economia dos Servidores do Estado (Mongeral), instituído em 10 de janeiro de 1835, foi o primeiro órgão a determinar a complementação dos recursos das pessoas, de forma a proporcionar renda aos trabalhadores quando deixassem de trabalhar.

Os arts. 666 a 684 do Código Comercial preveem o seguro privado para garantir as viagens marítimas.

O art. 68 da Lei n. 3.807/60 dispunha que a Previdência Social poderia organizar os seguros facultativos.

O Decreto-lei n. 73/66 criou o seguro privado.

A previdência privada complementar, aberta ou fechada, foi disciplinada pela Lei n. 6.435/77. Esta lei foi inspirada na Employee Retirement Income Security Act (Erisa), de 1974, dos Estados Unidos.

Visava complementar o sistema de Previdência Social oficial, que, na época, era pago pelo INPS. O Decreto n. 81.240/78 tratava da Previdência Privada fechada e o Decreto n. 81.402/78, da aberta.

O inciso VIII do art. 21 da Constituição prevê a competência da União para fiscalizar as operações de previdência privada.

A redação original do § 7º do art. 201 da Constituição determinava que a Previdência Social manteria seguro coletivo, de caráter complementar e facultativo, custeado por contribuições adicionais. Dispunha a redação original do § 8º do mesmo artigo que era vedada subvenção ou auxílio do Poder Público às entidades de previdência privada com fins lucrativos.

A Lei n. 8.020/90, disciplinou os déficits das entidades de previdência privada complementar patrocinadas pela Administração Pública.

A Emenda Constitucional n. 20/98 promoveu alterações no sistema, determinando que a matéria fosse regulada por lei complementar (art. 202 da Constituição).

A previdência privada complementar passou a ser regida pela Lei Complementar n. 109, de 29-5-2001. Essa norma revogou a Lei n. 6.435/77. O Decreto n. 4.206/2002, regulamenta a Lei Complementar n. 109/2001.

26.1.2 Sistema

A previdência complementar demonstra que o benefício previdenciário do INSS não é suficiente para atender a todas as necessidades do segurado, principalmente quando o limite máximo é de aproximadamente 10 salários mínimos.

A Previdência Privada tem por objetivo complementar, completar o benefício oficial. Visa não prover a subsistência básica do trabalhador, mas complementar a que o Estado não pode prover. Não substitui o sistema oficial, apenas complementa.

O regime de previdência privada, de caráter complementar e organizado de forma autônoma em relação ao regime geral de previdência social, será facultativo, baseado na constituição de reservas que garantam o benefício contratado, e regulado por lei complementar (art. 202 da Constituição).

Tem característica privada, não sendo prestado pelo Estado.

A previsão constitucional mostra que o regime geral de previdência social não permite o pagamento de benefício no valor igual ao da última remuneração do segurado, necessitando da instituição de um regime complementar. Esse regime não é compulsório, mas facultativo.

A lei complementar assegurará ao participante de planos de benefícios de entidades de previdência privada o pleno acesso às informações relativas à gestão de seus respectivos planos.

As contribuições do empregador, os benefícios e as condições contratuais previstas nos estatutos, regulamentos e planos de benefícios das entidades de previdência privada não integram o contrato de trabalho dos participantes, assim como, à exceção dos benefícios concedidos, não integram a remuneração dos participantes, nos termos da lei.

É vedado o aporte de recursos à entidade de previdência privada mantida pela União, Estados, Distrito Federal e Municípios, suas autarquias, fundações, empresas públicas, sociedades de economia mista e outras entidades públicas, salvo na qualidade de patrocinador, situação na qual, em hipótese alguma, sua contribuição normal poderá exceder à do segurado.

Regimes complementares unificados são sobrepostos e separados do regime geral. São proporcionais ao salário e têm autonomia financeira e institucional (ex.: regime sueco).

Regimes coordenados são profissionais. Consistem na obrigação dos empregados, com fundamento no acordo coletivo, financiar a complementação dos benefícios socioprofissionais. Pretende a expansão a várias categorias profissionais (ex.: regime francês e suíço).

O sistema pode ser de benefício definido, de contribuição definida, de contribuição variável (parágrafo único do art. 7º da Lei Complementar n. 109/2001) ou mistos.

Benefício definido é relacionado com a função ou o salário do empregado, no que diz respeito ao valor que será recebido.

O benefício pode ser definido com contribuição indefinida. A pessoa sabe quanto vai receber, mas não sabe quanto terá de pagar mensalmente.

A contribuição pode ser definida e o benefício indefinido. A pessoa sabe quanto vai pagar mensalmente, mas não sabe qual será o valor do benefício.

O plano de contribuição definida puro representa uma conta individual de poupança.

Pode haver, ainda, um sistema misto, empregando-se os dois critérios anteriores.

O modelo de contribuição definida misto permite converter o capital em um benefício definido na forma de renda mensal vitalícia cujo valor será definido em razão do capital acumulado, da expectativa de vida e da taxa de juros durante o período de fruição do benefício.

A Lei Complementar n. 109/2001, dispôs sobre o regime de previdência complementar ao benefício pago pelo INSS.

A relação jurídica na Previdência Privada Complementar é: (a) de trato sucessivo, em razão de que perdura no tempo, não se esgotando numa única prestação; (b) onerosa: há necessidade de contribuição para o segurado fazer jus ao benefício; (c) sinalagmática, pois compreende direitos e obrigações em relação aos envolvidos; (d) aleatória, pois há incerteza quanto às prestações.

A relação diz respeito a duas pessoas: o segurado e a empresa.

Tem a previdência privada natureza securitária, contratual e não de resseguro. Tem o aspecto social, mas o ponto importante é a contratualidade.

Os benefícios da previdência privada complementar não têm por objetivo aplicação financeira, mas segurança e estabilidade da pessoa.

A natureza do benefício é de uma forma de poupança individual em vez de social.

O sistema de previdência complementar compreende a capitalização (*funding*), a formação de uma espécie de poupança que será devolvida à pessoa nas condições pactuadas. Não se trata de regime de repartição simples (*pay as you go*).

26.1.3 Princípios

A previdência privada complementar é caracterizada pela autonomia da vontade. O sistema de previdência complementar é facultativo. Logo, vale a autonomia privada da vontade em contratar. A pessoa tem a possibilidade de entrar no sistema, de nele permanecer e dele retirar-se, de requerer ou não o benefício, dependendo de sua vontade. Valerá o que for contratado entre as partes (*pacta sunt servanda*).

Não se pode falar exatamente em solidariedade se o regime é de capitalização. A pessoa recebe sobre o que pagou. O sistema é contratual.

26.1.4 Ação do Estado

A ação do Estado será exercida com o objetivo de:

a) formular a política de previdência complementar;

b) disciplinar, coordenar e supervisionar as atividades reguladas de previdência complementar, compatibilizando-as com as políticas previdenciária e de desenvolvimento social e econômico-financeiro;

c) determinar padrões mínimos de segurança econômico-financeira e atuarial, com fins específicos de preservar a liquidez, a solvência e o equilíbrio dos planos de benefícios, isoladamente, e de cada entidade de previdência complementar, no conjunto de suas atividades;

d) assegurar aos participantes e assistidos o pleno acesso às informações relativas à gestão de seus respectivos planos de benefícios;

e) fiscalizar as entidades de previdência complementar, suas operações, e aplicar penalidades;

f) proteger os interesses dos participantes e assistidos dos planos de benefícios.

26.1.5 Planos

Os planos de benefícios atenderão a padrões mínimos fixados pelo órgão regulador e fiscalizador, com o objetivo de assegurar transparência, solvência, liquidez e equilíbrio econômico-financeiro e atuarial.

Participante é a pessoa física que adere aos planos de benefícios.

Assistido é o participante ou seu beneficiário em gozo de benefício de prestação continuada.

Patrocinador é o empregador que vai contribuir financeiramente para o plano de Previdência Complementar de seus empregados.

O custeio do sistema de previdência privada é feito por: (a) patrocinadora; (b) participantes; (c) investimentos.

26.1.6 Entidades fechadas

Nas entidades fechadas, o acesso é exclusivo:

a) aos empregados de uma empresa ou grupo de empresas e aos servidores da União, dos Estados, do Distrito Federal e dos Municípios, entes denominados patrocinadores;
b) aos associados ou membros de pessoas jurídicas de caráter profissional, classista ou setorial, denominadas instituidores.

São as entidades fechadas chamadas de fundos de pensões, por serem acessíveis apenas a determinadas pessoas. Geralmente, dizem respeito a empregados de uma empresa ou grupo de empresas. Exemplos: Petros (Petrobras), Previ (Banco do Brasil), Cetrus (Banco Central) etc.

As entidades fechadas serão organizadas sob a forma de fundação ou sociedade civil, sem fins lucrativos.

Têm as entidades fechadas como objeto a administração e execução de planos de benefícios de natureza previdenciária. Não poderão prestar outros serviços que não estejam no âmbito de seu objeto.

Podem as entidades fechadas ser qualificadas da seguinte forma:

I – de acordo com os planos que administram:

a) de plano comum, quando administram plano ou conjunto de planos acessíveis ao universo de participantes;
b) com multiplano, quando administram plano ou conjunto de planos de benefícios para diversos grupos de participantes, com independência patrimonial;

II – de acordo com seus patrocinadores ou instituidores:

a) singulares, quando estiverem vinculadas a apenas um patrocinador ou instituidor;

b) multipatrocinadas, quando congregarem mais de um patrocinador ou instituidor, como de várias empresas.

Os planos de benefícios de entidades fechadas poderão ser instituídos por patrocinadores e instituidores.

A formalização da condição de patrocinador ou instituidor de um plano de benefício dar-se-á mediante convênio de adesão a ser celebrado entre o patrocinador ou instituidor e a entidade fechada, em relação a cada plano de benefícios por esta administrado e executado.

Os planos de benefícios deverão prever as seguintes hipóteses:

a) benefício proporcional diferido, em razão da cessação do vínculo empregatício com o patrocinador ou associativo com o instituidor antes da aquisição do direito ao benefício pleno, a ser concedido quando cumpridos os requisitos da elegibilidade;
b) portabilidade do direito acumulado pelo participante para outro plano.

Portabilidade significa que a pessoa pode levar o valor que contribuiu para uma entidade diversa daquela em que iniciou a contribuição.

Representa a portabilidade um direito subjetivo do segurado de transferir de um plano para outro o aporte financeiro em caso de perda do vínculo empregatício.

Não tinha sentido o segurado contribuir em outra empresa e não poder levar para onde foi transferido os recursos da poupança que fez. A ideia anterior é que o sistema vinculava-se à existência do contrato de trabalho. A Lei Complementar n. 109/2001 muda o tema.

Portabilidade não se confunde com resgate. A portabilidade ocorre quando o participante tem cessado seu vínculo de emprego com o patrocinador, transferindo o numerário de um fundo de previdência privada para outro. A portabilidade implica transferência de numerário de um lugar para outro. O resgate compreende o saque da aplicação, que não é transferido de um lugar para outro.

Migração é a transferência de um plano para outro dentro da própria entidade.

Esclareceu o inciso II do art. 14 da Lei Complementar n. 109/2001 que a portabilidade pode ser feita "para outro plano". Não fez distinção entre plano de previdência privada aberta ou fechada. Logo, como aquilo que não é proibido é permitido, é possível a transferência de um fundo para qualquer outro, pouco importando se é de um de previdência aberta para fechada ou vice-versa. Dá a entender o art. 27 da Lei Complementar n. 109 que é possível a portabilidade de valores pertinentes à previdência aberta para "plano de benefício de entidade fechada". Depreende-se do mesmo artigo que é possível a portabilidade entre entidades de previdência aberta. Do § 4º do art. 14 da Lei Complementar n. 109/2001 entende-se que é possível a portabilidade de entidade fechada para aberta, pois o parágrafo se refere ao inciso II do artigo, que trata da portabilidade.

c) resgate da totalidade das contribuições vertidas ao plano pelo participante, descontadas as parcelas do custeio administrativo;

d) faculdade de o participante manter o valor de sua contribuição e a do patrocinador, no caso de perda parcial ou total da remuneração recebida, para assegurar a percepção dos benefícios nos níveis correspondentes àquela remuneração.

Enquanto não cessado o vínculo de emprego do participante com o patrocinador, será vedada a portabilidade.

A portabilidade, quando efetuada para entidade aberta, somente será admitida quando a integralidade dos recursos financeiros correspondentes ao direito acumulado do participante for utilizada para a contratação de renda mensal vitalícia ou por prazo determinado, cujo prazo mínimo não poderá ser inferior ao período em que a respectiva reserva foi constituída, limitado ao mínimo de 15 anos.

A portabilidade não caracteriza resgate.

É vedado que os recursos financeiros correspondentes transitem pelos participantes dos planos de benefícios, sob qualquer forma.

O direito acumulado corresponde às reservas constituídas pelo participante ou à reserva matemática, o que lhe for mais favorável.

Os planos de benefícios devem ser, obrigatoriamente, oferecidos a todos os empregados dos patrocinadores ou associados dos instituidores. São equiparáveis aos empregados e associados os gerentes, diretores, conselheiros e ocupantes de cargo eletivo e outros dirigentes de patrocinadores e instituidores. É facultativa a adesão aos planos.

Ao participante que tenha cumprido os requisitos para obtenção dos benefícios previstos no plano é assegurada a aplicação das disposições regulamentares vigentes na data em que se tornou elegível a um benefício de aposentadoria.

O regime financeiro de capitalização é obrigatório para os benefícios de pagamento em prestações que sejam programadas e continuadas.

As contribuições são:

a) normais, as destinadas ao custeio dos benefícios previstos no respectivo plano;

b) extraordinárias, as destinadas ao custeio de déficits, serviço passado e outras finalidades não incluídas na contribuição normal.

26.1.7 Entidades abertas

As entidades abertas são constituídas unicamente sob a forma de sociedades anônimas e têm por objetivo instituir e operar planos de benefícios de caráter previdenciário concedidos em forma de renda continuada ou pagamento único, acessíveis a quaisquer pessoas físicas.

Os planos de benefícios instituídos por entidades abertas poderão ser:

a) individuais, quando acessíveis a quaisquer pessoas físicas;

b) coletivos, quando tenham por objetivo garantir benefícios previdenciários a pessoas físicas vinculadas, direta ou indiretamente, a uma pessoa jurídica contratante.

O plano coletivo poderá ser contratado por uma ou várias pessoas jurídicas.

O vínculo indireto refere-se aos casos em que uma entidade representativa de pessoas jurídicas contrate plano previdenciário coletivo para grupos de pessoas físicas vinculadas a suas filiadas.

Os grupos de pessoas poderão ser constituídos por uma ou mais categorias específicas de empregados de um mesmo empregador, podendo abranger empresas coligadas, controladas ou subsidiárias, e por membros de associações legalmente constituídas, de caráter profissional ou classista, e seus cônjuges ou companheiros e dependentes econômicos.

São equiparáveis aos empregados e associados os diretores, conselheiros ocupantes de cargos eletivos e outros dirigentes ou gerentes da pessoa jurídica contratante.

É vedada à entidade aberta a contratação de plano coletivo com pessoa jurídica cujo objetivo principal seja estipular, em nome de terceiros, planos de benefícios coletivos.

Os participantes têm direito à portabilidade, inclusive para plano de benefício de entidade fechada, e ao resgate de recursos das reservas técnicas, provisões e fundos, total ou parcialmente.

É vedada, no caso de portabilidade, a transferência de recursos entre participantes.

Geralmente, os planos são estabelecidos para pagamento em 10, 15, 20 ou 25 anos, para que o beneficiário faça jus a algum direito. Alguns fatores são sopesados, como: idade de ingresso, idade de saída e renda mensal que se pretende a título do benefício. Há planos de contribuição definida, em que o valor do benefício a ser concedido dependerá do total acumulado. Existem planos livres, em que o próprio participante faz os depósitos por ele determinados. A pessoa pode escolher quanto tempo quer pagar, quanto vai pagar, quanto quer receber e a partir de quando irá começar a receber o benefício.

26.1.8 Natureza jurídica do contrato

O contrato de complementação de aposentadoria pela previdência complementar tem natureza de pacto de adesão. Mesmo sendo um contrato de adesão, depende da vontade da pessoa em celebrar o pacto. Assim, sua natureza é contratual. Representa uma hipótese de poupança diferida, de longo prazo.

O trabalhador não é obrigado a aderir ao plano, que é facultativo.

As contribuições do empregador, os benefícios e as condições contratuais previstos nos estatutos, regulamentos e planos de benefícios das entidades de previdência complementar não integram o contrato de trabalho dos participantes, assim como, à exceção dos benefícios concedidos, não integram a remuneração dos participantes (art. 68 da Lei Complementar n. 109/2001).

A natureza jurídica da contribuição para o sistema é privada. Diz respeito a um prêmio de seguro ou aporte financeiro.

26.1.9 Concessão

Os benefícios serão considerados direito adquirido do participante quando implementadas todas as condições estabelecidas pela elegibilidade consignadas no regulamento do respectivo plano.

A concessão de benefício pela previdência complementar independe da concessão de benefício pelo regime geral de previdência social (§ 2º do art. 68 da Lei Complementar n. 109/2001). Isso indica a autonomia dos regimes. Estamos diante do acessório que independe do principal. Pode existir complemento sem haver o principal. Se o INSS conceder o benefício previdenciário, não quer dizer que o fundo de pensão terá de conceder a complementação de aposentadoria. Da mesma forma, concedida a complementação, não há necessidade de que o benefício do INSS tenha sido concedido. Há independência entre as prestações.

Afirma a Súmula 92 do TST que "o direito à complementação de aposentadoria, criado pela empresa, com requisitos próprios, não se altera pela instituição de benefício previdenciário por órgão oficial".

Sobre a portabilidade de recursos de reservas técnicas, fundos e provisões entre planos de benefícios de entidades de previdência complementar, titulados pelo mesmo participante, não incidem tributação e contribuições de qualquer natureza.

Esclarece a Súmula 289 do STJ que a restituição das parcelas pagas a plano de previdência privada deve ser objeto de correção plena, por índice que recomponha a efetiva desvalorização da moeda.

Nos planos de previdência privada, não cabe ao beneficiário a devolução da contribuição efetuada pelo patrocinador (Súmula 290 do STJ).

O benefício do segurado pode ser reduzido, porém deverá haver a concordância expressa da referida pessoa, pois o regime é contratual. Não poderá a redução ser imposta unilateralmente ao beneficiário.

Vesting é o valor proporcional pago ao participante que perdeu o vínculo de emprego com a patrocinadora, mas que não cumpriu todos os requisitos contratuais necessários à percepção do benefício (art. 14, I, da Lei Complementar n. 109/2001). No *vesting*, o segurado pode transferir também a parte paga pela empresa.

26.1.10 Prescrição

Dispõe o art. 75 da Lei Complementar n. 109/2001 que, sem prejuízo do benefício, prescreve em cinco anos o direito às prestações não pagas nem reclamadas na época própria, resguardados os direitos dos menores dependentes, dos incapazes ou dos ausentes, na forma do Código Civil.

A expressão "na forma do Código Civil" diz respeito apenas ao resguardo em relação aos direitos dos menores dependentes, dos incapazes ou dos ausentes. Não trata do prazo de prescrição, nem remete aos prazos de prescrição do Código Civil.

A Súmula 291 do STJ mostra que a ação de cobrança de parcelas de complementação de aposentadoria pela previdência privada prescreve em cinco anos. A Súmula 291 do STJ faz referência a parcelas.

A ação de cobrança de diferenças de valores de complementação de aposentadoria prescreve em cinco anos contados da data do pagamento (Súmula 427 do STJ).

26.1.11 Fiscalização

Dispõe o inciso VII do art. 21 da Constituição que compete à União fiscalizar as operações de previdência privada.

Até que seja publicada lei sobre o assunto, as funções do órgão regulador e do órgão fiscalizador serão exercidas:

a) pelo Ministério da Previdência e Assistência Social, por intermédio, respectivamente, do Conselho de Gestão da Previdência Complementar e da Secretaria de Previdência Complementar, quanto às entidades fechadas;

b) pelo Ministério da Fazenda, por intermédio do Conselho Nacional de Seguros Privados (CNSP) e da Superintendência de Seguros Privados (Susep), em relação, respectivamente, à regulação e fiscalização das entidades abertas.

Órgãos de fiscalização de entidades fechadas são a Superintendência Nacional de Previdência Complementar (Previc) e o Conselho Nacional de Previdência Complementar (CNPC). Para as entidades abertas existem a (Superintendência de Seguros Privados) SUSEP e o Conselho Nacional de Seguros Privados (CNSP).

Dispõe a Lei Complementar n. 109/2001 sobre o regime de previdência complementar. O art. 66 prescreve que "as infrações serão apuradas mediante processo administrativo, na forma do regulamento, aplicando-se, no que couber, o disposto na Lei n. 9.784/99". Faz referência a primeiro aplicar o regulamento e, subsidiariamente, a Lei n. 9.784/99.

A Lei n. 9.784/99 regula o processo administrativo no âmbito da Administração Pública Federal.

O Decreto n. 4.942/2003 regulamenta o art. 66 da Lei Complementar n. 109/2001.

O art. 2º da Lei n. 9.784/99 dispõe que a Administração Pública, no processo administrativo obedecerá, entre outros princípios, da legalidade, finalidade, motivação, razoabilidade, proporcionalidade, moralidade, ampla defesa, contraditório, segurança jurídica, interesse público e eficiência. Isso significa que eles não são exaustivos, mas sim exemplificativos, pois é usada a expressão *entre outros*, podendo ser empregados os princípios da impessoalidade e da publicidade, que não são mencionados expressamente no referido art. 2º.

A gratuidade não tem previsão expressa no *caput* do art. 2º da Lei n. 9.784/99. O inciso XI do parágrafo único do art. 2º da Lei n. 9.784/99 proíbe a cobrança de despesas processuais no procedimento administrativo.

O princípio da oficialidade mostra a impulsão do processo de ofício, pois o interesse é do Estado na solução do conflito (parágrafo único, XII, art. 2º da Lei n. 9.784/99). O art. 5º indica que o processo se instaura de ofício. A instrução é feita de ofício (art. 29).

Deve haver objetividade no atendimento ao interesse público, vedada a promoção pessoal de agentes ou autoridades (art. 2º, parágrafo único, III, Lei n. 9.784/99). Exemplo é o do dirigente de fundo de pensão que aplica os recursos para fins pessoais.

O princípio da boa-fé é inerente ao Direito e não só ao Direito Civil (art. 422 do CC). Aplica-se também no procedimento administrativo.

O procedimento administrativo será desenvolvido por formas simples (art. 2º, parágrafo único, IX, da Lei n. 9.784/99).

A interpretação da norma administrativa deve garantir o interesse público (art. 2º, parágrafo único, XII). Na verdade, deveria ser feita no interesse da justiça.

As provas obtidas por meios ilícitos não são válidas (art. 30 da Lei n. 9.784/99). É o que se observa também do inciso LVI do art. 5º da Constituição, que menciona que são inadmissíveis, no processo, as provas obtidas por meios ilícitos. Não faz distinção entre o processo judicial e o administrativo.

Poderá a Administração Pública anular os atos por ilegalidade. Poderá revogar os atos por conveniência ou oportunidade (art. 53 da Lei n. 9.784/99). Esclarece a Súmula 473 do STF que a administração pode anular seus próprios atos, quando eivados de vícios que os tornam ilegais, porque deles não se originam direitos; ou revogá-los, por motivo de conveniência ou oportunidade, respeitados os direitos adquiridos e ressalvada, em todos os casos, a apreciação judicial.

A Lei n. 9.784/99 não prevê exatamente a necessidade da participação do advogado no procedimento administrativo. A parte pode postular sem advogado no âmbito administrativo. Não veda também que a pessoa se utilize de causídico no procedimento administrativo.

A sustentação oral também pode ser feita pelo advogado em qualquer recurso ou processo, nas sessões de julgamento, tanto em instância judicial como administrativa (art. 7º, IX, da Lei n. 8.906/94).

O art. 4º do regulamento estabelece requisitos cumulativos para a validade do auto de infração: (a) local e data da sua lavratura; (b) identificação do autuado; (c) descrição sumária da infração; (d) os fundamentos legais da autuação e das circunstâncias em que foi praticado; (e) identificação da autoridade autuante com cargo ou função, número de matrícula e assinatura; (f) prazo e local para apresentação da defesa.

Não constando do auto de infração os requisitos acima, haverá nulidade do auto.

O § 3º do art. 65 da Lei Complementar n. 109/2001 faz referência a pagamento, mas trata-se de depósito. Deve ser feito o depósito de 30% do valor da multa para poder recorrer. O objetivo é garantir a instância. Quando o agente é culpado, tem fundamento a exigência. Entretanto, quando o agente é inocente, pode ter maiores obstáculos para demonstrar seu direito.

O depósito de 30% não viola o devido processo legal, pois este depende da previsão da lei. Não existe violação à ampla defesa, pois também depende da previsão legal.

A exigência do depósito implica desigualdade, pois uns poderão recorrer, por terem como pagar e outros não, principalmente em casos de valores vultosos.

É inconstitucional a exigência de depósito ou arrolamento prévios de dinheiro ou bens para admissibilidade de recurso administrativo (Súmula Vinculante 21 do STF).

O depósito de 30% feito por uma pessoa não beneficia os demais litisconsortes (parágrafo único do art. 14 do Regulamento).

Na instrução do processo a acareação é faculdade e não obrigação do servidor (§ 3º do art. 48). Isso já ocorre também no processo civil, em que a acareação é faculdade e não obrigação do juiz (art. 461, II, do CPC/2015).

Segundo Wladimir Novaes Martinez, as penalidades são divididas em: (a) de admoestação (advertência); (b) pecuniárias (multas); (c) restritivas de direitos (suspensão e inabilitação)[1].

A advertência diz respeito a infração leve. Tem caráter pedagógico. Visa evitar reincidência. Aplica-se a réus primários.

Pela regra do § 1º do art. 65 da Lei Complementar n. 109/2001, pagando a multa, desaparece a solidariedade.

A lei acabou elegendo a própria vítima, que é a empresa, pelos atos praticados pela pessoa física do administrador. Primeiro cobra da pessoa física, depois da pessoa jurídica. O objetivo é cobrar de quem é mais idôneo economicamente, pois a pessoa física pode não ter como pagar. A Administração Pública não fica sem receber a multa, diante da solidariedade. Assegura-se o direito de regresso de quem pagar contra o responsável.

---

1 MARTINEZ, Wladimir Novaes. *Curso de direito previdenciário*. 2. ed. São Paulo: LTr, 2002. v. IV, p. 304.

Os participantes do fundo ficarão prejudicados até serem ressarcidos pelo responsável que deu causa à multa.

A responsabilidade civil será dos administradores das entidades, dos procuradores com poderes de gestão, dos membros de conselhos estatutários, do interventor e do liquidante, dos administradores dos patrocinadores ou instituidores, dos atuários, dos auditores independentes, dos avaliadores de gestão e outros profissionais que prestem serviços técnicos à entidade, diretamente ou por meio de pessoa jurídica contratada. Eles responderão civilmente pelos danos ou prejuízos que causarem, por ação ou omissão, às entidades de previdência privada (art. 63 da Lei Complementar n. 109/2001).

As penalidades pelo descumprimento da Lei Complementar n. 109/2001 são as previstas nos arts. 65 e 67 da referida norma. Outras não podem estar no regulamento, por serem ilegais.

Os arts. 63 a 109 do Regulamento estabelecem 48 infrações. Não têm exatamente previsão em lei. O art. 202 da Constituição remete à lei complementar, mas não ao regulamento.

O decreto tem por objetivo esclarecer o conteúdo da lei, regulamentá-la. São os chamados regulamentos da execução da lei (art. 84, IV, da Constituição).

A função da norma administrativa é esclarecer o conteúdo da lei e não dispor sobre regra não descrita na lei. O regulamento, quanto a penalidades, não pode estabelecer o que não está previsto na lei, definindo situações e fixando multas em razão de serem transgredidas certas condutas.

Dispõe o inciso XXXIX do art. 5º da Constituição que não há crime sem lei anterior que o defina, nem pena sem prévia cominação legal. O caso em discussão não é de crime, mas a tipificação e a pena têm de estar na lei e não no regulamento.

Tanto o tipo como a penalidade têm de estar descritos na lei. No caso, a maioria deles está descrita no regulamento e não na lei, o que o torna ilegal.

Dispõe o art. 110 do Decreto n. 4.942/2003 que a violação de quaisquer outros dispositivos das Leis Complementares ns. 108/2001 e 109/2001, e dos atos normativos regulamentadores das referidas normas tem pena de multa de R$ 10.000,00. Qualquer outro dispositivo e atos normativos regulamentadores é preceito muito genérico. A pena deveria ser específica. Não são indicados também quais são os atos normativos regulamentadores.

A multa imposta ao dirigente empregado poderá ser descontada de seu salário, desde que atendidos certos requisitos.

Determina o § 1º do art. 462 da CLT que em caso de dano causado pelo empregado, o desconto será lícito, desde que esta possibilidade tenha sido acordada ou na ocorrência de dolo do empregado.

Se a multa for decorrente de dolo do empregado, o desconto é lícito. Caso a multa seja aplicada em razão de culpa do empregado, deverá haver autorização para o desconto (§ 1º do art. 462 da CLT).

Não existe limitação na lei para o desconto, que também não prevê o parcelamento do desconto.

O § 2º do art. 477 da CLT trata do limite a compensação na rescisão do contrato de trabalho, que não pode ser superior a um mês de remuneração do empregado. Entretanto, tal limitação não se aplica a descontos feitos no salário.

Reza o art. 32 do regulamento sobre a prescrição intercorrente. Se o processo ficar paralisado por mais de três anos pendente de decisão ou despacho, é arquivado de ofício ou a requerimento.

26.1.12 Intervenção e liquidação extrajudicial

A intervenção na entidade de previdência complementar ocorrerá desde que se verifique, isolada ou cumulativamente:

a) irregularidade ou insuficiência na constituição das reservas técnicas, provisões e fundos, ou em sua cobertura por ativos garantidores;
b) aplicação dos recursos das reservas técnicas, provisões e fundos de forma inadequada ou em desacordo com as normas expedidas pelos órgãos competentes;
c) descumprimento de disposições estatutárias ou de obrigações previstas nos regulamentos dos planos de benefícios, convênios de adesão ou contratos dos planos coletivos;
d) situação econômico-financeira insuficiente à preservação da liquidez e solvência de cada um dos planos de benefícios e da entidade no conjunto de suas atividades;
e) situação atuarial desequilibrada;
f) outras anormalidades definidas em regulamento.

As entidades de previdência privada fechada não poderão solicitar recuperação judicial e não estão sujeitas a falência, mas somente a liquidação extrajudicial (art. 47 da Lei Complementar n. 109/2001).

A liquidação extrajudicial será decretada quando reconhecida a inviabilidade de recuperação da entidade de previdência complementar ou pela ausência de condição para seu funcionamento.

26.1.13 Conclusão

Pretende-se fazer uma transformação em nosso sistema de Previdência Social. Seria garantido um mínimo ao trabalhador até certo valor, como, por exemplo, três salários mínimos. O restante ficaria a cargo da previdência privada complementar.

O sistema assim só vai beneficiar as seguradoras ou bancos que estiverem interessados em atuar na área, por ser muito rendosa.

O sistema público de concessão de benefícios deve ser mantido, ainda que em um nível básico, pois o sistema privado não se tem mostrado adequado. Exemplos são as empresas que passaram a prestar serviços na área e posteriormente faliram, como Capemi e outras, em que o trabalhador pagou vários anos a elas e depois não teve como receber o benefício na hora em que necessitava. Assim, é preferível o sistema público, que pode não ser o melhor, mas pelo menos sabe-se que no final do mês ou no futuro haverá um recebimento.

Não adianta querer importar para o Brasil sistemas como o chileno ou outros. Se a previdência privada chilena fosse boa, os militares não se teriam excluído de imediato do referido sistema.

Verificação de aprendizagem

1. Quais são os princípios aplicáveis à Previdência Complementar?
2. O que é entidade aberta?
3. O que é entidade fechada? Exemplos.
4. O que é portabilidade?
5. Qual é o prazo de prescrição para o benefício?

Capítulo 27

PREVIDÊNCIA DO FUNCIONÁRIO PÚBLICO

27.1 INTRODUÇÃO

O Decreto n. 288/38, criou o Instituto de Previdência e Assistência dos Servidores do Estado (IPASE), incorporando o Instituto de Previdência dos Funcionários Públicos da União, que era denominado de Instituto Nacional de Previdência. Os contribuintes obrigatórios do IPASE eram obrigados a contribuir de 4 a 7% sobre a remuneração.

Alguns benefícios excessivos que os funcionários públicos tinham foram sendo revogados no curso do tempo.

O art. 253 da Lei n. 8.112/90 revogou a Lei n. 1.711/52, que previa o direito do servidor de receber 20% a mais sobre seus vencimentos ao passar para a inatividade.

A partir de 19-1-1995, por meio da Medida Provisória n. 1.160/95, convertida na Lei n. 9.527/97, foi extinta a vantagem que o servidor levava para a inatividade, de ter seus proventos calculados com base no valor da maior função.

De 16 de outubro de 1996 em diante, com a Medida Provisória n. 1.573-13/97, que convalidou a Medida Provisória n. 1.522/96, que foram convertidas na Lei n. 9.527/97, foi extinta a licença-prêmio e a incorporação da retribuição pelo exercício de função de direção, chefia ou assessoramento, cargo de provimento em comissão ou de natureza especial (arts. 3º e 10 da Lei n. 8.911/94), conforme art. 15, além do adicional por tempo de serviço a cada cinco anos, também chamado de quinto. A partir da referida data não existe mais contagem em dobro da licença-prêmio para a aposentadoria.

27.2 EMENDA CONSTITUCIONAL N. 20/98

A Emenda Constitucional n. 20/98 trouxe algumas alterações no serviço público.

O inciso III do § 1º do art. 40 da Constituição passou a permitir a aposentadoria voluntária do servidor com tempo mínimo de dez anos de efetivo exercício no serviço público e cinco anos no cargo efetivo, observadas as seguintes condições: (a) 60 anos de idade e 35 de contribuição, se homem, e 55 anos de idade e 30 de contribuição, se mulher; (b) 65 anos de idade, se homem, e 60 anos de idade, se mulher, com proventos proporcionais ao tempo de contribuição.

Os proventos de aposentadoria, por ocasião da sua concessão, serão calculados com base na remuneração do servidor no cargo efetivo em que se der a aposentadoria e, na forma da lei, corresponderão à totalidade da remuneração.

O tempo de contribuição federal, estadual ou municipal será contado para efeito de aposentadoria, e o tempo de serviço correspondente para efeito de disponibilidade.

A reforma extinguiu a contagem de tempo fictício, pois o § 10 do art. 40 da Constituição passou a prever que "a lei não poderá estabelecer qualquer forma de contagem de tempo de contribuição fictício". Com isso, não é mais possível a contagem de licença-prêmio em dobro para efeito de aposentadoria e de tempo de serviço em que não houve recolhimento de contribuição.

O servidor que já tiver todos os requisitos para a obtenção do benefício integral em 16 de dezembro de 1998 e que optar por permanecer em atividade fará jus à isenção da contribuição previdenciária até completar as exigências para a aposentadoria: aos 60 anos para o homem com 35 anos de contribuição e 55 anos para a mulher com 30 anos de contribuição.

27.3 EMENDA CONSTITUCIONAL N. 41/2003

A Reforma da Emenda Constitucional n. 41/2003, alterou o art. 40 da Constituição. Passa a prever o princípio fundamental do sistema de Previdência Social, que é a solidariedade.

A Emenda Constitucional n. 41/2003 alterou os direitos previdenciários dos servidores públicos para pior.

Os servidores que ingressarem no sistema público receberão o benefício previdenciário até o teto a partir de maio de 2004. O restante dependerá de recolhimento para a previdência complementar. O § 14 do art. 40 da Constituição só permite a implantação do teto depois de a União, Estados, Distrito Federal e Municípios instituírem, por lei própria, o regime de previdência complementar. A orientação é correta, pois a regra do jogo não pode ser mudada no meio da relação para as pessoas que já estavam no sistema.

A alíquota da contribuição da União será igual à do participante, observado o disposto no regulamento do plano de benefícios, e não poderá exceder o porcentual de 8,5%.

Estarão os servidores públicos diante de um sistema misto, pois parte será estabelecida no regime de repartição simples até R$ 7.087,22, e acima desse valor o regime é optativo pela capitalização.

Objetiva-se igualar o teto das aposentadorias no serviço público e no privado, mas apenas para os servidores públicos que ingressarem no sistema após a publicação da lei própria da União, Estados, Distrito Federal e Municípios.

O estabelecimento do teto de R$ 7.087,22 para futuros servidores implica que o governo vai arrecadar valor inferior da contribuição do servidor, porém vai pagar os antigos servidores pelo valor da última remuneração, mas vai deixar de arrecadar a contribuição dos novos servidores à razão de 11% sobre suas remunerações.

O art. 10 da Emenda Constitucional n. 41/2003 revoga o art. 8º da Emenda Constitucional n. 20, que permitia a aposentadoria proporcional. Somente as pessoas que tiverem direito adquirido à aposentadoria proporcional, implementando todos os requisitos até 31-12-2003 é que poderão requerê-la (art. 3º da Emenda Constitucional n. 41/2003). Quem não tem direito adquirido não poderá mais requerer aposentadoria proporcional.

Fica vedada a existência de mais de um regime próprio de previdência social e de mais de um órgão ou entidade gestora desse regime em cada ente federativo, abrangidos todos os poderes, órgãos e entidades autárquicas e fundacionais, que serão responsáveis pelo seu financiamento, observados os critérios, os parâmetros e a natureza jurídica definidos na lei complementar de que trata o § 22 (§ 20 do art. 40 da Constituição).

O servidor irá se aposentar com 60 anos, desde que tenha 35 anos de contribuição, e a servidora com 55 anos, desde que possua 30 anos de contribuição. O ideal é que não houvesse diferenciação entre homem e mulher, pois é sabido que a mulher vive mais do que o homem em torno de sete anos. Não se justifica tecnicamente que se aposente com cinco anos a menos do que o homem.

Deverá, ainda, o servidor em exercício antes de 31-12-2003 ter 20 anos no serviço público, dez anos de carreira e cinco no efetivo exercício do cargo em que se der a aposentadoria (art. 6º da Emenda Constitucional n. 41/2003).

O procedimento é correto, pois em muitos casos o servidor só entrou no sistema público depois de muitos anos no RGPS, contribuindo, no máximo, sobre o valor do teto.

O art. 40 da Constituição menciona que a aposentadoria será concedida no cargo. Assim, as modalidades ali referidas dizem respeito a funcionário público e não para empregado público, que não tem cargo e é regido pela CLT.

As espécies de aposentadoria para o funcionário público são: (a) por invalidez; (b) compulsória; (c) voluntária.

A aposentadoria por invalidez será concedida com proventos proporcionais ao tempo de contribuição, exceto se decorrente de acidente em serviço, moléstia profissional ou doença grave, contagiosa e incurável, quando será integral (art. 40, § 1º, I, da Constituição).

A aposentadoria compulsória ocorrerá com 70 anos de idade, com proventos proporcionais ao tempo de contribuição.

Os magistrados, membros do Ministério Público e de Tribunais de Contas terão direito a contar o tempo de serviço até a vigência da Emenda Constitucional n. 20/98 com o acréscimo de 17% (§ 3º do art. 2º da Emenda Constitucional n. 41/2003), pois anteriormente se aposentavam com 30 anos de contribuição.

O Parecer GM n. 13 da Advocacia-Geral da União, publicado no *Diário Oficial da União* de 13-12-2000, que adota integralmente o Parecer AGU/WM n. 1/00 esclarece na sua ementa que

> não resulta na interrupção da condição de servidor público e, em decorrência, na elisão dos direitos garantidos pelo art. 3º da Emenda Constitucional n. 20/98, a mudança de cargos oriunda de posse e consequente exoneração, desde que os efeitos destas vigorem a partir de uma mesma data. Os cargos podem pertencer a uma mesma ou a diferentes pessoas jurídicas, inclusive de unidades da Federação diversas.

Até que entre em vigor a lei complementar de que trata o inciso II do § 1º do art. 40 da Constituição, os Ministros do Supremo Tribunal Federal, dos Tribunais Superiores e do Tribunal de Contas da União aposentar-se-ão, compulsoriamente, aos 75 (art. 100 do ADCT). A Lei Complementar n. 152/2015 estende a aposentadoria compulsória dos servidores públicos para os 75 anos (art. 2º).

No cálculo dos proventos de aposentadoria dos servidores titulares de cargo efetivo de qualquer dos Poderes da União, dos Estados, do Distrito Federal e dos Municípios, incluídas suas autarquias e fundações, será considerada a média aritmética simples das maiores remunerações, utilizadas como base para as contribuições do servidor aos regimes de previdência a que esteve vinculado, correspondentes a 80% de todo o período contributivo desde a competência julho de 1994 ou desde a do início da contribuição, se posterior àquela competência (art. 1º da Lei n. 10.887/2004).

As remunerações consideradas no cálculo do valor inicial dos proventos terão os seus valores atualizados mês a mês, de acordo com a variação integral do índice fixado para a atualização dos salários de contribuição considerados no cálculo dos benefícios do Regime Geral de Previdência Social.

A base de cálculo dos proventos será a remuneração do servidor no cargo efetivo nas competências a partir de julho de 1994 em que não tenha havido contribuição para o regime próprio.

Os valores das remunerações a serem utilizados no cálculo serão comprovados mediante documento fornecido pelos órgãos e entidades gestoras dos regimes de previdência aos quais o servidor esteve vinculado ou por outro documento público.

As remunerações consideradas no cálculo da aposentadoria, atualizadas, não poderão ser:

I – inferiores ao valor do salário mínimo;

II – superiores ao limite máximo do salário de contribuição, quanto aos meses em que o servidor esteve vinculado ao RGPS.

Os proventos, por ocasião de sua concessão, não poderão ser inferiores ao valor do salário mínimo nem exceder a remuneração do respectivo servidor no cargo efetivo em que se deu a aposentadoria.

27.3.1 Contribuição do ativo

O Decreto-lei n. 3.347/41, criou contribuição adicional de 5% sobre o vencimento básico do servidor.

A Lei n. 8.688/93 deu nova redação ao § 2º do art. 231 da Lei n. 8.112/90 restabelecendo as alíquotas progressivas de 9 a 12%. Com essa lei o servidor público passou a pagar a contribuição previdenciária para custear sua aposentadoria e outros benefícios. Antes da Lei n. 8.688/93 a contribuição previdenciária servia para custear apenas as pensões.

A Lei n. 9.630/98 tinha estabelecido a alíquota fixa de 11%.

A contribuição social do servidor público ativo de quaisquer dos Poderes da União, incluídas as suas autarquias e fundações, para a manutenção do respectivo regime próprio de previdência social, será calculada mediante a aplicação das seguintes alíquotas:

I – onze por cento sobre a parcela da base de contribuição cujo valor seja igual ou inferior ao limite máximo estabelecido para os benefícios do Regime Geral de Previdência Social – RGPS; e

II – 14% sobre a parcela da base de contribuição que supere o limite máximo estabelecido para os benefícios do RGPS (art. 4º, II, b, da Lei n. 10.887/2004).

Entende-se como base de contribuição o vencimento do cargo efetivo, acrescido das vantagens pecuniárias permanentes estabelecidas em lei, dos adicionais de caráter individual ou de quaisquer outras vantagens, excluídas:

I – as diárias para viagens;

II – a ajuda de custo em razão de mudança de sede;

III – a indenização de transporte;

IV – o salário-família;

V – o auxílio-alimentação;

VI – o auxílio pré-escolar;

VII – as parcelas remuneratórias pagas em decorrência de local de trabalho;

VIII – a parcela percebida em decorrência do exercício de cargo em comissão ou de função comissionada ou gratificada;

IX – o abono de permanência;

X – o adicional de férias;

XI – o adicional noturno;

XII – o adicional por serviço extraordinário;

XIII – a parcela paga a título de assistência à saúde suplementar;

XIV – a parcela paga a título de assistência pré-escolar;

XV – a parcela paga a servidor público indicado para integrar conselho ou órgão deliberativo, na condição de representante do governo, de órgão ou de entidade da administração pública do qual é servidor;

XVI – o auxílio-moradia;

XVII – a Gratificação por Encargo de Curso ou Concurso;

XVIII – a Gratificação Temporária das Unidades dos Sistemas Estruturadores da Administração Pública Federal (GSISTE);

XIX – a Gratificação Temporária do Sistema de Administração dos Recursos de Informação e Informática (GSISP);

XX – a Gratificação Temporária de Atividade em Escola de Governo (GAEG);

XXI – a Gratificação Específica de Produção de Radioisótopos e Radiofármacos (GEPR);

XXII – a Gratificação de Raio X;

XXIII – a parcela relativa ao Bônus de Eficiência e Produtividade na Atividade Tributária e Aduaneira, recebida pelos servidores da Carreira Tributária e Aduaneira da Receita Federal do Brasil;

XXIV – a parcela relativa ao Bônus de Eficiência e Produtividade na Atividade de Auditoria Fiscal do Trabalho, recebida pelos servidores da Carreira de Auditoria Fiscal do Trabalho;

XXV – o adicional de irradiação ionizante.

A alíquota estabelecida no inciso II não se aplica ao servidor:

I – que tiver ingressado no serviço público até a data da publicação do ato de instituição do regime de previdência complementar para os servidores públicos federais titulares de cargo efetivo e que opte por aderir ao regime de previdência complementar ali referido; ou

II – que tiver ingressado no serviço público a partir da data a que se refere a alínea "a", independentemente de adesão ao regime de previdência complementar ali referido.

O servidor ocupante de cargo efetivo poderá optar pela inclusão na base de contribuição de parcelas remuneratórias percebidas em decorrência de local de trabalho, do exercício de cargo em comissão ou de função de confiança, para efeito de cálculo do benefício a ser concedido, respeitado, em qualquer hipótese, o limite de não poder exceder a remuneração do respectivo servidor, no cargo efetivo em que se deu a aposentadoria ou que serviu de referência para a concessão da pensão.

27.3.2 Paridade

É assegurado o reajustamento dos benefícios para preservar-lhes, em caráter permanente, o valor real, conforme critérios estabelecidos em lei (§ 8º do art. 40 da Constituição). Essa regra vale para os novos funcionários públicos admitidos a partir de 31-12-2003 desde o momento em que cada ente da federação instituir o sistema de previdência complementar. Não haverá mais paridade entre reajustes dos ativos e dos inativos para os novos servidores.

Para os servidores que tenham sido admitidos até 31-12-2003, os proventos das aposentadorias serão revistos na mesma proporção e na mesma data, sempre que se modificar a remuneração dos servidores em atividade, na forma da lei (parágrafo único do art. 6º da Emenda Constitucional n. 41/2003). A remissão à lei indica que o objetivo é não pagar o benefício integral.

Se a regra é estabelecida na Constituição, é mais difícil de ser mudada, pois o quórum de alteração é de 3/5 dos membros do Congresso Nacional. Sendo remetida para a lei ordinária, o quórum de alteração é de maioria simples.

Os futuros servidores não terão paridade entre os valores que receberiam se estivessem na ativa e os proventos de aposentadoria.

Uma solução poderia ser a incorporação de todas as gratificações ao salário-base, pois aí o aposentado iria receber o mesmo valor.

27.3.3 Integralidade

É mantida a integralidade da aposentadoria para os atuais servidores, com base no último salário. Entretanto, é aumentado o tempo no serviço público de 10 para 20 anos, tendo 10 anos de carreira e cinco anos de efetivo exercício no cargo em que se der a aposentadoria. O tempo é no serviço público, podendo ter sido prestado para a União, Estados, Distrito Federal ou Municípios, para qualquer um dos três poderes. Exige-se que a pessoa esteja há 10 anos na carreira em que irá se aposentar, não sendo contado tempo na carreira de outro serviço público. Não mais será feita média de contribuições do serviço público e do serviço privado.

27.3.4 Teto e subteto

Na redação anterior da Constituição, havia necessidade de lei de iniciativa conjunta dos presidentes da República, da Câmara dos Deputados, do Senado Federal e do Supremo Tribunal Federal para a fixação do teto dos vencimentos dos funcionários públicos.

O valor máximo para os salários pagos para o Poder Público da União, incluindo os valores das aposentadorias e pensões, será a maior remuneração de ministro do Supremo Tribunal Federal.

A remuneração e o subsídio dos ocupantes de cargos, funções e empregos públicos da administração direta, autárquica e fundacional, dos membros de qualquer dos Poderes da União, dos Estados, do Distrito Federal e dos Municípios, dos detentores de mandato eletivo e dos demais agentes políticos e os proventos, pensões ou outra espécie remuneratória, percebidos cumulativamente ou não, incluídas as vantagens pessoais ou de qualquer outra natureza, não poderão exceder o subsídio mensal, em espécie, dos ministros do Supremo Tribunal Federal, aplicando-se como limite, nos Municípios, o subsídio do prefeito, e nos Estados e no Distrito Federal, o subsídio mensal do governador no âmbito do Poder Executivo, o subsídio dos deputados estaduais e distritais no âmbito do Poder Legislativo e o subsídio dos desembargadores do Tribunal de Justiça, limitado a 90,25% do subsídio mensal, em espécie, dos ministros do Supremo Tribunal Federal, no âmbito do Poder Judiciário, aplicável este limite aos membros do Ministério Público, aos procuradores e aos defensores públicos (art. 37, XI, da Constituição).

Vencimento é a retribuição pecuniária pelo exercício de cargo público, com valor fixado em lei (art. 40 da Lei n. 8.112/90).

Remuneração é o vencimento do cargo efetivo, acrescido das vantagens pecuniárias permanentes estabelecidas em lei (art. 41 da Lei n. 8.112/90).

Subsídio era uma espécie de remuneração fixa e mensal paga a parlamentares.

Até que seja fixado o valor do subsídio previsto no inciso XI do art. 37 da Lei Maior, será considerado para fins do limite o valor da maior remuneração atribuída por lei em 31-12-2004 a ministro do Supremo Tribunal Federal, a título de vencimento, de representação mensal e da parcela recebida em razão de tempo de serviço, aplicando-se como limite, nos Municípios, o subsídio do prefeito, e nos Estados e no Distrito Federal, o subsídio mensal do governador no âmbito do Poder Executivo, o subsídio dos deputados estaduais e distritais no âmbito do Poder Legislativo e os subsídios dos desembargadores do Tribunal de Justiça, limitado a 90,25% da maior remuneração mensal de ministro do Supremo Tribunal Federal, no âmbito do Poder Judiciário, aplicável este limite aos membros do Ministério Público, aos procuradores e aos defensores públicos (art. 8º da Emenda Constitucional n. 41/2003).

Dispõe o art. 9º da Emenda Constitucional n. 41/2003 que deve ser observado o art. 17 do ADCT em relação aos vencimentos, remunerações e subsídios dos ocupantes de cargos, funções e empregos públicos da administração direta, autárquica e fundacional, dos membros de qualquer dos Poderes da União, dos Estados, do Distrito Federal e dos Municípios, dos detentores de mandato eletivo e dos demais agentes públicos e os proventos, pensões ou outra espécie remuneratória percebidos cumulativamente ou não, incluídas as vantagens pessoais ou de qualquer outra natureza. Isso quer dizer, segundo o art. 17 do ADCT, que os vencimentos, a remuneração, as vantagens e os adicionais, bem como os proventos de aposentadoria que estejam sendo percebidos em desacordo com a Constituição, serão imediatamente reduzidos aos limites dela decorrentes, não se admitindo, nestes casos, invocação de direito adquirido ou percepção de excesso a qualquer título. Segundo essa orientação, não há direito adquirido contra a Constituição.

Entretanto, seria possível dizer que não há direito adquirido contra a Constituição se a mudança fosse decorrente de uma Assembleia Nacional Constituinte, do poder constituinte originário, de elaborar uma nova Constituição, mas não do poder constituinte derivado, de estabelecer emendas constitucionais, pois fere o inciso IV do § 4º do art. 60 da Lei Maior. A emenda constitucional não pode alterar direitos e garantias individuais, como ocorre com o direito adquirido e a coisa julgada.

O subsídio e os vencimentos dos ocupantes de cargos e empregos públicos são irredutíveis, conforme o inciso XV do art. 37 da Constituição.

A redução da remuneração do funcionário em decorrência da observância dos tetos da Emenda Constitucional n. 41/2003 pode implicar alteração de cláusula pétrea do servidor, que é a irredutibilidade salarial, alterando direito adquirido do funcionário à sua remuneração.

Se a fixação de seus vencimentos foi estabelecida por meio de sentença que transitou em julgado, poderá haver violação à coisa julgada, garantida no inciso XXXVI do art. 5º da Constituição, que não pode ser alterada por meio de emenda constitucional.

27.3.5 Abono de permanência

Observados critérios a serem estabelecidos em lei do respectivo ente federativo, o servidor titular de cargo efetivo que tenha completado as exigências para a aposentadoria voluntária e que opte por permanecer em atividade poderá fazer jus a um abono de permanência equivalente, no máximo, ao valor da sua contribuição previdenciária, até completar a idade para aposentadoria compulsória (§ 19 do art. 40 da Constituição).

Abono, na verdade, significa algo que se acrescenta. É um acréscimo.

O servidor ocupante de cargo efetivo que tenha completado as exigências para aposentadoria voluntária estabelecidas na alínea *a* do inciso III do § 1º do artigo 40 da Constituição, no § 5º do artigo 2º ou no § 1º do artigo 3º da Emenda Constitucional n. 41, de 19-12-2003, e que opte por permanecer em atividade, fará jus a abono de permanência equivalente ao valor da sua contribuição previdenciária até completar as exigências para aposentadoria compulsória aos 75 anos de idade, com proventos proporcionais ao tempo de contribuição.

O abono de permanência consistirá no pagamento do valor equivalente ao da contribuição previdenciária, de forma a neutralizá-la.

Entretanto, o Imposto de Renda será calculado sobre o salário mais o abono, fazendo com o que contribuinte pague mais imposto. O abono não poderia ter natureza de remuneração para não incidir o Imposto de Renda. A lei deve esclarecer tal questão.

Situação injusta e que pode ferir direito adquirido ou ato jurídico perfeito, pois trata de hipótese definida anteriormente, que é a dispensa do recolhimento da contribuição previdenciária para quem já tivesse o tempo para se aposentar e não o fizesse (§ 5º do art. 8º da Emenda Constitucional n. 20/98). O servidor ocupante de cargo efetivo que tenha completado as exigências para aposentadoria voluntária estabelecidas na alínea *a* do inciso III do § 1º do art. 40 da Constituição, no § 5º do art. 2º ou no § 1º do art. 3º da Emenda Constitucional n. 41/2003, e que opte por permanecer em atividade fará jus ao abono de permanência equivalente ao valor da sua contribuição previdenciária até completar as exigências para aposentadoria compulsória contidas no inciso II do § 1º do art. 40 da Constituição (art. 7º da Lei n. 10.887/2004).

O § 1º do art. 4º da Lei n. 10.887/2004 estabelece que a contribuição previdenciária não incide sobre o abono pago ao segurado que já está em condições de se aposentar. O abono tem o fato positivo de evitar que o segurado se aposente. A Administração teria de pagar os proventos do aposentado e a remuneração da pessoa que irá sucedê-lo no cargo. Há, portanto, economia para a Administração Pública.

27.3.6 Redutor

Até 31-12-2005, quem se aposentar antes de atingir a idade mínima de 55 anos (mulheres) e 60 anos (homens) terá o benefício sujeito a um redutor de 3,5% por ano de antecipação da aposentadoria. A partir de 1º de janeiro de 2006, o redutor será de 5% ao ano (§ 1º do art. 2º da Emenda Constitucional n. 41/2003).

Há afirmações no sentido de que o servidor que tiver mais de 53 anos (homens) e menos de 60 anos e mais de 48 anos (mulheres) e menos de 55 anos entrará na regra da aplicação do redutor, o que viola direito adquirido de quem já tinha implementado a idade de se aposentar de acordo com a regra velha (§ 1º do art. 22 da Emenda Constitucional n. 41/2003). Nem mesmo emenda constitucional pode violar direito adquirido, por se tratar de um direito individual do cidadão (art. 60, § 4º, IV, da Constituição).

27.3.7 Pensão por morte

Prevê o artigo 215 da Lei n. 8.112/90 que a pensão por morte do servidor público é devida mensalmente aos dependentes do segurado no valor correspondente ao da respectiva remuneração ou provento, a partir da data do óbito.

A Emenda Constitucional n. 41 estabelece que as pensões por morte do servidor público concedidas a partir de 1º-5-2005 serão integrais até R$ 7.087,22. O valor que exceder R$ 7.087,22 terá um desconto de 30%.

Os servidores que morrerem em atividade, antes de cumprirem as novas regras da emenda constitucional, também deixarão pensões integrais até R$ 7.087,22. O valor que exceder o teto terá redução de 30%.

O fundamento para exigir um desconto de 30% para o cálculo da pensão e não pagá-la com o porcentual de 100% é o fato de que diminuem os gastos na família do segurado com sua morte. Existem, porém, vários tipos de família. Se a família é numerosa, a diminuição de uma pessoa da família não altera a necessidade de receber a pensão integral, principalmente porque muitos benefícios têm baixo valor. É o que ocorre com famílias de mais de cinco pessoas.

Aos dependentes dos servidores titulares de cargo efetivo e dos aposentados de qualquer dos Poderes da União, dos Estados, do Distrito Federal e dos Municípios, incluídas suas autarquias e fundações, falecidos a partir de 21-6-2004, será concedido o benefício de pensão por morte, que será igual:

I – à totalidade dos proventos percebidos pelo aposentado na data anterior à do óbito, até o limite máximo estabelecido para os benefícios do regime geral de previdência social, acrescida de 70% da parcela excedente a este limite; ou

II – à totalidade da remuneração do servidor no cargo efetivo na data anterior à do óbito, até o limite máximo estabelecido para os benefícios do regime geral de previdência social, acrescida de 70% da parcela excedente a este limite, se o falecimento ocorrer quando o servidor ainda estiver em atividade (art. 2º da Lei n. 10.887/2004).

A disposição estabelece condição alternativa, mostrando que se trata de outra situação e não das duas ao mesmo tempo.

A pensão não pode exceder a remuneração do respectivo servidor, no cargo efetivo em que se deu a aposentadoria ou que serviu de referência para a concessão da pensão (§ 2º do art. 40 da Constituição).

Os aposentados e os pensionistas de quaisquer dos Poderes da União, incluídas as suas autarquias e fundações, contribuirão com alíquota de 14%, incidente sobre o valor da parcela dos proventos de aposentadoria e de pensão que supere o limite máximo estabelecido para os benefícios do RGPS (art. 5º da Lei n. 10.887/2004). A contribuição incidirá apenas sobre as parcelas de proventos de aposentadoria e de pensão que superem o dobro do limite máximo estabelecido para os benefícios do RGPS quando o beneficiário, na forma da lei, for portador de doença incapacitante.

Para os fins do teto do servidor público, União, Estados, Distrito Federal e Municípios instituirão sistema integrado de dados relativos às remunerações, proventos e pensões pagos aos respectivos servidores e militares, ativos e inativos, e pensionistas, na forma do regulamento (art. 3º da Lei n. 10.887/2004).

A pensão dos militares é regulada pela Lei n. 3.765/60. São contribuintes obrigatórios da pensão militar, mediante desconto mensal em folha de pagamento, os militares das Forças Armadas e os seus pensionistas (art. 1º da Lei n. 3.765/60). A alíquota da contribuição da pensão militar é de 7,5% (art. 3º-A, § 1º, da Lei n. 3.765/60).

27.3.8 Unificação da alíquota de contribuição

As alíquotas das contribuições previdenciárias dos funcionários públicos foram unificadas para 14%, valendo para a União, Estados, Distrito Federal e Municípios, em relação ao valor que exceder o teto do RGPS (art. 4º da Emenda Constitucional n. 41/2003).

A partir de 31-12-2003, os Estados, Distrito Federal e Municípios deverão adaptar suas legislações para cobrar a alíquota, editando lei específica para esse fim. Não poderá ser utilizada alíquota superior.

27.3.9 Contribuição da União

A contribuição da União, de suas autarquias e fundações para o custeio do regime de previdência, de que trata o art. 40 da Constituição, será o dobro da contribuição do servidor ativo, devendo o produto de sua arrecadação ser contabilizado em conta específica (art. 8º da Lei n. 10.887/2004). Resta saber se efetivamente ela será recolhida, porque em outras vezes isso não ocorreu.

A contribuição da União, dos Estados, do Distrito Federal e dos Municípios, incluídas suas autarquias e fundações, aos regimes próprios de previdência social a que estejam vinculados seus servidores, não poderá ser inferior ao valor da contribuição do servidor ativo, nem superior ao dobro desta contribuição (art. 2º da Lei n. 9.717/98).

A União, os Estados, o Distrito Federal e os Municípios são responsáveis pela cobertura de eventuais insuficiências financeiras do respectivo regime próprio, decorrentes do pagamento de benefícios previdenciários (§ 1º do art. 2º da Lei n. 9.717/98).

27.3.10 Militares

Os militares continuarão a ter regime próprio definido em lei. A eles continua mantido o sistema de paridade e de pensão integral, sem qualquer redutor. Essa é a conclusão da revogação do inciso IX do art. 142 da Constituição, que mandava aplicar os §§ 7º e 8º do art. 40 da Lei Maior.

27.3.11 Gestão

Fica vedada a existência de mais de um regime próprio de previdência social para os servidores titulares de cargos efetivos, e de mais de uma unidade gestora do respectivo regime em cada ente estatal.

A unidade gestora do regime próprio de previdência dos servidores:

I – contará com colegiado, com participação paritária de representantes e de servidores dos Poderes da União, cabendo-lhes acompanhar e fiscalizar sua administração, na forma do regulamento;

II – fará, no mínimo a cada cinco anos, o recenseamento previdenciário, abrangendo todos os aposentados e pensionistas do respectivo regime;

III – disponibilizará ao público, inclusive por meio de rede pública de transmissão de dados, informações atualizadas sobre as receitas e as despesas do respectivo regime, bem como os critérios e os parâmetros adotados para garantir o seu equilíbrio financeiro e atuarial.

Os proventos de aposentadoria e as pensões serão reajustados na mesma data e índice em que se der o reajuste dos benefícios do RGPS, ressalvados os beneficiados pela garantia de paridade de revisão de proventos de aposentadorias e pensões de acordo com a legislação vigente (art. 15 da Lei n. 10.887/2004).

27.3.12 Contribuição do inativo

A contribuição de inativos tinha sido instituída pelo Decreto-lei n. 1.910/81 para o custeio da assistência médica, com as alíquotas de 3%, 3,5%, 4% e 5% incidentes sobre o benefício da aposentadoria, de acordo com a faixa salarial do segurado, que era de um a 20 salários mínimos. Incidia 3% sobre as pensões.

A contribuição dos servidores públicos inativos já tinha sido rejeitada três vezes no Congresso Nacional.

A Lei n. 9.873/99 também estabeleceu a contribuição dos inativos no serviço público.

A Emenda Constitucional n. 41/2003 prevê contribuição a ser cobrada do inativo ou pensionista do serviço público. Aposentados ou pensionistas do serviço público da União que ganham acima de R$ 7.087,22. Abaixo dos referidos tetos há isenção da contribuição.

A contribuição será cobrada do inativo ou pensionista do serviço público. Os aposentados e os pensionistas de quaisquer dos Poderes da União, incluídas as suas autarquias e fundações, contribuirão com alíquota de 14%, incidente sobre o valor da parcela dos proventos de aposentadoria e de pensão que supere o limite máximo dos benefícios do Regime Geral de Previdência Social (art. 5º da Lei n. 10.887/2004). A contribuição incidirá apenas sobre as parcelas de proventos de aposentadoria e de pensão que superem o dobro do limite máximo estabelecido para os benefícios do RGPS quando o beneficiário, na forma da lei, for portador de doença incapacitante.

O § 12 do art. 40 da Constituição prevê que, "além do disposto neste artigo, o regime de previdência dos servidores públicos titulares de cargo efetivo observará, no que couber, os requisitos e critérios fixados para o regime geral de previdência social". Assim, é aplicável a regra do inciso II do art. 195 da Constituição.

O STF, julgando ação direta de inconstitucionalidade na vigência da Emenda Constitucional n. 41/2003, entendeu não ser inconstitucional a cobrança da contribuição do inativo (ADIn 3.128-DF, Red. Min. Cezar Peluso).

A contribuição incidirá sobre os proventos de aposentadorias e pensões concedidas aos servidores e seus dependentes que tenham cumprido todos os requisitos para obtenção desses benefícios com base nos critérios da legislação vigente até 31-12-2003.

Estabelecer contribuição para o inativo é a mesma coisa que pagar um bem em prestações, quitar a última parcela e continuar a pagar o bem ou então estabelecer contribuição para custear a aposentadoria da outra encarnação. Não há lógica alguma nisso.

27.4 EMENDA CONSTITUCIONAL N. 47/2005

A Emenda Constitucional n. 47/2005, é chamada de emenda paralela à Emenda Constitucional n. 41/2003, que instituiu a reforma previdenciária no serviço público.

Estabeleceu regra transitória para a aposentadoria das pessoas que já estavam no regime público em 16-12-1998, entre outras coisas.

Foi firmado um compromisso pelo governo federal no sentido de promulgar do jeito que foi aprovada a Emenda Constitucional n. 41/2003. Na reforma paralela, iria ser assegurada aposentadoria integral a quem já estava no regime público até 16-12-1998, e outros pontos controvertidos seriam debatidos nesse projeto.

É vedada a adoção de requisitos ou critérios diferenciados para a concessão de benefícios, ressalvada, nos termos de lei complementar, a possibilidade de previsão de idade e tempo de contribuição distintos da regra geral para concessão de aposentadoria exclusivamente em favor dos segurados:

I – com deficiência, previamente submetidos a avaliação biopsicossocial realizada por equipe multiprofissional e interdisciplinar;

II – cujas atividades sejam exercidas com efetiva exposição a agentes químicos, físicos e biológicos prejudiciais à saúde, ou associação desses agentes, vedada a caracterização por categoria profissional ou ocupação (§ 1º do art. 201 da Constituição).

A contribuição previdenciária sobre proventos de aposentadorias e pensões incidirá apenas sobre as parcelas de proventos de aposentadoria e de pensão que superem o dobro do limite máximo estabelecido para os benefícios do Regime Geral de Previdência Social, quando o beneficiário, na forma da lei, for portador de doença incapacitante.

O servidor que ingressou no serviço público até 16-12-1998 poderá aposentar-se com proventos integrais, desde que preencha, cumulativamente, as seguintes condições:

1. 35 anos de contribuição, se homem, e 30 anos de contribuição, se mulher;
2. 25 anos de efetivo exercício no serviço público, 15 anos de carreira e cinco anos no cargo em que se der a aposentadoria;
3. idade mínima resultante da redução, relativamente aos limites previstos na letra *a* do inciso II do § 1º do art. 40 da Constituição, de um ano de idade para cada ano de contribuição que exceder a condição prevista no item 1 (art. 3º da Emenda Constitucional n. 47/2005).

Não mais se exige que a totalidade da remuneração do servidor seja definida na forma da lei. A matéria passa a ser regulada inteiramente na Constituição, indicando que haverá integralidade da aposentadoria, sem que exista nenhum critério a ser criado ou complementado pela lei ordinária.

Na Emenda Constitucional n. 41/2003, o servidor deveria ter 20 anos de efetivo exercício no serviço público, 10 anos de carreira e cinco anos de efetivo exercício no cargo em que se desse a aposentadoria.

Agora, o servidor deverá ter 25 anos de efetivo exercício no serviço público, não importando se o serviço foi prestado para qualquer ente da Administração Pública direta ou indireta da União, Estados, Distrito Federal e Municípios, 15 anos de carreira e cinco anos de cargo em que se der a aposentadoria. É uma forma de se assegurar a aposentadoria integral, aumentando o tempo de efetivo exercício no serviço público, para que certas pessoas não fiquem apenas cinco anos e se aposentem com proventos integrais, sem terem recolhido contribuição suficiente para o sistema, de forma a terem aposentadoria integral. Exige-se também que a pessoa tenha 15 anos de carreira, dedicando-se efetivamente ao serviço público, e cinco anos no cargo em que se der a aposentadoria.

Não será computada, para efeito dos limites remuneratórios de que trata o inciso XI do art. 37 da Constituição, qualquer parcela de caráter indenizatório, assim definida pela legislação em vigor na data de publicação da Emenda Constitucional n. 41/2003, enquanto não for editada a lei para regular o citado inciso.

Devem ser observados os limites estabelecidos como teto de remuneração no serviço público. A revisão dos proventos será feita na mesma proporção e na mesma data, sempre que se modificar a remuneração dos servidores em atividade, inclusive quando decorrentes da transformação ou reclassificação do cargo ou função em que se deu a aposentadoria ou que serviu de referência para a concessão da pensão, na forma da lei.

27.5 OUTROS BENEFÍCIOS

A empregada tem direito a licença gestante de 120 dias. O § 3º do art. 39 da Constituição remete ao inciso XVIII do art. 7º da Constituição.

Prevê o art. 210 da Lei n. 8.112/90 que a servidora que adotar ou obtiver guarda judicial de criança até um ano de idade, tem direito a 90 dias de licença remunerada. Para a adoção ou guarda judicial de criança com mais de um ano de idade, o prazo é de 30 dias.

O funcionário público tem direito ao salário-família em razão do dependente do trabalhador de baixa renda. O § 3º do art. 39 da Constituição faz referência ao inciso XII do art. 7º da Lei Maior.

À família do servidor ativo é devido o auxílio-reclusão, nos seguintes valores:

I – dois terços da remuneração, quando afastado por motivo de prisão, em flagrante ou preventiva, determinada pela autoridade competente, enquanto perdurar a prisão;

II – metade da remuneração, durante o afastamento, em virtude de condenação, por sentença definitiva, a pena que não determine a perda de cargo. Nos casos previstos no item I, o servidor terá direito à integralização da remuneração, desde que absolvido. O pagamento do auxílio-reclusão cessará a partir do dia imediato àquele em que o servidor for posto em liberdade, ainda que condicional. O auxílio-reclusão será devido, nas mesmas condições da pensão por morte, aos dependentes do segurado recolhido à prisão (§3º do art. 229 da Lei n. 8.112/90).

27.6 EMENDA CONSTITUCIONAL N. 103/2019

A Emenda Constitucional n. 103, de 12 de novembro de 2019, fez várias alterações na Constituição em relação à matéria previdenciária. Estabeleceu também regras transitórias para pessoas que já estavam no sistema.

O regime próprio de previdência social dos servidores titulares de cargos efetivos terá caráter contributivo e solidário, mediante contribuição do respectivo ente federativo, de servidores ativos, de aposentados e de pensionistas, observados critérios que preservem o equilíbrio financeiro e atuarial (art. 40 da Constituição).

O servidor abrangido por regime próprio de previdência social será aposentado:

I – por incapacidade permanente para o trabalho, no cargo em que estiver investido, quando insuscetível de readaptação, hipótese em que será obrigatória a realização de avaliações periódicas para verificação da continuidade das condições que ensejaram a concessão da aposentadoria, na forma de lei do respectivo ente federativo;

II – compulsoriamente, com proventos proporcionais ao tempo de contribuição, aos 70 anos de idade, ou aos 75 anos de idade, na forma de lei complementar;

III – no âmbito da União, aos 62 anos de idade, se mulher, e aos 65 anos de idade, se homem, e, no âmbito dos Estados, do Distrito Federal e dos Municípios, na idade mínima estabelecida mediante emenda às respectivas Constituições e Leis Orgânicas, observados o tempo de contribuição e os demais requisitos estabelecidos em lei complementar do respectivo ente federativo.

Os proventos de aposentadoria não poderão ser inferiores ao salário mínimo ou superiores ao teto do Regime Geral de Previdência Social (§ 2º do art. 40 da Constituição).

As regras para cálculo de proventos de aposentadoria serão disciplinadas em lei do respectivo ente federativo (§ 3º do art. 40 da Lei Maior). Estados, Distrito Federal e Municípios poderão determinar regras na respectiva lei.

É vedada a adoção de requisitos ou critérios diferenciados para concessão de benefícios em regime próprio de previdência social, ressalvado o disposto nos §§ 4º-A, 4º-B, 4º-C e 5º do art. 40 da Constituição.

Poderão ser estabelecidos por lei complementar do respectivo ente federativo idade e tempo de contribuição diferenciados para aposentadoria de servidores com deficiência, previamente submetidos a avaliação biopsicossocial realizada por equipe multiprofissional e interdisciplinar (§ 4º-A do art. 40 da Constituição).

Poderão ser estabelecidos por lei complementar do respectivo ente federativo idade e tempo de contribuição diferenciados para aposentadoria de ocupantes do cargo de agente penitenciário, de agente socioeducativo ou de policial dos órgãos de que tratam o inciso IV do *caput* do art. 51, o inciso XIII do *caput* do art. 52 e os incisos I a IV do *caput* do art. 144 (§ 4º-B do art. 40 da Constituição).

Poderão ser estabelecidos por lei complementar do respectivo ente federativo idade e tempo de contribuição diferenciados para aposentadoria de servidores cujas atividades sejam exercidas com efetiva exposição a agentes químicos, físicos e biológicos prejudiciais à saúde, ou associação desses agentes, vedada a caracterização por categoria profissional ou ocupação (§ 4º-C do art. 40 da Constituição).

Os ocupantes do cargo de professor terão idade mínima reduzida em cinco anos em relação às idades decorrentes da aplicação do disposto no inciso III do § 1º, desde que comprovem tempo de efetivo exercício das funções de magistério na educação infantil e no ensino fundamental e médio fixado em lei complementar do respectivo ente federativo (§ 5º do art. 40 da Lei Maior).

Ressalvadas as aposentadorias decorrentes dos cargos acumuláveis na forma da Constituição, é vedada a percepção de mais de uma aposentadoria à conta de regime próprio de previdência social, aplicando-se outras vedações, regras e condições para a acumulação de benefícios previdenciários estabelecidas no Regime Geral de Previdência Social (§ 6º do art. 40 da Lei Maior).

Observado o disposto no § 2º do art. 201 da Constituição, quando se tratar da única fonte de renda formal auferida pelo dependente, o benefício de pensão por morte será concedido nos termos de lei do respectivo ente federativo, a qual tratará de forma diferenciada a hipótese de morte dos servidores de que trata o § 4º-B decorrente de agressão sofrida no exercício ou em razão da função (§ 7º do art. 40 da Lei Maior).

Serão observados, em regime próprio de previdência social, no que couber, os requisitos e critérios fixados para o Regime Geral de Previdência Social (§ 12 do art. 40 da Lei Maior).

Vedada a instituição de novos regimes próprios de previdência social, lei complementar federal estabelecerá, para os que já existam, normas gerais de organização, de funcionamento e de responsabilidade em sua gestão, dispondo, entre outros aspectos, sobre (§ 22 do art. 40 da Lei Magna):

I – requisitos para sua extinção e consequente migração para o Regime Geral de Previdência Social;

II – modelo de arrecadação, de aplicação e de utilização dos recursos;

III – fiscalização pela União e controle externo e social;

IV – definição de equilíbrio financeiro e atuarial;

V – condições para instituição do fundo com finalidade previdenciária de que trata o art. 249 e para vinculação a ele dos recursos provenientes de contribuições e dos bens, direitos e ativos de qualquer natureza;

VI – mecanismos de equacionamento do déficit atuarial;

VII – estruturação do órgão ou entidade gestora do regime, observados os princípios relacionados com governança, controle interno e transparência;

VIII – condições e hipóteses para responsabilização daqueles que desempenhem atribuições relacionadas, direta ou indiretamente, com a gestão do regime;

IX – condições para adesão a consórcio público;

X – parâmetros para apuração da base de cálculo e definição de alíquota de contribuições ordinárias e extraordinárias.

É vedada a incorporação de vantagens de caráter temporário ou vinculadas ao exercício de função de confiança ou de cargo em comissão à remuneração do cargo efetivo (§ 9º do art. 39 da Constituição).

O servidor público federal que tenha ingressado no serviço público em cargo efetivo até 13-11-2019 poderá aposentar-se voluntariamente quando preencher, cumulativamente, os seguintes requisitos (art. 4º da Emenda Constitucional n. 103/2019).

I – 56 anos de idade, se mulher, e 61 anos de idade, se homem, observado o disposto no § 1º;

II – 30 anos de contribuição, se mulher, e 35 anos de contribuição, se homem;

III – 20 anos de efetivo exercício no serviço público;

IV – 5 anos no cargo efetivo em que se der a aposentadoria; e

V – somatório da idade e do tempo de contribuição, incluídas as frações, equivalente a 86 pontos, se mulher, e 96 pontos, se homem, observado o disposto nos §§ 2º e 3º.

A partir de 1º de janeiro de 2022, a idade mínima a que se refere o inciso I do *caput* será de 57 anos de idade, se mulher, e 62 anos de idade, se homem.

A partir de 1º de janeiro de 2020, a pontuação a que se refere o inciso V do *caput* será acrescida a cada ano de um ponto, até atingir o limite de 100 pontos, se mulher, e de 105 pontos, se homem.

Para o titular do cargo de professor que comprovar exclusivamente tempo de efetivo exercício das funções de magistério na educação infantil e no ensino fundamental e médio, os requisitos de idade e de tempo de contribuição de que tratam os incisos I e II do *caput* serão:

I – 51 anos de idade, se mulher, e 56 anos de idade, se homem;

II – 25 anos de contribuição, se mulher, e 30 anos de contribuição, se homem; e

III – 52 anos de idade, se mulher, e 57 anos de idade, se homem, a partir de 1º de janeiro de 2022.

Até que lei discipline o § 4º-A do art. 40 e o inciso I do § 1º do art. 201 da Constituição, a aposentadoria da pessoa com deficiência segurada do Regime Geral de Previdência Social ou do servidor público federal com deficiência vinculado a regime próprio de previdência social, desde que cumpridos, no caso do servidor, o tempo mínimo de 10 (dez) anos de efetivo exercício no serviço público e de 5 (cinco) anos no cargo efetivo em que for concedida a aposentadoria, será concedida na forma da Lei Complementar n. 142, de 8 de maio de 2013, inclusive quanto aos critérios de cálculo dos benefícios (art. 22 da Emenda Constitucional n. 103/2019). Aplicam-se às aposentadorias dos servidores com deficiência dos Estados, do Distrito Federal e dos Municípios as normas constitucionais e infraconstitucionais anteriores à data de entrada em vigor desta Emenda Constitucional, enquanto não promovidas alterações na legislação interna relacionada ao respectivo regime próprio de previdência social.

Verificação de aprendizagem

1. Como funciona o redutor para as aposentadorias?
2. Qual a alíquota da contribuição do servidor público?
3. Como é pago o benefício de pensão por morte do servidor público?
4. Como se dá a contribuição do servidor público inativo?

Capítulo 28

PREVIDÊNCIA COMPLEMENTAR DO SERVIDOR PÚBLICO

Os servidores que ingressarem no sistema público receberão o benefício previdenciário até o teto do RGPS a partir de maio de 2004. O restante dependerá de recolhimento para a previdência complementar.

A União, os Estados, o Distrito Federal e os Municípios instituirão, por lei de iniciativa do respectivo Poder Executivo, regime de previdência complementar para servidores públicos ocupantes de cargo efetivo, observado o limite máximo dos benefícios do Regime Geral de Previdência Social para o valor das aposentadorias e das pensões em regime próprio de previdência social, ressalvado o disposto no § 16 (§ 14 do art. 40 da Constituição).

O regime de previdência complementar de que trata o § 14 do art. 40 da Constituição oferecerá plano de benefícios somente na modalidade contribuição definida, observará o disposto no art. 202 e será efetivado por intermédio de entidade fechada de previdência complementar ou de entidade aberta de previdência complementar (§ 15 do art. 40 da Constituição). O plano poderá ser aberto ou fechado.

Determinou o § 4º do art. 202 da Constituição que lei complementar disciplinará a relação entre a União, os Estados, o Distrito Federal ou os Municípios, inclusive suas autarquias, fundações, sociedades de economia mista e empresas controladas direta ou indiretamente, enquanto patrocinadores de planos de benefícios previdenciários, e as entidades de previdência complementar. A lei complementar será aplicada, no que couber, às empresas privadas permissionárias ou concessionárias de prestação de serviços públicos, quando patrocinadoras de planos de benefícios em entidades de previdência complementar (§ 5º do art. 202 da Constituição). Serão estabelecidos requisitos para a designação dos membros das diretorias das entidades fechadas de previdência complementar instituídas pelos patrocinadores de que trata o § 4º e disciplinará a inserção dos participantes nos colegiados e instâncias de decisão em que seus interesses sejam objeto de discussão e deliberação (§ 6º do art. 202 da Constituição).

A Previdência Privada fechada da União, dos Estados, do Distrito Federal e dos Municípios, inclusive suas autarquias, fundações, sociedades de economia mista e empresas controladas direta ou indiretamente, enquanto patrocinadoras de entidades fechadas de previdência complementar, é disciplinada pela Lei Complementar n. 108/2001. Essas entidades de previdência privada fechada serão organizadas sob a forma de fundação ou sociedade civil, sem fins lucrativos.

Os planos de benefícios atenderão às seguintes regras:

a) carência mínima de 60 contribuições mensais a plano de benefícios e cessação do vínculo com o patrocinador, para se tornar elegível a um benefício de prestação que seja programada e continuada;

b) concessão de benefício pelo regime de previdência ao qual o participante esteja filiado por intermédio de seu patrocinador, quando se tratar de plano na modalidade benefício definido, instituído depois da publicação da Lei Complementar n. 108/2001.

Os reajustes dos benefícios em manutenção serão efetuados de acordo com critérios estabelecidos nos regulamentos dos planos de benefícios, vedado o repasse de ganhos de produtividade, abono e vantagens de qualquer natureza para tais benefícios.

Nas sociedades de economia mista e empresas controladas direta ou indiretamente pela União, pelos Estados, pelo Distrito Federal e pelos Municípios, a proposta de instituição de plano de benefícios ou adesão a plano de benefícios em execução será submetida ao órgão fiscalizador, acompanhada de manifestação favorável do órgão responsável pela supervisão, pela coordenação e pelo controle do patrocinador. As alterações no plano de benefícios que impliquem elevação da contribuição de patrocinadores serão objeto de prévia manifestação do órgão responsável pela supervisão, pela coordenação e pelo controle.

É vedado à União, aos Estados, ao Distrito Federal e aos Municípios, suas autarquias, fundações, empresas públicas, sociedades de economia mista e outras entidades públicas o aporte de recursos a entidades de previdência privada de caráter complementar, salvo na condição de patrocinador.

A Lei n. 12.618/2012 instituiu o Regime de Previdência Complementar para os servidores públicos federais de cargo efetivo.

Os servidores e os membros que tenham ingressado no serviço público até a data anterior ao início da vigência do regime de previdência complementar poderão, mediante prévia e expressa opção, aderir ao regime (parágrafo único do art. 1º da Lei n. 12.618/2012).

Os servidores e os que tenham ingressado no serviço público até a data anterior ao início da vigência do regime de previdência complementar com remuneração superior ao limite máximo estabelecido para os benefícios do Regime Geral de Previdência Social, que venham a ingressar no serviço público a partir do início da vigência do regime de previdência complementar, serão automaticamente inscritos no respectivo plano de previdência complementar desde a data de entrada em exercício.

Fica assegurado ao participante o direito de requerer, a qualquer tempo, o cancelamento de sua inscrição, nos termos do regulamento do plano de benefícios.

Na hipótese do cancelamento ser requerido no prazo de até 90 dias da data da inscrição, fica assegurado o direito à restituição integral das contribuições vertidas, a ser paga em até sessenta dias do pedido de cancelamento, corrigidas monetariamente.

O cancelamento da inscrição não constitui resgate.

A contribuição aportada pelo patrocinador será devolvida à respectiva fonte pagadora no mesmo prazo da devolução da contribuição aportada pelo participante.

A União é autorizada a criar as seguintes entidades fechadas de previdência complementar, com a finalidade de administrar e executar planos de benefícios de caráter previdenciário nos termos das Leis Complementares ns. 108/2001 e 109/2001: I – a Fundação de Previdência Complementar do Servidor Público Federal do Poder Executivo (Funpresp-Exe), para os servidores públicos titulares de cargo efetivo do Poder Executivo, por meio de ato do Presidente da República; II – a Fundação da Previdência Complementar do Servidor Público Federal do Poder Legislativo (Funpresp-Leg), para os servidores públicos titulares de cargo efetivo do Poder Legislativo e do Tribunal de Contas da União e para os membros deste Tribunal, por meio de ato conjunto dos Presidentes da Câmara dos Deputados e do Senado Federal; e III – a Fundação de Previdência Complementar do Servidor Público Federal do Poder Judiciário (Funpresp-Jud), para os servidores públicos titulares de cargo efetivo e para os membros do Poder Judiciário, por meio de ato do Presidente do Supremo Tribunal

Federal (art. 4º da Lei n. 12.618/2012). A Funpresp-Exe, a Funpresp-Leg e a Funpresp-Jud serão estruturadas na forma de fundação, de natureza pública, com personalidade jurídica de direito privado, gozarão de autonomia administrativa, financeira e gerencial e terão sede e foro no Distrito Federal. Integram, portanto, a Administração Pública indireta como fundações públicas.

O Decreto n. 7.808/2012 criou o Funpresp-Exe.

As entidades fechadas de previdência complementar serão mantidas integralmente por suas receitas, oriundas das contribuições de patrocinadores, participantes e assistidos, dos resultados financeiros de suas aplicações e de doações e legados de qualquer natureza, observado o disposto no § 3º do art. 202 da Constituição (art. 10 da Lei n. 12.618/2012).

Os §§ 1º a 8º do art. 3º da Lei n. 12.618/2012 tratam do benefício especial, que é uma indenização pela contribuição já feita pelo servidor público em valor superior ao teto do Regime Geral de Previdência Social.

Os planos de benefícios da Funpresp-Exe, da Funpresp-Leg e da Funpresp-Jud serão estruturados na modalidade de contribuição definida, nos termos da regulamentação estabelecida pelo órgão regulador das entidades fechadas de previdência complementar, e financiados de acordo com os planos de custeio definidos nos termos do art. 18 da Lei Complementar n. 109/2001, observadas as demais disposições da Lei Complementar n. 108/2001 (art. 12 da Lei n. 12.618/2012). O valor do benefício programado será calculado de acordo com o montante do saldo da conta acumulado pelo participante, devendo o valor do benefício estar permanentemente ajustado ao referido saldo. Os benefícios não programados serão definidos nos regulamentos dos planos, observado o seguinte: I – devem ser assegurados, pelo menos, os benefícios decorrentes dos eventos invalidez e morte e, se for o caso, a cobertura de outros riscos atuariais; e II – terão custeio específico para sua cobertura.

Poderá permanecer filiado aos respectivos planos de benefícios o participante: I – cedido a outro órgão ou entidade da administração pública direta ou indireta da União, Estados, Distrito Federal e Municípios, inclusive suas empresas públicas e sociedades de economia mista; II – afastado ou licenciado do cargo efetivo temporariamente, com ou sem recebimento de remuneração; III – que optar pelo benefício proporcional diferido ou autopatrocínio, na forma do regulamento do plano de benefícios (art. 14 da Lei n. 12.618/2012).

São patrocinadores: a União, suas autarquias e fundações.

Participante é o servidor público titular de cargo efetivo da União, inclusive o membro do Poder Judiciário, do Ministério Público e do Tribunal de Contas da

União, que aderir aos planos de benefícios administrados pelas entidades a que se refere o art. 4º desta Lei 12.618/2012.

Assistido é o participante ou o seu beneficiário em gozo de benefício de prestação continuada.

A Superintendência Nacional de Previdência Complementar (PREVIC) é a autarquia de natureza especial, vinculada ao Ministério da Fazenda, que tem a incumbência de fiscalizar e supervisionar as atividades das entidades fechadas de Previdência Complementar e de execução das políticas e de execução das políticas para o Regime de Previdência Complementar operado pelas entidades fechadas de Previdência Complementar (art. 1º da Lei n. 12.154/2009).

As entidades fechadas de previdência complementar serão mantidas integralmente por suas receitas, oriundas das contribuições de patrocinadores, participantes e assistidos, dos resultados financeiros de suas aplicações e de doações e legados de qualquer natureza, observado o disposto no § 3º do art. 202 da Constituição (art. 10 da Lei n. 12.618/2012).

A União, suas autarquias e fundações são responsáveis, na qualidade de patrocinadores, pelo aporte de contribuições e pelas transferências às entidades fechadas de previdência complementar das contribuições descontadas dos seus servidores, observado o disposto na Lei n. 12.618/2012 e nos estatutos respectivos das entidades (art. 11 da Lei n. 12.618/2012). As contribuições devidas pelos patrocinadores deverão ser pagas de forma centralizada pelos respectivos Poderes da União, pelo Ministério Público da União e pelo Tribunal de Contas da União. O pagamento ou a transferência das contribuições após o dia 10 do mês seguinte ao da competência:

I – enseja a aplicação dos acréscimos de mora previstos para os tributos federais; e

II – sujeita o responsável às sanções penais e administrativas cabíveis.

O ingresso no sistema é facultativo aos servidores públicos federais.

A distribuição das contribuições nos planos de benefícios e nos planos de custeio será revista sempre que necessário, para manter o equilíbrio permanente dos planos de benefícios (§1º do art. 12 da Lei n. 12.618/2012).

Os benefícios não programados serão definidos nos regulamentos dos planos, observado o seguinte:

I – devem ser assegurados, pelo menos, os benefícios decorrentes dos eventos invalidez e morte e, se for o caso, a cobertura de outros riscos atuariais; e

II – terão custeio específico para sua cobertura.

A concessão dos benefícios aos participantes ou assistidos pela entidade fechada de previdência social é condicionada à concessão do benefício pelo regime próprio de previdência social.

Os requisitos para aquisição, manutenção e perda da qualidade de participante, assim como os requisitos de elegibilidade e a forma de concessão, cálculo e pagamento dos benefícios, deverão constar dos regulamentos dos planos de benefícios, observadas as disposições das Leis Complementares ns. 108/2001 e 109/2001, e a regulamentação do órgão regulador das entidades fechadas de previdência complementar (art. 13 da Lei n. 12.618/2012). O servidor com remuneração inferior ao limite máximo estabelecido para os benefícios do regime geral de previdência social poderá aderir aos planos de benefícios administrados pelas entidades fechadas de previdência complementar, sem contrapartida do patrocinador, cuja base de cálculo será definida nos regulamentos.

Poderá permanecer filiado aos respectivos planos de benefícios o participante:

I – cedido a outro órgão ou entidade da administração pública direta ou indireta da União, Estados, Distrito Federal e Municípios, inclusive suas empresas públicas e sociedades de economia mista;

II – afastado ou licenciado do cargo efetivo temporariamente, com ou sem recebimento de remuneração;

III – que optar pelo benefício proporcional diferido ou autopatrocínio, na forma do regulamento do plano de benefícios.

Os patrocinadores arcarão com as suas contribuições somente quando a cessão, o afastamento ou a licença do cargo efetivo implicar ônus para a União, suas autarquias e fundações. Havendo cessão com ônus para o cessionário, este deverá recolher às entidades fechadas de previdência complementar a contribuição aos planos de benefícios, nos mesmos níveis e condições que seria devida pelos patrocinadores, na forma definida nos regulamentos dos planos.

A gestão dos recursos garantidores dos planos de benefícios administrados pelas entidades poderá ser realizada por meio de carteira própria, carteira administrada ou fundos de investimento. As entidades referidas contratatarão, para a gestão dos recursos garantidores, somente instituições, administradores de carteiras ou fundos de investimento que estejam autorizados e registrados na Comissão de Valores Mobiliários (CVM). A contratação das instituições será feita mediante licitação, cujos contratos terão prazo total máximo de execução de cinco anos. Cada instituição contratada poderá administrar, no máximo, 20% dos recursos garantidores correspondentes às reservas técnicas, aos fundos e às provisões.

O custeio dos planos de benefícios será de responsabilidade do patrocinador e dos participantes, inclusive assistidos.

É vedado o aporte de recursos a entidade de previdência privada pela União, pelos Estados, pelo Distrito Federal e pelos Municípios, suas autarquias, fundações, empresas públicas, sociedades de economia mista e outras entidades públicas, salvo na qualidade de patrocinador, situação na qual, em hipótese alguma, sua contribuição normal poderá exceder à do segurado (§ 3º do art. 202 da Constituição).

A contribuição normal do patrocinador para plano de benefícios não poderá exceder à do participante.

Além das contribuições normais, os planos poderão prever o aporte de recursos pelos participantes, a título de contribuição facultativa, sem contrapartida do patrocinador.

O patrocinador não poderá assumir encargos adicionais para o financiamento dos planos de benefícios além dos previstos nos respectivos planos de custeio.

A alíquota da contribuição do participante será por ele definida anualmente, observado o disposto no regulamento do plano de benefícios.

A alíquota da contribuição do patrocinador será igual à do participante, observado o disposto no regulamento do plano de benefícios, e não poderá exceder o percentual de 8,5%.

Além da contribuição normal, o participante poderá contribuir facultativamente, sem contrapartida do patrocinador, na forma do regulamento do plano.

A remuneração do servidor, quando devida durante afastamentos considerados por lei como de efetivo exercício, será integralmente coberta pelo ente público, continuando a incidir a contribuição.

A constituição, o funcionamento e a extinção da Funpresp-Exe, da Funpresp-Leg e da Funpresp-Jud, a aplicação de seus estatutos, regulamentos dos planos de benefícios, convênios de adesão e suas respectivas alterações, assim como as retiradas de patrocínios, dependerão de prévia e expressa autorização do órgão fiscalizador das entidades fechadas de previdência complementar.

Serão submetidas ao órgão fiscalizador das entidades fechadas de previdência complementar:

I – as propostas de aprovação do estatuto e de instituição de planos de benefícios da entidade fechada de previdência complementar, bem como suas alterações; e

II – a proposta de adesão de novos patrocinadores a planos de benefícios em operação na entidade fechada de previdência complementar.

No caso da Funpresp-Exe, as propostas de aprovação do estatuto, de adesão de novos patrocinadores e de instituição de planos devem estar acompanhadas de manifestação favorável do Ministério do Planejamento, Orçamento e Gestão e do Ministério da Fazenda.

No caso da Funpresp-Leg, as propostas de aprovação do estatuto, de adesão de novos patrocinadores e de instituição de planos devem estar acompanhadas de manifestação favorável das Mesas Diretoras da Câmara dos Deputados e do Senado Federal.

No caso da Funpresp-Jud, as propostas de aprovação do estatuto, de adesão de novos patrocinadores e de instituição de planos devem estar acompanhadas de manifestação favorável do Supremo Tribunal Federal;

A supervisão e a fiscalização da Funpresp-Exe, da Funpresp-Leg e da Funpresp-Jud e dos seus planos de benefícios competem ao órgão fiscalizador das entidades fechadas de previdência complementar. A competência exercida pelo órgão não exime os patrocinadores da responsabilidade pela supervisão e fiscalização sistemática das atividades das entidades fechadas de previdência complementar.

Parte IV

ASSISTÊNCIA SOCIAL

Capítulo 29

ASSISTÊNCIA SOCIAL

29.1 HISTÓRICO

Anteriormente, não havia legislação sobre Assistência Social. Esta era estudada em conjunto com a Previdência Social.

Alguns autores entendiam que a Assistência Social era uma das divisões do Direito do Trabalho, sendo estudada com este. Inexistia, portanto, autonomia da Assistência Social em relação ao Direito do Trabalho.

O art. 9º da Lei n. 6.439/77 dispunha que à Legião Brasileira de Assistência (LBA) competia prestar assistência social à população carente mediante programas de desenvolvimento social e de atendimento às pessoas.

A Constituição de 1988 passou a tratar do tema nos arts. 203 e 204.

A Lei n. 8.742/93, dispôs sobre a organização da Assistência Social.

O Decreto n. 1.330/94, regulamentou o benefício de prestação continuada.

O Decreto n. 1.744/95, regulamentava o benefício de prestação continuada devido à pessoa portadora de deficiência e ao idoso, revogando o Decreto n. 1.330/94.

O Decreto n. 6.214/2007, passou a regulamentar o benefício de prestação continuada, revogando os Decretos ns. 1.744/94 e 4.712/2003.

29.2 CONCEITO

Assistência vem do latim *adsistentia*. É o ato ou efeito de assistir, de proteger, de amparar, de auxiliar em estado de necessidade.

Wladimir Novaes Martinez[1] define a assistência social como "um conjunto de atividades particulares e estatais direcionadas para o atendimento dos hipossuficientes, consistindo os bens oferecidos em pequenos benefícios em dinheiro, assistência à saúde, fornecimento de alimentos e outras pequenas prestações. Não só complementa os serviços da Previdência Social, como a amplia, em razão da natureza da clientela e das necessidades providas".

Determina o art. 4º da Lei n. 8.212/91 que "a Assistência Social é a política social que provê o atendimento das necessidades básicas, traduzidas em proteção à família, à maternidade, à infância, à adolescência, à velhice e à pessoa portadora de deficiência, independentemente de contribuição à Seguridade Social".

O art. 3º do Decreto n. 3.048 esclarece que "a Assistência Social é a política social que provê o atendimento das necessidades básicas, traduzidas em proteção à família, à maternidade, à infância, à adolescência, à velhice e à pessoa portadora de deficiência, independentemente de contribuição à seguridade social".

A Lei n. 8.742/93, que dispõe sobre a organização da Assistência Social, estabelece que esta é "direito do cidadão e dever do Estado, sendo política de Seguridade Social não contributiva, que provê os mínimos sociais, realizada através de um conjunto integrado de ações da iniciativa pública e da sociedade para garantir o atendimento às necessidades básicas" (art. 1º).

A Assistência Social é, portanto, um conjunto de princípios, de regras e de instituições destinado a estabelecer uma política social aos hipossuficientes, por meio de atividades particulares e estatais, visando à concessão de pequenos benefícios e serviços, independentemente de contribuição por parte do próprio interessado.

Hoje, a Assistência Social não é parte do Direito Social ou do Direito do Trabalho, mas é uma das espécies do Direito da Seguridade Social.

É prestada a Assistência Social a quem dela necessitar. Independe de contribuição do próprio beneficiário à seguridade social. Entretanto há necessidade de um custeio geral para o sistema. Diferencia-se, assim, da Previdência Social, pois nesta há necessidade de contribuição para obter seus benefícios. Está, portanto, a

---

1 MARTINEZ, Wladimir Novaes. 1992. p. 83.

Assistência Social mais próxima da ideia da Seguridade Social, em que não se necessita pagar contribuição para obter um benefício ou serviço. Os benefícios assistenciários serão, porém, aqueles previstos em lei e não outros.

Assistência Pública é o serviço especializado para atendimento rápido em casos de perigo ou para prestação de primeiros socorros.

Assistencialismo é uma prática de dar atenção às populações desfavorecidas por intermédio de políticas públicas. Pode haver cooptação de eleitores, que, na maioria, é de pessoas de baixa renda, submissas e dependentes. A pessoa recebe e não quer trabalhar. O pagamento por longo prazo propicia renda à pessoa, que não vai mais procurar emprego. Várias pessoas vivem ao mesmo tempo do benefício recebido. Até um gato recebeu irregularmente o benefício. Os assistidos podem dar retorno eleitoral por ocasião das eleições a quem o concede.

A Declaração dos Direitos do Homem prevê que toda pessoa tem direito a um padrão de vida capaz de assegurar a si e a sua família saúde e bem-estar, inclusive alimentação, vestuário, habitação, cuidados médicos e os serviços sociais indispensáveis (art. XXV, 1).

Origina-se a Assistência Social na assistência pública, em que o Estado é que deveria dar condições mínimas de sobrevivência àqueles que não tivessem condições de subsistir, como os menores abandonados, os loucos e os indigentes. Passou-se, posteriormente, à Assistência Social, inclusive com a sua inclusão no âmbito de dispositivo constitucional (arts. 203 e 204). Entretanto, a Assistência Social não é prestada apenas pelas entidades estatais, mas também por particulares, como as instituições de beneficência e de assistência social.

29.3 OBJETIVOS

A Assistência Social tem por objetivos:

1. a proteção social, que visa à garantia da vida, à redução de danos e à prevenção da incidência de riscos, especialmente:
   a) a proteção à família, à maternidade, à infância, à adolescência e à velhice;
   b) o amparo às crianças e adolescentes carentes. Esse amparo será feito de acordo com o porcentual destinado pelo poder público à saúde na assistência materno-infantil (§ 1º do art. 227 da Constituição);
   c) a promoção da integração ao mercado de trabalho;
   d) a habilitação e a reabilitação das pessoas com deficiência e a promoção de sua integração à vida comunitária;

e) a garantia de um salário mínimo de benefício mensal à pessoa com deficiência e ao idoso que comprovem não possuir meios de prover a própria manutenção ou de tê-la provida por sua família (art. 203, V, da Constituição).

2. a vigilância socioassistencial, que visa a analisar territorialmente a capacidade protetiva das famílias e nela a ocorrência de vulnerabilidades, de ameaças, de vitimizações e danos;
3. a defesa dos direitos, que visa a garantir o pleno acesso aos direitos no conjunto das provisões socioassistenciais.

Na verdade, esses são realmente os objetivos da Assistência Social. Os princípios estão incluídos no art. 4º da Lei n. 8.742/93. São objetivos porque não informam, inspiram ou orientam o legislador, mas apenas são situações que a Assistência Social pretende cobrir.

O inciso XXV do art. 7º da Constituição ainda traz outra regra de Assistência Social ao prever a assistência gratuita aos filhos e dependentes desde o nascimento até cinco anos de idade em creches e pré-escolas.

O art. 208 da Lei Magna dispõe que o dever do Estado com a educação será efetivado mediante a garantia de atendimento em educação infantil, em creche e pré-escola, às crianças de zero a cinco anos de idade (IV).

Realiza-se a assistência social de forma integrada às políticas setoriais, visando ao enfrentamento da pobreza, garantindo o mínimo social e o provimento de condições para atender contingências sociais e à universalização dos direitos sociais.

São consideradas entidades e organizações de assistência social aquelas sem fins lucrativos que, isolada ou cumulativamente, prestam atendimento e assessoramento aos beneficiários, bem como as que atuam na defesa e garantia de seus direitos.

São de atendimento as entidades que, de forma continuada, permanente e planejada, prestam serviços, executam programas ou projetos e concedem benefícios de prestação social básica ou especial, dirigidos às famílias e indivíduos em situações de vulnerabilidade ou risco social e pessoal, respeitadas as deliberações do CNAS.

São de assessoramento as que, de forma continuada, permanente e planejada, prestam serviços e executam programas ou projetos voltados prioritariamente para o fortalecimento dos movimentos sociais e das organizações de usuários, formação e capacitação de lideranças, dirigidos ao público da política de assistência social, e respeitadas as deliberações do CNAS.

São de defesa e garantia de direitos as que, de forma continuada, permanente e planejada, prestam serviços e executam programas e projetos voltados prioritariamente para a defesa e efetivação dos direitos socioassistenciais, construção de novos direitos, promoção da cidadania, enfrentamento das desigualdades sociais, articulação com órgãos públicos de defesa de direitos, dirigidos ao público da política de assistência social, e respeitadas as deliberações do CNAS.

É encontrada também a assistência social no âmbito estadual e municipal, desvinculada do sistema federal, assim como existem entidades de caráter privado que prestam serviços assistenciários aos necessitados, como ocorre com a Santa Casa de Misericórdia.

29.4 PRINCÍPIOS

São princípios da Assistência Social:

a) supremacia do atendimento às necessidades sociais sobre as exigências de rentabilidade econômica. Verifica-se que o que importa na assistência social é o atendimento às necessidades sociais;
b) universalização dos direitos sociais, a fim de tornar o destinatário da ação assistencial alcançável pelas demais políticas públicas;
c) respeito à dignidade do cidadão, à sua autonomia e ao seu direito a benefícios e serviços de qualidade, bem como à convivência familiar e comunitária, vedando-se qualquer comprovação vexatória de necessidade;
d) igualdade de direitos no acesso ao atendimento, sem discriminação de qualquer natureza, garantindo-se equivalência às populações urbanas e rurais;
e) divulgação ampla de benefícios, serviços, programas e projetos assistenciais, bem como dos recursos oferecidos pelo Poder Público e dos critérios para sua concessão (art. 4º da Lei n. 8.742/93). A assistência social não tem característica universal, pois não atinge a todos.

29.5 DIRETRIZES

"Diretriz" significa "uma linha reguladora, um traçado, um caminho a seguir". Envolve direção, rumo, sentido, uma conduta ou procedimento a ser seguido.

As ações governamentais na área da assistência social serão organizadas com base nas seguintes diretrizes:

a) descentralização político-administrativa. As normas gerais são determinadas pela legislação federal. A coordenação e a execução dos respectivos programas incumbirão tanto aos Estados como aos Municípios, bem como a entidades beneficentes e de assistência social;
b) participação da população, por meio de organizações, inclusive dos sindicatos, na formulação das políticas e no controle das ações em todos os níveis (art. 204, I e II, da Lei Maior). Na prática, é o governo federal que estabelece.

É facultado aos Estados e ao Distrito Federal vincular a programa de apoio à inclusão e promoção social até 0,5 de sua receita tributária líquida, vedada a aplicação desses recursos no pagamento de: (a) despesas com pessoal e encargos sociais; (b) serviço da dívida; (c) qualquer outra despesa corrente não vinculada diretamente aos investimentos ou ações apoiados.

A organização da Assistência Social tem como base as seguintes diretrizes, segundo o art. 5º da Lei n. 8.742/93:

a) descentralização político-administrativa para os Estados, o Distrito Federal e os Municípios, com comando único das ações em cada esfera de governo;
b) participação da população por meio de organizações representativas, na formulação das políticas e no controle das ações em todos os níveis;
c) primazia da responsabilidade do Estado na condução da política de assistência social em cada esfera de governo.

29.6 ORGANIZAÇÃO E GESTÃO

A gestão das ações na área de assistência social fica organizada sob a forma de sistema descentralizado e participativo, denominado Sistema Único de Assistência Social (SUAS), com os seguintes objetivos:

1. consolidar a gestão compartilhada, o cofinanciamento e a cooperação técnica entre os entes federativos que, de modo articulado, operam a proteção social não contributiva;
2. integrar a rede pública à privada de serviços, programas, projetos e benefícios de assistência social;
3. estabelecer as responsabilidades dos entes federativos na organização, regulação, manutenção e expansão das ações de assistência social;

4. definir os níveis de gestão, respeitadas as diversidades regionais e municipais;
5. implementar a gestão do trabalho e a educação permanente na assistência social;
6. estabelecer a gestão integrada de serviços e benefícios;
7. afiançar a vigilância socioassistencial e a garantia de direitos.

No âmbito das entidades e organizações de assistência social, as ações observarão as normas expedidas pelo Conselho Nacional de Assistência Social.

A União, os Estados, o Distrito Federal e os Municípios, observados os princípios e as diretrizes anteriormente mencionados, fixarão suas respectivas políticas de assistência social.

O funcionamento das entidades e organizações de assistência social depende de prévia inscrição no respectivo Conselho Municipal de Assistência Social, ou no Conselho de Assistência Social do Distrito Federal, conforme o caso. Cabe ao Conselho Municipal de Assistência Social e ao Conselho de Assistência Social do Distrito Federal a fiscalização das entidades anteriormente citadas. A inscrição da entidade no Conselho Municipal de Assistência Social, ou no Conselho de Assistência Social do Distrito Federal, é condição essencial para o encaminhamento do pedido de registro e de certificado de entidade beneficente de assistência social junto ao Conselho Nacional de Assistência Social.

A União, os Estados, os Municípios e o Distrito Federal podem celebrar convênios com entidades e organizações de assistência social, em conformidade com os planos aprovados pelos respectivos conselhos.

As ações das três esferas de governo na área de assistência social realizam-se de forma articulada, cabendo a coordenação e as normas gerais à esfera federal e a coordenação e execução dos programas, em suas respectivas esferas, aos Estados, ao Distrito Federal e aos Municípios.

Cabe à instância coordenadora da Política Nacional de Assistência Social normatizar e padronizar o emprego e a divulgação da identidade visual do Suas.

A identidade visual do Suas deverá prevalecer na identificação de unidades públicas estatais, entidades e organizações de assistência social, serviços, programas, projetos e benefícios vinculados ao Suas.

Compete à União:

a) responder pela concessão e manutenção dos benefícios de prestação continuada definidos no art. 203 da Constituição;

b) cofinanciar, por meio de transferência automática, o aprimoramento da gestão, os serviços, os programas e os projetos da assistência social em âmbito nacional;
c) atender, em conjunto com os Estados, o Distrito Federal e os Municípios, às ações assistenciais de caráter de emergência;
d) realizar o monitoramento e a avaliação da política de assistência social e assessorar Estados, Distrito Federal e Municípios para seu desenvolvimento.

Compete aos Estados:

a) destinar recursos financeiros aos Municípios, a título de participação no custeio do pagamento dos benefícios eventuais, mediante critérios estabelecidos pelos Conselhos Estaduais de Assistência Social;
b) cofinanciar, por meio de transferência automática, o aprimoramento da gestão, os serviços, os programas e os projetos de assistência social em âmbito regional ou local;
c) atender, em conjunto com os Municípios, às ações assistenciais de caráter de emergência;
d) estimular e apoiar técnica e financeiramente as associações e consórcios municipais na prestação de serviços de assistência social;
e) prestar os serviços assistenciais cujos custos ou cuja ausência de demanda municipal justifiquem uma rede regional de serviços, desconcentrada, no âmbito do respectivo Estado;
f) realizar o monitoramento e a avaliação da política de assistência social e assessorar os Municípios para o seu desenvolvimento.

Compete ao Distrito Federal e aos Municípios:

a) destinar recursos financeiros para o custeio do pagamento dos benefícios eventuais, mediante critérios estabelecidos pelo Conselho de Assistência do Distrito Federal, para este, e pelos Conselhos Municipais de Assistência Social, para os Municípios;
b) efetuar o pagamento dos auxílios natalidade e funeral;
c) executar os projetos de enfrentamento de pobreza, incluindo a parceria com organizações da sociedade civil;
d) atender às ações assistenciais de caráter de emergência;
e) prestar os serviços assistenciais;
f) cofinanciar o aprimoramento da gestão, os serviços, os programas e os projetos de assistência social em âmbito local;

g) realizar o monitoramento e a avaliação da política de assistência social em seu âmbito.

As instâncias deliberativas do Suas, de caráter permanente e composição paritária entre governo e sociedade civil, são:

a) o Conselho Nacional de Assistência Social;
b) os Conselhos Estaduais de Assistência Social;
c) o Conselho de Assistência Social do Distrito Federal;
d) os Conselhos Municipais de Assistência Social.

O Conselho Nacional de Assistência Social – CNAS é o órgão superior de deliberação colegiada, vinculado à estrutura do órgão da Administração Pública Federal responsável pela coordenação da Política Nacional de Assistência Social, cujos membros, nomeados pelo presidente da República, têm mandato de dois anos, permitida uma única recondução por igual período.

O CNAS é composto por 18 membros e respectivos suplentes, cujos nomes são indicados ao órgão da Administração Pública Federal responsável pela coordenação da Política Nacional de Assistência Social. Nove dos membros são representantes do governo, incluindo um representante dos Estados e um dos Municípios. Nove membros são provenientes da sociedade civil, entre representantes dos usuários ou de organizações de usuários, das entidades e organizações de assistência social e dos trabalhadores do setor, escolhidos em foro próprio sob fiscalização do Ministério Público Federal. O CNAS é presidido por um de seus integrantes, eleito entre seus membros, para mandato de um ano, permitida uma única recondução por igual período. Contará o CNAS com uma Secretaria Executiva, a qual terá sua estrutura disciplinada em ato do Poder Executivo. Os conselhos estaduais, distritais e municipais serão instituídos por lei específica de cada uma daquelas entidades políticas.

Compete ao CNAS:

a) aprovar a política nacional de assistência social;
b) normatizar as ações e regular a prestação de serviços de natureza pública e privada no campo da assistência social;
c) acompanhar e fiscalizar o processo de certificação das entidades e organizações de assistência social no Ministério do Desenvolvimento Social;
d) apreciar relatório anual que conterá a relação de entidades e organizações de assistência social certificadas como beneficentes e encaminhá-lo para conhecimento dos Conselhos de Assistência Social dos Estados, Municípios e do Distrito Federal;

e) zelar pela efetivação do sistema descentralizado e participativo de assistência social;

f) convocar ordinariamente, a cada quatro anos, a partir de 1997, a Conferência Nacional de Assistência Social, que terá a atribuição de avaliar a situação da assistência social e propor diretrizes para o aperfeiçoamento do sistema;

g) apreciar e aprovar a proposta orçamentária da Assistência Social a ser encaminhada pelo órgão da Administração Pública Federal responsável pela coordenação da política nacional de assistência social;

h) aprovar critérios de transferência de recursos para os Estados, Municípios e Distrito Federal, considerando-se, para tanto, indicadores que informem sua regionalização mais equitativa, tais como: renda *per capita*, mortalidade infantil e concentração de renda, além de disciplinar os procedimentos de repasse de recursos para as entidades e organizações de assistência social, sem prejuízo das disposições da Lei de Diretrizes Orçamentárias;

i) acompanhar e avaliar a gestão dos recursos, bem como os ganhos sociais e o desempenho dos programas e projetos aprovados;

j) estabelecer diretrizes, apreciar e aprovar os programas anuais e plurianuais do Fundo Nacional de Assistência Social – FNAS;

k) elaborar e aprovar seu regimento interno;

l) divulgar, no Diário Oficial da União, todas as suas decisões, bem como as contas do Fundo Nacional de Assistência Social e os respectivos pareceres emitidos.

Compete ao órgão da Administração Pública Federal responsável pela coordenação da política nacional de assistência social:

a) coordenar e articular as ações no campo da assistência social;

b) propor ao CNAS a política nacional de assistência social, suas normas gerais, bem como os critérios de prioridade e de elegibilidade, além de padrões de qualidade na prestação de benefícios, serviços, programas e projetos;

c) prover recursos para o pagamento dos benefícios de prestação continuada previstos na Lei n. 8.742/93;

d) elaborar e encaminhar a proposta orçamentária da assistência social em conjunto com as demais áreas da seguridade social;

e) propor os critérios de transferência dos recursos de que trata a Lei n. 8.742/93;

f) proceder a transferência dos recursos destinados à assistência social;

g) encaminhar à apreciação do CNAS relatórios trimestrais e anuais de atividades e de realização financeira dos recursos;

h) prestar assessoramento técnico aos Estados, ao Distrito Federal, aos Municípios e às entidades e organizações de assistência social;
i) formular política para a qualificação sistemática e continuada de recursos humanos no campo da assistência social;
j) desenvolver estudos e pesquisas para fundamentar as análises de necessidades e formulação de proposições para a área;
k) coordenar e manter atualizado o sistema de cadastro de entidades e organizações de assistência social, em articulação com os Estados, os Municípios e o Distrito Federal;
l) articular-se com os órgãos responsáveis pelas políticas de saúde e previdência social, bem como com os demais responsáveis pelas políticas socioeconômicas setoriais, visando à elevação do patamar mínimo de atendimento às necessidades básicas;
m) expedir atos normativos necessários à gestão do Fundo Nacional de Assistência Social – FNAS, de acordo com as diretrizes estabelecidas pelo CNAS;
n) elaborar e submeter ao CNAS os programas anuais e plurianuais de aplicação dos recursos do FNAS.

A atenção integral à saúde, inclusive a dispensação de medicamentos e produtos de interesse para a saúde, às famílias e indivíduos em situações de vulnerabilidade ou risco social e pessoal, nos termos desta Lei, dar-se-á independentemente da apresentação de documentos que comprovem domicílio ou inscrição no cadastro no Sistema Único de Saúde (SUS), em consonância com a diretriz de articulação das ações de assistência social e de saúde a que se refere o inciso XII deste art. 19 da Lei n. 8.742.

As entidades e organizações de assistência social que incorrerem em irregularidades na aplicação dos recursos que lhes forem repassados pelos poderes públicos terão a sua vinculação ao SUAS cancelada, sem prejuízo de ações cíveis e penais.

O FNAS foi regulamentado pelo Decreto n. 7.788/2012.

A assistência social organiza-se pelos seguintes tipos de proteção:

1. proteção social básica: conjunto de serviços, programas, projetos e benefícios da assistência social que visa a prevenir situações de vulnerabilidade e risco social por meio de desenvolvimento de potencialidades e aquisições e do fortalecimento de vínculos familiares e comunitários;
2. proteção social especial: conjunto de serviços, programas e projetos que tem por objetivo contribuir para a reconstrução de vínculos familiares e comunitários, a defesa de direito, e fortalecimento das potencialidades

e aquisições e a proteção de famílias e indivíduos para o enfrentamento das situações de violação de direitos.

A vigilância socioassistencial é um dos instrumentos das proteções da assistência social que identifica e previne as situações de risco e vulnerabilidade social e seus agravos no território.

As proteções sociais básica e especial serão ofertadas pela rede socioassistencial, de forma integrada, diretamente pelos entes públicos e/ou pelas entidades e organizações de assistência social vinculadas ao Suas, respeitadas as especificidades de cada ação.

A vinculação ao Suas é o reconhecimento pelo Ministério do Desenvolvimento Social de que a entidade de assistência social integra a rede socioassistencial. Para o reconhecimento, a entidade deverá cumprir os seguintes requisitos: 1 – constituir-se como entidade sem fins lucrativos de assistência social; 2 – inscrever-se em Conselho Municipal ou do Distrito Federal; 3 – integrar o sistema de cadastro de entidades e organizações de assistência social.

As proteções sociais, básica e especial, serão ofertadas precipuamente no Centro de Referência de Assistência Social (CRAS) e no Centro de Referência Especializado de Assistência Social (CREAS), respectivamente, e pelas entidades sem fins lucrativos de assistência social.

O CRAS é a unidade pública municipal, de base territorial, localizada em área com maiores índices de vulnerabilidade e risco social, destinada à articulação dos serviços socioassistenciais no seu território de abrangência e à prestação de serviços, programas e projetos socioassistenciais de proteção social básica às famílias.

O CREAS é a unidade pública de abrangência e gestão municipal, estadual ou regional, destinada à prestação de serviços a indivíduos e famílias que estão em situação de risco pessoal ou social, por violação de direitos ou contingência, que demandam intervenções especializadas da proteção social especial.

O Serviço de Proteção e Atendimento Integral à Família (PAIF) integra a proteção social básica e consiste na oferta de ações e serviços socioassistenciais de prestação continuada, nos CRAS, por meio do trabalho social com famílias em situação de vulnerabilidade social, com o objetivo de prevenir o rompimento dos vínculos familiares e a violência no âmbito de suas relações, garantindo o direito à convivência familiar e comunitária.

O Serviço de Proteção e Atendimento Especializado a Famílias e Indivíduos (PAEFI) integra a proteção social especial e consiste no apoio, orientação e acompanhamento a famílias e indivíduos em situação de ameaça ou violação de direitos, articulando os serviços socioassistenciais com as diversas políticas públicas e com órgãos de sistema de garantia de direitos.

O Programa de Erradicação do Trabalho Infantil (PETI), de caráter intersetorial, é integrante da Política Nacional de Assistência Social, que, no âmbito do Suas, compreende transferências de renda, trabalho social com famílias e oferta de serviços socioeducativas para crianças e adolescentes que estejam em situação de trabalho.

29.7 CUSTEIO

Será feito o custeio da assistência social com recursos do orçamento da seguridade social (art. 204 da Constituição), como um encargo de toda a sociedade, de forma direta ou indireta, nos termos da lei (art. 195 da Norma Ápice). Pode-se dizer também que uma forma indireta de custeio da assistência social é a isenção de impostos, taxas e contribuições para entidades filantrópicas que prestam a assistência social aos necessitados.

O custeio dos benefícios, serviços, programas e projetos estabelecidos pela Lei n. 8.742/93 far-se-á com os recursos da União, dos Estados, do Distrito Federal, dos Municípios e das demais contribuições sociais previstas no art. 195 da Constituição, além daqueles que compõem o FNAS. Cabe ao órgão da Administração Pública Federal responsável pela coordenação da Política Nacional de Assistência Social gerir o FNAS sob orientação e controle do CNAS.

Os recursos de responsabilidade da União destinados à assistência social serão automaticamente repassados ao FNAS, à medida que se forem realizando as receitas.

Poderão os recursos de responsabilidade da União destinados ao custeio dos benefícios de prestação continuada ser repassados para o INSS, órgão responsável por sua execução e manutenção.

Para o repasse dos recursos decorrentes da Lei n. 8.742/93 aos Municípios, aos Estados e ao Distrito Federal, é necessária a efetiva instituição e o funcionamento do Conselho de Assistência Social, de composição paritária entre governo e sociedade civil, do Fundo de Assistência Social, com orientação e controle dos respectivos Conselhos de Assistência Social, do Plano de Assistência Social.

É ainda condição para transferência de recursos do FNAS aos Estados, ao Distrito Federal e aos Municípios a comprovação orçamentária dos recursos próprios destinados à Assistência Social, alocados em seus respectivos Fundos de Assistência Social, a partir do exercício de 1999.

29.8 SERVIÇOS

São serviços socioassistenciais as atividades continuadas que visem à melhoria de vida da população e cujas ações, voltadas para as necessidades básicas, observem os objetivos, princípios e diretrizes estabelecidos na Lei n. 8.742/93.

Na organização dos serviços de Assistência Social serão criados programas de amparo entre outros: I – às crianças e adolescentes em situação de risco pessoal e social, em cumprimento ao disposto no art. 227 da Constituição e na Lei n. 8.060/90; II – às pessoas que vivem em situação de rua (§ 2º do art. 23 da Lei n. 8.742/93).

Os serviços de assistência social são ainda prestados na maior parte pela Previdência Social.

Os serviços podem ser divididos em duas espécies: "serviço social" e "habilitação e reabilitação profissional". A assistência médica, hospitalar, farmacêutica, ambulatorial e odontológica fica, porém, na responsabilidade da área da saúde.

29.8.1 Serviço social

O serviço social visa prestar ao beneficiário orientação e apoio nos problemas pessoais e familiares e à melhoria da sua inter-relação com a Previdência Social, inclusive por meio da obtenção de outros recursos sociais da comunidade, além da celebração de convênios, acordos e credenciamentos.

O serviço social é prestado aos beneficiários tendo por objetivo esclarecê-los de seus direitos sociais e os meios de exercê-los. Tem também por objetivo facilitar o acesso aos benefícios e aos serviços do sistema.

A ação profissional está voltada para prestação de informações, acesso à documentação para habilitação aos benefícios, concessão de recursos materiais, encaminhamento a recursos sociais e atendimento ao alcoólico em Brasília e em Bauru.

O recurso emergencial é concedido desde que se apresente uma situação social de risco, que esteja afetando ou agravando a sobrevivência e a segurança do beneficiário e de sua família.

29.8.2 Habilitação e reabilitação profissional

Habilitação é o processo prestado às pessoas que têm limitações de nascença para que possam qualificar-se para o trabalho.

Reabilitação é o processo prestado aos deficientes em decorrência de acidente para que possam voltar a trabalhar. Tem por objetivo preparar o acidentado para o exercício de outra função.

A habilitação e a reabilitação profissional visam proporcionar aos beneficiários, incapacitados parcial ou totalmente para o trabalho, e aos deficientes, os meios para a (re)educação ou (re)adaptação profissional e social indicados para participar do mercado de trabalho e do contexto em que vivem.

Não há necessidade de período de carência para a habilitação e reabilitação profissional.

A habilitação e a reabilitação profissional serão devidas aos segurados, inclusive aos aposentados, em caráter obrigatório.

Pode-se dizer que têm direito à habilitação e à reabilitação profissional: o segurado em gozo de auxílio-doença, seja decorrente de acidente do trabalho ou previdenciário; o aposentado por aposentadoria especial, por tempo de serviço ou idade, que permanece em atividade laborativa e sofre acidente do trabalho; o aposentado por invalidez; o dependente pensionista beneficiário; o dependente maior de 14 anos portador de deficiência, entre outros.

O processo de reabilitação profissional será desenvolvido por meio de fases básicas, simultâneas ou sucessivas, compreendendo avaliações fisiológicas, psicológicas e socioprofissionais, bem como a recuperação, readaptação e habilitação para o desempenho de atividade que garanta a subsistência do reabilitado.

A reabilitação profissional compreende:

a) o fornecimento de aparelho de prótese, órtese e instrumento de auxílio de locomoção quando a perda ou redução da capacidade funcional puder ser atenuada por seu uso, e dos equipamentos necessários à habilitação e reabilitação social e profissional;
b) a reparação ou a substituição dos aparelhos mencionados anteriormente, desgastados pelo uso normal ou por ocorrência estranha à vontade do beneficiário;
c) o transporte do acidentado do trabalho, quando necessário.

As prestações anteriormente referidas são devidas em caráter obrigatório aos segurados, inclusive aos aposentados e, na medida das possibilidades do órgão previdenciário, a seus dependentes.

O INSS não reembolsará as despesas realizadas com o tratamento ou a aquisição de órtese ou prótese e outros auxílios materiais não prescritos ou não autorizados por seus setores de reabilitação profissional.

A Reabilitação Profissional deverá comunicar ao órgão da Perícia Médica a ocorrência de acidente do trabalho no processo de reabilitação profissional a cargo do INSS.

Ao término do processo de reabilitação profissional, o INSS emitirá certificado individual, indicando a função para a qual o reabilitando foi capacitado profissionalmente, sem prejuízo do exercício de outra função para a qual se julgue capacitado.

A colocação do segurado no mesmo emprego ou em outro para o qual ficar reabilitado não é obrigação da Previdência Social, cessando o processo de reabilitação profissional com a emissão do certificado individual.

A Convenção n. 159 da OIT, de 1983, promulgada pelo Decreto n. 129/91, versa sobre a reabilitação e emprego da pessoa portadora de deficiência.

Nem toda pessoa deficiente é incapaz para o trabalho. Nem toda pessoa incapaz é deficiente.

A empresa com 100 ou mais empregados está obrigada a preencher de 2% a 5% de seus cargos com beneficiários reabilitados ou pessoas portadoras de deficiência, habilitadas, na seguinte proporção:

a) até 200 empregados 2%

b) de 201 a 500 3%

c) de 501 a 1.000 4%

d) de 1.001 em diante 5% (art. 93 da Lei n. 8.213/91)

O cálculo das cotas é feito com base no número de empregados da empresa e não de cada estabelecimento. A lei não estabeleceu distinção em relação a atividade exercida pela empresa para excluir as cotas.

A dispensa de pessoa com deficiência ou de beneficiário reabilitado da Previdência Social, ao final de contrato por prazo determinado de mais de 90 dias e a dispensa imotivada em contrato por prazo indeterminado, somente poderá ocorrer após a contratação de outro trabalhador com deficiência ou beneficiário reabilitado da Previdência Social (§ 1º do art. 93 da Lei n. 8.213/91).

Trata-se de hipótese de garantia de emprego em que não há prazo certo. A dispensa do trabalhador reabilitado ou dos deficientes só poderá ser feita se a empresa tiver o número mínimo estabelecido pelo art. 93 da Lei n. 8.213/91. Enquanto a empresa não atingir o número mínimo previsto em lei, haverá garantia de emprego para as referidas pessoas. Admitindo a empresa deficientes ou reabilitados em porcentual superior ao previsto no art. 93 da Lei n. 8.213/91, poderá ela demitir outras pessoas em iguais condições até atingir o referido limite. Poderá, porém, dispensar os reabilitados ou deficientes por justa causa.

A Diretoria de Relações do Trabalho do MT deverá estabelecer sistemática de fiscalização, avaliação e controle das empresas, gerando estatísticas sobre o total de empregados e vagas preenchidas, para acompanhamento por parte das Unidades Executivas de Reabilitação Profissional e dos sindicatos e das entidades representativas de categoria, quando solicitada.

Nem toda empresa tem condição de admitir o deficiente. Não tem onde colocá-lo. Deveria haver diferenciação pela atividade da empresa para a admissão de deficientes. Poderia ser por estabelecimento e não por empresa.

Ao Ministério do Trabalho incumbe estabelecer a sistemática de fiscalização, bem como gerar dados e estatísticas sobre o total de empregados e as vagas preenchidas por pessoas com deficiência e por beneficiários reabilitados da Previdência Social, fornecendo-os, quando solicitados, aos sindicatos, às entidades representativas dos empregados ou aos cidadãos interessados (§ 2º do art. 93 da Lei n. 8.213/91).

Para a reserva de cargos será considerada somente a contratação direta de pessoa com deficiência, excluído o aprendiz com deficiência de que trata a CLT (§ 3º do art. 93 da Lei n. 8.213/91).

Sem parecer técnico fundamentado, não pode o juiz determinar reabilitação profissional que não sabe ser necessária (2º TAC SP, 8ª C, Ap. 383.299, Rel. Juiz Narciso Orlandi, j. 11-1-1994).

Podendo o obreiro dedicar-se às tarefas menos exigentes, é dispensável o processo de reabilitação (2º TAC SP, 8ª C, Ap. 383.299, Rel. Juiz Narciso Orlandi, j. 11-1-1994).

A exigência de reabilitação profissional do segurado não pode ser determinada como condição de ajuizamento do pedido de reparação decorrente de acidente do trabalho, pois só o serviço médico da autarquia poderá sugeri-la (2º TAC SP, 7ª C, Ap. 389.250, Rel. Juiz Demóstenes Braga, j. 21-12-1993).

O processo de habilitação e de reabilitação é um direito da pessoa com deficiência (art. 14 da Lei n. 13.146/2015). O processo de habilitação e de reabilitação tem por objetivo o desenvolvimento de potencialidades, talentos, habilidades e aptidões físicas, cognitivas, sensoriais, psicossociais, atitudinais, profissionais e artísticas que contribuam para a conquista da autonomia da pessoa com deficiência e de sua participação social em igualdade de condições e oportunidades com as demais pessoas.

O processo mencionado baseia-se em avaliação multidisciplinar das necessidades, habilidades e potencialidades de cada pessoa, observadas as seguintes diretrizes:

I – diagnóstico e intervenção precoces;

II – adoção de medidas para compensar perda ou limitação funcional, buscando o desenvolvimento de aptidões;

III – atuação permanente, integrada e articulada de políticas públicas que possibilitem a plena participação social da pessoa com deficiência;

IV – oferta de rede de serviços articulados, com atuação intersetorial, nos diferentes níveis de complexidade, para atender às necessidades específicas da pessoa com deficiência;

V – prestação de serviços próximo ao domicílio da pessoa com deficiência, inclusive na zona rural, respeitadas a organização das Redes de Atenção à Saúde (RAS) nos territórios locais e as normas do Sistema Único de Saúde (SUS).

Nos programas e serviços de habilitação e de reabilitação para a pessoa com deficiência, são garantidos:

I – organização, serviços, métodos, técnicas e recursos para atender às características de cada pessoa com deficiência;

II – acessibilidade em todos os ambientes e serviços;

III – tecnologia assistiva, tecnologia de reabilitação, materiais e equipamentos adequados e apoio técnico profissional, de acordo com as especificidades de cada pessoa com deficiência;

IV – capacitação continuada de todos os profissionais que participem dos programas e serviços.

Os serviços do SUS e do Suas deverão promover ações articuladas para garantir à pessoa com deficiência e sua família a aquisição de informações, orientações e formas de acesso às políticas públicas disponíveis, com a finalidade de propiciar sua plena participação social (art. 17 da Lei n. 13.146/2015). Os serviços podem fornecer informações e orientações nas áreas de saúde, de educação, de cultura, de esporte, de lazer, de transporte, de previdência social, de assistência social, de habitação, de trabalho, de empreendedorismo, de acesso ao crédito, de promoção, proteção e defesa de direitos e nas demais áreas que possibilitem à pessoa com deficiência exercer sua cidadania.

O poder público deve implementar serviços e programas completos de habilitação profissional e de reabilitação profissional para que a pessoa com deficiência possa ingressar, continuar ou retornar ao campo do trabalho, respeitados sua livre escolha, sua vocação e seu interesse (art. 36 da Lei n. 13.146/2015).

Equipe multidisciplinar indicará, com base em critérios previstos no § 1º do art. 2º da Lei n. 13.146/2015 programa de habilitação ou de reabilitação que possibilite à pessoa com deficiência restaurar sua capacidade e habilidade profissional ou adquirir novas capacidades e habilidades de trabalho (art. 36, § 1º, da Lei n. 13.146/2015).

A habilitação profissional corresponde ao processo destinado a propiciar à pessoa com deficiência aquisição de conhecimentos, habilidades e aptidões para exercício de profissão ou de ocupação, permitindo nível suficiente de desenvolvimento profissional para ingresso no campo de trabalho.

Os serviços de habilitação profissional, de reabilitação profissional e de educação profissional devem ser dotados de recursos necessários para atender a toda pessoa com deficiência, independentemente de sua característica específica, a fim de que ela possa ser capacitada para trabalho que lhe seja adequado e ter perspectivas de obtê-lo, de conservá-lo e de nele progredir.

Os serviços de habilitação profissional, de reabilitação profissional e de educação profissional deverão ser oferecidos em ambientes acessíveis e inclusivos.

A habilitação profissional e a reabilitação profissional devem ocorrer articuladas com as redes públicas e privadas, especialmente de saúde, de ensino e de assistência social, em todos os níveis e modalidades, em entidades de formação profissional ou diretamente com o empregador.

A habilitação profissional pode ocorrer em empresas por meio de prévia formalização do contrato de emprego da pessoa com deficiência, que será considerada para o cumprimento da reserva de vagas prevista em lei, desde que por tempo determinado e concomitante com a inclusão profissional na empresa, observado o disposto em regulamento.

A habilitação profissional e a reabilitação profissional atenderão à pessoa com deficiência.

29.8.2.1 Deficientes

Os serviços, os programas, os projetos e os benefícios no âmbito da política pública de assistência social à pessoa com deficiência e sua família têm como objetivo a garantia da segurança de renda, da acolhida, da habilitação e da reabilitação, do desenvolvimento da autonomia e da convivência familiar e comunitária, para a promoção do acesso a direitos e da plena participação social (art. 39 da Lei n. 13.146/2015). A assistência social à pessoa com deficiência, nos termos do *caput* do art. 39 da Lei n. 13.146/2015, deve envolver conjunto articulado de serviços do âmbito da Proteção Social Básica e da Proteção Social Especial, ofertados pelo SUAS, para a garantia de seguranças fundamentais no enfrentamento de situações de vulnerabilidade e de risco, por fragilização de vínculos e ameaça ou violação de direitos. Os serviços socioassistenciais destinados à pessoa com deficiência em situação de dependência deverão contar com cuidadores sociais para prestar-lhe cuidados básicos e instrumentais.

29.9 BENEFÍCIOS

Com a implantação dos benefícios previstos na Lei n. 8.742/93, ficam extintos a renda mensal vitalícia (art. 139 da Lei n. 8.213/91), o auxílio-natalidade (art. 140 da Lei n. 8.213/91) e o auxílio-funeral (art. 141 da Lei n. 8.213/91), que eram previstos no âmbito da Previdência Social, e que foram revogados pelo art. 15 da Lei n. 9.528/97. A implantação efetivamente ocorreu em 1º-1-1996 (art. 39 do Decreto n. 1.744/95).

Os benefícios previstos na Lei n. 8.742/93 independem de contribuição do necessitado (art. 203 da Constituição).

29.9.1 Benefício de prestação continuada

Foi instituída a renda mensal vitalícia pela Lei n. 6.179/74, tendo na época o nome de "amparo previdenciário". Alguns autores ainda se utilizam dessa nomenclatura. Quando foi instituída pela Lei n. 6.179/74, correspondia à metade do salário mínimo.

O amparo previdenciário era concedido ao maior de 70 anos ou inválido, definitivamente incapacitado para o trabalho, que não exercesse atividade remunerada ou tivesse rendimento superior ao valor da renda mensal de 60% do valor do salário mínimo.

O benefício de prestação continuada é uma prestação de assistência social prevista no inciso V, do art. 203 da Constituição. Referido comando legal dispõe sobre a garantia de um salário mínimo de benefício mensal à pessoa portadora de deficiência e ao idoso que comprovar não possuir meios de prover a própria manutenção ou tê-la provida por sua família nos termos da lei.

O art. 139 da Lei n. 8.213/91 dispunha que a renda mensal vitalícia continuaria integrando o elenco de benefícios da Previdência Social, até que fosse regulamentado o inciso V do art. 203 da Constituição. Era devida ao maior de 70 anos ou inválido que não exercessem atividade remunerada, não auferindo qualquer rendimento superior ao valor de sua renda mensal, nem fossem mantidos por pessoa de quem dependessem obrigatoriamente, não tendo outro meio de prover o próprio sustento. O valor do benefício era de um salário mínimo. Seria vedada sua acumulação com qualquer espécie de benefício do Regime Geral de Previdência Social ou de outro regime.

O art. 40 da Lei n. 8.742/93 dizia que com a implantação do benefício de prestação continuada ficava extinta a renda mensal vitalícia. O art. 139 da Lei n. 8.213/91 perdeu eficácia a partir de 1º-1-1996, quando houve a implantação do benefício de prestação continuada, previsto nos arts. 20 e 21 da Lei n. 8.742/93. O art. 15 da Lei n. 9.528/97 revogou o art. 139 da Lei n. 8.213/91.

Inicialmente, a denominação empregada para o benefício ora em estudo era *amparo previdenciário* (Lei n. 6.179/74). Depois, passou a ser utilizada a denominação *renda mensal vitalícia*, sendo que o art. 139 da Lei n. 8.213/91 assim se expressou. Por fim, o art. 20 da Lei n. 8.742/93 passou a usar a denominação *benefício de prestação continuada*.

O art. 20 da Lei n. 8.742/93 estabelece que o benefício de prestação continuada é a garantia de um salário mínimo mensal à pessoa com deficiência e ao idoso com 65 anos ou mais que comprovem não possuir meios de prover a própria manutenção nem de tê-la provida por sua família. O Decreto n. 6.214/2007, regulamenta o benefício de prestação continuada ao idoso e ao deficiente.

O benefício assistencial é provisório, pois será devido enquanto o segurado não tiver renda, enquanto persistir a sua necessidade.

Trata-se de um benefício de trato continuado, que é devido mensal e sucessivamente. São beneficiários desse direito os idosos ou os deficientes que comprovem não possuir meios de prover a própria manutenção ou de tê-la provida por sua família. O beneficiário não precisa ter contribuído para a Seguridade Social, desde que não tenha outra fonte de renda.

O benefício de prestação continuada não serve de complementação de renda da pessoa, mas serve para ela poder sobreviver.

Não se pode dizer que é inconstitucional o estabelecimento pela lei ordinária de um limite de idade de 70 anos, pois o inciso V do art. 203 da Constituição reza que o benefício será disposto em lei, que inclusive tem de definir o que é idoso.

A família é composta pelo requerente, o cônjuge ou companheiro, os pais e, na ausência de um deles, a madrasta ou o padrasto, os irmãos solteiros, os filhos e enteados solteiros e os menores tutelados, desde que vivam sob o mesmo teto.

Pessoa com deficiência é a que tem impedimento de longo prazo de natureza física, mental, intelectual ou sensorial, o qual, em interação uma ou mais barreiras, pode obstruir sua participação plena e efetiva na sociedade em igualdade de condições com as demais pessoas (art. 2º, III, da Lei n. 10.098/2000). Considera-se impedimento de longo prazo o que produza efeitos pelo prazo mínimo de dois anos. Pessoa com mobilidade reduzida é a que tenha, por qualquer motivo, dificuldade de movimentação, permanente ou temporária, gerando redução efetiva da mobilidade, da flexibilidade, da coordenação motora ou da percepção, incluindo idoso, gestante, lactante, pessoa com criança de colo e obeso (art. 2º, IV, da Lei n. 10.098/2000). O acompanhante: o que acompanha a pessoa com deficiência, podendo ou não desempenhar as funções de atendente pessoal (art. 2º, V, da Lei n. 10.098/2000).

Impedimentos de longo prazo são os que incapacitam a pessoa com deficiência para a vida independente e para o trabalho pelo prazo mínimo de dois anos.

O benefício de prestação continuada não pode ser acumulado pelo beneficiário com qualquer outro no âmbito da seguridade social ou de outro regime, salvo os da assistência médica e da pensão especial de natureza indenizatória.

A condição de acolhimento em instituições de longa permanência não prejudica o direito do idoso ou da pessoa com deficiência ao benefício de prestação continuada.

Dispunha o art. 55 da Lei n. 3.807/60 que as empresas que dispusessem de 20 ou mais empregados eram obrigadas a reservar de 2% a 5% de cargos, para atender aos casos de readaptados ou reeducados profissionalmente, na forma do regulamento. As instituições de previdência social admitirão a seus serviços os segurados reeducados ou readaptados profissionalmente na forma do regulamento (parágrafo único).

A ONU, em 1975, definiu pessoa deficiente como "qualquer pessoa incapaz de assegurar a si mesma, total ou parcialmente, as necessidades de uma vida individual ou social normal, em decorrência de uma deficiência congênita ou não, em suas capacidades físicas ou mentais".

Na incapacidade, o que se verifica é se a pessoa tem ou não controle sobre a expressão da sua vontade.

O fato de a pessoa ser deficiente não implica que é incapaz.

Terão direito ao benefício financeiro de que trata o *caput* do art. 20 da Lei n. 8.742/93 a pessoa com deficiência ou a pessoa idosa com renda familiar mensal *per capita* igual ou inferior a 1/4 do salário mínimo (art. 20, § 3º, da Lei n. 8.742/93).

O regulamento poderá ampliar o limite de renda mensal familiar *per capita* previsto no § 3º deste artigo para até meio salário-mínimo, observado o disposto no art. 20-B da Lei n. 8.742/93 (art. 20, § 11-A, da Lei n. 8.742/93).

Na avaliação de outros elementos probatórios da condição de miserabilidade e da situação de vulnerabilidade de que trata o § 11 do art. 20 da Lei n. 8.742/93, serão considerados os seguintes aspectos para ampliação do critério de aferição da renda familiar mensal *per capita* de que trata o § 11-A do referido artigo:

I – o grau da deficiência;

II – a dependência de terceiros para o desempenho de atividades básicas da vida diária; e

III – o comprometimento do orçamento do núcleo familiar de que trata o § 3º do art. 20 desta Lei exclusivamente com gastos médicos, com tratamentos de saúde, com fraldas, com alimentos especiais e com medicamentos do idoso ou da pessoa com deficiência não disponibilizados gratuitamente pelo SUS, ou com serviços não prestados pelo Suas, desde que comprovadamente necessários à preservação da saúde e da vida (art. 20-B da Lei n. 8.742/93).

A ampliação ocorrerá na forma de escalas graduais, definidas em regulamento.

Aplicam-se à pessoa com deficiência os elementos constantes dos incisos I e III, e à pessoa idosa os constantes dos incisos II e III.

O grau da deficiência de que trata o inciso I será aferido por meio de instrumento de avaliação biopsicossocial, observados os termos dos §§ 1º e 2º do art. 2º da Lei n. 13.146/2015 (Estatuto da Pessoa com Deficiência), e do § 6º do art. 20 e do art. 40-B da Lei n. 8.742/93.

O valor referente ao comprometimento do orçamento do núcleo familiar com gastos de que trata o inciso III será definido em ato conjunto do Ministério da Cidadania, da Secretaria Especial de Previdência e Trabalho do Ministério da Economia e do INSS, a partir de valores médios dos gastos realizados pelas famílias exclusivamente com essas finalidades, facultada ao interessado a possibilidade de comprovação, conforme critérios definidos em regulamento, de que os gastos efetivos ultrapassam os valores médios.

O beneficiário em gozo de benefício de prestação continuada concedido judicial ou administrativamente poderá ser convocado para avaliação das condições que ensejaram sua concessão ou manutenção, sendo-lhe exigida a presença dos requisitos previstos nesta Lei e no regulamento (art. 21, § 5º, da Lei n. 8.742/93).

A ampliação do limite de renda mensal de 1/4 para até meio salário mínimo mensal, de que trata o § 11-A do art. 20 da Lei n. 8.742/93, mediante a utilização de outros elementos probatórios da condição de miserabilidade e da situação de vulnerabilidade do grupo familiar, na forma do art. 20-B da Lei n. 8.742/93, fica condicionada a decreto regulamentador do Poder Executivo, em cuja edição deverá ser comprovado o atendimento aos requisitos fiscais (art. 7º, parágrafo único, da Lei n. 8.742/93).

O benefício de prestação continuada ou o benefício previdenciário no valor de até um salário mínimo concedido a idoso acima de 65 anos de idade ou pessoa com deficiência não será computado, para fins de concessão do benefício de prestação continuada a outro idoso ou pessoa com deficiência da mesma família, no cálculo da renda a que se refere o § 3º do art. 20 da Lei n. 8.742/93 (art. 20, § 14, da Lei n. 8.742/93).

Será devido o benefício de prestação continuada a mais de um membro da mesma família enquanto atendidos os requisitos exigidos da Lei n. 8.742/93 (art. 20, § 15, da Lei n. 8.742/93).

O CNAS, por decisão da maioria absoluta de seus membros, respeitados o orçamento da seguridade social e a disponibilidade do FNAS, poderá propor ao Poder Executivo a alteração dos limites de renda mensal da família anteriormente referidos e também para a questão pertinente aos benefícios eventuais. Os rendimentos decorrentes de estágio supervisionado e de aprendizagem não serão computados para os fins de cálculo da renda familiar *per capita* (art. 20, § 9º, da Lei n. 8.742/93).

A renda mensal, *per capita*, familiar, superior a 1/4 do salário mínimo não impede a concessão do benefício assistencial previsto no art. 20, § 3º, da Lei n. 8.742/93, desde que comprove por outros meios, a miserabilidade do postulante (Súmula da Jurisprudência Predominante n. 11 do Conselho de Justiça Federal).

A jurisprudência vem entendendo que a renda *per capita* de 1/4 do salário mínimo não é um critério absoluto de aferição de miserabilidade para fins de benefícios assistenciais.

Poderão ser utilizados outros elementos probatórios da condição de miserabilidade do grupo familiar e da situação de vulnerabilidade, conforme regulamento (§ 11 do art. 20 da Lei n. 8.742/93).

São requisitos para a concessão, a manutenção e a revisão do benefício as inscrições no Cadastro de Pessoas Físicas (CPF) e no Cadastro Único para Programas Sociais do Governo Federal – Cadastro Único, conforme previsto em regulamento (§ 12 do art. 20 da Lei n. 8.742/93).

Dois requisitos básicos são necessários para a concessão da renda mensal vitalícia: que a pessoa comprove não possuir meios de prover a própria manutenção ou de não tê-la provida por familiares.

O benefício assistencial já concedido a qualquer membro da família não será computado para fins de cálculo da renda familiar *per capita* (parágrafo único do art. 34 da Lei n. 10.741/2003). Há referência a benefício assistencial e não previdenciário. O STF entende constitucional o parágrafo único do art. 34 do Estatuto do Idoso (RE 558.221, j. 15-4-2008, Rel. Min. Cesar Peluso, *DJE* 16-5-2008).

O STF havia afirmado que não é inconstitucional o § 3º do art. 20 da Lei n. 8.742/93 quando determina que a lei fixe a garantia de um salário mínimo à pessoa portadora de deficiência física e ao idoso (STF, ADIn 1.232-1-DF, j. 27-8-1998, Rel. Min. Maurício Corrêa, *DJU* 1º-6-2001). O § 3º do art. 20 da Lei n. 8.742/93 não viola o princípio da isonomia, pois é a lei a que se refere o inciso V do art. 203 da Constituição.

O STF declarou a inconstitucionalidade parcial do § 3º do art. 20 da Lei n. 8.742/93 sem declaração de nulidade (RE 567.985, j. 18-4-2013). Entendeu que o benefício de prestação continuada recebido por deficiente e a aposentadoria mínima deverão ser excluídos da renda familiar na análise da concessão do benefício (RE 580.963, j. 18-4-2013).

A miséria das pessoas não pode ser definida pela previsão objetiva da lei. Terá de ser examinada em cada caso.

É mister que o beneficiário não exerça atividade remunerada, não aufira qualquer rendimento superior ao valor da sua renda mensal, nem seja mantido por pessoa de quem dependa obrigatoriamente, não tendo outro meio de prover o sustento próprio.

São também beneficiários os idosos e as pessoas com deficiência estrangeiras naturalizadas e domiciliadas no Brasil, desde que não amparados pelo sistema previdenciário do país de origem.

O benefício assistencial é devido a pessoas residentes no país, tanto a nacionais como estrangeiros, diante do princípio da universalidade.

A lei não estabelece período de carência.

O valor da renda mensal vitalícia é de um salário mínimo por mês. Será devida a contar da data da apresentação do requerimento. Não pode ser acumulada com qualquer espécie de benefício da seguridade social ou de outro regime, salvo o da assistência médica.

A situação de internado não prejudica o direito do idoso ou do portador de deficiência ao benefício.

A concessão do benefício ficará sujeita à avaliação da deficiência e do grau de impedimento, composta por avaliação médica e avaliação social realizadas por médicos peritos e por assistentes sociais do INSS e não mais do SUS ou outras entidades.

Na hipótese de o exame médico indicar procedimentos de reabilitação ou habilitação para pessoa portadora de deficiência, ser-lhe-á concedido o benefício enquanto durar o processo de reabilitação ou habilitação, de caráter obrigatório, ocorrendo seu cancelamento quando for constatada a interrupção do processo mencionado.

Inexistindo serviços credenciados no Município de residência do beneficiário, fica assegurado seu encaminhamento ao Município mais próximo que contar com tal estrutura.

A renda familiar mensal deverá ser declarada pelo requerente ou seu representante legal, sujeitando-se aos demais procedimentos previstos no regulamento para o deferimento do pedido.

Será o benefício de prestação continuada devido a partir de 1º-1-1996.

O benefício de prestação continuada deve ser revisto a cada dois anos (art. 21 da Lei n. 8.742/93) para avaliação da continuidade das condições que lhe deram origem. O objetivo da revisão é evitar fraudes. O pagamento do benefício cessa no momento em que forem superadas as condições anteriormente descritas, em caso de morte do beneficiário ou em caso de ausência declarada do beneficiário. É, portanto, um benefício personalíssimo, que não se transfere aos herdeiros, tanto que nem há contribuição do próprio interessado. O benefício será cancelado quando se constatar irregularidade na sua concessão ou utilização.

O desenvolvimento das capacidades cognitivas, motoras ou educacionais e a realização de atividades não remuneradas de habilitação e reabilitação, entre outras, não constituem motivo de suspensão ou cessação do benefício da pessoa com deficiência.

A cessação do benefício de prestação continuada concedido à pessoa com deficiência, não impede nova concessão do benefício, desde que atendidos os requisitos definidos em regulamento.

O benefício de prestação continuada será suspenso pelo órgão concedente quando a pessoa com deficiência exercer atividade remunerada, inclusive na condição de microempreendedor individual.

A contratação de pessoa com deficiência como aprendiz não acarreta a suspensão do benefício de prestação continuada, limitado a dois anos o recebimento concomitante da remuneração e do benefício.

Havendo comprovação de irregularidade, o benefício poderá ser suspenso. Verificada a irregularidade, será concedido ao interessado o prazo de 30 dias para prestar esclarecimento e produzir, se for o caso, as provas que julgar necessárias. Esgotado esse prazo, sem manifestação da parte, será cancelado o pagamento do benefício e aberto o prazo de recurso, de 15 dias, para a Junta de Recursos do Seguro Social.

É indevido o abono anual a quem recebe o benefício de prestação continuada, pois o § 6º do art. 201 da Constituição menciona que o abono é devido a aposentados e pensionistas. O benefício de prestação continuada não é devido a aposentados e pensionistas. O art. 40 da Lei n. 8.213/91 mostra que apenas o segurado da Previdência Social tem direito ao abono anual e não o beneficiário de assistência social. Logo, não faz jus a pessoa ao abono anual.

Falecendo, o beneficiário não gera direito a pensão por morte aos seus dependentes.

Será devido o benefício de prestação continuada após o cumprimento, pelo requerente, de todos os requisitos legais e regulamentares exigidos para sua concessão, inclusive apresentação da documentação necessária, devendo seu pagamento ser efetuado em até 45 dias após cumpridas as exigências anteriormente mencionadas. No caso de o primeiro pagamento ser feito após o prazo citado, aplicar-se-á em sua atualização o mesmo critério adotado pelo INSS na atualização do primeiro pagamento de benefício previdenciário em atraso.

A comprovação da idade do beneficiário idoso far-se-á mediante apresentação de um dos seguintes documentos: (a) certidão de nascimento; (b) certidão de casamento; (c) certidão de reservista; (d) carteira de identidade; (e) CTPS emitida há mais de cinco anos; (f) certidão de inscrição eleitoral.

A prova de idade do beneficiário idoso estrangeiro naturalizado e domiciliado no Brasil far-se-á pela apresentação de um dos seguintes documentos: (a) título declaratório de nacionalidade brasileira; (b) certidão de nascimento; (c) certidão de casamento; (d) passaporte; (e) certidão ou guia de inscrição consular ou certidão de desembarque devidamente autenticadas; (f) carteira de identidade; (g) CTPS emitida há mais de cinco anos; (h) certidão de inscrição eleitoral.

A comprovação da renda familiar mensal *per capita* será feita mediante a apresentação de um dos seguintes documentos por parte de todos os membros da família do requerente que exerçam atividade remunerada: (a) CTPS com anotações atualizadas; (b) contracheque de pagamento ou documento expedido pelo empregador; (c) carnê de contribuição para o INSS; (d) extrato de pagamento de benefício ou declaração fornecida pelo INSS ou outro regime de previdência social público ou privado; (e) declaração de entidade, autoridade ou profissional de assistência social.

O benefício de prestação continuada não está sujeito a desconto de qualquer contribuição. Não poderá haver cumulação do benefício em comentário com qualquer outro no âmbito da Seguridade Social ou de outro órgão público, salvo a assistência médica. O § 4º do art. 20 da Lei n. 8.742/93 permite a cumulação do benefício de prestação continuada com a "pensão especial de natureza indenizatória".

Poderá o benefício ser pago a mais de uma pessoa da mesma família, passando o valor do benefício a compor a renda familiar, observados os conceitos de família, pessoa portadora de deficiência e família incapacitada.

O pagamento do benefício não será antecipado.

Fará jus ao benefício de prestação continuada temporário, a que se refere o art. 20 da Lei n. 8.742/93, pelo prazo máximo de três anos, na condição de pessoa com deficiência, a criança vítima de microcefalia em decorrência de sequelas neurológicas decorrentes de doenças transmitidas pelo *Aedes aegypti* (art. 18 da Lei n.

13.301/2016). O benefício será concedido após a cessação do gozo do salário-maternidade originado pelo nascimento da criança vítima de microcefalia.

29.9.2 Auxílio-inclusão

Terá direito a auxílio-inclusão, nos termos da lei, a pessoa com deficiência moderada ou grave que:

I – receba o benefício de prestação continuada previsto no art. 20 da Lei no 8.742/93, e que passe a exercer atividade remunerada que a enquadre como segurado obrigatório do RGPS;

II – tenha recebido, nos últimos cinco anos, o benefício de prestação continuada previsto no art. 20 da Lei no 8.742/93, e que exerça atividade remunerada que a enquadre como segurado obrigatório do RGPS (art. 94 da Lei n. 13.146/2015).

Terá direito à concessão do auxílio-inclusão, de que trata o art. 94 da Lei n. 13.146/2015 (Estatuto da Pessoa com Deficiência), a pessoa com deficiência moderada ou grave que, cumulativamente:

I – receba o benefício de prestação continuada, de que trata o art. 20 desta Lei, e passe a exercer atividade:

a) que tenha remuneração limitada a dois salários-mínimos; e

b) que enquadre o beneficiário como segurado obrigatório do Regime Geral de Previdência Social ou como filiado a regime próprio de previdência social da União, dos Estados, do Distrito Federal ou dos Municípios;

II – tenha inscrição atualizada no CadÚnico no momento do requerimento do auxílio-inclusão;

III – tenha inscrição regular no CPF; e

IV – atenda aos critérios de manutenção do benefício de prestação continuada, incluídos os critérios relativos à renda familiar mensal per capita exigida para o acesso ao benefício, observado o disposto no § 4º deste artigo (art. 26-A da Lei n. 8.742/93).

O auxílio-inclusão poderá ainda ser concedido, nos termos do inciso I do *caput* do art. 94, mediante requerimento e sem retroatividade no pagamento, ao beneficiário:

I – que tenha recebido o benefício de prestação continuada nos cinco anos imediatamente anteriores ao exercício da atividade remunerada; e

II – que tenha tido o benefício suspenso nos termos do art. 21-A da Lei n. 8.742/93.

O valor do auxílio-inclusão percebido por um membro da família não será considerado no cálculo da renda familiar mensal *per capita* de que trata o inciso IV do *caput* do art. 26-A da Lei n. 8.742/93, para fins de concessão e de manutenção de outro auxílio-inclusão no âmbito do mesmo grupo familiar.

O valor do auxílio-inclusão e o da remuneração do beneficiário do auxílio--inclusão de que trata a alínea *a* do inciso I do *caput* do art. 26-A percebidos por um membro da família não serão considerados no cálculo da renda familiar mensal *per capita* de que tratam os §§ 3º e 11-A do art. 20 para fins de manutenção de benefício de prestação continuada concedido anteriormente a outra pessoa do mesmo grupo familiar.

Para fins de cálculo da renda familiar *per capita* de que trata o inciso IV do *caput* do art. 26-A, serão desconsideradas:

I – as remunerações obtidas pelo requerente em decorrência de exercício de atividade laboral, desde que o total recebido no mês seja igual ou inferior a dois salários mínimos; e

II – as rendas oriundas dos rendimentos decorrentes de estágio supervisionado e de aprendizagem.

O auxílio-inclusão será devido a partir da data do requerimento, e o seu valor corresponderá a 50% do valor do benefício de prestação continuada em vigor (art. 26-B da Lei n. 8.742/93).

Parágrafo único. Ao requerer o auxílio-inclusão, o beneficiário autorizará a suspensão do benefício de prestação continuada.

O pagamento do auxílio-inclusão não será acumulado com o pagamento de: I – benefício de prestação continuada de que trata o art. 20 da Lei n. 8.742/93; II – prestações a título de aposentadoria, de pensões ou de benefícios por incapacidade pagos por qualquer regime de previdência social; ou III – seguro-desemprego (art. 26-C da Lei n. 8.742/93).

O pagamento do auxílio-inclusão cessará na hipótese de o beneficiário: I – deixar de atender aos critérios de manutenção do benefício de prestação continuada; ou II – deixar de atender aos critérios de concessão do auxílio-inclusão (art. 26-D da Lei n. 8.742/93). Ato do Poder Executivo federal disporá sobre o procedimento de verificação dos critérios de manutenção e de revisão do auxílio-inclusão.

O auxílio-inclusão não está sujeito a desconto de qualquer contribuição e não gera direito a pagamento de abono anual (art. 26-E da Lei n. 8.742/93).

Compete ao Ministério da Cidadania a gestão do auxílio-inclusão, e ao INSS a sua operacionalização e pagamento (art. 26-F da Lei n. 8.742/93).

As despesas decorrentes do pagamento do auxílio-inclusão correrão à conta do orçamento do Ministério da Cidadania (art. 26-G da Lei n. 8.742/93).

O regulamento indicará o órgão do Poder Executivo responsável por avaliar os impactos da concessão do auxílio-inclusão na participação no mercado de trabalho, na redução de desigualdades e no exercício dos direitos e liberdades fundamentais das pessoas com deficiência, nos termos do § 16 do art. 37 da Constituição.

No prazo de 10 anos, contado da data de publicação da Seção VI, será promovida a revisão do auxílio-inclusão, observado o disposto no § 2º do art. 26-G da Lei n. 8.742/93, com vistas a seu aprimoramento e ampliação (art. 26-A da Lei n. 8.742/93).

Enquanto não estiver regulamentado o instrumento de avaliação de que tratam os §§ 1º e 2º do art. 2º da Lei n. 13.146, de 6 de julho de 2015 (Estatuto da Pessoa com Deficiência), a concessão do benefício de prestação continuada à pessoa com deficiência ficará sujeita à avaliação do grau da deficiência e do impedimento de que trata o § 2º do art. 20 desta Lei, composta por avaliação médica e avaliação social realizadas, respectivamente, pela Perícia Médica Federal e pelo serviço social do INSS, com a utilização de instrumentos desenvolvidos especificamente para esse fim (art. 40-B da Lei n. 8.742/93).

Os eventuais débitos do beneficiário decorrentes de recebimento irregular do benefício de prestação continuada ou do auxílio-inclusão poderão ser consignados no valor mensal desses benefícios, nos termos do regulamento (art. 40-C da Lei n. 8.742/93).

29.9.3 Benefícios eventuais

O auxílio-natalidade e o auxílio-funeral foram instituídos pela Lei n. 3.807/60.

O auxílio-natalidade era devido, após 12 contribuições mensais, à segurada gestante ou ao segurado pelo parto de sua esposa ou companheira não segurada, com remuneração mensal igual ou inferior a Cr$ 51.000,00. O benefício era devido no valor de uma parcela única de Cr$ 5.000,00. As empresas com mais de 10 empregados deveriam pagar o auxílio diretamente ao beneficiário, até 48 horas após a apresentação da certidão de nascimento. A empresa compensaria o valor adiantado quando do recolhimento das contribuições previdenciárias (*caput* e §§ 2º e 3º do art. 140 da Lei n. 8.213/91).

O auxílio-funeral era devido por morte do segurado com rendimento mensal igual ou inferior a Cr$ 51.000,00. Seria pago ao executor do funeral, em valor não excedente a Cr$ 17.000,00. O executor dependente do segurado receberia o valor máximo anteriormente previsto (art. 141 e § 1º da Lei n. 8.213/91).

O art. 22 da Lei n. 8.742/93 passou a tratar de benefícios eventuais, absorvendo os antigos auxílio-natalidade e auxílio-funeral. Esses últimos benefícios perderam eficácia a partir de 1º-1-1996, sendo revogados pelo art. 15 da Lei n. 9.528/97.

Os benefícios eventuais são as provisões suplementares e provisórias que integram organicamente as garantias do Suas e são prestadas aos cidadãos e às famílias em virtude de nascimento, morte, situações de vulnerabilidade temporária e de calamidade pública.

A concessão e o valor dos benefícios serão definidos pelos Estados, Distrito Federal e Municípios e previstos nas respectivas leis orçamentárias anuais, com base em critérios e prazos definidos pelos respectivos Conselhos de Assistência Social.

O CNAS, ouvidas as respectivas representações de Estados e Municípios dele participantes, poderá compor, na medida das disponibilidades orçamentárias das três esferas de governo, a instituição de benefícios subsidiários no valor de até 25% do salário mínimo para cada criança de até seis anos de idade.

Os benefícios eventuais subsidiários não poderão ser cumulados com os instituídos pelas Leis ns. 10.954/2004 e 10.458/2002.

29.10 PROGRAMAS DE ASSISTÊNCIA SOCIAL

Os programas de assistência compreendem ações integradas e complementares com objetivos, tempo e áreas de abrangência definidos para qualificar, incentivar e melhorar os benefícios e os serviços assistenciais. Serão os programas definidos pelos respectivos Conselhos de Assistência Social, com prioridade para a inserção profissional e social. Os programas voltados ao idoso e à integração da pessoa com deficiência serão devidamente articulados com o benefício de prestação continuada estabelecido no art. 20 da Lei n. 8.742/93.

Renda mínima representa a concessão de um mínimo existencial à pessoa, para ela viver. Seria uma forma de resgate dos excluídos. Sob esse aspecto, seria um direito fundamental, um direito à vida (art. 5º da Constituição). É um direito social a assistência aos desamparados (art. 6º da Lei Maior).

A Lei n. 10.835/2004, institui a renda básica de cidadania a partir de 2005. Constitui-se no direito de todos os brasileiros no país e estrangeiros residentes há pelo menos cinco anos no Brasil, não importando sua condição socioeconômica, receberem, anualmente, um benefício monetário (art. 1º). O pagamento do benefício deverá ser de igual valor para todos, e suficiente para atender às despesas mínimas de cada pessoa com alimentação, educação e saúde, considerando para isso o grau de desenvolvimento do país e as possibilidades orçamentárias. O pagamento deste benefício poderá ser feito em parcelas iguais e mensais. O benefício monetário será considerado como renda não tributável para fins de incidência do imposto sobre a renda de pessoas físicas.

Foi instituído o Programa Auxílio Brasil, no âmbito do Ministério da Cidadania, pela Lei n. 14.284/2021. É executado por meio da integração e da articulação de políticas, de programas e de ações direcionadas:

I – ao fortalecimento das ações do Sistema Único de Assistência Social (Suas);

II – à transferência direta e indireta de renda;

III – ao desenvolvimento da primeira infância;

IV – ao incentivo ao esforço individual; e

V – à inclusão produtiva rural e urbana, com vistas à emancipação cidadã.

São objetivos do Programa Auxílio Brasil:

I – promover a cidadania com garantia de renda e apoiar, por meio dos benefícios e serviços ofertados pelo Suas, a articulação de políticas direcionadas aos beneficiários, com vistas à superação das vulnerabilidades sociais das famílias;

II – reduzir as situações de pobreza e de extrema pobreza das famílias beneficiárias;

III – promover, prioritariamente, o desenvolvimento das crianças e dos adolescentes, por meio de apoio financeiro a gestantes, a nutrizes, a crianças e a adolescentes em situação de pobreza ou de extrema pobreza;

IV – promover o desenvolvimento das crianças na primeira infância, com foco na saúde e nos estímulos às habilidades físicas, cognitivas, linguísticas e socioafetivas, de acordo com o disposto na Lei n. 13.257, de 8 de março de 2016;

V – ampliar a oferta do atendimento das crianças em creches;

VI – estimular crianças, adolescentes e jovens a terem desempenho científico e tecnológico de excelência; e

VII – estimular a emancipação das famílias em situação de pobreza e de extrema pobreza, principalmente por meio:

a) da inserção dos adolescentes maiores de 16 anos, dos jovens e dos adultos no mercado de trabalho;

b) da integração das políticas socioassistenciais com as políticas de promoção à inclusão produtiva; e

c) do incentivo ao empreendedorismo, ao microcrédito e à inserção no mercado de trabalho formal.

Constituem benefícios financeiros do Programa Auxílio Brasil, destinados a ações de transferência de renda com condicionalidades, nos termos do regulamento:

I – Benefício Primeira Infância: no valor de R$ 130,00 mensais, destinado às famílias em situação de pobreza ou de extrema pobreza que possuam em sua composição crianças com idade entre 0 e 36 meses incompletos, pago por integrante que se enquadre em tal situação;

II – Benefício Composição Familiar: no valor de R$ 65,00 mensais, destinado às famílias em situação de pobreza ou de extrema pobreza que possuam em sua composição gestantes, nutrizes ou pessoas com idade entre 3 e 21 anos incompletos, pago por integrante que se enquadre em tais situações, observado o disposto no § 2º deste artigo;

III – Benefício de Superação da Extrema Pobreza: destinado às famílias em situação de extrema pobreza, cuja renda familiar *per capita* mensal, mesmo somada aos benefícios financeiros previstos nos incisos I e II do *caput* deste artigo eventualmente recebidos, seja igual ou inferior ao valor da linha de extrema pobreza;

IV – Benefício Compensatório de Transição: concedido às famílias beneficiárias do Programa Bolsa Família que tiverem redução no valor financeiro total dos benefícios recebidos, em decorrência do enquadramento na nova estrutura de benefícios financeiros previstos nesta Lei.

São elegíveis ao Programa Auxílio Brasil as famílias:

I – em situação de pobreza, cuja renda familiar *per capita* mensal se situe entre R$ 105,01 e R$ 210,00; e

II – em situação de extrema pobreza, com renda familiar *per capita* mensal igual ou inferior a R$ 105,00.

As famílias que se enquadrarem na situação de pobreza apenas serão elegíveis ao Programa Auxílio Brasil se possuírem em sua composição gestantes, nutrizes ou pessoas com idade até 21 anos incompletos.

Os benefícios financeiros previstos nos incisos I, II e III do *caput* do art. 4º constituem direito das famílias em situação de pobreza e de extrema pobreza a eles elegíveis nos termos da Lei n. 14.284/2021, sendo-lhes assegurado o acesso às transferências de renda tão logo se verifique que elas preenchem os requisitos para isso, na forma dos procedimentos fixados no regulamento.

Os benefícios financeiros previstos nos incisos I, II e III do *caput* do art. 4º poderão ser pagos cumulativamente às famílias beneficiárias.

A família beneficiária apenas receberá o benefício previsto no inciso II do *caput* do art. 4º relativo aos seus integrantes com idade entre 18 e 21 anos incompletos quando estes já tiverem concluído a educação básica, ou nela estiverem devidamente matriculados, nos termos do regulamento.

Os valores dos benefícios de que tratam os incisos I, II e III e os valores referenciais para caracterização de situação de pobreza ou de extrema pobreza poderão ser ampliados por ato do Poder Executivo.

O valor do benefício previsto no inciso III do *caput* do art. 4º:

I – será calculado por integrante e pago mensalmente por família;

II – poderá variar após o recebimento dos benefícios indicados nos incisos I e II do *caput* deste artigo, na hipótese de a família beneficiária permanecer na situação de extrema pobreza; e

III – corresponderá ao valor necessário para que a soma da renda familiar mensal e dos benefícios financeiros supere a linha de extrema.

O Benefício Compensatório de Transição:

I – não se aplicará às hipóteses em que a redução na soma dos benefícios financeiros decorrer de alteração da estrutura familiar ou da composição da renda da família beneficiária;

II – será concedido no mês de implementação da nova estrutura de benefícios prevista nesta Lei e mantido nos meses subsequentes, com revisão da elegibilidade e do seu valor financeiro, nos termos do regulamento;

III – será reduzido gradativamente, em qualquer das seguintes hipóteses:

a) quando o valor da soma dos novos benefícios financeiros previstos nos incisos I, II e III, devidos à família beneficiária, o superar; ou

b) quando houver alteração na composição familiar ou na renda familiar *per capita* mensal que ensejar revisão na elegibilidade, nos termos do regulamento;

IV – será encerrado na hipótese de a família deixar de atender aos critérios de permanência no Programa Auxílio Brasil.

Para fins de cálculo do Benefício Compensatório de Transição será considerada a soma dos benefícios financeiros recebidos no mês imediatamente anterior à revogação da Lei n. 10.836, de 9 de janeiro de 2004, ou dos benefícios financeiros do Programa Bolsa Família substituídos pelo Auxílio Emergencial 2021 concedido com base nas prorrogações de que trata o art. 15 da Medida Provisória n. 1.039, de 18 de março de 2021.

Os benefícios poderão ser pagos por meio das seguintes modalidades de contas, nos termos de resoluções do Banco Central do Brasil:

I – conta do tipo poupança social digital, nos termos da Lei n. 14.075, de 22 de outubro de 2020;

II – contas correntes de depósito à vista;

III – contas especiais de depósito à vista;

IV – contas contábeis; e

V – outras espécies de contas que venham a ser criadas.

O pagamento dos benefícios será feito preferencialmente à mulher, nos termos do regulamento.

O Auxílio Esporte Escolar será concedido aos estudantes, integrantes das famílias que recebam os benefícios previstos no *caput* do art. 4º da Lei n. 14.284/2021, que se destacarem em competições oficiais do sistema de jogos escolares brasileiros, nos termos do regulamento.

O Auxílio Esporte Escolar consiste no auxílio financeiro às famílias dos atletas que se enquadrarem nos requisitos estabelecidos nesta Lei e será pago em:

I – 12 parcelas mensais ao atleta escolar; e

II – mais uma parcela única à família do atleta escolar.

Para fins de concessão do Auxílio Esporte Escolar, somente os atletas escolares com idade entre 12 anos completos e 17 anos incompletos serão considerados elegíveis, nos termos do regulamento.

É vedada a concessão simultânea de mais de um Auxílio Esporte Escolar do tipo mensal a um atleta escolar.

O Auxílio Esporte Escolar é pessoal e intransferível e não gera direito adquirido.

Na hipótese de haver, em família beneficiária do Programa Auxílio Brasil, mais de um aluno elegível ao recebimento do Auxílio Esporte Escolar, será permitido o pagamento de um auxílio para cada aluno, vedada a acumulação do auxílio pago às famílias em parcela única.

Os valores dos auxílios de que trata o art. 6º serão estabelecidos em regulamento.

Ato do Ministro de Estado da Cidadania definirá os procedimentos para gestão e operacionalização do Auxílio Esporte Escolar.

O Auxílio Esporte Escolar será gerido pela Secretaria Especial do Esporte do Ministério da Cidadania.

O pagamento dos valores relativos ao Auxílio Esporte Escolar será mantido independentemente de o estudante ou sua família não ser mais elegível ao recebimento dos benefícios, condicionado à permanência da família no CadÚnico.

A Bolsa de Iniciação Científica Júnior será concedida a estudantes, integrantes das famílias que recebam os benefícios, que se destacarem em competições acadêmicas e científicas, de abrangência nacional, vinculadas a temas da educação básica, nos termos do regulamento.

A Bolsa de Iniciação Científica Júnior será paga em:

I – 12 parcelas mensais ao estudante; e

II – mais uma parcela única à família do estudante.

A Bolsa de Iniciação Científica Júnior é pessoal e intransferível e não gera direito adquirido.

Na hipótese de haver, em família beneficiária do Programa Auxílio Brasil, mais de um estudante elegível ao recebimento da Bolsa de Iniciação Científica Júnior, será permitido o pagamento de uma bolsa para cada estudante, vedada a acumulação da bolsa em parcela única.

É vedada a concessão simultânea de mais de uma Bolsa de Iniciação Científica Júnior ao mesmo estudante.

Ato conjunto do Ministro de Estado da Cidadania e do Ministro de Estado da Ciência, Tecnologia e Inovações definirá os procedimentos para a concessão e o pagamento das bolsas.

Caberá ao Ministério da Ciência, Tecnologia e Inovações regulamentar o credenciamento das competições a que se refere o *caput* do art. 7º que habilitam os estudantes integrantes de famílias beneficiárias do Programa Auxílio Brasil a receber a Bolsa de Iniciação Científica Júnior.

O pagamento dos valores relativos à Bolsa de Iniciação Científica Júnior será mantido independentemente de o estudante ou sua família não ser mais elegível ao recebimento dos benefícios, condicionado à permanência da família no CadÚnico.

O Auxílio Criança Cidadã será concedido para acesso da criança, em tempo integral ou parcial, a creches, regulamentadas ou autorizadas, que ofertem educação infantil, nos termos do regulamento, e será pago diretamente pelo ente federado subnacional responsável pelo convênio para a instituição educacional conveniada em que a criança estiver matriculada.

Será elegível como apto para aderir ao Auxílio Criança Cidadã o responsável por família, preferencialmente monoparental, que receba os benefícios previstos nos incisos I, II e III, e que tenha crianças de 0 até 48 meses incompletos de idade, condicionado:

I – ao exercício de atividade remunerada registrada no CadÚnico ou à identificação de vínculo em emprego formal;

II – à inexistência de vaga em estabelecimento de educação infantil da rede pública ou privada conveniada próxima à residência ou ao endereço referencial do trabalho do responsável, na forma do regulamento; e

III – à inscrição da família beneficiária na fila de vagas em creche, condição a ser informada pelo órgão municipal responsável.

Na hipótese de a família beneficiária deixar de atender a algum dos critérios de elegibilidade ao Auxílio Criança Cidadã, o auxílio poderá ser mantido até que a criança complete 48 meses de idade ou até o término do ano letivo em que esteja matriculada, condicionado à permanência da família no CadÚnico.

O auxílio financeiro previsto no *caput* do art. 8º será calculado individualmente por criança e pago por família, limitado a três crianças por família, ressalvada a hipótese de mais de um nascimento por gestação, caso em que o limite será de três gestações.

Excepcionalmente poderá ser concedido o Auxílio Criança Cidadã, para atendimento em creches, às crianças que completarem 48 meses após 31 de março do ano letivo, no caso de não haver disponibilidade de vaga em creche da rede pública ou conveniada, conforme regulamento.

Caberão ao Ministério da Cidadania a gestão e a operacionalização do Auxílio Criança Cidadã.

Ato conjunto do Ministro de Estado da Cidadania e do Ministro de Estado da Educação disporá, entre outros tópicos, sobre:

I – o termo de adesão a ser assinado pelo estabelecimento educacional; e

II – os critérios e os procedimentos mínimos de atendimento e para adesão dos estabelecimentos de ensino e de ações de articulação entre União, Estados, Distrito Federal e Municípios.

Serão habilitados a aderir ao Auxílio Criança Cidadã os estabelecimentos educacionais referidos no art. 77 da Lei n. 9.394, de 20 de dezembro de 1996, que ofertem educação infantil na etapa creche, que estejam regulamentados ou com autorização para funcionamento e que se habilitem ao recebimento do auxílio, conforme processo e critérios a serem estabelecidos nos termos do regulamento.

Na hipótese de haver comprovação de fraude ou pagamento indevido do Auxílio Criança Cidadã, caberá à instituição de ensino recebedora e ao beneficiário, subsidiariamente, a responsabilidade quanto ao ressarcimento.

A concessão do benefício tem caráter temporário e cessará imediatamente após a matrícula em vaga gratuita em estabelecimento de educação infantil próximo à residência ou ao endereço do trabalho do responsável pela criança. As crianças beneficiárias do Auxílio Criança Cidadã terão prioridade de atendimento na fila por vaga em creche do Município ou do Distrito Federal.

A manutenção do auxílio financeiro de que trata o art. 8º da Lei n. 14.284/2021 estará condicionada à participação dos responsáveis em atividades de orientação sobre parentalidade e cuidados com a primeira infância oferecidas pelo poder público municipal ou do Distrito Federal.

O Auxílio Criança Cidadã tem caráter suplementar e não afasta a obrigação de o poder público oferecer atendimento e expansão de creches na rede pública de ensino.

O Auxílio Inclusão Produtiva Rural será concedido para incentivo à produção, à doação e ao consumo de alimentos saudáveis pelos agricultores familiares que recebam os benefícios previstos no *caput* do art. 4º da Lei n. 14.284/2021, para consumo de famílias.

Após o primeiro ano, a manutenção do pagamento do auxílio mensal terá como condição a doação de alimentos, em valor correspondente a parte do valor anual do auxílio recebido, para famílias em situação de vulnerabilidade social atendidas pela rede educacional e socioassistencial, na forma estabelecida pelo Grupo Gestor do Programa Alimenta Brasil, de que trata o art. 31 da Lei n. 14.284/2021.

A família beneficiária poderá receber o Auxílio Inclusão Produtiva Rural por período máximo de 36 meses, conforme as regras de gestão e de permanência estabelecidas pelo Grupo Gestor do Programa Alimenta Brasil.

O beneficiário que deixar de receber o auxílio poderá ser contemplado novamente após interstício de 36 meses.

O Auxílio Inclusão Produtiva Urbana será efetivado por meio de poupança formada a partir de depósito periódico, em conta de poupança individualizada, em nome de cada membro da família que apresente ampliação de renda decorrente:

I – de obtenção de vínculo de emprego formal; ou

II – do desenvolvimento de atividade remunerada formalizada e registrada no CadÚnico, na condição de trabalhador autônomo, de empreendedor ou microempreendedor individual, de profissional liberal ou outra modalidade de trabalho, com a devida inscrição previdenciária e o correspondente recolhimento das contribuições para a seguridade social, nos casos em que o trabalhador seja por eles responsável, nos termos do regulamento.

O valor dos depósitos periódicos poderá variar conforme os tipos de ocupação profissional, de modo a privilegiar a segurança de renda dos mais vulneráveis, na forma do regulamento, vedada a diferenciação de valor em função de localização geográfica ou de indicadores econômicos e sociais distintos dos fixados nesta Lei.

Os recursos serão depositados em conta administrada pelas instituições financeiras federais e aplicados integralmente em títulos do Tesouro Nacional, nos termos do regulamento.

A manutenção da condição de família beneficiária no Programa Auxílio Brasil dependerá, no mínimo, do cumprimento de condicionalidades relativas:

I – à realização de pré-natal;

II – ao cumprimento do calendário nacional de vacinação e ao acompanhamento do estado nutricional; e

III – à frequência escolar mínima.

Parágrafo único. O regulamento disporá sobre:

I – os critérios para o cumprimento das condicionalidades;

II – as informações a serem coletadas e disponibilizadas;

III – as atribuições dos órgãos responsáveis pela gestão e execução das políticas direcionadas à provisão dos serviços relacionados às condicionalidades; e

IV – os efeitos do descumprimento das condicionalidades pelas famílias, vedada a adoção de procedimentos de caráter unicamente punitivo, devendo ser verificada a situação da família e prestada a devida atenção e orientação, com estabelecimento de prazo razoável para que possa cumpri-las antes de se proceder ao seu desligamento do Programa Auxílio Brasil.

Fica instituído o Programa Alimenta Brasil, com as seguintes finalidades:

I – incentivar a agricultura familiar e promover a inclusão econômica e social, com fomento à produção sustentável, ao processamento de alimentos, à industrialização e à geração de renda;

II – incentivar o consumo e a valorização dos alimentos produzidos pela agricultura familiar;

III – promover o acesso à alimentação, em quantidade, qualidade e regularidade necessárias, pelas pessoas em situação de insegurança alimentar e nutricional, sob a perspectiva do direito humano à alimentação adequada e saudável;

IV – promover o abastecimento alimentar, que compreende as compras governamentais de alimentos;

V – apoiar a formação de estoque pelas cooperativas e demais organizações da agricultura familiar; e

VI – fortalecer circuitos locais e regionais e redes de comercialização, inclusive os do coco babaçu.

O Programa Alimenta Brasil poderá ser executado nas seguintes modalidades:

I – compra com doação simultânea: compra de alimentos diversos e doação simultânea às unidades recebedoras e, nas hipóteses definidas pelo Grupo Gestor do Programa Alimenta Brasil, diretamente aos beneficiários consumidores, com o objetivo de atender a demandas locais de suplementação alimentar de pessoas em situação de insegurança alimentar e nutricional;

II – compra direta: compra de produtos definidos pelo Grupo Gestor do Programa Alimenta Brasil, com o objetivo de sustentar preços;

III – incentivo à produção e ao consumo de leite: compra de leite que, após ser beneficiado, é doado às unidades recebedoras e, nas hipóteses definidas pelo Grupo Gestor do Programa Alimenta Brasil, diretamente aos beneficiários consumidores, com o objetivo de atender a demandas locais de suplementação alimentar de pessoas em situação de insegurança alimentar e nutricional;

IV – apoio à formação de estoques: apoio financeiro para a constituição de estoques de alimentos por organizações fornecedoras, para posterior comercialização e devolução de recursos ao poder público; e

V – compra institucional: compra da agricultura familiar, por meio de chamamento público, para o atendimento de demandas de gêneros alimentícios ou de materiais propagativos, por parte de órgão comprador e, nas hipóteses definidas pelo Grupo Gestor do Programa Alimenta Brasil, para doação aos beneficiários consumidores.

Os limites financeiros de participação do beneficiário fornecedor em cada uma das modalidades serão estabelecidos em regulamento.

Fica o Poder Executivo federal, estadual, distrital e municipal autorizado a adquirir alimentos produzidos pelos beneficiários, com dispensa de licitação, observadas, cumulativamente, as seguintes exigências:

I – os preços sejam compatíveis com os preços vigentes no mercado, em âmbito local ou regional, aferidos e definidos segundo metodologia instituída pelo Grupo Gestor do Programa Alimenta Brasil;

II – o valor máximo anual para aquisições de alimentos, por unidade familiar, por cooperativa ou por demais organizações formais da agricultura familiar seja respeitado, nos termos do regulamento; e

III – os alimentos adquiridos sejam de produção própria dos beneficiários e cumpram os requisitos de controle de qualidade dispostos nas normas vigentes.

A Lei n. 10.689/2003 instituiu o Programa Nacional de Acesso à Alimentação.

A Lei n. 9.533/97 autoriza o Poder Executivo a conceder apoio financeiro aos Municípios que instituírem programas de garantia de renda mínima. O apoio será restrito aos Municípios com receita tributária por habitante, incluídas as transferências constitucionais correntes, inferior à respectiva média estadual e com renda familiar por habitante inferior à renda média familiar por habitante do Estado. Sem prejuízo da diversidade dos programas passíveis de serem implementados pelos Municípios, o apoio financeiro da União terá por referência o limite máximo de benefício por família dado pela seguinte equação: Valor do Benefício por Família = R$ 15,00 x número de dependentes entre zero e catorze anos – [0,5 (cinco décimos) x valor da renda familiar *per capita*]. O Decreto n. 3.117/99, regulamenta a Lei n. 9.533/97.

29.11 PROJETOS DE ENFRENTAMENTO DA POBREZA

Os projetos de enfrentamento da pobreza compreendem a instituição de investimento econômico-social nos grupos populares, buscando subsidiar, financeira e tecnicamente, iniciativas que lhes garantam meios, capacidade produtiva e de gestão para melhoria das condições gerais de subsistência, elevação de padrão da qualidade de vida, preservação do meio ambiente e organização social.

O incentivo a projetos de enfrentamento da pobreza assentar-se-á em mecanismos de articulação e de participação de diferentes áreas governamentais e em sistema de cooperação entre organismos governamentais, não governamentais e da sociedade civil.

Verificação de aprendizagem

1. O que é assistência social?
2. Quais são os objetivos da assistência social?
3. Quais são os princípios da assistência social?
4. Quais são as diretrizes da assistência social?
5. O que são CNAS e FNAS?
6. Quais são os serviços prestados pela assistência social?
7. O que é habilitação e reabilitação profissionais?
8. Quais são os benefícios assegurados pela assistência social?
9. Qual é o benefício de prestação continuada da assistência social?
10. Quais são os benefícios eventuais pagos pela assistência social?

Parte V

SAÚDE

Capítulo 30

SAÚDE

30.1 HISTÓRICO

A Declaração Universal dos Direitos do Homem de 1948 prevê o direito de toda pessoa ter um padrão de vida capaz de assegurar a si e a sua família cuidados médicos e os serviços sociais indispensáveis, bem como o direito à segurança no caso de doença (art. XXV).

O Pacto Internacional dos Direitos Econômicos, Sociais e Culturais, de 1966, prevê o reconhecimento do direito de toda pessoa desfrutar o mais elevado nível possível de saúde física e mental (art. 12).

A Lei n. 6.229/75, instituiu o Sistema Nacional de Saúde.

O Decreto n. 94.657/87, criou os Sistemas Unificados e Descentralizados de Saúde nos Estados (SUDS). Com isso se pretendeu passar aos Estados e, por meio destes, aos Municípios, as ações de saúde.

A Constituição de 1988 tratou da saúde, como espécie da Seguridade Social, nos arts. 196 a 200. O inciso II do art. 23 da Lei Magna atribui competência comum à União, aos Estados, ao Distrito Federal e aos Municípios para cuidar da saúde e da assistência pública. O inciso XII do art. 24 da Constituição estabelece competência concorrente à União, aos Estados e ao Distrito Federal sobre proteção e defesa da saúde. A União irá estabelecer normas gerais (§ 1º do art. 24 da Lei Maior).

A Lei n. 8.080/90, revoga a Lei n. 6.229/75, passando a tratar da saúde.

A Lei n. 8.689/93, extinguiu o Inamps. As funções, competências, atividades e atribuições do Inamps serão absorvidas pelas instâncias federal, estadual e municipal gestoras do Sistema Único de Saúde, de acordo com as respectivas competências, critérios e demais disposições das Leis ns. 8.080/90, e 8.142/90 (parágrafo único do art. 1º da Lei n. 8.689/93).

Com a extinção do Inamps, a União, por meio do Orçamento da Seguridade Social, obriga-se a garantir ao SUS, permanentemente e sem prejuízo da participação dos recursos do Orçamento Fiscal, o aporte anual de recursos financeiros equivalente, no mínimo, à média dos gastos da autarquia nos últimos cinco exercícios fiscais (art. 14 da Lei n. 8.689/93).

30.2 CARACTERÍSTICAS

A palavra *saúde* vem do adjetivo latino *saluus, a, um*, que tem o significado de inteiro, intacto, ou de *salus, utis*, com o significado de estar são, ou salvação. O verbo *salueo, es, ere*, significa estar são.

Em 1946, a OIT definiu saúde como "um estado completo de bem-estar físico, mental e social, e não somente a ausência de doença ou enfermidade".

O art. 3º da Convenção 155 da OIT afirma que "saúde, com relação ao trabalho, abrange não só a ausência de afecções ou de doenças, mas também os elementos físicos e mentais que afetam a saúde e estão diretamente relacionados com a segurança e a higiene no trabalho".

O sistema de saúde deve abranger três espécies de categorias: prevenção, proteção e recuperação.

A prevenção compreende meios para evitar as doenças, incluindo a vigilância sanitária e epidemiológica.

A recuperação da pessoa pode ser feita pelos serviços sociais e pela reabilitação profissional. Esses serviços visam reintegrar o trabalhador na sua atividade profissional. É uma forma de reintegração social.

Saúde é direito social (art. 6º da Constituição).

Do direito à vida (art. 5º da Constituição) e do direito à dignidade da pessoa humana, a consequência é o direito à saúde. Não se pode falar em direito à vida, sem que se garanta o acesso ou o direito à saúde.

Dispõe o art. 196 da Constituição que a saúde é direito de todos e dever do Estado. A saúde é um direito de todos. Isso mostra quem são os titulares desse direito.

É dever do Estado. Este é o responsável por adimplir as prestações de serviços relativos à saúde. O objetivo é reduzir os riscos com doenças. A saúde é garantida mediante políticas sociais e econômicas que visem à redução do risco de doença e de outros agravos e ao acesso universal e igualitário às ações e aos serviços para sua promoção, proteção e recuperação. O dever do Estado não exclui o das pessoas, da família, das empresas e da sociedade. O direito à saúde é um direito fundamental do ser humano.

O art. 2º da Lei n. 8.212/91 dispõe que a saúde é direito de todos e dever do Estado, garantido mediante políticas sociais e econômicas que visem à redução do risco de doença e de outros agravos e ao acesso universal e igualitário às ações e aos serviços para sua promoção, proteção e recuperação.

Verifica-se que a saúde é um direito público subjetivo, que pode ser exigido do Estado, que, por contrapartida, tem o dever de prestá-lo. Está, assim, entre os direitos fundamentais do ser humano.

A ação do Estado deve ser preventiva e curativa, de recuperar a pessoa.

Tem a saúde, segundo o art. 3º da Lei n. 8.080/90, como fatores determinantes e condicionantes, entre outros, a alimentação, a moradia, o saneamento básico, o meio ambiente, o trabalho, a renda, a educação, a atividade física, o transporte, o lazer e o acesso aos bens e serviços essenciais. Os níveis de saúde da população expressam a organização social e econômica do país, dizem respeito, também, à saúde as ações que se destinam a garantir às pessoas e à coletividade condições de bem-estar físico, mental e social.

30.3 PRINCÍPIOS

A Saúde é informada pelos seguintes princípios:

a) acesso universal e igualitário. Todos têm direito à saúde, de igual modo, tanto os nacionais quanto os estrangeiros residentes no país;
b) provimento das ações e dos serviços por meio de rede regionalizada e hierarquizada, integrados em sistema único;
c) descentralização, com direção única em cada esfera de governo;
d) atendimento integral, com prioridade para as atividades preventivas, como, por exemplo, de vacinação;
e) participação da comunidade na gestão, fiscalização e acompanhamento das ações e dos serviços de saúde;
f) participação da iniciativa privada na assistência à saúde, obedecidos os preceitos constitucionais (art. 198 da Constituição e parágrafo único do art. 2º da Lei n. 8.212/91).

O art. 7º da Lei n. 8.080/90 acrescenta ainda outros princípios à Saúde:

a) integralidade de assistência, entendida como um conjunto articulado e contínuo das ações e dos serviços preventivos e curativos, individuais e coletivos, exigidos para cada caso em todos os níveis de complexidade do sistema;
b) preservação da autonomia das pessoas na defesa de sua integridade física e moral;
c) igualdade de assistência à saúde, sem preconceitos ou privilégios de qualquer espécie;
d) direito à informação, às pessoas assistidas, sobre sua saúde;
e) divulgação de informações quanto ao potencial dos serviços de saúde e sua utilização pelo usuário;
f) utilização da epidemiologia para o estabelecimento de prioridades, a alocação de recursos e a orientação programática;
g) participação da comunidade;
h) descentralização político-administrativa, com direção única em cada esfera de governo, com ênfase na descentralização dos serviços para os Municípios, regionalização e hierarquização da rede de serviços de saúde;
i) integração em nível executivo das ações de saúde, meio ambiente e saneamento básico;
j) conjugação dos recursos financeiros, tecnológicos, materiais e humanos da União, dos Estados, do Distrito Federal e dos Municípios na prestação de serviços de assistência à saúde da população;
k) capacidade de resolução dos serviços em todos os níveis de assistência;
l) organização dos serviços públicos de modo a evitar duplicidade de meios para fins idênticos;
m) organização de atendimento público específico e especializado para mulheres e vítimas de violência doméstica em geral, que garanta, entre outros, atendimento, acompanhamento psicológico e cirurgias plásticas reparadoras, em conformidade com a Lei n. 12.845, de 1º de agosto de 2013.

30.4 DIRETRIZES

"Diretriz" significa "estabelecer uma linha reguladora, um traçado, um caminho a seguir". Compreende direção, rumo, sentido, uma conduta ou procedimento a ser seguido.

Várias diretrizes devem ser observadas na intervenção estatal no sistema nacional de saúde:

a) controlar e fiscalizar procedimentos, produtos e substâncias do interesse para a saúde e participar da produção de medicamentos, equipamentos, imunobiológicos, hemoderivados e outros insumos;
b) executar as ações de vigilância sanitária e epidemiológica, bem como da saúde do trabalhador;
c) ordenar a formação de recursos humanos na área de saúde;
d) participar da formulação da política e da execução das ações de saneamento básico;
e) incrementar em sua área de atuação e desenvolvimento científico e tecnológico e a inovação;
f) fiscalizar e inspecionar alimentos, compreendido o controle de seu teor nutricional, bem como o de bebidas e águas para consumo humano;
g) participar do controle e da fiscalização da produção, transporte, guarda e utilização de substâncias e produtos psicoativos, tóxicos e radioativos;
h) colaborar na proteção do meio ambiente, nele compreendido o do trabalho (art. 200, I a VIII, da Constituição).

A União, os Estados, o Distrito Federal e os Municípios aplicarão, anualmente, em ações e serviços públicos de saúde recursos mínimos derivados da aplicação de percentuais calculados sobre:

I – no caso da União, a receita corrente líquida do respectivo exercício financeiro, não podendo ser inferior a 15%;

II – no caso dos Estados e do Distrito Federal, o produto da arrecadação dos impostos a que se refere o art. 155 e dos recursos de que tratam os arts. 157 e 159, inciso I, alínea *a*, e inciso II, da Constituição, deduzidas as parcelas que forem transferidas aos respectivos Municípios;

III – no caso dos Municípios e do Distrito Federal, o produto da arrecadação dos impostos a que se refere o art. 156 e dos recursos de que tratam os arts. 158 e 159, inciso I, alínea *b* e § 3º da Constituição.

Lei complementar, que será reavaliada pelo menos a cada cinco anos, estabelecerá (§ 3º do art. 198 da Constituição):

I – os percentuais de que tratam os incisos II e III do § 2º do art. 198 da Constituição;

II – os critérios de rateio dos recursos da União vinculados à saúde destinados aos Estados, ao Distrito Federal e aos Municípios, e dos Estados destinados a seus respectivos Municípios, objetivando a progressiva redução das disparidades regionais;

III – as normas de fiscalização, avaliação e controle das despesas com saúde nas esferas federal, estadual, distrital e municipal.

30.5 RECURSOS

O sistema de saúde será custeado pela Seguridade Social, pela União, pelos Estados, pelo Distrito Federal e pelos Municípios, além de outras fontes (§ 1º do art. 198 da Constituição).

A Lei Complementar n. 141/2012, regulamenta o § 3º do art. 198 da Constituição para dispor sobre valores mínimos aplicados pela União, pelos Estados, pelo Distrito Federal e pelos Municípios, em saúde.

A iniciativa privada poderá ajudar na assistência à saúde, como atividade supletiva.

Não poderão ser destinados recursos públicos para auxílios ou subvenções às instituições privadas que tenham fins lucrativos (§ 2º do art. 199 da Lei Maior). Ao contrário, tratando-se de entidade privada sem fins lucrativos, poderá haver auxílio ou subvenção do Poder Público a essas entidades.

Procura-se evitar uma participação direta ou indireta de empresas ou capitais estrangeiros na assistência à saúde no país (art. 199, § 3º, da Lei Fundamental).

O orçamento da Seguridade Social destinará ao SUS, de acordo com a receita estimada, os recursos necessários à realização de suas finalidades, previstos em proposta elaborada pela sua direção nacional, com a participação dos órgãos de Previdência Social e da Assistência Social, tendo em vista as metas e as prioridades estabelecidas na Lei de Diretrizes Orçamentárias.

Outras fontes de recursos poderão servir para ajudar no custeio do sistema, como:

a) serviços que possam ser prestados sem prejuízo da assistência à saúde;
b) ajuda, contribuições, doações e donativos;
c) alienações patrimoniais e rendimentos de capital;
d) taxas, multas, emolumentos e preços públicos arrecadados no âmbito do SUS;
e) rendas eventuais, inclusive comerciais e industriais.

Ao SUS caberá metade da receita de que trata a letra *a*, apurada mensalmente, a qual será destinada à recuperação de viciados. As ações de saneamento que venham a ser executadas supletivamente pelo SUS serão financiadas por recursos tarifários específicos e outros da União, dos Estados, do Distrito Federal, dos Municípios e, em particular, do Sistema Financeiro da Habitação. As atividades de pesquisa e desenvolvimento científico e tecnológico em saúde serão cofinanciadas pelo SUS, pelas universidades e pelo orçamento fiscal, além de contar com recursos de instituições de fomento e financiamento ou de origem externa e com receita própria das instituições executoras.

Os recursos financeiros do SUS serão depositados em conta especial, em cada esfera de sua atuação, sendo movimentados sob fiscalização dos respectivos Conselhos de Saúde. Na esfera federal, os recursos financeiros, originários do orçamento da Seguridade Social, de outros orçamentos da União, além de outras fontes, serão administrados pelo Ministério da Saúde, por meio do Fundo Nacional de Saúde.

A União, os Estados, o Distrito Federal e os Municípios aplicarão, anualmente, em ações e serviços públicos de saúde, recursos mínimos derivados da aplicação de porcentuais calculados sobre:

a) no caso da União, na forma definida nos termos da lei complementar;
b) no caso dos Estados e do Distrito Federal, o produto da arrecadação dos impostos a que se refere o art. 155 da Lei Maior e dos recursos de que tratam os arts. 157 e 159, inciso I, alínea *a*, e inciso II, deduzidas as parcelas que forem transferidas aos respectivos Municípios;
c) no caso dos Municípios e do Distrito Federal, o produto da arrecadação dos impostos a que se refere o art. 156 e dos recursos de que tratam os arts. 158 e 159, inciso I, alínea *b* e § 3º da Constituição.

Lei complementar, que será reavaliada pelo menos a cada cinco anos, estabelecerá:

a) os porcentuais acima mencionados;
b) os critérios de rateio dos recursos da União vinculados à saúde destinados aos Estados, ao Distrito Federal e aos Municípios, e dos Estados destinados a seus respectivos Municípios, objetivando a progressiva redução das disparidades regionais;
c) as normas de fiscalização, avaliação e controle das despesas com saúde nas esferas federal, estadual, distrital e municipal;
d) as normas de cálculo do montante a ser aplicado pela União.

Até o exercício de 2004, os recursos mínimos aplicados nas ações e serviços públicos de saúde serão equivalentes:

I – no caso da União, do ano 2001 ao ano 2004, ao valor apurado no ano anterior, corrigido pela variação nominal do PIB;

II – no caso dos Estados e do Distrito Federal, a 12% do produto da arrecadação dos impostos a que se refere o art. 155 e dos recursos de que tratam os arts. 157 e 159, inciso I, alínea *a*, e o inciso II da Constituição, deduzidas as parcelas que forem transferidas aos respectivos Municípios; e

III – no caso dos Municípios e do Distrito Federal, 15% do produto da arrecadação dos impostos a que se refere o art. 156 e dos recursos de que tratam os arts. 158 e 159, inciso I, alínea *b* e § 3º da Constituição.

Os Estados, o Distrito Federal e os Municípios que apliquem porcentuais inferiores aos fixados nos incisos II e III deverão elevá-los gradualmente, até o exercício financeiro de 2004, reduzida a diferença à razão de, pelo menos, 1/5 por ano, sendo que, a partir de 2000, a aplicação será de pelo menos 7%.

Dos recursos da União, 15%, no mínimo, serão aplicados nos Municípios, segundo o critério populacional, em ações e serviços básicos de saúde, na forma da lei.

Os recursos dos Estados, do Distrito Federal e dos Municípios destinados às ações e serviços públicos de saúde e os transferidos pela União para a mesma finalidade serão aplicados por meio de Fundo de Saúde que será acompanhado e fiscalizado por Conselho de Saúde.

Na ausência de lei complementar para estabelecer os porcentuais de transferência, a partir do exercício financeiro de 2005, aplicar-se-á à União, aos Estados, ao Distrito Federal e aos Municípios os porcentuais acima descritos.

Da receita do concurso de prognóstico específico sobre o resultado de números e símbolos, 3% são destinados para o Fundo Nacional de Saúde, que destinará os recursos, exclusivamente, para ações das Santas Casas de Misericórdia, de entidades hospitalares sem fins econômicos e de entidades de saúde de reabilitação física de portadores de deficiência (art. 2º, VI, da Lei n. 11.345/2006).

30.6 SISTEMA ÚNICO DE SAÚDE

O conjunto de ações e serviços de saúde, prestados por órgãos e instituições públicas federais, estaduais e municipais, da administração direta e indireta e das fundações mantidas pelo Poder Público, constitui o Sistema Único de Saúde – SUS. Estão incluídas no SUS as instituições públicas federais, estaduais e municipais de controle de qualidade, pesquisa e produção de insumos, medicamentos, inclusive de sangue e hemoderivados, e de equipamentos para saúde. A iniciativa privada poderá participar do SUS em caráter complementar.

São objetivos do SUS (art. 5º da Lei n. 8.080/90):

a) a identificação e a divulgação dos fatores condicionantes e determinantes da saúde;
b) a formulação de política de saúde destinada a promover, nos campos econômico e social, a observância da redução de riscos de doenças e de outros agravos;
c) a assistência às pessoas por intermédio de ações de promoção, proteção e recuperação da saúde, com a realização integrada das ações assistenciais e das atividades preventivas.

Estão incluídas ainda no campo de atuação do SUS (art. 6º da Lei n. 8.080/90):

1. a execução de ações:
   a) de vigilância sanitária;
   b) de vigilância epidemiológica;
   c) de saúde do trabalhador;
   d) de assistência terapêutica integral, inclusive farmacêutica;
2. a participação na formulação da política e na execução de ações de saneamento básico;
3. a ordenação da formação de recursos humanos na área de saúde;
4. a vigilância nutricional e a orientação alimentar;
5. a colaboração na proteção do meio ambiente, nele compreendido o do trabalho;
6. a formulação da política de medicamentos, equipamentos, imunobiológicos e outros insumos de interesse para a saúde e a participação na sua produção;
7. o controle e a fiscalização de serviços, produtos e substâncias de interesse para a saúde;
8. a fiscalização e a inspeção de alimentos, água e bebidas para consumo humano;
9. a participação no controle e na fiscalização da produção, transporte, guarda e utilização de substâncias e produtos psicoativos, tóxicos e radioativos;
10. o incremento, em sua área de atuação, de desenvolvimento científico e tecnológico;
11. a formulação e a execução da política de sangue e seus derivados.

Entende-se por "vigilância sanitária" um conjunto de ações capazes de eliminar, diminuir ou prevenir riscos à saúde e de intervir nos problemas sanitários decorrentes do meio ambiente, da produção e da circulação de bens e da prestação de serviços de interesse da saúde, abrangendo:

a) o controle de bens de consumo que, direta ou indiretamente, se relacionem com a saúde, compreendidas todas as etapas e os processos, da produção ao consumo;
b) o controle da prestação de serviços que se relacionam direta ou indiretamente com a saúde.

Considera-se "vigilância epidemiológica" um conjunto de ações que proporcionam o conhecimento, a detecção ou prevenção de qualquer mudança nos fatores determinantes e condicionamentos da saúde individual ou coletiva, com a finalidade de recomendar e adotar as medidas de prevenção e controle de doenças ou agravos.

Depreende-se por saúde do trabalhador um conjunto de atividades que se destina, por meio das ações de vigilância epidemiológica e vigilância sanitária, à promoção e proteção da saúde dos trabalhadores, assim como visa à recuperação e à reabilitação da saúde dos trabalhadores submetidos aos riscos e agravos advindos das condições de trabalho, abrangendo:

a) assistência ao trabalhador vítima de acidente do trabalho ou portador de doença profissional e do trabalho;
b) participação, no âmbito de competência do SUS, em estudos, pesquisas, avaliação e controle dos riscos e agravos potenciais à saúde existentes no processo de trabalho;
c) participação, no âmbito de competência do SUS, da normatização, da fiscalização e do controle das condições de produção, extração, armazenamento, transporte, distribuição e manuseio de substâncias, dos produtos, de máquinas e equipamentos que apresentam riscos à saúde do trabalhador;
d) avaliação do impacto que as tecnologias provocam à saúde;
e) informação ao trabalhador, à sua respectiva entidade sindical e às empresas sobre os riscos de acidente do trabalho, doença profissional e do trabalho, bem como os resultados de fiscalizações, avaliações ambientais e exames de saúde, de admissão, periódicos e de demissão, respeitados os preceitos da ética profissional;
f) participação na normatização, na fiscalização e controle dos serviços de saúde do trabalhador nas instituições e empresas públicas e privadas;

g) revisão periódica da listagem oficial de doenças originadas no processo de trabalho, tendo na sua elaboração a colaboração das entidades sindicais;

h) a garantia ao sindicato dos trabalhadores de requerer ao órgão competente a interdição de máquina, de setor de serviço ou de todo o ambiente de trabalho, quando houver exposição a risco iminente para a vida ou a saúde dos trabalhadores.

As ações e os serviços de saúde, executados pelo SUS, seja diretamente ou mediante participação complementar da iniciativa privada, serão organizados de forma regionalizada e hierarquizada em níveis de complexidade crescente.

A direção do SUS será exercida em cada esfera de governo pelos seguintes órgãos:

a) no âmbito da União, pelo Ministério da Saúde;

b) no âmbito dos Estados e Distrito Federal, pela respectiva Secretaria de Saúde ou órgão equivalente;

c) no âmbito dos Municípios, pela respectiva Secretaria da Saúde ou órgão equivalente.

Os municípios poderão constituir consórcios para desenvolver em conjunto as ações e os serviços de saúde que lhes correspondam. No âmbito municipal, o SUS poderá organizar-se em distritos de forma a integrar e articular recursos, técnicas e práticas voltadas para a cobertura total das ações de saúde.

À direção nacional do SUS compete:

a) formular, avaliar e apoiar políticas de alimentação e nutrição;
b) participar na formulação e na implementação das políticas:
   1. de controle das agressões ao meio ambiente;
   2. de saneamento básico;
   3. relativas às condições e aos ambientes de trabalho;
c) definir e coordenar os sistemas:
   1. de redes integradas de assistência de alta complexidade;
   2. de rede de laboratórios de saúde pública;
   3. de vigilância epidemiológica;
   4. de vigilância sanitária;
d) participar da definição de normas e mecanismos de controle, como órgãos afins, de agravo sobre o meio ambiente ou dele decorrentes, que tenham repercussão na saúde humana;

e) participar da definição de normas, critérios e padrões para o controle das condições e dos ambientes de trabalho e coordenar a política de saúde do trabalhador;

f) coordenar e participar na execução das ações de vigilância epidemiológica;

g) estabelecer normas e executar a vigilância sanitária de portos, aeroportos e fronteiras, podendo a execução ser complementada pelos Estados, Distrito Federal e Municípios;

h) estabelecer critérios, parâmetros e métodos para o controle da qualidade sanitária de produtos, substâncias e serviços de consumo e uso humanos;

i) promover articulação com os órgãos educacionais e de fiscalização do exercício profissional, bem como com entidades representativas de formação de recursos humanos na área de saúde;

j) formular, avaliar, elaborar normas e participar na execução de política nacional e produção de insumos e equipamentos para a saúde, em articulação com os demais órgãos governamentais;

k) identificar os serviços estaduais e municipais de referência nacional para o estabelecimento de padrões técnicos de assistência à saúde;

l) controlar e fiscalizar procedimentos, produtos e substâncias de interesse para a saúde;

m) prestar cooperação técnica e financeira aos Estados, ao Distrito Federal e aos Municípios para o aperfeiçoamento da sua atuação institucional;

n) elaborar normas para regular as relações entre o SUS e os serviços privados contratados de assistência à saúde;

o) promover a descentralização para Unidades Federadas e para os Municípios dos serviços e ações de saúde, respectivamente, de abrangência estadual e municipal;

p) normatizar e coordenar nacionalmente o Sistema Nacional de Sangue, Componentes e Derivados;

q) acompanhar, controlar e avaliar as ações e os serviços de saúde, respeitadas as competências estaduais e municipais;

r) elaborar o Planejamento Estratégico no âmbito do SUS, em cooperação técnica com Estados, Municípios e Distrito Federal;

s) estabelecer o Sistema Nacional de Auditoria e coordenar a avaliação técnica e financeira do SUS em todo o território nacional, em cooperação técnica com Estados, Municípios e Distrito Federal.

A União poderá executar ações de vigilância epidemiológica e sanitária em circunstâncias especiais, como na ocorrência de agravos inusitados à saúde que possam escapar do controle da direção estadual do SUS ou que representem risco de disseminação nacional.

Em situações epidemiológicas que caracterizem emergência em saúde pública, poderá ser adotado procedimento simplificado para a remessa de patrimônio genético ao exterior, na forma do regulamento (art. 16, § 2º, da Lei n. 8.080/90).

Os benefícios resultantes da exploração econômica de produto acabado ou material reprodutivo oriundo de acesso ao patrimônio genético de que trata o § 2º serão repartidos nos termos da Lei n. 13.123/2015 (art. 16, § 3º, da Lei n. 8.080/90).

Compete à direção estadual do SUS:

a) promover a descentralização para os Municípios dos serviços e das ações de saúde;
b) acompanhar, controlar e avaliar as redes hierarquizadas do SUS;
c) prestar apoio técnico e financeiro aos Municípios e executar supletivamente ações e serviços de saúde;
d) coordenar e, em caráter complementar, executar ações e serviços:
   1. de vigilância epidemiológica;
   2. de vigilância sanitária;
   3. de alimentação e nutrição;
   4. de saúde do trabalhador;
e) participar, junto com os órgãos afins, do controle dos agravos do meio ambiente que tenham repercussão na saúde humana;
f) participar da formulação da política e da execução de ações de saneamento básico;
g) participar das ações de controle e avaliação das condições e dos ambientes de trabalho;
h) em caráter suplementar, formular, executar, acompanhar e avaliar a política de insumos e equipamentos para a saúde;
i) identificar estabelecimentos hospitalares de referência e gerir sistemas públicos de alta complexidade, de referência estadual e regional;
j) coordenar a rede estadual de laboratórios de saúde pública e hemocentros e gerir as unidades que permaneçam em sua organização administrativa;
k) estabelecer normas, em caráter suplementar, para o controle e a avaliação das ações e dos serviços de saúde;

l) formular normas e estabelecer padrões, em caráter suplementar, de procedimentos de controle de qualidade para produtos e substâncias de consumo humano;

m) colaborar com a União na execução da vigilância sanitária de portos, aeroportos e fronteiras;

n) acompanhar, avaliar e divulgar os indicadores de morbidade da mortalidade no âmbito da unidade federada.

À direção municipal do SUS compete (art. 18 da Lei n. 8.080/90):

a) planejar, organizar, controlar e avaliar as ações e os serviços de saúde, gerir e executar os serviços públicos de saúde;

b) participar do planejamento, da programação e da organização da rede regionalizada e hierarquizada do SUS, em articulação com sua direção estadual;

c) participar da execução, do controle e da avaliação das ações referentes às condições e aos ambientes de trabalho;

d) executar serviços:
   1. de vigilância epidemiológica;
   2. de vigilância sanitária;
   3. de alimentação e nutrição;
   4. de saneamento básico;
   5. de saúde do trabalhador;

e) dar execução, no âmbito municipal, à política de insumos e equipamentos para a saúde;

f) colaborar na fiscalização das agressões ao meio ambiente que tenham repercussão sobre a saúde humana e atuar, junto aos órgãos municipais, estaduais e federais competentes, para controlá-las;

g) formar consórcios administrativos intermunicipais;

h) gerir laboratórios públicos de saúde e hemocentros;

i) colaborar com a União e os Estados na execução da vigilância sanitária de portos, aeroportos e fronteiras;

j) celebrar contratos e convênios com entidades prestadoras de serviços privados de saúde, bem como controlar e avaliar sua execução;

k) controlar e fiscalizar os procedimentos dos serviços privados de saúde;

l) normatizar complementarmente as ações e os serviços públicos de saúde no seu âmbito de atuação.

Ao Distrito Federal compete as atribuições reservadas aos Estados e aos Municípios (art. 19 da Lei n. 8.080/90).

É assegurado atendimento integral à saúde da criança e do adolescente, por intermédio do Sistema Único de Saúde, garantido o acesso universal e igualitário às ações e serviços para promoção, proteção e recuperação da saúde.

As Comissões Intergestores Bipartite e Tripartite são reconhecidas com foros de negociação, e pactuação entre gestores, quanto aos aspectos operacionais do Sistema Único de Saúde (SUS). A atuação das Comissões terá por objetivo: 1 – decidir sobre os aspectos operacionais, financeiros e administrativos da gestão compartilhada do SUS, em conformidade com a definição da política consubstanciada em planos de saúde, aprovados pelos conselhos de saúde; 2 – definir diretrizes, de âmbito nacional, regional e intermunicipal, a respeito da organização das redes de ações e serviços de saúde, principalmente no tocante à sua governança institucional e à integração das ações e serviços dos entes federados; 3 – fixar diretrizes sobre as regiões de saúde, distrito sanitário, integração de territórios, referência e contrarreferência e demais aspectos vinculados à integração das ações e serviços de saúde entre os entes federados.

O Conselho Nacional de Secretários de Saúde (CONASS) e o Conselho Nacional de Secretarias Municipais de Saúde (CONASEMS) são reconhecidos como entidades representativas dos entes estaduais e municipais para tratar de matérias referentes à saúde e declarados de utilidade pública e de relevante função social. O CONASS e o CONASEMS receberão recursos do orçamento geral da União por meio do Fundo Nacional de Saúde, para auxiliar no custeio de suas despesas institucionais, podendo ainda celebrar convênios com a União.

30.7 OUTRAS REGRAS

As ações e os serviços de saúde são de relevância pública. Caberá ao Poder Público dispor, por meio de lei, sobre sua regulamentação, fiscalização e controle, devendo sua execução ser feita diretamente ou por intermédio de terceiros e, também, por pessoa física ou jurídica de direito privado (art. 197 da Constituição). A União será responsável pela regulamentação, fiscalização e controle das ações e dos serviços de saúde.

O art. 3º da Lei n. 12.715/2012 institui o Programa Nacional de Apoio à Atenção da Saúde da Pessoa com Deficiência – PRONAS/PCD. O PRONAS/PCD tem a finalidade de captar e canalizar recursos destinados a estimular e desenvolver a prevenção e a reabilitação da pessoa com deficiência, incluindo-se promoção, prevenção, diagnóstico precoce, tratamento, reabilitação e indicação e adaptação de órteses, próteses e meios auxiliares de locomoção, em todo o ciclo de vida. O PRONAS/PCD será implementado mediante incentivo fiscal a ações e serviços de reabilitação da pessoa com deficiência desenvolvidos por pessoas jurídicas de direito privado sem fins lucrativos que se destinam ao tratamento de deficiências físicas, motoras, auditivas, visuais, mentais, intelectuais, múltiplas e de autismo. Para efeito do PRONAS/PCD, as pessoas jurídicas devem: I – ser certificadas como entidades beneficentes de assistência social que atendam ao disposto na Lei n. 12.101/2009; II – atender aos requisitos de que trata a Lei n. 9.637/98; ou III – constituir-se como Organizações da Sociedade Civil de Interesse Público que atenda aos requisitos de que trata a Lei n. 9.790/99; ou IV – prestar atendimento direto e gratuito às pessoas com deficiência, cadastradas no Cadastro Nacional de Estabelecimentos de Saúde – CNES do Ministério da Saúde. As ações e os serviços de reabilitação apoiados com as doações e os patrocínios captados por meio do Pronas/PCD compreendem: I – prestação de serviços médico-assistenciais; II – formação, treinamento e aperfeiçoamento de recursos humanos em todos os níveis; e III – realização de pesquisas clínicas, epidemiológicas e experimentais.

Os gestores locais do sistema de saúde poderão admitir agentes comunitários de saúde e agentes de combate às endemias por meio de processo seletivo público, de acordo com a natureza e complexidade de suas atribuições e requisitos específicos para sua atuação.

Lei federal disporá sobre o regime jurídico, o piso salarial profissional nacional, as diretrizes para os Planos de Carreira e a regulamentação das atividades de agente comunitário de saúde e agente de combate às endemias, competindo à União, nos termos da lei, prestar assistência financeira complementar aos Estados, ao Distrito Federal e aos Municípios, para o cumprimento do referido piso salarial (§ 5º do art. 198 da Constituição).

A Lei n. 11.350/2006 dispõe sobre o regime jurídico e a regulamentação das atividades de agente comunitário de saúde e agente de combate às endemias.

O servidor que exerça funções equivalentes às de agente comunitário de saúde ou de agente de combate às endemias poderá perder o cargo em caso de descumprimento dos requisitos específicos, fixados em lei, para o seu exercício.

O exercício das atividades de agente comunitário de saúde e de agente de combate às endemias dar-se-á exclusivamente no âmbito do SUS, na execução das atividades de responsabilidade dos entes federados, mediante vínculo direto entre os referidos agentes e órgão ou entidade da administração direta, autárquica ou fundacional (art. 2º da Lei n. 11.350/2006).

O agente comunitário de saúde tem como atribuição o exercício de atividades de prevenção de doenças e promoção da saúde, a partir dos referenciais da Educação Popular em Saúde, mediante ações domiciliares ou comunitárias, individuais ou coletivas, desenvolvidas em conformidade com as diretrizes do SUS, que normatizam a saúde preventiva e a atenção básica em saúde, com o objetivo de ampliar o acesso da comunidade assistida às ações e aos serviços de informação, de saúde, de promoção social e de proteção da cidadania, e sob supervisão do gestor municipal, distrital, estadual ou federal (art. 3º da Lei n. 11.350/2006).

O agente de combate às endemias tem como atribuição o exercício de atividades de vigilância, prevenção e controle de doenças e promoção da saúde, desenvolvidas em conformidade com as diretrizes do SUS e sob supervisão do gestor de cada ente federado.

O Ministério da Saúde regulamentará as atividades de vigilância, prevenção e controle de doenças e de promoção da saúde a que se referem os arts. 3º, 4º e 4º-A da Lei n. 11.350 e estabelecerá os parâmetros dos cursos previstos no inciso II do *caput* do art. 6º, no inciso I do *caput* do art. 7º e no § 2º do art. 5º da Lei n. 11.350, observadas as diretrizes curriculares nacionais definidas pelo Conselho Nacional de Educação (art. 5º da Lei n. 11.350).

As instituições privadas poderão participar, de forma complementar, de sistema único de saúde, de acordo com as diretrizes deste, mediante contrato de direito público ou convênio, tendo preferência as entidades filantrópicas e as sem fins lucrativos (§ 1º do art. 199 da Lei Maior).

Os serviços privados de assistência à saúde caracterizam-se pela atuação, por iniciativa própria, de profissionais liberais, legalmente habilitados, e de pessoas jurídicas de direito privado na promoção, proteção e recuperação da saúde.

É vedada a participação direta ou indireta, inclusive controle, de empresas ou de capital estrangeiro na assistência à saúde nos seguintes casos:

I – doações de organismos internacionais vinculados à Organização das Nações Unidas, de entidades de cooperação técnica e de financiamento e empréstimos;

II – pessoas jurídicas destinadas a instalar, operacionalizar ou explorar:

a) hospital geral, inclusive filantrópico, hospital especializado, policlínica, clínica geral e clínica especializada; e

b) ações e pesquisas de planejamento familiar;

III – serviços de saúde mantidos, sem finalidade lucrativa, por empresas, para atendimento de seus empregados e dependentes, sem qualquer ônus para a seguridade social; e

IV – demais casos previstos em legislação específica.

Em qualquer caso é obrigatória a autorização do órgão de direção nacional do SUS, submetendo-se ao seu controle as atividades que forem desenvolvidas e os instrumentos que forem firmados. Os serviços de saúde mantidos, sem finalidade lucrativa, por empresas, para atendimento de seus empregados e dependentes, sem qualquer ônus para a seguridade social, ficam excluídos da proibição.

Quando suas disponibilidades forem insuficientes para garantir a cobertura assistencial à população de determinada área, o SUS poderá recorrer aos serviços ofertados pela iniciativa privada. A participação complementar dos serviços privados será formalizada mediante contrato ou convênio. As entidades filantrópicas e as sem fins lucrativos terão preferência para participar do SUS.

A lei determinará as condições e os requisitos para facilitar a remoção de órgãos, tecidos e substâncias humanas para fins de transplante, pesquisa e tratamento, bem como coleta, processamento e transfusão de sangue e seus derivados, sendo defeso todo tipo de comercialização (§ 4º do art. 199 da Norma Ápice). Foi recebida pela Lei Maior a Lei n. 7.649/88, que estabeleceu a obrigatoriedade de cadastramento dos doadores de sangue, assim como a realização de exames laboratoriais no sangue coletado, com o objetivo de prevenir a propagação de doenças.

A Lei n. 10.205/2001, regulamenta o § 4º do art. 199 da Constituição, quanto a coleta, processamento, estocagem, distribuição e aplicação do sangue, seus componentes e derivados.

É assegurada a atenção integral à saúde do idoso, por intermédio do SUS, garantindo-lhe o acesso universal e igualitário, em conjunto articulado e contínuo das ações e serviços, para a prevenção, promoção, proteção e recuperação da saúde, incluindo a atenção especial às doenças que afetam preferencialmente os idosos (art. 15 da Lei n. 10.741/2003).

A prevenção e a manutenção da saúde do idoso serão efetivadas por meio de: (a) cadastramento da população idosa em base territorial; (b) atendimento geriátrico e gerontológico em ambulatórios; (c) unidades geriátricas de referência, com pessoal especializado nas áreas de geriatria e gerontologia social; (d) atendimento domiciliar, incluindo a internação, para a população que dele necessitar e esteja impossibilitada de se locomover, inclusive para idosos abrigados e acolhidos por instituições públicas, filantrópicas ou sem fins lucrativos e eventualmente conveniadas com o Poder Público, nos meios urbano e rural; (e) reabilitação orientada pela geriatria e gerontologia, para redução de sequelas do agravo da saúde.

Incumbe ao Poder Público fornecer aos idosos, gratuitamente, medicamentos, especialmente os de uso continuado, assim como próteses, órteses e outros recursos relativos ao tratamento, habilitação ou reabilitação.

É vedada a discriminação do idoso nos planos de saúde pela cobrança de valores diferenciados em razão da saúde.

Os idosos portadores de deficiência ou com limitação incapacitante terão atendimento especializado, nos termos da lei.

Ao idoso internado ou em observação é assegurado o direito a acompanhante, devendo o órgão de saúde proporcionar as condições adequadas para sua permanência em tempo integral, segundo o critério médico.

Caberá ao profissional de saúde responsável pelo tratamento conceder autorização para o acompanhamento do idoso ou, no caso de impossibilidade, justificá-lo por escrito.

Ao idoso que esteja no domínio de suas faculdades mentais é assegurado optar pelo tratamento de saúde que lhe for reputado mais favorável.

Não estando o idoso em condições de fazer a opção, esta será feita: (a) pelo curador, quando o idoso for interditado; (b) pelos familiares, quando o idoso não tiver curador ou este não puder ser contatado em tempo hábil; (c) pelo médico, quando ocorrer iminente risco de vida e não houver tempo hábil para consulta a curador ou familiar; (d) pelo próprio médico, quando não houver curador ou familiar conhecido, caso em que deverá comunicar o fato ao Ministério Público.

As instituições de saúde devem atender aos critérios mínimos para o atendimento às necessidades do idoso, promovendo o treinamento e a capacitação dos profissionais, assim como orientação a cuidadores familiares e grupos de autoajuda.

Na qualidade de ações e serviços de saúde, as atividades de apoio à assistência à saúde são aquelas desenvolvidas pelos laboratórios de genética humana, produção e fornecimento de medicamentos e produtos para saúde, laboratórios de análises clínicas, anatomia patológica e de diagnóstico por imagem e são livres à participação direta ou indireta de empresas ou de capitais estrangeiros (art. 53-A da Lei n. 8.080/90).

30.8 DEFICIENTES

É assegurada atenção integral à saúde da pessoa com deficiência em todos os níveis de complexidade, por intermédio do SUS, garantido acesso universal e igualitário (art. 18 da Lei n. 13.146/2015). É assegurada a participação da pessoa com deficiência na elaboração das políticas de saúde a ela destinadas. É assegurado atendimento segundo normas éticas e técnicas, que regulamentarão a atuação dos profissionais de saúde e contemplarão aspectos relacionados aos direitos e às especificidades da pessoa com deficiência, incluindo temas como sua dignidade e autonomia. Aos profissionais que prestam assistência à pessoa com deficiência, especialmente em serviços de habilitação e de reabilitação, deve ser garantida capacitação inicial e continuada.

As ações e os serviços de saúde pública destinados à pessoa com deficiência devem assegurar:

I – diagnóstico e intervenção precoces, realizados por equipe multidisciplinar;

II – serviços de habilitação e de reabilitação sempre que necessários, para qualquer tipo de deficiência, inclusive para a manutenção da melhor condição de saúde e qualidade de vida;

III – atendimento domiciliar multidisciplinar, tratamento ambulatorial e internação;

IV – campanhas de vacinação;

V – atendimento psicológico, inclusive para seus familiares e atendentes pessoais;

VI – respeito à especificidade, à identidade de gênero e à orientação sexual da pessoa com deficiência;

VII – atenção sexual e reprodutiva, incluindo o direito à fertilização assistida;

VIII – informação adequada e acessível à pessoa com deficiência e a seus familiares sobre sua condição de saúde;

IX – serviços projetados para prevenir a ocorrência e o desenvolvimento de deficiências e agravos adicionais;

X – promoção de estratégias de capacitação permanente das equipes que atuam no SUS, em todos os níveis de atenção, no atendimento à pessoa com deficiência, bem como orientação a seus atendentes pessoais;

XI – oferta de órteses, próteses, meios auxiliares de locomoção, medicamentos, insumos e fórmulas nutricionais, conforme as normas vigentes do Ministério da Saúde.

As diretrizes acima aplicam-se também às instituições privadas que participem de forma complementar do SUS ou que recebam recursos públicos para sua manutenção.

Compete ao SUS desenvolver ações destinadas à prevenção de deficiências por causas evitáveis, inclusive por meio de:

I – acompanhamento da gravidez, do parto e do puerpério, com garantia de parto humanizado e seguro;

II – promoção de práticas alimentares adequadas e saudáveis, vigilância alimentar e nutricional, prevenção e cuidado integral dos agravos relacionados à alimentação e nutrição da mulher e da criança;

III – aprimoramento e expansão dos programas de imunização e de triagem neonatal;

IV – identificação e controle da gestante de alto risco (art. 19 da Lei n. 13.146/2015).

As operadoras de planos e seguros privados de saúde são obrigadas a garantir à pessoa com deficiência, no mínimo, todos os serviços e produtos ofertados aos demais clientes (art. 20 da Lei n. 13.146/2015).

Quando esgotados os meios de atenção à saúde da pessoa com deficiência no local de residência, será prestado atendimento fora de domicílio, para fins de diagnóstico e de tratamento, garantidos o transporte e a acomodação da pessoa com deficiência e de seu acompanhante.

À pessoa com deficiência internada ou em observação é assegurado o direito a acompanhante ou a atendente pessoal, devendo o órgão ou a instituição de saúde proporcionar condições adequadas para sua permanência em tempo integral. Na impossibilidade de permanência do acompanhante ou do atendente pessoal junto à pessoa com deficiência, cabe ao profissional de saúde responsável pelo tratamento justificá-la por escrito. Na ocorrência da impossibilidade anteriormente prevista, o órgão ou a instituição de saúde deve adotar as providências cabíveis para suprir a ausência do acompanhante ou do atendente pessoal. São vedadas todas as formas de discriminação contra a pessoa com deficiência, inclusive por meio de cobrança de valores diferenciados por planos e seguros privados de saúde, em razão de sua condição.

É assegurado à pessoa com deficiência o acesso aos serviços de saúde, tanto públicos como privados, e às informações prestadas e recebidas, por meio de recursos de tecnologia assistiva e de todas as formas de comunicação.

Os espaços dos serviços de saúde, tanto públicos quanto privados, devem assegurar o acesso da pessoa com deficiência, em conformidade com a legislação em vigor, mediante a remoção de barreiras, por meio de projetos arquitetônico, de ambientação de interior e de comunicação que atendam às especificidades das pessoas com deficiência física, sensorial, intelectual e mental (art. 25 da Lei n. 13.146/2015).

Os casos de suspeita ou de confirmação de violência praticada contra a pessoa com deficiência serão objeto de notificação compulsória pelos serviços de saúde públicos e privados à autoridade policial e ao Ministério Público, além dos Conselhos dos Direitos da Pessoa com Deficiência. Considera-se violência contra a pessoa com deficiência qualquer ação ou omissão, praticada em local público ou privado, que lhe cause morte ou dano ou sofrimento físico ou psicológico.

30.9 SAÚDE NA INICIATIVA PRIVADA

A assistência à saúde é livre à iniciativa privada (art. 199 da Constituição e art. 21 da Lei n. 8.080/90).

As instituições privadas poderão participar de forma complementar do sistema único de saúde, segundo diretrizes da Constituição, mediante contrato de direito público ou convênio, tendo preferência as entidades filantrópicas e as sem fins lucrativos (§ 1º do art. 199 da Constituição).

É vedada a destinação de recursos públicos para auxílios ou subvenções às instituições privadas com fins lucrativos.

É proibida a participação direta ou indireta de empresas ou capitais estrangeiros na assistência à saúde no País, salvo nos casos previstos em lei.

A participação da iniciativa privada no SUS é de caráter complementar (§ 2º do art. 4º da Lei n. 8.080/90).

A Lei n. 9.656/98 versa sobre os planos e seguros privados de assistência à saúde.

Afirma a Súmula 469 do STJ que aplica-se o CDC aos contratos de plano de saúde.

Quando as suas disponibilidades forem insuficientes para garantir a cobertura assistencial à população de determinada área, o SUS poderá recorrer aos serviços ofertados pela iniciativa privada (art. 24 da Lei n. 8.080/90). A participação complementar dos serviços privados será formalizada mediante contrato ou convênio, observadas, a respeito, as normas de direito público.

Na hipótese do parágrafo anterior, as entidades filantrópicas e as sem fins lucrativos terão preferência para participar do SUS (art. 25 da Lei n. 8.080/90).

Verificação de aprendizagem

1. O que é Saúde e como é garantida?
2. Quais são seus princípios?
3. De onde virá o financiamento da Saúde?
4. O que é SUS?

TABELA DE INCIDÊNCIAS (INSS, FGTS E IRF)

Rubricas	Incidências		
	INSS	FGTS	IRF
Abono ▸ de qualquer natureza, salvo o de férias	não art. 28, § 9º, z, da Lei n. 8.212/91	não	sim arts. 3º e 7º da Lei n. 7.713
▸ pecuniário de férias até 20 dias	não art. 28, § 9º, *e*, 6 da Lei n. 8.212 e art. 144.	não art. 144 da CLT	sim arts. 3º e 7º da Lei n. 7.713
Adicionais ▸ insalubridade, periculosidade, no turno, de função e tempo de serviço, de transferência, horas extras	sim art. 28, I, da Lei n. 8.212	sim art. 15 da Lei n. 8.036, Súmulas ns. 60 e 63 do TST	sim arts. 3º e 7º da Lei n. 7.713
Ajuda de custo	não § 2º, art. 457, CLT	não § 2º, art. 457, CLT	somente não incide em relação à destinada a cobrir as despesas com transporte e locomoção (art. 6º, XX, da Lei n. 7.713)
Auxílio-doença ▸ (apenas incide sobre os 15 primeiros dias pagos pela empresa)	sim art. 28, I, Lei n. 8.212	sim art. 15 da Lei n. 8.036	sim arts. 3º e 7º da Lei n. 7.713

Rubricas	Incidências		
	INSS	FGTS	IRF
Aviso-prévio ▸ indenizado	não	sim art. 15 da Lei n. 8.036, S. 305 TST	não art. 6º, V, Lei n. 7.713
▸ trabalhado	sim art. 28, I, Lei n. 8.212	sim art. 15 da Lei n. 8.036	sim arts. 3º e 7º da Lei n. 7.713
Comissões	sim art. 28, I, Lei n. 8.212	sim art. 15 da Lei n. 8.036	sim arts. 3º e 7º da Lei n. 7.713
13º salário ▸ 1ª parcela	não art. 214, § 6º, do RPS	sim art. 15 da Lei n. 8.036	não art. 26 da Lei n. 7.713
▸ 2ª parcela proporcional não incide INSS sobre a parcela do 13º salário correspondente ao aviso-prévio indenizado	sim art. 28, § 7º, Lei n. 8.212, s. 688 do STF	sim art. 15 da Lei n. 8.036	sim art. 5º da Lei n. 7.959 art. 16, II, da Lei n. 8.134/90
Demissão voluntária incentivada	não art. 28, § 9º, *e*, 5, da Lei n. 8.212	não art. 15, § 6º, Lei n. 8.036	não Súmula 215 do STJ (art. 14 da Lei n. 9.468/97)
Diárias para viagem	não art. 28, § 9º, *h*, Lei n. 8.212	não § 2º do art. 457 da CLT	não incide em relação às destinadas ao pagamento de despesas de alimentação e pousada por serviço eventual realizado em município diferente do da sede de trabalho, inclusive no exterior.
			art. 6º, II, Lei n. 7.713
Estagiários	não art. 28, § 9º, *i*, Lei n. 8.212	não art. 15 da Lei n. 8.036	sim arts. 3º e 7º da Lei n. 7.713

Rubricas	Incidências		
	INSS	FGTS	IRF
Férias ▸ indenizadas + 1/3 ou proporcionais	não art. 28, § 9º, *d*, Lei n. 8.212	não art. 15 da Lei n. 8.036	não Súmula 386 do STJ
▸ normais (inclusive coletivas) + 1/3	sim art. 28, I, Lei n. 8.212	sim art. 15 da Lei n. 8.036	sim arts. 3º e 7º da Lei n. 7.713
Férias ▸ dobra	não art. 28, § 9º, *d*, Lei n. 8.212	não art. 15 da Lei n. 8.036	sim arts. 3º e 7º da Lei n. 7.713
Fretes e carretos pagos a PJ	não –	não art. 15 da Lei n. 8.036	não art. 3º, Decreto-lei n. 1.625/78
Fretes e carretos pagos a PF	sim art. 22, III, Lei n. 8.212	não art. 15 da Lei n. 8.036	sim arts. 3º e 7º da Lei n. 7.713
Gorjetas	sim art. 28, I, Lei n. 8.212	sim art. 15 da Lei n. 8.036	sim arts. 3º e 7º da Lei n. 7.713
Gratificação legal e de função	sim § 1º do art. 457 da CLT	sim art. 15 da Lei n. 8.036	sim arts. 3º e 7º da Lei n. 7.713
Horas extras	sim art. 28, I, Lei n. 8.212	sim art. 15 da Lei n. 8.036	sim arts. 3º e 7º da Lei n. 7.713
Indenização ▸ em geral (por tempo de serviço, art. 479 da CLT)	não art. 28, § 9º, Lei n. 8.212	não art. 15 da Lei n. 8.036	não art. 6º, V, Lei n. 7.713
Indenização adicional (art. 9º da Lei n. 7.238/84)	não art. 28, § 9º, *e*, 9 Lei n. 8.212	não art. 15 da Lei n. 8.036	não art. 6º, V, Lei n. 7.713
Menor assistido ▸ (programa do bom menino)	não art. 13, parágrafo único, Decreto n. 94.338/87	não art. 13, parágrafo único, Decreto n. 94.338/87	sim arts. 3º e 7º da Lei n. 7.713
Multa ▸ art. 477, § 8º da CLT	não art. 28, § 9º, X, Lei n. 8.212	não art. 15 da Lei n. 8.036	não

Rubricas	Incidências		
	INSS	FGTS	IRF
Participação nos lucros	não art. 28, § 9º, *j*, Lei n. 8.212 art. 20, Lei n. 9.711/98	não art. 3º da Lei n. 10.101	sim arts. 3º e 7º da Lei n. 7.713 e § 4º, art. 3º, § 5º, MP n. 1.878
Percentagens	sim art. 28, I, Lei n. 8.212	sim art. 15 da Lei n. 8.036	sim arts. 3º e 7º da Lei n. 7.713
Prêmios	não § 2º do art. 457 da CLT	não § 2º do art. 457 da CLT	sim arts. 3º e 7º da Lei n. 7.713
Quebra de caixa	sim art. 28, I, Lei n. 8.212	sim art. 15 da Lei n. 8.036	sim art. 7º, § 1º, Lei n. 7.713
Retiradas de diretores empregados	sim art. 28, I, Lei n. 8.212	sim art. 15 da Lei n. 8.036	sim arts. 3º e 7º da Lei n. 7.713
Retiradas de diretores proprietários	sim art. 22, III, Lei n. 8.212	é facultativo art. 16 da Lei n. 8.036	sim arts. 3º e 7º da Lei n. 7.713
Retiradas de titulares de firma individual	sim art. 22, III, Lei n. 8.212	é facultativo art. 16 da Lei n. 8.036	sim arts. 3º e 7º da Lei n. 7.713
Salário	sim art. 28, I, Lei n. 8.212	sim art. 15 da Lei n. 8.036	sim arts. 3º e 7º da Lei n. 7.713
Salário-família	não art. 28, § 9º, *a*, Lei n. 8.212	não art. 15 da Lei n. 8.036	não art. 25 da Lei n. 8.218
Salário-maternidade	sim art. 28, § 2º, Lei n. 8.212	sim art. 28, IV, RFGTS	sim arts. 3º e 7º da Lei n. 7.713
Serviços de autônomos	sim art. 22, III, Lei n. 8.212	não art. 15 da Lei n. 8.036	sim arts. 3º e 7º da Lei n. 7.713
Vale-transporte	não art. 28, § 9º, *f*, Lei n. 8.212	não art. 2º, *b*, Lei n. 7.418	não art. 6º, I, Lei n. 7.713

BIBLIOGRAFIA

ALLY, Raimundo Cerqueira. Aspectos trabalhistas das inovações previdenciárias. In: *Boletim da Amatra 2 – SP*, n. 7, p. 14. set./out. 1991.

______. *Normas previdenciárias no direito do trabalho*. São Paulo: IOB, [s.d.].

ALMEIDA, Ísis. *O regime do trabalho temporário*. São Paulo: Saraiva, 1977.

ALMEIDA, Vera. *Acidentes do trabalho*. Rio de Janeiro: Forense, 1991.

ATALIBA, Geraldo. Regime constitucional da parafiscalidade. *RDA* 86/19, São Paulo.

ASCENSÃO, José de Oliveira. *O direito*: introdução e teoria geral. Lisboa- Fundação Calouste Gulbenkian, 1978.

BALERA, Wagner. *A seguridade social na Constituição de 1988*. São Paulo: Revista dos Tribunais, 1989.

______. *O seguro-desemprego no direito brasileiro*. São Paulo: LTr, 1993.

______. (Coord.) *Curso de direito previdenciário*. Homenagem a Moacyr Cardoso Veloso de Oliveira. São Paulo: LTr, 1992.

______. *Sistema de seguridade social*. São Paulo: LTr, 2000.

______. *Noções preliminares de direito previdenciário*. São Paulo: Quartier Latin, 2004.

BARASSI, Ludovico. *Il diritto del lavoro*. Milão: Giuffrè, 1949. v. 2.

BARBOSA, Rui. *Oração aos moços*. Rio de Janeiro: Casa de Rui Barbosa, 1956.

BARRETO, Aires F. Natureza jurídica das contribuições dos artigos 149 e 195 da CF. *Repertório IOB de Jurisprudência*, n. 6/95, texto 1/8.516, p. 116, mar. 1995.

BARRETO FILHO, Oscar. Formas jurídicas da empresa pública. *Revista da Faculdade de Direito da Universidade de São Paulo*, n. 72, 1977.

BARROS JR., Cassio Mesquita. *Previdência social urbana e rural*. São Paulo: Saraiva, 1981.

BASTOS, Celso; MARTINS SILVA, Ives Gandra. *Comentários à Constituição do Brasil*. v. 2. São Paulo: Saraiva, 1989.

BOTTALLO, Eduardo Domingos. Breves considerações sobre a natureza das contribuições sociais e algumas de suas decorrências. In: *Contribuições sociais*: questões polêmicas. São Paulo: Dialética, 1995.

CARDONE, Marly A. *Previdência-assistência-saúde*: o não trabalho na Constituição de 1988. São Paulo: LTr, 1990.

______. Acidente e contrato de trabalho na nova lei previdencial. *Repertório IOB de Jurisprudência*, texto 2/5.521 n. 19/91, p. 333.

______. *Pequeno dicionário de direito previdencial*. São Paulo: LTr, 1983.

CARRAZZA, Roque Antonio. *Curso de direito constitucional tributário*. 3. ed. São Paulo: Revista dos Tribunais, 1991.

CARRION, Valentin. *Comentários à consolidação das leis do trabalho*. 11. ed. São Paulo: Revista dos Tribunais, 1989.

CARVALHO, Paulo de Barros. *Curso de direito tributário*. 4. ed. São Paulo: Saraiva, 1991.

CASTRO, Carlos Alberto Pereira de; LAZZARI, João Batista. *Manual de direito previdenciário*. 13. ed. São Paulo: Conceito, 2011.

CATHARINO, José Martins. *Compêndio de direito do trabalho*. São Paulo: Saraiva, 1981.

______. *Temas de direito do trabalho*. Rio de Janeiro, Trabalhistas, 1971.

______. *Tratado jurídico do salário*. São Paulo: LTr, 1994.

CAVALCANTI, Francisco. *O novo regime previdenciário dos servidores públicos*. Recife: Nossa Livraria, 1999.

CESARINO JR., A. F. *Direito social*. São Paulo: LTr, 1980.

CHIARELLI, Carlos Alberto. *Trabalho na Constituição*: direito individual do trabalho. v. 1. São Paulo: LTr, 1989.

COIMBRA, Feijó. *Direito previdenciário brasileiro*. 9. ed. Rio de Janeiro: Trabalhistas, 1998.

COSTA, José de Ribamar da. *Noções de direito do trabalho*. São Paulo: LTr, 1989.

CRETELLA JR., José. *Comentários à Constituição de 1988*. v. 8. Rio de Janeiro: Forense Universitária, 1993.

DAIBERT, Jefferson. *Direito previdenciário e acidentário do trabalho urbano*. Rio de Janeiro: Forense, 1978.

DURAND, Paul; ROUAST, André. *La politique contemporaine de securité sociale*. Paris: Dalloz, 1953.

FALCÃO, Amílcar de Araújo. Interpretação e integração da lei tributária. *RDA*, v. 40.

FERNANDES, Anníbal. *Comentários à consolidação das leis da previdência social*. 2. ed. São Paulo: Atlas, 1987.

______. *Guia dos aflitos*. São Paulo: Oboré, 1988.

______. *O trabalhador autônomo*. 3. ed. São Paulo: Atlas, 1992.

FERNANDES, Antonio Lemos de Monteiro. *Direito do trabalho*. 8. ed. Coimbra: Almedina, 1992.

FERREIRA, Aurélio Buarque de Holanda. *Novo dicionário da língua portuguesa*. Rio de Janeiro: Nova Fronteira, s. d.

FERREIRA, Pinto. *Comentários à Constituição brasileira*. São Paulo: Saraiva, 1989. v. 1.

______. *Comentários à Constituição brasileira*. São Paulo: Saraiva, 1992. v. 5.

FERREIRA, Rosni. *Previdência social*: acidente do trabalho. São Paulo: LTr, 1992.

FERREIRA, Waldemar. *História do direito brasileiro*. São Paulo: Saraiva, 1962. v. 1.

GARCIA, Gustavo Filipe Barbosa. *Curso de direito da seguridade social*. Rio de Janeiro: Gen/Forense, 2015.

GOMES, Orlando. *O salário no direito brasileiro*. Edição fac-similada. São Paulo: LTr, 1996.

______; GOTTSCHALK, Elson. *Curso de direito do trabalho*. 8. ed. Rio de Janeiro: Forense, 1981.

GONÇALES, Odonel Urbano. *Manual de direito previdenciário*. 13. ed. São Paulo: Atlas, 2011.

GONÇALVES, Nair Lemos. *Novo benefício da previdência social*: auxílio-inatividade. São Paulo: Ibrasa, 1976.

GUITTON, Henri. *Economia política*. 2. ed. São Paulo: Fundo de Cultura, 1961. v. 3.

HIGUCHI, Hiromi. *Imposto de renda das empresas*. 26. ed. São Paulo: Atlas, 2001.

HORVATH JÚNIOR, Miguel. *Lições de direito previdenciário*. Bauru: Edipro, 1999.

______. *Direito previdenciário*. 8. ed. São Paulo: Quartier Latin, 2010.

IBRAHIM, Fabio Zambitte. *Curso de direito previdenciário*. 17. ed. Rio de Janeiro: Ímpetus, 2012.

JOSSERAND, Louis. *Évolutions et actualités*. Paris: Sirey, 1936.

LACERDA, Dorval de. *O contrato individual de trabalho*. São Paulo: Saraiva, 1939.

LEITE, Celso Barroso. *O século da aposentadoria*. São Paulo: LTr, 1993.

______. *O século do desemprego*. São Paulo: LTr, 1994.

______. *Dicionário enciclopédico de previdência social*. São Paulo: LTr, 1996.

LUDUVICE, Ricardo Verta. *Seguro-desemprego*. São Paulo: Atlas, 1999.

MAGALHÃES, Rafael A.; OLIVEIRA, Moacyr V. C. *A ordem social num novo texto constitucional*. São Paulo: LTr, 1986.

MAGANO, Octavio Bueno. *Manual de direito do trabalho*: parte geral. São Paulo: LTr, 1981.

______. *Manual de direito do trabalho*: direito individual do trabalho. 3. ed. São Paulo: LTr, 1992. v. 2.

______. *Manual de direito do trabalho*: direito tutelar do trabalho. 3. ed. São Paulo: LTr, 1992.

______. *Lineamentos de infortunística*. São Paulo: José Bushatsky, 1976.

______. Aposentadoria. In: *Política do Trabalho*. São Paulo: LTr, 1992.

______; MALLET, Estevão. *O direito de trabalho na Constituição.* Rio de Janeiro: Forense, 1993.

MARANHÃO, Délio. *Direito do trabalho.* Rio de Janeiro: Fundação Getulio Vargas, 1977.

______. *Direito do trabalho.* 16. ed. Rio de Janeiro: FGV, 1992.

MARTINEZ, Wladimir Novaes. *A seguridade social na Constituição Federal.* 2. ed. São Paulo: LTr, 1992.

______. *Benefícios previdenciários do trabalhador rural.* São Paulo: LTr, 1984.

______. Decadência e prescrição após a emenda constitucional n. 8/77. *Suplemento Trabalhista LTr*, n. 100/86.

______. *O contribuinte em dobro e a previdência social.* São Paulo: LTr, 1984.

______. *O empresário e a previdência social.* São Paulo: LTr, 1976.

______. *O salário-base na previdência social.* São Paulo: LTr, 1986.

______. *Princípios de direito previdenciário.* 4. ed. São Paulo: LTr, 2001.

______. *Rubricas integrantes e não integrantes do salário de contribuição.* São Paulo: LTr, 1978.

______. *Subsídios para um modelo de previdência social.* São Paulo: LTr, 1992.

______. *Seguro-desemprego.* São Paulo: LTr, 1991.

______. *Comentários à lei básica da previdência social.* 3. ed. São Paulo: LTr, 1995. t. 2.

______. *Comentários à lei básica da previdência social.* 3. ed. São Paulo: LTr, 1998. v. 1.

______. *O salário de contribuição na lei básica da previdência social.* São Paulo: LTr, 1993.

______. *Primeiras lições de previdência complementar.* São Paulo: LTr, 1996.

______. *Curso de direito previdenciário.* São Paulo: LTr, 1998. t. 1 e 2.

______. *Salário-base dos contribuintes individuais.* São Paulo: LTr, 1999.

MARTINS, Nei Cano. A estabilidade provisória do trabalhador acidentado na nova lei previdenciária. *LTr* 56-10/1189.

MARTINS, Sergio Pinto. *Direito processual do trabalho.* 43. ed. São Paulo: Saraiva, 2021.

______. Estabilidade do acidentado. In: *Repertório IOB de Jurisprudência*, n. 22, texto 2/6933, p. 416, 1992.

______. Aposentadoria espontânea com a continuidade do aposentado na empresa. In: *Jornal do 1º Congresso de Direito Individual do Trabalho*, LTr, p. 46-47, 1993.

______. *Direito do trabalho.* 37. ed. São Paulo: Saraiva, 2021.

______. *Participação dos empregados nos lucros das empresas.* 5. ed. São Paulo: Saraiva, 2021.

______. *Direito da seguridade social. Série Fundamentos.* 17. ed. São Paulo: Saraiva, 2016.

______. *Execução da contribuição previdenciária na justiça do trabalho.* 5. ed. São Paulo: Saraiva, 2019.

______. *Reforma previdenciária.* 3. ed. São Paulo: Saraiva, 2020.

______. *Manual de direito tributário.* 18. ed. São Paulo: Saraiva, 2019.

MÁYNEZ, Eduardo García. *Introducción al estudio del derecho.* México-Porrúa, 1968.

MEIRELLES, Hely Lopes. *Direito administrativo brasileiro.* 19. ed. São Paulo: Malheiros, 1994.

MÉLEGA, Luiz. Algumas reflexões sobre o regime jurídico das contribuições na Carta Política de 1988. *Direito tributário atual.* São Paulo: Resenha Tributária, n. 11/12, p. 3.295, 1992.

______. Natureza jurídica da contribuição de previdência social. In: *Direito tributário*: estudos em homenagem ao prof. Ruy Barbosa Nogueira. São Paulo: Saraiva, 1989.

MELO, José Eduardo Soares de. Contribuições sociais. In: *Contribuições sociais*: questões polêmicas. São Paulo: Dialética, 1995.

MELLO, Celso Antonio Bandeira de. *Elementos de direito administrativo.* São Paulo: Revista dos Tribunais, 1980.

MORAES, Bernardo Ribeiro de. *Compêndio de direito tributário.* Rio de Janeiro: Forense, 1993.

MORAES FILHO, Evaristo de. *A ordem social num novo texto constitucional.* São Paulo: LTr, 1986.

______; MORAES, Antonio Carlos Flores de. *Introdução ao direito do trabalho.* São Paulo: LTr, 1991.

NASCIMENTO, Amauri Mascaro. *Curso de direito processual do trabalho.* 18. ed. São Paulo: Saraiva, 1992.

______. *Iniciação ao direito do trabalho.* 18. ed. São Paulo: LTr, 1992.

______. *Iniciação ao direito do trabalho.* 23. ed. São Paulo: LTr, 1997.

______. *Direito do trabalho na Constituição de 1988.* São Paulo: Saraiva, 1989.

OLEA, Manuel Alonso. *Instituciones de seguridad social.* Madri: Estudios Políticos, 1974.

OLIVEIRA, Antonio Carlos de Araújo. *Natureza jurídica das contribuições de previdência social. LTr* 44/141.

OLIVEIRA, Aristeu de. *Manual prático de seguridade social.* 9. ed. São Paulo: Atlas, 2000.

OLIVEIRA, Fábio Leopoldo de. *Introdução elementar ao estudo do salário social no Brasil.* São Paulo- LTr, 1974.

OLIVEIRA, José. *Acidentes do trabalho.* São Paulo: Saraiva, 1992.

OLIVEIRA, Moacyr Cardoso Velloso de. *Previdência social.* Rio de Janeiro: Forense, 1987.

OLLIER, Pierre. *Le droit du travail.* Paris: Armand Colin, 1972.

ORLANDO, Pedro. *Novíssimo dicionário jurídico brasileiro.* São Paulo: LEP, 1959.

PASQUIER, Claude du. *Introduction à la theorie générale et a la philosophie du droit.* Paris: Delachoux e Niestlé, 1978. p. 47

PASTORE, José. *Flexibilização dos mercados de trabalho e contratação coletiva.* São Paulo: LTr, 1994.

PERELMAN, Chaim. *Ética e direito.* São Paulo: Martins Fontes, 1996.

PERROUX, François. *Salaire et rendement.* Paris: Presses Universitaires de France, 1947.

PIC, Paul. *Législation industrielle.* Paris: Arthur Rousseau, 1912.

PIPPI, Felix. *De la notion de salaire social*. Paris: Librairie Générale de Droit et Jurisprudence, 1966.

PORCHAT, Reinaldo. *Da retroatividade das leis civis*. São Paulo: Duprat & Comp., 1909.

POZZO, Juan D. Los accidentes del trabajo. In: *Tratado de derecho del trabajo*. v. 4. Buenos Aires: La Ley, 1972.

REALE, Miguel. *Lições preliminares de direito*. 4. ed. São Paulo: Saraiva, 1977.

______. *O direito como experiência*. 2. ed. São Paulo: Saraiva, 1999.

ROCCO, Alfredo. *Principii di diritto commerciale*. Turim: Utet, 1928.

ROCHA, Valdir de Oliveira. *Determinação do montante do tributo*. São Paulo: IOB, 1992.

RODRÍGUEZ, Americo Plá. *El salario en el Uruguay*. Montevidéu: Facultad de Derecho, 1956. t. 2.

ROUAST, André, GIVORD, Maurice. *Traité du droit dos accidents du travail et des maladies professionelles*. Paris: Dalloz, 1934.

RUSSOMANO, Mozart Victor. *Comentários à lei orgânica da previdência social*. Rio de Janeiro: Forense, 1962.

______. *Curso de direito do trabalho*. 6. ed. Curitiba: Juruá, 1997.

______. *Curso de previdência social*. Rio de Janeiro: Forense, 1979.

______. ______. Rio de Janeiro: Forense, 1988.

______. *O empregado e o empregador no direito brasileiro*. São Paulo: LTr, 1986.

SERSON, José. *Curso de rotinas trabalhistas*. 32. ed. São Paulo: Revista dos Tribunais, 1992.

SOARES FILHO, Gabriel R. *A nova lei de benefícios da previdência social*. São Paulo: LTr, 1992.

SILVA, Antônio Álvares da. *Prescrição das contribuições do FGTS*. Rio de Janeiro: Aide, 1987.

SILVA, José Afonso da. *Curso de direito constitucional positivo*. 5. ed. São Paulo: Revista dos Tribunais, 1989.

______. Natureza jurídica das contribuições da previdência social. *LTr* 43/304.

SÜSSEKIND, Arnaldo. *Instituições de direito do trabalho*. v. 1. Rio de Janeiro: Freitas Bastos, 1957.

______; MARANHÃO, Délio; VIANNA, José Segadas. *Instituições de direito do trabalho*. 14. ed. São Paulo: LTr, 1993.

______; MARANHÃO, Délio; VIANNA, José Segadas. *Pareceres sobre direito do trabalho e previdência social*. v. 1. São Paulo: LTr, 1976.

______; CARVALHO, Luiz Inácio Barbosa; MARANHÃO, Délio. *Pareceres de direito do trabalho e previdência social*. v. 7. São Paulo: LTr, 1992.

______. *Comentários à Constituição*. v. 1. Rio de Janeiro: Freitas Bastos, 1990.

______. *Comentários à consolidação das leis do trabalho e a legislação complementar*. v. 3. Rio de Janeiro: Freitas Bastos, 1964.

TAVARES, Marcelo Leonardo. *Direito previdenciário*. 5. ed. Rio de Janeiro: Lumen Juris, 2003.

TAVOLARO, Agostinho Toffoli. Natureza jurídica das contribuições sociais. *LTr* 45-1/44.

TEIXEIRA FILHO, João de Lima. *Repertório de jurisprudência trabalhista*. v. 6. Rio de Janeiro: Freitas Bastos, 1989.

VIDAL NETO, Pedro. *Natureza jurídica da seguridade social*. São Paulo: ed. do autor, 1993.

WEINTRAUB, Arthur Bragança de Vasconcellos. *Previdência privada*. 2. ed. São Paulo: Juarez de Oliveira, 2003.

______. *Manual de previdência social*. São Paulo: Quartier Latin, 2004.

______. *Responsabilidade dos administradores de fundos de pensão*. São Paulo: Juarez de Oliveira, 2004.

______. *Manual de direito previdenciário privado*. São Paulo: Juarez de Oliveira, 2004.

XAVIER, Alberto. *Manual de direito fiscal*. Lisboa: Faculdade de Direito de Lisboa, 1974.

ÍNDICE REMISSIVO

A

B

C

T

U

V

W